漢城判尹

漢城判尹

한성판윤

•

1대
성석린에서
⋮
2209대
장헌식까지

•

최종인 편저

목멱산
서울역사문화연구소

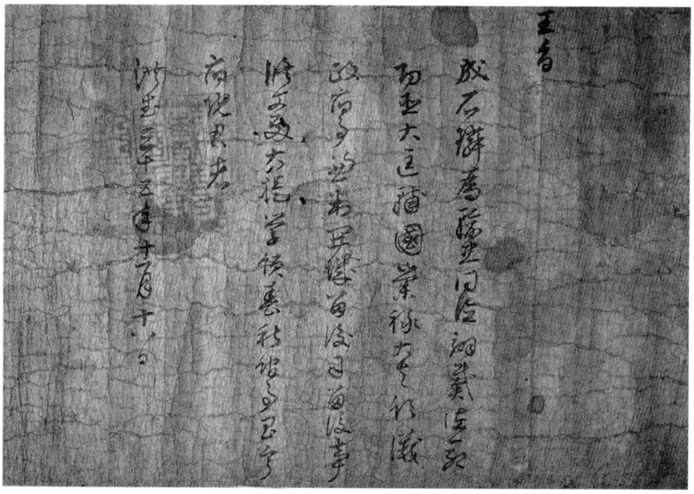

태종이 성석린에게 영의정 제수 때 내린 왕지

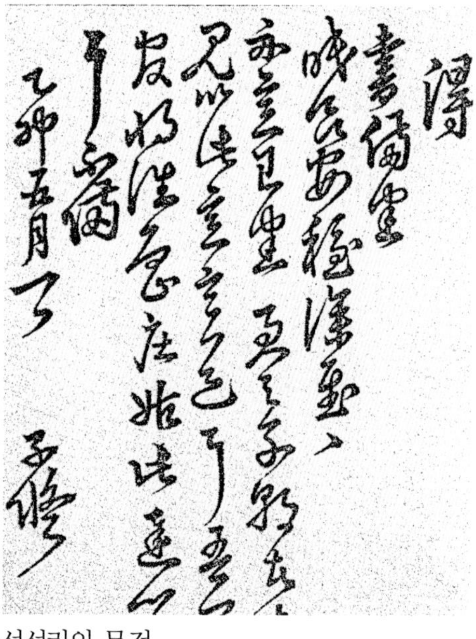

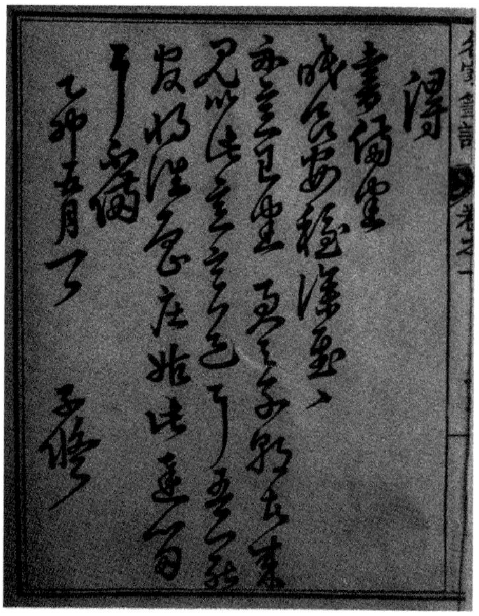

성석린의 묵적

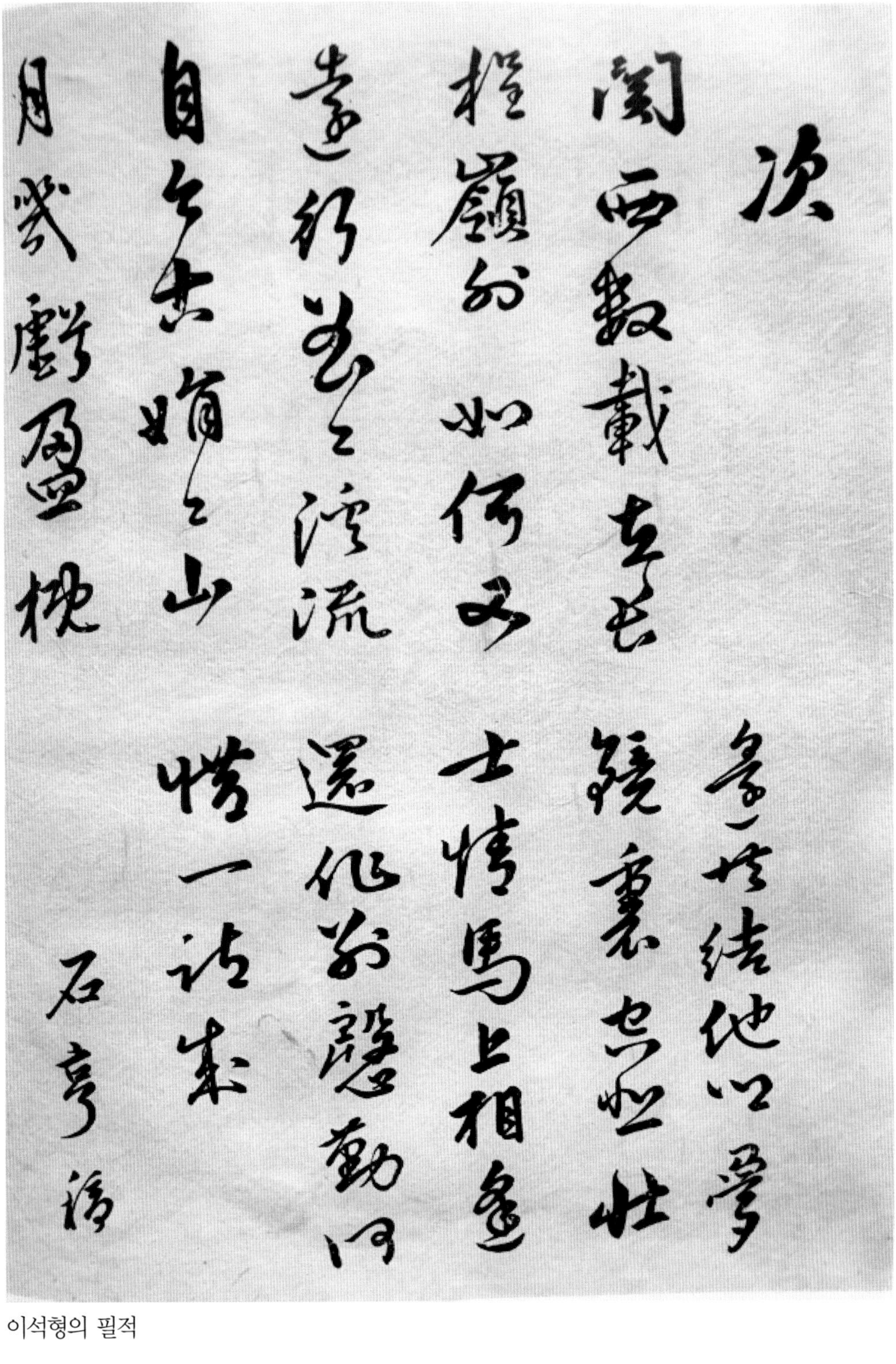

이석형의 필적

제38대 黃喜

제26대 崔龍蘇

제327대 李德馨

제329대 柳根

제332대 洪進

제341대 趙敬

제357대 李準

제389대 李德泂

제419대 李時白

제459대 許積

제471대 朴長遠

제583대 申厚載

제592대 崔錫鼎

제594대 金鎭龜

제558대 姜鋧

제596대 李畬

제602대 李濡

제623대 吳道一

제633대 李寅燁

제638대 趙泰采

제640대 李頤命

제585대 金昌集

제656대 金宇杭

제687대 權尙夏

제713대 鄭澔

제720대 李宜顯

제731대 趙泰億

제778대 尹陽來

제770대 金在魯

제759대 李森

제788대 宋寅明

제796대 兪拓基

제808대 李縡

제794대 趙顯命

제818대 趙觀彬

제858대 洪象漢

제879대 朴文秀

제883대 尹汲

제893대 李鼎輔

제905대 韓翼謨

제906대 閔百祥

제909대 金相奭

제919대 李昌壽

제931대 南泰齊

제945대 具允明

제978대 沈鏽

제980대 金元澤

제988대 李景祜

제994대 金時默

제1006대 徐命膺

제1009대 蔡濟恭

제1014대 趙暾

제1017대 李溵

제1074대 李徽之

제1076대 權𨗨

제1098대 兪彦鎬

제1101대 李性源

제1115대 徐有隣

제1059대 姜世晃

제1173대 宋載經

제1189대 趙瑍(瓊)

제1197대 洪良浩

제1198대 吳載純

제1179대 鄭民始

제1242대 尹師國

제1270대 李秉鼎

제1272대 徐邁修

제1256대 權儼

제1410대 李羲甲

제1517대 趙寅永

제1648대 徐念淳

제1683대 徐憲淳

제1`739대 李經在

제1781대 李源祚

제1785대 朴珪壽

제1761대 申櫶

제1799대 李宜翼

제1927대 趙寧夏

제1980대 洪澈周

제2079대 韓圭卨

제2117대 李承純

제2127대 申獻求

제2132대 申正熙

제2139대 閔泳煥

제2156대 嚴世永

제2158대 池錫永

제2161대 李采淵

제2172대 尹致昊

제2177대 閔商鎬

서울특별시민 여러분 안녕하십니까?

1994년도 서울 정도定都 600주년 기념행사는 역사도시 서울의 위상을 새삼 인식하는 계기가 되었으며, 2022년인 올해는 628주년의 해가 됩니다.

우리나라 역사에서 한강 유역은 삼국시대에는 백제의 도읍이었으며 고려시대에는 남경南京으로 불린 매우 중요한 거점도시였습니다. 조선朝鮮이 개국하면서 수도首都로 자리매김하여 나라의 정치, 행정, 문화 중심지가 되어 오늘에 이르렀습니다.

나아가, 21세기 들어 대한민국의 수도 서울은 유서 깊은 역사적 전통문화를 품은 현대적 거대도시metrocity로서 획기적 확장 발전을 이루며 세계적 도시로 변모하고 있습니다.

따라서 전통적 문화유산과 현대적 도시구조 및 기능이 함께 어우러진 서울에는 고유의 발전과정을 연구하는 '서울學'이 형성되어 과거와 현재 그리고 미래를 잇는 학문 분야가 새롭게 등장하였습니다.

서울학의 한 부문으로서 조선시대 수도 한성漢城의 수장首長인 한성판윤漢城判尹에 관한 연구도 '서울역사편찬원' 등에 의해 상당한 학술적 성과를 거두고 있습니다.

이러한 계제에 서울시 지원단체인 (사)서울문화사학회 최종인 선생이 일반시민의 서울역사 이해를 돕기 위해 《한성판윤》이라는 제목의 인물지人物志를 출간하였습니다.

제1대 성석린으로부터 마지막 제2209대 장헌식에 이르기까지 역대 한성판윤을 지낸 인물들의 신상기록과 행적을 열전列傳 형식으로 집대성한 역작입니다.

평범한 서울시민의 한 사람인 필자의 노력을 높게 평가하며, 서울을 사랑하고 공부하는 하나의 징표로서 그 성과의 뜻을 많은 서울시민들께서 함께 나누시기를 기대합니다.

서울시민 여러분의 가정에 안녕과 행운이 있으시기를 기원합니다.

2022년 6월 10일

서울특별시장 오 세 훈

『한성판윤』을 펴내며……

서울은 우리나라 역사의 숨결을 느낄 수 있는 유서 깊고 상징적인 대표도시이다.

백제가 이 터전에 처음으로 도읍지를 삼으면서부터 삼국시대에 한강유역은 전략적 요충지로서 인식되었으며, 고려시대에도 삼경三京의 하나인 남경南京이라 하여 매우 중요한 거점도시였다.

고려 말 위화도회군을 결행한 이성계가 신흥세력의 추대를 받아 왕위에 오르고, 조선朝鮮이라는 국호國號를 표방하면서 1392년 새로운 왕조국가를 개창하였다.

고려왕조의 잔영이 짙게 드리운 개경開京을 뒤로 하고 백성들의 민심을 쇄신하기 위해 수도를 한양漢陽으로 옮기는 역사적 천도遷都를 단행하기에 이른다.

1395년 수도의 공식 명칭을 한성漢城으로 정하고, 제1대 판한성부사 성석린成石璘을 필두로 한성부漢城府의 수장이 이어지면서 새로운 수도 건설이 이루어져 궁궐과 관아들이 들어서고 민가와 시장이 형성되어 도회로서의 면모를 갖추게 되었으며 대체로 조선 말기까지 도시구조가 그대로 유지되었다.

조선시대 한성판윤은 6조 판서와 같이 정2품으로 정경正卿의 반열에 있는 고위직이었다. 한성부는 수도행정을 관장하는 지방관서로서 외관外官이자 국왕이 상주하는 중앙으로서 京

官의 특성을 동시에 갖고 있어 한성판윤은 그 직임과 권한에 특수한 성격과 위상이 있었다.

오늘날의 서울특별시장에 해당하는 한성부 수장의 명칭은 직제 변천에 따라 변화하였다.

한성부의 책임자로서의 장관은 조선 건국 이후 한양으로 천도하기까지는 고려 말 외관으로서 '한양부윤漢陽府尹'이 담당하고 있었고, 한양 천도 이듬해인 1395년(태조4) 한양부가 한성부로 개편되면서 판한성부사判漢城府事가 새롭게 한성부의 장관으로 등장하였다. 이어 1466년(세조2) '한성부윤漢城府尹'으로 개칭되었고, 이것이 1469년(예종1) '판윤判尹'으로 개칭되며 한성부의 장관으로서 법제화되기에 이른 것이었다. 이후 한성판윤은 1894년(고종31) 한성부 책임자가 '부윤'으로 개편될 때까지 지속적으로 유지된 직명이었다.〈"조선시대 한성판윤 연구" 55쪽 : '15~16세기 한성판윤의 성분과 관력'(나영훈 · 한국학중앙연구원 전임연구관)〉

1994년 서울 정도定都600주년기념을 계기로 '서울역사'에 대한 일반의 관심이 크게 늘었고, 서울역사편찬원과 서울역사박물관의 도서출판과 시민강좌 · 특별전시 등을 통해 서울역사 공부가 확산되면서, 그 영향으로 서울 관련 책자들이 발간되어 일반 시민이 서점에서 쉽게 만날 수 있게 되었다.

이 책은 연구자들의 연구 성과를 일반인들에게 널리 알리기 위해 간명하게 내용을 편집하려고 노력하였다. 따라서 시민들의 서울역사에 대한 관심을 한 단계 높이고자 역사 지식 전달자의 구실을 하려는데 제작 목적을 두었다.

책 내용의 구성은 한성판윤을 지낸 인물들의 신상과 행적 · 일화 등에 관하여 기술하였고, 특히 대수代數의 기준은 서울역사편찬원에서 2017년 7월 29일 발간한 '서울역사 중점연구' 시리즈 〈조선시대 한성판윤 연구〉 에 수록된 '한성판윤 선생안'을 근간으로 하고 여러 자료를 참고하여 순서를 매김하였다.

선생안先生案이란 조선시대 각 관청 전임前任 관원의 성명 · 직명 · 생년월일 등을 기록한 명부로서 오늘날 관청에서 작성 보관하는 인사기록부와 같은 것이다.

1대 성석린부터 2209대 장헌식까지 수록하였으며, 여러 번 중복하여 직임을 맡은 인물들이 많아 실제로 파악된 수효는 1079인人이다.

이 책을 만드는 데에는 여러분의 도움이 있었다. 집필 결심을 하는데 창녕성씨 성병석 회장님의 변함없는 성원과 하나의 문이 닫히면 또 다른 문이 열린다며 용기를 주신 송병혁 박사님의 격려가 큰 힘이 되었고, 중앙고교 동문 변형석 교수님의 내용 구성에 대한 조언이 아주 유용한 도움이 되었다. 아울러 제자題字를 써 주신 서예가 초당艸堂 이두호 선생님과 반차도를 제공하여 표지를 장식하게 해 주신 본경本景 황치석 박사님에게도 고마움을 표한다. 그리고 (재)대한인쇄연구소 소장 한영국 교수님이 제작을 맡아 한시름 놓였으며, 편집을 총괄한 이종복 대표님과 디자인 작업에 정성을 쏟은 오흥만 실장님의 수고에 감사를 드린다.

특히, 서울역사편찬원(김동하 선생님)과 서울역사박물관(최인호 선생님) 관계자 여러분의 협조에도 깊이 감사드린다.

서울 태생이라는 허울 뿐의 자긍심만 있었지 온축된 공부가 턱없이 부족한 입장에서 큰 책을 낸다는 시도가 만용에 불과하다고도 생각했으나, 오로지 서울에서 태어난 값을 해야 한다는 일념으로 좌고우면하지 않고 작업에 몰두하였다. 여러분의 용서를 널리 구한다.

또한, 실로 불비不備한 점이 한 두 가지가 아닐 줄 알면서도 염치없이 강호 제현의 충고와 질정叱正을 바라며, 뒷날, 틀린 곳은 바로 고치고 미진한 부분은 관계학자들과 각 성씨 문중의 협조를 얻어 보완할 것을 다짐한다.

2022년 6월 10일

서울 화동 정독도서관 족보실에서 月泉 최 종 인

차 례

김정호 수선전도 (首善全圖) 소장기관: 고려대학교 중앙도서관

일러두기

1. 찾아보기 쉽도록 각 인물들의 성본姓本을 '가나다' 순으로 구분, 정리하였다. 해당 성씨를 찾아가면 대수代數를 확인할 수 있도록 배열하였고, 책의 맨 끝에 실린 부록 뒤에 편성하여 색인索引 구실을 하게 하였다.
2. 본문 내용의 구성은 주요 항목을 '신상 내용' '관직 경력' '생애 일화'로 크게 나눠, 인물별로 일목요연하게 기술하였다.
3. 대수代數의 매김은 《향토서울》제1호(1957년)와 《서울 600년사》연표(서울시사편찬위원회, 2006년), 《한성판윤열전》(이석호, 여경출판사, 2010년), 그리고 《조선시대 한성판윤 연구》(서울역사편찬원, 2017년)의 한성판윤 선생안들을 대조 · 참고하여 순서를 정하였다.
4. 한성판윤 경력자의 선정 기준으로 명예직인 '검교檢校'는 빼고 새로 확인된 인물은 추가하여 변동된 사항을 첨삭하였다.
5. 영정(사진)은 초대 판한성부사 성석린과 직제 개편에 따라 첫 한성판윤에 제수된 이석형의 영정이 전하지 않고, 황희 정승의 영정이 상태가 선명치 못해 그 후대의 인물 중에서 한음 이덕형의 영정이 잘 보존되어 있어 표지에 실었으며, 기존에 알려진 영정은 작은 크기로 책 맨 앞부분에 편성하였다. 특히 광주이씨(1799대李宜翼)와 한산이씨(389대李德泂, 1793대李經在, 2117대李承純) 고령신씨(2127대 申獻求) 종중에 보관 중이던 미공개 사진들을 처음으로 수록하였다.
6. 가족 사항에서 '부父'를 '아버지'로 바꾸어 표기하듯, 각 인물의 아내에 대한 전통적 용례인 '배위配位'를 '부인'으로 표기하였다.
7. 영정사진과 문헌문서 · 글씨 등은 주로 서울역사박물관에서 발행한 도서를 참고하였고, 각 성씨의 문중에서 제공한 자료들도 함께 수록하였다.
8. 참고문헌은 책 뒷부분에 일괄하여 수록하였다.

嚴師之搖楚慈母之呵叱但見其恩未見其讐

엄한 스승의 모진 회초리와 어머니의 꾸지람은 단지 은혜일 뿐이요 미워한 것이 아니다.

—— 제38대 黃喜

색인(한성판윤 성씨별 분류)

– 가나다 姓氏順 ( )안은 대수代數를 표기함

ㄱ 성씨

예천권씨(醴泉權氏)

권맹손權孟孫(77·84·85)

행주기씨(幸州奇氏)

기건奇虔(91) 기대항奇大恒(295)

해평길씨(海平吉氏)

길영수吉永洙(2192)

강릉김씨(江陵金氏)

김시형金始炯(799·802·835·840·842·846·849·851) 김상철金尙喆(960·981) 김시영金始煐(983) 김화진金華鎭(1081·1128) 김노진金魯鎭(1112·1142) 김상집金尙集(1163·1165·1185·1216·1226) 김계락金啓洛(1340·1385·1396)

경주김씨(慶州金氏)

김맹성金孟誠(66) 김세민金世敏(87) 김당金鐺(203·215) 김인손金麟孫(238) 김남중金南重(458·462) 김명원金命元(333) 김흥경金興慶(749) 김유경金有慶(826) 김한철金漢喆(910) 김효대金孝大(1057) 김이주金頤柱(1203) 김사목金思穆(1280·1335) 김노응金魯應(1432·1440) 김노경金魯敬(1446·1453·1470) 김도희金道喜(1578) 김정집金鼎集(1622·1700) 김홍집金弘集(1982) 김창희金昌熙(2012·2025) 김규희金奎熙(2193·2196)

고령김씨(高靈金氏)

김수문金秀文(283·293·296·298)

광산김씨(光山金氏)

김한로金漢老(21) 김겸광金謙光(113) 김개金鎧(290) 김우형金宇亨(519·530·539) 김진구金鎭龜(594·607·613·620·622) 김일경金一鏡(734) 김양택金陽澤(937·959·979) 김상복金相福(952) 김원택金元澤(980) 김효건金孝建(1386) 김재창金在昌(1394·1422·1441·1479·1510) 김상휴金相休(1460·1466) 김기은金箕殷(1518·1557) 김기만金箕晩(1638·1696·1706) 김상우金相宇(1732) 김재현金在顯(1825) 김수현金壽鉉(1888) 김영철金永哲(2043) 김구현金九鉉(2063·2085·2087·2103) 김문현金文鉉(2082) 김영수金永壽(1993·2090) 김영준金永準(2180) 김영진金永振(2194)

김해김씨(金海金氏)

김자정金自貞(157·158) 김우항金宇杭(656·660·664)

상산김씨(商山金氏)

김사우金師禹(99) 김우석金禹錫(562) 김동필金東弼(753·755·757·776·793)

선산김씨(善山金氏)

김응기金應箕(155) 김이원金履元(356) 김익용金益容(1974·1989·2047)

안동김씨(安東金氏)

김수金睟(325·326) 김상용金尙容(365·366·372) 김자점金自點(392·396·400·418) 김시양金時讓(399) 김광욱金光煜(438·441) 김수흥金壽興(501) 김이소金履素(1141·1146·1150·1225) 김문순金文淳(1195·1205·1207·1233·1252·1264·1266·1285·1291·1295·1325) 김상집金尙集(1228) 김의순金義淳(1334·1345·1392) 김이도

金履度(1357·1363·1366)
김이익金履翼(1364·1377) 김이양金履陽(1400·1404·1409·1420·1428) 김시근金蓍根(1406·1423) 김이교金履喬(1418·1438·1461·1467·1476·1489·1506) 김이재金履載(1463·1465·1478·1497·1503) 김유근金逌根(1468·1508) 김교근金敎根(1494) 김홍근金弘根(1546·1552) 김좌근金左根(1573·1627) 김흥근金興根(1577·1592·1631·1633) 김난순金蘭淳(1582·1602) 김영순金英淳(1615·1624) 김수근金洙根(1657·1670) 김대근金大根(1669·1718·1748·1847·1906) 김보근金輔根(1687) 김병기金炳冀(1694) 김병교金炳喬(1704·1719·1758) 김병학金炳學(1710·1754) 김영근金泳根(1713) 김병운金炳雲(1733·1760·1863) 김병주金炳溎(1746·1756·1896·1899) 김병덕金炳德(1778·1877) 김세균金世均(1792) 김응균金應均(1795·1836) 김병지金炳地(1822·1942) 김병필金炳弼(1831) 김익진金翊鎭(1872·1884·1975) 김온순金蘊淳(1976) 김성근金聲根(2024) 김병익金炳翊(2118)

안산김씨(安山金氏)

김홍륙金鴻陸(2167)

연안김씨(延安金氏)

김여지金汝知(40) 김하金何(92) 김전金銓(169) 김근사金謹思(206·210·211) 김안로金安老(213) 김상석金相奭(909) 김익金熤(1097·1107·1113·1125) 김재찬金載瓚(1246·1290) 김선金銑(1520) 김위金韋(1676·1722) 김유연金有淵(1856) 김세기金世基(2143)

원주김씨(原州金氏)

김연지金連枝(101) 김덕원金德遠(542·549·561·570)

의성김씨(義城金氏)

김안국金安國(237)

청풍김씨(淸風金氏)

김길통金吉通(111) 김신국金藎國(377·386·443) 김좌명金佐明(487) 김구金構(615) 김석연金錫衍(666·684·692·727) 김취로金取魯(764·790) 김재로金在魯(770·784) 김성응金聖應(804·810·820·836·854·864·891·934) 김상로金尙魯(857·873) 김약로金若魯(831·859) 김치인金致仁(939·941) 김시묵金時默(994·1002·1012) 김종정金鍾正(1063·1161) 김종수金鍾秀(1103·1122·1152·1192) 김기후金基厚(1436·1442·1447·1454·1469) 김희화金熙華(1530) 김동건金東健(1604·1616) 김학성金學性(1618·1663·1665·1678·1711·1739·1764) 김경선金景善(1650) 김익문金益文(1803·1861) 김원식金元植(1862·1916·1943) 김세호金世鎬(1926) 김만식金晩植(2001·2037) 김규홍金奎弘(2093·2122)

해풍김씨(海豐金氏)

김영金煐(1584)

ㄴ 성씨

의령남씨(宜寧南氏)

남치근南致勤(289) 남이웅南以雄

대구서씨(大丘徐氏)

서거정徐居正(108·109·117) 서성徐渻(355) 서문중徐文重(587·595) 서종태徐宗泰(629·635·639·647) 서명신徐命臣(999·1024) 서매수徐邁修(1272·1288·1296) 서능보徐能輔(1498·1502·1513) 서기순徐箕淳(1598·1609) 서영순徐英淳(1642) 서염순徐念淳(1648) 서대순徐戴淳(1672·1680·1701·1703·1735·1741) 서유훈徐有薰(1649·1654·1682·1684·1692·1707) 서형순徐衡淳(1770·1782·1907·1912) 서원순徐元淳(1845) 서상정徐相鼎(1904) 서승보徐承輔(1903)

부여서씨(扶餘徐氏)

서필원徐必遠(503)

연산서씨(連山徐氏)

서병덕徐炳德(1284)

이천서씨(利川徐氏)

서선徐選(56·59) 서지徐祉(208·223)

경주설씨(慶州偰氏)

설미수偰眉壽(16·24)

창녕성씨(昌寧成氏)

성석린成石璘(1) 성발도成發道(30·33) 성엄成揜(54) 성염조成念祖(80) 성현成俔(150) 성몽정成夢井(181) 성운成運(201·202) 성세장成世章(307) 성영成泳(350) 성덕조成德朝(1281) 성수묵成遂默(1614·1629) 성원묵成原默(1695) 성이호成彝鎬(1948·1959) 성광호成光鎬(2198)

진주소씨(晉州蘇氏)

소세양蘇世讓(222)

경주손씨(慶州孫氏)

손중돈孫仲暾(200)

평해손씨(平海孫氏)

손순효孫舜孝(129)

신평송씨(新平宋氏)

송순宋純(314)

여산송씨(礪山宋氏)

송겸宋璟(255) 송성명宋成明(773·775·949) 송인명宋寅明(788) 송면재宋冕載(1462·1472·1480·1515·1519)

은진송씨(恩津宋氏)

송기수宋麒壽(286) 송상기宋相琦(689) 송재경宋載經(1173·1186) 송전宋銓(1393) 송계간宋啓幹(1559) 송근수宋近洙(1776) 송정화宋廷和(1813·1842)

진천송씨(鎭川宋氏)

송창宋昌(632·636) 송태현宋泰鉉(2202)

고령신씨(高靈申氏)

신준申浚(134·146·151) 신공제申公濟(220) 신광한申光漢(245) 신헌구申獻求(2127·2137)

평산신씨(平山申氏)

신상申鏛(190) 申瑛신영(269·273) 신점申點(336) 신잡申磼(348) 신흠申欽(358) 신준申埈(446·447·449) 신여철申汝哲

동복오씨(同福吳氏)

오승吳陞(48·52·58) 오억령吳億齡(367) 오준吳竣(463) 오정일吳挺一(482·486·488·489·494) 오시수吳始壽(521) 오정위吳挺緯(526) 오시복吳始復(572)

해주오씨(海州吳氏)

오결吳潔(226·227) 오상吳祥(316) 오두인吳斗寅(553·559·563) 오도일吳道一(623) 오명준吳命峻(732) 오언유吳彦儒(915) 오재순吳載純(1198·1209) 오재소吳載紹(1337·1339·1348) 오취선吳取善(1697·1732·1798·1881·1883) 오갑량吳甲良(1763·1766) 오준영吳俊泳(2091)

단양우씨(丹陽禹氏)

우맹선禹孟善(241·252)

원주원씨(原州元氏)

원인손元仁孫(1007·1031) 원세정元世楨(1985) 원우상元禹常(2016)

문화유씨(文化柳氏)

유량柳亮(12) 유정현柳廷顯(22) 유사눌柳思訥(63) 유계문柳季聞(69) 유지柳輊(140) 유순柳洵(152) 유담년柳聃年(198) 유잠柳潛(308·320) 유자신柳自新(339) 유희분柳希奮(371) 유공량柳公亮(373) 유봉휘柳鳳輝(728)

영광유씨(靈光柳氏)

유자광柳子光(137)

전주유씨(全州柳氏)

유당柳戇(1240) 유정수柳正秀(2160)

진주유씨(晉州柳氏)

유염劉琰(36) 유근柳根(329·334·349) 유혁연柳赫然(517·532) 유명천柳命天(582) 유엄柳儼(850·853·856·869) 유화원柳和源(1561) 유상필柳相弼(1667)

풍산유씨(豊山柳氏)

유상조柳相祚(1522)

기계유씨(杞溪俞氏)

俞絳(301·309) 유홍俞泓(323) 유하익俞夏益(577·579) 유득일俞得一(641·644·662·668) 유명웅俞命雄(703·718) 유명홍俞命弘(742·748) 유척기俞拓基(796·805·812) 유최기俞最基(908·957) 유언호俞彦鎬(1098·1102·1170) 유장환俞章煥(1797·1833·1850) 유치선俞致善(1841) 유성환俞晟煥(1915) 유기환俞箕煥(2164)

창원유씨(昌原兪氏)

유득일俞得一(1522)

남원윤씨(南原尹氏)

윤효손尹孝孫(153) 윤자신尹自新(337) 윤수尹粹(420) 윤이도尹以道(573·675) 윤덕준尹德駿(683·691·694) 윤병정尹秉鼎(1922·1935·1986·2015)

무송윤씨(茂松尹氏)

윤사익尹思翼(253)

칠원윤씨(漆原尹氏)

윤사국尹師國(1242·1267)

파평윤씨(坡平尹氏)

윤향尹向(37) 윤형尹炯(79) 윤흠尹欽(115) 윤순尹珣(171·182) 윤임尹任(228) 윤춘년尹春年(281) 윤선尹銑(376·381) 윤의립尹毅立(411) 윤경尹絅(440) 윤강尹絳(453·455·469·473·476·484) 윤이제尹以濟(574·578) 윤지완尹趾完(575) 윤지인尹趾仁(698) 윤헌주尹憲柱(726·738·745) 윤양래尹陽來(778·780·783·791·823) 윤혜교尹惠敎(800·807) 윤동형尹東衡(881) 윤동섬尹東暹(1055·1095) 윤동철尹東哲(1058·1060·1062·1144·1159) 윤방尹坊(1149) 윤광보尹光普(1313·1326·1330) 윤상규尹尙圭(1606·1608) 윤성교尹敎聖(1796) 윤육尹堉(1882) 윤자승尹滋承(1901·1902·1905·1925) 윤자덕尹滋悳(1946) 윤종의尹宗儀(1953) 윤영신尹榮信(2006)

함안윤씨(咸安尹氏)

윤취상尹就商(730)

해평윤씨(海平尹氏)

윤은보尹殷輔(207·208) 윤방尹昉(359) 윤휘尹暉(406) 윤이지尹履之(434·437·439·480) 윤순지尹順之(470·475) 윤계尹堦(567) 윤세기尹世紀(642·645·649·651·665·671) 윤순尹淳(758·721·787·803·814) 윤유尹游(766) 윤급尹汲(883·890·920·963) 윤시동尹蓍東(1162) 윤치겸尹致謙(1643) 윤치수尹致秀(1655·1664·1681·1740) 윤치정尹致定(1685·1775) 윤정구尹定求(1829) 윤우선尹宇善(1994·2076) 윤치호尹致昊(2172·2174)

경주이씨(慶州李氏)

이철견李鐵堅(130·133) 이사균李思鈞(205·225) 이몽량李夢亮(288·294) 이시발李時發(383) 이완李浣(445·450·452·454·457·460·464·465·481·491·493·504·507·513·516) 李慶億(508) 이인엽李寅燁(633) 이성룡李聖龍(841) 이집두李集斗(1299·1328·1331·1352·1356·1369) 이경일李敬一(1312·1323) 이석규李錫圭(1490) 이규팽李圭祊(1645·1658) 이계조李啓祚(1674) 이유원李裕元(1731) 이유응李裕膺(1835) 이현직李顯稙(1857) 이유승李裕承(2013·2102) 이유인李裕寅(2104·2106·2109·2125·2134·2138·2190) 이하영李夏榮(2163)

개성이씨(開城李氏)

이선李宣(72)

고성이씨(固城李氏)

이원李原(15·32) 이괄李适(382) 이명규李名珪(264·271)

공주이씨(公州李氏)

이명덕李明德(68) 이응거 李應擧(1287)

광주이씨(廣州李氏)

이극균李克均(127·132) 이극돈李克墩(138) 이세좌李世佐(148) 李점·(168·175·176) 이준경李浚慶(263) 이덕형李德馨(327·330)

농서이씨(隴西李氏)

덕수이씨(德水李氏)

벽진이씨(碧珍李氏)

부평이씨(富平李氏)

성주이씨(星州李氏)

양성이씨(陽城李氏)

여주이씨(驪州李氏)

연안이씨(延安李氏)

李勉昇(1474·1482) 이지연李止淵(1487·1505·1511·1527) 이지연李志淵(1537) 이헌위李憲瑋(1547·1565·1575) 이헌구李憲球(1562·1567·1593·1599·1617) 이목연李穆淵(1576·1588·1594) 이돈영李敦榮(1623·1660) 이기연李紀淵(1625·1634·1693·1734) 이시원李是遠(1702·1724·1791) 이인고李寅皐(1715) 이경순李景純(1752) 이규철李圭徹(1765·1768) 이도중李纛重(1794·1807) 이동현李東鉉(1800·1848) 이재원李載元(1809·1878) 이인석李寅奭(1820) 이승보李承輔(1832·1849·1894) 이경하李景夏(1837·1864·1873·1909) 이주철李周喆(1840·1858) 이남식李南軾(1860) 이인응李寅應(1870·1981·1996·1998) 이회정李會正(1890·1911·1924) 이병문李秉文(1895·1920) 이연응李沇應(1913) 이인명李寅命(1918·1972) 이인설李寅卨(1921) 이남원李南轅(1940) 이휘중李彙重(1947) 이돈응李敦應(1952·1968) 이재봉李載鳳(1957) 이봉의李鳳儀(1984) 이종승李鍾承(1991) 이재현李載完(2000·2072) 이방현李邦鉉(2002) 이응진李應辰(2009) 李鍾健(2045) 이규영李珪永(2108) 이돈하李敦夏(2075·2080·2113·2116) 이종진李鍾晉(2099) 이건하李乾夏(2120·2123) 이재순李載純(2124) 이민승李敏承(2141) 이헌영李憲榮(2144) 이봉의李鳳儀(2152) 이근용李根鎔(2171) 이해창李海昌(2200)

진위이씨(振威李氏)

이지李至(28)

청주이씨(清州李氏)

이거이李居易(3)

평창이씨(平昌李氏)

이계동李季仝(145·149) 이계남李季男(170)

한산이씨(韓山李氏)

이종선李種善(55) 이맹균李孟畇(61) 이숙무李叔畝(64) 이맹진李孟畛(75·82) 이훈李塤(112) 이봉李封(143) 이자李耔(191·192) 이덕형李德泂(389) 이현영李顯英(410·412·414) 이규령李奎齡(585) 이수언李秀彦(588·591·597) 이병상李秉常(741·750·756·797·816·827) 이사관李思觀(1008) 이희갑李羲甲(1410·1421·1424·1434·1464·1496) 이희준李羲準(15401558) 이경재李景在(1647·1689) 이겸재李謙在(1723·1742) 이경재李經在(1793) 이승오李承五(2092) 이헌직李憲稙(2096) 이승순李承純(2117) 이병성李秉性(2197)

함평이씨(咸平李氏)

이해李澥(444·456) 이지익李之翼(545·571) 이삼李森(759·763·765·767·769)

나주임씨(羅州林氏)

임시철林蓍喆(1321) 임한호林漢浩(1395)

풍천임씨(豊川任氏)

임유겸任由謙(195) 임열任說(311·317·322) 임존희任希存(1417·1450) 임성고任聖皐(1583) 임백경任百經(1652) 임백수任百秀(1750·1774) 임상준任商準(1880) 임응준任應準(1923)

덕수장씨(德水張氏)

장운익張雲翼(345) 장선징張善徵(525)

인동장씨(仁同張氏)

장붕익張鵬翼(777) 장지항張志恒(1073) 장석룡張錫龍(2111) 장화식張華植(2189) 장헌식張憲植(2209)

풍덕장씨(豊德張氏)

장언량張彦良(274)

남양전씨(南陽田氏)

진흥田興(62) 전림田霖(166)

경주정씨(慶州鄭氏)

정희계鄭熙啓(2)

나주정씨(羅州鄭氏)

정식鄭軾(100)

동래정씨(東萊鄭氏)

정구鄭矩(20) 정갑손鄭甲孫(76) 정안종鄭蘭宗(122) 정괄鄭佸(131) 정광필鄭光弼(167) 정광좌鄭光佐(173) 정사룡鄭士龍(247) 정대년鄭大年(313) 정태화鄭太和(427) 정세규鄭世規(430) 정치화鄭致和(479) 정지화鄭知和(483·495·498·502) 정재숭鄭載嵩(535·548) 정재희鄭載禧(600·676) 정형익鄭亨益(785·789) 정석오鄭錫五(837·843) 정홍순鄭弘淳(986·996) 정존겸鄭存謙(1051) 정상순鄭尙淳(1065·1079·1088·1132·1136·1155) 정존중鄭存中(1220) 정대용鄭大容(1319·1322) 정기선鄭基善(1532·1543) 정원용鄭元容(1551) 정기세鄭基世(1679·1688·1743·1773·1991·1961) 정최조鄭最朝(1686) 정헌용鄭憲容(1805) 정건조鄭健朝(1885·1898) 정기회鄭基會(1917·1945·1973·2083·2097·2128) 정범조鄭範朝(1939·1964) 정주응鄭周應(1962) 정순조鄭順朝(1979)

봉화정씨(奉化鄭氏)

정진鄭津(45·49) 정문형鄭文炯(119)

서산정씨(瑞山鄭氏)

정인홍鄭仁弘(361)

영일정씨(迎日鄭氏)

정진鄭鎭(35) 정유성鄭維城(451) 정호鄭澔(713) 정우량鄭羽良(860) 정익하鄭益河(875·899) 정호인鄭好仁(1116·1130·1196·1230·1232) 정문승鄭文升(1823) 정운성鄭雲星(1999) 정해륜鄭海崙(2094) 정낙용鄭洛鎔(2165) 정익용鄭益鎔(2170)

온양정씨(溫陽鄭氏)

정유악鄭維岳(580) 정창성鄭昌聖(1061·1117·1120·1124·1126·1147·1157·1183) 정광한鄭光漢(1077) 정창순鄭昌順(1143·1168·1175·1177·1191) 정민시鄭民始(1179·1184) 정만석鄭晩錫(1402·1430·1439) 정상우鄭尙愚(1407)

진주정씨(晋州鄭氏)

정척鄭陟(90)

청주정씨(淸州鄭氏)

정탁鄭擢(6)

초계정씨(草溪鄭氏)

정요鄭曜(17) 정종영鄭宗榮(306·315)
정준화鄭駿和(2084)

하동정씨(河東鄭氏)

정숭조鄭崇祖(126·142) 정세호鄭世虎(262)

해주정씨(海州鄭氏)

정역鄭易(29·43) 정미수鄭眉壽(160) 정익鄭榏(527) 정술조鄭述祚(1182)

나주정씨(羅州丁氏)

정응두丁應斗(285)

배천조씨(白川趙氏)

조계승趙啓昇(1816)

양주조씨(楊州趙氏)

조언수趙彦秀(287·291) 조정趙梃(363·364·370) 조계원趙啓遠(468·490) 조사석趙師錫(541·546) 조태채趙泰采(638·655·667·688·699) 조태구趙泰耉(681·685·708·710·719) 조도빈趙道彬(714·715) 조태억趙泰億(731) 조관빈趙觀彬(818·832·834) 조영국趙榮國(886·888·917) 조운규趙雲逵(927·951·968·984) 조종현趙宗鉉(1222·1268) 조두순趙斗淳(1600) 조득림趙得林(1673·1691·1714·1777) 조휘림趙徽林(1779·1826)

임천조씨(林川趙氏)

조정만趙正萬(798) 조명리趙明履(898) 조명정趙明鼎(987·995·1003·1046) 조덕윤趙德潤(1412) 조기응趙基應(1852) 조경호趙慶鎬(1949·1970) 조병호趙秉鎬(1992)

평양조씨(平壤趙氏)

조박趙璞(5) 조심태趙心泰(1269·1275) 趙希秀(1762)

풍양조씨(豊壤趙氏)

조경趙儆(341) 조익趙翼(401) 조형趙珩(477·499) 조복양趙復陽(496) 조상우趙相愚(669) 조상경趙尙絅(779·781·829·847) 조현명趙顯命(794·815) 조원명趙遠命(839) 조재호趙載浩(865·867·870·872) 조돈趙暾(1014) 조준趙琟(1148) 조환趙瑍(瓊)(1189·1206) 조상진趙尙鎭(1306·1309·1359) 조진관趙鎭寬(1308) 조홍진趙弘鎭(1411·1415) 조만원趙萬元(1433) 조종영趙鍾永(1488·1500) 조만영趙萬永(1492) 조인영趙寅永(1517) 조병구趙秉龜(1591) 조용화趙容和(1597) 조기영趙冀永(1626) 조병준趙秉駿(1637·1668·1690) 조연창趙然昌(1725·1753) 조헌영趙獻泳(1771) 조구하趙龜夏(1853·1875) 조영하趙寧夏(1927) 조봉하趙鳳夏(1944) 조강하趙康夏(2004·2018) 조병철趙秉轍(2039) 조경하趙敬夏(2064) 조운섭趙雲涉(2081) 조동면趙東冕(2147)

한양조씨(漢陽趙氏)

조뇌趙賴(60) 조혜趙惠(86) 조성교趙性教(1854) 趙鍾弼(2119·2140)

함안조씨(咸安趙氏)

조중회趙重晦(1038 · 1053 · 1094)

창녕조씨(昌寧曺氏)

조비형曺備衡(47) 조윤손曺潤孫(218) 조광원曺光遠(265 · 277 · 280) 조윤대曺允大(1361 · 1365 · 1378) 조봉진曺鳳振(1443) 조석우曺錫雨(1749 · 1824 · 1830 · 1910) 조석여曺錫輿(1933 · 1978)

충주지씨(忠州池氏)

지석영池錫永(2158)

ㅊ 성씨

평강채씨(平康蔡氏)

채세영蔡世英(284) 채제공蔡濟恭(1009 · 1066 · 1075 · 1082 · 1109 · 1123)

강릉최씨(江陵崔氏)

최연崔演(257 · 258)

강화최씨(江華崔氏)

최용소崔龍蘇(26) 최관崔瓘(390)

경주최씨(慶州崔氏)

최숙생崔淑生(184)

삭령최씨(朔寧崔氏)

최우형崔遇亨(1818)

전주최씨(全州崔氏)

최유경崔有慶(4 · 7 · 9) 최사의崔士儀(71) 최명길崔鳴吉(403) 최석정崔錫鼎(592)

직산최씨(稷山崔氏)

최영하崔榮夏(2178)

해주최씨(海州崔氏)

최규서崔奎瑞(616 · 631) 최석항崔錫恒(672 · 677 · 707)

ㅎ 성씨

청주한씨(淸州韓氏)

한확韓確(67 · 73) 한치형韓致亨(120 · 135) 한세환韓世桓(183 · 193) 한형윤韓亨允(188 · 194 · 197 · 216) 한윤창韓胤昌(236) 한준韓準(328) 한효순韓孝純(351 · 353) 한준겸韓浚謙(368) 한희길韓希吉(379) 한익모韓翼謨(905 · 924 · 964 · 967 · 970) 한사득韓師得(929 · 938) 한광회韓光會(993 · 1021 · 1026 · 1028 · 1033 · 1054 · 1111) 한만유韓晩裕(1316 · 1320 · 1336 · 1343 · 1368 · 1373) 한용탁韓用鐸(1350 · 1401) 한치응韓致應(1414 · 1425 · 1435 · 1437 · 1451) 한진정韓鎭庭(1659 · 1661) 한정교韓正敎(1802 · 1814) 한계원韓啓源(1810) 한치익韓致益(1868) 한돈원韓敦源(1934) 한경원韓敬源(1938) 한규설韓圭卨(2079) 한성근韓聖根(2135)

양천허씨(陽川許氏)

허흡許洽(224) 허자許磁(246 · 250 · 251) 허욱許頊(352) 허휘許徽(417 · 422 · 425) 허적許積(459 · 467 · 474) 허계許棨(1772) 허전許傳(1867 · 1874 · 1971)

하양허씨(河陽許氏)

허주許周(51)

남양홍씨(南陽洪氏)

홍여방洪汝方(65) 홍숙洪淑(185·186·212) 홍언필洪彦弼(204·214) 홍섬洪暹(266) 홍담洪曇(297) 홍진洪進(332) 홍여순洪汝諄(343) 홍서봉洪瑞鳳(393) 홍무적洪茂績(428) 홍진도洪振道(429)
홍수헌洪受瀗(673) 홍치중洪致中(737) 홍호인洪好仁(866) 홍억洪檍(1208·1215·1218·1221·1227) 홍주만洪周萬(1282) 홍명호洪明浩(1342·1362) 홍기섭洪起燮(1493) 홍재철洪在喆(1595·1610·1644·1720) 홍종응洪鍾應(1728) 홍종서洪鍾序(1759·1767) 홍순목洪淳穆(1812) 홍종운洪鍾雲(1865) 홍원섭洪遠燮(1887) 홍재현洪在鉉(1919) 홍종헌洪鍾軒(1951) 홍순형洪淳馨(2070) 홍규洪圭(2074)

풍산홍씨(豐山洪氏)

홍람洪覽(416) 홍만조洪萬朝(704·706)
홍상한洪象漢(858·876·944·972)
홍계희洪啓禧(900·928·966·971)
홍명한洪名漢(1029) 홍낙성洪樂性(1043·1078·1083·1086·1100·1104)
홍낙명洪樂命(1093·1105) 홍양호洪良浩(1197·1283) 홍수보洪秀輔(1223)
홍의모洪義謨(1311·1333·1347)
홍의호洪義浩(1397·1405·1449) 홍희신洪羲臣(1429·1456) 홍희준洪羲俊(1473·1499) 홍석주洪奭周(1477·1495)
홍경모洪敬謨(1525·1542·1555·1570·1587)
홍명주洪命周(1528·1538·1541)
홍우순洪祐順(1662) 홍열모洪說謨(1726)
홍우길洪祐吉(1745·1819) 홍철주洪澈周(1980·1990·2068)

우주황씨(紆州黃氏)

황헌黃憲(248·256)

장수황씨(長水黃氏)

황희黃喜(38) 황치신黃致身(81) 황맹헌黃孟獻(199) 황승원黃昇源(1265)

창원황씨(昌原黃氏)

황침黃琛(230) 황흠黃欽(680·682·711)
황구하黃龜河(746·751) 황인검黃仁儉(956)

1

1대

판한성부사 성석린

⋮

101대

판한성부사 김연지

1대 판한성부사 성석린(成石璘)

신상내용

생몰연대 1338년고려 충숙왕복위7 ~ 1423년세종5 – 86세
본관 창녕昌寧
자 자수子修
호 독곡獨谷
시호 문경文景
상훈 단성보절찬화공신, 익대공신, 좌명공신, 창녕부원군
저서 독곡집. 건원릉비문(서예)
배향 물계서원(창녕)
가족 증조–공필公弼, 할아버지–판도총랑 군미君美, 아버지–정당문학 여완汝完
어머니–나주나씨(밀직사지신사 나천부羅天富의 딸)
동생–석용石瑢(보문각대제학 성삼문成三問 증조부), 석연石珚(성현成俔 증조부)
부인–순흥안씨(정당문학 안원숭安元崇의 딸), 2남 2녀
장남–지도志道, 차남–발도發道(판한성부사), 사위–조휴趙休(유후), 왕탄王坦(고려 종실宗室)
묘소 경기도 포천시 신북면 고일리

관직경력

판한성부사 재임기간 : 1395년태조4 6월 13일 ~ ?

고려 말 조선 전기의 문신

〈고려시대〉

1341년충혜왕2 문음직 사온승 동정(4세)
1355년공민왕4 사마시 3등 입격
1357년공민왕6 문과 급제, 국자감 직학, 성균관 사성, 밀직제학
1363년공민왕12 전의시 주부
1365년공민왕14 군기감 승, 보문각 직제학
1368년공민왕17 해주목사
1369년공민왕18 성균관 사성, 예문관 직제학
1373년공민왕22 진현관 직제학
1375년우왕1 밀직제학, 정당문학, 양광도관찰사
1389년창왕1 대제학, 문하찬성사

〈조선시대〉

1392년태조1	조선 개국과정에 한때 이색李穡 일당으로 몰려 고향에 안치
1393년태조2	태조 2년 2월 삼사 우복야, 9월 문하시랑 찬성사
1395년태조4	1월 판개성부사, 윤6월 판한성부사
1399년정종1	1월 평양부윤, 6월 문하시란 찬성사, 12월 우정승
1400년정종2	3월 좌정승, 9월 좌정승, 창녕백
1401년태종1	창녕백을 창녕부원군으로 개칭
1402년태종2	영의정부사 겸 판개성유후사사
1403년태종3	우정승
1405년태종5	영의정부사
1406년태종6	세자 이제(양녕대군) 전위 논란
1407년태종7	시무20조 올리다. 좌정승
1408년태종8	세자 사부, 좌정승 사임–재임명
1412년태종12	영의정부사
1414년태종14	창녕부원군
1415년태종15년	영의정부사
1418년태종18년	세종 즉위
1421년세종3	궤장을 하사 받다
1423년세종5	1월 21일 포천 향리에서 서거(86세)

생애일화

그는 조선개국공신이며, 건국 초의 정치적 안정에 크게 기여하였다. 특히 태조 이성계와 태종 간의 갈등관계를 해소하는데 결정적 역할을 함으로써 왕위 계승을 둘러싼 정치적 위기를 극복하고 신왕조의 미래를 여는 국가적 기반을 조성하는데 공헌하였다.
고려 말 명문가 출신으로 4세 때 문음으로 사온서승 동정직을 받고, 과거 급제 후 중간 관직에서 익힌 실무적 능력을 통해 행정의 달인으로 공민왕의 총애를 받았다.
왕조 교체의 격변기에 고려 말 최영과 정몽주의 구세력이 제거된 다음, 이성계로 대표되는 신진세력에 동참하여 판한성부사를 거쳐 영의정에 올라 새 국가 개창의 주요 인물이 되었다.
새 도읍지를 물색하는 과정에 적극 참여하였을 뿐만 아니라, 그가 판개성부사로서 수도행정을 꿰뚫고 있었던 경험과 식견이 누구보다도 탁월하였음을 태조가 각별히 인정하여 신 도읍지의 수장인 초대 판한성부사의 적임자라고 판단하였을 것이다.
특이한 것은 판한성부사로 재임하는 동안 경복궁과 종묘 및 도성 축조 등 수많은 건설사업이 벌어졌음에도 왕조실록에 공사의 진척과 관련하여 특별한 사고 등의 기록이 없다는 점이다. 아마도 합리적인 건설행정을 펼쳐 재정조달과 인력동원 등에 무리가 없었음을 반증하는 것이라 하겠다.
그는 정권안정의 중재자로서, 고매한 인품과 탁월한 경륜가로서 당대의 선비들로부터 칭송과 존경을 받은 인물이었다. 또한, 학문과 덕망을 갖춘 인격자로서 세자부가 되어 충녕대군의 세자시절에 군왕으로서의 자질을 보양토록 진강하기도 하였다.
4대의 임금을 섬기면서, 영의정으로 있을 때 〈시무時務20조〉를 올려 신왕조의 국정지표를 천명하였으며, 개인적으로는 경학에 통달하고 필법이 신묘하다는 평가를 받았다.
그가 남긴 글을 모아 한성판윤을 지낸 손녀사위 김연지가 〈독곡집獨谷集〉을 만들었는데, 훗날 서거정徐居正은 "이 책에는 기개와 고결한 문사로 넘쳐흘러 드높은 도덕, 위대한 훈업, 풍부한 문장 등이 능히 한 시대를 울렸다는 것을 알 수 있다."라고 매우 아름답게 평하였다.

2대 판한성부사 정희계(鄭熙啓)

신상내용

생몰연대	1348년충목왕4 ~ 1396년태조5 – 49세
본관	경주慶州
호	양성헌養性軒
시호	양경良景
상훈	개국공신 1등
묘소	서울시 양천구 신정3동 산 150–1, 경기도 안성시 서운면 송정리〈부조묘〉
가족	증조–삼사시랑 공단公但, 할아버지–창승 자초自楚, 아버지–휘暉(월성군 문하평리) 어머니–광산김씨(김심金深의 딸) 배위–파주염씨(곡성부원군 廉悌臣의 딸), 영산辛氏(신덕왕후 강씨康氏의 질녀)
묘소	서울시 양천구 신정3동 산 150–1, 경기도 안성시 서운면 송정리〈부조묘〉

관직경력

한성판윤 재임기간 : ? ~ 1396년태조5 7월 12일 (재직확인–1396년 2월 28일)

고려 말 조선 전기의 문신

〈고려시대〉

공민왕 때	근시로 대호군 최영의 막하에서 서북면 도순문사를 거쳐 밀직사 최영 제거 후, 판자혜부사
1392년 공양왕4	판개성부사, 문하평리–응양위상호군

〈조선시대〉

1392년태조1	역성혁명 참여, 개국공신 1등, 참찬문하부사, 팔상위상장군, 계림군鷄林君 피봉, 판팔위사, 좌참찬
1395년태조3	판한성부사,
1396년태조4	7월 12일 동대문 쪽 축성공사 독려하다, 지병으로 재임 중 과로사 순직殉職

생애일화

조선 개국과정의 신구세력 간 권력싸움에서 이성계의 심복으로 활동하며 남은南誾과 함께 공양왕을 폐하기로 한 교지를 선포하는 등 충실히 소임을 수행함으로써 신임을 얻었다.
태조 이성계의 각별한 총애를 받아 새 수도首都 건설의 막중한 직책을 맡았으나, 직무를 수행 중에 쉰이 안 된 나이로 세상을 저버리자, 왕이 매우 안타까워했다 한다.
신덕왕후 강씨의 친정 조카사위라는 인척관계에서 특수한 활동영역을 가질 수 있었으며, 그가 죽자 시기하는 무리들이 봉상시에서 시호를 지을 때 나쁜 시호惡諡를 올려 왕의 노여움을 샀던 것으로 보아 대업을 도모하는 과정에서 중요하고 은밀한 역할을 많이 하였던 것으로 여겨진다.

3대 판한성부사 이거이(李居易)

신상내용

생몰연대	1348년충숙왕4 ~ 1412년태종12 – 65세
본관	청주淸州
자	낙천樂天
호	청허자淸虛子 · 청허당淸虛堂
시호	문도文度
상훈	개국원종공신 ·정사공신 · 좌명공신, 서원부원군
가족	증조–판도총랑 창우昌祐 할아버지–판도총랑 계함季haben 아버지–형부상서 挻 어머니–강릉金氏(형부상서 김계초金繼貂의 딸) 형제–유신(첫째형) · 거인(둘째형) · 거의(세째형) 배위–경주崔氏(형조전서 崔瑛의 딸), 5남 3녀 장남–저佇(초명;애薆 이성계의 장녀 경신공주와 혼인, 상당부원군) 차남–백관 3남–백신 4남–伯剛(이방원의 장녀 정순공주와 혼인, 청평부원군) 5남–백헌
묘	충청북도 진천군 진천읍 상계리. 충청북도 지방기념물 제95호

관직경력

판한성부사 재임기간 : ? ~ ? 재직확인(1399년 5월 1일)

고려 말 조선 전기의 문신

〈고려시대〉

1384년	이성계의 음서 천거로 강계군만호
고려 말	문과 급제. 참찬문하부사

〈조선시대〉

1392년태조1	이성계의 역성혁명에 참여 – 개국원종공신
1393년태조2	우산기상시
1398년태조7	평안도병마절도사
1398년태조7	제1차 왕자의 난 – 정사공신 1등공신, 참찬문하부사, 문하시랑찬성사
1399년정종1	판한성부사
1400년정종2	제2차 왕지의 난 – 좌명공신, 의흥삼군부 중군동지절제사 사병혁파 반대, 계림부윤 좌천. 판문하부사 문하좌정승
1402년태종2	영의정부사, 영사평부사, 좌도 도통사
1403년태종3	서원부원군, 영사평부사
1404년태종4	반역죄로 탄핵받아 고향 진천으로 낙향
1412년태종12	8월 25일 진천에서 졸하다.

생애일화

그는 왕자의 난 이후 정사공신定社功臣이 되고, 왕실과 혼맥 관계를 이뤄 정치적 진출이 시작되었다.

큰아들 저佇가 태조 이성계의 장녀 경신공주慶愼公主와 혼인하였으며, 다른 아들 백강伯剛이 태종의 장녀 정순공주貞順公主와 혼인을 하여 특수한 겹사돈이 되었다. 이러한 특별한 혼맥은 왕실과의 유대를 돈독히 하는데 작용하기도 하였으나, 사병혁파私兵革罷에 반대하며 불만을 토로한 것이 빌미가 되어 계림부윤으로 좌천되면서부터 정치적 역풍으로 작용하기도 하였다.

4대 판한성부사 최유경(崔有慶) – 7·9대 동일인물

신상내용

생몰연대	1343년충혜왕 복위4 ~ 1413년태종13 – 71세
본관	전주全州
자	경지慶之
호	죽정竹亭
시호	평도平度
상훈	개국공신, 원종공신, 청백리
배향	송천서원(청주), 예산서원(전주), 효렴사(용인)
가족	증조–중랑장 정신正臣, 조부–선부전서 상호군 득평得枰, 아버지–감찰대부 재宰, 어머니–무안군부인 박씨(군부정랑 朴允鏐의 딸) 배위–일선김씨(지밀직사사 金達祥의 딸), 안동김씨(상락공 金昪의 딸), 고성이씨(시중 李崇의 딸)
묘	경기도 용인시 기흥구 공세동 산 1–1

관직경력

판한성부사 재임기간 : ? ~ ? (재직확인 1400년 12월21일)

고려말 조선 전기의 문신

〈고려시대〉

1372년공민왕21	판도사좌랑
1373년공민왕22	사헌부장령으로 환관 윤충좌 탄핵
1375년우왕1	전법사총랑
1388년우왕14	양광도안렴사, 요동정벌 때 서북면전운사 겸 찰방
1389년창왕1	밀직부사

〈조선시대〉

1392년태조1	개국원종공신
1395년태조4	경상도관찰사
1397년태조6	지중추원사 겸 경기·충청 도체찰사
1398년태조7	중추원부사 겸 서북면도순문찰리사, 개성유후사유후 겸 경기우도도관찰출척사
1401년태종1	대사헌, 참찬의정부사, 정조사로 명나라 다녀오다.

1404년태종4　　판한성부사로 치사致仕, 청백리 녹선

생애일화

세칭 남대문, 국보1호 숭례문崇禮門이 방화로 불에 타버리는 광경을 2008년 설날의 마지막 연휴 저녁 때 온 국민들이 TV 생중계로 마음을 졸이며 바라봤다. 여러 차례 병화兵火에도 견디며 온전했었던 숭례문은 문루門樓가 모두 소실되었다가 2013년 봄 복원되었다.
숭례문은 1396년태조5년 도성영축도감의 성문제조城門提調로서 최유경의 지휘 감독 하에 건축되었다. 고려 말 전주부성과 호남 제1관문이라는 풍납문의 건설을 주관한 그에게 태조 이성계가 각별히 부탁하여 성문 건축의 총책임자로 임무를 맡았던 것이다.
그는 이성계가 위화도에서 회군을 할 때 우왕禑王에게 고변하고 왕을 호종하였으며, 반군세력에 동조하거나 방조하지 않고 사세가 기우는 것을 한탄하며 목은 이색에게 그 심정을 토로한 후 고향으로 물러나 머물렀다.
춘정春庭 변계량卞季良은 그의 삶이 강명과단剛明果斷하고 호선질악好善疾惡하며 억강부약抑强扶弱하는 신념으로 일관하였다고 묘지명墓誌銘에 썼다.

5대 판한성부사 조 박(趙璞)

신상내용

생몰연대　1356년공민왕5 ~ 1408태종8 − 53세
본관　평양平壤
자　안석安石
호　우정雨亭
군호　평원군平原君
시호　문평文平
공훈　개국공신 1등, 정사공신 1등
가족　증조−대제학 연수延壽, 할아버지−삼사좌윤 충신忠臣, 아버지−전의령 사겸思謙, 어머니−이배중李培中의 딸
배위−여흥민씨(영의정 민제閔霽의 딸)
동서−태종(이방원)

관직경력

판한성부사 재임기간 1401년태종1 8월 10일 ~ 1403년태종3 7월 16일

고려 말 조선 초기의 문신

〈고려시대〉

1382년우왕8	문과에 동진사로 입격, 여러 관직을 거쳐 삼사좌윤.
1389년공양왕1	문하사인으로서 판문하부사 이색李穡과 권신 이인임李仁任 탄핵
1390년공양왕2	윤이·이초의 사단에 의거, 소를 올려 이색 일파에 타격
1392년공양왕4	4월 정몽주에 의해 청주목사로 좌천되어 가다 수원에서 도주

〈조선시대〉

1392년태조1	예조전서, 개국공신 1등, 평원군平原君에 봉해짐. 양광도관찰사
1394년태조3	전라도도관찰사
1395년태조4	변방에 대한 보고 태만으로 공주에 안치되었다가 석방
1398년태조7	겸대사헌으로 하연河演과 함께 사서 구결, 왕에게 바침 제1차 왕자의 난, 참찬문하부사로서 정사공신 지경연사로서 경연에서『대학』강론
1399년정종1	대사헌, 집현전제조관, 경상도감사
1400년정종2	참찬문하부사
1401년태종1	태종 옹립, 좌명공신 3등. 판한성부사 겸 동지공거
1402년태종2	판한성부사, 하정사賀正使로 중국 다녀오다. 참찬의정부사
1404년태종4	예문관대제학, 개성유후사유후
1406년태종6	서북면도순문사
1407년태종7	호조판서, 동북면도체찰사

생애일화

조선 개국공신(1등)과 제1차 왕자의 난 때 정사공신(2등) 그리고 태종의 즉위 때 좌명공신(4등)에 책록된 원훈元勳이다.
태종과는 동서지간이다. 그러나 말년에 자신의 친척이 낳은 자식을 정종定宗의 아들로 일컬으려했다는 혐의로 사헌부의 탄핵을 받아 그 녹권錄券이 추탈 당했다.
그는 물이 흐르듯 한 업무처결로 많은 칭찬을 받았다고 한다.

6대 판한성부사 정 탁(鄭擢)

신상내용

생몰연대 1363년공민왕12 ~ 1423년세종5 – 61세
본관 청주淸州

자	여괴汝魁 · 축은築隱
호	춘곡春谷
시호	익경翼景
상훈	개국공신 1등, 정사공신 2등, 청성군, 청성부원군
배향	태종 묘정
가족	증조–판사 책悰, 할아버지–대제학 포誧, 아버지–정당문학 추樞(공권公權), 어머니–청주한씨(좌리공신 한대순韓大淳의 딸) 형제–총摠(개국공신)의 아우
묘	경기도 파주시 월롱면 덕은리

관직경력

판한성부사 재임기간 : 1403년태종3 7월 16일 ~ 1403년태종3 8월 20일

고려 말 조선 전기의 문신

〈고려시대〉

1382년우왕8	문과 급제 춘추관수찬관·사헌규정·좌정언·호조좌랑·병조좌랑·광흥창사 역임
〈조선시대〉	
1392년태조1	사헌부지평·성균관사예를 거쳐 대장군, 개국공신 1등
1393년태조2	문하부직문하
1394년태조3	대사성
1396년태조5	중추원우승지 때 표전문제 명나라 압송 귀환 후 좌승지
1397년태조6	중추원부사, 청성군에 봉해짐
1398년태조7	방간의 난 후 정사공신, 첨서중추원사 예문관·춘추관 대학사, 정당문학, 지의정부사, 삼사우사
1403년태종3	판한성부사
1405년태종5	살인죄로 유배, 공신이므로 곧 사면
1408년태종8	태종 승하, 개성유후사유후, 고부청시사告訃請諡使가 되어 명나라 다녀오다
1415년태종15	청성부원군 진봉
1421년세종3	진하사進賀使로 명나라 다녀온 후 우의정

생애일화

정몽주를 중심으로 하는 수구세력이 신진세력의 핵심인물인 조준趙浚을 죽이려 하자 광흥창사 정탁鄭擢이 이방원李芳遠에게 외쳐 말하며 결심을 촉구한다.

"백성의 살고 죽는 이해가 이 시기에 결정되는데 … 왕후장상이 어찌 따로 혈통이 있겠습니까?"
그의 간절한 이 한마디로 이방원이 결심을 굳히고, 곧 조영규趙英珪의 행동으로 옮겨져서 죽은 판개성부사 유원을 조상하고 나오는 정몽주를 습격하게 된다. 말이 목덜미에 칼을 맞으며 안장에서 떨어진 정몽주가 도망치자, 조영무·고여 등이 쫓아가 가차 없이 주살하고 만다. 결국 왕씨 옹립을 고수하여 고려를 지켜내려는 수구파가 와해되고 신진 사대부에 의한 역성혁명의 서막이 올려 진 것이다.

7대 판한성부사 최유경(崔有慶) – 4·9대 동일인물

판한성부사 재임기간 : 1403년태종3 8월 20일 ~ 1403년태종3 윤11월 27일

8대 판한성부사 강 서(姜筮)

신상내용

생몰연대 1347년충목왕3 ~ 1424년세종6 – 78세
본관 진주晉州
시호 양희良僖
가족 증조–감찰어사 사첨師瞻, 조부–판도정랑 창귀昌貴, 아버지–정당문학 군보君寶, 어머니–김여진金呂珍의 딸
배위–성주이씨(성산군 이인임李仁任의 딸)
묘 경기도 포천시 내촌면 팔야리 산 83

관직경력

판한성부사 재임기간 : 1403년태종3 윤11월 27일 ~ 1404년태종4 8월 6일

고려 말 조선 초기의 문신

〈고려시대〉

통례문사인으로 시작하여 위위시승·군기소윤·비순위정용·호군·삼사좌윤·판군기감사를 거쳐 친어군상호군·밀직사우대언·전리판서로 승진했다.

1379년우왕5 밀직부사
1382년우왕8 판밀직사사
1384년우왕10 문하평리

〈조선시대〉

1392년태조1	경상도병마절도사
1403년태종3	판승녕부사 겸 판한성부사
1415년태종15	검교의정부찬성사
1419년세종1	좌의정, 병으로 자택에서 졸하다

9대 판한성부사 최유경(崔有慶) – 4·7대 동일인물

판한성부사 재임기간 : 1404년태종4 8월 6일 ~ 1405년태종5 7월 3일

10대 판한성부사 이 옥(李沃)

신상내용

생몰연대	? ~ 1409년태종9
본관	양성陽城
시호	정절靖節
묘소	경기도 연천군 왕징면 강서리 산 48
가족	증조–삼중대광 정挺, 할아버지–첨의평리 방해邦海, 아버지–도첨의시중 춘부春富 어머니–허선許僐의 딸 부인–홍상재洪尙載의 딸

관직경력

판한성부사 재임기간 : 1405년태종5 윤11월 27일 ~ 1405년태종5 9월 22일

고려 말 조선 초기의 문신

〈고려시대〉

공민왕 때	문과 급제. 강릉도절제사
1387년우왕13	좌상시

〈조선시대〉

1398년태조7	중추원사
1400년정종2	방간을 돕다가 귀양

1405년태종5 판한성부사
1406년태종6 검교참찬의정부사
1409년태종9 개성유후사 유후

11대 판한성부사 이행(李行)

신상내용

생몰연대 1352년공민왕1 ~ 1432년세종14 – 81세
본관 여주驪州
자 주도周道
호 기우자騎牛子 · 백암거사白巖居士 · 일가도인一可道人
시호 문절文節
저서 〈기우자집騎牛子集〉
묘소 황해도 금천군 서면 영청동 설봉산 밑
가족 증조–한림학사 벽璧, 할아버지–중서사인 윤침允琛, 아버지–충주목사 천백天白
어머니–평해황씨(황서黃瑞의 딸)
부인–서산유씨(유숙柳淑의 딸)

관직경력

판한성부사 재임기간 : 1405년태종5 9월 22일 ~ 1405년태종5 12월 6일

고려 말 조선 전기의 문신

〈고려시대〉

1371년공민왕20 문과 급제, 한림, 수찬
1386년우왕12 전의부정으로 탐라에 가서 星主(제주목사의 별칭)의 아들 고봉례高鳳禮를 볼모로 데려옴
1389년창왕1 간의대부
1390년공양왕2 윤이·이초의 옥사로 투옥, 석방
1391년공양왕3 경연참찬관 · 예문관대제학
1392년공양왕4 이조판서, 정몽주를 살해한 조영규趙英珪 탄핵

〈조선시대〉

1400년정종2 계림윤

1402년태종2	조전절제사
1404년태종4	전라도관찰사, 개성유후사유후
1405년태종5	예문관대제학, 계품사啓稟使로 명나라에 다녀오다.
1406년태종6	승녕부판사, 판한성부사
1407년태종7	형조판서
1409년태종9	진도훈도관陳圖訓導官
1414년태종14	〈농상집요〉를 곽존중郭存中과 공동 번역
1424년세종11	79세로 선산이 있는 강화도 강음으로 은퇴

생애일화

정몽주가 살해된 후 조영규를 흉인兇人으로 몰아 탄핵하고 고려가 망하자 은거하였다.
그 후 벼슬을 사퇴하다가, 태종과의 구교를 계기로 계품사로 명나라에 다녀온 다음 관직 활동을 재개하였다.
원나라에서 들여온 〈농상집요農桑輯要〉를 곽존중과 함께 이두吏讀로 번역을 하였다.

12대 판한성부사 유량(柳亮)

신상내용

생몰연대	1372년공민왕4 ~ 1416년태종16 – 62세
본관	문화文化
자	명중明仲
시호	충경忠景
군호	문성군文城君
상훈	개국원종공신
가족	증조–밀직부사 인기仁琦, 할아버지–판도판서 보발甫發, 아버지–밀직부사 계조繼祖 어머니–면성군 구영검具榮檢의 딸 부인–평양조씨(시중 조덕유趙德裕의 딸), 연안이씨(이원발李元發의 딸)
묘소	경기도 남양주시 조안면 시우리 산 21–1

관직경력

판한성부사 재임기간 : 1405년태종5 ~ ?

고려 말 조선 초기의 문신

〈고려시대〉

1372년공민왕21	사마시(생원) 입격, 산원散員
1382년우왕8	문과 급제, 전의부령, 판종부시사
1388년우왕14	전라도안렴사
1390년공양왕1	형조판서
1392년공양왕2	이조판서, 조선 개국 협조

〈조선시대〉

1392년태조1	개국원종공신, 중추원부사
1397년태조6	계림부윤, 기밀 누설로 나주 유배, 상의중추원사
1400년정종2	좌명공신(방간의 난)
1402년태종2	문성군에 봉해짐, 동북면순문사
1404년태종4	대사헌, 형조판서, 예문관대제학, 판한성부사, 이조판서, 참찬의정부사, 대사헌
1413년태종13	문성부원군으로 진봉
1315년태종15	우의정

생애일화

조선 개국원종공신으로서 새 왕조의 행정체제 정비에 크게 기여한 명신이다.

13대 판한성부사 이귀령(李貴齡) – 25대 동일인물

신상내용

생몰연대	1346충목왕2 ~ 1439년세종21 – 94세
본관	연안延安
자	수지修之
호	계은桂隱
시호	강호康胡
상훈	개국원종공신, 원종공신
가족	증조–대호군 승고承雇, 할아버지–판관 정공靖恭, 아버지–전공판서 원발元發, 어머니–김남보金南寶의 딸, 동생–호조판써 귀산貴山 부인–홍언복洪彥復의 딸

묘소	경기도 용인시 처인구 이동면 서리 산 70, 구수동 불당곡

관직경력

판한성부사 재임기간 : ? ~ ? : 재직확인 (1406년 윤7월 25일)

고려 말 조선 초기의 문신

1392년태조1	개국원종공신
1394년태조3	중군사마, 형조·예조전서, 길주도도안무찰리사, 동북면도순문병마도절제사
1401년태종1	원종공신, 2차례 명나라에 사신, 판승녕부사, 좌군도총제, 병조판서, 참찬의정부사, 판한성부사, 판좌군도총제부사, 변정도감제조, 삼군판부사
1415년태종15	검교우의정, 검교좌의정, 좌의정

생애일화

임금이 판한성부사 이귀령에게 "남산 기슭의 궁궐이 훤히 내려다보이는 집들을 모두 철거하고, 또 경성 땅이 좁으니 마땅히 채마전을 금하는 것이 좋겠다." 고 명을 내렸다.

14대 판한성부사 안경공(安景恭)

신상내용

생몰연대	1347년충목왕3 ~ 1421년세종3 – 75세
본관	순흥順興
자	손보遜甫
시호	양도良度
상훈	조선개국공신 3등, 흥녕부원군
가족	증조–제학 석碩, 할아버지–찬성사 축軸, 아버지–판문하부사 종원宗源, 어머니–우상시 김휘남金輝南의 딸 부인–연일정씨(오천군 鄭思道의 딸)
묘소	서울특별시 금천구 시흥4동 산 146–1

관직경력

판한성부사 재임기간 :1406년태종6 8월 11일 ~ 1406년태종6 12월 8일

고려 말 조선 초기의 관인

〈고려시대〉

1365년공민왕14	국자감시 입격, 산원, 낭장 겸 사헌규정
1376년우왕2	문과 급제, 의영고부사 전리좌랑, 전법좌랑, 사헌지평, 예의정랑
1382년우왕8	경상도안렴사, 합주에서 사노私奴의 난 진압 삼사좌사, 판통례문사, 진현관제학, 판전교시사, 지제교, 예의판서, 전법판서
1391년공양왕2	예문관제학, 좌대언

〈조선시대〉

1392년태조1	중추원도승지, 개국공신
1393년태조2	사헌부대사헌 겸 도평의사사, 보문각학사, 전라도관찰출척사
1394년태조3	흥녕군興寧君
1406년태종6	판공안부사, 판한성부사
1410년태종10	판개성부사
1416년태종16	보국숭록대부 집현전대제학, 흥녕부원군에 진작

15대 판한성부사 이 원(李原) – 32대 동일인물

신상내용

생몰연도	1368년공민왕17 ~ 1430년세종12 – 63세
본관	고성固城
자	차산次山
호	용헌容軒
시호	양헌襄憲
상훈	좌명공신 4등
저서	〈용헌집〉·〈철성연방집〉
기타	정몽주의 문인
가족	증조–철성군 우瑀, 할아버지–수문하시중 암嵒, 아버지–밀직부사 강岡 어머니–청주곽씨(판개성부사 곽연준郭延俊의 딸), 매부–양촌 권근權近 부인–양천허씨(전리판서 허금許錦의 딸), 전주최씨(총랑 최정지崔丁智의 딸)
묘	경기도 광주시 목동 산 227–3

관직경력

판한성부사 재임기간 : 1406년태종6 12월 8일 ~ 1407년태종7 1월 30일

고려 말 조선 전기의 문신

〈고려시대〉

1382년우왕8	진사시에 입격
1385년우왕11	문과 급제, 사복시승, 예조정랑, 병조정랑

〈조선시대〉

1392년태조1	지평
1400년정종2	좌승지
1401년태종1	좌명공신 4등(방간의 난 평정 협력), 철성군 봉작. 공안부소윤, 대사헌
1402년태종2	경기좌우도도관찰출척사
1403년태종3	승추부제학, 고명부사로 명나라 다녀오다
1404년태종4	평양부윤 겸 서북면도순문찰리사
1406년태종6	참지의정부사, 판의용순금사사, 대사헌, 판한성부사
1408년태종8	태조 승하, 빈전도감판사
1409년태종9	경상도관찰사 겸 영상주목사, 칠성부원군 진봉
1414년태종14	영길도도순문사
1415년태종15	예조판서, 대사헌, 참찬
1416년태종16	판한성부사, 병조판서
1417년태종17	판우군도총제, 찬성
1418년태종18	우의정
1419년세종1	영경연사
1421년세종3	사은사로 명나라에 다녀오다, 좌의정, 도성수축도감 도제조
1425년세종7	등극사로 명나라에 다녀오다,

생애일화

황수재상黃鬚宰相, 이원李原의 별명이다.
태종3년(1403)에 승추부제학인 그가 고명부사誥命副使로 명나라에 갔을 때, 중국황제가 그의 출중한 용모와 유난히 많은 수염을 보고 "저 털보 정승은 다음에 다시 와야 한다."라고 호감어린 농담을 하였다 한다. 황제에게 좋은 인상을 남기는 사례는 흔치 않은 일이며 당시로서는 대단한 화젯거리로 회자될만한 가치가 충분하였다.
이후, 외교관으로서 탁월한 능력을 발휘하였기에 세 차례나 명나라에 다녀왔으며, 조선으로 오는 칙사勅使의 접반도 원숙한 기량으로 무리 없이 수행하였다.

또한, 그의 할아버지 이암李嵒은 예서와 초서에 능해 명필로 유명하였고, 아버지도 공민왕의 신임이 두터웠으며 본인도 공신의 반열에 올라 조·자·손祖子孫 삼대가 번성하였다.
조선 유학의 거봉인 권근權近이 매부이며, 세조대의 공신 권람權擥은 사위가 되고 시·서·화의 삼절三絕로 알려진 강희안姜希顔이 손녀사위다.

16대 판한성부사 설미수(偰眉壽) – 24대 동일인물

신상내용

생몰연대 1359년공민왕8 ~ 1415년태종15 – 57세
본관 경주慶州
자 천용天用
시호 공후恭厚
기타 元나라 고창 사람으로서 고려에 귀화
가족 증조–참지정사 문질文質, 할아버지–행성우승 철독哲篤, 아버지–숭문감승 遜
형제–설장수偰長壽의 아우

관직경력

판한성부사 재임기간 : ? ~ ? (재직확인 1407년태종7 4월 19일)

고려 말, 조선 전기의 문신

〈고려시대〉

1376년우왕2 식년문과에 동진사로 급제, 내외 관직 역임

〈조선시대〉

1401년태종1 판각문사, 공조전서, 판한성부사, 중군총제, 병조참지, 참지의정부사
1403년태종3 계품사로 명나라에 다녀오다
1406년태종6 성절사로 명나라에 다녀오다
1407년태종7 판한성부사, 천추사로 명나라에 다녀오다, 호조·공조판서
1410년태종10 예조판서
1411년태종11 검교판한성부사
1414년태종14 예조판서, 검교우참찬

생애일화

그는 원래 원나라 고창高昌 사람으로서 고려에 귀화하였다.

중국어에 능통하였으므로 성절사 · 천추사 등 사신으로 명나라에 다섯 차례나 다녀왔으며, 항상 마필이나 금·은 등 공물貢物의 감면을 주선하여 외교적 성과를 올렸다.

17대 판한성부사 정 요(鄭曜)

신상내용

생몰연대 1331년충혜왕1 ~ 1414년태종14 – 84세
본관 초계草溪
시호 호희胡僖
공훈 회군공신 2등
가족 증조–서유瑞儒, 할아버지–주부 수지守之, 아버지–중랑장 화和
부인–조성주趙成柱의 딸,
아들–갱賡(상장군), 손자–발發(판중추부사)

관직경력

판한성부사 재임기간 : 1407년태종7 8월 3일 ~ 1407년태종7 10월 3일

고려 말, 조선 전기의 문신

〈고려시대〉

1388년우왕14 위화도회군 회군공신 2등, 화령윤

〈조선시대〉

1392년태조1 상의문하부사
1393년태조2 지중추원사
1402년태종2 참찬문하부사
1407년태종7 판한성부사

18대 판한성부사 연사종(延嗣宗)

신상내용

생몰연대 1366년공민왕15 ~ 1434년세종16 – 65세
본관 곡산谷山

자	불비不非
시호	정후靖厚
상훈	개국원종공신, 좌명공신, 곡산부원군
가족	증조–문하대장군 수창壽昌, 할아버지–상장군 단서丹瑞, 아버지–우윤 주柱
묘소	충북 증평군 도안면 화성리(서울 노원구에서 도시계획으로 이장)

관직경력

판한성부사 재임기간 : 1407년태종7 10월 3일 ~ 1407년태종7 12월 8일

고려 말 조선 초기의 무신

〈고려시대〉

1388년우왕14	우군도통수 이성계 막하 도진무

〈조선시대〉

1392년태조1	역성혁명에 참여, 개국원종공신
1393년태조2	회군공신 3등
1401년태종1	방간의 난 평정 참여, 좌명공신 4등
1402년태종2	우군동지총제
1407년태종7	판한성부사 겸 우군총제, 상장군, 호조전서
1410년태종10	동북면병마도절제사, 길주도도안무찰리사
1411년태종11	의흥시위사절제사
1412년태종12	동북면도순문사
1413년태종13	영흥부윤, 곡산군 봉작
1416년태종16	삼군도진무, 의정부참찬, 중군총제
1418년태종18	사은사로 명나라 다녀오다
1419년세종1	판중군도총제부사
1422년세종4	곡산부원군 훈봉, 수릉관

신상내용

최초의 무인 출신 판한성부사이다.
젊은 시절부터 이성계 장군 휘하에서 왜구를 토벌한 황산전투 등 많은 전투현장을 누비고, 생사의 고비를 함께 넘기며 활약한 무장으로서 충성심이 남달랐다.
평생을 무인으로 일관한 그는 요동정벌 때 우군도통수 이성계를 따라 군진무로 근무하면서 위화도회군에서 왕이 될 때까지 한결 같이 좌우를 떠나지 않고 보좌하였으며, 조선이 개국되자 개국원종공신에 책록 되었다.

영흥부윤으로 있으면서 이성계의 직계 조상(4祖王:목조·익조·도조·환조)의 능과 경내를 정비하였다. 왕조시대에 첫 임금인 태조의 선계先系 조상 묘역을 성역화하는 일은 왕권의 권위를 과시하는 상징적 표상으로서 매우 중요시했던 사업이었으며, 이 소임을 맡는다는 것은 왕의 심중에 믿음이 깊은 신하라는 뜻이 있다.

19대 판한성부사 안 원(安瑗)

신상내용

생몰연대	1346년충숙왕2 ~ 1411년태종11 - 66세
본관	순흥順興
초명	정定
시호	경질景質
기타	명나라에서 『대학연의』『통감집람』 반입
가족	증조-찬성 우기于器, 할아버지-정당문학 목牧, 아버지-정당문학 원숭元崇 어머니-원주원씨(평리 원선지元善之의 딸) 부인-판서 남휘주南暉珠의 딸, 영평군 파평 윤척尹陟의 딸 친척-安敬恭(14촌 형, 14대 판한성부사)

관직경력

판한성부사 재임기간 : 1407년태종7 12월 8일 ~ 1408년태종8 2월 11일

고려 말 조선 초기의 문신

〈고려시대〉

1374년공민왕23	문과 급제, 공조전서

〈조선시대〉

1390년공양왕2	국왕의 천도 시도, 반대 저지
1392년태조1	개성유후사유후開城留後司留後
1401년태종1	우군동지총제, 사은사로 명나라에 다녀오다
1404년태종4	경상도도관찰사
1407년태종7	사헌부대사헌, 판한성부사, 개성유후사유후

생애일화

주자학을 들여온 안향安珦이 고조부이다. 그는 근면성실하고 대인관계가 원만하였으나 소신

있는 태도를 지키려 했다.
공양왕이 술사들의 망령된 말을 듣고 천도를 하려하자 반대하여 중지시켰으며, 이성계의 새 왕조 건국을 반대하여 탄핵을 받기도 하였다.
개성의 민심을 안정시키고 천도 후의 뒤처리를 위해 유휴사의 책임을 맡았으나, 태조의 형조전서 제수를 거부하기도 하였다.
그러나 태종의 밀명을 받고 외척으로서 횡포를 부리던 민무구 형제를 탄핵하여 외방으로 유배시키는데 협력하였다.
그는 매를 좋아해서 왼팔에는 매를 올려놓고, 오른 손으로 책장을 넘기며 책을 읽었다. 이에 장인이 두 가지 중 한 가지에나 힘쓰라고 하니, 두 가지를 다하면서 이치에 어긋나지 않으면 된다 하였다고 한다.

20대 판한성부사 정 구(鄭矩)

신상내용

생몰연대	1350년충정왕3 ~1418년태종18 – 69세
본관	동래東萊
자	중상仲常
호	운학재雲壑齋
시호	정절靖節
서예	『법화경』을 금니金泥로 쓰고, 건원릉비 제액題額을 쓰다
가족	증조–판도진사사 유의惟義, 할아버지–대사헌 호瑚, 아버지–감찰대부 양생良生 어머니–안경安輕의 딸 부인–이린李嶙의 딸, 윤승경尹承慶의 딸 형제–부符(동생)
묘소	경기도 의정부시 송산동

관직경력

판한성부사 재임기간 : 1408년태종8 2월 11일 ~ ?

고려말 조선 초기의 문신

〈고려시대〉

1377년우왕3	문과 급제, 전교시부령
1382년우왕8	김극공 옥사에 연루, 유배

〈조선시대〉

1392년태조1	한성부우윤
1394년태조3	권홍·변혼 등과 『법화경』 금니로 제작
1397년태조6	좌간의대부
1398년태조7	판교서감사 겸 상서원소윤, 승지, 상서원원윤
1399년정종1	도승지, 대사헌
1401년태종1	예문관학사, 중군총제, 참지의정부사, 공조·호조판서, 판한성부사, 계림부윤, 개성유후사유후
1417년태종17	의정부참찬, 성절사로 명나라에 다녀오다, 의정부찬성

생애일화

그는 성품이 청렴하고 예의가 밝아서 화를 내는 일이 없고, 자녀를 만날 때도 정장을 하였다.

예서·초서·전서 등 서예로 이름이 높았고, 아우 부符와 함께 음악에 조예가 깊어 거문고를 잘 탔다.

21대 판한성부사 김한로(金漢老)

신상내용

생몰연대	1367년공민왕16 ~ ?
본관	광산光山
작위	광산군光山君
추증	좌의정
가족	증조–빙憑, 할아버지–대사성 지보之寶, 아버지–광산군 자빈子贇 부인–남양홍씨(판서 홍윤복洪潤福의 딸), 정선전씨(판서 전오륜全五倫의 딸) 사위–양녕대군 이제李禔

관직경력

판한성부사 재임기간 : ? ~ 1409년태종9 4월 16일 : 재직확인(1408년 5월 27일)

고려 말 조선 초기의 문신

〈고려시대〉

1383년우왕9	문과에 장원급제, 이방원(태종) 동방급제, 예의좌랑

〈조선시대〉

1401년태종1	판봉상시사
1404년태종4	이조전서
1405년태종5	성절사로 명나라에 다녀오다
1407년태종7	딸이 세자 양녕대군과 혼인, 좌군동지총제
1408년태종8	판한성부사, 사은사로 명나라에 다녀오다
1409년태종9	예조판서, 광산군에 봉군, 대사헌, 참찬의정부사, 예문관대제학 겸 판의용순금사사, 의정부찬성 등 역임
1418년태종18	세자궁의 여인 출입문제로 탄핵, 유배 안치
1425년세종7	〈태종실록〉 사초 화재 소실로 처벌

생애일화

고려 말, 과거에 장원급제하였다. 태종 이방원과 동방급제라는 특별한 인연으로 세자 양녕대군을 사위로 맞았으나, 세자의 방종과 복잡한 여인관계로 야기된 난감한 상황 속에서 처신이 매우 곤란하였다. 결과적으로 왕가와의 혼인이 영광에서 몰락의 길로 몰고 가게 된 단초가 되었다.

22대 판한성부사 유정현(柳廷顯)

신상내용

생몰연대	1355년공민왕4 ~ 1426년세종8 – 72세
본관	문화文化
자	여명汝溟
호	월정月亭
시호	정숙貞肅
가족	증조–도천의 승陞, 할아버지–찬성 돈墩, 아버지–문화군 진鎭 어머니–춘천박씨(박거실朴居實의 딸) 부인–서원정씨(평리 정오鄭䫨의 딸) 친척–유만수柳曼殊(개국공신·사촌형), 유량柳亮(12대 판한성부사·7촌당숙)
묘소	경기도 안양시 동안구 비산동

관직경력

판한성부사 재임기간 : 1409년태종9 4월 16일 ~ ?

고려 말 조선 초기의 문신

〈고려시대〉

고려 말	음보, 사헌규정, 전라도안렴사, 장령, 지양근군사, 집의, 좌대언 등 역임

〈조선시대〉

1394년태조3	상주목사, 병조전서, 완산부윤
1404년태종4	전라도관찰사, 중군동지총제
1409년태종9	판한성부사
1410년태종10	형조판서, 예조판서, 서북면도순문찰리사, 평양부윤, 대사헌, 이조판서, 참찬의정부사, 병조판서, 찬성사 등 역임
1416년태종16	좌의정
1419년세종1	삼군도통사(대마도 정벌)
1424년세종6	영돈녕부사 겸 판호조사
1426년세종8	좌의정

생애일화

정치적 감각이 뛰어나서 태종의 의중을 꿰뚫고 과단성 있는 주장을 하였다. 방종한 세자의 교체를 제안하여 세종의 즉위를 이루어냈으며, 또한 상왕 태종이 의도한 세종의 외척 심씨 일가를 제거하는 데에도 강경책을 주장하였다.

저화의 화폐유통을 독려하기 위해서, 경시서京市署의 제조를 맡아 시전을 현장 감독하는 실무행정에도 직접 참여하여 철저히 관리하였다.

검소하고 근면하였으나, 엄격한 공사 구분 습관 때문에 당시의 관행인 관리들의 이자놀이 즉 금전대차 등과 관련하여 파생된 이야기가 있다.

"효령대군의 장인이며 태종과 동방 급제하였고 판한성부사를 지낸 정역鄭易의 노비가 유정현의 장리長利를 빌려 썼다. 갚을 때가 되어 빚 독촉하는 종이 찾아와 닦달했으나 여의치 않자 부엌에 있는 가마솥을 들고 가버렸다. 얘기를 듣고 난 정역이 하도 어이가 없어서 효령대군에게 하소연해서 겨우 문제를 해결하였다."

언뜻 들으면 고위관료가 노비를 상대로 돈놀이를 한다는 비난을 받을 것 같지만, 당시의 시속時俗으로는 얼마든지 있었던 일상적 일이었다. 그는 아들과의 금전관계도 엄격했었다고 하는데, 뇌물을 탐하였다는 이야기가 없는 것으로 보아 공사公私의 구분을 확실히 하는 성격 탓이었을 뿐일 것이다.

23대 판한성부사 박가실(朴可實)

신상내용

생몰연대 ? ~ 1410년태종10
본관 순천順天
시호 정목靖穆
가족 증조-대제학 숙정淑貞, 조부-이부시랑 원룡元龍, 아버지-평양부원군 천상天祥

관직경력

판한성부사 재임기간 : ? ~ ? : 재직확인(1410년 5월 7일)

1402년태종2 동북면순문찰리사, 계림윤
1410년태종10 판한성부사

24대 판한성부사 설미수(偰眉壽) – 16대 동일인물

판한성부사 재임기간 : 1410년태종10 11월 1일 ~ 1410년태종10 12월 10일

25대 판한성부사 이귀령(李貴齡) – 13대 동일인물

판한성부사 재임기간 : 1410년태종10 12월 10일 ~ ?

26대 판한성부사 최용소(崔龍蘇)

신상내용

생몰연대 ? ~ 1422년세종2
본관 강화江華
시호 제정齊貞
묘소 경기도 안성시 일죽면 신흥리. 안성시 향토유적 제34호
가족 증조-대제학 유䜾, 할아버지-상서 백전伯全, 아버지-판시사 홍泓
부인-김구金球의 딸

관직경력

판한성부사 재임기간 : ? ~ ? : 재직확인(1414년 5월 21일)

고려 말 조선 초기의 문신

〈고려시대〉

공민왕	의릉직, 감찰규정, 계림부판관, 이성등처관군만호 등 역임
1370년공민왕19	전라도체복사, 공조전서

〈조선시대〉

1394년태조3	회례사回禮使로 일본 구주九州에 파견
1397년태조6	상의중추원사
1398년태조7	강원도관찰사
1400년정종2	3군도진무, 검교참찬문하부사
1403년태종3	승녕부윤, 좌군총제, 안동부사, 개성유후사유후
1413년태종13	형조판서, 하정사로 명나라에 다녀오다. 공조판서
1414년태종14	판한성부사

생애일화

일본에 파견되어 구주절도사와 왜구 토벌문제 및 양국 우호를 도모하는 국서를 전달하고, 잡혀갔던 570여 명의 백성들을 데리고 귀국하였다.
그는 성품이 청렴하면서도 절개가 굳고, 언행이 정중하였다. 일찍이 명나라에 들어가 옥하관의 건축을 감독하여 명성을 얻기도 하였다. 방백方伯을 비롯하여 지방관을 두루 지냈고, 청백리로 유명하다.

27대 판한성부사 권 홍(權弘) – 42대 동일인물

신상내용

생몰연대	1360년공민왕9 ~ 1446년세종28 – 87세
본관	안동安東
초명	간幹
자	백도伯道·사의士毅
호	쌍당雙塘·송설헌松雪軒
시호	문순文順

군호	영가군永嘉君
저서	〈쌍당집〉·〈낙천정기樂天亭記〉, 헌릉·문묘·기자묘의 비문
가족	증조–영가부원군 보溥, 할아버지–찬성 렴濂, 아버지–참찬문하부사 균鈞 딸–의빈懿嬪(태종의 후궁)
묘소	경기도 양주시 주내면 산북리

관직경력

판한성부사 재임기간 : 1414년태종14 6월 12일 ~ ?

고려 말 조선 초기의 문신

〈고려시대〉

1382년우왕8	문과 급제, 춘추관검열, 사헌부규정
1388년우왕14	우정언, 이조·병조좌랑
1391년공양왕3	우헌납

〈조선시대〉

1400년정종2	좌보궐, 사헌시사, 성균악정
1402년태종2	영가군 봉군
1404년태종4	첨서승추부사
1407년태종7	진헌사로 명나라에 다녀오다
1410년태종10	지의정부사, 사은사로 명나라에 다녀오다
1412년태종12	판경승부사
1413년태종13	판공안부사
1414년태종14	판한성부사
1417년태종17	판돈녕부사
1418년태종18	예조판서, 판한성부사
1423년세종5	영돈녕부사

생애일화

그의 재종조모가 원나라 황태자비가 되었는데, 원나라가 망하자 명나라 군사에게 붙잡혔다. 그러나 자결하여 명태조가 감탄하고 후히 장례를 지내 주었다. 그때 사신으로 가서 후히 대접받았다고 한다.

그는 태조의 후손이 아니면서 재내대군在內諸君·원윤元尹·정윤正尹에 책봉된 것과 외척으로 봉군된 것을 혁파하는 정책으로 판경승부사判敬承府事가 되었다.

관직에서 치사致仕한 뒤, 원묘原廟와 종학宗學에 비碑·갈碣을 세우고, 태조 이하 역대 군왕을 찬미하자는 글을 올렸으나 허락받지 못했다.
유관柳寬 등과 기영회耆英會를 조직하였으며, 문학에 뛰어나고 전서·예서에 능하여 헌릉·문묘 등의 비문을 썼다.
딸이 왕의 후궁(의빈毅嬪)이 되어 노후를 여유롭고 안정되게 보냈다. 그는 시은市隱의 멋이 있어 비록 도성 내에 살면서도 산수山水를 아름답게 꾸며놓고, 복건을 쓰고 명아주 지팡이를 짚고서 화창한 날에는 그 속을 거닐다가 반가운 손님이 오면 음영飮詠하면서 즐기는 생활을 하며 20여 년을 지냈다 한다.

28대 판한성부사 이 지(李至)

신상내용

생몰연대 ? ~ 1414년태종14
본관 진위振威
호 퇴암退庵
시호 문간文簡
공훈 개국원종공신 3등
가족 증조–시조 진위군 자영自英, 할아버지–고려 태사 중육仲育, 아버지–밀직사 옹邕

관직경력

판한성부사 재임기간 : ? ~ ? (재직확인:1414년 12월 9일)

고려 말 조선 초기의 문신

〈고려시대〉

1363년공민왕12	문과 급제
1371년공민왕21	춘추관 사관
1383년우왕9	좌사의대부, 성절사로 명나라에 다녀오다
1388년우왕14	상서원소윤, 밀직사
1389년창왕1	밀직제학
1390년공양왕1	하정사로 명나라에 다녀오다. 강릉교주도도관찰사
1392년공양왕3	세자 사부

〈조선시대〉

1392년태조1	역성혁명 참여, 개국원종공신 3등, 중추원부사, 중추원사

1393년태조2	명나라 명사 황영기黃永奇 배행, 명나라에 갔다가 귀국
1396년태조5	상의중추원사, 충청·전라·경상도 도찰리사
1398년태조7	경상도도관찰사
1399년정종1	충청도도관찰사, 예문관·춘추관 대학사
1401년태종1	사헌부대사헌, 예문관대제학, 서북면도순무사
1405년태종5	호조판서
1407년태종7	형조판서, 예조판서, 판한성부사

생애일화

척불론斥佛論을 내세워 유교적 화합을 도모했다. 대사헌으로 시무책을 건의하면서, 가묘법家廟法의 철저한 실시로 유교적 가풍의 진작을 시도했다.
지방관으로 나아가서는 영농과 양병, 백성들의 부역 감소 그리고 특히 빈민구제에 힘썼다.
강직한 성품으로 형조판서로 재임 시에는 공신들의 횡포를 억제하기 위해 노력했으며, 행정의 공평성과 감찰을 강화해서 민폐를 제거하는 데 역점을 두었다.

29대 판한성부사 정 역(鄭易)

신상내용

생몰연대	? ~ 1425세종7
본관	해주海州
자	순지順之
호	백정栢亭
시호	정도貞度
추증	영의정
가족	할아버지–소부소윤 언言, 아버지–판예의시사 윤규允珪, 어머니–경주설씨(대사성 薛文遇의 딸) 사위–효령대군 이보李補 손자–정종鄭悰(문종의 사위) 셋째 손녀–세종의 8남 영응대군 부인
묘소	경기도 여주시 능서면 오계리 산 1–24

관직경력

판한성부사 재임기간 : 1415년태종15 1월 26일 ~ ?

고려말 조선 전기의 문신

1383년우왕9	문과 급제, 이방원과 동방. 좌정언, 교주도안렴부사, 사헌부지평, 참지의정부사 등 역임
1411년태종11	한성부윤, 정조부사로 명나라에 다녀오다
1412년태종12	사헌부대사헌
1414년태종14	충청도관찰사
1415년태종15	예조판서, 형조판서
1416년태종16	대제학
1419년세종1	이조판서, 판한성부사, 좌찬성
1420년세종2	호조판서, 대제학

생애일화

네 임금을 섬겼으며 인망이 두터워 행의行誼가 한결같았고, 겸손했다.
태종 이방원과 과거시험 동방급제로 친밀하였으며, 내외 자손이 번성하였다.
그의 손자 정종鄭悰이 문종文宗의 사위로서 단종端宗의 매부이다. 또한 셋째 손녀는 세종대왕의 8남인 영응대군의 부인이 된다.
정녕 묘터에도 운수가 있는가!
서오릉 내에 있던 그의 유택幽宅에 경릉(의경세자·수양대군 세조의 큰아들 20세에 요절)이 밀고 들어오자, 사위 효령대군 옆(방배동)으로 이장했다. 이후, 그의 후손들이 모여 살던 정곡마을에 600년이 지나 도시계획에 의해 서초동 법원단지가 조성되어 서울 강남 번화가의 중심이 되었다.
그의 겸손한 덕성에 연유해서인지, 거만巨萬의 복록福祿이 후손들에게 내려진 것이다.

30대 판한성부사 성발도(成發道) – 33대 동일인물

신상내용

생몰연대	? ~ 1418년태종18
본관	창녕昌寧
시호	경숙景肅
묘소	경기도 포천시 신북면 고일2리 산47 계류산
가족	증조–판도총랑 군미君美, 할아버지–문하시중 여완汝完, 아버지–영의정 석린石璘 어머니–순흥안씨(정당문학 안원숭安元崇의 딸) 부인–참찬문하 박위朴葳의 딸 사위–김연지金連枝(한성판윤)

묘	경기도 포천시 신북면 고일2리 산47 계류산

관직경력

판한성부사 재임기간 : 1415년태종15 5월 17일 ~ 1415년태종15 12월 28일

조선 전기의 무신

1406년태종6	중군동지총제, 전라도 병마도절제사
1408년태종8	태조 승하, 국장도감판사, 좌군총제
1409년태종9	병서강토총제, 충청도첨절제사
1411년태종11	호익시위사총제
1412년태종12	우일번절제사
1413년태종13	형조판서
1415년태종15	판한성부사
1416년태종16	형조판서, 호조판서
1417년태종17	공조판서
1418년태종18	의정부참찬

생애일화

영의정을 지낸 아버지 성석린의 후광이 있었으나, 겸손과 절제가 있었다.
그는 인품이 순후하여 다른 마음이 없었고, 내외 관직을 두루 거치면서 많은 성적聲績을 남겼다.
아들이 없고, 딸만 두었는데 판한성부사를 지내고 아버지 성석린의 문집을 펴낸 김연지金連枝가 사위이다.

31대 판한성부사 박자청(朴子靑)

신상명세

생몰연대	1357년공민왕6 ~ 1423년세종5 – 67세
본관	영해寧海
시호	익위翼魏
가족	증조–위緯, 할아버지–종인宗仁, 아버지–장검張儉
기타	대장군 황희석黃希碩의 가인家人 출신

관직경력

판한성부사 재임기간 : 1415년태종15 12월 28일 ~ 1416년태종16 3월 16일

조선 전기의 무신

〈고려시대〉

고려 말	내시, 낭장

〈조선시대〉

1392년태조1	중랑장
1393년태조2	입직군사, 내상직內上直
1396년태조5	호익사대장군, 동북면선위사
1402년태종2	공조·예조전서
1406년태종6	중군총제 겸 선공감사
1408년태종8	판공안부사, 공조판서
1413년태종13	지의정부사, 경성수보도감제조, 좌우군도총제
1415년태종15	판한성부사
1419년세종1	참찬의정부사, 판우군도총제부사

생애일화

대장군 황희석을 따라 상경, 궁문을 지킬 때, 이성계의 이복동생 이화李和의 무단출입을 거절하는 사건을 계기로 충직성이 인정되어 임금의 특명에 의해 어전 앞을 지키는 내상직을 맡았다.
충실한 근무자세로 군인 신분에서 선공감소윤으로 발탁되었고, 새 수도 건설의 현장에서 그의 능력이 발현되기 시작한다.
맡겨진 소임을 위해 물불을 가리지 않고 소신껏 밀어붙였으며, 건설 현장마다 동독董督의 호령이 울렸다. 뛰어난 건축가의 자질을 보였다.
태종은 그의 업적을 이렇게 말했다.
"사람들이 박자청을 미워하는 것은 토목의 역사役事 때문이다. 송도의 경덕궁과 신도 한성漢城의 창덕궁은 내가 거처하는 곳이고, 모화루와 경회루는 외국 사신들을 위한 곳이다. 개경사와 연경사는 부모님을 위한 곳이고, 성균관을 짓고 행랑을 세우는 것은 국가를 위해 그만둘 수 없는 일이다. 이런 역사를 다른 재상에게 감독하게 했더라면 명령을 잘 따라 했겠는가?"
"박자청이 배우지는 못하였으나 다만 부지런하고 곧기만 하다. 종묘·사직을 수리하는 일은 내가 명하여 역사를 동독한 것이다. 어찌 한 몸의 계책을 위하여 이 일을 하였겠느냐? ~ 중

략 ~, 경들은 다시 말하지 말라."
왕의 전폭적인 지원과 신뢰를 배경으로 새 수도 건설의 선봉장 역할을 한 것이다.
정도전을 조선시대 서울의 모습을 기획한 설계자라면, 박자청은 서울의 실제 모습을 만들어 낸 건축가라 할 수 있다.
박자청은 경상도 영해 출신으로 신라 충신 박제상朴堤上의 후손이며, 황희석 장군의 수행 가인家人으로 출발하여 경상卿相의 반열에 오른 입지전적 인물이다.

32대 판한성부사 이 원(李原) – 15대 동일인물

판한성부사 재임기간 : 1416년태종16 3월 16일 ~ 1416년태종16 9월 27일

33대 판한성부사 성발도(成發道) – 30대 동일인물

판한성부사 재임기간 : 1416년태종16 9월 27일 ~ 1416년태종16 11월 2일

34대 판한성부사 심 온(沈溫)

신상내용

생몰연대	1375년우왕1 ~ 1418년태종18 – 44세
본관	청송靑松
자	중옥仲玉
시호	안효安孝
군호	청천부원군靑川府院君
묘소	경기도 수원시 영통구 이의동 산13-10　배위-경기도 안성시 금광면
가족	증조-합문지후 연淵, 조부-전리정랑 용龍, 아버지-개국공신 청성백 덕부德符 어머니-감문랑장 문필대文必大의 딸 동생-종(태조의 딸 경선공주와 혼인) 부인-순흥안씨(영돈녕부사 안천보安天保의 딸), 3남3녀 장남-준, 2남-회(영의정), 3남-결(판돈녕부사), 사위-세종대왕 외손-강희맹姜希孟, 노사신盧思愼

관직경력

판한성부사 재임기간 : 1416년태종16 11월 2일 ~ ?

조선 전기의 문신

〈고려시대〉

1386년우왕12	국자감시 입격, 문과 급제

〈조선시대〉

1392년태조1	병조·공조의랑
1398년정종1	보공장군, 대호군
1401년태종1	지합문사
1404년태종4	상호군 겸 판통례문사 겸 판문하사
1407년태종7	동부대언, 좌부대언
1408년태종8	딸(소헌왕후)이 충녕군 이도李祹(세종대왕)와 혼인
1411년태종11	풍해도관찰사,
1413년태종13	참지의정부사, 대사헌
1414년태종14	우군총제, 형조판서,
1415년태종15	호조판서, 좌군도총제,
1416년태종16	참찬, 판한성부사
1417년태종17	이조판서
1418년태종18	공조판서, 이조판서, 의정부참찬
1418년세종즉위	청천부원군, 영의정부사, 명나라에 사은주문사로 다녀와 사약을 받다.

생애일화

그는 세종世宗의 장인으로서 우의정과 좌의정을 거치지 않고 44세에 영의정으로 제수되었다.
왕의 장인 심온에 대한 파격적 인사는 알력을 낳았고, 정치적 풍향계는 외척세력의 배제라는 명분을 내세워 냉혹한 바람을 몰고 갔다.
상왕 태종은 선위할 때 군국軍國의 중대사는 상왕에게 아뢰고 처리하도록 권력을 유보하였다. 모함이 발동하게 된 원인이다.
상왕의 병권 장악에 도발하는 불경사건이 터진 것이다. 병조참판 강상인이 대궐을 수비하는 금군禁軍을 사전 보고도 없이 상왕의 거처와 주상의 거처로 나누어 배치하였는데, 이것이 문제가 되고 말았다.
외척세력 제거에 노회한 계략을 가진 상왕 태종은 좌의정 박은朴訔을 불러 그 의미를 물었다. 박은이 말하기를 심온이 주모자라고 하였다.

"심온이 군사를 한 곳으로 모아야 한다고 했으니, 그곳이 바로 주상主上 전을 가리킨 것입니다."
훗날, 이 사건은 심온이 국구國舅로서 세력이 커지는 것을 경계하여 태종과 좌의정 박은이 무고한 것으로 밝혀졌다.
1418년 12월 23일 심온은 수원에서 사위 세종의 어명으로 사약을 마시고 목숨을 끊고 말았다. 영의정에 오른 지 4개월 만이다.

35대 판한성부사 정 진(鄭鎭)

신상내용

생몰연대	1378년우왕4 ~ 1418년태종18 – 41세
본관	영일迎日
시호	정원靖元
군호	일성부원군日城府院君
가족	증조–종부령 유侑, 할아버지–정당문학 사도思道, 아버지–판중추 홍洪 어머니–오중선吳仲善의 딸 동생–연淵(병조판서, 안평대군의 장인) 부인–평양조씨(영의정 조준趙浚의 딸) 아들–효전孝全(일성위日城尉, 태종 4녀 숙정옹주와 혼인)

관직경력

판한성부사 재임기간 : ? ~ ? : 재직확인(1417년 7월 17일)

조선 전기의 무신

1395년태조4	대언, 중추
1410년태종10	형조판서
1411년태종11	의흥부절제사
1412년태종12	형조판서, 중군도총제, 판경승부사
1416년태종16	평안도도순문사
1417년태종17	우군도총제, 판한성부사
1418년태종18	공조판서, 3번절제사

생애일화

18세 때에 벼슬에 나아가 사람들이 모두 부러워하였다.

그는 성품이 온화하고 근신하며, 공평·청렴하였다. 부모에게 효성스럽고 사람들에게 신용이 있어 귀티를 내는 법이 없었다.

36대 판한성부사 유 염(柳琰)

신상내용

생몰연대	1367년공민왕15 ~ ?
본관	진주晉州
자	주인州人 혹은 여헌汝獻
호	묵재默齋
시호	문간文簡
상훈	청백리
가족	증조–밀직부사 인비仁庇, 할아버지–찬성사 유淯, 아버지–평리 혜손惠孫 어머니–안동권씨(권렴權濂의 딸) 부인–이부상서 이귀생李貴生의 딸
묘소	경기도 여주시 북내면 오학리 중리마을

관직경력

판한성부사 재임기간 : 1417년태종17 9월 7일 ~ 1417년태종17 12월 3일

조선 초기의 문신

〈고려시대〉

1383년우왕9	문과 급제, 태종 이방원과 동방, 성균관대사성 등 역임

〈조선시대〉

1402년태종2	전라도관찰출척사
1417년태종17	판한성부사, 이조판서, 대제학

생애일화

관료생활이 깨끗하여 청백리에 녹선되었다.

37대 판한성부사 윤 향(尹向)

신상내용

생몰연대　1374년공민왕23 ~ 1418년태종18 – 45세
본관　파평坡平
시호　소도昭度
가족　증조–영평부원군 안숙安淑, 할아버지–판서 척陟, 아버지–문하평리 承順
어머니–단양이씨(판도판서 이거경李居敬의 딸)
매부–홍여방洪汝方(65대 판한성부사)
부인–남양홍씨(남양군 홍민조洪旻祖의 딸)
아들–계동季童(태종의 차녀 정선옹주와 혼인)

관직경력

판한성부사 재임기간 : 1417년태종17 12월 4일 ~ 1417년태종18 1월 11일

조선 전기의 문신

고려 우왕	사마시(생원) 입격
1404년태종4	지사간원사
1405년태종5	사헌부집의
1406년태종6	경차관, 판군기감사
1407년태종7	이조참의, 대사헌
1408년태종8	한성부윤, 전라도관찰사
1409년태종9	참지의정사
1410년태종10	경상좌도병마도절제사 겸 계림부윤
1412년태종12	한성부윤, 참지의정부사
1413년태종13	공조판서
1415년태종15	형조판서, 호조판서
1417년태종17	강원도·경상도관찰사, 형조판서, 판한성부사
1418년태종18	진하사로 명나라에 다녀오다

생애일화

아들 계동季童이 태종의 차녀 정신옹주貞信翁主와 결혼하여 영평군鈴平君이 되었다.

38대 판한성부사 황 희(黃喜)

신상내용

생몰연대 1363년공민왕12 ~ 1452년문종2 - 90세
본관 장수長水
초명 수로壽老
자 구부懼夫
호 방촌厖村
시호 익성翼成
상훈 좌익공신, 순충보조공신, 남원부원군(추봉)
저서 〈방촌집〉
배향 세종 묘정, 옥동서원, 창계서원, 반구정(영정)
가족 증조–증이참 석부石富, 조부–증참찬–균비均庇, 아버지–도호부사 군서君瑞
어머니–용궁김씨(김우金祐의 딸)
부인–판사복시사 최안崔安의 딸, 청주양씨(공조전서 양진楊震의 딸)
아들–치신致身(판한성부사), 보신保身, 수신守身(영의정)
묘소 경기도 파주시 탄현면 금승리 산1 경기도 유형문화재 제34호

관직경력

판한성부사 재임기간 : 1418년태종18 1월 11일 ~ 1418년태종18 5월 11일

조선 전기의 문신

〈고려시대〉

1376년우왕2 음보로 복안궁 녹사
1389년창왕1 문과 급제, 성균관학록

〈조선시대〉

1394년태조3 성균관학관 겸 세자우정자, 직예문관·춘추관·감찰
1398년태조7 문하부우습유
1399년정종1 문하부우보궐, 경기도도사, 형조·예조·이조·병조정랑
1401년태종1 도평의사사경력, 병조의랑
1402년태종2 대호군 겸 승추부경력
1404년태종4 우사간대부, 승정원좌부대언
1405년태종5 승정원지신사

1409년태종9	참지의정부사, 형조판서
1410년태종10	지의정부사, 대사헌
1411년태종11	형조판서
1413년태종13	예조판서
1415년태종15	이조판서, 행랑도감제조, 참찬, 호조판서
1416년태종16	공조판서, 평안도도순문사 겸 평양윤
1418년태종18	판한성부사
1422년세종4	참찬
1423년세종5	예조판서, 강원도관찰사 겸 판우군도총제
1424년세종6	찬성, 대사헌
1426년세종8	이조판서, 찬성, 우의정 겸 판병조사
1427년세종9	좌의정 겸 판이조사
1430년세종12	사헌부 탄핵으로 좌의빙 파직
1431년세종13	영의정부사, 영집현전경연·예문관·춘추관·서운관사, 세자사, 상정소도제조

생애일화

그는 고려가 망하자 두문동에 은거하였는데, 조정의 요청과 동료들의 천거로 새 왕조에 참여하게 되었다.

태종 때 승정원지신사 박석명의 후임으로 발탁되었고 6조의 판서를 거치며 유능한 관료로서 활약상을 발휘하기 시작하였다. 그러나 양녕대군의 실행失行에 따른 세자 폐출의 불가함을 극간하다가 왕의 노여움을 사 유배되기도 하였다.

세종의 치세가 시작되면서 일찍이 그의 능력을 꿰뚫어봤던 상왕 태종이 그의 기용을 권유하여 관직이 다시 제수되었고, 18년 동안 영의정으로서 국정을 통리統理함으로써 세종성세世宗盛世를 이루는 데 기여하였다.

조선왕조실록에 사관이 쓴 그의 졸기卒記에는 다음과 같이 기록되어 있다.

"황희는 관대하고 후덕하며 침착하고 신중하여 재상宰相의 식견과 도량이 있었으며, 후덕한 자질이 크고 훌륭하며 총명이 남보다 뛰어났다. 집을 다스림에는 검소하고 기쁨과 노여움을 얼굴에 나타내지 않으며, 일을 의논할 적에는 정대正大하여 대체大體를 보존하기에 힘쓰고 번거롭게 변경하는 것을 좋아하지 않았다. … 재상이 된 지 24년 동안에 중앙과 지방에서 우러러 바라보면서 모두 말하기를 '어진 재상'이라 하였다."

그의 겸손하고 후덕한 인품을 말해주는 많은 설화가 있는데 그중 몇 가지를 들어본다.

〈네 말이 옳다〉〈누렁소와 검정소〉〈종의 아이가 커서 장원급제〉〈종의 아이가 문서에 오줌싸기〉에서는 온화하고 남을 배려하며 베풀기를, 〈김종서 기강잡기〉〈손님으로 예우하기〉〈장남의 집들이〉에서는 우유부단하지 않고 소신과 원칙을 지키는 모습을, 〈단 한 벌뿐인 조복〉〈청백리 황정승과 박광대〉〈멍석 방바닥〉에서는 청빈한 생활태도와 벼슬아치의 규범을 보여주는 이야기들이 전해지고 있다.

39대 판한성부사 민여익(閔汝翼)

신상내용

생몰연대	1360년공민왕9 ~ 1431년세종13 – 72세
본관	여흥驪興
자	보지輔之
시호	양경良敬·경정景定
상훈	개국공신 3등, 보국숭록대부여천부원군, 대광보국여천부원군
가족	증조–대제학참의정승 지漬, 할아버지–참의찬성 祥正, 아버지–여흥군 현玹 부인–유수 곽윤명郭允明의 딸
묘소	경기도 안성시 보개면 기좌리

관직경력

판한성부사 재임기간 : 1418년태종18 5월 11일~ 1418년태종18 6월 2일

조선 전기의 문신

1380년우왕6	문과 급제, 후덕부승, 성균사예, 군부경력, 예조랑, 병조의랑, 우간의
1392년태조1	개국공신 3등
1393년태조2	중추원 우승지, 도승지
1396년태조5	도승지 겸 성균시원, 사헌부대사헌
1397년태조6	여흥군 봉군, 전라도도관찰사
1402년태종2	좌군총제, 사은부사로 명나라에 다녀오다
1408년태종8	참지의정부사
1409년태종9	충청도도관찰사
1412년태종12	성절사로서 명나라에 다녀오다
1413년태종13	경성수보도감제조
1415년태종15	세자좌우빈객
1416년태종16	공조판서, 의정부참찬
1418년태종18	판한성부사, 예조판서
1419년세종1	호조판서
1420년세종2	수릉관, 보국숭록대부여천부원군 가봉

생애일화

그는 천성이 온화하고 몸가짐이 조심스러운데다, 노력과 연륜으로 높은 벼슬자리에 올랐다.

40대 판한성부사 김여지(金汝知)

신상내용

생몰연대	1370년공민왕19 ~ 1425년세종7 – 56세
본관	연안延安
자	사행士行
시호	문익文翼
가족	증조–문하찬성사 우祐, 할아버지–밀기제학 광후光厚, 아버지–밀직제학 도濤 어머니–안수시安受諟의 딸 형–자지自知(형조판서) 부인–이승원李承源의 딸, 정주鄭澍의 딸
묘소	경기도 양평군 강하면 왕창리

관직경력

판한성부사 재임기간 : 1418년태종16 6월 2일 ~ 1418년태종18 8월 27일

고려말 조선 전기의 문신

1389년창왕1	문과 장원급제, 사헌규정
1390년공양왕1	우정언, 예조좌랑
1392년태조1	계림부판관
1401년태종1	하륜과 함께 무과시험 주관, 무경칠서武經七書 강론
1402년태종2	우헌납, 병조·이조정랑
1403년태종3	장령, 지봉주사, 예문관직제학, 집의
1408년태종8	판내섬시사, 승정원우대언·좌대언
1410년태종10	승정원지신사
1414년태종14	예문관제학, 남재 등과 문과회시 주관, 충청도관찰사
1416년태종16	대사헌, 세자좌빈객
1417년태종17	예문관제학, 공조·예조판서, 판한성부사
1418년태종18	형조판서, 하정사로 명나라에 다녀오다
1422년세종4	예조판서, 의정부참찬

생애일화

고려 말, 그는 정도전을 탄핵한 일로 갈등을 빚었다.
정도전 실각 후 태종이 집권한 조정에서 국정에 적극 참여하였으며, 형조판서 자지自知와 함께 형제가 태종·세종시대의 성세盛世에 일익을 담당했다.
그는 성품이 충직하고 도량이 넓어 동료 신하들과 협력을 잘 하였다.

41대 판한성부사 노구산(盧龜山)

신상내용

생몰연대 ? ~ 1419년세종1
본관 장연長淵
시호 제대齊戴
가족 증조–판문하사 성주誠柱, 할아버지–문하시중 贊, 아버지–밀직사 영수穎授·英壽

관직경력

판한성부사 재임기간 : 1418년태종18 8월 27일 ~ 1418년태종18 10월 16일

조선 전기의 문신

1385년우왕11	문과 급제
1399년정종1	밀직제학
1411년태종11	딸이 태종의 후궁이 됨. 좌군총제
1417년태종17	도총제, 진헌사로 명나라에 다녀오다
1418년태종18	내시위 1번 절제사, 판한성부사, 함길도관찰사, 우군도총제

생애일화

고려 말, 누이가 우왕의 후궁(懿妃)이 되어, 아버지는 밀직사로 권세가 있었다.
그는 조선조에 들어와 고려의 신하라는 이유로 외방에 안치되기도 하였으나, 딸이 태종의 후궁이 되자 관계 진출의 계기를 얻어 행세하게 되었다.

42대 판한성부사 권 홍(權弘) – 27대 동일인물

판한성부사 재임기간 : 1418년태종18 10월 16일 ~ ?

43대 판한성부사 정 역(鄭易) – 29대 동일인물

판한성부사 재임기간 : 1419년 7월 7일세종1 ~ ?

44대 판한성부사 맹사성(孟思誠)

신상내용

생몰연대	1360년공민왕9 ~ 1438년세종20 – 79세
본관	신창新昌
자	자명自明
호	고불古佛·동포東浦
시호	문정文貞
상훈	청백리
가족	증조–議郎 의義, 할아버지–尙書 유裕, 아버지–수문전제학 희도希道 어머니–장령 조문우趙文祐의 딸 부인–홍양최씨(상호군 최담崔潭의 딸)
묘소	경기도 광주시 직동 산 27. 경기도 기념물 제21호

관직경력

판한성부사 재임기간 : 1419년세종1 9월 25일 ~ ?

고려말 조선 초기의 문신

1386년우왕12	문과 급제, 춘추관검열, 전의시승, 기거랑, 우헌납, 수원판관, 내사사인
1392년태조1	예조의랑
1399년정종1	간의우산기상시, 간의좌산기상시
1401년태종1	좌사간의대부, 동부대언, 이조참의
1407년태종7	예문관제학, 진표사로 명나라에 가는 세자의 시종관으로 다녀오다
1408년태종8	사헌부대사헌

1414년태종14	판충주목사, 관습도감제조
1415년태종15	풍해도도관찰사
1416년태종16	이조참판, 이조판서
1417년태종17	왕이 친림한 문과 복시 독권관, 호조판서, 충청도도관찰사
1418년태종18	공조판서, 예문관대제학
1420년세종2	이조판서
1421년세종3	의정부찬성사
1427년세종9	우의정, 태종실록 편찬 감관사
1432년세종14	좌의정

생애일화

그는 인품이 소탈하고 조용하며 엄하지 않았다. 평소에 어질고 부드러웠으나 조정의 중요한 정사를 논의할 때에는 신중하면서도 과단성이 있었다.
대사헌으로 있을 때, 태종의 사위 조대림趙大臨을 왕에게 보고하지 않고 잡아다 고문하였다. 이 일로 왕의 노여움을 사 죽을 뻔했으나, 영의정 성석린의 도움으로 죽임을 면하였다. 훗날 그가 성석린의 집 앞을 오고 갈 때면 늘 말에서 내려 생명의 은인에게 예를 표하고 지나갔다고 한다.
『태종실록』의 편찬이 완료되자 세종임금이 한번 보고자 하였다. 그러자 그가 "왕이 실록을 보고 고치면 반드시 후세에 이를 본받게 되어 사관史官이 두려워서 그 직무를 수행할 수 없을 것"이라고 반대하여 임금이 이에 따랐다.
맹사성은 고려 말 명장인 최영崔瑩장군의 손녀사위로서 장군이 살던 집을 물려받았는데, 여기에 은행나무를 심어 오늘날 고택과 구괴정, 쌍행수 등을 합쳐서 '맹씨행단孟氏杏壇"이라 부르며 사적 109호로 지정되어 있다.
효성이 지극하고 살림살이가 검박하여 오로지 녹미祿米로만 생활하였으며, 출입할 때는 소를 즐겨 타서 사람들이 그가 재상인 줄을 잘 몰랐다고 한다.
음악에 조예가 있어 피리를 잘 불었고, 악기를 만들어 즐겼다.
공당문답公堂問答 등의 일화가 여러 가지 있다.
영의정 황희와 국정의 동반자로서 같이 복무하였으나, 황정승보다 일찍 세상을 하직하여 영의정에 오르지 못했다.

45대 판한성부사 정 진(鄭津)

신상내용

생몰연대 1361년공민왕16 ~ 1427년세종9 – 67세

본관 봉화奉化
시호 희절僖節
가족 증조–검교군기감 균均, 할아버지형조판서 운경云敬, 아버지–개국공신 도전道傳
묘소 경기도 평택시 진위면 은산리

관직경력

판한성부사 재임기간 : 1419년세종1 12월 7일 ~ 1421년세종3 7월 4일

고려 말 조선 초기의 문신

1391년고려말	정몽주 등 구세력의 탄핵으로 아버지 삼봉과 함께 삭직
1392년태조1	연안부사
1398년태조7	중추원부사, 제1차 왕자의 난으로 아버지 삼봉 피살, 삭직·수군 충군
1407년태종7	중추원부사·판나주목사·판공주목사
1416년태종16	인녕부윤
1419년세종1	충청도관찰사, 판한성부사
1420년세종2	성절사로 명나라 다녀오다
1421년세종3	평안도관찰사
1422년세종4	판한성부사
1423년세종5	공조판서
1424년세종6	개성유후사유후
1425년세종7	형조판서

생애일화

아버지 삼봉 정도전의 후광이 있었음에도, 연안부사로 나아갔을 때 겸허한 근무태도로 칭송을 받았다.
아버지가 제1차 왕자의 난으로 주살된 후 수군水軍에 충군되었으나, 모진 역경을 딛고서 재등용되어 재상의 영직榮職을 누렸다.
형조판서로 재임 중, 살인사건의 진상을 규명하는 명판결名判決을 내려 유명하다.
"최안종崔安宗의 아내가 남편을 죽여 첩의 집 문밖에 두었는데, 첩이 매에 못 이겨 자기가 죽였다고 자복하였다. 이때 그가 '살인자는 그 흔적을 없애려 할 것이다. 그런데 첩이 어찌 서방을 죽여 문밖에 둘 이치가 있겠는가?' 하고서 본처를 국문하니 첩이 살인하지 않은 것으로 드러났다."

46대 판한성부사 안 의(安義)

판한성부사 재임기간 : ? ~ ? (재직확인:1420년 2월 21일)

47대 판한성부사 조비형(曺備衡)

신상내용

생몰연대	1376년우왕2 ~ 1440년세종32 – 65세
본관	창녕昌寧
자	평보平甫·平父
시호	안무安武
가족	증조–지후 元桂, 할아버지–판전의사 우희遇禧, 아버지–한성윤 익수益修 어머니–남양이씨(장령 이선李僐의 딸) 부인–이씨

관직경력

판한성부사 재임기간 : 1421년세종3 7월 4일 ~ 1421년세종3 12월 7일

조선 전기의 무신

1402년태종2	무과 급제, 호군
1405년태종5	옹진병마사
1406년태종6	대호군
1408년태종8	첨절제사, 경기좌도대진등처수군첨절제사
1410년태종10	의주도병마사
1411년태종11	동지총제, 상주진주도병마도절제사, 공안부윤
1414년태종14	경원등처병마절제사
1419년세종1	함길도병마절제사, 우군총제
1420년세종2	도총제, 안주에 가서 봉선온위사신奉宣醞慰使臣 접견, 정조사로 명明 왕래
1421년세종3	판한성부사, 우군도총제, 경상좌우도수군안무처치사
1425년세종7	중군도총제
1431년세종13	평안도절제사, 중추원사, 공조판서, 참찬 등 역임

생애일화

이숙번李叔蕃의 부하였다.
그는 어려서부터 힘이 세었고, 크면서 활을 잘 쏘았다. 왕이 임석한 종친과 고위관료들의 사격대회에서 가장 명중률이 높은 성적을 올렸다.
지방관으로 나아가서는 사재를 털어 빈민을 구제하여 칭송을 들었다.

48대 판한성부사 오 승(吳陞) – 52·58대 동일인물

신상내용

생몰연대	1364년공민왕13 ~ 1444년세종26 – 81세
본관	동복同福
자	숭지崇之
시호	정평靖平
가족	증조–첨의찬성사 잠潛, 할아버지–찬성사 희僖, 아버지–판밀직 중화仲華 어머니–안동권씨(현복군 권염權廉의 딸)

관직경력

판한성부사 재임기간 : 1421년세종3 12월 7일 ~ 1422년세종4 12월 13일

조선 전기의 문신

1382년우왕8	사마시(진사·생원) 양과 입격
1383년우왕9	식년문과에 동진사로 급제 사간원좌헌납, 전교부령, 우사간대부
1407년태종7	형조참의
1408년태종8	병조·이조참의, 충청도관찰사, 한성부윤, 판한성부사, 성절사로 명나라 다녀오다. 개성유후사유후
1428년세종10	공조판서, 예문관대제학, 함길도감사
1430년세종12	의정부참찬
1431년세종13	대사헌, 중추원사, 예문관대제학, 지중추원사, 판중추원사
1436년세종18	궤장을 하사받음.

생애일화

그는 천성이 온화하고 선량하며, 풍도와 절개가 있었으며, 임금과 상하 관료들에게 깨우치는

말을 많이 했다.
또한 관상을 좀 볼 줄 알아, 개성에 온 이성계의 상相을 보고 귀히 됨을 미리 알았다. 그래서 아들의 장래를 부탁했다고 한다.
그러나 종을 때려 죽여 경기도 안성에 안치되기도 하였다가 방환되었으며, 죽을 때에는 불행하게도 기둥에 매어 놓은 소가 놀라 기둥을 뽑는 바람에 새로 지은 집의 벽이 무너져 그 밑에 깔려서 세상을 떠났다.

49대 판한성부사 정진(鄭津) – 45대 동일인물

판한성부사 재임기간 : 1422년세종4 12월 13일 ~ 1423년세종5 1월 14일

50대 판한성부사 권 진(權軫) – 53대 동일인물

신상내용

생몰연대	1357년공민왕6 ~ 1435년세종7 – 79세
본관	안동安東
호	독수와獨樹窩·경재敬齋
시호	문경文景
기타	용비어천가 제작 참여
가족	증조–지후 혁奕, 할아버지–낭장 용중用中, 아버지–감찰규정 희정希正 어머니–언양김씨(부사 김가기金可器의 딸) 부인–안동김씨(김득량金得兩의 딸), 여산송씨(송청宋㩳의 딸)
묘	경기도 광주시 삼성동 산 34번지

관직경력

판한성부사 재임기간 : 1423년세종5 1월 25일 ~ 1423년세종5 9월 29일

조선 전기의 문신

1377년우왕3	문과 급제(21세), 의창현령, 전주판관
1398년태조7	경력
1399년정종1	문하부직문하, 지합주사
1400년정종2	영해 축산도로 귀양

1401년태종1	지형조사, 우사간대부
1406년태종6	강원도관찰사
1407년태종7	대사헌, 경상도관찰사
1413년태종13	충주목사, 형조·호조·이조판서
1426년세종5	의정부찬성
1430년세종6	이조판서
1431년세종7	우의정
1433년세종9	겸판이조사, 의례상정소제조

생애일화

그는 어려서부터 총명하여 21세에 문과 급제하고 촉망을 받았다.
당시 권세가 염흥방의 강제 결혼 요구를 거절하여 벼슬길이 한때 막혔었으나, 이성계가 발탁하여 전주판관이 되고, 성석린이 천거하여 경력을 삼았다.
관찰사로 나아가 선정을 베풀고, 청렴함이 알려져 대사헌에 제수되었다.

51대 판한성부사 허 주(許周)

신상내용

생몰연대	1359년공민왕8 ~ 1440년세종22 – 82세
본관	하양河陽
자	백방伯方·백공伯公
호	숙재肅齋
시호	간숙簡肅
가족	증조–판전객시사 수綏, 조부–도관정랑 윤창允昌, 아버지–판도판서–귀룡貴龍 부인–합천이씨(부사 이원적李元謫의 딸)
묘	경기도 개풍군 채련동 태산

관직경력

판한성부사 재직기간 : 1423년세종5 9월 29일 ~ 1424년세종6 3월 20일

고려 말 조선 초기의 문신

〈고려시대〉

고려 말기	문과 급제, 전법정랑

1385년우왕11	지양주사
1388년우왕14	지안성군사, 장령
1390년공양왕1	공부총랑, 경기우도염문계정사

〈조선시대〉

1392년태조1	내부경
1397년태조6	사헌중승, 노비변정도감도청사
1399년정종1	판사수감사, 지형조사
1401년태종1	판전농시사, 경상도안렴출척사
1405년태종5	형조참의
1406년태종6	호조좌참의, 판홍주사
1409년태종9	전라도관찰사
1410년태종10	한성부윤, 경기도관찰사
1412년태종12	참지의정부사
1416년태종16	개성유후사유후
1423년세종5	판한성부사

생애일화

그는 시문이 뛰어났으며, 성품이 강직하여 공사를 공정하게 처리하였다. 특히 노비변정도감도청사를 맡아 노비소송사건을 공정히 처결하였다.

비록 큰 추위와 심한 더위에도 의관을 정제하고 종일 반듯하게 앉아서 사람을 대하였으며, 또한 가법家法이 엄격하여 주자가례朱子家禮에 좇아 행하였다.

52대 판한성부사 오 승(吳陞) – 48·58대 동일인물

판한성부사 재임기간 : 1424년세종6 3월 21일 ~1426년세종8 12월 7일

53대 판한성부사 권 진(權軫) – 50대 동일인물

판한성부사 재임기간 : 1426년세종8 12월 7일 ~ 1427년세종9 9월 8일

54대 판한성부사 성 엄(成揜)

신상내용

생몰연대 ? ~ 1434년세종16
본관 창녕昌寧
시호 공도恭度
가족 증조-판도총랑 군미君美, 할아버지-문하시중-여완汝完, 아버지-대제학 석연石珚
어머니-서산유씨(밀직부사 유관柳實)
부인-광산김씨(金若恒의 딸)
묘소 경기도 파주시 문산읍 내포4리

관직경력

판한성부사 재임기간 : 1427년세종9 9월 8일 ~ 1427년세종9 10월 7일

조선 전기의 문신

1409년태종9	호조정랑, 예안현감
1418년태종18	좌부대언, 우대언, 좌대언, 형조참판
1419년세종1	우군동지총제, 좌군동지총제, 총제, 인수부윤, 천추사로 명나라에 다녀오다
1420년세종2	강원도관찰사, 한성부윤, 경기도관찰사
1421년세종3	호조참판
1422년세종4	대사헌
1423년세종5	형조참판, 황해도관찰사
1425년세종7	우군총제, 이조참판
1426년세종8	호조참판
1427년세종9	병조참판, 판한성부사
1429년세종11	평안도관찰사
1430년세종12	좌군총제, 함경도관찰사
1431년세종13	우군총제
1432년세종14	동지중추원사

생애일화

초대 한성판윤을 지내고 영의정에 오른 성석린成石璘의 셋째 아우 예문관대제학 석연石珚의 아들이다.

그의 장남 염조念祖는 도승지와 판한성부사를 지냈으며, 차남 봉조奉祖가 정희왕후의 언니와 결혼하여 세조와 동서지간이 된다.
그러나 석연의 둘째형 석용石瑢의 증손자 三問이 단종복위 기도와 관련하여 처형되었는데, 8촌 당내간이지만 정치적 환경에 따라 생사 운명이 극명하게 갈렸다.

55대 판한성부사 이종선(李種善)

신상내용

생몰연대	1368년공민왕17 ~ 1438년세종20 – 71세
본관	한산韓山
자	경부慶夫
시호	양경良景
가족	증조–정읍감무 자성自成, 할아버지–우문관대제학 곡穀, 아버지–목은 색穡 어머니–안동권씨(명위장군 權仲達의 딸) 부인–안동권씨(양촌 권근權近의 딸) 작은아들–계전季甸(대제학) 장손–개塏(사육신)

관직경력

판한성부사 재임기간 : 1427년세종9 10월 7일 ~ 1429년세종11 9월 30일

고려 말 조선 전기의 문신

1382년우왕8	문과 급제, 좌랑·정랑, 순창·배천·여흥의 수령
1392년태조1	정몽주 피살로 그의 일당으로 몰려 서인庶人으로 귀양
1396년태조5	병조참의
1409년태종9	좌우사간대부
1411년태종11	아버지 색穡의 비명문제로 귀양, 돌아와 호조참의, 대언, 인수부윤 강원도관찰사, 충청도관찰사
1417년태종17	풍해도관찰사
1418년태종18	한성부윤, 인수부윤
1421년세종3	좌군동지총제
1423년세종5	진전사로 명나라에 다녀오고, 이듬해 진하사로 다시 다녀오다
1426년세종8	함길도관찰사
1427년세종9	판한성부사

1428년세종10	진하사로 북경에 다녀오고, 이듬해 선위사로 황주에 다녀오다. 가례색도감제조, 개성유후사유후
1438년세종20	중추원사

생애일화

그는 조선 개국으로 신왕조에 참여하였지만, 아버지 목은牧隱의 정치적 위상에서 연유하는 잔영으로 때때로 곤욕을 겪을 수밖에 없었으나, 관리로서는 충실한 역정을 걸었다.
아버지 상을 당하여 3년간 여묘살이를 하여 효자로 일컬어졌으며, 나라에서 효자비를 세우고 정문을 내렸다.

56대 판한성부사 서 선(徐選) – 59대 동일인물

신상내용

생몰연대	1367년공민왕16 ~ 1433년세종15 – 67세
본관	이천利川
자	대숙大叔·언부彦夫
호	해화당海華堂·신당莘堂
시호	공도恭度
추증	우의정
배향	설봉서원
기타	원천석元天錫의 문인
가족	증조–대관서령 염恬, 할아버지–판내부시사 진璡, 아버지–현령 원遠 어머니–정윤 최홍의崔洪義의 딸 부인–최호崔浩의 딸
묘소	경기도 여주시 산북면 후리

관직경력

판한성부사 재임기간 : 1429년세종11 9월 30일 ~ 1431년세종13 2월 29일

조선 전기의 문신

1393년태조2	동진사로 급제, 부봉사
1398년태조7	춘추관기사관
1400년정종2	문하주서
1401년태종1	주부, 병조좌랑, 이조좌랑 겸 지제교, 감찰

1402년태종2	사헌부장령
1405년태종5	전사시령, 세자시강원좌문
1406년태종6	사헌부집의
1408년태종8	동부대언, 경연참찬관, 보문각직제학, 지제교, 춘추관편수관, 군기감사
1411년태종11	지공조사, 우부대언, 군자감사, 지호조사
1412년태종12	좌부대언, 집현전직제학, 판사재감사, 지형조사, 우사간, 부평도호부사
1415년태종15	우부대언, 예조우참의, 우대언
1417년태종17	충청도관찰사부
1419년세종1	고부 겸 청시부사로 명나라에 다녀오다. 한성부윤, 경기·경상·전라도관찰사, 형조·예조·이조참판
1427년세종9	형조판서
1429년세종11	판한성부사, 절일사로 명나라에 다녀오다
1431년세종13	좌군도총제

생애일화

그는 마음가짐이 굳세고 자신이 맡은 관식에 부지런하며 정성스러웠다.
전설에는 우대언으로 있을 때, 서얼 출신 정도전의 종에게 욕을 본 일이 있어, 정도전이 죽은 후 감정풀이로 서얼을 차별하는 법을 만들었다는 이야기가 있다.
그러나 강씨 소생의 이복동생과 왕위계승으로 갈등을 빚은 태종의 뼈아픈 의중을 꿰뚫은 것으로 추측된다는 설도 있다.
제1차 왕자의 난이 서출庶出의 이복형제를 제거하는 정권 쟁탈전이었기 때문에, 서얼금고법은 왕위계승의 원칙을 적자승계嫡子承繼에 두겠다는 태종의 확고한 의지를 대변한 것이라고 해석할 수도 있기 때문이다.
문집으로 〈해화당선생문집海華堂先生文集〉이 있다.

57대 판한성부사 노 한(盧閈)

신상내용

생몰연대	1376년우왕2 ~ 1443년세종25 – 68세
본관	교하交河
자	유린有隣
호	효사당孝思堂·효사정孝思亭
시호	공숙恭肅
가족	증조–첨의정승 정頲, 할아버지–창성군 진稹, 아버지–대리경 균鈞

어머니–개성왕씨(한성부원군 왕수王琇의 딸)
부인–여흥민씨(좌의정 민제閔霽의 딸)
아들–물재物載(심온沈溫의 사위, 세종대왕 동서)
손자–盧思愼(영의정)

묘소 경기도 파주시 파주읍 백석동

관직경력

판한성부사 재임기간 : 1431년세종13 2월 29일 ~ 1432년세종14 6월 9일

조선 초기의 문신

1391년공양왕3	음보, 지사간원사
1403년태종3	좌부승지
1404년태종4	이조전서, 경기도관찰사
1405년태종5	동지총제
1406년태종6	풍해도관찰사
1408년태종8	한성부윤
1409년태종9	민무구 형제의 사사와 관련 파직, 양주에 은거
1422년세종4	한성부윤 복관, 형조판서, 참찬의정부사,
1431년세종13	판한성부사
1432년세종14	찬성사
1433년세종15	찬성사 겸 대사헌,
1434년세종16	우의정

생애일화

그는 키가 9척에 얼굴이 크고 풍채가 헌걸찼으며, 구차스레 말을 하거나 웃지 않았다.
젊어서부터 나랏일을 도맡아 하며 집안일을 몸소 살피지 않았으며, 정승이 되어서는 대체大體를 살피는데 힘썼고 가혹한 정사를 일삼지 않았다.
일찍이 세상에 거슬리고 풍속을 속이는 행동을 하지 않았으므로 관료들이 존경하였다. 사람들은 '태평한 시대에 살면서 태평한 재상이 된 이'를 말할 때 그는 반드시 첫째가 된다고 하였다.
부인은 좌의정 민제閔霽의 막내딸로, 큰 동서가 판한성부사 조박趙璞이고 둘째 동서가 완산군 이천우李天祐(태종의 사촌형)이며 셋째 동서가 태종 이방원李芳遠으로 원경왕후는 처형妻兄이 된다. 따라서 양녕대군·효령대군·충녕대군(세종)·성녕대군의 이모부가 된다.
아들 물재物載가 심온沈溫의 딸에게 장가들어 세종대왕의 동서가 되었고, 손자가 성종 때 영의정을 지낸 노사신盧思愼이다.

58대 판한성부사 오 승(吳陞) – 48·52대 동일인물

판한성부사 재임기간 : 1432년세종14 6월 9일 ~ 1432년세종14 9월 7일

59대 판한성부사 서 선(徐選) – 56대 동일인물

판한성부사 재임기간 : 1432년세종14 9월 7일 ~ 1433년세종15 4월 20일

60대 판한성부사 조 뇌(趙賚)

신상내용

생몰연대	1374년공민왕23 ~ 1449세종31 – 76세
본관	한양漢陽
시호	절효節孝
가족	증조–총관 良祺, 할아버지–용성군 돈暾, 아버지–개국공신 인옥仁沃 어머니–이홍복李洪福의 딸 부인–연안이씨(이귀령李貴齡의 딸)
묘소	경기도 양주시 장흥면 삼상리

관직경력

판한성부사 재임기간 : 1434년세종16 8월 17일 ~ 1434년세종16 12월 17일

조선 전기의 무신

고려 말	사마시(생원) 입격, 무과 급제
1418년태종18	수원부사 박강생의 음모 가담 혐의 의금부 수감
1422년세종4	딸이 태상왕(태종)의 잉첩 의정궁주가 되다. 우군동지총제
1423년세종5	좌군동지총제
1424년세종6	공조참판, 경기감사, 동지총제, 총제, 호조참판
1428년세종10	명나라 황태자 탄신 축하사로 중국에 다녀오다. 좌군총제
1432년세종14	첨지중추부사, 중추원부사, 공조좌참의
1433년세종15	강원도관찰사, 지돈녕부사
1434년세종16	판한성부사, 지돈녕부사

생애일화

개국공신 조인옥의 아들이었으나 벼슬길이 트이지 않다가, 그의 딸이 태상왕太上王(태종)의 잉첩 의정궁주義貞宮主가 되면서 관직 진출이 열렸다.

61대 판한성부사 이맹균(李孟畇)

신상내용

생몰연대	1371년공민왕20 ~ 1440년세종22 – 70세
본관	한산韓山
자	사원士原
호	한재漢齋
시호	문혜文惠
가족	증조–가정 곡穀, 할아버지–목은 색穡, 아버지–지밀직사사 종덕種德 어머니–진주유씨(문하평리 유혜손柳惠孫의 딸) 부인–전의이씨(목사 이구직李丘直의 딸)

관직경력

판한성부사 재임기간 : 1434년세종16 12월 17일 ~ 1435년세종17 3월 27일

조선 전기의 문신

1385년우왕11	문과 급제, 성균직학, 사재소감, 내서사인, 지단양군사, 예문관직제학
1406년태종6	사헌부집의, 지영천군사, 지승문원사, 성균관대사성, 좌사간, 예조참의, 경 승부윤, 충청도관찰사, 판한성부사
1421년세종3	사은부사로 명나라에 다녀와 예조참판, 경기도관찰사, 공조판서, 예조판서
1425년세종7	진위사로 명나라에 다녀와 이조·병조판서
1427년세종9	세자좌빈객, 의정부참찬 겸 대사헌, 이조판서, 예문관대제학
1429년세종11	사은부사로 명나라에 다녀와 의정부참찬, 성균관대사성, 판한성부사, 이조판서, 예문관대제학 겸 판이조사, 우찬성 겸 판이조사, 판의주목사, 좌찬성

생애일화

세종22년에 부인 이씨가 질투가 심하여 종을 때려 죽인 사건으로 파면되어 황해도 우봉현에

쫓겨났다가 방면되어 돌아오는 길에 개성부에서 70세로 죽었다.
글씨와 시문에 뛰어났다.
그는 아들이 없어 아들이 없음을 한탄하며 "탄무지嘆無子" 라는 시를 남겼다.

예부터 사람은 인寅에서 일어나	自從人類起於寅
부자가 서로 전해져 이 몸에 이르렀도다	父子相傳到此身
내 죄가 무엇이길래 하늘이 돌보지 않아	我罪伊何天不弔
아버지가 돼 보지도 못하고 머리만 세었는가	未爲人父鬢絲新

62대 판한성부사 전 흥(田興)

신상내용

생몰연대	1376년우왕2 ~ 1457년세조2 – 82세
본관	남양南陽
시호	경호敬胡
공훈	원종공신 1등
가족	할아버지–주柱, 아버지–득우得雨

관직경력

판한성부사 재임기간 : 1435년세종17 3월 27일 ~ 1435년세종17 7월 26일

태종 때	잠저에서부터 섬김. 원종공신 1등 책록 순금사장무, 대호군, 찰방, 상호군
세종 때	3번 절제사, 의금부제조, 경시서제조, 판원주목사, 판홍주목사, 형조참판
1436년세종16	정조사로 명나라에 다녀오다
1435년세종17	판한성부사
1439년세종21	중추원사

생애일화

그는 뛰어나게 총명하고 일을 하는데 부지런하여 비천을 가리지 않았기 때문에, 직위가 2품에까지 이르렀다.
아들 다섯을 두었는데, 가생稼生과 조생稠生은 과거에 올랐으며, 수생穗生은 아버지의 음덕으로 관직에 임명되었으나 근신할 줄을 모르고 불의한 짓을 마음대로 저지르다가 부처付處를 당하는 데까지 이르렀다.

63대 판한성부사 유사눌(柳思訥)

신상내용

생몰연대	1375년우왕1 ~ 1440년세종22 – 66세
본관	문화文化
자	이행而行
시호	문숙文肅
가족	증조–첨의평리 식湜, 할아버지–삼사판관 안택安澤, 아버지–전농시정 임臨 어머니–안동권씨(권숙權肅의 딸) 부인–강릉유씨(개국공신·유창劉敞의 딸)
묘소	인천시 북구 경서동 금산

관직경력

판한성부사 재임기간 : 1435년세종17 7월 28일 ~ 1436년세종18 5월 6일

조선 초기의 문신

1393년태조2	문과 급제, 좌정언, 이조·병조정랑
1407년태종7	문과 중시 병과3등 급제, 장령, 중서사인
1409년태종9	사헌부집의
1411년태종11	좌사간, 좌부대언
1416년태종16	지신사
1417년태종17	홍주목사, 경상도도관찰사, 함길도도순문사, 좌군동지총제
1422년세종4	강원도관찰사
1423년세종5	경기도도관찰사, 중군동지총제
1428년세종10	한성부윤, 예문관대제학, 진하사로 명나라 다녀오다.
1430년세종12	악학제조, 박연과 함께 「아악보雅樂譜」 완성, 좌군총제
1431년세종13	「용흥가龍興歌」 지어 올림
1432년세종14	동지중추원사
1434년세종16	인수부윤, 「진작가사嗔雀歌辭」 지어 올림
1435년세종17	예문관대제학

생애일화

일찍이 부모를 여의고 3세에 고아가 되어 숙부 관寬 밑에서 학문에 힘써 문자에 능하고 경전

에 밝았으며, 그릇이 크고 결단력이 있었다.
음악에 조예가 깊어 맹사성·박연 등과 함께 악학 정리에 공로가 컸다.

64대 판한성부사 이숙무(李叔畝)

신상내용

생몰연대 ? ~ 1439년세종21
본관 한산韓山
시호 양도良度
가족 증조-가정 穀, 할아버지 목은 색穡, 아버지-첨서밀직사사-종학種學
어머니-李春富의 딸
배위-전주이씨(진안대군 이방우李芳雨의 딸)

관직경력

판한성부사 재임기간 : 1436년세종18 5월 6일 ~ 1437년세종19 6월 30일

조선 전기의 문신

1418년태종18	숙위사대호군, 호조참의, 우군동지총제
1419년세종1	사은부사로 명나라에 다녀온 뒤 공안부윤, 황해도관찰사
1420년세종2	동지총제
1422년세종4	함길도관찰사
1423년세종5	중군동지총제, 경상도도관찰사
1424년세종6	형조참판
1427년세종9	평안도감사
1429년세종11	진하사은사로 명나라에 다녀와, 전라도처치사, 광주목사
1434년세종16	형조우참판, 형조좌참판, 동지중추원사, 진헌사로 명나라에 파견
1435년세종17	명나라에서 귀국, 형조판서, 지중추원사, 경창부윤
1436년세종18	판한성부사
1437년세종19	지돈녕부사

65대 판한성부사 홍여방(洪汝方)

신상내용

생몰연대	1381년우왕14 ~ 1438년세종20 – 57세
본관	남양南陽
자	자원子圓
호	연주당戀主堂·연주정戀主亭
시호	문양文良
저서	〈연주정집〉
가족	증조–부사 유瑜, 할아버지–부사 보현普賢, 아버지–판서 길민吉旼 어머니–청주경씨(경진慶臻의 딸) 부인–정부鄭符의 딸 딸–좌의정 한확韓確의 부인(인수대비의 어머니)
묘	경기도 연천군 백학면 관부리 산 24

관직경력

판한성부사 재임기간 : 1437년세종19 6월 30일 ~ 1438년세종20 6월 29일

조선 전기의 문신

1401년태종1	증광문과 급제
1402년태종2	원자우동시학元子右同侍學, 예문관검열, 사헌부감찰
1410년태종10	지평
1414년태종14	집의, 동부대언, 지형조사
1415년태종15	좌부대언
1417년태종17	이조참의, 강원도관찰사, 순승부윤
1418년세종즉위	인수부윤, 예조·형조참판
1419년세종1	사은부사로 명나라에 다녀온 뒤, 대사헌, 유배
1426년세종8	인수부윤, 평안감사, 한성부윤, 좌군총제, 경상도관찰사, 파직
1433년세종15	전주부윤
1437년세종19	판한성부사
1438년세종20	사은사로 명나라에 가다. 예문관대제학, 귀국 후 이조판서

생애일화

그는 성품이 온화하고 시와 술을 좋아 하였으며 직언을 잘 하였다.
명나라에 갔을 때, 황제가 칙명을 내려 원유관복(遠遊官服:먼 길을 움직이는 데 필요한 관

리 복장)을 하사하였다.

66대 판한성부사 김맹성(金孟誠)

신상내용

생몰연대	1374년공민왕23 ~ 1449년세종31 – 76세
본관	경주慶州
시호	희경僖敬
가족	증조–예의판서 기연起淵, 할아버지–지윤智允, 아버지–계림군 균稛 어머니–안동권씨(판도판서 權鉉의 딸) 부인–교하노씨(盧珦의 딸), 순흥안씨(安景儉의 딸), 인천이씨(李元絳의 딸)
묘	인천시 주안면 구월리 → 전북 임실군 삼계면 두월리(移葬)

관직경력

판한성부사 재임기간 : 1438년세종20 6월 29일 ~ 1439년세종21 4월 25일

조선 전기의 문신

개국공신의 아들로서 음보로 관계 진출

1408년태종8	장령, 파직 유배
1420년세종2	사헌부집의
1423년세종5	우부대언
1424년세종6	우대언
1425년세종7	우대언 겸 지형조사
1426년세종8	호조참판
1427년세종9	사헌부대사헌
1428년세종10	형조참판, 유배, 경창부윤, 중군동지총제
1430년세종12	사은부사로 명나라에 다녀오다
1431년세종13	이조참판, 함길도도관찰사
1433년세종15	중추원부사, 사은사로 명나라에 다녀와 공조좌참판, 황해도관찰사
1434년세종16	인수부윤
1435년세종17	경기도관찰사
1437년세종18	호조참판
1438년세종19	이조참판, 판한성부사
1439년세종20	형조판서, 호조판서, 지중추원사

67대 판한성부사 한 확(韓確) – 73대 동일인물

신상내용

생몰연대	1403년태종3 ~ 1456년세조2 – 54세
본관	청주淸州
자	자유子柔
호	간이재簡易齋
시호	양절襄節
상훈	정난공신 1등, 좌익공신 1등, 서원부원군
배향	세조 묘정
가족	증조–태학사 방신方信, 할아버지–녹사 영寧, 아버지–지순창군사 영정永矴 어머니–판승령 김영렬金英烈의 딸 누나–명나라 영락제 후궁(麗妃), 누이동생–명나라 선종宣宗 후궁 부인–남양홍씨(판한성부사 홍여방洪汝方의 딸) 딸–인수대비(의경세자=덕종 비) 외손–성종대왕
묘	경기도 남양주시 조안면 능내리 69–5 경기도 유형문화재 제127호 부인–경기도 양주시 은현면 용암리 (국내 유일의 여성 신도비)

관직경력

판한성부사 재임기간 : 1439년세종21 4월 25일 ~ 1439년세종21 7월 6일

조선 전기의 문신

1417년태종17	진헌부사, 명나라 광록시소경
1418년세종즉위	승습사로 명나라로 갔다가, 책봉사가 되어 귀국
1420년세종2	광록시소경으로 예조참판 河演과 명나라에 가서 금은 공물 면제 허락 받음
1424년세종6	진헌사–누이동생 명나라 선종 후궁, 선위사
1435년세종17	행중추원부사, 지중추원사
1438년세종20	중추원사
1439년세종21	판한성부사, 경기도관찰사
1440년세종22	병조판서, 함길도관찰사
1443년세종25	동지중추원사, 의금부제조, 이조판서
1446년세종28	판중추원사
1447년세종29	평안도도관찰사 겸 평양윤

1448년세종30	평안도병마절도사
1450년세종32	판중추원사
1451년문종1	사은사로 명나라에 다녀오다
1452년문종2	좌찬성
1453년단종1	계유정난, 정난공신 1등, 서성부원군 봉군
1455년세조1	좌의정, 좌익공신 1등, 서원부원군 봉군
1456년세조2	사은 겸 주청사

생애일화

명나라 황실과의 각별한 유대관계로 외교적 성과를 많이 거두었으며, 공정하고 결단성 있는 정사로 내치에도 크게 공헌하였다.
누나는 명나라 성조成祖(영락제)의 후궁이고, 누이동생이 선종宣宗의 후궁이 되어 총애를 받음을 계기로 현달하였으며, 명나라와의 원만한 외교관계를 유지하는 데 공로가 많아 국내에서의 정치적 비중이 높았다.
넓은 도량과 온간한 성품으로 상하의 신망이 있었으며, 이조판서로 재임 시 공정한 인시로 자못 명망이 높았다.

68대 판한성부사 이명덕(李明德)

신상내용

생몰연대	1373년공민왕22 ~ 1444년세종26 – 72세
본관	공주公州
자	신지新之
호	사봉沙峰
시호	공숙恭肅
배향	명탄서원(공주)
가족	증조–전공시랑 우堣, 할아버지–제학 저苧, 아버지–판서 엽曄 부인–장우張羽의 딸

관직경력

판한성부사 재임기간 : 1439년세종21 7월 6일 ~ 1441년세종23 9월 17일

고려 말 조선 초기의 문신

1396년태조5	식년문과 급제, 예문춘추관, 사헌부감찰, 사간원우헌납, 장령, 사인, 집

	의, 좌사간대부, 형조참의 겸 지도관사
1415년태종15	승정원 동부대언, 좌부대언
1419년세종1	이조·병조참판, 강원도관찰사, 예조참판, 대사헌, 동지총제
1430년세종12	공조판서
1431년세종13	병조판서, 공조판서
1438년세종20	중추원부사, 정조사로 명나라에 다녀오다
	판한성부사, 인순부윤
1442년세종24	지중추원사, 궤장 하사

69대 판한성부사 유계문(柳季聞)

신상내용

생몰연대	1383년우왕9 ~ 1445년세종27 – 63세
본관	문화文化
자	숙행叔行
시호	안숙安肅
가족	증조–첨의평리 식湜, 할아버지–삼사판관 안택安澤, 아버지–우의정 관寬
	어머니–안씨
	부인–창녕성씨(성수량成守良의 딸)
	손녀사위–양원군(성종왕자)
묘	경기도 성남시 수정구 복정동 안골

관직경력

판한성부사 재임기간 : 1441년세종23 9월 17일 ~ 1441년세종23 11월 14일

조선 전기의 문신

1408년태종8	식년문과 급제, 문한관을 거쳐 이조정랑, 의정부사인
1423년세종5	판사재감사 겸 지형조사 파면
1424년세종6	함경도경차관, 좌사간 파면
1426년세종8	충청도관찰사, 이조참의, 형조참판
1430년세종12	대사헌
1432년세종14	강원도관찰사, 한성부윤
1437년세종19	정조사로 명나라에 다녀오다. 황해도관찰사, 형조참판
1440년세종22	경주부윤, 인수부윤, 호조참판

1441년세종23	판한성부사, 형조판서
1443년세종25	개성부유수

생애일화

그는 문장과 서예에 능했다.
글씨를 잘 써서 태종의 명복을 빌기 위하여 안지安止 등과 함께 〈金字法華經〉을 쓰기도 하였다.
대간으로 있을 때에는 불교의 폐해를 지적하고, 주자가례의 보급을 주장했다.
특히 염리廉吏의 등용과 장리贓吏의 제거를 통한 민폐일소와 공법貢法개정을 주장하여 사회적 병폐를 개선하려 노력하였다.
그러나 청요직에 근무하면서 뇌물을 받는 등 비리에 관련한 사건으로 파직되기도 하였다. 공신이며 우의정 자리에 있던 아버지의 비호와 후원이 아니었더라면 고위직까지 진출하지를 못했을 것이다.

70대 판한성부사 권 전(權專)

신상내용

생몰연대	1371년공민왕20 ~ 1441년세종23 – 71세
본관	안동安東
시호	경혜景惠
상훈	화산부원군花山府院君
추증	좌의정
배향	창렬사
가족	증조–주부 휴休, 할아버지–증공조참의 정중正中, 아버지–한성부윤 백종伯宗 부인–유효륜柳孝倫의 딸, 최용崔鄘의 딸 아들–자신自愼(단종복위 실패로 처형) 딸–현덕왕후(문종 왕비) 외손–단종대왕

관직경력

판한성부사 재임기간 : 1441년세종23 11월 14일 ~ 1441년세종23 11월 27일

조선 전기의 문신

경상도경력經歷, 지가산군수知嘉山郡守 등을 지내다가 딸이 궁중에서 후궁 승휘承徽로 간

택, 사재감부정

1434년세종16	판봉상시사, 첨지중추원사
1435년세종17	공조·호조참의
1437년세종19	중추원부사, 공조참판, 동지돈녕부사
1439년세종21	지중추원사
1440년세종22	공조판서, 중추원사, 지돈녕부사
1441년세종23	판한성부사
1454년단종2	좌의정 추증, 영의정부사, 화산부원군 추봉
1456년세조2	단종복위운동 좌절, 관작 추탈, 서인 격하
1699년숙종25	관작 복구와 신원

생애일화

딸로 인해 영화로운 자리에 오르고, 딸로 인해 불운을 맞아 서인庶人으로 추락했다.
그의 딸이 문종의 왕비이자 단종의 어머니인 현덕왕후 권씨로서 단종을 낳은 후 안타깝게 죽었다.
단종복위운동이 수포로 돌아가고, 아들 自愼은 죽임을 당했다. 이러한 회오리 정국에서 단종의 외할아버지로 그는 살아서는 급부상하고, 죽은 후 급전직하하는 허무한 인생의 자취를 남겼다.

71대 판한성부사 최사의(崔士儀)

신상내용

생몰연대	1376년우왕2 ~ 1452년문종2 – 72세
본관	전주全州
자	범숙範叔
시호	양도襄度
상훈	청백리
가족	증조–선부전서 득평得枰, 할아버지–전리판서 재宰, 아버지–판한성부사 유경有慶 어머니–안동김씨(상락공 김앙金昻의 딸) 부인–밀직부사 박가흥朴可興의 딸
묘소	경기도 용인시 기흥구 공세리 산 1–1

관직경력

판한성부사 재임기간 : 1441년세종21 윤11월 27일 ~ 1442년세종24 6월 19일

고려 말 조선 초기의 문신

고려 말 아버지의 음덕으로 출사出仕

1393년태조2	형조의랑
1426년세종8	공조참의
1427년세종9	이조참의, 삼군부 우군동지총제, 호조참판, 경기도관찰사, 동지총제, 중군총제, 개성부부유후사, 예조좌참판, 인수부윤, 동지돈녕부사, 형조좌참판
1439년세종21	사은부사로 명나라에 다녀오다
1441년세종23	한성부윤, 중추부사, 판한성부사
1443년세종25	진하사로 명나라에 다녀오다
1444년세종26	지돈녕부사, 동지중추부사
1450년세종32	판돈녕부사로서 궤장 하사받음

생애일화

청렴결백하고 공평무사한 정사로 상하의 인망이 높았다.
그는 수염이 없고 얼굴이 할머니 같아서 세상에서는 '원숭이 재상'이라고 하였다 한다.

72대 판한성부사 이 선(李宣)

신상내용

생몰연대	? ~ 1459년세조4
본관	개성開城
시호	문량文良
가족	증조–시중 민敏, 할아버지–개국공신·판사수감사 개開, 아버지–호안공 등凳 어머니–의령옹주(태조대왕의 딸) 부인–청송심씨(심숙沈淑의 딸)

관직경력

판한성부사 재임기간 : 1442년세종24 6월 19일 ~ 1443년세종25 9월 12일

조선 전기의 문신

1432년세종14	문과 급제, 돈녕부주부, 집현전부제학, 병조좌참의, 병조참의, 이조참의, 지중추원사

1436년세종18	예조참판
1437년세종19	중추원사, 성절사로 명나라에 다녀오다
1438년세종20	형조참판
1439년세종21	경상도관찰사
1440년세종22	한성부윤, 형조참판, 사은사로 명나라에 다녀오다
1441년세종23	동지중추원사, 사은사로 명나라에 다녀온 후 호조·예조참판
1442년세종24	판한성부사
1443년세종25	지돈녕부사, 경기도관찰사, 동지돈녕부사
1447년세종29	호조판서, 지중추원사, 병조판서

생애일화

그는 배우기를 좋아하고 부지런했다.
서출이라는 이유로 사간원에서 과거 응시를 반대하였다. 그러나 왕의 외손이므로 적서를 따지지 말라는 외할아버지인 임금(태조)의 명에 따라, 과거에 급제하였으며 고위직에까지 올랐다.

73대 판한성부사 한확(韓確) – 67대 동일인물

판한성부사 재임기간 : 1443년세종25 9월 12일 ~ 1444년세종26 7월 1일

74대 판한성부사 신인손(辛仁孫)

신상내용

생몰연대	1384년우왕10 ~ 1445세종27 – 62세
본관	영산靈山
초명	안주安柱
자	조윤祚胤
호	석천石泉
시호	공숙恭肅
가족	증조–합문지후 원경原慶, 할아버지–판개성부사 부富, 아버지–판서 유정有定 부인–설씨(설숭薛崇의 딸)
묘소	경기도 파주시 광탄면 신산리

관직경력

판한성부사 재임기간 : 1444년세종26 7월 1일 ~ 1444년세종26 10월 6일

조선 전기의 문신

1408년태종8	식년문과 급제, 사관
1413년태종13	승정원주서
1419년세종1	예조정랑, 도총제 권희달을 따라 명나라에 다녀오다
1420년세종2	사인
1428년세종10	집의
1430년세종12	종부시판사 겸 형조지사
1432년세종14	좌사간대부, 형조우참의, 경상도관찰사
1434년세종16	병조좌참의, 승정원우승지, 도승지
1438년세종18	병조참판
1444년세종26	판한성부사, 병조판서
1445년세종27	예문관대제학

생애일화

세종이 왕위에 오르기 전에 그를 각별히 대접하여 난죽 병풍을 직접 그려 주었다고 한다. 이를 보아 아마도 행실이 바르고 성실하였을 것으로 여겨진다.
도총제 권희달을 따라 명나라에 갔을 때 권희달이 가는 곳마다 횡포를 부렸으나, 그때마다 그가 공손하게 이를 바로잡아 별 사고 없이 돌아왔다.
그는 성질이 강직하고 아첨하지 못하며, 남의 과실을 보면 기탄없는 말로 충고하였다.
글씨에도 뛰어났다.

75대 판한성부사 이맹진(李孟畛) – 82대 동일인물

신상내용

생몰연대	1374년공민왕23 ~ 1456년세조1 – 83세
본관	한산韓山
자	계양季穰
호	청허재淸虛齋
가족	증조–가정 곡穀, 할아버지–목은 색穡, 아버지–지밀직사사 종덕種德 어머니–진주유씨(문하평리 柳蕙孫의 딸)

동생-이맹균(판한성부사)
부인-무송윤씨

관직경력

판한성부사 재임기간 : 1444년세종26 10월 26일 ~ 1445년세종27 7월 1일

조선 전기의 문신

1410년태종10	좌랑
1414년태종14	지평
1430년세종12	호조참판
1431년세종13	경창부윤
1432년세종14	한성부윤, 중추원부사, 형조참판
1439년세종21	동지중추원사, 호조참판
1443년세종25	사헌부지평, 전라도관찰사
1444년세종26	지중추원사, 판한성부사
1445년세종27	함길도관찰사, 전라도감사
1448년세종30	판한성부사(82대)
1453년단종1	지중추원사
1454년단종2	판중추원사

76대 판한성부사 정갑손(鄭甲孫)

신상내용

생몰연대	? ~ 1451년문종1
본관	동래東萊
자	인중仁仲
시호	정절貞節
상훈	청백리
가족	증조-대사헌 양생良生, 할아버지-한성윤 부符, 아버지-중추원사 흠지欽之 어머니-최병례崔丙禮의 딸 형-창손昌孫(영의정) 부인-김양남金陽南의 딸 딸-소용정씨(문종 후궁)

묘소　　경기도 남양주시 진접읍 장현리

관직경력

판한성부사 재임기간 : 1445년세종27 7월 1일 ~ 1446년세종28 1월 24일

조선 전기의 문신

1417년태종17	식년문과 급제, 부정자, 감찰, 병조좌랑, 헌납, 지평, 지승문원사
1435년세종17	좌승지, 지형조사, 예조참판
1438년세종20	전라도관찰사
1441년세종23	대사헌, 경기·함경도관찰사, 중추원사,
1445년세종27	판한성부사, 우참찬
1450년세종32	좌참찬, 판이조사

생애일화

청렴함이 널리 알려져 중종 때 청백리에 녹선되었다.
그는 부정을 보면 참지 못하고, 끝까지 파헤쳐 해결하는 사람이라 '홀로 덤벼드는 송골매'라는 별명이 있었다.
그가 함길도관찰사로 있을 때, 잠깐 서울로 불리어 왔었다. 그때 그의 아들이 생원 향시에 입격되었다. 이에 그는 아들의 실력이 모자라는데 체면을 봐주었다고 방목에서 이름을 뺐다는 일화가 있다.

77대 판한성부사 권맹손(權孟孫) – 84대 · 85대 동일인물

신상내용

생몰연대	1390년공양왕2 ~ 1456년세조2 – 67세
본관	예천醴泉
자	효백孝伯
호	송당松堂
시호	제평齊平
가족	증조–예빈경 섬暹, 할아버지–영해군수 군보君保, 아버지–성주목사 상祥 어머니–임경종任敬宗의 딸

관직경력

판한성부사 재임기간 : 1446년세종28 1월 24일 ~ 1446년세종28 4월 25일

조선 전기의 문신

1408년태종8	식년문과 급제, 검열
1418년태종18	헌납
1419년세종1	병조정랑, 경차관
1421년세종3	장령
1422년세종4	의정부사인
1425년세종7	강원도찰방
1427년세종9	문과 중시 급제
1430년세종12	우사간
1431년세종13	동부대언
1434년세종16	좌승지
1437년세종19	형조참의
1441년세종23	중추원부사
1442년세종24	경상도관찰사, 동지중추원사, 한성부윤, 공조참판
1450년세종32	이조판서, 중추원사

생애일화

세종 때에 아악정리 사업에 심혈을 기울여, 음악가 박연朴堧의 의견에 따라 세종대왕의 악장사업에 적극 동참하였다.
이조판서로서 의창제도義倉制度의 근본적인 모순과 운영의 불합리를 날카롭게 지적하는 한편, 관리들의 부정·부패를 엄격하게 척결, 추방할 것을 건의하였다.

78대 판한성부사 이견기(李堅基) – 83대 동일인물

신상내용

생몰연대	1384년우왕10 ~ 1455년단종3 – 72세
본관	성주星州
자	필휴匹休
호	남정楠亭
시호	안성安成

가족	증조–문하시랑 포褒, 할아버지–대제학 인민仁敏, 아버지–총제 수穗
	삼촌–이직李稷(영의정)
	어머니–홍상재洪尙載의 딸
	부인–유겸柳謙의 딸, 김유량金有良의 딸
묘소	경기도 양주시 남면 한산리

관직경력

판한성부사 재임기간 : 1446년세종28 4월 25일 ~ 1446년세종28 9월 6일

조선 전기의 문신

1419년세종1	문과 급제, 우정언, 지평, 장령
1432년세종14	사헌부집의
1433년세종15	군기감판사, 동부승지, 우부승지, 좌부승지, 우승지, 좌승지
1441년세종23	충청도관찰사
1444년세종26	공조참판
1445년세종27	예문관제학
1446년세종28	판한성부사, 지중추원사, 성절사로서 명나라에 다녀오다
1447년세종29	호조판서, 이조판서
1450년세종32	사은사로 명나라에 다녀와 우참찬
1452년문종2	호조판서
1453년단종1	중추원사

생애일화

일설에, 단종대왕이 양위한 뒤에는 고향으로 물러나 은퇴하고, 세조가 등극 후 자주 불렀으나 나아가지 않아 '어른(長者)'이라고 불리워졌다 한다.

79대 판한성부사 윤 형(尹炯)

신상내용

생몰연대	1388년우왕14 ~ 1453년단종1 – 66세
본관	파평坡平
자	중회仲晦
시호	공간恭簡
공훈	좌익공신 2등

묘소	경기도 양주시 주내면 마전리
가족	증조–영평군 척陟, 할아버지–판도판서 승례承禮, 아버지–경승부윤 규珪 어머니–합천이씨(순흥부사 이원적李元樀의 딸) 부인–청주곽씨(봉상시소경 곽순郭恂의 딸)

관직경력

판한성부사 재임기간 : 1446년세종28 9월 6일 ~ 1446년세종28 12월 2일

1411년태종11	사마시 입격, 음보, 사직단직, 준자직장
1420년세종2	직장, 문과 급제, 승문원박사, 승정원주서
1428년세종10	장령
1432년세종14	지사간원사, 동부대언
1434년세종16	우부승지, 좌부승지
1437년세종19	충청도관찰사
1438년세종20	예문관제학
1441년세종23	경기도관찰사
1444년세종24	예조참판
1446년세종26	판한성부사, 형조판서, 공조·호조판서
1452년문종2	우참찬
1455년세조1	좌익공신 2등

생애일화

그가 죽은 뒤, 성삼문成三問이 비명碑銘을 지었다.

80대 판한성부사 성염조(成念祖)

신상내용

생몰연대	1398년태조7 ~ 1450년세종32 – 53세
본관	창녕昌寧
자	자경子敬
시호	공혜恭惠
가족	증조–문하시중 여완汝完, 할아버지–참판 석연石珚, 아버지–엄揜 어머니–광산김씨(집의 김약항金若恒의 딸) 부인–안종약安從約의 딸

	아들–임任·간侃·현俔
묘소	경기도 파주시 문산읍 내포4리

관직경력

판한성부사 재임기간 : 1446년세종28 12월 2일 ~ 1447년세종29 1월 16일

조선 전기의 문신

1414년태종14	사마시(진사) 입격
1419년태종19	식년문과 급제
	사헌부감찰, 사간원정언, 사헌부지평, 이조·예조정랑, 사헌부 장령·집의 승정원 동부승지, 도승지, 이조참판, 경상도관찰사, 병조·형조참판
1446년세종28	판한성부사, 개성부유수, 중추원사

생애일화

사람됨이 관대하여 사소한 예절에 구애받지 않고 겉과 속이 한결같아 세종은 그를 충성스럽고 순박하며 정직하다 하여 칭찬하였다.
그러나 그의 성질은 절제심이 부족하여 경상도관찰사로 있을 때에, 이르는 데마다 잔치를 벌이고 술에 취하여 그 직임을 다하지 못하였다.
또한, 병이 많아 도내를 순력巡歷하지 못하였고, 세금을 거두는 데 가혹하여 명성이 떨어졌으며, 재산을 모으는 데 힘을 써서 비방을 듣기도 하였다.
아들 삼형제 임·간·현이 모두 문과에 급제하여 글로 이름을 날렸으며, 특히 〈용재총화〉를 저술한 현俔은 당대의 대학자였다.

81대 판한성부사 황치신(黃致身)

신상내용

생몰연대	1397년태조6 ~ 1484년성종15 – 88세
본관	장수長水
초명	동董
자	맹충孟忠
시호	호안胡安
추증	우의정
가족	증조–참찬 균비均庇, 할아버지–강릉대도호부사 군서君瑞 아버지–영의정 희喜

	어머니–청주양씨(전서 양진楊震의 딸)
	부인–김기金淇의 딸, 황상黃象의 딸
	동생–수신守身(영의정)
묘소	경기도 파주시 탄현면 금승리

관직경력

판한성부사 재임기간 : 1447년세종29 1월 16일 ~ 1448년세종30 4월 7일

조선 전기의 문신

태종에게 불려나가 음보로 공안부부승을 하고, 사재직장, 사섬시주부에 임명

1415년태종15	통례문봉례랑, 감찰, 호조좌랑, 사온서령
1426년세종8	형조정랑
1427년세종9	호조정랑 겸 익찬, 판통례문사 겸 상서소윤
1433년세종15	승정원동부승지
1435년세종17	예조·호조참의
1437년세종19	중추원부사, 한성부윤, 경기도관찰사, 경창부윤, 형조·호조참판
1444년세종26	호조판서
1447년세종29	판한성부사
1454년단종2	중추원사, 하성절사로 명나라에 다녀오며 『宋史』구입, 도진무
1457년세조3	충청도병마절도사, 인순부윤, 인수부윤
1461년세조7	판중추원사, 파직
1466년세조12	동지중추부사 겸 도총관
1479년성종10	판중추부사

생애일화

그는 출생할 때부터 몸집이 컸으며, 활도 잘 쏘아 문무겸전의 관원이었다.
명재상 황희黃喜의 큰아들로서 초명 동董은 태종이 동중서董仲舒가 다시 태어났다고 하여 지어 준 이름인데, 나중에 형제들의 이름과 맞지 않는다고 하여 '치신致身'을 다시 하사받았다. 아우 수신守身이 세조 때 영의정을 지냈다.

82대 판한성부사 이맹진(李孟畛) – 75대와 동일인물

판한성부사 재임기간 : 1448년세종20 4월 7일 ~ 1450년세종32 11월 30일

83대 판한성부사 이견기(李堅基) – 78대 동일인물

판한성부사 재임기간 : 1450년세종32 11월 20일 ~ 1452년문종2 7월 2일

84대 판한성부사 권맹손(權孟孫) – 77·85대 동일인물

판한성부사 재임기간 : 1452년문종2 7월 2일 ~ 1452년문종2 10월 1일

85대 판한성부사 권맹손(權孟孫) – 77대·84대 동일인물

판한성부사 재임기간 : 1452년문종2 10월 1일 ~ 1452년문종2 12월 11일

86대 판한성부사 조 혜(趙惠)

신상내용

생몰연대	? ~ 1464세조10
본관	한양漢陽
자	제부濟夫
호	시재施齋
시호	공안恭安
가족	증조–판도판서 돈暾, 할아버지–삼중대광 인벽仁璧, 아버지–우의정 연涓 어머니–김현견金玄堅의 딸

관직경력

판한성부사 재임기간 : 1452년문종2 12월 11일 ~ 1453년단종1 11월 8일

조선 전기의 문신

태종 때 과거 급제, 관계 진출

1439년세종21	전라도병마도절제사
1441년세종23	공조·호조참판

1442년세종24	정조사로 명나라에 다녀오다
1443년세종25	호조·병조참판
1444년세종26	도진무, 호조참판, 관습도감제조
1445년세종27	한성부윤, 황해도관찰사
1446년세종28	중추원부사, 한성부윤
1447년세종29	형조판서
1451년문종1	중추원사
1452년문종2	판한성부사
1453년단종1	호조판서, 중추원사, 지중추원사
1458년세조3	판중추원사

생애일화

그는 인품이 순후하고 마음이 너그러워 잡다른 일에 매달리지 않았다.
그러나 자식을 다스리는 데에는 엄하지 못하여 자식의 일들로 남의 비방을 받았다.

87대 판한성부사 김세민(金世敏)

신상내용

생몰연대	1401년태종1 ~1486년성종17 – 86세
본관	경주慶州
자	백공伯恭
시호	양평良平
가족	증조–문하시중 천서天瑞, 할아버지–월성군 수需, 아버지–개성유수 겸謙 친척–정안왕후(정종 왕비, 대고모) 어머니–숙신옹주(정종대왕 둘째딸)
묘소	경기도 남양주시 와부읍 가량령

관직경력

판한성부사 재임기간 : 1453년단종1 11월 8일 ~ 1454년단종2 1월 14일

조선 전기의 문신

1418년태종18	부지돈녕부사, 동첨지돈녕부사, 상호군, 세자우익위, 판선공감사, 판봉상시사, 공조·병조·형조참의,

1437년세종19	충주목사, 광주목사
1442년세종24	한성부윤, 진향사로 명나라에 다녀오다
1443년세종25	황해도관찰사, 경기도관찰사
1447년세종29	형조참판
1448년세종30	병조판서, 뇌물죄로 유배
1450년세종32	지돈녕부사
1453년단종1	판한성부사, 개성유수, 고부 겸 청시사로 명나라에 다녀오다
1457년세조2	사헌부대사헌, 중추원사, 인순부윤, 전라도관찰사
1460년세조5	판돈녕부사

생애일화

70년 동안 벼슬하면서 일곱 임금을 섬겼다.
천성이 온순하고 단아하여 일생 동안 성을 내본 일이 없었다고 한다.

88대 판한성부사 이사임(李思任)

신상내용

생몰연대	생졸미상
본관	양성陽城
기족	증조–평리 방해邦海, 할아버지–문하시랑 춘부春富, 아버지–지중추부사 옥沃 어머니–당성군 홍상재洪尙載의 딸

관직경력

판한성부사 재임기간 : 1454년단종2 1월 14일 ~ 1454년단종2 6월 27일

조선 전기의 문신

1422년세종4	행수行首
1426년세종8	간성군수
1427년세종9	사헌부장령
1437년세종19	안동부사
1442년세종24	판군기감사, 첨지중추원사, 충청도병마절도사
1444년세종26	이조참의
1446년세종28	전라도관찰사
1447년세종29	공조참판

1448년세종30　　사은사로 중국에 다녀와 호조참판, 공조참판
1451년문종1　　경상우도수군처치사, 군기감제조
1453년단종1　　산릉도감, 동지중추원사
1454년단종2　　판한성부사

생애일화

조선 초의 병기 제조와 국방력 강화에 힘쓴 국방전략가였다.

89대 판한성부사 강맹경(姜孟卿)

신상내용

생몰연대　1410년태종10 ~ 1461년세조7 – 52세
본관　진주晉州
자　자장子章
시호　문경文景
상훈　좌익공신, 진산부원군
가족　증조–찬성사 시蓍, 조부–동북면순무사 회백淮伯, 아버지–지창녕현사–우덕友德
어머니–재령이씨(지보주사 이혜李蕙의 딸)
부인–파평윤씨(인수부윤 윤보로尹普老의 딸)
묘소　경기도 양평군 옥천면 신복리 산 301, 경기도기념물 제154호

관직경력

판한성부사 재임기간 ; 1454년단종2 6월 27일 ~ 1454년단종2 8월 5일

조선 전기의 문신

1426년세종8　　사마시(진사) 입격
1429년세종11　　식년문과 급제, 사인, 지승문원사, 집의
1451년문종1　　우부승지
1452년문종2　　도승지
1453년단종1　　이조참판, 예문관제학, 의정부우참찬
1455년단종3　　좌익공신 2등(단종 양위), 진산부원군
1456년세조2　　좌찬성,
1457년세조3　　우의정, 하등극사가 되어 명나라에 다녀오다

1458년세조4　좌의정
1459년세조5　영의정

생애일화

병자사화(단종복위운동) 때 세조가 성삼문에게 그의 동조 혐의를 묻자, '인재를 다 죽이면 누구와 정치를 할 것인가!' 라며 단호하게 '아니다' 하여 구명救命되었다.
그는 담론에 능하고 학문이 깊어 황희黃喜의 밑에 있을 때 매우 촉망을 받았다고 한다.
죽은 뒤, 그의 신도비神道碑에 신숙주申叔舟가 글을 짓고 강희안姜希顔이 글씨를 썼다.

90대 판한성부사 정 척(鄭陟)

신상내용

생몰연대　1390년공양왕2 ~ 1475년성종6 – 86세
본관　진주晉州
자　명지明之
호　정암靜菴·척재惕齋
시호　공대恭戴
가족　증조–증첨추 장莊, 할아버지–증공참 자순子淳, 아버지–증호조판서 설舌
어머니–진주강씨(산원 강우姜祐의 딸)
부인–산원 김견金堅의 딸, 동지총제 이양몽李養蒙의 딸
묘소　경기도 하남시 초이동

관직경력

판한성부사 재임기간 : 1454년단종2 8월 5일 ~ 1455년세조1 8월 19일

조선 전기의 문신

1414년태종14　식년문과 급제, 교서관정자
1425년세종7　사온서주부 겸 승문원박사
1427년세종9　감찰, 예조정랑 겸 검상, 사인
1434년세종16　전농시소윤, 훈시訓試 급제, 지승문원사
1444년세종26　첨지중추원사
1447년세종29　공조·호조·예조참의, 경창부윤
1449년세종31　성절사로 명나라에 다녀오다

1450년세종32	예조참판, 양계兩界 지도 제작
1454년단종2	판한성부사
1455년단종3	충청도관찰사, 중추원사
1463년세조9	양성지梁誠之와 〈동국지도〉 제작, 부사과

생애일화

서예에 능하여 해서楷書와 전서篆書에 뛰어났다. 새보璽寶와 관인官印의 글씨를 많이 썼다. 또한 전고典故에도 조예가 깊어 많은 의제儀制도 찬하였다.

91대 판한성부사 기 건(奇虔)

신상내용

생몰연대	? ~ 1460년세조6
본관	행주幸州
호	청파靑坡·현암眩庵
시호	정무貞武
상훈	청백리
배향	추산서원(장성)
가족	증조-정승 현顯, 할아버지-부장 중평仲平, 아버지-공조전서 면勉 부인-남양홍씨(홍보洪保의 딸)
묘	경기도 고양시 덕양구 성사동. 고양시 향토유적 제22호

관직경력

판한성부사 재임기간 : 1455년세조1 8월 19일 ~ ?

조선 전기의 문신

세종 초, 학행이 높아 포의布衣로 발탁되어 지평을 거쳐 연안군수, 제주목사로서 선정을 베풀고 내직으로 올라와 집의, 형조·이조참의를 지냄

1448년세종30	전라도관찰사 겸 전주부윤
1449년세종31	호조참판
1450년단종즉위	세종대왕 승하, 고부사로 명나라에 다녀오다. 개성부유수
1451년단종1	대사헌
1455년세조1	판한성부사, 인순부윤, 평안도관찰사, 판중추원사

생애일화

과거를 거치지 않고 세종대왕의 발탁으로 관계에 진출하였다.
지방관으로 나갔을 때 연안군수 시절에는 군민들의 붕어삽이 고충을 알고 그것을 먹지 않았으며, 제주목사 시절에는 전복따기의 어려움을 생각해서 그것을 먹지 않았다. 특히 제주에서는 부모가 죽으면 언덕에 내버리는 풍속을 교화시켜 예절을 갖추어 장사지내도록 하였다.
중앙 정계로 돌아와서는 대사헌을 맡아, 도승지 강맹경을 비롯한 승지들의 권력 농단을 탄핵하고 황보인과 김종서 등 권신들의 횡포를 논박하였다.
수양대군이 권력을 전횡하면서 마침내 단종을 몰아내고 왕위에 오르자, 관직을 버리고 두문불출하였다.
세조가 그를 다섯 번이나 찾았지만, 청맹(青盲:당달봉사–눈뜬 장님)을 빙자하여 끝내 절개를 버리지 않았다.
판한성부사에 제수되었으나 아마도 부임하지 않았을 것으로 추측된다.
그는 나올羅兀을 창안해서 부녀자들이 외출할 때 머리 덮개로 이용하게 하였다. 우리나라 풍속에서 '너울'을 처음으로 만든 장본인이기도 하다.

92대 판한성부사 김 하(金何)

신상내용

생몰연대	? ~ 1462년세조8
본관	연안延安
시호	정선靖宣
가족	증조–밀직제학 광후光厚, 할아버지–밀직제학 도濤, 아버지–형조판서 자지自知 어머니–조호趙瑚의 딸
묘소	경기도 양평군 강하면 왕창리

관직경력

판한성부사 재임기간 : 1457년세조3 9월 19일 ~ 1458년세조4 6월 28일

조선 전기의 문신

1423년세종5	식년문과 급제
1432년세종14	예조정랑
1433년세종15	성기순심관
1434년세종16	이조정랑, 사재감사, 중추원사

1448년세종30	한성부윤, 주문사, 사역원제조
1455년단종3	동지중추원사
1457년세조2	판한성부사
1460년세조5	예조판서

생애일화

중국어에 능통하여 명나라 사신이 오면 반드시 그가 접대하였고, 명나라에 자주 내왕하며 후진양성에도 힘썼다.

그는 축첩한 일로 물의를 일으켰다. 어떤 종실宗室 하나와 안씨라는 사람과 셋이서 기생 하나를 두고 다투었다. 이에 세종임금이 '김하는 자식이 없으니 그녀를 두어 자식을 보게 하라.' 하고 그 기생을 주었다 한다.

93대 판한성부사 심 회(沈澮) – 94·95대 동일인물

신상내용

생몰연대	1418년태종18 ~ 1493년성종24 – 76세
본관	청송靑松
자	청보淸甫
시호	공숙恭肅
상훈	익대공신, 청성군, 좌리공신, 청송부원군
가족	증조–청화부원군 용龍, 할아버지 영이정 덕부德符, 아버지–영의정 온溫 어머니–순흥안씨(영돈녕부사 안천보安天保의 딸) 여동생–소헌왕후(세종 왕비) 부인–원주김씨(지중추원사 김연지金連枝의 딸)
묘소	경기도 파주시 월롱면 영태리

관직경력

판한성부사 재임기간 : 1458년세조4 6월 28일 ~ 1459년세조5 7월 18일

조선 전기의 문신

1451년문종1	음직으로 돈녕부주부
1454년단종2	첨지중추원사, 동지돈녕부사
1459년세조3	안주선위사 겸 판중추원사

1461년세조6	영중추원사, 형조판서
1463년세조8	경기도관찰사
1466년세조11	좌의정
1467년세조12	영의정
1468년세조13	익대공신 2등(남이 옥사 협조), 청성군
1471년성종2	원상
1473년성종4	좌리공신 2등, 청송부원군
1486년성종17	궤장 하사 받음

생애일화

아버지 온溫이 영의정까지 올랐으나, 태종을 비난한 사건에 연루되어 명나라에 다녀오다 의주에서 체포되고 결국 사사賜死되었다.
이 때문에 등용되지 못하다가 세종 말년에 아버지가 신원되어 문종이 즉위하자 음직으로 관직을 받을 수 있었다.
갑자사화 때에 연산군의 모친 윤비尹妃 폐출사건에 동조하였다는 죄로 관직이 추탈되고 부관참시를 당하였다가, 뒤에 신원되었다.

94대 판한성부사 심 회(沈澮) – 93·95대 동일인물

판한성부사 재임기간 : 1459년세조4 6월 3일 ~ 1459년세조4 7월 3일

95대 판한성부사 심 회(沈澮) – 93·94대 동일인물

판한성부사 재임기간 : 1459년세조4 7월 3일 ~ 1459년세조4 7월 18일

96대 판한성부사 이승손(李承孫)

신상내용

생몰연대	1394년태조3 ~ 1463년세조9 – 70세
본관	영천永川
자	인지引之

시호 성정成靖
상훈 좌익원종공신
출신지 영천永川
가족 증조–윤경允卿, 할아버지–양실陽實, 아버지–두만斗萬
어머니–이사의李思義의 딸
부인–이순李淳의 딸

관직경력

판한성부사 재임기간 : 1459년세조5 7월 18일 ~1459년세조5 11월 8일

조선 전기의 문신

1420년세종2	식년문과 급제, 주서, 이조·병조정랑
1433년세종15	대장 최윤덕崔潤德의 종사관으로 북변 정벌, 사인
1438년세종20	집의, 지형조사, 지병조사
1440년세종22	첨지중추부사, 우부승지, 좌승지
1443년세종25	도승지
1445년세종27	이조참판
1446년세종28	인수부윤
1447년세종29	병조참판
1448년세종30	형조판서
1449년세종31	대사헌
1451년문종1	예조판서
1453년단종1	국장도감제조
1455년세조1	좌익원종공신
1456년세조2	경기도관찰사
1457년세조3	예조·호조판서
1459년세조5	판한성부사, 좌참찬
1463년세조9	우찬성

생애일화

최윤덕의 종사관으로 북변 이만주李滿住 정벌에 공을 세우고, 하삼도下三道(경상·전라·충청도) 주민을 북부지방(평안·강원·황해도)에 이민시키는 일을 관장하였다.

97대 판한성부사 이순지(李純之) – 98대 동일인물

신상내용

생몰연대	1406년태종6 ~ 1465년세조11 – 60세
본관	양성陽城
자	성보誠甫
시호	정평靖平
가족	증조–문하시랑 춘부春富, 할아버지–참판 한瀚, 아버지–감찰 맹상孟常 어머니–문화유씨(수사 유자柳滋의 딸) 부인–영월신씨(신한辛開의 딸)
묘	경기도 남양주시 화도읍 차산리

관직경력

판한성부사 재임기간 : 1459년세조5 11월 8일 ~ 1460년세조6 2월 25일

조선 전기의 문신

1427년세종9	문과 급제, 승문원교리, 봉상시판관, 서운관판사, 승정원좌부승지
1443년세종25	「칠정산내외편七政算內外篇」 완성
1445년세종27	「제가역상집諸家曆象集」 편찬
1457년세조2	「교식추보법交食推步法」 완성
1465년세조11	판중추원사

생애일화

세종대왕의 특명으로 역법을 연구하여 괄목할 업적을 남긴 조선시대 최고의 천문과학자이다.
역법의 계산은 김담金淡과 주로 하였으며, 천문의상天文儀象들의 교정·제작은 이천李蕆·장영실蔣英實과 함께 하였다.
일월식日月蝕의 계산법을 알기 쉽게 하기 위해 김석제金石悌와 같이 산법가시算法歌詩를 짓고 사용법을 완성하였다
산학算學·천문天文·음양陰陽·풍수風水에도 조예가 깊었다.

98대 판한성부사 이순지(李純之) – 97대 동일인물

판한성부사 재임기간 : 1460년세조6 2월 25일 ~ 1461년세조7 1월 30일

99대 판한성부사 김사우(金師禹)

신상내용

생몰연대 1415년태종15 ~ 1464년세조10 – 50세
본관 상산商山
자 근보勤父
시호 장절壯節
상훈 좌익원종공신
가족 증조–삼중대광 록祿, 할아버지–삼사좌사 득제得齊, 아버지–총제 흡洽
어머니–유유柳濡의 딸
부인–광주이씨廣州李氏(우의정 이인손李仁孫의 딸)

관직경력

판한성부사 재임기간 : 1461년세조7 1월 20일 ~ 1461년세조7 7월 19일

조선 전기의 무신

1454년단종2 첨지중추원사
1455년세조1 좌익원종공신
1456년세조2 충청도수군안무처치사
1458년세조4 회령진병마절제사, 판회령부사
1460년세조6 한성부윤, 함길도도체찰사,
1461년세조7 판한성부사, 병조판서
1462년세조8 평안도도절제사
1463년세조9 동지중추원사

생애일화

그는 성격이 깨끗하고 곧아 모든 일에 공정하였으며, 당시 부장 중에서 가장 독서에 열중하는 사람으로 꼽혔다.

100대 판한성부사 정 식(鄭軾)

신상내용

생몰연대 1407년태종7 ~ 1467년선조13 – 61세

본관	나주羅州
자	빙보憑甫
호	영모정永慕亭
시호	경무景武
상훈	좌익원종공신
배향	설재사우雪齋祠宇(나주)
가족	증조-군수 문진文振, 할아버지-군수 유有, 아버지-대호군 자신自新 어머니-전주최씨(崔士威의 딸) 부인-여흥민씨(민병각閔屏角의 딸)

관직경력

판한성부사 재임기간 : 1461년세조7 7월 19일 ~ 1462년세조8 3월 7일

조선 전기의 문신

1432년세종14	식년문과 급제, 지평, 장령
1443년세종25	예조좌랑, 함길도 경차관
1445년세종27	이조정랑
1446년세종28	소헌왕후 승하, 국장도감판관, 의정부 검상·사인
1450년세종32	정이한鄭而漢의 종사관으로 의주성 축성 감독
1453년단종1	지사간원사
1455년세조1	좌익원종공신
1458년세조4	동부승지
1460년세조6	우승지, 형조참판, 함길도관찰사
1461년세조7	겸함흥부윤, 야인 정벌로 자헌대부 승자, 중추원부사, 판한성부사
1463년세조9	지중추원사
1465년세조11	경상·전라도군적사, 의금부제조
1466년세조12	동지중추원사

생애일화

조선 전기의 군사제도와 군적정리에 많은 공을 세웠다.
함흥부윤으로 모련위毛憐衛 야인을 정벌할 때, 군사 1천 기騎를 거느리고 적진 깊이 들어가 큰 공을 세워 자헌대부로 초자超資되기도 하였다.

101대 판한성부사 김연지(金連枝)

신상내용

생몰연대 1396년태조5 ~ 1471년성종2 – 76세
본관 원주原州
자 간보幹甫
시호 대경戴敬
가족 증조–이판 해晐, 할아버지–목사 득우得雨, 아버지–중추원부사 을신乙辛
어머니–유용생柳龍生의 딸
부인–창녕성씨(판한성부사 성발도成發道의 딸)

관직경력

판한성부사 재임기간 : 1462년세조8 3월 7일 ~ 1462년세조8 10월 13일

조선 전기의 문신

1411년태종11	사마시(생원) 입격
1413년태종13	문과 급제, 사헌부감찰, 형조좌랑
1428년세종10	형조도관정랑, 귀양 뒤 복귀, 지평
1442년세종24	첨사원 동첨사
1443년세종25	부평현령, 판사재감사, 상호군, 지형조사, 호조·예조·형조참의
1452년문종2	전라도관찰사, 공조참판, 대사헌, 한성부윤, 경기도·경상도관찰사
1462년세조7	판한성부사
1467년세조12	지중추원사, 봉조하

생애일화

그는 성품이 단아하고 근실하여 공무에 충실하였으며, 언행이 도리에 어긋나지 않았다.
세종대왕의 명에 의해, 처증조부인 영의정 성석린의 문집 〈독곡선생집獨谷先生集〉을 편찬했다.
임진왜란 때 좌의정을 지내고 호성공신으로서 원성부원군 김응남金應南이 종5세손이다.

2

102대

판한성부사 이석형

⋮

439대

한성판윤 윤이지

102대 판한성부사 이석형(李石亨) – 103·104·105·106·107대 동일 인물

신상내용

생몰연대	1415년태종15 ~ 1477년성종8 – 63세
본관	연안延安
자	백옥伯玉
호	저헌樗軒
시호	문강文康
상훈	좌리공신, 연성부원군
저서	〈대학연의집략〉·〈저헌집〉, 편저–「역대병요」「치평요람」
가족	증조–사복시정 광匡, 할아버지–공조전서 종무宗茂, 아버지–대호군 회림懷林 어머니–춘천박씨(사복시정 박언朴彥의 딸) 부인–영일정씨(정몽주의 손자 감찰 정보鄭保의 딸), 고령박씨(박만朴蔓의 딸)
묘소	경기도 용인시 처인구 모현면 능혀리 산 3. 경기도 기념물 제171호

관직경력

판한성부사 재임기간 : 1462년세조8 10월 13일 ~ 1464년세조10 12월 5일

조선 전기의 문신

1441년세종23	사마시(생원·진사) 양과 장원 입격, 식년문과 장원 급제, 사간원정언
1442년세종24	집현전부교리, 응교, 직전, 직제학
1447년세종29	문과중시 급제, 진관사에서 사가독서
1455년세조1	첨지중추원사, 전라도관찰사
1456년세조2	사육신사건, 예조참의
1457년세조3	판공주목사
1458년세조4	첨지중추원서, 한성부윤
1460년세조6	황해도관찰사
1461년세조7	사헌부대사헌, 경기도관찰사
1462년세조8	호조참판, 판한성부사
1466년세조11	팔도도체찰사(호패법 조사·정리)
1468년세조13	승습사로 명나라에 다녀오고, 지중추부사
1470년성종1	판중추부사, 지성균관사
1471년성종2	좌리공신 4등, 연성부원군

생애일화

그가 태어날 때 아버지의 꿈에 흰 용이 바위를 끊고 나오는 것을 보았다 하여 '石亨'이라 지었다 한다. 그리고 엉덩이에 손바닥 만한 검은 점이 있는데 그 모양이 거북과 같았다. 그런데 무슨 기쁜 일이 있으려면 그 거북이 움직여 징조를 보였다 한다.
그는 생원·진사·대과의 세 시험에서 장원을 하여 삼장원三壯元의 효시가 되기도 하였다.
그러나 중시重試에서는 장원을 성삼문에게 빼앗겼는데, 이유인즉, 성삼문이 그의 전문箋文을 대신 이용하고, 그는 따로 글을 짓는 바람에 장원을 놓쳤다는 이야기가 전한다.
이른바 사육신 사건이 전해지자, 사육신의 절의를 상징하는 시를 지어 익산 동헌에 남겨, 대간들 사이에 치죄하자는 의견이 있었으나 세조에 의해 묵살되고 오히려 예조참의에 올랐다.
이후 지방관이나 한직을 돌다가 다시 세조의 총애를 받아 한성부윤이 되었다.
또한 필법이 신묘하고 사서四書의 구결口訣을 정하는데 참여하였으며, 만년에는 성균관 서쪽(현재의 연지동)에 계일정戒溢亭을 짓고 시문에 전념하였다.
김반金泮의 문인이다.
한성판윤을 7년 간 지냈는데, 그 명칭이 그의 재임기간에 판한성부사에서 한성부윤으로 바뀌었다가 한성판윤으로 개정된 이후 조선 말기까지 불리었다.

103대 한성판윤 이석형(李石亨) – 102·104·105·106·107대 동일 인물

한성부윤 재임기간 : 1464년세조10 12월 5일 ~ 1464년세조10 12월 19일

104대 한성판윤 이석형(李石亨) – 102·103·105·106·107대 동일 인물

한성판윤 재임기간 : 1464년세조10 12월 19일 ~ 1465년세조11 2월 9일

105대 한성판윤 이석형(李石亨) – 102·103·104·106·107대 동일 인물

한성판윤 재임기간 : 1465년세조11 2월 9일 ~ 1466년세조12 4월 18일

106대 한성부윤 이석형(李石亨) – 102·103·104·105·107대 동일인물

한성판윤 재임기간 : 1466년세조12 4월 18일 ~ 1466년세조12 6월 22일

107대 행판한성부윤 이석형(李石亨) – 102·103·104·105·106대 동일인물

한선판윤 재임기간 : 1466년세조12 6월 22일 ~ ? 재직확인(1466년 6월 23일)

108대 한성판윤 서거정(徐居正) – 109·117대 동일인물

신상내용

생몰연대	1420년세종2 ~ 1488년성종19 – 69세
본관	달성達城
자	강중剛中, 初字 : 子元
호	사가정四佳亭
시호	문충文忠
상훈	좌리공신, 달성군達城君
저서	〈필원잡기〉·〈사가집〉·〈역대연표〉·〈동인사화〉·〈태평한화골계전〉·〈동인시문〉
공동찬집	삼국사절요, 동국통감, 동국여지승람, 동문선, 경국대전, 연주시격언해
가족	증조–판전의시사 익진益進, 할아버지–호조전서 의義, 아버지–안주목사 미성彌性 어머니–안동권씨(양촌陽村 권근權近의 딸) 자형–최항崔恒 부인–상원군사 김여회金如晦의 딸, 능직 이영근李寧根의 딸
묘소	경기도 화성시 봉담읍 왕림리

관직경력

한성판윤 재임기간 : ? ~ ? (재직확인:1466년 9월 9일)

조선 전기의 문신

1438년세종20 사마시(생원·진사) 입격

1444년세종26	식년문과 급제, 사재감직장, 집현전박사, 경연사경
1453년단종1	수양대군을 수행하여 명나라에 다녀오다
1455년세조1	세자우필선
1456년세조2	집현전 혁파, 성균관사예
1457년세조3	문과중시 병과 1등 급제
1458년세조4	정시庭試 우등, 공조참의, 지제교, 이조참의
1460년세조6	이조참의, 사은사로 명나라에 다녀오다
1465년세조11	예문관제학, 동지중추부사
1466년세조12	발영시 급제, 예조참판, 등준시에 급제, 행동지중추부사
1467년세조13	형조판서 겸 예문관대제학 겸 성균관지사로서 문형 관장
1469년예종1	한성부판윤
1470년성종1	좌참찬
1471년성종2	순성명량좌리공신 3등, 달성군 봉군
1476년성종7	원접사, 우의정, 달성군 봉군, 도총관, 〈삼국사절요〉 공편
1477년성종8	대제학, 한성부판윤, 〈동문선〉 신찬
1479년성종10	이조판서
1480년성종11	〈오자吳子〉 주석, 〈역대연대표〉 찬진
1481년성종12	『신찬동국여지승람』50권 찬진, 병조판서
1483년성종14	좌찬성
1485년성종16	세자이사, 『동국통감』 57권 완성
1486년성종17	〈필원잡기〉 저술
1487년성종18	왕세자 성균관 입학, 논어 강론

생애일화

6세에 글을 읽어 신동으로 불리었다.

그는 학문이 매우 넓어서 천문·지리·의약·복서·풍수에 이르기까지 관통하였으며, 문장에 일가를 이루고, 특히 시에 능하였다. 조수趙須와 유방선柳方善에게서 배웠다.

40세 때 사은사로 명나라에 갔었다. 통주관에서 안남(安南)사신을 만나 시재詩才를 겨루어 탄복을 받았으며, 요동인 구제丘霽는 그의 초고를 보고 감탄하였다 한다. 그리고 중국 사신을 맞이하면, 수창酬唱을 잘하여 해동海東의 기재奇才라는 칭송을 받았다.

예문관대제학과 성균관사를 겸하여 문형文衡을 관장하면서, 국가의 전책典册과 사명詞命이 모두 그의 손에서 나왔다.

조선 전기 세종에서 성종 대까지 처음으로 양관대제학을 지내 문병文柄을 장악하였던 핵심적 학자의 한 사람으로서 그의 학풍과 사상은 이른바 15세기 관학官學의 분위기를 대변하는 동시에 정치적으로는 훈신勳臣의 입장을 반영하였다.

왕명에 의해 그가 주동이 되어 편찬한 사서·지리지·문학서 등은 우리나라의 학문적 독자성과 역사적 전통에 대한 자부심을 바탕으로 이루어진 괄목할 만한 문화적 업적이라 하겠다.

109대 한성판윤 서거정(徐居正) – 108·117대 동일인물

한성판윤 재임기간 : 1469년예종1 7월 3일 ~ 1469년예종1 7월 26일

110대 한성판윤 어세공(魚世恭) – 116·125대 동일인물

신상내용

생몰연대	1432년세종4 ~ 1486년성종17 – 55세
본관	함종咸從
자	자경子敬
호	송서松西
시호	양숙襄肅
상훈	적개공신 2등, 아성군牙城君
가족	증조–목사 연淵, 할아버지–직제학 변갑變甲, 아버지–판중추부사 효첨孝瞻 어머니–반남박씨(좌의정 박은朴訔의 딸) 형–한성판윤·좌의정 세겸世謙 부인–경주김씨(참의 김형손金亨孫의 딸), 양주조씨(지군사 조준趙遵의 딸)
묘	경기도 고양시 일산구 성석동 진밭마을

관직경력

한성판윤 재임기간 : 1469년예종1 7월 26일 ~ 1470년성종1 6월 3일

조선 전기의 문신

1456년세조2	식년문과 급제, 승문원 정자·박사, 형 세겸世謙과 동방同榜
1459년세조5	봉상시녹사
1460년세조6	한성부참군
1462년세조8	승문원부교리
1465년세조11	공조좌랑, 성균사예
1466년세조12	승정원 동부승지, 우부승지
1467년세조13	함길도관찰사, 적개공신 2등(이시애의 난 평정), 아성군牙城君 봉군
1469년예종1	사은사로 명나라에 다녀와, 한성판윤

1470년성종1	경기도관찰사
1472년성종3	지중추부사
1474년성종5	공조·병조판서
1479년성종10	우참찬, 형조·호조판서
1484년성종15	지중추부사

생애일화

그는 경학經學과 역학易學에 능하고 율학律學에도 조예가 깊었으며, 또한 영민하여 복잡한 일을 잘 처리하였다. 그러나 무격巫覡·浮屠·地理의 拘忌에 대해서는 일체 거론하지 않았으며, 늘 어버이를 기쁘게 히는 효성에 남들이 감탄하였다고 한다.
영민하여 복잡한 일을 잘 처리하였고, 무격巫覡·부도浮屠·지리地理의 구기拘忌에 대해서는 일체 거론하지 않았으며, 늘 어버이를 기쁘게 히는 효성에 남들이 감탄하였다고 한다.
세조가 저술한 〈역학계몽요해〉를 증보하여 찬진하였고, 젊은 문신들에게 7개 분야의 학문을 연구하도록 하였는데, 그는 율려문律呂門에 배속되어 임금에게 〈율려신서律呂新書〉를 진강하여 칭송을 받았다.
세종 때 직제학을 지낸 그의 할아버지 어변갑魚變甲은 대마도정벌을 위해 이종무李從茂 장군이 출정할 즈음 〈정대마도교중외대소신료한량기로군민등서 征對馬島敎中外大小臣僚閑良耆老君民等書〉라는 격문檄文을 써 내외에 선포하였다. 잘 알려져 있지 않지만 당시 국민적 단합을 위해 전쟁 출정에 앞서 대국민단합선언서를 공포한 것이다.

111대 한성판윤 김길통(金吉通)

신상내용

생몰연대	1408년태종8 ~ 1473년성종4 – 66세
본관	청풍淸風
자	숙경叔經
호	월천月川
시호	문평文平
상훈	좌리공신, 월천군月川君
저서	〈월천집月川集〉
가족	증조–집의 직방直方, 할아버지–청운감정 광무光茂, 아버지–현감 효례孝禮 어머니–오은吳隱의 딸 부인–이심지李審之의 딸
묘소	경기도 이천시 신둔면 수광리

관직경력

한성판윤 재임기간 : 1470년성종1 6월 3일 ~ 1470년성종1 8월 6일

조선 전기의 문신

1432년세종12	식년문과 을과 1등 급제, 의영고부사, 감찰, 병조좌랑
1436년세종16	진잠현감
1440년세종20	우헌납, 이조정랑, 장령, 사예
1451년문종1	지승문원사
1452년문종2	판종부시사, 우사간대부
1454년단종2	황주목사, 첨지중추원사
1458년세조4	전주부윤
1460년세조6	대사헌, 황해도·전라도관찰사, 예조·형조참판, 한성부좌윤
1469년예종1	동지중추부사
1470년성종1	한성판윤, 호조판서
1471년성종2	좌리공신 4등, 월천군月川君 봉군

생애일화

그는 성품이 청백하여 항상 청빈하였고, 평생 동안 공도公道로써 관직생활을 하였다.

112대 한성판윤 이 훈(李塤)

신상내용

생몰연대	1429년세종11 ~ 1481년성종12 – 53세
본관	한산韓山
초명	서墅
자	화백和伯
호	도옹賭翁
시호	안소安昭
상훈	좌리공신, 한성군韓城君
가족	증조–제학 종학種學, 할아버지–광주목사 숙야叔野, 아버지–황해관찰사 축蓄 어머니–이천서씨(형조판서 서선徐選의 딸) 부인–전주이씨(효령대군의 딸)
묘	경기도 남양주시와부읍 도곡리

관직경력

한성판윤 제임기간 ; 1470년성종1 8월 6일 ~ 1471년성종2 12월 27일

1439년세종21	음사蔭仕, 사직司直
1447년세종29	세자우위사
1448년세종30	호군, 전첨, 세자좌익찬
1453년단종1	동부지돈녕부사
1454년단종2	예빈시윤, 동첨지돈녕부사, 대호군, 제용감·군자감판사, 판전농시사
1460년세조6	공조참의
1461년세조7	한성부윤, 형조참의
1467년세조13	토평대장(이시애의 난 평정 참여), 경기도관찰사
1470년성종1	한성판윤
1471년성종2	좌리공신 4등, 한성군 봉관, 오위도총부도총관, 의정부좌참찬

113대 한성판윤 김겸광(金謙光)

신상내용

생몰연대	1419년세종1 ~ 1490년성종21 – 72세
본관	광산光山
자	위경僞卿
호	서정西亭
시호	공안恭安
상훈	좌리공신, 광성군, 청백리
가족	증조–충청감사 약채若采, 할아버지–검열 문間, 아버지–감찰 철산鐵山 어머니–성천대도호부사 김명리金明理의 딸 형–국광國光(좌의정) 부인–참판 유양식柳陽植의 딸, 사직 진계손陳繼孫의 딸

관직경력

한성판윤 재임기간 : 1471년 12월 27일 ~ ? (재직확인:1472년 1월 14일)

조선 전기의 문신

1453년단종1	식년문과 급제, 예문관검열, 감찰, 정언, 병조좌랑, 병조정랑
1460년세조6	장령, 신숙주申叔舟의 종사관(건주위 야인 정벌), 군기시정

1461년세조7	지병조사, 동부승지, 좌부승지, 평안도관찰사
1465년세조11	호조참판
1466년세조12	개성부유수, 평안도절도사
1467년세소13	예조판서
1468년세조14	경상도관찰사
1469년세조15	예조판서
1471년성종2	좌리공신 3등, 광성군光城君 책봉, 한성판윤
1484년성종15	좌참찬
1485년성종16	세자좌빈객

생애일화

대제학 홍귀달이 쓴 신도비에 "몸은 하나로되 쓰이는 것은 백 가지요, 들어오면 재상이요, 나가면 장수로다." 라고 평했듯이 청백리로 녹선될 만큼 관리로서의 직무수행은 성실하고 그에 상응한 능력이 있었던 것 같다.

신숙주의 사람으로 분류될 정도로 그를 따라 명나라에 서장관으로 다녀왔고, 건주위 야인 이만주李滿住 일파를 정벌할 때도 종사관으로 참여하여 공로를 올린 바가 많다.

그때 형 국광國光이 호조판서로 세조의 신임을 받고 있었는데, 그를 맞아 특진을 시키고서 공로를 치하하며 "그대가 벼슬은 형보다 낮으나 현량한 것은 형보다 낫다."하고 술을 권할 만큼 총애하였다.

중외를 드나들며 치적이 많았으나, 경상도관찰사로 있을 때 아주 예쁜 한 여인을 탐내다가 그 여인이 과부가 되자 몰래 데려와 첩을 삼아서 세상의 놀림이 되기도 하였다는 일화가 전한다.

114대 한성판윤 권 감(權瑊)

신상내용

생몰연대	1423년세종5 ~ 1487년성종18 – 65세
본관	안동安東
자	차옥次玉
시호	양평襄平
상훈	좌익원종공신, 익대공신, 화천군花川君, 좌리공신
가족	증조–전공판서 홍興, 할아버지–우사간 참參, 아버지–중추원부사 극화克和 어머니–양주조씨(좌참찬 조계생趙啓生의 딸) 부인–부지돈녕 유자해柳子偕의 딸, 안동김씨(통례원 판관 김계권金係權의 딸)

관직경력

한성판윤 재임기간 : ? ~ 1475년성종6 11월 10일

조선 전기의 문신

1444년세종26	음보, 사직녹사
1450년세종32	사온서주부
1451년문종1	사마시 입격
1455년세조1	좌익원종공신 3등
1468년세조13	동부승지, 좌부승지, 도승지, 간경도감도감사
1469년예종1	추충정난익대공신 3등, 행승정원도승지, 화천군 봉군, 경연참찬관, 홍문관직제학, 상서원정, 청승습사로 명나라에 다녀오다
1471년성종2	순성명량경제홍화좌리공신 1등, 평안도관찰사
1472년성종3	대사헌
1473년성종4	한성좌윤
1474년성종5	대전관, 돈체사, 한성판윤
1477년성종8	판중추부사, 명나라에 다녀오다
1478년성종9	의정부좌참찬
1480년성종11	원접사, 평양선위사, 평안도체찰사, 의금부판사
1482년성종13	경기도진휼사
1483년성종14	병조판서, 화천군 다시 봉군
1485년성종16	전라도진휼사

생애일화

그는 주부主簿라는 낮은 직위로 좌익원종공신이 되었고, 예종의 단명과 성종의 즉위로 단기간에 좌익공신과 좌리공신이 되었으며, 문과 출신이 아니면서 도승지까지 오른 특이한 경력의 소유자이다.

한성판윤으로서 경성京城 안 4면의 산기슭에 인가가 많아 풍수금기를 범하고, 궁궐을 위압하니 풍수학 제조에게 살피게 하자고 상소하였다.

115대 한성판윤 윤 흠(尹欽)

신상내용

생몰연대 1418년태종18 ~ 1485년성종16 – 68세

본관	파평坡平
초명	긍兢
자	경지敬之·극례克禮
호	죽재竹齋
시호	공간恭簡
가족	증조-판도판서 승례承禮, 할아버지-판중추 번播, 아버지-우의정 사분士盼 어머니-경력 장안지張安之의 딸 부인-양천허씨(허준許遵의 딸)

관직경력

한성판윤 재임기간 : 1475년성종6 11월 10일 ~ 1477년성종8 4월 18일

조선 전기의 문신

1450년세종32	문과 급제
1454년단종2	사헌부지평, 내섬시소윤, 선공감정
1455년세조1	겸장령
1461년세조7	동부승지
1462년세조8	우부승지, 좌부승지
1463년세조9	좌승지, 첨지중추부사
1464년세조10	경상도관찰사, 동지중추부사
1465년세조11	중추원부사
1466년세조12	훈련원도정
1467년세조13	병조참판, 오위도총부도총관
1474년성종5	산릉도감제조, 경기도관찰사
1475년성종6	한성판윤
1477년성종8	호조판서
1479년성종10	지중추부사, 황주선위사
1481년성종12	지돈녕부사

116대 한성판윤 어세공(魚世恭) – 110·125대 동일인물

한성판윤 재임기간 : 1477년성종8 4월 18일 ~ 1478년성종9 6월 2일

117대 한성판윤 서거정(徐居正) - 108·109대 동일인물

한성판윤 재임기간 : 1478년성종9 6월 2일 ~ 1478년성종9 9월 24일

118대 한성판윤 이숭원(李崇元) - 124대 동일인물

신상내용

생몰연대	1428년세종10 ~ 1491년성종22 - 64세
본관	연안延安
자	중인仲仁
시호	충간忠簡
상훈	좌리공신, 연원군延原君, 청백리
배향	도동사道東祠(지례)
묘소	경기도 양평군 옥천면 용천리
가족	전의감정 량亮, 할아버지-지보주사 백겸伯謙, 아버지-예참 보정補丁 어머니-찬성 이숙완李淑完의 딸 부인-파주염씨(염순량廉順良의 딸)

관직경력

한성판윤 재임기간 : 1478년성종9 9월 24일 ~ 1479년성종10 8월 1일

조선 전기의 문신

1450년세종32	사마시(생원) 입격
1453년단종1	증광문과 장원급제, 사재감주부, 사간원정언
1459년세조5	사헌부지평, 형조정랑, 세자문학, 성균관사예, 중서사인, 사헌부집의
1468년세조13	장예원판결사
1469년세조14	동부승지, 좌승지
1471년성종1	좌리공신 3등(성종즉위), 연원군 봉군
1472년성종2	도승지
1474년성종4	형조판서
1477년성종7	대사헌
1478년성종8	한성부판윤
1479년성종9	평안도관찰사, 이조판서

1485년성종15	우참찬, 정조사로 명나라에 다녀오다. 좌참찬
1489년성종19	형조판서
1490년성종20	병조판서

119대 한성판윤 정문형(鄭文炯)

신상내용

생몰연대	1427년세종9 ~ 1501년연산군7 – 75세
본관	봉화奉化
자	명숙明叔
호	야수野叟
시호	양경良敬
상훈	좌익원종공신
묘소	경기도 과천시 문원동
가족	증조–개국공신 도전道傳, 할아버지–형조판서 진津, 아버지–현감 래來

관직경력

한성판윤 재임기간 : 1479년성종10 8월 1일 ~ 1479년성종10 윤10월 22일

조선 전기의 문신

1447년세종29	별시문과 급제, 정자, 감찰, 예조좌랑
1455년세조1	좌익원종공신(세조즉위) 2등, 예조정랑 겸 가례색도감, 사인
1464년세조10	좌간의대부, 공조참의, 경상도관찰사
1466년세조12	함길도절도사, 변정원판결사, 동지중추부사, 성절사로 명나라 다녀오다
1472년성종1	병조참판·판서, 평안도·황해도관찰사, 중추부지사, 행강원도관찰사
1489년성종4	우참찬, 호조판서, 세자시강원빈객, 경상도순변사
1492년성종7	우찬성
1494년성종9	공조판서, 산릉도감제조
1495년성종10	판중추부사, 우의정, 궤장 하사 받음, 영중추부사, 영경연사

생애일화

조선개국공신 삼봉 정도전鄭道傳의 증손이며 형조판서를 지낸 정진鄭津의 손자이다.
단종이 왕위에서 쫓겨날 때, 낮은 관직인 교리에 있으면서 세조를 도와 좌익원종공신 2등에 녹훈되었다.

연산군 시절 무오사화 때 조정대신들과 함께 김종직金宗直을 대역죄인으로 논단하고 부관참시할 것을 주장하였다.

120대 한성판윤 한치형(韓致亨) – 135대 동일인물

신상내용

생몰연대	1434년세종16 ~ 1502년연산군8 – 69세
본관	청주淸州
자	통지通之·형지亨之
시호	질경質景
상훈	좌리공신 3등, 청성군淸城君
묘소	경기도 양주시 장흥면 삼상리 63–4
가족	증조–노사 영寧, 할아버지–순창군사 永矴, 아버지–정랑 질 어머니–양주조씨(중군총제 조서趙叙의 딸) 부인–전주이씨(양녕대군 이제李禔의 딸), 단양우씨(봉례 우연禹堧의 딸) 친척–큰아버지 확確(좌의정) 4촌여동생–소혜왕후(인수대비) 당질(월산대군·성종)

관직경력

한성판윤 재임기간 : 1479년성종10 윤10월 22일 ~ 1480년성종11 5월 10일

조선 전기의 문신

1451년문종1	음보, 감찰, 장령, 사복시소윤
1467년세조13	장예원판결사, 좌부승지, 우승지, 좌승지, 이조참판
1469년예종1	함길도관찰사, 호조참판
1470년성종1	동지중추부사, 대사헌
1471년성종2	좌리공신 3등, 청성군 봉군, 형조판서, 개성부유수, 경기도관찰사
1479년성종10	한성부판윤, 호조·병조판서, 성절사로 명나라에 다녀오다
1481년성종12	좌참찬
1495년연산군1	좌찬성 겸 대사헌, 우의정
1498년연산군4	무오사화 때 좌의정으로서 유자광·노사신 등과 함께 깊이 사화에 간여
1500년연산군6	영의정

생애일화

그는 양녕대군의 사위요, 한명회의 조카이며 인수대비의 사촌오빠이다. 또한 고모 두 분이 명나라 영락제(성조成祖)의 후궁(麗妃) · 선덕제의 후궁(공신부인)이어서 주청사·성절사 등으

로 중국을 왕래하며 대명외교에서 많은 역할을 했다.

그는 성품이 순박하고 침착하였으며, 관직에 있을 때에는 부지런하고 조심하여 사의私意로 써 법을 굽히지 않았다. 비록 큰 공적은 없지만 드러난 과실도 없었으며, 연산군燕山君이 정치를 어시럽힐 때 누차 검소儉素와 절용節用을 아뢰다가 이로 인하여 비위를 거슬려 화를 당했다.

그러나 갑자사화 때, 연산군의 생모 윤비尹妃 폐출사건과 관련하여 윤필상·한명회·정창손 등과 함께 부관참시 당하고, 일가가 몰살했다. 중종반정 후 신원伸寃되었다.

121대 한성판윤 이 예(李芮)

신상내용

생몰연대	1419년세종1 ~ 1480년성종11 – 62세
본관	양성陽城
자	가성可成
호	눌재訥齋
시호	문질文質
가족	증조–참판 한澣, 할아버지–참의 맹상孟常, 아버지–첨지중추원사 전지全之 숙부–한성판윤 이순지李純之 부인–안철석安哲石의 딸
묘소	경기도 남양주시 와부읍 월문리

관직경력

한성판윤 재임기간 : 1480년성종11 5월 10일 ~ 1480년성종11 10월 19일

조선 전기의 문신

1438년세종20	진사시 입격
1441년세종23	식년문과 급제, 군기시직장, 종부시직장
1443년세종25	집현전박사, 경연관
1447년세종29	문과중시 급제, 부교리, 〈의방유취〉를 신석조辛碩祖와 편찬 완성 〈칠정산내·외편〉『고려사』 편찬 참여
문종·단종	부수찬, 집의
1455년세조1~6	판봉상시사, 첨지중추원사, 각 조의 참의 등 역임
1461년세조7	사은사로 명나라에 다녀오다

1466년세조12	발영·등준시 급제, 가선대부 승품
1471년성종2	황해도관찰사, 이조참판, 대사헌, 개성유수
1476년성종7	공조판서
1480년성종11	한성부판윤, 형조판서

생애일화

그는 어릴 적부터 총민하고 독서를 즐겨하는 것으로 이름이 났다. 다섯 임금을 모시면서 박학과 다문으로 문명과 명망이 높았다.
집현전에 들어와 세종대왕의 총애를 받았다. 15~16년을 집현전에 있었는데 성재省宰에 이르는 동안 줄곧 문한文翰을 겸직하면서 유신儒臣으로서의 능력을 보여주었다.
『경국대전』이 완성될 적에 서선徐選과 함께 부녀의 재가再嫁금지와 재가녀 자손의 폐고廢錮를 추진하기도 하였다. 또한 고금의 여러 의방醫方을 모은 〈의방유취醫方類聚〉의 편찬에도 참여했다.

122대 한성판윤 정난종(鄭蘭宗)

신상내용

생몰연대	1433년세종13 ~ 1489년성종20 – 57세
본관	동래東萊
자	국형國馨
호	허백당虛白堂
시호	익혜翼惠
상훈	좌리공신, 동래군東萊君
묘소	경기도 군포시 속달동 납작골
가족	증조=판사복시사 해諧, 할아버지–결성현감 구령龜齡, 아버지–진주목사 사賜 어머니–이씨(이백인李伯仁의 딸) 부인–완산이씨(장사랑 이지지李知止의 딸) 아들–광보光輔·광필光弼(영의정), 손자(士龍–광보의 아들)

관직경력

한성판윤 재임기간 : 1480년성종11 10월 19일 ~ 1481년성종12 12월 13일

1456년세조2	식년문과 급제, 승문원부정자, 검열, 대교, 통례문봉례랑, 이조좌랑
1463년세조9	시강원문학, 예조정랑, 종부시소윤
1466년세조12	문과 중시·발영시·등준시 급제, 동부승지, 좌부승지, 예조참판, 형조참판, 오위장
1467년세조13	황해도관찰사(이시애의 난 평정 기여), 호조참판
1469년예종1	동지춘추관사, 세조실록 편찬 참여
1470년성종1	동지중추부사, 사은부사로 명나라에 다녀오다
1471년성종2	순성좌리공신, 동래군 책봉, 예종실록 편찬 참여, 영안도관찰사, 호조참판
1480년성종11	한성부판윤, 전라도관찰사
1481년성종12	주문부사로 명나라에 다녀온 뒤, 평안도병마절도사
1482년성종13	우참찬, 이조·공조·호조판서

생애일화

그는 훈구파의 중진으로 성리학에 밝았고, 서예에도 일가를 이루어 초서와 예서를 잘 썼으며 , 특히 '조맹부체'에 뛰어났다.
세조11년 을유년에 〈원각경〉을 인쇄하기 위해 그에게 주자체鑄字體를 쓰게 하였는데, 그 활자가 '을유자(乙酉字)이다.
금석문金石文에도 많은 필적을 남겼는데, 석문石文으로는 서울 파고다공원의 〈원각사비〉, 의정부의 〈고령부원군신숙주묘표〉 등이 있으며, 금문金文으로는 양양의 〈낙산사종명〉, 덕수궁의 〈흥천사종명〉 등이 있다.
그의 글씨는 남아있는 것이 드물어서 〈관란정첩〉·〈해동명적〉·〈대동서법〉 등에 일부 모아져 있다.
다만, 성현成俔이 〈용재총화〉에서 "그는 글씨에 많은 힘을 들였고 연구도 하였으나, 서체가 부드럽고 약하여 족히 볼 만한 것이 없다." · "정난종이 쓴 창덕궁 전문殿門들의 액額이 바르지 않다" · "〈원각경〉의 자체가 바르지 않다."라고 혹평을 하기도 하였다.

123대 한성판윤 이계손(李繼孫)

한성판윤 재임기간 : 1481년성종12 9월 21일 ~ 1481년성종12 12월 13일

124대 한성판윤 이숭원(李崇元) – 118대 동일인물

한성판윤 재임기간 : 1481년성종12 12월 13일 ~ 1482년성종13 4월 2일

125대 한성판윤 어세공(魚世恭) – 110·116대 동일인물

한성판윤 재임기간 : 1482년성종13 4월 2일 ~ 1482년성종13 8월 13일

126대 한성판윤 정숭조(鄭崇祖) – 142대 동일인물

신상내용

생몰연대	1442년세종24 ~ 1503년연산군9 – 62세
본관	하동河東
자	효숙孝叔
호	삼성재三省齋
시호	장정莊靖
상훈	좌리공신, 하남군河南君
묘소	경기도 시흥시 광석동 축실골 뒷산
가족	증조–종부령 을귀乙貴, 할아버지–석성현감 興仁, 아버지–영의정 인지麟趾 어머니–검판한성부사 이휴李携의 딸 형–정헌조鄭憲祖(부마 하성부원군) 부인–죽산박씨(내섬시판관 박후朴堠의 딸), 평양조씨(돈녕부판관 조창로趙昌老)

관직경력

한성판윤 재임기간 : 1482년성종13 8월 13일 ~ 1483년성종14 6월 28일

조선 전기의 문신

1458년세조4	음보, 통례문봉례랑, 사섬시주부, 종친부부전첨, 공조좌랑, 종부시소윤, 한성부소윤
1465년세조10	지사간원사, 첨지중추부사, 이조·공조참판
1471년성종2	좌리공신 4등, 하남군 봉군

1474년성종5	형조참판
1482년성종13	한성부판윤 겸 도총관, 지의금부사
1489년성종20	하남부원군 진봉
1490년성종21	한성부판윤, 경상도관찰사, 경상좌도병마절도사
1492년성종23	호조판서, 수뢰혐의로 파직
1495년연산군1	정조사로 명나라에 다녀오다. 사섬시제조
1500년연산군6	봉조하奉朝賀

생애일화

그는 특히 경사經史에 밝았다.
말년에 한가할 때, 지기知己가 오면 시주詩酒로 상대하며 경사를 논하는데 그 말씨가 현하지변懸河之辯이었다고 한다.
과거를 통하지 않았음에도 아버지 정인지의 후광을 업고 출세하였으나, 호조의 관리들이 매매 금지된 모피毛皮를 시중에 내보내어 팔게 한 사실을 알고도 묵인한 죄로 파면된 적이 있다.

127대 한성판윤 이극균(李克均) – 132대 동일인물

신상내용

생몰연대	1437년세종19 ~ 1504년연산군10 – 68세
본관	광주廣州
자	방형邦衡
호	오봉五峯
가족	증조–판전교시사 집集, 할아버지–형조참의 지직之直, 아버지–우의정 인손仁孫 어머니–교하노씨(별장 노신盧信의 딸) 형–극배(영의정) 부인–성주이씨(군수 이철주李鐵柱의 딸) 5대손–한음 이덕형李德馨(영의정)
묘소	경기도 광주시 남탑동(의관衣冠을 묻어 조성)

관직경력

한성판윤 재임기간 : 1483년성종14 6월 28일 ~ 1484년성종14 3월 18일

조선 전기의 문신

1456년세조2	식년문과 급제, 선전관

1459년세조5	성균관주부, 회령도사, 지평, 도체찰사 종사관
1460년세조6	김구·최항·정인지 등과 〈교정손자주해〉 찬
1467년세조13	부호군, 만포절제사, 3등 공신(건주위 정벌 군공)
1469년예종1	경상우도병마절도사
1472년성종3	천추사로 명나라에 다녀오다
1474년성종5	전라도관찰사
1475년성종6	동지중추부사, 명나라 재방문
1477년성종8	영안도관찰사
1479년성종10	강원도관찰사
1481년성종12	의금부도사, 평안도절도사
1483년성종14	한성부판윤, 지중추부사
1484년성종15	대사헌
1486년성종17	형조판서, 의금부당상, 이조판서
1495년연산군1	평안도관찰사
1498년연산군4	좌찬성
1499년연산군5	경변사警邊使
1500년연산군6	우의정
1501년연산군7	〈서북제번기〉와 〈서북지도〉를 좌의정 성준成俊과 함께 편찬
1502년연산군8	시폐십조時弊十條 상소
1503년연산군9	좌의정

생애일화

광주이씨 문중의 이른바 8극八克의 한 축으로, 젊어서는 무술에도 뛰어나 세조의 총애를 받았다.
좌의정으로 있을 때에 여러 차례 연산군의 황음荒淫을 바로잡으려고 애쓴 것이 화근이 되어, 갑자사화 때 조카 李世佐와 함께 연루되어 인동으로 유배되어 사사되었다. 뒤에 중종반정 후 신원되었다.
사육신의 한 분인 박팽년朴彭年의 손자며느리(성주이씨)에게 있었던 유복자 박일산朴日珊에 관련된 이야기에서, 그가 박팽년의 혈손血孫을 찾아 구했다는 일화가 전해진다.

128대 한성판윤 김종순(金從舜)

신상내용

생몰연대　1405년태종5 ~ 1483년성종24 – 79세

본관 경주慶州
시호 공호恭胡
상훈 좌익원종공신, 청백리
가족 아버지–계성季誠

관직경력

한성판윤 재임기간 : ? ~ 1483년성종14 11월 2일

조선 전기의 문신

1429년세종11	생원시 입격
1437년세종19	문음으로 충훈부사승
1439년세종21	전농시직장, 한성부중부령, 감찰
1440년 이후	봉상시판관, 병조좌랑, 승문원교리, 경기도관찰사
1455년세조1	좌익원종공신(2등), 우사간대부, 형조참의, 동부승지, 도승지, 이조참판
1463년세조9	경기도관찰사, 한성부윤
1464년세조10	대사헌, 동지중추부사
1469년예종1	경상도관찰사, 개성부유수, 판한성부사, 평안도관찰사
1676년성종7	지중추부사

생애일화

그는 재직 중 뚜렷한 업적이 없으나, 시사詩詞에 능통하여 명성이 높았고, 세조 때 청백리에 녹선되었다.

129대 한성판윤 손순효(孫舜孝)

신상내용

생몰연대 1427년세종9 ~1497년연산군3 – 71세
본관 평해平海
자 경보敬甫
호 물재勿齋·칠휴거사七休居士
시호 문정文貞
저서 〈식료찬요食療撰要〉
가족 증조–증형참 영永, 할아버지–낭장 유례有禮, 아버지–군수 밀密

어머니–횡성조씨(정선군사 조온보趙溫寶의 딸)
부인–신자의申子儀의 딸

묘소 충북 중원군 산척면 송강리 산 109–1

관직경력

한성판윤 재임기간 : 1484년성종15 3월 18일 ~ 1484년성종15 6월 23일

조선 전기의 문신

1451년문종1	사마시(진사) 장원입격
1453년단종1	증광문과 2등급제
1457년세조3	감찰, 문과중시 정과11등 급제, 경창부승, 병조좌랑, 형조정랑, 집의, 전한
1471년성종2	형조참의(17조 시무책 상신), 상호군, 장예원판결사
1475년성종6	부제학, 동부승지, 우부승지, 좌승지
1478년성종9	도승지, 강원도관찰사, 호조·형조참판, 왕비 윤씨尹氏 폐비반대
1480년성종11	지중추부사, 정조사로 명나라 다녀오다, 공조판서, 경기도관찰사, 대사헌
1484년성종15	한성부판윤, 병조판서
1485년성종16	경상도관찰사, 우찬성, 판중추부사, 궤장 하사받음

생애일화

그는 성리학에 조예가 깊었으며 문장이 뛰어나 문형文衡을 맡았고, 서거정의 〈사가집〉에 의하면 전해지는 작품은 없으나 대나무 그림에 능하였다 전해진다..
그리고 충성스럽고 소박하며 정직하기로 이름난 문신으로서 임금이 매우 그를 좋아하였다.
또한, 술을 잘 마셔 일찍이 성종대왕이 "하루에 술 석 잔 이상을 마시지 말라."하고 경계했다. 그러나 딸의 집에 갔다가 술 세 대접을 마시고, 임금 앞에 불려가 외교문서를 지었는데 천하 문장이라, 임금님이 한 턱을 내어 곯아 떨어졌다 한다.
한번은, 임금이 광화문 문루에 올라 남산 기슭을 바라보니 두 사람이 앉아 있어 사람을 시켜 알아봤더니 손순효가 벗과 술을 마시고 있었다. 그런데 쟁반에 오이 두 개가 놓여 있을 뿐이란 말을 전해 듣고, 임금이 바로 술과 고기 안주를 실어 보냈다고 한다.

130대 한성판윤 이철견(李鐵堅) – 133대 동일인물

신상내용

생몰연대 1435년세종17 ~ 1496년연산군2 – 62세
본관 경주慶州

자	연부鍊夫
시호	양평襄平
상훈	좌리공신, 월성군月城君
가족	조부–지인주부사 원보元普, 할아버지–전농판관 승昇, 아버지–참판 연손延孫 어머니–파평윤씨(판중추원사 윤번尹璠의 딸, 세조 비 정희왕후와 자매) 부인–무송윤씨(생원 윤자렴尹子廉의 딸), 전의이씨(현감 이영상李永祥의 딸)
묘	서울시 관악구 봉천동 723 → 대구시 달성군 논공읍 남리 산 120–1 (移葬)
신도비	대구시 달성군 옥포읍 교항리 2963. 대구광역시 유형문화재 제38호

관직경력

한성판윤 재임기간 : 1484년성종15 6월 23일 ~ 1484년성종15 10월 26일

조선 전기의 무신

1455년세조1	문음, 현릉직, 한성부판관
1460년세조6	무과 급제
1466년세조12	등준시 급제, 훈련원도정
1468년예종1	평안도절도사
1470년성종1	동지중추부사
1471년성종2	좌리공신 3등, 월성군 봉군, 경기도관찰사, 형조·호조판서
1480년성종11	평안도관찰사, 좌참찬, 경상도관찰사, 대사헌
1484년성종15	한성부판윤, 사민안접순찰사
1486년성종17	좌찬성, 판의금부사, 평안도·영안도의 도체찰사, 도총관
1493년성종24	척신으로 전횡이 심하다고 탄핵, 퇴직
1495년연산군1	지의금부사

생애일화

세조와 동서지간으로서 성종으로서는 할아버지의 외척인 셈이다. 사치를 좋아하고 탐학을 부려 전횡이 심하다는 대간의 탄핵을 받아 관직에서 물러났다.

131대 판성판윤 정 괄(鄭佸)

신상내용

생몰연대	1435년세종17 ~ 1495년연산군1 –61세
본관	동래東萊

자	경회慶會
시호	공숙恭肅
가족	한성부윤 부符, 할아버지–형조판서 흠지欽之, 아버지–영의정 창손昌孫 어머니–청주정씨(승녕부소윤 정지鄭持의 딸) 부인–양성이씨(부사 이긴李緊의 딸)
묘	경기도 김포시 대곶면 약암리. 김포시 향토유적 제15호

관직경력

한성판윤 재임기간 : 1484년성종15 10월 26일 ~ 1485년성종16 윤4월 27일

조선 전기의 문신

1456년세조2	사마시(생원시) 입격, 음보, 주부, 공조좌랑·정랑
1465년세조10	식년문과 급제, 사예, 장령, 성절사 서장관으로 명나라 다녀오다
1473년성종4	대사간, 병조참지·참의, 황해도관찰사, 한성부좌윤, 대사헌, 이조참판·판서
1484년성종15	지중추부사, 한성부판윤, 병조판서, 우찬성, 도총관, 형조판서
1490년성종21	경상도관찰사
1492년성종23	진하사로 명나라에 다녀오다. 병조판서
1493년성종24	평안도관찰사
1495년연산군1	우의정, 좌의정

생애일화

세조 때 영의정 정창손의 아들로 신장이 8척이나 되고, 가슴이 배보다 더 길었다고 한다.
그는 성품은 너그러우면서도 위엄이 있었고, 대범하면서도 정직하였다.
맡은 일을 착실하게 수행하고 결단력이 있었으며, 기상이 엄준하여 대신의 풍도가 있었다고 전한다.
연산군이 즉위한 후, 명나라에서 책봉사가 오자 사은사로 명나라 다녀오다 칠가령七家嶺에서 죽었다. 그는 죽기 전 아들에게 "평생에 적을 만한 공이 없으니 비석을 세우지 말라."라고 했다 한다.

132대 대 한성판윤 이극균(李克均) – 127대 동일인물

한성판윤 재임기간 : 1485년성종16 윤4월 27일 ~ 1485년성종16 7월 7일

133대 한성판윤 이철견(李鐵堅) – 130대 동일인물

한성판윤 재임기간 : 1485년성종16 7월 7일 ~ 1486년성종17 3월 2일

134대 한성판윤 신 준(申浚) – 146·151대 동일인물

신상내용

생몰연대	1444년세종26 ~ 1509년중종4 – 66세
본관	고령高靈
자	언시彦施·언경彦卿
호	나헌懶軒
시호	소안昭安
상훈	정국공신靖國功臣, 고양부원군
가족	증조–공조참판 포시包翅, 대제학 장檣, 아버지–영의정 숙주叔舟 어머니–증영의정부사 윤경연尹景淵의 딸 형–(면, 도승지) 부인–문화유씨(판관 유수창柳秀昌의 딸)
묘소	경기도 의정부시 고산동

관직경력

한성판윤 재임기간 : 1486년성종17 3월 2일 ~ 1486년성종17 5월 20일

조선 전기의 문신

1470년성종1	별시문과 장원급제, 병조참지·참의
1477년성종8	동부승지, 우승지, 좌승지, 도승지
1478년성종9	호조참판
1480년성종11	고양군高陽君 봉군, 이조참판, 천추사로 명나라에 다녀오다. 예조참판
1486년성종17	한성부판윤
1487년성종18	이조·공조·판서, 참찬, 평안도관찰사
1495년연산군1	사은사, 공조판서, 형조판서 겸 지경연사, 대사헌, 우참찬, 좌참찬
1506년중종1	정국공신 3등(중종반정 가담), 고양부원군高陽府院君 진봉, 좌찬성

생애일화

영의정 신숙주의 아들로 귀한 집에 태어났어도 성품이 너그러워 교만하지 않고 인색하지도 않았다.
또 명민하여 직무에도 충실하고 모든 일에 능했다.

135대 한성판윤 한치형(韓致亨) – 120대 동일인물

한성판윤 재임기간 : 1486년성종17 5월 20일 ~ 1486년성종17 9월 6일

136대 한성판윤 어세겸(魚世謙) – 141대 동일인물

신상내용

생몰연대 1430년세종12 ~ 1500년연산군6 – 71세
본관 함종咸從
자 자익子益
호 서천西川
시호 문정文貞
상훈 익대공신, 함종부원군
저서 〈서천집西川集〉
가족 증조–목사 연淵, 할아버지–직제학 변갑變甲, 아버지–판중추부사 효첨孝瞻
어머니–반남박씨(좌의정 박은朴誾의 딸)
동생–세공世恭(한성판윤·우참찬)
부인–능성구씨(첨지중추부사 구달충具達忠의 딸)
묘소 경기도 여주군 가남면 금당리 산 19–1 철강산

관직경력

한성판윤 재임기간 : 1486년성종17 9월 6일 ~ 1487년성종18 6월 8일

조선 전기의 문신

1451년문종1 사마시(생원) 입격
1456년세조2 식년문과 아우 세공世恭과 동방급제
1457년세조3 승문원정자, 봉상시녹사

1459년세조5	천추사 이극배의 수행관인 이문학관吏文學官 명나라에 다녀오다
1460년세조6	예문관대교, 봉상시직장, 성균관주부, 예문관봉교
1461년세조7	이조좌랑
1464년세조10	이조정랑
1466년세조12	종부시정 겸 예문관직제학
1467년세조13	우부승지, 우승지
1469년예종1	익대공신 3등(남이의 옥사), 함종군咸從君 봉군
1470년성종1	평안도관찰사, 동지성균관사
1471년성종2	예조참판
1474년성종5	겸오위도총부 부총관
1479년성종10	대사헌, 한성부좌윤, 주무사로 명나라에 다녀오며 〈오륜서〉 등 서적 수입
1480년성종11	전라도관찰사, 공조판서, 이조참판,
1482년성종13	봉조하, 대사헌, 형조판서, 경기도관찰사
1486년성종17	한성부판윤, 호조·병조판서
1488년성종19	홍문관대제학, 좌참찬, 우찬성, 좌찬성
1495년연산군1	우의정
1496년연산군2	좌의정
1498년연산군4	함종부원군 진봉, 궤장几杖 하사받음

생애일화

태어날 때부터 그는 눈에 띄게 컸으며, 자라서는 활달하여 범창치 않았다.
벼슬이 좌의정까지 올라가고 궤장을 받은 고관이면서도 침실 곁에 서실을 꾸며놓고 만권 서적 속에 독서를 즐겼다.
그는 학식이 뛰어날 뿐 아니라 작은 절개에 구애받지 않아 형조판서로 있을 적에는 출퇴근 시간에 구애받지 않아서 '오고당상午鼓堂上'이란 별명으로 불리었다.
이치吏治를 능률적으로 하여 결송決訟이 지체되지 않았다 한다.
문무를 겸비하여 내·외치에 많은 업적이 있으며, 특히 성종 말에는 권근權近·윤회尹淮·변계량卞季良·최항崔恒·서거정徐居正의 뒤를 이어 문형을 담당하였다.

137대 한성판윤 유자광(柳子光)

신상내용

생몰연대 1439년세종21 ~ 1512년중종7 – 74세

본관	영광靈光
자	우복于復
상훈	익대공신, 무령부원군
가족	증조-언漹, 할아버지-대언 두명斗明, 아버지-부윤 규規

관직경력

한성판윤 재임기간 : 1487년성종18 6월 8일 ~ 1487년성종18 6월 13일

조선 전기의 문신

1467년세조13	갑사甲士, 겸사복, 선략부호군, 병조정랑
1468년세조14	온양별시문과 장원급제, 병조참지, 유구국 사신 호송관
1469년예종1	남이의 옥을 무고誣告, 수충보사병기정난익대공신 1등, 무령군 봉군
1470년성종1	응양장군, 중상대장
1477년성종8	도총관
1478년성종9	임사홍·박효원 등과 현석규 배제 실패로 동래로 유배
1485년성종16	행지중추부사
1486년성종17	정조사로 명나라에 다녀오다
1487년성종18	한성부판윤, 등극사 부사로 명나라 다녀오다
1489년성종20	장악원제조
1490년성종21	석척기우제 행향사行香使
1497년연산군3	황해도체찰사, 무령군武靈君 봉군
1498년연산군4	겸도총부도총관, 무오사화 주동하여 김일손金馹孫 등 사림 참화
1506년중종1	정국공신 1등, 무령부원군 진봉, 겸영경연사
1507년중종2	충훈부당상, 대간 등의 탄핵으로 훈작 삭탈되고 광양으로 유배

생애일화

어려서부터 재기가 넘치고 용력勇力이 뛰어나 서자庶子 출신이었으나 벼슬길을 허통 받고 관직에 진출하였다.
처음에는 경복궁의 동문인 건춘문을 지키는 갑사甲士로 활약하였고, 이시애의 난이 일어나자 토벌 방략을 상신하여 세조의 눈에 들음으로써 총애를 받기 시작했다.
세조가 죽고 나서 예종·성종 즉위에 따른 불안정한 정국에서 남이南怡 등을 무고하여 죽게 한 것을 시작으로 임사홍任士洪과 결탁하여 현석규를 배제하려는 등 간신의 면모를 여실히 보여주었다.
성종실록을 편찬할 때 실록청당상 이극돈에 아첨하고 연산군에게 무고하여 무오사화를 일으켜 많은 사림들을 죽게 하였다.
중종반정 이후에도 성희안成希顔과의 인연으로 훈신의 반열에 끼어 공신이 되었으나, 대간

과 홍문관·예문관의 탄핵으로 중법에 처해져 마침내는 훈작을 삭탈당하고 광양으로 유배되었다. 그 자손들도 먼 지방을 쫓겨났다. 1512년중종7에 유배지에서 눈이 멀었다가 비참히 죽었다.[음애일기陰崖日記]
그에 관한 이미지는 초반의 공신으로서의 평판은 묻혀버리고, "고변과 음해로 정적을 숙청해 영달하다가 결국은 자신도 유배지에서 삶을 마친 간신이자 악인" 정도로 요약돼 알려져 있다.

138대 한성판윤 이극돈(李克墩)

신상내용

생몰연대	1435년세종17 ~ 1503년연산군9 – 69세
본관	광주廣州
자	사고士高
호	사봉四峯
시호	익평翼平
저서	〈무정보감武定寶鑑〉
가족	증조–판전교시사 집集, 할아버지–형조참의 지직之直, 아버지–우의정 인손仁孫 어머니–교하노씨(노신盧信의 딸) 동생–극균克均(한성판윤) 부인–안동권씨(판관 권지權至의 딸)
묘소	경기도 성남시 중원구 하대원동

관직경력

한성판윤 재임기간 : 1487년성종18 6월 13일 ~ 1488년성종19 9월 1일

조선 전기의 문신

1457년세조3	친시문과 급제, 전농시주부
1459년세조5	형조좌랑
1461년세조7	통례문판관, 성균관직강, 예문관응교, 세자시강원필선, 사헌부집의
1467년세조13	호군으로 유규국 사신 응접, 사헌부집의
1468년세조14	문과 중시 1등, 일본통신사, 예조참의
1469년예종1	한성부우윤, 신숙주와 〈무정보감武定寶鑑〉 편찬, 수사헌부 대사헌
1470년성종1	〈경국대전〉교정, 형조참판

1471년성종2	좌리공신 4등, 〈세조실록〉 편수관
1472년성종3	광원군光原君 봉군, 강원도관찰사
1473년성종4	호조참판
1474년성종5	성절사로 명나라 다녀오다. 예조참판
1476년성종7	주청사로 명나라 다녀오다.
1478년성종9	병조참판
1479년성종10	예조참판, 영안도관찰사 겸 영흥부윤
1481년성종12	이조참판, 사헌부대사헌
1482년성종13	전라도관찰사, 노사신 등과 〈강목신증綱目新增〉 편찬
1484년성종15	정조사로 명나라 다녀오다
1485년성종16	평안도진휼사, 서거정 등과 〈동국통감〉 편찬
1486년성종17	전라도진휼사
1487년성종18	한성부판윤, 평양선위사
1488년성종19	평안도관찰사
1490년성종20	좌참찬
1491년성종21	병조판서, 호조판서
1492년성종22	행경상도관찰사
1493년성종23	행이조판서
1494년성종24	사직기도행향사-사직제 주관
1495년성종25	빈전도감제조, 산릉간심사
1495년연산군즉위	우찬성으로서 지관사,
1498년연산군4	실록청당상관 〈성종실록〉 편찬, 좌찬성
1501년연산군7	병조판서

생애일화

그는 전례典禮에 밝고 사장詞章에 능한 훈구파의 거물로서 사물을 처리하는 데 재간이 있었다. 또한 관리의 행정을 환하게 습득했으며, 옛일을 익숙하게 알고 모든 일을 자세히 생각해, 이르는 곳마다 업적이 있어 한때 추앙되었다 한다.

하지만, 〈성종실록〉을 편찬할 때, 실록청당상관으로서 사초를 정리하다가 김종직金宗直의 제자 김일손金馹孫의 사초에서 김종직의 〈조의제문弔義帝文〉과 훈구파의 비위사실이 기록된 것을 발견하고서 유자광과 함께〈조의제문〉이 세조의 찬탈을 비난한 것이라고 연산군을 충동해 무오사화戊午士禍의 빌미를 제공하였다.

저술로는 〈武定寶鑑〉이 있으며, 왕명에 따라 서거정徐居正·정효항鄭孝恒 등과 함께 〈동국통감東國通鑑〉을 편찬하였다.

139대 한성판윤 신승선(愼承善)

신상내용

생몰연대	1436년세종18 ~ 1502년연산군8 – 67세
본관	거창居昌
자	자계子繼·계지繼之·원지元之
호	사지당仕止堂
시호	장성章成
상훈	익대공신, 좌리공신, 거창부원군
가족	증조–판서 인도仁道, 할아버지–형조판서 이충以衷, 아버지–황해도관찰사 전詮 어머니–순흥안씨(지고주사 안강安剛의 딸) 부인–전주이씨(세종의 4남 임영대군 이구李璆의 딸) 사위–연산군, 아들–수근守勤(좌의정)·수겸守謙·수영守英 손녀–단경왕후(중종 왕비)
묘소	경기도 양주시 장흥면 일영리

관직경력

한성판윤 재임기간 : 1488년성종19 9월 1일 ~ 1489년성종20 11월 7일

조선 전기의 문신

1454년단종2	사마시 입격, 돈녕부승, 정랑
1466년세조11	병조참지, 식년춘시 장원급제, 병조참판, 발영시 급제, 예문관제학
1467년세조12	이조참판 겸 예문관제학, 공조참판
1468년세조13	병조참판, 익대공신 3등(남이의 옥사)
1471년성종2	좌리공신 3등(성종 등극)
1472년성종3	거창군居昌君 봉군
1476년성종7	천추사로 명나라 다녀오다
1479년성종10	지돈녕부사
1481년성종12	행동지돈녕부사, 공조판서, 성절사, 지의금부사
1484년성종15	세자빈객 겸대
1486년성종17	병조판서 겸 특진관
1487년성종18	딸이 세자인 연산군의 빈嬪 간택, 좌참찬
1488년성종18	한성부판윤
1489년성종19	예조판서
1491년성종21	사소대장四所大將 겸대, 이조판서

1494년성종24　　우의정
1495년연산군1　　좌의정, 영의정
1497년연산군3　　거창부원군 진봉
1495년 4월 ~ 1499년 2월 영춘추관사로서 〈성종실록〉 편찬

생애일화

그는 사위 연산군이 등극하자 두문불출하고, 땅을 1백결이나 주었으나 받지 않았다. 1488년성종18 2월에 딸이 연산군의 배필이 되어 궁중으로 들어가는데, 비바람이 몹시 불어쳤다. 임금이 그에게 편지를 보내어 "혼삿날에 비바람이 세게 부니 사람들은 불길하다 하지만, 바람이 불면 비가 오고, 비가 오면 만물이 소생하지 않는가" 라며 위로했다 한다.

140대 한성판윤 유 지(柳輊)

신상내용

생몰연대　미상
본관　문화文化
자　자보子輔
시호　평간平簡
상훈　원종공신, 좌리공신
묘소　경기도 김포시 남산면 월촌리
가족　증조-중추원사 원지原之, 할아버지-현감 함涵, 아버지-현령 자미自湄
어머니-현감 유진柳瑱의 딸
부인-평창이씨(교리 李永瑞의 딸)
친척-6촌 형 柳洵(연산군 때 영의정), 13촌 숙부 유성원柳誠源(사육신)

관직경력

한성판윤 재임기간 : 1489년성종20 11월 7일 ~ 1490년성종21 4월 4일

조선 중기의 문신

1453년단종1　　증광문과 급제, 예문관검열
1455년세조1　　대교, 원종공신 2등(세조 등극), 기사관으로 〈문종실록〉 수찬 참여, 집현전교리
1464년세조10　　판관으로서 음양문陰陽門에 선발

1565년선조11	훈련원부사, 전라도경차관, 장령
1470년성종1	사헌부집의, 승정원동부승지
1471년성종2	우부승지, 좌리공신 4등(성종 등극)
1472년성종3	좌부승지, 우승지, 좌승지
1473년성종4	도승지
1476년성종7	경상도관찰사
1477년성종8	형조참판, 호조참판, 동지중추부사, 주문부사로 명나라 다녀오다
1478년성종9	대사헌
1479년성종10	동지중추부사, 공조판서
1480년성종11	병조판서
1481년성종12	우참찬
1482년성종13	반인차첩 사건으로 보고 태만 탄핵–파직
1483년성종14	세자시강원우빈객
1485년성종15	지중추부사, 예조판서
1489년성종19	한성부판윤
1490년성종20	평안도관찰사
1491년싱종21	건주야인이 침입하자 서북면도원수 이극균과 함께 격퇴
1492년성종22	지중추부사
1493년성종23	우참찬
1496년연산군2	종1품 숭정대부 승품
1498년연산군4	우찬성

생애일화

뛰어난 학식과 정직하고 원만한 성품으로 성종 대의 문풍文風 진작에 기여했다.

141대 한성판윤 어세겸(魚世謙) – 136대 동일인물

한성판윤 재임기간 : 1490년성종21 4월 4일 ~ 1490년성종21 11월 10일

142대 한성판윤 정숭조(鄭崇祖) – 126대 동일인물

한성판윤 재임기간 : 1490년성종21 11월 10일 ~ 1490년성종21 12월 5일

143대 한성판윤 이 봉(李封)

신상내용

생몰연대	1441년세종23 ~ 1493년성종24 – 53세
본관	한산韓山
자	번중藩仲
호	소은蘇隱
시호	헌평憲平
가족	증조–목은 색穡, 할아버지–중추원부사 종선種善, 아버지–영중추부사 계전 季甸 어머니–지군사 진호秦浩의 딸, 형제–우堣, 파坡(좌찬성) 부인–김삼로金三老의 딸
묘소	경기도 파주시 교하읍 금성리

관직경력

한성판윤 재임기간 : 1490년성종21 12월 5일 ~ 1492년성종23 6월 15일

조선 전기의 문신

1465년세조11	별시문과 장원급제
1466년세조12	문과중시 2등급제
1467년세조13	우승지, 좌승지, 공조·이조참판
1475년성종6	강원도관찰사
1476년성종7	동지중추부사, 성절사로 명나라 다녀오다
1478년성종9	황해도관찰사
1484년성종15	전주부윤 〈본국여지도〉 상납
1487년성종18	호조판서, 진위사 겸 진향사로 명나라 다녀오다
1488년성종19	영안도관찰사
1490년성종21	한성부판윤, 형조판서, 경상도관찰사

생애일화

형 우堣와 동생 파坡와 함께 삼형제가 문장으로 유명했다.

144대 한성판윤 박 건(朴楗)

신상내용

생몰연대	1434년세종16 ~ 1509년중종4 – 76세
본관	밀양密陽
자	자계子啓
시호	공간恭簡
상훈	정국공신, 밀산부원군
가족	증조–부제학 강생剛生, 조부–교서관정자 절문切問, 아버지–정난공신 중손仲孫 어머니–남평문씨(공조정랑 문승조文承祚의 딸) 부인–전주최씨(부평부사 최윤崔昀의 딸)
묘소	경기도 양주시 장흥면 일영리 절골

관직경력

한성판윤 재임기간 : 1492년성종23 6월 15일 ~ 1493년성종24 6월 1일

조선 중기의 문신

1453년단종1	사마시 입격, 식년문과 급제, 집현전수찬·부교리 등 삼사요직 역임
1469년예종1	전라도관찰사, 한성부우윤, 호조참판
1472년성종3	진하부사로 명나라에 다녀오다
1473년성종4	강원도관찰사, 공조참판, 첨지중추부사, 동지중추부사
1478년성종9	경상도관찰사(해인사 대장경 봉심), 동지중추부사
1483년성종14	천추사, 평안도관찰사, 한성부우윤, 사헌부대사헌
1485년성종16	동지중추부사, 첨지중추부사, 예조참판
1489년성종19	사헌부대사헌
1492년성종23	한성부판윤
1493년성종24	정조사 회피, 탄핵, 동지중추부사로 강등
1495년연산군1	형조판서, 의정부좌참찬·우찬성
1498년연산군4	좌찬성으로서 지경연사·세자이사 겸직, 군기시제조
1504년연산군10	함경도관찰사, 판중추부사

생애일화

그는 벼슬하고부터 말년까지 모두 57년 동안에 여섯 조정을 섬겨서 국내외에 이름을 날렸다. 또한 그는 대사헌을 두 번, 5도 감사를 하였다.

145대 한성판윤 이계동(李季仝) – 149대 동일인물

신상내용

생몰연대	1450년세종32 ~ 1506년중종1 – 57세
본관	평창平昌
자	자준自俊
호	동호東湖
시호	헌무憲武
가족	증조–대사간 육稑, 할아버지–돈녕부판관–종미宗美, 아버지–교리 영서永瑞 어머니–청주한씨(함경감사 한혜韓惠의 딸), 형–이계남李季男(한성판윤) 부인–양주조씨(부사 조준趙遵의 딸)
묘소	경기도 시흥시 대야동 산 46–2

관직경력

한성판윤 재임기간 ; 1493년성종24 6월 1일 ~ 1493년성종24 7월 29일

조선 중기의 무신

1470년성종1	겸사복, 무과 장원급제, 훈련원판관
1476년성종7	무과 중시 급제, 종친부전첨, 창성부사, 일본 통신사, 형조참판
1479년성종10	선전관
1480년성종11	주문부사 사연賜宴에서 불경한 행동으로 해남 유배
1481년성종12	동지중추부사, 함경도절도사
1486년성종17	한성부좌윤, 정조사로 명나라 다녀오다
1487년성종18	형조참판, 전라도병마절도사
1489년성종20	금제사擒制使로 황해도 도적 두목 김경회·김막동 체포 소탕
1490년성종21	대사헌
1491년성종22	형조판서
1492년성종23	경기도관찰사
1493년성종24	한성부판윤
1494년성종25	지중추부사, 성종 승하, 고부사로 명나라 다녀오다
1498년연산군4	병조판서
1499년연산군5	〈서북제번기〉·〈서북지도〉를 이극균과 함께 찬진
1504년연산군10	우찬성
1505년중종1	좌찬성, 영중추부사

생애일화

그는 29세 때 대장大將이 되고 무과 출신임에도 40세에 대사헌이 되는 등, 문무겸전으로 실력을 발휘한 조선시대 맹장 가운데 한 사람이다.
일본에 통신사로 파견되고, 건주위의 야인을 토벌하는 데 출전하였으며, 황해도의 도적떼를 소탕하였다. 나라에 위난이 닥치는 곳은 어디라도 달려가 몸을 던졌다.
병조판서 재임 시, 북방에 관한 여러 시책에 관심을 기울였고, 항상 용의주도한 대비를 하였다. 특히 여진어에 능통하여 야인을 성심으로 잘 대해서, 북변 지역이 안정되는데 기여했다.

146대 한성판윤 신 준(申浚) – 134·151대 동일인물

한성판윤 재임기간 : 1493년성종24 7월 29일 ~ 1494년성종25 7월 23일

147대 한성판윤 박숭질(朴崇質) – 161·162대 동일인물

신상내용

생몰연대	1435년세종17 ~ 1507년중종2 – 72세
본관	반남潘南
자	중가仲嘉·중소仲素
시호	공순恭順
상훈	좌리원종공신, 정국원종공신
가족	증조–직제학 상충尙衷, 할아버지–우의정 은誾, 아버지–부윤 훤萱 어머니–능성구씨(집의 구강具綱의 딸) 부인–현령 이서주李叙疇의 딸, 직장 박중우朴仲愚의 딸, 정맹손鄭孟孫의 딸
묘소	경기도 파주시 문산읍 당동리 산57–1

관직경력

한성판윤 재임기간 : 1494년성종25 7월 23일 ~ 1495년연산군1 8월 8일

조선 중기의 문신

1414년태종14	사마시(생원) 입격
1456년세조2	식년문과 급제, 내외직 역임

1477년성종8	대구부사
1480년성종11	상평창 건의
1484년성종15	예조참의
1485년성종16	승정원 동부승지·우부승지
1486년성종7	도승지
1489년성종10	공조참판, 특진관
1490년성종21	호조참판, 사헌부대사헌, 대제학
1491년성종22	동지중추부사, 성절사로 명나라 다녀오다
1492년성종23	한성부우윤, 황해도관찰사
1493년성종24	호조판서
1494년성종25	한성부판윤, 형조판서
1497년연산군3	지중추부사 겸 지의금부사
1498년연산군4	호조판서, 무오사화
1501년연산군5	공조판서
1502년연산군8	삼도입거도순찰사
1504년연산군10	우의정, 갑자사화
1506년중종1	좌의정
1507년중종2	영중추부사

생애일화

그는 성품이 강직하고 예의범절에 밝아서 중종中宗의 칭찬을 들었으며, 춘추를 즐겨 읽었다고 한다.

연산군燕山君의 폭정이 절정에 다다라 벼슬을 버리고자 일부러 말에서 떨어져 등청하지 않았다. 결국, 의금부에서 추국推鞫을 받은 뒤 면직되었다.

반정으로 중종이 즉위한 후, 40대의 반정 주도 관원들이 산만하여 우왕좌왕할 때 그는 노대신으로서 조정의 분위기를 일사불란하게 이루어내며 안정시키는데 기여하였다.

148대 한성판윤 이세좌(李世佐)

신상내용

생몰연대	1445년세종27 ~ 1504년연산군10 – 60세
본관	광주廣州
자	맹언孟彦·국언國彦·백언伯彦
호	한원漢原

상훈	광양군廣陽君
추증	우의정
가족	증조-형조참의 지직之直, 할아버지-우의정 인손仁孫, 아버지-광성군 극감克堪 어머니-청주최씨(광흥창수 최덕로崔德露의 딸) 부인-양주조씨(관찰사 조근趙瑾의 딸) 손자-윤경潤慶·준경浚慶(영의정)
묘소	충북 괴산군 불정면 삼방리

관직경력

한성판윤 재임기간 : 1495년연산군1 8월 9일 ~ 1495년연산군1 10월 9일

조선 전기의 문신

1477년성종8	식년문과 급제
1478년성종9	여러 청한직 역임, 대사간, 부제학, 동부승지, 좌부승지, 우·좌승지, 도승지
1485년성종16	이조참판, 정조사로 명나라에 다녀오다. 광양군 봉군
1486년성종17	형조·예조참판, 동지중추부사, 경상도관찰사, 호조참판, 황해·경기도관찰사
1494년성종25	성종 승하, 산릉도감제조
1495년연산군1	한성부판윤, 호조판서
1496년연산군2	순변사, 북방 여진족 문제로 파견
1497년연산군3	이조판서
1498년연산군4	무오사화 때 김종직 등 극형 주장, 판중추부사, 예조판서, 지경연사
1503년연산군9	양로연에서 어사주 회배할 때 임금에게 실수, 유배
1504년연산군10	연산군 생모 윤비 폐출 사사 때, 형방승지로 사약 전달, 유배 중 자결

생애일화

무오사화戊午士禍 당시 김종직과 그의 제자들을 사형시킬 것을 건의하였다.
뒷날, 폐비 윤씨 사사賜死사건 때 극간하여 말리지 않았고, 형방승지로서 사약을 전달하여 자신 또한 갑자사화甲子士禍로 목숨을 잃었다. 전해지는 이야기에 의하면, 이때 입직승지가 유순柳洵이었는데 포천 고향의 아내가 호랑이에게 물려갔다는 소식이 왔다며 교체를 원해, 부득이 사약 그릇을 그가 대신 전달하는 바람에 억울하게 책임을 뒤집어썼다고 한다.

149대 한성판윤 이계동(李季仝) – 145대 동일인물

한성판윤 재임기간 : 1495년연산군1 10월 9일 ~ 1497년연산군3 9월 13일

150대 한성판윤 성 현(成俔)

신상내용

생몰연대	1439년세종21 ~ 1504년연산군10 – 66세
본관	창녕昌寧
자	경숙磬叔
호	용재慵齋·부휴자浮休子·허백당虛白堂·국오菊塢
시호	문대文戴
상훈	청백리
저서	〈악학궤범〉·〈용재총화〉·〈허백당집〉·〈부휴자담론〉
가족	증조–상곡 석연石瑌, 할아버지–지중추부사 엄揜, 아버지–염조念祖 어머니–순흥안씨(해주목사 안종약安從約의 딸) 형–임任·간侃 부인–이숙李塾의 딸 아들–세창世昌(좌의정)
묘소	경기도 파주시 문산읍 내포4리

관직경력

한성판윤 재임기간 : 1497년연산군3 9월 13일 ~ 1498년연산군4 9월 14일

조선 전기의 문신·학자

1459년세조4	진사시 입격
1462년세조7	식년문과 급제
1466년세조11	발영시에 급제, 박사, 홍문관정자, 대교, 사록
1468년세조13	경연관, 예문관수찬, 승문원교검
1474년성종5	지평, 성균관직강
1475년성종6	한명회를 따라 명나라 다녀오다
1476년성종7	문과 중시 급제, 부제학, 대사간
1485년성종16	첨지중추부사, 천추사, 대사간, 대사성, 동부승지, 형조참판, 강원도관찰사

1488년성종19	평안도관찰사, 중국사신 접대연에서 시를 주고받아 탄복시킴
1489년성종20	동지중추부사, 사은사로 명나라 다녀오다. 대사헌
1493년성종23	경상도관찰사, 장악원제조, 예조판서, 악학궤범 편찬
1497년연산군3	한성부판윤, 공조판서, 대사헌

생애일화

형인 임任·간侃도 시문으로 유명한 학자이며, 그는 할아버지 엄揜과 아버지 염조念祖의 뒤를 이어 3대가 한성판윤을 지냈다.
성종의 명으로 고려가사 중 〈쌍화점〉·〈이상곡〉·〈북전〉 등의 표현에 노골적인 음사淫辭가 많아 이를 고쳐 썼다. 한편, 관상감·사역원·전의감·혜민서 등의 중요성을 역설하여 그곳에 딸린 관원들을 종전대로 문무관의 대우를 받도록 하였다.
그가 죽은 뒤 수개월 만에 갑자사화가 일어나 부관참시를 당했으나 뒤에 신원되었고, 청백리에 녹선되었다.
정치가이자 문인학자로서 다방면에 걸쳐 많은 활동을 하였고, 명나라 사신 동월董越과 왕창王敞의 접대연에서 시를 주고 받아, 그 명성이 중국에까지 떨쳤다.
저술로는 〈용재총화慵齋叢話〉·〈허백당집虛白堂集〉·〈부유자담론浮休子談論〉·〈주의패설奏議稗說〉·〈금낭행적錦囊行跡〉·〈상유비람桑榆備覽〉·〈풍소궤범風騷軌範〉 등이 있다.

151대 한성판윤 신 준(申浚) – 134·146대 동일인물

한성판윤 재임기간 : 1498년연산군4 9월 14일 ~ 1498년연산군4 12월 22일

152대 한성판윤 유 순(柳洵)

신상내용

생몰연대	1441년세종23 ~ 1517년중종12 – 77세
본관	문화文化
자	희명希明
호	노포당老圃堂
시호	문희文僖
상훈	정국공신, 문성부원군
가족	증조–상의중추원사 원지原之, 조부–한성부판관 종淙, 아버지–세마 사공思恭

어머니-종성절제사 홍상직洪尙直의 딸
친척-유지柳輊(6촌)
부인-통례 장계張繼의 딸

관직경력

한성판윤 재임기간 : 1498년연산군4 12월 22일 ~ 1499년연산군5 1월 26일

조선 중기의 문신

1459년세조4	사마시 장원입격
1462년세조7	식년문과 급제, 이조정랑
1470년성종1	홍문관부제학, 경연시강관
1484년성종15	공조참판, 대사헌, 동지중추부사, 형조참판
1487년성종18	천추사로 명에 다녀오다. 동지중추부사, 형조·공조·병조참판
1490년성종21	대사헌, 개성부유수, 공조판서
1494년성종24	성종 승하, 산릉도감제조
1495년연산군1	형조판서, 지춘추관사, 동지경연사, 이조판서, 도총관
1498년연산군4	한성부판윤, 〈성종실록〉 편찬 참여
1499년연산군5	형조판서, 좌참찬, 호조판서, 우의정, 좌의정
1505년연산군11	영의정
1506년중종1	중종반정, 정국공신 2등, 문성부원군文城府院君 봉군
1514년중종9	영의정, 궤장 하사받음, 기로사 입소

생애일화

자학字學에 매우 정밀하고 의학·지리학에도 조예가 있었다.
그는 연산군의 생모 윤씨를 사사할 때, 사약 사발을 가지고 가는 입직승지였다. 그날 새벽 고향 포천에서 부인 장씨가 호랑이에게 물려갔다는 소식이 왔다. 이에 허락을 받고 급히 동료 이세좌李世佐를 대신 보냈다. 그리고 포천에 가보니 부인이 호랑이에게 물려가다가 나뭇가지를 잡고 올라가 살아 있어 매우 기뻐했다. 결국 이세좌가 사약 그릇을 가지고 가, 훗날 이세좌 집안은 몰살을 당하고, 그는 살아남았다.
연산군8년에 시문에 능한 10인이 선발되었는데 그는 시수상詩首相이라는 칭찬을 듣기도 하였다.

153대 한성판윤 윤효손(尹孝孫)

신상내용

생몰연대	1431년세종13 ~ 1503년연산군9 – 73세
본관	남원南原
자	유경有慶
호	추계楸溪
시호	문효文孝
상훈	원종공신, 좌리원종공신
배향	방산서원(남원)
가족	증조–보승낭장 언재彦材, 할아버지–장사감무 희希, 아버지–지순창궁사 처관處寬 어머니–광산정씨(감찰 정존鄭存의 딸) 부인–죽산박씨(좌의정 박원형朴元亨의 딸) 아들–지형止衡(관찰사)

관직경력

한성판윤 재임기간 : 1499년연산군5 1월 26일 ~1499년연산군5 3월 20일

조선 중기의 문신

1450년세종32	사마시(생원) 입격
1453년단종1	식년문과 급제, 권지승문원부정자
1455년세조1	성균관저작, 원종공신 2등
1457년세조3	문과 중시 급제, 우헌납, 예조정랑, 의정부사인, 장흥부사
1469년예종1	훈련원부정
1472년성종3	통례원좌통례, 좌리원종공신, 〈경국대전〉·〈오례의주〉 수찬
1473년성종4	호조·예조참의, 전주부윤
1476년성종7	공조참의
1477년성종8	형조참판, 경상도관찰사
1478년성종9	한성부우윤·좌윤, 경상도감사, 대사헌, 부정사건으로 강등 동지중추부사
1486년성종17	나주목사
1489년성종20	동지중추부사, 세자우빈객
1490년성종21	정조사로 명나라에 다녀오다. 황해도관찰사
1493년성종24	형조판서, 우참찬
1494년성종25	성종 승하, 빈전도감제조, 지의금부사, 지춘추관사 겸 실록청당상

1499년연산군5	한성부판윤
1500년연산군6	도총관
1501년연산군7	좌참찬, 숭정대부 승품

생애일화

어려서부터 영특하여 〈소학〉을 읽으며 청소하고 조석으로 문안드리는 예절을 행하므로 효성스러운 자손이라는 뜻의 '효손孝孫'으로 이름을 지었다.
아버지 처관處寬이 의정부 녹사로 있을 때, 재상 박원형을 만나러 갔다가 못 만나고 왔다가 다시 가서 명함을 내미는데, 뒤쪽에 이런 시가 적혀 있었다.

재상은 깊이 잠들어 해가 이미 높이 떴는데	相國酣眠日正高
문 앞에 놓아둔 명함에서는 털 먼지가 날리네	門前刺尾已生毛
꿈속에서 만약 주공周公 같은 성인을 만난다면	夢中若見周公聖
모름지기 그때의 토악吐握의 수고로움을 물어 보라	須問當年吐握勞

아버지의 명함 뒤에 몰래 적어 놓은 이 시를 박원형이 보고 깜짝 놀라 불러다 보고서, 즉시 그를 사위로 삼았다는 일화가 있다.
그는 명나라 다녀오면서 〈활민대략〉·〈속자치통감〉·〈자치통감강목〉 등을 수입하였으며, 조맹부 족자 1첩 반입하였다. 문묘의 찬탁饌卓을 창설하였고, 세자의 관冠·도포道袍의 제도를 새로 확정하였다.
경상도관찰사로 있을 때에는 유구琉球 국왕의 사자가 선물한 소목蘇木 등의 물건을 왕에게 치계를 올려 허락을 받아 경주 관고에 넣어 보관하기도 하였다.

154대 한성판윤 강구손(姜龜孫)

신상내용

생몰연대	1451년문종1 ~ 1506년중종1 – 56세
본관	진주晉州
자	용휴用休
시호	숙헌肅憲
상훈	진원군晉原君
묘소	경기도 시흥시 하상동 하지골
가족	증조–도순문사 회백淮伯, 조부–지돈녕부사 석덕碩德, 아버지–좌찬성 희맹希孟 어머니–관찰사 안숭효安崇孝의 딸

부인–송요년宋遙年의 딸

관직경력

한성판윤 제임기간 : 1499년연산군5 11월 10일 ~ 1500년연산군6 4월 11일

조선 중기의 문신

문음으로 군기시주부, 돈녕부첨정

1479년성종10	별시 문과 급제, 사재감정, 좌통례, 사헌부집의, 영안도경차관, 상주목사
1492년성종23	장예원판결사, 부제학, 이조참의, 승정원 동부승지·좌승지·도승지
1497년연산군3	경기도관찰사
1498년연산군4	대사헌, 무오사화 관련 사림파 처벌을 가벼이 할 것을 주장. 형조판서
1499년연산군5	이조판서
1502년연산군8	진원군晉原君 봉군
1503년연산군9	병조판서, 세자책봉주문사로 명나라 다녀온 후 좌찬성
1505년연산군11	우의정

생애일화

그는 모든 학문에 두루 능통하고 직무에 엄밀하였다.
연산군의 총애를 받아 오랫동안 이조판서에 재직하였는데, 이를 시기하는 자들로부터 전주銓注가 공정하지 못하였다는 평을 들었다.
연산군이 날로 흉포해지자 폐립廢立의 뜻을 품고, 좌의정 신수근愼守勤(연산군 매부)을 찾아가 매부와 세자 중 누구를 택할 것인지를 물으니, 세자가 똑똑하다고 하므로 신수근의 속마음이 연산군의 폐위가 아님을 알고 비밀을 지킨 채, 명나라에 가던 중 평안도에서 죽었다.

155대 한성판윤 김응기(金應箕)

신상내용

생몰연대	1455년세조3 ~ 1519년중종14 – 65세
본관	선산善山
자	미수眉叟·백춘伯春
호	병암屛菴
시호	문대文戴

가족　증조-문경현감 양보揚普, 할아버지-덕산현감 지地, 아버지-대사헌 지경之慶
어머니-신천강씨(영덕현감 강거례康居禮의 딸)
부인-해평김씨(전생서령 김맹치金孟恥의 딸), 순흥안씨(감사 안돈후安敦厚의 딸)

관직경력

한성판윤 재임기간 : 1500년연산군6 4월 11일 ~ 1500년연산군6 7월 3일

조선 중기의 문신

1477년성종8	식년문과 급제, 검열
1482년성종13	수찬, 예조정랑, 성균관사유, 경연시강관, 집의
1492년성종23	홍문관직제학, 우부승지, 좌부승지
1493년성종24	도승지
1496년연산군2	강원도관찰사, 동지성균관사, 관상감제조
1498년연산군4	호조참판
1499년연산군5	동지중추부사, 천추사로 명나라 다녀오다. 공조참판
1500년연산군6	한성부판윤, 형조판서, 지의금부사, 세자우빈객
1504년연산군10	갑자사화로 문외출송門外黜送
1506년중종1	이조·병조·공조·예조판서
1513년중종8	우의정, 좌의정
1518년중종13	영중추부사

생애일화

그는 학식이 넓어 천문·지리·수학에까지 정통하였고, 언행이 법도에 맞아 사람들은 '동방의 夫子부자'라고 존경하였다.
효도와 우애, 공순과 검소를 천성으로 타고났으며, 행실이 단정하고 구차하게 웃거나 말하지 않았다. 시골에 집을 두고 서울에서 관직생활을 하였으나, 첩을 두지 아니하고 청백으로 자신을 견지하며 늙을 때까지 변치 않았다. 그가 죽자 공경사대부에서 여염의 백성에 이르기까지 사람들이 모두 '善人이 죽었다'고 애석해 했다 한다.
성종대왕의 신임이 두터워 10여 년 동안 강연講筵을 맡았다.

156대 한성판윤 박안성(朴安性)

신상내용

생몰연대　1434년세종16 ~ 1512년중종7 - 79세

본관	죽산竹山
시호	정안靖安
가족	증조–영충永忠, 할아버지–병조참의 고翶, 아버지–영의정 원형元亨 어머니–단양우씨(우승경禹承瓊의 딸) 부인–조계발趙季發의 딸
묘소	경기도 용인시 처인구 백암면 옥산리

관직경력

한성판윤 재임기간 : 1500년연산군6 7월 3일 ~ 1500년연산군6 9월 28일

조선 중기의 문신

1459년세조5	식년문과 급제
1473년성종5	충청·전라도경차관
1475년성종7	봉상시정, 선무사로 대마도 다녀오다
1479년성종11	대사간, 충청도관찰사, 형조·이조참의, 황해도관찰사, 호조판서, 전라도관찰사, 한성부우윤
1496년연산군2	예조판서, 평안도관찰사
1500년연산군6	한성부판윤, 공조판서
1504년연산군10	갑자사화로 유배, 연산군 폐위로 방면
1506년중종1	좌찬성, 영중추부사

생애일화

그가 32세 때 정승인 아버지 원형元亨의 생일을 차려 드렸다. 이때, 아버지가 이런 시로 아들에게 고마움을 표했다.

오늘 밤 등불 앞에서 술 몇 잔을 드니	今夜燈前酒數巡
네 나이 32세의 청춘이로구나	汝年三十二青春
우리 집 가보는 오직 청백일 뿐이니	吾家舊物惟淸白
이것을 잘 전해서 길이 이어가라	好把相傳無限人

청백한 집안의 분위기를 말해 주는 일화이다.

157대 한성판윤 김자정(金自貞) – 158대 동일인물

신상내용

생몰연대	미상
본관	김해金海
시호	정명靖明
상훈	좌익공신
가족	고조–감무 익경益卿, 할아버지–진문振門, 아버지–천문과학자 빈鑌

관직경력

한성판윤 재임기간 : 1500년연산군6 9월 28일 ~ 1502년연산군8 10월 23일

조선 중기의 문신

1453년단종1	식년문과 급제, 집현전 권지정자
1455년세조1	좌익공신(세조즉위), 승문원박사
1470년성종1	예조정랑, 〈세조실록〉 편찬 참여, 사헌부장령, 승문원참교
1474년성종5	선위사로 대마도 다녀오다
1481년성종12	노사신 등과 〈동국여지승람〉 편찬, 대사간
1482년성종13	경상도관찰사, 병조참판, 충청도관찰사
1485년성종14	하정사로 명나라 다녀오다. 전라도관찰사, 대사헌, 개성유수
1492년성종21	호조참판, 동지중추부사
1494년성종23	정조부사로 명나라 다녀오다
1495년연산군1	하정사로 명나라 다녀오다
1496년연산군2	황해도관찰사
1497년연산군3	지의금부사(무오사화 처리)
1500년연산군6	지중추부사, 예조참의 이창신과 〈일용한어번역초〉 진상, 한성부판윤

생애일화

어학, 특히 한어漢語에 능하여 이창신李昌臣과 더불어 편찬한 〈일용한어번역초日用漢語飜譯草〉를 조정에 바쳤으며, 외교업무에 공이 많았다.
또한, 그는 과부의 재가再嫁를 주장한 선구자이기도 하다.

158대 한성판윤 김자정(金自貞) – 157대 동일인물

한성판윤 재임기간 :1500년연신군6 10월 23일 ~ 1502년연산군8 1월 5일

159대 한성판윤 이 집(李諿)

신상내용

생몰연대 1438년세종20 ~ 1509년중종4 – 72세
본관 성주星州
일명 집緝
자 화숙和叔
시호 공숙恭肅
가족 증조–영의정 직稷, 할아버지–부윤 사후師厚, 아버지–성원위 정녕正寧
어머니–전주이씨(대종대왕 6녀 숙혜옹주)
부인–고성이씨(중추원부사 이대李臺의 딸)
묘소 경기도 포천시 영중면 영평리 남추동 숙혜옹주 묘하

관직경력

한성판윤 재임기간 : 1502년연산군8 1월 5일 ~ 1502년연산군8 11월 5일

조선 중기의 문신

1468년세조14	사마시(생원) 입격
1477년성종8	사헌부 장령·집의
1478년성종9	내섬시부정
1479년성종10	별시문과 급제
1483년성종14	장예원판결사
1485년성종16	전라도·황해도관찰사
1486년성종17	대사간
1487년성종18	이조참의
1488년성종19	강원도관찰사
1493년성종24	호조참판
1494년성종25	대사헌, 동지중추부사
1495년연산군1	대사헌

1498년연산군4	이조참판
1500년연산군6	경기도관찰사
1501년연산군7	병조참판
1502년연산군8	공조판서
1503년연산군9	호조판서
1506년중종1	형조판서
1507년중종2	이조판서, 좌참찬
1508년중종3	참찬
1509년중종4	우찬성, 기로사 입소

생애일화

그는 부귀한 가정에서 성장했으나 청렴근면하고 소탈했으며, 청탁을 모르는 곧은 성격의 소유자이기도 했다. 그래서 사람들이 송나라 때 포증包拯 같은 사람이라 하여 포염라包閻羅라고 불렀다. 그가 죽자 조야朝野에서 모두 아까워했다.

160대 한성판윤 정미수(鄭眉壽)

신상내용

생몰연대	1456년세조2 ~ 1512년중종7 – 57세
본관	해주海州
자	기수耆叟
호	우재愚齋
시호	소평昭平
상훈	정국공신, 해평부원군
가족	증조–찬성 역易, 할아버지–형조참판 충경忠敬, 아버지–영양위 종悰 어머니–전주이씨(문종의 딸 경혜공주) 외할아버지–문종대왕, 외숙–단종대왕 부인–전의이씨(이덕량李德良의 딸)
묘소	경기도 남양주시 진건면 사릉리

관직경력

한성판윤 재임기간 : 1502년연산군8 11월 5일 ~ 1503년연산군9 3월 8일

조선 중기의 문신

잠저潛邸 때 성종을 시중하다

1473년성종4	돈녕부직장, 형조정랑
1476년성종7	중부참봉
1477년성종8	선전관
1489년성종20	사헌부장령, 사섬시첨정, 한성부서윤, 인천부사
1495년연산군1	장예원판결사
1496년연산군2	충청도관찰사
1498년연산군4	동부승지, 우승지, 좌승지, 도승지
1502년연산군8	공조참판, 지돈녕부사, 한성부판윤
1504년연산군10	의정부참찬 겸 판의금부사
1506년중종1	우찬성, 정국공신, 해평부원군

생애일화

단종의 생질이다. 단종 복위기도가 실패로 돌아가자 아버지(鄭悰)가 사사되어 죄인의 자식이라는 굴레가 따랐다. 아버지가 죽은 후, 어머니(경혜공주)와 어렸던 그는 정희왕후(세조 왕비)의 배려로 궁중에서 살았다.

그래서 임관될 때마다 죄인의 자식이라 하여 여러 차례 탄핵을 받기도 하였으나 어렸을 때 같이 지낸 성종의 비호로 무사했다.

천성이 조신하고 독서에 열중했는데, 여러 번 과거에 응시했지만 급제하지 못했다.

고모는 세종대왕의 8남 영응대군의 부인이며, 대고모는 효령대군의 부인이다. 왕실과 두터운 인연이 있었지만 그의 성장기는 늘 외로움과 두려움이 따르는 시절이었을 것이다.

161대 한성판윤 박숭질(朴崇質) – 147·162대 동일인물

한성판윤 재임기간 ; 1503년연산군9 3월 8일 ~ 1504년연산군10 4월 5일

162대 한성판윤 박숭질(朴崇質) – 147·161대 동일인물

한성판윤 재임기간 : 1504년연산군10 4월 5일 ~ 1504년연산군10 음4월 26일

163대 한성판윤 민효증(閔孝曾) - 164대 동일인물

신상내용

생몰연대	1448년세종30 ~ 1513년중종8 - 66세
본관	여흥驪興
자	희삼希參
시호	공목恭穆
상훈	정국공신, 여평부원군
가족	증조-지익주 유의由誼, 할아버지-현감 호례好禮, 아버지-감찰 오悟 어머니-하음봉씨(봉안국奉安國의 딸) 부인-최호산崔虎山의 딸
묘소	충남 천원군 직산면 군서리 성산

관직경력

한성판윤 재임기간 : 1504년연산군10 윤4월 26일 ~ 1504년연산군10 8월 16일

조선 중기의 문신

1476년성종7	별시문과 급제
1477년성종8	경연전경
1479년성종10	예문관봉교
1487년성종18	이조정랑
1489년성종20	장령
1491년성종22	서북면도원수 이극균의 종사관
1493년성종24	사간, 집의, 성천부사
1497년연산군3	상소문 10개 항 진언
1501년연산군7	형조참의
1502년연산군8	공조참판, 함경도관찰사
1504년연산군10	한성부판윤, 공조판서, 정조사로 명나라 다녀오다
1505년연산군11	춘추관당상
1506년중종1	지의금부사, 우·좌참찬, 중종반정, 정국공신 3등, 여평부원군 봉군
1507년중종2	판의금부사

생애일화

그는 성품이 강개하고 청백하여 언사가 매우 격하였으며, 만년에는 조급하고 관용성이 없었다. 형조참의로 있을 때 기생 내한매耐寒梅에게 가혹한 형장을 쳐 내한매 때문에 화가 난 왕의

비위를 맞추었다고 한다.
연산군 때는 선공감제조로 있으면서 영선營繕의 일을 많이 벌였고, 연산군의 명에 잘 복종하였다는 비난을 받았다.

164대 한성판윤 민효증(閔孝曾) – 163대 동일인물

한성판윤 재임기간 : 1504년연산군10 8월 16일 ~ ?

165대 한성판윤 구수영(具壽永)

신상내용

생몰연대	1456년세조2 ~ 1523년중종18 – 68세
본관	능성綾城
자	미숙眉叔
호	일소정一嘯亭
상훈	원종공신, 정국공신, 능천부원군
가족	증조–강원도부원수 성로成老, 조부–공주목사 양揚, 아버지–지중추부사 치홍致洪 어머니–진천송씨(좌랑 송계후宋啓後의 딸) 큰 아버지–치관致寬(영의정) 부인–전주이씨(세종대왕 8남 영응대군의 딸)
묘소	경기도 남양주시 금곡동 군장리 산93

관직경력

한성판윤 재임기간 : 1505년연산군11 7월 20일 ~ 1506년중종1 8월 22일

조선 중기의 무신

세조 때	12세에 영응대군의 사위로 뽑혀 선략장군부호군 제수
예종 때	절충장군
성종 때	원종공신, 동지중추부사, 지중추부사
1493년성종24	오위도총부도총관, 상의원제조
1495년연산군1	도총관,

1501년연산군7	지돈녕부사, 판돈녕부사
1502년연산군8	판의금부사
1504년연산군10	산릉도감제조(덕종·의경세자의 소혜왕후=인수대비 승하)
1505년연산군11	장악원제조, 한성부판윤, 경기도관찰사
1506년중종1	중종반정, 정국공신 2등, 능천부원군, 영경연사

생애일화

그는 효성이 지극하고 성품이 자상했으며 음률과 악기에 재주가 있었다.
왕실과 인척으로서 호화로운 가정에서 자랐으나, 천성이 부지런하고 근면하며 우애가 도타워 대인 관계가 좋아 '시대의 적격자'라는 말을 들었다.
그러나 장악원제조가 되어 흥청興淸 2백인, 운평運平 1천인, 광희光熙 1천인을 모아 악률을 교육하면서 연산군의 유락遊樂을 돕는 등, 연산군의 충복 노릇을 하였다 하여 탄핵을 받고 파직되었다.
중종반정이 일어나던 날 밤에 그의 노비에 관련한 일화가 있다.
그 집 종이 주인에게 말하기를 "사생은 운명에 달렸으니 계책을 찾아야 합니다." 하고는 술과 음식을 많이 준비해 달라고 했다. 곧 그 음식을 싣고 광화문으로 가서 세 대장과 군사들에게 차례로 나누어 주었다. 반정군이 어디서 온 음식이냐고 묻자, "저의 주인 구수영 어른께서 이 큰 일에 배가 고프면 성사시키기 어렵다며 보내신 것이니 참작해 주십시오." 세 대장이 처치 대상인 구수영 집 혜택을 봤으니 난처해하는데, 옆에서 어떤 사람이 " 그 말이 맞다."하여 구수영은 반정 후 공신이 되었다고 한다.[기재잡기]

166대 한성판윤 전 림(田霖)

신상내용

생몰연대	? ~ 1509년중종4
본관	남양南陽
시호	위절威節
상훈	청백리
가족	증조–득우得雨, 할아버지–한성판윤 흥興, 아버지–조생稠生 부인–진양하씨(사육신 중 한분인 하위지河緯地의 조카딸)

관직경력

한성판윤 재임기간 : 1506년연산군12 8월 22일 ~ 1508년중종3 11월 7일

조선 중기의 무신

무과 급제

1482년성종13	전주판관, 훈련원판관, 첨지중추부사, 전라우도수군절도사
1492년성종23	회령부사
1500년연산군6	해랑도초무사
1504년연산군10	좌상대장
1506년중종1	한성부판윤, 사은사로 명나라 다녀오다
1507년중종2	권지중추부사

생애일화

62대 한성판윤 전흥田興의 손자로서 조손祖孫이 모두 무신이며 한성부판윤을 지냈다.
그는 글도 잘하면서 청백하고 엄격하면서도 태연자약한 성품이었다.
여러 차례 변장邊將이 되어 용맹을 날렸으므로 야인들이 두려워하였다. 워낙 무섭고 잔인해서 도적들이 "차라리 호랑이를 만나는 것이 낫다."라는 말을 들을 정도로 맹장猛將이었다.
한성판윤 재직 시 성종대왕의 5남 회산군 염恬의 집이 가사규제家舍規制를 벗어나 광대하므로, 이를 바로잡기도 하였다.
아들이 행패를 부린데 대하여 격분하여 살해하고도 태연자약할 정도로 준법정신이 투철하였다고 한다. 그래서 맹문장이라 불렸으며 후세에 '조선 초기에 법이 가장 옥처럼 빛난 때는 전림에게 법이 대행되었을 때' 라는 말이 전한다.
전림이 죄를 얻으니 한명회가 그를 기둥에 매어 놓았는데, 술기운으로 조는 사이에 묶었던 끈을 끊고 탈출하니 여자 종을 시켜 잡아오라 했다. 여자 종이 놓쳤다 하자 그녀를 기둥에 묶고 활을 쏘려고 했다. 숨어서 이 상황을 보고 있던 그가 들어가서 "무고한 사람이 나 때문에 죽으면 안 된다." 하고 자신을 죽이라 했다. 이에 한명회는 용기 있는 사람이라 하며 용서해 주었고, 이로써 전림은 한명회의 사람이 되었다.[어우야담]
그가 병이 들었을 때 찾아온 친구 김전金銓과 큰 그릇으로 술을 나누어 마시고 난 뒤, 김전이 집 밖을 나서기 전에 죽었다고 한다.
도술가 전우치田禹治가 후손이라 전해진다.

167대 한성판윤 정광필(鄭光弼)

신상내용

생몰연대	1462년세조8 ~ 1538년중종33 –77세
본관	동래東萊
자	사훈士勛

호	수천守天
시호	문익文翼
배향	중종 묘정, 회덕서원, 완담향사(용궁)
저서	〈정문익공유고鄭文翼公遺稿〉
가족	증조–결성현감 구령龜齡, 할아버지–직제학 사賜, 아버지–이조판서 난종蘭宗 어머니–전주이씨(장사랑 이지지李知止의 딸) 부인–은진송씨(예조정랑 송순년宋順年의 딸)
묘소	경기도 군포시 속달동

관직경력

한성판윤 재임기간 : 1508년중종3 11월 7일 ~ 1508년중종3 11월 10일

조선 중기의 문신

1492년성종23	사마시(진사) 입격, 식년문과 급제, 성균관학유, 의정부사록, 봉상시직장
1504년연산군10	직제학, 이조참의
1506년중종1	부제학, 이조참판, 예조판서, 대제학
1508년중종3	한성부판윤
1510년중종5	우참찬, 전라도도순찰사(삼포왜란 수습), 병조판서
1512년중종7	함경도관찰사
1513년중종8	우의정, 좌의정
1516년중종11	영의정
1519년중종14	기묘사화 때 조광조趙光祖를 구하려다 영중추부사로 좌천
1527년중종22	영의정
1531년중종26	궤장几杖 하사받음
1533년중종28	김안로金安老로부터 장경왕후 국장 때 총호사로서 능지陵地를 불길한 땅에 썼다는 무고로 김해에 유배
1537년중종32	김안로 사사후, 영중추부사

생애일화

국정의 중심에 서서 정도正道를 지키며, 항상 후배 정치인들을 아끼고 키워주려 노력한 대인의 풍모를 가진 정승이었다.
중종이 사정전思政殿에 들러 천재天災의 원인이 될 만한 정치의 잘못을 물었을 때, 한충韓忠으로부터 비루한 재상이라고 탄핵을 받았다. 이에 신용개申用漑로부터 선비가 대신을 면대하여 배척하는 풍토는 근절해야 한다며 한충의 논죄를 주장하였으나, 그는 오히려 젊은 사람들의 바른말 하는 풍조를 꺾어 억제하는 것은 옳지 못하다고 하며 재상의 넓은 도량을

보였다.
동래정씨 정승 17명 중 그의 직계가 13명이나 된다. 아버지 난종蘭宗이 122대 한성판윤을 지냈다.
영의정에서 물러나 충청도 회덕에 머물고 있었는데, 후임 영상 김안로金安老로부터 장경왕후 국상 때 총호사를 맡아 능지陵地를 불길한 땅에 잡았다는 무고를 받고 김해로 유배되었다. 이것은 김안로의 아들 희禧가 중종의 장녀 효혜공주孝惠公主에게 장가들어 부마가 되었는데, 이때 호곶목장을 받아서 밭을 일구고자 하므로 이를 저지하여 원한을 샀기 때문이었다. 그러나 김안로가 사사되자 곧 풀려나 영중추부사가 되었다.
젊은 시절에 암행어사가 되어 비행이 있는 전라도 진도군수 김계숙을 지혜로움과 아량으로 파직시켜 주민들을 감복시킨 이야기가 있다.
무인 출신 진도군수 김계숙은 성질이 사납고 포악하여 백성들의 재산을 많이 축내고 괴롭혔다. 군수의 비행을 알게 된 정광필은 읍내 관아로 출두하지 않고 주막에 머물며 있는데, 군수가 이를 눈치채고 밤을 새워 어사출두에 대비하였다. 그러나 다음 날 읍에 들어간 정광필은 어사출도를 하지않고 "너 이 숟가락으로 밥 떠먹듯이 얼마나 백성들의 피땀을 빨아먹었느냐?"
하고는 단지 백동수저 몇 개만을 압수하여 가지고 표연히 돌아갔다. 그리고 얼마 후 김계숙은 군수직에서 파면되었다.
나중에 사람들이 어찌하여 어사출두를 하여 정식으로 죄를 다스리지 않았는지 물었더니, "군郡이 바다 가운데 섬이고 군수가 무부武夫인지라 필시 법외 횡람한 처사가 있을 수 있으며, 정식 출도를 하여 조사를 강행하면 모면하기 위해 한사코 저항할 수도 있어 다치는 사람이 생길까 그런 꼴을 보지 않기 위해 간접적으로 추궁했다고 하였다. 이에 사람들이 그 지혜와 아량에 감복했다 한다.

168대 한성판윤 이 점(李坫) – 175·176대 동일인물

신상내용

생몰연대 1446년세종28 ~ 1522년중종17 – 72세
본관 광주廣州
자 숭보崇甫
시호 문호文胡
가족 증조–진사 밀密, 할아버지–통관 지智, 아버지–찰방 관의寬義
어머니–진주강씨(강순경姜舜卿의 딸)
부인– 군수 유맹기柳孟沂의 딸

관직경력

한성판윤 재임기간 : 1508년중종3 11월 10일 ~ 1509년중종4 12월 28일

조선 중기의 문신

1477년성종8	식년문과 급제, 성균관사예, 사간원사간, 성균관사성
1499년연산군5	사헌부집의, 사도시정
1500년연산군6	봉상시정
1501년연산군7	홍문관부제학, 동부승지, 좌승지, 도승지
1503년연산군9	형조참판, 경상도관찰사
1504년연산군10	한성부우윤, 갑자사화로 부안에 유배
1506년중종1	중종반정, 성균관대사성
1508년중종3	형조판서, 사은부사로 명나라에 다녀온 다음에 한성부판윤
1509년중종4	겸동지성균관사
1512년중종7	경기도관찰사
1515년중종10	동지성균관사, 특진관
1517년중종12	지중추부사

생애일화

몸가짐이 염간廉簡하여 가는 곳마다 청백淸白으로 일컬었으며, 성명性命이 오묘한 이치를 통달하고 천지天地·일월日月·성신星辰의 도수에 환하였다.

169대 한성판윤 김 전(金銓)

신상내용

생몰연대	1458년세조4 ~ 1523년중종18 – 66세
본관	연안延安
자	중륜仲倫
호	나헌懶軒
시호	충정忠貞
상훈	원종공신
가족	증조–개성유후 자지自知, 할아버지–내자시윤 해侅, 아버지–지중추부사 우신友臣 어머니–인천이씨(지청풍군사 이계충李繼忠의 딸)

부인–풍천노씨(판관 노균盧昀의 딸), 진천송씨(감역 송환주宋環周의 딸)
친척–김하金何(한성판윤·큰할아버지), 김안로金安老(좌의정·조카), 김근사金謹思(영의정·7촌조카), 김제남金悌男(인목대비 아버지·증손)

관직경력

한성판윤 재임기간 : 1509년중종4 12월 28일 ~ ?

조선 중기의 문신

1472년성종3	사마시(진사) 입격
1489년성종20	식년문과 장원급제, 예안현감, 홍문관수찬
1496년연산군2	사가독서賜暇讀書, 전한, 춘추관편수관(성종실록 편찬 참여), 무오사화
1501년연산군7	부호군
1504년연산군10	성균관대사성, 갑자사화 때 좌천
1506년중종1	예조참판 겸 동지경연사, 이조·호조참판, 대사헌
1509년중종10	한성부판윤
1513년중종8	지중추부사, 우참찬, 이조·형조·예조·공조판서, 우찬성
1518년중종13	찬집청당상, 〈속동문선〉 진상
1519년중종14	판중추부사, 남곤 등과 기묘사화를 일으켜 조광조 등 사림파 축출, 원종공신 , 우의정
1520년중종15	영의정 겸 세자사

생애일화

젊은 시절, 피폐한 고을인 예안현감으로 부임하여 선정을 베풀어, 백성들이 생사당生祠堂을 세우기도 하였다.
중앙정치에서는 조광조가 주장한 현량과 설치 등 사림파의 개혁정치에 반대론을 펼쳤다.
항상 청렴결백하고 문장에도 능하였으나, 기묘사화를 일으킨 배후인물로 지목되어 후세 사람들로부터 많은 비난을 받았다.

170대 한성판윤 이계남(李季男)

신상내용

생몰연대 1448년세종30 ~ 1512년중종7 – 65세
본관 평창平昌
자 자걸子傑

호	청운淸雲
시호	익평翼平
상훈	보사공신, 평원군
가족	증조–대사간 육稑, 할아버지–판관 종미宗美, 아버지–교리 영서永瑞 어머니–청주한씨(함경감사 한혜韓惠의 딸), 동생–계동季仝(한성판윤) 부인–파평윤씨(대제학 윤사균尹士昀의 딸)
묘소	경기도 남양주시 화도읍 월문리 산 312

관직경력

한성판윤 재임기간 : ? ~ 1510년중종5 7월 13일

조선 중기의 문신

1468년세조14	음직으로 감찰
1479년성종10	지평
1486년성종17	사헌부집의, 우부승지, 우승지
1489년성종20	좌승지, 이조참의
1490년성종21	호조참의
1491년성종22	충청도관찰사
1493년성종24	경상도관찰사, 한성부우윤
1494년성종25	함경도관찰사
1496년연산군2	호조참판, 대사헌, 의금부당상
1497년연산군3	형조참판
1504년연산군10	호조판서
1506년중종1	중종반정 합류, 보사공신 2등, 平原君 봉군
1510년중종5	한성부판윤
1511년중종6	이조판서

생애일화

그는 물욕이 많고 인색하여 집안의 일상생활에 쓰는 물건이나 비용에 대하여 직접 관여하였으며, 공신전功臣田을 지급받을 때에도 호조판서로 있음을 기화로 가까운 거리의 비옥한 토지를 차지하여 사람들의 빈축을 샀다.

그러나 국가의 재정에 대해서는 대단한 능력을 발휘하였다. 당시 중국과의 사신 내왕이 잦았고, 또 나라에 대상大喪이 있어 그전의 배에 가까운 재정지출이 요구되었으나, 그는 예산을 적절히 사용하여 국가재정을 건실하게 운용하였다. 그때, 사람들은 호조판서로서의 그의 탁월한 능력과 아우인 계동季仝이 문무를 겸하여 고위관직을 나란히 차지하고 있음을 부러워하였다.

171대 한성판윤 윤 순(尹珣) – 182대 동일인물

신상내용

생몰연대	? ~ 1522년중종17
본관	파평坡平
자	백옥伯玉
호	임심臨深
가족	증조–대사헌 번播, 할아버지–우의정 사흔士昕, 아버지–형조조판서 계겸繼謙 어머니–김진손金震孫의 딸 부인–구장손具長孫의 딸 친척–흠欽(당숙), 지임之任(장조카·문정왕후 아버지),
묘소	경기도 파주시 교하읍 당하리

관직경력

한성판윤 재임기간 : 1510년중종5 7월 13일 ~ 1510년중종5 9월 3일

조선 중기의 문신

문음으로 관직 진출, 사과司果

1501년연산군7	식년문과 급제, 사간원정언
1504년연산군10	동부승지
1507년중종2	지중추부사, 주문사(승습·주청)로 명나라 다녀오다, 경상도관찰사
1508년중종3	형조판서, 함경도관찰사
1510년중종5	한성부판윤, 형조판서
1511년중종6	지중추부사

생애일화

그는 가계家系로만 보았을 때 대단한 배경을 가졌으나, 관계진출 이후 활동이 활발하지 못했다. 조부 윤사흔尹士昕이 성종때 우의정을 지내고, 백조부 윤사분尹士昐은 예종때 좌의정을 지냈으며, 장조카 윤지임尹之任은 국구國舅 파산부원군坡山府院君이고 그의 아들 윤원형은 집안 손자가 되며 원형의 누이 문정왕후는 중종의 계비이다.
더군다나 그의 처 구씨具氏(세조 때 영의정 구치관의 증손녀)가 연산군의 궁에 드나든다는 추문이 돌아 탄핵받고 파직되기도 하였다.
그의 장조카 지임之任의 딸이 중종의 제2 계비 문정왕후文定王后에 오르자, 외척세력이 커질까 두려워 모함성 탄핵을 받은 것이다. 그 뒤 한직에 머무르며 부끄러움과 한탄으로 상심하여 세월을 보내다 병사하였다.

172대 한성판윤 안윤덕(安潤德) – 174대 동일인물

신상내용

생몰연대 1457년세조3 ~ 1535년중종30 – 79세
본관 광주廣州
자 선경善卿
호 월봉정月峰亭
시호 익헌翼憲
가족 증조–개성유후 성省, 할아버지–감찰 종생從生, 아버지–안동판관 팽로彭老
어머니–안동권씨(복천군 권개權愷의 딸)
부인–감찰 나문서羅文緖의 딸
묘소 경기도 광주시 중대동 텃골

관직경력

한성판윤 재임기간 : 1510년중종5 9월 3일 ~ ? (재직확인 1510년 9월 4일)

조선 중기의 문신

1477년성종8	사마시(생원) 입격
1483년성종14	식년문과 급제, 승문원부정자, 성균관학유·박사
1487년성종18	종부시주부
1488년성종19	정언, 지평, 병조좌랑
1495년연산군1	문과중시 급제, 사인, 지제교 겸 사관
1498년연산군4	사간, 상례, 직제학
1500년연산군6	동부승지
1501년연산군7	도승지, 경상도·경기도관찰사, 형조참판
1503년연산군9	예조참판, 성절사로 명나라 다녀오다. 갑자사화로 유배
1506년중종1	형조·병조참판, 한성부좌윤
1510년중종5	삼포왜란 발발, 지중추부사, 경상도도순찰사 겸 부원수로 왜란 평정 한성판윤, 형조판서
1515년중종10	평안도관찰사
1519년중종14	공조판서, 원접사
1526년중종21	기로소 입소
1527년중종27	좌참찬

생애일화

평안도관찰사로 부임하여 단군檀君과 기자箕子의 사당을 수축하고 경조정신敬祖精神과 유풍儒風을 크게 진작하였다.
한때, 동방급제자 찬성 고형산高荊山 등 7인이 모여 그룹을 만들어 시회詩會를 열며 즐거운 모임을 갖기도 하였다.

173대 한성판윤 정광좌(鄭光佐)

신상내용

생몰연대　미상
본관　동래東萊
가족　증조– 결성현감 구령龜齡, 할아버지–진주목사–사賜, 아버지–이조판서 난종蘭宗
어머니–전주이씨(장사랑 이지지李知止의 딸), 형–光弼(영의정, 한성판윤)
부인–광산김씨(김극뉴金克紐의 딸)
묘소　전북 임실군 인계면 마흘리

관직경력

한성판윤 재임기간 : ? ~ ? (재직확인:1511년 4월 24일)

조선 중기의 문신

음사로 출사하여 안산군수를 지내고 한성판윤을 지냈다.
1511년중종6에 사헌부에서 그가 한성판윤으로 적합지 않으니 체직하라고 탄핵했다. 그해 두 차례 탄핵이 더 있었으나 왕이 끝내 윤허하지 않았다. 오히려 성희안成希顔은 그가 군적낭청軍籍郞廳으로서 직무를 잘 수행했다고 변명했다.
1513년중종8 충훈부경력으로 있을 때 대사간 홍경림 등이 5회나 탄핵했으나 역시 왕이 윤허하지 않았다.

174대 한성판윤 안윤덕(安潤德) – 172대 동일인물

한성판윤 재임기간 : ? ~ ? (재직확인:1512년 1월 11일)

175대 한성판윤 이 점(李坫) – 168·176대 동일인물

한성판윤 재임기간 : 1512년중종7 5월 12일 ~ 1512년중종7 윤5월 8일

176대 한성판윤 이 점(李坫) – 168·175대 동일인물

한성판윤 재임기간 : 1512년중종7 윤5월 8일 ~ 1512년중종7 9월 23일

177대 한성판윤 강 혼(姜渾)

신상내용

생몰연대	1464년세조10 ~ 1519년중종14 – 56세
본관	진주晉州
자	사호士浩
호	목계木溪
시호	문간文簡
상훈	정국공신, 진천부원군
저서	〈목계일고木溪逸稿〉
가족	증조–지현사 우덕友德, 할아버지–집의 숙경叔卿, 아버지–별제 인범仁範 어머니–함양여씨(호군 여인보呂仁甫의 딸) 친척–강맹경姜孟卿(영의정·伯從祖), 강구손姜龜孫(한성판윤·再堂叔)

관직경력

한성판윤 재임기간 : 1512년중종7 9월 23일 ~ 1514년중종9 1월 9일

조선 중기 문신

1483년성종14	사마시(생원) 장원 · (진사) 1등 4인 입격
1486년성종17	식년문과 병과 9등 급제, 호당湖堂에서 사가독서賜暇讀書
1498년연산군4	무오사화, 김종직의 문인이라 하여 장류杖流되었다가 방면
1506년중종1	중종반정, 박원종이 죽이려 하였으나 유순정의 주선으로 구명救命
1507년중종2	병충분의정국공신 3등, 진천부원군 봉군, 대제학, 공조판서
1512년중종7	한성부판윤, 우찬성, 판중추부사

생애일화

시문이 뛰어나 김일손金馹孫에 버금갈 정도로 당대에 이름을 떨쳤으나, 명리名利를 지나치게 탐했다. 그래서 죽마고우인 조인형(曺彦亨·남명 조식의 부친)으로부터 마침내 절교絶交를 당했다는 이야기가 전한다.
특히 연산군 말년 애희愛姬의 죽음을 슬퍼한 왕을 대신하여 '궁인애사宮人哀詞'와 제문祭文을 지은 뒤, 사림으로부터 질타의 대상이 되었고 반정 후에도 이윤李胤으로부터 폐조廢朝의 행신倖臣이라는 탄핵을 받았다.

178대 한성판윤 안 당(安瑭)

신상내용

생몰연대	1461년세조6 ~ 1521년중종16 – 61세
본관	순흥順興
자	언보彦寶
호	영모당永慕堂
시호	정민貞愍
상훈	정국공신, 순흥군
가족	증조–해주목사 종약從約, 할아버지–증찬성 경璟, 아버지–사예 돈후敦厚 어머니–사예 박융朴融의 딸 부인–전의이씨(경원부사 이영희李永禧의 딸) 아들–처겸處謙·처함處諴·처근處謹
묘소	경기도 광주시 퇴촌면 도마리

관직경력

한성판윤 재임기간 : 1514년중종9 1월 16일 ~ 1514년중종9 9월 14일

조선 중기의 문신

1480년성종11	사마시(생원) 입격
1481년성종12	문과 급제, 성균관사성
1496년연산군1	사헌부장령, 〈성종실록〉 편찬 참여
1506년중종1	연산군이 폐지하였던 사간원 부활되면서 대사간
1507년중종2	정난공신 3등, 우부승지, 충청도관찰사
1508년중종3	순흥군順興君 봉군

1509년중종4	대사헌, 형조·병조참판, 전라도관찰사
1514년중종9	호조판서
1515년중종10	이조판서
1517년중종12	호조판서
1518년중종13	우찬성, 우의정
1519년중종19	기묘사화, 좌의정, 파직되었다가 영중추부사

생애일화

고려 말 주자학을 들여온 안향安珦의 후예로서 19대 한성판윤을 지낸 인원安瑗이 고조부이다.
행동이 신중하고 말이 적으며, 청렴공정한 성품으로 옳은 일에 용감하였다는 평을 받았다.
특히 사림을 정계에 등용시키고 그들을 옹호함으로써 사림에게서 중망이 컸다.
박상朴祥·김정金淨 등이 중종의 폐비 윤씨의 복위를 주청할 때 이들을 적극 변호하였으며, 소격서 혁파와 공신 삭훈문제에도 극구 찬성하여 사림으로부터 추앙을 받았다.
기묘사화기 일어나자 영의정 정광필과 함께 조광조 등을 변호하여 구원하고자 하다가 대간으로부터 탄핵을 받았다.
대간으로부터 계속 탄핵을 받았으며 현량과 설치를 주장한 사람으로서 자신의 세 아들을 모두 천거하였다는 허물까지 쓰고, 기묘당인의 우익이라고 배척당하였다.
아들 처겸이 처가인 종실과 국왕의 측근에 있는 간신들을 제거해서 국세를 바로잡아야 한다고 말한 것을 송사련이 고변하였고, 남곤·심정 등 여러 대신들을 살해하려했다는 죄목을 뒤집어쓰고 아들들이 교사형을 당했다. 이른바 신사무옥辛巳誣獄으로서 훗날 손자 윤玧의 상소로 누명이 벗겨졌다.

179대 한성판윤 고형산(高荊山)

신상내용

생몰연대	1453년단종1 ~ 1528년중종23 – 76세
본관	횡성橫城
자	정숙靜叔
시호	익평翼平
가족	증조–용경用卿, 할아버지–습襲, 아버지–사신思愼

관직경력

한성판윤 재임기간 : 1514년중종9 9월 14일 ~ 1514년중종9 10월 1일

조선 중기의 문신

1480년성종11	사마시(생원) 입격
1483년성종14	별시문과 급제
1495년연산군1	해주목사, 함경도병마절도사
1507년중종2	강원도관찰사
1519년중종14	기묘사화, 조광조 일파의 정치개혁에 반대

생애일화

그는 곧고 근검한 성품으로 수리數理에 밝아 행정능력이 뛰어났다. 동방급제한 안윤덕 등과 기로회를 만들어 풍류를 즐겼다.

그는 원래 뱃골이 커서 음식을 많이 먹고 가리는 것이 없었다. 그가 호조에 있을 때, 부하직원이 외지로 전근가는 것을 배웅한다고 술 세 동이와 안주 한 상을 차려놓고 기다리다가, 홀로 그 세 동이 술을 다 마시고 거나하게 취하여 돌아갔다는 일화가 있다.

180대 한성판윤 이자건(李自健) – 196대 동일인물

신상내용

생몰연대	1455년세조1 ~ 1524년중종19 – 70세
본관	성주星州
자	건지健之
시호	공간恭簡
가족	증조–병조판서 발潑, 할아버지–감찰 유洧, 아버지–건공장군 주湊 어머니–권유순權有順의 딸 부인–현령 김흠金欽의 딸 친척–이집李諿(한성판윤·10촌 형)

관직경력

한성판윤 재임기간 : 1514년중종9 10월 1일 ~ 1515년중종10 10월 4일

조선 중기의 문신

1480년성종11	사마시(생원) 입격
1483년성종14	식년문과 급제, 승문원정자·박사, 성균관전적, 사헌부감찰, 사간원정언, 병조좌랑, 사헌부지평, 예조정랑

1495년연산군1	사헌부장령·집의, 군기시정, 승문원판교
1500년연산군6	동부승지
1502년연산군8	좌승지·도승지
1503년연산군9	충청도관찰사, 대사헌
1504년연산군10	갑자사화 연루 선산 유배
1506년중종1	중종반정, 대사헌, 한성부좌윤, 호조참판, 황해도관찰사, 형조참판, 경기도관찰사, 형조판서, 우·좌참찬, 호조판서
1514년중종9	한성부판윤, 공조판서, 중추부사

생애일화

그는 평소 무재武才가 있고, 중국어에 능하여 항상 선전관과 승문원의 벼슬을 겸하였다.
대사헌으로 있을 때, 연산군에게 "대간臺諫을 시켜서 기생들의 가사歌詞를 지어 올리도록 하는 일은 성덕聖德에 누가 될 것입니다."하여 중지하도록 하였다.
이에 대해, 집의 이계맹은 "공이 아니었더라면 후세의 조롱을 면치 못할 것이다."라고 하였고, 우의정 이극균이 "당대의 풍헌風憲을 지킨 사람은 오로지 '자건' 뿐이다."라고 하였다.
또, 갑자사화로 선산에 유배되어 갔을 때 그 고을 수령이 매우 박대하였다. 훗날 그가 황해도관찰사로 부임했는데, 그 선산의 원이 황해도 안악군수로 전근되어 와 있었다. 그 안악군수가 소식을 듣고 찾아와서 사표를 냈다. 그러나 그는 그때 일을 개의치 않고 사표를 말리니, 그 원이 몹시 울면서 감격하여 돌아가 근무를 했다 한다.

181대 한성판윤 성몽정(成夢井)

신상내용

생몰연대	1471년성종2 ~ 1517년중종12 – 47세
본관	창녕昌寧
자	응경應卿
호	장암場巖
시호	양경襄景
상훈	정국공신, 하산군
추증	예조판서
저서	장암일고場巖逸稿
가족	증조–참판 개概, 할아버지–교리 희僖, 아버지–홍문관교리 담년聃年 어머니–김박金博의 딸

부인–목천상씨(尙甫의 딸), 처남–상진尙震(영의정)

관직경력

한성판윤 재임기간 : 1515년중종10 10월 4일 ~ 1516년중종11 1월 10일

조선 중기의 문신

1489년성종20	사마시(진사) 입격
1496년연산군2	식년문과 급제
1506년중종1	중종반정, 정국공신 4등, 전한, 홍문관직제학, 대사간, 동부승지, 도승지
1509년중종4	이조참판, 대사헌, 하산군夏山君 봉군, 병조참판, 한성부좌윤
1515년중종10	예조참판, 한성부판윤, 공조참판

생애일화

그는 천성이 단아하고 순수하였다. 학문에 힘쓰고 남과 다투기를 피하고 사람을 아꼈었던 관계로 조광조 등의 신진사류와 가까웠다.
독균을 잘못 먹어 일찍 죽었다고 한다. 예조판서에 추증되었다.
저서로 자신의 시가詩歌와 산문散文을 엮은 〈장암일화〉가 있다.

182대 한성판윤 윤 순(尹珣) – 171대 동일인물

한성판윤 재임기간 : 1516년중종11 1월 11일 ~ 1517년중종12 7월 29일

183대 한성판윤 한세환(韓世桓) – 193대 동일인물

신상내용

생몰연대	1470년성종1 ~ 1522년중종12 – 53세
본관	청주淸州
자	공서公瑞
시호	공간恭簡
가족	증조–공조정랑 질, 할아버지–군자감정 치원致元, 아버지–첨정 운運 어머니–예안이씨(찰방 이신李愼의 딸)

	부인–경주이씨(사용 이영령李令齡의 딸)
묘소	경기도 양주시 장흥면 삼상리

관직경력

한성판윤 재임기간 : 1517년중종12 7월 29일 ~ 1517년중종12 8월 23일

조선 중기의 문신

1492년성종23	사마시(진사) 입격
1495년연산군1	별시문과 급제, 승문원권지정자, 정언, 예조·병조좌랑, 지평, 병조정랑, 승문원부응교, 의정부 검상·사인
1499년연산군5	봉교, 춘추관기사관, 〈성종실록〉 편찬 참여
1501년연산군7	질정관, 천추사 따라 명나라 다녀오다. 돈녕부정
1507년중종2	대사간, 동부승지, 도승지, 이조참의, 함경도관찰사, 한성부우윤
1517년중종12	한성부판윤, 이조판서, 도총관, 지돈녕부사
1518년중종13	경상도관찰사, 좌참찬, 지춘추관사
1520년중종15	대사간
1522년중종17	지중추부사, 호조판서, 지중추부사

생애일화

고려 말기의 명신 한방신(韓方信)의 후손으로서 품성이 온순하면서 겸손하고 신중하였으며, 벼슬이 높았어도 위세로써 사람을 억압하지 않았다.

184대 한성판윤 최숙생(崔淑生)

신상내용

생몰연대	1457년세조3 ~ 1520년중종15 –64세
본관	경주慶州
자	자진自眞
호	충재忠齋
시호	문정文貞
저서	〈신추〉新秋
가족	증조–부정 유량有良, 할아버지–부정 저渚, 아버지–첨정 철중鐵重
	어머니–이계손李繼孫의 딸
	부인–박숭문朴崇文의 딸

관직경력

한성판윤 재임기간 : 1517년중종12 8월 22일 ~ 1517년중종12 8월 28일

조선 중기의 문신

1483년성종14	사마시(진사) 입격
1492년성종23	식년문과 급제
1496년연산군2	사가독서賜暇讀書, 수찬, 지평, 헌납
1504년연산군10	응교, 연산군 생모 상복문제로 유배
1506년중종1	응교, 대사간, 대사헌
1508년중종3	문신정시文臣庭試 장원급제
1518년중종9	충청도관찰사, 우찬성
1519년중종10	사은사 거절로 파직, 판중추부사 복직, 기묘사화로 다시 파직

생애일화

대사헌으로 있을 때, 서울 도성 안의 무당들과 여승들을 전부 내쫓고, 사대부들이 가사규제를 어겨 지은 것에 철퇴를 가하여 사람들이 속 시원해 했다고 한다.
시집으로 〈신추新秋〉가 있다.

185대 한성판윤 홍 숙(洪淑) – 186대 동일인물

신상내용

생몰연대	1464년세조10 ~ 1538년중종13 – 75세
본관	남양南陽
자	순부純夫
시호	장희莊僖
상훈	정난공신, 당원군唐原君
가족	증조–호조참판 자경子敬, 조부–동지중추부사 익생益生, 아버지–호군 귀연貴演 어머니–좌랑 이영홍李永弘의 딸 부인–현령 안극치安克治의 딸
묘소	경기도 양주시 장흥면 울대리 산 55–2

관직경력

한성판윤 재임기간 : 1517년중종13 8월 28일 ~ 1517년중종12 9월 5일

1492년성종23	사마시(생원) 입격
1496년성종27	식년문과 급제, 예문관검열, 정언, 부수찬
1506년중종1	중종반정 가담, 좌승지(이과李顆의 옥사 처리), 추충정난공신, 당원군 봉군
1508년중종3	호조참판, 대사헌, 경기도관찰사, 우참찬
1517년중종12	지중추부사, 한성부판윤, 형조판서
1518년중종13	예조판서, 좌찬성

생애일화

그는 스스로의 덕을 온전하게 갖추어 침착하였고, 몸가짐에 있어서도 엄정하면서도 관후하였다. 특히 효성이 돈독하였다.
전고典故에 밝아 정치를 함에 대체大體를 잃지 않았으므로, 종백宗伯(예조판서의 별칭)의 적격자로 임명했다고 칭찬이 자자하였다.

186대 한성판윤 홍 숙(洪淑) – 185대 동일인물

한성판윤 재임기간 : 1517년중종12 9월 5일 ~ 1518년중종13 11월 11일

187대 한성판윤 한성판윤 권 균(權鈞)

신상내용

생몰연대	1464년세조10 ~ 1526년중종21 – 63세
본관	안동安東
자	정경正卿
호	유연당悠然堂
시호	충성忠成
상훈	정국공신, 영창부원군
가족	증조–병사 계繼, 할아버지–지사 미彌, 아버지–현감 형迥 어머니–죽산박씨(사직 박윤문朴允文의 딸) 부인–선산김씨(군수 김중눌金仲訥의 딸)
묘소	경기도 이천시 모가면 산내리 마옥산. 이천시 향토유적 제16호

관직경력

한성판윤 재임기간 : 1518년중종18 11월 11일 ~ 1518년중종13 12월 9일

조선 중기의 문신

1486년성종17	사마시(생원·진사) 양과 입격
1491년성종22	별시문과 급제, 예문관검열, 충익부도사, 〈성종실록〉 편찬 참여
연산군 연간	장령, 사간, 도승지
1506년중종1	중종반정 가담, 정국공신 4등, 영창군永昌君 봉군, 좌참찬
1508년중종3	형조판서, 좌찬성
1518년중종13	사은사로 명나라 다녀오다
1519년중종14	기묘사화, 좌찬성, 이조판서, 영견연사
1523년중종18	우의정, 영창부원군

생애일화

그는 성품이 엄격하고 재주가 뛰어나다는 평을 받았다.
훈구파의 한 사람으로 지목되어 신진사류로부터 계속적인 탄핵에 시달렸으며, 정국공신의 위훈삭제로 공신호가 삭제되었다가 기묘사화로 다시 관직에 진출하여 기사회생하였다.

188대 한성판윤 한형윤(韓亨允) – 194·197·216대 동일인물

신상내용

생몰연대	1470년성종1 ~ 1532년중종27 – 63세
본관	청주淸州
자	신경信卿
시호	효헌孝憲
상훈	청백리
가족	증조–북백 혜惠, 할아버지–영중추부사 계미繼美, 아버지–사섬시부정 절昢 어머니–창녕성씨(영의정 성준成俊의 딸) 부인–전주최씨(최열崔洌의 딸) 손자–기紀(淸平尉·성종의 10녀 정혜옹주와 혼인)

관직경력

한성판윤 재임기간 : 1518년중종13 12월 9일 ~ 1518년중종13 12월 9일

1486년성종17	사마시(진사) 입격
1489년성종20	식년문과 급제, 승문원부정자, 선전관
1493년성종24	예문관검열 겸 춘추관기사관, 승문원주서
1495년연산군1	전적, 예조좌랑
1497년연산군3	중시문과 급제, 형조정랑, 기주관, 응교, 전한, 지제교, 춘추관편수관, 홍문관부교리, 경연시강관, 함경도어사
1499년연산군5	경기도·경상도어사
1503년연산군9	갑자사화–유배(전라도 만경)
1506년중종1	첨지중추부사, 정조사로 명나라 다녀오다. 한성부좌윤, 경상도·경기도 관찰사, 특진관, 형조판서
1518년중종13	한성부판윤, 청백리 녹선

생애일화

그는 서예에 능한 당대의 명필가였다.
작품으로 〈황보인묘비문〉·〈성준묘비문〉 등이 있다.

189대 한성판윤 심 정(沈貞)

신상내용

생몰연대	1471년성종2 ~ 1531년중종26 – 61세
본관	풍산豊山
자	정지貞之
호	소요정逍遙亭
상훈	정국공신, 화천부원군
가족	증조–지삼군사 구령龜齡, 할아버지–상주목사 치寘, 아버지–적개공신 응膺 어머니–서문한徐文翰의 딸 부인–허당許塘의 딸

관직경력

한성판윤 재임기간 : 1518년중종13 12월 9일 ~ 1519년중종14 1월 23일

1495년연산군1	사마시(생원) 입격
1502년연산군8	별시문과 급제
1503년연산군9	수찬
1506년중종1	중종반정 가담, 정국공신 3등, 화천군花川君 봉군
1507년중종2	지중추부사, 사은사로 명나라 다녀오다
1509년중종4	성천부사
1515년중종10	이조판서
1519년중종14	기묘사화, 남곤과 함께 정권 장악
1527년중종22	좌의정, 화천부원군

생애일화

그는 신진사류들의 계속된 탄핵으로 관직을 잃고, 한강변에 정자를 지어 울분을 달래던 중에 아들 사손思遜마저 탄핵을 받아 파직되었다.
조광조 등 사류에 대한 원망이 골수에 맺혀 틈만 노리다가, 경빈박씨를 통해 왕을 움직여 남곤·홍경주 등과 기묘사화를 일으켜 사류들을 일망타진하여 축출하고 정권을 장악하였다.
그러나 김안로 등과의 권력경쟁에서 밀려 강서로 귀양 갔다가, 김안로가 사사되자 정계에 다시 복귀하였으나, 그도 끝내 사사되었다.
교묘한 꾀를 잘 내어 '지혜주머니智囊'이라 불리고, 소인小人의 대표적 인물로 지목되어 작은 새우에 빗대 남곤과 함께 '곤정袞貞'이라고 조롱을 받았다.
개인적으로는 형제간의 우애가 지극하여 곤경에 처한 아우 의義를 끝까지 보살펴주었다고 한다.

190대 한성판윤 신 상(申鏛)

신상내용

생몰연대	1480년성종11 ~ 1530년중종25 – 51세
본관	평산平山
자	대용大用
호	위암韋庵
시호	문절文節
가족	증조–좌의정 개槩, 할아버지–관찰사 자준自準, 아버지–종친부전첨 말평末平 어머니–안동권씨(영의정 권람權擥의 딸)) 부인–전주이씨(부림군 이식李湜의 딸)

묘소　　서울시 중랑구 망우동 산 69-1

관직경력

한성판윤 재임기간 : 1519년중종14 1월 26일 ~ 1519년중종14 2월 13일

조선 중기의 문신

1498년연산군4	사마시(진사) 입격
1503년연산군9	별시문과 급제, 예문관검열, 승정원주서, 춘추관편수관 〈연산군일기〉 편찬
1508년중종3	예조정랑, 사간원헌납, 홍문관교리, 사헌부지평
1509년중종4	응교, 지제교, 사인, 사간, 사복시정, 직제학, 부제학, 동부승지, 도승지, 평안도관찰사
1519년중종14	한성부판윤, 이조판서, 기묘사화 발생, 경기·전라·경상도관찰사
1529년중종24	병조판서

생애일화

이장곤李長坤과 함께 신진사류들을 대거 등용하는데 크게 노력하였다.
조광조 등의 사림파와 남곤 등의 훈구파의 대립이 첨예화되자 양파 간의 중재·조절에 노력하였으나, 기묘사화로 끝내 신진사류가 퇴출되어 그들의 구명을 도모하였지만 실패했다.
그 자신도 사화의 와중에 휩쓸려 파직되지는 않았지만, 요직에서 밀려나 산질散秩에 머물게 되었다.

191대 한성판윤 이 자(李耔) – 192대 동일인물

신상내용

생몰연대	1480년성종11 ~ 1533년중종28 –54세
본관	한산韓山
자	차야次野
호	음애陰崖·몽옹夢翁·계옹溪翁
시호	문의文懿
배향	팔봉서원(충주)
저서	〈음애일기〉·〈음애집〉
가족	증조–숙무叔畝, 할아버지–첨지중추부사 형증亨增, 아버지–대사간 예견禮堅 어머니–선산김씨(종사랑 김관안金寬安의 딸)

부인–인천채씨(대사헌 채수蔡壽의 딸)
묘소　　경기도 용인시 기흥구 지곡리 산 11–17　경기도기념물 제172호

관직경력

한성판윤 재임기간 : 1519년중종14 2월 13일 ~ 1519년중종14 2월 29일

조선 중기의 문신

1501년연산군7	사마시(진사) 입격
1504년연산군10	식년문과 장원급제, 사헌부감찰, 이조좌랑, 의성현감
1506년중종1	중종반정, 홍문관수찬·교리
1513년중종8	부교리, 부응교, 사간원사간
1517년중종12	홍문관전한·직제학·부제학, 좌승지
1518년중종13	사헌부대사헌, 종계변무주청사의 부사로 명나라 다녀오다
1519년중종14	한성부판윤, 형조판서, 우참찬, 기묘사화로 파직

생애일화

그는 아호가 셋이다. 한때 음성陰城에 칩거했으므로 '음애陰崖'라 했고, 충주 土溪에 옮겨 살며 몽암夢巖이라는 정자를 지어 '몽옹夢翁'이라 했으며, 이연경李延慶에게 배를 타고 건너가 토론을 했다 하여 '계옹溪翁'이라 스스로 호를 붙였다.
원래 사림파의 한 사람이었으나 성품이 온유하고 교제가 넓어 남곤이나 김안로 등의 훈구세력과도 원만히 지냈다. 양파의 중간에서 반목과 대립을 해소하고 온건한 정책으로 유도하고자 하였으나 급진사림파의 반발로 실패하였다.
음성·충주 등지에 은거하여 세상을 등지고 독서와 시문으로 소일하고, 이연경·김세필 등과 학문을 토론하며 여생을 보냈으며 '기묘명현록'에 올랐다.
김안로와는 동서지간이지만 불가근불가원不可近不可遠의 존재라 늘 조심하고 경계하며 지냈다.
목은 이색李穡의 후예로서 효도와 우애가 돈독하였고, 학문과 수양에 집중하면서 많은 사평史評을 쓰기도 한 학자였다.

192대 한성판윤 이 자(李耔) – 191대 동일인물

한성판윤 재임기간 : 1519년중종14 2월 29일 ~ 1519년중종14 3월 15일

193대 한성판윤 한세환(韓世桓) – 183대 동일인물

한성판윤 재임기간 : 1519년중종14 3월 15일 ~ 1519년중종14 12월 17일

194대 한성판윤 한형윤(韓亨允) – 188·197·216대 동일인물

한성판윤 재임기간 : 1519년중종14 12월 17일 ~ 1521년중종16 5월 11일

195대 한성판윤 임유겸(任由謙)

신상내용

생몰연대	1456년세조2 ~ 1527년중종22 – 72세
본관	풍천豊川
자	숙양叔讓
시호	소간昭簡
가족	증조–판관 중선中善, 할아버지–현감 효돈孝敦, 아버지–수안군수 한漢 어머니–남양홍씨(홍심洪深의 딸) 부인–예안이씨(찰방 이신李愼의 딸)
묘소	경기도 양주시 회천읍 율정리

관직경력

한성판윤 재임기간 : 1521년중종16 5월 11일 ~ ?

조선 중기의 문신

1480년성종11	사마시(생원) 입격
1489년성종20	식년문과 급제, 권지부정자, 박사, 감찰
1495년연산군1	정조사의 서장관으로 명나라 다녀오다. 정언
1496년연산군2	부수찬, 교리, 병조정랑, 승문원교리, 춘추관기주관〈성종실록〉 편찬 참여
1498년연산군4	부응교
1499년연산군5	부사용, 훈련원첨정 등 한직으로 좌천
1504년연산군10	갑자사화, 형조·이조참의, 병조참판, 시혜청제조

1505년연산군11	사은부사로 명나라 다녀오다. 경상도관찰사
1506년중종1	중종반정, 동지중추부사로 청승습사를 겸해 명나라 다녀오다
1507년중종2	〈연산군일기〉 편찬 참여
1508년중종3	대사헌, 공조·병조·호조참판, 경기도관찰사,
1521년중종16	형조판서, 한성부판윤, 공조판서
1526년중종21	지중추부사

생애일화

그가 젊은 시절 부응교일 때, 길에서 대신을 만났는데, 말에서 내리지 않아 무례하다는 탄핵을 받고 무반 말단직으로 좌천되어 여러 해 고생한 적이 있다.
갑자사화가 일어나자 재빨리 운신하여 연산군의 생모 윤씨尹氏 폐비廢妃사건에 관련된 인사들의 처벌을 주장하면서, 다시 요직에 기용되었다.
그는 평생 〈대학〉과 〈중용〉을 중시하여 늙어서도 손에서 놓지 않았다 한다. 그의 비명碑銘은 이행李行이 지었다.

196대 한성판윤 이자건(李自健) – 180대 동일인물

한성판윤 재임기간 : ? ~ 1522년중종17 8월 12일

197대 한성판윤 한형윤(韓亨允) – 188·194·216대 동일인물

한성판윤 재임기간 : 1522년중종17 8월 12일 ~ 1525년중종20 9월 12일

198대 한성판윤 유담년(柳聃年)

신상내용

생몰연대	? ~ 1526년중종21
본관	문화文化
시호	양무襄武
가족	증조–우의정 관寬, 아버지–감찰 환晥

관직경력

한성판윤 재임기간 : 1525년중종20 9월 10일 ~ 1525년중종20 9월 27일

조선 중기의 무신

약관의 나이로 무과 급제

1490년성종21	내금위 무관
1493년성종24	종성통판
1496년연산군2	당상관
1509년중종4	좌포도대장
1510년중종5	경상도우방어사, 삼포왜란 진압, 경상우도병마절도사 겸 관찰사
1513년중종8	병조참판, 병조판서
1518년중종13	평안도병마절도사, 공조판서, 평안도순변사
1519년중종14	함길도관찰사, 좌참찬, 병조판서, 지훈련원사
1525년중종20	한성부판윤
1537년중종32	장경왕후 희릉禧陵 천장 때 바위가 드러나 관련 관원들의 처벌에 따라 직첩이 추탈되었으나, 뒤에 신원되었음.

생애일화

우의정을 지낸 청백리 유관柳寬의 증손자이다.
그는 어릴 때부터 무예에 뛰어났으며, 문·무관이 모인 자리에서 열린 활쏘기대회에서 장원을 했다.
삼포왜란 때, 황형과 함께 왜인들이 점거하였던 웅천·부산포 등지를 탈환하고 그들을 소탕하는데 큰 공을 세웠다.
한편, 북변의 건주위 야인세력이 팽창하자, 이에 대비하여 군량과 병기를 정비해서 국방을 튼튼히 함으로써 나라의 간성干城 역할을 하였다.
다만, 그는 병조판서를 네 번이나 지냈지만 자식 복이 박해서 아들이 없다.

199대 한성판윤 황맹헌(黃孟獻)

신상내용

생몰연대	1472년성종3 ~ 1535년중종30 – 64세
본관	장수長水
자	노경魯卿

호	월헌月軒
시호	소양昭襄
상훈	정국공신, 정난공신, 장원군
가족	증조–종친부전첨 보신保身, 할아버지–부정 종형從衡, 아버지–김해부사 관瓘 어머니–진주강씨(집의 강미수姜眉壽의 딸) 부인–전의이씨(생원 이희손李希孫의 딸), 안동김씨(증사도정 김부녕金富寧의 딸)

관직경력

한성판윤 재임기간 : 1525년중종20 9월 27일 ~ 1526년중종21 9월 24일

조선 중기의 문신

1498년연산군4	식년문과 급제, 정언
1506년중종1	중종반정 가담, 정국공신 4등, 사인
1507년중종2	동부승지, 정난공신 3등(이과李顆의 옥사 처리), 장원군長原君 봉군, 대사헌, 호조참판
1509년중종4	형조·공조·예조참판, 강원도관찰사
1519년중종14	위훈 삭제, 선산부사 좌천
1524년중종19	경상도관찰사, 예조참판 겸 동지의금부사
1525년중종20	한성부판윤, 강원도관찰사, 경기감사

생애일화

그는 성질이 탐오하여 남의 민전民田을 마구 빼앗는 일이 잦았으나, 형제 친척이 모두 요직에 있었던 관계로 죄를 받지 않았다.
황희黃喜정승이 고조부요, 한성판윤을 지낸 황치신黃致身과 영의정을 지낸 황수신黃守身이 백증조부이다.

200대 한성판윤 손중돈(孫仲暾)

신상내용

생몰연대	1463년세조9 ~ 1529년중종24 – 67세
본관	경주慶州
자	태발泰發
호	우재愚齋
시호	경절景節

상훈　　청백리
배향　　동강서원(경주), 속수서원(상주)
가족　　증조–증호참 등登, 할아버지–참의 사성士晟, 아버지–계천군 소昭
어머니–풍덕 유복하柳福河의 딸
부인–남양홍씨(홍흠선洪欽善의 딸), 화순최씨(진사 최한남崔漢男의 딸)

관직경력

한성판윤 재임기간 ; 1526년중종21 9월 24일 ~ 1526년중종21 11월 23일

조선 중기의 문신

1483년성종14	사마시(생원) 입격
1489년성종20	식년문과 급제, 예문관봉교 등 청환직淸宦職 역임
1497년연산군3	양산군수, 사예, 사복시정
1506년중종1	상주목사
1509년중종4	좌승지, 공조·예조참판
1517년중종12	성절사로 명나라 다녀오다
1518년중종13	공조·이조판서, 세자시강원빈객, 도승지(3회), 대사헌(4회), 경상·전라·충청·함경도관찰사, 우참찬
1526년중종21	한성부판윤

생애일화

그는 김종직金宗直의 문인門人이다.
연산군의 폭정으로 간관諫官들이 다 쫓겨날 때, 마지막까지 버티다 파직 당하였다.

201대 한성판윤 성 운(成雲) – 202대 동일인물

신상내용

생몰연대　? ~ 1528년중종23
본관　　창녕昌寧
자　　치원致遠
시호　　경숙景肅
가족　　증조–경기도관찰출척사 개槪, 할아버지–승문원교리 희熺, 아버지–생원 담명聃明

어머니–김핍金愊의 딸,
부인–양천허씨(허성許誠의 딸)
친척–성몽정成夢井(한성판윤·4촌종형)

묘	경기도 고양시 덕양구 벽제동

관직경력

한성판윤 재임기간 ; 1526년중종21 11월 23일 ~ 1527년중종22 1월 11일

조선 중기의 문신

1504년연산군10	식년문과 급제
1506년중종1	주서, 연산군의 미움으로 파직, 중종반정
1511년중종6	사헌부장령·응교, 성균관학유
1519년중종14	병조참지, 기묘사화, 우승지, 대사헌
1520년중종15	경기도관찰사
1522년중종17	예조·병조참판, 공조판서
1527년중종22	병조판서, 경상도관찰사

생애일화

기묘사화 때, 병조참지로 있으면서 입직승지를 제쳐놓고 왕의 밀명을 전달하는 등 조광조를 비롯한 사림파 제거에 앞장 선 공으로 우승지를 거쳐 대사헌이 되었다.

202대 한성판윤 성 운(成雲) – 201대 동일인물

한성판윤 재임기간 : 1527년중종22 1월 11일 ~ 1527년중종22 1월 18일

203대 한성판윤 김 당(金瑭) – 215대 동일인물

신상내용

생몰연대	1465년세조11 ~ 1532년중종27 – 68세
본관	경주慶州
자	옥이玉耳

시호	공절恭節
가족	증조–봉상시사 중성仲誠, 조부–지중추부사 신민新民, 아버지–원주목사 태경泰卿 어머니–초계변씨(헌릉직 변균卞鈞의 딸) 배위–과천현감 이흔李訢의 딸, 의령현감 이연원李延源의 딸
묘소	경기도 고양시 덕양구 원당동

관직경력

한성판윤 재임기간 : 1527년중종22 1월 18일 ~ 1529년중종24 6월 16일

조선 중기의 문신

1492년성종23	사마시 입격
1495년성종25	별시문과 급제, 성균관학유, 의정부사록, 성균관학록, 예문관검열·대교·봉교
1504년연산군10	예조좌랑
1505년연산군11	예조정랑, 사도시첨정, 성균관사예, 승문원교감 겸 세자시강원필선
1506년중종1	성균관사성, 승문원참교, 중종반정, 사간원사간, 봉상시부정 좌천, 장예원정
1507년중종2	홍문관전한
1508년중종3	직제학, 우부승지, 도승지
1512년중종7	충청도관찰사
1513년중종8	동지중추부사, 한성부우윤, 경기·전라·경상도관찰사, 대사헌, 공·형·병·호·예 조참의
1519년중종14	호조참의, 기묘사화, 정조사로 명나라 다녀오다
1526년중종21	형조판서
1527년중종22	한성부판윤, 지중추부사, 공조판서, 대사헌, 좌참찬, 우찬성, 판의금부사
1532년중종27	오위도총부도총관, 좌찬성

생애일화

품성이 진솔하고 청직 간소하였으나, 일관된 마음가짐이 없었다는 사신史臣의 평가를 받았다.

204대 한성판윤 홍언필(洪彦弼) – 214대 동일인물

신상내용

생몰연대	1476년성종7 ~ 1549년명종4 – 74세
본관	남양南陽
자	자미子美
호	묵재默齋
시호	문희文僖
상훈	위사공신, 익성부원군
배향	인종 묘정
가족	증조–동지중추원사 익생益生, 할아버지–수군절도사 귀해貴海, 아버지–승지 형泂 어머니–한양조씨(사예 조충손趙衷孫의 딸) 부인–봉화정씨(정숙근鄭叔根의 딸), 여산송씨(영의정 송질宋軼의 딸) 아들–섬暹(영의정)
묘소	경기도 화성시 서신면 홍법리

관직경력

한성판윤 재임기간 : 1529년중종24 6월 16일 ~ 1529년중종24 8월2일

조선 중기의 문신·서예가

1495년연산군1	사마(진사)시 입격
1504년연산군10	문과 급제
1507년중종2	증광문과 1등 급제, 저작, 부수찬
1509년중종4	부교리, 지평, 헌납
1513년중종8	장령, 응교, 직제학
1519년중종14	병조참지·참의, 우부승지, 기묘사화
1524년중종19	도승지
1525년중종20	대사헌(6회), 호조참판(5회)
1529년중종24	이조·형조·병조·호조판서, 대사헌
1534년중종29	우찬성
1537년중종32	호조판서, 우의정, 좌의정
1545년인종1	영의정 겸 영중추부사·영경연사
1545년명종즉위	을사사화, 추성위사홍제보익공신 1등, 익성부원군 봉군

생애일화

몸가짐이 검소하고 화려한 것을 좋아하지 않아 청빈하기로 유명하였다. 집안법도가 엄하여 그의 아들 섬暹조차 큰 옷을 입지 않고서는 들어가 만나 보지 못하였으며, 성현들의 글을 즐겨 읽었다.
갑자사화에 연루되어 진도로 귀양 갔다가 중종반정으로 사면되었다. 기묘사화 때는 조광조趙光祖와 내외종간이기 때문에 그 일파로 몰려 옥에 갇혔으나, 영의정 정광필鄭光弼의 변호로 풀려났다.
그러나 성품이 나약해서 위태로운 말은 하지 않고 해가 될 것은 반드시 피하였다. 기묘사화 후 조광조를 싫어하여 조광조에 대한 신원 요청이 있었지만 이를 제지하였다.
대사헌으로 있을 때 악한 향리들이 지방에서 올라오는 공물貢物을 방납防納하는 폐단을 단속하였고, 관원들의 기강을 바로잡는데 이바지하였다.
배위 여산송씨는 중종 때 영의정 송질宋軼의 딸로 태어나 남편도 중종 때 영의정이요, 아들 섬暹은 선조 때 영의정을 지냈다. 아들 섬의 고희古稀잔치 때 90세였는데 잔치를 마음껏 즐기고 97세에 작고했다.

205대 한성판윤 이사균(李思鈞) – 225대 동일인물

신상내용

생몰연대 1471년성종2 ~ 1536년중종31 – 66세
본관 경주慶州
자 중경重卿
호 눌헌訥軒
시호 문강文剛
저서 〈눌헌집〉
가족 증조–영백 희嬉, 할아버지–충좌위중부장 계번繼藩, 아버지–평양판관 식埴
어머니–안동김씨(부사 김숙金潚의 딸)
부인–인동현감 황근창黃謹昌의 딸
외손녀–최씨(오성 이항복의 어머니)

관직경력

한성판윤 재임기간 : 1529년중종24 8월 2일 ~ 1529년중종24 9월 4일

조선 중기의 문신

1494년성종25 진사시 입격

1498년연산군4	식년문과 급제, 승문원권지
1500년연산군6	홍문관정자 겸 경연전경
1503년연산군9	저작, 세자시강원설서
1504년연산군10	부수찬, 폐비 윤씨 복위반대 보은으로 유배
1506년중종1	중종반정, 부수찬
1507년중종2	문과중시 을과 2등 급제, 이조정랑 겸 춘추관기주관
1509년중종4	교리, 부응교
1510년중종5	전적, 집의 겸 춘추관편수관, 승문원참교, 사성 겸 지제교,장악원정, 우승지, 장예원판결사
1513년중종8	도승지
1514년중종9	강원도관찰사
1517년중종12	공조·형조참의, 중궁책봉주청사로 명나라 다녀오다
1519년중종14	전주부윤, 부제학, 기묘사화—좌천, 공조참판, 이조판서
1534년중종29	참찬, 경기도관찰사 좌천—나세찬 구명 시도, 지중추부사 겸 지의금부사
1535년중종30	호조판서, 경상도관찰사

생애일화

그는 기상이 꼿꼿하고 문무겸전하여 지조와 기개가 있었으며, 자질구레하고 번거로운 것을 좋아하지 않았다. 또한 권세에 굽히지 않았으므로 권력자들이 미워하였다.

206대 한성판윤 김근사(金謹思) – 210·211 동일인물

신상내용

생몰연대	1466년세조12 ~ 1539년중종34 – 74세
본관	연안延安
자	명통明通
가족	증조–감사 수脩, 할아버지–부사 元臣, 아버지–부사 면勉 어머니–한산이씨(목사 이해李垓의 딸) 부인–조순趙純의 딸 친척–김하金何(한성판윤·종증조), 김전金銓(한성판윤·재당숙)·김안로金安老(8촌)

관직경력

한성판윤 재임기간 : 1529년중종24 9월 4일 ~ 1530년중종25 6월 26일

1486년성종17	생원시 입격
1494년성종25	별시문과 급제
1503년연산군9	사헌부장령
1509년중종4	경상도 경차관
1512년중종7	우부승지, 좌승지
1515년중종10	홍문관부제학
1516년중종11	대사간
1517년중종12	장예원판결사, 충청도관찰사, 병조참의
1519년중종14	기묘사화, 승지, 이조·형조참판
1525년중종20	동지돈녕부사, 하정사로 명나라 다녀오다
1526년중종21	황해도관찰사, 동지중추부사, 한성부우윤, 대사헌
1529년중종24	공조참판, 한성부판윤
1531년중종26	병조·이조판서, 판의금부사
1533년중종28	우의정, 좌의정 겸 세자사부
1535년중종30	영의정

생애일화

관직은 매우 순조롭게 승진을 거듭하였으나, 김안로와 정치적 운명을 같이 하였다. 기묘사화 이후 김안로 일파의 핵심인물로서 정부 요직을 두루 거치면서 영화를 누렸으나, 김안로의 실각과 함께 파직 당하여 하동으로 유배되었다. 1539년 배소에서 죽었다.

207대 한성판윤 윤은보(尹殷輔) – 209대 동일인물

신상내용

생몰연대	1468년세조14 ~ 1544년중종39 – 77세
본관	해평海平
자	상경商卿
시호	정성靖成
가족	증조–수원부사 처성處誠, 할아버지–승문원참교 면沔, 아버지–첨정 훤萱 어머니–연안김씨(현감 김모金模의 딸) 부인–이원정李元貞의 딸, 여산송씨(판서 송영宋瑛의 딸)
묘소	경기도 의정부시 산곡동 의정부시, 향토유적 제2호

관직경력

한성판윤 재임기간 : 1530년중종25 11월 14일 ~ 1531년중종26 4월 16일

조선 중기의 문신

1494년성종25	별시문과 급제, 사관
1495년연산군1	승문원교검 겸 춘추관기사관, 〈성종실록〉 편찬 참여
1497년연산군3	예관, 추석 제향 실수로 유배
1498년연산군4	정언, 지평, 집의
1506년중종1	춘추관편수관 〈연산군일기〉 편찬 참여
1509년중종4	대마도 경차관–계해조약 준수토록 대마도주에게 국서 전달
1513년중종8	경상도암행어사, 직제학, 부제학, 대사간, 황해도관찰사
1519년중종14	이조참판
1521년중종16	대사헌, 사은사로 명나라 다녀오다
1522년중종17	공조판서, 강원도 양전순찰사, 예조판서, 대사헌, 이조판서, 평안도관찰사
1533년중종28	좌찬성, 우의정, 좌의정
1543년중종38	영의정, 〈대전후속록〉 편찬 참여, 기로소 입소

생애일화

성종·연산군·중종시대를 거치면서, 계속되는 사화로 정치적 요동시기의 와중에서도 여러 사건에 연루되지 않았다. 그의 모호한 정치적 태도에 대하여 오히려 사림의 비난을 받기도 하였다.

당시의 사평史評에 의하면, "학술은 뛰어나지 않았으나, 이사吏事에는 익숙하게 단련되어 막힘없이 환히 통하고 상세하다." 라고 하였다.

208대 한성판윤 서 지(徐祉) – 223대 동일인물

신상내용

생몰연대	1468년세조14 ~ 1537년중종32 – 70세
본관	남평南平
자	수지綏之
호	나옹懶翁
가족	할아버지–부사 호灝, 아버지–효당孝堂, 어머니–김욱金旭의 딸

부인–이명례李明禮의 딸

관직경력

한성판윤 재임기간 : 1530년중종25 10월 8일 ~ 1530년중종25 11월 14일

조선 중기의 문신

1498년연산군4	생원으로 식년문과 급제, 검열, 사헌부·사간원 청요직 역임, 장령
1514년중종9	장악원정
1517년중종12	전라도재상경차관, 장예원판결사, 형조참의
1520년중종15	대사간, 전라도관찰사, 전라도병마절도사
1521년중종16	예조참의, 동부승지
1522년중종17	대사간, 회령부사
1524년중종19	황해도관찰사
1529년중종24	대사헌, 형조참판, 한성부우윤, 대호군으로 파직
1530년중종25	전라도관찰사, 동지중추부사, 겸동지성균관사, 형조판서, 지의금부사, 지중추부사, 한성부판윤
1536년중종31	공조판서, 함경도관찰사, 공조판서, 병조·이조판서

생애일화

그는 관직을 배수할 때마다 자주 견제를 받았으며, 병조와 이조판서를 끝으로 벼슬에서 물러나 고향 남평으로 돌아가 노후를 보냈다.
정원에다 작은 정자를 짓고, 나정懶亭이라 이름하였다. 그때 박상朴祥이 남평으로 귀양와서 가까운 오림역烏林驛에 있었다. 그들은 서로 왕래하며 절차탁마하였다 한다.

209대 한성판윤 윤은보(尹殷輔) – 207대 동일인물

한성판윤 재임기간 : 1530년중종25년 11월 14일 ~ 1531년중종26 4월 16일

210대 한성판윤 김근사(金謹思) – 206·211대 동일인물

한성판윤 재임기간 : 1531년중종26 4월 16일 ~ 1531년중종26 4월 25일

211대 한성판윤 김근사(金謹思) – 206·210대 동일인물

한성판윤 재임기간 : 1531년중종26 4월 25일 ~ 1531년중종26 5월 25일

212대 한성판윤 홍 숙(洪淑) – 185·186대 동일인물

한성판윤 재임기간 : 1531년중종26 5월 25일 ~ 1531년중종26 윤6월 27일

213대 한성판윤 김안로(金安老)

신상내용

생몰연대	1481년성종12 ~ 1537년중종32 – 57세
본관	연안延安
자	이숙頤叔
호	희락당希樂堂·용천龍泉·퇴재退齋
저서	〈용천담적기〉·〈희락당고〉
가족	증조–내자윤 해侅, 할아버지–군수 友臣, 아버지–참의 흔訢 어머니–파평윤씨(현령 윤지尹墀의 딸) 부인–인천채씨(판서 채수蔡壽의 딸) 친척–김하金何(한성판윤·종증조), 김전金銓(한성판윤·당숙), 김근사(영의정·8촌형) 이자李耔(한성판윤·동서)

관직경력

한성판윤 재임기간 : 1531년중종26 음6월 27일 ~ 1531년중종26 8월 29일

조선 중기의 문신

1501년연산군7	사마시 (생원·진사) 입격
1506년중종1	별시문과 장원급제, 성균관전적, 홍문관수찬, 사간원정언, 홍문관부교리
1511년중종6	사가독서, 직제학, 부제학, 대사간, 경주부윤

1519년중종14	기묘사화—조광조 실각, 이조판서
1524년중종19	아들 희禧가 효혜공주와 혼인, 권력남용—탄핵
1530년중종25	도총관, 예조판서, 대제학, 이조판서
1534년중종29	우의정
1535년중종30	좌의정

생애일화

조광조의 실각으로 정계에 다시 등장하면서 그의 아들이 중종의 부마가 되었다. 이를 배경으로 권세를 남용하자, 반정의 주역인 남곤·심정 등이 탄핵하여 경기도 풍덕에 유배되었다.
유배 중에도 정계 복귀를 노리던 중 남곤이 죽자, 대사헌 김근사와 대사간 권예를 움직여 심정마저 탄핵하여 제거하였다.
그는 권력의 핵심에 있으면서 동궁東宮의 보호를 구실로 정적이나 뜻에 맞지 않는 자를 옥사를 일으켜 축출하였다. 권력을 장악한 뒤로 정광필·이언적·나세찬·이행·최명창 외 기라성 같은 많은 인물들이 유배당하거나 사사되는 등 바람 잘 날이 없다시피 했다.
경빈박씨와 복성군 미嵋 등 종친도 죽임을 당하였고, 왕실의 외척인 윤원로·윤원형 형제도 실각당하였다.
1537년 중종의 제2계비인 문정왕후의 폐위를 기도하다가 발각되어 왕의 밀명을 받은 윤안인과 대사간 양연梁淵에 의해 체포되어 유배되었고, 곧 이어 사사되었다.
그는 허항許沆·채무택과 함께 '정유삼간丁酉三奸'이라는 불명예의 간판 격 간신으로 일컬어진다.
일찍이 명나라에 갔다가 그곳 점쟁이에게 앞날의 운명을 물었더니, "마음껏 권세를 누리겠으나 칡에 얽혀 죽을 것이다." 하였다. 당시에는 그 뜻이 무엇인지 몰랐는데, 나중에 평택 진위면 갈현葛峴에 이르러 사약을 받고 죽으니, 과연 칡에 걸려 죽었음을 맞춘 것이라고 하였다.
저서로는 〈용천담적기龍泉談寂記〉와 〈희락당고希樂堂稿〉가 있다.

214대 한성판윤 홍언필(洪彦弼) – 204대 동일인물

한성판윤 재임기간 : 1531년중종26 8월 29일 ~ 1531년중종26 11월 7일

215대 한성판윤 김 당(金璫) – 203대 동일인물

한성판윤 재임기간 : 1531년중종26 11월 7일 ~ 1531년중종26 11월 25일

216대 한성판윤 한형윤(韓亨允) – 188·197대 동일인물

한성판윤 재임기간 : 1531년중종26 11월 25일 ~ 1532년중종27 12월 15일

217대 한성판윤 박 용(朴墉)

신상내용

생몰연대	1468년세조14 ~ 1524년중종19 – 57세
본관	반남潘南
초명	호壕
자	중보仲保
추증	우의정 겸 춘추관사, 영의정 겸 금성부원군
가족	증조–좌의정 은誾, 할아버지– 지중추부사 강薑, 아버지–집의 치輜 어머니–창녕성씨(영춘현감 성효원成孝源의 딸) 부인–사재감부정 김익겸金益謙의 딸 사위–인종대왕 친척–박숭질朴崇質(한성판윤·당숙)

관직경력

한성판윤 재임기간 : 1532년중종27 12월 15일 ~ 1532년중종27 12월 29일

조선 중기의 문신

1495년연산군1	사마시(진사) 입격, 대과 실패–음보 전설사별제, 의금부도사, 공조좌랑, 홍주판관, 군기시판관, 충익부도사, 한성부판관, 주부, 사축, 울진현령, 은율현감
1524년중종19	딸이 세자빈 책봉, 종친부전첨, 돈녕부부정, 첨지중추부사
1532년중종27	한성부판윤
1545년인종1	인종 즉위, 우의정 겸 춘추관사 추증, 영의정·금성부원군 가증

생애일화

평소 글씨를 잘 썼으며, 특히 송설체松雪體에 능했다.

218대 한성판윤 조윤손(曺潤孫)

신상내용

생몰연대 미상
본관 창녕昌寧
시호 장호莊胡
묘소 경남 진주시 귀동 산주리
가족 증조–재신 경勍, 할아버지–울진현령 안중顔仲, 아버지–대사헌 숙기淑沂
어머니–진주정씨(정유립鄭攸立의 딸)
부인–진주강씨(진사 강조수姜兆壽의 딸)

관직경력

한성판윤 재임기간 : 1532년중종27 12월 29일 ~ 1533년중종28 7월 25일

조선 중기의 무신

1502년연산군8 무과 급제
1503년연산군9 선전관
1509년중종4 웅천현감
1512년중종7 갑산부사
1513년중종8 함경도병마절도사
1528년중종23 평안도병마절도사
1533년중종28 한성부판윤
1536년중종31 병조판서, 좌찬성

생애일화

연산군의 폭정이 극에 달하던 1506년에 유빈·윤상로 등과 협의하여 왕을 폐하려 하였으나, 한 발 앞서 박원종·성희안 등이 반정을 거사하여 성공하였으므로 공신녹권만을 받았다.

219대 한성판윤 소세양(蘇世讓) – 222대 동일인물

신상내용

생몰연대 1486년성종16 ~ 1562년명종17 – 77세
본관 진주晉州

자	언겸彦謙
호	양곡陽谷·퇴재退齋·퇴휴당退休堂
시호	문정文靖
배향	화암서원(익산)
저서	〈양곡집陽谷集〉
글씨	〈임참찬권비任參贊權碑〉·〈소세양부인묘갈〉
가족	증조-중준사정 희禧, 조부-한성부판관 효식效軾, 아버지-의빈부도사 자파自坡 어머니-개성왕씨(왕석주王碩珠의 딸) 부인-승문원판교 창녕조씨(조호曺浩의 딸)

관직경력

한성판윤 재임기간 : 1533년중종28 7월 25일 ~ 1533년중종28 11월 12일

조선 중기의 문신

1504년연산군10	진사시 입격
1509년중종4	식년문과 급제, 정언, 수찬
1514년중종9	사가독서, 직제학, 사성
1521년중종16	영접사 이행李荇의 종사관으로 명나라 사신 접대, 왕자사부
1522년중종17	전라도관찰사
1531년중종26	형조판서
1533년중종28	지중추부사, 진하사로 명나라 다녀오다
1537년중종32	형조·호조·병조·이조판서, 우찬성
1538년중종33	성주사고星州史庫 화재로 춘추관 실록 등사, 봉안
1545년명종1	좌찬성

생애일화

그는 문명이 높고 율시律詩에 뛰어났으며, 글씨는 송설체를 잘 썼다.
작품으로는 양주의 〈임참찬권비任參贊權碑〉와 익산의 〈소세양부인비蘇世讓夫人碑〉가 있다.
한때, 윤임尹任(大尹) 일파의 탄핵으로 사직하였으나, 명종이 즉위한 후 을사사화로 윤원형尹元衡(小尹) 등이 정권을 잡자 재기용되었다. 좌찬성을 지내다 은퇴하여 익산으로 하향하였다.
송도 기생 황진이黃眞伊와의 연애담이 유명하다.
- 어느 날 소세양은 조선 최고의 기녀이자 시인으로 소문난 황진이를 만나러 가며 벗들에게 "한 달만 같이 살면 능히 헤어질 수 있다. 어긴다면 사나이가 아니다." 하고 송도로 떠났다.

먼저 인편으로 '榴'라는 한 글자를 보냈다. 이를 받은 황진이가 '漁' 자로 답신했다.
소세양이 보낸 榴의 의미는 碩儒那無遊(석유나무유)로 "큰 선비가 여기 있는데 어찌 놀지 않겠는가?"라는 뜻이고, 황진이가 답한 漁는 高妓自不語(고기자불어)로 "높은 기생인 나는 먼저 말하지 않는다." 라는 뜻으로 해석된다.
이같이 뜻이 통하고 흥이 돋궈지니 어찌 풍류남녀가 어울리지 않겠는가!
그렇게 해서 두 연인이 꿈같은 한 달을 보낸다. 여름이 지나고 가을이 되어 이별의 날이 오자, 황진이가 그냥 보내기 아쉬워 '소세양판서를 보내며' 라는 시 한 수를 읊는다. 이에 소세양도 시를 한 수 읊어 답하고서 벗들과의 애당초 약속을 어기고 얼마간 더 머물렀다 한다.

220대 한성판윤 신공제(申公濟)

신상내용

생몰연대	1469년예종1 ~ 1536년중종31 – 68세
본관	고령高靈
자	희인希仁
호	이계伊溪
시호	정민貞敏
상훈	청백리
서예	〈廣州安參判琛墓碑〉·〈南原尹判書孝孫墓碑〉
가족	증조–공조참판 장檣, 할아버지–수군절도사 末舟, 아버지–여절교위 홍洪 어머니–초계변씨(헌릉직 변균卞鈞의 딸) 부인–전주이씨(호산군 이현李鉉의 딸) 친척–신숙주申叔舟(영의정·셋째 할아버지), 신준申浚(한성판윤·당숙)
묘소	경기도 양주시 장흥면 부곡리

관직경력

한성판윤 재임기간 : 1533년중종28 11월 12일 ~ 1534년 4월 18일

조선 중기의 문신

1486년성종17	진사시 입격
1495년연산군1	증광문과 급제, 승문원부정자, 예문관검열, 승문원주서, 홍문관
1506년중종1	사간원헌납, 장령
1516년중종11	창원부사

1517년중종12 홍문관부제학, 호조참판, 이조판서
1522년중종17 정조사로 명나라 다녀오다
1529년중종24 좌참찬, 호조판서 겸 세자좌부빈객
1536년중종31 동지중추부사

생애일화

그는 일찍 아버지를 잃어, 할아버지 신말주申末舟와 할머니 순창설씨淳昌薛氏의 지극한 사랑을 받고 자랐다.
신말주는 신숙주의 막내동생이다. 단종이 왕위에서 물러난 이후 벼슬을 그만두고 처갓집이 있는 순창에 내려와 귀래정을 짓고 산수를 즐기며 여생을 보냈다고 한다.
그는 올곧은 심성과 명징한 판단력으로 공사를 처리하여, 창원부사로 있을 때에는 청근수령淸勤守令으로 표창을 받았다. 특히 이조판서로 재직할 때는 과거시험의 전형을 맡아 사심이 조금도 없는 공정한 관리를 하였다.

221대 한성판윤 심언경(沈彦慶)

신상내용

생몰연대 1479년성종10 ~ 1556년명종11 – 78세
본관 삼척三陟
자 사길士吉
호 해동랑옹海東浪翁
가족 증조–사정 충조忠輔, 할아버지–문주文柱, 아버지–예조좌랑 준濬
어머니–사직 김보연金普淵의 딸, 동생–심언광沈彦光
부인–최세창崔世昌의 딸

관직경력

한성판윤 재임기간 : 1534년중종29 4월 18일 ~ 1534년중종29 6월 23일

조선 중기의 문신

1510년중종5 사마시(생원·진사) 양과 입격
1516년중종11 별시문과 급제
1520년중종15 사간원정언, 헌납, 지평, 장령
1525년중종20 세자시강원 필선, 사간원사간, 홍문관교리·부응교, 사헌부장령

1528년중종23	사간원사간, 동부승지, 우부승지
1531년중종26	대사헌
1532년중종27	예조참판
1533년중종28	이조참판, 동지의금부사
1534년중종29	형조판서, 한성부판윤, 호조·이조판서
1536년중종31	의정부우찬성, 예조판서, 좌찬성

생애일화

그는 아우 언광彦光과 함께 김안로의 등용을 주장하여 실현시켰으나 나중에 후회했다. 또한 아우 언광과 권예權輗와 함께 삼흉三凶으로 지목되어 파직되기도 하였다.

222대 한성판윤 소세양(蘇世讓) – 219대 동일인물

한성판윤 재임기간 : 1534년중종29 6월 23일 ~ 1535년중종30 1월 24일

223대 한성판윤 서 지(徐祉) – 208대 동일인물

한성판윤 재임기간 : 1535년중종30 1월 24일 ~ 1536년중종31 4월 7일

224대 한성판윤 허 흡(許洽)

신상내용

생몰연대	1486년성종17 ~ 1537년중종32 – 52세
본관	양천陽川
자	중화仲和
가족	증조–군수 손蓀, 할아버지–우의정 종琮, 아버지–동돈 확確 어머니–김수조金守祖의 딸 부인–한산이씨(이유청李惟淸의 딸) 손자–욱頊(영의정)
묘소	경기도 장단군 대강면 신우근리

관직경력

한성판윤 재임기간 : 1536년중종31 4월 7일 ~ 1536년중종31 6월 6일

조선 중기의 문신

1507년중종2	진사시 입격
1513년중종8	식년문과 급제
1514년중종9	기사관
1515년중종10	예문관봉교
1517년중종12	수찬
1518년중종13	병조좌랑
1523년중종18	직강
1526년중종21	사헌부지평, 홍문관응교, 사헌부장령
1526년중종22	사헌부집의, 안주목사
1529년중종25	전라도 암행어사
1530년중종26	검상, 전한, 직제학
1531년중종27	승지
1533년중종28	공조참판, 대사헌, 병조·이조참판
1536년중종31	한성부판윤, 공조판서, 의정부우참찬

생애일화

그는 성품이 편협하고 조급하여 사람들로부터 신망을 받지 못했고, 아우 허항許沆과 더불어 김안로金安老에 붙어 권력을 휘둘렀으며 사사되었다.

225대 한성판윤 이사균(李思鈞) – 205대 동일인물

한성판윤 재임기간 : 1536년중종31 6월 6일 ~ 1536년중종31 8월 5일

226대 한성판윤 오 결(吳潔) – 227대 동일인물

신상내용

생몰연대 미상

본관	해주海州
자	언청彦淸
호	성당性堂
가족	증조-명례明禮, 할아버지-상湘, 아버지-영창永昌 어머니-덕수이씨(참봉 이의번李宜蕃의 딸) 부인-전주이씨(축산군 이효식李孝植의 딸)
묘소	충남 당진군 면천면 송학리 다불산 159-1

관직경력

한성판윤 재임기간 : 1536년중종31 8월 5일 ~ 1537년중종32 3월 19일

조선 중기의 문신

1504년연산군10	별시문과 급제
1511년중종6	병조정랑
1513년중종8	강원도도사
1515년중종10	양산군수
1519년중종14	사간원사간
1520년중종15	사간원정언
1521년중종16	사헌부장령
1524년중종18	춘천부사
1527년중종21	사헌부집의
1528년중종22	홍문관교리, 세자시강원보덕
1533년중종27	동부승지, 형조참의
1534년중종28	사간원대사간, 좌승지
1535년중종29	겸동지성균관사, 도승지, 병조참판
1536년중종30	이조참판, 한성부판윤, 형조판서

227대 한성판윤 오 결(吳潔) - 227대 동일인물

한성판윤 재임기간 : 1537년중종32 3월 19일 ~ 1537년중종32 5월 29일

228대 한성판윤 윤 임(尹任)

신상내용

생몰연대 1487년성종8 ~ 1545년인종1 – 59세
본관 파평坡平
자 임지任之
호 충의忠義
가족 증조–예조판서 사균士昀, 할아버지–파성군 보甫, 아버지–파원부원군 여필汝弼
어머니–박중선朴仲善의 딸
누이동생–장경왕후(중종 왕비)
친척–윤흠尹欽(한성판윤·종조부)

관직경력

한성판윤 재임기간 : 1537년중종32 5월 29일 ~ 1538년중종33 5월 7일

조선 중기의 문신

무과 급제, 경주부윤
1523년중종18 충청도수군절도사
1543년중종38 대윤大尹(윤임)과 소윤小尹(윤원형) 권력 암투 심화
1544년중종39 중종 승하, 인종 즉위, 형조판서, 찬성, 인종 승하(재위 8개월)
1545년명종1 명종 즉위, 문정왕후 수렴청정, 을사사화–대윤 일파 숙청

생애일화

평소 반목상태에 있던 대윤과 소윤은 윤원형 등 소윤세력이 일으킨 을사사화로 대윤세력이 몰락하고 윤임은 귀양 가다가 충주에서 사사되었다.
훗날, 이에 대한 평가에서 율곡은 윤임에게 죄가 없다고 하였고, 퇴계는 윤임에게 사직에 대한 죄가 없지 않다고 서로 엇갈리게 말하고 있다.
파평윤씨 같은 문중 내의 친척 간 감정적 싸움이라기보다 권력 장악을 위한 정치적 쟁투라는 측면에서 이해해야 맞을 것 같다.
9촌 조카인 윤원형에게 몰려 죽임을 당한 윤임의 허물은 1577년 선조 때 신원되었다.

229대 한성판윤 이 기(李芑) – 233·240대 동일인물

신상내용

생몰연대	1476년성종7 ~ 1552년명종7 – 77세
본관	덕수德水
자	문중文仲
호	경재敬齋
시호	문경文敬
상훈	추성위사협찬홍제보익공신 1등, 풍성부원군
가족	증조–지돈녕 명신明晨, 할아버지–지온양군사 추抽, 아버지–사간 의무宜茂 어머니–창녕성씨(성희成嬉의 딸) 동생–행荇(좌의정) 부인–광산김씨(군수 김진金震의 딸)
묘소	충남 당진군 송산면 도문리 능안

관직경력

한성판윤 재임기간 ; 1538년중종33 5월 7일 ~ 1538년중종33 10월 21일

조선 중기의 문신

1501년연산군7	식년문과 급제, 종사관, 종성부사, 경원부사, 의주목사
1522년중종18	공조참의, 함경도병마절도사, 동지중추부사
1527년중종22	한성부우윤, 성절사로 명나라 다녀오다. 경상도·평안도관찰사
1533년중종28	공조·예조참판
1538년중종33	한성부판윤
1539년중종34	진하사로 명나라 다녀오다. 형조·병조판서
1543년중종38	의정부우참찬, 좌찬성, 우의정
1545년인종1	판중추부사, 병조판서
1546년명종1	추성위사협찬홍제보익공신 1등, 풍성부원군 봉군, 좌의정
1549년명종4	영의정

생애일화

젊었을 때는 장인이 장리贓吏(부패관리)였기 때문에 승진은 하더라도 삼사三司 등 청요직을 맡을 수 없었다. 그래서 외지의 지방관으로 돌다가 평안도관찰사를 하면서 민정과 국방에 기여하여 국왕의 신임을 받고, 이언적의 추천으로 고위직을 맡게 되었다.
그러나 그의 승진을 반대하였던 사람들을 모두 숙청함으로써, 죽은 후 그가 받은 훈록은 선조 초엽에 모두 삭탈되었다.

그를 추천한 이언적도 훈록을 삭탈당하고 귀양 보내졌으며, 당시 세상에서는 윤원형과 이기를 2흉凶이라 하고 정순붕·임백령·정언각을 3간奸이라 불렀다.

230대 한성판윤 황 침(黃琛)

신상내용

생몰연대	미상
본관	창원昌原
자	헌지獻之
가족	증조–대흥현감 선경善慶, 할아버지–선공감정 예헌禮軒, 아버지–공조판서 형衡 어머니–원주원씨(원보곤元甫崑의 딸) 부인–장연노씨(노치중盧致中의 딸)
묘소	경기도 양주시 장흥면 홍복산 등곡

관직경력

한성판윤 재임기간 : 1538년중종33 10월 21일 ~ 1539년중종34 6월 24일

조선 중기의 무신

1501년연산군7	무과 급제, 강원도도사
1514년중종9	갑산부사, 경상좌도·전라도병마절도사
1520년중종15	정조사, 충청도수사, 회령부사, 함경도병마절도사, 강계부사
1526년중종21	북도병사
1530년중종25	서소위장西所衛將 겸 한성부좌윤
1531년중종26	형조참판
1532년중종27	함경도절도사
1533년중종28	장예원판결사
1535년중종30	한성부우윤, 공조판서,
1538년중종33	지중추부사, 한성부판윤, 좌포도대장, 비변사당상

생애일화

그는 무인적 자질이 뛰어나 변방의 방비책이나 군사문제가 발생하면 반드시 주론하는 위치에 있었다.
특히 그의 선친이 북방의 절도사로 있으면서 오랑캐들에게 위엄을 떨쳐 '황정승'이라 일컬어

졌으며, 그들이 항시 '나는 황정승을 못 보았으니 그 아들이라도 한 번 보기를 원한다.'고 하니, 그 위복이 충분히 그들을 진압할 수 있었기 때문이다.

231대 한성판윤 권 벌(權橃) – 234·235·239대 동일인물

신상내용

생몰연대	1478년성종9 ~ 1548년명종3 – 71세
본관	안동安東
자	중허仲虛
호	충재冲齋·훤정萱亭·송정松亭
시호	충정忠定
추증	영의정
상훈	위사공신, 길원군吉原君
배향	삼계서원
저서	〈충재선생문집〉
가족	증조–횡성군수 계경啓經, 할아버지–부호군 곤琨 아버지–성균생원 사빈士彬 어머니–파평윤씨(주부 윤당尹塘의 딸) 부인–화순최씨(직장 최세연崔世演의 딸)

관직경력

한성판윤 재임기간 : 1539년중종34 6월 24일 ~ 1539년중종34 7월 25일

조선 중기의 문신

1496년연산군2	사마시(진사) 입격
1507년중종2	증광문과 급제, 예문관검열, 홍문관수찬·부교리, 사간원정언
1513년중종8	사헌부지평
1514년중종9	이조·호조정랑, 영천군수
1517년중종12	장령
1518년중종13	승정원 동부승지·좌승지·도승지, 예문관직제학
1519년중종14	예조참판, 삼척부사, 기묘사화
1533년중종28	용양위부호군, 밀양부사
1537년중종32	한성부좌윤
1538년중종33	경상도관찰사, 형조참판
1539년중종34	병조참판, 한성부판윤, (종계변무)주청사로 명나라 다녀오다

1540년중종35	병조판서, 한성부판윤
1541년중종36	예조판서, 의정부좌참찬
1544년중종39	의정부좌참찬
1545년인종1	의정부우찬성, 명종 즉위-원상院相
1568년선조1	좌의정 추증
1591년선조24	영의정 추증

생애일화

그는 독서를 좋아해 〈자경편自警篇〉과 〈근사록近思錄〉을 항상 품속에 지니고 다녔다.
중종 때 조광조·김정국 등 기호사림파가 중심이 되어 추진된 개혁정치에 영남사림파의 한 사람으로 참여하였다.
1547년 양재역벽서사건에 연루되어 구례로 유배지가 결정되었다가, 태천으로 옮겨졌다 다시 삭주로 이배되어 그곳에서 졸했다.
저서로는 〈충재선생문집冲齋先生文集〉 과 〈충재일기〉가 있다.

232대 한성판윤 반석평(潘碩枰)

신상내용

생몰연대	? ~ 1540년중종35
본관	광주光州
자	공문公文
호	송애松厓
시호	장절壯節
가족	증조-사덕思德, 할아버지-강崗, 아버지-증이조판서 瑞麟 어머니-회미장씨 부인-남양박씨·예안이씨·진보조씨
묘소	충북 음성군 원남면 하로리 산 4

관직경력

한성판윤 재임기간 : 1539년중종34 7월 25일 ~ 1539년중종34 10월 28일

조선 중기의 문신

1504년연산군10	사마시(생원) 입격

1507년중종2	식년문과 급제, 검열, 함경도경차관,
1516년중종11	경원부사
1522년중종17	만포진첨절제사, 함경남도병마절도사
1524년중종19	보고 착오로 탄핵, 병조참의
1527년중종22	함경북도병마절도사
1530년중종25	경연특진관, 충청도관찰사
1531년중종26	성절사로 명나라 다녀오다. 예조참판, 전라·경상도관찰사
1533년중종28	평안도관찰사, 공조참판
1539년중종34	동지중추부사, 한성부판윤, 형조판서

생애일화

아버지가 일찍 돌아가시자, 어머니를 따라 서울 남산 아래로 이주했다.
어느 재상가에서 종처럼 살다가 그 주인이 재주를 알아보고 자신의 아들과 함께 공부를 시켰다.
과거에 급제 후에도 출신문제로 늘 견제를 받았으나, 임금의 신뢰와 배려로 5도 방백을 지내고 한성판윤을 거쳐 병조판서에 이르렀다.
항상 겸손하고 검박하여 주위의 존경을 받았다.
어느 날 길에서 옛 주인의 아들을 만났는데 매우 가난한 듯 보였지만 항상 예의를 차렸다. 임금에게 지난 날 사실을 그대로 알려드려, 주인집 아들에게 사옹원 별좌라는 관직을 주게 하였다고 한다.
그의 후손이 유엔UN 사무총장을 지낸 반기문潘基文이다.

233대 한성판윤 이 기(李芑) – 229·240대 동일인물

한성판윤 재임기간 : 1539년중종34 10월 28일 ~ 1540년중종35 1월 4일

234대 한성판윤 권 벌(權橃) – 231·235·239대 동일인물

한성판윤 재임기간 : 1540년중종35 1월 4일 ~ 1540년중종35 4월 10일

235대 한성판윤 권 벌(權橃) – 231·234·239대 동일인물

한성판윤 재임기간 : 1540년중종35 4월 10일 ~ 1540년중종35 4월 16일

236대 한성판윤 한윤창(韓胤昌)

신상내용

생몰연대	1480년성종11 ~ 1541년중종36 – 62세
본관	청주淸州
자	창지昌之
가족	증조–함경도관찰출척사 혜惠, 조부–좌찬성 계희繼禧, 아버지–영흥부사 사개士介 어머니–경주이씨(대사헌 이유인李裕仁의 딸) 부인–수사 남효원南孝元의 딸 친척–한형윤韓亨允(한성판윤·8촌형)
묘	경기도 여주시 흥천면 계신리 사당곡

관직경력

한성판윤 재임기간 : 1540년중종35 4월 16일 ~ 1540년중종35 5월 28일

조선 중기의 문신

1504년연산군10	사마시(진사) 입격
1509년중종4	별시문과 급제, 정언, 지평, 헌납, 장령, 사간
1521년중종16	도감낭관
1526년중종21	사옹원정, 사간, 응교, 좌우승지
1534년중종29	전라도관찰사
1535년중종30	대사성, 한성부우윤, 개성부유수, 경상·충청도관찰사
1538년중종33	경상·충청·강원도관찰사, 예조·공조·형조참판
1540년중종35	한성부우윤·좌윤·판윤

생애일화

명나라 황제의 상喪 중에 자최복을 입고서 고기를 먹었다고 해서, 명 사신으로부터 사절士節을 손상시켰다 하여 추고당하고 체직된 적이 있다.

237대 한성판윤 김안국(金安國)

신상내용

생몰연대	1478년성종9 ~ 1543년중종38 – 66세
본관	의성義城
자	국경國卿
호	모재慕齋
시호	문경文敬
저서	〈모재집〉 외
배향	인종묘정, 기천서원(여주), 설봉서원(이천), 빙계서원(의성)
저서	〈모재집〉〈모재가훈〉〈동몽선습〉 편저:〈이륜행실도언해〉〈농서언해〉 등
가족	증조–예조정랑 통統, 할아버지–성천부사–익령益齡, 아버지–예빈시 참봉 연璉 어머니–영월군수 허지許芝의 딸, 동생–정국正國(사재思齋) 부인–전주이씨(송림군 이효창李孝昌의 딸)
묘	경기도 장단. 육괴정(六槐亭:향토유적13호)–이천시 백사면 도립리, 부조묘不祧廟–여주시 금사면 이포리

관직경력

한성판윤 재임기간 : 1540년중종35 5월 28일 ~ 1540년중종35 7월 25일

조선 중기의 문신·학자

1501년연산군7	사마시(생원2등·진사장원) 입격
1503년연산군9	별시문과 급제, 승문원 박사·부수찬·부교리
1507년중종2	문과중시 병과 1등 급제, 지평, 장령, 예조참의, 대사간, 공조판서
1517년중종12	경상도관찰사
1519년중종14	의정부참찬, 기묘사화, 파직
1532년중종27	예조판서, 대사헌, 병조판서, 좌참찬, 대제학, 찬성, 판중추부사, 세자이사
1541년중종36	병조판서

생애일화

김굉필의 문인으로 조광조·기준 등과 함께 도학에 통달하여 지치주의至治主義 사림파의 선도자가 되었다. 사대부 출신 관료로서 성리학적 이념에 의한 통치의 강화에 힘썼으며, 중국문화를 수용, 이해하기 위한 노력에 평생 동안 심혈을 기울였다.

경상도관찰사로 있을 때, 각 향교에 〈소학〉을 권하고, 〈농서언해〉·〈잠서언해〉·〈이륜행실도〉〈

여씨향약언해〉·〈정속언해〉 등의 언해서와 〈벽온방〉·〈창진방〉 등 의학서적을 널리 보급하여 교화사업에 힘썼다.
아우 사재思齋 김정국金正國과는 상벽을 이루는 대학자로서, 형제간의 일화도 많다.
특히 그가 바람기가 든 이웃집 처녀를 종아리 쳐 바로잡음으로써 나중에 정치적 위기 때, 그녀로 인해 자신이 살게 된 이야기는 유명하다.
또 그는 메모하는 습성이 대단하여, 이천 시골에 살 때 이웃 농부가 채소나 과일을 가져다주어도 모두 일일이 적어 두었다고 한다.
저서로는 〈모재집慕齋集〉과 〈모재가훈慕齋家訓〉이 있다.

238대 한성판윤 김인손(金麟孫)

신상내용

생몰연대	1479년성종10 ~ 1552년명종7 – 74세
본관	경주慶州
자	정서呈瑞
가족	증조–지중추부사 신민新民, 할아버지–원주부사 태경泰卿, 아버지–진안현감 기璣 어머니–감찰 주명창周命昌의 딸 배위–풍산심씨(판관 심광필沈光弼의 딸), 여흥민씨(첨정 민계증閔繼曾의 딸) 친척–김당金璫(한성판윤·작은아버지)
묘	경기도 구리시 망우리 아차산에서 이장 → 전북 임실군 삼계면 두월리 금동

관직경력

한성판윤 재임기간 : 1540년중종35 7월 25일 ~ 1540년중종35 8월 1일

조선 중기의 문신

1501년연산군7	사마시(생원) 입격
1509년중종4	별시문과 급제, 승문원정자, 성균관전적, 예조·형조·병조좌랑
1515년중종10	의금부도사, 지평
1518년중종13	갑산부사
1519년중종14	장령, 사간, 집의, 사인, 정언, 내섬시정
1527년중종22	대사간, 동부승지, 형조참의
1531년중종26	경상도관찰사
1532년중종27	함경도관찰사

1534년중종29	형조판서
1535년중종30	동지성균관사
1536년중종31	의정부좌참찬
1537년중종32	특진관, 병조·예조판서, 평안도관찰사
1540년중종35	사은사로 명나라 다녀오다. 한성부판윤
1547년명종2	경기도관찰사
1551년명종6	평안도관찰사, 지중추부사, 지돈녕부사

생애일화

권신 김안로와 가까워 주위의 빈축을 받기도 하였으나, 성품이 강직하고 재직 시 법을 엄격히 지켜 맡은 업무를 공정히 처리하였다. 경기도관찰사로 있을 때 황폐한 정치를 바로잡아 칭송이 높았다.

239대 한성판윤 권 벌(權橃) – 231·234·235대 동일인물

한성판윤 재임기간 : 1540년중종35 8월 1일 ~ 1540년중종35 11월 30일

240대 한성판윤 이 기(李芑) – 229·233대 동일인물

한성판윤 재임기간 : 1540년중종35 11월 30일 ~ 1541년중종36 6월 18일

241대 한성판윤 우맹선(禹孟善) – 252대 동일인물

신상내용

생몰연대	1475년성종6 ~ 1551년명종6 – 77세
본관	단양丹陽
상훈	위사원종공신
가족	증조–직장 경瓊, 할아버지–공로恭老, 아버지–현령 종손從孫 어머니–성균관사예 김영벽金映璧의 딸 부인–진주강씨(훈련원습독관 강준덕姜俊德의 딸)

관직경력

한성판윤 재임기간 : 1541년중종36 6월 21일 ~ 151년중종36 9월 10일

조선 중기의 무신

1501년연산군7	무과 급제, 선전관
1506년중종즉위	온성판관, 군자감판관, 초계군수, 부령부사 도총부경력, 충청·전라도 수군절도사, 충청도관찰사, 한성부좌윤 함경도병마절도사, 평안도순찰사, 지중추부사
1541년중종36	한성부판윤, 평안도병마절도사, 도총관, 지훈련원사, 위사원종공신

생애일화

그는 지기志氣가 웅대하고 지려智慮가 심오하였다. 평소에는 사람들과 나누는 말이 온순 공손하여 유자儒者의 소양이 있었으며, 임기응변하기에 이르러서는 용기가 분발하였다.
곤수(閫帥:수군절도사)의 직임을 두루 거치면서 은혜와 신의로 아랫사람을 거느리고 사졸을 어루만져 사랑하여 그들이 사력을 다하게 하였기 때문에 이르는 곳마다 잘 다스린다는 명성이 있었으며, 시종 얼음같이 깨끗한 품행은 그의 천성이었다.
또한, 그는 일찍 벼슬길에 올라 여러 차례 큰 번진藩鎭을 맡아 대장의 아기牙旗를 날리며 일시에 영예를 드날렸고, 양친이 있어 30여 년 동안 봉양하였다. 만년에 절조節操에 이르러서는 부귀 보기를 헌 신짝처럼 보았으며 1549년명종4에 연만하므로 퇴거할 것을 청하여 한산韓山으로 물러나 고기 잡고 사냥하는 것으로 즐겼으니, 노년에 용퇴하여 한가히 세월을 보내는 이는 그가 처음이라 하였다.

242대 한성판윤 이언적(李彦迪) – 249대 동일인물

신상내용

생몰연대	1491년성종22 ~ 1553년명종8 – 63세
본관	여주驪州
초명	적迪
자	복고復古
호	회재晦齋·자계옹紫溪翁
시호	문원文元
추증	영의정
배향	문묘, 종묘, 옥산서원(경주)

저서 〈구인록〉 외
가족 증조-부위 숭례崇禮, 할아버지-참군 壽會, 아버지-생원 번蕃
어머니-경주손씨(계림군 손소孫昭의 딸)
부인-함양박씨(박숭부朴崇阜의 딸)
묘소 경북 영일군 영일읍 달전리 도음산

관직경력

한성판윤 재임기간 : 1541년중종36 9월 10일 ~ 1541년중종36 9월 27일

조선 중기의 성리학자

1513년중종8	사마시(생원) 입격
1514년중종9	별시문과 병과 4등으로 급제, 이조정랑·사헌부장령·밀양부사
1530년중종25	사간, 경주의 자옥산에 들어가서 성리학 연구에 전념
1537년중종32	종부시첨정, 홍문관 교리·응교·직제학, 전주부윤〈일강십목소一綱十目疏〉, 대사성, 이조·예조·형조판서
1541년중종36	한성부판윤, 경상도관찰사
1545년인종 1	좌찬성, 원상, 을사사화
1547년명종2	양재역벽서사건 연루되어 강계로 유배, 그곳에서 많은 저술을 남겼으나 63세로 죽었다.

생애일화

그의 학문은 스승으로부터 계승받은 것이 아니라 독자적으로 수립한 것이다. 다만 그의 호를 '회재'라 한 것은 회암晦庵(朱熹의 호)의 학문을 따른다는 견해를 보여주는 의미가 있다.
그는 27세 때 당시 영남지방의 선배학자인 손숙돈孫叔暾과 조한보曺漢輔 사이에 토론되었던 성리학의 기본쟁점인 무극태극논쟁無極太極論爭에 뛰어들어 주희의 주리론적 견해에서 손숙돈과 조한보의 견해를 모두 비판하여 자신의 학문적 입장을 밝혔다.
물론, 그는 이 논쟁에서 이기론理氣論의 주리론적 견해로서 이선기후설理先氣後說과 이기불상잡설理氣不相雜說을 강조하였다. 이러한 이우위설理優位說의 견해는 이황李滉에게로 계승되는 영남학파 성리설의 선구가 되었다. 그가 여기에서 벌인 태극의 개념에 관한 논쟁은 조선조 성리학사에서 최초의 본격적인 개념논쟁이라고 할 수 있다.
거듭되는 사화로 사림의 시련기에 살았던 그는 선비로서 을사사화 때는 그 자신이 좌찬성·판의금부사의 중요한 직책으로 사림과 권력층 간신 사이에서 억울한 사림의 희생을 막으려고 노력하다가 마침내 자신도 사화의 희생물이 되고 말았다.
이이李珥는 그가 곧은 말로 항거하여 절개를 지키지 못하였다고 비판하였는데, 그러나 그는 불의와 타협하지 않으면서도 온건한 해결책을 추구하려 했던 인물이라 할 수 있다.

학문적 업적으로 그는 동방5현이자 동국18현으로 문묘에 배향되고, 정치적 업적으로 명종의 배향공신이 되어 종묘에도 모셔져 있다.
그는 만년에 유배생활을 하는 동안 큰 업적이 되는 중요한 저술들을 여럿 남겼다. 곧, 〈구이록求仁錄〉·〈대학장구보유大學章句補遺〉·〈중용구경연의中庸九經衍義〉·봉선잡의〈奉先雜儀〉·〈일강십목소一綱十目疏〉·〈진수팔규進修八規〉·〈오잠五箴〉 등이다.
그는 하늘天心·道心과 백성人心에 순응하며, 마음을 다스리는 수양修養·敬心에 힘쓸 것을 중요시하는 도학적 수양론을 경세의 근본으로 삼고 있다. 그는 조선조 도학의 학문과 실천에 모범이 되는 우뚝한 봉우리였다.
그는 부인 박씨와의 사이에 아들이 없어 아우 언괄彦适의 차남인 응인應仁을 양자로 하여 후대를 이었다. 그에게는 서자庶子 하나가 있었으니 천하의 효자 전인全仁이다.
이언적이 일찍이 경주慶州의 훈도訓導로 있을 때 한 기녀를 사랑하여 임신케 하고, 체직돼 돌아가니, 그 기생은 수사水使 조윤손曺潤孫의 첩으로 들어갔다. 그리고 7개월 후에 아들을 낳으니 이름이 옥강玉剛이었다. 그때 이언적은 강계江界로 귀양가 있었다. 뒷날 옥강은 어머니로부터 이언적의 아들이라는 말을 듣고 강계로 달려가 홀로 외로이 있는 생아버지 언적을 극진히 봉양했다.
그러나 귀양살이 7년 만에 이언적이 63세로 죽으니, 옥강은 온갖 고초를 겪으며 생아버지의 영구를 강계에서 경상도 영일군까지 모시고 와 예도에 맞게 온갖 정성을 드려 장례를 마치었다. 그리고 이름을 전인全仁이라 개명하고, 호를 잠계潛溪라 하였다. 한편 조윤선에게도 끝내는 아버지로서의 은혜에 보답하여 온갖 정성을 다했다 한다.
이언적이 강계로 귀양가게 된 원인은 이기李芑와 윤원형尹元衡의 모함에서 비롯되었다. 이언적이 죽은 뒤 경주 옥산서원에 배향되었고, 그의 신도비가 서원 밖에 세워져 누구나 읽었다. 그 비문에는 이기의 중상모략 내용이 적혀 있었다.
뒷날, 이기의 증손 이안눌李安訥이 경주부윤으로 부임하여 먼저 옥산서원으로 가는데 그 서원 입구에 비석이 있어 자기 증조를 비난하는 내용을 보게 되었다. 그래서 이안눌이 그 구절을 없애 달라고 간절히 요청하였다. 그때 이언적의 손자 이준李浚이 그 요청을 받아들여 신도비를 서원 담 안으로 옮겼다. 그 뒤 서로 친해져 이안눌이 경부부윤에서 체직되어 돌아갈 때 이준이 영천까지 따라가 배웅했다는 이야기는 조상들의 악연을 후생들이 화해의 미로 장식했다는 일화로 영원히 남게 되었다.
회재 이언적이 태어난 경주시 양동마을은 유네스코 세계문화유산으로 등재되어 있다.

243대 한성판윤 상 진(尙震) – 244대 동일인물

신상내용

생몰연대　1493년성종24 ~ 1564년명종19 – 72세

본관	목천木川
자	기부起夫
호	송현松峴·향일당嚮日堂·범허재泛虛齋
시호	성안成安
출신지	충청도 공주
가족	증조-영부英孚, 할아버지-우후 효충孝忠, 아버지-찰방 보甫 어머니-연안김씨(박사 김휘金徽의 딸) 매부-성몽정成夢井(하산군) 부인-전주이씨(효령대군 막내아들 안강도정 4남 개산부수 이효지李孝智의 딸)
묘소	서울시 서초구 상문고등학교 안, 서울시 유형문화재 제60호

관직경력

한성판윤 재임기간 : 1541년중종36 9월 27일 ~ 1542년중종37 2월 4일

조선 중기의 문신

1516년중종11	사마시(생원) 입격
1519년중종14	별시문과 급제, 예문관검열, 봉교, 예조좌랑, 사헌부지평
1529년중종24	사헌부장령, 교리
1533년중종28	대사간, 부제학, 좌부승지, 형조참판, 경기도관찰사
1539년중종34	병조판서 특진-탄핵-좌천, 한성부좌윤, 대사헌
1541년중종36	한성부판윤
1543년중종38	공조판서
1544년중종39	성절사로 명나라 다녀오다. 병조판서, 지돈녕부사
1546년명종1	병조판서
1548년명종3	의정부우찬성, 이조판서, 우의정
1551년명종6	좌의정
1558년명종13	영의정, 영중추부사, 기로소 입소, 궤장 하사받음

생애일화

일찍 양친이 돌아가시어, 매부인 하산군 성몽정成夢井의 집에서 자랐다.
그는 자품이 충후하고 풍채가 드레지고 침착하였으며, 낯빛이 부드럽고 기운이 온화한데다 도량이 깊고 사려가 깊었다.
소장 관료로 일할 때, 지방관리의 탐학을 제거할 것과 농촌진흥책을 제시하였다. 병조판서에 부임해서는 군정軍政확립에 힘썼는데, 특히 마정馬政의 중요성을 강조하였다.
다만, 문정왕후가 주장한 양종兩宗 설립에 온건론을 펴서 유생들로부터 지탄을 받았다. 한

편 부민고소법을 실시하여 민원을 살피기도 했으며, 당대 사회적으로 큰 소요를 일으켰던 임꺽정林巨正의 난을 평정하였다.
명종조에 우의정, 좌의정을 거쳐 영의정에 올라 14년 동안 재상으로서 국정을 총괄하였다. 그는 청렴하고 관후 인자한 명상으로서 조야의 신망이 두터웠으나, 만년에는 윤원형·이기 등 소윤 일파와 어울려 사림들의 지탄을 받기도 했다.

244대 한성판윤 상 진(尙震) – 243대 동일인물

한성판윤 재임기간 : 1542년중종37 2월 4일 ~ 1542년중종37 11월 29일

245대 한성판윤 신광한(申光漢)

신상내용

생몰연대	1484년성종15 ~ 1555년명종10 – 72세
본관	고령高靈
자	한지漢之·시회時晦
호	낙봉駱峰·기재企齋·석선재石仙齋·청성동주淸城洞主
시호	문간文簡
상훈	위사보익공신, 보국숭록대부 영성부원군
저서	〈기재집企齋集〉
가족	증조–공조참판 장檣, 할아버지–영의정 숙주叔舟, 아버지–내자시정 형泂 어머니–정보鄭溥의 딸 부인–군수 임만근林万根의 딸, 현감 오옥정吳玉貞의 딸 친척–준浚(작은아버지·한성판윤), 공제公濟(8촌형·한성판윤)
묘소	경기도 고양시 덕양구 원당동 왕릉골

관직경력

한성판윤 재임기간 : 1542년중종37 11월 29일 ~ 1543년중종38 2월 4일

조선 중기의 문신

1507년중종2	사마시(생원) 입격
1510년중종5	식년문과 급제, 호당(사가독서)

1513년중종8	승문원박사, 홍문관부수찬, 교리, 정언, 공조정랑, 홍문관전한, 경연시강관
1518년중종13	성균관대사성
1519년중종14	기묘사화, 삼척부사 좌천·파직, 여주 칩거
1538년중종33	대사성, 사간원대사간, 경기도관찰사, 한성부우윤, 병조참판
1540년중종35	대사헌
1542년중종37	세자시강원우부빈객, 호조참판, 한성부판윤
1543년중종38	병조판서, 지중추부사
1544년중종39	이조판서
1545년인종1	대제학
1546년명종1	을사사화, 추성위사홍제보익공신 3등, 영성군靈城君 봉군, 지의금부사, 대제학, 지성균관사, 경연동지사, 춘추관동지사, 영성부원군 추봉,
1547년명종2	좌참찬, 예조판서
1548년명종3	판돈녕부사
1549년명종4	좌찬성, 지성균관사, 지경연사
1553년명종10	기로소 입소, 궤장 하사받음

생애일화

신숙주의 손자로서 좋은 환경에서 자란 그는 문장에 능하여 시문을 많이 지었으며, 학문을 숭상하여 대사성이 되었을 때에는 학도들이 그에게 운집하였다.
이조판서가 되어서는 청렴하여 인사를 공정히 하고, 유일遺逸들을 많이 등용하였다.
학문에 있어서는 맹자孟子와 한유韓愈를 기준으로 하였고, 시문에 있어서는 두보杜甫를 본받았다.
명나라에서 조서를 가지고 온 사신이 소사小詞를 지으면서 일부러 한 글자를 빠뜨리고서 어음語音을 시험하였는데, 그가 즉시 그 옳고 그름을 분변하자 중국사신이 그의 정밀하고 민첩함에 탄복하였다고 한다.

246대 한성판윤 허 자(許磁) — 250·251대 동일인물

신상내용

생몰연대	1496년연산군2 ~ 1551년명종6 – 56세
본관	양천陽川
자	남중南仲
호	동애東崖

상훈	위사공신, 양천군陽川君
추증	영의정
문집	〈동애유고〉
가족	증조-양양도호부사 비扉, 할아버지-합천군수 훈薰, 아버지-의영고령 원瑗 어머니-선산김씨(김수온金守溫의 딸) 부인-전주이씨(양녕대군 손자 파징수 이종암李終岩의 딸)
묘소	경기도 연천군 왕징면 강서리

관직경력

한성판윤 재임기간 : 1543년중종38 2월 4일 ~ 1543년중종38 2월 8일

조선 중기의 문신

1516년중종11	생원시 입격
1523년중종18	알성문과 급제
1525년중종20	저작
1526년중종21	박사, 수찬, 사가독서
1531년중종26	부교리, 응교, 사간, 검상, 전한, 이조정랑
1534년중종29	양근군수, 황주목사
1537년중종32	동부승지, 병조참지
1538년중종33	이조참의
1539년중종34	충청도관찰사
1541년중종36	형조참판, 동지사로 명나라 다녀오다
1542년중종37	대사헌, 예조판서
1543년중종38	한성부판윤, 형조판서
1544년중종39	우참찬
1545년인종1	지중추부사
1546년명종1	호조판서, 대사헌, 위사공신 1등, 양천군陽川君 봉군, 좌참찬, 동지경연사
1547년명종2	우찬성, 좌찬성, 판중추부사

생애일화

김안국金安國의 문인門人이다.
처음에는 윤원형·이기 등과 소윤小尹 일파로서 대윤大尹의 윤임 등을 제거하는데 가담하였으나, 소윤 강경파와 대립함으로써, 대윤 일파의 신원을 주장하다가 탄핵을 받아 홍원에 유배되고 그곳에서 졸했다.
뒤에 명종에 의해 관작이 복구되고 영의정에 추종되었다.

시조 2수가 그의 증손인 허목許穆이 편찬한 〈선조영언先祖永言〉에 남아있다.

247대 한성판윤 정사룡(鄭士龍)

신상내용

생몰연대	1494년성종25 ~ 1573년선조6 – 80세
본관	동래東萊
자	운경雲卿
호	호음湖陰
저서	〈호음잡고〉〈조천록〉
가족	증조–예문관직제학 사暘, 할아버지–참찬 난종蘭宗, 아버지–부사 光輔 어머니–이격李格의 딸 부인–창녕성씨(성열成烈의 딸) 친척–정광필鄭光弼(영의정·작은아버지)
묘소	경기도 남양주시 미금읍 가운동

관직경력

한성판윤 재임기간 : 1543년중종38 2월 8일 ~ 1544년중종39 1월21일

조선 중기의 문신·문인

1509년중종4	사마시(생원) 입격, 별시문과 급제
1514년중종9	사가독서
1516년중종11	황해도도사, 문과중시 장원급제, 사간
1523년중종18	부제학
1534년중종29	동지사로 명나라 다녀오다
1542년중종37	예조판서
1544년중종39	공조판서, 동지사로 명나라 다녀오다
1554년명종9	대제학
1558년명종13	시험문제 누출로 파직, 판중추부사, 공조판서
1559년명종14	사화를 일으켜 사림을 제거하려던 이량李樑의 일당이라 하여 삭직 당하였다

생애일화

그는 일찍이 중국에 사신으로 가서 문명을 떨쳤을 뿐 아니라 여러 번 중국 사신을 접대하며

주고받은 시가 많다. 중국에 다녀와서 〈조천록朝天錄〉을 남겼으며, 말을 치밀하게 다듬어 웅걸차고 기이한 문구를 얻으려는 시풍을 장기로 삼았다.
특히, 칠언율시七言律詩에 능하였고, 당시 문단에서 그와 신광한申光漢을 쌍벽으로 꼽기도 하였다. 관료적인 시인으로 시문·음률에 뛰어났으며 글씨에도 능하였으나, 다만 탐학하다는 비난을 듣기도 하였다.

248대 한성판윤 황 헌(黃憲) – 256대 동일인물

신상내용

생몰연대	1502년연산군8 ~ 1574년선조7 – 73세
본관	우주紆州
자	언규彦規
상훈	위사공신
가족	증조–참군 진손振孫, 할아버지–린潾, 아버지–군수 윤조胤祖 부인–조충준趙忠俊의 딸, 최청강崔淸江의 딸

관직경력

한성판윤 재임기간 : 1544년중종39 1월 22일 ~ 1544년중종39 6월 23일

조선 중기의 문신

1521년중종16	별시문과 급제, 정자, 정언, 사예, 집의, 사간, 장령, 이조정랑
1537년중종32	대사간
1543년중종38	이조판서
1548년명종3	우의정, 위사공신 3등
1549년명종4	좌의정, 윤원형 일파의 탄핵으로 삭훈削勳·탈작奪爵되어 시골로 내려갔다.

생애일화

그가 홍문관 정자로 있을 적에 정광필鄭光弼을 찾아갔다. 정광필이 그를 접대하고 돌아갈 때 일어나 뒷모습을 물끄러미 한동안 훑어보고 앉아 이상한 표정을 지었다. 이에 자제들이 여쭈니, "저 사람은 풍채가 좋아 반드시 재상이 될 것이다. 그리고 그가 음식 먹는 것을 보니, 꼭 빨리 진급하고 일찍 패할 것이다. 등허리가 얼굴과 어울리지 않기 때문에 또 자식 복이 없으리다." 라고 하였다. 과연 그러했다는 일화가 있다.

249대 한성판윤 이언적(李彦迪) – 242대 동일인물

한성판윤 재임기간 : 1544년중종39 6월 23일 ~ 1544년중종39 7월 22일

250대 한성판윤 허 자(許磁) – 246·251대 동일인물

한성판윤 재임기간 : 1544년중종39 8월 5일 ~ 1544년중종39 8월 7일

251대 한성판윤 허 자(許磁) – 246·250대 동일인물

한성판윤 재임기간 : 1544년중종39 8월 7일 ~ 1544년중종39 8월 18일

252대 한성판윤 우맹선(禹孟善) – 241대 동일인물

한성판윤 재임기간 : 1544년중종39 8월 18일 ~1544년중종39 10월 19일

253대 한성판윤 윤사익(尹思翼)

신상내용

생몰연대　1478년성종9 ~ 1563년명종18 – 86세
본관　무송茂松
자　언례彦禮
시호　공호恭胡
가족　증조–충보忠輔, 할아버지–미견彌堅, 아버지–부사 징徵
어머니–죽산박씨(박수신朴粹信의 딸)
부인–정세걸鄭世傑의 딸
손녀–덕빈德嬪(명종의 원자 순회세자 빈)
묘소　경기도 여주시 대신면 보통리 새티마을 뒷산

관직경력

한성판윤 재임기간 : 1544년중종39 10월 10일 ~ 1546년명종1 9월 10일

조선 중기의 문신

1514년중종9	생원으로 별시문과 급제
1520년중종9	병조좌랑, 사헌부지평, 사간원헌납
1525년중종14	사헌부장령
1528년중종17	경성도호부판관
1535년중종24	성균관사유
1538년중종27	통례원좌통례, 청백리, 병조참의
1539년중종28	병조참판(가함假銜)으로 천추사가 되어 명나라 다녀오다
1540년중종29	한성부우윤, 경연특진관
1542년중종31	공조참판
1544년중종33	한성부판윤
1546년중종35	공조판서, 지춘추관사(성종실록 편찬 지휘)
1553년명종8	지중추부사

생애일화

윤원형·이기 등의 소윤파에 가담하여 그들의 정치 농단에 협조하여 관직을 유지했으며, 식견이 짧아 별 치적을 남기지 못했다.
손녀가 덕빈德嬪이다. 명종의 원자 순회세자의 빈이 됐으나 세자는 13세에 요절하였고, 덕빈은 41세에 죽었다.

254대 한성판윤 박수량(朴守良) – 268·270·276대 동일인물

신상내용

생몰연대	1491년성종21 ~ 1554년명종9 – 64세
본관	태인泰仁
자	군수君遂
시호	정혜貞惠
상훈	청백리
가족	증조–대호군 문아文雅, 조부–선략장군 현손賢孫, 아버지–증이조판서–종원宗元

어머니-李氏
부인-무송유씨(부사직 유옥로庾玉輅의 딸)

관직경력

한성판윤 재임기간 : 1546년명종1 9월 10일 ~ 1547년명종2 3월 18일

조선 중기의 문신

1513년중종8	사마시(진사) 입격
1514년중종9	별시문과 급제, 성균관전적, 예조좌랑, 정언, 충청도도사
1522년중종17	사헌부지평
1525년중종20	고부군수
1528년중종23	헌납, 장령, 봉상시첨정, 사도시부정
1531년중종26	성균관사성, 보성군수
1532년중종27	성균관사예, 내섬시정, 군기시정
1534년중종29	함경도경차관
1536년중종31	승문원판교 겸 춘추관편수관, 병조참지, 동부승지, 춘추관수찬관, 좌승지
1537년중종32	함경도관찰사, 한성부우윤, 동지중추부사, 공조·호조참판
1539년중종34	오위도총부부총관, 예조참판, 담양부사
1546년명종1	상호군, 동지춘추관사 〈중종·인종실록〉 편친참여, 지중추부사, 한성부판윤
1547년명종2	형조판서
1550년명종5	우참찬, 지경연·의금·춘추관사, 오위도총부도총관
1551년명종6	경기도관찰사
1552년명종7	우참찬, 호조판서, 한성부판윤
1554년명종9	지중추부사

생애일화

김개金漑의 문인으로 주세붕周世鵬과 교유가 깊었으며, 사람됨이 곧으면서 신중하고 예법을 잘 지키며 효성이 지극하였다.
30여 년의 관리생활에도 집 한 칸을 마련하지 못할 정도로 청렴결백하여 청백리에 뽑혔다.

255대 한설판윤 송 겸(宋璑)

신상내용

생몰연대	미상
본관	여산礪山
일명	겸謙
자	여온汝溫
호	추애秋厓
가족	증조–명산命山, 할아버지–숙기叔琪, 아버지–광정洸精 어머니–박중검朴仲儉의 딸 부인–하동정씨(정승우鄭承佑의 딸)
묘소	경기도 군포시 재궁동 산 11

관직경력

한성판윤 재임기간 : 1547년명종2 3월 18일 ~ 1547년명종2 10월 12일

조선 중기의 문신

1520년중종15	별시문과 장원급제
1525년중종20	사간원헌납
1526년중종21	사헌부지평
1527년중종22	고산군수
1533년중종28	평안도 암행어사
1534년중종29	사간원사간, 동부승지
1536년중종31	예조·이조참의
1537년중종32	경기도관찰사
1538년중종33	개성부유수
1542년중종37	충청도관찰사
1543년중종38	형조참판
1544년중종39	성절사로 명나라 다녀오다. 수릉관
1546년명종1	고부청시사로 명나라 다녀오다. 지중추부사
1547년명종2	한성부판윤, 사헌부대사헌
1548년명종3	평안도관찰사

256대 한성판윤 황 헌(黃憲) – 248대 동일인물

한성판윤 재임기간 : 1547년명종2 10월 12일 ~ 1547년명종2 10월 18일

257대 한성판윤 최 연(崔演) – 258대 동일인물

신상내용

생몰연대	1503년연산군9 ~ 1548년명종3 –46세
본관	강릉江陵
자	연지演之
호	간재艮齋
시호	문양文襄
상훈	위사공신, 동원군
추증	좌찬성 겸 대제학
저서	〈간재집〉
가족	증조–윤允, 할아버지–정언 자점自霑, 아버지–증이조판서 세건世楗 어머니–생원 김세량金世良의 딸 부인–이옹李蓊의 딸

관직경력

한성판윤 재임기간 : 1547년명종2 10월 18일 ~ 1547년명종2 12월 3일

조선 중기의 문신

1525년중종20	사마시 양과 입격, 식년문과 급제, 예문관검열, 저작, 사가독서
1531년중종26	설서, 사서, 수찬, 정언, 지제교, 병조좌랑
1537년중종32	장령
1538년중종33	원접사의 종사관, 충청도어사
1539년중종34	장예원판결사, 부제학, 대사간, 동부승지, 좌승지
1545년인종1	도승지, 을사사화, 소윤파小尹派에 가담, 위사공신 3등, 동원군東原君
1546년명종1	경연참참관, 이조참판, 한성부좌윤, 병조참판
1547년명종2	병조판서, 한성부판윤, 〈무정보감〉편찬
1548년명종3	지중추부사 겸 지의금부사
1549년명종4	동지사로 명나라 다녀오다

생애일화

시문에 능하여 국가에서 주관하는 교서·책문을 주로 담당하였고, 어제시에 항상 수석 또는 차석을 차지하여 왕의 총애를 받았다.
그러나 대간으로부터 여러 차례 탐관貪官이라는 탄핵을 받았으며, 심지어는 승문원 소속 노비 2구(口)를 점탈하였다고 하여 대간의 탄핵을 받기도 하였다.

258대 한성판윤 최 연(崔演) – 257대 동일인물

한성판윤 재임기간 : 1547년명종2 12월 3일 ~ 1548년명종3 4월 8일

259대 한성판윤 안 현(安玹) – 260·261대 동일인물

신상내용

생몰연대	1501년연산군7 ~ 1560년명종15 – 60세
본관	순흥順興
자	중진仲珍
호	설강雪江
시호	문희文僖
상훈	청백리
가족	증조–병마절도사 인후仁厚, 할아버지–습독관 성珹, 아버지–증영상 순필舜弼 어머니–평양조씨(군수 조용문趙庸文의 딸) 형–위瑋(병조판서) 아우–상瑺(음악가) 부인–밀양박씨(현감 박문로朴文璐의 딸) 친척–안원安瑗(한성판윤·6대조), 안당安瑭(한성판윤·종조부)

관직경력

한성판윤 재임기간 : 1548년명종3 4월 17일 ~ 1548년명종3 5월 2일

조선 중기의 문신

1521년중종16	별시문과 급제, 홍문관정자, 승정원주서, 병조정랑
1533년중종28	사헌부지평, 삼사 청요직 역임
1538년중종33	전라도관찰사, 홍문관직제학·부제학

1541년중종36	진위사로 명나라 다녀오다. 우승지
1546년명종1	이조참의, 경상도관찰사, 한성부우윤, 사헌부대사헌
1548년명종3	한성부판윤, 병조판서, 의정부우참찬, 호조판서
1553년명종8	우의정, 좌의정

생애일화

중후하고 단정하여 웃음이 적었으며, 일을 맡으면 성심껏 수행하였다. 특히 의술에 정통하여 중종 말년에 숙환으로 고생할 때, 내외 의국醫局을 관리하며 시종하였다.
홍문관에 있을 때에는 사필史筆을 공정히 할 것과 사료보관의 중요성을 강조하였다. 또한 당시의 사치풍조를 엄히 단속하고 경비의 절감을 꾀해야 한다고 진언하였다.
경상도관찰사로 있을 때에는 항시 검약하고 재물에 마음을 두지 않아 청렴결백하기로 이름났다.
형제간에 우의가 돈독하여 형을 마치 아버지처럼 공경하였다. 문장에도 뛰어나고 학문이 깊어 당상堂上 문신정시文臣庭試에서 문명을 떨쳤고, 경연經筵에서의 강설은 세밀하고 분명하였다.

260대 한성판윤 안 현(安玹) – 259·261대 동일인물

한성판윤 재임기간 : 1548년명종3 5월 2일 ~ 1548년명종3 10월 21일

261대 한성판윤 안 현(安玹) – 260·261대 동일인물

한성판윤 재임기간 : 1548년명종3 10월 21일 ~ 1549년명종3 7월 18일

262대 한성판윤 정세호(鄭世虎)

신상내용

생몰연대	1486년성종17 ~ 1563년명종18 – 78세
본관	하동河東
자	자인子仁
호	서계西溪
시호	효간孝簡

가족	증조-현감 흥인興仁, 할아버지-영의정 인지麟趾, 아버지-호군 상조尙祖 어머니-안온천安溫泉의 딸 부인-이세걸李世傑의 딸 딸-덕흥대원군 부인, 외손-선조대왕 친척-정현조鄭顯祖(세종대왕 부마·伯父), 정숭조鄭崇祖(한성판윤·仲父)
묘소	경기도 남양주시 진건면 사릉리

관직경력

한성판윤 재임기간 : 1549년명종4 7월 18일 ~ 1550년명종5 1월 17일

조선 중기의 문신

1513년중종8	사마시(진사) 입격
1519년중종14	식년문과 급제, 의정부사인
1532년중종27	성균관대사성
1533년중종28	성절사로 명나라 다녀오다. 부승지, 홍문관부제학
1552년명종7	호조판서
1559년명종14	지중추부사

생애일화

그는 영의정 정인지鄭麟趾의 손자이다.
권문세가 출신답지 않게 모리배와 결탁하거나, 왜와 은의 부정수입을 하는 등 관리로서 비루한 행동을 많이 하여 양사로부터 탄핵을 자주 받았다.

263대 한성판윤 이준경(李浚慶)

신상내용

생몰연대	1499년연산군5 ~ 1572년선조5 - 74세
본관	광주廣州
자	원길原吉
호	동고東皐·남당南堂·홍련거사紅蓮居士·연방노인蓮坊老人
시호	충정忠正
배향	선조 묘정, 구계서원(청안)
저서	〈동고유고〉·〈조선풍속〉

가족	증조-형조판서 극감克堪, 할아버지-판중추부사 세좌世佐, 아버지-수찬 수정守貞 어머니-평산신씨(판관 신승연申承演의 딸) 형-윤경潤慶 부인-풍산김씨(참찬 김양진金楊震의 딸),
묘소	경기도 양평군 양서면 부용리 산 35-1 경기도기념물 제96호

관직경력

한성판윤 재임기간 : 1550년명종5 1월 17일 ~ 1550년명종5 2월 13일

조선 중기의 문신

1522년중종17	사마시(생원) 입격
1531년중종26	식년문과 급제, 한림
1533년중종28	홍문관부수찬
1537년중종32	세자시강원필선, 사헌부장령, 홍문관교리
1541년중종36	홍문관직제학·부제학, 승정원승지, 한성부우윤, 성균관대사성
1544년중종39	중종 승하, 고부부사로 명나라 다녀오다. 형조참판
1545년인종1	평안도관찰사
1548년명종3	병조판서, 한성부판윤, 대사헌
1550년명종5	이기李芑 모함-보은 유배, 지중추부사
1553년명종8	함경도순변사, 대사헌, 병조판서, 형조판서
1555년명종10	을묘왜란, 전라도도순찰사(왜란 평정), 우찬성 겸 병조판서
1558년명종13	우의정
1560년명종15	좌의정
1565년명종20	영의정
1567년명종22	명종 승하, 하성군(균鈞·宣祖) 옹립, 원상院相, 기로사 입소, 궤장 하사 받음
1571년선조4	영중추부사

생애일화

연산군의 생모 폐출과 관련하여 일어난 갑자사화 때 할아버지와 아버지가 화를 입어, 그는 어린 나이로 형 윤경潤慶과 함께 충청도 괴산에 유배되었다가 중종반정으로 풀려났다.
외할아버지 신승연申承演과 황효헌黃孝獻에게서 학업을 닦고, 종형從兄 이연경李延慶·조광조 문하에서 성리학을 배웠다.
그는 기묘사화로 죄를 받은 조광조趙光祖 등의 억울함을 풀어주려 하였고, 정몽주鄭夢周의 후손들을 기용하려 했으며, 을사사화로 오랫동안 유배생활을 한 노수신盧守愼·유희춘柳希

春 등을 석방하여 기용하였다.
기대승奇大升·이이李珥·유성룡柳成龍 등 신진사류들과 뜻이 맞지 않아 이들로부터 비난을 받았으나, 임종 때 붕당이 있을 것을 예상하고 이를 타파해야한다는 유차遺箚를 올렸다.
그는 자품資稟이 높고 학문에 법이 있어 식견이 깊고 넓었으며, 몸가짐이 엄정하고 공도公道를 베풀어 젊어서부터 중망重望을 받았다. 정광필鄭光弼·김안국金安國 등 현신賢臣들이 나라의 동량棟梁으로 지목하였듯이 명종, 선조 연간에 중신重臣으로서의 역할에 충실하였다.
윤원형 등 척신과 간신들을 축출하고, 불교와 도교를 혁파하여 성리학적 이념에 기반을 둔 정치가 정착하도록 노력하면서 선조를 옹립하여 정치적 안정을 이루는데 헌신하였다.

264대 한성판윤 이명규(李名珪) – 271대 동일인물

신상내용

생몰연대	1497년연산군3 ~ 1560년명종15
본관	고성固城
자	광윤光潤
시호	안혜安惠
가족	증조–대사간 지塀, 할아버지–군수 수陲, 아버지–의영고령 순岣 어머니–하동정씨(정문언鄭文彦의 딸) 부인–한산이씨(李德敷의 딸), 함양여씨(여공단呂公端의 딸), 완산이씨(李參의 딸)

관직경력

한성판윤 재임기간 : 1550년명종5 2월 13일 ~ 1550년명종5 2월 26일

조선 중기의 문신

1519년중종14	사마시(생원·진사) 양과 입격
1528년중종23	식년문과 급제, 예문관대교, 홍문관 부수찬·수찬
1537년중종32	사헌부장령, 승정원 동부승지·좌부승지·좌승지
1541년중종36	한성부우윤
1542년중종37	사은사로 명나라 다녀오다. 조맹부의 그림 〈빈풍칠월도〉 구입 진상
1543년중종38	호조참의
1545년인종1	인종 즉위, 도승지
1547년명종2	함경도관찰사, 지돈녕부사, 대사헌, 지중추부사
1550년명종5	한성부판윤
1551년중종6	대사헌, 형조·예조판서

1554년중종9	평안도관찰사
1557년중종12	주청사로 명나라 다녀오다. 판돈녕부사, 병조판서

생애일화

그는 조선 초기 판한성부사와 좌의정을 지낸 이원李原의 현손이다.
행서·초서에 능했으며, 사어射御에도 솜씨가 있었다.
그는 만년에 평구平丘의 강가에다 집을 지어놓고 노년을 보내면서 시중을 드는 아이들에게 관현악기를 가르쳐서, 아름다운 때를 만나면 데리고 놀다가 술을 마시며 시를 읊조리면서 즐겼다 한다.

265대 한성판윤 조광원(曺光遠) – 277·280대 동일인물

신상내용

생몰연대	1492년성종23 ~ 1573년선조6 – 82세
본관	창녕昌寧
자	회보晦甫
시호	충경忠景
상훈	창녕군昌寧君
가족	예조참의 섭융燮融, 할아버지–영흥판관 구서九敍, 아버지–우찬성 계상繼商 어머니–덕수이씨(응교 이의무李宜茂의 딸) 부인–신여걸申汝傑의 딸
묘소	경기도 파주시 월롱면 도내리

관직경력

한성판윤 재임기간 : 1551년명종6 8월 4일 ~ 1551년명종6 8월 6일

조선 중기의 문신

1522년중종17	생원시 입격
1528년중종23	별시문과 급제, 전적, 개성부도사
1538년중종33	장령, 예조참의
1541년중종36	좌승지, 도승지, 장예원판결사, 병조·공조참의
1545년인종1	함경도병사·관찰사
1548년명종3	호조참판, 대사헌, 한성부좌윤, 평안도관찰사, 개성부유수
1555년명종10	을묘왜변, 경상도도순찰사, 좌참찬, 호조판서

1558년명종13　　　우찬성
1561년명종16　　　판중추부사, 창녕군 습봉

생애일화

그가 천추사로 북경에 갔다가 돌아올 때, 서쪽 관소 객관에서 밤중에 요괴가 나타나 억울하게 죽은 사연을 호소하여, 그 원수를 갚아준 뒤에는 객관에 아무 탈이 없어졌다는 일화가 전한다.

266대 한성판윤 홍 섬(洪暹)

신상내용

생몰연대	1504년연산군10 ~ 1585년선조18 – 82세
본관	남양南陽
자	퇴지退之
호	인재忍齋
시호	경헌景憲
배향	안곡사(남양)
상훈	광국원종공신, 청백리
저서	〈인재집〉·〈인재잡록〉
가족	증조–수사 귀해貴海, 할아버지–우부승지 형泂, 아버지–영의정 언필彦弼 어머니–여산송씨(영의정 송질宋軼의 딸) 부인–진주유씨(진산군 유홍柳泓의 딸), 청주한씨(현감 한자韓慈의 딸)
묘소	경기도 화성시 서신면 홍법리 산 35

관직경력

한성판윤 재임기간 : 1552년명종6 8월 9일 ~ 1551년명종7 5월 27일

조선 중기의 문신

1528년중종23　　　사마시(생원) 입격
1531년중종26　　　식년문과 급제, 정언
1535년중종30　　　이조좌랑, 김안로 탄핵하다가 흥양에 유배
1538년중종33　　　수찬, 부제학, 경기도관찰사, 대사헌
1552년명종7　　　청백리

1558년명종13	좌찬성 겸 이조판서
1559년명종14	대제학
1560년명종15	이량李樑을 탄핵하다 삭직
1563년명종18	판의금부사, 예문관·홍문관 대제학
1567년명종22	예조판서
1568년명종23	명종 승하, 선조 즉위, 원상院相, 우의정
1571년선조4	좌의정, 기로사 입소, 궤장 하사받음, 영의정

생애일화

그는 조광조趙光祖의 문인이며, 문장에 능하고 경서에 밝았으며 검소하였다.
김안로金安老를 탄핵하다가 오히려 흥양으로 유배당했을 때 자신의 억울한 심경을 노래한 가사 〈원분가寃憤歌〉가 있다.
그가 고희 때, 어머니 송씨가 90세였다. 고희연에 아들이 받은 궤장과 주악酒樂으로 즐겁게 해 드리니, 어머니가 무척 기뻐했다 한다. 어머니는 그 뒤 97세까지 살았다.
그의 어머니는 중종 때 영의정 송질의 딸로 태어나 같은 시대의 영의정 홍언필의 아내가 되었고, 선조 때 영의정 홍섬의 어머니로 살았으니, 평생 영의정 집안에서 살은 매우 팔지가 좋은 여인이라 하겠다.

267대 한성판윤 이 미(李薇)

신상내용

생몰연대	1484년성종15 ~ 1559년명종14
본관	덕수德水
초명	환丸
자	자패子佩
호	산북山北
가족	증조–지돈녕 명신明晨, 할아버지–지온양군사 추抽, 아버지–응교 의무宜茂 어머니–창녕성씨(교리 성희成憘의 딸) 부인–함안조씨(조수만趙壽万의 딸)
묘	충남 당진시 송산면 삼월리

관직경력

한성판윤 재임기간 : 1552년명종7 5월 27일 ~ 1552년명종7 7월 26일

1504년연산군10	사마시(진사) 입격
1515년중종10	별시문과 급제, 정언, 삼찰, 수찬, 교리
1546년명종1	대사헌, 한성부우윤, 동지의금부사, 동지중추부사
1548년명종3	예조판서
1549년명종4	우찬성
1552년명종7	형조판서, 한성부판윤, 지중추부사, 동지중추부사

생애일화

5형제 중 막내로서 이기(李芑:한성판윤·영의정)가 둘째형이고, 이행(李荇:영의정)이 셋째형이다.
기로소에는 둘째형과 함께 들어갔다. 한성판윤을 지낸 조광원趙光遠이 생질이다.

268대 한성판윤 박수량(朴守良) – 254·270·276대 동일인물

한성판윤 재임기간 : 1552년명종7 7월 26일 ~ 1552년명종7 10월 16일

269대 한성판윤 신 영(申瑛) – 273대 동일인물

신상내용

생몰연대	1499년연산군5 ~ 1559년명종14 – 61세
본관	평산平山
자	윤보潤甫
시호	이간夷簡
가족	증조–우정언 효효, 할아버지–전생서주부 자계子繼, 아버지–사직서령 세경世卿 어머니–고령박씨(박사란朴思欄의 딸) 부인–단양우씨(우석규禹錫圭의 딸) 후손–상촌象村 신흠申欽(손자·영의정), 신익성申翊聖(증손자·선조의 부마) 신상申鏛(8촌형·한성판윤)

관직경력

한성판윤 재임기간 : 1552년명종7 10월 16일 ~ 1553년중종8 1월 29일

1516년중종11	사마시(진사) 입격
1523년중종18	알성문과 장원급제, 홍문관수찬, 형조좌랑, 함경도도사, 공조·형조·병조 정랑, 지평, 수원부사, 한성부서윤, 이조·호조·예조·병조참판
1546년명종1	호조참판
1550년명종5	한성부우윤, 대사헌, 대사간,
1552년명종7	호조판서, 한성부판윤, 우참찬, 지중추부사

생애일화

김식金湜의 문인門人이다.
홍문관 수찬으로 있으면서 기묘사화 때 화를 입은 스승 김식을 변호하다가 이기李芑 등 권신으로부터 탄핵을 받았다.

270대 한성판윤 박수량(朴守良) – 254·268·276대 동일인물

한성판윤 재임기간 : 1553년명종8 1월 29일 ~ 1553년명종8 윤3월 8일

271대 한성판윤 이명규(李名珪) – 264대 동일인물

한성판윤 재임기간 : 1553년명종8 윤3월 8일 ~ 1553년명종8 윤3월 18일

272대 한성판윤 이 명(李蓂)

신상내용

생몰연대	1496년연산군2 ~ 1572년선조5 – 77세
본관	예안禮安
자	요서堯瑞
호	동고東皐
시호	정간貞簡
상훈	청백리

가족 증조–판군기감사 온轀, 할아버지–군자감주부 신愼, 아버지–연산현감 보간輔幹
어머니–파평윤씨(윤흔尹渾의 딸)
부인–안동김씨(생원 김의문金義文의 딸)

관직경력

한성판윤 재임기간 : 1553년명종8 윤3월 18일 ~ 1553년명종8 4월 29일

조선 중기의 문신

1525년중종20	사마시(진사) 입격
1528년중종23	식년문과 급제, 승문원권지, 예문관검열·봉교
1531년중종26	성균관전적, 병조·예조좌랑
1537년중종32	사헌부지평, 호조정랑
1538년중종33	홍문관 교리·응교·집의
1544년중종39	직제학, 동부승지, 우부승지
1547년명종2	대사간
1548년명종3	부제학
1549년명종4	진위사로 명나라 다녀오다
1552년명종7	대사헌, 대사성
1553년명종8	이조참판, 특진관, 형조판서
1554년명종9	이조·호조·공조판서
1557년명종12	좌참찬 겸 세자빈객
1559년명종14	좌찬성
1564년명종19	우의정
1566년명종21	좌의정, 영중추부사

생애일화

청백한 관리로서 나이 칠십이 되어 사직할 것을 청하여 궤장을 하사받았다.
권신 이기李芑가 권력을 휘둘러 선비들을 죽이거나 몰아내니 사람들이 모두 모른 체하였는데, 그는 자신을 돌보지 않고 대사헌 구수담具壽聃과 함께 이기를 탄핵하였다.
특히, 을사사화 때 화를 입은 사람들의 신원伸寃을 주장하여 왕의 승낙을 얻고 그날로 형조판서에 오르기도 하였다.

273대 한성판윤 신 영(申瑛) – 269대 동일인물

한성판윤 재임기간 ; 1553년명종8 4월 29일 ~ 1553년명종8 5월 2일

274대 한성판윤 장언량(張彦良)

신상내용

생몰연대	1491년성종22 ~ 1560년명종15 – 70세
본관	풍덕豊德
자	자방子房
시호	공무恭武
가족	증조–목사 맹창孟昌, 할아버지–첨정 우규友奎, 아버지–정국공신 정珽 어머니–김씨金氏

관직경력

한성판윤 재임기간 : 1553년명종8 5월 2일 ~ 1553년명종8 6월 3일

조선 중기의 무신

1514년중종9	무과 급제
1516년중종11	무과중시 급제, 북청판관, 훈련원판관, 첨정, 도총부경력
1524년중종19	여연·무창 출전, 오랑캐 정벌
1530년중종25	강계부사, 북병사
1536년중종31	하원군河原君 습봉
1542년중종37	경상좌병사, 건주위 토벌대 부원수
1553년명종8	호조판서, 한성부판윤, 지훈련원사

생애일화

그는 형상이 웅걸차고 수염이 아름다우며 말을 잘하였다. 겸손·검약하여 늙어서도 초헌을 타지 않고 말을 타고 다녔다.

여러 차례 외방의 장수를 지냈어도 스스로의 공로를 열거하면서 그에 대한 대가를 요구하지 않았다.

무인이면서도 글 읽기를 좋아하여 매양 책으로 스스로 즐기었으나, 사람을 대하여 말함에 있어 글 이야기를 않으므로 사람들이 그가 글함을 알지 못하였다.

회재晦齋 이언적李彦迪이 강계江界에 귀양 가 있을 때, 그가 마침 그곳을 지나다가 회재가 추위에 떨고 있는 것을 보고, 가죽외투를 벗어 주었다는 인정 어린 이야기가 전한다.

275대 한성판윤 심광언(沈光彦) – 282·304 동일인물

신상내용

생몰연대	1490년성종21 ~ 1568년선조1 – 79세
본관	청송靑松
자	언지彦之
호	둔암鈍菴
시호	호안胡安
가족	증조–경기관찰사 선璿, 할아버지–경상우병사 안인安仁, 아버지–안성군수 빈濱 어머니–대사성 서강徐岡의 딸 부인–한양조씨(장예원판결사 조방정趙邦楨의 딸)
묘소	경기도 남양주시 진접면 오남리 양지마을

관직경력

한성판윤 재임기간 : 1553년명종8 6월 3일 ~ 1553년명종8 10월 25일

조선 중기의 문신

1519년중종14	사마시(생원·진사) 양과 입격
1525년중종20	식년문과 장원급제, 성균관전적, 사간원정언, 홍문관부수찬, 사헌부장령
1537년중종32	파주목사
1538년중종33	사복시정, 부평부사, 대사간
1543년중종38	예조참판, 사은사로 명나라 다녀오다
1545년인종즉위	전라도관찰사
1547년명종2	이조참의
1550년명종5	이조참판
1553년명종8	한성부판윤, 형조·공조판서
1558년명종13	지중추부사, 형조판서
1561년명종16	우참찬

생애일화

성품이 검소하고 엄격하여 직무 임하여서는 매우 공정하였다. 또한 권세와 재물을 탐하지 않았고 직언을 잘 하였다.
일찍이 부모를 의고 불우하게 지냈으나 어려서부터 학업에 열중하여 경전을 능히 통달하였고, 우리나라와 중국의 법률에 정통하여 형정을 오랫동안 주관하며 송사를 바르게 처리하였다.
지방관으로 나아갔을 때에는 선정을 베풀어서 지방수령의 탐학을 제거하여 민폐를 줄이고 진휼에 힘썼으며, 효행과 절의를 장려하였다.

276대 한성판윤 박수량(朴守良) – 254·268·270대 동일인물

한성판윤 재임기간 : 1553년명종8 10월 25일 ~ 1554년명종9 6월 5일

277대 한성판윤 조광원(曺光遠) – 265대 동일인물

한성판윤 재임기간 : 1554년명종9 6월 5일 ~ 1555년명종10 5월 15일

278대 한성판윤 심통원(沈通源)

신상내용

생몰연대	1499년연산군9 ~ 1570년선조3 – 72세
본관	청송靑松
자	사용士容
호	욱재勖齋·만취당晩翠堂
가족	증조–영의정 회澮, 할아버지–내자시판관 원湲, 아버지–의정부사인 순문順門 어머니–평산신씨(사헌부감찰 신영석申永錫의 딸) 동생–연원連源(영의정) 부인–전주이씨(세종대왕 4남, 임영대군의 손자 이자李孜의 딸)
묘소	경기도 포천시 소흘읍 이곡리

관직경력

한성판윤 재임기간 : 1555년명종10 5월 15일 ~ 1556년명종11 7월 19일

조선 중기의 문신

1519년중종14	사마시(생원) 입격
1537년중종32	별시문과 장원급제
1546년명종1	문과중시 급제, 부응교, 세자시강원시강관, 병조참지
1548년명종3	우승지·좌승지, 경상도관찰사
1550년명종5	예조참판, 대사헌,
1555년명종10	형조참판, 한성부판윤, 우의정, 좌의정

279대 한성판윤 권 찬(權纘)

신상내용

생몰연대	? ~ 1560년명종15
본관	안동安東
자	계조繼祖
추증	찬성
가족	증조–목사 유순有順, 할아버지–현감 림琳, 아버지–민수敏手 어머니–김휘손金徽孫의 딸 부인–윤은보尹殷輔의 딸 사위–덕양군 기岐(중종대왕 5남)

관직경력

한성판윤 재임기간 : 1556년명종11 7월 19일 ~ 1556년명종11 8월 11일

조선 중기의 문신

1531년중종26	사마시(생원·진사) 양과 입격
1532년중종27	별시문과 급제
1534년중종29	설서
1535년중종30	호조좌랑
1538년중종33	헌납, 홍문관부교리
1539년중종34	시강관, 장령, 응교, 사간
1541년중종36	직제학, 동부승지
1544년중종39	병조참지, 승지, 경주부윤

1545년인종즉위	공조참판, 〈중종실록〉 편찬 참여, 호조참의
1546년명종1	이조참의
1547년명종2	참판
1550년명종5	대사헌
1553년명종8	경기도관찰사
1556년명종11	한성부판윤
1557년명종12	호조판서
1559년명종13	지중추부사, 이조판서

생애일화

당시의 권신 윤원형과 친밀하다 하여 젊은 선비들로부터 소인小人으로 지목되기도 하였으나, 관리로서의 역량은 잘 발휘하였다.
경기도관찰사로 나아가 승려들의 도적행위를 적발하고, 이를 점검할 것을 주장하였으며 흉년을 구제하는데 힘썼다.
호조판서로 있을 때에는 국가의 재정을 풍부히 할 것을 제안하는 것과 아울러 재해로 인한 손실의 법을 밝혀 암행어사를 지방에 파견해서 각 읍의 수령들을 사찰하고 민생을 편안케 하도록 주장하였다.
아우 소紹와 함께 효성과 우애가 지극하다 하여 정헌대부로 승자하고 정문旌門이 세워졌다.

280대 한성판윤 조광원(曺光源) – 265·277대 동일인물

한성판윤 재임기간 : 1557년명종12 11월 13일 ~ 1558년명종13 4월 22일

281대 한성판윤 윤춘년(尹春年)

한성판윤 재임기간 : 1558년명종13 4월 22일 ~ 1558년명종13 5월 4일

282대 한성판윤 심광언(沈光彦) – 275·304대 동일인물

한성판윤 재임기간 : 1558년명종13 5월 4일 ~ 1558년명종13 8월 28일

283대 한성판윤 김수문(金秀文) – 293·296·298대 동일인물

신상내용

생몰연대　?~1568년선조1
본관　고령高靈
자　성장成章
가족　증조–숙肅, 할아버지–승지 장생莊生, 아버지–진사 임銋

관직경력

한선판윤 재임기간 : 1558년명종13 8월 28일 ~ 1558년명종13 12월 7일

조선 중기의 무신

1535년중종30	무과 급제, 영달만호, 종성 침입 야인 격퇴
1546년명종1	동래부사
1549년명종4	김해부사
1555년명종10	제주목사, 을묘왜변–도주 왜적 1천여 명 격멸
1556년명종11	재침입한 왜적선 5척과 수급 130여를 베다
1558년명종13	한성부판윤
1565년명종20	지중추부사, 평안도병마절도사

생애일화

함경도 종성에 침입한 야인野人들이 납치해 간 백성들을 싸워 모두 데려왔다. 제주목사로 있 을 때, 을묘왜변이 일어나서 남해안에 출몰했던 왜적이 패주하여 제주를 기습하자 돌격대 70명을 투입하여 많은 적을 죽이는 전공을 거두었다.
지방관으로 재직하면서 근면·절검하며 구황에 힘쓰는 등 치민治民에 정성을 다했다.

284대 한성판윤 채세영(蔡世英)

신상내용

생몰연대　1490년성종21 ~ 1568년선조21 – 79세
본관　평강平康
자　영지英之
호　임진당任眞堂

가족　증조–면천군수 효순孝順, 조부–사헌부감찰 담潭, 아버지–돈녕부첨정 자연自淵
어머니–함안군수 유효용柳孝庸의 딸
부인–문화유씨
묘소　경기도 의왕시 포일동

관직경력

한성판윤 재임기간 : 1558년명종13 12월 7일 ~ 1559년명종14 2월 18일

조선 중기의 문신

1510년중종5	사마시(진사) 입격
1517년중종12	별시문과 급제
1519년중종14	검열, 춘추관기사관, 기묘사화
1533년중종28	세자시강원 문학·필선·보덕, 집의, 홍문관 응교·전한·직제학
1537년중종32	성균관대사성
1539년중종34	형조참의
1545년인종1	첨지중추부사, 천추사로 명나라 다녀오다. 호조·병조참의, 우승지, 경상도관찰사
1548년명종3	이문정시吏文庭試 장원급제
1550년명종5	호조참판 겸 동지춘추관사, 〈중종실록〉 편찬 참여

생애일화

소장 관료시절, 춘추관 기사관으로 있을 적에, 기묘사화가 일어나던 밤 김근사金謹思가 그의 붓을 빼앗아 조광조趙光祖 등의 죄를 대역죄인으로 고치려 하였다. 이때 사필史筆은 아무나 가지는 것이 아니라고 다시 빼앗아 그 붓을 입에 물고 그대로 쓰러져 다시는 사필을 잡지 않았다. 그래서 세상에서는 그를 탈필공奪筆公이라 불렀다.
천문과 의약에 밝았으며 중국어에도 능통하였고, 기묘사화 때 청명淸名을 얻었으나 벼슬이 높아지면서 내전內殿과 친해지려 든다는 비난을 듣기도 하였다.

285대 한성판윤 정응두(丁應斗)

신상내용

생몰연대　1508년중종3 ~ 1572년선조5 – 65세
본관　나주羅州

자	추경樞卿
시호	충정忠靖
저서	〈삼도관방록〉
가족	증조–소격서령 자급子伋, 조부–병조참판 수강壽崗, 아버지–병조판서 옥형玉亨 어머니–상주김씨(사직 김수연金壽延의 딸) 부인–은진송씨(군수 송세충宋世忠의 딸)
묘	경기도 고양시 지도읍 행신리→용인시 처인구 양지면 재일리(1998년 이장)

관직경력

한성판윤 재임기간 : 1559년명종14 2월 18일 ~ 1559년명종14 8월 25일

조선 중기의 문신

1531년중종26	사마시(진사) 입격
1534년중종29	식년문과 급제, 선공감직장, 전적, 세자시강원 설서, 정자, 저작, 부수찬, 이조좌랑·정랑, 지평
1543년중종38	교리, 부응교, 장령, 세자시강원 우보덕, 응교
1545년인종1	사간원사간
1546년명종1	예조참의, 문위사로 明사신 접대
1547년명종2	대사간, 우부승지·좌부승지, 동지중추부사, 대사헌
1551년명종6	한성부우윤
1553년명종8	경상도관찰사, 병조참판
1557년명종12	평안도관찰사, 예조참판
1559년명종14	한성부판윤, 함경도관찰사
1561년명종16	병조판서, 판의금부사(종묘 헌관), 좌찬성, 평안도관찰사, 판중추부사

생애일화

그는 덕성이 중후하고 도량이 관대하였으며, 독서에 근면하여 날이 밝을 때까지 불을 켜놓고 글을 읽어 학문이 풍부해져 명성이 날로 드러났다.
여동생이 일찍 과부가 되자 가업을 경영해주다가 분가할 적에 늙은 노복과 척박한 땅을 자신이 가졌으며, 넉넉지 못한 녹봉을 아껴 길흉사에 구제하는 밑천으로 삼았다.
또한, 비록 벼슬이 높았지만 겨울에 털로 된 깔개를 사용하지 않으며 말하기를 "나의 당대에 후한 복을 다 누린다면 자손이 무슨 도움을 받겠는가?"라고 하였다. 자제들을 가르칠 적에는 항상 노역을 시켜 빈둥빈둥 놀지 않게 하면서 "자제의 직분은 마땅히 먼저 일을 부지런히 한 다음에 공부를 해야 한다."라고 말하였다.
저서에는 〈삼도관방록三道關防錄〉이 있다.

286대 한성판윤 송기수(宋麒壽)

신상내용

생몰연대 1507년중종2 ~ 1581년선조14 - 75세
본관 은진恩津
자 태수台叟
호 추파楸坡·눌옹訥翁
상훈 위사공신, 덕은군
저서 〈추파집〉
가족 증조-예조정랑 순년順年, 조부-안동부사 여해汝諧, 아버지-가평군수 세충世忠
어머니-전주이씨(효령대군 증손, 주계군 이심원李深源의 딸)
부인-대사헌 채침蔡忱의 딸

관직경력

한성판윤 재임기간 : 1559년명종14 8월 25일 ~ 1559년명종14 11월 28일

조선 중기의 문신

1531년중종26	사마시(생원·진사) 양과 입격
1534년중종29	식년문과 급제, 호당(사가독서)
1538년중종33	홍문관수찬·교리, 이조정랑
1539년중종34	강원도어사
1542년중종37	홍문관응교, 사헌부집의
1544년중종39	홍문관직제학
1545년인종즉위	우승지
1545년명종즉위	도승지, 을사사화, 추성위사보익공신, 덕은군德恩君 봉군
1546년명종1	호조·이조참판, 경기·강원도관찰사
1550년명종5	형조·공조참판
1555년명종10	이조참판, 형조참판, 성절사 겸 사은사로 명나라 다녀오다
1556년명종11	지동지중추부사, 예조참판
1559년명종14	한성부판윤, 대사헌
1565년명종18	문정왕후 승하, 윤원형 일당 추방, 예조·이조판서, 좌참찬, 형조·예조 판서
1568년선조1	명종 승하, 선조(하성군) 즉위
1570년선조3	이조판서, 경상도관찰사
1573년선조6	좌참찬, 호조판서, 기로소 입소

생애일화

네 조정을 섬기며 부귀와 장수를 누렸으나, 을사사화에 가담하였다 하여 사림의 지탄을 받았다.
젊은 시절, 권세가이자 간신인 김안로金安老에게 아부하지 않아 모함에 걸려 벼슬에서 밀려났다가, 명종이 즉위하면서 도승지가 되어 권력층에 진입하였다.
명종은 성년이 되면서 윤원형의 전횡을 싫어하여 사림의 인물을 뽑아 대간에 배치하였는데, 그 중에 한 사람이었다. 특히 명종이 후사가 없이 승하하여 하성군河城君(선조)이 대통大統을 잇는데 역할을 하였다.
퇴계 이황李滉과 친숙하였으며, 선조 초에는 경연에서 학문을 강론하면서 자문 구실도 많이 하였다.

287대 한성판윤 조언수(趙彦秀)

신상내용

생몰연대	1497년연산군3 ~ 1574년선조7 – 78세
본관	양주楊州
자	백고伯高
호	신선당信善堂
시호	정간貞簡
상훈	위사원종공신
가족	증조–이천부사 선選, 할아버지–과천현감 수견壽堅, 아버지–돈녕부참봉 방좌邦佐 어머니–고령신씨(신형申泂의 딸) 부인–여흥민씨(민창閔昌의 딸) 친척–조말생趙末生(병조판서·5대조), 조선趙璿(태종대왕 부마 한원군·종손從孫)

관직경력

한성판윤 재임기간 ; 1559년명종14 11월 28일 ~ 1560년명종15 7월 3일

조선 중기의 문신

1531년중종26	사마시(진사) 입격
1535년중종30	별시문과 급제, 검열, 사서, 경차관, 사인, 응교, 전한, 직제학
1546년명종1	을사사화, 위사원종공신 1등, 동부승지·좌승지
1547년명종2	도승지

1548년명종3	광주목사, 호조참판, 대사헌, 성절사
1549년명종4	함경도관찰사
1551년명종6	한성부좌윤, 강원도관찰사, 한성부우윤, 예조·이조참판
1559년명종14	한성부판윤
1560년명종15	형조판서
1561년명종16	동지중추부사, 우참찬
1566년명종21	공조판서
1567년명종22	지중추부사, 기로소 입소

생애일화

세 임금을 모시며 두루 벼슬을 하였으나 물려받은 집 한 칸을 겨우 지켰고, 죽은 뒤에는 상을 치를 돈이 없어 부의로 겨우 염습하였을 정도로 청백하였다 한다.

원래 늦게 출세하였으나 청렴결백하고 풍류를 좋아하여 도연명陶淵明을 사모하면서 시주詩酒를 애호하였다.

명나라에 사신으로 갔을 때에는 예부상서가 그의 덕스러운 용모를 흠모하여 사사로이 초치해서 자신이 저술한 〈사서구결四書口訣〉을 주기도 하였다.

화담花潭 서경덕徐敬德과는 동년진사同年進士로, 그의 경학經學을 높이 여겨 함께 진사가 된 것을 늘 자랑으로 생각하였다.

288대 한성판윤 이몽량(李夢亮) – 294대 동일인물

신상내용

생몰연대	1499년연산군5 ~ 1564년명종19 – 66세
본관	경주慶州
자	응명應明
시호	정헌定獻
가족	증조–숭수崇壽, 할아버지–안동판관 성무成茂, 아버지–성균진사 예신禮臣 어머니–전주최씨(최경남崔慶男의 딸) 형–몽윤夢尹(문과 동방급제) 부인–전주최씨(결성현감 최윤崔崙의 딸), 함평이씨(참봉 이보李堡의 딸) 아들–백사白沙 이항복李恒福(영의정)
묘소	경기도 포천시 가산면 금현리

관직경력

한성판윤 재임기간 : 1560년명종15 7월 3일 ~ 1560년명종15 11월 20일

조선 중기의 문신

1522년중종17	사마시(생원·진사) 양과 입격
1528년중종23	식년문과 급제, 예문관검열, 승정원주서, 사간원정언
1539년중종34	경상도어사
1545년명종즉위	동부승지, 대사간
1547년명종2	강원도관찰사, 예조참의, 병조참지, 대사간
1550년명종5	도승지
1551년명종6	경상·충청도관찰사, 대사간, 병조참판, 경기감사, 예조참판, 도승지
1560년명종15	한성부판윤, 대사헌, 형조판서, 동지중추부사, 한성부판윤, 우참찬

생애일화

고려 말 대학자이자 역옹패설櫟翁稗說을 저술한 이제현李齊賢의 후손이다.
그는 성품이 온유하였고, 형제 사이에 우의가 돈독하였으며 형(夢尹)과 식년문과에 동방급제 하였다.
경상도관찰사로 있을 때, 조식曺植 등 재야 사림을 천거하였고, 도민의 진휼을 위해 힘을 기울였다.

289대 한성판윤 남치근(南致勤)

신상내용

생몰연대	? ~ 1570년선조3
본관	의령宜寧
자	근지勤之
시호	무양武襄
가족	증조-좌의정 지智, 할아버지-간성군수 구球, 아버지-사과 계械 어머니-전의이씨(대사헌 이서장李恕長의 딸) 부인-서흥김씨(감찰 김윤장金允章의 딸), 양천허씨(첨정 허연許衍의 딸) 선조-남재南在(영의정·5대조), 후손-남구만南九萬(영의정·5대손)

관직경력

한성판윤 재임기간 : 1560년명종15 11월 20일 ~ 1561년명종16 4월 12일

조선 중기의 무신

1528년중종23	식년무과 장원급제
명종 초기	함경도병마절도사, 동지중추부사
1552년명종7	제주목사
1555년명종10	을묘왜변, 전라도좌방어사, 전라도병마절도사
1558년명종13	전라도순변사
1560년명종15	한성부판윤, 경기·황해·평안 삼도토포사
1562년명종17	임꺽정 난 토평

생애일화

그는 무력武力과 전벌戰伐로 명성을 드날렸고, 철저한 무인으로 평안도 병영에서 졸했다.
제주에서 왜구가 노략질할 때 능히 방어하지 못한 목사 김충렬의 후임으로 부임하여 적을 무찌르고, 전라도 남부 영암·장흥 등에 왜구가 60여 척의 배로 침입하여 성을 함락시키는 을묘왜변이 일어나자, 이준경李浚慶과 함께 왜구를 대파하여 소탕하였다.
특히 황해도 일대를 무대로 출몰하며 의적義賊 행세를 하던 임꺽정林巨正을 뛰어난 지략과 용맹으로 생포하는 혁혁한 공을 세웠다.

290대 한성판윤 김 개(金鎧)

신상내용

생몰연대	1504년연산군10 ~ 1569년선조2 – 66세
본관	광산光山
자	방보邦寶
호	독송정獨松亭
상훈	청백리
가족	증조–좌의정 국광國光, 할아버지–대사간 극뉴克忸, 아버지–부호군 소윤昭胤 어머니–판서 윤계겸尹繼謙의 딸 부인–순흥안씨(안방형安邦炯의 딸)

관직경력

한성판윤 재임기간 : 1561년명종16 4월 12일 ~ 1562년명종17 6월 28일

조선 중기의 문신

1525년중종20	사마시(생원·진사) 양과 입격
1540년중종35	식년문과 급제
1541년중종36	홍문관정자
1544년중종39	정언
1546년명종1	수찬
1548년명종3	검상, 장령
1549년명종4	집의, 응교
1550년명종5	선공감정
1551년명종6	구황 겸 선위사(청홍도 파견)
1552년명종7	동부승지
1554년명종9	형조참의, 성절사로 명나라 다녀오다
1557년명종12	청홍도관찰사
1558년명종13	이조참의, 대사헌
1561년명종16	한성부판윤
1563년명종18	형조판서
1565년명종20	호조판서
1569년선조2	기묘사화 때 조광조 등 사림파 비방으로 관직 삭탈, 낙향

생애일화

그는 관직에 있으면서 매우 청렴하여 1552년 청백리에 녹선 되었다.
다만, 기묘사화가 일어났을 당시 사림파를 비방한 사실로 인해 기대승奇大升 등의 탄핵을 받고 관직을 삭탈당한 채, 시흥으로 낙향한 후 매우 분한 심정으로 살다 졸했다.

291대 한성판윤 조언수(趙彦秀) – 287대 동일인물

한성판윤 재임기간 : 1562년명종17 6월 28일 ~ 1563년명종18 1월 27일

292대 한성판윤 신희복(愼希復)

신상내용

생몰연대	1493년성종24 ~ 1566년명종21 – 74세
본관	거창居昌
자	양숙養叔
호	관천자觀泉子·매천梅川
시호	장정莊靖
가족	증조–황해도관찰출척사 전銓, 조부–현령 승명承命, 아버지–현감 돈례敦禮 어머니–진주유씨(직장 유팽수柳彭壽의 딸) 부인–창녕성씨(참봉 성수근成守謹의 딸) 친척–신승선(從祖父), 신수근·신수영(당숙), 연산군 부인(당고모), 단경왕후(6촌)

관직경력

한성판윤 재임기간 : 1563년명종18 1월 27일 ~ 1563년명종18 7월 17일

조선 중기의 문신

1525년중종20	생원시 입격
1548년명종3	군기시판관
1550년명종5	호조정랑 겸 내승
1553년명종8	친경별시 급제
1554년명종9	금산군수
1556년명종11	대제학
1558년명종13	황해도관찰사, 병조참판
1560년명종15	경기도관찰사, 개성유수
1963년명종18	한성부판윤, 우참찬

생애일화

원래 연산군의 척족이었는데 명종이 대군이었던 시절에 사부師傅였다. 그 덕으로 명종 즉위 후 관직을 얻고 승진하였다.

심지어는 원래 대과의 정원이 33인인데, 친경별시에 응해 낙방하자 41인으로 늘려 급제자 명단에 들도록 특혜를 주었다.

또한, 경기도관찰사로 외직을 맡았을 때, 임금이 친히 납시는 서총대瑞葱臺 향연에 특별히 초대되기도 하였다.

293대 한성판윤 김수문(金秀文) – 283·296·298대 동일인물

한성판윤 재임기간 : 1563년명종18 7월 17일 ~ 1564년명종19 윤2월 28일

294대 한성판윤 이몽량(李夢亮) – 288대 동일인물

한성판윤 재임기간 ; 1564년명종19 윤2월 28일 ~ 1564년명종19 7월4일

295대 한성판윤 기대항(奇大恒)

신상내용

생몰연대	1519년중종14 ~ 1564년명종19 – 46세
본관	행주幸州
자	가구可久
시호	정견貞堅
가족	증조–풍저창부사 축軸, 할아버지–응교 찬穳, 아버지–응교 준遵 어머니–파평윤씨(尹金孫의 딸) 조상–기건(한성판윤·고조부) 후손–기자헌(영의정·손자)

관직경력

한성판윤 재임기간 : 1564년명종19 7월 4일 ~ 1564년명종19 7월 13일

조선 중기의 문신

1540년중종25	진사시 입격
1546년명종1	식년문과 급제, 청환직 두루 역임
1551년명종6	평안도암행어사
1552년명종7	이조정랑
1553년명종8	헌납
1554년명종9	사간, 전한, 직제학
1556년명종10	황해도관찰사
1557년명종11	용양위대호군

1559년명종13	춘천부사, 예조·호조참의, 우부승지, 부호군
1561년명종17	대사간
1563년명종19	부제학, 대제학, 이조참판
1564년명종20	공조참판, 한성부판윤

생애일화

한성판윤을 지낸 고조할아버지(기건奇虔)가 계유정난 이후 수양대군이 전횡을 일삼고, 단종을 왕위에서 내쫓자 두문불출하였듯이, 그 후손답게 권력의 횡포를 좌시하지 못하는 기질을 보였다.
부제학 시절, 당시 권신 이량李樑이 사화를 일으켜 선비들을 숙청하려 하자, 심의겸沈義謙 등과 함께 이량의 죄상을 폭로하고 그에 동조하던 일파도 탄핵해서 관직을 삭탈하여 귀양가도록 하였다.

296대 한성판윤 김수문(金秀文) – 283·293·298대 동일인물

한성판윤 재임기간 : 1564년명종19 7월 20일 ~ 1565년명종20 1월 20일

297대 한성판윤 홍 담(洪曇)

신상내용

생몰연대	1509년중종4 ~ 1576년선조9 – 68세
본관	남양南陽
자	태허太虛
상훈	청백리
가족	증조–경상좌수사 귀해貴海, 할아버지–부제학 형泂, 아버지–도총부경력 언광彦光 어머니–맹산현감 양연梁淵의 딸 부인–창녕성씨(용인현령 조익수曺益洙의 딸) 친척–홍언필(伯父·영의정) 홍섬(4촌동생·영의정)
묘소	경기도 화성시 서신면 홍법리 산 32

관직경력

한성판윤 재임기간 : 1565년명종20 1월 20일 ~ 1565년명종20 6월 10일

조선 중기의 문신

1531년중종26	사마시(생원) 입격
1539년중종34	별시문과 급제, 정자, 저작, 설서, 정언
1546년명종1	예조·이조정랑
1547년명종2	장령, 장악원첨정, 응교
1548년명종3	사간, 사복시정, 사재감정, 집의
1549년명종4	예빈시부정, 전한
1550년명종5	직제학, 동부승지
1553년명종8	전라도관찰사, 동지중추부사, 한성부우·좌윤, 형조참판
1555년명종10	한성부좌윤, 사은사, 부제학, 도승지, 대사간, 경기도관찰사
1560년명종15	경상도관찰사, 홍주목사, 형조·공조참판
1565년명종20	함경도관찰사, 지중추부사 겸 도총관
1568년선조1	병조판서, 동지경연성균관사
1569년선조2	이조·예조판서
1574년선조7	지의금부사, 빈전도감제조(인순왕후 승하), 좌참찬, 영중추부사
1576년선조9	예조판서, 지중추부사, 우참찬

생애일화

효성이 지극하여 정문旌門이 세워졌다.
응교로 있을 때, 진복창陳復昌이 윤원형의 권세에 빌붙어 사사로이 중상모략을 하자 이를 막았다.
훈구파의 거두로서 김개金鎧와 함께 정철鄭澈 등 사림파와 대립하였다.

298대 한성판윤 김수문(金秀文) – 283·295·296대 동일인물

한성판윤 재임기간 : 1565년명종20 6월 10일 ~ 1565년명종20 9월 7일

299대 한성판윤 민 기(閔箕) – 310대 동일인물

신상내용

생몰연대	1504년연산군10 ~ 1568년선조1 – 65세
본관	여흥驪興
자	경열景說
호	관물재觀物齋·호학재好學齋
시호	문경文景
가족	증조–종친부전첨 형亨, 할아버지–형조참의 효손孝孫, 아버지–양천현령 세류世瑠 어머니–장령 이인석李仁錫의 딸 부인–찰방 김택金澤의 딸
묘소	경기도 김포시 월곶면 개곡리 시야울

관직경력

한성판윤 재임기간 : 1565년명종20 10월 19일 ~ 1565년명종20 12월 26일

조선 중기의 문신

1531년중종26	생원시 입격
1539년중종34	별시문과 급제, 승문원정자
1540년중종35	홍문관저작, 춘추관편수관 겸 군기시첨정 〈중종실록〉 편찬 참여
1545년명종즉위	부교리, 검상, 사인
1546년명종1	부장령, 홍문관부교리, 시독관, 홍문관응교, 사도시첨정, 군기시정
1548년명종3	경상도어사
1549년명종4	홍문관직제학, 동부승지, 우부승지, 좌부승지, 공조참의, 대사성
1552년명종7	동지사로 명나라 다녀오다. 공조참판, 대사간, 용양위대호군, 대사헌
1561년명종16	청홍도관찰사
1565년명종20	예조참판, 홍문관부제학, 이조참판, 한성부판윤
1567년명종22	우의정

생애일화

권신 이량李樑 일당을 탄핵하고, 척신 윤원형尹元衡 등을 다스리다가 우의정 재직 중 졸했다.

300대 한성판윤 강 섬(姜暹) – 302대 동일인물

신상내용

생몰연대	1516년중종11 ~ 1594년선조24 – 79세
본관	진주晉州
자	명중明仲
호	송월당松月堂·송일松日·낙봉樂峰
가족	증조–생원 순민舜民, 할아버지–대사간 경서景敍, 아버지–종사랑 공망公望 어머니–최장손崔長孫의 딸
묘	경기도 파주시 교하읍 다율리

관직경력

한성판윤 재임기간 ; 1565년명종20 12월 26일 ~ 1566년명종21 3월 12일

조선 중기의 문신

1540년중종35	사마시(진사) 입격
1546년명종1	증광문과 급제, 예문관봉교, 춘추관기사관, 〈중종실록〉 편찬 참여
1550년명종5	예조좌랑, 사간원정언, 홍문관수찬, 함경도어사, 사간원헌납, 홍문관교리, 만포첨사, 병조참지, 성절사, 첨지중추부사, 도승지
1562년명종17	회령부사
1563년명종18	행부호군(순회세자 사망–국장도감 주상主喪), 수묘관守墓官
1565년명종20	한성부판윤(성황제 불참), 동지중추부사, 전라도관찰사
1568년선조1	성절사로 명나라 다녀오다
1573년선조6	한성부판윤, 특진관, 경기도관찰사
1583년선조16	비변사 추천(재경원수在京元帥), 호조판서, 기로소 입소

생애일화

경기·충청·전라·경상·함경도 등 5도 관찰사를 역임하고 개성유수와 한성판윤을 지내, 보기 드물게 수도와 지방의 장관직 대부분을 편력하였다.
비변사로부터 재경원수로 추천을 받아, 범죄인을 사면할 때 외지로 유배 가는 자 외에는 납속納贖으로 속죄시킬 것을 주청하였다.

301대 한성판윤 유 강(俞絳) – 309대 동일인물

신상내용

생몰연대 1510년중종5 ~ 1570년선조3 – 61세
본관 기계杞溪
자 강지絳之
시호 숙민肅敏
가족 증조–진사 해解, 할아버지–첨중추 기창起昌, 아버지 예조판서 여림汝霖
어머니–창녕성씨(판서 성담명成聃命의 딸)
부인–주부 남숭원南崇元의 딸, 무송수茂松守 이억년李億年의 딸
묘소 경기도 남양주시 화도읍 차산리 차유령

관직경력

한성판윤 재임기간 : 1566년명종21 3월 12일 ~ 1566년명종21 8월 28일

조선 중기의 문신

1531년중종26	사마시(진사) 입격
1541년중종36	별시문과 급제, 승문원부정자, 주서
1551년명종6	사헌부집의
1552년명종7	전한, 직제학, 동부승지
1554년명종9	전라도관찰사
1555년명종10	사간원대사간
1557년명종12	사헌부대사헌
1558년명종13	첨지중추부사, 사은사로 명나라 다녀오다. 평안도관찰사
1560년명종15	특진관, 병조참판, 도승지
1566년명종21	한성부판윤, 공조·호조판서

생애일화

그는 인품이 관후하고 인자하였으나, 관직에 있으면서 일을 처리할 때에는 매우 엄하여 탐관오리들의 비행이 없어지게 되었다.
특히, 평안도관찰사로 있을 때에는 인재를 모아 가르쳐서 문풍을 크게 일으켜 관서지방의 유생들이 중앙에 진출할 수 있는 계기를 마련해 주었으며, 문하에 많은 제자를 배출하였다.
호조판서로 있을 때에는 국고의 절약에 힘써, 비록 권귀權貴라 할지라도 사정을 두지 않고 법대로 처리하였다.

302대 한성판윤 강 섬(姜暹) – 300대 동일인물

한성판윤 재임기간 : 1566년명종21 4월 11일 ~ 1566년명종21 8월 28일

303대 한성판윤 이 탁(李鐸)

신상내용

생몰연대	1509년중종4 ~ 1576년선조9 – 68세
본관	전의全義
자	선명善鳴
호	약봉藥峰
시호	정숙定肅
가족	증조–현감 굉식宏植, 할아버지–광양현감 맹희孟禧, 아버지–신천군수 창형昌亨 어머니–밀양박씨(제용감 박유朴維의 딸) 부인–용인이씨(병절교위 이종번李宗蕃의 딸)
묘소	경기도 양주시 남면 한산리

관직경력

한성판윤 재임기간 : 1566년명종21 8월 28일 ~ 1566년명종21 9월 10일

조선 중기의 문신

1531년중종26	사마시(진사) 입격
1535년중종30	별시문과 급제
1544년중종39	정언, 지평
1546년명종1	이조정랑, 사인, 집의
1548년명종3	사재감첨정, 교리, 전한
1550년명종5	춘추관기주관, 〈중종실록〉 편찬 참여
1552년명종7	동부승지, 좌부승지
1553년명종8	첨지중추부사, 진헌사로 명나라 다녀오다
1555년명종10	도승지, 이조·공조참의, 부제학
1558년명종12	용양위호군, 한성부우윤
1559년명종13	황해도관찰사
1564년명종18	대사헌, 공조·호조·예조판서

1567년명종22	대사헌, 지경연사,

생애일화

그는 덕이 많고 지극히 청렴한 학자이자 문장가로서 이름이 높았다.
대사헌으로 있을 때, 윤원형의 횡포가 극에 달해 대사간 박순朴淳과 더불어 관료들을 거느리고 그를 멀리 귀양 보낼 것을 주청하였다. 결국 의정부를 포함하여 온갖 부서에서 윤원형을 탄핵하니 그제서야 임금은 그의 벼슬을 빼앗고 고향으로 쫓아 보냈다.

304대 한성판윤 심광언(沈光彦) – 275·282 동일인물

한성판윤 재임기간 : 1566년명종21 9월 10일 ~ 1566년명종21 9월 27일

305대 한성판윤 남궁침(南宮枕)

신상내용

생몰연대	1513년중종8 ~ 1573년현종4 – 61세
본관	함열咸悅
자	성중誠仲
출신지	전북 익산
가족	증조–생원 순順, 할아버지–부제학 찬璨, 아버지–동복현감 익翼 어머니–연안김씨(김인각金麟角의 딸) 부인–양천허씨(허윤관許允寬의 딸)
묘	서울특별시 도봉구 도봉동 무수골

관직경력

한성판윤 재임기간 : 1566년명종21 9월 27일 ~ 1566년명종21 10월 8일

조선 중기의 문신

1540년중종35	별시문과 급제
1544년중종39	사간원정언, 세자시강원사서
1546년명종1	사헌부지평, 사간원헌납, 부수찬

1547년명종2	홍문관수찬, 지평(체직), 교리, 지평
1548년명종3	홍문관부수찬, 강원도암행어사, 홍문관수찬, 지제교 겸 경연검토관,
1549년명종4	이조좌랑, 사인, 부응교, 춘추관기사관 〈중종실록〉 편찬 참여
1550년명종5	사헌부장령
1552년명종7	홍문관전한, 경상도암행어사, 홍문관직제학, 승정원우부승지
1557년명종12	동지중추부사
1558년명종13	진위사로 명나라 다녀오다. 장예원판결사, 개성부유수
1563년명종18	한성부우윤·좌윤, 형조참판, 동지중추부사
1564년명종19	전라도관찰사
1565년명종20	형조참판, 함경도관찰사
1566년명종21	한성부판윤, 문정왕후 승하, 윤원형 실각으로 파직
1567년명종22	오위도총부부총관, 명종 승하, 선조 즉위, 형조참판

생애일화

두 차례에 걸친 강원도와 경상도 파견 암행어사로서 민생의 고충을 탐문하였으며, 지방 수령들의 탐학을 적발하여 관리들의 기강 확립에 기여하였다.

306대 한성판윤 정종영(鄭宗榮) – 315대 동일인물

신상내용

생몰연대	1513년중종8 ~ 1589년선조27 – 77세
본관	초계草溪
자	인길仁吉
호	항재恒齋
시호	정헌靖憲
상훈	청백리, 팔계군
배향	칠봉서원(원주)
저서	〈항재집〉
가족	증조–도정 온溫, 할아버지–수사 윤겸允謙, 아버지–현감 숙淑 어머니–경주김씨(충의위 김계훈金季勳의 딸) 부인–문화유씨(사도시정 유주柳籌의 딸), 성주이씨(선공감감역 이엄李渰의 딸)
묘	강원도 횡성군 공근면 공근리 (별묘別廟, 신도비)

관직경력

한성판윤 재임기간 : 1566년명종21 10월 8일 ~ 1567년명종22 2월 14일

조선 중기의 문신

1540년중종35	사마시(생원·진사) 양과 입격
1543년중종38	식년문과 급제
1544년중종39	검열
1547년명종2	호조정랑, 부수찬, 교리
1552년명종7	청백리 녹선, 공조참판
1553년명종8	강원도관찰사, 평안도관찰사, 팔계군八溪君 습봉
1562년명종17	경상도관찰사
1567년명종22	한성부판윤, 진향사로 명나라 다녀오다
1568년선조1	6조 판서 역임, 우찬성

생애일화

평안도관찰사로 부임하여 서북지방인이 무예를 좋아하고 문교를 싫어한다는 지역이라는 형세를 감안하여 평양에 서적포를 설립하고, 학문의 진흥에 크게 기여하였다.
경상도관찰사로 부임하여서는 윤원형尹元衡에게 아부하여 부정행위를 자행하는 수령들을 응징하고, 내전內殿의 힘을 빌려 요승妖僧을 제거하였다.

307대 한성판윤 성세장(成世章)

신상내용

생몰연대	1506년중종1 ~ 1583년선조16 – 78세
본관	창녕昌寧
자	경회景晦·중회仲晦
호	사암思菴
상훈	청백리
출신지	경기도 부천
가족	증조–직장 효연孝淵, 할아버지–호조좌랑 완玩, 아버지–감찰 희문希文 어머니–승지 강경서姜景敍의 딸 부인–김언필金彦弼의 딸, 김택金澤의 딸
묘	경기도 시흥시 소래읍 미산동 구시미

관직경력

한성판윤 재임기간 : 1567년명종22 2월 14일 ~ 1567년명종22 4월 8일

조선 중기의 문신

1528년중종23	사마시(생원·진사) 양과 입격
1540년중종35	식년문과 급제
1544년중종39	사간원헌납
1545년인종1	사헌부지평
1546년명종1	부교리, 수찬, 의정부검상, 사도시정, 춘추관편수관, 〈중종·인종실록〉 편찬
1548년명종3	의정부사인, 사헌부집의, 경기도암행어사,
1549년명종4	홍문관응교, 사간원사간, 동부승지 견 참찬관
1553년명종8	호조참판
1554년명종9	경기도관찰사
1557년명종12	동지중추부사, 홍문관부제학, 대제학, 대사간, 공조·병조참판
1563년명종18	한성부좌윤, 함경도관찰사
1565년명종20	형조참판
1567년명종22	형조판서, 한성부판윤, 호조판서
1573년선조6	등극부사로 명나라 다녀오다. 예조·호조판서, 우참찬
1576년선조9	예조판서, 청백리 녹선, 기로사 입소

생애일화

희혁希赫에게 양자 갔으며, 김안국金安國의 문인門人이다.
권신 이기李芑가 구수담具壽聃에게 죄를 주려는데 대한 잘못을 지적한 바 있으며, 윤원형尹元衡의 매관매직하는 잘못을 충고하기도 하였다.

308대 한성판윤 유 잠(柳潛) – 320대 동일인물

신상내용

생몰연대	1509년중종4 ~ 1576년선조9 –68세
본관	문화文化
자	사소士昭
가족	증조–승조承祖, 할아버지–첨정 제근悌根, 아버지–돈녕정 수천壽千

어머니–부평부사 김성동金誠童의 딸
부인–증호조참판 정승염鄭承廉의 딸
아들–유자신柳自新(한성판윤), 손자–유희분柳希奮(한성판윤), 손녀사위–광해군

묘소 경기도 시흥시 수암면 능곡리 능골

관직경력

한성판윤 재임기간 : 1567년명종22 4월 8일 ~ 1567년명종22 4월 25일

조선 중기의 문신

1528년중종23	사마시(생원) 입격
1540년중종35	식년문과 급제
1546년명종1	사헌부지평
1547년명종2	부수찬, 수찬, 교리
1548년명종3	병조정랑, 평안도어사, 부수찬
1549년명종4	장령, 수찬, 교리, 집의, 부응교, 사인, 상의원정
1555년명종10	전주부윤, 형조참의, 동부승지, 성절사로 명나라 다녀오다
	병조참판, 청홍도관찰사, 경기도관찰사, 동지중추부사, 태릉 수릉관
1568년선조1	공조판서
1572년선조5	형조판서
1573년선조6	정시庭試 시관試官

생애일화

조祖·자子·손孫 3대 즉, 할아버지 잠潛(308대)에 이어 아들 자신自新(337대) 그리고 손자 희분希奮(371대)이 한성판윤을 지내는 특이한 기록을 가진 집안이다.
아들 문양부원군 자신自新의 셋째 딸이 광해군의 왕비가 되어, 그의 세 손자 희분希奮·희발希發·희량希亮의 권세가 한때 성세를 누렸으나 인조반정으로 가문의 운명이 급전직하 몰락의 길을 떨어졌다.

309대 한성판윤 유 강(俞絳) – 301대 동일인물

한성판윤 재임기간 : 1567년명종22 4월 25일 ~ 1567년명종22 5월 3일

310대 한성판윤 민 기(閔箕) – 299대 동일인물

한성판윤 재임기간 : 1567년명종22 5월 3일 ~ 1567년명종22 5월 5일

311대 한성판윤 임 열(任說) – 317·322대 동일인물

신상내용

생몰연대	1510년중종5 ~ 1591년선조24 – 82세
본관	풍천豊川
자	군우君遇
호	죽애竹崖
시호	문정文靖
가족	증조–교수 장손長孫, 할아버지–직장 제濟, 아버지–남부참봉 명필明弼 어머니–해평윤씨(첨정 윤훤尹萱의 딸) 부인–전의이씨(이한李漢의 딸) 후손–임숙영任叔英(반골학자·증손), 윤지당 임씨允摯堂任氏(여류 성리학자) 친척–임사홍任士洪(13촌당숙), 임권任權(한성판윤·15촌당숙)
묘소	경기도 하남시 초일동 산2

관직경력

한성판윤 재임기간 : 1567년명종22 5월 5일 ~ 1568년명종23 4월 8일

조선 중기의 문신

1531년중종26	사마시(생원·진사) 양과 입격
1533년중종28	별시문과 급제, 승문원정자 겸 사관
1536년중종31	수찬, 문과중시 급제, 사가독서
1538년중종33	부교리, 집의, 전한
1543년중종38	직제학
1544년중종39	병조참의, 승지
1546년명종1	대사간, 이조참의, 대사헌, 병조참의, 경상도관찰사, 예조참의
1556년명종10	평안도관찰사, 한성부 우윤·좌윤, 공조판서(탄핵)
1560년명종15	예문관제학
1561년명종16	동지춘추관사, 오위도총부도총관, 대사헌

1567년명종22　　한성부판윤, 지중추부사

생애일화

어렸을 때부터 총명하였으며, 송나라 학자 한유韓愈의 〈창려집昌黎集〉을 천 번이나 읽을 정도로 면학에 힘썼다.
6년 동안 세 번의 과거시험에 급제하여 이름을 떨쳤고, 60년이라는 긴 세월의 관직생활을 하면서 사화 등 정치적 기류에 휘말리지 않았다. 이황·민전 등과 함께 촉망받는 신진사류였으나, 특히 왕실과의 인척관계를 맺으면서 정치적 운신에 보신주의 경향을 보였던 것 같다.
다만, 그가 죽은 후 사관이 쓴 졸기卒記에는 한성판윤과 평안도관찰사를 지내면서 재물을 너무 지나치게 탐했다는 기록이 있다.

312대 한성판윤 박 순(朴淳)

신상내용

생몰연대	1523년중종18 ~ 1589년선조22 – 67세
본관	충주忠州
자	화숙和叔
호	청하자靑霞子·사암思菴
시호	문충文忠
상훈	청백리
배향	월정서원(나주), 월봉서원(광주), 화곡서원(개성), 옥병서원(영평)
저서	〈사암집〉
가족	증조–은산군사 소蘇, 할아버지–성균진사 지흥智興, 아버지–한성우윤 우祐 어머니–당악김씨 부인–고몽참高夢參의 딸 친척–박상朴祥(기묘명현·큰아버지)

관직경력

한성판윤 재임기간 : 1568년선조1 4월 8일 ~ 1568년선조1 12월 1일

조선 중기의 문신

1540년중종15　　사마시 입격
1553년명종8　　정시문과 장원급제, 성균관전적, 홍문관 수찬·교리, 의정부사인

1561년명종16	홍문관응교
1562년명종17	한산군수
1563년명종18	성균관시성, 시강원보덕, 사헌부집의, 홍문관직제학, 동부승지, 이조참의
1565년명종20	대사간, 대사헌
1566년명종21	홍문관부제학, 이조·예조판서
1572년선조5	우의정
1573년선조6	좌의정
1579년선조12	영의정

생애일화

그는 화담花潭 서경덕徐敬德의 문인門人으로서 청수고절淸修苦絕의 인품을 갖춘 현인賢人이다.

또한 성리학에 박통하고, 특히 〈주역〉에 연구가 깊었다.

중년에 이황李滉을 사사師事하였고, 만년에 이이·성혼과 깊이 사귀어 '이 세 사람은 얼굴은 달라도 마음은 하나다'라고 말할 정도였으며, 동향의 기대승奇大升과도 교분이 두터웠다.

15년간 정승을 지냈으나 청렴하여 논 한 마지기 마련한 게 없었고, 시서화에도 능한 대학자였다.

이이李珥가 탄핵되었을 때 그를 옹호하다가 도리어 양사兩司의 탄핵을 받고 스스로 관직에서 물러나 영평 백운산에 암자를 짓고 은거하였다.

다만, 그의 서자 박응서朴應犀가 강변칠우江邊七友에 속하여 마음고생을 어지간히 겪었을 것이다.

313대 한성판윤 정대년(鄭大年)

신상내용

생몰연대	1503년연산군9 ~ 1578년선조11 – 76세
본관	동래東萊
자	경로景老
호	사암思菴
시호	충정忠貞
상훈	청백리
가족	증조–증호조참판 비伾, 할아버지–사직 형운亨耘, 아버지–예문관대교 전筌 어머니–거창신씨(증이조판서 신극정愼克正의 딸)

부인–전주이씨(종묘서령 이인홍李仁弘의 딸)
친척–鄭矩(한성판윤·5대조), 鄭甲孫(한성판윤·傍祖), 鄭括(한성판윤·傍祖)

묘소 경기도 여주군 점동면 원부리

관직경력

한성판윤 재임기간 : 1568년선조1 12월 1일 ~ 1569년선조2 11월 1일

조선 중기의 문신

1531년중종26	사마시(생원) 입격
1532년중종27	별시문과 장원급제, 예빈시주부, 지평, 장령, 부교리, 집의, 직제학
1542년중종37	감찰, 서장관으로 명나라 다녀오다
1543년중종38	부제학, 우승지
1546년명종	황해도관찰사, 형조·병조참의, 경기도관찰사, 호조참판, 한성부우윤, 대사헌
1568년선조1	형조참판, 한성부판윤, 호조판서
1578년선조10	이조판서, 우의정, 기로사 입소

생애일화

청백리로서, 권신 윤원형이 첩으로 정부인正夫人을 삼은데 대한 사실 여부를 밝히라는 왕명을 받들고 조사하던 중, 윤원형이 이를 알고 뇌물로 무마하려 하자 완강히 거절하여 사람들이 뒷일을 두려워한 일도 있었다.
선조 초에 6조의 장을 추천하라는 왕명이 있자, 모두가 서슴없이 그를 추천할 만큼 명망이 있었다.

314대 한성판윤 송 순(宋純)

신상내용

생몰연대	1493년성종24 ~ 1582년선조15 – 90세
본관	신평新平
자	수초遂初·성지誠之
호	기촌企村·면앙정俛仰亭
저서	〈면앙집〉·〈면앙정가〉 등
배향	구산사(담양)

가족	증조-수지壽之, 할아버지-복천福川, 아버지-이조판서 태산泰山 어머니-조시옹趙時擁의 딸 부인-진주소씨(소창중蘇昌仲의 딸)

관직경력

한성판윤 재임기간 ; 1569년선조2 11월 1일 ~ 1569년선조2 11월 1일

조선 중기의 문신

1519년중종14	별시문과 급제, 승문원 권지부정자
1520년중종15	사가독서
1524년중종19	세자시강원설서
1527년중종22	사간원정언
1537년중종32	홍문관부응교, 사헌부집의, 홍문관부제학, 충청도어사
1539년중종34	승정원 우부승지, 선위사로 요동도사遼東都司 접대
1540년중종35	경상도관찰사, 사간원대사간
1542년중종37	전라도관찰사
1547년명종2	동지중추부사, 〈중종실록〉 찬수, 주문사로 명나라 다녀오다. 개성부유수
1550년명종5	대사헌, 이조참판, 충청도 서천 귀양
1552년명종7	선산도호부사, 전주부윤, 나주목사, 기로사 입소
1568년선조1	한성부좌윤, 〈명종실록〉 찬수
1569년선조2	한성부판윤, 의정부우참찬

생애일화

그는 담양 출신으로 조선 시가문학詩歌文學 발전에 크게 기여하였다.
성격이 너그럽고 후하였으며, 특히 음률에 밝아 가야금을 잘 탔고, 풍류를 아는 호기로운 재상으로 일컬어졌다.
김안로가 권세를 잡자 고향으로 내려와, 담양의 제월봉 아래에 면앙정이라는 정자를 짓고 시를 읊으며 지냈다.
이때 기대승奇大升이 〈면앙정기〉를 쓰고 임제林悌가 부賦를, 김인후·임억령·박순·고경명 등이 시를 지었다.
특히 그는 벼슬에서 물러나 강호생활을 하면서 자연예찬을 주제로 한 작품을 지음으로써 강호가도의 선구자적 역할을 하였다. 그때 작품으로 〈면앙정삼언가〉·〈면앙정제영題詠〉 등의 한시漢詩와 국문시가인 〈면앙정기〉·〈자상특사황국옥당가自上特賜黃菊玉堂歌〉·〈오륜가五倫歌〉 등이 조선 시가문학의 꽃을 피우는 바탕이 되었다.

315대 한성판윤 정종영(鄭宗榮) – 306대 동일인물

한성판윤 재임기간 :1571년선조4 12월 1일 ~ ?

316대 한성판윤 오 상(吳祥)

신상내용

생몰연대	1512년중종7 ~ 1573년선조6 – 62세
본관	해주海州
자	상지祥之
호	부훤당負暄堂
저서	〈부훤당유고〉
가족	증조–사직 중부仲富, 할아버지–생진 순淳, 아버지–예조좌랑 예손禮孫 어머니–노우현盧佑賢의 딸 부인–신윤申玧의 딸
묘소	경기도 남양주시 와부읍 도곡리

관직경력

한성판윤 재임기간 : ? ~ ? (재직확인 : 1573년 3월 2일)

조선 중기의 문신

1531년중종26	진사시 입격
1534년중종29	별시문과 급제, 사가독서
1535년중종30	사간원헌납, 삼사三司와 승정원, 6조에서 관직 역임
1543년중종38	경연에서 관학 진흥책 건의
1544년중종39	헌납, 구수담具壽聃과 왕의 어진 정사에 대해 건의
1555년명종10	동지사로 명나라 다녀오다. 〈대명회전大明會典〉 반입

생애일화

그는 문장에 뛰어나 김주金澍·민기閔箕·정유길鄭惟吉·심수경沈守慶 등과 함께 8문장의 한 사람으로 일컬어졌다.

317대 한성판윤 임 열(任說) – 311·322대 동일인물

한성판윤 재임기간 : ? ~ 1573년선조6 8월 24일

318대 한성판윤 강 섬(姜暹) – 302대 동일인물

한성판윤 재임기간 : 1573년선조6 8월 24일 ~ 1574년선조7 2월 6일

319대 한성판윤 심수경(沈守慶)

신상내용

생몰연대	1516년중종11 ~ 1599년선조32 – 84세
본관	풍산豊山
자	희안希安
호	청천당聽天堂
상훈	청백리
저서	〈청천당시집〉·〈청천당유한록〉·〈견한잡록〉
가족	증조–적개공신 응膺, 할아버지–좌의정 정貞, 아버지–첨절제사 사손思遜 어머니–참의 이예장李禮長의 딸 부인–신파申坡의 딸

관직경력

한성판윤 재임기간 : 1574년선조7 2월 10일 ~ 1574년선조7 11월 28일

조선 중기의 문신

1543년중종38	사마시(생원·진사) 양과 입격
1546년명종1	식년문과 장원급제, 사가독서
1550년명종5	이조좌랑 겸 춘추관기사관, 〈중종실록〉〈인종실록〉 편찬
1552년명종7	검상, 홍문관직제학, 경기도관찰사(파직–중종릉 이장 때 설치 부실죄)
1553년명종8	대사헌, 대사성, 8도관찰사
1583년명조18	병조판서
1590년선조23	우의정, 기로사 입소

1592년선조25 삼도체찰사(임진왜란)
1593년선조26 영중추부사

생애일화

중종 때 기묘사화로 많은 선비들을 죽게 한 할아버지 심정沈貞의 허물을 알고, 늘 부끄러워하며 몸가짐을 삼갔기 때문에 청현직을 두루 지내는 관직생활을 할 수 있었다 한다.
그는 문장과 서예에도 능하여 〈청천당시집〉과 〈청천당유한록〉 등을 남겼다.
또한 늘그막에 아들을 두었는데, 비첩婢妾과의 사이에서 75세에 생남하고 81세에 또 생남하여 스스로 큰 변고라며 친구들에게 소회를 시로 읊어 보냈더니, 한 친구의 답시答詩가 걸작이었다.

어째서 80세에 또 아이를 낳았는가?	如何八十又生兒
조물주가 진짜 바쁜 줄을 알겠으니,	從知造物眞多事
쇠한 늙은이가 멋대로 행동하게 내버려 두었네	繞此衰翁任所爲

320대 한성판윤 유 잠(柳潛) – 308대 동일인물

한성판윤 재임기간 : 1574년선조7 11월 28일 ~ 1574년선조7 12월 5일

321대 한성판윤 강사상(姜士尙)

신상내용

생몰연대	1519년중종14 ~ 1581년선조14 – 63세
본관	진주晉州
자	상지尙之
호	월포月浦
시호	정정貞靖
추증	영의정
가족	증조–대사간 형詗, 할아버지–별제 영숙永叔, 아버지–사인 온溫 어머니–밀양박씨(진사 박식朴拭의 딸) 부인–파평윤씨(훈정 윤광운尹光雲의 딸)
묘소	서울시 금천구 난곡동 서울특별시 유형문화재 제104호

관직경력

한성판윤 재임기간 : 1574년선조7 12월 5일 ~ ?

조선중기의 문신

1543년중종38	사마시(진사) 입격
1546년명종1	식년문과 급제
1552년명종7	수찬, 사간원 정언·헌납, 의정부 검상·사인, 홍문관직제학
1557년명종12	동부승지
1558년명종13	우부승지, 우승지, 홍문관부제학
1559년명종14	좌승지
1560년명종15	도승지, 예조참의
1561년명종16	형조참판, 성절사로 명나라 다녀오다. 대사헌, 부제학
1564년명종19	도승지
1565년명종20	경상도관찰사
1566년명종21	예조참판, 대사헌
1570년선조3	주청사로 명나라 다녀오다
1571년선조4	병조·형조·이조판서, 한성부판윤
1576년선조9	우참찬
1578년선조11	우의정
1580년선조13	영중추부사

생애일화

젊은 시절, 부제학이었을 때 권신 이량李樑의 불법을 다스릴 것을 주장하다가, 오히려 이량의 미움을 받아 부호군으로 좌천된 적이 있다.
경상도관찰사로 나갔을 때는 정여창鄭汝昌을 배향한 남계서원에 사액賜額하여 줄 것을 청하여 허락받기도 하였다.
만년에 그는 국가의 치란이 천운天運에 있지 인력人力으로 되는 것이 아니라 하여, 당시 당파로 갈린 정쟁에서 초연한 입장을 취하려 하였다.
그는 평소에 말수가 적었고, 남의 말만 들으면서 손으로 코를 문지르는 버릇이 있어 세상 사람들이 '코 문지르는 정승 捫鼻政丞'이라 불렀다.
아들 인絪이 임진왜란 후에 호성공신에 책록되어 영의정에 추증되었다.

322대 한성판윤 임 열(任說) – 311·317대 동일인물

한성판윤 재임기간 : ? ~ ? (재직확인 : 1581년 10월 1일)

323대 한성판윤 유 홍(兪泓)

신상내용

생몰연대	1524년중종19 ~ 1594년선조27 – 71세
본관	기계杞溪
자	지숙止叔
호	송당松塘
시호	충목忠穆
상훈	평난공신, 기성부원군
저서	〈송당집〉
가족	증조–첨지중추부사 기창起昌, 할아버지–예조판서 여림汝霖, 아버지–생원 관綰 어머니–의령남씨(증사복시정 남충세南忠世의 딸) 부인–광주이씨(교리 이준인李遵仁의 딸), 강릉김씨(서령 김광렬金光烈의 딸)
묘소	경기도 하남시 하산곡동

관직경력

한성판윤 재임기간 : 1582년선조15 12월 26일 ~ 1583년선조16 9월 8일

1549년명종4	사마시(생원·진사) 양과 입격
1553년명종8	별시문과 급제, 승문원정자, 전적, 지제교, 지평, 장령, 집의
1557년명종12	강원도 암행어사
1563년명종18	권신 이량李樑 탄핵
1564년명종19	시관試官(이이李珥 선발)
1565년명종20	문정왕후 승하, 산릉도감, 춘천부사
1573년선조6	함경도병마절도사, 회령부사, 개성유수, 충청·전라·경상·함경·평안도관찰사
1582년선조15	한성부판윤
1587년선조20	명나라 다녀오다.(종계변무宗系辨誣 해결 귀국)
1589년선조22	좌찬성, 판의금부사(정여립 모역사건 처리)

1590년선조23	평난공신平難功臣 책훈, 기성부원군杞城府院君 피봉
1592년선조25	임진왜란 발발, 도체찰사
1594년선조27	좌의정

생애일화

성품이 중후관대하고 의리를 위하여 기개를 굽히지 않았으며, 시문에 뛰어났고 장서가 1만 권에 달했다 한다.
임진왜란 때 왜군이 서울에서 퇴각하자, 먼저 도성에 들어와 전후복구를 하고, 전재민을 구호하는데 힘썼다. 1594년 좌의정으로서 해주에 있는 왕비를 호종하다가 객사하였다.

324대 한성판윤 권극례(權克禮)

신상내용

생몰연대 1531년중종26 ~ 1590년선조23 – 60세
본관 안동安東
자 경중敬仲
시호 충경忠景
가족 증조–공조정랑 영齡, 할아버지–대사헌 홍弘, 아버지–종묘서령 덕유德裕
어머니–창녕조씨(우찬성 조계상曺繼商의 딸) 동생–극지克智(예조판서)
부인–대구서씨(참의 서고徐固의 딸)
묘소 경기도 양주시 주내면 산북리

관직경력

한성판윤 재임기간 : 1589년선조22 4월 16일 ~ 1589년선조22 5월 23일

조선 중기의 문신

1558년명종13	별시문과 급제, 전적, 정언
1566년명종21	병조좌랑, 사헌부지평, 사간원헌납, 병조정랑, 성균관사성,
1570년선조3	부수찬
1572년선조5	원주목사, 길주목사, 의주목사
1575년선조8	충청감사, 장예원판결사, 우부승지
1581년선조14	호조참판, 성절사로 명나라 다녀오다
1583년선조16	함경감사, 경상감사, 대사성, 대사헌

1589년선조22　　한성부판윤, 예조판서
1590년선조23　　이조판서

생애일화

성격은 과묵하고 사람을 온화하게 대했으며, 정치에 있어서는 대체大體를 지키고자 할 뿐 별다른 창의성을 보이지 않았다는 평을 받았다.
자연을 좋아하고 술을 좋아하여 좋은 시절 홀로 걸으며 읊조리면서 돌아올 줄 몰랐다. 교제를 좋아하지 않아 문전이 항상 한산하였다.

325대 한성판윤 김 수(金睟) – 326대 동일인물

신상내용

생몰연대　1547년명종2 ~ 1615년광해군7 – 69세
본관　안동安東
자　자앙子昻
호　몽촌夢村
시호　소의昭懿
가족　증조–대사헌 희수希壽, 할아버지–직제학 로魯, 아버지–사재감정 홍도弘度
어머니–이계백李繼伯의 딸
부인–창녕성씨(광흥창수 성호문成好問의 딸)
묘소　경기도 부천시 고강동

관직경력

한성판윤 재임기간 : 1592년선조25 6월 1일 ~ 1592년선조25 8월 7일

조선 중기의 문신

1567년명종22　　사마시(생원) 입격
1573년선조6　　알성문과 급제, 예문관검열, 홍문관교리, 〈十九史略〉 개수
1583년선조16　　이조정랑, 직제학, 승지
1587년선조20　　평안도관찰사, 경상도관찰사
1591년선조24　　부제학
1592년선조25　　경상우감사, 임진왜란 발발, 임지 이탈 도망–영남초유사 金誠一 질책
한성부판윤, 지중추부사, 우참찬

1596년선조29 호조판서, 영중추부사

생애일화

그가 경상우감사로 진주에서 근무할 때 임진왜란이 터졌다.
왜란 초반의 황당한 상황에서 적절한 계책을 세워 대처하지 못해 지방 사람들로부터 적을 피해 도망갔다는 비난을 면치 못하였다.

326대 한성판윤 김 수(金睟) – 325대 동일인물

한성판윤 재임기간 : 1592년선조25 8월 7일 ~ 1592년선조25 12월 18일

327대 한성판윤 이덕형(李德馨) – 330대 동일인물

신상내용

생몰연대	1561년명종16 ~ 1613년광해군5 – 53세
본관	광주廣州
자	명보明甫
호	한음漢陰·쌍송雙松·포옹산인抱擁散人
시호	문익文翼
상훈	정운원종공신, 위성원종공신
배향	용연서원(포천), 근암서원(상주)
저서	〈한음문고〉
가족	증조–사과 수충守忠, 할아버지–진사 진경振慶, 아버지–지중추부사 민성敏聖 어머니–문화유씨(현령 유예선柳禮善의 딸) 부인–한산이씨(영의정 이산해李山海의 딸)
묘소	경기도 양평군 양서면 목왕리 경기도기념물 제89호

관직경력

한성판윤 재임기간 : 1592년선조25 12월 18일 ~ 1593년선조26 1월 13일

조선 중기의 문신

1580년선조13 별시문과 급제, 승문원정자

1583년선조16	사가독서
1584년선조17	서총대 응제應製 장원
1585년선조18	부수찬, 정언, 부교리, 이조좌랑
1588년선조21	이조정랑-일본 사신 접대
1590년선조23	동부승지, 우부승지, 부제학, 대사간, 대사성
1591년선조24	예조참판
1592년선조25	임진왜란 발발, 왕 호종, 청원사請援使로 명나라 파견-파병 요청 대사헌, 한성부판윤-이여송李如松 접반관
1593년선조26	병조판서
1594년선조27	이조판서, 훈련도감 당상
1595년선조28	경기·황해·평안·함경 4도 체찰부사
1597년선조30	정유재란 발발, 명 장수 양호楊鎬와 동행, 우의정, 좌의정, 훈련도감도 제조
1598년선조31	명나라 제독 유정劉綎과 통제사 이순신李舜臣 합동으로 일본 고니시 대파
1561년선조34	행판중추부사 겸 경상·전라·충청·강원 4도체찰사
1562년선조35	영의정
1606년선조39	영중추부사
1608년선조41	진주사로 명나라 다녀오다.
1608년광해군즉위	정운定運원종공신 1등
1609년광해군1	영의정, 익사형난翼社亨難공신, 한원漢源부원군
1614년광해군6	위성衛聖원종공신 1등

생애일화

어려서부터 재주가 있고 침착하였으며, 문학에 통달하여 어린 나이로 외가인 포천에서 양사언楊士彦 형제들과 막역한 사이였다고 한다. 특히 과거시험에 동방급제한 이항복李恒福과 절친한 사이로 둘이 기발한 장난을 하여 많은 일화가 있다.
그는 38세에 재상의 반열에 올라 임진왜란 전쟁 중, 국난 극복을 위해 좌의정 유성룡과 도승지 이항복과 함께 헌신적인 노력을 기울였다. 명군의 파병을 가능토록 했을 뿐 아니라, 이여송과 양호 등 중국 장군들과의 협력을 잘 이끌어내어 전세를 반전시켰다. 또한 남북을 오가며 체찰사로서 민심수습과 의병의 활동을 격려하였고, 군대의 재정비를 위해 동분서주하였다.
개인적으로는 부인 한산이씨가 전쟁 중에 미처 피란을 못가 왜군에게 포로로 잡히자 자결하는 불행을 당했다.
영창대군의 처형과 폐모론에 반대하여 삼사의 탄핵을 받고 양근현 용진龍津으로 물러나 국사를 걱정하다, 병환을얻어 53세의 나이로 하세하였다.

328대 한성판윤 한 준(韓準)

신상내용

생몰연대	1542년중종37 ~ 1601년선조34 – 60세
본관	청주淸州
자	공칙公則
호	남강南岡
시호	정익靖翼
상훈	평난공신, 청천군
가족	증조–진사 홍주弘澍, 할아버지–부위 진鎭, 아버지–돈녕부도정 수경守慶 어머니–진주유씨(사의 유조의柳祖誼의 딸) 부인–중추부도사 최정수崔貞秀의 딸
묘소	경기도 부천시 계수동

관직경력

한성판윤 재임기간 : 1593년선조26 1월 13일 ~ 1593년선조26 1월 28일

조선 중기의 문신

1566년명종21	별시문과 급제, 예문관검열, 예조좌랑, 장령, 좌승지, 전라도관찰사
1588년선조21	호조참판, 우참찬, 성절사로 명나라 다녀오다. 황해도관찰사
1589년선조22	정여립 모역사건 평정
1590년선조23	평난공신平難功臣 2등, 청천군淸川君 피봉
1592년선조25	호조판서–순화군 호종
1593년선조26	한성부판윤, 진하 겸 주문사로 명나라 다녀오다, 이조판서
1595년선조28	사은 겸 주청사로 명나라 다녀오다

생애일화

그는 글씨를 잘 써서 사자관寫字官을 지냈고, 광주廣州의 〈우언겸묘표禹彦謙墓表〉를 썼으며 필적으로 모사模寫한 것이 있다.

평소 사람들과 교유交遊를 즐기지 않았으며, 근면하고 겸손하여 죽은 뒤 장사를 치를 돈이 없을 정도로 청빈했다고 한다.

329대 한성판윤 유 근(柳根) – 334·349대 동일인물

신상내용

생몰연대	1549년명종4 ~ 1627인조5 – 79세
본관	진주晋州
자	회부晦夫
호	서경西坰
시호	문정文靖
상훈	호종공신, 진원부원군
저서	〈서경집〉
배향	화암서원(괴산)
가족	증조–참봉 팽수彭壽, 할아버지 별제 윤潤, 아버지–진사 영문榮門 어머니–안세언安世彦의 딸 부인–송억수宋億壽의 딸
묘소	충북 괴산군 소수면 몽촌리 사당–문정사(영정·국보 제566호)

관직경력

한성판윤 재임기간 : 1593년선조26 1월 28일 ~ 1593년선조26 4월 25일

조선 중기의 문신

1570년선조3	사마시(생원·진사) 양과 입격
1574년선조7	별시문과 장원급제, 사가독서
1587년선조20	이조정랑, 문신정시文臣庭試 장원, 선위사로 일본 사신 접반
1591년선조24	좌승지
1592년선조25	임진왜란 발발, 임금 호종, 예조참의, 좌승지, 예조참판
1593년선조26	도승지 겸 경성안무사, 한성부판윤, 사은사로 명나라 다녀오다
1594년선조27	경기도관찰사
1597년선조30	운향검찰사
1601년선조34	예조판서, 동지사로 명나라 다녀오다
1603년선조37	충청도관찰사–온조 묘 재건 건의
1604년선조38	호성공신 3등, 진원부원군晋原府院君 피봉, 대제학, 좌찬성

생애일화

황정욱黃廷彧의 문인이다.

문장이 뛰어났으며, 건저문제建儲問題로 정철鄭澈의 일파로 몰렸으나 선조의 아낌을 받아 화를 당하지 않았다.
임진왜란 때 군량미 수송 등 후방 지원사업과 명나라와의 관계에서 일을 많이 하였다.
광해군 때는 대북파가 국정을 농단하고 폐모론까지 일어나자, 괴산으로 물러나 정청에 참여하지 않아 관작이 삭탈되었다가, 뒷날 복관되었다.
인조반정으로 다시 기용되었으나 나아가지 않고, 정묘호란 때 강화로 왕을 호종하다 통진에서 졸했다.

330대 한성판윤 이덕형(李德馨) – 327대 동일인물

한성판윤 재임기간 : 1593년선조26 4월 25일 ~ 1593년선조26 5월 20일

331대 한성판윤 이헌국(李憲國)

신상내용

생몰연대	1525년중종20 ~ 1602년선조35 – 78세
본관	전주全州
자	흠재欽哉
호	유곡柳谷
시호	충익忠翼
상훈	평난공신, 호성공신, 완성부원군
가족	증조–진례군 형衡, 할아버지–황산군 문汶, 아버지–수창군 평枰 어머니–의령남씨(현감 남린南麟의 딸) 부인–온양정씨(교리 정초鄭礎의 딸), 삭녕최씨(최흥원崔興源의 딸)
묘소	경기도 장단군 군내면 방목리

관직경력

한성판윤 재임기간 : 1593년선조26 6월 25일 ~ 1593년선조26 9월 10일

조선 중기의 문신

1546년명종1	사마시(생원) 입격
1551년명종6	별시문과 급제, 예문관검열, 사간원정언, 경기도도사, 사헌부장령, 사

	간원사간, 승정원 동부승지·도승지, 충청도관찰사, 동지의금부사
1589년선조22	기축옥사–평난공신 3등
1592년선조25	임진왜란 발발, 형조판서, 광해군 호종–호성공신 3등
1597년선조30	정유재란 발발, 좌참찬–토적복수군 모집, 완성부원군完城府院君 피봉
1599년선조32	우의정, 좌의정, 기로소 입소

생애일화

그는 성질이 곧고 완고하여 임금 앞에서도 말하고자 하는 바를 피하거나 숨기지 않았다. 1598년 임금이 이조판서를 두 번이나 제수 하였으나 끝내 사양하였다. 이듬해 우의정에 제수할 때 '이조판서를 사양하는 자를 보지 못하였는데, 이 사람이 두 차례나 사양하니 가히 정승을 할 사람이다.' 라고 하였다.

332대 한성판윤 홍 진(洪進)

신상내용

생몰연대	1541년중종36 ~ 1616년광해군8 – 76세
본관	남양南陽
자	희고希古
호	인재訒齋·퇴촌退村
시호	단민端敏
상훈	호성공신 2등, 당흥부원군
추증	영의정
저서	〈퇴촌유고〉
가족	증조–사성 이평以平, 할아버지–첨지중추부사 덕연德演, 아버지–생원 인우仁祐 어머니–순천김씨(청도군수 김희직金希稷의 딸) 부인–파평윤씨(돈녕부첨정 윤응규尹應奎의 딸), 사온서령 박의남朴宜男의 딸
묘소	경기도 여주시 대신면 계림리

관직경력

한성판윤 재임기간 : 1593년선조26 9월 10일 ~ ? (재직확인:1593년 10월 1일)

조선 중기의 문신

1564년명종19	사마시(진사) 입격

1570년선조3	식년문과 급제, 승문원정자, 예문관 검열
1573년선조6	홍문록 등재
1574년선조7	홍문관박사, 부수찬, 정언
1576년선조9	헌납
1583년선조16	용담현령
1589년선조22	응교
1592년선조25	임진왜란 발발, 호군-어가 호종, 좌부승지, 우승지, 좌승지
1593년선조26	한성부판윤 겸 염철사鹽鐵使
1594년선조27	진휼사,
1595년선조28	대사헌, 약방제조
1597년선조30	동지중추부사, 지춘추관사, 이조판서, 우참찬 지중추부사
1600년선조33	의인왕후(선조 왕비) 승하-빈전도감제조, 좌참찬, 형조판서
1604년선조37	호성공신 2등, 당흥부원군唐興府院君 피봉
1609년광해군1	관상감제조,
1616년광해군8	영의정 추증

생애일화

젊은 시절 홍문관에 있을 때, 유선록儒先錄에 정암靜庵 조광조趙光祖의 시가 몇 수 안되었는데, 그가 5수를 더 찾아서 교서관에 이를 보내 보완토록 하였다.
임진왜란 발발 이듬해 9월에 환도하기 위해 먼저 '경중인京中人의 진휼에 전력을 다하라.'라는 왕의 특지를 받고 한성판윤이 임명되어 활약했다.
특히, 염철사를 겸임하면서 배고픔에 주린 백성들을 구제하기 위해 해변 염전의 소금을 전국 각지에 보내고, 동사자를 예방하기 위해 왜적이 두고 간 피복을 나누어 주도록 하였다.

333대 한성판윤 김명원(金命元)

신상내용

생몰연대	1534년중종29 ~ 1602년선조35 - 69세
본관	경주慶州
자	응순應順
호	주은酒隱
시호	충익忠翼
상훈	평난공신, 경림부원군
가족	증조-통판 치세致世, 할아버지-직제학 천령千齡, 아버지-대사헌 만균萬鈞

어머니–순흥안씨(현감 안존의安尊義의 딸)
부인–청주한씨(호조정랑 한관韓綰의 딸)

관직경력

한성판윤 재임기간 : ? ~ ? (재직확인 : 1595년 2월 30일)

조선 중기의 문신

1558년명종13	사마시(생원) 입격
1561년명종16	식년문과 급제, 홍문관정자·저작·박사,
1563년명종18	부수찬, 헌납, 지평, 교리, 수찬
1569년선조9	종성부사, 동래부사, 장예원판결사, 형조참의, 나주·정주목사
1579년선조12	의주목사, 평안병사, 호조참판, 전라감사, 한성부좌윤, 경기감사, 병조참판
1584년선조17	함경감사, 형조판서, 도총관
1587년선조20	우참찬, 녹도 순찰사, 형조판서, 경기감사, 좌참찬, 지의금부사
1589년선조22	평난공신 3등(정여립 난 평정), 경림군慶林君 피봉
1592년선조25	임진왜란 발발, 호조·예조·공조판서
1597년선조30	정유재란 발발, 병조판서 겸 유도대장留都大將, 좌찬성, 이조판서, 우의정
1601년선조34	경림부원군 진봉, 좌의정

생애일화

유학에 조예가 깊었고, 병서兵書와 궁마弓馬에도 능했다.
그는 임진왜란이 일어나자 도원수로서 한강전투에서 패했으나, 그 책임을 부원수 신각申珏에게 미루고 오히려 명령불복죄로 무고하였다. 이에 우의정 유홍이 신각의 참수를 주장하여 죽게 하였다.
한편 신각은 유도대장 이양원과 함께 해유령전투에서 조선 육군 최초의 승리를 거두고도 억울하게 참수형 집행을 당했다.

334대 한성판윤 유 근(柳根) – 329·349대 동일인물

한성판윤 재임기간 : 1595년선조28 9월 24일 ~ 1595년선조28 10월 9일

335대 한성판윤 권 율(權慄)

신상내용

생몰연대	1537년중종32 ~ 1599년선조32 - 63세
본관	안동安東
자	언신彦愼
호	만취당晩翠堂·모악慕嶽
시호	충장忠莊
추증	영의정
상훈	선무공신 1등, 영가부원군
배향	기공사紀功祠(행주)
저서	〈권원수실적權元帥實績〉
가족	증조-양근군구 교僑, 할아버지-강화부사 적勣, 아버지-영의정 철轍 어머니-적순부위 조승현曺承現의 딸 부인-창녕조씨(첨정 조휘원曺輝遠의 딸), 죽산박씨(현령 박세형朴世炯의 딸) 사위-李恒福(영의정·오성부원군)
묘소	경기도 양주시 장흥면 석현리 경기도기념물 제2호

관직경력

한성판윤 재임기간 : 1595년선조28 10월 9일 ~ ?

조선 중기의 문신·명장

1582년선조15	식년문과 급제, 승문원정자, 전적, 감찰, 예조좌랑, 호조정랑, 전라도도사, 경성판관
1592년선조25	임진왜란 발발, 광주목사, 이치梨峙전투 승리, 전라감사,
1593년선조26	행주대첩 승전
1595년선조28	도원수, 한성부판윤, 호조판서, 충청도관찰사, 도원수(2차)
1597년선조30	정유재란 발발, 명나라 장수들의 전투 기피로 무위
1599년선조32	노환으로 퇴직하고 운명하다. 영의정 추증
1604년선조37	선무공신 1등, 영가부원군永嘉府院君 추봉

생애일화

첫 부인 창녕조씨에게서 딸 하나를 낳았는데, 그 딸이 이항복의 부인이다.

그는 8척 장신의 문과 출신 장군으로, 임진왜란이 일어나자 곧 광주목사로 발령받고 부임하였다. 병력을 편성하고 군량미를 비축하였으며, 곽영郭嶸의 휘하에서 중위장中衛將으로 군대를 이끌고 북진하여 금산에서 전주로 가는 이치梨峙에서 적과 만나 싸워 크게 이겼다.
이 전공으로 전라감사로 승진하였고, 다시 1만 명의 군사를 이끌고 도성을 향해 북진하였다. 수원 독산산성에 진지를 구축하고 왜군의 주력과 대치하여 유격전을 펼치다가 적이 퇴각하자 서울 근교의 행주로 이동하였다.
조방장 조경趙儆을 미리 보내 목책을 쌓는 등 사전준비를 한 다음 전격적으로 당도해서 포진하였다. 이때 서산대사의 제자 처영處英의 승병 1천과 합세하여 적의 침공에 대비하였다.
도성에 집결한 왜군은 총대장 우키타의 진두 지휘아래 3만의 병력으로 행주산성을 총공격하였다. 함락될 위기에까지 몰렸으나, 그의 일사불란한 통솔력과 관군 및 승병이 사력을 다해 싸워 대승을 거두었다.
적은 무수한 시체를 남기고 퇴각하였으며, 많은 병장기를 두고 도망갔다. 이 전투가 1593년 2월의 그 유명한 〈행주대첩幸州大捷〉이다.
이후, 도원수로 승진하여 정유재란 때 왜군의 북상을 막기 위해 출전하였으나, 전투 확대를 기피하는 명나라 장수들의 비협조로 성과를 얻지 못했다.

336대 한성판윤 신 점(申點)

신상내용

생몰연대	1530년중종25 ~ 1601년선조34 – 72세
본관	평산平山
자	성여聖與
호	척재惕齋·월사月槎
시호	충경忠景
상훈	선무공신 2등, 평성부원군平城府院君
가족	증조–감찰 영석永錫, 할아버지–사령 원瑗, 아버지–생원·진사 정미廷美 어머니–전주이씨(학성군 이연정李連丁의 딸) 부인–고령박씨(장사랑 박자범朴自凡의 딸)
묘소	경기도 안산시 단원구 원곡동

관직경력

한성판윤 재임기간 : ? ~ ? (재직확인 : 1596년 6월 3일)

조선 중기의 문신

1564년명종19 사마시(생원) 입격, 식년문과 급제, 문한관

1569년선조2	정언, 장령, 수찬, 부교리, 교리, 부응교 역임. 경연관
1578년선조11	집의
1584년선조17	충청도·경기도 감목관, 의주목사, 강원감사
1592년선조25	임진왜란 발발, 사은사로 명나라 다녀오다
1593년선조26	승지, 부호군, 동지중추부사, 병조·호조참의, 형조참판·판서, 지중추부사, 도총관, 동지의금부사
1597년선조30	강릉부사, 순검사, 판의금부사
1604년선조37	선무공신 2등, 평성부원군平城府院君 피봉

생애일화

감목관으로 있을 때, 전라도 세곡선이 안흥량에서 파선되는 일이 잦아, 세곡과 인명손실이 막대하므로 항로 개척과 주위에 창고 설치를 건의하여 왕의 허락을 받았다.
사은사로 명나라에 머물면서 조국의 위급함을 알려, 병부상서 석성石星의 도움을 받아 요동병遼東兵 3천 명의 파견을 실현시켰다.
또한, 조선 초기에 복상服喪시 입笠에 대해 정해진 제도가 없었는데, 그가 경연에서 백포립白布笠을 쓸 것을 건의하여 그 뒤부터 준용되었다고 한다.

337대 한성판윤 윤자신(尹自新)

신상내용

생몰연대	1529년중종24 ~ 1601년선조34 – 73세
본관	남원南原
자	경수景修·敬修
상훈	호성공신, 용원부원군
가족	증조–판관 은뿔, 할아버지–전적 시호時豪, 아버지–증영의정 식湜 어머니–전주이씨(이사종李嗣宗의 딸) 부인–파평윤씨(장원掌苑 윤속尹涑의 딸)

관직경력

한성판윤 재임기간 : 1597년선조30 6월 13일 ~ 1597년선조30 8월 22일

조선 중기의 문신

1546년명종1	사마시(진사) 입격

1562년명종17	별시문과 급제, 성균관에 보임된 뒤 여러 관직 역임, 회양부사, 태인현감, 호조정랑, 사예
1585년선조18	호조참판
1586년선조19	성절사로 명나라 다녀오다
1589년선조22	전주부윤, 기축옥사(역적 정즙鄭漹 체포)
1592년선조25	임진왜란 발발, 우승지
1594년선조27	지돈녕부사, 형조참판
1595년선조28	지의금부사, 원접사
1597년세조30	한성부판윤, 공조판서
1598년세조31	지중추부사, 호조판서
1600년세조32	의인왕후 승하, 빈전도감·인산도감 제조
1604년세조36	호성공신 2등, 용원부원군龍原府院君 추봉

생애일화

성품은 말이 적고 강직하여 관직에 임하여는 도량형처럼 한 치의 어김이 없어 오직 국사에만 전념하였다.
문장과 시에도 능하여 당대에 유명하였으나, 세상이 알아주는 것을 꺼려하여 전하여지는 것이 없다.
임진왜란 당시에는 승지로서 왕을 호종하여 피란 갈 때 보산역에 이르러 종묘서제조가 되어 종묘의 신주를 임시로 송도에 묻었다.
정유재란 때는 한성판윤으로서 종묘를 지키고, 중전과 세자를 보필하였다.

338대 한성판윤 이 축(李軸) – 342·347대 동일인물

신상내용

생몰연대	1538년중종33 ~ 1614년광해군6 – 77세
본관	전주全州
자	자임子任
호	사촌沙村
시호	안양安襄
상훈	평난공신 1등, 완산부원군完山府院君
추증	영의정
가족	증조–순성군 애皚, 할아버지–헌양부정 조祖, 아버지–극포수 희남希男

	어머니–이조참판 남세준南世準의 딸
	부인–해주최씨(최희경崔希慶의 딸)
묘소	경기도 과천시 막계동 산 65–1

관직경력

한성판윤 재임기간 : 1597년선조30 8월 22일 ~ 1597년선조30 12월 23일

조선 중기의 문신

1567년명종22	사마시(생원) 입격
1576년선조9	식년문과 급제, 승문원정자, 호조좌랑, 예안현감, 형조·공조정랑
1589년선조22	안악군수–정여립鄭汝立 모역 고변
1590년선조23	평난공신 1등, 완산군完山君 피봉, 공조참판
1591년선조24	형조판서, 우참찬
1592년선조25	임진왜란 발발, 건의대장 심수경沈守慶의 부장으로 의병 지휘
1594년선조27	진휼사, 좌참찬
1611년광해군3	완산부원군 추봉, 영의정 추증

생애일화

네 살 때 어머니를 여의고, 12세에 비로소 글을 배웠으나 열심히 노력하여 출세가도를 달렸다.

그는 천성이 곧아 불의를 보면 참지 못했으며, 대문을 닫고 칩거하기를 잘하여 빈 집으로 여기기도 하였다.

평소에 낚시를 좋아하여 항상 낚시도구를 지니고 다녔으며 만년에는 시를 즐기고 바둑도 잘 두었다.

339대 한성판윤 유자신(柳自新)

신상내용

생몰연대	1541년중종36 ~ 1612년광해군4 – 72세
본관	문화文化
자	지언止彦
가족	증조–첨정 제근悌根, 할아버지–돈녕정 수천壽千, 아버지–공조판서 잠潛
	어머니–하동정씨(공조참판 정승렴鄭承廉의 딸)

부인–동래정씨(좌의정 정유길鄭惟吉의 딸), 처남–정창연鄭昌衍
사위–광해군

관직경력

한성판윤 재임기간 : 1597년선조30 12월 23일 ~ 1598년선조31 2월 12일

조선 중기의 문신

1564년명종19	사마시(진사) 입격, 태릉참봉, 돈녕부직장, 내자시주부,평강현감, 호조좌랑, 김포현령
1579년선조12	형조정랑, 김제군수
1585년선조18	장악원첨정 겸 내승
1587년선조20	3녀 왕자군 부인(광해군 왕비)
1589년선조22	안악현감–정여립 모반 사건 처리, 광주목사廣州牧使
1592년선조25	임진왜란 발발, 동지돈녕부사, 성천부사, 개성유수, 한성부우윤
1597년선조30	한성부판윤, 도총부도총관
1608년광해군즉위	영돈녕부사, 문양부원군文陽府院君 진봉

생애일화

이담李湛의 문인이며, 두 차례 한성판윤을 지낸 유잠柳潛이 아버지이다.
그는 임금의 장인이 되었으나 평소와 다름없이 겸공謙恭한 마음으로 일상생활에 근신하고 권문세가로 행세하는 일이 없었다.
인조반정으로 관작과 봉호가 추탈되고, 아들 셋, 희분希奮·희발希發·희량希亮은 처형되거나 유배되는 비운을 맞았다.

340대 한성판윤 이충원(李忠元)

신상내용

생몰연대	1537년중종32 ~ 1605년선조38 – 69세
본관	전주全州
자	원보元甫·원포圓圃
호	송암松菴·여수驢叟
시호	충헌忠憲
상훈	호성공신, 완양부원군

서예작품　〈계원군이의묘비桂原君李㦗墓碑〉·〈조찬성계상묘비曺贊成繼商墓碑〉
가족　증조–신종군 효백孝伯, 할아버지–회진군 경손敬孫, 아버지–영선군 간簡
어머니–창원정씨(판서 정자견丁自堅의 딸)
배위–단양우씨(우사철禹思哲의 딸), 안동권씨(권항權恒의 딸)
묘소　경기도 여주시 금사면 백자리

관직경력

한성판윤 재임기간 : 1598년선조31 2월 13일 ~ ?

조선 중기의 문신

1566년명종21	별시문과 장원급제, 홍문관수찬
1592년선조25	병조참의, 왕 호종
1593년선조26	병조참판, 첨지중추부사
1598년선조31	한성부판윤
1604년선조37	호성공신 2등, 완양부원군完陽府院君 진봉, 공조판서

생애일화

정종대왕의 제10자 덕천군德泉君 후생厚生의 현손이다.
그는 글씨에 뛰어났으며, 작품으로 두 개의 묘비가 경기도 고양과 광주에 있다.

341대 한성판윤 조 경(趙儆)

신상내용

생몰연대　1541년중종36 ~ 1609년광해군1 – 69세
본관　풍양豊壤
자　사척士惕
시호　장의莊毅
상훈　선무공신 3등, 풍양군
가족　증조–증공참 지진之縝, 조부–동지중추부사 현범賢範, 아버지–병마절도사 安國
어머니–안동권씨(생원 권세임權世任의 딸)
부인–영월엄씨(엄서嚴曙의 딸)
묘소　경기도 화성시 매송면 숙곡리에서 안산시 반월동으로 이장

관직경력

한성판윤 재임기간 : ? ~ ? (재직확인 : 1598년 7월 27일)

조선 중기의 무신

무과 급제, 선전관, 제주목사

1591년선조24	강계부사, 유배 중인 정철鄭澈 우대–파직
1592년선조25	임진왜란 발발, 경상우도방어사, 수원부사–독산성의 권율 응원
1593년선조26	행주대첩–조방장으로 권율을 도와 승리, 도성서도포도대장
1594년선조27	〈기효신서紀效新書〉 새 진법 채택, 훈련도감 당상, 훈련대장
1595년선조28	동지중추부사, 함경북도병사, 훈련원도정, 한성부좌윤
1598년선조29	한성부판윤
1599년선조33	충청병사, 회령부사
1604년선조38	선무공신 3등, 풍양군豊壤君 피봉

생애일화

그는 무신으로 사서史書를 두루 통하여 고사古事에 밝았고, 늦게 급제하였으나 명망이 높아 사람들이 모두 대장의 재목으로 기대하였다.
또한, 청빈하여 현달한 자의 티를 내지 않았으며, 거처도 서너 칸으로 소박하고 누추했다.
대소 내·외직으로 예닐곱 곳을 다녔으나, 청렴결백하고 백성들을 매우 사랑하여 영암과 제주에는 송덕비를 세우기도 했다.
임진왜란 3대첩의 하나인 행주대첩의 승리에 권율權慄을 도와 겉으로 드러내지 않은 공로가 지대하였다.
묘소를 경기도 화성시에서 안산시로 이장했는데, 부장품이 많이 출토되었고, 그 중 흉배는 특히 한국복식사 연구에 귀중한 자료이다.

342대 한성판윤 이 축(李軸) – 338·347대 동일인물

한성판윤 재임기간 : 1598년선조31 8월 7일 ~ 1598년선조31 10월 25일

343대 한성판윤 홍여순(洪汝諄)

신상내용

생몰연대	1547년명종2 ~ 1609년광해군1 – 63세
본관	남양南陽
자	사신士信
호	동성東城
가족	증조–별좌 준俊, 할아버지–군수 경종敬宗, 아버지–현령 은誾 어머니–홍계현洪繼玄의 딸 부인–이길李佶의 딸
묘소	경기도 양주시 은현면 도하리

관직경력

한성판윤 재임기간 : 1598년선조31 10월 25일 ~ 1599년선조32 3월 4일

1567년명종22	사마시(생원) 입격
1568년선조1	증광문과 급제
1569년선조2	황해도도사
1575년선조8	성절사의 질정관質正官으로 명나라 다녀오다
1592년선조25	임진왜란 발발, 병조판서, 왕 호종, 호조판서
1593년선조26	지중추부사 겸 북도순찰사
1599년선조27	남이공·김신국 등과 함께 유성룡을 밀어내고 정권 장악 대사헌 임명을 남이공이 반대하자 북인에서 대북大北으로 분파
1600년선조28	병조판서에서 삭탈관직–복관
1608년광해군즉위	탄핵으로 진도 유배 중 사망

생애일화

그는 평소 대간으로부터 성품이 간악하다는 평을 들어왔다.
유영경柳永慶·정인홍鄭仁弘 등과 더불어 조정의 현신賢臣들을 공격하다가, 오리정승 이원익李元翼한테서 '이 사람을 쓰다가는 국가에 큰 화를 미치겠다.'는 평을 받은 바 있다.

344대 한성판윤 이광정(李光庭)

신상내용

생몰연대	1552년명종7 ~ 1627년인조5 – 76세
본관	연안延安
자	덕휘德輝
호	해고海皐
시호	문충文忠
상훈	청백리, 호종공신, 연원부원군
가족	증조–삼척부사 말抹, 할아버지–여산군수 경종慶宗, 아버지–정언 주澍 어머니–진주유씨(군수 유사필柳思弼의 딸) 부인–청송심씨(풍산군수 심순沈筍의 딸), 양천허씨(개성유수 허잠許潛의 딸) 친척–이귀령李貴齡(한성판윤·7대 백종조)
묘소	경기도 파주시 조리면 노조리

관직경력

한성판윤 재임기간 : 1599년선조32 3월 4일 ~ 1599년선조32 4월 23일

조선 중기의 문신

1573년선조6	사마시(생원) 입격
1590년선조23	증광문과 급제
1591년선조24	승문원정자, 사관, 시강원설서
1592년선조25	임진왜란 발발, 왕 호종, 정언, 지제교, 예조·병조좌랑
1593년선조26	환도, 접반사 이덕형李德馨 보좌
1594년선조27	지평, 병조정랑, 동부승지, 이조·예조·병조정랑, 이조·병조·예조참의 좌승지, 대사성
1597년선조30	정유재란 발발, 접반사로서 심유경沈惟敬 만남, 호조·공조참판
1598년선조31	접반사로서 명나라 제독 마귀麻貴와 동행 출전
1599년선조32	호조·공조판서, 한성부판윤
1601년선조34	지중추부사, 청백리
1602년선조35	예조판서, 대사헌, 인목대비 책봉 주청사로 명나라 다녀오다
1603년선조36	판돈녕·판의금부사, 예조·이조판서
1604년선조37	호성공신 2등, 연원군延原君 피봉, 연원부원군 진봉
1621년광해군13	호조판서–不仕
1623년인조1	인조반정, 공조·형조판서

1626년인조4	개성유수
1627년인조5	정묘호란 발발,

생애일화

그는 인품이 근검하며 신중하여 주요 직책을 두루 맡았다.
양주목사로 있을 때에는 가난하여 시집 못간 5자녀의 노처녀를 중매하여 시집보낸 일 등 숨은 이야기가 많다.
후금後金의 내침으로 왕을 강화도로 호종하다 풍토병으로 죽었다.

345대 한성판윤 장운익(張雲翼)

신상내용

생몰연대	1561년명종16 ~ 1599년선조32 – 39세
본관	덕수德水
자	만리萬里
호	서촌西村
시호	정민貞敏
상훈	덕수부원군
추증	영의정
가족	증조–승문원판교 옥玉, 할아버지–장예원 사의 임중任重, 아버지–목천현감 일逸 어머니–창녕성씨(부사 성자항成子沆의 딸) 부인–밀양박씨(박숭원朴崇元의 딸) 아들–張維(영의정·4대문장가) 손녀–인선왕후(효종대왕 왕비)
묘소	서울시 서초구 방배동에서 경기도 시흥시 조남동 응달말 이장

관직경력

한성판윤 재임기간 : 1599년선조32 4월 23일 ~ 1599년선조32 7월 12일

조선 중기의 문신

1579년선조12	사마시(진사) 입격
1582년선조15	식년문과 장원급제, 전적, 공조좌랑, 고산찰방, 예조정랑, 선천군수, 장령

1591년선조24	양양부사
1592년선조25	임진왜란 발발, 왕 호종,
1593년선조26	집의, 주청사로 명나라 다녀오다. 도승지, 해주목사, 형조판서
1597년선조30	정유재란 발발, 이조판서, 접반사로 명 제독 마귀麻貴와 울산전투 참여
1599년선조32	형조판서, 죽은 뒤 영의정 추증, 덕수부원군德水府院君 추봉

생애일화

어머니가 임신했을 때 용꿈을 꾸어 어렸을 적에는 응룡應龍이라 불렀는데, 보통아이들과는 매우 달랐다. 6세 때 어머니를 여의고, 19세에 진사시 4등 입격을 하였으며 22세 때 문과에 장원급제한 천재였다.

젊은 시절, 선천군수로 있으면서 평안도 목민관 중 으뜸가는 치적을 올리는 등 훌륭한 관료로서의 자질을 보였다. 특히 중국어에 능통하여 임금의 총애를 받으며 명나라와의 외교에도 기여하였으나 고위직으로는 형조판서를 지냈을 뿐, 아깝게도 39세에 세상을 저버렸다.

아들이 한문학 4대 문장가의 한 사람인 장유張維이고, 효종대왕의 왕비인 인선왕후仁宣王后의 할아버지가 된다.

346대 한성판윤 이충원(李忠元) – 340대 동일인물

한성판윤 재임기간 : 1599년선조32 7월 12일 ~ 1601년선조34 1월 6일

347대 한성판윤 이 축(李軸) – 338·342대 동일인물

한성판윤 재임기간 : 1601년선조34 1월 6일 ~ 1601년선조34 1월 26일

348대 한성판윤 신 잡(申磼)

신상내용

생몰연대	1541년중종36 ~ 1609년광해군1 – 69세
본관	평산平山
자	백준伯俊
호	독송獨松

시호　　충헌忠憲
상훈　　호성공신, 평천부원군
추증　　영의정
가족　　증조-말평末平, 할아버지-형조판서 상鏛, 아버지-설검 華國
어머니-윤회정尹懷貞의 딸이다
부인-양사근梁思謹의 딸

관직경력

한성판윤 재임기간 : 1601년선조34 1월 26일 ~ 1601년선조34 2월 12일

조선 중기의 문신

1568년선조1	사마시(생원) 입격
1584년선조17	정시문과 급제, 정언, 지평, 우부승지, 이조·형조참판
1592년선조25	임진왜란 발발, 비변사 당상
1593년선조26	병조참판, 평안도병마절도사
1595년선조28	밀양부사, 병조판서, 특진관, 동지중추부사
1600년선조33	호조판서, 병조판서 겸 세자빈객
1602년선조35	함경도관찰사, 빙고제조
1604년선조37	호성공신 2등, 평천부원군 피봉
1606년선조39	개성유수, 영의정 추증

생애일화

임진왜란 때 충주 탄금대에서 장렬하게 산화한 신립申砬 장군의 형이다.

349대 한성판윤 유 근(柳根) – 329·334대 동일인물

한성판윤 재임기간 : 1601년선조34 2월 12일 ~ 1601년선조34 5월 14일

350대 한성판윤 성 영(成泳)

신상내용

생몰연대　1547년명종2 ~ 1623년광해군15

본관	창녕昌寧
자	사함士涵
호	태정苔庭
시호	양혜襄惠
상훈	청백리
가족	증조-호조좌랑 완玩, 할아버지-판교 希周, 아버지-강원감사 세평世平 어머니-노공좌盧公佐의 딸 부인-전주이씨(영의정 이양원李陽元 의 딸)
묘소	경기도 양평군 용문면 삼성리 추읍산

관직경력

한성판윤 재임기간 : 1601년선조34 5월 16일 ~ 1601년선조34 7월 5일

조선 중기의 문신

1568년선조1	사마시(진사) 입격
1573년선조6	식년문과 급제, 병조좌랑, 헌납, 장령, 집의
1592년선조25	여주목사, 임진왜란 발발, 경기도순찰사
1593년선조26	경기좌도관찰사, 동지중추부사, 호조참판-사헌부 탄핵, 파직
1597년선조30	정유재란 발발, 남정양향사南征糧餉使
1599년선조32	공조참판, 한성부좌윤, 대사헌, 예조참판, 대사간
1600년선조33	청백리 녹선
1601년선조34	한성부판윤
1602년선조35	지중추부사, 진하사로 명나라 다녀오다
1603년선조36	대사헌, 충청도감사, 호조·병조판서
1605년선조38	우·좌참찬
1607년선조40	이조판서
1608년광해군즉위	유영경柳永慶의 당여로 몰려 파직
1616년광해군6	경상도 연일에 유배되어 배소에서 죽었다. 인조반정 후 복관

351대 한성판윤 한효순(韓孝純) – 353대 동일인물

신상내용

생몰연대 1543년중종38 ~ 1621년광해군13 – 79세

본관	청주淸州
자	면숙勉叔
호	월탄月灘
가족	증조-한성판관 사무士武, 조부-정선군수 승원承元, 아버지-문천군수 여필汝弼 어머니-문화유씨(문성공 유엄柳渰) 배위-안정安珽의 딸, 진주강씨(현감 강효윤姜孝胤의 딸)
묘소	경기도 성남시 분당구 서현동

관직경력

한성판윤 재임기간 : 1601년선조34 7월 5일 ~ 1601년선조34 7월 26일

조선 중기의 문신

1568년선조1	사마시(생원) 입격
1576년선조9	식년문과 급제, 검열, 수찬, 영해부사
1592년선조25	임진왜란 발발, 경상좌도관찰사·순찰사
1594년선조27	병조참판
1596년선조29	경상·전라·충청도 체찰부사, 한산도 무과시관武科試官, 지중추부사
1599년선조32	전라좌수영 전선감조군관戰船監造軍官
1604년광해군2	이조판서, 평안도관찰사, 판중추부사
1606년광해군4	판돈녕부사
1610년광해군8	이조판서
1616년광해군14	우의정, 좌의정
1617년광해군15	폐모론-인목대비 폐출 동조, 판중추부사
1623년인조1	인조반정 후 관작 추탈

생애일화

그는 조선개국공신이며 영의정을 지낸 서원부원군 한상경韓尙敬의 후손이다.
임진왜란이 일어났을 때, 이순신과 관련하여 흥미 있는 대목이 있다.
이순신이 주관하여 한산도에서 무과시험을 치룰 때, 시험관으로 활동하면서 수군 강화에 힘썼다.
특히, 전라좌수사 이순신 막하에서 전선감조군관으로서 거북선 건조에 공이 많은 나대용을 지휘하며 쟁선鎗船을 25척이나 만들도록 하였다 한다.
광해군이 즉위하면서 권신 이이첨李爾瞻 등과 부화뇌동하며 국정 농단에 가담하여, 결국 인목대비를 폐출시키는데 일익을 맡았으며, 이 일로 인조반정 후 관작이 추탈되었다.

그는 광해군의 후궁에게 산삼을 바치고 정승이 되었다고 하여 '산삼 정승'이라는 별명이 붙었다.

352대 한성판윤 허 욱(許頊)

신상내용

생몰연대 1548년명종3 ~ 1618년광해군1 – 71세
본관 양천陽川
자 공신公愼
호 부훤負暄
시호 정목貞穆
상훈 양릉부원군, 청백리
가족 증조–동지돈녕부사 확確, 할아버지–대사헌 흡洽, 아버지–응凝
어머니–이한준李漢俊의 딸
부인–유녕柳寧의 딸

관직경력

한성판윤 재임기간 : 1601년선조34 7월 26일 ~ 1601년선조34 9월 18일

조선 중기의 문신

1572년선조5	춘당대문과 급제
1591년선조24	공주목사
1592년선조25	임진왜란 발발, 승장 영규靈圭와 협력하여 의병장 조헌趙憲과 청주성 탈환
1593년선조26	충청도관찰사–군량 조달 부실로 파직
1594년선조27	청량사請糧使로 명나라에 가서 곡식 22,700섬 얻어옴, 강계부사
1595년선조28	의주부윤, 평안도관찰사, 병조참판
1601년선조34	한성부판윤, 평안도관찰사, 호조판서
1604년선조37	지춘추관사–불탄 실록 사고史庫 봉안
1606년선조39	우의정, 좌의정, 양릉부원군陽陵府院君 습봉, 청백리
1608년선조41	유영경 일파로 몰려 파직–원주 유배–인조반정 후 관작 복구

생애일화

임진왜란 와중에 충청도관찰사로 있으면서 군량 조달이 원활치 못해 도원수 권율로부터 파직당했다.
그러나 유성룡의 추천으로 청량사請糧使로 명나라에 가서 산동지방 곡식 22,700섬을 얻어와 공을 세웠다. 군량미가 그를 죽였다 살렸다 한 셈이다.
세조 때 명신 허종許琮이 고조부이고, 한성판윤을 지낸 허흡許洽이 조부이다.

353대 한성판윤 한효순(韓孝純) – 351대 동일인물

한성판윤 재임기간 : 1601년선조24 9월 18일 ~ 1601년선조24 12월 2일

354대 한성판윤 이시언(李時言)

신상내용

생몰연대 ? ~ 1624년인조2
본관 전주全州

관직경력

한성판윤 재임기간 : 1601년선조34 12월 2일 ~ 1602년선조35 3월 25일

조선 중기의 무신

1589년선조2	오위五衛 사용司勇–이산해 천거, 사과司果, 상호군
1592년선조25	황해좌방어사, 충청도병마절도사
1594년선조27	전라도병마절도사
1596년선조29	이몽학의 난 진압
1598년선조31	충청병사, 통제사(여수)
1605년선조38	함경도순변사
1609년광해군1	평안병사
1610년광해군2	공조판서
1617년광해군9	훈련대장
1618년광해군10	전흥부원군全興府院君 피봉

1623년인조1	순변부원수
1624년인조2	이괄의 난–처형 당함

생애일화

충청도병마절도사로 있으면서, 의병장 정기룡·권응수 등과 합세하고 명군과 연합하여 경주 탈환전에서 수훈을 세웠다. 한편 그는 전라좌수영의 본영으로 사용하던 터에 진남관鎭南館(국보 제324호)을 건립하였다.

임란 이후 1601년 충청도 일원에서 일어난 이몽학李夢鶴의 난을 진압하는데 기여하기도 하였다. 그러나 이괄李适의 난에 연루되어 영의정 기자헌奇自獻 등 35명과 함께 참수형에 처해졌다.

355대 한성판윤 서 성(徐渻)

신상내용

생몰연대	1558년명종13 ~ 1631년인조9 – 74세
본관	대구大丘
자	현기玄紀
호	약봉藥峯
시호	충숙忠肅
추증	영의정
저서	〈약봉집〉
배향	구암서원(대구)
가족	증조–사헌부장령 팽소彭召, 할아버지–예조참의 고固, 아버지–증영의정 해嶰 어머니–고성이씨(군수 이고李股의 딸) 부인–여산송씨(목사 송녕宋寧의 딸) 아들– 경우景雨(장남·우의정), 경주景霌(4남·세조 부마)
묘소	경기도 포천시 포천읍 설운리 산 1–14　경기도기념물 제46호

관직내용

한성판윤 재임기간 : 1602년선조35 3월 25일 ~ 1602년선조35 8월 7일

조선 중기의 문신

1586년선조19	별시문과 급제, 권지성균관학유

1587년선조20	인천부교수, 예문관검열, 대교, 봉교, 전적. 감찰, 예조·병조좌랑
1592년선조25	임진왜란 발발, 왕 호종, 호소사號召使 황정욱 종사관
1593년선조26	지평·병조정랑·성균관직강, 삼남지역 암행어사, 제용감정, 내섬시정
1594년선조27	경상우도감사
1595년선조28	동부승지, 병조참의, 비변사당상, 승문원부제조
1597년선조30	병조참의, 도승지, 황해도감사,
1599년선조32	함경도감사, 평안도감사
1600년선조33	도승지
1602년선조35	한성부판윤 겸 비변사·훈련도감제조
1603년선조36	형조·병조판서, 지중추부사, 함경도감사
1605년선조38	호조판서, 지의금부사
1607년선조39	경기감사
1610년광해군2	우참찬, 개성유수
1613년광해군5	계축옥사–11년간 유배
1623년인조1	형조판서, 대사헌, 경연·성균관사
1624년인조2	이괄의 난–왕 호종, 판중추부사, 병조판서
1627년인조5	정묘호란–왕 강화도 호종

생애일화

대제학 서거정徐居正의 현손이고, 이이李珥·송익필宋翼弼의 문인이다.
임진왜란 때 왕자(임해군·순화군)들과 함께 가등청정의 왜군에게 잡혔다가 탈출하였다.
선조대왕 임종 시 유교遺敎 7신의 한 사람으로서 영창대군의 안위를 부탁받았다.
계축옥사로 11년간 유배생활 끝에 인조반정 후 다시 등용되었고, 이괄의 난과 정묘호란 때 왕을 호종하였다.
그는 학문을 즐겨 이인기·이호민·이귀 등과 남지기로회南池耆老會를 만들어 역학을 토론하고 서화를 즐겼다.
어머니 고성이씨와 관련하여 많은 일화가 남아있다.

356대 한성판윤 김이원(金履元)

신상내용

생몰연대	1553년명종8 ~ 1614년광해군6 – 62세
본관	선산善山
초명	신원信元

자	수백守伯
호	소암素菴
상훈	익사공신, 숭양부원군
가족	증조–직장 수현秀賢, 할아버지–직장 덕유德裕, 아버지–현령 홍우弘遇 어머니–파평윤씨(직장 윤은좌尹殷佐의 딸), 형–孝元(東人대표) 부인–강릉김씨(사직서령 김광열金光烈의 딸) 아들–극빈克鑌(3남·선조대왕 부마)
묘소	경기도 양평군 강하면 전수리 양백산

관직경력

한성판윤 재임기간 : 1602년선조35 8월 7일 ~ 1602년선조35 8월 17일

조선 중기의 문신

1576년선조9	사마시(생원) 입격
1583년선조16	알성문과 급제, 호조좌랑, 수찬, 교리, 정언
1593년선조26	의주목사
1597년선조30	정유재란 발발, 형조참판, 경기도관찰사
1609년광해군1	계축옥사 처리–익사공신翼社功臣, 숭양부원군嵩陽府院君 피봉
1610년광해군2	병조판서, 판중추부사
1623년인조1	인조반정–훈작 추탈

생애일화

정유재란 때 경기도관찰사가 되었다. 전임자 유희서가 명나라 군사에게 모욕을 당하고 사임한 까닭에 모두 그를 걱정하였는데, 명나라 군사들을 잘 다루어 도내 행정을 안정적으로 바로잡았다.

우리 역사에서 붕당정치로 처음 당쟁의 양상이 東·西 둘로 갈라질 때, 동인東人의 대표적 인물인 김효원金孝元의 아우이다.

357대 한성판윤 이 준(李準)

신상내용

생몰연대	1545년인종1 ~ 1624년인조2 – 80세
본관	전주全州

자	평숙平叔
호	뇌진자懶眞子·무민당無悶堂·서파西坡
시호	숙헌肅憲
상훈	익사공신, 전성부원군
추증	영의정
가족	증조-상산수 계보繼保, 할아버지-검사 억손億孫, 아버지-현감 유정惟貞 어머니-안동김씨(별좌 김기서金麒瑞의 딸) 부인-청주경씨(현감 경시형慶時衡의 딸), 여산송씨(병사 송중기宋重器의 딸)
묘소	경기도 양주시 남면 신산리 1-1 사리산

관직경력

한성판윤 재임기간 ; 1602년선조35 8월 17일 ~ 1602년선조35 11월 30일

조선 중기의 문신

1561년명종16	사마시(생원·진사) 입격
1568년선조1	증광문과 급제, 주서, 정언
1581년선조14	헌납, 전주목사, 의주목사
1589년선조22	도승지-정여립 모반사건 처리-평난공신 2등, 전성군全城君 피봉
1592년선조25	임진왜란 발발, 운향사運餉使
1593년선조26	한성부좌윤, 춘천부사, 예조·병조참판
1600년선조33	대사간
1601년선조34	안동부사, 경주부윤
1609년광해군1	좌참찬, 형조·공조판서, 개성부유수, 이조판서, 계축옥사-은퇴

생애일화

정종대왕의 10남 덕천군德泉君 후생厚生의 후손이다.
그가 이조판서가 되었을 때, 이이첨·정인홍 등 대북의 일파가 강변칠우江邊七友를 사주하여 계축옥사를 일으켜 인목대비를 유폐하고 친정아버지 김제남과 영창대군을 죽이는 등 나랏일을 어지럽히자 은퇴하였다.
영의정에 추증되고 전성부원군으로 추봉되었다.

358대 한성판윤 신 흠(申欽)

신상내용

생몰연대 1566년명종21 ~ 1628년인조6 – 63세
본관 평산平山
자 경숙敬叔
호 현헌玄軒·상촌象村·현옹玄翁·방옹放翁
시호 문정文貞
저서 〈상촌집〉·〈야언〉 외
배향 인조 묘정
가족 증조–사직서령 세경世卿, 할아버지–우참찬 영瑛, 아버지–도사 승서承緖
어머니–은진송씨(좌참찬 송기수宋麒壽의 딸)
부인–전의이씨(청강淸江 이제신李濟臣의 딸)
아들–익성翊聖(선조대왕 부마)
묘소 경기도 광주시 퇴촌면 영동리 경기도기념물 제145호

관직경력

한성판윤 재임기간 : 1605년선조38 11월 30일 ~ 1606년선조39 4월 28일

조선중기의 문신

1585년선조18 사마시(생원·진사) 입격, 승사랑
1586년선조19 별시문과 급제, 성균관학유, 경원훈도, 광주훈도, 사재감참봉
1589년선조22 예문관봉교, 사헌부감찰, 병조좌랑
1592년선조25 임진왜란 발발, 양재도찰방, 도체찰사 종사관, 지평
1593년선조26 이조좌랑, 지제교, 승문원교감
1594년선조27 이조정랑, 사복시첨정, 집의, 주청사로 명나라 다녀오다. 군기시정
1595년선조28 함경도어사, 의정부사인, 장악원정, 성균관사예, 종부시정, 세자시강원 필선, 홍문관교리·응교, 의정부사인, 홍문관전한
1599년선조34 장남 익성翊聖 貞淑翁主 혼인, 동부승지, 형조참의 겸 승문원부제조
1600년선조35 병조참지, 우부승지, 이조·예조참의, 대사간, 병조참의
1601년선조36 〈춘추제씨전春秋諸氏傳〉 합찬, 예문관제학
1602년선조37 충무위부호군, 오위도총부부총관, 예조·병조참판, 홍문관부제학
1603년선조38 성균관대사성, 도승지, 예문관제학, 병조참판
1605년선조39 한성부판윤, 병조·예조판서, 상호군, 경기도관찰사
1608년선조41 선조대왕 승하, 예조판서

1609년광해군1	주청사로 명나라 다녀오다.
1610년광해군2	동지경연사, 동지성균관사, 예문관대제학
1613년광해군9	계축옥사(7서지옥)-유교遺敎7신·파직
1616년광해군12	인목대비 폐출 관련-춘천 유배
1621년광해군13	사면
1623년인조1	인조 즉위, 이조판서 겸 예문관·홍문관대제학, 우의정
1627년인조5	정묘호란, 좌의정-전주로 세자호종, 영의정

생애일화

송기수宋麒壽와 이제민李濟民의 문하에서 수학했다.
그는 일찍이 부모를 여의었으나 학문에 전념하여 벼슬하기 전부터 이미 문명을 떨쳤다.
관직에 나아가서는 서인인 이이와 정철을 옹호한 것으로 동인의 배척을 받았으나, 장중하고 간결한 성품과 뛰어난 문장으로 인하여 선조의 신망을 받으면서 항상 문한직文翰職을 겸대하고 대명외교문서의 제작, 시문의 정리, 각종 의례문서의 제작에 참여하는 등 문운文運의 진흥에 기여하였다.
또한, 사림의 신망을 받음은 물론, 이정구李廷龜·장유張維·이식李植과 함께 조선 중기의 한문학의 4대가로 꼽혀, 이른바 월상계택〈月象谿澤-月沙 이정구, 象村 신흠, 谿谷 장유, 澤堂 이식〉의 한 사람으로 칭송되었다.
7세에 조실부모하고 외할아버지 송기수의 집에서 자랐다. 외가에는 책이 많아 열심히 공부할 수 있었는데, 외조부도 한성판윤을 지냈다.
한성판윤을 지낸 신영申瑛이 할아버지이고, 역시 한성판윤을 지낸 신상申鏛과 그 손자 신잡申磼과도 가까운 사이였다. 특히 아들 익성翊聖은 문장으로 세상에 이름을 날린 세조의 부마이기도 하다.
저서와 편서로는 〈상촌집〉·〈야언野言〉 등과 〈현헌선생화도시玄軒先生和陶詩〉·〈낙민루기樂民樓記〉·〈고려태사장절신공충렬비문高麗太師壯節申公忠烈碑文〉·〈황화집령皇華集令〉 등이 있다.

359대 한성판윤 윤 방(尹昉)

신상내용

생몰연대	1563년명종18 ~ 1640년인조18 - 78세
본관	해평海平
자	가회可晦
호	치천稚川
시호	문익文翼

상훈	해평부원군
저서	〈치천집〉
가족	증조－사용 희림希琳, 할아버지－군자감정 변忭, 아버지－영의정 두수斗壽 어머니－창원황씨(관찰사 홍기黃琦의 손녀, 참봉 대용大用의 딸), 숙부－근수根壽 부인－청주한씨(판관 한의韓漪의 딸) 아들－신지新之(2남·선조 부마 해숭위海崇尉)
묘소	경기도 장단군 오음리

관직경력

한성판윤 재임기간 : 1606년선조39 4월 28일 ~ 1607년선조40 4월 13일

조선 중기의 문신

1582년선조15	사마시(진사) 입격
1588년선조21	식년문과 급제, 승문원정자, 예문관검열 겸 춘추관기사관, 봉교, 예조좌랑
1589년선조22	사간원정언, 성균관전적
1592년선조25	예조정랑, 임진왜란－왕 호종, 병조정랑, 홍문관수찬, 이조좌랑, 홍문관응교
1593년선조26	직강, 사예, 군기시첨정
1594년선조27	경상도순안어사, 군기감정, 평산부사
1596년선조28	이몽학의 난, 추관推官
1597년선조29	정유재란 발발, 순안독찰巡安督察－군량운반, 철원부사, 동부승지
1601년선조30	부친상, 동지사로 명나라 다녀오다. 해평부원군海平府院君 습봉
1602년선조31	병조참판 겸 동지춘추관사, 도승지
1606년선조35	한성판윤 겸 지의금부사
1608년선조41	선조대왕 승하, 광해군 즉위, 사은사로 명나라 다녀오다. 경기·경상감사
1609년광해군1	겸춘추관사, 〈선조실록〉 편찬 참여
1615년광해군7	사은사로 명나라 다녀오다
1618년광해군10	인목대비 폐모론－탄핵·사직·은퇴
1623년인조1	인조반정, 예조판서, 우참찬 겸 판의금부사, 우의정
1624년인조2	좌의정, 이괄의 난－진압
1627년인조5	영의정, 정묘호란－왕 강화도 호종, 판중추부사
1631년인조9	영의정(재임)
1636년인조14	병자호란, 묘사제조廟社提調로서 빈궁·봉림대군 강화도 피신
1639년인조17	신주 봉안 잘못－탄핵·연안 유배－방면, 영중추부사

생애일화

율곡 이이李珥의 문인이다.
그는 효성이 지극하여 전란 중임에도 돌아가신 어머니의 빈소를 다녀왔다.
아버지 윤두수尹斗壽도 선조 때 영의정을 지내어 父子가 같이 영의정을 지냈다.
작은아버지 월정月汀 윤근수尹根壽도 예조판서와 좌찬성을 지냈으며, 문장과 서예로 당대의 유명한 인물이다.

360대 한성판윤 이시언(李時彦) – 362대 동일인물

신상내용

생몰연대	1545년인종1 ~ 1628년인조6 – 84세
본관	전주全州
개명	직언直彦
자	군미君美
호	추천秋泉
시호	정간貞簡
상훈	염근리廉勤吏, 선무원종공신
가족	증조–고림군 훈薰, 할아버지–칠산군 선손璿孫, 아버지–부호군 형泂 어머니–동래정씨(별좌 정응운鄭應雲의 딸) 부인–단양우씨(진사 우사겸禹思謙의 딸)
묘소	전북 인실군 둔남면 대정리 예기동

관직경력

한성판윤 재임기간 :1607년선조40 4월 13일 ~ 1608년선조41 3월 1일

조선 중기의 문신

1573년선조6	사마시(진사) 입격
1576년선조9	식년문과 급제
1585년선조18	지평, 수령 역임
1591년선조24	장령
1592년선조25	사예, 임진왜란 발발, 헌납, 장령
1593년선조26	황해도방어사, 사간, 경상도진휼어사
1594년선조27	인천부사, 전라병사

1595년선조28	경상도관찰사
1597년선조30	정유재란 발발, 충청도방어사
1598년선조31	경상우도조도사
1599년선조32	주문사로 명나라 다녀오다. 호조참의, 동부승지
1600년선조33	평산부사–염근리廉勤吏 선정
1601년선조34	이원익·유성용·허잠 등과 함께 2품 이상 염근리 표창–아들 서용
1602년선조35	부총관, 여주목사, 경주부윤
1606년선조39	동지중추부사, 지의금부사, 동지춘추관사
1608년선조41	대사헌, 우포도대장, 대사헌(재임)
1609년광해군1	지돈녕부사
1610년광해군2	형조판서, 사역원제조, 왕세자 책봉 사은사로 명나라 다녀오다. 개성유수
1616년광해군8	지돈녕부사, 지춘추관사 겸 도청당상都廳堂上–선조실록 완성
1617년광해군9	훈련대장
1623년인조1	좌참찬
1624년인조2	판중추부사, 우찬성

생애일화

그는 임진왜란을 당해 간난艱難에 빠진 나라에 대해 지극한 우국충정으로 활동했으며, 혼비백산한 백성들을 위무하고자 민심수습에 온 힘을 쏟았다.
평산부사·여주목사·경주부윤 등 지방관으로 재직하면서, 군사훈련을 철저히 하고 깨끗하게 처신하며 행정을 간소하게 실행하여 내외의 칭찬이 많았다.
이원익·유성용·허잠 등과 함께 2품 이상 염근리로서 표창을 받고 아들이 관직에 서용되었다.

361대 한성판윤 정인홍(鄭仁弘)

신상내용

생몰연대	1535년중종30 ~ 1623년인조1 – 89세
본관	서산瑞山
자	덕원德遠
호	내암萊菴
상훈	서령부원군
저서	〈내암집〉
가족	증조–정언 희僖, 할아버지–언우彦佑, 아버지–윤倫

어머니–강눌姜訥의 딸
부인–양홍梁紅의 딸
묘소　경남 합천군 가야면 야천리

관직경력

한성판윤 재임기간 : 1608년선조41 3월 1일 ~ 1608년선조41 11월 23일

조선 중기의 학자·의병장·정치가

1573년선조6	학행으로 천거
1575년선조8	황간현감, 지평
1581년선조14	장령, 남명학파로서 동인 편에서 서인 정철·윤두수 등 탄핵–해직·낙향
1589년선조22	정여립 옥사–동인 남북으로 분파–북인 영수
1592년선조25	임진왜란 발발, 영남 의병장–지방세력 구축
1602년선조35	대사헌, 동지중추부사, 공조참판
1607년선조38	북인 분열–소북(이산해·이이첨–영창대군 지지) : 대북(정인홍–광해군지지)
1608년선조41	한성판윤
1609년광해군1	대사헌–대북정권 수립, 남인(유성룡)과 서인세력 추방
1612년광해군4	우의정
1613년광해군5	계축옥사–영창대군 제거, 서령부원군瑞寧府院君 피봉
1618년광해군10	좌의정, 인목대비 유폐, 영의정
1623년인조1	인조반정, 참형

생애일화

남명南冥 조식曺植의 수제자로서 최영경崔永慶·오건吳健·김우옹金宇顒·곽재우郭再祐 등과 함께 경상우도의 남명학파를 대표하는 인물이다.
정계에서의 좌충우돌하는 그의 행태를 율곡 이이는 '강직하나 식견이 밝지 못하니 용병에 비유한다면 돌격대장 격이다.'라고 말했다.
강경한 지조, 강려剛戾한 성품 그리고 지나치게 경의敬義를 내세우는 행동으로, 고향 합천에서 요집조권遙執朝權(멀리서 정권 조종)하던 그가 하루아침에 권력을 잃고 참형을 당해 비극적으로 삶을 마감하였다. 재산은 적몰되고 끝내 신원되지 못했다.

362대 한성판윤 이시언(李時彦) – 360대 동일인물

한성판윤 재임기간 : 1608년선조41 11월 23일 ~ 1609년광해군1 4월 1일

363대 한성판윤 조 정(趙挺) – 364·370대 동일인물

신상내용

생몰연대	1551년명종6 ~ 1629년인조7 – 79세
본관	양주楊州
자	여호汝豪
호	한수漢叟·죽천竹川
상훈	형난공신, 한천군
저서	〈동사보유東史補遺〉
가족	증조–과천현감 수견壽堅, 할아버지–사직령 방보邦俌, 아버지–진사 충수忠秀 어머니–양윤형梁允亨의 딸 부인–능성구씨(직장 구윤덕具潤德의 딸) 친척–조언수趙彦秀(7촌당숙·한성판윤)
묘소	충남 예산군 신양면 신양리

관직경력

한성판윤 재임기간 : 1609년광해군1 4월 1일 ~ 1609년광해군1 5월 22일

조선 중기의 문신

1582년선조15	사마시(진사) 입격
1583년선조16	정시문과 급제, 사관史官
1586년선조19	사정司正, 문과중시 급제, 예문관수찬, 홍문관교리, 사간원정언
1592년선조25	임진왜란 발발, 보덕–세자 호종, 전적·필선, 회양·남양·안변부사, 광주목사
1594년선조27	대사간, 동부승지, 부제학, 동지중추부사, 대사성, 이·호·예·병조참판, 지의금부사, 대사헌
1601년선조34	성절사로 명나라 다녀오다.
1609년광해군1	한성판윤, 형조판서, 성절사, 우참찬, 형조판서, 우의정, 亨難功臣 2등 책록, 漢川君 피봉
1623년인조1	인조반정, 광해군을 '前主'라 칭하여 탄핵·관직삭탈
1628년인조6	해남에 유배, 배소에서 이듬해 졸했다.
1675년숙종1	신원伸寃

364대 한성판윤 조 정(趙挺) – 363·370대 동일인물

한성판윤 재임기간 : 1609년광해군1 5월 22일 ~ 1609년광해군1 7월 3일

365대 한성판윤 김상용(金尙容) – 366·372대 동일인물

신상내용

생몰연대	1561년명종16 ~ 1637년인조15 – 77세
본관	안동安東
자	경택景擇
호	선원仙源·풍계楓溪·계옹溪翁
시호	문충文忠
추증	영의정
배향	충렬사(강화) 석실서원(양주) 봉명서원(정주) 옥동서원(안변) 서산서원(상주)
저서	〈선원유고〉
가족	증조–평양서윤 번播, 할아버지–신천군수 생해生海, 아버지–돈녕부도정 극효克孝 어머니–동래정씨(좌의정 정유길鄭惟吉의 딸) 아우–김상헌金尙憲(좌의정) 부인–안동권씨(할아버지·영의정 권철權轍, 아버지·공조좌랑 권개權愷) 사위–장유張維(한문학 4대문장가 1인)
묘소	경기도 남양주시 와부읍 덕소리 경기도기념물 제99호

관직경력

한성판윤 재임기간 : 1609년광해군1 7월 3일 ~ 1609년광해군1 10월 28일

조선 중기의 문신

1582년선조15	사마시(진사) 입격
1590년선조23	증광문과 급제, 승문원부정자, 예문관검열
1592년선조25	임진왜란 발발,
1598년선조32	승지, 성절사로 명나라 다녀오다
1601년선조35	대사간, 정주목사
1608년선조41	한성부우윤, 도승지
1617년광해군9	폐모론 반대

1623년인조1	인조반정, 판돈녕부사, 병조·이조·예조판서
1627년인조5	유도대장留都大將
1630년인조8	기로사 입소
1632년인조10	우의정
1636년인조14	병자호란, 강화도 함락, 순절

생애일화

일찍이 외할아버지인 정유길에게서 古文과 시를 배웠고, 성혼과 이이의 문인으로서 황신·이춘영·이정구·오윤겸·신흠 등과 친밀했으며, 당색이 다른 정경세와는 도학으로 사귀었다.
그는 정치적으로 서인에 속하면서 인조 초에 서인이 노서老西와 소서少西로 갈리자 노서의 영수가 되었다.
시와 글씨에 뛰어났는데, 특히 서체는 2왕(왕희지·왕헌지 父子)의 필법을 본뜨고, 전篆은 중체衆體를 겸하였다. 작품으로는 평양의 숭인전비崇仁殿碑 및 풍덕군수 장인정의 비에 전액을 남기고 있다. 시조로는 〈오륜가五倫歌〉 5장, 〈훈계자손가訓戒子孫歌〉 9편이 전한다.
한때 그의 죽음을 놓고 자분自焚이 아니라 실화失火 때문이라는 이설이 있었으나, 박동선·강석기·신익성 등의 변호로 정려문이 세워지고, 1758년영조34 영의정에 추증되었다.
외조 정유길鄭惟吉과 사위 장유張維와 아우 김상헌金尙憲과 그를 포함하여 모두 정승인지라 처신하기가 매우 어려웠었다고 한다. 그리고 처조부 권철權轍도 영의정을 지냈다.

366대 한성판윤 김상용(金尙容) – 365·372대 동일인물

한성판윤 재임기간 : 1609년광해군1 10월 28일 ~ 1610년광해군2 윤3월 6일

367대 한성판윤 오억령(吳億齡)

신상내용

생몰연대	1552년명종7 ~ 1618년광해군10 – 67세
본관	동복同福
자	대년大年
호	만취晩翠
시호	문숙文肅
상훈	청백리

저서	〈만취집〉
배향	문회서원(배천)
가족	증조–준원전참봉 원몽元蒙, 조부–상서원직장 극권克權, 아버지–사옹원직장 세현世賢 어머니–창녕성씨(참봉 성근成近의 딸) 부인–남양홍씨(좌참찬 홍담洪曇의 딸)

관직경력

한성판윤 재임기간 : 1610년광해군2 윤3월 6일 ~ 1610년광해군2 8월 22일

조선 중기의 문신

1570년선조3	사마시(생원) 입격
1582년선조15	식년문과 급제, 전생서참봉, 예문관검열, 호조·이조좌랑
1584년선조17	이조정랑, 경상도안무사, 사간원집의, 홍문관전한
1586년선조19	선위사(일본 사신 현소玄蘇 접대)–일본의 침략 예고 건의–묵살
1588년선조21	의정부검상, 성균관사성
1591년선조24	진주사의 질정관으로 명나라 다녀오다
1592년선조25	임진왜란 발발, 왕 호종, 홍문관직제학, 이조참의, 우부승지, 대사성
1593년선조26	환도, 대사간, 도승지, 대사헌, 이조참판
1594년선조27	황해도관찰사
1601년선조34	부제학, 청백리
1608년선조41	선조대왕 승하, 고부·청시·청승습 부사副使로 명나라 다녀오다
1610년광해군2	병조참판, 한성부판윤, 대사헌, 형조판서, 우참찬, 개성유수
1615년광해군7	인목대비 폐출 반대–탄핵·낙향

생애일화

일본 사신 현소를 접대하면서 왜군의 침입 가능성을 간파하고 임금에게 치계(馳啓:말을 달려 계문을 올림)하였으나, 조정에서는 부질없이 일을 만들어 세상을 소란하게 만든다고 오히려 그를 체직시켰다. 세조의 한심한 정세 판단이 그대로 내보이는 장면이다.
왜군의 침략으로 명나라에서 온 경략經略 소응창宋應昌과 만나 전쟁으로 야기된 양국 간의 마찰과 갈등을 해결하는데 진력하였다.
인목대비의 폐출을 반대하다, 대북파 정인홍 등이 지난날 고부사로 명나라에 갔을 때 일을 들추며 탄핵하여, 신병을 이유로 사직하고 낙향하였다.

368대 한성판윤 한준겸(韓浚謙)

신상내용

생몰연대	1557년명종12 ~ 1627년인조5 – 71세
본관	청주淸州
자	익지益之
호	유천柳川
시호	문익文翼
출신지	한성부
저서	〈유천유고〉
상훈	서평부원군
배향	문희서원(함흥)
가족	증조–정선군수 승원承元, 조부–문천군수 여필汝弼, 아버지–경성판관 효윤孝胤 어머니–평산신씨(예빈시정 신건申健의 딸) 부인–창원황씨(예조좌랑 황성黃城의 딸) 딸–인열왕후(인조 왕비)
묘소	경기도 시흥시 군자면 거모동 산 62–4

관직경력

한성판윤 재임기간 : 1610년광해군2 8월 22일 ~ 1610년광해군2 8월 23일

조선 중기의 문신

1579년선조12	사마시(생원·진사) 양과 입격
1585년선조18	태릉참봉
1586년선조19	별시문과 급제, 예문관검열, 홍문록 등재, 주서, 봉교, 전적
1589년선조22	금천현감, 사가독서, 정여립 모반사건 관련 구속–석방
1592년선조25	임진왜란 발발, 예조정랑, 강원도도사·사서, 원주목사
1595년선조28	지평·필선·정언·교리, 도체찰사 종사관, 검상·사인·부응교·사간·집의
1597년선조30	좌부승지
1598년선조31	우승지, 경기감사, 대사성
1599년선조32	경상도관찰사
1600년선조33	병조참판
1603년선조36	호조판서
1610년광해군2	대사헌, 한성부판윤, 평안도·함경도관찰사

1613년광해군5	계축옥사–선조대왕 유교칠신遺教7臣–전리방귀田里放歸
1621년광해군13	지중추부사, 5도도원수
1623년인조1	인조반정, 딸이 왕비로 책봉(仁烈王后), 영돈녕부사, 서평부원군
1624년인조2	이괄의 난–왕 호종, 겸춘추관사, 〈광해군일기〉 편찬 참여
1627년인조7	정묘호란–왕자 호종

생애일화

임진왜란과 정유재란 그리고 정묘호란에 이르는 전쟁의 와중에 숱한 곡절을 겪었을 뿐 아니라, 계축옥사로 시골로 쫓겨나 일신의 고생이 많았다.
늦게나마 딸이 왕비가 되어 안락한 노후를 보냈다.
그는 예학禮學과 고사故事에도 밝았다.

369대 한성판윤 민몽룡(閔夢龍)

신상내용

생몰연대	1550년명종5 ~ 1618년광해군10 – 69세
본관	여흥驪興
자	치운致雲
호	운와雲窩
가족	증조–정국공신·한성판윤 효증孝曾, 할아버지–의義, 아버지–상祥 어머니–이예원李禮元의 딸 부인–유임柳絍의 딸

관직경력

한성판윤 재임기간 : 1610년광해군2 8월 23일 ~ 1611년광해군3 2월 13일

조선 중기의 문신

1584년선조17	식년문과 급제, 예문관검열
1585년선조18	사간원정언, 사헌부장령, 성균관사예
1597년선조30	동부승지, 우부승지, 병조참지, 오위장, 예조참의, 호조참판
1599년선조32	대사헌
1609년광해군1	경기관찰사, 좌참찬, 이조판서
1618년광해군10	우의정, 인목대비 유폐 주장

1623년인조1 인조반정, 관작 추탈

370대 한성판윤 조 정(趙挺) – 363·364대 동일인물

한성판윤 재임기간 : 1611년광해군3 2월 13일 ~ 1611년광해군3 8월 9일

371대 한성판윤 유희분(柳希奮)

신상내용

생몰연대 1564년명종19 ~ 1623년인조1 – 60세
본관 문화文化
자 형백亨伯
호 화남華南
상훈 익사공신, 문창부원군
가족 증조–돈녕부정 수천壽千, 할아버지–공조판서 잠潛, 아버지–문양부원군 자신自新
어머니–좌의정 정유길鄭惟吉의 딸
부인–창녕성씨(성질成礩의 딸)
매부–광해군

관직경력

한성판윤 재임기간 : 1611년광해군3 8월 9일 ~ 1611년광해군3 11월 18일

조선 중기의 문신

음직蔭職으로 관계 진출
1590년선조23 사마시(생원·진사) 양과 입격
1592년선조25 임진왜란, 익찬–세자 호종
1597년선조30 별시문과 급제, 예조좌랑
1599년선조32 수찬, 유성룡 탄핵하다가 파직
1601년선조34 세자시강원문학
1602년선조35 응교 겸 교서관교리–춘추관편수관–임란 때 소실된 실록 재간 정언, 이조좌랑, 사서, 직강

1603년선조36	사옹원정
1604년선조37	응교, 사섬시부정, 전한
1607년선조40	사성
1608년선조41	직제학, 동부승지
1609년광해군1	예조참판, 대사간, 도승지, 이조·병조·형조참판
1612년광해군4	임해군·영창대군·능창대군 무고 사사–익사공신翼社功臣·문창부원군
1613년광해군5	병조판서, 인목대비 폐모론 주장–西宮 유폐
1623년인조1	참형

생애일화

광해군의 처남으로서 형제가 모두 요직에 진출하였으며, 박승종·이이첨과 함께 3창(문창부원군·밀창부원군·광창부원군)이 되어 한때 최고로 권력을 휘둘렀었다.
인목대비의 폐모론에 반대하는 관료·유생들을 투옥, 유배시키는 등 횡포를 자행하다가, 인조반정으로 참형을 당해 비참하게 생을 마감하였다.
할아버지 잠潛과 아버지 자신自新이 한성판윤을 지내 3대가 한성판윤을 지낸 집안이다.

372대 한성판윤 김상용(金尙容) – 365·366대 동일인물

한성판윤 재임기간 : 1611년광해군3 11월 18일 ~ 1613년광해군5 7월 8일

373대 한성판윤 유공량(柳公亮)

신상내용

생몰연대	1560년명종15 ~ 1624년인조2 – 65세
본관	문화文化
자	언명彦明
호	둔옹屯翁
가족	증조–군수 희정希汀, 할아버지–생원 용심用諶, 아버지–익益 어머니–전주이씨(이아령 이영손李永孫의 딸) 부인–민사온閔思溫의 딸, 이숭선李崇善의 딸
묘소	경기도 이천시 호법면 유산1리

관직경력

한성판윤 재임기간 : 1613년광해군5 7월 8일 ~ 1615년광해군7 12월 21일

조선 중기의 문신

1588년선조21	사마시(진사) 입격
1590년선조23	증광문과 급제
1596년선조29	병조정랑, 정언, 지평, 철산군수, 평양서윤, 호조참의, 동부승지, 우부승지 황해도관찰사, 〈선조실록〉 편찬 참여
1609년광해군1	좌부승지, 형조참판, 경상감사, 황해병사, 봉산군수, 지중추부사
1615년광해군7	지의금부사
1619년광해군13	인목대비 폐출 주장
1623년인조1	인조반정, 이괄의 난 연루-참형

374대 한성판윤 이 충(李沖)

신상내용

생몰연대	1568년선조1 ~ 1619년광해군11 - 52세
본관	전주全州
자	거용巨容
호	칠택七澤
추증	우의정
가족	증조-현령 대葑, 할아버지-이판 양櫟, 아버지-좌랑 정빈廷賓 어머니-경주최씨(감찰 최희령崔希齡의 딸) 부인-청주한씨(참봉 한수韓洙의 딸)
묘소	겨기도 구리시 아천동 아차산

관직경력

한성판윤 재임기간 : 1615년광해군7 12월 21일 ~ 1616년광해군8 6월 15일

조선 중기의 문신

1600년선조33	별시문과 급제
1601년선조34	무장현감
1606년선조39	성천부사, 형조정랑, 상례相禮, 광주목사廣州牧使

1609년광해군1	사도시정, 춘추관편수관 〈선조실록〉 편찬 참여, 나주목사
1612년광해군4	전라도관찰사, 행대사간·병조참판
1616년광해군8	선수도감제조, 우참찬, 형조판서, 호조판서
1617년광해군9	우찬성
1618년광해군10	좌부빈객, 동지경연사
1619년광해군11	사망, 우의정 추증

생애일화

할아버지 양樑, 아버지 정빈廷賓, 본인, 아들 민수敏樹 4대가 대과에 급제한 문벌이 좋은 집안이었다. 그러나 관직생활 자체가 대체로 평탄치 못하고 굴곡이 있는 점이 공통이다.
그는 광해군 시절, 궁중에 잡채를 바쳐서 호조판서가 되어 '잡채상서세난당雜菜尙書勢難當' 이란 풍자의 싯귀가 유행하기도 했다.

375대 한성판윤 이지완(李志完)

신상내용

생몰연대	1575년선조8 ~ 1617년광해군9 – 43세
본관	여주驪州
자	양오養吾
호	두봉斗峯
시호	정간貞簡
상훈	여성군驪城君
추증	영의정
가족	증조–전한 사필士弼, 할아버지–자산부사 우인友仁, 아버지–찬성 상의尙毅 어머니–해평윤씨(윤현尹峴의 딸) 부인–전주이씨(첨정 이결李潔의 딸)
묘소	경기도 포천시 창수면 신흥리

관직경력

한성판윤 재임기간 : 1616년광해군8 6월 15일 ~ 1617년광해군9 1월 26일

조선 중기의 문신

1597년선조30	정시문과 급제, 정언, 사서, 형조·이조정랑, 홍문관부교리, 사간, 응교

1600년선조33 세자시강원필선, 춘추관편수관
1608년선조41 문과중시 급제, 사가독서
1609년광해군1 승지, 대사간
1613년광해군5 동지의금부사–계축옥사 처리, 병조판서, 우참찬, 지경연사

생애일화

그는 시문에 능하여 1606년 중국사신 주지번朱之蕃이 왔을 때, 이호민·허균 등과 접반하였다.
광해군 때는 인정전 정시庭試 등에 대독관對讀官으로 자주 배석하였다.
43세라는 비교적 젊은 나이에 세상을 저버려 사람들이 안타까워했으며, 여성군驪城君에 봉해지고 영의정에 추증되었다.

376대 한성판윤 윤 선(尹銑) – 381대 동일인물

신상내용

생몰연대 1559년명종14 ~ 1637년인조15 – 79세
본관 파평坡平
자 택원澤遠
호 추담秋潭
저서 〈추담집〉
가족 증조–증좌승지 연研, 할아버지–참봉 수종秀宗, 아버지–이조판서 언례彦禮
어머니–밀양박씨(사직 박승효朴承孝의 딸)
부인–전의이씨(호군 이장문李長文의 딸)

관직경력

한성판윤 재임기간 : 1617년광해군9 1월 26일 ~ 1618년광해군10 9월 12일

조선 중기의 문신

1582년선조15 사마시(진사) 입격
1588년선조21 식년문과 급제, 성균관학록·전적, 승문원정자, 홍문관박사
1592년선조25 임진왜란 발발, 왕 호종, 사헌부장령–묘주廟主 봉행
1601년선조34 부안현감
1603년선조36 사간원대사간

1605년선조38	예조·호조참의
1606년선조39	승정원 우승지·도승지, 성균관대사성
1609년광해군1	이조·병조·예조참판
1613년광해군5	계축옥사–인목대비 유폐
1614년광해군6	주문사로 명나라 다녀오다.
1617년광해군9	의정부우참찬
1623년인조1	인조반정, 우참찬에 제수하였으나 불사不仕

생애일화

계축옥사로 인목대비가 서궁에 유폐되자, 위졸을 시켜 미육米肉을 바쳤다. 이 일이 발각되자, 그는 공궤供饋를 하지 않으면 만세萬歲에 불효不孝의 이름을 면치 못할 것이라고 광해군을 설득하여 공궤를 끊지 않도록 하였다.

377대 한성판윤 김신국(金藎國) – 386대 동일인물

신상내용

생몰연대	1572년선조5 ~ 1657년효종8 – 86세
본관	청풍淸風
자	경진景進
호	후추後瘳
상훈	익사공신, 청릉군, 청백리
저서	〈경현록景賢錄〉
가족	증조–여명汝明, 할아버지–영천군수 사원士元, 아버지–곡성현감 급汲 어머니–풍천임씨(판교 임보신任輔臣의 딸) 부인–안동권씨(판사 영가 권식權寔의 딸) 파평윤씨(감사 윤경립尹敬立의 딸)

관직경력

한성판윤 재임기간 : 1618년광해군10 9월 12일~ 1619년광해군11 3월 11일

조선 중기의 문신

1591년선조24	사마시(진사) 입격
1592년선조25	임진왜란 발발, 의병 1천명 모집·분전–참봉
1593년선조26	별시문과 급제, 예문관검열, 도원수 권율 종사관, 춘추관사관

1597년선조30	정유재란, 군기선유관軍紀宣諭官
1599년선조32	사복시정, 어사
1608년선조41	보덕
1609년광해군1	사간원사간
1613년광해군5	익사공신翼社功臣, 청릉군淸陵君 피봉, 평안도관찰사, 우참찬, 호조판서
1623년인조1	인조반정, 평안도관찰사
1624년인조2	이괄의 난
1627년인조5	정묘호란, 호조판서, 공조·형조판서
1636년인조14	병자호란, 남한산성으로 왕 호종-항전 주장
1637년인조15	세자시강원 이사貳師-소현세자 심양 배종
1640년인조18	귀국, 기로소 입소, 청백리
1646년인조24	영중추부사

생애일화

임진왜란이 일어나자 영남에서 의병 천여 명을 모집하고 분전하여 많은 전과를 올렸으며, 그 공으로 참봉이 되었다.
광해군이 즉위한 후, 북인이 대북과 소북으로 갈라지자 소북의 영수로서 대북과 대립하다가 관직이 삭탈되어 충주에 은거하였다. 이때에 선현의 언행을 적은 〈경현록景賢錄〉을 편찬하였다.
병자호란의 항복 결과로 심양에 볼모로 가는 소현세자를 배종하였고, 1640년 귀국하여 기로소에 들어갔다.

378대 한성판윤 강홍립(姜弘立)

신상내용

생몰연대	1560년명종15 ~ 1627년인조5 - 68세
본관	진주晉州
자	군신君臣
호	내촌耐村
상훈	진녕군晉寧君
가족	증조-사인 온溫, 할아버지-정언 사안士安, 아버지-참판 신紳 어머니-정유의鄭惟義의 딸 부인-황이형黃履亨의 딸 친척-姜士尙(종조부·한성판윤)

묘소　　　서울시 금천구 난곡동

관직경력

한성판윤 재임기간 : 1619년광해군11 3월 11일 ~ 1619년광해군11 7월 16일

조선 중기의 문·무신

1589년선조22	사마시(진사) 입격
1597년선조30	알성문과 급제, 설서·검열
1605년선조38	도원수 한준겸 종사관, 진주사의 서장관으로 명나라 다녀오다.
1608년선조41	보덕
1609년광해군1	한성부우윤
1614년광해군6	순검사
1618년광해군10	진녕군 봉군, 明 요청으로 5도원수로 출병, 조명연합군–패배–투항–억류
1627년인조5	정묘호란, 후금의 선도로 입국–화의 주선

생애일화

만주 일대의 세력판도가 후금의 발흥으로 크게 변하여 정세가 유동적인 상황에서, 명나라의 원병 요청을 거절할 수 없는 조선 조정의 입장에서는 출병을 하게 된다. 그러나 '형세를 보아 향배를 결정하라.'는 광해군의 밀명을 받고 출전한 도원수 강홍립이 첫 전투에서 패배하고 곧 후금에 투항한다.

강홍립은 부원수 김경립 등과 계속 억류당하다가 1627년인조5 정묘호란 때에 후금군의 선도로서 입국하여 강화江華에서 화의를 주선하고 국내에 머물게 된다. 이때 아들이 대신 볼모로 심양으로 따라 갔다.

훗날 그는 역신逆臣으로 몰려 관직을 삭탈 당하였다가 뒤에 복관되었다.

379대 한성판윤 한희길(韓希吉)

신상내용

생몰연대　? ~ 1623년인조1
본관　청주淸州
가족　증조–한僩, 할아버지–세륜世倫, 아버지–구俅

관직경력

한성판윤 재임기간 : 1619년광해군11 7월 16일 ~ 1621년광해군13 3월 27일

조선 중기의 무신

1587년선조20	곽산군수
1594년선조27	온성부사
1603년선조36	창성부사
1608년선조41	경상병사
1613년광해군5	좌변포도대장, 강변칠우 강도사건-계축옥사
1615년광해군7	경기수사
1616년광해군8	지중추부사·수사, 비변사당상
1619년광해군11	한성부판윤
1622년광해군14	좌변포도대장, 공홍병사, 군기시제조
1623년인조1	인조반정, 박응서와 함께 주살

생애일화

포도대장으로 있을 때에 박응서 등 강변칠우江邊七友의 강도살인사건이 나자, 이이첨李爾瞻의 지시를 받고 범인들로 하여금 영창대군을 지지하는 소북파가 역모를 꾸몄다고 거짓 고변토록 강요하였다. 이른바 계축옥사로 김제남과 영창대군이 사사되고, 유교7신遺敎七臣을 비롯하여 서인·남인들은 유배 또는 관직을 삭탈당하거나 쫓겨났다.
평안병사로 있던 그는 인조반정 후 박응서와 함께 무참히 주살되었다.

380대 한성판윤 권 진(權縉)

신상내용

생몰연대	1572년선조5 ~ 1624년인조2 - 53세
본관	안동安東
자	운경雲卿
호	수은睡隱
상훈	상락군上洛君
가족	증조-찰방 지軹, 할아버지-금산군수 종悰, 아버지-공릉참봉 현峴 어머니-경주이씨(의금부도사 이희삼李希參의 딸) 부인-심일취沈日就의 딸, 심용沈蓉의 딸

묘소	경기도 포천시 소흘면 고모리

관직경력

한성판윤 재임기간 : 1621년광해군13 3월 27일 ~ 1622년광해군14 4월 2일

조선 중기의 문신

1597년선조30	알성문과 급제, 사간원정언, 수찬, 형조정랑, 사헌부장령, 홍문관교리, 사간원사간, 대동도찰방
1609년광해군1	경주부윤
1613년광해군5	승지, 계축옥사
1616년광해군8	수원부사, 함경도관찰사
1621년광해군13	상락군上洛君 봉군, 한성부판윤, 우참찬
1622년광해군14	병조판서
1623년인조1	인조반정, 양산에 유배
1624년인조2	반정공신들의 사주로 경상도관찰사 민성휘에 의해 참형

생애일화

양촌陽村 권근權近의 8대손이다.
인조반정이 일어나 대신 고관이 모두 도망쳤을 때, 김류·홍서봉 등의 추천을 받고 홀로 제위諸衛의 군사를 모아 궁궐을 호위하여 공을 세웠으나, 그의 유능함을 질시한 반정공신들로부터 계축옥사 때 형방승지로 김제남을 곤욕시켰다는 무고를 받고 양산에 유배되었다.
반정공신들의 사주를 받은 경상도관찰사 민성휘에 의해 왜인과 내통하여 반란을 꾀했다는 죄목으로 참형을 당했다.

381대 한성판윤 윤 선(尹銑) – 376대 동일인물

한성판윤 재임기간 : 1622년광해군14 4월 2일 ~ 1623년인조1 3월 19일

382대 한성판윤 이 괄(李适)

신상내용

생몰연대　1587년선조20 ~ 1624년인조2 – 38세

본관	고성固城
자	백규白圭
가족	병조참판 이육李陸의 후손

관직경력

한성판윤 재임기간 : 1623년인조1 3월 19일 ~ 1923년인조1 ? (재직확인:1623년 4월 9일)

조선 중기의 무신

선조 때	무과 급제, 형조좌랑, 태안군수
1622년광해군14	함경북도병마절도사
1623년인조1	인조반정, 한성부판윤, 포도대장, 평안병사 겸 부원수, 定社功臣 2등
1624년인조2	반역 기도 혐의, 아들 이전李栴 피체,
1624년인조2	반란 거병擧兵, 한양 입성, 도원수 장만張晩 에게 패되, 피살

생애일화

무신인 그는 인조반정 과정에서 큰 공을 세웠다. 그러나 반정세력의 중심인물인 거의대장擧義大將 김류金瑬의 우유부단한 처사에 반발하여 불화가 생기게 된다.
논공행상에서 기대와 달리 한성판윤의 관직과 정사공신 2등이라는 대우에 불만을 갖고 있던 중, 외직인 평안병사로 밀려난다.
1624년 정월 외아들 이전과 한명련·정충신·기자헌·이시언 등이 함께 반역을 도모한다는 무고를 받게 된다. 이어 서울에서 선전관과 의금부도사가 영변으로 내려와 군중軍中에 머물던 아들이 체포되었다는 소식을 듣자 이들을 죽이고 반란을 일으킨다.
신속한 행군으로 서울을 점령, 기세를 올렸으나 곧 관군에 의해 패퇴하고 부하에 의해 살해되었다.
무과출신이면서도 문장과 서예에 능하였다.

383대 한성판윤 이시발(李時發)

신상내용

생몰연대	1569년선조2 ~ 1626년인조4 − 58세
본관	경주慶州
자	양구養久
호	벽오碧梧 · 후영어은後潁漁隱

시호 충익忠翼
저서 〈주변록籌邊錄〉·〈벽오유고〉
가족 증조-발渤, 할아버지-경윤憬胤, 아버지-진사 대건大健
어머니-안동김씨(김도金燾의 딸)
부인-여흥민씨(민경남閔敬南의 딸), 고령신씨(승지 신응구申應榘의 딸)
묘소 충북 진천군 초평면 두타산

관직경력

한성판윤 재임기간 : 1623년인조1 7월 6일 ~ 1623년인조1 ?

조선 중기의 문신

1589년선조22 증광문과 급제, 승문원정자
1592년선조25 명나라 군대 접반관, 도체찰사 유성룡 종사관, 전적·정언·사서
1594년선조27 병조좌랑
1595년선조28 병조정랑 겸 순무어사
1596년선조29 이몽학의 난-평정, 장악원정, 찬획사贊劃使
1597년선조30 정유재란 발발, 분조分朝이 호조참의
1602년선조35 경상도관찰사
1604년선조37 형조참판
1605년선조38 함경도관찰사, 예조·병조참판
1609년광해군1 계축옥사-폐모론 반대-탄핵 사직
1619년광해군11 5도참획사-평안도 민폐 혁신
1623년인조1 인조반정, 한성부판윤, 형조판서
1624년인조2 이괄의 난, 체찰부사, 삼남도검찰사

생애일화

두 차례의 전란과 두 차례의 반란을 겪으면서 황폐화된 백성들의 민심을 수습하고, 관리에 의한 민폐를 혁신하는 선정을 베풀어 나라의 안정을 위해 힘썼다.
충주의 덕주산성을 쌓고, 조령에 방책을 설치하는 등 군사시설의 보수와 명나라 원병의 군량미 보급 등 후방지원사업에도 노력을 많이 했다.

384대 한성판윤 이 서(李曙)

신상내용

생몰연대	1580년선조13 ~ 1637년인조15 – 58세
본관	전주全州
자	인숙寅叔
호	월봉月峰
시호	충정忠正
상훈	정국공신, 완풍군
추증	영의정
저서	〈화포식언해〉·〈마경언해〉
배향	온조왕묘(남한산성), 인조묘정(종묘)
가족	증조–풍덕군수 광윤光胤, 할아버지–위장 간幹, 아버지––제주목사 경록慶祿 어머니–덕수이씨(감찰 이학증李學曾의 딸) 부인–윤단중尹端中의 딸

관직경력

한성판윤 재임기간 : 1625년인조1 6월 18일 ~ ?

조선 중기의 무신

1603년선조36	무과 급제, 행사용行司勇, 진도군수
1618년광해군10	장단부사 겸 경기방어사
1623년인조1	인조반정, 호조판서, 靖國功臣 1등, 완풍군完豊君 봉군, 경기도관차사
1624년인조2	이괄의 난–부원수로 불출전–탄핵
1625년인조3	총융사, 경연특진관
1628년인조6	형조판서
1632년인조10	공조판서
1634년인조12	판의금부사
1636년인조14	훈련도감제조, 병조판서, 병자호란 발발, 왕 호종(남한산성)–순직

생애일화

그는 효령대군의 7대손이며, 효성이 지극하였고 독서를 좋아하였다.
무신으로서는 최초의 병조판서이며 영의정에 추증되었다.
그는 남한산의 형세를 살핀 후 , 총융사로 있을 적에 산성을 수축하고 군량을 확보하였으며 삼혈총(三穴銃)과 조총을 많이 제작하여 청나라의 침공에 대비하였다. 그러나 청군의 엄청난 공세에 중과부적으로 항복하자, 왕을 호종하던 중 순직하였다.

385대 한성판윤 김자점(金自點) – 392·396·400·418대 동일인물

신상내용

생몰연대 1588년선조21 ~ 1651년효종2년 – 64세
본관 안동安東
자 성지成之
호 낙서洛西
상훈 정사공신, 낙흥부원군
가족 증조–판결사 언篤, 조부–강원관찰사 億齡, 아버지–현감 탁琢
어머니–기계유씨(좌의정 유홍俞泓의 딸), 형–김자겸
부인–황주변씨(의병장 변이중邊以中의 딸),
손자–세룡世龍과 효명옹주(인조대왕 서녀) 결혼
사돈–이귀李貴(좌찬성), 귀인 조씨(인조 후궁)

관직경력

한성판윤 재임기간 : 1625년인조3년 6월 21일 ~ ?　(재직확인:1625.7.28)

조선 중기의 문신

음보로 출사	병조좌랑
1623년광해군15	공조정랑
1623년인조1	인조반정 가담, 호위대장 신경진 종사관, 호조좌랑, 동부승지, 정사공신 1등, 낙흥군 피봉, 도원수
1624년인조2	이괄의 난–왕 공주로 호종, 환도 후 승지, 경연특진관
1625년인조3	한성판윤(1차), 세자빈 간택 반대–삭탈관직·문외출송–해제
1627년인조5	정묘호란 발발, 순검사 겸 임진수어사
1630년인조8	한성부판윤(2차), 상의원제조, 겸구관청당상
1633년인조11	도원수
1636년인조14	도원수(재임), 병자호란
1637년인조15	패전 책임–절도정배형絕島定配刑–서산 외딴 섬
1639년인조18	특별사면–귀향
1640년인조19	강화부유수, 호위대장

1642년인조21	병조판서
1643년인조22	판의금부사, 우의정, 어영청도제조, 사은사로 청나라 다녀오다
1644년인조23	행병조판서, 좌의정, 낙흥부원군 진봉, 사은 겸 주청사로 청나라 다녀오다
1645년인조24	영의정
1646년인조25	내의원도제조, 손자 김세룡과 효명옹주 결혼, 임경업 장군 사망
1649년인조27	인조 승하, 봉림대군 즉위–효종
1650년효종1	영의정 파직–홍천 유배–효종의 북벌계획을 청나라에 밀고
1651년효종2	신호申壕가 역모 상소–광양 유배–의금부 압송–사형

생애일화

그는 어려서부터 기억력이 비상하고 암기에 능하였으며, 성리학의 정통을 계승한 우계 성혼成渾의 문인으로서 정철·조헌 등과 동문수학한 사이이다.
사육신의 단종복위사건을 세조에게 밀고한 쌍곡 김질金礩의 5대손이며, 독립운동 지도자 백범 김구金九의 방조傍祖이기도 하다.
반목과 대립으로 점철되는 당파 간의 정치적 갈등 속에서 왕실과 혼맥을 구축하며 권력을 추구하다가 끝내 비참한 말로를 맞았다. 아들 익釴의 역모사건으로 자신은 물론 아들과 손자 모두가 죽임(거열형–사지절단)을 당하였으며, 추종세력도 파직되는 등 모두 축출되었다.
문과급제를 거치지 않은 공신으로서의 권력추구, 궁중과의 파행적 유착관계, 청나라에 대한 매국행위 등 당시 사림사회의 명분에 어긋나는 갖가지 행동으로 인하여 인조 대 이후 오랜 세월을 두고 비난을 받았다.

386대 한성판윤 김신국(金藎國) – 377대 동일인물

한성판윤 재임기간 : ? ~ ? (재직확인:1625.8.7.)

387대 한성판윤 심 열(沈悅) – 402·404대 동일인물

신상내용

생몰연대	1569년선조2 ~ 1646년인조24 – 78세
본관	청송靑松
자	학이學而
호	남파南坡

시호 충정忠靖
저서 〈남파상국집〉
가족 증조–영의정 연원連源, 할아버지–영돈녕 강綱, 아버지–성주부사 예겸禮謙
仲父에게 양자(생부–충겸忠謙 생모–중종왕자 봉성군 이원李岏의 딸)
어머니–연일정씨(첨지중추부사 정숙鄭潚의 딸)
부인–영양남씨(첨지중추부사 남언경南彦經의 딸)
묘소 경기도 양평군 강상면 세월리

관직경력

한성판윤 재임기간 : 1625년인조3 10월 6일 ~ 1625년인조3 10월 28일

조선 중기의 문신·학자

1589년선조22 사마시(진사) 입격
1593년선조25 전주 별시문과 급제, 예문관검열, 성균관전적 등 삼사 요직 역임
경기도·황해도·경상도·함경도관찰사
1623년인조1 호조판서
1638년인조16 염철사鹽鐵使, 강화유수, 판중추부사, 우의정, 영의정

생애일화

그는 관직에 있으면서 탁지度支에 대한 뛰어난 경륜으로 왕의 총애를 받았다.
시와 글씨에도 능하였는데, 특히 시는 심오전아深奧典雅하면서 호상활달豪爽豁達하였다.

388대 한성판윤 구 굉(具宏)

신상내용

생몰연대 1577년선조10 ~ 1642년인조20 – 66세
본관 능성綾城
자 인보仁甫
호 군산群山
시호 충목忠穆
상훈 정사공신, 능성부원군
가족 증조–영유현령 희경希璟, 할아버지–감찰 순淳, 아버지–좌찬성 사맹思孟
어머니–평산신씨(신화국申華國의 딸), 누이동생–인헌왕후(仁獻王后:元宗妃)

부인–순창조씨(사의 조정趙玎의 딸)
묘소　　경기도 남양주시 금곡동 군장리

관직경력

한성판윤 재임기간 : 1625년인조3 10월 28일 ~ 1626년인조4 윤6월 7일

조선 중기의 무신

1595년선조28	주문사인 만형을 따라 명나라 다녀오다.
1598년선조31	감목관, 선전관, 도총부도사
1605년선조38	고창현감
1608년선조41	무과 급제, 선전관
1619년광해군11	장연현감
1623년인조1	인조반정 가담, 정사공신靖社功臣 1등 · 능성군綾城君
1624년인조2	이괄의 난, 왕 호종(공주), 지중추부사
1625년인조3	한성부판윤
1627년인조5	정묘호란, 왕 호종(강화)
1629년인조7	인헌왕후 승하, 삼도통제사, 경상우수사
1631년인조9	형조판서, 능성부원군
1636년인조14	병자호란, 공조판서, 왕 호종(남한산성)
1637년인조15	병조판서, 오위도총부도총관, 판의금부사,

생애일화

사계沙溪 김장생金長生의 문인이다.
고조부인 구수영具壽永이 중종반정 때 공신이요, 백부인 구사언具思彦이 중종대왕의 3녀 효순공주孝順公主에게 장가들어 부마 능원위綾原尉가 되었고, 누이동생이 원종대왕비 인헌왕후가 되었으니, 그는 곧 인조대왕의 외삼촌 아저씨이다.

389대 한성판윤 이덕형(李德泂)

신상내용

생몰연대　1566년명종21 ~ 1645년인조23 – 80세
본관　한산韓山
자　원백遠伯
호　죽천竹泉

시호	충숙忠肅
추증	영의정
저서	〈죽창한화〉·〈송도기이〉
가족	증조-전라감사 언호彦浩, 할아버지-별좌 뇌礌, 아버지-부호군 오澳 어머니-여흥민씨(현감 민원종閔元宗의 딸) 부인-고령신씨(예조참판 신담申湛의 딸), 연안이씨(이승윤李承尹의 딸)

관직경력

한성판윤 재임기간 ; 1626년인조4 윤6월 10일 ~ 1626년인조4 10월 26일

조선 중기의 문신

1590년선조23	사마시(진사) 입격
1596년선조29	정시문과 급제, 예문관검열
1597년~1608년	봉교, 정언, 지평, 수찬, 부교리, 헌납, 전적, 문학, 집의, 교리, 사간, 사예, 사섬시부정, 응교, 세자시강원보덕, 사도시정
1609년광해군1	〈경관직〉 응교, 동부승지, 승지, 대사간, 좌부승지, 부제학, 이조참의, 우승지, 병조참판, 도승지 〈외관직〉 나주목사, 전라감사, 황해감사
1626년인조4	한성부판윤, 주문사로 명나라 다녀오다.
1627년인조5	정묘호란, 왕 호종(강화)
1636년인조14	병자호란, 왕 호종(남한산성)
1637년인조15	예조판서, 판의금부사, 지돈녕부사, 우찬성

생애일화

인조반정을 당하여 광해군을 죽이지 말 것을 주장하였으며, 이를 본 능양군(綾陽君:仁祖)이 그를 충신이라고 판단하여 반정 후, 인목대비를 맞이하는 의식에서 그를 앞세워 반정을 보고하였고, 능양군에게 어보를 내리게 하는데 공을 세웠다.

390대 한성판윤 최 관(崔瓘)

신상내용

생몰연대	1563년명종18 ~ ?
본관	강화江華
자	영중瑩仲
호	미옹迷翁

개명 秀琇
가족 증조-호灝, 할아버지-현감 언순彦純, 아버지-용강현령 승서承緖

관직경력

한성판윤 재임기간 : 1626년인조4 10월 26일 ~ 1626년인조4 10월 29일

조선 중기의 문신

1590년선조23	증광문과 급제
1593년선조26	병조정랑
1594년선조27	헌납, 사간, 필선
1595년선조28	홍문관부수찬, 보덕, 안집청낭청
1596년선조29	홍문관부교리, 수찬, 교리, 시강원보덕, 홍문관수찬
1598년선조31	우부승지, 대사간, 동부승지, 좌부승지, 우승지
1604년선조37	제주판관, 병조참의
1607년선조40	좌승지, 전라도관찰사
1609년광해군1	경상감사, 형조참판, 대사헌, 부제학
1611년광해군3	평안감사, 호조참판, 함경도순찰사, 분병조참판, 지중추부사, 호조판서, 형조판서
1624년인조2	함경도관찰사, 개성유수, 한성부판윤

생애일화

사교에 능하여 아버지를 용강현령에 임명되도록 수완을 부리기도 하였다.

391대 한성판윤 권 반(權盼)

신상내용

생몰연대 1564년명종19 ~ 1631년인조9 - 68세
본관 안동安東
자 중명仲明
호 폐호閉戶·한호閑戶
상훈 길천군吉川君
가족 증조-군수 영詠, 할아버지-증참판 이頤, 아버지-판관 화和
어머니-파평윤씨(부정 윤건尹健의 딸)

관직경력

한성판윤 재임기간 : 1627년인조5 10월 30일 ~ 1627년인조5 12월 4일

조선 중기의 문신

1594년선조27	군자감참봉, 교하현감
1595년선조28	별시문과 급제, 호조좌랑
1613년광해군5	경상도관찰사, 길천군吉川君 봉군, 순검사
1615년광해군7	나주목사, 강화부사
1618년광해군10	함경·경기·충청도관찰사
1626년인조4	충청도관찰사, 형조판서

생애일화

그는 양촌陽村 권근權近의 후손이다.
조실부모早失父母하고 할머니 송씨宋氏 슬하에서 자랐으며, 판서 윤국형尹國馨의 문하에서 수학하고 그의 사위가 되었다. 그리고 두 아들이 먼저 세상을 떠나는 슬픔을 가슴에 안았으며, 그의 손자가 비석을 세웠으니 가정적으로는 아주 평탄치 못한 삶을 살았다.
관직에 있을 때에는 직무 처리에 공평무사하고 합리적이어서 칭송이 자자하였고, 서화에도 능하였다 한다.

392대 한성판윤 김자점(金自點) – 385·396·400·418대 동일인물

한성판윤 재임기간 : 1627년인조5 12월 4일 ~ 1628년인조6 4월 12일

393대 한성판윤 홍서봉洪瑞鳳

신상내용

생몰연대	1572년선조5 ~ 1645년인조23 – 74세
본관	남양南陽
자	휘세輝世
호	학곡鶴谷
시호	문정文靖

상훈	정사공신, 정운원종공신, 영사공신, 익녕부원군
저서	〈학곡집〉
가족	증조-예문관대교 계정係貞, 할아버지-춘경春卿, 아버지-천민天民 어머니-제용감주부 유당柳檔의 딸 부인-장수황씨(황혁黃赫의 딸)
묘소	경기도 양주시 남면 상수리 산55-1 양주시 향토유적 제17호

관직경력

한성판윤 재임기간 : 1628년인조6 4월 12일 ~ 1628년인조6 4월 28일

조선 중기의 문신

1590년선조23	사마시(진사) 입격
1594년선조27	별시문과 급제
1600년선조33	사서, 정언, 부수찬
1602년선조35	이조좌랑, 성주목사, 경기도암행어사
1608년선조41	중시문과, 사가독서, 사성, 응교, 교리
1608광해군즉위	정운定運원종공신
1610년광해군2	강원도관찰사
1611년광해군3	동부승지-삭직(김직재金直哉옥사-장인 황혁 관련)
1623년인조1	인조반정, 정사靖社공신3등, 익령군益寧君, 병조·이조참의, 대사간, 동부승지, 부제학, 대제학, 병조참판
1626년인조4	도승지
1628년인조6	유효립柳孝立모반 고변-영사寧社공신2등, 한성판윤, 지의금부사, 예조판서
1630년인조8	대사헌, 우참찬, 이조판서, 좌빈객, 병조판서
1634년인조12	예조판서 겸 부묘도감제조
1635년인조13	좌참찬, 대제학
1636년인조14	우의정, 좌의정, 병자호란
1639년인조17	익녕부원군 진봉
1640년인조18	좌의정, 영의정
1645년인조23	소현세자 급사망

생애일화

서화에 능하고, 〈청구영언〉에 시 1수 전하며, 문집으로는 〈학곡집〉이 있다.
정경부인 황씨와 합장묘인 신도비의 비문은 최석정崔錫鼎이 짓고, 글씨는 윤순尹淳이 썼으

며 외현손 풍원군이 전篆을 했다.
청나라에 볼모로 있다가 귀국한 소현세자가 갑자기 죽자, 봉림대군으로 세자책봉을 하려는 입장에 반대하고 세손으로 잇는 것이 상도常道라고 주장하였으나 받아들여지지 않았다.
가뭄으로 인한 백성들의 굶주림을 구제하기 위해 부민富民들에게 실직實職을 주어 모속募屬할 것을 주장하였다.
우의정 때 병자호란이 일어나 최명길·이경직·김신국 등과 화의를 주장하였고, 항복절차의 실무적인 일을 관장했다.

394대 한성판윤 심기원(沈器遠) – 395·397·398대 동일인물

신상내용

생몰연대	1587년선조20 ~ 1644년인조22 – 57세
본관	청송靑松
자	수지遂之
상훈	정사공신, 청원부원군
가족	증조–첨정 자鎡, 할아버지–은산현감 우직友直, 아버지–청풍군수 간諫 어머니–평양조씨(趙運亮의 딸) 부인–풍천임씨(직장 임황任瑝의 딸) 동생–심기성沈器成(정사공신2등·파주목사) 친척–심현沈鋧(당숙·이조판서), 심집沈諿(당숙·형조판서)

관직경력

한성판윤 재임기간 : 1628년인조6 4월 28일 ~ 1628년인조6 10월 26일

조선 중기의 문신

1623년인조1	인조반정 가담–정사靖社공신 1등, 형조좌랑, 사헌부지평, 동부승지
1624년인조2	병조참판, 청원군 봉군, 이괄의 난–한남도원수
1627년인조5	정묘호란, 경기·충청·전라·경상도 도검찰사, 세자 호종, 호위대장
1628년인조6	강화부유수, 전라도관찰사, 한성부판윤
1634년인조12	공조판서
1636년인조14	병자호란, 유도대장留都大將, 팔도도원수
1640년인조18	호위대장扈衛隊將
1641년인조19	병조판서, 판의금부사

1642년인조20　　우의정
1643년인조21　　좌의정, 청원부원青原府院君, 성절사로 명나라 다녀오다
1644년인조22　　남한산성 수어사

생애일화

기묘명현 심달원沈達源의 고손자로 태어나 권필權韠의 문하생이 되었다.
유생儒生의 신분으로 이귀李貴 등과 협력하여 인조반정에 공을 세움으로써 입신하였다.
청나라에 성절사로 다녀온 뒤, 좌의정 겸 남한산성 수어사를 맡은 것을 기화로 심복 장사들을 호위대扈衛隊에 두고, 전 지사 이일원, 광주유수 권억 등과 모의하여 성종왕자 계성군桂城君의 증손자 회은군懷恩君 이덕인李德仁을 옹립하려는 반란을 꾀하였는데, 부하의 밀고로 탄로되어 능지처참으로 사형 당하였다.
그러나 이괄의 난을 진압하는 과정에서 인조의 서삼촌 흥안군 이제를 국문도 없이 죽여서 그때부터 인조의 미움을 산 것이 화근이 되었다는 설도 있다.

395대 한성판윤 심기원(沈器遠) – 394·397·398대 동일인물

한성판윤 재임기간 : 1629년인조7 10월 26일 ~ 1630년인조8 1월 19일

396대 한성판윤 김자점(金自點) – 385·392·400·418대 동일인물

한성판윤 재임기간 : 1630년인조8 1월 19일 ~ 1633년인조11 7월 18일

397대 한성판윤 심기원(沈器遠) – 394·395·398대 동일인물

한성판윤 재임기간 : 1633년인조11 7월 18일 ~ 1633년인조11 10월 16일

398대 한성판윤 심기원(沈器遠) – 394·395·397·400대 동일인물

한성판윤 재임기간 : 1633년인조11 10월 16일 ~ 1634년인조12 1월 19일

399대 한성판윤 김시양(金時讓)

신상내용

생몰연대	1581년선조14 ~ 1643년인조21
본관	안동安東(구)
초명	시언時言
자	자중子中
호	하담荷潭
시호	충익忠翼
상훈	청백리
저서	〈하담파적록〉·〈하담집〉·〈부계기문〉·〈자해필담〉
배향	회령향사
가족	증조-彦默, 할아버지-석錫, 아버지-비인현감 인갑仁甲 어머니-남양홍씨(서윤 홍이곤洪以坤의 딸)

관직경력

한성판윤 재임기간 : ? ~ ? (재직확인:1634년 1월 19일)

조선 중기의 문신

1605년선조38	정시문과 급제, 승문원정자
1607년선조40	주서
1609년광해군1	예조좌랑 겸 지제교
1610년광해군2	동지사의 서장관으로 명나라 다녀오다
1611년광해군3	전라도도사-유배(12년)
1623년인조1	인조반정, 예조좌랑, 병조정랑, 수찬, 교리
1624년인조2	이괄의 난-영의정 겸 도체찰사 이원익 종사관, 응교, 문학, 경상도관찰사
1627년인조7	정묘호란, 평안도관찰사 겸 체찰부사, 병조판서 겸 도원수 겸 4도체찰사
1634년인조14	지중추부사, 한성판윤, 호조판서 겸 동지춘추간사·세자좌부빈객, 도원수
1635년인조15	강화유수
1636년인조16	청백리 녹선, 판중추부사, 춘추관사

생애일화

그는 대명외교 일선에서의 체험과 평안도관찰사 및 4도체찰사와 병조판서 등의 경험을 바탕으로 당시 국제정세의 변화에 대해 남다른 식견이 있었다.
만주에서 여진족의 동향이 심상치 않음을 보고하고, 명과의 교통을 위한 대비책을 마련할 것을 광해군에게 건의하였다. 이러한 상황 속에서 인조반정으로 정권이 바뀌면서 인조가 즉위하였고, 명나라에 대한 사대외교로 인해 결국 후금의 침공(정묘호란·병자호란)을 받아 굴욕적인 항복을 하고 만다.
그의 통찰력 있는 외교적 식견에 따른 대안 제시가 조정에 의해 채택되지 못하고 관직 삭탈과 귀양이라는 처벌만 따랐다.
그는 전적典籍과 경사經史에도 밝았으며, 〈하담파적록荷潭破寂錄〉·〈하담집荷潭集〉·〈부계문기涪溪聞記〉·〈자해필담紫海筆談〉 등의 저서가 있다.

400대 한성판윤 김자점(金自點) – 394·395·397·398대 동일인물

한성판윤 재임기간 : ? ~ ? (재직확인:1634년 7월 29일)

401대 한성판윤 조 익(趙翼)

신상내용

생몰연대	1579년선조12 ~ 1655년효종6 – 77세
본관	풍양豊壤
자	비경飛卿
호	포저浦渚·존재存齋
시호	문효文孝
저서	〈포저집〉35권·〈서경천설書經淺說〉·〈역상개략易象槪略〉
배향	숭양서원(개성), 명고서원(광주), 도산서원(신창)
가족	증조–부총관 안국安國, 할아버지–현령 간侃, 아버지–첨지중추부사 영중瑩中 어머니–해평윤씨(찬성 윤근수尹根壽의 딸)

관직경력

한성판윤 재임기간 : ? ~ ? (재직확인:1636년 3월 18일)

조선 중기의 문신

1592년선조25	임진왜란 발발, 음보로 정포만호
1598년선조31	군량미 23만석 운송 공로
1602년선조35	별시문과 급제, 승문원정자, 삼사 요직 역임
1611년광해군3	김굉필·조광조·이언적 등 문묘 배향 주장–고산도찰방 좌천, 웅천현감
1613년광해군5	계축옥사(인목대비 폐출)–낙향(경기도 광주)
1623년인조1	이조좌랑
1624년인조2	이괄의 난, 의정부 검상·사인, 응교, 직제학, 동부승지
1634년인조12	한성부우윤, 개성부유수, 대사간, 이조참판, 대사성, 대사헌, 공조판서
1636년인조14	한성부판윤, 병자호란 발발–예조판서(부친 실종으로 호종 불참)
1639년인조17	원손보양관
1646년인조24	좌참찬
1655년효종6	우의정, 좌의정, 판중추부사, 영중추부사

생애일화

그는 장현광張顯光과 윤근수尹根壽의 문인이다.
임란에 참전하여 군량미를 수송하는 공로도 있었으며, 김굉필·조광조 등 선유先儒들을 문묘에 배향할 것을 건의하다 좌천되기도 하였고, 또한 인목대비의 폐출로 낙향하기도 하였다. 그리고 윤방尹昉의 시장諡狀사건으로 삭직 문외 출송되기도 하였으나 대체로 무난한 관직생활을 지냈다.
김육金堉의 대동법 시행에 적극 참여하고, 폐막弊瘼(고치기 어려운 폐단)의 개혁에도 힘썼다.
한편 학문에도 정진하여 〈곤지록困知錄〉〈중용주해中庸註解〉〈대학주해大學註解〉〈서경천설書經淺說〉 등을 저술하여 효종에게 바쳤다.
그는 성리학의 대가로 예학禮學에 밝았고, 음률과 병법 그리고 복서卜筮에도 능했다.

402대 한성판윤 심 열(沈悅) – 387·404대 동일인물

한성판윤 재임기간 : 1636년인조14 7월 8일 ~ ?

403대 한성판윤 최명길(崔鳴吉)

신상내용

생몰연대	1586년선조19 ~ 1647년인조25 – 62세
본관	전주全州
자	자겸子謙
호	지천遲川
시호	문충文忠
상훈	정사공신, 완성부원군
저서	〈지천집〉·〈지천주차〉
가족	증조–빙고별제 업業, 할아버지–증좌찬성 수준秀俊, 아버지–영흥부사 기남起南 어머니–전주유씨(참판 유영립柳永立의 딸) 부인–인동장씨(좌찬성 장만張晩의 딸), 양천허씨(종묘서령 허린許嶙의 딸)
묘소	충북 청원군 북이면 대율리

관직경력

한성판윤 재임기간 : ? ~ ? (재직확인:1636년 9월 4일)

조선 중기의 문신

1605년선조38	사마시(생원·진사) 양과 입격, 증광문과 급제, 승문원·성균관전적
1614년광해군6	병조좌랑
1623년인조1	인조반정 가담, 정사공신定社功臣 1등, 완성부원군完城府院君 봉군, 이조참판 겸 비변사 유사당상, 홍문관부제학, 사헌부대사헌
1627년인조5	정묘호란–강화론講和論 주장
1628년인조6	경기도관찰사, 우참찬, 부제학, 예조판서
1632년인조10	이조판서, 홍문관·예문관 대제학
1635년인조13	호조판서
1636년인조14	병자호란–주화론 주장, 이조판서
1637년인조15	청태종 앞에 인조 항복, 우의정, 좌의정
1638년인조16	영의정
1642년인조20	영의정(재임)
1645년인조23	청나라에서 김상헌 등 반청파와 같이 잡혀 있다가 귀국

생애일화

청나라의 두 차례 침공에도 불구하고, 명나라에 대한 명분적 의리에 매몰된 반청파의 주전론 공세에 맞서 주화론을 견지해 강화를 이루어냈다.
강화협상 과정에서 강경 주전론자 김상헌金尙憲이 강화문서를 찢고 통곡하니, 이를 주워 모으면서 '조정에 이 문서를 찢어버리는 사람이 반드시 있어야 하고, 또한 나 같은 자도 없어서는 안된다.' 라고 한 말은 시국에 대해 상반된 견해가 있었음을 극명하게 나타내는 장면이다.
성리학과 문장에도 뛰어나 일가를 이루었으며, 글씨에 있어서도 동기창체董其昌體로 이름이 있었다.
특히, 한때 양명학陽明學을 은밀히 공부한 것으로 알려지고 있는데, 교우 장유張維나 계자系子 후량後亮과 손자 석정錫鼎 등의 경우에도 양명학을 공부하여 강화학파의 기틀을 이루었다고 한다.
저서로는 〈지천집遲川集〉 19권과 〈지천주차遲川奏箚〉 2책 등이 있다.

404대 한성판윤 심 열(沈悅) – 387·402대 동일인물

한성판윤 재임기간 : ? ~ ? (재직확인:1637년 2월 27일)

405대 한성판윤 민형남(閔馨男) – 415대 동일인물

신상내용

생몰연대 1564년명종19 ~ 1659년효종10 – 96세
본관 여흥驪興
초명 덕남德男
자 윤보潤父
호 지애芝崖
시호 장정莊貞
상훈 익사翼社·형난공신亨難功臣, 여주군驪州君
가족 증조–좌찬성 효증孝曾, 할아버지–감찰 예禮, 아버지–풍저창수 복福
어머니–능성구씨(구징具徵의 딸)
부인–전주이씨(좌랑 이경욱李慶郁의 딸), 전의이씨(감찰 이보명李寶命의 딸)
친척–민몽룡閔夢龍(6촌형·한성판윤)

관직경력

한성판윤 재임기간 : ? ~ ? (재직확인:1637년 6월 17일)

조선 중기의 문신

1600년선조33	별시문과 급제, 승문원정자, 주서, 승지
1613년광해군5	익사공신翼社功臣, 형난공신亨難功臣, 여주군驪州君 봉군, 지돈녕부사
1614년광해군6	명나라에 진향사·동지사·진주사로 2년 간 왕래하다
1623년인조1	인조반정, 삭직
1624년인조2	이괄의 난–출전–복직, 예조참판 겸 동지의금부사
1636년인조14	병자호란, 왕 호종(남한산성)
1638년인조16	한성부판윤 겸 지의금부사
1647년인조25	우찬성
1658년효종9	판중추부사

생애일화

병자호란 이후의 전란종식으로 인한 사회 혼란을 수습하는데 헌신하였다.
그의 치적 가운데 특히 돋보이는 것은, 소금 생산을 높이기 위한 방안의 하나로 염호鹽戶에 대해 역환미곡정책易換米穀政策을 제창한 일이다.

406대 한성판윤 윤 휘(尹暉)

신상내용

생몰연대	1571년선조4 ~ 1644년인조22 – 74세
본관	해평海平
자	정춘靜春
호	장주長洲
시호	장익章翼
저서	〈장주집〉
가족	증조–사용 희림希琳, 할아버지–군자감정 변忭, 아버지–영의정 두수斗壽 어머니–창원황씨(참봉 황대용黃大用의 딸), 맏형–방昉 부인–전주이씨(사평 이기명李耆命의 딸)
묘소	경기도 장단군 오음리

관직경력

한성판윤 재임기간 ; 1638년인조16 3월 20일 ~ 1639년인조17 1월 29일

1589년선조22	사마시(진사) 입격
1594년선조27	별시분과 급제, 사관
1596년선조29	병조좌랑
1597년선조30	병조정랑, 사서, 장령, 필선, 사간, 전라·경상도관찰사
1613년광해군5	계축옥사–파직–재기용
1618년광해군10	동지 겸 진주사로 명나라 다녀오다. 공조·예조참판
1623년인조1	인조반정–유배
1627년인조5	정묘호란, 한성부좌윤, 청주목사, 호조·형조참판
1636년인조14	병자호란–왕 호종(남한산성)–특명전권대사 강화협정 체결
1637년인조15	환도還都, 도승지
1638년인조16	한성부판윤, 형조판서
1639년인조17	우찬성, 주청사로 청나라 다녀오다
1641년인조19	공조판서

생애일화

글씨를 잘 썼으며, 죽은 뒤 아들 면지勉之의 공훈으로 영의정에 추증되었다.
저서로는 〈장주집長洲集〉이 있다.
한성판윤을 지낸 윤방尹昉이 친형이다.

407대 한성판윤 남이웅(南以雄) – 409·413대 동일인물

신상내용

생몰연대	1575년명종8 ~ 1648년인조26 – 74세
본관	의령宜寧
자	적만敵萬
호	시북市北
시호	문정文貞
상훈	진무공신, 춘성부원군
가족	할아버지–증좌찬성 응운應雲, 아버지–군자감주부 위瑋
	어머니–청주한씨(좌의정 한확韓確의 손녀)
	부인–남평조씨
	친척–남대우(양부·종숙·의흥부원군), 남이흥(4촌·장군), 남이공(4촌·이조판서)

묘소	충남 공주시 반포면 봉곡리
영당影堂	세종시 금남면 성강리 문화재자료 제7호

관직경력

한성판윤 재임기간 : 1639년인조17 1월 29일 ~ 1639년인조17 4월 24일

조선 중기의 문신

1606년선조39	사마시(진사) 입격
1607년선조40	왕자 사부師傅, 세마, 위수, 통례
1613년광해군5	증광문과 급제, 정언, 예조·병조좌랑, 정언, 수찬, 응교
1623년인조1	오위장五衛將, 황해도관향사, 안악군수, 의주부윤, 인조반정–황주수성대장
1624년인조2	진무공신振武功臣 3등, 춘성군春城君,
1626년인조4	호조·형조참판, 강릉부사, 경기·충청·경상도관찰사
1627년인조5	정묘호란
1632년인조10	인목대비 승하–수릉관
1633년인조11	호조참판, 형조판서 겸 지의금부사, 도총관
1635년인조12	강화부유수
1636년인조13	병자호란–왕 호종(남한산성), 좌찬성
1637년인조14	소현세자 볼모(심양)–우빈객으로 시종, 춘성부원군
1638년인조15	대사헌, 한성판윤, 형조·예조판서
1646년인조24	이조판서, 우의정
1647년인조25	좌의정

생애일화

본래 세업世業이 풍족해 부자라고 일컬었지만, 법제를 준수하며 자손들을 엄하게 단속하여 사치를 억제했다고 한다.

그는 젊어서부터 기개와 절도가 있었고 재물에는 소홀하였으며, 성격이 호방하고 원만하여 당파에 치우치지 않아 임금의 신임이 두터웠다.

인목대비 장례 때 수릉관으로서 나이 60이 되었는데도 능을 지키는 예법에 조금도 어긋남이 없으므로 주위에서 모두 탄복했다고 한다.

병자호란 때 항복으로 소현세자가 볼모로 심양에 잡혀갈 때 우빈객으로 극진히 호위하였고, 곧 귀국한 다음 부원군이 되었으며, 소현세자가 갑자기 죽은 후 민회빈 강씨愍懷嬪姜氏의 사사를 반대하는 입장을 밝히고 사직하였다.

부인 남평조씨 조애중의 〈남평조씨 병자일기〉에 병자호란과 그 이후의 정치적 사건들이 소

상하게 적혀 있다.

408대 한성판윤 구인후(具仁垕) – 423대 동일인물

신상내용

생몰연대	1578년선조11 ~ 1658년효종9
본관	능성綾城
자	중재仲載
호	유포柳浦
시호	충무忠武
상훈	영국공신, 능천부원군
가족	증조–능성군 순淳, 할아버지–좌찬성 사맹思孟, 아버지–대사성 성宬(養父–홍) 어머니–별좌 정억령鄭億齡의 딸 부인–황찬黃璨의 딸 친척–인조대왕(고종4촌)
묘소	경기도 양주군 고사리

관직경력

한성판윤 재임기간 : 1639년인조17 4월 24일 ~ 1639년인조17 5월 29일

조선 중기의 무신

1603년선조36	무과 급제
1606년선조39	선전관
1611년광해군3	고원군수, 갑산부사
1621년광해군13	진도군수
1623년인조1	인조반정 가담, 정사공신靖社功臣 2등, 능천군綾川君 봉군
1624년인조2	삼도수군통제사, 한성부윤, 병조판서, 어영대장, 의금부판사
1627년인조5	정묘호란–왕 호종(강화도)–주사대장舟師大將
1628년인조6	전라도관찰사, 포도대장
1629년인조7	충청병사, 수원방어사
1636년인조14	병자호란 발발, 어영대장
1637년인조15	도총부도총관, 비변사제조, 의금부판사
1639년인조17	한성부판윤
1644년인조22	영국공신寧國功臣 1등, 능천부원군 진봉

1645년인조23	병조·형조·공조판서, 수원부사, 훈련대장
1652년효종3	판의금부사, 홍청도병마절도사
1653년효종4	우의정
1654년효종5	사은사로 청나라 다녀오다. 좌의정

생애일화

김장생의 문인이다.
그는 장신으로 기골이 장대하였고, 친구들과의 사이에 생사를 같이 할 정도로 의리가 있었다. 옳은 일에는 주저 없이 임금에게 직언을 하여 대신의 위풍당당한 위엄을 보여주었다.
공신인 동시에 인조대왕의 외척으로서, 당시 공신들 간의 대립이나 공신들과 일반 사류들 사이의 갈등에 대해 신중한 태도를 취함으로써 별다른 기복 없이 정치적 위상을 지킬 수 있었다.

409대 한성판윤 남이웅(南以雄) – 407·413대 동일인물

한성판윤 재임기간 : 1639년인조17 5월 29일 ~ 1639년인조17 9월 12일

410대 한성판윤 이현영(李顯英) – 412·414대 동일인물

신상내용

생몰연대	1573년선조6 ~ 1642년인조20 – 70세
본관	한산韓山
자	중경重卿
호	창곡蒼谷·쌍산雙山
시호	충정忠貞
가족	증조–귀지貴枝, 할아버지–희백希伯, 아버지–군수 대수大秀 어머니–남양홍씨(장사랑 홍질洪礩의 딸)

관직경력

한성판윤 재임기간 : 1639년인조17 9월 12일 ~ 1639년인조17 9월 24일

조선 중기의 문신

1595년선조28	별시문과 급제
1618년광해군10	성절사로 명나라 다녀오다
1621년광해군13	대북파大北派 횡포로 은퇴
1623년인조1	인조반정, 대사간
1636년인조14	병자호란 발발, 경기도 양근에서 의병모집–후금군에 항전

생애일화

후금後金의 장수 용골대(龍骨大·잉굴다이)가 심양에다 소현세자를 볼모로 잡아놓고, 조선 사신의 입국을 요구하였다. 그가 협상 차 들어갔다가 봉황성에 1개월 간 감금된 후 성과 없이 귀국하다 평양에서 객사하였다.

411대 한성판윤 윤의립(尹毅立)

신상내용

생몰연대	1568년선조1 ~ 1643년(인조21)
본관	파평坡平
초명	의립義立
자	지중止中
호	월담月潭
가족	아버지–국형國馨. 형–정립貞立

관직경력

한성판윤 재임기간 : 1639년인조17 9월 24일 ~ 1639년인조17 11월 6일

조선 중기의 문신·화가

1594년선조27	별시문과 급제, 검열, 설서
1624년인조2	정자, 이괄의 난–조카 연루·처형
1626년인조4	경주부윤
1627년이후	경상도·함경도·충청도·경기도관찰사
1639년인조17	한성부판윤, 형조·예조판서
1640년인조18	의정부좌참찬

생애일화

그는 그림에 소양이 있어 화가로서도 〈산수화첩山水畫帖〉 등 작품을 남겨 국립중앙박물관에 소장되어 있다. 저서로는 〈야언통재野言通載〉와 〈산가청사山家淸事〉 등이 있다.

412대 한성판윤 이현영(李顯英) – 410·414대 동일인물

한성판윤 재임기간 : 1639년인조17 11월 6일 ~ 1639년인조17 12월 11일

413대 한성판윤 남이웅(南以雄) – 407·409대 동일인물

한성판윤 재임기간 : 1639년인조17 12월 11일 ~ 1640년인조18 1월 8일

414대 한성판윤 이현영(李顯英) – 410·412대 동일인물

한성판윤 재임기간 : 1640년인조18 1월 8일 ~ 1640년인조18 윤1월 4일

415대 한성판윤 민형남(閔馨男) – 405대 동일인물

한성판윤 재임기간 : 1640년인조18 윤1월 4일 ~ 1640년인조18 2월 2일

416대 한성판윤 홍 람(洪覽)

한성판윤 재임기간 : 1640년인조18 2월 2일 ~ 1640년인조18 3월 14일

417대 한성판윤 허 휘(許徽) – 422·425대 동일인물

신상내용

생몰연대	1568년선조1 ~ 1652년효종3 – 85세
본관	양천陽川
자	휘지徽之
호	퇴암退菴
시호	익정翼靖
가족	증조–주부 식埴, 할아버지–전銓, 아버지–성晟, 양부–지중추부사–진晉 어머니–문광준文光俊의 딸 부인–청주한씨(한광립韓光立의 딸)

관직경력

한성판윤 재임기간 : 1640년인조18 3월 14일 ~ 1640년인조18 4월 27일

조선 후기의 문신

1616년광해군8	양천현령
1623년인조1	인조반성, 안성·예천군수, 이천부사
1635년인조13	동지중추부사
1636년인조14	경주부윤, 광주廣州목사, 병자호란 발발–남한산성 포위
1637년인조15	광주부윤
1638년인조16	지중추부사, 형조판서
1640년인조18	한성부판윤, 강화유수, 공조판서
1647년인조25	판중추부사
1649년효종즉위	공조판서

생애일화

광주목사로 부임하자 외적의 침입이 있을 것을 예측하여 성보城堡를 증축하고 군량미를 확보하는데 힘을 기울였다. 그해 겨울에 청나라 군사가 급히 쳐들어와 왕과 신하들이 남한산성에서 포위당하였다. 40일 가량 항전하였으나, 중과부족으로 항복하고 말았다.
그의 선견지명 덕으로 전투가 끝났을 때 비축된 군량미가 남아 있어 임금으로부터 칭찬을 듣고 승진하였다.
성품이 공손하면서 근면하였고, 자신이 높은 벼슬에 있으면서도 권세를 부리지 않았으며 항상 검소하였다고 한다.
좌의정 허침許琛의 5대손이다.

418대 한성판윤 김자점(金自點) – 385·392·396·400대 동일인물

한성판윤 재임기간 : 1640년인조18 4월 27일 ~ 1642년인조20 1월 19일

419대 한성판윤 이시백(李時白) – 421·424·433대 동일인물

신상내용

생몰연대	1581년선조14 ~ 1660년현종1 – 80세
본관	연안延安
자	돈시敦詩
호	조암釣巖
시호	충익忠翼
상훈	정사공신, 연양부원군
추증	영의정
가족	증조–교리 기紀, 할아버지–부사용 정화廷華, 아버지–연평부원군 귀貴 어머니–인동김씨(참판 장민張旻의 딸) 동생–시방時昉(한성판윤) 부인–남원윤씨(윤진尹軫의 딸)

관직경력

한성판윤 재임기간 : 1642년인조20 1월 19일 ~ ?

조선 후기의 문신

1623년인조1	유생儒生으로 공을 세워 정사공신 2등, 연양군延陽君 봉군
1624년인조2	이괄의 난, 협수사協守使, 수원방어사
1629년인조7	장예원판결사, 양주목사, 강화유수
1633년인조11	병조참판
1636년인조14	경주부윤, 남한산성수어사, 병자호란, 서성장西城將
1637년인조15	공조판서, 지의금부사
1638년인조16	병조판서
1639년인조17	총융사
1642년인조20	한성부판윤, 형조·공조판서
1646년인조24	병조판서
1649년효종즉위	이조판서, 좌참찬

1650년효종1	우의정
1652년효종3	사은사로 청나라 다녀오다
1653년효종4	좌의정, 연양부원군
1655년효종6	영의정

생애일화

성리학의 대가 성혼成渾과 김장생金長生의 문인이며. 장유張維, 최명길崔鳴吉, 조익趙翼 등과 교유하였다.
이석형李石亨의 5대손이며 이귀李貴의 장남이고 이시방李時昉의 형으로, 과거에 급제하지 아니하고 영의정까지 올라간 음사蔭仕의 대표적 인물이다.
봉림대군의 세자 책봉을 반대했음에도, 인조가 그를 불러 술을 대접하면서 세자에게 이르기를 '내가 이분을 팔다리처럼 여기니 너도 뒷날 나와 같이 대접하라'고 위로하였다.
그는 일곱 번이나 판서를 역임하였고 영의정에까지 이르렀으나, 살림은 청빈하여 빈한한 선비집 같았다.
또한, 애국심이 대단하였다. 그의 집에 유명한 꽃이 있었는데, 궁중에서 이 소식을 듣고 그것을 가져가려 하니 바로 꽃을 뽑아 버리면서 '지금 나라가 이러한 지경인데 주상은 꽃이나 감상하려는가?' 하고 눈물을 흘렸다 한다.

420대 한성판윤 윤 수(尹晬)

한성판윤 재임기간 : ? ~ ? (재직확인:1642년 11월 24일)

421대 한성판윤 이시백(李時白) – 419·424·433대 동일인물

한성판윤 재임기간 : 1643년인조21 1월 12일 ~ 1643년인조21 2월 2일

422대 한성판윤 허 휘(許徽) – 417·425대 동일인물

한성판윤 재임기간 : 1643년인조21 2월 2일 ~ 1643년인조21 4월 16일

423대 한성판윤 구인후(具仁垕) – 408대 동일인물

한성판윤 재임기간 : 1643년인조21 4월 16일 ~ 1644년인조22 7월 12일

424대 한성판윤 이시백(李時白) – 419·421·433대 동일인물

한성판윤 재임기간 : 1644년인조22 7월 12일 ~ 1644년인조22 9월 17일

425대 한성판윤 허 휘(許徽) – 417·422대 동일인물

한성판윤 재임기간 : 1644년인조22 9월 17일 ~ ? (재직확인:1644년 9월 25일)

426대 한성판윤 이 명(李溟)

한성판윤 재임기간 : ? ~ 1645년인조23 10월 25일

427대 한성판윤 정태화(鄭太和)

신상내용

생몰연대	1602년선조35 ~ 1673년현종14 – 72세
본관	동래東萊
자	유춘囿春
호	양파陽坡
시호	익헌翼憲·충익忠翼
저서	〈양파유고〉·〈양파연기〉
배향	현종 묘정
가족	증조–유길惟吉, 할아버지–창연昌衍, 아버지–형조판서 광성廣成 어머니–황근중黃謹中의 딸 동생–치화致和(좌의정), 만화萬和(예조참판) 부인–여흥민씨(민선철의 딸)

관직경력

한성판윤 재임기간 : 1645년인조23 10월 25일 ~ 1646년인조24 2월 7일

조선 후기의 문신

1624년인조2	사마시(진사) 입격
1628년인조6	별시문과 급제, 승문원정자, 홍문관 수찬·교리·응교, 사간원 정언·헌납·사간, 사헌부 집의, 세자시강원 설서·사서·필선, 성균관 사예·사성, 예조·이조좌랑 및 정랑, 의정부사인, 예빈시·제용감·장악원 정
1631년인조9	시강試講 우등
1636년인조14	원수부 종사관, 병자호란 발발
1637년인조17	비변사 유장儒將, 세자시강원보덕으로 심양에 소현세자 시종, 귀국
1638년인조18	충청도관찰사, 승정원동부승지, 6조 참의·참판, 한성부우윤·좌윤, 대사간, 평안·경상도관찰사, 도승지
1644년인조24	소현세자 급사–세자빈 사사–세손 유배
1645년 이후	6조·3사 장관직 역임
1649년효종즉위	우의정
1650년효종1	사은사로 청나라 다녀오다. 좌의정
1651년효종2	영의정
1652년효종3	중추부사, 좌의정, 영의정
1671년현종12	기로소 입소

생애일화

효종과 현종을 보필하면서 북벌정책과 예송문제로 신료들의 예민한 반목과 대립이 격화되던 시기에 당파와 관련, 치우치지 않으려 해서 처신하기에 난처한 경우가 많았다.
그럼에도 불구하고, 예조·형조·사헌부 등의 난감한 직책을 맡으면서도 온화한 성품과 원만한 대인관계로 적대세력을 두지 않았던 것은 오로지 그의 뛰어난 임기응변과 유연성 있는 타협 역량 때문이었을 것이다.
사관史官은 그의 졸기卒記에서 '조정의 의논이 자주 번복되어 여러 차례 위기를 맞았으나, 그의 영현榮顯은 바뀌지 않았으니 세상에서는 벼슬살이를 가장 잘하는 사람으로 그를 으뜸으로 친다.'고 평할 정도였다.

428대 한성판윤 홍무적(洪茂績)

한성판윤 재임기간 : 1646년인조24 2월 7일 ~ ? (재직확인:1646년 2월 8일)

429대 한성판윤 홍진도(洪振道)

신상내용

생몰연도	1584년선조17 ~ 1649년인조27 - 66세
본관	남양南陽
자	자유子由
호	청회聽檜
시호	충목忠穆
상훈	정국공신, 남양군
추증	영의정, 남양부원군
가족	증조-이조판서 담曇, 할아버지-증판서 종복宗福, 아버지-동지돈녕부사 희熹 어머니-능성구씨(능성부원군 구사맹具思孟) 친척-인헌왕후(이모·인조 어머니)

관직경력

한성판윤 재임기간 : ? ~ 1647년인조25 1월 25일

조선 후기의 문신

1613년광해군5	별제, 목천현감
1622년광해군14	반정 모의
1623년인조1	인조반정, 공조좌랑, 정사공신 3등, 남양군南陽君 봉군
1625년인조3	부평부사, 오위도총부부총관
1631년인조9	공주목사, 한성부우윤, 남양부사
1636년인조14	병자호란 발발-왕 호종(남한산성)
1644년인조22	도총관, 지돈녕부사 겸 지의금부사
1645년인조23	사은 겸 주청부사로 청나라 다녀오다
1646년 이후	한성부판윤, 판의금부사, 추증-영의정·남양부원군

생애일화

인조대왕과는 이종사촌 사이이다.
광해군이 능창군을 살해해서, 능창군의 형인 능양군(훗날 인조)이 화를 입을까 두려워하여 집을 반환했다. 이때 그의 집을 능양군에게 바쳤다.
광해군의 정치가 문란해지므로 구굉·신경진 등과 반정을 모의하여 마침내 광해군을 축출하고, 능양군을 추대하여 보위에 올리는데 기여하였다.

430대 한성판윤 정세규(鄭世規)

한성판윤 재임기간 : 1647년인조27 1월 25일 ~ ?

431대 한성판윤 심 액(沈詻)

한성판윤 재임기간 : 1647년인조27 7월 11일 ~ ?

432대 한성판윤 민성휘(閔聖徽)

신상내용

생몰연대	1582년선조15 ~ 1647년인조25 – 44세
본관	여흥驪興
초명	성징聖徵
자	사상士尙
호	졸당拙堂·용졸用拙
시호	숙민肅敏
추증	영의정
저서	〈송경방고록松京訪古錄〉
가족	증조–승지 기문起文, 할아버지–이涖, 아버지–호조정랑 유부有孚 어머니–정척鄭惕의 딸

관직경력

한성판윤 재임기간 : 1647년인조25 8월 5일 ~ 1647년인조25 11월 10일

조선 후기의 문신

1606년선조39	사마시(생원) 입격
1609년광해군1	증광문과 급제, 승문원, 사관, 행호군, 사용
1612년광해군3	강원도도사,영변판관, 금산·여주목사
1623년인조1	인조반정, 동부승지 겸 참찬관, 우승지
1624년인조2	개성부유수, 이괄의 난

1625년인조3	전라도관찰사, 형조참판
1627년인조5	등극부사로 명나라 다녀오다
1630년인조8	평안도관찰사 겸 부체찰사
1632년인조10	함경도관찰사
1636년인조14	병자호란 발발, 병사 서우신徐祐信과 맹활약
1637년인조15	평안도관찰사 겸 양서관향사
1640년인조18	척화파로 심양에 잡혀갔다가 귀국
1642년인조20	호조·형조판서
1647년인조25	사은부사로 북경에 가는 도중 병사病死

생애일화

어려서 부모를 잃고 아버지의 사촌아우 도정都正 민유경閔有慶의 집에서 자랐다.
젊은 시절, 하위 관직에 있을 때 조정 내의 부조리를 보고 스스로 외직을 원해 한동안 지방관으로 지냈다.
개성유수로 있을 때 이괄의 난이 일어나자 관내에 있던 반란파를 조정에 보고하기 전에 죽인 죄목으로 파직 당하기도 했다.
명나라 숭정제의 등극사행으로 다녀올 때 해로를 택해 가던 중 폭풍을 당해서도 조금도 동요하지 않아 모든 사람들이 탄복하였다 한다.
여진족의 동향이 심상치 않아 의주성을 수축하고, 백마·검산·자모 3성의 보강과 작은 진의 설치 등 관서 30여 군의 변방강화에 힘썼다.
함경도관찰사를 지낼 때 병자호란이 일어나자 병사兵使 서우신徐祐信과 함께 보병과 기병 1만 3천 명을 통솔하고 맹활약하였다.
1647년 사은부사로 북경에 머물던 중 그곳에서 병사했다. 평양과 정주에 생사당生祠堂이 세워졌다.

433대 한성판윤 이시백(李時白) – 419·421·424대 동일인물

한성판윤 재임기간 : 1647년인조25 11월 10일 ~ 1648년인조26 4월 22일

434대 한성판윤 윤이지(尹履之) – 437·439대 동일인물

신상내용

생몰연대 1579년선조12 ~ 1668년현종9 – 90세

본관	해평海平
자	중소仲素
호	추봉秋峯
시호	정효靖孝
상훈	해창군海昌君
저서	〈추봉집〉
가족	증조-군자감정 변忭, 할아버지-영의정 두수斗壽, 아버지-영의정 방昉 어머니-청주한씨(판관 한의韓漪의 딸) 부인-안동김씨(형조참판 김상준金尙寯의 딸)
묘소	경기도 장단군 오음면 잔좌리

관직경력

한성판윤 재임기간 : 1648년인조26 4월 22일 ~ 1649년인조29 6월 19일

조선 후기의 문신

1600년선조33	문음, 세자익위사 세마, 양구·은산·적성·통진·용안현감
1616년광해군8	증광문과 급제, 공조·호조정랑, 사예
1618년광해군10	인목대비 폐모론 반대-은퇴
1623년인조1	여주목사
1624년인조2	충청도관찰사
1625년인조3	승지, 병조참의
1627년인조5	전라감사, 정묘호란-총융사(남한산성 수비)
1629년인조7	강원감사
1632년인조10	호조참판, 도승지, 경기감사
1637년인조15	병자호란-강화부사(강화도 수비)
1638년인조16	도승지, 경연참찬관, 해창군海昌君 습봉
1645년인조23	평안·함경도관찰사
1648년인조26	한성부판윤
1650년효종1	형조판서
1958년효종9	정헌대부(80세)
1668년현종9	숭정대부(90세), 판돈녕부사

생애일화

영의정을 지낸 아버지 윤방尹昉도 한성판윤을 했고, 작은아버지 윤휘尹暉도 한성판윤을 지냈다.

435대 한성판윤 이시방(李時昉) – 448대 동일인물

신상내용

생몰연대	1594년선조27 ~ 1660년현종1 – 67세
본관	연안延安
자	계명季明
호	서봉西峯
시호	충정忠靖
상훈	정사공신, 연성군
추증	영의정
저서	〈서봉일기〉
가족	증조–교리 기, 할아버지–부사용 정화廷華, 아버지–귀貴 어머니–인동장씨(장민張旻의 딸) 부인–이수검李守儉의 딸

관직경력

한성판윤 재임기간 : 1649년인조27 6월 19일 ~ 1649년인조27 7월20일

조선 후기의 문신

1623년인조1	인조반정에 유생儒生으로 가담, 정사공신 2등, 연성군延城君
1625년인조3	서산군수, 공조참판
1627년인조5	정묘호란–순검사–왕 호종(강화도)
1628년인조6	광주목사, 남한산성방어사
1632년인조10	한성부 우·좌윤, 인목대비 승하–국장·산릉도감 제조
1636년인조14	나주목사, 전라도관찰사, 병자호란
1640년인조18	제주목사, 광해군 별세
1642년인조20	광주수어사, 병조참판
1645년인조23	호조참판
1647년인조25	공조판서
1649년인조27	인조 승하, 산릉도감제조, 형조판서, 효종 즉위, 한성부판윤
1650년효종1	사은부사로 청나라 다녀오다. 공조·형조·호조판서
1660년현종1	공조판서 겸 판의금부사

생애일화

아버지 귀貴와 큰형 시백時白과 3인이 동시에 인조반정에 참여하여 모두 군君으로 봉해지

고, 형에 뒤이어 곧 한성부판윤에 임명되어 형제가 바로 한성판윤을 지낸 흔치 않은 경우가 되었다.

436대 한성판윤 이경엄(李景嚴)

신상내용

생몰연대	1579년선조12 ~ 1652년효종3 – 74세
본관	연안延安
자	자릉子陵
호	현기玄磯
가족	증조–수찬 세범世範, 할아버지–현감 국주國柱, 아버지–연릉부원군 호민好閔 어머니–파평윤씨(윤문로尹文老의 딸) 부인–박태현朴台現의 딸 친척–이숭원李崇元(방고조)

관직경력

한성판윤 재임기간 : 1649년효종즉위 7월 20일 ~ ?

1601년선조34	사마시(생원) 입격
1610년광해군2	알성문과 급제
1624년인조2	배천군수
1628년인조6	사옹원정, 가도假島 문안사
1647년인조25	연천군延川君
1649년인조27	한성부판윤, 기로소 입소

437대 한성판윤 윤이지(尹履之) – 434·439대 동일인물

한성판윤 재임기간 : ? ~ ? (재직확인 : 1649년 9월 3일)

438대 한성판윤 김광욱(金光煜) – 441대 동일인물

신상내용

생몰연대	1580년선조13 ~ 1656년효종7 - 77세
본관	안동安東
자	회이晦而
호	죽소竹所
시호	문정文貞
저서	〈죽소집〉
가족	증조-신천군수 생해生海, 할아버지-군기시정 원효元孝, 아버지-형참-상준尙寯 어머니-전주이씨(현감 이천우李天祐의 딸) 부인-이시언李時彦(한성판윤)의 딸 매부-윤이지尹履之(한성판윤)

관직경력

한성판윤 재임기간 : ? ~ ? (재직확인:1650년 3월 12일)

조건 후기의 문신

1606년선조39	사마시(진사) 입격, 증광문과 급제, 승문원검열, 대교, 봉교
1608년선조41	병조좌랑, 정언, 부수찬
1611년광해군3	정언
1613년광해군5	계축옥사-국문 받았으나 방면
1623년인조1	인조반정, 고산찰방, 고원군수, 판교判校, 홍주목사
1633년인조11	양서관향사兩西館餉使
1644년인조22	부승지 겸 세자빈객으로 세자를 모시고 청나라 다녀오다
1645년인조23	도승지, 병조·호조참판, 경기감사
1650년효종1	개성유수, 동지사로 청나라 다녀오다. 지중추부사, 판의금부사, 우참찬

생애일화

그는 문예와 글씨에 뛰어났으며, 〈장릉지장長陵誌狀〉을 찬하였다.
장인(이시언)과 사위(김광욱), 매부(윤이지)와 처남(김광욱)이 한성판윤으로 연결되는 매우 드문 가족관계의 경우이다.

439대 한성판윤 윤이지(尹履之)

한성판윤 재임기간 : 1650년효종1 10월 18일 ~ 1651년효종2 3월 25일

3

440대

한성판윤 윤 경

⋮

1008대

한성판윤 이사관

440대 한성판윤 윤 경(尹絅)

신상내용

생몰연대	1567년명종22 ~ 1664년현종5 – 98세
본관	파평坡平
자	미중美仲
호	기천岐川
시호	정희靖僖
가족	증조–삭녕군수 무珷, 할아버지–부사 돈인敦仁, 아버지–상호군 대로大老 어머니–덕수이씨(참의 이원록李元祿의 딸) 부인–전의이씨(충의위 이효원李孝元의 딸) 친척–윤순尹珣(한성판윤) 윤원형尹元衡(7촌당숙) 문정왕후(7촌당고모·중종계비)

관직경력

한성판윤 재임기간 : 1651년효종2 3월 25일 ~ 1652년효종2 1월 2일

조선 중기의 문신

1589년선조22	사마시(진사) 입격
1596년선조29	별시문과 급제
1600년선조30	주서, 예조좌랑, 지평, 공조정랑
1605년선조35	평양부 서윤
1610년광해군2	죽주부사
1613년광해군5	인목대비 폐모론 반대–은거
1621년광해군13	접반사–명나라 모문룡 영접
1623년인조1	해주목사
1627년인조5	정묘호란–세자 호종(전주), 장예원판결사
1636년인조14	병자호란–왕 호종(남한산성), 병조참의, 도총관, 이천부사
1645년인조23	공조참판, 기로소 입소
1656년효종7	숭정대부(90세), 공조판서
1660년현종1	판돈녕부사

441대 한성판윤 김광욱(金光煜) – 438대 동일인물

한성판윤 재임기간 : 1652년효종3 1월 2일 ~ 1652년효종3 4월 6일

442대 한성판윤 이후원(李厚源)

신상내용

생몰연대	1598년선조31 ~ 1660년현종1 – 63세
본관	전주
자	사심士深
호	오재迂齋
시호	충정忠貞
상훈	정사공신, 완남부원군完南府院君
가족	7대조–광평대군(세종대왕 5남), 아버지–군수 이욱李旭 어머니–장수황씨(황정욱黃廷彧의 딸)
묘소	서울 강남구 자곡동 산 39–3 서울시기념물 제29호

관직경력

한성판윤 재임기간 : 1652년효종3 4월 6일 ~ 1652년효종3 7월 15일

조선 후기의 문신

인조 때	문과 급제, 사헌부 지평·장령
1623년인조1	인조반정 가담, 정사공신 3등
1627년인조5	정묘호란–총융사 종사관
1636년인조14	병자호란–척화파, 동부승지,우부승지, 좌승지, 대사간, 도승지, 대사헌, 이조참판
효종 때	북벌계획 참여, 대사헌, 공조·형조·예조·호조·이조판서, 좌참찬,
1608년효종9	우의정

생애일화

세종대왕의 다섯째 왕자 광평대군廣平大君이 7대조이다.
그는 스스로도 학문이 높았지만, 중앙 정계에서 크게 활약한 인물들을 많이 등용하였다. 조선 후기 대표적 성리학자인 송시열宋時烈과 송준길宋浚吉이 대표적 인물이다.

그의 묘는 서울시기념물로서 송준길과 송시열이 각각 비문과 추기를 썼으며, 당시 영의정 김수항金壽恒이 '迂齋相國李忠貞公墓表'라는 두전頭篆을 쓰고, 이정영李正英 등 유명학자들의 글씨를 볼 수 있다.

443대 한성판윤 김신국(金藎國) – 377·386대 동일인물

한성판윤 재임기간 : 1652년효종3 7월 15일 ~ ?

444대 한성판윤 이 해(李澥) – 456대 동일인물

신상내용

생몰연대 1591년선조24 ~ 1670년현종11

관직경력

한성판윤 재임기간 : ? ~ ? (재직확인:1653년 8월 4일)

445대 한성판윤 이 완(李浣) – 450·452·454·457·460·464·465·481·491·493·504·507·513·516 동일인물

신상내용

생몰연대 1602년선조35 ~ 1674년현종13 – 73세
본관 경주慶州
자 징지澄之
호 매죽헌梅竹軒
시호 정익貞翼
가족 증조–주부 자침自琛, 할아버지–진사 난鸞, 아버지–형조판서 수일守一
어머니–완산이씨(이귀년李貴年의 딸)
묘소 경기도 여주시 여주읍 상거리 산 19–1 경기도기념물 제16호

관직경력

한성판윤 재임기간 : 1653년효종4 10월 24일 ~ 1655년효종5 12월 2일

조선 후기의 무신

1624년인조2	무과 급제, 만포첨사
1627년인조5	영유현령
1629년인조7	상원군수
1630년인조8	숙천부사
1631년인조9	평안도병마절도사
1636년인조14	병자호란-도원수 김자점金自點의 별장別將
1638년인조16	함경남도병마절도사
1639년인조17	승정원 동부승지
1640년인조18	황해도병마절도사, 주사대장 임경업林慶業의 부장副將
1643년인조21	양주목사, 경기도수군절도사 겸 3도통어사, 공청도병마절도사
1648년인조26	어영대장
1649년효종즉위	우포도대장, 한성부우윤, 호군
1650년효종1	어영대장, 포도대장
1651년효종2	병조참판
1653년효종4	훈련대장(16년간 겸임)
1654년효종5	공조판서, 형조판서
1659년효종10	한성부판윤, 공조·형조판서
1666년현종7	판의금부사, 병조판서 사양
1667년현종8	유도대장留都大將, 포도대장
1671년현종12	수어사
1674년현종15	우의정

생애일화

인조반정의 공신인 아버지와 마찬가지로 무장으로서 입신하여, 효종대왕의 북벌계획에 혼신의 공력을 바쳤으나 대왕의 승하와 함께 뜻을 이루지 못하였다.
효종은 두 차례의 호란胡亂으로 인해 피폐한 후유증을 수습하고 대청강경책을 수립하여 북벌을 위한 군비체제의 확충을 추진하면서 북벌의 선봉부대인 어영청의 대장으로 그를 임명하였다. 특히, 종래에 훈척勳戚으로만 임용하던 관례를 깨고 훈련대장이 되어 다른 직책을 맡더라도 16년 간 훈련대장만큼은 항상 겸임하였다.
수차례의 각도 병마절도사로서 체험한 군사력 운용의 방책을 바탕으로 분번숙위제分番宿衛制와 보인체제保人體制를 확립하여 어영청 군영의 전투력 강화에 진력하였다. 또한, 안산

덕물도를 개간하여 둔전屯田을 확보하고, 신무기의 개조, 성곽의 개수 및 신축 등으로 전쟁에 대비한 여러 대책을 강구하였다.

그의 성품은 강직하고 깨끗하며 용감하고 결단력이 있어 매사에 시시비비가 분명하였으며, 자신의 뜻이 옳다고 생각할 때에는 국왕 앞에 병부를 풀어 놓고 진언할 정도로 태도가 확연하였다. 반면, 매사에 신중한 일면도 있었으니 군교軍校나 서리들이 자기에게 품의할 일이 있으면 동료들과 같이 와서 의논하게 함으로써 남의 의심을 사지 않으려 하였다.

병조판서에 임명되었을 때, 병조와 훈련도감을 겸직할 수 없다고 사양하였다. 당시 사관은 이러한 사실을 '사존사영辭尊謝榮하기란 옛 사람도 어려운데 무부武夫로서 능히 판단하였다. 권력을 탐하고 자격이 없으면서도 좋은 자리로 나아가려고 하는 문사文士들을 어떻게 보았겠는가?'라고 기록하였다.

446대 한성판윤 신 준(申埈) – 447·449대 동일인물

한성판윤 재임기간 : 1655년효종6 12월 2일 ~ 1656년효종7 3월 12일

447대 한성판윤 신 준(申埈) – 446·449대 동일인물

한성판윤 재임기간 : ? ~ 1656년효종7 10월 12일 (재직확인:1956년 7월 18일)

448대 한성판윤 이시방(李時昉) – 435대 동일인물

한성판윤 재임기간 : 1656년효종7 10월 13일 ~ 1656년효종7 12월 2일

449대 한성판윤 신 준(申埈) – 446·447대 동일인물

한성판윤 재임기간 : 1656년효종7 12월 2일 ~ ?

450대 한성판윤 이 완(李浣) – 445·452·454·457·460·464·465·481·491·493·504·507·513·516 동일인물

한성판윤 재임기간 : ? ~ 1656년효종7 12월 22일

451대 한성판윤 정유성(鄭維城)

신상내용

생몰연대	1596년선조29 ~ 1664년현종5 – 69세
본관	영일迎日
자	덕기德基
호	도촌陶村
시호	충정忠貞
저서	〈은대일기銀臺日記〉
가족	증조–운雲, 할아버지–구응龜應, 아버지–박사 근謹 어머니–황치경黃致敬의 딸

관직경력

한성판윤 재임기간 : 1656년효종7 12월 22일 ~ ?

조선 후기의 문신

1627년인조5	정시문과 급제, 예문관검열, 춘추관기사관, 주서, 수찬, 집의
1644년인조22	황해도관찰사, 승지, 전라도관찰사
1649년효종즉위	평안도관찰사, 대사간, 대사성, 동지경연사
1653년효종4	경기도관찰사, 우참찬, 호조·예조판서, 대사헌, 이조·형조판서
1656년효종7	한성판윤, 호조판서
1660년현종1	우의정, 고부사로 청나라 다녀오다
1661년현종2	영중추부사

생애일화

포은圃隱 정몽주鄭夢周의 9대손이다.

어려서부터 기재奇才로 소문났으며, 외할아버지 황치경에게서 글을 배워 학문을 닦았다.

그의 성품은 온량했으나 판단력이 뛰어나 공사 처리에는 명석하고 과단성 있게 추진하였다.
이조판서에 있을 때에 오직 공도公道로써 관리들의 임면을 결정하여 인사관리에 부정이 없도록 하였으며, 관청의 낭비를 막아 국고를 윤택하게 하였다.
군왕의 실정이나 불의를 보면 대세의 이해에 관계없이 직간을 서슴지 않아 효종대는 중용되지 않았으나, 그를 이해한 현종대에는 경상卿相의 자리에 올려줄 정도로 총애를 받았다.
가정에서도 겸허하고 근신했으며, 청빈淸貧을 가훈으로 하는 선비다운 생활을 즐겼다.

452대 한성판윤 이 완(李浣) – 445·450·454·457·460·464·465·481·491·493·504·507·513·516 동일인물

한성판윤 재임기간 : ? ~ ? (재직확인:1657년 1월 3일)

453대 한성판윤 윤 강(尹絳) – 455·469·473·476·484대 동일인물

신상내용

생몰연대	1597년선조30 ~ 1667년현종8 – 71세
본관	파평坡平
자	자준子駿
호	무곡無谷
가족	증조–생원 지함之諴, 할아버지–호조좌랑 엄儼, 아버지–공조참의 민헌民獻 어머니–연안김씨(감정 김찬선金纘善의 딸) 부인–동래정씨(지사 정광성鄭廣成의 딸), 유익劉杙의 딸
묘소	경기도 안산시 단원구 선부동

관직경력

한성판윤 재임기간 : 1657년효종8 4월 11일 ~ ?

조선 후기의 문신

1624년인조2	증광문과 급제
1626년인조4	검열, 봉교, 정언, 교리
1642년인조20	사은 겸 진주사의 서장관으로 청나라 다녀오다. 승지, 이조참의

1650년효종1	대사간, 충원현감, 이조참판, 대사헌, 도승지, 형조판서
1657년효종8	동지사로 청나라 다녀오다
1659년효종10	예조판서, 빈전·국장 양도감殯殿·國葬兩都監 제조, 판의금부사, 이조판서

생애일화

인조·효종·현종의 3대를 섬기었으며 80여 벼슬을 지내면서 신명을 바쳐 일했고, 1664년현종5에 민유중閔維重의 탄핵으로 사퇴하여 안산安山 옛집으로 돌아간 뒤에도 여러 번 조정에서 불렀으나 모두 사양하였다.
숙종 때 정승 윤지선尹趾善과 윤지완尹趾完 형제의 아버지이다. 윤지완 정승은 다리 한 짝이 없어 일족정승一足政丞이라 불렸다.

454대 한성판윤 이 완(李浣) – 445·450·457·460·464·465·481·491·493·504·507·513·516 동일인물

한성판윤 재임기간 : ? ~ ? (재직확인:1657년 6월 24일)

455대 한성판윤 윤 강(尹絳) – 453·469·473·476·484대 동일인물

한성판윤 재임기간 : 1658년효종9 4월 16일 ~ 1658년효종9 11월 23일

456대 한성판윤 이 해(李澥) – 444대 동일인물

한성판윤 재임기간 : 1658년효종9 11월 27일 ~ 1659년효종10 3월 5일

457대 한성판윤 이 완(李浣) – 445·450·454·460·464·465·481·491·493·504·507·513·516 동일인물

한성판윤 재임기간 : 1659년효종10 3월 8일 ~ ?

458대 한성판윤 김남중(金南重) – 462대 동일인물

신상내용

생몰연대	1596년선조29 ~ 1663년현종4 – 68세
본관	경주慶州
자	자진自珍
호	야당野塘
시호	정효貞孝
상훈	경천군慶川君
저서	〈역대인감歷代人鑑〉
가족	증조–예판 만균萬鈞, 할아버지–좌의정 명원命元, 아버지–첨추 수렴守廉 어머니–창녕성씨(생원 성순成恂의 딸) 부인–여흥민씨(도정 민유경閔有慶의 딸), 전주이씨(이세헌李世憲의 딸)
묘소	충남 연기군 전의면 소곡

관직경력

한성판윤 재임기간 : ? ~ ? (재직확인:1659년 윤3월 28일)

조선 후기의 문신

1618년광해군10	증광문과 급제, 가주서
1623년인조1	검열
1624년인조2	회답사 정립鄭岦의 종사관으로 일본에 다녀오다
1625년인조3	병조좌랑–파직
1626년인조4	수찬, 교리, 지평, 장령
1628년인조6	부수찬–파직, 장령, 사간, 시독관, 부응교
1632년인조10	집의 겸 추승도감도청
1636년인조14	예조참의, 병자호란–왕 호종(남한산성)
1637년인조15	대사간, 경기도관찰사–파직
1641년인조19	대사간, 우부빈객, 도승지
1644년인조22	경기도관찰사
1645년인조23	대사헌
1649년인조27	대사성, 대사간, 대사헌
1650년효종1	이조참판, 경천군慶川君, 대사헌
1656년효종7	동지춘추관사, 사은부사로 청나라 다녀오다, 공조참판, 대사헌
1657년효종8	예조참판, 도승지

1658년효종9	공조·형조판서
1660년현종즉위	겸지춘추관사, 〈효종실록〉 편찬 참여
1661년현종1	공조·형조·예조판서, 개성유수

생애일화

할아버지가 임진왜란 초기에 한강 방어를 위한 도원수를 맡았으며, 한성판윤을 거쳐 좌의정에 오른 김명원金命元이다.
관직생활 초반에 두 번 파직을 당했고, 경기도관찰사로 있을 때 생일에 여러 읍으로부터의 선물과 전주에 가서 가족과 어울려 가무연락歌舞宴樂을 벌려 세 번째 파직을 당했다.
그러함에도 다시 기용되어 요직을 두루 맡은 것으로 보아, 할아버지를 닮아 사람됨이 순후하고 마음이 아름다워 남을 해치려 하지 않았기 때문에 인물에 대한 평판이 좋았던 것으로 여겨진다.

459대 한성판윤 허 적(許積) – 467·474대 동일인물

신상내용

생몰연대	1610년광해군2 ~ 1680년숙종6 – 71세
본관	양천陽川
자	여차汝車
호	묵재默齋·휴옹休翁
가족	증조–증찬성 초礎, 할아버지–이조판서 잠潛, 아버지–부사 한僩 어머니–안동김씨(감사 김제갑金悌甲의 딸) 부인–광주이씨(도사 이서李紓의 딸), 여흥민씨(민지익閔之釴)의 딸)

관직경력

한성판윤 재임기간 : 1659년효종10 4월 13일 ~ ?

조선 후기의 문신

1633년인조11	사마시(생원·진사) 양과 입격
1637년인조15	정시문과 급제, 검열, 부수찬
1641년인조21	의주부윤 겸 관향사
1645년인조25	경상도관찰사
1647년인조27	일본 사신 불법접대–파직

1653년효종4	호조참판
1655년효종6	호조판서
1659년효종10	형조판서, 효종 승하
1662년현종3	진주부사로 청나라 다녀오다. 좌의정
1671년현종12	영의정, 영중추부사, 인선대비 승하–자의대비 복상문제(기년설 채택)
1676년숙종2	사은 겸 진주변무사로 청나라 다녀오다. 5도도체찰사

생애일화

그는 식견이 넓고 총명한 재질로서 선왕으로부터 탁고託孤의 명을 받고 충성을 다하였으며, 수상이 되어 자기에게 내리는 은사恩賜를 친구들에게 돌리고 녹봉으로 친구들을 구제하였다.
일찍이 사헌부에 있을 때에는 당시 이조판서 이경석李景奭, 병조판서 이시백李時白이 인사행정에 부정이 있다고 탄핵, 그들을 사형에 처하라고 주청하여 백관들을 놀라게 하기도 하였다. 남인南人으로서 서인西人의 송시열과 독특하고 각별한 우의가 있었다.
1680년 할아버지 잠潛의 시호를 받게 되어 그 축하연을 베풀 때 궁중의 유악帷幄을 함부로 사용하여 왕의 노여움을 샀는데, 그 와중에 서자 견堅의 모역사건에 휘말려 사사되었다.
훗날, 숙종이 그의 애매한 죽음을 알게 되어 무고誣告한 자들을 죽이고, 삭탈했던 관작을 추복하였다.

460대 한성판윤 이 완(李浣) – 445·450·454·457·464·465·481·491·493·504·507·513·516 동일인물

한성판윤 재임기간 : 1659년효종10 4월 23일 ~ ?

461대 한성판윤 이시방(李時昉) – 448대 동일인물

한성판윤 재임기간 : 1659년효종10 10월 4일 ~ ?

462대 한성판윤 김남중(金南重) – 458대 동일인물

한성판윤 재임기간 : 1660년현종1 1월 28일 ~ ?

463대 한성판윤 오 준(吳竣)

신상내용

생몰연대 1587년선조20 ~ 1666년현종7 – 80세
본관 동복同福
자 여완汝完
호 죽남竹南
저서 〈죽남당집〉
작품 「충무공이순신비」, 「화엄사벽암대사비」 외
가족 증조–극권克權, 할아버지–사옹원직장 세현世賢, 아버지–이조참판 백령百齡
어머니–양사행梁思行의 딸
부인–유시회柳時會의 딸

관직경력

한성판윤 재임기간 : 1660년현종 3월 18일 ~ 1660년현종1 3월 25일

조선 후기의 문신·서예가

1612년광해군4	사마시(진사) 입격
1618년광해군10	증광문과 급제, 주서, 지평, 장령, 필선, 수찬
1639년인조17	주청부사로 심양에 다녀오다
1643년인조21	청·세조 등극사로 청나라 다녀오다
1648년인조26	동지 겸 성절사로 청나라 다녀오다
1650년효종1	예조판서, 지춘추관사–〈인조실록〉 편찬
1651년효종2	형조판서, 대사헌, 우빈객
1660년현종1	한성부판윤. 좌참찬, 판중추부사

생애일화

그는 문장에 능하고 글씨를 잘 써서 왕실의 길흉책문吉凶册文과 삼전도비三田渡碑의 비문을 비롯하여, 수많은 공사公私의 비명을 썼다. 특히 왕희지체王羲之體를 따라 단아한 모양의 해서를 잘 썼다.
작품으로는 충무공이순신비忠武公李舜臣碑(아산), 화엄사벽암대사비華嚴寺碧巖大師碑(구례), 허백당명조대사비虛白堂明照大師碑(회양), 이판이현영묘비吏判李顯英墓碑, 의창군광묘비義昌君珖墓碑(양주), 닛코산조선등로비日光山朝鮮燈爐碑(일본), 대동균역만세불망비大同均役萬世不忘碑(안성), 벽응대사비碧應大師碑(안성·칠장사)가 있다.

464대 한성판윤 이 완(李浣) – 445·450·454·457·460·465·481·491·493·504·507·513·516 동일인물

한성판윤 재임기간 : 1660년현종1 4월 5일 ~ ?

465대 한성판윤 이 완(李浣) – 445·450·454·457·460·464·481·491·493·504·507·513·516 동일인물

한성판윤 재임기간 : 1660년현종1 11월 18일 ~ ?

466대 한성판윤 여이재(呂爾載)

신상내용

생몰연대	1600년선조33 ~ 1665년현종6 – 66세
본관	함양咸陽
자	자후子厚
호	해옹海翁
시호	숙헌肅憲
상훈	영국공신
가족	증조–증좌승지 숙淑, 할아버지–첨중추 순원順元, 아버지–총관 인길裀吉 어머니–여흥민씨(참봉 민기형閔起亨의 딸) 부인–전주이씨(군수 이명운李溟運의 딸)

관직경력

한성판윤 재임기간 : 1662년현종3 3월 7일 ~ 1662년현종3 12월 11일

조선 후기의 문신

1618년광해군10	사마시(생원) 입격, 건원릉 참봉
1637년인조15	정시문과 급제, 예조·병조좌랑
1640년인조18	정언
1644년인조22	훈련원종사관, 심기원의 역모 적발–영국공신寧國功臣 2등

1645년인조23	오위장, 호조참의, 병조참지
1646년인조24	형방승지
1649년인조27	전라도관찰사, 인조 승하–산릉도감 부제조
1650년효종1	도승지, 호조참판, 동지중추부사, 한성부우윤
1654년효종5	황해도관찰사
1660년현종1	효종 승하–산릉수개도감 당상
1661년현종2	부묘도감 제조 겸 형조판서
1662년현종3	한성부판윤, 동지사로 청나라 다녀오다
1663년현종4	형조판서

생애일화

45년 간 관직생활을 하면서 정성껏 왕을 보필하여 총애를 받았다.

467대 한성판윤 허 적(許積) – 459·474대 동일인물

한성판윤 재임기간 : 1662년현종3 12월 12일 ~ 1663년현종4 1월 5일

468대 한성판윤 조계원(趙啓遠) – 490대 동일인물

신상내용

생몰연대	1592년선조25 ~ 1670년현종11 – 79세
본관	양주楊州
자	자장子長
호	약천藥泉
시호	충정忠靖
가족	증조–연손連孫, 할아버지–람擥, 아버지–지중추부사 존성存性 어머니–용인이씨(정랑 이신충李藎忠의 딸) 부인–평산신씨(영의정 신흠申欽의 딸)
묘소	충남 연기군 전동면 송정리 상소동

관직경력

한성판윤 재임기간 : 1663년현종4 1월 5일~ 1663년현종4 1월 27일

1616년광해군8	사마시(진사) 입격
1623년인조1	의금부도사
1628년인조6	별시문과 급제, 정언, 형조좌랑
1636년인조14	병자호란 발발, 유장儒將
1637년인조15	사헌부장령, 홍문관수찬·교리, 사간원사간
1641년인조19	세자시강원보덕, 청나라에 볼모로 간 소현세자 시종
1645년인조23	수원부사, 홍청도감사, 동부승지, 예조참의, 강화유수, 도승지, 경상감사
1654년효종5	사은부사로 청나라 다녀오다. 경기·전라감사
1659년효종10	함경감사, 형조·공조참판, 동지의금부사
1662년현종3	형조판서
1663년현종4	한성부판윤

생애일화

작은아버지한테 수학하였으며 영의정 상촌 申欽의 사위이고, 오성 이항복李恒福의 문인이다.
청나라에 항복한 후, 대청 강경파 김상헌이 탄핵을 받자 그를 구원하려고 힘썼다.
청나라 심양에 볼모로 갔던 소현세자가 청淸의 요구로 명明의 금주를 공격할 때 시종하였으며, 세자 일행이 무사히 돌아오는데 큰 공을 세웠다.
만년에 보령으로 은퇴하여 한가히 보냈으며, 여러 차례 조정에서 불렀으나 나아가지 않았다.
다만, 민전民田을 너무 과다하게 차지했다는 비난을 듣기도 했다.

469대 한성판윤 윤 강(尹絳) – 453·455·469·473·476·484대 동일인물

한성판윤 재임기간 : 1663년현종4 1월 27일 ~ 1663년현종4 2월 11일

470대 한성판윤 윤순지(尹順之) – 475대 동일인물

신상내용

생몰연대	1591년선조24 ~ 1666년현종7 – 76세
본관	해평海平
자	낙천樂天
호	행명涬溟

저서	〈행명집〉
가족	증조–감정 변忭, 할아버지–영의정 두수斗壽, 아버지–평안도관찰사 훤暄 어머니–청송심씨(대사헌 심의겸沈義謙의 딸) 부인–반남박씨(대사성 박동열朴東說의 딸)
묘소	경기도 장단군 송서면 반룡산

관직경력

한성판윤 재임기간 : 1663년현종4 2월 11일 ~ 1663년현종4 6월 21일

조선 후기의 문신

1612년광해군4	사마시(진사) 입격
1620년광해군12	예문관검열
1623년인조1	경연관
1629년인조7	홍문관부교리
1636년인조14	병자호란–왕 호종(남한산성)
1637년인조15	형조참의
1643년인조21	일본통신사
1654년효종5	경기도관찰사
1657년효종8	실록수정청당상 〈선조수정실록〉 편찬 참여
1658년효종9	도승지, 6조 참판, 개성유수
1663년현종4	한성부판윤, 대제학, 공조판서, 좌참찬

생애일화

작은할아버지 윤근수尹根壽에게서 학문을 배웠으며, 시詩·서書·화畵에도 뛰어났다.
그는 항상 겸손하고 근면하였으며 몸가짐이 단정하고 돈후하였다.
정묘호란 때 아버지가 평안도관찰사로 있으면서 후금군을 제대로 막지 못해 사사되었음을 늘 잊지 못했다. 그래서 왕의 잘못이 있어도 직언을 하지 않았으며, 조정에 있으면서도 손님처럼 처신하였다고 한다.
선조 때 영의정 윤두수尹斗壽가 할아버지이고, 한성판윤을 지낸 윤방尹昉이 큰아버지이며 尹暉윤휘가 둘째큰아버지이다. 또한 윤이지尹履之가 4촌형이고, 4촌아우 윤신지尹新之는 선조의 부마인 해숭위海崇尉이다.
문집으로 〈행명집涬溟集〉을 남겼다.

471代 한성판윤 박장원(朴長遠) – 485·506대 동일인물

신상내용

생몰연대	1612년광해군4 ~ 1671년현종12 – 60세
본관	고령高靈
자	중구仲久
호	구당久堂 ·습천隰川
시호	문효文孝
저서	〈구당집〉
가족	증조–부사 정淨, 할아버지–좌랑 효성孝誠, 아버지–직장 훤烜 어머니–청송심씨(충렬공 심현沈峴의 딸) 부인–해평윤씨(감찰 윤원지尹元之의 딸)

관직경력

한성판윤 재임기간 : 1663년현종4 6월 21일 ~ 1663년현종4 8월 11일

조선 후기의 문신

1627년인조5	사마시(생원) 입격
1636년인조14	별시문과 급제, 병자호란 발발
1639년인조17	예문관검열
1640년인조18	정언, 춘추관기사관 〈선조수정실록〉 편찬 참여
1653년효종4	승지, 흥해 유배
1658년효종9	상주목사, 강원도관찰사
1663년효종10	한성부판윤
1664년현종5	이조·공조판서
1665년현종6	대사헌, 예조판서

생애일화

문집으로 〈구당집久堂集〉을 남겼다.

472代 한성판윤 여이재(呂爾載) – 466대 동일인물

한성판윤 재임기간 : 1663년현종4 8월 11일 ~ 1663년현종4 11월 10일

473대 한성판윤 윤 강(尹絳) – 453·455·469·476·484대 동일인물

한성판윤 재임기간 : 1663년현종4 11월 10일 ~ 1663년현종4 11월 24일

474대 한성판윤 허 적(許積) – 459·467대 동일인물

한성판윤 재임기간 : 1663년현종4 11월 24일 ~ 1664년현종5 2월 6일

475대 한성판윤 윤순지(尹順之) – 470대 동일인물

한성판윤 재임기간 : 1664년현종5 2월 6일 ~ 1664년현종5 3월 22일

476대 한성판윤 윤 강(尹絳) – 453·455·469·473·484대 동일인물

한성판윤 재임기간 : 1664년현종5 3월 22일 – 1664년현종5 4월 16일

477대 한성판윤 조 형(趙珩) – 499대 동일인물

신상내용

생몰연대 1606년선조39 ~ 1679년숙종5 – 74세
본관 풍양豊壤
자 군헌君獻
호 취병翠屛
시호 충정忠貞
가족 증조–풍저창수 세훈世勳, 할아버지–사헌부감찰 기磯, 아버지–승지 희보希輔
어머니–강릉최씨(감찰 최황崔諻의 딸)
부인–사천목씨(참판 목장흠睦長欽의 딸)
묘 충북 음성군 생극면 생리 성동

관직경력

한성판윤 재임기간 : 1664년현종5 4월 16일 ~ 1664년현종5 7월 27일

조선 후기의 문신

1626년인조4	별시문과 급제-파방(試官 목대흠의 조카사위)
1630년인조8	식년문과 급제
1636년인조14	병자호란 발발-왕 호종(남한산성), 독전어사
1637년인조15	병조좌랑
1642년인조20	지제교
1643년인조21	부교리, 수찬
1644년인조22	헌납, 이조좌랑
1647년인조24	집의, 춘추관편수관 〈인조실록〉 편찬 참여
1651년효종2	서장관으로 북경에 다녀오다. 보덕, 승지
1652년효종3	충청감사
1653년효종4	정신옹주의 예장 때 역군가役軍價 문제로 유배
1654년효종5	승지
1655년효종6	대사간, 일본통신사로 일본에 다녀오다
1657년효종8	도승지, 대사간
1659년효종10	동지성균관사, 예조참판
1660년현종1	경기감사, 형조판서
1661년현종2	공조판서, 대사헌, 예조판서
1663년현종4	동지사로 청나라 다녀오다. 한성부판윤
1665년현종6	지의금부사, 우참찬
1666년현종7	공조판서, 좌참찬
1669년현종10	평안도 외방별시 시관
1670년현종11	좌참찬, 예조판서
1674년현종15	인선왕후 승하-대공설(大功說 주장)-귀양
1675년현종16	기로소 입소

생애일화

명백한 과오가 아니거나, 업무 판단의 견해 차이일지라도 때때로 책임을 지는 경우가 있는데, 그에게 닥친 일들이 비슷한 사례인 듯하다.

별시문과에 급제하였으나 시관試官 목대흠睦大欽이 처삼촌이라는 이유 때문에 급제가 취소되는 파방罷榜을 당했고, 정신옹주의 예장禮葬 때 일꾼들의 노임인 역군가役軍價 문제로 인해 정배되기도 하였으며, 동대문 밖 금산禁山에서 소나무가 남벌된 사건에 관련해서도 고신

告身을 박탈당했다.
특히 인조의 아버지 정원군定遠君을 추존하자는 발의에 반대 입장을 표했다는 이유로 임금의 미움을 사서 부여로 유배되기도 했고, 인선왕후의 상례에 대공설大功說을 주장하여 양주로 귀양 가기도 했다. 물론 곧 풀려나서 재임용되기는 했으나 고비고비 마음고생을 많이 했다.

478대 한성판윤 이일상(李一相)

신상내용

생몰연대	1612년광해군4 ~ 1666년현종7 – 55세
본관	연안延安
자	함경咸卿
호	청호靑湖
시호	문숙文肅
추증	우의정
가족	증조–현감 계啓, 할아버지– 좌의정 정구廷龜, 아버지–이조판서 명한明漢 어머니–나주박씨(우참찬 박동량朴東亮의 딸) 부인–전주이씨(영의정 이성구李聖求의 딸), 문화유씨
묘	경기도 가평군 상면 태봉리 산 115–1

관직경력

한성판윤 재임기간 : 1664년현종5 7월 27일 ~ 1664년현종5 9월 3일

조선 후기의 문신

1628년인조6	알성문과 급제(16세)
1633년인조11	검열, 대교, 정언, 헌납
1637년인조15	병자호란 때 척화파–탄핵, 유배
1649년인조27	사간
1650년효종1	우승지, 대사간
1652년효종3	도승지, 부제학, 대사간, 대사성
1654년효종5	정조 겸 진하부사로 청나라 다녀오다
1655년효종6	이조참판, 대사헌, 대사간
1656년효종7	부제학–실록수정청 당상 〈선조수정실록〉 편찬 참여, 경기감사

1659년효종10	대제학–문형文衡
1660년현종1	빈전도감·찬집청 당상–〈寧陵誌狀〉의 애책문哀册文, 예조참판 겸 대제학
1661년현종2	실록청 당상–〈효종실록〉 편찬
1662년현종3	병조참판, 동지의금부사, 공조·예조판서, 우·좌참찬, 호조판서
1664년현종5	한성부판윤
1666년현종7	예조판서, 약방제조–우의정 추증

생애일화

그의 인물평은 당파의 시각에 따라 극명하게 대조적으로 나타난다.
남인계열이 편찬한 〈현종실록〉에는 학술이나 재능이 없는 주정꾼으로 평하고 있으나, 서인계열이 편찬한 〈현종개수실록〉에서는 그의 할아버지· 아버지와 함께 3대에 걸쳐 대제학을 지낸 것은 수백 년 사이에 없었던 일이라고 칭송하였다.
그의 첫 부인 전주이씨는 병자호란 때 강화도가 함락되자 자결하였으며, 둘째 부인 문화유씨에서 3남 2녀를 낳아 후사를 이었다.
경기도 가평의 선산에는 할아버지 이정구李廷龜, 아버지 이명한李明漢 그리고 이일상李一相 3대의 묘소와 신도비가 함께 있다.

479대 한성판윤 정치화(鄭致和)

신상내용

생몰연대	1609년광해군1 ~ 1677년숙종3 – 69세
본관	동래東萊
자	성능聖能
호	기주棋州
가족	증조–좌의정 유길惟吉, 할아버지–좌의정 창연昌衍, 아버지–형조판서 광성廣成 어머니–창원황씨(감사 황근중黃謹中의 딸) 형–태화太和(영의정), 4촌–지화知和(좌의정) 부인–남정南靜의 딸
묘	경기도 군포시 속달동

관직경력

한성판윤 재임기간 : 1664년현종5 9월 3일 ~ 1664년현종5 9월 27일

조선 후기의 문신

1628년인조6	별시문과 급제, 문한직 두루 역임
1638년인조10	충청도암행어사
1639년인조11	함경도암행어사
1640년인조12	세자시강원보덕–심양 볼모, 소현세자 시종
1641년인조13	황해도암행어사
1642년인조20	동래부사
1645년인조23	동부승지
1646년인조24	강옥姜獄(소현세자 빈嬪 사사) 때 패초牌招를 올리지 않아서 파직
1647년인조25	평안도관찰사
1650년효종1	광주부윤, 경기도관찰사, 도승지, 강화유수
1657년효종8	형조판서, 대사헌
1659년효종10	효종 승하
1660년효종11	동지사, 청나라 연경에 다녀오다
1667년현종8	우의정 겸 판의금부사
1668년현종9	좌의정, 판중추부사
1677년현종20	영중추부사

생애일화

영의정을 지낸 명재상 정광필鄭光弼의 5대손으로 정태화鄭太和가 친형이다.
북벌정책과 예송문제로 신료들의 예민한 반목과 대립이 격화되던 시기에 그의 형 정태화가 당파에 치우치지 않기 위해 유연하게 처신하였듯이, 그도 원만한 대인 관계를 견지하여 난감한 경우를 피해가는 슬기로운 운신을 했으리라 짐작된다.
삼공三公의 자리에 있을 때에도 자의대비慈懿大妃의 복상문제로 서인이 축출되는 사태가 벌어졌지만, 중도적 노선을 견지하였기 때문에 화를 면할 수 있었다고 한다.

480대 한성판윤 윤이지(尹履之) – 434·437·439대 동일인물

한성판윤 재임기간 : 1664년현종5 9월 24일 ~ 1664년현종5 9월 27일

481대 한성판윤 이 완(李浣) – 445·450·452·454·457·460·464·465·491·493·504·507·513·516 동일인물

한성판윤 재임기간 : 1664년현종5 10월 9일 ~ 1664년현종5 11월 11일

482대 한성판윤 오정일(吳挺一) – 488·489·494대 동일인물

신상내용

생몰연대	1610년광해군2 ~ 1670년현종11 – 61세
본관	동복同福
자	두원斗元
호	구사龜沙
가족	증조–직장 세현世賢, 할아버지–이조참판 백령百齡, 아버지–관찰사 단端 어머니–청송심씨(한성판윤 심액沈詻) 부인–나주정씨(감사 정안선丁安善) 친척–오준吳竣(큰아버지·463대 한성판윤)

관직경력

한성판윤 재임기간 : 1664년현종5 11월 13일 ~ 1665년현종6 10월 23일

조선 후기의 문신

1627년인조5	사마시(진사) 입격, 성균관 유생에서 쫓겨남
1639년인조17	알성문과 급제
1643년인조21	정언, 헌납, 이조좌랑, 사간, 이조정랑
1645년인조23	도당록 등재
1646년인조24	문과중시 급제, 집의, 부응교, 응교
1648년인조26	승지, 황해·경기도관찰사
1655년효종6	사은부사로 청나라 다녀오다
1656년효종7	도승지 〈효종실록〉 편찬 참여
1657년효종8	이조참판, 대사헌
1659년효종10	효종 승하, 형조판서
1664년현종5	한성부판윤
1670년현종9	호조판서

생애일화

당시 정권을 잡고 있던 서인들이 이이李珥와 성혼成渾을 문묘에 배향할 것을 추진하자, 그는 당돌하게 성균관 유생이라는 신분임에도 반대하는 상소를 올려 성균관에서 축출 당했다.

483대 한성판윤 정지화(鄭知和) – 495·498·502대 동일인물

신상내용

생몰연대	1613년광해군5 ~ 1688년숙종14 – 76세
본관	동래東萊
자	예경禮卿
호	남곡南谷
가족	증조–좌의정 유길惟吉, 할아버지–좌의정 창연昌衍, 아버지–이조참판 광경廣敬 어머니–여흥민씨(돈녕부도정 민유경閔有慶의 딸) 부인–경주이씨(부사 이정남李井男의 딸) 양자–재희載禧(600대 한성판윤,예조판서) 친척–태화太和(4촌·영의정,한성판윤), 치화致和(4촌·우의정,한성판윤)

관직경력

한성판윤 재임기간 : 1665년현종6 10월 23일 ~ 1665년현종6 10월 30일

조선 후기의 문신

1633년인조11	사마시(진사) 입격
1637년인조15	재릉참봉, 정시문과 장원급제, 홍문관부수찬
1638년인조16	허적許積 등과 함께 홍문록 등재
1639년인조17	사간원정언, 세자시강원사서–심양에서 소현세자 시종
1640년인조18	홍문관수찬·교리·응교, 이조정랑, 의정부사인, 사헌부집의
1649년인조27	원주목사
1650년효종1	세자시강원보덕
1651년효종2	진주사 서장관으로 청나라 다녀오다
1652년효종3	병조참의, 승지, 대사간
1654년효종5	전라·함경·평안도 관찰사
1664년현종5	형조판서
1666년현종7	동지사로 청나라 2회 다녀오다

1673년현종8　　예조판서–영릉寧陵 봉심 잘못–관직 삭탈
1674년현종15　　좌의정, 판중추부사

생애일화

영의정을 지낸 명재상 정광필鄭光弼의 5대손으로 정태화鄭太和·정치화鄭致和와는 4촌간이다.
태화·치화 등 친족들과 함께 서인이면서도 항상 중도적 입장을 취하여 남인들의 극단적 처벌론을 무마하면서 그 스스로 화를 면하였을 뿐 아니라, 많은 서인들을 죽음의 처지로부터 구하는데 크게 기여하였다.
사관史官은 그의 졸기卒記에서 "본성이 성색聲色과 사죽絲竹을 즐겨서 분대粉黛가 그 옆을 떠나지 않았고, 연희宴嬉에 빠져서 공무를 보지 않았으니, 여러 경상卿相의 자리를 지냈어도 이룩한 바가 없다." 고 비방하면서도, 한편으로는 "간당奸黨이 정권을 잡으면 곧 관직을 내놓고 집에 들어앉았으며, 제2차 예송 때에는 송시열을 죽음에서 구하는데 크게 힘썼다."라고 칭송하기도 하였다.

484대 한성판윤 윤 강(尹絳) – 453·455·469·473·476대 동일인물

한성판윤 재임기간 : 1665년현종7 10월 30일 ~ 1665년현종7 11월 12일

485대 한성판윤 박장원(朴長遠) – 471·506대 동일인물

한성판윤 재임기간 : 1665년현종7 11월 12일 ~ 1665년현종7 11월 20일

486대 한성판윤 오정일(吳挺一) – 482·488·489·494대 동일인물

한성판윤 재임기간 : 1665년현종7 11월 20일 ~ ?

487대 한성판윤 김좌명(金佐明)

신상내용

생몰연대	1616년광해군8 ~ 1671년현종12 – 56세
본관	청풍淸風
자	일정一正
호	귀계歸溪
시호	충숙忠肅
상훈	청릉부원군淸陵府院君
추증	영의정
저서	〈귀계유고〉
작품(서예)	유점사춘파당대사비(금강산) 외
배향	현종묘정
가족	증조–군자감판관 비棐, 할아버지–참봉 흥우興宇, 아버지–영의정 육堉 어머니–파평윤씨(진사 윤급尹汲의 딸) 부인–평산신씨(부마 동양위 신익성申翊聖의 딸) 아들–석주錫冑(우의정) 친척–조카딸(동생 우명佑明의 딸=현종 왕비=명성왕후明聖王后)

관직경력

한성판윤 재임기간 : ? ~ 1666년현종7 10월 14일

1633년인조11	사마시(생원) 입격
1644년인조22	별시문과 급제, 승문원사국, 바사, 설서
1646년인조24	병조좌랑, 문과중시 급제
1648년인조26	수찬, 이조좌랑, 대사헌, 경기도관찰사, 도승지, 이조참판
1662년현종3	공조·예조판서,
1668년현종9	병조판서 겸 수어사, 호조판서

생애일화

아버지가 대동법의 시행을 주도한 영의정 김육金堉이다.
아버지의 유지를 받들어 호남지방에서 중단되었던 대동법의 실시를 재차 주창하여 실시하였으며, 전라감사 서필원徐必遠과 함께 〈전라도대동사목〉을 강론하고 발표하였다.
관직을 맡아서는, 호조판서가 되어 서리書吏들의 부정을 줄이고 국가재정을 윤활하게 하였으며, 병조판서가 되어서는 군율이 엄정하고 매사에 과단성이 있어 무사들이 경복敬服하였다.

그는 서예에 특별히 재능이 있어 도연명체를 본받았는데, 글씨의 획이 힘찬 필법이었다. 작품으로는 유점사춘파당대사비(고성), 권태사묘비(안동), 김식비(양주)와 아버지 김육비, 이수일비, 김장생묘표 등이 있다.

488대 한성판윤 오정일(吳挺一) – 482·486·489·494대 동일인물

한성판윤 재임기간 : 1666년현종7 10월 14일 ~ 1666년현종7 12월 14일

489대 한성판윤 오정일(吳挺一) – 482·486·488·494대 동일인물

한성판윤 재임기간 : 1666년현종7 12월 14일 ~ 1668년현종9 3월 26일

490대 한성판윤 조계원(趙啓遠) – 468대 동일인물

한성판윤 재임기간 : 1668년현종9 3월 26일 ~ 1668년현종9 4월 26일

491대 한성판윤 이 완(李浣) – 445·450·452·454·457·460·464·465·481·493·504·507·513·516 동일인물

한성판윤 재임기간 : 1668년현종9 4월 27일 ~ 1668년현종9 7월 27일

492대 한성판윤 이정영(李正英) – 509·510·515·520·522·531·538·543대 동일인물

신상내용

생몰연대 1616년광해군8 ~ 1686년숙종12 – 71세
본관 전주全州

자	자수子修
호	서곡西谷
시호	효간孝簡
작품(서예)	민기신도비 외
가족	증조–찬성 수광秀光, 조부–동지중추부사 유간惟侃, 아버지–호조판서 경직景稷 어머니–보성오씨(첨지 오경지吳景智의 딸) 부인–청송심씨(부사 심장세沈長世의 딸), 문화유씨(유기선柳基善의 딸)
묘소	서울시 동작구 사당동 산44　서울특별시 유형문화재 제94호

관직경력

한성판윤 재임기간 : 1668년현종9 8월 2일 ~ 1668년현종9 9월 14일

조선 후기의 문신

1636년인조14	별시문과 급제, 사서, 병자호란–소현세자 심양 볼모–시종
1637년인조15	정언, 수찬, 응교, 검열, 대교, 봉교, 전적
1642년인조20	이조좌랑
1649년효종즉위	정언, 교리, 헌납
1657년효종8	종부시정, 사인, 사간
1659년효종10	병조참의, 좌승지
1660년현종1	부총관, 병조참판, 대사간
1666년현종7	예조참판
1667년현종8	도승지
1668년현종9	한성판윤
1669년현종10	보전문서사관
1672년현종13	한성부판윤, 동지부사로 청나라 다녀오다
1674년현종15	산릉도감제조, 이조판서
1677년숙종3	형조판서, 판돈녕부사
1685년숙종11	지의금부사, 기로소 입소

생애일화

그는 글씨를 잘 썼으며, 특히 전서篆書와 주서籒書에 뛰어났다.
작품으로는 〈민기신도비閔箕神道碑〉·〈이순신명량대첩비李舜臣鳴梁大捷碑〉·〈영안위홍주원비永安尉洪柱元碑〉·〈호판이경직비戶判李景稷碑〉·〈판추김시양비判樞金時讓碑〉·〈감사강홍중비監司姜弘重碑〉·〈형참이소한비刑參李昭漢碑〉·〈정여창비丁汝昌碑〉·〈예참홍주국비禮參洪柱國碑〉 등이 있다.

493대 한성판윤 이 완(李浣) – 445·450·452·454·457·460·464·465·481·491·504 507·513·516 동일인물

한성판윤 재임기간 : 1668년현종9 9월 14일 ~ 1668년현종9 10월 25일

494대 한성판윤 오정일(吳挺一) – 482·486·488·489대 동일인물

한성판윤 재임기간 : 1668년현종9 10월 25일 ~ 1669년현종10 1월 11일

495대 한성판윤 정지화(鄭知和) – 483·498·502대 동일인물

한성판윤 재임기간 : 1669년현종10 1월 11일 ~ 1669년현종10 1월 28일

496대 한성판윤 조복양(趙復陽)

신상내용

생몰연대	1609년광해군1 ~ 1671년현종12 – 63세
본관	풍양豊壤
자	중초仲初
호	송곡松谷
시호	문간文簡
저서	〈송곡집〉
배향	명고서원(광주)
가족	증조–의빈부도사 간侃, 할아버지–지중추부사–영중瑩中, 아버지–좌의정 익翼 어머니–연주현씨(현덕량玄德良의 딸) 부인–덕수이씨(황해감사 이경용李景容의 딸)
묘소	경기도 파주시 탄현면 축현리, 뒷날 광주시 이장

관직경력

한성판윤 재임기간 :1669년현종10 1월 28일 ~ ?

1633년인조11	사마시(진사) 입격
1638년인조16	정시문과 급제, 검열, 지평
1641년인조19	정언, 경연관, 헌납, 교리
1649년인조27	지평, 부교리
1653년효종4	헌납, 부교리, 이조정랑, 집의, 종성부사
1654년효종5	겸보덕, 집의, 겸필선, 사간, 응교
1657년효종8	시강관
1658년효종9	응교, 부응교
1659년효종10	이조참의
1660년현종1	대사성
1661년현종2	대사간, 진휼청당상
1662년현종3	부제학, 예조·병조참판, 동지성균관사, 강화유수, 대사성, 원자보양관
1668년현종9	예조판서 겸 대제학, 형조판서, 우참찬, 대제학, 이조·예조판서

생애일화

아버지 포저浦渚 익翼이 효종 때 좌의정을 지냈고, 한성판윤을 지낸 조경趙儆이 작은할아버지이다.

김상헌金尙憲의 문인이다.

그는 관직생활의 기복이 심한 편이었다.

정언으로 있을 때 인조의 아우인 능원대군 집 객청을 지어주는 것을 반대하다가 체직되었을 경우에도 그렇고, 붕당의 폐해를 주장하다가 오히려 원두표元斗杓의 당으로 지목되어 왕의 미움을 산 경우나, 아버지 익翼이 쓴 윤방尹昉의 시장諡狀 문제로 의금부에 구속되었을 경우에도 마찬가지로 본인이 잘못해서가 아니라 옳은 말을 했음에도 늘 억울한 처분을 받았다. 물론 대사헌 조석윤趙錫胤 등 다른 사람들의 도움으로 구제되기는 하였으나, 바르지 않은 바를 보며는 참지 못하는 기질이 있었던 듯싶다.

497대 한성판윤 민 희(閔熙) – 500·514대 동일인물

신상내용

생몰연대	1614년광해군6 ~ 1687년숙종13 – 74세
본관	여흥驪興
자	호여皥如

호	설루雪樓·석호石湖
시호	문충文忠
가족	증조–여주목사 세주世舟, 할아버지–첨지중추부사 영蘶, 아버지–참판 응협應協 어머니–풍산김씨(판서 김수현金壽賢의 딸), 형–암黯 부인–동래정씨(감사 정세구鄭世矩의 딸)

관직경력

한성판윤 재임기간 : ? ~ 1669년현종10 4월 11일

조선 후기의 문신

1633년인조11	사마시(진사) 입격, 현감
1650년효종1	증광문과 급제, 지평, 장령
1657년효종8	보덕, 집의
1661년현종2	경상도관찰사
1662년현종3	승지
1663년현종4	양주목사, 좌부승지, 형조참의
1666년현종7	황해도관찰사
1668년현종9	호조참판, 진하 겸 사은사의 서장관으로 청나라 다녀오다
1669년현종10	한성부판윤, 관상감제조, 공조·이조·형조판서
1670년현종11	청나라 사신 반송사伴送使
1671년현종12	강화부유수
1675년숙종1	국장도감당상, 우참찬, 대사헌, 판의금부사, 예조판서
1677년숙종3	우찬성
1678년숙종4	우의정
1680년숙종6	좌의정

생애일화

원래 남인이었던 그는 숙종 즉위 이후 남인의 득세로 정계에서의 활약이 컸으며, 특히 서인의 영수 송시열宋時烈에 대한 의견 차이로 허적許積을 중심으로 하는 탁남濁南이 되어 더욱 조정에서 중용되었다.
1686년숙종12의 경술환국 당시 남인이 실각할 때 관직을 삭탈당하고 위리안치되었다가 시골로 돌아갔다. 1689년숙종15 기사환국 때 신원되었다.

498대 한성판윤 정지화(鄭知和) – 483·495·502대 동일인물

한성판윤 재임기간 : 1669년현종10 4월 11일 ~ ?

499대 한성판윤 조 형(趙珩) – 477대 동일인물

한성판윤 재임기간 : ? ~ 1670년현종11 1월 4일 (재직확인:1669년 5월 6일)

500대 한성판윤 민 희(閔熙) – 497·514대 동일인물

한성판윤 재임기간 : 1670년현종11 1월 4일 ~ 1670년현종11 5월 17일

501대 한성판윤 김수흥(金壽興)

신상내용

생몰연대	1626년인조4 ~ 1690년숙종16 – 65세
본관	안동安東
자	기지起之
호	퇴우당退憂堂·동곽산인東廓散人
시호	문익文翼
저서	〈퇴우당집〉
가족	증조–돈녕부도정 극효克孝, 할아버지–부사 상관尙寬, 아버지–동부승지 광혁光爀 어머니–연안김씨(목사 김내의 딸) 동생–수항壽恒(영의정) 부인–남원윤씨(목사 윤형각尹衡覺의 딸)
묘소	경기도 남양주시 와부읍 율석리

관직경력

한성판윤 재임기간 : 1670년숙종11 5월 17일 ~ 1670년숙종11 6월 1일

1648년인조26	사마시(진사) 입격
1655년효종6	춘당대문과 급제
1656년효종7	문과중시 급제, 부교리, 대사간, 도승지
1666년현종7	호조판서
1673년현종14	판의금부사
1674년현종15	영의정, 현종 승하, 자의대비 복제문제로 탄핵-춘천 유배
1680년숙종6	경신대출척庚申大黜陟-영중추부사, 영의정
1689년숙종15	기사환국己巳換局-장기에 유배, 별세

생애일화

그는 송시열宋時烈을 마음의 스승으로 존경하여 그의 뜻에 따랐고, 『주자대전』을 탐독하였다. 역대의 왕에게 시폐소時弊疏를 올려 백성의 편에서 정치하기를 힘쓰고 정치의 혁신을 여러 번 건의했다.

502대 한성판윤 정지화(鄭知和) – 483·495·498대 동일인물

한성판윤 재임기간 : 1670년현종11 6월 1일 ~ 1670년현종11 6월 20일

503대 한성판윤 서필원(徐必遠)

신상내용

생몰연대	1614년광해군6 ~ 1671년현종12 – 58세
본관	부여夫餘
자	재이載爾
호	육곡六谷
시호	정헌貞憲
저서	〈육곡유고〉
가족	증조-부사 익益, 할아버지-용갑龍甲, 아버지-운기雲驥 어머니-이택민李澤民의 딸 부인-이성간李成幹의 딸, 김이현金頤賢의 딸

관직경력

한성판윤 재임기간 : 1670년현종11 6월 20일 ~ 1670년현종11 12월 10일

조선 후기의 문신

1633년인조11	사마시(진사) 입격
1643년인조21	창릉참봉, 사옹원봉사
1648년인조26	정시문과 급제, 예문관검열, 설서
1654년효종5	홍문관부수찬, 사헌부헌납, 이조좌랑, 평안도어사
1656년효종7	수찬, 사헌부지평, 홍문관교리, 이조정랑, 충청도관찰사
1658년효종9	대사간, 승지, 전라도관찰사-〈전라도대동사목〉 반포
1660년현종1	병조참의, 승지, 대사성, 예조·이조참의
1663년현종4	대사간, 승지, 병조참의
1664년현종5	함경도관찰사
1665년현종6	강화부유수, 형조참판
1669년현종10	형조판서
1671년현종12	병조판서

생애일화

어려서 아버지를 여의고, 김집金集과 정홍명鄭弘溟에게 수학하였다.
왕에게 직언을 잘하기로 이름이 나서 그 시대 이상진李尙眞 등과 함께 5직五直이라 불리었다.
기민飢民을 구휼하기 위해 왕대비의 삭선朔膳을 줄일 것을 청하였다가 추고되기도 하였으며, 전라도관찰사로 있을 때에 배고픈 백성들을 위하여 속미贖米를 받고 중죄인을 석방하였다가 파직당하기도 하였다. 또한, 함경도관찰사가 되어서는 목화재배를 권장하고 구휼사업에 힘썼으며, 특히 6진혁막제조六鎭革瘼諸條를 올려 그 지방의 폐단을 개혁하는데 앞장섰다.
그는 오로지 민생을 구휼하고 지방의 폐단을 개혁하기 위한 실질적인 사업에 많은 힘을 기울였다.

504대 한성판윤 이 완(李浣) – 445·450·452·454·457·460·464·465·481·491·493·507·513·516 동일인물

한성판윤 재임기간 : 1670년현종11 12월 10일 ~ 1671년현종12 1월 23일

505대 한성판윤 민정중(閔鼎重) – 512대 동일인물

신상내용

생몰연대	1628년인조6 ~ 1692년숙종18 – 65세
본관	여흥驪興
자	대수大受
호	노봉老峯
시호	문충文忠
저서	〈노봉집〉 외
작품(서예)	〈우상이완비〉 외
배향	현종 묘정, 석실서원(양주) 외
기족	증조–현감 여건汝健, 할아버지–경주부윤 기機, 아버지–강원도관찰사 광훈光勳 어머니–연안이씨(이조판서 이광정李光庭의 딸) 형제–민시중閔蓍重·민유중閔維重 부인–세마 신승申昇의 딸, 감사 홍처윤洪處尹의 딸
묘소	경기도 여주시 여주읍 상거리　여주시 향토유적 제4호

관직경력

한성판윤 재임기간 : 1671년현종12 1월 25일 ~ 1671년현종12 3월 28일

조선 후기의 문신

1648년인조26	사마시(진사) 입격
1649년인조27	정시문과 장원급제, 성균관전적, 예조좌랑, 세자시강원사서
1650년효종1	사간원정언·사간, 홍문관수찬·교리·응교, 사헌부집의
1651년효종2	동래부사, 충청·경상도 암행어사
1659년현종1	병조참의
1661년현종3	대사간, 동부승지, 대사성, 이조참의·참판, 함경도관찰사, 부제학, 대사헌
1670년현종11	이조·호조·공조판서, 한성부윤, 의정부참찬
1671년현종12	예조판서, 한성부판윤, 병조판서
1675년숙종1	이조판서, 남인 집권–관직 삭탈, 장흥 유배
1680년숙종6	경신대출척–우의정, 좌의정 겸 총호사
1682년숙종8	문안사로 청나라 강희제를 보고 돌아오다
1685년숙종11	지중추부사, 판중추부사
1689년숙종15	기사환국–관직 삭탈, 벽동 유배, 별세
1694년숙종20	갑술환국–관작 회복

생애일화

송시열宋時烈·송준길宋浚吉의 문인이다.
민유중의 형으로 숙종 왕비 인현왕후의 큰아버지이다.
그의 인품은 엄준嚴峻하고 광명光明하며 학문은 경敬을 첫째로 삼되 감언敢言을 좋아하고 훌륭한 행실을 닦아서 사대부를 이끌었다고 비명碑銘에 적혀 있다.
관료로서의 그의 행적은 시정의 폐단을 개혁하는 데 앞장섰고, 인재 발탁, 부조리 혁파 등에 주력하였으며 남인계 인사들을 정계에 많이 천거하였다.
현종·숙종 때의 정치권력 변동을 관통하는 핵심적 인물 중 한 사람으로서 숙종의 노련한 정국운용에 따라 정치적 운명에 파란만장한 기복이 많았다.
그의 정치적 비중을 말해주듯 현종 묘정을 비롯하여 석실서원(양주), 누암서원(충주), 연곡서원(장흥), 운전서원(함종), 구봉서원(벽동), 망덕서원(정평) 등에 배향되었다.
저서로는 〈노봉집〉·〈노봉연중설화〉·〈임진유문〉·〈연행일기〉 등이 있으며, 글씨로는 〈우상이완비〉·〈개성부유수민심언표〉·〈개심사대웅전편액〉 등이 있다.

506대 한성판윤 박장원(朴長遠) – 471·485대 동일인물

한성판윤 재임기간 : 1671년현종12 3월 28일 ~ 1671년현종12 4월 8일

507대 한성판윤 이 완(李浣) – 445·450·452·454·457·460·464·465·481·491·493·504·513·516 동일인물

한성판윤 재임기간 : 1671년현종12 4월 8일 ~ 1671년현종12 5월 18일

508대 한성판윤 이경억(李慶億)

신상내용

생몰연대 1620년광해군12 ~ 1673년현종14 – 54세
본관 경주慶州
자 석이錫而
호 화곡華谷

시호	문익文翼
저서	〈화곡유고〉
가족	증조–이조정랑 경윤憬胤, 할아버지–진사 대건大建, 아버지–판서 시발時發 어머니–고령신씨(승지 신응거申應渠의 딸) 부인–해평윤씨(익찬 윤원지尹元之의 딸)
묘소	충남 공주군 명탄리

관직경력

한성판윤 재임기간 : 1671년현종12 5월 18일 ~ 1672년현종13 10월 14일

조선 후기의 문신

1644년인조22	정시문과 장원급제, 예조·병조좌랑, 세자시강원 사서
1651년효종2	김자점 역모사건 관련 조석윤 변호–경성 안치
1653년효종4	영남지방 순안어사巡安御使
1654년효종5	정언, 수찬, 사인
1659년현종1	대사간, 충청도관찰사
1661년현종2	좌승지, 대사서
1664년현종5	부제학, 한성부우윤, 도승지, 대사헌
1668년현종9	동지사로 청나라 다녀오다. 이조·호조·형조판서
1672년현종13	우의정, 좌의정

생애일화

7세에 아버지가 죽고 편모슬하에서 엄격한 교육을 받았다. 재지가 출중하여 하나를 가르치면 열을 아는 수재였다.
겉으로는 엄격한 듯하였으나 속으로는 따스한 인정이 넘치는 품성이었다. 수염이 길고 풍채가 아름다워 일견 미남자였으나 일을 처리함에 있어서는 명백하였으며 다른 사람의 사적인 의견이 간여하지 못했다.

509대 한성판윤 이정영(李正英) – 492·510·515·520·522·531· 538·543대 동일인물

한성판윤 재임기간 : 1671년현종12 10월 14일 ~ 1671년현종12 10월 17일

510대 한성판윤 이정영(李正英) – 492·509·515·520·522·531· 538·543대 동일인물

한성판윤 재임기간 : 1671년현종12 10월 17일 ~ 1672년현종13 윤7월 14일

511대 한성판윤 민유중(閔維重)

신상내용

생몰연대	1630년인조8 ~ 1687년숙종13 – 58세
본관	여흥驪興
자	지숙持叔
호	둔촌屯村
시호	문정文貞
상훈	여양부원군驪陽府院君
저서	〈민문정유집閔文貞遺集〉
배향	효종 묘정, 연곡서원(장흥), 구봉서원(벽동)
가족	증조–장흥고령 여건汝健, 조부–경주부윤 기機, 아버지–강원도관찰사 광훈光勳 어머니–연안이씨(이광정李光庭의 딸) 부인–덕수이씨(판서 이경증李景曾의 딸), 은진송씨(송준길宋浚吉의 딸), 풍양조씨(진사 조귀중趙貴中의 딸)
묘소	경기도 여주군 여주읍 능현리 산 26 여주시 향토유적 제5호 풍양조씨 풍창부부인 묘 : 용인시 기흥구 상하동 용인시 향토유적 제9호

관직경력

한성판윤 재임기간 : 1672년현종13 11월 9일 ~ 1672년현종13 11월 20일

조선 후기의 문신

1649년인조27	사마시(진사) 입격
1650년효종1	증광문과 급제, 예문관검열·대교·봉교, 세자시강원설서, 성균관전적, 사헌부감찰, 예조·병조좌랑,
1652년효종3	사간원정언, 세자시강원사서
1656년효종7	병조정랑
1658년효종9	사헌부지평, 사간원정언, 함경도 경성판관

1659년효종10	예조정랑
1660년현종1	홍문관부교리, 사간원헌납, 경상우도염찰사, 이조정랑, 성균관직강
1663년현종3	이조정랑, 홍문관교리·응교, 사간원사간, 사헌부집의, 제용감정, 사도시정
1665년현종6	전라도관찰사, 첨지중추부사, 장예원판결사, 대사간, 동부승지, 이조참의
1666년현종7	충청도관찰사, 성균관대사성, 평안도관찰사
1671년현종11	형조판서, 대사헌, 우참찬
1672년현종12	한성부판윤, 호조판서 겸 총융사
1675년숙종1	숙종 즉위, 남인 집권–충주·홍해 유배
1680년숙종6	경신대출척, 공조판서, 호조판서 겸 선혜청당상, 병조판서
1681년숙종7	국구國舅, 여양부원군, 영돈녕부사

생애일화

송준길宋浚吉과 송시열宋時烈의 문인으로서, 대사헌 시중蓍重과 좌의정 정중鼎重이 형이고, 숙종 비인 인현왕후의 친정아버지이다.
국구國舅가 된 후, 금위영의 창설을 주도하여 병권과 재정권을 모두 관장하였는데, 외척으로서 정권을 오로지한다는 비난이 일어 관직에서 물러나 두문불출하였다.
경서經書에 밝았으며, 〈민문정유집閔文貞遺集〉이 전한다.

512대 한성판윤 민정중(閔鼎重) – 505대 동일인물

한성판윤 재임기간 : 1672년현종13 11월 23일 ~ 1672년현종13 12월 19일

513대 한성판윤 이 완(李浣) – 445·450·452·454·457·460·464·465·481·491·493·504·507·516 동일인물

한성판윤 재임기간 : 1672년현종13 12월 19일 ~ 1673년현종14 1월 16일

514대 한성판윤 민 희(閔熙) – 497·500대 동일인물

한성판윤 재임기간 : 1673년현종14 1월 16일 ~ 1673년현종14 5월 5일

515大 한성판윤 이정영(李正英) – 492·509·510·520·522·531· 538·543대 동일인물

한성판윤 재임기간 : 1673년현종14 5월 5일 ~ 1673년현종14 5월 20일

516大 한성판윤 이 완(李浣) – 445·450·452·454·457·460·464·465·481·491·493·504·507·513 동일인물

한성판윤 재임기간 : 1673년현종14 5월 20일 ~ 1673년현종14 5월 22일

517大 한성판윤 유혁연(柳赫然) – 532대 동일인물

신상내용

생몰연대	1616년광해군8 ~ 1680년숙종6 – 65세
본관	진주晉州
자	회이晦爾
호	야당野堂
시호	무민武愍
추증	영의정
가족	증조–경원부사 용溶, 할아버지–삼도수군통제사 형珩, 아버지–병사 효걸孝傑 어머니–의령남씨(남이흥南以興의 딸) 부인–경주이씨(병사 이억李億의 딸)
묘소	대전광역시 유성구 진잠동

관직경력

한성판윤 재임기간 : 1673년현종14 5월 22일 ~ 1673년현종14 12월 30일

조선 후기의 무신

1644년인조22	무과 급제, 덕산현감, 선천부사
1653년효종4	황해도병마절도사
1654년효종5	수원부사, 승지

1655년효종6	충청병사, 삼도수군통제사
1656년효종7	공조참판, 어영대장, 동지중추부사, 지중추부사
1669년현종10	우포도대장, 공조판서, 형조판서
1670년현종11	공조판서
1673년현종14	지중추부사, 훈련대장, 한성부판윤, 포도대장
1680년숙종6	경신대출척-유배(경상도 영해)
1689년숙종15	기사환국-신원, 영의정 추증

생애일화

그는 대대로 무신을 배출한 집안에서 태어나 무예에 뛰어났으며 시사試射에서 줄곧 수석을 차지했고, 전략과 군사행정에서도 발군의 실력을 갖추었다.
문신들로부터 국왕에게 아뢰는 언사가 외잡하고 대신에 대한 예의가 없다는 탄핵을 받기도 했지만, 효종의 신임이 워낙 두터워 수도방어의 핵심군영을 지휘하는 어영대장을 계속 맡았다.
효종의 북벌계획에 적극 참여하여 이완과 쌍벽을 이루며, 군비확충과 군사훈련에 진력하였으며, 화차火車의 사용방법 개선과 병서兵書의 연구에도 많은 공을 들였다.
무인이면서도 글씨와 죽화竹畵에 능했다고 한다.

518대 한성판윤 이은상(李殷相)

신상내용

생몰연대	1617년광해군9 ~ 1678년숙종4 - 62세
본관	연안延安
자	열경說卿
호	동리東里
시호	문양文良
가족	증조-현감 계, 할아버지-한문학 4대가 정구廷龜, 아버지-참판 소한昭漢 어머니-여주이씨(찬성 이상의李尙毅의 딸) 부인-승지 박안제朴安悌의 딸, 부호군 박두찬朴斗燦의 딸
묘소	경기도 가평군 하면 현리

관직경력

한성판윤 재임기간 : 1673년현종14 12월 30일 ~ 1674년현종15 7월 5일

1651년효종2	별시문과 급제, 설서
1656년효종7	문과중시 급제
1660년현종1	교리
1663년현종4	승지
1666년현종7	대사간
1667년현종8	도승지
1674년현종15	인선왕후 승하, 형조판서, 현종 승하–애책문 찬진

생애일화

할아버지 이정구李廷龜와 큰아버지 李明漢이 제학 또는 대제학을 지냈으며 사촌형제들도 모두 문장에 뛰어나 일가가 사림士林을 이루었다.
서포西浦 김만중金萬重의 장인이며, 저서로는 〈동리집東里集〉과 〈동리소설〉 등이 있다.

519대 한성판윤 김우형(金宇亨) – 530·539대 동일인물

신상내용

생몰연대	1616년광해군8 ~ 1694년숙종20 – 79세
본관	광산光山
자	도상道常
호	기오당寄傲堂
시호	정혜貞惠
저서	〈옥산유고〉
작품(서예)	〈송파대사각민탑비〉 외
가족	증조–영동현감 표彪, 할아버지–통례 위남偉男, 아버지–헌瀗 어머니–남탁南晫의 딸 부인–권겸權謙의 딸, 정구필鄭九弼의 딸
묘소	경기도 용인시 처인구 백암면 백암리

관직경력

한성판윤 재임기간 : 1674년현종15 7월 5일 ~ 1675년숙종2 7월 22일

1650년효종1　증광문과 급제, 검열
1657년효종8　정언
1661년현종2　헌납, 사간
1662년현종3　집의, 교리
1669년현종10　좌부승지
1670년현종11　도승지
1672년현종13　경기도관찰사
1674년현종15　한성부판윤, 청나라 사신 원접사
1687년숙종13　개성부유수
1694년숙종20　형조판서

생애일화

그는 효성이 지극하여 계모를 정성껏 모셨다.
글씨는 예서에 능하여 숙종 때 보책寶冊을 자주 썼다.
저서로는 〈옥산유고玉山遺稿〉가 있고, 서예 작품으로는 용연사의 〈송파대사각민탑비〉와 〈좌통례김위남묘표〉가 있다.

520대 한성판윤 이정영(李正英) – 492·509·510·515·522·531· 538·543대 동일인물

한성판윤 재임기간 : 1675년숙종1 7월 22일 ~ 1675년숙종1 9월 3일

521대 한성판윤 오시수(吳始壽)

신상내용

생몰연대　1632년인조10 ~ 1681년숙종7
본관　동복同福
자　덕이德而
호　수촌水邨
저서　〈수촌집〉

가족 증조–관찰사 백령百齡, 할아버지–관찰사 단端, 아버지–관찰사 정원挺垣
어머니–파평윤씨(좌참찬 윤의립尹毅立의 딸)

관직경력

한성판윤 재임기간 : 1675년숙종1 9월 3일 ~ 1676년숙종2 7월 23일

조선 중기의 문신

1648년인조26	사마시(진사) 입격
1656년효종7	별시문과 급제, 가주서
1657년효종7	정언, 문학, 지평, 교리, 이조정랑
1664년현종5	사복시정, 평안도암행어사, 집의–낭선군 이우李俁의 강사영조江舍營造와 사찰에 대한 횡포 고발, 응교, 사인
1666년현종7	중시 문과 장원, 예빈시정, 승지
1670년현종11	전라도관찰사, 승지, 예조·이조참의, 평안도관찰사
1674년현종15	도승지, 현종 승하–숙종 즉위, 강화부유수, 형조판서
1675년숙종1	북한산성 축성 건의, 원접사, 한성부판윤, 이조판서, 반송사, 대사헌, 우참찬
1676년숙종2	호조판서
1677년숙종3	대사헌, 판의금부사, 이조·예조판서
1679년숙종5	우의정
1680년숙종6	경신대출척–유배, 사신에게 왕약신강설王弱臣强說 허위 보고, 탄핵–사사
1689년숙종15	기사환국–관작 회복
1694년숙종20	갑술환국–관작 추탈
1784년정조8	관작 회복

생애일화

우의정으로 있을 때, 말속악습末俗惡習인 괘서掛書 금지 방안을 제시했고, 허적許積과 같이 전문錢文의 변통사를 역설하였다. 또한 정몽주鄭夢周의 화상畵像을 모시는 가묘家廟를 지어 봉사奉祀하도록 하였다.
저서로는 〈수촌집〉이 있다.

522대 한성판윤 이정영(李正英) – 492·509·510·520·515·531· 538·543대 동일인물

한성판윤 재임기간 : 1676년숙종2 7월 23일 ~ 1677년숙종3 1월 29일

523대 한성판윤 신여철(申汝哲) – 566·589대 동일인물

신상내용

생몰연대 1634년인조12 ~ 1701년숙종27 – 68세
본관 평산平山
자 계명季明
호 지족당知足堂
시호 장무莊武
가족 증조–충장공 립砬, 할아버지–영의정 경진景禛, 아버지–부총관 해垓
어머니–李敬元의 딸
부인–윤필은尹弼殷의 딸

관직경력

한성판윤 재임기간 : 1677년숙종3 1월 29일 ~ 1677년숙종3 3월 10일

조선 후기의 무신

1660년현종1 선전관, 무과급제
1669년현종10 충청도수군절도사
1671년현종12 통제사
1672년현종13 평안도병마절도사
1675년숙종1 병조참판
1680년숙종6 경신대출척, 총융사, 공조판서
1688년숙종14 형조판서 겸 훈련대장
1694년숙종20 갑술옥사, 판의금부사–장희재 처벌
1695년숙종21 형조판서
1700년숙종26 호조판서
1701년숙종27 훈련대장, 공조판서

생애일화

그는 당쟁이 격화되면서 서인의 편에 서게 되었고, 병권의 요직을 거치면서 서인의 정치적 입장을 지지하였다.

524대 한성판윤 목래선(睦來善) – 552대 동일인물

신상내용

생몰연대	1617년광해군9 ~ 1704년숙종30 – 88세
본관	사천泗川
자	내지來之
호	수옹睡翁·수헌睡軒
가족	증조–기묘명인 세평世枰, 할아버지–이조참판 첨詹, 아버지–지중추부사 서흠敍欽 어머니–증병조판서 권탁權晫의 딸 부인–전주이씨(이명웅李命雄의 딸), 윤창언尹昌言의 딸, 이의근李義根의 딸
묘소	도봉구 방학동 사천목씨묘역(세부인과 합장)

관직경력

한성판윤 재임기간 : 1677년숙종3 3월 10일 ~ 1677년숙종3 6월 10일

조선 후기의 문신

1646년인조24	사마시(진사) 입격
1650년효종1	증광문과 급제, 지평, 교리, 판결사
1660년현종1	사간원헌납, 춘추관사관
1661년현종2	경상도 청도군수
1664년현종5	함경도 종성부사
1667년현종8	장예원판결사
1672년현종13	동지부사로 청나라 다녀오다
1674년현종15	진위부사로 청나라 다녀오다
1675년숙종1	도승지, 이조참판, 형조판서
1676년숙종2	대사헌, 예조·이조판서, 판의금부사, 우참찬, 이조판서,
1677년숙종3	한성부판윤, 형조판서, 우참찬
1678년숙종4	예조판서–목조·익조·도조·환조 4왕릉 봉심

1680년숙종6	경신대출척–삭탈관직·문외출송
1689년숙종15	우의정, 기사환국, 좌의정
1694년숙종20	갑술옥사–절도 유리안치
1699년숙종25	방면–낙향

생애일화

그는 미수眉叟 허목許穆의 문인으로 정재 이담명과 송곡 이서우 등과 교유하였다.
당쟁의 와중에 정파는 남인의 탁남濁南에 속하고, 남인의 실세로서 송시열에게 사약을 내리는데 앞장섰으며, 은퇴 후 88세로 장수하였다.
그는 성리학자이자 예학자이며, 글씨에 뛰어났는데, 특히 해서와 초서를 잘 썼다.

525대 한성판윤 장선징(張善瀓)

신상내용

생몰연대	1614년광해군6 ~ 1678년숙종4 – 65세
본관	덕수德水
자	정지淨之
호	두곡杜谷
시호	정장正莊
가족	증조–목천현령 일逸, 할아버지–형조판서 운익雲翼, 아버지–대제학 유維 어머니–안동김씨(우의정 김상용金尙容의 딸) 누이동생–인선왕후(효종 비) 부인–윤종지尹宗之의 딸, 이승효李承孝의 딸
묘소	경기도 시흥시 조남동 산1

관직경력

한성판윤 재임기간 : 1677년숙종3 6월 10일 ~ 1677년숙종3 10월 7일

조선 후기의 문신

인조 초기 때	음보(공신 자제), 영희전 참봉, 세자익위사 위솔
1648년인조26	김화현감
효종 때	공조정랑, 배천군수
현종 때	충훈부 도사
1662년현종3	철원부사, 증광문과 급제, 성균관직강, 사헌부지평·장령, 부교리, 헌납,

	교리, 수찬, 사간, 우부승지, 병조참지, 병조참판-풍양군豊陽君 습봉, 대사간, 도승지, 대사헌, 공조·예조판서·우참찬
1674년숙종즉위	좌참찬, 판의금부사, 지경연춘추관사
1677년숙종3	한성부판윤

생애일화

송시열의 신원을 여러 차례 간청하였으나, 받아들여지지 않자 고향으로 돌아가 두문불출하였다.

526대 한성판윤 오정위(吳挺緯)

신상내용

생몰연대	1616년광해군8 ~ 1692년숙종18 - 77세
본관	동복同福
자	군서君瑞·서장瑞章
호	동사東沙
가족	증조-직장 세현世賢, 할아버지-이조참판 오백령吳百齡, 아버지-감사 단端 어머니-청송심씨(이조판서 심액沈詻의 딸) 부인-도사 박유공朴由恭의 딸 친척-오준吳竣(큰아버지), 오정일吳挺一(형)

관직경력

한성판윤 재임기간 : 1677년숙종3 10월 7일 ~ 1678년숙종4 2월 10일

조선 후기의 문신

1639년인조17	사마시(진사) 입격
1645년인조23	별시문과 급제
1652년효종3	부교리, 수찬
1659년효종10	승지
1664년현종5	예조참의, 충청도관찰사
1667년현종8	양주목사, 경기도관찰사
1672년현종13	호조·형조·공조판서
1677년숙종3	동지사로 청나라 다녀오다. 예조판서, 우참찬

1680년숙종6	경신대출척–유배
1689년숙종15	기사환국, 공조판서

생애일화

숙종 초 송시열의 처벌문제로 남인이 온건파와 강경파로 갈릴 때 청남淸南에 속하여 강경론을 지지하였다.

527대 한성판윤 정 익(鄭榏) – 536대 동일인물

신상내용

생몰연대	1617년광해군9 ~ 1683년숙종9 – 67세
본관	해주海州
자	자제子濟
호	욱헌旭軒
가족	증조–현감 원희元禧, 할아버지–현령 흠欽, 아버지–지돈녕부사 해풍군 효준孝俊 어머니–이진경李眞卿의 딸 부인–朴심의 딸

관직경력

한성판윤 재임기간 : 1678년숙종4 2월 10일 ~ 1678년숙종4 5월 21일

조선 후기의 문신

1639년인조17	사마시(생원) 입격
1642년인조20	식년문과 급제, 지평, 정언, 장령, 헌납
1652년효종3	정언
1659년효종10	고부사 서장관으로 청나라 다녀오다
1650년현종1	승지
1651년현종2	병조참지, 형조·호조참의, 원양原襄감사
1670년현종11	승지, 예조참의, 병조참판, 동지부사 청나라 다녀오다
1671년현종12	도승지
1674년현종15	강화부유수
1676년숙종2	도승지, 형조판서

1678년숙종4　　한성부판윤, 우참찬, 좌참찬
1680년숙종6　　경신대출척–유배(영덕)

생애일화

사위가 남인의 핵심인물인 오정창吳挺昌이어서 그의 덕으로 도승지·한성판윤 등의 요직을 맡으면서 서인의 견제에 한 역할을 하였다.
단종대왕의 매부 영양위 정종鄭悰이 6대조이고 한성판윤을 지낸 정미수鄭眉壽가 5대조이다. 영양위의 누이는 세종대왕의 8남 영응대군의 부인이다.

528대 한성판윤 남용익(南龍翼) – 547대 동일인물

신상내용

생몰연대　1628년인조6 ~ 1692년숙종18 – 65세
본관　의령宜寧
자　운경雲卿
호　호곡壺谷
시호　문헌文憲
저서　〈호곡집〉·〈기아箕雅〉·〈부상록〉
가족　증조–무주현감 복시復始, 할아버지–도사 진鎭, 아버지–부사 득붕得朋
어머니–申復一의 딸
부인–평강채씨(지평 채성구蔡聖龜의 딸)
묘소　경기도 남양주시 별내면 청학리

관직경력

한성판윤 재임기간 : 1678년숙종4 5월 21일 ~ 1678년숙종4 7월 4일

조선 후기의 문신·학자

1646년인조24　　사마시(진사) 입격
1648년인조26　　정시문과 급제, 세자시강원설서, 성균관전적
1649년인조27　　병조좌랑, 홍문관부수찬, 경사도사
1655년효종6　　일본 통신사 종사관
1656년효종7　　호당–사가독서, 문과중시 장원급제, 형조·예조참의, 승지, 양주목사
1660년현종1　　이조·호조·예조·병조·형조참판, 경상·경기관찰사, 병조판서

1680년숙종6　　　좌참찬, 예문관제학
1689년숙종15　　　소의 장씨 왕자 원손 반대-유배

생애일화

효종·현종·숙종 세 조정을 섬기며 청화요직을 두루 역임하였고, 문장에 능하면서 글씨에도 뛰어났으나 즐거워하는 기색이 없었고 늘 근신하며 근면하였다.
일본에 통신사의 종사관으로 파견되었을 때, 관백關伯의 원당願堂에 절하기를 거절하여 음식 공급이 중단되고, 여러 가지 협박을 받았으나 굴하지 않았다.
저서로는 신라시대부터 조선 인조대까지의 명인 497인의 시를 모아 엮은 〈기아箕雅〉 및 〈부상록扶桑錄〉과 자신의 시문집인 〈호곡집壺谷集〉이 있다.

529대 한성판윤 이원정(李元禎)

신상내용

생몰연대　1622년광해군14 ~ 1680년숙종6 - 59세
본관　광주廣州
자　사징士徵
호　귀암歸巖
시호　문익文翼
추증　영의정
저서　〈귀암문집〉
가족　증조-첨정 광복光復, 할아버지-영우榮雨, 아버지-응교 도장道長
　어머니-경주김씨(판중추부사 김시양金時讓의 딸)
　부인-벽진이씨(승지 이언영李彦英의 딸)
묘소　경북 영천시 가쌍동

관직경력

한성판윤 재임기간 : 1678년숙종4 7월 4일 ~ ?　(재직확인:1678년 7월 28일)

조선 후기의 문신

1648년인조26　　　사마시(생원) 입격
1652년효종3　　　증광문과 급제, 검열, 교리
1660년현종1　　　사은사의 서장관으로 청나라 다녀오다

1661년현종2	동래부사
1670년현종11	사은부사로 청나라 다녀오다
1673년현종14	도승지
1677년숙종3	대사간, 형조판서
1680년숙종6	이조판서, 경신대출척–장살
1689년숙종15	영의정 추증

생애일화

정구鄭逑의 문인이다.
저서로는 〈귀암문집歸巖文集〉이 있고, 편저에는 〈경산지京山志〉가 있다.

530대 한성판윤 김우형(金宇亨) – 519대 동일인물

한성판윤 재임기간 : ? ~ ? (재직확인:1679년 2월 26일)

531대 한성판윤 이정영(李正英) – 492·509·510·520·515·522·538·543대 동일인물

한성판윤 재임기간 : 1679년숙종5 2월 30일 ~ ? (재직확인:1679년 7월 25일)

532대 한성판윤 유혁연(柳赫然) – 517대 동일인물

한성판윤 재임기간 : ? ~ ? (재직확인:1679년 4월 8일)

533대 한성판윤 민 점(閔點)

신상내용

생몰연대 1614년광해군6 ~ 1680년숙종6 – 67세
본관 여흥驪興

자	성여聖與
호	쌍오雙梧
가족	증조-참봉 세주世舟, 할아버지-첨지중추부사 영誒, 아버지-이조참판 응협應協 어머니-풍산김씨(참찬 김수현金壽賢의 딸) 부인-경주김씨(판중추부사 김시양金時讓의 딸) 형제-희熙(형·한성판윤), 암黯(아우·한성판윤)
묘소	경기도 양평군 양서면 부용리

관직경력

한성판윤 재임기간 : 1679년숙종5 4월 10일 ~ 1679년숙종5 4월 13일

조선 후기의 문신

1633년인조11	사마시(진사) 입격
1651년효종2	별시문과 급제
1656년효종7	문과중시 급제, 세자시강원설서, 사간원정언, 홍문관수찬
1666년현종7	경상도관찰사, 동지사로 청에 다녀오다. 전라도관찰사
1670년현종11	안태사安胎使
1671년현종12	평안도관찰사
1674년현종15	진위 겸 진향사로 청나라 다녀오다
1675년숙종1	형조판서, 홍문관제학, 이조판서
1677년숙종3	공조판서, 좌찬성

생애일화

그에게는 남다른 특색이 있는 일이 있었다.
하나는, 왕족들의 태를 묻는 산인 태봉胎峰이라 한다. 여기에 편입된 토지에 대해 보상 업무를 담당하는 관리를 안태사安胎使라고 하며, 현종11년에 그 직책을 수행하였다.
또 하나는, 숙종3년에 실시한 증광문과 시험에서 아들 주도周道가 과거시험 부정사건에 연루되어 관직을 내놓는 일이 있었다.
또 다른 하나는, 친형 민희閔熙와 친동생 민암閔黯이 자신과 함께 삼형제가 모두 한성판윤을 지냈다는 사실이다. 그리고 동서 이도장李道長의 아들인 이원정李元禎도 한성판윤을 지냈다.

534대 한성판윤 이관징(李觀徵) – 540대 동일인물

신상내용

생몰연대	1618년광해군10 ~ 1695년숙종21 – 78세
본관	연안延安
자	국빈國賓
호	근옹芹翁·근곡芹谷
시호	정간貞簡
가족	증조–주澍, 할아버지–관찰사 창정昌庭, 아버지–부수 심襑 어머니–이민환李民寏의 딸 부인–崔槔의 딸

관직경력

한성판윤 재임기간 : 1679년숙종5 4월 13일 ~ 1679년숙종5 7월 11일

조선 후기의 문신

1639년인조17	사마시(생원) 입격, 참봉
1653년효종4	별시문과 급제, 사헌부장령
1660년현종1	효종 승하, 전라도도사
1664년현종5	장령
1672년현종13	승지
1675년숙종1	대사성, 대사헌, 경연관
1680년숙종6	동지사로 청나라 다녀오다
1689년숙종15	세자·세손 보양관, 이조판서, 행판중추원사, 봉조하
1694년숙종20	갑술옥사–삭출

생애일화

그는 글씨를 잘 써서 해서楷書에 일가를 이루었고, 만년에는 신라의 서성書聖 김생金生을 연구하였다.
한성판윤을 지낸 이광정李光庭이 큰할아버지이다.

535대 한성판윤 정재숭(鄭載嵩) – 537·548대 동일인물

신상내용

생몰연대 1632년인조10 ~ 1692년숙종18 – 61세
본관 동래東萊
자 자고子高
호 송와松窩
가족 증조–좌의정 창연昌衍, 할아버지–형조판서 광성廣成, 아버지–영의정 태화太和
어머니–여흥민씨(봉사 민선철閔宣哲의 딸)
부인–삭녕최씨(군수 崔汝두의 딸), 전의이씨(통사 이지형李枝馨의 딸), 반남박씨(박세치朴世穉의 딸)

관직경력

한성판윤 재임기간 : 1679년숙종5 7월 11일 ~ 1679년숙종5 9월 5일

조선 후기의 문신

1651년효종2 사마시(진사) 입격
1660년현종1 식년문과 급제
1662년현종3 지평
1663년현종4 정언, 문학, 교리, 수찬
1669년현종10 광주부윤, 동부승지
1673년현종14 병조참지
1676년숙종2 승지, 대사간
1679년숙종5 개성유수, 한성부판윤
1680년숙종6 이조판서, 좌참찬, 대사헌, 우참찬, 병조·호조·공조판서, 판의금부사
1685년숙종11 우의정
1686년숙종12 진주사로 청나라 다녀오다. 영중추부사

536대 한성판윤 정 익(鄭榏) – 537대 동일인물

한성판윤 재임기간 : 1679년숙종5 9월 5일 ~ 1679년숙종5 10월 10일

537대 한성판윤 정재숭(鄭載嵩) – 535·548대 동일인물

한성판윤 재임기간 : 1679년숙종5 10월 10일 ~ 1680년숙종6 1월 8일

538대 한성판윤 이정영(李正英) – 492·509·510·520·515·522· 531·543대 동일인물

한성판윤 재임기간 : 1680년숙종6 1월 8일 ~ 1680년숙종6 5월 26일

539대 한성판윤 김우형(金宇亨) – 530대 동일인물

한성판윤 재임기간 : 1680년숙종6 5월 26일 ~ 1680년숙종6 7월 18일

540대 한성판윤 이관징(李觀徵) – 534대 동일인물

한성판윤 재임기간 : 1680년숙종6 7월 18일 ~ 1680년숙종6 10월 13일

541대 한성판윤 조사석(趙師錫) – 546대 동일인물

신상내용

생몰연대	1632년인조10 ~ 1693년숙종19 – 62세
본관	양주楊州
자	공거公擧
호	만회晩晦·만휴晩休·향산香山·나계蘿溪
시호	충헌忠憲
가족	증조–람攬, 할아버지–지돈녕 존성存性, 아버지–형조판서 계원啓遠 어머니–평산신씨(영의정 신흠申欽의 딸) 부인–안동권씨(진사 권후權垕의 딸)

아들–조태구趙泰耉(영의정)
묘소 충남 예산군 대흥면 갈신리

관직경력

한성판윤 재임기간 : 1680년숙종6 10월 15일 ~ 1680년숙종6 11월 7일

조선 후기의 문신

1660년현종1	사마시(진사) 입격
1662년현종3	증광문과 급제, 승문원, 주서
1666년현종7	검열, 봉교, 겸설서
1667년현종8	전적, 정언, 사서, 지평
1672년현종13	접위관–왜인 접대, 부교리, 헌납, 이조정랑
1675년숙종1	수원부사, 황해도관찰사, 예조참의, 승지, 강원도관찰사, 충청수사, 경기도관찰사, 이조참판 겸 수어사, 지중추부사
1680년숙종6	예조판서, 대사헌 호조판서, 강화유수, 병조판서, 판의금부사, 우참찬, 좌참찬, 이조판서
1683년숙종9	동지사로 청나라 다녀오다
1687년숙종13	우의정
1688년숙종14	좌의정
1689년숙종15	판돈녕부사, 영돈녕부사
1691년숙종17	왕세자 책봉하례 불참–유배(경남 고성)–별세
1694년숙종20	갑술환국–복관

생애일화

1667년현종8, 왕이 지난해에 정태화·홍명하·허적 등을 탄핵한 이숙·박종휘 등 7명의 간관을 유배시키면서 사관들에게 사초에 기록하지 말도록 명하였으나, 왕의 거동은 반드시 기록하여야 하는 것이라며 거절하고 사초에 기록하였다.
이 일로 왕의 노여움을 사서 파직 당하였으나, 파직의 왕명이 곧 철회됨으로써 복직되었다.
1687년숙종13, 우의정으로 있을 때 인조의 손자인 동평군 항東平君杭의 횡포를 논하다 처벌된 박세채·남구만 등을 변호하다가 왕의 노여움을 사게 되자 병을 핑계로 사직하였다.

542대 한성판윤 김덕원(金德遠) – 549·561·570대 동일인물

신상내용

생몰연대	1634년인조12 ~ 1704년숙종30 – 71세
본관	원주原州
자	자장子長
호	휴곡休谷
가족	증조–부사 두남斗南, 할아버지–병사 준용俊龍, 아버지–판관 인문仁文 어머니–전주이씨(부사 이성부李聖符의 딸) 부인–전주이씨(능산군 이희李僖의 딸)

관직경력

한성판윤 재임기간 ; 1680년숙종6 11월 7일 ~ 1680년숙종6 11월 27일

조선 후기의 문신

1654년효종3	사마시(진사) 입격
1662년효종11	정시문과 급제, 승문원부정자
1666년현종3	경안찰방, 문과중시 급제, 사헌부지평, 사간원정언
1675년숙종1	홍문록 등재, 사헌부장령
1680년숙종6	〈현종실록〉 개수 반대, 병조·형조참판, 한성판윤, 경기감사, 예조판서
1687년숙종13	사은부사로 청나라 다녀오다
1689년숙종15	기사환국, 우의정, 인현왕후 폐위, 갑술환국–유배(제주도)
1711년숙종36	신원伸冤

생애일화

그의 뛰어난 행정능력과 원만한 성품이 숙종에게 인정되어, 서인정권이 들어서고 남인들이 제거될 때에도 관직을 유지할 수 있었다.

기사환국으로 정권이 바뀌자 곧 우의정으로 임명되어 이후의 정국을 주도하고, 실질적인 행정업무를 전담하였다. 이때 서인세력의 회유에 노력하였으나, 김수항 등을 구할 수 있는 위치에 있었으면서도 살육을 방관하였다 하여 뒷날 서인 노론세력으로부터 공격을 받았다.

543대 한성판윤 이정영(李正英) – 492·509·510·520·515·522· 531·538대 동일인물

한성판윤 재임기간 : 1680년숙종6 12월 12일 ~ 1680년숙종6 12월 16일

544대 한성판윤 구 일(具鎰)

신상내용

생몰연대	1620년광해군12 ~ 1695년숙종21 – 76세
본관	능성綾城
자	중경重卿·사국士國
상훈	능평군
가족	증조–사맹思孟, 할아버지–병조판서 굉宏, 아버지–공조판서 인기仁墍 어머니–여흥민씨(부사과 민헌閔憲의 딸) 부인–이조참판 이행진李行進의 딸
묘소	경기도 남양주시 미금읍 금곡동 군장리

관직경력

한성판윤 재임기간 : 1680년숙종6 12월 16일 ~ ? (재직확인:1681년 8월 18일)

조선 후기의 무신

1642년인조20	사마시(진사) 입격, 세마, 별제
1656년효종7	금부도사
1658년효종9	횡성현감
1664년현종5	남평현감
1667년현종8	사재감첨정
1668년현종9	무과별시 급제, 도총부경력, 훈련원부정
1669년현종10	홍양영장
1670년현종11	장단부사, 황해도병마절도사
1672년현종13	경기수군절도사
1674년현종15	금군별장
1675년숙종1	한성부우윤, 총관, 포도대장
1678년숙종4	능평군綾平君

1679년숙종5	허적許積의 아들 견堅-치죄-유배
1680년숙종6	한성부판윤 겸 총융사
1688년숙종14	지돈녕부사
1689년숙종15	기사환국-삭직-은거
1694년숙종20	갑술환국, 지훈련원사

생애일화

공신의 적장자라 하여 일찍이 벼슬에 나아가 순탄하게 승진하였다.
숙종5년, 당시 영의정 허적許積의 아들 견堅이 권세를 믿고 양가의 부녀를 겁간한 일이 있었는데, 그 죄를 다스렸다가 오히려 무고를 당하여 김해에 유배되었다.
그러나, 곧 특별히 한성판윤 겸 총융사에 제수되어 서울로 올라왔다.
증조할아버지 구사맹은 국구國舅였으며, 할아버지 구굉이 한성판윤을 지냈고, 대고모가 원종(인조 아버지) 비인 인헌왕후이다. 인조반정에 참여하여 할아버지 구굉이 1등공신, 당숙 구인후가 2등공신, 아버지 구인기가 3등공신이다.

545대 한성판윤 이지익(李之翼) – 571대 동일인물

신상내용

생몰연대	1625년인조3 ~ 1694년숙종20 – 70세
본관	함평咸平
자	여휘汝輝
호	계촌桂村
가족	증조-증좌찬성 창瑒, 할아버지-충청감사 춘원春元, 아버지-군자감정 초로楚老 어머니-밀양변씨(전첨 변제원卞悌元) 부인-단양우씨(동지중추부사 우숭검禹崇儉의 딸)

관직경력

한성판윤 재임기간 : ? ~ ? (재직확인:1681년 12월 10일)

조선 후기의 문신

1648년인조26	사마시(진사) 입격
1652년효종3	증광문과 급제, 정언, 서해도감사
1674년현종15	대사헌, 인선대비 승하

1675년숙종1	대사간, 사은부사로 청나라 다녀오다
1676년숙종2	예조판서, 대사헌, 참찬, 지중추부사, 형조판서
1678년숙종4	개성유수, 한성부판윤, 함경·전라도관찰사, 비변사당상
1680년숙종6	평안도관찰사, 원접사, 지돈녕부사

생애일화

40여 년 조정에 몸담으면서 정국이 몇 번 바뀌었어도 시세에 굽히지 않고 끝까지 자기 신념대로 시종일관하였다.

546대 한성판윤 조사석(趙師錫) – 541대 동일인물

한성판윤 재임기간 : 1682년숙종8 1월 3일 ~ ? (재직확인:1682년 1월 3일)

547대 한성판윤 남용익(南龍翼) – 528대 동일인물

한성판윤 재임기간 : 1682년숙종8 1월 18일 ~ ? (재직확인: 1682년 3월 25일)

548대 한성판윤 정재숭(鄭載嵩) – 535·537대 동일인물

한성판윤 재임기간 : 1682년숙종8 4월 16일 ~ 1682년숙종8 5월 19일

549대 한성판윤 김덕원(金德遠) – 542·561·570대 동일인물

한성판윤 재임기간 : 1682년숙종8 5월 19일 ~ 1682년숙종8 7월 2일

550대 한성판윤 신 정(申晸) – 560대 동일인물

신상내용

생몰연대	1628년인조6 ~ 1687년숙종13 – 60세
본관	평산平山
자	백동伯東
호	분애汾厓
시호	문숙文肅
저서	〈분애집〉·〈분애유고〉·〈임진록촬요〉
가족	증조–도사 승서承緖, 할아버지–영의정 흠欽, 아버지–예조참판 익전翊全 어머니–양주조씨(영돈녕부사 조창원趙昌遠의 딸) 부인–청송심씨(교리 심희세沈熙世의 딸), 양천허씨(판관 허섬許暹의 딸)
묘소	경기도 이천시 부발읍 수정리

관직경력

한성판윤 재임기간 : 1682년숙종8 7월 2일 ~ 1682년숙종8 7월 3일

조선 후기의 문신

1648년인조26	사마시(생원·진사) 양과 입격, 춘당대문과 급제
1667년현종8	검열, 설서, 지평, 정언, 대교
1669년현종10	문학, 수찬, 응교, 집의, 전라도관찰사, 대사간, 대사성, 평안도관찰사
1675년숙종1	남인 집권–파직
1678년숙종4	도승지
1679년숙종5	한성부좌윤
1680년숙종6	경신대출척, 대사헌, 인경왕후–빈전도감제조
1681년숙종7	우참찬, 예조·공조·이조판서, 개성부유수, 좌참찬, 판의금부사, 예문관 제학
1682년숙종8	한성부판윤, 강화부유수

생애일화

어려서부터 총명하였으며, 가학家學으로 학문을 닦았다.
그는 바른 정치로 일세의 추중推重을 받는 이름난 재상이었고, 뛰어나 관각館閣과 전책典册이나 국가의 금석문자를 찬술한 것이 많다.
특히, 시에 뛰어나 격조가 청절淸絕하다는 평을 받았다.

저서로는 〈분애집汾厓集〉·〈분애유고汾厓遺稿〉·〈임진록촬요壬辰錄撮要〉 등이 있다.
고조할아버지 신영申瑛과 할아버지 신흠申欽, 그리고 본인도 한성판윤을 지내 3대에 걸친 기록을 남겼다.

551대 한성판윤 박신규(朴信圭) – 556대 동일인물

신상내용

생몰연대	1631년인조9 ~ 1687년숙종13 – 57세
본관	밀양密陽
자	봉경奉卿
호	죽촌竹村
시호	청숙淸肅
상훈	청백리
추증	영의정
저서	〈밀양박씨족보〉–편저
가족	증조–문충文冲, 할아버지–참판 징원震元, 아버지–첨지중추부사 계영啓榮 어머니–유명남柳命男의 딸 부인–황수黃隨의 딸

관직경력

한성판윤 재임기간 : 1682년숙종8 7월 4일 ~ ?

조선 후기의 문신

1652년효종3	사마시(진사) 입격
1660년현종1	식년문과 급제, 전주판관, 좌부승지
1679년숙종5	경상도관찰사, 청백리 녹선
1680년숙종6	형조판서
1682년숙종8	한성부판윤, 안변부사–좌천
1685년숙종11	호조판서

생애일화

그는 어려서부터 경술經術과 문학에 힘을 기울였으며 서예로도 이름이 났고, 영의정에 추증되었다.

일찍이 허목許穆이 말하기를, “청렴결백하고 매사에 신중하며 성실하여 진실한 재상감이다.” 고 하였는데, 젊은 나이로 일찍 세상을 버렸다. 숙종대왕도 그가 운명했다는 소식을 듣고 어의를 벗어주어 염하게 하고서, “이 사람에게 과인이 장차 큰일을 기대했는데, 나이도 아직 늙지 않았는데 하늘이 데려가다니 너무 야속하다. 생전에 집 한 칸도 없는 줄 안다.” 하고서 쌀 1백 가마니를 주고 집을 사서 그 집에서 빈소를 차리게 하였다.

552대 한성판윤 목래선(睦來善) – 524대 동일인물

한성판윤 재임기간 – 1684년숙종10 1월 19일 ~ 1684년숙종10 9월 4일

553대 한성판윤 오두인(吳斗寅) – 559·563대 동일인물

신상내용

생몰연대	1624년인조2 ~ 1689년숙종15 – 66세
본관	해주海州
자	원징元徵
호	양곡陽谷
시호	충정忠貞
추증	영의정
저서	〈양곡집〉
배향	덕봉서원 외
가족	증조–병마절도사 정방定邦, 할아버지–전부 사겸士謙, 아버지–이조판서 상翔 어머니–고성이씨(병조참판 이성길李成吉의 딸) 부인–여흥민씨(판서 민성휘閔聖徽의 딸), 원주김씨(김숭문金崇文의 딸) 아들–태주泰周(3남·현종 부마, 명안공주와 혼인, 숙종의 매부)
묘소	경기도 안성시 양성면 덕봉리

관직경력

한성판윤 재임기간 : 1684년숙종10 9월 4일 ~ 1684년숙종10 12월 18일

조선 후기의 문신

1648년인조26 사마시(진사) 입격

1649년인조27	별시문과 장원급제
1650년효종1	지평
1656년효종7	장령
1661년현종2	헌납, 사간
1662년현종3	정조사의 서장관으로 청나라 다녀오다
1667년현종8	부교리, 사간
1679년숙종5	공조참판, 사은부사로 청나라 다녀오다
1680년숙종6	호조참판
1682년숙종8	경기도관찰사, 공조판서
1689년숙종15	형조판서, 인현왕후 폐위 반대–유배–파주에서 별세–복관
1694년숙종20	영의정 추증

생애일화

서인정권이 실각하자 지의금부사에 세 번이나 제수되었지만 나아가지 않아 삭직되었다.
인현왕후 민씨가 폐위되자, 이세화李世華·박태보朴泰輔 등과 함께 반대하는 소를 올려 국문을 받고 의주로 유배 도중 파주에서 죽었다.
〈국조인물고〉에 실린 그에 대한 인물평은 "오두인은 임금의 부당한 처사에는 주저 없이 직언을 서슴치 않았던 기개 있는 선비였고, 녹봉 외에는 실오라기 하나 탐하지 않을 정도로 청렴한 신하였다." 라고 했다.
1694년 영의정으로 추증되었으며, 풍계사(파주), 의열사(光州), 덕봉서원(양성·경기도문화재 제8호), 충렬사(의성) 등에 배향되었다.

554대 한성판윤 이민서(李敏敍) – 557대 동일인물

신상내용

생몰연대	1633년인조11 ~ 1688년숙종10 – 56세
본관	전주全州
자	이중彝仲
호	서하西河
시호	문간文簡
저서	〈서하집〉, 편서로 〈고시선古詩選〉·〈김장군전金將軍傳〉
배향	서하사(나주) 동산서원(흥덕)
가족	증조–여주목사 극강克綱, 조부–봉상시첨정 수록綏祿, 아버지–영의정 李敬輿 어머니–풍천임씨(별좌 임경신任景莘의 딸)

부인–원주원씨(평원부원군 원두표元斗杓의 딸)
아들–관명觀命(장남·좌의정), 건명健命(차남·좌의정)

묘소 경기도 파주시 탄현면 축현리

관직경력

한성판윤 재임기간 : 1684년숙종10 12월 18일 ~ ? (재직확인:1684년 12월 23일)

조선 후기의 문신

1650년효종1	사마시(진사) 입격
1652년효종3	증광문과 급제, 승문원부정자,
1654년효종5	예문관대교, 세자시강원설서, 예문관봉교, 성균관전적
1655년효종6	예조좌랑, 사간원정언, 사헌부지평
1660년현종1	홍문관수찬·교리 겸 약방제조, 호조판서 허적許積 탄핵–병조좌랑 좌천
1661년현종2	홍문관교리–米船사건 조사, 사간원헌납, 이조·병조좌랑, 이조정랑, 응교
1667년현종8	나주목사, 교리, 사인, 필선, 종부시정,
1670년현종11	홍문관부응교, 고양군수
1674년현종15	호조참의 겸 승문원부제조
1677년숙종3	광주목사, 동부승지, 대사간, 예문관대제학, 공조·이조·병조참판
1681년숙종7	인경왕후 승하–애책문 찬진, 호조참판
1682년숙종8	대사헌, 예조·이조참판, 이조판서
1683년숙종9	강화부유수,
1684년숙종10	예문관대제학, 대사헌, 한성부판윤
1685년숙종11	예조·형조·이조판서, 지돈녕부사

생애일화

그는 타고난 성품이 굳세고 방정했으며 기국器局이 의젓하고 중후하여 '정직한 군자君子'의 풍채를 지녔다.
15세 때 우암 송시열의 문하에서 수학하면서 학문과 문장이 크게 증진되었으나, 아버지가 유배에서 풀려나 영의정이 된 다음, 과거에 응시하여 20세에 대과에 급제하였다.
스승 송시열이 일찍이 그의 글에 대하여 말하기를, "화사華奢하면서 실질적이고 전아典雅하면서도 핵심이 있어서, 한漢나라 사마천司馬遷과 같은 문체와 격조를 갖추었으니, 참으로 세상에 드문 문장이다."라고 평가하였다.
또한 그는 조정에 벼슬한지 30여 년 동안 여러 차례 정변政變을 겪었으나, 지조志操가 한결 같았는데 직위가 판서에 이르렀으나 집 앞에 찾아오는 사람이 없어 가난한 선비의 집 같이 쓸쓸할 정도로 청백淸白하였다.

김수항金壽恒·이단하李端夏·남구만南九萬·박세채朴世采 등과 교유가 깊었으며, 광주목사로 있을 때에 향사鄕祠를 중수하고, 임진왜란 때의 의병장 김덕령金德齡 장군을 제향하였다.

555대 한성판윤 이 익(李翊) – 565대 동일인물

신상내용

생몰연대	1629년인조7 ~ 1690년숙종16 – 62세
본관	우봉牛峰
자	계우季羽
호	농재農齋
시호	문정文貞
추증	의정부찬성議政府贊成
가족	증조–참봉 지문之文, 할아버지–현감 할劼, 아버지–이조참의 유겸有謙 어머니–파평윤씨(윤홍유尹弘裕의 딸) 부인–나주박씨(부사 박정朴渟의 딸), 전주이씨(현감 李宇梁의 딸), 청송심씨(부사 심엄沈淹의 딸)
묘소	경기도 용인시 처인구 이동면 천리 산 179–5

관직경력

한성판윤 재임기간 : ? ~ 1685년숙종11 2월 6일

조선 후기의 문신

1652년효종3	사마시(진사) 입격
1657년효종8	알성문과 급제, 세자시강원 설서·사서
1659년효종10	정언
1660년현종1	사간, 동부승지, 대사간, 이조참의, 원양도原襄道관찰사
1674년현종15	대사간
1679년숙종5	유배(양덕)
1680년숙종6	동부승지, 대사헌, 홍문관부제학, 경상도관찰사
1682년숙종8	형조·이조판서, 서인 분열–노론·소론, 강화부유수, 경기도관찰사
1688년숙종14	이조판서, 광주부유수 겸 수어사
1689년숙종15	기사환국–송시열 사사–유배(장흥) 졸

생애일화

그는 신의가 있고 높은 지조에 문장과 서예가 뛰어났다.
〈수교집록受教輯錄〉 편찬 참여, 찬성贊成 추증되었다.

556대 한성판윤 박신규(朴信圭) – 551대 동일인물

한성판윤 재임기간 : 1685년숙종11 2월 8일 ~ 1685년숙종11 5월 22일

557대 한성판윤 이민서(李敏敍) – 554대 동일인물

한성판윤 재임기간 : 1685년숙종11 5월 22일 ~ 1685년숙종11 6월 24일

558대 한성판윤 이 숙(李翽) – 564대 동일인물

신상내용

생몰연대	1626년인조4 ~ 1688년숙종14 – 63세
본관	우봉牛峰
자	중우仲羽
호	일휴정逸休亭
시호	충헌忠獻
배향	상덕사(대구)
가족	증조–부제학 지문之文, 할아버지–현감 할劼, 아버지–이조참의 유겸有謙 어머니–파평윤씨(윤홍유尹弘裕의 딸) 부인–나주박씨(박호朴濠의 딸), 경주박씨(박세영朴世英의 딸)
묘소	경기도 용인시 처인구 이동면 천리 산 58

관직경력

한성판윤 재임기간 : 1685년숙종11 6월 24일 ~ 1685년숙종11 6월 25일

조선 후기의 문신

1636년인조14　　병자호란 발발–포로(11세) 심양 압송–이덕인李德仁 따라 귀국

1648년인조16	사마시(진사) 입격
1655년효종6	춘당대문과 급제, 수찬, 응교
1667년현종8	집의
1669년현종10	광주부윤
1672년현종13	경상도관찰사
1673년현종14	대사간
1675년숙종1	이조판서
1687년숙종13	우의정

생애일화

병자호란의 후유증으로 포로를 비롯한 난민문제가 복잡할 때, 청국 조정이 청나라 도피자를 돌려보내지 않는 것에 대해 조선 조정에 책임을 물어 재상들을 벌하려 하였다.
그러나 청의 지탄을 받은 영의정 정태화, 좌의정 홍명하, 진주사 허적 등이 그 책임을 오히려 왕에게 돌리자, 그는 임금이 욕을 당하면 신하가 죽음으로써 막아야 하는 것이라며 이들을 꾸짖고 처벌하도록 청하였다.
그는 당시에 이들 재상들을 파직시키기를 청하였던 김정金淨 등 7인과 함께 8간신(諫臣)으로 불렸다.

559대 한성판윤 오두인(吳斗寅) – 553·563대 동일인물

한성판윤 재임기간 : 1685년숙종11 6월 25일 ~ 1686년숙종11 3월 8일

560대 한성판윤 신 정(申晸) – 550대 동일인물

한성판윤 재임기간 : 1686년숙종11 3월 8일 ~ 1686년숙종11 4월 13일

561대 한성판윤 김덕원(金德遠) – 542·549·570대 동일인물

한성판윤 재임기간 : 1686년숙종11 4월 13일 ~ 1686년숙종11 6월 24일

562대 한성판윤 김우석(金禹錫) – 568대 동일인물

신상내용

생몰연대 1625년인조3 ~ 1691년숙종17 – 67세
본관 상산商山
자 하경夏卿
호 귀래당歸來堂
시호 정목貞穆
가족 증조–직제학 홍洪, 할아버지–대사헌 덕함德諴, 아버지–수찬 설卨
어머니–연안이씨(연평부원군 李貴의 딸)
부인–풍천임씨(임형백任衡伯의 딸)
묘 경기도 파주시 적성면 무건리

관직경력

한성판윤 재임기간 : 1686년숙종12 6월 24일 ~ 1686년숙종12 9월 6일

조선 후기의 문신

1651년효종2	별시문과 급제
1653년효종4	정언, 지평
1658년효종9	사서, 헌납, 장령, 집의
1672년현종13	좌승지
1675년현종15	강원도관찰사
1677년숙종3	동지부사로 청나라 다녀오다
1680년숙종6	황해도관찰사
1682년숙종8	도승지, 예조참판, 동지의금부사
1683년숙종9	경기도관찰사, 개성유수
1686년숙종12	한성부판윤, 형조판서

생애일화

어려서부터 시문을 잘하기로 이름이 났고, 언행이 단정하였다.
그는 당쟁의 폐해를 염려하여 이를 극력 피하려 노력하였다.

563대 한성판윤 오두인(吳斗寅) – 553·559대 동일인물

한성판윤 재임기간 : 1686년숙종12 9월 6일 ~ ? (재직확인:1686년 9월 11일)

564대 한성판윤 이 숙(李翻) – 558대 동일인물

한성판윤 재임기간 : ? ~ ? (재직확인:1686년 12월 13일)

565대 한성판윤 이 익(李翊) – 555대 동일인물

한성판윤 재임기간 : 1687년숙종13 1월 5일 ~ 1687년숙종13 2월 24일

566대 한성판윤 신여철(申汝哲) – 523·589대 동일인물

신상내용

생몰연대	1634년인조12 ~ 1701년숙종27 – 68세
본관	평산平山
자	계명季明
호	지족당知足堂
시호	장무莊武
가족	할아버지–영의정 경진景禛, 아버지– 도정 竣

관직경력

한성판윤 재임기간 : 1687년숙종13 2월 24일 ~ ? (재직확인:1687년 2월 24일)

조선 중기의 무신

무과 급제

1669년현종10	충청도수군절도사
1671년현종12	삼도수군통제사
1672년현종13	평안도병마절도사

1675년숙종1	병조참판
1680년숙종6	총융사
1688년숙종14	공조판서, 형조판서 겸 훈련대장
1694년숙종20	판의금부사–장희재 처벌
1695년숙종21	형조판서
1700년숙종26	호조판서
1701년숙종27	호조판서, 훈련대장

생애일화

효종 때 성균관에 입학했다가 효종이 북벌을 위해 勳戚의 자제들에게 무예를 닦게 하자, 유생을 이끌고 무예를 연마하였다.
군 요직을 차지하고 병권을 장악하여 격화되는 당쟁의 와중에 서인 편에서 고비마다 정치적 역할을 하였다.
저서로는 함경도 지역의 종합지방행정 실태 즉, 자연·역사·제도·인물·풍속·군사·경제 등 제반 분야의 자료를 일목요연하게 정리한 〈북관지北關誌〉가 있다

567대 한성판윤 윤 계(尹堦)

신상내용

생몰연대	1622년광해군14 ~ 1692년숙종18 – 71세
본관	해평海平
자	태승泰升
호	하곡霞谷
시호	익정翼正
가족	증조–영의정 두수斗壽, 할아버지–형조판서 휘暉, 아버지–첨정 면지勉之 어머니–청주경씨(참판 경섬慶暹의 딸) 부인–풍산홍씨(참판 홍영洪霙의 딸), 무안박씨(박휘길朴暉吉의 딸)

관직경력

한성판윤 재임기간 : ? ~ 1687년숙종13 3월 20일

조선 후기의 문신

1650년효종1	사마시(진사) 입격

1662년현종3	증광문과 급제, 승문원
1665년현종6	전적, 감찰, 예조좌랑
1669년현종10	정언, 장령, 제주목사
1675년숙종1	황해도관찰사
1680년숙종6	동부승지, 함경감사, 사은부사로 청나라 다녀오다. 대사간, 강화유수
1687년숙종13	한성부판윤, 좌참찬, 공조판서, 광주유수廣州留守
1689년숙종15	기사환국-유배(강진) 졸
1694년숙종20	신원伸寃

생애일화

효종1년 3인을 선발하기로 한 알성문과에서 급제하였으나, 4등인 김석주金錫胄를 참방參榜시키려다 말썽이 생겨 장원을 제외하곤 모두 낙방시켜 그도 떨어지게 되었다.
그는 나라 일에 대하여 직언을 아끼지 않았으며, 문장과 글씨에도 뛰어났다.

568대 한성판윤 김우석(金宇錫) - 562대 동일인물

한성판윤 재임기간 : 1687년숙종13 2월 25일 ~ 1687년숙종13 6월 21일

569대 한성판윤 심 재(沈梓)

신상내용

생몰연대	1624년인조2 ~ 1691년숙종19 - 70세
본관	청송青松
자	문숙文叔
호	양졸재養拙齋
가족	증조-창수昌壽, 할아버지-군수 창䄄, 아버지-집의 유행儒行 어머니-권침權忱의 딸

관직경력

한성판윤 재임기간 : 1687년숙종13 6월 23일 ~ 1687년숙종13 10월 3일

1648년인조26	사마시(진사) 입격
1654년효종5	식년문과 급제
1663년현종4	서장관으로 청나라 다녀오다
1667년현종8	대사간, 경기도관찰사, 도승지, 이조참판
1689년숙종5	기사환국, 이조판서-세자 책봉 반대, 송시열·김수항 등 서인 유배시킴
1690년숙종6	좌참찬
1693년숙종9	판중추부사
1694년숙종10	갑술옥사-관직 추탈

570대 한성판윤 김덕원(金德遠) — 542·549·561대 동일인물

한성판윤 재임기간 : 1688년숙종14 10월 3일 ~ 1688년숙종14 12월 10일

571대 한성판윤 이지익(李之翼) — 545대 동일인물

한성판윤 재임기간 : 1688년숙종14 12월 10일 ~ 1689년숙종15 3월 6일

572대 한성판윤 오시복(吳始復)

신상내용

생몰연대	1637년인조15 ~ 1716년숙종42 - 80세
본관	동복同福
자	중초仲初
호	휴곡休谷
가족	증조-우참찬 억령億齡, 할아버지-승지 익翊, 아버지-진사 정규挺奎 어머니-이여황李如璜의 딸 부인-조유징趙有徵의 딸

관직경력

한성판윤 재임기간 : 1689년숙종15 3월 6일 ~ 1689년숙종15 5월 1일

조선 후기의 문신

1660년현종1	사마시(생원) 입격
1662년현종3	증광문과 급제, 수찬, 정언, 지평, 교리, 이조정랑, 사인
1675년숙종1	승지, 이조참판, 개성유수
1680년숙종6	강릉부사, 경신대출척-파직
1689년숙종15	기사환국, 이조참판, 한성부판윤, 호조판서
1690년숙종16	이조판서 겸 수어사, 호조판서, 갑술옥사-유배
1697년숙종23	우부빈객
1701년숙종27	무고巫蠱의 옥사 - 유배(제주도 대정현)-이배(함평)-이배(영해) 卒

생애일화

호조판서로 있을 때에 경비부족을 메우기 위해 각도·읍의 은을 캐는 지역을 호조에서 관장하여 세금을 거두도록 하였고, 왜의 면포예급문제와 각 아문衙門의 둔전경영문제를 해결하였다.

그는 글씨에도 능하였고, 뒷날 신원伸寃되었다.

573대 한성판윤 윤이도(尹以道)

한성판윤 재임기간 : ? ~ ? (재직확인:1689년 4월 16일)

574대 한성판윤 윤이제(尹以濟) - 578대 동일인물

신상내용

생몰연대	1628년인조6 ~ 1701년숙종27 - 74세
본관	파평坡平
자	여즙汝楫
가족	증조-공조판서 국형國馨, 할아버지-관찰사 경립敬立, 아버지-증이판 세징世徵 어머니-유정柳綎의 딸 부인-진주유씨(유영柳潁의 딸), 전주이씨(풍해군 이잠李潛의 딸)

관직경력

한성판윤 재임기간 : 1689년숙종15 5월 1일 ~ 1689년숙종15 5월 11일

조선 후기의 문신

1654년효종5	사마시(생원) 입격
1663년현종4	식년문과 급제
1666년현종7	강서현령
1669년현종10	평양서윤, 예조정랑
1676년숙종2	의주부윤, 병조참의
1678년숙종4	승지, 강화유수
1680년숙종6	호조참판, 공청도관찰사, 경신대출척
1682년숙종8	진하 겸 진주·사은부사로 청나라 다녀오다
1683년숙종9	승지, 동지중추부사, 경기도·평안도관찰사
1689년숙종15	기사환국, 어영대장, 한성부우·좌윤·판윤, 형조판서
1691년숙종17	원접사, 비변사제조, 우참찬, 공조·형조판서, 어영대장
1694년숙종20	갑술옥사–삭탈관직–은거(포천)
1699년숙종25	부호군, 기로소 입소

생애일화

세 번이나 도백을 지내고, 다년간 병마권을 쥐고 있었으나 항상 청백하여 집에는 담장이 없었으며, 스스로 몸가짐을 삼가 하여 남인南人에 속했으나 당쟁의 소용돌이 속에서도 큰 화를 입지 않았다.

575대 한성판윤 윤지완(尹趾完)

신상내용

생몰연대	1635년인조13 ~ 1718년숙종44 – 84세
본관	파평坡平
자	숙린叔麟
호	동산東山
시호	충정忠正
상훈	청백리
배향	숙종 묘정

가족	증조–한림 엄儼, 할아버지–참의 민헌民獻, 아버지–한성판윤 강絳 어머니–동래정씨(판서 정광성鄭廣成의 딸) 형–지선趾善(좌의정) 부인–진사 박천구朴天球의 딸

관직경력

한성판윤 재임기간 : 1689년숙종15 5월 11일 ~ 1689년숙종15 6월 3일

조선 후기의 문신

1657년효종6	사마시(생원·진사) 양과 입격
1662년현종3	증광문과 급제, 설서, 헌납, 부수찬
1675년숙종1	지평 겸 시독관–송시열 신구 제안–삭탈관직
1680년숙종6	경신대출척, 부교리, 브응교, 경상도·함경도관찰사
1682년숙종8	통신사로 일본 다녀오다
1683년숙종9	어영대장, 예조판서
1684년숙종10	경상도관찰사
1688년숙종14	병조판서
1689년숙종15	평안도관찰사, 기사환국–삭탈관직–유배
1694년숙종20	갑술옥사, 좌참찬, 우의정
1703년숙종29	영중추부사, 영돈녕부사
1717년숙종43	세자 대리청정 반대, 청백리

생애일화

아버지 윤강尹絳도 한성판윤을 지내 부자父子판윤이고, 좌의정을 지낸 형과는 동방급제하여 같은 시대에 형제가 함께 정승 자리를 누렸다.
일찍이 중국 점장이가 그를 보고서 '무족가관無足可觀'이라 하였다. '가히 볼만한 것이 없다.'라고 해석했는데 후일 병으로 한 다리를 잃고 정승이 되니 '다리가 없어야 볼만하다'로 해석을 바꿨다. 세상에서는 그를 '외다리 정승(일각정승一脚政丞 또는 일각상一脚相)'이라 불렀다.
8세 때 시를 지었는데,

눈이 내리니 모든 산이 희고	雪落千山白
하늘이 높으니 해와 달이 밝다	天高日月明

라고 하여 칭찬을 받았다.

576대 한성판윤 이우정(李宇鼎)

신상내용

생몰연대	1635년인조13 ~ 1692년숙종18 – 58세
본관	전주全州
자	중백仲伯
호	취농醉農
가족	증조–부사 구경龜慶, 할아버지–찰방 홍광弘匡, 아버지–직강 익로翼老 어머니–한양조씨(응교 조윤趙贇의 딸) 부인–연안이씨(감사 이금李衿의 딸), 나주정씨(교리 정언벽丁彦璧의 딸)
묘	충북 괴산군 괴산읍 수락동

관직경력

한성판윤 재임기간 : 1689년숙종15 6월 3일 ~ ?　(재직확인:1690년 4월 3일)

조선 후기의 문신

1662년현종3	사마시(진사) 입격, 증광문과 급제
1668년현종9	병조좌랑, 지평, 정언, 필선
1674년현종15	사은사의 서장관으로 청나라 다녀오다. 문학, 장령, 정언
1675년숙종1	우·좌부승지, 대사간, 우승지, 전라도관찰사
1676년숙종2	대사간, 예조참판
1677년숙종3	평안도관찰사
1680년숙종5	경신대출척
1689년숙종14	기사환국, 승지, 형조판서, 우참찬, 대사헌, 한성부판윤
1690년숙종15	판의금부사, 예조판서, 수어사
1692년숙종16	청나라에 사신으로 갔다가 사망

생애일화

그가 남한산성 수어사가 되어 민정을 살피니, 전에는 거주하던 백성이 3백호 정도였는데, 당시에는 1천 호가 밀집되어 있어서 유사시에 물자가 부족할 것을 염려하여 입성자入城者를 제한할 것을 건의하였다.

577대 한성판윤 유하익(兪夏益) – 579대 동일인물

신상내용

생몰연대	1631년인조9 ~ 1699년숙종25 – 69세
본관	기계杞溪
자	사겸士謙
호	백인당百忍堂
가족	증조–병조참판 대정大禎, 할아버지–필선 수증守曾, 아버지–군수 비祕 어머니–유시보柳時輔의 딸 부인–사천목씨(목행선睦行善의 딸), 허육許稑의 딸

관직경력

한성판윤 재임기간 : ? ~ ? (재직확인:1690년 10월 11일)

조선 후기의 문신

1651년효종2	사마시(진사) 입격
1660년현종1	증광문과 급제, 지평, 사서, 정언, 부교리, 헌납
1667년현종8	황해도암행어사, 이조정랑, 동부승지
1680년숙종6	경신대출척–파직·문외출송
1689년숙종15	기사환국, 도승지, 이조참판, 공조판서, 대사헌 겸 동지추추관사
1690년숙종16	한성부판윤, 예조판서, 대사헌, 좌참찬, 형조판서
1694년숙종20	갑술옥사–삭출

생애일화

한번은 오정창吳挺昌의 집에 가서 있을 때에 민암閔黯이 와서 그를 만났는데, 그때 그의 허리띠를 잡으며 자기편이 되어달라고 하니, 칼로 허리띠를 싹둑 자르고 뛰쳐나왔다. 그렇게 의리가 분명한 인품이었다.

578대 한성판윤 윤이제(尹以濟) – 574대 동일인물

한성판윤 재임기간 : ? ~ 1791년숙종17 4월 24일

579대 한성판윤 유하익(兪夏益) – 577대 동일인물

한성판윤 재임기간 : 1691년숙종17 4월 24일 ~ 1691년숙종17 6월 19일

580대 한성판윤 정유악(鄭維岳)

신상내용

생몰연대 1632년인조10 ~ ?
본관 온양溫陽
자 길보吉甫
호 구계癯溪·동촌東村
가족 증조-진사 지겸之謙, 할아버지-진사 환晥, 아버지-이조참판 뇌경雷卿
어머니-유상형柳商衡의 딸
부인-전주이씨(이시해李時楷의 딸)

관직경력

한성판윤 재임기간 : 1691년숙종17 6월 19일 ~ 1692년숙종18 7월 16일

조선 후기의 문신

1652년효종3	사마시(진사) 입격
1666년현종7	별시문과 급제
1675년숙종1	승지
1676년숙종2	좌승지, 공조참판, 도승지
1680년숙종6	경신대출척-변경 안치
1685년숙종11	기사환국, 경기도관찰사, 도승지
1694년숙종20	갑술옥사-안치(진도)
1697년숙종23	귀향
1699년숙종25	사면

생애일화

승지로 있을 때에 환관이 인사와 상벌 등에 간여하는 것을 금지하도록 왕에게 간언諫言하였다.

581대 한성판윤 이의징(李義徵)

신상내용

생몰연대	1643년인조21 ~ 1695년숙종21 – 53세
본관	전주全州
자	대숙大叔
가족	증조–판관 몽상夢祥, 할아버지–경기감사 정신廷臣, 아버지–이판 응시應著 어머니–남양홍씨(참봉 홍훈洪勛의 딸) 부인–전의이씨(이회원李會源의 딸)
묘	서울시 서초구 서초동 → 전남 장성군 북이면 묘동(이장)

관직경력

한성판윤 재임기간 : 1692년숙종18 7월 16일 ~ 1693년숙종19 10월 1일

조선 후기의 무신

음보	진안현감
1681년숙종7	암행어사 오도일吳道一 추천, 중앙관직 진출
1689년숙종15	호조참의
1690년숙종16	충홍도관찰사, 수원부사
1691년숙종17	호조참판
1692년숙종18	공조판서, 한성부판윤, 훈련대장
1694년숙종20	지의금부사, 갑술옥사–절도絕島 위리안치–사사賜死
1728년영조4	신원伸寃

생애일화

어려서부터 기골이 장대하고 힘이 세었다.

그는 할아버지와 아버지의 공덕으로 음관에 천거되어 진안현감을 맡을 수 있었고, 암행어사의 추천으로 양리良吏로 뽑혀 본격적인 관직생활을 출발하였다.

타고난 무골이었을 뿐만 아니라, 성질이 매우 강직하여 의금부사로서 너무 거칠게 죄인을 다룬 것이 당쟁인들의 원한을 사게 되었다.

갑술옥사가 일어나자 보복적인 탄핵을 받아 외딴섬에 위리안치되어 그곳에서 사약을 받고 죽었다.

582대 한성판윤 유명천(柳命天)

신상내용

생몰연대 1633년인조11 ~ 1705년숙종31 – 73세
본관 진주晉州
자 사원士元
호 퇴당退堂
가족 증조–정언 격格, 조부–교리 시행時行, 아버지–사인 영潁, 양부養父–관찰사 석碩
어머니–이윤신李潤身의 딸
부인–신기한申起漢의 딸, 조송년趙松年의 딸

관직경력

한성판윤 재임기간 : 1693년숙종19 10월 1일 ~ 1693년숙종19 11월 9일

조선 후기의 문신

1651년효종2	사마시(진사) 입격
1672년현종13	별시문과 급제, 정언, 지평
1675년숙종1	이조좌랑
1676년숙종2	대사간, 대사성
1680년숙종6	이조참판, 경신대출척–유배(음성)
1688년숙종14	강계부사
1689년숙종15	기사환국, 공조·예조판서, 홍문관제학, 판의금부사, 판중추부사
1694년숙종20	갑술옥사–파직–위리안치(흑산도)

생애일화

기사환국 뒤 오랫동안 전형銓衡(인사권)을 맡고 있으면서 자기의 무리들을 요직에 앉혀 조종하였다는 평을 들었다.

583대 한성판윤 신후재(申厚載)

신상내용

생몰연대 1636년인조14 ~ 1699년숙종25 – 64세

본관	평산平山
자	덕부德夫
호	규정葵亭·서암恕庵
저서	〈규정집〉
가족	증조-여길汝吉, 할아버지-호조정랑 상철尙哲, 아버지-현감 항구恒耉 어머니-증영의정 허한許僩의 딸 부인-유호연柳浩然의 딸

관직경력

한성판윤 재임기간 : 1693년숙종19 11월 9일 ~ 1694년숙종20 4월 24일

조선 후기의 문신

1660년현종1	사마시(진사) 입격, 식년문과 급제승문원, 지방관, 지평, 홍문관부교리
1671년현종12	왜관 이전 요구-설득 무마
1673년현종14	안동부사
1677년숙종3	병조참의, 동부승지, 지제교
1678년숙종4	병조참지
1679년숙종5	강원도관찰사
1680년숙종6	경신대출척-삭직
1689년숙종15	기사환국, 승정원 우승지·도승지
1690년숙종16	사은 겸 진주주청사의 부사로 청나라 다녀오다
1691년숙종17	강화유수, 개성유수
1693년숙종19	한성부판윤
1694년숙종20	갑술옥사-유배(여주)
1697년숙종23	석방-은퇴

584대 한성판윤 이세백(李世白)

신상내용

생몰연대	1635년인조13 ~ 1703년숙종29 - 69세
본관	용인龍仁
자	중경仲庚
호	우사雩沙·북계北溪

시호	충정忠正
저서	〈우사집〉
가족	증조-대사간 사경士慶, 할아버지-형조참의 후천後天, 아버지-목사 정악挺岳 어머니-안동김씨(동지중추부사 김광찬金光燦의 딸) 부인-정창징鄭昌徵의 딸 아들-의현宜顯(영의정)
묘	경기도 남양주시 와부읍 도곡리 어룡마을

관직경력

한성판윤 재임기간 : 1694년숙종20 4월 24일 ~ 1694년숙종20 7월 2일

조선 후기의 문신

1657년효종8	사마시(진사) 입격
1666년현종7	의금부도사, 홍천현감
1675년숙종1	증광문과 급제
1681년숙종7	지평, 정언, 교리, 이조좌랑, 집의, 동부승지, 충청도암행어사, 우승지
1684년숙종10	황해도관찰사
1685년숙종11	평안도관찰사
1687년숙종13	수어사, 도승지, 공조참판, 대사간
1689년숙종15	기사환국, 도승지-파직
1694년숙종20	갑술옥사, 도승지, 선혜청당상, 한성부판윤
1695년숙종21	예조판서, 동지정사로 청나라 다녀오다
1696년숙종22	호조판서
1697년숙종23	이조판서, 대사헌, 공조판서
1698년숙종24	우의정
1700년숙종26	좌의정 겸 세자부世子傅

생애일화

진사로서 성균관에 들어가 동춘당 송준길宋浚吉의 가르침을 받았다.
여러 지방에 암행어사로 파견되어 백성의 어려움과 관리의 폐단을 조정에 보고하고, 이조판서가 되어서는 지방관의 인사를 엄하게 하여 관리의 기강을 바로 세우는데 기여하였다. 평안도에서는 청백한 재상의 표상인 오리梧里 이원익李元翼의 사당에 같이 제사를 지내기도 하였다.
예학에 밝아 국가의 중요 예론에 깊이 관여하였으며, 특히 노론의 중심인물로서 소론과 남인과의 정치적 대립에서 중요한 역할을 하였다.

아들 이의현李宜顯이 영의정을 지내 부자정승 집안으로 유명하다.

585대 한성판윤 이규령(李奎齡)

신상내용

생몰연대	1625년인조3 ~ 1694년숙종20 - 70세
본관	한산韓山
자	문서文瑞
시호	정혜貞惠
가족	증조-두첨斗瞻, 할아버지-顯英, 아버지-파주목사 휘조徽祚 어머니-황연黃埏의 딸

관직경력

한성판윤 재임기간 : 1694년숙종20 7월 2일 ~ ? (재직확인:1694년 7월 2일)

조선 중기의 문신

1654년효종5	사마시 입격, 형조좌랑, 교하현감
1662년현종3	증광문과 급제
1664년현종5	지평, 정언
1688년숙종14	대사간, 호조참의 체직, 도승지
1689년숙종15	기사환국-인현왕후 폐출, 퇴직
1694년숙종20	갑술옥사-인현왕후 복위, 대사헌, 병조참판, 한성판윤, 형조판서 기로소 입소

생애일화

목은牧隱 이색李穡의 후손이다.

그는 사간원정언으로 있으면서 왕이 특지로 외척인 장선징張善徵을 병조참판에 발탁하자 이를 상소하여 반대하였다. 또한, 갑술옥사 이후 대사헌이 되어서는 기사환국 때 인현왕후 폐비론에 가담했던 반대파의 여러 신하들에게 관대한 처벌을 할 것을 건의하였다.

586대 한성판윤 신 완(申琓) – 590·611대 동일인물

신상내용

생몰연대	1646년인조24 ~ 1707년숙종33 – 62세
본관	평산平山
자	공헌公獻
호	경암絅庵
시호	문장文莊
상훈	평천군平川君
저서	〈경암집〉
가족	증조–영의정 경진景禛, 할아버지–형조판서 준竣, 아버지–목사 여식汝拭 어머니–한산이씨(공조판서 이기조李基祚의 딸) 부인–임천조씨(감사 조원기趙遠期의 딸)
묘	경기도 광주시 실촌면 신대리

관직경력

한성판윤 재임기간 : ? ~ ? (재직확인:1694년 7월 6일)

조선 후기의 문신

1672년현종13	별시문과 급제, 정언
1680년숙종6	경신대출척
1684년숙종10	강양도관찰사, 도승지, 대사헌, 대사간
1688년숙종14	경기도관찰사
1694년숙종20	예조판서
1700년숙종26	우의정–북한산성 축조
1703년숙종29	영의정, 평천군平川君 피봉

생애일화

박세채朴世采의 문인이다.
그가 대사간으로 있을 때, 태조의 시호를 덧붙이는 것에 반대한 박태유의 상소를 편들었다 하여 관직이 삭탈되었다.
또, 1706년 유생 임부林溥로부터 앞서 1701년 세자에 대한 모해설이 있었을 때, 추국推鞫에 참여하여 사건 규명을 잘못하였다는 탄핵을 받고 파직당하기도 하였다.
북한산성이 그의 건의 따라 축성되어 현재의 모습으로 남아 있다.

587대 한성판윤 서문중(徐文重) - 595대 동일인물

신상내용

생몰연대	1634년인조12 ~ 1709년숙종35 – 76세
본관	대구大丘
자	도윤道潤
호	몽어정夢漁亭
시호	공숙恭肅
저서	〈해방지海防誌〉 외
가족	증조–약봉藥峯 성渻, 할아버지–달성위 경주景霌, 아버지–남원부사 정리貞履 어머니–경주이씨(판서 이시발李時發의 딸) 부인–용인이씨(유수 이후산李後山의 딸)
묘	경기도 파주시 군내면 읍내리

관직경력

한성판윤 재임기간 : ? ~ ? (재직확인:1694년 10월 13일)

조선 후기의 문신

1657년효종8	사마시(생원) 입격
1673년현종14	동몽교관–천거, 청도군수, 이천부사, 상주목사
1680년숙종6	정시문과 장원급제
1681년숙종7	광주부윤
1683년숙종9	호조참판, 경상도관찰사
1684년숙종10	예조참판, 도승지, 한성부좌윤, 공조참판
1686년숙종11	공조판서
1687년숙종12	형조판서 겸 종묘·빙고제조
1689년숙종14	기사환국, 우참찬
1690년숙종15	동지부사로 청나라 다녀오다. 경주부윤, 강릉부사
1694년숙종19	갑술옥사, 병조판서 겸 지의금부사
1695년숙종20	훈련대장, 형조·병조판서,
1698년숙종23	우의정
1699년숙종24	좌의정, 영의정
1701년숙종25	판중추부사 겸 호위대장, 영의정

생애일화

그는 학행으로 천거되어 동몽교관으로 관계에 진출한 후, 정시문과에서 장원급제하였다. 고속승진을 거듭하면서 중앙과 지방을 오가며 국정 전반을 아울렀다. 특히 재판의 공정과 조세부담의 감경을 위해 노력하였으며, 기근 구제사업에도 공을 들였다.
정치적으로는 소론의 입장이었고, 군사제도의 운영에도 밝아 군사행정의 개선과 군비확충에 힘썼다.
넓은 도량과 굳은 지조가 있었으며 평생을 조심하며 한결같이 근신하였다 한다. 독서를 좋아하여 하루도 책을 보지 않는 날이 없었고, 특히 사적史籍에 관심이 많아 역대 사실을 꿰뚫지 않는 것이 없었다. 경상도관찰사로 있을 때 그 지리적 특징과 군사적 사정을 정리하여 〈해방지海防誌〉를 엮었다.
그 외의 저서로는 각 지방의 행정·경제·군사·통신·인구·지리·산업 등 종합적 실태조사를 바탕으로 〈군국총부 軍國總簿〉를 저술하였고, 조선시대의 여러 고사를 엮은 〈조야기문朝野記聞〉과 〈상제례가범喪祭禮家範〉·〈역대재상연대표歷代宰相年代表〉·〈병가승산兵家勝算〉·〈동인시화東人詩話〉 등의 많은 저서를 남겼다.

588대 한성판윤 이수언(李秀彦) – 591·597대 동일인물

신상내용

생몰연대	1636년인조14 ~ 1697년숙종23 – 62세
본관	한산韓山
자	미숙美叔
시호	정간正簡
배향	국계사(청주)
가족	증조–진사 덕유德裕, 할아버지–상서정 성연聖淵, 아버지–감사 동직東稷 어머니–박필행朴必行의 딸 부인–윤징지尹澄之의 딸

관직경력

한성판윤 재임기간 : ? ~ ? (재직확인:1694년 10월 19일)

조선 후기의 문신

1660년현종1	사마시(생원) 입격
1669년현종10	정시문과 급제, 예문관검열, 정언, 지평

1681년숙종7	응교, 경상도관찰사, 승지, 대사간, 대사헌
1689년숙종15	기사환국–유배(초산)
1694년숙종20	갑술옥사, 형조판서, 대사헌, 전라도관찰사, 한성판윤
1696년숙종22	예조판서, 참찬, 지중추부사 등 불사不仕

생애일화

목은 이색李穡의 후손으로 14세에 우암 송시열宋時烈의 문하에 들어가 수학하였다. 조정에서 여러 번 불렀으나 끝내 벼슬에 나아가지 않은 그를 두고, 김창협金昌協은 그의 용퇴와 지조를 높이 칭찬하였다.

589대 한성판윤 신여철(申汝哲) – 523·567대 동일인물

한성판윤 재임기간 : 1694년숙종20 11월 12일 ~ 1695년숙종21 3월 17일

590대 한성판윤 신 완(申琓) – 586·611대 동일인물

한성판윤 재임기간 : ? ~ ? (재직확인:1696년 3월 11일)

591대 한성판윤 이수언(李秀彦) – 588·597대 동일인물

한성판윤 재임기간 : ? ~ ? (재직확인:1696년 4월 16일)

592대 한선판윤 최석정(崔錫鼎)

신상내용

생몰연대	1646년인조24 ~ 1715년숙종41 – 70세
본관	전주全州
초명	석만錫萬
자	여시汝時·여화汝和

호	존와存窩·명곡明谷
시호	문정文貞
상훈	보사원종공신(1등), 분무원종공신(1등)
저서	〈예기유편〉·〈명곡집〉
배향	숙종 묘정
가족	증조-목사 기남起南, 할아버지-영의정 명길鳴吉, 아버지-한성좌윤 후량後亮 어머니-광주안씨(감사 안헌징安獻徵의 딸) 부인-이경억李慶億의 딸
묘	충북 청원군 북이면 대율리

관직경력

한성판윤 재임기간 : 1696년숙종22 4월 27일 ~ 1696년숙종22 4월 28일

조선 후기의 학자·문신

1666년현종7	사마시(진사·생원) 양과 입격
1671년현종12	정시문과 급제, 승문원, 사관(翰林會薦 선발), 홍문록 등재
1676년숙종2	윤휴 비난, 김수항 옹호-삭출
1680년숙종6	경신대출척, 병조정랑, 동부승지, 성균관대사성, 홍문관부제학·제학
1686년숙종12	호조참판으로서 청나라 다녀오다
1689년숙종15	기사환국, 안동부사, 연안부사
1694년숙종20	갑술옥사, 대사헌
1696년숙종22	한성부판윤, 홍문관대제학, 이조판서
1697년숙종23	우의정, 왕세자 책봉을 위해 청나라 다녀오다.
1699년숙종25	좌의정
1701년숙종27	영의정

생애일화

병자호란 당시 주화파의 대표였던 최명길崔鳴吉의 손자이다.
어려서부터 신동으로 인정받았다. 남구만南九萬·이경억李慶億의 문하에서 수학하였고, 박세채朴世采와 종유從遊하였다.
붕당의 폐단을 논하면서 서인과 정치적 입장이 대립관계인 남인들의 일부를 서용하자고 주장하여 노론의 반발을 사기도 하였으며, 한편, 단종 복권과 사육신의 추숭사업으로 제향을 실현시켰다.
노론세력이 대보단大報壇을 세우면서 의리론으로 할아버지 최명길崔鳴吉을 공격하자 이에 대응하여 변호하기도 하였다.

성격이 겉으로는 화평하나 안으루는 군건하였으며 염려나 불안의 기색을 밖으로 드러내지 않았다.
직업적 관료의 성격이 강하여 의리·명분론에 집착하지 않고, 오로지 백성의 어려움과 정치적 폐단을 변통하려했던 행정가였으며, 당쟁의 화를 가능한 한 줄이려고 힘썼던 정치가이기도 하였다.
〈야승野乘〉을 집대성하려고 노력하여 찬수청을 설치하는 데까지 이르렀으나 뜻을 실현하지는 못했다. 편저에 〈전록통고典錄通考〉가 있고, 저서로 〈예기유편禮記遺篇〉과 〈명곡집明谷集〉이 현재 전한다.
그는 성리학에 매몰되지 않고 양명학과 서학 등 실용주의 학문에도 관심을 가진 학자이기도 했다. 특히 수학과 과학에 독보적 관심을 갖고 수리이론을 정리한 〈구수략九數略〉 등의 서적을 편찬했으며, 현재, 국립과천과학관의 과학기술인 명예의 전당에 최석정이 헌정되어 있다.
국립청주박물관에 소장되어 있는 그의 초상화는 보물 제1936호이다.

593대 한성판윤 민진장(閔鎭長) – 599·604·609대 동일인물

신상내용

생몰연대	1649년인조27 ~ 1700년숙종26 – 52세
본관	여흥驪興
자	치구稚久
시호	문효文孝
가족	증조–경주부윤 기機, 할아버지–강원도관찰사 광훈光勳, 아버지–좌의정 정중鼎重 어머니–남양홍씨(감사 홍처윤洪處潤의 딸) 부인–의령남씨(예조판서 남이성南二星의 딸)

관직경력

한성판윤 재임기간 : 1696년숙종22 4월 28일 ~ 1696년숙종22 5월 2일

조선 후기의 문신

1669년현종10	사마시(진사) 입격, 현령
1686년숙종12	별시문과 장원급제, 당상관, 승정원승지, 예조참판, 도승지
1696년숙종22	병조·형조판서, 우참찬, 대사헌, 호조판서
1700년숙종26	우의정

생애일화

우암 송시열의 문하에서 수학하였다.
할아버지 민광훈과 아버지 민정중이 모두 대과에서 장원급제하였으므로 세상에서는 삼세문장三世文壯이라 일컬었다.
또한 아버지와 작은 아버지 민유중도 한성판윤을 지냈으며, 그 자신과 사촌동생 민진후가 한성판윤을 지내어 2부자 2종형제가 한성판윤을 지낸 매우 드문 가문이다.
그는 성품이 화후하여 사림과의 마찰이 없었고, 효행이 뛰어나서 정문旌門이 세워졌다.

594대 한성판윤 김진구(金鎭龜) – 607·613·620·622대 동일인물

신상내용

생몰연대	1651년효종2 ~ 1704년숙종30 – 54세
본관	광산光山
자	수보守甫
호	만구晩求
시호	경헌景獻
가족	증조–부제학 반槃, 할아버지–생원 益謙, 아버지–영돈녕부사 만기萬基 어머니–청주한씨(군수 한유량韓有良의 딸) 부인–지평 이광직李光稷의 딸
묘	경기도 군포시 대야미동 산 1–12

관직경력

한성판윤 재임기간 : 1696년숙종22 5월 2일 ~ 1696년숙종22 6월 21일

조선 후기의 문신

1680년숙종6	별시문과 급제, 사관–현종실록 편찬 참여, 정언, 헌납, 교리, 응교, 집의
1684년숙종10	경상도관찰사, 승지
1689년숙종15	기사환국–유배·위리안치(제주도)
1694년숙종20	갑술옥사, 호조판서, 경기도관찰사
1695년숙종21	도승지, 전라도관찰사
1696년숙종22	강화부유수, 세자가례부사, 형조·공조·호조판서
1700년숙종26	지돈녕부사, 어영대장, 수어사
1701년숙종27	우참찬, 좌참찬
1702년숙종28	판의금부사

595대 한성판윤 서문중(徐文重) – 587대 동일인물

한성판윤 재임기간 : 1696년숙종22 6월 21일 ~ 1696년숙종22 7월 28일

596대 한성판윤 이 여(李畬)

신상내용

생몰연대	1645년인조23 ~ 1718년숙종44 – 74세
본관	덕수德水
자	자삼子三·치보治甫
호	포음浦陰
시호	문경文敬
가족	증조–찰방 안성安性, 할아버지–이조판서 식植, 아버지–시정 신하紳夏 어머니–영월신씨(교관 신후완辛後完의 딸) 부인–풍천임씨(임좌任座의 딸)
묘	경기도 양평군 양동면 계정리

관직경력

한성판윤 재임기간 : 1696년숙종22 7월 28일 ~ 1696년숙종22 8월 19일

조선 후기의 문신

1662년현종3	사마시(생원) 입격
1680년숙종6	정시문과 급제, 검열
1681년숙종7	홍문록 등재, 정자, 사가독서, 박사, 수찬
1683년숙종9	암행어사로 강원도 파견
1684년숙종10	헌납, 이조좌랑, 이조정랑, 부응교, 집의, 사간
1685년숙종11	승지, 부제학, 대사성, 이조참의, 대사간
1694년숙종20	갑술환국, 형조참판
1695년숙종21	도승지, 이조·공조참판
1696년숙종22	한성부판윤, 대사헌, 좌참찬, 대제학, 예조·이조판서, 판의금부사
1702년숙종28	좌의정, 영의정
1707년숙종32	판중추부사

생애일화

약관弱冠부터 문명이 높았다고 전해진다.
관직에 있을 때에는 농정農政과 재해災害에 역점을 두었고, 특히 헐벗고 배고픈 백성들을 구하는데 힘을 기울였다.
또, 평소 처신을 하면서 당쟁의 화를 늘 걱정하였으며, 언행이 과격하지 않았다. 재상에 올랐으나 몸가짐을 조심하였다고 한다.

597대 한성판윤 이수언(李秀彦) – 588·591대 동일인물

한성판윤 재임기간 : 1696년숙종22 8월 19일 ~ 1697년숙종23 1월 6일

598대 한성판윤 이언강(李彦綱) – 606·610·618·626·661·663·670·678·690·697대 동일인물

신상내용

생몰연대 1648년인조26 ~ 1716년숙종42 – 69세
본관 전주全州
자 계심季心
호 노호鷺湖
시호 정효貞孝
가족 증조–사어 양휴揚休, 할아버지–감사 시만時萬, 아버지–지평 백린伯麟
어머니–청송심씨(심지한沈之漢의 딸)
부인–안동권씨(권두추權斗樞의 딸)
묘 강원도 철원군 동송읍 관우리

관직경력

한성판윤 재임기간 : 1697숙종23 1월 6일 ~ ? (재직확인:1697 1월 6일)

조선 후기의 문신

1675년숙종1 사마시(진사) 입격
1678년숙종4 증광문과 급제, 승문원정자

1679년숙종5	중시문과 급제
1680년숙종6	경신대출척, 사간원정언
1681년숙종7	경상도암행어사, 사헌부지평, 홍문관수찬·교리
1682년숙종8	통신사 부사로 일본 다녀오다
1685년숙종11	별차경관別差京官으로 평안도 파견
1686년숙종12	승지
1688년숙종14	충청도관찰사
1689년숙종15	기사환국–삭탈관직 · 유배
1694년숙종20	갑술환국, 도승지, 병조참판
1696년숙종22	경기도관찰사, 형조판서, 동지정사로 청나라 다녀오다
1697년숙종23	한성부판윤
1701년숙종27	형조판서–사헌부 탄핵(장희재 獄訟)–삭탈관직–무혐의
1710년숙종36	형조판서, 좌참찬

생애일화

그는 기지가 있고 영리하였으며, 또한 문장에 능하였다. 다만, 여러 차례 과거를 관장하면서 부정을 행하고 청탁을 받은 것 때문에 지탄을 받기도 하였다.

599대 한성판윤 민진장(閔鎭長) – 593·604·609대 동일인물

한성판윤 재임기간 : ? ~ ? (재직확인:1697년 2월 30일)

600대 한성판윤 정재희(鄭載禧) – 676대 동일인물

신상내용

생몰연대	1631년인조9 ~ 1711년숙종37 – 81세
본관	동래東萊
자	자순子純
호	양촌陽村
가족	증조–좌의정 창연昌衍, 할아버지–이조참판 광경廣敬, 아버지–찰방 지화至和 어머니–이석망李碩望의 딸 부인–유시경柳時慶의 딸

관직경력

한성판윤 재임기간 : 1697년숙종23 윤3월 29일 ~ 1697년숙종23 4월 10일

조선 후기의 문신

1660년현종1	식년문과 급제, 승문원부정자–효종실록 편찬 참여
1665년현종6	사헌부 지평·장령·집의, 사간원 정언, 홍문록 등재, 홍문관 수찬
1674년현종15	동부승지
1680년숙종6	경신환국, 승지
1681년숙종7	경기도관찰사, 대사헌, 도승지, 대사간
1694년숙종20	갑술환국, 동지의금부사

생애일화

갑술환국으로 남인들에 대한 심문을 하면서, 서문중徐文重과 함께 압슬같은 혹형을 피하며 재판을 진행할 것을 주장하였다. 이에 노론으로부터 강렬한 비난을 듣고 정치에 환멸을 느껴 관직을 버리고 고향인 경기도 과천으로 돌아갔다.

이후, 조정에서 소론의 지도자인 남구만·서문중이 계속 출사할 것을 요청하였으나 다시는 관직에 나아가지 않았다.

601대 한성판윤 박세당(朴世堂) – 612대 동일인물

신상내용

생몰연대	1629년인조7 ~ 1703년숙종29 – 75세
본관	반남潘南
자	계긍季肯
호	잠수潛叟·서계초수西溪樵叟·서계西溪
시호	문정文貞
저서	〈서계집西溪集〉〈사변록思辨錄〉 외
가족	증조–사재감정 응천應川, 할아버지–좌참찬 동선東善, 아버지–이조참판 정炡 어머니–양주윤씨(관찰사 윤안국尹安國의 딸) 부인–의령남씨(남일성南一星의 딸), 광주정씨(정시무鄭時武의 딸) 아들–태유泰維, 태보泰輔, 태한泰翰 친척–朴世采(8촌아우), 南九萬(처남), 南二星(처숙부)
묘	경기도 의정부시 장암동 경기도 문화재자료 제113호

관직경력

한성판윤 재임기간 : 1697년숙종23 4월 12일 ~ 1697년숙종23 5월 2일

조선 후기의 학자·시인·문신·정치인

1660년현종1	증광문과 장원급제, 성균관전적
1661년현종2	예조·병조좌랑, 정언, 병조정랑, 지평,
1663년현종4	홍문관교리 겸 경연시독관, 함경북도병마평사
1664년현종5	황해도 암행어사
1667년현종7	이조좌랑, 서장관으로 청나라 다녀오다
1668년현종9	양주 석천동으로 퇴거
1694년숙종20	갑술옥사, 승지, 공조판서
1697년숙종23	한성부판윤
1700년숙종26	이조판서
1702년현종13	이경석李景奭 비문–노론의 공격, 사문난적斯文亂賊–유배(옥과)

생애일화

4살 때 아버지를 여의고 편모슬하에서 병자호란의 여파로 곳곳을 전전하다 고모부인 교관 정사무鄭思武에게 수학하게 되었다.
과거에 장원급제하여 화려하게 관계에 진출했지만, 심화된 당쟁에 혐오를 느껴 관료생활을 포기하고 양주의 석천동으로 내려와 학문연구와 제자양성에 전념하였다.
특히 당쟁의 소용돌이 속에서 맏아들 태유泰維의 불우不遇와 둘째아들 태보泰輔의 죽음으로 충격을 받았을 것이고, 무엇보다도 주자학의 이념적 한계와 현실적 위기감이 관료생활의 신념을 좌절시켰을 것이다.
그는 주자학적 고정관념에 사로잡힌 고루하고 진부한 전통에 대항한 비판적 지식인이자 올곧은 선비였으며, 또한 당대 최고의 반열에 오를만한 뛰어난 학자였다.
당파로는 소론에 해당하며 윤증, 윤휴 등을 비롯해 처숙부 남이성, 처남 남구만, 박세채, 최석정 등과 교유하였다.
제자로는 우참찬 이덕수, 함경감사 이탄, 좌의정 조태억 등 기라성 같은 인물들을 배출하였으며, 저서로는 〈서계선생집〉·〈사변록〉·〈신주도덕경〉, 편저로 농서인 〈색경穡經〉이 전한다.

602대 한성판윤 이 유(李濡)

신상내용

생몰연대 1645년인조23 ~ 1721년경종1 – 77세

본관	전주全州
자	자우子雨
호	녹천鹿川
시호	혜정惠定
배향	경종 묘정
가족	증조–부정 후재厚載, 할아버지–장령 형逈, 아버지–군수 중휘重輝 어머니–광산김씨(동지중추부사 김광찬金光燦의 딸) 부인–함종어씨(감사 어진익魚震翼의 딸)
묘	서울시 강남구수서동 산 10–1 광평대군 묘역 안

관직경력

한성판윤 재임기간 : 1697년숙종23 5월 2일 ~ 1697년숙종23 8월 19일

조선 후기의 문신

1668년현종9	별시문과 급제, 설서, 헌납, 정언, 지평, 교리, 수찬, 응교
1680년숙종6	경신대출척, 승지, 경상도관찰사, 대사헌
1694년숙종20	갑술환국, 평안도관찰사, 호조판서
1702년숙종28	병조판서, 양역이정청 구관당상–양역良役사무 정비
1704년숙종30	우의정, 좌의정, 영의정
1718년숙종44	영중추부사, 기로사 입소

생애일화

송시열의 문인으로 이단하李端夏·민정중閔鼎重의 아낌을 받고, 김창집金昌集·이이명李頤命·민진후閔鎭厚 등과 교유하였다.
당대의 경세가로서 특히 양역문제에 큰 관심을 가졌는데, 호포론戶布論을 비현실적이라고 비판하며 군문·군액의 조정과 감축, 군포부담의 균일화와 같은 점진적인 개선책과 교생·원생 등의 명목으로 피역하는 자(閑游者)에 대하여 군포를 거두는 유포론游布論(校生贖布論)을 주장하여 양역변통문제를 개선, 정비하였다.
또한, 정승으로 있을 때에 도성방어의 강화를 주장하며 경리청이라는 재정마련 특별기구를 설치하여 북한산성의 수축을 완료하였다.

603대 한성판윤 이세화(李世華) – 614대 동일인물

신상내용

생몰연대	1630년인조8 ~ 1701년숙종27 –72세
본관	부평富平
자	군실君實
호	쌍백당雙栢堂·칠정七井
시호	충숙忠肅
상훈	청백리, 영의정(추증)
배향	충렬사(풍계)
저서	〈쌍백당집〉
가족	증조–병조정랑 계록繼祿, 조부–직산현감 덕순德純, 아버지–통덕랑 이재以載 어머니–여흥민씨(동지중추부사 민복룡閔伏龍의 딸) 부인–薛씨(설시망薛時望의 딸)
묘	경기도 파주시 문산읍 선유리 경기도기념물 제60호

관직경력

한성판윤 재임기간 : 1697년숙종23 8월 19일 ~ ? (재직확인:1697년 9월 13일)

조선 중기의 문신

1652년효종3	사마시(생원) 입격
1657년 이후	식년문과 급제, 승문원정자, 박사, 봉상시직장, 주서, 전적, 예조좌랑, 정언, 평양판관, 병조정랑, 장령, 홍양현감, 공도목사, 광주부윤, 호조참의, 승지, 장예원판결사, 황해·평안도관찰사
1689년숙종15	경상도관찰사, 인현왕후 폐비 반대 상소–유배(정주)
1694년숙종20	인현왕후 복위도감제조, 지의금부사, 지경연사 겸 세자빈객, 청백리 녹선 판의금부사, 내의원제조, 공조·형조·이조판서 역임,
1697년숙종23	한성부판윤, 병조판서, 영의정 추증

생애일화

그는 인현왕후의 폐위를 결정한 숙종에게 오두인吳斗寅·박태보朴泰輔와 함께 반대 상소를 올려 격노한 임금의 친국을 받았다. 거의 죽음에 이를 정도로 형신刑訊을 받고서 "신은 평소에 국가를 위해 죽기를 바랐는데, 이제 그 소원을 이룰 수 있게 되었습니다. 다만, 혹시라도 임금의 성덕에 누가 되지 않을까 염려스럽습니다. …" 그리고 들것에 실려 유배지(정주)로 떠났다.

그는 담량膽量이 크고 충성심이 독실한 신하로서 사직社稷을 보위하기 위해서는 강개慷慨가 북받치는 상소를 멈출 수 없었던 것이다.
숙종이 후회하고, 갑술환국 후 조정에 다시 돌아온 다음 요로要路의 관직을 역임하면서 국가의 윤상倫常을 수립하는데 헌신하였다.
그는 체구가 크지 않았으되 의관儀觀이 엄중하여 의젓하기가 마치 산악山岳과 같았으며, 침착하고 강단지고 독후篤厚하여 충효의 至誠이 있었다. 게다가 한 시대를 구제할 재주가 있는 국기國器로서 선왕 현종과 현재의 임금인 숙종도 마음으로 인정하였다고 한다.

604대 한성판윤 민진장(閔鎭長) – 593·599·609대 동일인물

한성판윤 재임기간 : 1697년숙종23 9월 16일 ~ 1697년숙종23 10월 23일

605대 한성판윤 신여철(申汝哲) – 523·567대 동일인물

한성판윤 재임기간 : 1697년숙종23 10월 23일 ~ 1697년숙종23 11월 28일

606대 한성판윤 이언강(李彦綱) – 598·610·618·626·661·663·670·678·690·697대 동일인물

한성판윤 재임기간 : 1697년숙종23 11월 28일 ~ ? (재직확인:1697년 12월 14일)

607대 한성판윤 김진구(金鎭龜) – 594··613·620·622대 동일인물

한성판윤 재임기간 : ? ~ ? (재직확인:1697년 12월 26일)

608대 한성판윤 이현석(李玄錫) – 619대 동일인물

신상내용

생몰연대	1647년인조25 ~ 1703년숙종29 – 57세
본관	전주全州
자	하서夏瑞
호	유재游齋
시호	문숙文肅
저서	〈유재집〉 외
가족	증조–이조판서 수광晬光, 할아버지–영의정 성구聖求, 아버지–부제학 당규堂揆 어머니–진주강씨(강대수姜大遂의 딸) 부인–안동권씨(권단權偳의 딸)
묘	경기도 광주시 실촌면 연곡리

관직경력

한성판윤 재임기간 : ? ~ 1698년숙종24 2월 4일

조선 후기의 문신

1666년현종7	사마시(진사) 입격
1675년숙종1	증광문과 급제
1676년숙종2	예문관검열
1682년숙종8	우승지–송시열 예론 반대–유배(철원)
1688년숙종14	동래부사, 경상도관찰사
1691년숙종17	동지중추부사
1693년숙종19	춘천부사
1694년숙종20	청풍현감 자원–〈명사강목〉 저술
1698년숙종24	한성부판윤, 우참찬, 형조판서

생애일화

서울 출생으로 실학자이자 이조판서를 지낸 이수광李晬光의 증손이다.

그는 관직에 있는 동안 군학君學과 시무時務에 관한 여러 소장疏章과 책자를 지어 올렸다. 탕평책과 중농정책을 건의하였으며, 경연강의經筵講義 교재의 개편을 진언하였다. 국방정책에도 많은 관심을 가져 강화도 축성방안과 봉수제도의 개선방안 등을 건의하는 상소를 올렸으며, 춘천부사 등 지방관으로 있을 때에는 진휼에 심혈을 기울였다.

또, 경제세무經濟稅務에 관한 실용주의 사상을 가지고 조세감면 등 각종 정책을 입안하였고, 역리易理로써 군도君道와 치술治術을 설명한 〈역의규반易義窺斑〉을 저술하여 임금에게 올렸다.
성리학에도 조예가 깊었는데, 이론보다는 존심양성存心養性 등 실질적인 덕목에 치중하였다.
저서로는 〈명사강목明史綱目〉24권, 〈역의규반〉1권, 〈유재집游齋集〉24권이 있다.

609대 한성판윤 민진장(閔鎭長) – 593·599·604대 동일인물

한성판윤 재임기간 : 1698년숙종24 2월 4일 ~ 1698년숙종24 5월 5일

610대 한성판윤 이언강(李彦綱) – 598·606·618·626·661·663·670·678·690·697대 동일인물

한성판윤 재임기간 : 1698년숙종24 5월 5일 ~ ? (재직확인:1698년 7월 12일)

611대 한성판윤 신 완(申琓) – 586·590대 동일인물

한성판윤 재임기간 : 1698년숙종24 7월 2일 ~ 1698년숙종24 8월 2일

612대 한성판윤 박세당(朴世堂) – 601대 동일인물

한성판윤 재임기간 : 1698년숙종24 8월 2일 ~ 1698년숙종24 9월 13일

613대 한성판윤 김진구(金鎭龜) – 594·607·620·622대 동일인물

한성판윤 재임기간 : 1698년숙종24 9월 13일 ~ 1698년숙종24 12월 6일

614대 한성판윤 이세화(李世華) – 603대 동일인물

한성판윤 재임기간 : 1698년숙종24 12월 6일 ~ 1699년숙종25 1월 1일

615대 한성판윤 김 구(金構)

한성판윤 재임기간 : 1699년숙종25 1월 3일 ~ ? (재직확인:1699년 3월 10일)

616대 한성판윤 최규서(崔奎瑞) – 631대 동일인물

신상내용

생몰연대	1650년효종1 ~ 1735년영조11 – 86세
본관	해주海州
자	문숙文叔
호	간재艮齋·소릉少陵·파릉巴陵
시호	충정忠貞
저서	〈간재집〉
배향	영조 묘정
가족	증조–호조좌랑 집潗, 할아버지–군수 진해振海, 아버지–지평현감 석유碩儒 어머니–광산김씨(군수 김자남金自南의 딸) 부인–전주이씨(이조좌랑 이헌李憲의 딸) 친척–서종태徐鍾泰(동서·한성판윤)
묘	경기도 안성시 원곡면 지분리 안성시 향토유적 제6호

관직경력

한성판윤 재임기간 : 1699년숙종25 3월 16일 ~ 1699년숙종25 4월 19일

조선 후기의 문신

1669년현종10	사마시(진사) 입격
1680년숙종6	별시문과 급제
1685년숙종11	지평, 이조좌랑

1689년숙종15	대사간–희빈장씨 책봉 반대
1694년숙종20	전라도관찰사, 강화부유수, 주청부사로 청나라 다녀오다.
1695년숙종21	부제학, 형조·예조판서, 대제학
1711년숙종37	최석정 등 소론세력 퇴출
1716년숙종42	지중추부사 사퇴–낙향(廣州)
1721년경종1	우의정
1723년경종3	영의정–치사致仕–봉조하

생애일화

소론의 중심인물이었으나 강경파 김일경金一鏡 등이 신임사화를 일으켰을 때, 완소계緩少系로서 온건하게 대처하였다.
지방관으로 나아갔을 때에는 많은 선정을 베풀었다. 특히, 전라도감사로 있을 때에 선정이 이름나 사람들이 부서한簿書閑(관청 문서가 한가함), 공방한工房閑(아전들이 한가함), 기악한妓樂閑(기생·풍악이 한가함)의 삼한三閑이라 하였다 한다.
시문집으로 〈간재집艮齋集〉 15권이 있다.

617대 한성판윤 강 현(姜鋧) – 621·628·634·650·658대 동일인물

신상내용

생몰연대	1650년효종1 ~ 1733년영조9 – 84세
본관	진주晉州
자	자정子精
호	백각白閣
시호	문안文安
가족	증조–운상雲祥, 할아버지–첨추 주籒, 아버지–판중추부사 백년栢年 어머니–황담黃湛의 딸 부인–조위봉趙威鳳의 딸, 이익만李翊晚의 딸

관직경력

한성판윤 재임기간 : 1699년숙종25 4월 19일 ~ 1699년숙종25 7월 3일

조선 후기의 문신

1675년숙종1	사마시(진사) 장원입격

1680년숙종6	춘당대문과 급제
1686년숙종12	수찬, 문과중시 급제
1689년숙종15	이조참의
1694년숙종20	예조참판, 경연참찬관, 경기도관찰사
1695년숙종21	도승지
1699년숙종25	한성부판윤
1701년숙종27	인현왕후 승하, 좌참찬으로 고부사가 되어 청나라 다녀오다
1708년숙종34	대제학
1709년숙종35	예조판서
1721년경종1	판의금부사

생애일화

그는 원래 북인의 후예로서, 숙종대의 정치적 기복에 큰 부침을 겪지 않았으나 점차 소론을 두둔하여 경종 때의 신임옥사에서는 노론 정치인들을 다스렸다. 후일, 그 죄로 1725년 삭출되었으나 기로소에 들어갔던 점이 감안되어 곧 석방되었다.

618대 한성판윤 이언강(李彦綱) – 598·606·610·626·661·663·670·678·690·697대 동일인물

한성판윤 재임기간 : 1699년숙종25 7월 3일 ~ 1699년숙종25 11월 7일

619대 한성판윤 이현석(李玄錫) – 608대 동일인물

한성판윤 재임기간 : 1699년숙종25 11월 7일 ~ 1699년숙종25 11월 24일

620대 한성판윤 김진구(金鎭龜) – 594·607·613·622대 동일인물

한성판윤 재임기간 : 1699년숙종25 11월 24일 ~ 1700년숙종25 2월 4일

621대 한성판윤 강 현(姜鋧) – 617·628·634·650·658대 동일인물

한성판윤 재임기간 : 1700년숙종25 2월 4일 ~ 1700년숙종25 2월 28일

622대 한성판윤 김진구(金鎭龜) – 594·607·613·620대 동일인물

한성판윤 재임기간 : 1700년숙종25 2월 28일 ~ 1700년숙종25 2월 28일

623대 한성판윤 오도일(吳道一)

신상내용

생몰연대	1645년인조23 ~ 1703년숙종29 – 59세
본관	해주海州
자	관지貫之
호	서파西坡
저서	〈서파집〉
배향	고산서원(울산)
가족	증조–감역 희문希文, 할아버지–영의정 윤겸允謙, 아버지–형조정랑 달천達天 어머니–조간趙幹의 딸 부인–조복양趙復陽의 딸, 정엄鄭淹의 딸
묘	충남 공주시 의당면 용암리 용복동

관직경력

한성판윤 재임기간 : 1700년숙종26 5월 27일 ~ ? (재직확인:1700년 6월 13일)

조선 후기의 문신

1673년현종14	정시문과 급제
1680년숙종6	지평, 부수찬
1683년숙종9	지제교
1687년숙종13	승지–파직
1694년숙종20	개성부유수, 주청부사로 청나라 다녀오다. 대사간, 부제학, 강원도관찰사

1696년숙종22	도승지, 부제학, 대사헌
1697년숙종23	예문관제학, 이조참판
1698년숙종24	이조·공조참판, 양양부사 좌천
1700년숙종26	대제학, 한성부판윤, 병조판서
1702년숙종28	민언량閔彦良 옥사 연루-유배(장성)

생애일화

문장에 뛰어나, 중국의 소동파蘇東坡에 견주어 조선의 서파西坡라 하기도 하고, 대단한 학자라는 의미로 당나라 때 한림원·홍문관·집현원의 학사에 대칭하여 東人三學士라 부르기도 하였다.

그는 매우 술을 좋아하여 폭음으로 실수가 많아, 숙종임금이 금주시禁酒詩를 보내어 술을 자제도록 했다. 이에 단주시斷酒詩를 지어 올리고 술을 끊고 견뎠는데, 병조판서가 되어 궁중에서 숙직을 할 때 임금이 어주를 내리니, 관례에 따라 이에 감사하는 시를 지어 올리고 다시 음주를 시작했다.

그가 유배지인 장성으로 떠날 때, 금부도사가 귀양갈 곳을 말하니 이미 술에 취해 "장성에도 소주가 있는가?"하여 "어디라고 소주가 없겠소"라고 하였다. 가는 도중에 천안에 다다라 천안군수가 술을 대접하니, 통음을 하고 시를 한 수 읊었다.

씁쓸한 죄수의 시름 풀을 길이 없는데	牢落羈愁不自開
천안태수가 술병을 가지고 왔네.	天安太守佩壺來
평생 동안 술을 좋아하여 늘상 마셨지만,	平生好酒尋常飲
백수 신세에 이 술 한 잔을 잊을 수가 없네.	白首難忘是此杯

이렇게 술에 취하여 귀양지에 도착한 후 며칠 가지 않아 세상을 떴다고 한다.

624대 한성판윤 이광하(李光夏)

신상내용

생몰연대	1643년인조21 ~ 1701년숙종27 – 59세
본관	덕수德水
자	계이啓以
시호	정익貞翼
추증	좌찬성
배향	문회서원(함흥)

가족　　증조-감찰 필泌, 할아버지-예조참판 안눌安訥, 아버지-대사간 합柙
어머니-여흥민씨(호조판서 민성휘閔聖徽의 딸)
부인-청송심씨(심지원沈之源의 딸)
묘　　경기도 파주시 적성면 어유지리 단양골

관직경력

한성판윤 재임기간 : ? ~ ? (재직확인:1700년 11월 7일)

조선 후기의 문신

1662년현종3	사마시(진사) 입격
1687년숙종13	알성문과 급제, 지평, 호조좌랑
1694년숙종20	수원부사
1695년숙종21	좌승지, 한성부우윤, 함경도관찰사
1699년숙종25	병조·형조참판,
1700년숙종26	한성부판윤, 동지정사로 청나라 갔다가 사신 숙소인 옥하관에서 별세
1701년숙종27	좌찬성 추증

생애일화

함경도관찰사로 있을 때, 전국적으로 대흉년이 들어 도내 각 지역에서 굶어죽는 백성이 많았다. 이때 병영에 비축되었던 곡식을 풀어 백성들에게 나누어 주고, 한편으로 그 지방에서 많이 생산되는 소금과 생선을 남쪽지방으로 보내어 곡식과 바꾸어 기근을 해결토록 하였다. 뿐만 아니라 나라에 바칠 세곡미마저 백성을 구제하는데 쓰도록 하여, 그가 관찰사 직을 마치고 떠날 때 백성들이 송덕비를 세워 칭송하였다고 한다.

625대 한성판윤 엄 집(嚴緝) - 627대 동일인물

신상내용

생몰연대　1635년인조13 ~ 1710년숙종36 - 76세
본관　영월寧越
자　경지敬之
호　만회晩悔
시호　정헌貞憲
가족　증조-회양부사 인술仁述, 할아버지-교관 후, 아버지-감찰 성구聖耈

어머니–안몽상安夢尙의 딸
부인–김진金震의 딸

관직경력

한성판윤 재임기간 : ? ~ ? (재직확인:1701년 2월 5일)

조선 후기의 문신

1673년현종14	춘당대문과
1678년숙종4	정언, 부교리, 사간, 집의, 승지
1696년숙종22	개성부유수, 도승지
1701년숙종27	한성부판윤, 공조판서
1702년숙종28	의정부좌참찬, 예조판서

생애일화

그는 기개가 있고 청렴하였으며, 권문을 멀리하고 당쟁을 싫어하여 세인의 칭송을 받았다. 만년에 궁핍한 가운데 와병 사실이 상신 서종태徐宗泰에게 알려지자 임금이 약을 하사하기도 하였다.

626대 한성판윤 이언강(李彦綱) – 598·606·610·618·661·663·670·678·690·697대 동일인물

한성판윤 재임기간 : 1701년숙종27 2월18일 ~ 1701년숙종27 4월28일

627대 한성판윤 엄 집(嚴緝) – 625대 동일인물

한성판윤 재임기간 : 1701년숙종27 4월28일 ~ 1701년숙종27 5월9일

628대 한성판윤 강 현(姜鋧) – 617·621·634·650·658대 동일인물

한성판윤 재임기간 : 1701년숙종27 5월 9일 ~ 1701년숙종27 9월 15일

629대 한성판윤 서종태(徐宗泰) – 635·639·647대 동일인물

신상내용

생몰연대	1652년효종3 ~ 1719년숙종45 – 68세
본관	대구大丘
자	노망魯望·군망君望
호	만정晩靜·서곡瑞谷·송애松厓
시호	문효文孝
저서	〈만정당집〉
가족	증조–달성위 景亣, 할아버지–부사 정리貞履, 아버지–병조참의 문상文尙 어머니–연안이씨(판서 이명한李明漢의 딸) 부인–전주이씨(이조좌랑 이훤李藼의 딸)
묘	경기도 파주시 장단면 도라산리

관직경력

한성판윤 재임기간 : 1701년숙종27 9월 18일 ~ 1701년숙종27 10월 8일

조선 후기의 문신

1675년숙종1	사마시(생원장원·진사3등) 입격
1680년숙종6	문과별시 급제
1681년숙종7	검열, 정자, 저작, 박사,
1684년숙종10	수찬, 헌납, 교리, 이조좌랑, 지평, 집의, 사간, 응교,
1686년숙종12	실록청 도청·낭청–현종실록 편찬 참여
1689년숙종15	기사환국–인현왕후 폐위, 반대 상소–은퇴
1694년숙종20	갑술환국–인현왕후 복위, 승지, 이조참의,
1696년숙종22	대사성, 대사간, 대제학, 공조판서, 대사헌
1703년숙종29	정조사로 청나라 다녀오다. 이조판서,
1705년숙종31	우의정, 좌의정, 영의정
1716년숙종42	행판중추부사

생애일화

훈구파 대신이며 대문장가인 서거정徐居正의 후손이자, 약봉 서성徐渻의 고손으로서 노론의 중심인물이다.
아들 명균命均과 손자 지수志修가 뒷날 재상을 지내 3대 정승집으로 유명하다.

저서로는 〈만정당집晩靜堂集〉이 있다.

630대 한성판윤 민진후(閔鎭厚) – 637·646·653·659·679·693· 701대 동일인물

신상내용

생몰연대	1659년효종10 ~ 1720년숙종46 – 62세
본관	여흥驪興
자	정순靜純
호	지재趾齋
시호	충문忠文
가족	증조–경주부윤 기機, 조부–강원도관찰사 광훈光勳, 아버지–여양부원군 유중維重 어머니–은진송씨(동춘당 송준길宋浚吉의 딸) 형제–인현왕후(누이동생), 진원鎭遠(동생·좌의정), 진영鎭永(동생·공조정랑) 부인–연안이씨(부제학 이단상李端相의 딸)
묘	경기도 여주시 가남면 안금2리 대보산 여주시 향토유적 제6호

관직경력

한성판윤 재임기간 : 1701년숙종27 10월 8일 ~ ? (제직확인:1702년 1월 5일)

조선 후기의 문신

1681년숙종7	사마시(생원) 장원 입격
1686년숙종12	별시문과 급제, 승문원정자
1689년숙종15	기사환국, 부친 민유증 등 관직삭탈–유배
1694년숙종20	갑술환국, 인현왕후 복위, 세자시강원설서, 사간원정언,
1695년숙종21	홍문관부교리·부응교, 사헌부집의
1697년숙종23	충청도관찰사
1698년숙종24	사간원대사간, 강화부유수, 형조참의
1701년숙종27	한성부판윤
1706년숙종32	지의금부사
1717년숙종43	동지사로 청나라 다녀오다. 판의금부사, 판돈녕부사, 홍문관제학
1718년숙종44	예조판서 겸 수어사, 한성부판윤, 공조판서
1719년숙종45	의정부우참찬, 개성부유수

생애일화

큰아버지 민정중閔鼎重과 아버지 민유중閔維重 그리고 4촌형 민진장閔鎭長과 본인이 모두 한성판윤 경력이 있어, 한 가문에서 거의 동시대에 네 명이나 배출한 명문이다. 4촌형 진장은 과거시험에서 동방 급제하였다.

631대 한성판윤 최규서(崔奎瑞) – 616대 동일인물

한성판윤 재임기간 : ? ~ 1702년숙종28 2월 15일

632대 한성판윤 송 창(宋昌) – 636대 동일인물

신상내용

생몰연대	1633년인조11 ~ 1706년숙종32 – 74세
본관	진천鎭川
자	한경漢卿
호	우곡藕谷
가족	증조–경상감사 영고英考, 조부–단성현감 흥시興詩, 아버지–진산군수 유전有銓 어머니–재령이씨(지중추부사 이정李瀞의 딸) 부인=능성구씨(구치중具致中의 딸)
묘	경기도 남양주시 진건면 배양리

관직경력

한성판윤 재임기간 : 1702년숙종28 2월 15일 ~ 1702년숙종28 3월 21일

조선 후기의 문신

1657년효종8	식년문과 급제
1658년효종9	세자시강원설서, 춘추관기사관, 병조좌랑
1659년효종10	예문관봉교
1663년현종4	사간원정언
1667년현종8	사헌부장령
1668년현종9	사간원헌납
1672년현종13	세자시강원보덕

1674년현종15　　사간원사간, 숙종 즉위, 서장관으로 청나라 다녀오다
1675년숙종1　　승지–파직(김만중 변호)
1680년숙종6　　승지
1686년숙종12　　사간원대사간
1697년숙종23　　도승지
1702년숙종30　　한성부판윤
1704년숙종32　　공조판서
1706년숙종34　　좌참찬

생애일화

사관이 말하기를,
"내외 직을 두루 거치는 동안 뚜렷이 드러난 바는 없지만, 성품이 본시 고요하고 벼슬에 임해서는 마음을 작게 가지니, 사람들이 많이 칭찬하였다."

633대 한성판윤 이인엽(李寅燁)

신상내용

생몰연대　1656년효종7 ~ 1710년숙종36 – 55세
본관　경주慶州
자　계장季章
호　회와晦窩
가족　증조–진사 대건大建, 할아버지–형조판서 시발時發, 아버지–좌의정 경억慶億
어머니–해평윤씨(익찬 윤원지尹元之의 딸)
부인–조현기趙顯基의 딸, 黃익의 딸
묘　경기도 용인시 처인구 백암면 박곡리 신창

관직경력

한성판윤 재임기간 : ? ~ ? (재직확인:1702년 9월 16일)

조선 후기의 문신

1684년숙종10　　사마시(진사) 입격
1686년숙종12　　정시문과 급제
1689년숙종15　　기사환국–인현왕후 폐출 반대 참여

1694년숙종20	강화부유수
1700년숙종26	행이조판서, 홍문관대제학
1702년숙종28	한성부판윤

생애일화

할아버지 이시발李時發과 아버지 이경억李慶億 그리고 자신을 포함하여 3대가 한성판윤을 지냈다.

634대 한성판윤 강 현(姜鋧) – 617·621·628·650·658대 동일인물

한성판윤 재임기간 : 1792년숙종28 9월 17일 ~ 1703년숙종29 1월 2일

635대 한성판윤 서종태(徐宗泰) – 629·639·647대 동일인물

한성판윤 재임기간 : 1703년숙종29 1월 2일 ~ 1703년숙종29 2월 3일

636대 한성판윤 송 창(宋昌) – 632대 동일인물

한성판윤 재임기간 : 1703년숙종29 2월 3일 ~ 1703년숙종29 10월 10일

637대 한성판윤 민진후(閔鎭厚) – 630·646·653·659·679·693·701대 동일인물

한성판윤 재임기간 : 1703년숙종29 10월 21일 ~ 1704년숙종30 2월 10일

638대 한성판윤 조태채(趙泰采) – 655·667·688·699대 동일인물

신상내용

생몰연대	1660년현종1 ~ 1700년경종2 – 63세
본관	양주楊州
자	유량幼亮
호	이우당二憂堂
시호	충익忠翼
저서	〈이우당집〉
배향	사충서원(과천) 봉암사(진도)
가족	증조–지돈녕부사 존성存性, 조부–형조판서 계원啓遠, 아버지–괴산근수 희석禧錫 어머니–수원백씨(부사 백홍일白弘一의 딸) 부인–청송심씨(부사 沈益善의 딸) 아들–관빈觀彬(형조판서·문형) 친척–조태구(4촌형·좌의정) 조태억(4촌동생·영의정)
묘	충남 서천군 서천읍 구암리

관직경력

한성판윤 재임기간 : 1704년숙종30 2월 10일 ~ 1704년숙종30 4월 16일

조선 후기의 문신

1686년숙종12	별시문과 급제, 승문원·성균관·사헌부·사간원의 청요직 역임 승정원동부승지, 장예원판결사 외직–옥구현감, 공주목사, 평안감사
1704년숙종30	호조판서, 한성부판윤, 이조판서,
1705년숙종31	공조·병조판서
1710년숙종36	좌찬참 겸 판의금부사
1713년숙종39	동지사로 청나라 다녀오다
1717년숙종43	좌의정, 판중추부사
1720년숙종46	사은사로 청나라 다녀오다

생애일화

그의 일가 대부분이 소론(조태구·조태억·최석정)에 속했는데, 유독 그와 아들 조관빈이 노론

계열에 든 것은 매우 특기할만하다.
경종이 즉위하면서 정국이 혼탁해졌으며 연잉군(뒷날 영조)의 세제책봉문제로 노론과 소론 사이의 갈등이 심화되다가, 결국 노론4대신(김창집·이건명·이이명·조태채)이 정계에서 축출되어 유배된 후 사사되었다.
그는 조정 안에서 공론이 땅에 떨어지고 입을 다물고 말하지 않는 기풍을 크게 문제 삼았으며, 밖으로는 민생의 사활이 달려있다고 할 수 있는 수령의 현부賢否를 중요시 하였다.
또한, 노론 4대신의 한 사람으로서 다양한 경력이 말해주듯, 정적도 많고 추종자도 적지 않았지만 어느 한 쪽에 기울어짐이 없이 끝까지 대의를 따르려했다는 데서 세인의 칭송을 받았다.
암행어사로 이름난 박문수와 좋지 않은 인연이 있었으나, 박문수도 조태채의 충성심을 높이 평가했고, 나중에 그의 아들 조관빈이 억울한 누명을 쓰고 감옥살이를 하게 되자, 영조임금께 아뢰어서 조관빈의 목숨을 구해주었다.
그는 도량이 크고 사려가 깊으며 해학을 즐겨 담론을 잘 하였고, 풍채가 썩 좋았다고 한다.
과천의 사충서원과 진도의 봉암사에 배향되었으며, 저서로는 〈이우당집二憂堂集〉이 있다.

639대 한성판윤 서종태(徐宗泰) – 629·635·647대 동일인물

한성판윤 재임기간 : 1704년숙종30 4월 22일 ~ ? (재직확인:1704년 6월 20일)

640대 한성판윤 이이명(李頤命) – 643대 동일인물

신상내용

생몰연대 1658년효종9 ~ 1722년경종2 – 65세
본관 전주全州
자 지인智仁·양숙養叔
호 소재疎齋
시호 충문忠文
저서 〈소재집〉 외
가족 증조–여주목사 수록綏祿, 할아버지–경여敬輿, 아버지–대사헌 민적敏迪
어머니–창원황씨(의주부윤 황일호黃一皓의 딸)
부인–광산김씨(판서 김만중金萬重의 딸)
묘 충남 부여군 임천면 옥곡리 옥실

관직경력

한성판윤 재임기간 : ? ~ ? (재직확인:1704년 7월 15일)

조선 후기의 문신·학자

1680년숙종6	별시문과 급제, 홍문관정자로 시작, 홍문관·사헌부·사간원 청요직 역임 이조좌랑, 의정부사인
1686년숙종12	사헌부집의, 문과중시 급제
1687년숙종13	강원도관찰사, 승정원승지
1689년숙종15	기사환국-유배(영해)
1694년숙종20	갑술옥사, 호조참의, 승지
1696년숙종22	평안도관찰사, 강화부유수
1698년숙종24	사간원대사간, 형 이사명李師命 변호-유배(공주)
1701년숙종27	예조판서, 대사헌,
1704년숙종30	한성부판윤, 이조·병조판서
1706년숙종32	우의정
1708년숙종34	좌의정
1720년숙종46	숙종 승하-고부사로 청나라 다녀오다
1721년경종1	세제世第 대리청정 실패-유배(남해)
1722년경종2	서울로 압송-사사賜死

생애일화

숙종의 승하로 청나라 연경燕京에 갔을 때, 독일 천주교신부 쾨글러 등을 만나 교유하면서 천주교와 천문, 역산에 관한 서적을 얻어와 국내에 소개하였다.
저서로는 시·문을 엮은 〈소재집疎齋集〉 20권 10책이 전하고, 〈양역변통사의良役變通私議〉·〈강역관계도설疆域關係圖說〉·〈강도삼충전江都三忠傳〉 등이 있다.

641대 한성판윤 유득일(俞得一) – 644·662·668대 동일인물

신상내용

생몰연대	1650년효종1 ~ 1712년숙종38 – 63세
본관	창원昌原
자	영숙寧叔
호	귀와歸窩

가족　증조-부호군 정淨, 할아버지-첨정 여해汝諧, 아버지-참판 장場
어머니-전주이씨(교리 이척연李惕然의 딸)
부인-이수李袖의 딸, 이우삼李遇三의 딸

관직경력

한성판윤 재임기간 : 1704년숙종30 7월 8일 ~ ? (재직확인:1704년 8월 29일)

조선 후기의 문신

1675년숙종1	사마시(생원) 입격
1677년숙종3	알성문과 급제
1682년숙종8	지평
1683년숙종9	진도군수 좌천-파직
1686년숙종12	부수찬, 정언, 교리, 검상, 승지
1695년숙종21	대사간
1696년숙종22	강원도관찰사
1698년숙종24	전라도·함경도관찰사
1700년숙종26	대사성, 대사헌, 이조참판
1704년숙종30	형조판서 겸 이정청당상
1706년숙종32	동지사로 청나라 다녀오다
1707년숙종33	형조판서
1710년숙종36	아내 살해범 처리 지연-파직

642대 한성판윤 윤세기(尹世紀) – 645·649·651·665·671대 동일인물

신상내용

생몰연대	1647년인조25 ~ 1712년숙종38 – 66세
본관	해평海平
자	중강仲綱
호	용포龍浦
시호	효헌孝獻
가족	증조-형조판서 휘暉, 할아버지-사재첨정 면지勉之, 아버지-호조판서 계堦 어머니-풍산홍씨(참판 홍영洪霙의 딸)

관직경력

한성판윤 재임기간 : 1704년숙종30 9월 4일 ~ ? (재직확인:1704년 10월 1일)

조선 후기의 문신

1675년숙종1	사마시(진사) 입격, 증광문과 급제, 승문원부정자
1682년숙종8	장령
1684년숙종10	영흥부사
1687년숙종13	예조참의, 우부승지-파직(비망기 환수 건)
1688년숙종14	승지
1689년숙종15	장렬왕후 승하-고부사로 청나라 다녀오다. 기사환국-유배
1694년숙종20	갑술옥사, 병조판서-파직(서북면 출신 선전관 기용, 왕명 불이행)
1704년숙종30	한성부판윤
1705년숙종31	호조판서, 우참찬, 좌참찬, 예조판서

생애일화

그는 해평부원군 윤두수尹斗壽의 현손이다.
증조할아버지 휘暉와 아버지 계堦 그리고 자신이 모두 한성판윤을 지내 3대가 연이어 한성판윤을 배출한 집안이다.
이도吏道를 공정히 하였으며, 재능에 따라 적재적소에 임명하였고, 공로에 따라 관직을 높여주기에 힘썼으며 상벌에 공정을 기하였다. 한편으로는 군율을 엄격히 하였다 한다.

643대 한성판윤 이이명(李頤命) – 640대 동일인물

한성판윤 재임기간 : ? ~ ? (재직확인:1704년 11월 1일)

644대 한성판윤 유득일(兪得一) – 641·662·668대 동일인물

한성판윤 재임기간 : 1704년숙종30 11월 3일 ~ ? (재직확인:1704년 11월 25일)

645대 한성판윤 윤세기(尹世紀) – 642·649·651·665·671대 동일인물

한성판윤 재임기간 : 1704년숙종30 12월 28일 ~ ? (재직확인:1705년 1월 20일)

646대 한성판윤 민진후(閔鎭厚) – 630·637·653·659·679·693· 701대 동일인물

한성판윤 재임기간 : 1705년숙종31 2월 26일 ~ ? (재직확인:1705년 7월 13일)

647대 한성판윤 서종태(徐宗泰) – 629·635·639대 동일인물

한성판윤 재임기간 : 1705년숙종31 7월 15일 ~ 1705년숙종31 9월 17일

648대 한성판윤 김창집(金昌集)

신상내용

생몰연대 1648년인조26 ~ 1722년경종2 – 75세
본관 안동安東
자 여성汝成
호 몽와夢窩
시호 충헌忠獻
배향 영조 묘정, 사충서원(과천), 반곡서원(거제)
저술 〈몽와집〉·〈국조자경편〉
가족 증조–좌의정 상헌尙憲, 조부–동지중추부사 광찬光燦, 아버지–영의정 수항壽恒
어머니–안정나씨(호조좌랑 나성두羅星斗의 딸)
형제–창협昌協(동생·예조판서) 창흡(동생·증이조판서)
부인–반남박씨(박세남朴世楠의 딸)
묘 경기도 여주시 대신면 초현리

관직경력

한성판윤 재임기간 : 1706년숙종32 1월 8일 ~ ? (제직확인:1706년 2월 3일)

조선 후기의 문신

1673년현종14	사마시(진사) 입격
1681년숙종7	내시교관
1684년숙종10	공조좌랑, 정시문과 급제, 정언, 지평, 홍문록 등재
1686년숙종12	부수찬, 수찬, 헌납, 교리, 이조좌랑
1687년숙종13	수찬, 검상, 부응교, 응교
1689년숙종15	기사환국-부친 김수항 유배(진도) 사사로 귀향
1694년숙종20	갑술환국, 병조참의, 승지, 대사간
1696년숙종22	철원부사
1698년숙종24	강화부유수
1700년숙종26	대사헌
1701년숙종27	개성부유수, 호조·이조판서
1705년숙종31	병조판서
1706년숙종32	한성부판윤
1707년숙종33	좌의정
1710년숙종36	우의정
1712년숙종38	판중추부사, 동지사 겸 사은사로 청나라 다녀오다
1717년숙종43	영의정
1720년숙종46	숙종 승하, 원상院相

생애일화

청음 김상헌의 증손이자 영의정 김수항의 아들로서 아버지의 뒤를 이어 2대가 영의정에 오른 명문대가의 맏아들로 한성부에서 출생했다.

노론 4대신 중의 한 사람으로 당쟁의 와중에서 노론의 중심적 인물이었다.

숙종 1년 예송논쟁으로 아버지가 유배되어 과거시험을 미루다 37세의 늦은 나이에 정시문과에 급제하였다. 순탄했던 관직생활은 숙종 15년 기사환국으로 아버지가 진도에 유배되었다가 사사賜死되자 경기도 포천의 백운산으로 들어가 은거했다.

숙종20년 갑술환국으로 아버지 김수항이 사면·복관되었지만, 조정에 출사하는 일을 자중하였다. 숙종24년 강화유수에 부임한 이후 대사헌, 호조·이조·병조판서 등을 역임하고 좌의정·영의정에 올랐다.

그러나 경종 즉위후 신임환국이 발생하여 거제도로 유배되었다가 성주에서 사약을 받고 생을 마감하였다.

조선왕조 말기, 안동김씨의 세도정치를 연 김조순金祖淳이 그의 4대손이다.

649대 한성판윤 윤세기(尹世紀) – 642·645·651·665·671대 동일인물

한성판윤 재임기간 : 1706년숙종32 2월 14일 ~ 1706년숙종32 6월 10일

650대 한성판윤 강 현(姜鋧) – 617·621·628·634·658대 동일인물

한성판윤 재임기간 : 1706년숙종32 6월 10일 ~ 1706년숙종32 6월 10일

651대 한성판윤 윤세기(尹世紀) – 642·645·649·665·671대 동일인물

한성판윤 재임기간 : 1706년숙종32 6월 10일 ~ 1706년숙종32 7월 9일

652대 한성판윤 권시경(權是經)

신상내용

생몰연대	1625년인조3 ~ 1708년숙종34 – 84세
본관	안동安東
일명	시경始經
자	계상季常
호	칠휴七休
시호	정간靖簡
가족	증조–세마 극중克中, 할아버지–형조참판 진기盡基, 아버지–도정 순장順長 어머니–전주이씨(지돈녕부사 이구원李丘源의 딸) 부인–김성진金聲振의 딸, 김하현金夏鉉의 딸

관직경력

한성판윤 재임기간 : 1706년숙종32 7월 12일 ~ 1706년숙종32 8월 8일

음보, 함흥판관

1675년숙종1	증광문과 급제, 도당록·홍문록 등재
1678년숙종4	장령, 헌납
1680년숙종6	집의, 부수찬, 교리, 사간
1682년숙종8	경상도관찰사
1684년숙종10	승지, 함경도관찰사
1685년숙종11	충청도관찰사
1687년숙종13	강원도관찰사
1688년숙종14	대사간
1689년숙종15	승지, 기사환국-삭직
1694년숙종20	갑술환국, 함경도관찰사
1695년숙종21	대사간
1696년숙종22	도승지, 지의금부사, 대사헌
1698년숙종24	한성부좌윤, 형조판서
1706년숙종32	예조판서, 한성부판윤
1708년숙종34	판돈녕부사, 기로소 입소

생애일화

그의 아버지 권순장이 병자호란 때 김익겸·윤선거 등과 함께 죽기로 약속하였으나, 윤선거는 이를 이행하지 않아 김익겸의 자손들은 윤선거의 아들인 윤증과 절교를 하였다. 그러나 그는 지나간 일에 구애받지 않고 오히려 윤증을 비호하는 대범한 모습을 보였다.

653대 한성판윤 민진후(閔鎭厚) – 630·637·646·659·679·693·701대 동일인물

한성판윤 재임기간 : 1706년숙종32 8월 9일 ~ 1706년숙종32 12월 11일

654대 한성판윤 이익수(李益壽)

신상내용

생몰연대 1653년효종4 ~ 1708년숙종34 – 56세

본관 전주全州
자 구이久而
호 백묵당白默堂
시호 문간文簡
가족 증조-대사헌 목桑, 할아버지-부제학 지항之恒, 아버지-목사 원구元龜
어머니-성주이씨(예조참판 이준구李俊耉의 딸)
부인-파평윤씨(판관 윤담尹譚의 딸)
묘 경기도 양주시 회천읍 옥정리

관직경력

한성판윤 재임기간 : 1706년숙종32 12월 12일 ~ ? (재직확인:1707년 3월7일)

조선 후기의 문신

1682년숙종8 사마시(진사) 입격, 증광문과 급제, 홍문관-국가문서 처리
1683년숙종9 사헌부지평, 나양좌羅良佐 변호-파직
1688년숙종14 사간원정언
1689년숙종15 사헌부지평
1696년숙종22 사간원사간
1697년숙종23 승지, 대사간, 판의금부사, 이조판서, 좌찬성

655대 한성판윤 조태채(趙泰采) - 638·667·688·699대 동일인물

한성판윤 재임기간 : ? ~ 1707년숙종33 6월 9일

656대 한성판윤 김우항(金宇杭) - 660·664대 동일인물

신상내용

생몰연대 1649년인조27 ~ 1723년경종3 - 75세
본관 김해金海
자 제중濟中
호 갑봉甲峰·좌은坐隱
시호 충정忠靖

가족 증조–도사 진선盡善, 할아버지–보덕 덕숭德崇, 아버지–청송부사 홍경洪慶
어머니–인동김씨(승지 김광혁金光赫의 딸)
부인–광산김씨(김세정金世楨의 딸)

관직경력

한성판윤 재임기간 : 1707년숙종33 6월 9일 ~ 1707년숙종33 8월 21일

조선 후기의 문신

1669년현종10	사마시(생원) 입격
1675년숙종1	유생들과 송시열 유배 부당성 상소
1681년숙종7	식년문과 급제, 승문원정자, 전적, 지평
1686년숙종12	사간원정언, 예조·병조좌랑
1689년숙종15	홍문록·도당록 등재, 기사환국–유배(철산)
1694년숙종20	갑술옥사, 부수찬, 수찬, 부교리. 교리, 필선, 집의
1695년숙종21	경상도관찰사
1696년숙종22	회양부사
1697년숙종23	전라도관찰사
1698년숙종24	승지
1699년숙종25	대사간
1702년숙종28	개성부유수
1703년숙종29	승문원제조, 이조참판
1704년숙종30	대사헌, 대사성
1706년숙종32	예조참판, 경기도관찰사
1707년숙종33	한성부판윤, 형조·병조·이조판서
1710년숙종36	호조판서, 북한산성구관당상
1713년숙종39	우참찬, 예조판서, 판의금부사, 우의정
1716년숙종42	내의원도제조, 판중추부사
1721년경종1	영중추부사

생애일화

1722년 신임사화로 노론 4대신이 화를 입자, 이의 부당성을 극력 주장하였으며, 또 김일경金一鏡의 사친추존론私親追尊論을 반대하다가 화를 입었다.
평생을 청빈하게 살았으며, 사람들로부터 장자長者 또는 완인完人이라 불렸다.

657대 한성판윤 서문유(徐文裕)

신상내용

생몰연대	1651년효종2 ~ 1707년숙종33 – 57세
본관	달성達城
자	계용季容
호	만산晩山
시호	정간貞簡
저서	〈만산유고〉
가족	증조–약봉 성渻, 할아버지–제조 景주, 아버지–남원부사 정리貞履 어머니–경주이씨(형조판서 이시발李時發의 딸) 부인– 한산이씨(감사 이홍적李弘迪의 딸)
묘	경기도 장단군 섬금능리

관직경력

한성판윤 재임기간 : 1707년숙종33 8월 22일 ~ 1707년숙종33 9월 21일

조선 후기의 문신

1673년현종14	사마시(생원·진사) 양과 입격, 군자감주부
1684년현종15	정시문과 급제
1685년숙종1	사헌부지평, 사간원정언
1686년숙종2	홍문관 수찬·교리, 사간원 헌납·사간
1688년숙종4	동부승지
1689년숙종5	기사환국–파직
1694년숙종10	갑술옥사, 승지, 대사간, 우승지, 대사성
1700년숙종16	이조참의, 형조참판
1702년숙종18	도승지, 승문원제조
1704년숙종20	사은사로 청나라 다녀오다
1705년숙종21	전라도관찰사, 형조·예조판서, 우참찬

생애일화

그는 30대의 나이에 당상관에 올라, 기사환국 때 도승지 이세백李世白 등과 함께 송시열宋時烈에 대한 삭출명削黜命을 거두어주도록 임금에게 청하였다가 파직되었다.

658대 한성판윤 강 현(姜鋧) – 617·621·628·634·650·702대 동일인물

한성판윤 재임기간 : 1707년숙종33 10월 9일 ~ 1707년숙종33 12월 2일

659대 한성판윤 민진후(閔鎭厚) – 630·637·646·653·679·693·701대 동일인물

한성판윤 재임기간 : 1707년숙종33 12월 4일 ~ 1708년숙종34 3월 4일

660대 한성판윤 김우항(金宇杭) – 656·664대 동일인물

한성판윤 재임기간 : 1708년숙종34 3월 6일 ~ 1708년숙종34 4월 8일

661대 한성판윤 이언강(李彦綱) – 598·606·610·618·626·663·670·678·690·697대 동일인물

한성판윤 재임기간 : ? ~ 1708년숙종34 4월 9일

662대 한성판윤 유득일(兪得一) – 641·644·668대 동일인물

한성판윤 재임기간 : 1708년숙종34 4월 20일 ~ 1708년숙종34 6월 2일

663대 한성판윤 이언강(李彦綱) – 598·606·610·618·626·661·670·678·690·697대 동일인물

한성판윤 재임기간 : 1708년숙종34 6월 24일 ~ ?

664대 한성판윤 김우항(金宇杭) – 656·660대 동일인물

한성판윤 재임기간 : 1708년숙종34 7월 5일 ~ ?

665대 한성판윤 윤세기(尹世紀) – 642·645·649·651·671대 동일인물

한성판윤 재임기간 : ? ~ 1708숙종34 9월 26일

666대 한성판윤 김석연(金錫衍) – 684·692·727대 동일인물

신상내용

생몰연대	1648년인조26 ~ 1723년경종3 – 76세
본관	청풍淸風
자	여백汝伯
시호	정희貞僖
가족	증조–흥록興祿, 할아버지–지址, 아버지–영돈녕부사 우명佑明 어머니–은진송씨(전주부윤 송주택宋周擇) 누나–명성왕후明聖王后(현종왕비) 부인–동지중추부사 이정한李挺漢의 딸, 군수 이상준李尙儁의 딸

관직경력

한성판윤 재임기간 : 1708숙종34 9월 26일 ~ 1708숙종34 12월 15일

조선 후기의 문신

1680년숙종6	음보, 예빈시정, 전설, 별검
1689년숙종15	기사환국–관직 삭탈
1694년숙종20	갑술옥사
1697년숙종23	공조참판, 한성부우윤
1700년숙종26	강화부유수
1704년숙종30	어영대장
1709년숙종35	형조판서

생애일화

손위 누이가 현종왕비의 명성왕후라 귀족인데도 조금도 티가 없이 생활의 모습이 빈한한 선비와 같았다.
18년 동안 대장군으로 있으면서도 재산이라고 내세울 만한 물건이 하나도 없었다.

667대 한성판윤 조태채(趙泰采) – 638·655·688·699대 동일인물

한성판윤 재임기간 : 1708년숙종34 12월 17일 ~ ? (재직확인:1709년 2월 5일)

668대 한성판윤 유득일(俞得一) – 641·644·662대 동일인물

한성판윤 재임기간 : 1708년숙종34 2월 9일 ~ ? (재직확인:1709년 5월 25일)

669대 한성판윤 조상우(趙相愚)

신상내용

생몰연대 1640년인조18 ~ 1718년숙종44 – 79세
본관 풍양豊壤
자 자직子直
호 동강東岡
시호 효헌孝憲
배향 용강사龍岡祠(남평)
가족 증조–감찰 기磯, 할아버지–승지 희보希輔, 아버지–예조판서 형珩
어머니–사천목씨(호조판서 목장흠睦長欽의 딸)
부인–전주이씨(목사 이장영李長英의 딸)
묘 경기도 남양주시 진접면 적성동

관직경력

한성판윤 재임기간 : 1709년 6월 16일 ~ ? (재직확인:1709년 6월 30일)

조선 후기의 문신

1672년현종13	세자익위사 세마
1674년숙종즉위	사축서별제, 연천현감
1675년숙종1	송준길 추삭 반대-유배(남평)
1676년숙종2	호조좌랑, 태인현감
1683년숙종9	증광문과 급제
1684년숙종10	지평, 훈국도감종사관, 서학교수, 병조정랑
1685년숙종11	암행어사(호남)
1686년숙종12	홍문관부교리, 이조좌랑
1687년숙종13	의정부사인, 부응교-유배(태인현감 때의 잘못·양주)
1689년숙종15	사도시정, 홍주목사, 성균관사성, 좌통례, 서산군수
1694년숙종20	갑술옥사, 예조참의, 대사간, 동부승지
1695년숙종21	대사성, 부제학 겸 비변사부제조, 개성부유수
1696년숙종22	대사간, 도승지
1697년숙종23	호조참판 겸 동지의금부사, 부제학, 단종 부묘 반대-파직
1968년숙종24	경기도관찰사
1700년숙종26	이조참판, 우참찬, 대사헌, 지중추부사 겸 도총관
1703년숙종29	예조판서, 좌부빈객, 청나라 다녀오다. 좌참찬
1706년숙종32	판의금부사, 병조판서
1708년숙종34	한성부판윤, 비변사당상, 이조판서
1710년숙종36	판돈녕부사
1711년숙종37	예조판서, 우의정

생애일화

정승으로 있을 때 당론의 폐단을 없애려고 노력하였으며, 1717년 세자 대리청정의 명령이 내려졌을 적에는 판중추부사로 있으면서 반대하는 소를 올리는 등 남구만·최석정 등과 함께 온건한 소론으로서 정치활동을 하였다. 또한, 오랫동안 관료생활을 하면서 부세제도·형사제도·예론을 비롯한 국정 전반에 대해 건의를 많이 했다.

그는 글씨를 잘 써서 장렬왕후의 옥책문을 쓰는 데 선발되었고, 충현서원의 사적비 등을 남겼다.

아버지 형珩이 한성판윤을 지내서 2대에 걸친 부자 한성판윤 집안이 되었다.

670대 한성판윤 이언강(李彦綱) – 598·606·610·618·626·661·663·678·690·697대 동일인물

한성판윤 재임기간 : ? ~ 1710년숙종36 6월 11일

671대 한성판윤 윤세기(尹世紀) – 642·645·649·651·665대 동일인물

한성판윤 재임기간 : 1710년숙종36 6월 11일 ~ ? (재직확인:1710년 6월 19일)

672대 한성판윤 최석항(崔錫恒) – 677·707대 동일인물

신상내용

생몰연대	1654년효종5 ~ 1724년경종4 – 71세
본관	전주全州
자	여구汝久
호	손와損窩
시호	문간文簡
저서	〈손와유고〉
가족	증조–참의 기남起南, 할아버지–이조참판 혜길惠吉, 아버지–교관 후량後亮 어머니–광주안씨(감사 안헌징安獻徵의 딸) 형제–석정錫鼎(형·영의정) 부인–영월신씨(신보석辛輔碩의 딸)
묘	경기도 남양주시 미금읍 호평동

관직경력

한성판윤 재임기간 : 1710년숙종36 7월 6일 ~ ? (재직확인:1710년 7월 12일)

조선 후기의 문신

1678년숙종4	사마시(진사) 입격
1680년숙종6	별시문과 급제, 예문관검열
1715년숙종41	경상도관찰사

1721년경종1	좌참찬-왕세제(뒷날 영조) 지명의 부당성 지적, 철회
1723년경종3	이조판서, 좌의정
1725년영조1	관작 추탈-복관

생애일화

그는 몸집이 작고 차림이 초라하였으나, 사리판단이 정확하여 경상도관찰사로 있을 때에 전국에서 제일가는 관찰사라는 평을 들었다.
당시 소론 4대신 중 한 사람으로 꼽혔는데, 이러한 당색 때문에 영조가 즉위한 뒤 관작이 추탈되었다가 복관되기도 하였다.
문집으로 〈손와유고損窩遺稿〉 13권이 있다.

673대 한성판윤 홍수헌(洪受瀗)

신상내용

생몰연대	1640년인조18 ~ 1711년숙종37 -72세
본관	남양
자	군택君澤
호	담포淡圃
시호	문정文靖
가족	증조-영필永弼, 할아버지-명원命元, 아버지-관찰사 홍처후洪處厚 어머니-형조판서 정사호鄭賜湖의 딸

관직경력

한성판윤 재임기간 : 1710년숙종36 윤7월 2일 ~ ? (재직확인:1710년 윤7월 2일)

조선 후기의 문신

1660년현종1	사마시(진사) 입격
1682년숙종8	증광문과 급제, 장령, 정언, 지평
1686년숙종12	수찬, 함경도 암행어사
1687년숙종13	교리, 수찬, 검토관, 이조좌랑
1688년숙종14	헌납, 남구만·여성제 등 구제 상소-북청판관 좌천
1689년숙종15	사예, 기사환국-유배(무안)
1694년숙종20	갑술옥사, 집의, 승지, 대사간, 대사성, 이천부사

1700년숙종26　　이조참판, 대사헌
1702년숙종28　　이조·공조판서, 판의금부사, 홍문관제학, 호조판서, 좌참찬
1710년숙종36　　한성부판윤, 예조판서

생애일화

노론의 핵심인물 가운데 한 사람으로서 김창집, 이이명, 이유, 이여 그리고 민진후, 민진원 등과도 친분이 두터워 깊은 교유가 있었다.

674대 한성판윤 이광적(李光迪)

신상내용

생몰연대　1628년인조6 ~ 1717년숙종43 – 90세
초명　연演
본관　성주星州
자　휘고輝古
호　은암隱巖
시호　정헌靖憲
가족　증조–대사헌 언충彦忠, 할아버지–전생서봉사 감瑊, 아버지–통덕랑 세미世美
어머니–여산송씨(감찰 송민길宋文吉의 딸)
부인–진원박씨(찰방 박춘수朴春秀의 딸) 동래정씨(증승지 정석鄭錫의 딸)

관직경력

한성판윤 재임기간 : ? ~ 1710년숙종36 9월 24일

조선 후기의 문신

1650년효종1　　사마시(생원·진사) 양과 입격
1656년효종7　　별시문과 급제
1664년현종5　　주서, 전적, 지평, 정언, 지제교,
1665년현종6　　함경도사, 함평현감, 강릉현감, 영월군수, 안변부사
1706년숙종32　　공조참판
1707년숙종33　　지중추부사
1710년숙종36　　한성부판윤

생애일화

그는 지방 수령으로서 많은 치적을 쌓아 왕으로부터 특별한 총애를 받았다. 80세가 되어 소과·대과에 급제한 뒤 예순 돌이 되는 해에 여는 회방연回榜宴을 열었는데, 임금이 친히 조화를 내려 조정이 모두 성사盛事로 칭송하였다.

675대 한성판윤 윤이도(尹以道)

신상내용

생몰연대	1628년인조6 ~ 1712년숙종38– 85세
본관	남원南原
자	자유子由
호	용호龍湖·오촌梧村
가족	증조–정 엽曄, 할아버지–사간 형언衡彦, 아버지–경槃 어머니–심천수沈天授의 딸 부인–황돈黃燉의 딸, 김익견金益堅의 딸

관직경력

한성판윤 재임기간 : 1710년숙종36 10월 2일 ~ 1710년숙종36 12월 19일

조선 후기의 문신

1660년현종1	사마시(진사) 입격, 음보로 공주목사
1679년숙종5	정시문과 급제, 영암군수, 호조참의, 부승지, 우승지
1688년숙종14	공충도관찰사–파직(조대수 옥사 연루)
1692년숙종18	좌승지, 강원도관찰사, 동지의금부사
1707년숙종33	공조·형조판서, 참찬
1710년숙종36	한성부판윤, 지중추부사, 기로소 입소

생애일화

그는 52세가 되던 해인 1679년숙종5에 느지막이 정시문과에 급제하였다. 글씨는 특히 병려문騈儷文에 뛰어났다.

676대 한성판윤 정재희(鄭載禧) – 600대 동일인물

한성판윤 재임기간 : 1710년숙종36 12월 21일 ~ 1711년숙종37 1월 9일

677대 한성판윤 최석항(崔錫恒) – 672·707대 동일인물

한성판윤 재임기간 : 1711년숙종37 1월 9일 ~ ? (재직확인:1711년 1월 19일)

678대 한성판윤 이언강(李彦綱) – 598·606·610·618·626·661·663·670·690·697대 동일인물

한성판윤 재임기간 : 1711년숙종37 1월 27일 ~ ? (재직확인:1711년 2월 3일)

679대 한성판윤 민진후(閔鎭厚) – 630·637·646·653·659·693·701대 동일인물

한성판윤 재임기간 : 1711년숙종37 12월 4일 ~ 1708년숙종38 3월 4일

680대 한성판윤 황 흠(黃欽) – 682·711대 동일인물

신상내용

생몰연대	1639년인조17 ~ 1730년영조6 – 92세
본관	창원昌原
자	경지敬之
가족	증조–니산현감 입중立中, 할아버지–형泂, 아버지–신구藎耉 어머니–김취겸金就兼의 딸 부인–최계웅崔繼雄의 딸

아들–인검(장남·병조판서) 손자–자梓(참판)

묘 충남 홍성군 홍동면 원천리

관직경력

한성판윤 재임기간 : 1711숙종37 4월 21일 ~ 1711숙종37 6월 1일

조선 후기의 문신

1663년현종4	사마시(생원) 입격
1680년숙종6	참봉, 별시문과 급제
1681년 이후	이조좌랑, 지평, 의정부사록
	김수항과 현종실록 편찬
	사은부사로 청나라에 다녀오다
	좌우참찬과 6조 판서 역임
	시장외제試場外製의 벌로 예조판서 파면
1711년숙종37	한성부판윤
1713년숙종39	이조판서, 판돈녕부사

생애일화

정사에 관여한 50년 동안 나름대로 소임을 다하여 3대(숙종·경종·영조)를 모셨다

청렴하고 신중하여 남들과 원만하게 지냈으며 헐뜯는 사람이 별로 없었다. 1770년숙종46 임금이 대신들을 인견하는 자리에서 송인명宋寅明이 아뢰기를, "청렴하고 신중한 사람을 택한다면 현재로는 이의현李宜顯 한 사람이고, 선조先朝 때 옛 신하 중에서 구한다면 판서 황흠이 엄정하면서도 화목하고 정사도 공정하며 예의를 준수하는 인물이라 하겠습니다." 하였다. 90세를 넘겼으나 조금도 흐트러짐이 없었고, 마지막 벼슬은 판돈녕부사判敦寧府事였고, 기로사에 들어갔다.

청나라에 사신으로 다녀오면서 마필, 비단, 은자 등 많은 상을 주었으나, 그것을 모두 부하 관원들에게 나누어주었기도 하였다

강화유수 재직 시에는 정족산사고鼎足山史庫의 사각史閣을 고쳐짓고, 별관으로 취향당翠香堂이라 이름하고, 보사권봉소譜史權奉所로 정했다.

보물 제638호 기사계첩耆社契帖에 이유李濡, 김창집金昌集 등과 함께 그의 초상화가 수록되어 있다.

681대 한성판윤 조태구(趙泰耉) – 685·708·710·719

신상내용

생몰연대	1660년현종1 ~ 1723년경종3 – 64세
본관	양주楊州
자	덕수德叟
호	소헌素軒·하곡霞谷
시호	문정文貞
저서	〈주서관견〉
서예	〈이충무공고하도유허비〉 외
가족	증조–지돈녕부사 존성存性, 조부–형조판서 계원啓遠, 아버지–우의정 사석師錫 어머니– 안동권씨(진사 권후權垕의 딸) 부인–연안이씨(응교 이유상李有相의 딸) 전주이씨(판관 이관성李觀成의 딸)
묘	충남 예산군 대흥면 대율리

관직경력

한성판윤 재임기간 : 1711년숙종37 6월 8일 ~ 1711년숙종37 6월 15일

조선 후기의 문신

1683년숙종9	사마시(생원) 입격
1686년숙종12	별시문과 급제, 설서, 문학, 승지
1702년숙종28	충청도관찰사
1705년숙종31	형조참의, 대사성
1710년숙종36	동지사로 청나라 다녀오다. 우참찬
1720년숙종46	우의정, 노론 4대신 축출, 영의정
1725년영조1	신임사화–탄핵·관작추탈

생애일화

그는 성품이 온화하면서도 위풍이 있었으며, 평소에 검소한 생활을 하여 여러 번 외직에 나갔어도 재물이 쌓이지 않았다. 다만, 강인한 성격이 못되어 남의 부탁을 잘 받아들였기 때문에 지도자로서 잘 다스렸다는 정치적 평가는 얻지 못하였다.
글씨를 잘 썼으며, 산법算法에 관계되는 책을 펴냈는데 양전量田 등의 목적에 사용하기 위한 것이었다.
편서로 〈주서관견籌書管見〉이 있고, 글씨로는 〈이충무공고하도유허비李忠武公高下島遺墟碑〉·

〈왕자연령군비명王子延齡君碑銘〉·〈완산백조구석비完山伯趙龜錫碑〉·〈길성군허유례비吉城君許惟禮碑〉 등이 있다.
할아버지 조계원趙啓遠과 아버지 조사석趙師錫 그리고 본인이 3대를 이어 한성판윤을 지냈다.

682대 한성판윤 황 흠(黃欽) – 680·711대 동일인물

한성판윤 재임기간 : 1711년숙종37 6월 15일 ~ 1711년숙종37 7월 15일

683대 한성판윤 윤덕준(尹德駿) – 691·694대 동일인물

신상내용

생몰연대	1658년효종9 ~ 1717년숙종43 – 60세
본관	남원南原
자	방서邦瑞
호	일암逸庵
가족	증조–첨중 기祇, 할아버지–동지돈녕부사 천구天衢, 아버지–관찰사 攀 어머니–이정기李廷夔의 딸 부인–동래정씨(한성판윤 정재악鄭載岳의 딸)

관직경력

한성판윤 재임기간 ; 1711년숙종37 7월 22일 ~ 1711년숙종37 8월 5일

조선 후기의 문신

1679년숙종5	정시문과 급제, 기거주, 정언, 지평, 교리
1701년숙종27	대사간
1709년숙종35	형조판서
1711년숙종37	한성부판윤, 우참찬, 예조·공조판서, 종부시제조
1716년숙종42	판의금부사–탄핵(사건처리 불공평), 좌참찬, 판의금부사 복직
1717년숙종43	과옥사건科獄事件의 처리과정에서 잘못으로 낙향하였다.

생애일화

그는 성품이 단아하고 강직하여, 직간할 때 왕의 뜻에 거슬려 엄한 교시를 받아도, 조금도 꺼리지 않았다.
어려서부터 신동이라 불릴 만큼 영특하고 총명하였으며, 경서와 문장에 능하였다. 특히 국조전례國朝典禮에 상통하였고, 문장은 조리가 있었으며, 시도 간아簡雅하였다.
글씨에서는 해서·초서·전서·예서에 모두 재주가 있어 한때 사대부들 사이에 그의 금석지각金石之刻이 유행이었다.
말년에 서사書史로서 여생을 보냈는데, 뒤에 영의정 김창집金昌集의 소청으로 복권되었다.

684대 한성판윤 김석연(金錫衍) – 666·692·727대 동일인물

한성판윤 재임기간 : 1711년숙종37 8월 6일 ~ 1711년숙종37 11월 18일

685대 한성판윤 조태구(趙泰耉) – 681·708·710·719

한성판윤 재임기간 : 1711년숙종37 11월 23일 ~ 1711년숙종37 12월 29일

686대 한성판윤 이 돈(李墩)

신상내용

생몰연대	1642년인조20 ~ 1713년숙종39 – 72세
본관	전주全州
자	진오進吾
호	문천文泉·안묵재安默齋
가족	증조–풍산군 종린宗麟, 할아버지–구천군 수睟, 아버지–봉산군 형신炯信 어머니–청주한씨(판관 한득일韓得一의 딸) 부인–칠원윤씨(윤봉기尹奉基의 딸) 순흥안씨(안응회安應會의 딸)
묘	경기도 수원시 가광곶 기구리–실전

관직경력

한성판윤 재임기간 : 1711년숙종37 12월 30일 ~ ? (재직확인:1711년 12월 30일)

조선 후기의 문신

1662년현종3	사마시(생원·진사) 양과 입격
1672년현종13	별시문과 급제
1680년숙종6	홍문록 등재, 지평, 교리, 정언, 수찬
1682년숙종8	이조좌랑·정랑, 사간
1683년이후	승지, 충청도관찰사, 개성유수, 도승지, 예조참판, 부제학, 이조판서
1711년숙종37	한성부판윤
1712년숙종38	부사로서 청나라 다녀오다. 과거시험 시관(문제 누설)-유배(아산)

생애일화

1712년 과거시험과 관계되어 귀양가 죽으니 사람들이 모두 원통하게 여겼다. 과거시험을 실시할 때 시관試官으로서 장소를 일탈하여 문제를 누설했다는 모략으로 체포되어 고문을 받고 유배지 아산으로 간 것이다.
손자 시형蓍亨이 진정한 내용이 실록에 남아 있다.

687대 한성판윤 권상하(權尙夏)

신상내용

생몰연대	1641년인조19 ~ 1721년경종1 - 81세
본관	안동安東
자	치도致道
호	수암遂菴·한수재寒水齋
시호	문순文純
저서	〈한수재집〉 외
작품(서예)	〈기백이태연표〉 외
배향	황강서원(청풍)
가족	증조-오수찰방 주霔, 할아버지-선산부사 성원聖源, 아버지-사헌부집의 격格 어머니-함평이씨(도정 이초로李楚老의 딸) 형제-상유尙游(동생·우참찬) 부인-전주이씨(군수 이중휘李重輝의 딸)

관직경력

한성판윤 재임기간 : 1712년숙종38 1월 24일 ~ ?　　(재직확인:1712년 2월 15일)

조선 후기의 문신

1660년현종1	사마시(진사) 입격, 성균관 유생
1668년현종9	우의정 송시열宋時烈 사직-유임 상소
1680년숙종6	경신대출척
1689년숙종15	기사환국, 송시열 유배(제주)-사사賜死 때 임종(스승의 유언, 만동묘 설치)
1694년숙종20	갑술환국, 당쟁이 심화되어도 학문에만 전념
1703년숙종29	찬선
1704년숙종30	호조참판, 대사헌(1716년까지 매년 반복 임명)
1705년숙종31	이조참판, 찬선
1712년숙종38	한서부판윤, 이조판서
1717년숙종43	좌찬성, 우의정, 좌의정
1721년경종1	판중추부사

생애일화

그는 송준길·송시열의 문인이다.
송시열의 제자 가운데 김창협·윤증 등 출중한 자가 많았지만, 스승의 학문과 학통을 계승하여 뒤에 '사문지적전師門之嫡傳'으로 불릴 정도로 송시열의 수제자가 되었다. 따라서 그와 같은 학문적 위치로 인하여 정치적 소용돌이에 관련되기도 하였다.
당쟁기에 살면서도 정치현실보다는 서경덕·이황·기대승·이이·성혼 등 선유先儒들로부터 제기된 조선시대 성리학적 기본문제에 대하여 성리학 자체의 학문적 체계나 논리적 일관성의 문제를 새로이 검토하여 보다 철저히 규명하려 하였다.
그리하여 16세기에 정립된 이황·이이의 이론 중 이이·송시열로 이어지는 기호학파의 학통을 계승하고, 그의 문인들에 의해 전개되는 호락논변湖洛論辨이라는 학술토론 문화를 일으키는 계기를 주었다.
이단하·박세채·김창협 등과 교유하였으며, 문하에서 배출된 특출한 제자로 한원진·이간·윤봉구·채지홍·이이근·현상벽·최징후·성만징 등 이른바 '강문8학사江門八學士'가 있다.
글씨에 능하여 작품으로 〈기백이태연표箕伯李泰淵表〉·〈형참권극화표刑參權克和表〉·〈부사과이숙표副司果李塾表〉 등이 전한다.
청풍의 황강서원 등 10여 곳에 배향되었다.
저서로는 〈한수재집〉·〈삼서집의三書輯疑〉 등이 있는데, 1979년 〈한수재집〉은 영인 간행되었으며 가전되던 영정을 싣고 있다.
7대조 감堪이 한성판윤을 지냈다.

688대 한성판윤 조태채(趙泰采) – 638·655·667·699대 동일인물

한성판윤 재임기간 : 1712년숙종38 3월 10일 ~ ? (재직확인:1712년 3월 18일)

689대 한성판윤 송상기(宋相琦)

신상내용

생몰연대 1657년효종8 ~ 1723년경종3 – 67세
본관 은진恩津
자 옥여玉汝
호 옥오재玉吾齋
시호 문정文貞
저서 〈옥오재집〉
가족 증조–학유 희원希遠, 할아버지–목사 국전國銓, 아버지–예조판서 규렴奎濂
어머니–안동김씨(동지중추부사 김광찬金光燦의 딸)
부인–칠원윤씨(생원 윤선적尹宣績의 딸)

관직경력

한성판윤 재임기간 : 1712년숙종38 4월 19일 ~ 1712년숙종38 6월 23일

조선 후기의 문신

1684년숙종10	정시문과 급제, 승문원정자, 홍문관저작·박사·검열, 부수찬–파면
1689년숙종15	부교리, 기사환국–낙향
1694년숙종20	갑술환국, 사헌부장령, 홍문관부교리, 사간원사간
1695년숙종21	충주목사, 보덕, 교리, 사인
1697년숙종23	주청사의 서장관으로 청나라 다녀오다. 승지
1698년숙종24	대사성, 예조·이조참의, 승문원부제학
1700년숙종26	충청도관찰사
1701년숙종27	대제학, 대사헌, 예조판서, 이조판서
1718년숙종44	예조판서, 이조판서, 판돈녕부사
1722년경종2	신임사화–유배(강진)
1725년영조1	관작 복구

생애일화

송시열宋時烈의 문인이다.
문장에 능하고 학식이 풍부하여 홍문관에서 올리는 글은 대부분 그가 지었다.
청나라에 사신으로 갔을 때, 여러 번 정문呈文을 지었는데 문장文狀의 사리가 명확하여 청나라 사람들을 놀라게 하였고, 귀국하여 품계가 올라 승지에 임명되었다.

690대 한성판윤 이언강(李彦綱) – 598·606·610·618·626·661·663·670·678·697대 동일인물

한성판윤 재임기간 : 1712년숙종38 7월 15일 ~ 1712년숙종38 12월 10일

691대 한성판윤 윤덕준(尹德駿) – 683·694대 동일인물

한성판윤 재임기간 : 1712년숙종38 12월 11일 ~ 1712년숙종38 12월 18일

692대 한성판윤 김석연(金錫衍) – 666·684·727대 동일인물

한성판윤 재임기간 : 1712년숙종38 12월 18일 ~ 1713년숙종39 2월 20일

693대 한성판윤 민진후(閔鎭厚) – 630·637·646·653·659·679·701대 동일인물

한성판윤 재임기간 : 1713년숙종39 2월 22일 ~ 1713년숙종39 5월 23일

694대 한성판윤 윤덕준(尹德駿) – 683·691대 동일인물

한성판윤 재임기간 : 1713년숙종39 5월 23일 ~ 1713년숙종39 윤5월 23일

695대 한성판윤 박 권(朴權)

신상내용

생몰연대	1658년효종9 ~ 1715년숙종41 - 58세
본관	밀양密陽
자	형성衡聖
호	귀암歸庵
배향	죽정서원(영암)
가족	증조-제남悌男, 할아버지-강계부사 정筳, 아버지-원주목사 시경時璟 어머니-안동김씨(부사 김인량金寅亮의 딸) 부인-남양홍씨(교관 홍석선洪碩善의 딸)

관직경력

한성판윤 재임기간 : 1713년숙종39 윤5월 23일 ~ 1713년숙종39 7월27일

조선 후기의 문신

1684년숙종10	사마시(생원·진사) 양과 입격
1686년숙종12	별시문과 급제, 성균관전적
1692년숙종18	고향 은거
1694년숙종20	갑술옥사, 병조좌랑, 정언
1695년숙종21	부수찬, 교리, 서장관으로 청나라 다녀오다
1697년숙종23	예조참의, 인천부사
1700년숙종26	황해도·경상도관찰사
1702년숙종28	경기도관찰사, 강화부유수
1711년숙종37	사은부사로 청나라 다녀오다
1712년숙종38	한성부우윤, 접반사-백두산 정계비 설치
1713년숙종39	병조참판, 동지의금부사, 한성부판윤,
1714년숙종40	이조·예조·병조·형조판서

생애일화

사람됨이 투철하고 강과剛果하여 별로 친히 지내는 사람이 없이 사람들로부터 외경畏敬의 대상이 되었다. 그러나 나라에 큰 일이 있을 때에는 언제나 부름을 받았고, 또 맡은 일도 잘 처리하였다. 영암의 죽정서원에 배향되었다.
어머니가 그를 잉태했을 때 아버지의 꿈에 어떤 이가 저울을 주며, '이것으로 물건을 달아야

한다' 했으므로, 이름을 '저울질 할 권權'자로 썼다. 그래서 자를 '저울의 성인聖人'이란 뜻으로 형성衡聖이라 했을 것이다.

696대 한성판윤 이건명(李健命)

신상내용

생몰연대	1663년현종4 ~ 1722년경종2 – 60세
본관	전주全州
자	중강仲剛
호	한포재寒圃齋
시호	충민忠愍
배향	사충서원(과천) 외
저서	〈한포재집〉
가족	증조–목사 수록綏祿, 할아버지–영의정 경여敬輿, 아버지–이조판서 민서敏敍 어머니–원주원씨(좌의정 원두표元斗杓의 딸) 형제–관명觀命(친형·좌의정) 이명頤命(4촌형·좌의정) 부인–광산김씨(승지 김만균金萬均의 딸)
묘	경기도 파주시 금촌읍 맥금리

관직경력

한성판윤 재임기간 : 1713년숙종39 7월 28일 ~ 1713년숙종39 8월 21일

조선 후기의 문신

1684년숙종10	사마시(진사) 입격
1686년숙종12	춘당대문과 급제, 설서, 수찬, 교리, 이조정랑, 응교, 사간
1698년숙종24	서장관으로 청나라 다녀오다. 우승지, 대사간, 이조참의
1717년숙종43	정유독대丁酉獨對(숙종과 이이명의 왕위 계승자 논의), 우의정
1720년숙종46	숙종 승하–총호사(장례 총괄)
1721년경종1	좌의정
1722년경종2	노론의 역모 모함–목호룡 고변–유배(흥양·유리안치)–목이 베어 죽임

생애일화

재상으로 있을 때, 백성들의 생활에 깊은 관심을 보였다. 그에 따르는 정책으로 특히, 양역

良役문제에서 감필론減疋論과 결역전용책結役轉用策을 주장하여 뒷날 영조 때의 균역법 시행에 큰 영향을 미쳤다.
시문에 능하고 글씨는 송설체松雪體에 뛰어났다.
우암 송시열宋時烈을 학문과 정치의 모범으로 숭배하였으며, 김창집 형제, 민진원과 정호 등과 친밀히 교유하였다.
1725년영조1에 노론정권이 들어서 신원伸寃되어 충민忠愍이라는 시호가 내려졌으며, 노론 4대신老論四大臣의 한 사람으로 사충서원(과천), 동산서원(홍양), 서하사(나주) 등에 배향되었다.
아버지 이민서도 한성판윤을 지냈으며, 친형 이관명이 좌의정을, 4촌형 이이명도 영조 때 좌의정을 지냈다.

697대 한성판윤 이언강(李彦綱) – 598·606·610·618·626·661·663·670·678·690대 동일인물

한성판윤 재임기간 : 1713년숙종39 8월 21일 ~ 1713년숙종39 9월 14일

698대 한성판윤 윤지인(尹趾仁)

신상내용

생몰연대	1656년효종7 ~ 1718년숙종44 – 63세
본관	파평坡平
자	유린幼麟
호	양강楊江
상훈	청백리
가족	증조–호조좌랑 엄儼, 할아버지–공조참의 민헌民獻, 아버지–예조판서 강絳 어머니–유익柳杙의 딸 형제–윤지선尹趾善(형·좌의정) 尹趾完(형·우의정,청백리) 부인–전주이씨(판돈녕부사·한성판윤 이정영李正英의 딸)
묘	경기도 안성시 앙성면 동항리

관직경력

한성판윤 재임기간 : 1713년숙종39 9월 4일 ~ 1714년숙종40 7월 11일

1681년숙종7	사마시(진사) 입격
1694년숙종20	참봉으로 별시문과 급제
1696년숙종22	세자시강원설서, 사헌부지평, 문학, 홍문록 등재, 홍문관 부수찬·교리, 사서
1697년숙종23	충청도 암행어사, 사헌부지평, 교리, 수찬, 정언, 헌납, 이조정랑
1701년숙종27	사간, 집의, 교리, 사인, 희빈장씨 사약회수 건의-관직삭탈
1706년 이후	부제학, 승지, 대사간, 대사성, 대사헌, 이조참판
1708년숙종34	평안도관찰사
1712년숙종38	동지사 겸 사은사의 부사로 청나라 다녀오다
1713년숙종39	한성부판윤
1715년숙종41	병조판서
1716년숙종42	제도민호군역구관당상諸道民戸軍役句管堂上-전국의 군역 변통 담당

생애일화

삼사의 청요직을 거치면서 참신한 안목으로, 후궁의 수가 많고 은전이 과도하며 궁중의 사치가 심한 것을 간쟁하였다.
희빈장씨에게 내린 사약을 거둬들이도록 숙종에게 간청하였으며, 세자의 보호와 장씨의 오빠 장희재의 목숨을 살려줄 것을 건의하였다. 이로 인해 관직이 삭탈되고 문외출송을 당했으나 왕에 대한 충성심은 의심받지 않아 다시 기용되었다.
청백으로 이름이 나 있었고 성품이 소탈하였으며, 특히 아들 용容과 함께 부자 청백리로 소문이 자자하였다.
정치적 입장은 소론에 속하는 명문 출신으로 노론측과 빈번한 갈등을 빚었다.
아버지 윤강尹絳과 장인 이정영李正英 그리고 본인도 한성판윤을 지냈다. 또한 이복형제인 윤지선尹趾善(둘째형·좌의정) 尹趾完(세째형·우의정,청백리)도 크게 출세했다.

699대 한성판윤 조태채(趙泰采) – 638·655·667·688대 동일인물

한성판윤 재임기간 : 1714년숙종40 7월 11일 ~ 1714년숙종40 9월 28일

700대 한성판윤 홍만조(洪萬朝) – 704·706대 동일인물

신상내용

생몰연대 1645년인조23 ~ 1725년영조1 – 81세
본관 풍산豊山
자 종지宗之
호 만퇴晩退
시호 정익貞翼
저서 〈만퇴당집〉
가족 증조–대사헌 이상履祥, 할아버지–부사 탁, 아버지–현감 주천柱天
어머니–안동김씨(증영의정 김광찬金光燦의 딸)
부인–권진權瑱의 딸
묘 충남 아산시 배방면 세교리 산직촌

관직경력

한성판윤 재임기간 : 1714년숙종40 10월 4일 ~ 1715년숙종41 7월 26일

조선 후기의 문신

1669년현종10	사마시(생원) 입격
1678년숙종4	증광문과 급제, 검열, 지평, 정언
1688년숙종14	부수찬
1689년숙종15	부응교
1690년숙종16	충청도관찰사
1691년숙종17	승지, 전라도관찰사, 도승지
1693년숙종19	강화부유수
1696년숙종22	사은부사로 청나라 다녀오다.
1697년 이후	전라·강원·함경·경상·경기도 관찰사, 대사간, 형조참판
1714년숙종40	한성부판윤, 좌참찬, 형조판서
1718년숙종44	우참찬
1721년경종1	판의금부사, 좌참찬
1722년경종2	판돈녕부사

생애일화

그는 48년 간 관직생활을 하면서 내·외직을 두루 맡았으며, 특히 7도 관찰사를 역임하였다.

청렴 근면하고 도량이 넓어 오랫동안 조정에 몸담았어도 반대파들이 감히 그의 흠결欠缺을 잡지 못했다고 한다.

701대 한성판윤 민진후(閔鎭厚) – 630·637·646·653·659·679·693대 동일인물

한성판윤 재임기간 : 1715년숙종41 7월 30일 ~ 1716년숙종42 윤3월 2일

702대 한성판윤 강 현(姜鋧) – 617·621·628·634·650·658대 동일인물

한성판윤 재임기간 : 1716년숙종42 윤3월 3일 ~ 1716년숙종42 10월 29일

703대 한성판윤 유명웅(俞命雄) – 718대 동일인물

신상내용

생몰연대	1653년효종4 ~ 1721년경종1 – 69세
본관	기계杞溪
자	중영仲英·중호仲豪
호	만휴정晩休亭
시호	온간溫簡
가족	증조–증이판 대의大儀, 할아버지–군수 희증希曾, 아버지–선공감감역 석晳 어머니–이계李棨의 딸 부인–박수부朴壽阜의 딸, 조현기趙顯期의 딸

관직경력

한성판윤 재임기간 : 1716년숙종42 10월 30일 ~ 1717년숙종43 7월 5일

조선 후기의 문신

1678년숙종4	사마시(진사) 입격
1682년숙종8	춘당대문과 급제

1683년 이후	사헌부 정언·지평
1689년숙종15	기사환국-파직
1694년숙종20	갑술옥사, 사헌부장령, 사서
1696년숙종22	금성현령, 헌납
1697년숙종23	보덕, 사간, 집의
1699년숙종25	사은 겸 동지사의 서장관으로 청나라 다녀오다
1701년숙종27	형방승지-희빈장씨 사사 반대, 소론 축출
1705년숙종31	부승지
1707년숙종33	황해도관찰사, 승지
1713년숙종39	도승지
1716년숙종42	강원도관찰사, 동지사로 청나라 다녀오다, 한성부판윤
1718년숙종44	형조판서
1719년숙종45	예조판서
1720년숙종46	한성부판윤
1721년경종1	공조판서

생애일화

금성현령으로 있을 때, 선정을 베풀어 암행어사 여필용呂必容의 천거를 받아 임금으로부터 표리表裏(임금의 속과 겉의 옷감)를 하사받았다.
그는 당론의 폐를 꺼려 조론朝論의 파당에 초연하였고, 번잡한 교제를 피하였다.
특히 시문에 능하고 해서를 잘 썼다. 다만, 성격이 솔직하여 꾸밈이 없었으나 재주와 덕망이 부족하다는 평을 들었다.

704대 한성판윤 홍만조(洪萬朝) – 700·706대 동일인물

한성판윤 재임기간 : 1717년숙종43 7월 6일 ~ 1717년숙종43 10월 14일

705대 한성판윤 민진원(閔鎭遠)

신상내용

생몰연대 1664년현종5 ~ 1736년영조12 –73세
본관 여흥

자	성유聖猷
호	단암丹巖·세심洗心
시호	문충文忠
배향	영조 묘정
가족	증조-기機, 할아버지-참의 광훈光勳, 아버지-여양부원군 유중維重 어머니-은진송씨(좌찬성 송준길宋浚吉의 딸) 형제-인현왕후(여동생·숙종계비) 진후鎭厚(형·좌찬성) 부인-파평윤씨(좌의정 윤지선尹趾善의 딸) 아들-형수亨洙(대사간)

관직경력

한성판윤 재임기간 : 1716숙종43 10월 15일 ~ 1716년숙종43 12월 11일

조선 후기의 문신

1691년숙종17	증광문과 급제
1694년숙종20	갑술옥사-인현왕후 복위, 예문관검열
1696년숙종22	세자시강원겸설서, 사서,
1697년숙종23	홍문록 등재, 수찬, 문과중시 급제
1698년숙종24	병조좌랑, 사헌부지평, 부수찬
1701년숙종27	사복시정, 사헌부집의
1703년숙종29	전라도관찰사-서원 남설 억제
1705년숙종31	공조참의
1706년숙종32	강화부유수
1712년숙종38	평안도관찰사, 사은부사로 청나라 다녀오다
1715년숙종41	대사성-〈가례원류〉 간행 논쟁
1716년숙종42	평안도 시관試官
1718년숙종44	예조판서, 양전구관당상量田句管堂上, 주청사로 청나라 다녀오다
1719년숙종45	강화구관당상, 이조·호조판서
1721년경종1	공조판서, 실록청총재관-숙종실록 편찬 참여
1722년경종2	신임사화-유배
1724년영조즉위	우의정, 경종실록 주관
1725년영조1	좌의정
1726년영조2	영중추부사
1727년영조3	정미환국-파직 안치(순안)
1729년영조5	판중추부사
1730년영조6	기로사 입소, 봉조하

생애일화

그는 글씨를 잘 쓰고 문장에 능했으며, 작품으로 송담서원비松潭書院碑(강릉), 고려예의판서농암선생신도비高麗禮儀判書農巖先生神道碑(선산), 여양부원군민유중신도비전액驪陽府院君閔維重神道碑篆額(여주) 등이 있다.
저서로는 〈단암주의丹巖奏議〉·〈연행록燕行錄〉·〈단암만록丹巖漫錄〉·〈민문충공주의閔文忠公奏議〉 등이 전한다.

706대 한성판윤 홍만조(洪萬朝) – 700·704대 동일인물

한성판윤 재임기간 : 1717년숙종43 12월 11일 ~ 1718년숙종44 6월 1일

707대 한성판윤 최석항(崔錫恒) – 672·677대 동일인물

한성판윤 재임기간 : 1718년숙종44 6월 1일 ~ 1718년숙종44 8월 15일

708대 한성판윤 조태구(趙泰耉) – 681·685·710·719

한성판윤 재임기간 : 1718년숙종44 8월 16일 ~ 1718년숙종44 윤8월 6일

709대 한성판윤 권상유(權尙游) – 716대 동일인물

신상내용

생몰연대	1656년효종7 ~ 1724년경종4 – 69세
본관	안동安東
자	계문季文·유도有道
호	구계癯溪
시호	정헌正獻
가족	찰방 주霔, 할아버지–부사 성원聖源, 아버지–집의 격格 어머니–함평이씨(돈녕부도정 이초로李楚老의 딸)

관직경력

한성판윤 재임기간 : 1718년숙종44 윤8월 6일 ~ 1718년숙종44 9월 2일

조선 후기의 문신

1694년숙종20	별시문과 급제, 승문원 등용,
1695년 이후	봉교, 설서, 정언, 수찬, 교리, 병조좌랑, 헌납, 지제교, 부응교, 필선
1703년숙종29	수원부사
1704년숙종30	대사간, 동부승지, 이조·예조·공조참의, 전라도관찰사
1709년숙종35	개성부유수, 평안도관찰사, 대사성, 도승지
1710년 이후	이조·예조·병조·형조·공조참판 , 한성부좌윤, 부제학
1714년숙종40	관서접반사, 호남순무사
1715년숙종41	형조판서
1716년숙종42	호조·예조판서
1718년숙종44	한성부판윤, 우참찬, 이조판서
1721년경종1	신임사화–탄핵·삭직·문외출송

생애일화

처음에는 맏형 상하尙夏에게서 글을 배우다 뒤에 송시열宋時烈의 문하에서 수학하였다.
윤휴尹鑴가 주자학을 호만하다고 비판한 것과 박세당朴世堂이 〈사변록思辨錄〉을 지어 주자학을 배척한 것에 대하여, 두 사람을 공박하는 내용의 변설문辨說文을 작성하여 김창협金昌協으로부터 그 학식을 높이 칭찬받았다.
그는 성리설에 밝았으며 특히 〈논어〉와 〈주역〉에 관통하였다.
관료로서는 경연에서 호족의 폐해와 군제의 개혁을 주장하고, 궁장의 절수折受가 성덕의 허물이 됨을 강조하였다.

710대 한성판윤 조태구(趙泰耉) – 681·685·708·719

한성판윤 재임기간 : 1718년숙종44 9월 2일 ~ 1718년숙종44 12월 21일

711대 한성판윤 황 흠(黃欽) – 680·682대 동일인물

한성판윤 재임기간 : 1718년숙종44 12월 21일 ~ 1719년숙종45 1월 11일

712대 한성판윤 권 성(權𢢜) – 717·724·739대 동일인물

신상내용

생몰연대	1653년효종4 ~ 1730년영조6 – 78세
본관	안동安東
자	경중敬仲
호	제월재霽月齋
시호	정간貞簡
가족	증조–현감 인韌, 할아버지–장령 전佺, 아버지–집의 양讓 어머니–남양홍씨(홍사도洪思道의 딸) 부인–최선崔渲의 딸
묘	충남 서천군 시초면 신곡리

관직경력

한성판윤 재임기간 : 1719년숙종45 1월 11일 ~ 1719년숙종45 3월 15일

조선 후기의 문신

1683년숙종9	사마시(생원·진사) 양과 입격
1687년숙종13	알성문과 급제, 지평, 장령, 집의, 헌납, 사간
1703년숙종19	〈국조명신주의집록國朝名臣奏議輯錄〉을 왕에게 진찬
1704년숙종20	평안·황해·강원·함경·경상·충청도 관찰사
1719년숙종25	한성부판윤
1721년경종1	신임사화–삭직
1725년영조1	부총관, 한성부판윤, 공조판서
1727년영조3	정미환국–삭직, 형조판서

생애일화

1703년숙종19에 정암 조광조趙光祖·율곡 이이李珥의 유집에서 현군賢君이 행해야 할 18개조를 뽑아 〈국조명신주의집록〉을 편찬하여 임금에게 바쳤다.

713대 한성판윤 정 호(鄭澔)

신상내용

생몰연대	1648년인조26 ~ 1736년영조12 – 89세
본관	연일延日
자	중순仲淳·중백仲白
호	장암丈巖
시호	문경文敬
배향	누암서원(충주)
저서	〈장암집〉 외
가족	증조–부사 종명宗溟, 할아버지–생원 직溭, 아버지–감찰 경연慶演 어머니–여흥민씨(민광환閔光煥의 딸) 부인–강릉최씨(감사 최응천崔應天의 딸)

관직경력

한성판윤 재임기간 : 1719년숙종45 3월 15일 ~ 1719년숙종45 9월 17일

조선 후기의 문신

1682년숙종8	사마시(진사) 입격
1684년숙종10	정시문과 급제, 검열, 정언
1689년숙종15	기사환국–파직, 문외출송, 유배(함경도 경성)
1694년숙종20	갑술옥사, 지평, 수찬, 교리
1696년숙종22	이사상李師尙 논핵–파직
1698년숙종24	수찬, 집의, 사간
1699년숙종25	동래부사–왜에게 신은新銀 판매–파직
1701년숙종27	광주부윤
1702년숙종28	승지, 부제학
1704년숙종30	함경도관찰사
1710년숙종36	대사간, 대사헌–유배(홍해·갑산)
1713년숙종39	대사성–송시열의 묘정 배향 건의
1715년숙종41	부제학–〈가례원류〉 발문 작성
1716년숙종42	대사헌–윤선거尹宣擧의 문집 〈노서유고〉 내용 탄핵, 윤선거 부자 관작추탈
1717년숙종43	세자 대리청정 관철, 예조판서
1718년숙종44	이조판서

1721년경종1	실록청총재관–숙종실록 편찬
1722년경종2	신임사화–파직, 유배(강진)
1725년영조1	우의정–노론4대신 신원 상소
1726년영조2	좌의정, 영의정
1727년영조3	정미환국–은퇴
1729년영조5	기로사 입소, 영중추부사

생애일화

송강 정철鄭澈의 현손으로, 송시열 문하에서 촉망받는 인재였으며 1675년숙종1 송시열이 귀양 가자 과거시험을 단념하고 성리학에 힘썼다.
일생을 노론의 선봉으로 활약하였으며 늘 청빈하게 지냈다 한다.
시문과 글씨에 모두 솜씨가 있었으며, 저서로는 〈장암집丈巖集〉 26권이 전해져 있고 편서로 〈문의통고文義通攷〉가 있다. 충주의 누암서원樓巖書院에 배향되었다.

714대 한성판윤 조도빈(趙道彬) – 715대 동일인물

신상내용

생몰연대	1665년현종6 ~ 1729년영조5 – 65세
본관	양주楊州
자	낙보樂甫
호	수와睡窩
시호	정희靖僖
가족	증조–형조판서 계원啓遠, 할아버지–군수 희석禧錫, 아버지–도정 태래泰來 어머니–해평윤씨(윤계尹堦의 딸) 부인–연안이씨(이세기李世耆의 딸)

관직경력

한성판윤 재임기간 : 1719년숙종45 9월 18일 ~ 1719년숙종45 10월 10일

조선 후기의 문신

1691년숙종17	사마시(진사) 입격, 선릉참봉
1702년숙종20	알성문과 급제, 부수찬, 집의
1710년숙종28	승지

1719년숙종37	동지사로 청나라 다녀오다. 대사성, 호조·예조참판, 대사헌, 한성부판윤
1719년숙종38	형조·병조핀시
1722년경종2	신임사화—작은아버지 조태채趙泰采 연루, 유배(옥구)
1724년경종4	공조·병조판서
1726년영조2	우의정
1727년영조3	정미환국—파직
1728년영조4	판돈녕부사, 영돈녕부사

생애일화

이인좌의 난 이후 민심의 진정을 위해 노력하였다.
증조할아버지 조계원과 작은아버지 조태채가 한선판윤을 역임하였다.

715대 한성판윤 조도빈(趙道彬) – 714대 동일인물

한성판윤 재임기간 : 1719년숙종45 10월 10일 ~ ? (재직확인:1719년 10월 10일)

716대 한성판윤 권상유(權尙游) – 709대 동일인물

한성판윤 재임기간 : ? ~ ? (재직확인:1719년 11월 10일)

717대 한성판윤 권 성(權渻) – 712·724·739대 동일인물

한성판윤 재임기간 : 1719년숙종45 12월 7일 ~ 1720년숙종46 4월 29일

718대 한성판윤 유명웅(俞命雄) – 703대 동일인물

한성판윤 재임기간 : 1720년숙종46 4월 30일 ~ 1720년숙종46 6월 16일

719대 한성판윤 조태구(趙泰耉) – 681·685·708·710대 동일인물

한성판윤 재임기간 : 1720년숙종46 6월 17일 ~ 1720년숙종46 7월 10일

720대 한성판윤 이의현(李宜顯)

신상내용

생몰연대	1669년현종10 ~ 1745년영조21 – 77세
본관	용인龍仁
자	덕재德哉
호	도곡陶谷
시호	문간文簡
상훈	청백리
가족	증조–형조참의 후천後天, 할아버지–목사 정악挺岳, 아버지–좌의정 세백世白 어머니–군수 연일정씨(정창징鄭昌徵의 딸) 부인–함종어씨(감사 어진익魚震翼의 딸), 송하석宋夏錫의 딸, 유인柳寅의 딸
묘	경기도 남양주시 미금읍 이패동 석포마을

관직경력

한성판윤 재임기간 : 1720년숙종46 7월 11일 ~ 1720년숙종46 8월 4일

조선 후기의 문신

1694년숙종20	별시문과 급제, 검열, 설서, 정언, 금성현령, 부교리
1707년숙종33	이조정랑, 동부승지, 이조참의, 대사간
1712년숙종38	이조참의, 부제학, 대사성
1714년숙종40	황해도관찰사, 도승지, 경기도관찰사, 예조참판
1720년경종1	신임사화–유배(운산)
1725년영조1	형조판서, 이조판서 겸 수어사, 승문원제조 겸 비변사유사당상
1726년영조2	판의금부사, 예조판서, 양관대제학 겸 세자빈객
1727년영조3	우의정, 정미환국–파직, 퇴거(양주)
1728년영조4	이인좌의 난, 판중추부사–반란관련자 치죄, 〈경종실록〉 편찬 참여
1732년영조8	사은정사로 청나라 다녀오다
1735년영조11	영의정–삭직

1736년영조12 판중추부사
1939년영조15 영중추부사
1742년영조18 봉조하

생애일화

그는 김창협金昌協의 문인으로 문학에 뛰어나, 숙종 때 대제학 송상기宋相琦에 의해 당대 명문장가로 천거되었다.
이조판서로 임명되어 수어사를 겸하면서 명류名流들을 조정에 끌어드리는데 힘썼다.
그는 신임사화 때나 정미환국 등의 비상시에 처하여 홀로 청의淸議를 지켜 의론을 굽히지 않은데다, 영조 초에 이조판서로 있으면서 사사로운 보복에 급급했던 민진원·조관빈 등의 전횡을 견제하고 청론淸論을 심으려 노력하여 사림의 신망을 크게 얻었다.
청렴하고 검소함을 스스로 실천하였고, 청백리에 녹선 되었다.
아버지 이세백도 한성판윤과 좌의정을 지내 부자정승으로 이름났다.

721대 한성판윤 이홍술(李弘述) – 725대 동일인물

신상내용

생몰연대 1647년인조25 ~ 1722년경종2 – 76세
본관 전주全州
자 사선士善
시호 충정忠定
추증 찬성贊成
가족 증조–당은군 인령引齡, 할아버지–응천군 돈潡, 아버지–승지 석한錫漢
어머니–경주김씨(김광익金光翼의 딸)
부인–광산김씨(김정탁金廷鐸의 딸)
묘 경기도 남양주시 별내면 청학리 수락산

관직경력

한성판윤 재임기간 : 1720년숙종46 8월 5일 ~ 1721년경종1 2월 4일

조선 후기의 무신

1674년현종15 무과 급제,
1675년 이후 선전관, 내금위장, 자산군수, 창성부사, 선천부사, 절도사, 황해병사, 훈

	련대장, 포도대장, 병조참판, 오위도총부도총관, 총융사, 병조판서
1720년숙종46	숙종 승하, 한성부판윤
1721년경종1	왕이 아들이 없자, 김창집 등과 연잉군(뒷날 영조) 세제世弟 책봉 기여
1722년경종2	경종의 시해弑害 미수범의 동조자로 몰려 불복하였으나 사형

생애일화

중종의 일곱째아들 덕흥대원군德興大院君의 5대손으로, 노론 삼장신三將臣의 한 사람이다. 소론의 강경파인 김일경 등의 조정 전복기도를 삼엄한 경비로 차단하여 왕세제문제로 야기된 정치적 갈등에서 세제책봉을 주장한 노론의 입장이 실현되도록 하는데 기여하였다.

722대 한성판윤 이만성(李晚成)

신상내용

생몰연대	1659년효종10 ~ 1722년경종2 – 64세
본관	우봉牛峰
자	사추士秋
호	귀락당歸樂堂·행호거사杏湖居士
시호	충숙忠肅
배향	죽정서원(영암)
저서	〈귀락당집〉
가족	증조–현감 할劼, 할아버지–호조참의 유겸有謙, 아버지–우의정 숙翽
	어머니–나주박씨(첨지중추부사 딸)
	부인–안동김씨(영의정 김수흥金壽興의 딸) 연안김씨(봉사 김의金義의 딸)

관직경력

한성판윤 재임기간 : 1721년경종1 2월 5일 ~ 1721년경종1 5월 2일

조선 후기의 문신

1682년숙종8	사마시(진사) 입격
1696년숙종22	정시문과 장원급제, 전적, 좌랑
1698년숙종24	지평 겸 지제교
1699년 이후	교리, 응교, 동부승지, 이조참의, 대사성
1706년숙종32	대사헌 겸 승문원제조

1709년숙종35	대사성–삭직(영의정 최석정의 〈예기유편〉 비난 논죄)
1710년숙종36	복관–이조참판
1716년숙종42	경기도관찰사
1721년경종1	한성부판윤, 형조·이조판서
1722년경종2	신임사화–유배(부안)–상경 옥사
1724년영조즉위	복관

생애일화

작은아버지 지평 翕翕에게 양자 갔고, 송시열宋時烈의 문인이다.
지평 겸 지제교로 있을 때, 영의정 유상운柳尙運이 대제학 오도일吳道一과 함께 과거시험을 주관하면서 유상운의 아들 유봉휘柳鳳輝를 합격시킨데 대하여 이를 반박하는 소를 올려, 마침내 그를 파방罷榜시켰다.
이조판서로 있을 때에는 전형銓衡을 엄격히 하고, 행신倖臣의 폐를 막아 침체된 정사를 진흥시키기 위해 노력했다.
아버지 숙翻과 숙부 익翊이 한성판윤을 지내 본인과 함께 한 집안에서 세 사람의 판윤이 배출되었다.
영암의 죽정서원에 배향되었으며, 저서로는 〈귀락당집歸樂堂集〉이 있다.

723대 한성판윤 이관명(李觀命)

신상내용

생몰연대	1661년현종2 ~ 1733년영조9 – 73세
본관	전주全州
자	자빈子賓
호	병산屛山
시호	문정文靖
배향	동산서원(홍덕)
저서	〈병산집〉
가족	증조–목사 수록綏祿, 할아버지–영의정 경여敬輿, 아버지–이조판서 민서敏敍 어머니–원주원씨(좌의정 원두표元斗杓의 딸) 부인–덕수장씨(판서 張善徵의 딸) 안동권씨(권중만權重萬의 딸)
묘	경기도 파주시 탄현면 법흥리

관직경력

한성판윤 재임기간 : 1721년경종1 5월 2일 ~ 1721년경종1 5월 20일

조선 후기의 문신

1687년숙종13	사마시(생원) 입격
1688년숙종14	세자익위사 세마, 공조정랑, 함열현감
1698년숙종24	알성문과 급제, 전조랑銓曹郎, 사인
1699년 이후	이조·병조·예조참판, 양관 대제학
1722년경종2	신임사화-아우 이건명 사형, 연좌되어 유배(덕천)
1725년영조1	우의정
1726년영조2	좌의정, 기로사 입소

생애일화

지방관으로 나갔을 때는 민초들의 어려움을 잘 보살폈고, 시폐의 시정책을 초구하는 상소를 많이 올렸다. 중앙에서 근무할 때는 임금의 융숭한 예우를 받았다.
그는 특히 문장에 뛰어나 응제문應製文·반교문頒敎文·시책문諡册文 등을 많이 남겼다.
홍덕 동산서원東山書院에 배향되었으며, 저서로는 〈병산집屛山集〉 15권 8책이 있다.

724대 한성판윤 권 성(權渻) – 712·717·739대 동일인물

한성판윤 재임기간 : 1721년경종1 5월 20일 ~ 1721년경종1 8월 9일

725대 한성판윤 이홍술(李弘述) – 721대 동일인물

한성판윤 재임기간 : 1721년경종1 8월 9일 ~ 1721년경종1 10월 15일

726대 한성판윤 윤헌주(尹憲柱) – 738·745대 동일인물

신상내용

생몰연대　1661년현종2 ~ 1729년영조5 – 69세

본관	파평坡平
자	길보吉甫
호	이지당二知堂
시호	익헌翼獻
상훈	분무원종공신
가족	증조-증참판 종복宗福, 할아버지-봉사 수열受說, 아버지-동지중추부사 택澤 어머니-순흥안씨(안영달安穎達의 딸) 부인-평양조씨(조중정趙重鼎의 딸)
묘	경기도 양주시 회천읍 봉양리

관직경력

한성판윤 재임기간 : 1721년경종1 10월 16일 ~ 1722년경종2 1월 21일

조선 후기의 문신

1683년숙종9	사마시(생원) 입격, 음보로 참봉·봉사 역임
1696년숙종22	알성문과 장원급제, 전적, 황해도도사
1697년숙종23	정언, 헌납, 지평, 장령
1699년숙종25	세자시강원, 장악원정, 군자감정, 남양·양주군수
1705년숙종31	사간원사간, 승정원동부승지
1706년숙종32	여주목사, 승지
1716년숙종42	성주목사
1717년숙종43	동지의금부사, 충청감사
1718년숙종44	한성부우윤, 형조·병조·호조참판, 도승지
1720년숙종46	함경도관찰사
1721년경종1	한성부판윤-지방관 재직시 비리-정배(용천부)
1725년영조1	평안도관찰사
1728년영조4	북도안무사-이인좌의 난 토평, 민심 무마수습
1748년영조24	분무원종공신奮武原從功臣-이인좌의 난 토평

생애일화

그는 소장관료시절에 궁장토宮庄土의 폐단을 지적하고, 이를 폐지할 것을 논계하는 등의 언론활동을 하였다.
지방관으로 성주목사 재직 시에는 은혜로운 정치를 베풀어 조정의 칭찬을 들었다. 숙종45년에 함경도관찰사로 있을 때에는, 북도의 풍속이 비루함을 보고 관혼상제의 예절을 보급하였으며, 사서삼경을 여러 읍에 배포하는 등 교화사업에 노력하였다. 한편 진鎭과 보堡를 증설하고, 군사들의 훈련을 독려하여 국방을 강화하는 치적을 올렸다.

727대 한성판윤 김석연(金錫衍) – 666·684·692대 동일인물

한성판윤 재임기간 : 1722년경종2 1월 22일 ~ 1722년경종2 2월 5일

728대 한성판윤 유봉휘(柳鳳輝)

신상내용

생몰연대	1659년효종10 ~ 1727년영조3 – 69세
본관	문화文化
자	계창季昌
호	만암晚菴
가족	증조–현감 숙夙, 할아버지–형조정랑 성오誠吾, 아버지–영의정 상운尙運 어머니–전의이씨(우의정 이행원李行遠의 딸) 부인–함안조씨(교리 조근趙根의 딸)

관직경력

한성판윤 재임기간 : 1722년경종2 2월 6일 ~ ?

조선 후기의 문신

1684년숙종10	사마시(진사) 입격
1697년숙종23	정시문과 급제, 수찬, 부제학, 동지의금부사
1721년경종1	사직, 왕의 아우 연잉군 세제 책봉 반대
1722년경종2	신임사화, 우부빈객
1723년경종3	이조판서
1725년영조1	노·소론 연립정부, 우의정, 좌의정–면직–유배(경흥)

생애일호

같은 소론인 이광좌李光佐와 달리 과격파에 속하여 노론의 탄압에 적극적이었으므로, 노론 집권 이후에도 신원되지 못하였다.

729대 한성판윤 심 단(沈檀) – 736대 동일인물

신상내용

생몰연대	1645년인조23 ~ 1730년영조6 – 86세
본관	청송青松
자	재숙載叔
호	약현藥峴·추우당追尤堂
가족	증조–진사 우준友俊, 할아버지–서령 서諝, 아버지–평시서령 광면光沔 어머니–해평윤씨(예조참의 윤선도尹善道의 딸) 부인–광주이씨(별검 이윤원李允元의 딸)

관직경력

한성판윤 재임기간 : ? ~ ? (재직확인:1722년 5월 18일)

조선 후기의 문신

1662년현종3	사마시(생원) 입격
1673년현종14	정시문과 급제
1675년숙종1	승정원주서, 전적
1677년숙종3	홍문관수찬, 이조좌랑, 숙녕현감, 교리, 이조정랑, 검상, 사인, 응교
1680년숙종6	경신대출척–유배(양덕)
1689년숙종15	기사환국, 교리, 부응교, 수원부사
1690년숙종16	이조참의, 병조참판, 도승지, 대사간, 대사헌
1692년숙종18	평안도관찰사, 대사간, 경기도관찰사
1694년숙종20	갑술옥사–파직
1699년숙종25	삼척부사
1701년숙종27	인현왕후 승하, 유배(해남·영해)
1713년숙종39	동지중추부사
1721년경종1	이조·예조판서
1722년경종2	대사헌, 판의금부사, 한성부판윤 겸 세제우빈객
1723년경종3	우참찬, 형조·예조판서
1725년영조1	탄핵 유배(삭주)
1729년영조5	공조·형조판서–사양
1730년영조6	봉조하

생애일화

그는 개국공신 청성백靑城伯 심덕부沈德符의 후손이다.
3세의 어린 나이에 아버지를 여의고 외할아버지인 윤선도尹善道 밑에서 교육을 받고 자라면서 두각을 나타내기 시작하였다.
그가 태어난 시대가 당쟁이 심하던 때이고, 남인에 속하던 외할아버지의 영향을 받아 57여 년 동안 파란만장의 곡절을 겪었다.
수원부사 등을 역임하면서 유배생활의 경험을 바탕으로 백성 편에서 진소陳訴하여 왕의 인정을 받았으며, 평안도관찰사로 나아가서는 백성들에게 선정을 베풀어 인심을 얻었다.
대사헌이 되어서는 전라도 장성현의 민전民田이 궁방전宮房田으로 빼앗기자 이를 상소하여 다시 민전으로 돌려주기도 하였다.
영조의 탕평책으로 공조판서 등에 임명되었으나 모두 사양하였다. 그러나 그 해에 이인좌李麟佐의 난이 일어나자, 궁궐로 달려가서 백성을 편안케 하고 탐학한 서리를 제거할 것, 제도諸道에서 사적으로 거둬들이는 세금을 조사하여 군에 필요한 자금으로 충당할 것, 주전鑄錢을 하지 말 것, 제궁가諸宮家와 각 관아가 침탈하는 법외사세法外私稅를 혁파할 것 등의 시무책時務策을 올리기도 하였다.
정조대왕이 훗날 말하기를 "영조대왕께서 그가 충신이라고 항상 칭찬하였다."고 한다.

730대 한성판윤 윤취상(尹就商)

신상내용

생몰연대 ? ~ 1725년영조1
본관 함안咸安
가족 증조-옹顒, 할아버지-의주부윤 진경進卿, 아버지-통사 천뢰川賚
어머니-곽문건郭文健의 딸

관직경력

한성판윤 재임기간 : 1722년경종2 7월 2일 ~ 1723년경종3 12월 13일

조선 후기의 무신

1676년숙종2	무과 장원급제, 양주목사 등 지방관 역임
1701년숙종27	총융사, 어영대장 겸 좌포도대장
1704년숙종30	훈련대장
1707년숙종30	수원부사

1708년숙종31	황해도순무사
1709년숙종32	포도대장
1712년숙종35	총융사
1721년경종1	한성부좌윤, 병조참판, 동지의금부사
1722년경종2	한성부판윤
1723년경종3	형조판서
1724년영조즉위	김일경 일당–탄핵·파직·복주伏誅

생애일화

조정 내에서 노론·소론 간의 대립이 치열해지면서, 형조판서로 있을 때 노론을 핍박하고 축출하는데 앞장섰다. 결국 영조 즉위 후 노론 강경파 김일경 일당과 함께 국문을 받고 죽임을 당했다.

731대 한성판윤 조태억(趙泰億)

신상내용

생몰연대	1675년숙종1 ~ 1728년영조4 – 54세
본관	양주楊州
자	대년大年
호	겸재謙齋·평천平泉·학탄鶴灘·태록당胎祿堂
시호	문충文忠
저서	〈겸재집〉
가족	증조–지돈녕부사 존성存性, 조부–형조판서 계원啓遠, 아버지–이조참의 가석嘉錫 어머니–남원윤씨(윤이명尹以明의 딸) 부인–청송심씨(심구서沈龜瑞의 딸)·5남1녀 친척–태구泰耉(4촌형) 태채泰采(4촌형)
묘	경기도 연천군 전곡읍 마포리

관직경력

한성판윤 재임기간 : 1723년경종3 12월 14일 ~ 1724년경종4 1월 11일

1693년숙종19	사마시(진사) 입격
1697년숙종23	감과柑科 장원급제
1702년숙종28	식년문과 급제, 검열, 지평, 정언
1707년숙종33	문과중시 급제, 이조정랑, 우부승지
1708년숙종34	철원부사
1709년숙종35	대사성
1711년숙종36	통신사로 일본에 다녀오다. 이조·호조참의
1714년숙종39	공조·예조참의
1717년숙종42	여주목사, 장예원판결사
1720년숙종46	경상도관찰사
1721년경종1	호조참판, 대사성, 세제우부빈객
1722년경종2	대제학, 공조·예조판서
1724년경종4	호조판서, 경종 승하, 병조판서, 우의정, 호위대장 겸 대제학
1725년영조1	신임사화–판중추부사·삭직
1727년영조6	정미환국, 좌의정, 영돈녕부사
1755년영조31	나주괘서사건–관작추탈

생애일화

영의정을 지낸 명곡 최석정崔錫鼎의 문인이다.
7세에 고아가 되었으나 스스로 학문에 열중하여 문장이 특출하였다. 영조의 즉위 반교문頒文을 지었으며, 글씨에도 능하여 초서·예서를 잘 썼으며, 영모翎毛를 잘 그렸다.
정치적으로는 소론 온건파에 속했으며 과격파의 국문 때 책임관이 되었어도 그 직책을 매우 불안하게 여겨 왕의 친국을 청하기도 하였다.
당내 집안에서 한성판윤을 많이 배출하였는데, 할아버지 계원啓遠을 비롯하여 작은 아버지 사석師錫·4촌 태구泰耉와 태채泰采·당질 도빈道彬 등이다.

732대 한성판윤 오명준(吳命峻)

신상내용

생몰연대	1662년현종3 ~ 1723년경종3 – 62세
본관	해주海州
자	공보公保·보경保卿

호	미촌微村
가족	증조–형조정랑 달천達天, 할아버지–도륭道隆, 아버지–현감 수량遂良 어머니–함양여씨(영의정 여성제呂聖濟의 딸) 부인–최상일崔尙一의 딸
묘	경기도 용인시 처인구 모현면 오산리

관직경력

한성판윤 재임기간 : 1724년경종4 1월 12일 ~ 1724년경종4 2월 13일

조선 후기의 문신

1684년숙종10	사마시(진사) 입격
1694년숙종20	알성문과 장원급제, 정언
1967년숙종23	문학, 사서, 교리, 부수찬
1699년숙종25	수찬
1705년숙종31	함경·강원 감진어사監賑御使
1715년숙종41	〈가례원류〉 시비 때 윤증尹拯 비난, 부제학 정호鄭澔 탄핵–파직

생애일화

인조 때 영의정을 지낸 오윤겸吳允謙의 현손이며 우의정 오명항吳命恒의 형이다.
그는 성품이 강직하여 언관으로서 정적관계인 소론계열 인사들을 빈번히 공격하였다. 우의정 이건명李健命의 만류에도 불구하고, 격렬한 문장으로 이조판서 김구金構를 탄핵하는 등 직간을 자주하여 오해를 불러일으키기도 하였다.
43세의 늦은 나이에 어사로 파견되어 함경도와 강원도의 진휼 상황을 살피고, 북쪽 국경지역 백성들의 피폐한 생활상과 군대의 폐단을 파악하여 보고하였다.
문장과 글씨가 뛰어나고 경사經史에도 조예가 깊었다.

733대 한성판윤 심수현(沈壽賢)

신상내용

생몰연대	1663년현종4 ~ 1736년영조12 – 74세
본관	청송靑松
자	기숙耆叔
호	지산止山·芝山

가족　　증조–첨지중추부사 억檍, 할아버지–약한若漢, 아버지–응교 유濡
　　　　어머니–배천조씨(대사헌 조석윤趙錫胤의 딸)
　　　　부인–전의이씨(직장 이만겸李萬謙의 딸) 광주안씨(안후진安後震의 딸)
묘　　　경기도 파주시 광탄면 마장리

관직경력

한성판윤 재임기간 : 1724년경종4 2월 14일 ~ 1724년경종4 7월 10일

조선 후기의 문신

1704년숙종30	춘당대문과 급제
1706년숙종32	설서, 지평, 홍문록 등재, 수찬
1708년숙종34	강원도암행어사–지방관 징계와 표창 상신
1709년숙종35	부교리, 지평, 평안도 강변7읍 무재武才선발 감독 어사, 헌납, 의주부윤
1714년숙종40	양양부사, 충청도관찰사
1716년숙종42	승지, 형조참의
1719년숙종45	경상좌도균전사
1720년숙종46	승지
1721년경종1	강화부유수, 대사헌, 이조참판
1722년경종2	공조판서
1724년경종4	병조판서, 판의금부사
1725년영조1	지중추부사,
1727년영조3	병조판서, 지경연사, 판의금부사, 우의정, 진주사로 청나라 다녀오다
1730년영조6	우의정
1733년영조9	영의정
1736년영조12	판중추부사

생애일화

당쟁이 격심한 어려운 시기에도 정세에 휩쓸리지 않고, 정확한 판단력으로 관직에 충실하여 영의정에 이르도록 직분을 훌륭히 해내었다.

734대 한성판윤 김일경(金一鏡)

신상내용

생몰연대　1662년현종3 ~ 1724년경종4 – 63세

본관	광산光山
자	인감人鑑
호	아계丫溪
저서	〈아계집〉
가족	증조–진사 계榮, 조부–부사 익렴益廉, 생부–생원 하중夏重, 양부–여중呂重 생모–권우權堣의 딸, 양모–민복閔福의 딸 부인–이명하李鳴夏의 딸, 이세신李世藎의 딸

관직경력

한성판윤 재임기간 : 1724년경종4 7월 11일 ~ 1724년경종4 7월 18일

조선 후기의 문신

1687년숙종13	사마시(생원·진사) 양과 입격
1702년숙종28	식년문과 장원급제
1703년숙종29	정언, 감찰, 세자시강원문학, 지평
1707년숙종33	문과중시 장원급제, 장예원판결사 특진
1710년숙종36	동부승지, 부사과 좌천
1720년경종즉위	노론의 세제 대리청정 반대–노론4대신 유배·유리안치
1721년경종1	대사헌, 형조판서
1722년경종2	신임사화–노론4대신 사사
1723년경종3	우참찬, 이조참판, 이조판서
1724년영조즉위	신임사화 무고 조작 탄로–참형

생애일화

소론 강경파의 거두로 노론 공격의 선봉 역할을 하며 세제世弟 대리청정을 둘러싼 권력투쟁에서 노론사대신을 탄핵·위리안치했다가, 결국 신임사화를 통해 4대신을 모두 사사賜死케 한 장본인이다.

그러나 영조 즉위 후, 경종을 시해하려 했다는 목호령睦虎龍의 고변이 김일경 일파의 조작된 무고로 밝혀져 투옥되었으며 친국을 받다가 참형을 당했다.

735대 한성판윤 이인징(李麟徵) – 754대 동일인물

신상내용

생몰연대 1643년인조21 ~ 1729년영조5 – 87세

본관 연안延安
자 옥서玉瑞
호 운강雲崗
가족 증조-정언 주澍, 할아버지-사성 창정昌庭, 아버지-지평 완
어머니-영천이씨(이원량李元樑의 딸)
부인-남양홍씨(홍유부洪有阜의 딸), 정후망鄭垕望의 딸

관직경력

한성판윤 재임기간 : 1724년경종4 7월 18일 ~ 1724년경종4 8월 1일

조선 후기의 문신

1675년숙종1	사마시(생원·진사) 양과 입격
1679년숙종5	식년문과 장원급제, 정언
1689년숙종15	홍문록 등재, 부수찬, 부교리, 사간, 집의, 수찬, 교리
1690년숙종16	보덕, 승지, 충청도관찰사
1691년숙종17	승지
1695년숙종21	강계부사
1696년숙종22	승지
1721년경종1	지의금부사
1724년경종4	공조판서, 한성부판윤, 공조판서로 기로소에 입소

생애일화

큰할아버지 이광정李光庭과 4촌형 이관징李觀徵도 한성판윤을 지냈다.

736대 한성판윤 심 단(沈檀) – 729대 동일인물

한성판윤 재임기간 : 1724년경종4 8월 2일 ~ 1725년영조1 1월 6일

737대 한성판윤 홍치중(洪致中)

신상내용

생몰연대 1667년현종8 ~ 1732년영조8 – 66세

본관	남양南陽
자	사능士能
호	북곡北谷
시호	충간忠簡
가족	증조–평안관찰사 명구命耉, 조부–우의정 중보重普, 아버지–강원관찰사 득우得禹 어머니–김경여金慶餘의 딸 부인–경주이씨(이연식李演烒의 딸)
묘	경기도 개풍군 풍덕면 효례곡, 1970년 양평군 용문면 화전리 설단

관직경력

한성판윤 재임기간 : 1725년영조1 1월 7일 ~ 1725년영조1 1월 26일

조선 후기의 문신

1699년숙종25	사마시(생원·진사) 양과 입격
1706년숙종32	정시문과 급제, 검열, 지평, 헌납, 교리
1712년숙종38	북평사–백두산 정계비 설치 참여
1713년 이후	대사간, 승지, 경상·전라도관찰사
1719년숙종45	통신사(정사)로 일본에 다녀오다. 부제학, 이조참판
1721년경종1	홍주목사 출보
1724년영조즉위	예조판서, 병조·형조판서
1725년영조1	한성부판윤, 우의정, 좌의정
1727년영조3	정미환국–노·소론 연립정권, 영의정

생애일화

그는 탕평을 추구하는 왕으로부터 신임이 두터워 노·소론의 연합정권을 구성하는데 적임자였다. 노론에 속해 강경파로부터 기회주의자라는 비판도 받았지만, 소론의 영수 이광좌李光佐와도 친교가 깊어 양측이 모두 수용할 수 있는 정치협상의 중심인물로서 역할을 할 수 있었다.

일찍이 북평사北評事로 차출되어 백두산정계비를 설치하는데 참여하였으며, 국정의 수반으로서 영의정의 책무를 다하고자 국방·재정·민생분야의 문제점을 파악하고 개선책을 강구하는데 역점을 두어 실천하였다.

7년 동안 재상으로 있으면서 그가 실행한 치적으로, 함경도 지역의 국방상 전략적 가치에 주목하여 그 지역 출신의 인물을 등용하여 인심을 얻도록 할 것과, 국가재정을 보충하기 위해 선택한 공명첩 발매의 개선책을 도모하고, 민생고의 원인이 되는 전화錢貨의 부족을 해소하기 위해 주전鑄錢의 필요성과 순목純木(무명)의 통용을 역설하였다.

738대 한성판윤 윤헌주(尹憲柱) – 726·745대 동일인물

한성판윤 재임기간 ; 1725년영조1 1월 26일 ~ 1725년영조1 6월 3일

739대 한성판윤 권 성(權渻) – 712·717·724대 동일인물

한성판윤 재임기간 ; 1725년영조1 6월 4일 ~ 1725년영조1 9월 11일

740대 한성판윤 이 집(李㙫)

신상내용

생몰연대	1664년현종5 ~ 1733년영조9 – 70세
본관	덕수德水
자	노천老泉
호	취촌醉村
시호	충헌忠憲
가족	증조–판서 안눌安訥, 할아버지–대사간 합柙, 아버지–한성판윤 광하光夏 어머니–청송심씨(영의정 심지원沈之源의 딸) 부인–풍산홍씨(판결사 홍만회洪萬恢의 딸) 안동김씨(군수 김수현金壽賢의 딸)
묘	서울특별시 도봉구 방학동

관직경력

한성판윤 재임기간 : 1725년영조1 9월 12일 ~ 1725년영조1 12월 26일

조선 후기의 문신

1684년숙종10	사마시(생원·진사) 양과 입격
1697년숙종23	정시문과 급제
1705년숙종31	겸문학
1707년숙종33	문과중시 급제
1710년숙종36	승지, 대사간
1721년경종1	예조참판, 황해도관찰사
1725년영조1	한성부판윤, 예조·이조판서

1729년영조5	우의정, 실록청총재관–경종실록 편찬 참여

생애일화

글씨에 뛰어났으며, 작품으로는 〈백세청풍비百世淸風碑〉·〈청성묘비淸聖廟碑〉 등의 글씨가 있다.
6대조 이기李芑와 아버지 이광하李光夏가 한성판윤을 지냈다.

741대 한성판윤 이병상(李秉常) – 750·756·797·816·827대 동일인물

신상내용

생몰연대	1676년숙종2 ~ 1748년영조24 – 73세
본관	한산韓山
자	여오汝五
호	삼산三山
시호	문정文靖
가족	증조–대구부사 제穧, 할아버지–이조참판 정기廷夔, 아버지–항沆 어머니–최계웅崔繼雄의 딸 부인–달성서씨(서종태徐宗泰의 딸)

관직경력

한성판윤 재임기간 : 1725년영조1 12월 27일 ~ 1726년영조2 1월 22일

조선 후기의 문신

1705년숙종31	사마시(생원) 장원 입격
1710년숙종36	춘당대문과 급제, 검열,
1711년 이후	정언, 수찬, 경상좌도 암행어사, 이조좌랑, 교리, 대사간, 대사성, 이조참의
1721년경종1	부제학, 대사헌, 이조참판
1722년경종2	신임사화–파직
1725년영조1	대제학, 한성판윤
1727년영조3	정미환국–지의금부사 파직, 대사헌
1729년영조5	대사헌, 형조판서, 광주목사
1742년영조18	공조판서, 판돈녕부사, 기로사 입소, 봉조하

생애일화

그는 성품이 활달하고 지조가 있었으나 당론에 가담하였고, 몸가짐이 검소하여 고관高官에 이르렀어도 한사寒士와 같이 생활하였다.

742대 한성판윤 유명홍(兪命弘) – 748대 동일인물

신상내용

생몰연대	1655년효종6 ~ 1729년영조5 – 75세
본관	기계杞溪
자	계의季毅
호	죽리竹里
시호	장헌章憲
가족	증조–대의大儀, 할아버지–군수 희증希曾, 아버지–석晳 어머니–이계李棨의 딸

관직경력

한성판윤 재임기간 : 1726년영조2 1월 23일 ~ 1726년영조2 7월 2일

조선 후기의 문신

1673년현종14	사마시(진사) 입격
1682년숙종8	증광문과 급제
1688년숙종14	지평
1689년숙종15	기사환국–파직
1694년숙종20	갑술옥사–복직, 장령, 정언, 헌납, 황해·평안도 암행어사
1710년숙종26	경상도관찰사
1718년숙종44	도승지
1719년숙종45	대사간
1721년경종1	한성부좌윤, 전라도관찰사, 신임사화
1725년영조1	대사간, 경기도관찰사
1726년영조2	한성부판윤, 예조판서
1727년영조3	우참찬

생애일화

그가 기사환국 때 파직되면서 형 유명웅兪明雄과 함께 사판仕版에서 삭제된 이유는, 인현왕후 폐위의 부당함을 상소한 유헌兪櫶의 조카라는 사실 때문이었다.
또한 그는 궁가절수宮家折受의 폐해를 상소하여 백성을 괴롭히는 것을 모두 재감裁減토록 하여 백성들을 소생시키도록 진언하였다.

743대 한성판윤 권업(權爗) – 747·752·761·795

신상내용

생몰연대	1669년현종10 ~ 1738년영조14 – 70세
본관	안동安東
자	사긍士兢
호	기오헌寄傲軒
가족	증조–주부 인靭, 할아버지–장령 전佺, 아버지–사간 양讓 어머니–홍사도洪思道의 딸 부인–이해李晐의 딸, 신기申璣의 딸

관직경력

한성판윤 재임기간 : 1726년영조2 7월 3일 ~ 1726년영조2 7월 22일

조선 후기의 문신

1691년숙종17	증광문과 급제, 승문원정자
1694년숙종20	정언
1699년숙종25	지평
1701년숙종27	보덕
1707년숙종33	헌납, 장령, 사은 겸 동지사의 서장관으로 청나라 다녀오다
1711년숙종37	집의, 동부승지, 의주부윤
1717년숙종43	경상도관찰사
1718년숙종44	충청도관찰사 겸 우도균전사
1719년숙종45	대사간, 형조참판, 강화유수, 경기도관찰사
1725년영조1	한성부우윤, 사은 겸 주청부사로 청나라 다녀오다. 공조판서, 좌참찬
1726년영조2	형조·호조판서, 한성부판윤
1728년영조4	이인좌의 난–호서안무사, 충청도관찰사

1730년영조6	한성부판윤, 예조판서, 지돈녕부사
1735년영조11	동지정사로 청나라 다녀오다. 대사헌
1736년영조12	우참찬, 좌참찬
1738년영조14	기로사 입소

생애일화

친형 성渚이 한성판윤을 지내 형제판윤 집안으로 이름났다.

744대 한성판윤 심택현(沈宅賢) – 762대 동일인물

신상내용

생몰연대	1674년숙종즉위 ~ 1736년영조12 – 63세
본관	청송青松
자	여규汝揆
시호	청헌淸獻
가족	증조–진사 온穩, 할아버지–현감 약명若溟, 아버지–증영의정 속涑 어머니–초계변씨(변박卞搏의 딸) 부인–전주이씨(이한익李漢翼의 딸)

관직경력

한성판윤 재임기간 : 1726년영조2 7월 22일 ~ 1726년영조2 8월 27일

조선 후기의 문신

1699년숙종25	사마시(진사) 입격, 정시문과 급제,
1700년 이후	삼사와 세자시강원 관직 역임, 홍문록 등재
1711년숙종37	장령–탕평책 주장
1726년영조2	한성부판윤
1727년영조3	정미환국–파직
1729년영조5	우참찬, 이조판서, 판돈녕부사, 좌참찬

생애일화

그는 장령으로 있을 때, 당론의 폐해가 점차 심해져 탕평의 도를 세워야한다고 주장하였으며, 한때 소론의 탄핵으로 낙향하였다.

정미환국으로 노론이 대거 파직될 때 다시 관직을 삭탈 당했으나 2년 뒤 서용되어 홍치중洪致中과 함께 이인좌의 난의 원인을 찾아 수습하고, 신임사화 때 죽은 노론4대신(김창집·이건명·이이명·조태채)의 신원을 건의하였다.

745대 한성판윤 윤헌주(尹憲柱) – 726·738대 동일인물

한성판윤 재임기간 : 1726년영조2 8월 28일 ~ 1726년영조2 11월 16일

746대 한성판윤 황구하(黃龜河) – 751대 동일인물

신상내용

생몰연대	1672년현종13 ~ 1728년영조4 – 57세
본관	창원昌原
자	성징聖徵
가족	증조–형泂, 할아버지–도정 세구世耉, 아버지–건鍵 어머니–이문행李文行의 딸

관직경력

한성판윤 재임기간 : 1726년영조2 11월 17일 ~ 1726년영조2 12월 2일

조선 후기의 문신

1705년숙종31	알성문과 급제, 승문원정자
1712년숙종38	지평, 사서
1713년숙종39	정언, 부수찬, 수찬, 교리, 충청좌도어사
1716년숙종42	별견어사別遣御使로 제주도를 다녀와 공물 감축 주청, 헌납
1717년숙종43	이조정랑
1718년숙종44	부응교, 사간
1719년숙종45	응교, 승지, 대사간, 경상좌도균전사
1720년숙종46	대사헌
1721년경종1	대사간–파직(노론4대신 유배)
1724년영조즉위	대사성
1725년영조1	호조참판, 대사헌, 한성부우윤

1726년영조2　　예조참판, 도승지, 좌부빈객, 호조판서, 한성부판윤
1727년영조3　　동지경연사, 호조판서

생애일화

충청좌도 어사로 나가 지방관의 실적을 고과하여 천안군수 어유봉魚有鳳을 폄삭하고, 충주목사 김진옥金鎭玉을 포상하도록 주청하였다.
특히, 제주도에 별견어사로 파견되어 도민들의 피폐된 실태를 보고하였다. 굶어 죽은 사람들의 장례와 치제를 하여 위로하고, 진상품인 전복의 양을 3분의 2로 줄여주도록 주청하여 실현시켰으며, 굶고 있는 도민의 진대賑貸와 제주 유생儒生의 전시직부殿試直赴를 주청하였다.

747대 한성판윤 권 업(權僕) – 743·752·761·795

한성판윤 재임기간 : 1726년영조2 12월 3일 ~ 1726년영조2 12월 27일

748대 한성판윤 유명홍(俞命弘) – 742대 동일인물

한성판윤 재임기간 : 1726년영조2 12월 28일 ~ 1727년영조3 윤3월 12일

749대 한성판윤 김흥경(金興慶)

신상내용

생몰연대　1677년숙종3 ~ 1750년영조26 – 74세
본관　경주慶州, 서산 출생
자　자유子有·숙기叔起
호　급류정急流亭
시호　정헌靖憲
상훈　분무원종공신 1등
가족　증조–황해도관찰사 홍욱弘旭, 할아버지 세진世珍, 아버지–두성斗星
어머니–광주김씨(김영후金榮後의 딸)
부인–창원황씨(평시서령 황하영黃夏榮의 달)
묘　충남 예산군 신암면 용궁리

관직경력

한성판윤 재임기간 : 1727년영조3 윤3월 13일 ~ 1727년영조3 5월 12일

조선 후기의 문신

1699년숙종25	정시문과 급제, 검열, 주서, 정언, 부교리, 집의, 승지, 대사간
1706년숙종32	암행어사
1722년경종2	한성부우윤, 신임사화–파직
1724년영조즉위	도승지
1725년영조1	우참찬, 동지사로 청나라 다녀오다
1727년영조3	한성부판윤, 정미환국–파직
1728년영조4	우참찬, 탕평책 반대–파직
1730년영조6	좌참찬, 이조판서, 우의정, 영의정, 기로소 입소, 판중추부사, 봉조하

생애일화

추사 김정희의 고조부이고, 4남 김한신金漢藎이 영조의 딸 화순옹주에게 장가들어 부마가 되었다. 또한 영조대왕의 계비 정순왕후의 친정아버지 오흥부원군 김한구에게는 7촌 아저씨가 되어 왕실과 2중 사돈관계이다.

750대 한성판윤 이병상(李秉常) – 741·756·797·816·827대 동일인물

한성판윤 재임기간 : 1727년영조3 5월 12일 ~ 1727년영조3 7월 1일

751대 한성판윤 황구하(黃龜河) – 746대 동일인물

한성판윤 재임기간 : 1727년영조3 6월 30일 ~ 1727년영조3 7월 3일

752대 한성판윤 권 업(權𢢜) – 743·747·761·795

한성판윤 재임기간 : 1727년영조3 7월 4일 ~ 1727년영조3 9월 1일

753대 한성판윤 김동필(金東弼) – 755·757·776

신상내용

생몰연대	1678년숙종4 ~ 1737년영조13 – 60세
본관	상산商山
자	자직子直
호	낙건정樂健亭
시호	충혜忠惠
추증	찬성贊成
저서	〈인접설화引接說話〉
가족	증조–수찬 설卨, 할아버지–형판 우석禹錫, 아버지–유濡 어머니–홍주국洪柱國의 딸 부인–전주이씨(임원군 이표李杓의 딸)

관직경력

한성판윤 재임기간 : 1727년영조3 9월 2일 ~ 1727년영조3 9월 10일

조선 후기의 문신

1704년숙종30	춘당대문과 급제
1707년숙종33	사서, 정언, 지평, 문학, 부수찬, 필선, 수찬
1721년경종1	세자시강원보덕–왕세제 모해 환관 처벌
1722년경종2	수찬, 응교, 수원부사, 대사간, 승지, 광주목사 좌천
1723년경종3	승지
1724년경종4	경상도관찰사
1727년영조3	도승지, 한성부판윤
1728년영조4	이인좌의 난–남한순무 겸 동로경략사–평정, 이조·공조판서
1729년영조5	동지정사로 청나라 다녀오다. 병조·호조판서, 지의금부사, 동지경연사
1732년영조8	좌참찬, 판돈녕부사, 형조판서, 판의금부사, 예조판서

생애일화

소론 온건파의 입장에서 강경파 김일경金一鏡의 가혹한 신임사화 처리를 탄핵했다가, 오히려 광주목사廣州牧使로 좌천되는 쓴맛을 보기도 했다.
죽은 뒤 찬성에 추증되었으며, 저서에 〈인접설화引接說話〉가 있다.
할아버지 김우석金禹錫이 한성판윤을 역임했다.

754대 한성판윤 이인징(李麟徵) – 735대 동일인물

한성판윤 재임기간 : 1727년영조3 9월 10일 ~ 1727년영조3 9월 17일

755대 한성판윤 김동필(金東弼) – 753·757·776

한성판윤 재임기간 : 1727년영조3 9월 18일 ~ 1728년영조4 3월 23일

756대 한성판윤 이병상(李秉常) – 741·750·797·816·827대 동일인물

한성판윤 재임기간 : 1728년영조3 3월 24일 ~ 1728년영조4 7월 13일

757대 한성판윤 김동필(金東弼) – 753·755·776

한성판윤 재임기간 : 1728년영조3 7월 14일 ~ 1728년영조4 8월 27일

758대 한성판윤 윤 순(尹淳) – 771·787·803·814대 동일인물

신상내용

생몰연대	1680년숙종6 ~ 1741년영조17 – 62세
본관	해평海平
자	중화仲和
호	백하白下·학음鶴陰, 나계蘿溪·만옹漫翁
가족	증조–군수 의지誼之, 할아버지–연坱, 아버지–지평 세희世喜 어머니–전주이씨(승지 이동규李同揆의 딸) 부인–연일정씨(정제태鄭齊泰의 딸)
묘	경기도 장단군 반룡산

관직경력

한성판윤 재임기간 : 1728년영조3 8월 28일 ~ 1728년영조4 9월 27일

조선 후기의 문신

1712년숙종38	사마시(진사) 장원입격
1713년숙종39	증광문과 급제, 부수찬
1723년경종3	응교, 사은사의 서장관으로 청나라 다녀오다
1727년영조3	이조참판 겸 대제학
1728년영조4	이인좌의 난-감호제군사
1729년영조5	공조·예조판서
1735년영조11	원자보양관
1739년영조15	경기도관찰사, 평안도관찰사

생애일화

임진왜란 때의 명신 윤두수尹斗壽의 5대손이고, 양명학의 태두인 정제두鄭齊斗의 아우 정제태鄭齊泰의 사위이며 정제두의 문인이다.

당시 노론 출신의 그는 노소정쟁老小政爭에 관련한 여러 사건으로 인해 진퇴를 거듭하였다. 영조의 각별한 배려와 자신의 조심스런 행장으로 정쟁의 예봉을 피하면서 문사文士로서의 위상을 지켜갔고, 평안도관찰사로 관내를 순시하던 중 벽동碧潼에서 객사하였다.

그는 조선 후기를 대표하는 서예의 대가로서 우리나라의 역대서법과 중국 서법을 아울러 익혀 조선적 서풍을 일으켰다. 그의 문하에서 이광사李匡師 등이 배출되었다.

글씨에 있어서 만호제력萬毫齊力, 즉 중봉법中峰法을 고수하고, 세속적 외형미를 배제한 창경발속蒼勁拔俗을 주장하였다.

또한, 김정희金正喜는 〈완당집阮堂集〉에서 "백하白下의 글씨는 문징명文徵明에서 나왔다."고 주장하였다. 이같이 그는 옛사람의 서풍을 자유자재로 구사할 수 있는 역량을 지녔다. 특히 행서는 각가各家의 장점을 조화시켜 일가를 이루었다.

그가 쓴 비갈로 경기도 강화의 〈高麗山積古碑〉, 장단의 〈參贊尹順之表〉, 〈禮參徐文裕碑〉, 양주의 〈豊陵趙文命碑〉, 광주廣州의 〈李判書玄錫碑〉, 〈領相洪瑞鳳碑〉, 〈左相李台佐表〉 등이 있다.

저서에 〈백하집白下集〉이 전한다.

759대 한성판윤 이 삼(李森) – 763·765·767·769대 동일인물

신상내용

생몰연대	1677년숙종3 ~ 1735년영조11 – 59세
본관	함평咸平
자	원백遠伯
호	백일헌白日軒
상훈	분무공신 2등, 함은군
저서	〈관서절요〉
가족	증조–문천군수 응성應成, 할아버지–칠곡부사 회瀤, 아버지–감역 사길師吉 어머니–남양전씨(전성田成의 딸) 부인–진주유씨(유우柳佑의 딸)

관직경력

한성판윤 재임기간 : 1728년영조4 9월 28일 ~ 1729년영조5 6월 12일

조선 후기의 무신

1705년숙종31	무과 급제
1713년숙종39	정주목사
1717년숙종43	평안도병마절도사, 함경남도병마절도사
1720년경종즉위	수원부사, 우포도대장, 충청도병마절도사
1721년경종1	총융사
1724년경종4	어영대장
1727년영조3	훈련대장, 이인좌의 난–분무공신 2등·함은군咸恩君
1729년영조5	병조판서

생애일화

그는 힘과 담략이 뛰어나 병조판서 김구金構의 천거로 무과에 급제하였고, 이때 임금으로부터 호피虎皮를 하사받았다. 1728년영조4 훈련대장으로서 이인좌의 난을 평정한 공로로 하사받은 고택이 지금도 남아 있다. 또한, 영조임금이 '충성이 흰 해를 꿰뚫는다(以忠貫白日)'의 뜻으로 '백일헌'이라는 호를 하사했다.

그는 지리의 이용과 군사용 기계의 제조와 여러 무술에 두루 능통하였으며, 절도사로 근무하면서 친기위親騎衛의 인원을 늘리고 봉수제도의 개선을 건의하는 등 군제개혁에 관심을 기울였다.

저서로는 〈관서절요關西節要〉가 있다.

760대 한성판윤 장붕익(張鵬翼) – 777대 동일인물

신상내용

생몰연대	1646년인조24 ~ 1735년영조11 – 90세
본관	인동仁同
자	운거雲擧
시호	무숙武肅
추증	좌찬성
가족	증조–수찬 차주次周, 할아버지–한산군수 세명世明, 아버지–증이조판서 하현夏顯 어머니–전주이씨(참판 이단석李端錫의 딸) 부인–초계정씨(통제사 정홍좌鄭弘佐의 딸)

관직경력

한성판윤 재임기간 : 1729년영조5 6월 13일 ~ 1730년영조6 3월 31일

조선 후기의 무신

1699년숙종25	무과 급제, 선전관, 경상좌병사
1723년경종3	신임사화–유배(함경도 종성)
1725년영조1	군기시제조, 어영대장, 훈련대장, 형조참판, 우포도대장
1727년영조3	훈련대장–파직(당파 관여)
1728년영조4	이인좌의 난–한성부좌윤 겸 친어대장–반란한 평안병사 李思晟 체포 총융사가 되어 반란군 李培 등 체포
1729년영조5	부사직, 한성부판윤, 훈련대장,
1734년영조10	형조판서

생애일화

노론과 소론의 당쟁에 휘말려 소론 강경파 김일경 일당의 공격 대상이 되었으며, 신임사화 때 노론 김창집의 당으로 몰려 함경도 종성으로 유배를 당하기도 했다.
이인좌의 난 때는 반란주모자의 한 사람인 평안병사 이사성과 이배를 체포하여 반란군 토벌에 공을 세웠다.
반란이 평정된 뒤에는 무과 과거제도의 시행 상 폐단과 모순을 지적하여 시정책을 상소하였고, 수군 강화책으로 전선과 거북선의 개조도를 새로 작성하여 해전의 전술 향상과 해안방어책을 강구하는데 진력하였다.

761대 한성판윤 권 업(權業) – 743·747·752·795

한성판윤 재임기간 : 1730년영조6 4월 1일 ~ 1730년영조6 4월 21일

762대 한성판윤 심택현(沈宅賢)

한성판윤 재임기간 : 1730년영조6 4월 2일 ~ ?

763대 한성판윤 이 삼(李森) – 759·765·767·769대 동일인물

한성판윤 재임기간 : ? ~ ? (재직확인:1730년 8월 3일)

764대 한성판윤 김취로(金取魯) – 790대 동일인물

신상내용

생몰연대 1682년숙종8 ~ 1740년영조16 – 59세
본관 청풍淸風
자 취사取斯
시호 충헌忠獻
가족 증조–형조정랑 극형克亨, 할아버지–관찰사 징澄, 아버지–이조참판 유楺
어머니–송박宋搏의 딸
부인–이기하李基夏의 딸, 정호鄭鎬의 딸, 홍중채洪重採의 딸

관직경력

한성판윤 재임기간 : 1730년영조6 9월 3일 ~ 1730년영조6 9월 22일

조선 후기의 문신

1705년숙종31 사마시(진사) 입격
1707년숙종33 성균관 유생으로 김장생金長生 문묘 종사 상소

1710년숙종36	증광문과 급제
1713년숙종39	설서
1714년숙종40	정언, 문학, 지평, 부수찬, 수찬, 부교리
1723년경종3	신임사화–유배(울산)
1725년영조1	승지, 평안도관찰사, 대사헌, 한성부우윤, 대사간, 도승지
1726년영조2	전라도관찰사, 대사성, 동지의금부사
1729년영조5	함경도관찰사
1730년영조6	한성부판윤, 평안도관찰사
1731년영조7	병조판서
1732년영조8	예조판서
1733년영조9	이조판서, 동지성균관사, 지경연사, 수어사, 세자좌빈객
1737년영조13	호조판서–파직·유배(무주)

765대 한성판윤 이 삼(李森) – 759·763·767·769대 동일인물

한성판윤 재임기간 : 1730년영조6 9월 23일 ~ ?

766대 한성판윤 윤 유(尹游)

신상내용

생몰연대	1674년현종13 ~ 1737년영조13 – 64세
본관	해평海平
자	백숙伯叔·백수伯修
호	만하晩霞
시호	익헌翼憲
가족	증조–군수 의지誼之, 할아버지–연堧, 아버지–지평 세희世喜 어머니–전주이씨(승지 이동규李東揆의 딸)

관직경력

한성판윤 재임기간 : ? ~ ? (재직확인:1730년 12월 28일)

1702년숙종28	사마시(생원) 입격, 음보로 찰방, 상전현감
1718년숙종44	정시문과 급제, 언관 역임
1721년경종1	수찬, 부교리
1722년경종2	이조좌랑–국정 문란 시정 진언
1724년경종4	동래부사
1724년영조즉위	대사간, 부제학, 승지
1725년영조1	평안도관찰사, 대사헌, 예조참판
1730년영조6	병조참판, 동지 겸 사은부사로 청나라 가다 병으로 돌아오다. 한성부판윤
1731년영조7	형조판서
1733년영조9	지의금부사, 지경연사
1734년영조10	병조판서, 동지사로 청나라 다녀오다
1735년 이후	공조·호조·이조·예조판서

생애일화

1723년 나라에 기강이 문란하여 국고수입이 격감하므로, 토지세제를 개혁하여 각 영부營府의 둔전을 정리하고 세제를 확립하는 동시에 무장들의 탐학을 막고 민폐를 근절하도록 왕에게 진언하였다.
당시에 명필로 소문났으나, 집안에서는 아우 순淳보다 과거급제나 한성판윤 등 관계의 진급이 모두 늦었다.

767대 한성판윤 이 삼(李森) – 759·763·765·769대 동일인물

한성판윤 재임기간 : 1731년영조7 2월 21일 ~ 1731년영조7 6월 12일

768대 한성판윤 이의만(李宜晩)

신상내용

생몰연대	1650년효종1 ~ 1736년영조12 – 87세
본관	광주廣州
자	선응善應

호	농은農隱
시호	정정靖貞
가족	증조–예빈시정 사수士修, 할아버지–응교 필행必行, 아버지–지평 후징後徵 어머니–은진송씨(송휘길宋輝吉의 딸) 부인–은진송씨(송후식宋厚植의 딸)
묘	충북 중원군 살미면 양원리

관직경력

한성판윤 재임기간 : 1731년영조7 6월 13일 ~ 1731년영조7 7월 7일

조선 후기의 문신

1679년숙종5	사마시(생원) 입격
1691년숙종17	증광문과 급제
1695년숙종22	사간원정언–체직, 영해부사
1708년숙종34	홍문관 복귀
1722년경종2	승지, 충청·함경도관찰사,
1731년영조7	한성부판윤, 기로사 입소

생애일화

명종 때 영의정을 지낸 동고 이준경李浚慶의 5대손이다.
그는 정언으로 있으면서 지방 수령을 탄핵하다가 도리어 체직되어 영해부사로 좌천되기도 하였으나, 중앙정계로 돌아와 홍문관에 들어가서는 5개 조항의 잠계箴戒를 올려 임금으로부터 호피를 하사받기도 하였다.
문장에 뛰어나 10여 년간 홍문관에서 활약하였으며, 청렴결백한 것으로 이름이 났다.

769대 한성판윤 이 삼(李森) – 759·763·765·767대 동일인물

한성판윤 재임기간 : 1731년영조7 7월 8일 ~ 1731년영조7 10월 12일

770대 한성판윤 김재로(金在魯) – 784대 동일인물

신상내용

생몰연대	1682년숙종8 ~ 1759년영조35 – 78세
본관	청풍淸風
자	중례仲禮
호	청사淸沙
시호	충정忠靖
배향	영조 묘정
저서	〈천의소감언해〉 외
가족	증조–현감 극형克亨, 할아버지–관찰사 징澄, 아버지–우의정 구構 어머니–이몽석李夢錫의 딸 부인–청송심씨(부사 심징沈澂의 딸)

관직경력

한성판윤 재임기간 : 1731년영조7 10월 13일 ~ 1731년영조7 10월 24일

조선 후기의 문신

1702년숙종28	사마시(진사) 입격
1710년숙종36	춘당대문과 급제, 설서, 검열, 지평, 수찬
1716년숙종42	부수찬
1718년숙종44	헌납, 동부승지, 대사간
1719년숙종45	전라도균전사
1720년경종즉위	호조참의, 승지, 부제학, 이조참의
1721년경종1	대사간, 병조·예조참판, 개성유수
1722년경종2	신임사화–파직·유배(울산)
1724년영조즉위	방면
1725년영조1	대사간, 부제학, 이조참판, 좌빈객, 예조참판
1727년영조3	정미환국–파직
1728년영조4	이인좌의 난, 충주목사 겸 호서안무사로 반란 수습
1729년영조5	이조참판–파직, 지돈녕부사 겸 수어사, 지춘추관사 겸 실록도청당상
1731년영조7	병조판서–노론4대신 복관 상소 실현
1732년영조8	우의정, 좌의정
1738년영조14	판중추부사, 주청사로 청나라 다녀오다. 신찬 〈명사明史〉 반입

1740년영조16 영의정(4차 연임), 영춘추관사, 영중추부사
1741년영조17 신유대훈辛酉大訓

생애일화

그는 노론의 영수로서 1741년 '신유대훈'을 통해 임인옥안壬寅獄案을 불살라 특사하도록 하고, 5인의 역안逆案(반역자 기록)을 그대로 두자는 박문수와 이종성李宗城을 파직토록 하였다.
또한 신임사화로 희생된 노론4대신에게 시호를 내리고, 홍계적·김운택·조성복·이홍술 등에게 증직을 내리도록 하였다. 이후 노론의 권력기반은 더욱 확고해졌다.
50여년을 관직에 있으면서 거의 절반을 상신으로 지냈으며, 결백하고 검소한 성품으로 상하가 신망하는 재상으로서의 풍모를 지녔었다.
영조는 숙종의 뜻에 따라 그를 기용하여 아꼈으며, 수서手書를 내려 그 공로를 치하하였다. 봉조하로 졸하니 영조임금은 그 집에 가서 직접 조문하고 제문도 친히 지어 보냈다. 죽은 이듬해 기사대신耆社大臣이 되고, 영조의 묘정에 배향되었다.
저서로는 〈천의소감언해闡義昭鑑諺解〉와 〈난여爛餘〉가 있고, 편저로는 〈예기보주禮記補註〉·〈청풍김씨세보〉·〈좌씨집선속左氏輯選續〉·〈금석록金石錄〉 등이 있다.

771대 한성판윤 윤 순(尹淳) – 758·787·803·814대 동일인물

한성판윤 재임기간 : 1731년영조7 10월 25일 ~ 1732년영조8 2월 9일

772대 한성판윤 서명균(徐命均)

신상내용

생몰연대 1680년숙종6 ~ 1745년영조21 – 66세
본관 달성達城
자 평보平甫·평숙平叔
호 소고嘯皐·재간在澗·보졸재保拙齋·송현松峴
시호 문익文翼
가족 증조–남원부사 정리貞履, 할아버지–병조참의 문상文尙, 아버지–영의정 종태宗泰
어머니–전주이씨(이조좌랑 이헌李瀗의 딸)

부인–청풍김씨(우의정 김구金構의 딸)
묘 경기도 장단군 송서면 용둔리

관직경력

한성판윤 재임기간 : 1732년영조8 2월 10일 ~ 1732년영조8 4월 2일

조선 후기의 문신

1705년숙종31	사마시(생원·진사) 양과 입격
1710년숙종36	증광문과 급제, 사관
1721년경종1	사간원헌납, 홍문관수찬, 이조참의–탄핵, 안악군수–좌천
1723년경종3	진하부사로 청나라 다녀오다
1727년영조3	호조참판, 홍문관부제학, 이조참판
1728년영조4	동지사로 청나라 다녀오다
1729년영조5	호조판서,
1730년영조6	형조판서, 홍문관부제학 겸 실록청도청당상–〈경종실록〉 편찬, 좌참찬
1731년영조7	판돈녕부사
1732년영조8	우의정, 좌의정
1734년영조10	진주사로 청나라 다녀오다
1736년영조12	세자책봉주청사로 청나라 다녀오다. 판중추부사

생애일화

그의 아버지 서종태徐宗泰부터 본인 그리고 아들 서지수徐志修까지 대를 이어 재상을 지내 3대 정승집안으로 이름났으며, 부인 청풍김씨 쪽도 친정아버지 김구金構와 남동생 김재로金在魯와 그의 아들 김치인金致仁도 영상을 지낸 가문으로서 양가가 모두 정승을 배출한 명문이다.
글씨는 해서楷書를 잘 썼으며 청렴하기로 이름이 높았고, 작품으로는 풍덕의 〈신의왕후재릉신도비神懿王后齋陵神道碑〉 밀양의 〈표충사사적비〉 진주의 〈쌍계사정혜대사비〉 용인의 〈영상청천심온비領相青川沈溫碑〉 고양의 〈김주신묘표金柱臣墓表〉 등이 있다.

773대 한성판윤 송성명(宋成明) – 775대 동일인물

신상내용

생몰연대 1674년현종15 ~ 1740년영조16 – 67세

본관	여산礪山
자	성집聖集·군집君集
호	송석松石
저서	〈송석헌집〉 외
가족	증조–참의 시철時喆, 할아버지–도사 광엄光淹, 아버지–호조참판 징은徵殷 어머니–여흥민씨(민도閔燾의 딸) 부인–박태순朴泰淳의 딸
묘	경기도 장단군 중서면 마산

관직경력

한성판윤 재임기간 : 1732년영조8 4월 3일 ~ 1732년영조8 5월 5일

조선 후기의 문신

1699년숙종25	사마시(생원) 입격
1705년숙종31	증광문과 급제
1711년숙종37	사헌부지평, 사간원정언
1712년숙종38	세자시강원문학
1713년숙종39	홍문관수찬, 세자시강원겸문학
1715년숙종41	홍문관부교리·수찬, 이조좌랑
1717년숙종43	보덕, 사인
1720년숙종46	부응교, 동부승지–파직
1723년경종3	승지, 대사성, 황해감사
1724년영조즉위	대사성, 실록청당상–〈숙종실록〉 개수, 진주부사로 청나라 다녀오다
1725년영조1	한성부우윤, 이조참판, 부제학
1729년영조5	형조참판, 대사성, 사은부사로 청나라 다녀오다. 호조참판
1730년영조6	공조참판, 동지경연사, 예조참판
1731년영조7	도승지, 공조판서–도목정사都目政事 실시, 반송사
1732년영조8	대사헌, 한성부판윤, 지의금부사, 예문관제학 겸 예조판서, 대사헌
1735년영조11	좌참찬, 함경도관찰사
1736년영조12	공조판서, 좌참찬, 대사성, 좌참찬
1739년영조15	공조판서, 대사헌

생애일화

청나라에 진주부사陳奏副使로 갔을 때, 태조 이성계가 명나라 〈태조실록〉과 〈대전회통大典

會通〉에 이인임李仁任의 아들로 잘못 기재되어 있는 것의 정정을 요청하였다.
문명文名이 있었으며, 저서로는 〈송석헌집松石軒集〉과 편저로 〈해동명신록海東名臣錄〉이 있다.

774대 한성판윤 이진망(李眞望)

신상내용

생몰연대	1672년현종13 ~ 1737년영조13 - 66세
본관	전주全州
자	구숙久叔
호	도운陶雲·퇴운退雲
저서	〈도운유고〉
가족	증조–영의정 경석景奭, 할아버지–평시서령 철영哲英, 아버지–정랑 우성羽成 어머니–동래정씨(鄭以和의 딸) 부인–반남박씨(판관 박태여朴泰餘의 딸)
묘	경기도 성남시 분당구 석운동 20–14

관직경력

한성판윤 재임기간 : 1732년영조8 5월 6일 ~ 1732년영조8 윤5월 6일

조선 후기의 문신

1696년숙종22	사마시(생원) 장원입격
1711년숙종37	식년문과 장원급제, 지평, 정언
1725년영조1	대사성–소론 이광좌李光佐 신원 상소
1730년영조6	형조판서
1732년영조8	동지사로 청나라 다녀오다. 예조판서 겸 대제학
1735년영조11	좌참찬 겸 빈객, 지중추부사

생애일화

저서로는 〈도은유고陶隱遺稿〉 있다.
병자호란 때의 명신인 증조 이경석李景奭과 본인, 그리고 아들 이광덕李匡德이 모두 대제학을 지내서 전주이씨 덕천군파(정종대왕 10남)의 3대 대제학으로 이름이 났다.

775代 한성판윤 송성명(宋成明) – 773대 동일인물

한성판윤 재임기간 : 1732년영조8 윤5월 7일 ~ 1732년영조8 7월 4일

776代 한성판윤 김동필(金東弼) – 753·755·757·793대 동일인물

한성판윤 재임기간 : 1732년영조8 7월 5일 ~ 1732년영조8 7월 26일

777代 한성판윤 장붕익(張鵬翼) – 760대 동일인물

한성판윤 재임기간 : 1732년영조8 7월 27일 ~ 1734년영조10 2월 2일

778代 한성판윤 윤양래(尹陽來) – 780·823대 동일인물

신상내용

생몰연대	1673년현종14 ~ 1751년영조27 – 79세
본관	파평坡平
자	계형季亨
호	회와晦窩
시호	익헌翼獻
가족	증조–사어 영泳, 할아버지–지선止善, 아버지–경주부윤 이理 어머니–이의윤李義胤의 딸 부인–조창기趙昌期의 딸
묘	경기도 양주시 주내면 어둔리 샘말

관직경력

한성판윤 재임기간 : 1734년영조10 2월 3일 ~ 1734년영조10 3월 12일

조선 후기의 문신

1699년숙종25 사마시(생원) 입격

1708년숙종34	식년문과 급제, 주서, 지평, 정언
1716년숙종42	문학, 필선, 헌납, 집의
1717년숙종43	경상우도 암행어사, 보덕
1720년숙종46	승지, 병조참의, 우부승지
1721년경종1	충청도관찰사, 동지 겸 주청사로 청나라 다녀오다
1725년영조1	승지, 공조참판, 대사간, 영월부사 좌천, 병조참판, 안동부사
1729년영조5	예조·병조참판, 동지의금부사
1730년영조6	함경도관찰사
1732년영조8	한성부우윤, 경상도관찰사, 도승지, 평안도관찰사, 한성부판윤
1734년영조10	형조·공조·호조판서, 대사헌
1741년영조17	좌참찬
1743년영조19	판돈녕부사, 기로소 입소
1746년영조22	지중추부사, 판돈녕부사, 봉조하

생애일화

만년에 지중추부사로 있으면서 성균관 유생 60여 명을 선동하여 연명상소로 소론 박문수朴文秀 등이 탕평책을 벌임에, 신임사화에 관련된 소론 인사들을 뿌리 뽑아야 한다고 주장하는 분란을 일으켰다.
그는 경사經史에 밝고 글씨를 잘 썼다. 작품으로는 〈영상윤인경비領相尹仁鏡碑〉와 〈엄흥도묘갈嚴興道墓碣〉 등이 있다.

779대 한성판윤 조상경(趙尙絅) – 781·829·847대 동일인물

신상내용

생몰연대	1681년숙종7 ~ 1746년영조22 – 66세
본관	풍양豊壤
자	자장子章
호	학당鶴塘
시호	경헌景獻
저서	〈학당유고〉
가족	증조–한성좌윤 흡潝, 할아버지–선천군수 중운仲耘, 아버지–돈녕부도정 도보道輔 어머니–경주김씨(김필진金必振의 딸) 부인–부평이씨(정랑 이정태李廷泰의 딸)

묘	경기도 양주시 주내면 광사리

관직경력

한성판윤 재임기간 : 1734년영조10 3월 12일 ~ 1734년영조10 3월 17일

조선 후기의 문신

1708년숙종34	사마시(진사) 입격
1710년숙종36	증광문과 급제
1713년숙종39	정언, 지평
1717년숙종43	충청좌도 암행어사, 지평, 정언, 수찬, 교리, 헌납
1720년경종즉위	대사간, 승지, 이조참의
1722년경종2	신임사화–노론·유배(안주)
1725년영조1	함경도관찰사
1727년영조3	정미환국–파직
1729년영조5	한성부좌윤, 대사헌, 경기도관찰사, 이조참판
1731년영조7	사은 겸 동지부사로 청나라 다녀오다. 〈명사明史:조선열전朝鮮列傳〉 반입
1732년영조8	이조판서, 형조·공조판서, 우참찬
1734년영조10	한다.성부판윤, 병조판서–파직(군관 치사문제)
1736년영조12	이조판서, 수어사, 병조판서 겸 판의금부사, 판돈녕부사

생애일화

김창협金昌協의 문인이며, 공신의 후예로서 노론의 중심인물이다.
함경도관찰사로 있으면서 북관병北關軍兵에게 조총을 가르쳐 복습하게 하여 전투능력을 강화했다.
청나라에 사신으로 갔을 때 〈명사조선열전明史朝鮮列傳〉을 구해 가지고 돌아왔다.

780대 한성판윤 윤양래(尹陽來) – 778·783·823대 동일인물

한성판윤 재임기간 : 1734년영조10 3월 18일 ~ 1734년영조10 4월 28일

781대 한성판윤 조상경(趙尙絅) – 779·829·847대 동일인물

한성판윤 재임기간 : 1734년영조10 4월 29일 ~ 1734년영조10 9월 27일

782대 한성판윤 박내정(朴乃貞)

신상내용

생몰연대 1664년현종5 ~ 1735년영조11 – 72세
본관 함양咸陽
자 직경直卿
가족 증조–군수 응립應立, 할아버지–지행知行, 아버지–감역 유궤由藬
부인–이행술李行述의 딸

관직경력

한성판윤 재임기간 : 1734년영조10 9월 28일 ~ 1735년영조11 1월 5일

조선 후기의 문신

1694년숙종20	별시문과 급제
1699년숙종25	정언
1705년숙종31	지평
1711년숙종37	문학, 장령
1722년경종2	집의, 동래부사
1724년경종4	승지, 양양부사
1727년영조3	승지
1730년영조6	병조참판
1732년영조8	형조참판
1733년영조9	한성부우윤
1734년영조10	한성부판윤, 지중추부사, 기로사 입소

생애일화

〈동몽선습童蒙先習〉의 저자 박세무朴世茂의 현손이다.

783대 한성판윤 윤양래(尹陽來) – 778·780·791·823대 동일인물

한성판윤 재임기간 : 1735년영조11 1월 6일 ~ 1735년영조11 2월 27일

784대 한성판윤 김재로(金在魯) – 770대 동일인물

한성판윤 재임기간 : 1735년영조11 2월 27일 ~ 1735년영조11 3월 11일

785대 한성판윤 정형익(鄭亨益) – 789대 동일인물

신상내용

생몰연대	1664년현종5 ~ 1737년영조13 – 74세
본관	동래東萊
자	시해時諧
호	화암花岩
가족	증조–찰방 지화至和, 할아버지–목사 재후載厚, 아버지–지평 제선濟先 어머니–이상연李尙淵의 딸 부인–홍구숙洪九叔의 딸, 김상기金相器의 딸

관직경력

한성판윤 재임기간 : 1735년영조11 3월 12일 ~ 1735년영조11 3월 17일

조선 후기의 문신

1687년숙종13	사마시(진사) 입격
1704년숙종30	세마, 참봉, 전라도 금구현령, 김제군수
1719년숙종45	증광문과 장원급제, 동부승지
1722년경종2	신임사화–유배(김해)
1725년영조1	대사간
1726년영조2	동지부사로 청나라 다녀오다
1727년영조3	도승지, 대사성, 대사헌, 정미환국–파직
1729년영조5	평안도관찰사

1732년영조8	예조판서
1735년영조11	한성부판윤, 우참찬, 기로사 입소

생애일화

그는 1704년 송시열宋時烈의 뜻을 받들어 유생 160여 명과 함께 명나라 신종神宗의 사우祠宇를 세울 것을 상소하여 처음으로 금원禁苑에 황단皇壇을 건립하게 하게 하였다.
영조가 즉위한 다음 해에 대사간으로 기용되어 궁위宮衛와 보사輔嗣를 엄격히 할 것을 소론疏論하였는데, 이는 권귀權貴를 꺼리지 않는 주장이었다.

786대 한성판윤 이만선(李萬選)

신상내용

생몰연대	1654년효종5 ~ 1735년영조11 – 82세
본관	전주全州
자	택중擇仲
호	모거재慕籧齋
가족	증조–호조판서 명溟, 할아버지–군수 민화敏華, 아버지–증이조판서 약若 어머니–전주최씨(정랑 최만길崔晩吉의 딸) 부인–동복오씨(현감 오시겸吳始謙의 딸)
묘	서울특별시 금천구 박달리

관직경력

한성판윤 재임기간 : 1735년영조11 3월 18일 ~ 1735년영조11 4월 15일

조선 후기의 문신

1693년숙종19	식년문과 급제
1702년숙종28	문학, 필선
1703년숙종29	장령
1704년숙종30	헌납, 집의
1706년숙종32	홍문록 등재, 보덕, 부수찬, 사간
1707년숙종33	교리, 의주부윤
1709년숙종35	승지
1716년숙종42	풍덕부사

1718년숙종44	공주목사
1722년경종2	사은 겸 동지부사로 청나라 다녀오다. 승지, 도승지, 부호군
1735년영조11	한성부판윤, 기로소 입소

생애일화

효령대군 이보李補의 10대손이다.

787대 한성판윤 윤 순(尹淳) – 758·771·803·814대 동일인물

한성판윤 재임기간 : 1735년영조11 4월 16일 ~ 1735년영조11 5월 27일

788대 한성판윤 송인명(宋寅明)

신상내용

생몰연대	1689년숙종15 ~ 1746년영조22 – 58세
본관	여산礪山
자	성빈聖賓
호	장밀헌藏密軒
시호	충헌忠憲
추증	영의정
저서	〈감란록〉
가족	증조–참의 시철時喆, 할아버지–이조참판 광연光淵, 아버지–징오徵五 어머니–연안이씨(집의 이단상李端相의 딸) 부인–창원유씨(유립兪岦의 딸)

관직경력

한성판윤 재임기간 : 1735년영조11 5월 28일 ~ 1735년영조11 10월 18일

관직경력

1713년숙종39	사마시(생원) 입격
1719년숙종45	증광문과 급제, 예문관검열, 세자시강원설서

1725년영조1	충청도관찰사
1726년영조2	동부승지
1731년영조7	이조판서, 우참찬, 호조판서
1736년영조12	우의정
1740년영조16	좌의정

생애일화

세자시강원 설서로 있을 때, 세제世弟이던 영조의 총애를 많이 받았으며, 이조판서가 되어서는 노론·소론을 막론하고 온건한 인물들을 두루 등용하여 당론을 조정, 완화함으로써 영조의 신임이 두터웠다.
우의정으로 있으면서 도성의 권세 있는 집에서 공물을 사들이는 것을 금지하도록 건의하여 재가를 받았으며, 좌의정이 되어서는 당쟁을 억누르고, 탕평책에 더욱 박차를 가해 국가의 기강을 바로잡고자 노력하였다.
영조의 명에 의해 붕당의 폐해를 막기 위해 박사수朴師洙와 함께 신임사화의 전말을 기록한 〈감란록勘亂錄〉 6권 4책을 편찬하였다.
사람됨이 기지와 정략이 풍부하였다고 하며, 뒤에 영의정에 추증되었다.
4촌형 송성명宋成明도 773대 한성판윤을 지냈다.

789대 한성판윤 정형익(鄭亨益) – 785대 동일인물

한성판윤 재임기간 : 1735년영조11 10월 19일 ~ 1735년영조11 12월 2일

790대 한성판윤 김취로(金取魯) – 764대 동일인물

한성판윤 재임기간 : 1735년영조11 12월 3일 ~ 1736년영조12 2월 24일

791대 한성판윤 윤양래(尹陽來) – 778·780·783·823대 동일인물

한성판윤 재임기간 : 1736년영조11 2월 25일 ~ 1736년영조12 4월 17일

792대 한성판윤 이정제(李廷濟)

신상내용

생몰연대 1670년현종11 ~ 1737년영조13 – 68세
본관 부평富平
자 중협仲協
호 죽호竹湖
시호 효정孝貞
가족 증조–직산군수 덕순德純, 할아버지–이재以載, 아버지–좌승지 세유世維
어머니–박자朴濱의 딸
부인–여흥민씨(민형閔泂의 딸), 정석빈鄭碩賓의 딸
묘 경기도 파주시 문산읍 선유리

관직경력

한성판윤 재임기간 : 1736년영조11 4월 18일 ~ 1736년영조12 7월 27일

조선 후기의 문신

1699년숙종25 사마시(진사) 입격
1700년숙종26 춘당대문과 급제, 정언, 지평, 사간
1721년경종1 충주목사
1723년경종3 신임사화
1725년영조1 정미환국–삭직
1728년영조4 경기도관찰사, 대사헌, 형조·호조판서, 지중추부사

생애일화

소론에 속해서 노론 계열의 중신들을 탄핵하기도 하였으나, 소론 강경파 김일경金一鏡에게 많은 사대부들이 아부하였어도 그는 이를 경계하였다.
술을 좋아하고 풍류를 즐겼으나, 호조판서를 할 때 비용을 절약하여 국고를 충실하게 하는 행정적 수완을 보이기도 하였다.

793대 한성판윤 김동필(金東弼) – 753·755·757·776대 동일인물

한성판윤 재임기간 : 1736년영조11 7월 28일 ~ 1736년영조12 11월 17일

794대 한성판윤 조현명(趙顯命) – 815대 동일인물

신상내용

생몰연대	1690년숙종16 ~ 1752년영조28 – 63세
본관	풍양豊壤
자	치회恥晦
호	귀록歸鹿·녹옹鹿翁
시호	충효忠孝
상훈	분무공신 3등, 풍원부원군
저서	〈귀록집〉
가족	증조–감역 민珉, 할아버지–진사 상정相鼎, 아버지–도사 인수仁壽 어머니–광산김씨(승지 김만균金萬均의 딸), 김성유金聖游의 딸 부인–윤지원尹志源의 딸, 김성유金聖游의 딸
묘	충남 보령군 성주면 성주리

관직경력

한성판윤 재임기간 : 1736년영조11 11월 18일 ~ 1736년영조12 11월 25일

조선 후기의 문신

1713년숙종36	사마시(진사) 입격
1719년숙종42	증광문과 급제, 검열
1721년경종1	연잉군 왕세제 책봉, 겸설서
1725년영조1	용강현령, 지평, 교리
1728년영조4	이인좌의 난–4로도순무사四路都巡撫使 오명항吳命恒 종사관
1729년영조5	분무공신 3등 · 풍원부원군 책봉
1730년영조6	경상도관찰사, 전라도관찰사
1734년영조10	공조참판, 어영대장, 부제학, 이조·병조·형조판서
1740년영조16	경신처분, 우의정, 좌의정
1748년영조24	〈양역실총〉 발간
1750년영조26	영의정, 영돈녕부사

생애일화

그는 조문명·송인명 등과 함께 영조조 전반기의 완온세력을 중심으로 한 이른바 노·소탕평을 주도하였던 정치가이면서, 한편 민폐의 근본이 양역에 있다 하여 군문·군액의 감축, 양역재정

의 통일, 어염세의 국고환수, 결포제 실시 등을 그 개선책으로 제시한 경세가이기도 하였다. 당색을 초월하여 진신縉紳 사이에 교유가 넓었는데, 김재로·송인명·박문수 등과 특히 친밀하였다.
저서로는 〈귀록집〉이 있고, 〈해동가요〉에 시 1수가 전해지고 있다.
친가의 증조 조형趙珩이 한성판윤을 지냈고, 동생 문명文命이 좌의정을 지냈다.

795대 한성판윤 권 업(權𢢜) – 743·747·752·761대 동일인물

한성판윤 재임기간 : 1736년영조11 11월 25일 ~ ?

796대 한성판윤 유척기(俞拓基) – 805·812대 동일인물

신상내용

생몰연대	1691년숙종17 ~ 1767년영조43 – 77세
본관	기계杞溪
자	전보展甫
호	지수재知守齋
시호	문익文翼
저서	〈지수재집〉
작품	〈신라시조박혁거세비〉 외 다수
가족	증조–성증省曾, 할아버지–대사헌 철橵, 아버지–목사 명악命岳
	어머니–용인이씨(이두악李斗岳의 딸)
	부인–평산신씨(판관 신사원申思遠의 딸)
묘	경기도 남양주시 미금읍 수석동

관직경력

한성판윤 재임기간 : ? ~ ? (재직확인:1737년 2월 18일)

조선 후기의 문신·서예가

1714년숙종40	증광문과 급제, 정언, 수찬, 이조정랑, 사간
1721년경종1	세제책봉주청사 서장관로 청나라 다녀오다
1722년경종2	신임사화–탄핵·유배(海島)

1725년영조1	노론 집권, 이조참의, 대사간
1726년 이후	승지 겸 참찬관, 경싱도관찰사, 양주목사, 함경도관찰사, 도승지 등 역임
1737년영조13	한성부판윤
1739년영조15	우의정, 신임사화 때 죽은 김창집·이이명 등 두 대신 복관·신원
1755년영조31	삭직-田里 방출
1758년영조34	영의정
1760년영조36	영중추부사, 봉조하, 기로소 입소

생애일화

그는 기개와 도량이 중후하고 고금의 일에 박통하였으며, 대신의 기풍을 지닌 노론 중의 온건파에 속했다. 만년에는 김상로·홍계희 등이 영조와 사도세자 사이를 이간시키는 것을 깊이 우려하였다.

당대의 명필로서 특히 전서에 뛰어났으며, 금석학의 권위자이기도 하였다.

저서로는 〈지수재집〉 15권이 있다. 작품으로는 비문을 짓고 전액을 쓴 〈충목공유허비忠穆公遺墟碑〉(1746)가 경기도 포천에 있으며, 〈이우신신도비李雨臣神道碑〉(1756)가 가평에 있다. 전액만 담당한 작품으로는 〈신라시조박혁거세비〉(1755) 〈만동묘비〉(1814·괴산) 〈노은동성선생유허비〉(홍성) 〈신의왕후제릉신도비〉(풍덕) 〈유자미묘갈〉(1729·용인), 〈유명악묘갈〉(1735·철원), 〈통제사최숙사적비〉(1736·통영), 〈1741·권상유신도비〉 외 다수가 있다.

797대 한성판윤 이병상(李秉常) – 741·750·756·816·827대 동일인물

한성판윤 재임기간 : 1737년영조13 3월 10일 ~ 1737년영조13 6월 3일

798대 한성판윤 조정만(趙正萬)

신상내용

생몰연대	1656년효종7 ~ 1739년영조15 – 84세
본관	임천林川
자	정이定而
호	오재寤齋
시호	효정孝貞

저서	〈오재집〉
가족	증조–예조참판 희일希逸, 할아버지–세마 석형錫馨, 아버지–합천군수 경망景望 어머니–진주유씨(진흥군 유식柳寔의 딸) 부인–풍산홍씨(참의 홍주국洪柱國의 딸), 전주이씨(서령 이진명李晋命의 딸)
묘	인천시 남동구 도림동 산46–3　인천시기념물 제7호

관직경력

한성판윤 재임기간 : 1737년영조13 6월 4일 ~　?

조선 후기의 문신

1681년효종7	사마시(진사) 장원입격, 성균관 유생
1694년숙종20	의금부도사, 공조·호조낭관, 제용감·군자감판관, 장악원정, 평양서윤, 광산현감, 안악군수, 청송부사, 나주목사 등 외직 역임
1722년경종2	신임사화–유배(벽동)
1725년영조1	수원부사, 충청도관찰사, 호조참의·참판
1735년영조11	지돈녕부사
1737년영조13	한성부판윤
1738년영조14	공조·형조판서, 지중추부사

생애일화

그는 경사經史를 비롯해 백가서百家書에까지 두루 통달했으며, 시서詩書에도 뛰어났다. 김창협·창흡 형제와 이희조 등 당대의 이름난 학자들과 교유하였다.

799대 한성판윤 김시형(金始炯) – 802·835·842·846·849대 동일인물

신상내용

생몰연대	1681년숙종7 ~ 1750년영조26 – 70세
본관	강릉江陵
자	계장季章
호	기재企齋
시호	효헌孝獻
가족	증조–좌랑 선여善餘, 할아버지–봉사 득원得元, 아버지–홍주弘柱 어머니–함열남궁씨(주서 남궁배南宮培의 딸)

부인–전의이씨(정랑 이광조李光肇의 딸)
묘 경기도 파주시 천현면 동문리

관직경력

한성판윤 재임기간 : ? ~ ? (재직확인:1737년 7월 6일)

조선 후기의 문신

1710년숙종36	사마시(진사) 입격
1717년숙종43	식년문과 급제
1722년경종2	정언, 문학, 지평
1727년영조3	헌납, 집의
1728년영조4	호서·호남 안무사 겸 순찰어사
1730년영조6	동부승지, 참찬관, 충청도관찰사, 승지
1732년영조8	경상도관찰사
1734년영조10	대사간, 예조참판, 대사헌
1735년영조11	승지, 황해도관찰사
1736년영조12	호조참판, 동지부사로 청나라 다녀오다
1737년영조13	도승지, 한성부판윤
1738년영조14	형조판서, 좌참찬, 호조·병조판서, 판의금부사
1744년영조20	평안도관찰사, 판돈녕부사, 병조판서

생애일화

숙종39년 성균관 유생시절에 사계沙溪 김장생金長生의 문묘종사文廟從祀를 위해 권당捲堂(유생이 성균관을 비워서 불만 또는 요구하는 행위)을 주동했다가 정거停擧(과거응시자격 정지)를 당한 적이 있다.

800대 한성판윤 윤혜교(尹惠教) – 807대 동일인물

신상내용

생몰연대 1691년숙종17 ~ 1739년영조15 – 49세
본관 파평坡平
자 여적汝迪
호 완기헌玩棋軒

시호　　문온文溫
가족　　증조–죽산부사 수璲, 할아버지–장령 순거舜擧, 아버지–부제학 진搢
　　　　어머니–이태장李台長의 딸
　　　　부인–이익수李益壽의 딸

관직경력

한성판윤 재임기간 : 1737년 8월 27일영조13 ~　?

조선 후기의 문신

1714년숙종40	증광문과 급제, 삼사三司 관직 두루 역임
1727년영조3	부제학
1730년영조6	동지부사로 청나라 다녀오다
1737년영조13	한성부판윤, 이조판서

생애일화

관직생활을 하는 동안 항상 가난한 선비로 자처면서 청빈한 생활을 하였으며 일체의 당파에 관여하지 않았다.

801대 한성판윤 민응수(閔應洙) – 813·825·845·848대 동일인물

신상내용

생몰연대　1684년숙종10 ~ 1750년영조26 – 67세
본관　　여흥驪興
자　　　성보聲甫
호　　　오헌梧軒
시호　　문헌文憲
가족　　증조–감사 광훈光勳, 할아버지–대사헌 시중蓍重, 아버지–이조판서 진주鎭周
　　　　어머니–연일정씨(정상징鄭尙徵의 딸)
　　　　부인–양주조씨(조태동趙泰東의 딸)

관직경력

한성판윤 재임기간 : 1737년영조13 9월 16일 ~ 1738년영조14 1월 18일

1710년숙종36	사마시(진사) 상원입격
1715년숙종41	주부, 정랑
1722년경종2	신임사화–삭직
1724년영조즉위	정랑
1725년영조1	증광문과 급제, 예조정랑, 정언
1726년영조2	헌납, 사간, 교리
1727년영조3	정미환국–파직
1728년영조4	이인좌의 난–호서안무사 종사관, 동래부사
1729년영조5	충청도·전라도관찰사, 부제학, 대사간, 형조참판
1730년영조6	대사헌, 대사성, 경상도관찰사
1733년영조9	사은 겸 동지부사로 청나라 다녀오다
1734년영조10	대사성, 대사헌, 경상도관찰사
1737년영조13	병조판서
1738년영조14	평안도관찰사, 대사헌, 경기도관찰사
1740년영조16	이조판서
1743년영조19	예조판서, 판의금부사
1746년영조22	형조판서, 우의정

생애일화

박동준 등의 탄핵으로 울분 끝에 단식하다 죽은 이광좌李光佐와 조태억趙泰億의 관작 추탈을 상소하다 면직된 채 죽었다.
글씨와 그림에도 조예가 깊었다.

802대 한성판윤 김시형(金始炯) – 799·835·842·846·849대 동일인물

한성판윤 재임기간 : 1738년영조14 1월 19일 ~ 1738년영조14 5월 11일

803대 한성판윤 윤 순(尹淳) – 758·771·787·814대 동일인물

한성판윤 재임기간 : 1738년영조14 5월 12일 ~ 1738년영조14 5월 15일

804대 한성판윤 김성응(金聖應) – 810·820·836·854·864·891대

동일인물

신상내용

생몰연대	1699년숙종25 ~ 1764년영조40 – 66세
본관	청풍淸風
자	군서君瑞
시호	효정孝靖
가족	증조–청풍부원군 우명佑明, 할아버지–총사 석익錫翼, 아버지–진사 도영道泳 어머니–윤하명尹夏明의 딸 부인–홍우령洪禹寧의 딸
묘	경기도 남양주시 미금읍 삼패동

관직경력

한성판윤 재임기간 : 1738년영조14 5월 16일 ~ 1738년영조14 6월 8일

조선 후기의 무신

1728년영조4	사복시내승, 선전관, 고부군수
1733년영조9	도총부도사, 직부전시直赴殿試에서 권무과勸武科 급제
1734년영조10	훈련원정, 정주목사, 경상우병사, 동부승지, 황해도수군절도사
1735년영조11	평안도절도사, 총융사, 어영대장
1736년영조12	한성부우윤, 병조·형조판서
1738년영조14	한성부판윤
1740년영조16	병조판서
1743년영조19	한성부판윤
1748년영조24	좌포도대장
1754년영조30	판의금부사

생애일화

그는 처음에 과거에 붙지 못했으나, 어영대장 장붕익張鵬翼의 천거로 관직에 나아가 34세에 직부전시의 자격을 얻어 권무과에 급제하였다.
사람됨이 위풍당당하고 수염이 아름다웠으며, 눈빛이 빛나고 목소리가 우렁차서 그를 대하면 위엄을 느꼈다. 일처리에 있어서는 치밀하고 변통에 능하면서도 늘 인자하였다.
20여 년간 군사책임자의 위치에 있으면서 훈련대장, 병조판서 등의 소임을 다해 군정을 쇄신

하고 성지를 구축하는 등 국방강화에 힘썼다.

805대 한성판윤 유척기(兪拓基) – 796·812대 동일인물

한성판윤 재임기간 : 1738년영조14 6월 9일 ~ 1738년영조14 6월 24일

806대 한성판윤 김유경(金有慶) – 826대 동일인물

신상내용

생몰연대	1669년현종10 ~ 1748년영조24 – 80세
본관	경주慶州
자	덕유德裕
호	용주龍洲
시호	효정孝貞
가족	증조–교관 홍필弘弼, 할아버지–자진自珍, 아버지–진사 두징斗徵 어머니–윤필은尹弼殷의 딸 부인–이기홍李箕洪의 딸
묘	충남 서천군 인지면 도곡동

관직경력

한성판윤 재임기간 : 1738년영조14 6월 24일 ~ 1738년영조14 8월 1일

조선 전기의 문신

1693년숙종19	사마시(진사) 입격
1710년숙종36	증광문과 급제, 설서
1714년숙종40	함경북도 암행어사
1716년숙종42	수찬, 홍문록 등재
1717년숙종43	정언, 사간, 교리, 대사헌, 대사간, 동지경연사, 참판, 도승지
1719년숙종45	의주부윤
1720년숙종46	황해도관찰사
1722년경종2	신임사화–유배(숙천)
1725년영조1	호조참의, 도승지대사헌, 동지부사로 청나라 다녀오다

1727년영조3	정미환국–부사직·유배(제주도 대정)
1730년영조6	형조참판
1736년영조12	호조참판, 부제학
1738년영조14	한성부판윤, 평안도관찰사
1744년영조20	대사헌–파직(탕평책 반대 노론소장파 옹호)
1746년영조22	좌참찬

생애일화

그는 성품이 강직하고 바른말을 잘 하였는데, 사간원에 들어가서는 통신사 조태억趙泰億이 국위를 손상시킨 죄를 탄핵한 일도 있었다.
영조가 펼치는 탕평책에 대해 비판적 입장을 보이면서, 신임사화의 기록인 임인옥안壬寅獄案을 재작성하라고 상소하거나 노론 소장파의 행태를 옹호하는 등으로 왕의 미움을 사서 귀양을 자주 갔다.
관직에서 물러난 후 2년 뒤인 1748년 숭록대부에 특별히 승품되었다.

807대 한성판윤 윤혜교(尹惠教) – 800대 동일인물

한성판윤 재임기간 : 1738년영조14 8월 1일 ~ 1739년영조15 1월 8일

808대 한성판윤 이 재(李縡) – 817대 동일인물

신상내용

생몰연대	1680년숙종6 ~ 1746년영조22 – 67세
본관	우봉牛峰
자	희경熙卿
호	도암陶菴
시호	문정文正
배향	한천서원(용인)
저서	〈도암집〉 외
가족	증조–호조참의 유겸有謙, 할아버지–우의정 숙翻, 아버지–진사 만창晩昌 어머니–여흥민씨(부원군 민유중閔維重의 딸) 부인–해주오씨(판서 오두인吳斗寅의 딸)

묘　　　경기도 용인시 처인구 이동면 천리

관직경력

한성판윤 재임기간 : 1739년영조15 1월 9일 ~ 1739년영조15 2월 11일

조선 후기의 문신

1702년숙종28	알성문과 급제, 기주서, 승문원정자, 예문관검열, 〈단종실록〉 편찬 참여
1704년숙종30	설서, 사서
1707년숙종33	문과주시 급제
1708년숙종34	문학, 정언, 병조정랑, 홍문관부교리
1709년숙종35	헌납, 이조좌랑, 북평사, 사가독서
1711년숙종37	이조정랑, 홍문관 수찬·부교리, 응교, 필선, 보덕, 집의
1712년숙종38	장악원정, 수원도호부사
1713년숙종39	형조참의, 대사성
1715년숙종41	병조·예조참의
1716년숙종42	동부승지, 호조참의, 부제학,
1719년숙종45	형조참판, 승문원제조·부교리, 경상도균전사
1720년숙종46	함경도관찰사
1721년경종1	대사헌, 동지춘추관사, 실록청당상, 이조·예조참판, 실록청도당상, 도승지
1722년경종2	임인옥사–작은아버지 이만성李晩成 옥사, 강원도 인제로 은퇴
1725년영조1	부제학, 대제학, 이조참판, 대제학
1727년영조3	정미환국–소론 집권, 문외출송, 용인 퇴거
1740년영조16	공조판서
1741년영조17	좌참찬 겸 예문관제학

생애일화

노·소론 간의 당쟁으로 조정 참여에 굴곡이 많았으며, 노론 가운데 영조의 탕평책에 부정적인 준론峻論의 대표적 인물로서 당시의 정국에 영향을 많이 미쳤다.
임인옥사로 작은아버지가 옥사하고 인제로 은퇴했을 때나, 정미환국으로 용인의 한천寒泉으로 내려갔을 때에도 성리학 연구에 전념하면서 많은 학자들을 길러냈다.
예학禮學에 밝아서 많은 저술을 하였는데, 저서로는 〈도암집陶菴集〉·〈도암과시陶菴科詩〉·〈사례편람四禮便覽〉·〈어류초절語類抄節〉 등이 있다. 용인의 한천서원에 배향되었다.

809대 한성판윤 박찬신(朴纘新) – 880대 동일인물

신상내용

생몰연대 1679년숙종5 ~ 1755년영조31 – 77세
본관 함양咸陽
자 사능士能
가족 증조–내형乃亨, 할아버지–상경尙絅, 아버지–부사 종발宗發
어머니–정오주鄭奧周의 딸

관직경력

한성판윤 재임기간 : 1739년영조15 2월 12일 ~ 1739년영조15 3월 5일

조선 후기의 무신

무과 출신
1721년경종1 충청수군절도사
1728년영조4 이인좌의 난–순무중군, 반란군 토평–분무공신 2등·함녕군咸寧君
1736년영조12 포도대장
1737년영조13 총융사, 좌·우포도대장
1739년영조15 한성부판윤
1755년영조31 역적 모의 연루 – 복주伏誅

810대 한성판윤 김성응(金聖應) – 804·820·836·854·864·891대 동일인물

한성판윤 재임기간 : 1739년영조15 3월 6일 ~ 1739년영조15 6월 19일

811대 한성판윤 박사수(朴師洙)

신상내용

생몰연대 1686년숙종12 ~ 1739년영조15 – 54세
본관 반남潘南

호	내헌耐軒·내재耐齋
시호	문헌文憲
추증	좌찬성
가족	증조–첨정 세기世基, 할아버지–금창부위 태정泰定, 아버지–감찰 필영弼英 어머니–안진安縝의 딸 부인–송정명宋正明의 딸, 장태형張泰亨의 딸

관직경력

한성판윤 재임기간 : 1739년영조15 6월 20일 ~ 1739년영조15 8월 6일

조선 후기의 문신

1714년숙종40	사마시(생원) 입격, 참봉
1723년경종3	증광문과 장원급제
1727년영조3	승지
1728년영조4	대사성
1729년영조5	대사헌, 영남안무사, 대사간, 장예원판결사
1731년영조7	황해도·평안도관찰사
1738년영조14	예문관제학, 호조판서, 우참찬, 좌찬성 추증

생애일화

그는 영조의 명을 받아 송인명宋寅命과 함께 신임사화의 전말을 밝힌 감란록戡亂錄 찬수에 착수하면서 왕의 뜻에 따라 송인명과 탕평책을 주도했으나, 나중에 그는 당인이라고 하여 그 일을 사직하고 대신 조현명趙顯命을 중용할 것을 청했다.
그림에도 뛰어난 재주를 보였으며, 특히 대나무를 그린 죽화竹畵에 능했다.

812대 한성판윤 유척기(兪拓基) – 796·805대 동일인물

한성판윤 재임기간 : 1739년영조15 8월 7일 ~ 1739년영조15 9월 5일

813대 한성판윤 민응수(閔應洙) – 801·825·845·848대 동일인물

한성판윤 재임기간 : 1739년영조15 9월 6일 ~ 1739년영조15 9월 11일

814대 한성판윤 윤 순(尹淳) – 758·771·787·803대 동일인물

한성판윤 재임기간 : 1739년영조15 9월 12일 ~ 1739년영조15 11월 22일

815대 한성판윤 조현명(趙顯命) – 794대 동일인물

한성판윤 재임기간 : 1739년영조15 11월 23일 ~ 1740년영조16 1월 11일

816대 한성판윤 이병상(李秉常) – 741·750·756·797·827대 동일인물

한성판윤 재임기간 : 1740년영조15 1월 12일 ~ 1740년영조16 3월 7일

817대 한성판윤 이 재(李縡) – 808대 동일인물

한성판윤 재임기간 : 1740년영조16 3월 7일 ~ 1740년영조16 3월 17일

818대 한성판윤 조관빈(趙觀彬) – 832·834대 동일인물

신상내용

생몰연대	1691년숙종17 ~ 1757년영조33 – 67세
본관	양주楊州
자	국보國甫
호	회헌晦軒
시호	문간文簡
저서	〈회헌집〉
가족	증조–형조판서 계원啓遠, 할아버지–괴산군수 희석禧錫, 아버지–우의정 태채泰采 어머니–심익선沈益善의 딸

	부인–유득일兪得一의 딸, 이위李煒의 딸, 박성익朴聖益의 딸
묘	경기도 시흥시 조남동 산 121–7 방화마을

관직경력

한성판윤 재임기간 : 1740년영조16 3월 17일 ~ 1740년영조16 4월 10일

조선 후기의 문신

1714년숙종40	증광문과 급제
1715년숙종41	검열
1716년숙종41	도당록 등재, 수찬, 정언, 부교리, 교리, 헌납
1719년숙종44	승지
1720년숙종45	대사간, 대사성, 승지, 이조참의
1723년경종3	신임사화–아버지 연루·유배(홍양)
1725년영조1	호조·이조참의, 강화유수, 대사성, 동지의금부사, 호조참판, 대사헌
1727년영조3	정미환국–동지돈녕부사–파직·유배(제주도 대정현)
1736년영조12	도승지
1740년영조16	호조참판, 예조판서
1742년영조18	평안도관찰사
1744년영조20	호조판서–영의정 김재로와 불화·면직, 우참찬, 홍문관제학
1745년영조21	동지사로 청나라 다녀오다
1746년 이후	판의금부사, 판돈녕부사, 공조·형조판서, 강화유수, 수어사
1753년영조29	대제학–죽책문 제진 거부–성주목사 좌천–유배(삼수), 좌빈객, 지중추부사

생애일화

노론 4대신의 한 사람인 아버지 조태채의 영향으로 정치적 입장이 철저한 노론계열로 일관하였다. 아버지의 신원과 포상의 추진에 일생 동안 노력하다시피 했다 해도 과언이 아니다. 문형文衡으로서 많은 글을 남겼으며, 저서로는 〈회헌집晦軒集〉 20권이 있다.
증조 조계원과 아버지 조태채, 4촌형 조도빈이 모두 한성판윤을 역임했다.

819대 한성판윤 신사철(申思喆)

신상내용

생몰연대 1671년현종12 ~ 1759년영조35 – 89세

본관　평산平山
자　명서明敍
호　석곡石谷
가족　증조–장령 상恂, 할아버지–집의 명규命圭, 아버지–이천부사 단鍴
어머니–이인석李仁碩의 딸
부인–李揆一의 딸

관직경력

한성판윤 재임기간 : 1740년영조16 4월 11일 ~ 1740년영조16 5월 28일

조선 후기의 문신

1696년숙종22	사마시(진사) 입격
1709년숙종35	알성문과 급제(공조좌랑 재임중)
1710년숙종36	정언, 문학, 지평
1713년숙종39	홍문록 등재
1714년숙종40	이조좌랑
1719년숙종45	전라도관찰사
1721년경종1	대사간, 대사성, 대사헌
1722년경종2	신임사화–파직·유배(함경도 종성)
1725년영조1	대사헌, 호조판서
1727년영조3	정미환국–파직
1728년영조4	강화유수, 예조판서, 평안도관찰사
1745년영조21	판중추부사, 기로사 입소

생애일화

두 아들, 이만李晩과 이회李晦가 정승직에 올라 남들의 부러움을 샀다.
그의 영정이 국립박물관에 소장되어 있다.

820대 한성판윤 김성응(金聖應) – 804·810·836·854·864·891대

동일인물

한성판윤 재임기간 : 1740년영조16 5월 29일 ~ 1741년영조17 2월 18일

821대 한성판윤 서종급(徐宗伋) – 824·868·904대 동일인물

신상내용

생몰연대	1688년숙종14 ~ 1762년영조38 – 75세
본관	달성達城
자	여사汝思
호	퇴헌退軒
시호	문정文貞
가족	증조–달성위 경주景霔, 할아버지–직장 진리晉履, 아버지–주부 文澤 어머니–홍일우洪一宇의 딸 부인–맹만택孟萬澤의 딸
묘	충남 공주군 유구면 입석리

관직경력

한성판윤 재임기간 : 1741년영조17 2월 19일 ~ 1741년영조17 8월 19일

조선 후기의 문신

1711년숙종37	사마시(진사) 입격
1719년숙종45	증광문과 급제, 승정원주서, 홍문관전적, 사간원정언
1721년경종1	사헌부지평–유배(강진 고금도)
1725년영조1	수찬, 헌납, 교리,
1727년영조3	홍천현감
1728년영조4	사헌주장령, 부응교, 대사간, 동지의금부사, 대사헌 예조참판
1735년영조11	진주 겸 사은부사로 청나라 다녀오다
1737년영조13	예조참판, 대사헌
1738년영조14	경기도관찰사
1739년영조15	부제학, 이조참판
1741년영조17	한성부판윤, 홍문관제학, 호조·예조판서
1742년 이후	형조판서, 우참찬, 우부빈객, 충청도관찰사, 좌참찬, 예조·공조판서, 개성유수, 판의금부사
1757년영조33	기로사 입소, 봉조하

생애일화

권상하의 문인이다.

사헌부 지평으로 있을 때, 왕세제의 대리청정을 건의한 조복성趙聖復을 두둔하였다가 정언 이명의李明誼의 탄핵으로 전라도 강진의 고금도로 멀리 유배되었다.
역시 예조판서가 되어 영의정을 지낸 소론의 거두 이광좌李光佐를 노덕원老德院에 제향하는데 반대하다가 영조의 노여움을 사서 사직하였다.
철저히 노론의 입장에서 정치적 행위를 함으로써 영조의 탕평책 실시에 일정 부분 부정적 영향을 미쳤다.

822대 한성판윤 서종옥(徐宗玉) – 833대 동일인물

신상내용

생몰연대	1688년숙종14 ~ 1745년영조21 – 58세
본관	달성達城
자	온숙溫叔
호	학서鶴西
시호	문민文敏
가족	증조–달성위 경주景霔, 할아버지–직장 진리晉履, 아버지–예조판서 문유文裕 어머니–이상연李尙淵의 딸 부인–李집의 딸

관직경력

한성판윤 재임기간 : 1741년영조17 3월 5일 ~ 1741년영조17 5월 18일

조선 후기의 문신

1719년숙종45	사마시(생원·진사) 입격
1725년영조1	정시문과 급제
1728년영조4	사헌부지평, 이조좌랑, 경연검토관, 대사성, 세자시강원보덕, 황해도관찰사
1733년영조9	이조참의–정치폐단 10개조 시정, 상소
1734년영조10	병조참지, 전라도관찰사, 대사간, 함경도관찰사, 대사헌
1739년영조15	진위 겸 사은부사로 청나라 다녀오다
1740년영조16	평안도관찰사
1741년영조17	예조·이조판서, 우참찬
1742년영조18	사정당상査正堂上–훈신勳臣의 후손은 9대까지 군역 면제 결정
1745년영조21	호조판서

생애일화

그는 1733년영조9, 당시의 정국 현황을 분석하여 여러 가지 시정책을 왕에게 올렸다.
첫째, 국가운영의 원칙을 세울 것, 둘째 기강을 바로잡을 것, 셋째 어진이를 등용할 것, 넷째 정직한 관리를 표창할 것, 다섯째 인재를 뽑아 쓸 것, 여섯째 불쌍한 백성을 구제할 것, 일곱째 국방에 힘쓸 것, 여덟째 재정을 잘 관리하여 낭비를 줄일 것 등에 대해 역설하였다.
당연한 원칙의 나열 같지만, 국정관리에 이러한 사항들이 철저히 이행되지 않고 있다는 점을 반증하는 항목로서 시대적 과제를 일깨우는 의미가 있다 할 것이다.
1745년영조21, 호조판서로 재임 중 죽은 그를 두고 임금은 이렇게 말했다고 한다.
"아직, 이른 나이에 죽어 슬프다. 충성심이 두터웠으며 마음이 대범하였고, 무신란戊申亂을 예견한 선견지명에 탄복하였다."

823대 한성판윤 윤양래(尹陽來) – 778·780·783·791대 동일인물

한성판윤 재임기간 : 1741년영조17 3월 20일 ~ 1741년영조17 5월 18일

824대 한성판윤 서종급(徐宗伋) – 821·868·904대 동일인물

한성판윤 재임기간 : 1741년영조17 5월 19일 ~ 1741년영조17 8월 19일

825대 한성판윤 민응수(閔應洙) – 801·813·845·848대 동일인물

한성판윤 재임기간 : 1741년영조17 8월 20일 ~ 1741년영조17 10월 22일

826대 한성판윤 김유경(金有慶) – 806대 동일인물

한성판윤 재임기간 : 1741년영조17 10월 23일 ~ 1742년영조18 1월 5일

827대 한성판윤 이병상(李秉常) – 741·750·756·797·816대 동일인물

한성판윤 재임기간 : 1742년영조18 1월 6일 ~ 1742년영조18 2월 10일

828대 한성판윤 이기진(李箕鎭)

신상내용

생몰연대	1687년숙종13 ~ 1755년영조31 – 69세
본관	덕수德水
자	군범君範
호	목곡牧谷
시호	문헌文憲
저서	〈목곡집〉
가족	증조–이조판서 식植, 할아버지–예빈시정 신하紳夏, 아버지–양구현감 당簹 어머니–원주원씨(우윤 원만춘元萬春의 딸) 부인–밀양박씨(판서 박권朴權의 딸)
묘	경기도 양평군 양동면 석곡리

관직경력

한성판윤 재임기간 : 1742년영조18 2월 11일 ~ 1742년영조18 5월 23일

조선 후기의 문신

1717년숙종43	사마시(진사) 입격, 정시문과 급제, 예문관·홍문관 재직
1721년경종1	헌납
1722년경종	신임사화–파직
1724년영조즉위	홍문관교리
1725년영조1	경연시독관, 승지, 이조참의
1727년영조3	부제학, 강화부유수
1728년영조4	이인좌의 난, 대사성
1729년영조5	함경도관찰사, 대사간, 경상도관찰사, 형조판서, 경기도관찰사
1741년영조17	판의금부사, 이조판서
1744년영조20	홍주목사
1745년영조21	경기도관찰사, 판의금부사, 평안도관찰사

1749년영조25	동지사로 청나라에 다녀오다
1751년영조27	광주부유수, 판돈녕부사

생애일화

신임사화를 일으킨 소론에 대한 조사를 철저히 하여 그 시비를 명백히 밝힐 것을 극언함으로써 영조의 노여움을 사기도 하였고, 왕세자의 관례 때 봉전문封箋文을 빠뜨린 사건으로 파면되기도 하였다.
그러나 이인좌의 난이 일어나자 향리에서 머물던 중 급거 상경하여 대사성을 맡아 반란 평정에 참여하여 충성심을 보였듯이, 그의 능력을 아꼈던 왕이 다시금 직책을 맡겨 관직에 복귀하여 주요 임무를 수행하였다.
광주부유수로 있을 때는 남한산성 서장대西將臺 위에 2층 누각을 세우고, 바깥 현판을 수어장대守禦將臺로, 안쪽 현판을 무망루無妄樓라 이름 붙인 다음 〈한봉도汗峰圖〉를 지어 왕에게 올렸다.

829대 한성판윤 조상경(趙尙絅) – 779·781·847대 동일인물

한성판윤 재임기간 : 1742년영조18 5월 23일 ~ 1742년영조18 8월 5일

830대 한성판윤 구성임(具聖任) – 863·907대 동일인물

신상내용

생몰연대	1693년숙종19 ~ 1757년영조33 – 65세
본관	능성綾城
자	백형伯衡
저서	〈속병장도설〉
가족	증조–공조판서 인기仁墍, 할아버지–지돈녕부사 일鎰, 아버지–첨정 상정尙禎 어머니–연안이씨(봉사 이홍저李弘著의 딸) 부인–용인이씨(현감 이의무李宜茂의 딸)
묘	경기도 남양주시 진건면 진관리 법동 곡산

관직경력

한성판윤 재임기간 : 1742년영조18 8월 5일 ~ 1742년영조18 9월 11일

조선 후기의 무신

1721년경종1　무과 급제
1728년영조4　부호군
1729년 이후　경기도수군병마절도사, 훈련대장, 포도대장, 총융사, 어영대장, 병조·형조판서, 판의금부사, 판돈녕부사

생애일화

인조반정의 1등공신 구굉具宏이 고조부이다.
부호군으로 있을 때 고조부가 인조대왕으로부터 하사받은 망룡전포蟒龍戰袍(이무기 문양을 수놓은 무관의 겉옷)를 영조임금에게 바쳤다.
1749년 왕명으로 조관빈·박문수·김성응·김상로 등과 함께 〈속병장도설續兵將圖說〉을 편찬하였다.
고조부 구굉과 할아버지 구일具鎰도 한성판윤을 지냈다.

831대 한성판윤 김약로(金若魯) – 859대 동일인물

신상내용

생몰연대　1694년숙종20 ~ 1753년영조29 – 60세
본관　청풍淸風
자　이민而民·而敏
호　만휴암晩休庵
시호　충정忠正
가족　할아버지–징澄, 아버지–대제학 유揉
어머니–송박宋搏의 딸

관직경력

한성판윤 재임기간 : 1742년영조18 9월 11일 ~ 1742년영조18 11월 9일

조선 후기의 문신

1727년영조3　증광문과 급제, 승문원정자
1731년영조7　정언, 지평, 교리, 수찬, 이조좌랑, 헌납, 응교, 시강관
1736년영조12　동부승지, 참찬관, 승지, 대사성, 대사간
1740년영조16　개성유수, 병조예조참판

1742년영조18	평안도관찰사, 선공감제조, 한성부판윤, 세자빈객
1744년영조20	공조·호조·병조판서
1746년영조22	우참찬,
1747년영조23	지경연사, 판의금부사, 예조판서
1749년영조25	우의정, 좌의정
1752년영조28	약방도제조-파직(왕세손 사망), 사복시도제조, 판중추부사

생애일화

소장 관료시절, 〈숙종실록〉 보충의 잘못을 논하다가 유배를 당했으나 곧 석방되었다. 노론의 핵심적 인물로서, 한때 형 김취로와 아우인 영의정 김상로와 함께 세도를 부리기도 하였다.

832대 한성판윤 조관빈(趙觀彬) – 818·834대 동일인물

한성판윤 재임기간 : 1742년영조18 11월 10일 ~ 1742년영조18 12월 27일

833대 한성판윤 서종옥(徐宗玉) – 822대 동일인물

한성판윤 재임기간 : 1742년영조18 12월 28일 ~ 1743년영조19 1월 9일

834대 한성판윤 조관빈(趙觀彬) – 818·832대 동일인물

한성판윤 재임기간 : 1743년영조19 1월 10일 ~ 1743년영조19 2월 10일

835대 한성판윤 김시형(金始炯) – 802·840·842·846·849대 동일인물

한성판윤 재임기간 : 1743년영조19 2월 11일 ~ 1743년영조19 5월 25일

836대 한성판윤 김성응(金聖應) – 804·810·820·854·864·891대 동일인물

한성판윤 재임기간 : 1743년영조19 5월 26일 ~ 1743년영조19 8월 15일

837대 한성판윤 정석오(鄭錫五) – 843대 동일인물

신상내용

생몰연대	1691년숙종17 ~ 1748년영조24 – 58세
본관	동래東萊
자	유호攸好
시호	정간貞簡
가족	증조–좌의정 태화太和, 할아버지–참의 재대載岱, 아버지–목사 혁선赫先 어머니–이영李泳의 딸 부인–언양김씨(참판 김치룡金致龍의 딸)

관직경력

한성판윤 재임기간 : 1743년영조19 8월 16일 ~ 1743년영조19 10월 29일

조선 후기의 문신

1715년숙종41	식년문과 급제, 승문원부정자, 검열, 수찬, 교리
1721년경종1	지평, 소론계열 김일경金一鏡과 신임사화 주도
1725년영조1	관직 삭출
1727년영조3	정미환국, 세자시강원사서, 응교, 승지, 동지의금부사, 대사헌
1736년영조12	등극진하사 함평군 이홍李泓의 부사로서 청나라 다녀오다. 호조판서
1746년영조22	우의정, 좌의정
1748년영조24	영돈녕부사, 동지 겸 사은사로 청나라 가다 병사病死

생애일화

당숙 정효선鄭孝先에게 양자를 갔다.
양가養家의 증조 정치화鄭致和와 종조부 정재숭鄭載崇도 한성판윤을 지냈다.

838대 한성판윤 이하원(李夏源)

신상내용

생몰연대	1664년현종5 ~ 1747년영조23 – 84세
본관	광주廣州
자	원례元禮
호	예남蘂南·정졸재貞卒齋
상훈	청백리
저서	〈경전차의〉 외
가족	증조–예조정랑 필행必行, 할아버지 지평 후징後徵, 아버지–도승지 시만蓍晩 어머니–전주이씨(지평 이시함李時諴의 딸) 부인–밀양박씨(박순朴純의 딸)
묘	충북 충주시 남면 수근치

관직경력

한성판윤 재임기간 : 1743년영조19 10월 30일 ~ 1744년영조20 1월 12일

조선 후기의 문신

1691년숙종17	사마시(생원) 입격
1696년숙종24	통덕랑, 정시문과 급제, 권지부정자, 정자, 봉상시직장, 평안도도사
1700년숙종28	병조좌랑, 지평, 장령
1704년숙종32	서장관으로 청나라 다녀오다
1706년숙종34	집의, 사간, 경연관, 성천·순흥부사
1712년숙종40	사간, 남학교수
1721년경종1	순천부사
1722년경종2	수찬, 응교, 의주부윤
1723년경종3	대사간, 경상도관찰사, 호조참의, 강릉부사
1724년경종4	사은부사로 청나라 다녀오다
1725년영조1	장예원판결사, 공조참판 겸 도총관
1727년영조3	예조·형조참판, 대사헌 겸 비변사당상
1728년영조4	이인좌의 난, 형조참판 겸 승문원제조
1743년영조19	한성부판윤, 대사헌 겸 선공감제조, 공조판서
1744년영조20	지중추부사, 기로소 입소

생애일화

작은아버지 이의만李宜晩도 한성판윤을 지냈다.
청백리에 녹선 되었고, 저서로는 〈경전차의經傳箚疑〉와 〈송현제서증해宋賢諸書證解〉가 있다.

839대 한성판윤 조원명(趙遠命)

신상내용

생몰연대	1675년숙종1 ~ 1749년영조25 - 75세
본관	풍양豊壤
자	치경致卿
시호	정간貞簡
가족	증조-예조판서 형珩, 할아버지-진천군수 상변相忭, 아버지-직장 기수祺壽 어머니-전주이씨(인평대군 이요李溍의 딸) 부인-청송심씨(심충沈冲의 딸)
묘	경기도 안성시 공도읍 마정리 경곡

관직경력

한성판윤 재임기간 : 1744년영조20 1월 13일 ~ 1744년영조20 2월 8일

조선 후기의 문신

1702년숙종28	사마시(진사) 입격
1710년숙종36	증광문과 급제, 설서, 용강현령, 정언
1720년경종즉위	지평 등에 제수되었으나 불사不仕
1724년영조즉위	부응교, 동부승지, 이조참의-파직(노론 집권)
1727년영조3	정미환국, 이조참의, 부제학, 승지, 대사성
1728년영조4	개성부유수, 공조참의
1733년영조9	함경도관찰사, 승지, 이조·예조참판, 평안도관찰사
1744년영조20	한성부판윤, 동지성균관사, 지중추부사, 공조판서
1749년영조25	의정부좌참찬

생애일화

개성유수로 있을 때에 대흥산성의 수비책을 건의하였으며, 기근이 들자 녹봉을 내어 굶주린

백성들의 구제에 보태 송덕비가 세워졌다. 또한 공조참의로 양역법의 개정과 균역법의 실시에 수완을 발휘했다.
50년을 조정에 봉직하였으나 청렴하였는데, 평양감사를 마치고 돌아올 때의 행장行裝은 말한 필뿐이었다고 한다.

840대 한성판윤 김시형(金始炯) – 802·835·842·846·849대 동일인물

한성판윤 재임기간 : 1744년영조20 2월 8일 ~ 1744년영조20 3월 12일

841대 한성판윤 이성룡(李聖龍)

신상내용

생몰연대 1672년현종13 ~ 1748년영조24 – 77세
본관 경주慶州
초명 운룡雲龍
자 자우子雨
호 기헌杞軒
시호 혜정惠靖
가족 증조–경성慶成, 할아버지– 저䍖, 아버지–군수 이여주李汝柱
어머니–장선함張善涵의 딸

관직경력

한성판윤 재임기간 : 1744년영조20 3월 13일 ~ 1744년영조20 7월 22일

조선 후기의 문신

1714년숙종40 증광문과 급제, 승문원
1721년경종1 삼남 암행어사, 사간원정언, 사헌부지평
1725년영조1 사헌부집의–파직(소론 유봉휘 문초 불참)
1726년영조2 승지, 동지부사로 청나라 다녀오다, 전라도관찰사, 도승지
1740년영조16 대사간, 공조판서

생애일화

이미 죽은 소론의 유봉휘劉鳳輝와 조태구趙泰耈의 삭탈관직과 영의정 이광좌李光佐의 파직을 주장하다가 도리어 사직을 당하였다.
노론이 집요하게 시도하는 소론 공격을 보여주는 하나의 사례라고 볼 수 있다.
그의 5대조 이정암의 시문집인 〈사류재집四留齋集〉목판본 12권을 간행하였다.

842대 한성판윤 김시형(金始炯) – 802·835·840·846·849대 동일인물

한성판윤 재임기간 : 1744년영조20 7월 23일 ~ 1744년영조20 10월 6일

843대 한성판윤 정석오(鄭錫五) – 837대 동일인물

한성판윤 재임기간 : 1744년영조20 10월 6일 ~ 1745년영조21 1월 12일

844대 한성판윤 이춘제(李春躋)

신상내용

생몰연대 1692년숙종18 ~ 1761년영조37 – 70세
본관 전주全州
자 중희仲熙
호 중은재中隱齋
가족 증조–호조좌랑 시필時苾, 할아버지–병조좌랑 정린廷麟, 아버지–대사간 언경彦經
어머니–안동권씨(익위 권선權僎의 딸)
부인–풍양조씨(지돈녕부사 조원명趙遠命의 딸)

관직경력

한성판윤 재임기간 : 1745년영조21 1월 13일 ~ 1745년영조21 4월 18일

1717년숙종43	식년문과 급제
1723년경종3	정언, 지평
1724년경종4	장령, 사간, 집의
1730년영조6	승지, 대사간
1731년영조7	충청도관찰사, 진위 겸 진향사로 청나라 다녀오다, 〈경종실록〉 편찬 참여
1732년영조8	도승지, 한성부좌윤
1734년영조10	병조·호조참판, 도승지, 대사간, 이조·예조·형조참판 등
1745년영조21	한성부판윤, 형조판서, 대사헌, 공조판서

생애일화

1740년영조16 9월에 아들의 관례冠禮에 많은 사람들을 초청해 잔치를 베풀었는데, 음식에 중독되어 죽은 사람이 10여 인이었다. 이에, 이때 죽은 교리 이성효李性孝의 아버지 이광세李匡世가 상소하여 재판 결과 동생 하제夏躋와 요리사 소정小貞이 죽임을 당하는 풍파를 겪기도 했다.

845대 한성판윤 민응수(閔應洙) – 801·813·825·848대 동일인물

한성판윤 재임기간 : 1745년영조21 4월 19일 ~ 1745년영조21 9월 23일

846대 한성판윤 김시형(金始炯) – 802·835·840·842·849대 동일인물

한성판윤 재임기간 : 1745년영조21 9월 24일 ~ 1746년영조22 1월 28일

847대 한성판윤 조상경(趙尙絅) – 779·781·829대 동일인물

한성판윤 재임기간 : 1746년영조22 1월 29일 ~ 1746년영조22 2월 7일

848대 한성판윤 민응수(閔應洙) – 801·813·825·845대 동일인물

한성판윤 재임기간 : 1746년영조22 2월 8일 ~ 1746년영조22 2월 24일

849대 한성판윤 김시형(金始炯) – 802·835·840·842·846·851대 동일인물

한성판윤 재임기간 : 1746년영조22 2월 25일 ~ 1746년영조22 4월 10일

850대 한성판윤 유 엄(柳儼) – 853·856·869대 동일인물

신상내용

생몰연대	1692년숙종18 ~ 1752년영조28 – 61세
본관	진주晉州
자	사숙思叔·사첨思瞻
호	성암省庵·화악花岳
시호	혜정惠靖
상훈	청양군靑陽君
가족	증조–참봉 장운長運, 할아버지–관綰, 아버지–정진挺晉 어머니–반남박씨(박태정朴泰定의 딸) 부인–여산송씨(송정명宋正明의 딸)
묘	서울시 구로구 오류동 선영

관직경력

한성판윤 재임기간 : 1746년영조22 4월 11일 ~ 1746년영조22 7월 5일

조선 후기의 문신

1723년경종3	증광문과 급제
1724년경종4	정언
1725년영조1	지평
1728년영조4	문학

1729년영조5	헌납, 수찬, 부교리, 부응교, 승지
1731년영조7	광주부윤
1732년영조8	대사간
1735년영조11	충청도관찰사
1739년영조15	황해도관찰사
1743년영조19	경기도관찰사, 예조판서
1745년영조21	형조판서
1746년영조22	한성부판윤, 청양군青陽君 봉군

생애일화

중종 때 반정공신 유순정柳順汀이 11대조이다.
1729년영조5 천추절을 맞이하여 왕실의 만수무강을 비는 차箚를 올려 임금으로부터 근사록近思錄 한 질을 상으로 받았다. 또 그 해에 시독관으로 있으면서 외방 사찰의 요승妖僧을 엄단하여 사찰의 정화를 단행하였다.
그는 문장으로도 이름이 높았다.

851대 한성판윤 김시형(金始炯) – 802·835·840·842·846·849대 동일인물

한성판윤 재임기간 : 1746년영조22 7월 6일 ~ 1746년영조22 8월 22일

852대 한성판윤 권 적(權樀)

신상내용

생몰연대	1675년숙종1 ~ 1755년영조31 – 81세
본관	안동安東
자	경하景賀
호	창백헌蒼白軒·남애南厓·계형繼亨
시호	효정孝貞
저서	〈창백헌집蒼白軒集〉
가족	증조–장령 전佺, 할아버지–사간 양讓, 아버지–승지 수

어머니–이상응李尙膺의 딸
부인–이수형李秀衡의 딸

관직경력

한성판윤 재임기간 : 1746년영조22 8월 23일 ~ 1746년영조22 9월 16일

조선 후기의 문신

1710년숙종36	사마시(생원) 장원입격
1713년숙종39	증광문과 급제, 홍문관정자
1716년숙종42	검열, 대교, 봉교, 정언
1725년영조1	지평, 사서, 부수찬, 사찬
1726년영조2	교리, 헌납, 이조정랑, 부응교
1727년영조3	대사간, 승지
1733년영조9	이조참의
1738년영조14	대사헌, 예조참판
1739년영조15	도승지, 전라도관찰사
1742년영조18	병조참판
1743년영조19	한성부좌윤, 호조참판, 특진관
1745년영조21	호조참판, 경기도관찰사, 대사성
1746년영조22	지중추부사, 함경도과시관科試官, 한성부판윤, 형조·예조판서, 좌참찬
1749년영조25	판의금부사, 우빈객
1754년영조30	기로사 입소

생애일화

1738년영조14 강화유수가 되어 병자호란 때 청나라 군사를 맞아 싸우다가 전사한 황선신·강흥업·구원일 3인의 충절이 현저함을 들어 충렬사忠烈祠에 배향할 것을 건의하였다.
병조참판이 되어서는 민정에 관한 단잠8장短箴8章을 왕에게 올렸다.
계모에 대한 효성이 지극하여 정문旌門이 세워졌다.

853대 한성판윤 유 엄(柳儼) – 850·856·869대 동일인물

한성판윤 재임기간 : 1746년영조22 9월 17일 ~ 1746년영조22 12월 10일

854대 한성판윤 김성응(金聖應) – 804·810·820·836·864·891대 동일인물

한성판윤 재임기간 : 1746년영조22 12월 11일 ~ 1747년영조23 6월 22일

855대 한성판윤 서명빈(徐明彬) – 871·874·887·889·892·914대 동일인물

신상내용

생몰연대	1692년숙종18 ~ 1763년영조39 – 72세
본관	달성達城
자	질보質甫
시호	정간靖簡
가족	남원부사 정리貞履, 할아버지–병조참의 문상文尙, 아버지–영의정 종태宗泰 어머니–전주이씨(이조정랑 이헌李橞의 딸) 부인–은진송씨(송상기宋相琦의 딸)
묘	경기도 장단군 상도면 조회광

관직경력

한성판윤 재임기간 : 1747년영조23 6월 23일 ~ 1747년영조23 7월 23일

조선 후기의 문신

1723년경종3	정시문과 급제
1727년영조3	사헌부지평, 박문수·조현명 등과 함께 홍문록 등재, 홍문관교리
1728년영조4	사간원헌납, 홍문관교리, 이조좌랑·정랑
1729년영조5	홍문관응교, 사간원사간, 조명익·황재 등과 함께 지제교 선발
1730년영조6	응교, 승정원승지
1733년영조9	홍문관부제학, 승지, 이조참의, 경상감사, 개성유수
1739년영조15	대사헌, 부제학, 응천현감 좌천(곡인소혐曲引小嫌:작은 허물로 상소)
1740년영조16	부제학, 대사간, 대사성, 대사헌, 형조·예조참판, 형조판서
1747년영조23	한성부판윤
1748년영조24	이조판서, 경주부윤·광주부윤 좌천

1749년영조25	대사헌, 예조·형조판서, 지돈녕부사, 우참찬, 이조판서, 상주목사 좌천
1755년영조31	신만·이정보 등과 함께 찬수청 당상
1756년영조32	대사헌, 판의금부사, 한성부판윤, 좌참찬

생애일화

그는 사간원 헌납으로 있을 때에, 당파 간 정쟁과 피폐한 민생을 혁신하기 위해 새로운 임금에게 군주의 실천적 덕목으로서 진지실천眞知實踐 · 절검간약節儉簡約 · 복어박소服御朴素 및 탕평책을 건의하였다.
아버지 종태와 중형 명균 그리고 본인에 걸쳐 3부자가 한성판윤을 지낸 집안이라 달성서씨 문중의 자랑이다.

856대 한성판윤 유 엄(柳儼) – 850·853·869대 동일인물

한성판윤 재임기간 : 1747년영조23 7월 23일 ~ 1748년영조24 5월 18일

857대 한성판윤 김상로(金尙魯) – 873대 동일인물

신상내용

생몰연대	1702년숙종28 ~ 1766년영조42 – 65세
본관	청풍淸風
자	경일景一
호	하계霞溪·만하晩霞
시호	익헌翼獻
가족	증조–공조정랑 극형克亨, 할아버지–전라도관찰사 징澄, 아버지–대제학 유楺 어머니–여산송씨(군수 송박宋搏의 딸) 부인–임천조씨(판서 조정만趙正萬의 딸)
묘	경기도 화성시 우정면 조암리

관직경력

한성판윤 재임기간 : 1748년영조24 5월 19일 ~ 1748년영조24 윤7월 5일

1721년경종1	사마시(생원) 입격
1734년영조10	정시문과 급제, 검열, 지평, 응교
1735년영조11	정언, 교리
1737년영조13	경기도 양정어사良丁御使, 부교리
1738년영조14	헌납, 이조좌랑
1740년영조16	부사과, 대사간, 승지
1742년영조18	강원도관찰사, 대사성, 부제학
1744년영조20	승지-무과 폐단 시정 건의
1745년영조21	한성부우윤, 대사헌, 도승지, 병조판서
1748년영조24	공조판서, 한성부판윤
1750년영조26	지경연사 겸 우빈객
1752년영조28	우의정
1754년영조30	좌의정
1759년영조35	영의정

생애일화

그는 소장관료시절에 승지로서 무과시험의 폐단을 지적하고 엄격하게 시행할 것을 건의하였다.

정승이 되어서는 언행이 일치하지 않는 사헌부 관리들을 교체할 것은 왕께 아뢰었다. 한편, 유능한 관리의 발탁에 관심을 갖고서, 개성유수 남태제南泰齊가 재주와 견식이 있으며 마음가짐이 공평한 것을 알고 승진시키도록 건의하였다.

영조38년 사도세자의 처벌에 적극 참여하여 영조의 동의를 얻었으나, 왕이 이를 후회하자 청주에 귀양가게 되었으며 특명으로 풀려난 뒤 봉조하가 되었다. 그러나 죽은 다음 정조가 즉위하자 관작을 추탈하였으나, 고종 때 다시 신원되었다.

858대 한성판윤 홍상한(洪象漢) – 876·944·972대 동일인물

신상내용

생몰연대	1701년숙종27 ~ 1769년영조45 – 69세
본관	풍산豊山
자	운장雲章
시호	정혜靖惠

추증	영의정
저서	〈풍산세고〉·〈정혜공유고〉
가족	증조-이조판서 만용萬容, 할아버지-첨정 중기重箕, 아버지-이조참판 석보錫輔 어머니-여산송씨(군수 송박宋搏의 딸) 부인-함종어씨(승지 어유봉의 딸)

관직경력

한성판윤 재임기간 : 1748년영조24 윤7월 6일 ~ 1748년영조24 윤7월 13일

조선 후기의 문신

1727년영조3	사마시(진사) 장원입격
1734년영조10	의금부도사
1735년영조11	증광문과 급제, 예문관검열, 지평
1740년영조16	부수찬, 관동지방 어사 파견, 응교, 사간
1743년영조19	대사간, 전라도감사 파직(아들 낙명樂命, 과거 불응시), 이조참판
1744년영조20	도승지
1746년영조22	대사헌
1748년영조24	형조판서
1752년영조28	평안도관찰사
1754년영조30	예조판서
1755년영조31	병조판서, 판돈녕부사
1759년영조35	판의금부사,
1769년영조26	봉조하, 영의정 추증

생애일화

전라도관찰사로 있을 때, 아들 낙명樂命이 과거에 응시하지 않아 파직당하였으나, 곧 이조참판에 복직되었고, 형조판서가 되어서는 법에 어긋난 장형杖刑의 남용을 금지시켰다.
예조판서가 되어서는 조헌趙憲의 문집을 간행하도록 하고, 단종을 복위시키려다 죽은 사람들의 위패를 봉안한 창절사彰節祠와 민절사愍節祠의 중수를 하였다. 또한 황보인皇甫仁 등에게 증직과 시호를 내려지게 하였으며 사육신死六臣과 엄흥도嚴興道를 포향飽享토록 하였다.

859대 한성판윤 김약로(金若魯) – 831대 동일인물

한성판윤 재임기간 : 1748년영조24 윤7월 24일 ~ 1748년영조24 12월 9일

860대 한성판윤 정우량(鄭羽良)

신상내용

생몰연대	1692년숙종18 ~ 1754년영조30 – 63세
본관	연일延日
자	자휘子翬
호	학남鶴南
시호	문충文忠
작품	개성계성사비문
가족	증조–감사 시성始成, 할아버지–첨지중추부사 인빈寅賓, 아버지–판서 수기壽期 어머니–파평윤씨(윤희수尹希壽의 딸) 형제–휘량翬良(동생·좌의정) 부인–용인이시(군수 이세회李世會의 딸), 전주이씨(이필李馝의 딸)
묘	인천광역시 연수구 동춘동 177

관직경력

한성판윤 재임기간 : 1748년영조24 12월 11일 ~ 1748년영조24 12월 21일

조선 후기의 문신

1723년경종3	증광문과 급제
1727년영조3	정언, 부수찬 겸 시독관, 이황·이이 문집 간행
1728년 이후	지평, 대사성, 좌승지, 이천부사 좌천, 우참찬
1749년영조25	병조판서, 우의정, 판중추부사

생애일화

정언이었을 때, 당시 백성들을 효유하는 왕의 교서를 한글로 번역하여 각도에 반포하였다. 좌승지 때에는 공종수孔宗洙를 선성先聖의 후예로 추대하고 반궁泮宮(성균관)에 두어 녹을 지급할 것을 소청하여 시행하기도 하였다.
글씨에 능하여 작품으로 개성계성사비문開城啓聖祠碑文이 있다.

861대 한성판윤 이세진(李世璡)

신상내용

생몰연대 1669년현종10 ~ 1749년영조25 – 81세
본관 벽진碧珍
자 명서明瑞
가족 증조–보덕 상급尙伋, 할아버지–동埬, 아버지–첨지중추부사 지걸志傑
어머니–권순열權順悅의 딸

관직경력

한성판윤 재임기간 : 1749년영조25 1월 25일 ~ 1749년영조25 2월 20일

조선 후기의 문신

1708년숙종34	처음으로 전정殿正에 임명
1725년영조1	영천군수 재직 중 정시문과 급제
1726년영조2	지평, 삼사 여러 직책 역임–유배(삼수)
1727년영조3	필선, 장령, 헌납, 사간
1729년영조5	산림출신으로 등용된 관리들의 비례非禮를 논하다 파직·문외출송
1730년영조6	사간, 참의–파직
1742년영조18	승지, 동지중추부사, 형조참판
1749년영조25	한성부판윤, 지중추부사, 기로사 입소

생애일화

그는 인품이 관대하여 베풀기를 좋아하고, 집안이 가난했지만 늘 마음을 편하게 가졌다. 조정에서는 당쟁을 싫어하고 어긋남을 배척해서 당인들의 꺼리는 바가 되어 소외되기가 일쑤였다.

862대 한성판윤 신 만(申晩) – 878·885·894대 동일인물

신상내용

생몰연대 1703년숙종29 ~ 1765년영조41 – 63세
본관 평산平山

자　여성汝成·성백成伯
시호　효정孝正
가족　증조-집의 명규命圭, 할아버지-이천부사 난鑴, 아버지-영중추부사 사절思喆
어머니-이규일李揆一의 딸
부인-전주이씨(현감 이현응李顯應의 딸), 최명원崔命遠의 딸

관직경력

한성판윤 재임기간 : 1749년영조25 2월 27일 ~ 1749년영조25 5월 16일

조선 후기의 문신

1725년영조1	사마시(진사) 입격
1726년영조2	알성문과 급제, 정자
1727년영조3	실록청도낭청, 정미환국(소론득세)-파직
1729년영조5	헌납, 지평, 정언, 이조참의, 대사성, 부제학, 도승지, 이조참판
1741년영조17	개성유수
1743년영조18	경기도관찰사
1747년영조22	예조판서
1748년영조23	이조판서
1753년영조28	호조·병조판서
1755년영조30	찬수당상-〈천의소감闡義昭鑑〉 편찬
1756년영조31	우의정,
1758년영조32	좌의정
1762년영조36	영의정, 사도세자思悼世子 뒤주에 갇혀 죽다

생애일화

사도세자가 뒤주에 갇히는 현장에서 방관하였다는 이유로, 세자를 죽인 것을 후회한 왕에 의해 파직되었다.
뒷날 영의정에 복귀되었으며, 동생 회晦와 함께 정승에 오른 흔치 않은 경우의 인물이다.
아버지 사철思喆도 한성판윤을 지냈다.

863대 한성판윤 구성임(具聖任) - 830·907대 동일인물

한성판윤 재임기간 : 1749년영조25 5월 18일 ~ 1749년영조25 9월 1일

864대 한성판윤 김성응(金聖應) – 804·810·820·836·854·891대 동일인물

한성판윤 재임기간 : 1749년영조25 9월 1일 ~ 1750년영조26 1월 11일

865대 한성판윤 조재호(趙載浩) – 867·870·872대 동일인물

신상내용

생몰연대 1702년숙종28 ~ 1762년영조38 ~ 61세
본관 풍양豊壤
자 경대景大
호 손재損齋
가족 증조–진사 상정相鼎, 할아버지–도사 인수仁壽, 아버지–풍릉부원군 문명文命
어머니–안동김씨(교관 김창업金昌業의 딸)
형제–효순왕후孝純王后(누이동생·眞宗妃)
친척–조현명趙顯命(숙부·영의정)

관직경력

한성판윤 재임기간 : 1750년영조26 1월 11일 ~ 1750년영조26 2월 9일

조선 후기의 문신

1739년영조15 우의정 송인명宋寅命의 천거로 세자시강원 등용
1744년영조20 홍산현감, 춘당대문과 급제, 승정원승지
1745년 이후 경상도관찰사, 이조판서
1752년영조28 우의정, 〈천의소감闡義小鑑〉 편찬
1759년영조35 영돈녕부사–계비繼妃 책립 반대–유배(임천)
1762년영조38 장헌세자 급보 듣고 상경하다, 체포 유배(종성)

생애일화

장헌세자莊獻世子(사도세자)가 뒤주에 갇혀 죽임을 당하게 되자 그를 구하려 상경하다가, 오히려 역적으로 몰려 함경도 종성으로 유배되어 사사되었다. 1775년 신원되었다.

866대 한성판윤 홍호인(洪好人)

신상내용

생몰연대	1674년현종15 ~ 1750년영조26 – 77세
본관	남양南陽
자	유재有哉
호	노포老圃
가족	증조–이조판서 처량處良, 할아버지–부사 구서九敍, 아버지–부총관 이도以度 어머니–최방崔訪의 딸 부인–송진묵宋徵黙의 딸, 송명두宋明斗의 딸
묘	경기도 양주시 남면 상수리

관직경력

한성판윤 재임기간 : 1750년영조26 2월 24일 ~ 1750년영조26 2월 28일

조선 후기의 문신

1706년숙종32	정시문과 장원급제
1707년숙종33	지평, 정언
1710년숙종36	장령, 진해현감
1711년숙종37	사복시정–파직(부하직원 독직사건)
1712년숙종38	정언, 장령
1713년숙종39	필선, 장령, 정언
1714년숙종40	헌납
1715년숙종41	집의, 승지
1721년경종1	신임사화–삭직
1725년영조1	우부승지, 충청도관찰사, 경기도수군절도사, 좌부승지
1734년영조10	함경도병마절도사
1750년영조26	한성부판윤, 기로사 입소

생애일화

그는 소장관료로서 한재旱災나 행전行錢 등과 각 관사 아전들의 구임폐久任弊에 대해 정부의 대응이 안이하다고 생각하여 이러한 폐단을 개선할 시무책時務策을 상소하였다.
장령이 되어서는 전라우수사 윤정주尹廷舟와 해곤海閫(수군절도사)에 제수된 조이중趙爾重에 대하여 국방상 적합한 인물이 못된다고 임명을 반대하였으며, 언관들을 함부로 파직, 삭직, 원찬遠竄시키는데 대하여 그 부당함을 상소하였다.

867대 한성판윤 조재호(趙載浩) – 865·870·872대 동일인물

한성판윤 재임기간 : 1750년영조26 2월 28일 ~ 1750년영조26 3월 2일

868대 한성판윤 서종급(徐宗伋) – 821·824·904대 동일인물

한성판윤 재임기간 : 1750년영조26 3월 11일 ~ 1750년영조26 3월 23일

869대 한성판윤 유 엄(柳儼) – 850·853·856대 동일인물

한성판윤 재임기간 : 1750년영조26 3월 23일 ~ 1750년영조26 4월 14일

870대 한성판윤 조재호(趙載浩) – 865·867·872대 동일인물

한성판윤 재임기간 : 1750년영조26 4월 14일 ~ 1750년영조26 6월 12일

871대 한성판윤 서명빈(徐明彬) – 855·874·887·889·892·914대 동일인물

한성판윤 재임기간 : 1750년영조26 6월 12일 ~ 1750년영조26 8월 23일

872대 한성판윤 조재호(趙載浩) – 865·867·870대 동일인물

한성판윤 재임기간 : 1750년영조26 8월 28일 ~ 1750년영조26 11월 25일

873대 한성판윤 김상로(金尙魯) – 857대 동일인물

한성판윤 재임기간 : 1750년영조26 12월 3일 ~ 1751년영조27 1월 4일

874대 한성판윤 서명빈(徐明彬) – 855·871·887·889·892·914대 동일인물

한성판윤 재임기간 : 1751년영조27 1월 15일 ~ 1751년영조27 1월 29일

875대 한성판윤 정익하(鄭益河) – 899대 동일인물

신상내용

생몰연대	1688년숙종14 ~ ?
본관	연일延日
자	자겸子謙
호	회와晦窩
시호	충헌忠獻
가족	증조–장령 양瀁, 할아버지–보연普衍, 아버지–정랑 천洊 어머니–심약명沈若溟의 딸 부인–용인이씨(대사헌 이교악李喬岳의 딸)

관직경력

한성판윤 재임기간 : 1751년영조27 1월 29일 ~ 1751년영조27 5월 2일

조선 후기의 문신

1721년경종1	증광문과 급제
1727년영조3	검열–〈숙종실록〉 개수 반대
1728년영조4	지평
1729년영조5	별겸춘추
1730년영조6	지평, 대사간의 상소를 물리친 왕을 비판
1731년영조7	충원현감

1735년영조11	의주부윤, 사서
1739년영조15	경상도관찰사
1741년영조17	대사간
1745년영조21	예조참판, 도승지, 대사헌, 형조참판
1748년영조24	대사성
1749년영조25	함경도관찰사
1751년영조27	지의금부사
1755년영조31	형조판서

생애일화

소장관료 시절 별겸춘추로 활동하면서, 상신相臣들이 배척받은 자를 제외하고는 등용하게 되어있는 관례를 무시하고 천거자薦擧者 모두를 등용하지 않은 행동을 비판하였다.
지방관으로 나갔을 때는 그 지역 특유의 문제를 해결하려 노력하였고, 특히 함경도관찰사로 있을 적에 기근 타개책으로 영남지역의 곡식을 해로로 수송해줄 것을 제시하였다.

876대 한성판윤 홍상한(洪象漢) – 858·944·972대 동일인물

한성판윤 재임기간 : 1751년영조27 5월 2일 ~ 1751년영조27 6월 15일

877대 한성판윤 이익정(李益炡) – 896대 동일인물

신상내용

생몰연대	1699년숙종25 ~ 1782년정조6 – 84세
본관	전주全州
자	명숙明叔
호	시한是閑
시호	정간靖簡
가족	증조–해원군 건健, 할아버지–화선군 양湸, 아버지–밀창군 직樴 어머니–동복오씨(정랑 오시적吳始績의 딸) 부인–죽산안씨(안상태安相泰의 딸) 아들–성규聖圭(공조판서)
묘	서울시 은평구 상암동

관직경력

한성판윤 재임기간 : 1751년영조27 6월 15일 ~ 1751년영조27 9월 2일

조선 후기의 문신

1723년경종3	사마시(생원) 입격
1736년영조12	정시문과 급제, 정언, 집의, 승지, 예조참판
1740년영조16	경기도관찰사
1741년영조17	병조참판
1743년영조19	한성부우윤, 강화부유수, 대사헌, 대사간
1744년영조20	이조참판, 동지 겸 사은사로 청나라 다녀오다
1746년영조22	병조참판, 대사간, 대사헌, 우참찬
1751년영조27	한성부판윤, 우빈객, 판의금부사, 공조판서
1754년영조30	예조판서, 지돈녕부사, 판돈녕부사

생애일화

그는 익살을 잘 부렸다. 장남 성규聖圭가 여주목사로 부임하니, 부인 안씨가 남편인 그에게 한글로 편지하기를 "여주의 명승지 청루淸樓에 가 봅시다" 하였다. 그는 그 편지를 차남 우규禹圭에게 보이면서, "너의 어머니가 늘그막에 바람이 단단히 들었구나. 청루靑樓(기생집)에 가서 놀잔다' 하여 듣는 이가 포복절도하게 했다 한다.

878대 한성판윤 신 만(申晩) – 862·885·894대 동일인물

한성판윤 재임기간 : 1751년영조27 9월 9일 ~ 1751년영조27 11월 27일

879대 한성판윤 박문수(朴文秀)

신상내용

생몰연대	1691년숙종17 ~ 1756년영조32 – 66세
본관	고령高靈
자	성보成甫
호	기은耆隱
시호	충헌忠憲

상훈	분무공신 2등, 영성군
추증	영의정
가족	증조–이조판서 장원長遠, 할아버지–세마 선銑, 아버지–영은군 항한恒漢 어머니–경주이씨(공조참판 이세필李世弼의 딸) 부인–김도협金道浹의 딸
묘	충남 천원군 북면 운지리 산1

관직경력

한성판윤 재임기간 : 1751년영조27 11월 15일 ~ 1752년영조28 7월 9일

조선 후기의 문신

1723년경종3	증광문과 급제, 예문관검열
1724년경종4	세자시강원설서, 병조정랑, 영조즉위–삭직
1727년영조3	정미환국, 사서, 영남암행어사
1728년영조4	이인좌의 난–사도순문사 종사관, 경상도관찰사, 분무공신 2등, 영성군靈城君, 도당록 등재
1730년영조6	대사성, 대사간, 도승지, 충청도암행어사
1732년영조8	선혜청당상
1734년영조10	예조참판, 진주부사로 청나라 다녀오다
1737년영조13	도승지, 병조판서
1738년영조14	동지사로 청나라 다녀오다, 풍덕부사 좌천(안동서원 철폐 탄핵)
1739년영조15	함경도관찰사
1741년영조17	어영대장, 함경도 진휼사 파견–경상도 곡식 1만 섬 이송
1742년영조18	병조판서
1743년영조19	황해도수군절도사 좌천(경기관찰사 부임 사양)
1745년영조21	어영대장
1749년영조25	호조판서
1750년영조26	수어사, 영남균전사, 지성균관사, 세손사부
1751년영조27	예조판서
1752년영조28	왕세손 사망–내의원제조–귀양(제주도)
1753년영조29	우참찬

생애일화

그는 정치적으로 소론에 속하였다. 영조대의 탕평책이 실시될 때 명문벌열 중심의 인사정책에서 벗어날 것을 주장하고, 4색의 인재를 고루 등용하는 탕평의 실實을 강조하였다. 특히

군정軍政과 세정稅政에 밝아 당시 국정개혁 논의에 중요한 몫을 다하였다.
영조에게 주청하여 다른 신하들과 함께 《탁지정례度支定例》를 편찬하였는데, 그 내용은 〈각전각궁공상정례各殿各宮供上定例〉6권, 〈국혼정례國婚定例〉2권, 〈각사정례各司定例〉12권, 〈상방정례尙房定例〉3권을 합한 것이다.
증조 장원長遠이 한성판윤을 지냈다.

880대 한성판윤 박찬신(朴纘新) – 809대 동일인물

한성판윤 재임기간 : 1752년영조28 7월 12일 ~ ?

881대 한성판윤 윤동형(尹東衡)

신상내용

생몰연대	1674년현종15 ~ 1754년영조30 – 81세
본관	파평坡平
자	사임士任
가족	증조–순거舜擧, 할아버지–수찬 철哲, 아버지–덕교德敎 어머니–김화옥金華鈺의 딸 부인–안동권씨(권변權忭의 딸)
묘	충남 논산군 가야곡면 소사리

관직경력

한성판윤 재임기간 : 1753년영조29 1월 2일 ~ 173년영조29 1월 17일

조선 후기의 문신

1711년숙종37	사마시(진사) 입격
1713년숙종39	증광문과 급제, 검열, 사서, 수찬, 지평, 사간
1725년영조1	응교, 사인, 대사간, 공조참판
1753년영조29	한성부판윤, 지돈녕부사, 기로사 입소

생애일화

윤증尹拯의 문인이다.

그는 사람됨이 온아하고 자상하였으며, 효성이 지극하였다.
나이 70이 되어서도 손수 불을 때어 어머니 방을 덥게 해드렸으며, 밤중에도 창밖에 이르러 몰래 어머니의 안부를 엿보았다. 집이 가난했지만 어머니의 반찬은 맛있게 해드려 온 집안과 마을이 감탄하지 않는 사람이 없었다. 어버이를 위하여 벼슬을 단념하고 고향에 물러나 살면서 장수하니 사람들이 그의 지조에 감복했다.

882대 한성판윤 구택규(具宅奎)

신상내용

생몰연대	1693년숙종19 ~ 1754년영조30 – 62세
본관	능성綾城
초명	명규命奎
자	성오性五·노서魯瑞
호	존재存齋
가족	증조–성천부사 문제文濟, 할아버지–증이판 종주宗柱, 아버지–판관 혁赫 어머니–연안이씨(목사 이만저李曼著의 딸) 부인–남양홍씨(첨정 홍우채洪禹寀의 딸)
묘	경기도 장단군 남중서면 사곡

관직경력

한성판윤 재임기간 : 1753년영조29 1월 17일 ~ 1753년영조29 3월 25일

조선 후기의 문신

1714년숙종40	증광문과 급제, 검열, 삼사 요직 역임
1721년경종1	노론 실각
1731년영조7	진주목사
1735년영조11	동지 겸 사은사 서장관으로 청나라 다녀오다
1736년영조12	동래부사
1738년영조14	장예원판결사
1739년영조15	승지, 회양부사, 부사직
1744년영조20	찬집당상–〈속대전〉 편찬 참여
1745년영조21	승지, 관동심리사
1746년영조22	〈속대전〉 교정당상, 지의금부사

1748년영조24	공조·형조참판
1753년영조29	한성부판윤

생애일화

양명학의 거두 정제두鄭齊斗의 문인이다.
형조참판이 되어 전택田宅과 노비奴婢의 쟁송爭訟 업무를 각각 한성부와 장예원에서 분담하도록 진언하였으며, 〈무원록無冤錄〉을 중간하는 일을 주관하였다.

883대 한성판윤 윤 급(尹汲) – 890·920·963대 동일인물

신상내용

생몰연대	1697년숙종23 ~ 1770년영조46 – 74세
본관	해평海平
자	경유景孺
호	근암近庵
시호	문정文貞
저서	〈근암집〉 외
가족	증조–첨정 면지勉之, 할아버지–호조판서 계堦, 아버지–황해도관찰사 세수世綏 어머니–전주이씨(도승지 이하李夏의 딸) 부인–우봉이씨(감사 이만견李晩堅의 딸)
묘	경기도 장단군 백학동

관직경력

한성판윤 재임기간 : 1753년영조29 3월 26일 ~ 1753년영조29 4월 28일

조선 후기의 문신

1725년영조1	사마시(진사) 입격, 정시문과 급제
1727년영조3	설서, 정언, 지평, 수찬, 교리
1734년영조10	이조좌랑–파직
1736년영조12	사간, 집의 검상, 부응교
1737년영조13	사인, 문과중시 급제, 우부승지, 대사간
1744년영조20	대사성, 일신현감 좌천(인사행정 잘못)
1746년영조22	부제학, 동지의금부사, 한성부좌윤, 동지 겸 사은부사로 청 왕래, 호조참판

1749년영조25	홍원현감 좌천(이조판서 정우량의 인사 천거 반대)
1750년영조26	부제학, 예문관제학, 형조판서, 개성유수, 예조판서, 대사성
1753년영조29	한성부판윤
1763년영조39	이조판서, 우참찬, 판의금부사, 예조·형조판서, 조참찬, 기로소 입소

생애일화

정시문과에 을과 1등으로 급제하였는데, 시권試券의 비봉秘封(응시자 인적사항)에 나이와 본관을 쓰지 않아 탈락하게 되었으나, 헌납 채응복蔡膺福이 상소하여 구제되었다.
이조좌랑이 되어서는 이조판서 송인명宋寅命이 전주권銓注權을 독점하여 불법을 자행함을 비난하다 파직되었다.
대사성이 되어 유생의 기강쇄신과 학풍의 진작에 노력했으나, 유생들이 사원祠院의 훼철에 반대하여 이조참의로 체직되기도 하였다.
그는 준급한 언론으로 영조의 탕평책을 계속 반대하여 자주 파직 혹은 좌천되었으나 모두 의로운 주장이었기에 다시 서용되었다.
특히 글씨에 뛰어나 독특한 서체를 이룩하였는데, 윤상서체尹尙書體라 부른다.
저서로는 〈근암집近庵集〉과 〈근암연행일기近庵燕行日記〉 등이 있다.
영의정 두수斗壽의 5대손으로, 고조 휘暉와 종고조 방昉, 그리고 할아버지 계堦와 작은아버지 세기世紀, 본인이 모두 한성판윤을 지낸 그야말로 '한성판윤 가문'이라 해도 손색이 없다 하겠다.

884대 한성판윤 이보혁(李普赫)

신상내용

생몰연대	1684년숙종10 ~ 1762년영조38 – 79세
본관	용인龍仁
자	성원聲遠
시호	충정忠貞
상훈	분무공신 3등, 인평군
가족	증조–파주목사 정악挺岳, 할아버지–참봉 세응世膺, 아버지–은산현감 의진宜振 어머니–파평윤씨(좌의정 윤지완尹趾完의 딸) 부인–남양홍씨(홍주화洪胄華의 딸) 친척–세백世白(종조부·좌의정)
묘	경기도 가평군 가평읍 대곡리

관직경력

한성판윤 재임기간 : 1753년영조29 4월 28일 ~ 1753년영조29 5월 28일

조선 후기의 문신

음보로 출사, 평양부윤

1725년영조1	관직 삭거(부정혐의), 성주목사
1728년영조4	이인좌의 난–우방장–영남에서 거병한 정희량 토평, 분무공신·인평군仁平君
1733년영조9	동지의금부사, 호조참판
1736년영조12	병조참판
1738년영조14	공홍도관찰사–파직(남형濫刑한 죄)
1740년영조16	풍덕부사–군액과람 폐단 시정
1741년영조17	한성부좌윤
1748년영조24	부총관
1753년영조29	한성부판윤
1754년영조30	공조판서

생애일화

2001년 경기도 가평군 공원부지로 편입된 묘를 이장하던 중에 상석 아래에서 지석(誌石) 12매가 발견되었는데, 지문(誌文)은 영조대왕이 친히 지은 어제(御製)였다.

885대 한성판윤 신 만(申晩) – 862·878·894대 동일인물

한성판윤 재임기간 : 1753년영조29 5월 28일 ~ 1753년영조29 6월 14일

886대 한성판윤 조영국(趙榮國) – 888·917대 동일인물

신상내용

생몰연대	1698년숙종24 ~ 1760년영조36 – 63세
본관	양주楊州
자	군경君慶
호	월호月湖

시호　정헌靖憲
가족　증조–전라도관찰사 구석龜錫, 할아버지–대사헌 태동泰東, 아버지–봉빈鳳彬
어머니–조헌주曺憲周의 딸
부인–이장영李長英의 딸, 한배하韓配夏의 딸

관직경력

한성판윤 재임기간 : 1753년영조29 6월 14일 ~ 1753년영조29 7월 20일

조선 후기의 문신

1723년경종3	사마시(진사) 입격
1730년영조6	봉사, 정시문과 급제, 검열, 정언
1736년영조12	제주도 안핵어사
1737년영조13	교리, 북관감진어사–함경·평안도 기민구제상황 독찰, 헌납, 부응교
1739년영조15	동부승지
1740년영조16	공홍도관찰사, 병조참지, 부제학, 전라도관찰사
1745년영조21	대사간, 대사성
1746년영조22	우승지, 정조부사로 청나라 다녀오다. 공조참판
1747년영조23	평안도관찰사
1750년영조26	도승지, 이조참의, 균역청 당상관, 대사헌, 동지의금부사, 이조·공조참판
1752년영조28	호조판서
1753년영조29	한성부판윤
1754년영조30	형조·이조판서
1755년영조31	찬집당상–〈천의소감〉 편찬 참여
1756년영조32	강화부유수, 세자시강원우빈객, 예조판서
1759년영조35	세손사부
1760년영조36	수어사

생애일화

균역청이 설치되자 당상관으로서 결미절목結米節目을 제정하는 등 세제개혁에 발휘한 능력을 인정받아 호조판서가 되었으며, 한성판윤이 되어서는 도성의 개천을 준설하였다.
그는 조선 후기의 정치개혁과 문화진흥에 많은 공헌을 하였으며, 특히 그의 저술인 〈농사총론農事總論〉은 천시天時·지리地理·농기農器·수리水利·부종付種·수차水車 등의 중요성을 역설하여 종래의 다른 농서와 비교된다.
그리고 조태만趙泰萬이 찬술한 〈양주조씨세보楊州趙氏世譜〉를 증수하기도 했다.
고조부 계원啓遠도 한성판윤을 지냈다.

887대 한성판윤 서명빈(徐明彬) – 855·871·874·889·892·914대 동일인물

한성판윤 재임기간 : 1753년영조29 7월 27일 ~ 1753년영조29 9월 6일

888대 한성판윤 조영국(趙榮國) – 886·917대 동일인물

한성판윤 재임기간 : 1753년영조29 9월 7일 ~ 1753년영조29 10월 4일

889대 한성판윤 서명빈(徐明彬) – 855·871·874·887·892·914대 동일인물

한성판윤 재임기간 : 1753년영조29 10월 5일 ~ 1753년영조29 10월 27일

890대 한성판윤 윤 급(尹汲) – 883·920·963대 동일인물

한성판윤 재임기간 : 1753년영조29 10월 27일 ~ 1753년영조29 11월 23일

891대 한성판윤 김성응(金聖應) – 804·810·820·836·854·864대 동일인물

한성판윤 재임기간 : 1753년영조29 11월 23일 ~ 1753년영조29 12월 22일

892대 한성판윤 서명빈(徐明彬) – 855·871·874·887·889·914대 동일인물

한성판윤 재임기간 : 1753년영조29 12월 22일 ~ 1754년영조30 1월 15일

893대 한성판윤 이정보(李鼎輔) – 902·922대 동일인물

신상내용

생몰연대	1693년숙종19 ~ 1766년영조42 – 74세
본관	연안延安
자	사수士受
호	삼주三洲·보객정報客亭
시호	문간文簡
가족	증조–예조판서 일상一相, 할아버지–성조成朝, 아버지–호조참판 우신雨臣 어머니–남원윤씨(승지 윤빈尹彬의 딸) 부인–여흥민씨(민승수閔承洙의 딸)
묘	경기도 이천시 율면 신추리

관직경력

한성판윤 재임기간 : 1754년영조30 1월 15일 ~ 1754년영조30 윤4월 2일

조선 후기의 문신

1721년경종1	사마시(진사) 입격, 익릉참봉
1732년영조8	정시문과 급제, 검열, 대교
1734년영조10	봉교
1736년영조12	병조좌랑, 정언, 경기도사, 지평–사직(탕평책 반대 상소)
1737년영조13	부수찬, 교리, 이조좌랑, 교서관교리
1738년영조14	이조정랑, 응교, 형조참의, 동부승지, 병조참의
1740년영조16	수원부사
1742년영조18	승지, 부제학, 대사성
1743년영조19	대사간, 병조참의
1748년영조24	함경도관찰사
1749년영조25	한성부좌윤, 동지의금부사, 오위도총부도총관, 비변사제조

1750년영조26	도승지, 인천부사 좌천(탕평책 반대)
1752년영조28	동지경연사, 성천부사
1753년영조29	좌부빈객
1754년영조30	한성부판윤 겸 오위도총부도총관, 형조판서
1755년영조31	우참찬, 예조판서, 판의금부사, 동지성균관사
1756년영조32	공조판서, 홍문관·예문관제학, 지경연사, 좌빈객
1758년영조34	이조판서, 지춘추관사, 판돈녕부사, 좌참찬, 세손사부
1761년영조37	이조판서 겸 수어사
1762년영조38	기로사 입소
1763년영조39	예조판서, 대제학, 지성균관사, 판중추부사, 보국숭록대부 승품

생애일화

지방행정의 책임자로서 수원부사로 있을 때에는 부성府城을 쌓고 목장을 설치하여 군마를 길러 군비를 충실히 하였으며, 함경도관찰사로 부임하여서는 상벌을 공평히 하고 비용을 절감하여 변경지역을 안정시켰다.
그는 성품이 엄정하고 바른 말을 잘하여 여러 번 파직되었다. 글은 주의奏議에 능하였으며, 생각하는 일은 반복하여 상소하고 사륙문四六文에 뛰어나 시조 78수를 남겼다.
월사月沙 이정구李廷龜의 5대손이며, 증조부 이일상李一相도 한성판윤을 지냈다.

894대 한성판윤 신 만(申晩) – 862·878·885대 동일인물

한성판윤 재임기간 : 1754년영조30 윤4월 3일 ~ 1754년영조30 5월 5일

895대 한성판윤 어유룡(魚有龍)

신상내용

생몰연대	1678년숙종4 ~ 1764년영조30 – 87세
본관	함종咸從
자	경우景雨
시호	정헌靖憲
가족	증조–수운판관 한명漢明, 조부–이조정랑 진척震陟, 아버지–충무위사정 사상史商

	어머니－원주원씨(원순빈元舜賓의 딸)
	부인－전주이씨(도정 이용李溶의 딸), 영월신씨(진사 신성수辛聖洙의 딸)
	친척－유구有龜(재종형·경종의 장인)
묘	서울시 은평구 상암동

관직경력

한성판윤 재임기간 : 1754년영조30 5월 6일 ~ 1754년영조30 6월 27일

조선 후기의 문신

1710년숙종36	사마시(생원) 입격
1713년숙종39	증광문과 급제
1717년숙종43	정언, 수찬, 지평
1720년경종즉위	지평, 헌납, 장령, 사간
1722년경종2	임인옥사－유배(영암)
1725년영조1	사간, 집의, 광주부윤, 황해도관찰사
1727년영조3	정미환국－파직
1730년영조6	승지, 강원도관찰사, 안동부사, 대사간
1744년영조20	사은부사로 청나라 다녀오다
1748년영조24	한성부좌윤
1754년영조28	지중추부사, 기로사 입소, 한성부판윤, 판돈녕부사

생애일화

그는 대간으로 있으면서 왕세제 책봉을 반대하는 소론파의 처벌을 주장하였고, 또한 세제 대리청정을 반대하는 조태구趙泰耈 등을 탄핵하여 박치원朴致·이중협李重協과 함께 노론파 3대 대간臺諫으로 불렸다.

896대 한성판윤 이익정(李益炡) – 877대 동일인물

한성판윤 재임기간 : 1754년영조30 6월 29일 ~ 1754년영조30 11월 28일

897대 한성판윤 이창의(李昌誼)

신상내용

생몰연대	1704년숙종30 ~ 1772년영조48 – 69세
본관	전주全州
자	성방聖方
호	만취헌晩翠軒
시호	익헌翼獻
가족	증조–지평 백린伯麟, 할아버지–예조판서 언강彦綱, 아버지–참봉 태제泰躋 어머니–여산송씨(宋徵殷의 딸) 부인–영일정씨(판서 정수기鄭壽期의 딸) 남양홍씨(지중추 홍우구洪禹九의 딸) 파평윤씨(진사 윤욱尹勖의 딸)
묘	강원도 철원군 동송면 관우리

관직경력

한성판윤 재임기간 : 1754년영조30 12월 12일 ~ 1755년영조31 4월 24일

조선 후기의 문신

1726년영조2	사마시(진사) 입격
1735년영조11	증광문과 급제
1736년영조12	세자시강원 설서
1737년영조13	사간원정언, 사헌부지평
1738년영조14	문학
1740년영조16	홍문관 교리·수찬
1741년영조17	북도독운어사北道督運御使–기민구제 진곡 수송
1744년영조20	장령, 검상, 승지
1745년영조21	대사간
1747년영조23	충청도관찰사
1748년영조24	병조참판, 동지의금부사
1749년영조25	진하 겸 사은부사로 청나라 다녀오다. 전라도관찰사
1750년영조26	형조·호조참판
1752년영조28	예조참판, 동지 겸 사은부사로 청나라 왕래, 호조참판, 도승지, 형조판서
1754년영조30	판의금부사, 병조판서, 광주유수, 좌참찬
1716년영조40	예조판서, 좌참찬, 병조판서 겸 좌빈객

1765년영조41 호조판서, 우의정, 판중추부사–파직

생애일화

세종대왕의 아들 영해군寧海君 이당李瑭의 후손이다.
그가 재임 중 죽자 부인은 단식하다가 절명하였다. 열녀로 나라에서 정문旌門을 내리고, 영조가 제문을 지어 치제致祭하였다.

898대 한성판윤 조명리(趙明履)

신상내용

생몰연대 1697년숙종23 ~ 1756년영조32 – 60세
본관 임천林川
자 중례仲禮
호 노강蘆江·도천道川
시호 문헌文憲
저서 〈도천집〉
가족 증조–마전군수 시형時馨, 할아버지–부사 현기顯期, 아버지–부여현감 정서正緖
어머니–김성최金盛最의 딸
부인–남양홍씨(홍우석洪禹錫의 딸)

관직경력

한성판윤 재임기간 : 1755년영조31 4월 24일 ~ 1755년영조31 5월 1일

조선 후기의 문신

1717년숙종43 사마시(생원) 입격, 교관
1731년영조7 정시문과 급제, 봉교, 정언
1734년영조10 지평
1735년영조11 지평 이태중과 함께 삭직, 교리–유배(소론 이광좌 연루)
1740년영조16 동부승지, 의주부윤, 대사성
1746년영조22 부제학, 〈광묘어제훈사光廟御製訓辭〉 찬집–가선대부 승품
1747년 이후 동지의금부사, 도승지, 이조참판, 강원도관찰사, 대사헌
1755년영조31 한성부판윤, 〈천의소감闡義昭鑑〉 찬집당상

생애일화

그는 문장과 글씨에 뛰어났으며, 문집으로 〈도천집道川集〉이 있다.

899대 한성판윤 정익하(鄭益河) – 875대 동일인물

한성판윤 재임기간 : 1755년영조31 5월 2일 ~ 1755년영조31 11월 11일

900대 한성판윤 홍계희(洪啓禧) – 928·966·971대 동일인물

신상내용

생몰연대	1703년숙종29 ~ 1771년영조47 – 69세
본관	남양南陽
자	순보純甫
호	담와淡窩
시호	문간文簡
저서	〈삼운성휘〉 외
가족	증조–첨정 처심處深, 할아버지–수진受晉, 아버지–참판 우전禹傳 어머니–우봉이씨(대사헌 이상李翔의 딸) 부인–청풍김씨(호조판서 김취로金就魯의 딸)
묘	경기도 용인시 처인구 모현면 일산리 산2–1　용인시 향토유적 제37호

관직경력

한성판윤 재임기간 : 1755년영조31 11월 14일 ~ 1756년영조32 1월 21일

조선 후기의 문신

1725년영조1	사마시(진사) 입격
1737년영조13	별시문과 장원급제, 정언, 교리 특진(우의정 조현명 천거), 수찬
1742년영조18	북도감진어사北道監賑御使
1743년영조19	북도별견어사北道瞥見御使, 공조참의, 부사과–삭직(함경감사 박문수 탄핵)
1744년영조20	승지

1748년영조24	일본 통신상사通信上使-도쿠가와 승습 축하, 형조참판, 비변사당상
1749년영조26	충청도관찰사-시폐개혁안 건의
1750년영조27	병조판서, 지중추부사, 광주유수
1754년영조31	이조판서, 형조·병조·호조판서, 예문관대제학
1762년영조39	경기도관찰사-사도세자 잘못 고변 사주
1762년 이후	이조·예조판서, 판중추부사, 봉조하

생애일화

그는 관료로서의 행적을 볼 때 유학자라기보다 경세치용經世致用에 많은 관심을 가진 개혁 실천주의자라 할 수 있다. 젊어서 유형원의 〈반계수록磻溪隧錄〉을 읽고 깊은 영향을 받은 것으로 여겨지며, 충청도관찰사로 있으면서 올린 시폐개혁안에 잘 나타나 있다.

왕으로부터 시무 능력을 인정받고, 영의정 조현명의 지원하에 균역법 제정을 주관하며 균역사목을 작성·시행하고자 했다. 그러나 시행 상 문제가 많다는 중신과 사림들의 맹렬한 비판에 부딪쳐 현실적 성과를 내지 못했다.

그는 노론이라 자처하면서도 탕평파의 소론과도 접근하며 출세의 길을 갔으나, 변화하는 정황에 따라 권력을 좇아 사람들로부터 소인 내지 간신으로 지목되기도 하였다.

죽은 뒤 문간文簡이라는 시호가 내려졌으나, 두 손자가 정조 즉위 후 정조시해미수사건에 연루되어 그의 두 아들과 일가 모두가 처형당하게 되자, 그도 관작이 추탈되고 역안逆案에 이름이 올랐다.

글씨에도 능했다. 저서로 〈삼운성휘三韻聲彙〉가 있고, 편서로는 〈균역사실〉·〈준천사실〉·〈해동악장〉 등 다수가 있다.

901대 한성판윤 이성중(李成中) – 918대 동일인물

신상내용

생몰연대	1706년숙종32 ~ 1760년영조36 – 55세
본관	전주全州
자	사득士得
호	질암質庵
시호	정민貞敏
가족	증조-임천군수 영휘永輝, 할아버지-평안감사 제濟, 아버지-응교 현모顯謨 어머니-강릉김씨(승지 김홍정金弘禎의 딸)

관직경력

한성판윤 재임기간 : 1756년영조32 1월 21일 ~ 1756년영조32 2월 14일

조선 후기의 문신

1727년영조3	사마시(진사) 아방亞榜 입격
1735년영조11	증광문과 급제
1741년영조17	이조좌랑
1742년영조18	부수찬, 형조참판
1754년영조30	호남지방 이정사釐正使
1755년영조31	경상도관찰사
1756년영조32	한성부판윤, 호조·이조판서

생애일화

전국 각지를 돌아다니며 민막民瘼을 조사·보고하고, 지방관의 민폐를 척결하는 데 힘썼다.

902대 한성판윤 이정보(李鼎輔) – 893·922대 동일인물

한성판윤 재임기간 : 1756년영조32 2월 19일 ~ 1756년영조32 5월 14일

903대 한성판윤 이광세(李匡世)

신상내용

생몰연대	1679녀숙종5 ~ ?
본관	전주全州
자	제이濟而·제경濟卿
호	우헌愚軒
가족	증조–장영長英, 할아버지–구성九成, 아버지–문정聞政 어머니–상주김씨(김하석金夏錫의 딸) 부인–진주유씨(유덕옥柳德玉의 딸), 전주최씨(최후진崔後進의 딸)

관직경력

한성판윤 재임기간 : 1756년영조32 5월 17일 ~ 1756년영조32 7월 1일

조선 후기의 문신

1715년숙종41	사마시 입격
1719년숙종45	춘당대문과 급제
1720년 이후	안악군수, 호조참판, 한성부판윤

904대 한성판윤 서종급(徐宗伋) – 821·824·868대 동일인물

한성판윤 재임기간 : 1756년영조32 7월 1일 ~ 1756년영조32 7월 21일

905대 한성판윤 한익모(韓翼謨) – 924·964·967·970대 동일인물

신상내용

생몰연대	1703년숙종29 ~ 1781년정조5 – 79세
본관	청주淸州
자	경보敬甫
호	정견靜見
시호	문숙文肅
가족	증조–참판 성우聖佑, 할아버지–좌윤 배의配義, 아버지–진사 사범師范 어머니–기계유씨(정랑 유명흥俞明興의 딸) 형제–현모顯謨(형·대사헌) 부인–기계유씨(좌랑 유학기俞學基의 딸)
묘	경기도 의왕시 월암동 산 26 (의왕향토유적 제1호)

관직경력

한성판윤 재임기간 : 1756년영조32 7월 28일 ~ 1756년영조32 9월 15일

조선 후기의 문신

1733년영조9	식년문과 급제

1734년 이후	정언, 지평, 수찬, 이조정랑, 승지, 광주부윤, 대사간
1762년영조38	판의금부사, 대제학–삭탈관직(사도세자 죽은 경위, 작성 거절)
1766년영조42	좌의정–백두산 망사望祀 실행, 갑산 망덕산에 제각祭閣 설치
1772년영조48	영의정

생애일화

판의금부사로 있을 때 나경언羅景彦의 사도세자에 대한 고변告變이 있자, 이를 사주한 배후를 철저히 가릴 것을 주청하였고, 또한 대제학으로서 사도세자가 죽은 경위를 밝히는 교서의 작성을 끝내 거절하여 관직이 삭탈되기도 하였다.

906대 한성판윤 민백상(閔百祥) – 925대 동일인물

신상내용

생몰연대	1711년숙종37 ~ 1761년영조37 – 51세
본관	여흥驪興
자	이지履之
시호	정헌正獻
가족	증조–여양부원군 유중維重, 할아버지–좌의정 진원鎭遠, 아버지–관찰사 형수亨洙 어머니–이세항李世恒의 딸 부인–이구李絿의 딸
묘	경기도 안성시 이죽면 칠장리

관직경력

한성판윤 재임기간 : 1756년영조32 9월 16일 ~ 1756년영조32 9월 16일

조선 후기의 문신

1735년영조11	사마시(진사) 입격
1740년영조16	증광문과 급제, 예문관검열
1741년영조17	교리
1745년영조21	동지사 서장관으로 청나라 다녀와, 백두산 오랑캐의 침입을 경계하는 상소
1746년영조22	정언, 사서, 수찬

1748년영조24	경상도관찰사
1751년영조27	대사성, 대사간
1753년영조29	부제학, 대사헌
1756년영조32	한성부판윤
1757년영조33	평안도관찰사, 호조판서
1760년영조36	우의정

생애일화

경종 때 신임사화로 화를 입은 아버지의 신원을 간청하였으나 받아들여지지 않았고, 영조 때 대사간이 되어 다시 희생된 사람들의 신원을 주장하며 가해자인 소론 일파의 처벌을 극론하다가 거제도에 유배되었다.

1760년 우의정이 되어 사도세자의 서도西道(평양) 밀행에 책임을 지고 영의정 李天輔, 좌의정 이후李厚 등과 함께 자살하였다고 한다.

평소 홍봉한洪鳳漢과 김상복金相福 등과 서로 우의가 깊었는데, 이들이 차례로 정승이 되자 세상에서 삼태지우三台之友라고 불렀다.

907대 한성판윤 구성임(具聖任) – 830·863대 동일인물

한성판윤 재임기간 : 1756년영조32 10월 20일 ~ 1757년영조33 1월 8일

908대 한성판윤 유최기(兪最基) – 957대 동일인물

신상내용

생몰연대	1689년숙종15 ~ 1768년영조44 – 80세
본관	기계杞溪
자	양보良甫
호	자락헌自樂軒·무수옹無愁翁
시호	정간貞簡
가족	증조–예조판서 성증省曾, 할아버지–대사헌 철徹, 아버지–목사 명건明健 어머니–안후선安後宣의 딸 부인–정형익鄭亨益의 딸, 윤준尹浚의 딸

관직경력

한성판윤 재임기간 : 1757년영조33 1월 8일 ~ 1757년영조33 5월 7일

조선 후기의 문신

1715년숙종41	사마시(진사) 입격
1723년경종3	증광문과 급제
1726년영조2	설서
1727년영조3	정미환국-삭직(소론 이광좌 횡포 탄핵)
1730년영조6	지평-삭출(신임사화 때 피화 노론 김창집 등 신원과 소론 음모 논박)
1735년 이후	부교리, 부수찬, 수찬, 시독관
1747년영조23	병조참의, 웅천현감 좌천(신임사화 전말 상소, 소론 비난, 영조의 탕평책 역행)
1750년 이후	동부승지, 대사성, 대사헌, 지의금부사
1763년영조39	정헌대부 승품, 기로사 입소, 판의금부사, 우참찬

생애일화

영조의 탕평책에 거슬리는 소론 처벌론을 계속 주장하여 수차례 관직이 삭탈되었다. 다만 그의 강직함을 가상히 여겨 다시 기용하여 관직을 두루 역임하였다.
그는 시문에도 능하였다.

909대 한성판윤 김상석(金相奭)

신상내용

생몰연대	1690년숙종16 ~ 1765년영조41 - 76세
본관	연안延安
자	군필君弼
호	시은市隱
시호	정간貞簡
저서	〈시은일록〉
가족	증조-진사 규珪, 할아버지-지평 홍석弘錫, 아버지-호澔 어머니-윤세익尹世翊의 딸 부인-임경任敬의 딸

관직경력

한성판윤 재임기간 : 1757년영조33 5월 7일 ~ 1757년영조33 5월22일

조선 후기의 문신

1718년숙종44	정시문과 급제, 검열, 정언
1721년경종1	신임사화–삭직
1724년영조즉위	소론 이광좌·조태억 등 탄핵
1725년 이후	교리, 부수찬, 의주부윤, 강화유수
1757년영조33	한성부판윤, 판돈녕부사

생애일화

그는 정치적 성향의 견지에서 남인의 남구만南九萬 · 최석항崔錫恒 · 윤지완尹趾完 등의 종묘배향을 반대하였다.
문중 차원에서는 아들 익熤이 정조 때 영의정이요, 손자 재찬載瓚이 순조 때 영의정을 지냈으며, 현손 유연有淵이 고종 때 우의정을 지내어 정승 배출의 문을 연 집안의 중시조이기도 하다.

910대 한성판윤 김한철(金漢喆)

신상내용

생몰연대	1701년숙종27 ~ 1759년영조35 – 59세
본관	경주慶州
자	사적士迪
호	가헌可軒
시호	효간孝簡
가족	증조–금정찰방 세진世珍, 할아버지–생원 두정斗井, 아버지–이조참판 용경龍慶 어머니–진주강씨(강이상姜履相의 딸) 부인–박필영朴弼英의 딸, 강계부姜啓溥의 딸
묘	충남 당진군 면천면 사기소리

관직경력

한성판윤 재임기간 : 1757년영조33 5월 22일 ~ 1757년영조33 6월 8일

조선 후기의 문신

1721년경종1	사마시(진사) 입격
1731년영조7	정시문과 급제, 검열, 삼사의 청요직 역임
1734년영조10	사간원정언, 겸춘추
1747년영조23	대사간, 도승지, 이조참판, 경기도·함경도관찰사,
1757년영조33	대사헌, 우참찬

생애일화

사간원 정언으로 있을 때 붕당朋黨 타파와 보민保民의 요체를 상소하였고, 대사헌에 재임하면서는 백성의 고통을 덜어주기 위해 양전量田의 실시를 건의하였다.

911대 한성판윤 신 회(申晦) – 913·982·1030대 동일인물

신상내용

생몰연대	1706년숙종32 ~ 1776년영조52 – 71세
본관	평산平山
자	여근汝根
가족	증조–명규明圭, 할아버지–이천부사 단鏽, 아버지–영중추부사 사철思喆 어머니–이규일李揆一의 딸 부인–남양홍씨(대사헌 홍계적洪啓迪의 딸)

관직경력

한성판윤 재임기간 : 1757년영조33 6월 8일 ~ ?

조선 후기의 문신

1741년영조17	사마시(진사) 입격
1743년영조19	알성문과 급제, 수찬
1746년영조22	교리
1750년영조26	승지–유배(사마시 공정성 상실 탄핵)
1755년영조31	병조판서
1756년영조32	예조판서
1762년영조38	황해도관찰사, 이조판서
1772년영조48	좌의정, 영의정, 기로사 입소

1776년정조즉위　　영조 승하, 고부 겸 청시승습사－파직
1784년정조8　　관작 회복

생애일화

영조가 승하하고 사도세자의 아들 정조가 즉위하여, 왕의 죽음을 알리고 시호를 청하며 왕위계승을 고하기 위해 청나라에 가는 사신에 임명되었으나, 그가 일찍이 사도세자를 뒤주에 가두어 죽이는 일에 적극 동조한 사실 때문에 정조의 노여움을 샀으므로 파직되었다.
아버지 사철思喆과 형 만晩이 한성판윤을 지내니, 삼부자가 함께 한성판윤인 집안이다.

912대 한성판윤 이 후(李垕)

신상내용

생몰연대	1694년숙종20 ~ 1761년영조37 － 67세
본관	연안延安
자	후옥厚玉
호	구옹癯翁
시호	정익定翼
가족	증조－상주相胄, 할아버지－영泳, 아버지－참판 명희命熙 어머니－청주한씨(한제유韓濟愈의 딸)

관직경력

한성판윤 재임기간 : 1757년영조33 8월 6일 ~ 1757년영조33 9월 12일

조선 후기의 문신

1726년영조2	사마시 장원입격, 문음으로 진출, 목사
1750년영조26	식년문과 급제(56세), 호남균전사, 승지
1751년영조27	경상도관찰사, 호남균세사, 대사간
1752년영조28	동지의금부사, 한성부우윤, 경기도관찰사
1755년영조31	이조참판 겸 지경연사, 형조·병조판서, 우빈객
1757년영조33	한성부판윤
1758년영조34	이조판서, 평안도관찰사, 우의정
1759년영조35	약방도제조
1760년영조36	좌의정 겸 세자부
1761년영조37	세자 평양원유사건에 대한 책임－이천보·민백상 등과 자살

생애일화

그는 음직으로 관계에 진출하여 56세라는 늦은 나이로 대과에 급제하였다. 연령과 능력에 걸맞게 곧장 승지로 발탁되고, 이어 외직(경상감사·호남균세사)으로 나아가 세정관리와 섬의 실상을 보고하는 탁월한 수완을 보였다.
중앙으로 들어와서는 형조·병조·이조판서를 거쳐 우의정에 오르며 승진했으나, 좌의정 겸 세자부를 맡았을 때 장헌세자(사도세자)의 서도西道(평양) 밀행사건密行事件과 여러 가지 유언비어로 인해 왕의 추궁을 받고, 그에 대한 책임을 통감한 끝에 영의정 이천보李天輔, 우의정 민백상閔百祥과 함께 음독자살하는 비극적 사태로 생을 마감하였다.

913대 한성판윤 신 회(申晦) – 911·982·1030대 동일인물

한성판윤 재임기간 : 1757년영조33 9월 12일 ~ 1757년영조33 10월 24일

914대 한성판윤 서명빈(徐明彬) – 855·871·874·887·889·892대 동일인물

한성판윤 재임기간 : 1757년영조33 10월 24일 ~ 1757년영조33 11월 19일

915대 한성판윤 오언유(吳彦儒)

한성판윤 재임기간 : 1757년영조33 11월 19일 ~ 1758년영조34 4월 12일

916대 한성판윤 권 혁(權爀)

신상내용

생몰연대 1694년숙종20 ~ 1759년영조35 – 66세
본관 안동安東
자 자장子章

시호 정간靖簡
상훈 청백리
가족 할아버지–장령 격格, 아버지–이조판서 상유尙游
어머니–원주원씨(한성부우윤 원만춘元萬春의 딸)

관직경력

한성판윤 재임기간 : 1758년영조34 4월 12일 ~ 1758년영조34 5월 23일

조선 후기의 문신

1719년숙종45	사마시(진사) 입격
1726년영조2	세마, 알성문과 급제, 예문관 등용
1727년영조3	실록청낭관–〈숙종실록〉 편찬 참여
1728년영조4	이인좌의 난, 정언, 부수찬, 교리
1729년영조5	부수찬–삭직(소론 비호)
1730년영조6	부교리, 정의현감
1732년영조7	수찬–유배(해남)
1734년영조9	헌납, 용현현령, 이조좌랑, 필선, 응교
1737년영조12	사간, 승지
1741년영조16	대사간
1744년영조19	강원도관찰사
1745년 영조20	경상도관찰사
1748년영조23	평안도관찰사–파직(암행어사 김치인金致仁 탄핵)
1749년영조24	대사헌
1752년영조27	부제학
1755년영조30	호조참판
1756년영조31	우부빈객, 함경도관찰사, 지돈녕부사
1758년영조33	대사헌, 이조판서
1796년정조20	청백리

생애일화

이인좌의 난이 일어났을 때, 정언으로서 영의정 이광좌李光佐가 적의 세력을 과대평가하여 서울을 버리고 피란하자는 주장을 적극 반대하여 좌절시켰다.
경상도관찰사로 있을 때에 관동關東의 공삼貢蔘의 폐해를 논하고, 도내 속전續田 2,200결을 나눠주어 공삼을 경작할 수 있도록 상소하였다.

917대 한성판윤 조영국(趙榮國) – 886·888대 동일인물

한성판윤 재임기간 : 1758년영조34 5월 24일 ~ 1758년영조34 7월 12일

918대 한성판윤 이성중(李成中) – 901대 동일인물

한성판윤 재임기간 : 1758년영조34 7월 13일 ~ 1758년영조34 8월 15일

919대 한성판윤 이창수(李昌壽) – 923·953·976·1000대 동일인물

신상내용

생몰연대	1710년숙종36 ~ 1777년정조1 – 68세
본관	전주全州
자	덕옹德翁
시호	문헌文獻
가족	증조–지평 백린伯麟, 할아버지–예조판서 언강彦綱, 아버지–참봉 태제泰躋 어머니–칠원윤씨(윤지화尹志和의 딸) 부인–대구서씨(이조판서 서명빈徐明彬의 딸), 진주유씨(유담柳紞)의 딸 형제–창의昌誼(형·좌의정)

관직경력

한성판윤 재임기간 : 1758년영조34 8월 15일 ~ 1758년영조34 11월 5일

조선 후기의 문신

1735년영조11	사마시(생원) 입격
1740년영조16	알성문과 장원급제, 정언
1741년 이후	선천부사, 교리, 응교, 집의, 부교리, 부응교, 승지, 황해수사, 우승지, 영흥부사, 경상우병사, 대사성
1754년영조30	대사간
1756년영조32	전라도관찰사, 도승지, 부제학, 이조참판
1758년영조34	한성부판윤, 내의원제조, 병조·이조판서

1761년영조37	평안도관찰사, 우참찬, 지경연사, 병조·이조판서
1763년영조39	유배(해남)
1764년영조40	이조판서, 판의금부사, 한성부판윤, 예문관제학, 형조판서, 수어사, 내의원제조, 홍문관제학, 판돈녕부사
1772년영조48	수어사

생애일화

세종대왕의 아홉째 아들 영해군寧海君 이당李塘의 후손이고, 이조판서 서명빈徐明彬이 장인이다.
장인 서명빈도 한성판윤을 지냈다.

920대 한성판윤 윤 급(尹汲) – 883·890·963대 동일인물

한성판윤 재임기간 : 1758년영조34 11월 5일 ~ 1759년영조34 1월 24일

921대 한성판윤 이철보(李喆輔)

신상내용

생몰연대	1691년숙종17 ~ 1775년영조51 – 85세
본관	연안延安
자	보숙保叔
호	지암止庵
저서	〈지암집〉
가족	증조–진사 만상萬相, 할아버지–군수 봉조鳳朝, 아버지–경기도관찰사 정신正臣 어머니–전주유씨(유이진柳以震의 딸) 부인–박필순朴弼純의 딸

관직경력

한성판윤 재임기간 : 1759년영조34 2월 26일 ~ 1759년영조34 3월 25일

조선 후기의 문신

1723년경종3	별시문과 급제

1724년경종4	예문관검열, 대교
1729년영조5	봉교
1731년영소7	홍문록 등재
1733년영조9	홍문관 부수찬·교리
1734년영조10	관서암행어사–기근으로 민심 흉흉, 탐관오리 적발, 수찬
1736년영조12	경기·충청도암행어사, 부응교·응교, 사헌부 지평·집의
1737년영조13	대사간, 주청사의 서장관으로 청나라 다녀오다
1738년영조14	승정원승지
1741년영조17	안변부사–북방지역 국방강화
1744년영조20	대사간
1747년영조23	이천부사, 이천부사, 도승지, 이조참판, 동지부사로 청나라 다녀오다
1749년영조25	동지의금부사, 대사간, 경기도관찰사
1750년영조26	함경도관찰사
1751년영조27	이조참판, 〈국조오례의〉 편집당상
1753년영조29	동지춘추관사, 호조판서
1755년영조31	내의원제조, 연접도감延接都監당상, 공조판서
1756년영조32	치사致仕, 수어사, 예조판서, 기로소 입소–궤장 하사

생애일화

나주에서 일어난 벽서사건에서 주모자인 윤지尹志와 그 추종자들의 공사供辭에 자신의 이름이 자주 오르내리자, 토역소討逆疏를 올려서 자기와는 관계가 없음을 밝히고 죄인을 엄중처단할 것을 강조하였다.
형 길보吉輔와 함께 기로소에 들어간 데 이어 아들 복원福源과 손자 시수時秀가 모두 기로소에 들어가는 영광을 얻어 조선시대 처음으로 삼세입사三世入社가 되었다.
큰아버지 이일상李一相도 한성판윤을 지냈다.

922대 한성판윤 이정보(李鼎輔) – 893·902대 동일인물

한성판윤 재임기간 : 1759년영조34 3월 25일 ~ 1759년영조34 윤6월 5일

923대 한성판윤 이창수(李昌壽) – 919·953·976·1000대 동일인물

한성판윤 재임기간 : 1759년영조34 윤6월 6일 ~ 1759년영조34 9월 25일

924대 한성판윤 한익모(韓翼謨) – 905·924·964·967·970대 동일인물

한성판윤 재임기간 : 1759년영조34 9월 25일 ~ 1759년영조34 10월 15일

925대 한성판윤 민백상(閔百祥) – 906대 동일인물

한성판윤 재임기간 : 1759년영조34 10월 16일 ~ 1759년영조34 11월 29일

926대 한성판윤 이익보(李益輔)

신상내용

생몰연대	1703년숙종34 ~ 1767년영조43 – 65세
본관	연안延安
자	사겸士謙
가족	증조–예조판서 일상一相, 할아버지–성조成朝, 아버지–참판 우신雨臣 어머니–윤빈尹彬의 딸

관직경력

한성판윤 재임기간 : 1759년영조34 11월 2일 ~ 1759년영조34 12월 1일

조선 후기의 문신

1739년영조15	알성문과 급제
1741년영조17	예문관 검열·봉교
1742년 이후	정언, 교리, 응교, 사인, 필선, 문학, 대사간 특진
1749년영조25	충청도관찰사
1751년영조27	전라도관찰사–나주 객사 괘서사건의 범인 색출 처단
1752년영조28	좌승지, 고성군수, 예조참의, 공조참판, 도승지, 예조참판, 경상도관찰사
1756년영조32	대사헌, 병조판서, 수어사, 이조판서, 좌참찬
1763년영조39	한성부판윤, 우참찬, 회양부사, 병조판서, 이조판서, 판돈녕부사
1767년영조43	도승지, 호조판서, 좌참찬 겸 지경연사, 판의금부사, 판중추부사

생애일화

민정중閔鼎重이 함경도를 다스릴 때, 백성들의 편익을 위해 제정하였던 상정제詳定制가 오랜 세월이 지나는 동안 폐단이 생기게 되자, 그는 왕명을 받들어 홍계희洪啓禧와 함께 이를 개정하였다.

927대 한성판윤 조운규(趙雲逵) – 951·968·984대 동일인물

신상내용

생몰연대	1714년숙종40 ~ 1774년영조50 – 61세
본관	양주楊州
자	사형士亨
시호	충간忠簡
가족	증조–대사헌 태동泰東, 할아버지–봉빈鳳彬, 아버지–형조판서 영국榮國 어머니– 한배하韓配夏의 딸

관직경력

한성판윤 재임기간 : 1759년영조34 12월 1일 ~ 1760년영조35 1월 2일

조선 후기의 문신

1740년영조16	정시문과 급제, 정자
1741년영조17	예문관검열, 지평, 정언, 홍문관 부수찬·수찬
1745년영조21	검상, 부교리, 강원도암행어사
1746년영조22	교리, 장령, 헌납
1749년영조25	보덕, 응교
1750년영조26	사간, 겸필선
1751년영조27	한성부좌윤, 동지의금부사, 도승지
1754년영조30	대사간, 대사성, 전라도관찰사
1756년영조32	평안도관찰사, 이조참판, 대사헌
1759년영조35	호조·병조판서, 한성부판윤, 예조·형조판서, 함경도관찰사
1766년영조42	호조판서 겸 진영도감進宴都監당상
1767년영조43	좌참찬 겸 지경연사, 교동수사喬桐水使, 판의금부사, 지성균관사
1772년영조48	호조판서, 판중추부사

생애일화

전라도관찰사로 있을 때, 나주 객사에 조정에는 간신들이 득실거리고 백성들은 도탄에 빠져 있어 장차 난리가 일어날 것이란 괘서가 나붙었다. 이로 인해 민심이 흉흉해지자 현장에 달려가 범인 색출을 진두지휘하였으며, 마침내 소론 윤지尹志 일당을 일망타진한 뒤 추국하여 처단하였다.

5대조 계원啓遠과 아버지 영국榮國이 한성판윤을 지냈다.

928대 한성판윤 홍계희(洪啓禧) – 900·966·971대 동일인물

한성판윤 재임기간 : 1760년영조35 1월 2일 ~ 1760년영조35 7월 2일

929대 한성판윤 한사득(韓師得) – 938대 동일인물

신상내용

생몰연대	1639년숙종15 ~ 1766년영조42 – 78세
본관	청주淸州
자	계능季能
가족	상주목사–수원壽遠, 할아버지–수군판관 성익聖翼, 아버지–진사 배상配商 어머니–해평윤씨(전부 윤세형尹世衡의 딸) 부인–반남박씨(박태창朴泰昌의 딸), 고령신씨(신직申織의 딸)
묘	충남 서천군 문산면 지원리

관직경력

한성판윤 재임기간 : 1760년영조35 7월 12일 ~ 1760년영조35 8월 3일

조선 후기의 문신

	사마시 입격
1722년경종2	알성문과 급제, 설서
1726년영조2	정언
1728년영조4	지평–삭직(언론보장의 과격 상소)
1729년영조5	정언

1731년영조7　　장릉長陵 개폐봉관開閉封官
1734년영조8　　승지
1736년영조10　　병방승지–파직(어명 잘못 전달)
1737년영조11　　대사간, 승지, 영암군수, 영해부사
1743년영조17　　승지, 대사간, 병조·호조참판
1753년영조27　　진하 겸 사은부사로 청나라 다녀오다. 형조참판, 도승지
1760년영조35　　한성부판윤
1764년영조39　　판돈녕부사, 기로소 입소

생애일화

정언이었을 때, 붕당의 폐단을 논하는 소를 올려 내심 탕평책을 실시하려는 의도를 가지고 있던 영조로부터 신임을 얻었다.
본인에 이어 아들인 참판 광조光肇 역시 뒷날 기로소에 들어가 부자기사父子耆社라는 부러움을 샀다.

930대 한성판윤 이창의(李昌誼) – 985대 동일인물

한성판윤 재임기간 : 1760년영조35 8월 3일 ~ 1760영조35 11월 9일

931대 한성판윤 남태제(南泰齊) – 932·935·940·942·943·946·948·955·969대 동일인물

신상내용

생몰연대　1699년숙종25 ~ 1776년영조52 – 78세
본관　의령宜寧
자　원진元鎭·관보觀甫
호　담정澹亭·학야鶴野
시호　청헌淸獻
상훈　양무원종공신
저서　〈담정유고〉
가족　증조–경상감사 선, 할아버지–도승지 致勳, 아버지–공조좌랑 弼明
　어머니–평산신씨(한성판윤 申厚載의 딸)

부인-풍천임씨(진사 임달원任達元의 딸) 고령박씨(진사 박시원朴始遠의 딸)
연일정씨(진사 정부鄭傅의 딸)

관직경력

한성판윤 재임기간 : 1760년영조35 11월 9일 ~ 1760영조35 12월 12일

조선 후기의 문신

1723년경종3	사마시(생원·진사) 양과 급제
1727년영조3	증광문과 급제
1728년영조4	〈숙종실록〉 편찬 참여, 이인좌의 난-양무원종공신 1등
1729년 이후	전적, 예조좌랑, 지평, 병조좌랑
1734년영조10	정언, 진도군수 좌천(영의정 심수현 탄핵)
1735년영조11	필선, 장령, 정언, 지제교, 헌납, 집의, 수찬, 교리
1743년영조19	병조찬의, 동부승지, 대사간, 이조·형조참의, 강화유수, 형조·호조참판, 한성부윤, 대사헌대사성, 개성유수,
1760년영조36	지돈녕부사, 한성판윤, 내의원제조, 형조·예조판서, 세자우빈객, 도총관, 경기도관찰사, 홍문관제학
1767년영조43	이조판서

생애일화

그는 소장관료 때 기강퇴폐, 재용낭비, 풍속피폐, 시파와 벽파의 논쟁 등에 대한 시정을 요청하는 상소를 많이 올렸으나 제대로 받아들여지지 않고 오히려 유배당하는 일이 있었으나, 그런 가운데 능력을 인정받기도 하였다.
성품이 단정하고 스스로 행동을 잘 지켜 관직생활 50년 동안 파당적인 논쟁에 휩쓸리지 않았다.
문장이 우아하고 시문에 화실華實이 구비되었으며, 제자백가에도 통달하였다.
외조부인 신후재申厚載가 한성판윤을 지냈다.

932대 한성판윤 남태제(南泰齊) – 931·935·940·942·943·946·948·955·969대 동일인물

한성판윤 재임기간 : 1760년영조35 12월 22일 ~ 1761년영조36 4월 3일

933대 한성판윤 이지억(李之億) – 936·961대 동일인물

신상내용

생몰연대 1699년숙종25 ~ 1770년영조46 – 72세
본관 연안延安
자 덕수德叟·항수恒水
호 성헌醒軒
가족 증조–감사 성징星徵, 할아버지–참봉 형泂, 아버지–진사 만선萬善
어머니–평산신씨(영의정 신흠申欽의 딸)
부인–홍진적洪震迪의 딸

관직경력

한성판윤 재임기간 : 1761년영조36 4월 3일 ~ 1761년영조36 7월 23일

조선 후기의 문신

1751년영조27 정시문과 급제, 주서, 장령, 승지
1754년영조30 강릉부사, 도승지, 공조·형조·병조판서
1761년영조36 한성부판윤

생애일화

젊은 시절, 이인좌의 난이 일어났을 때 그의 당이라는 무고를 당하여 친국을 받았으나 논리 정연하게 논변하여 영조로부터 비상한 재주를 인정받았다.
늦은 나이에 벼슬에 나아갔으나 10년이 못되어 정경正卿의 자리에 올랐는데, 이러한 관작은 모두 왕의 특교特敎에 의해 나온 것이다. 당시 조정에서는 그의 승진이 관작질서를 문란케 하는 처사라고 논란이 되어 판서와 판윤을 역임하는 동안 파직과 등용이 반복되기도 하였다.
그가 죽자, 영조는 몹시 애석해 하고, 그에게 자식이 없으므로 입후立後하게 하였으며 상례에 필요한 모든 물품을 내려 주었다.
5대조 광정光庭이 한성판윤을 지냈다.

934대 한성판윤 김성응(金聖應) – 804·810·820·836·854·864· 891대 동일인물

한성판윤 재임기간 : 1761년영조36 7월 23일 ~ 1761년영조36 9월 11일

935대 한성판윤 남태제(南泰齊) – 931·932·940·942·943·946·948·955· 969대 동일인물

한성판윤 재임기간 : 1761년영조36 9월 11일 ~ 1761년영조36 9월 26일

936대 한성판윤 이지억(李之億) – 933·961대 동일인물

한성판윤 재임기간 : 1761년영조36 9월 27일 ~ 1761년영조36 10월 23일

937대 한성판윤 김양택(金陽澤) – 959·979대 동일인물

신상내용

생몰연대	1712년숙종38 ~ 1771년정조1 – 66세
본관	광산光山
자	사서士舒
호	건암健庵
시호	문간文簡
저서	〈건암집〉
가족	증조 생원 익겸益謙, 할아버지–대제학 만기萬基, 아버지–예조판서 진규鎭圭 어머니–정소하鄭昭河의 딸 부인–홍우집洪禹集의 딸
묘	경기도 화성시 반월면 건건리

관직경력

한성판윤 재임기간 : 1761년영조36 10월 23일 ~ 1761년영조36 12월 22일

조선 후기의 문신

1741년영조17	사마시(생원) 장원 입격
1743년영조19	알성문과 급제
1744년 이후	헌납, 부제학, 원손사부, 대사성, 우빈객, 대제학
1767년영조43	우의정
1776년영조52	영의정, 영돈녕부사

생애일화

사계沙溪 김장생金長生의 5세손이다.
그의 아들 하재夏材가 역신逆臣으로 몰려 벼슬을 추탈 당했다가 뒤에 다시 복관되었다. 할아버지와 아버지에 이어 3대가 대제학을 역임, 당대에 이름을 떨쳤다.
큰아버지 진구鎭龜가 한성판윤을 지냈고, 숙종대왕의 첫 번째 왕비 인경왕후仁敬王后는 고모가 된다.

938대 한성판윤 한사득(韓師得) – 929대 동일인물

한성판윤 재임기간 : 1761년영조36 12월 22일 ~ 1761년영조36 12월 25일

939대 한성판윤 김치인(金致仁) – 941대 동일인물

신상내용

생몰연대	1716년숙종42 ~ 1790년정조14 – 75세
본관	청풍淸風
자	공서公恕
호	고정古亭
시호	숙헌肅憲
가족	증조–동부승지 징澄, 할아버지–구構, 아버지–영의정 재로在魯

어머니-심징沈澂의 딸
묘 경기도 시흥시 안현동 360-6, 20 시흥향토유적 제1호

관직경력

한성판윤 재임기간 : 1761년영조36 12월 28일 ~ 1762년영조37 2월 25일

1738년영조14	사마시(생원) 입격
1748년영조24	춘당대문과 장원급제, 예문관전적, 정언, 문경어사, 지평, 문학
1750년영조26	호남어사
1752년영조28	승지, 대사간, 비변사부제조, 대사성, 부제학, 이조참판, 개성유수
1762년영조38	이조·호조·형조판서
1765년영조41	우의정 겸 내의원제조
1766년영조42	좌의정, 영의정
1772년영조48	파직-영중추부사, 봉조하
1777년정조1	판중추부사 겸 고부 겸 승습주청사로 청나라 다녀오다. 명의록 편찬
1785년정조9	〈대전통편〉 편찬 주관
1786년정조10	영의정

생애일화

그는 성격이 치밀하고 결단력이 있는 인물로, 나라의 전고典故에 정통해 이를 정사에 잘 활용하였다.
편저로 〈명의록明義錄〉·〈열성지장통기列聖誌狀通記〉가 있다.

940대 한성판윤 남태제(南泰齊) – 931·932·935·940·942·943·946·948·955·969대 동일인물

한성판윤 재임기간 : 1762년영조37 2월 25일 ~ 1762년영조37 2월 29일

941대 한성판윤 김치인(金致仁) – 939대 동일인물

한성판윤 재임기간 : 1762년영조37 2월 29일 ~ 1762년영조37 3월 16일

942대 한성판윤 남태제(南泰齊) – 931·932·935·940·941·943·946·948·955·969대 동일인물

한성판윤 재임기간 : 1762년영조37 3월 16일 ~ 1762년영조37 윤5월 2일

943대 한성판윤 남태제(南泰齊) – 931·932·935·940·941·942·946·948·955·969대 동일인물

한성판윤 재임기간 : 1762년영조37 6월 2일 ~ 1762년영조37 7월 21일

944대 한성판윤 홍상한(洪象漢) – 858·876·972대 동일인물

한성판윤 재임기간 : 1762년영조37 7월 21일 ~ 1762년영조37 8월 19일

945대 한성판윤 구윤명(具允明) – 992대 동일인물

신상내용

생몰연대	1711년숙종37 ~ 1797년정조21 – 87세
본관	능성綾城
자	사정士貞
호	겸산兼山
상훈	능은군綾恩君
가족	증조–증이판 종주宗柱, 할아버지–사어 혁赫, 아버지–한성판윤 택규宅奎 어머니–남양홍씨(첨정 홍우채洪禹采의 딸)

관직경력

한성판윤 재임기간 : 1762년영조37 8월 19일 ~ 1762년영조37 9월 26일

1739년영조9 사마시(생원) 입격
1743년영조19 정시문과 급제, 사헌부지평, 장령
1749년영조25 승지(14년간)
1757년영조33 어제편차인御製編次人-〈열성지장列聖誌狀〉 편찬
1791년정조15 〈무원록無冤錄〉 언해, 호조·예조·병조·형조·공조판서 역임
1796년정조20 기로소 입소, 봉조하

생애일화

상신인 조현명趙顯命으로부터 문장의 자질을 높이 평가 받았으며, 14년간 승지로 있으면서 영조의 깊은 신임을 받았다.
능천부원군 구인후具仁垕의 봉사손奉祀孫으로 능은군綾恩君을 습봉했다. 훈척의 집안으로 자주 공략 받았으나 잘 처신해 나갔으며, 정조 연간에는 관직에 직접 나아가지 않고 왕실의 행사에 힘썼다.

946대 한성판윤 남태제(南泰齊) – 931·932·935·940·941·942·943·948·955·969대 동일인물

한성판윤 재임기간 : 1762년영조37 9월 26일 ~ 1763년영조39 1월 24일

947대 한성판윤 남태기(南泰耆)

신상내용

생몰연대 1699년숙종25 ~ 1763년영조39 – 65세
본관 의령宜寧
자 낙수洛叟
호 죽리竹裏
시호 정희靖僖
가족 증조-경상도관찰사 선, 할아버지-성주목사 상훈尙熏, 아버지-의빈도사 근명近明

어머니–전의이씨(부사 이만봉李萬封의 딸)
부인–전주이씨(이만징李萬徵의 딸)

관직경력

한성판윤 재임기간 : 1763년영조39 1월 27일 ~ ?

조선 후기의 문신

1732년영조8	정시문과 급제, 주서, 전적, 병조좌랑, 정언, 북도병마사사감 이조좌랑–〈속대전〉 수찬, 보덕, 집의
1747년영조23	승지, 통신부사로 일본 다녀오다. 동부승지
1753년영조29	의주부윤–백마산성 외성 수축
1755년영조31	대사간, 황해도관찰사, 도총관, 병조·형조참판, 한성부좌윤
1762년영조38	예조판서 겸 내의원제조

생애일화

그는 성품이 겸손하고 스스로 봉사하는 태도였으며, 지론이 공평하여 존경과 질시를 함께 받았다. 문장과 글씨에도 능하였으며, 저서로는 〈죽리집竹裏集〉이 있다.

948대 한성판윤 남태제(南泰齊) – 931·932·935·940·941·942·943·946·955·969대 동일인물

한성판윤 재임기간 : 1763년영조39 3월 20일 ~ 1763년영조39 4월 13일

949대 한성판윤 송창명(宋昌明)

신상내용

생몰연대	1689년숙종15 ~ 1767년영조43 – 79세
본관	여산礪山
자	성숙盛叔
가족	증조–승지 시철時喆, 할아버지–현감 광순光洵, 아버지–목사 징규徵奎 어머니–이성린李聖麟의 딸

부인–윤도교尹道敎의 딸, 정박鄭博의 딸
묘 경기도 장단군 남면 방목리

관직경력

한성판윤 재임기간 : 1763년영조39 4월 14일 ~ 1763년영조39 4월 19일

조선 후기의 문신

1736년영조12	정시문과 급제, 지평, 경기도사, 문학
1738년영조14	정언, 지평
1744년영조20	홍문록 등재, 수찬
1745년영조21	교리, 사간, 응교
1746년영조22	겸보덕, 겸교서관
1747년영조23	집의, 사간
1748년영조24	승지
1749년 이후	대사간, 대사헌, 지중추부사, 기로소 입소
1763년영조39	한성부판윤, 귀후서제조–파직(강화유수 심성진과 목재 관련 다툼)

950대 한성판윤 박치화(朴致和)

신상내용

생몰연대	1680년숙종6 ~ 1767년영조43 – 88세
본관	밀양密陽
초명	치원致遠
자	사이士邇
호	읍건재泣愆齋·손재巽齋
가족	할아버지–세익世翼, 아버지–감역관 守기
	어머니–생원 이협진李恊進의 딸

관직경력

한성판윤 재임기간 : 1763년영조39 4월 19일 ~ 1763년영조39 5월 4일

조선 후기의 문신

1708년숙종34	식년문과 급제, 성균관전적, 예조·병조좌랑, 양성현감

1722년경종2 신임사화–유배(고성)
1725년영조1 세자시강원보덕, 사간–노론 신원伸寃 소청
1726년영조2 경연참찬관, 병조참의, 충주목사–공해公廨와 군기軍器 수선 양곡 비축
1728년영조4 사간–유배(갑산·탕평책 견제)
1754년영조52 기로소 입소
1767년정조43 사포서제조

생애일화

그는 성품이 강개하여 직언을 잘 했다. 노론의 강경 입장을 가지고 노론 일파의 처벌을 강력히 주장하여 영조의 노여움을 사서 유배생활을 많이 했다.

951대 한성판윤 조운규(趙雲逵) – 927·968·984대 동일인물

한성판윤 재임기간 : 1763년영조39 5월 4일 ~ 1763년영조39 6월 5일

952대 한성판윤 김상복(金相福)

신상내용

생몰연대 1714년숙종40 ~ 1782년정조6 – 69세
본관 광산光山
자 중수仲叟
호 직하稷下
시호 문헌文憲
저서 〈통색문답〉
가족 증조–승지 만균萬均, 할아버지–강원감사 진옥鎭玉, 아버지–한성판윤 원택元澤
어머니–심정보沈廷輔의 딸
부인–죽산안씨(형조판서 안윤행安允行의 딸)
묘 충남 홍성군 서부면 양곡리

관직경력

한성판윤 재임기간 : 1763년영조39 6월 12일 ~ 1763년영조39 6월 17일

1740년영조16 알성문과 급제, 한림, 삼사 청요직, 이·호·예·병조참의 역임
1760년영조36 예문관제학, 이조·호조·예조판서
1763년영조39 한성부판윤, 홍문관제학, 우의정
1772년영조42 영의정(14년간 정승)
1777년정조1 유배(평해)
1800년정조24 신원 복관

생애일화

왕세손(정조)의 대리청정을 막으려는 홍인한·정후겸 등에 대해 모호한 태도를 가져 정조 즉위 후 곧바로 유배되었다가, 이듬해 풀려나 고향인 충청도 결성에서 은거하며 두문불출하였다.
그는 겉으로는 평온하나 안으로 강하여 큰 뜻을 가졌으면서도 시세가 계속되지 못하였다고 평가되고 있다. 평소 청빈하고 검소한 생활을 한 것으로 유명하며 죽을 때까지 책을 손에서 놓지 않았다고 한다.
아버지 원택元澤이 음직으로 아들보다 3년 늦게 1766년 한성판윤이 되었다. 장인 안윤명安允明도 한성판윤을 지냈다.

953대 한성판윤 이창수(李昌壽) – 919·923·976·1000대 동일인물

한성판윤 재임기간 : 1763년영조39 6월 17일 ~ 1763년영조39 7월 4일

954대 한성판윤 구선행(具善行) – 958·962·1032대 동일인물

신상내용

생몰연대 1706년숙종35 ~ 1775년영조51 – 67세
본관 능성綾城
자 문중文仲
가족 증조–지돈녕부사 일鎰, 할아버지–첨정 상정尙禎, 아버지–판돈녕부사 성임聖任
어머니–용인이씨(현감 이의무李宜茂의 딸)
부인–한산이씨(부사 이성기李聖基의 딸) 순흥안씨(안수진安壽晉의 딸)
묘 경기도 남양주시 진건면 법동 곡산

관직경력

한성판윤 재임기간 : 1763년영조39 7월 5일 ~ 1763년영조39 9월 14일

조선 후기의 무신

1735년영조11	무과 급제
1739년영조15	전라좌도수군절도사
1743년영조19	황해도병마절도사
1752년영조28	삼도수군통제사
1753년영조29	훈련원도정, 금군별장
1754년영조30	금위대장
1755년영조31	좌포도대장
1756년영조32	금위대장
1759년영조35	어영대장
1760년영조36	훈련대장
1761년영조37	병조판서
1763년영조39	한성부판윤
1766년영조42	행사직
1767년영조43	총융사
1768년영조44	포도대장
1769년영조45	평안도병마절도사, 판의금부사

생애일화

금위대장으로 있을 때에 무인武人들이 무술을 연마하는 데는 뜻을 두지 않고 벼슬을 구하는데 만 급급하는 폐단을 지적했다. 철저한 군인정신을 엿볼 수 있는 대목이다.
그의 가문은 증조부 일鎰로부터 무신 출신으로 한성판윤을 지낸 집안이며, 아버지 성임聖任도 한성판윤을 지내 대를 이어 한성판윤을 배출하였다. 그는 병조판서 5회, 통제사와 평안병사를 2회씩 그리고 한성판윤을 3회나 지냈다. 아들 또한 무장으로서 같은 시기에 평안도병마절도사와 통제사 등을 지냈다.

955대 한성판윤 남태제(南泰齊) – 931·932·935·940·941·942·943·946·948·969대 동일인물

한성판윤 재임기간 : 1763년영조39 7월 28일 ~ 1763년영조39 9월 14일

956대 한성판윤 황인검(黃仁儉)

신상내용

생몰연대	1711년숙종37 ~ 1765년영조41 – 55세
본관	창원昌原
자	경득敬得·경득景得
시호	정효貞孝
가족	증조–이조판서 흠欽, 할아버지–판결사 서하瑞河, 아버지–호조참판 재梓 어머니–권욱權煜의 딸 부인–남양홍씨(대사헌 홍계적洪啓迪의 딸) 여흥민씨(민종수閔宗洙의 딸) 형제–인점仁點(동생·창성위昌城尉–영조대왕 10녀 화유옹주의 남편)

관직경력

한성판윤 재임기간 : 1763년영조39 9월 15일 ~ 1763년영조39 9월 19일

조선 후기의 문신

유학幼學으로 반제泮製에 수석 입격

1747년영조23	식년문과 급제
1748년영조24	춘추관 한림, 설서, 겸설서, 정언
1753년영조29	문학, 지평, 겸문학
1754년영조30	도당록 회권會圈 수석, 헌납, 부수찬, 실록청찬집낭청
1756년영조31	동부승지
1758년영조33	대사간
1759년영조34	부제학, 이조참의
1760년영조35	대사헌, 경상도관찰사
1762년영조37	우유선右諭善, 대사간, 이조참판, 유선, 좌부빈객, 빈객
1763년영조38	한성부좌윤, 동지경연사, 예조참판, 공조판서, 원접사, 한성부판윤, 이조판서, 평안도관찰사
1765년영조40	병조판서, 홍문관제학, 이조판서

생애일화

그는 청렴결백한 관료생활로 가정이 몹시 빈한하였으므로, 영조는 매우 애석해 하며 부의를 후히 내리도록 하고 치제문을 내렸다.
증조 흠欽이 한성판윤을 지냈다.

957대 한성판윤 유최기(兪最基) – 908대 동일인물

한성판윤 재임기간 : 1763년영조39 9월 20일 ~ ?

958대 한성판윤 구선행(具善行) – 954·962·1032대 동일인물

한성판윤 재임기간 : 1763년영조39 9월 20일 ~ 1763년영조39 10월 29일

959대 한성판윤 김양택(金陽澤) – 937·979대 동일인물

한성판윤 재임기간 : 1763년영조39 10월 30일 ~ 1763년영조39 11월 24일

960대 한성판윤 김상철(金尙喆) – 981대 동일인물

신상내용

생몰연대 1712년숙종38 ~ 1791년정조15 – 80세
본관 강릉江陵
자 사보士保
호 화서華西
시호 충익忠翼
가족 증조–봉사 득원得元, 할아버지–봉사 홍주弘柱, 아버지–판돈녕부사 시혁始爀
어머니–완산이씨(정랑 이기정李箕禎의 딸)
부인–연일정씨(우의정 정우량鄭羽良의 딸) 덕수이씨(이요흠李堯欽의 딸) 완산이씨(이건중李健中의 딸)
묘 경기도 연천군 장남면 원당1리 배골

관직경력

한성판윤 재임기간 : 1763년영조39 11월 24일 ~ 1763년영조39 12월 3일

조선 후기의 문신

1733년영조9	사마시(진사) 입격
1736년영조12	정시문과 급제, 지평, 교리
1757년영조33	충청도관찰사, 대사간
1763년영조39	한성부판윤, 이조·형조·병조판서
1766년영조42	우의정, 좌의정, 영의정
1770년영조46	〈동국문헌비고〉 편찬
1771년영조47	선계변무사璿系辨誣使로 청나라에 다녀오다
1781년정조5	기로소 입소, 영중추부사

생애일화

그는 학덕이 뛰어나 영조의 신임을 받았다. 우의정 때 우리나라의 문물제도를 부문별로 망라한 문헌의 필요성을 느껴, 찬집청의 설치를 왕에게 건의하여 〈동국문헌비고東國文獻備考〉를 편찬케 하였다.

한편, 1771년영조47에는 〈명사明史〉에 실린 강감합찬綱鑑合纂에 조선왕실의 계보가 잘못 올라 있다는 대간의 상소가 있자, 자진해서 선계변무사先系辨誣使로 북경에 가서 그 책의 개인소장을 금하겠다는 청나라의 약속을 받고 돌아와 〈신묘중광록辛卯重光錄〉을 편집, 간행했다.

1786년정조10 아들 우진宇鎭이가 숙종이 소론 윤선거尹宣擧 문집을 훼판한 병신처분丙申處分의 잘못을 지적하고, 소론 조태구趙泰耉·유봉휘劉鳳輝를 옹호한 죄로 제주도에 유배되었을 때, 그도 아들을 단속하지 못하였다는 죄목으로 관직이 삭탈되고 장단長湍의 병사病舍에서 졸했다. 훗날 정조에 의해 복관되었다.

또한 그는 정조 초, 조정이 어지러워지자 의리를 밝히고 인재를 양성하는 등 50년 동안 국사에 몸을 바쳤다.

961대 한성판윤 이지억(李之億) – 933·936대 동일인물

한성판윤 재임기간 : 1763년영조39 12월 3일 ~ ?

962대 한성판윤 구선행(具善行) – 954·958·1032대 동일인물

한성판윤 재임기간 : ? ~ 1764년영조40 1월 4일

963대 한성판윤 윤 급(尹汲) – 883·890·920대 동일인물

한성판윤 재임기간 : 1764년영조40 1월 4일 ~ 1764년영조40 2월 16일

964대 한성판윤 한익모(韓翼謨) – 905·924·967·970대 동일인물

한성판윤 재임기간 : 1764년영조40 2월 16일 ~ 1764년영조40 2월 20일

965대 한성판윤 이지억(李之億) – 933·936·961·977대 동일인물

한성판윤 재임기간 : 1764년영조40 2월 20일 ~ 1764년영조40 3월 30일

966대 한성판윤 홍계희(洪啓禧) – 900·928·971대 동일인물

한성판윤 재임기간 : 1764년영조40 3월 30일 ~ 1764년영조40 4월 25일

967대 한성판윤 한익모(韓翼謨) – 905·924·964·970대 동일인물

한성판윤 재임기간 : 1764년영조40 4월 25일 ~ 1764년영조40 5월 20일

968대 한성판윤 조운규(趙雲逵) – 927·951·984대 동일인물

한성판윤 재임기간 : 1764년영조40 5월 20일 ~ 1764년영조40 7월 5일

969대 한성판윤 남태제(南泰齊) – 931·932·935·940·941·942·943·946·948·955·1010대 동일인물

한성판윤 재임기간 : 1764년영조40 7월 6일 ~ 1764년영조40 9월 7일

970대 한성판윤 한익모(韓翼謨) – 905·924·964·967대 동일인물

한성판윤 재임기간 : 1764년영조40 9월 10일 ~ 1764년영조40 10월 28일

971대 한성판윤 홍계희(洪啓禧) – 900·928·966대 동일인물

한성판윤 재임기간 : 1764년영조40 10월 28일 ~ 1764년영조40 12월 3일

972대 한성판윤 홍상한(洪象漢) – 858·876·944대 동일인물

한성판윤 재임기간 : 1764년영조40 12월 3일 ~ 1765년영조41 1월 21일

973대 한성판윤 남태회(南泰會) – 1001대 동일인물

신상내용

생몰연대	1706년숙종32 ~ 1770년영조46 – 65세
본관	의령宜寧
자	성제聖際
호	자암紫巖·매옥梅屋
시호	헌민獻敏
가족	증조–경상도관찰사 선, 할아버지–성주목사 상훈尙熏, 아버지–의빈도사 근명近明 어머니–전의이씨(부사 이만봉李萬封의 딸)

부인–청주한씨(첨정 한척韓滌의 딸) 한양조씨(조태언趙台彦의 딸)
형–태기泰耆(예조판서)

관직경력

한성판윤 재임기간 : 1765년영조41 1월 21일 ~ 1765년영조41 5월 11일

조선 후기의 문신

1733년영조9	사마시(진사) 입격
1736년영조12	정시문과 급제
1747년영조23	문학, 정언, 지평
1752년영조28	수찬, 헌납, 교리, 문학, 승지
1757년영조33	대사간
1758년영조34	도승지
1762년영조38	대사헌
1765년영조41	한성부판윤
1767년영조43	형조판서, 경기도관찰사, 병조판서
1768년영조44	지중추부사, 형조판서
1769년영조45	동지의금부사

생애일화

4촌형 태기泰耆와 6촌형 태제泰躋도 한성판윤을 지냈다.

974대 한성판윤 박상덕(朴相德) – 1025·1027대 동일인물

신상내용

생몰연대	1724년경종4 ~ 1779년정조3 – 56세
본관	반남潘南
개명	종덕宗德
자	여수汝受
시호	효헌孝憲
가족	증조–참봉 필하弼夏, 할아버지–예조참판 사정師正, 아버지–진사 흥원興源 어머니–전주이씨(종실 청릉군 이모李模의 딸) 부인–申흡의 딸

관직경력

한성판윤 재임기간 : 1765년영조41 5월 14일 ~ 1765년영조41 7월 21일

조선 후기의 문신

1746년영조22	별시문과 급제, 경기도도사, 사간원정언
1751년영조27	동부승지, 병조참의, 황해도관찰사
1753년 이후	대사간, 전라도관찰사–파직(유배죄인 배려), 대사헌
1765년영조41	이조판서
1774년영조50	삭직(임금의 생모, 육상궁 제반祭班 불참)
1776년정조즉위	공조판서, 대사헌 겸 수어사

생애일화

그는 이조판서의 직임을 맡으면서 항상 청탁 받는 것을 수치로 여겼다고 한다. 그래서 영조 임금은 "六官을 위해서 인재를 택하는데 그대의 공평한 마음을 가상히 여긴다.(爲官擇人嘉卿公心)" 는 어필을 하사하기도 하였다. 또 당시 정승이었던 김상철金尙喆로부터도 "본성이 청렴결백하여 여러 번 인사권을 잡았는데도 사람들의 불평을 사지 않는다."하며 공평무사하다는 평가를 받았다.

975대 한성판윤 심성진(沈星鎭)

신상내용

생몰연대	1695년숙종21 ~ 1778년정조2 – 84세
본관	청송靑松
자	시서時瑞
호	담와澹窩
시호	정혜貞惠
가족	증조–현령 역櫟, 할아버지–현령 정희廷熙, 아버지–대사간 준埈 어머니–파평윤씨(윤진尹搢의 딸) 부인–양주조씨

관직경력

한성판윤 재임기간 : 1765년영조41 7월 21일 ~ 1765년영조41 7월 24일

1727년영조3	증광문과 급제
1728년영조4	설서
1729년영조5	정언, 동지사의 서장관으로 청나라 다녀오다. 홍문록 등재
1730년영조6	지평
1734년 이후	부수찬, 헌납, 부교리, 승지, 지평, 교리, 사간, 응교, 겸필선, 승지, 대사간, 대사헌
1748년영조24	이조참의
1749년영조25	강원도관찰사, 형조·예조참판, 한성부우윤
1754년영조30	경기도관찰사, 이조참판, 대사헌, 예조판서
1762년영조38	강화부유수, 대사헌, 경기도관찰사, 공조판서
1765년영조41	한성부판윤, 기로소 입사

생애일화

조선 개국공신 청성백 심덕부沈德符의 후손이다.

976대 한성판윤 이창수(李昌壽) – 919·923·953·1000대 동일인물

한성판윤 재임기간 : 1765년영조41 7월 24일 ~ 1765년영조41 8월 5일

977대 한성판윤 이지억(李之億) – 933·936·961·965대 동일인물

한성판윤 재임기간 : 1765년영조41 8월 6일 ~ ?

978대 한성판윤 심 수(沈鏽) – 989·997·1005·1023·1039대 동일인물

신상내용

생몰연대	1707년숙종33 ~ 1776년영조52 – 70세
본관	청송青松

자	형중瑩仲
가족	증조–현감 약명若溟, 할아버지–속涑, 아버지–부사 계현啓賢 어머니–전주이씨(충청도관찰사 이언경李彦經의 딸) 부인–송상유宋相維의 딸

관직경력

한성판윤 재임기간 : 1766년영조42 6월 23일 ~ 1766년영조42 6월 30일

조선 후기의 문신

1745년영조21	정시문과 급제, 지평, 도사, 사서, 정언 문학, 교리, 헌납 등 청요직 역임
1754년영조30	심양문안사의 서장관으로 청나라 다녀오다. 도승지, 대사간, 강원도관찰사
1762년영조38	사도세자 장례–묘소도감 당상, 대사헌, 도승지
1765년영조41	사직, 약원제조, 호조판서
1766년영조42	한성부판윤, 대사헌
1767년영조43	함경도관찰사
1770년영조46	형조판서, 한성부판윤, 대사헌, 형조판서
1771년영조47	경기도관찰사
1773년영조49	이조판서, 기로소 입소

생애일화

숙부 택현宅賢도 한성판윤을 지냈다.

979대 한성판윤 김양택(金陽澤) – 937·959대 동일인물

한성판윤 재임기간 : 1766년영조42 6월 30일 ~ 1766년영조42 7월 10일

980대 한성판윤 김원택(金元澤)

신상내용

생몰연대 1686년숙종12 ~ ?

본관　광산光山
자　인수仁叟
호　사구재四九齋
시호　효정孝靖
추증　영의정
가족　증조-이조판서 익희益熙, 할아버지-승지 만균万均, 아버지-강원도감사 진옥鎭玉
어머니-李儁의 딸
부인-청송심씨(심정보沈廷輔의 딸)
아들-상덕相德, 상복相福(영의정), 상직相直(목사), 상숙相肅(중추원부사), 상념相念(도사), 상겸相謙(봉사)
묘　충북 청주시 흥덕구 산남동 산 22-30

관직경력

한성판윤 재임기간 : 1766년영조42 7월 21일 ~ 1766년영조42 7월 23일

조선 후기의 문신

음관으로 감역, 사평, 신령현감, 대구병마절도위
1749년영조25　청주목사
1759년영조35　지의금부사
1762년영조38　공조참판, 판결사, 지돈녕부사
1766년영조42　한성부판윤-체직(3일만에 年老)

생애일화

영조41년, 80세가 되어 임금이 친히 잔치를 열어 4자 문구를 써서 사관 편에 전달했다. 이에 아들 상복相福이 감사하다는 전문箋文을 올리기도 했다. 3년 후, 83세가 되어서는 나라에서 쌀 10석, 돼지고기 10근, 산꿩 10마리를 하사하니, 좌의정 상복의 아버지이기 때문이었다. 영의정에 추증되었다.

981대 한성판윤 김상철(金尙喆) – 960대 동일인물

한성판윤 재임기간 : 1766년영조42 7월 27일 ~ 1766년영조42 11월 9일

982대 한성판윤 신 회(申晦) – 911·913·1030대 동일인물

한성판윤 재임기간 : 1766년영조42 11월 9일 ~ 1767년영조43 1월 3일

983대 한성판윤 김시영(金始煐)

신상내용

생몰연대 1694년숙종20 ~ 1774년영조50 – 81세
본관 강릉江陵
자 이회而晦
시호 경헌景憲
가족 증조–사서 선여善餘, 할아버지–전옥서봉사 득원得元, 아버지–김화현감 홍권弘權
어머니–한산이씨(현령 이경수李敬秀의 딸)
부인–전의이씨(진사 이종룡李從龍의 딸)
묘 경기도 연천군 금촌

관직경력

한성판윤 재임기간 : 1767년영조43 1월 3일 ~ 1767년영조43 3월 19일

조선 후기의 문신

1717년숙종43 사마시(진사) 입격, 희릉참봉
1756년영조32 기로정시耆老庭試 급제(63세), 한성부좌윤, 담양부사, 광주목사
1757년영조33 대사간–파직(죄인 경벌輕罰)
1767년영조43 한성부판윤,
1773년영조49 기로당상, 봉조하

생애일화

그는 63세의 늦은 나이에 과거에 급제하였는데, 아들 상집尙集보다 1년 뒤진 때였다.
74세 때 응제시應製詩를 올려 3등(下3)를 받았으나, 왕이 특별히 3등(上)으로 올려 주게 하고 호피 1장 하사했다. 또 3년 뒤에는 〈팔잠八箴〉을 지어 올려 임금의 칭찬을 받기도 하였다.
나중에 아들 상집도 한성판윤을 지냈다.

984대 한성판윤 조운규(趙雲逵) – 927·951·968대 동일인물

한성판윤 재임기간 : 1767년영조43 3월 19일 ~ 1767년영조43 6월 14일

985대 한성판윤 이창의(李昌誼) – 930대 동일인물

한성판윤 재임기간 : 1767년영조43 6월 14일 ~ 1767년영조43 6월 23일

986대 한성판윤 정홍순(鄭弘淳) – 996대 동일인물

신상내용

생몰연대	1720년숙종46 ~ 1784년정조8 – 65세
본관	동래東萊
자	의중毅仲
호	호동瓠東
시호	충헌忠憲
가족	증조–공조참판 재대載岱, 할아버지–혁선赫先, 아버지–참판 석삼錫三 어머니–전주이씨(임성군 이황李熀의 딸) 부인–여산송씨(판서 송창명宋昌明의 딸)

관직경력

한성판윤 재임기간 : 1767년영조43 6월 23일 ~ 1767년영조43 7월 5일

조선 후기의 문신

1745년영조21	정시문과 급제, 설서, 이조정랑, 지평, 교리, 이조참판, 평안도관찰사
1762년영조28	호조판서 겸 예조판서, 장헌세자 장례 주관
1777년정조즉위	우의정, 좌의정

생애일화

그는 호조판서로 10년간 재직하면서 재정문제에 특히 재능을 발휘하여 당대 제일의 재정관으로 명성을 날렸다.

장헌세자莊獻世子(사도세자)의 상喪에 장의葬儀를 주관하면서, 장헌세자의 의복과 금침에서부터 악모대리幄帽帶履 등 미세한 것까지 한 쪽씩 떼 내어 그때의 문부文簿와 함께 봉하여 수자守者를 단속하고 이를 보관하였다.
1777년 정조가 즉위한 다음해에, 앞서 장헌세자의 장례 때 상례의 풍부 여부를 알고자 당시 예조판서였던 그를 대령하게 하므로, 그는 곧 서리를 시켜 당시 간직하여 두었던 것을 내어 보이자, 정조는 부장품이 풍부하고 예에 빠진 거의 없음을 보고는 매우 가상히 여겨 곧바로 우의정에 제수하였으며, 이어 좌의정에 이르렀다.
정승이 된 뒤에도 미세한 일에까지 검소와 절약으로 일관하여, 어느 때인가 자기 집을 수리하면서 공인工人으로 더불어 일 삯으로 서로 다툰 일이 있었다. 이를 본 그의 아들이 "어른의 신분으로 천한 공인과 노임을 가지고 다투는 것은 체면에 관계되는 일이 아닙니까?" 하니, 그는 "정승은 한 나라의 의표儀表인데, 내가 삯을 과하게 주면 온 나라의 사례가 되어 가난한 백성들이 많은 곤란을 받게 된다." 하였다.
또, 한때 그에게 파전破錢 한 푼이 있었는데, 사람을 시켜 땜질하여 붙이니 두 푼이 들었다. "두 푼을 들여 한 푼을 얻으면 오히려 한 푼이 손해가 나는데 어째서 공은 그런 일을 하느냐?" 고 묻자, 그는 "나 개인은 한 푼을 잃었어도 나라에는 한 푼이 이득이 되니 어찌 이익이 아니겠는가!" 라고 하여 사람들이 모두 그의 도량에 탄복하였다고 한다.

987대 대 한성판윤 조명정(趙明鼎) – 995·1003대 동일인물

신상내용

생몰연대	1709년숙종35 ~ 1779년정조3 – 71세
본관	임천林川
자	화숙和淑
호	노포老圃
시호	문헌文獻
저서	〈노포집〉
가족	증조–마전군수 시형時馨, 할아버지–부사 현기顯期, 아버지–지평 정순正純 어머니–이공간李公幹의 딸 부인–유장兪將의 딸, 이관하李觀夏의 딸, 이명익李命益의 딸, 李景輔의 딸

관직경력

한성판윤 재임기간 : 1767년영조43 7월 5일 ~ 1767년영조43 9월 19일

1735년영조11	사마시(생원) 입격, 동몽교관
1740년영조16	정시문과 아방급제
1742년영조18	예문관검열
1744년영조20	도당록 등재, 수찬, 교리
1746년영조22	중시문과 급제
1747년영조23	유배(이광좌·조태억 등 소론 비난, 함경도 삼수)
1748년영조24	부교리, 승지
1751년영조27	유배(이광좌 공격, 거제도)
1754년영조30	경기좌도심휼사, 우승지, 충청도관찰사–유배(토지세 단독 면세조치)
1755년영조31	교정당상–〈열성지장列聖誌狀〉 편찬 참여
1757년영조33	이조참의, 도승지, 홍문관부제학, 대사간,
1760년영조36	대사성, 황해도관찰사, 대사헌
1767년영조43	한성부판윤, 부빈객·빈객–세손(정조) 보도輔導
1768년영조44	이조판서 겸 특진관
1769년영조45	대사헌, 예문관제학
1773년영조49	이조판서(인사문제 탄핵), 우참찬
1774년영조50	홍문관제학
1776년영조52	영조 승하, 실록청 찬집당상 〈영조실록〉 편찬 참여
1777년정조1	홍문관제학

생애일화

정조대왕의 세손 시절 세손시강원 빈객賓客으로서 세손의 보호와 교육을 담당하여 왕으로부터 깊은 신뢰를 받았다. 그가 홍국영의 권세를 비난하다가 거꾸로 공격을 당해 파직되어 고향으로 방축되었으나, 왕이 자신의 빈객이었음을 강조하며 특명으로 복관시켰다.

988대 한성판윤 이경호(李景祜) – 991·1013·1015·1035·1052대

동일인물

신상내용

생몰연대 1705년숙종31 ~ 1779년정조3 – 75세
본관 용인龍仁

초명	경조景祚
자	효석孝錫
상훈	인양군仁陽君
가족	증조–참봉 세응世膺, 할아버지–은산현감 의진宜振, 아버지–좌의정 보혁普赫 어머니–홍주화洪冑華의 딸 부인–정후일鄭厚一의 딸
묘	경기도 가평군 가평읍 대곡리

관직경력

한성판윤 재임기간 : 1767년영조43 9월22일 ~ 1767년영조43 10월 18일

조선 후기의 문신

1735년영조11	사마시(생원) 입격, 의금보도사, 지평현감, 담양부사
1753년영조29	충주목사, 정시문과 급제
1754년 이후	장예원판결사, 동부승지, 좌·우승지, 병조참지·참의, 형조참의, 대사간, 한성부우윤, 오위도총부도총관, 승문원제조, 공조참판, 도승지, 호조·병조참판, 동지의금부사, 대사헌, 예조참판
1762년영조38	동지돈녕부사, 부친 별세로 인양군仁陽君 습봉
1767년영조43	한성부판윤 겸 지의금부사, 예조판서, 비변사·사옹원·혜민서 제조
1773년영조47	숭록대부, 기로소 입소
1778년영조52	가례청당상(정조와 元嬪홍씨의 혼례)

생애일화

정제두鄭齊斗의 문하에서 수학하였다.

989대 한성판윤 심 수(沈鏽) – 978·997·1005·1023·1039대 동일인물

한성판윤 재임기간 : 1767년영조43 10월20일 ~ 1768년영조44 3월 6일

990대 한성판윤 안윤행(安允行)

신상내용

생몰연대	1692년숙종18 ~ 1776년영조52 – 85세
본관	죽산竹山
자	성지性之
호	담헌淡軒
시호	충헌忠憲
가족	증조–첨정 정소廷爀, 할아버지–순純, 아버지–상주목사 상원相元 어머니–심익沈瀷의 딸 부인–민징명閔徵命의 딸

관직경력

한성판윤 재임기간 : 1768년영조44 3월 11일 ~ 1768년영조44 6월 20일

조선 후기의 문신

1717년숙종43	사마시(생원) 입격
1740년영조16	증광문과 급제
1746년영조22	정언, 지평
1747년영조23	헌납–파직(탕평책 반대, 윤급尹汲 등 석방 주장)
1751년영조28	수찬, 교리–파직(잦은 직언)
1753년영조30	부교리, 승지
1760년영조37	울산부사, 대사간, 형조참판·판서, 기로소 입소, 판돈녕부사

991대 한성판윤 이경호(李景祜) – 988·1013·1015·1035·1052대 동일인물

한성판윤 재임기간 : 1768년영조44 6월 20일 ~ 1768년영조44 8월 14일

992대 한성판윤 구윤명(具允明) – 945대 동일인물

한성판윤 재임기간 : 1768년영조44 8월 15일 ~ 1768년영조44 11월 16일

993대 한성판윤 한광회(韓光會) – 1021·1026·1028·1033·1054

신상내용

생몰연대	1715년영조41 ~ 1792년정조16 – 78세
본관	청주淸州
자	문숙文叔
호	우헌愚軒
가족	증조–수운판관 성익聖翼, 할아버지–진사 배상配商, 아버지–현감 사덕師德 어머니–전주이씨(충청도관찰사 이언경李彦經의 딸) 부인–동래정씨(참봉 정석부鄭錫敷의 딸)
묘	충남 청양군 사양면 홍산리

관직경력

한성판윤 재임기간 : 1768년영조44 11월 16일 ~ 1768년영조44 12월 23일

조선 후기의 문신

1738년영조14	식년문과 장원급제, 정언, 지평
1744년영조20	양구현감
1746년영조22	도당록 입록, 부수찬, 교리, 지평, 수찬, 헌납
1754년영조30	승지, 대사성, 이조참의, 대사헌, 이조참판
1764년영조40	이조참판, 사은 겸 진주부사로 청나라 다녀오다
1766년영조42	경기도관찰사–파직(표하군標下軍 논상, 과잉 요구)
1767녕영조43	형조·이조판서
1768년영조44	한성부판윤
1775년영조45	함경도관찰사
1776년정조즉위	우참찬–국장도감제조
1778년정조2	판의금부사, 형조판서

생애일화

영조대왕의 탕평책에 호응하여 왕의 의중에 맞게 행동함으로써 신임을 지속적으로 받았다.

994대 한성판윤 김시묵(金時默) – 1002·1012대 동일인물

신상내용

생몰연대	1722년경종2 ~ 1772년영조48 – 51세
본관	청풍淸風
자	이신而愼·이신爾愼
시호	정익靖翼
상훈	영의정·청원부원군 추증
가족	증조–만주萬胄, 할아버지–군수 도제道濟, 아버지–병조판서 성응聖應 어머니–전주이씨(임원군 이표李杓의 딸) 부인–홍상언洪尙彥의 딸 딸–효의왕후孝懿王后(정조의 비妃)

관직경력

한성판윤 재임기간 : 1768년영조44 12월 23일 ~ 1769년영조45 1월 27일

조선 후기의 문신

1741년영조17	사마시(진사) 입격
1750년영조26	식년문과 급제, 예문관검열, 홍문관교리
1759년영조35	대사간
1762년영조38	경기도관찰사, 딸 세손빈 간택, 총융사, 이조·호조참판
1768년영조44	한성부판윤
1769년영조45	병조판서 겸 어영대장
1770년 이후	공조·호조판서, 판의금부사, 선혜청당상, 좌참찬
1776년정조즉위	딸 왕비로 진봉, 영의정·청원부원군 추증

생애일화

그는 총융사 3회, 어영대장 2회, 수어사 2회, 병조판서 2회 등 화려한 경력으로 유명하다. 영돈녕부사 우명佑明의 현손으로 재당숙 성집聖集에게 양자로 들어갔다. 생부 성응聖應과 종증조부 석연錫衍이 한성판윤을 지내고, 생가 조카 기후基厚도 한성판윤을 지냈다.

995대 한성판윤 조명정(趙明鼎) – 987·1003대 동일인물

한성판윤 재임기간 : 1769년영조45 1월 29일 ~ 1769년영조45 2월 10일

996대 한성판윤 정홍순(鄭弘淳) – 986대 동일인물

한성판윤 재임기간 : 1769년영조45 2월 10일 ~ 1769년영조45 3월 17일

997대 한성판윤 심 수(沈鏽) – 978·989·1005·1023·1039대 동일인물

한성판윤 재임기간 : 1769년영조45 3월 17일 ~ 1769년영조45 3월 29일

998대 한성판윤 구선복(具善復) – 1004·1036·1041·1064·1068·1070·1080·1084·1129대 동일인물

신상내용

생몰연대 1718년숙종44 ~ 1786년정조10 – 69세
본관 능성綾城
자 사초士初
가족 증조–지돈녕부사 일鎰, 할아버지–참봉 수정守禎, 아버지–병마절도사 성필聖弼
어머니–동래정씨(수찬 정찬선鄭纘先의 딸)
부인–안동김씨(김이원金履元의 딸) 함종어씨(어필수魚必遂의 딸)
묘 경기도 이천시 마장면 해월리–失傳

관직경력

한성판윤 재임기간 : 1769년영조45 3월 29일 ~ 1769년영조45 4월 17일

조선 후기의 무신

1738년영조14 사마시(생원) 입격

1748년영조24	황해도수군절도사
1750년영소26	충청도병마절도사
1757년영조33	포도대장, 병조판서, 판의금부사, 총융사, 어영대장, 금위대장, 훈련대장
1786년정조10	사도세자의 사망과 관련, 아들 이겸以謙과 조카 명겸明謙과 함께 처벌

생애일화

사도세자를 죽일 때 뒤주를 만들어 바친 일과 세자가 사망한 뒤, 왕위 계승자로 은언군의 아들 상계군常溪君을 지지한 것으로 인해 정조의 노여움을 사게 되어 아들·조카와 함께 처벌되었다.

999대 한성판윤 서명신(徐命臣) – 1024대 동일인물

신상내용

생몰연대	1701년숙종27 ~ 1771년영조47 – 71세
본관	대구大丘
자	원직元直
호	원와袁窩
가족	증조–상의원직장 진리晉履, 할아버지–현감 문환文渙, 아버지–서흥현감 종수宗秀 어머니–유명량兪命亮의 딸 부인–박필겸朴弼謙의 딸, 권해權晐의 딸
묘	경기도 풍덕군 북면 봉곡리

관직경력

한성판윤 재임기간 : 1769년영조45 4월 18일 ~ 1769년영조45 4월 19일

조선 후기의 문신

1732년영조8	황감제시黃柑製試 장원입격
1733년영조9	식년문과 급제
1734년영조10	주부, 지평, 정언, 수찬, 교리, 헌납
1740년영조16	이조좌랑, 교리, 헌납, 장령, 집의, 사간, 응교, 보덕
1747년영조23	통정대부
1751년영조27	대사간, 충청도관찰사, 대사간, 승지

1754년영조30	대사성, 승지
1756년영조32	강원도관찰사
1757년영조33	동지의금부사
1758년영조34	함경도관찰사, 대사헌, 대사성, 대사간
1763년영조39	공조·이조참판
1766년영조42	형조·병조·이조참판, 홍문관제학
1768년영조44	한성부우윤, 공조·이조참판
1769년영조45	예문관제학, 한성부판윤–파면(기생 동거하는 고관 미처벌)
1771년영조47	우참찬, 한성부판윤, 기로소 입소

생애일화

朴喜源의 장례 때 묘소의 위치가 이상지李商芝의 정자와 가깝다는 이유로 장례에 훼방을 하는 일이 벌어졌을 때 이상지를 두둔하는 송사를 처리하여 공평치 못하다는 탄핵을 받고 유배된 적이 있다. 그러나 노년에 그 공적을 인정받아서 기로소에 들어갔다.

1000대 한성판윤 이창수(李昌壽) – 919·923·976·953대 동일인물

한성판윤 재임기간 : 1769년영조45 4월 19일 ~ 1769년영조45 4월 21일

1001대 한성판윤 남태회(南泰會) – 973대 동일인물

한성판윤 재임기간 : 1769년영조45 4월 21일 ~ 1769년영조45 5월 5일

1002대 한성판윤 김시묵(金時默) – 994·1012대 동일인물

한성판윤 재임기간 : 1769년영조45 5월 5일 ~ 1769년영조45 5월 21일

1003대 한성판윤 조명정(趙明鼎) – 987·995·1046대 동일인물

한성판윤 재임기간 : 1769년영조45 5월 21일 ~ 1769년영조45 6월 20일

1004대 한성판윤 구선복(具善復) – 998·1036·1041·1064·1068·1070·1080·1084·1129대 동일인물

한성판윤 재임기간 : 1769년영조45 6월 20일 ~ 1769년영조45 7월 5일

1005대 한성판윤 심 수(沈鏽) – 978·989·997·1023·1039대 동일인물

한성판윤 재임기간 : 1769년영조45 7월 5일 ~ 1769년영조45 7월 23일

1006대 한성판윤 서명응(徐命膺) – 1016대 동일인물

신상내용

생몰연대	1716년숙종42 ~ 1787년정조11 – 72세
본관	달성達城
자	군수君受
호	담와淡窩·보만재保晩齋
시호	문정文靖
저서	〈보만재집〉
가족	증조–남원부사 정리貞履, 할아버지–참판 문유文裕, 아버지–이조판서 종옥宗玉 어머니–李집의 딸, 형제–명선命善(동생·영의정) 부인–이정섭李廷燮의 딸
묘	경기도 장단군 금릉리

관직경력

한성판윤 재임기간 : 1769년영조45 7월 27일 ~ 1769년영조45 8월 21일

조선 후기의 문신

1735년영조11	사마시(생원) 입격
1754년영조30	증광문과 급제, 부제학, 이조판서, 청나라 다녀오다, 대제학, 이조판서, 빈객, 판중추부사, 기로소 입소, 봉조하
1777년정조1	규장각 제학

생애일화

약봉藥峯 서성徐渻의 5세손이며, 그의 호 보만재保晚齋는 정조대왕으로부터 내려 받았다.
그는 박학강기博學强記로 이름났으며 역학易學에도 조예가 깊었다.
정조가 동궁에 있을 때 빈객으로 초치되어 학문수련에 큰 도움을 주었다. 정조 즉위 직후 규장각이 세워졌을 때 제학에 첫 번째로 임명되었으며, 그가 죽을 때까지 규장각 운영에는 절대적인 영향을 끼쳤다.
흔히 북학파의 비조로 일컬어지며, 이용후생을 추구하는 그의 학문정신은 아들 호수浩修와 손자 유구有榘에로 이어져 가학家學의 전통이 세워지기도 하였다.
그는 〈역학계몽집전力學啓蒙集箋〉 등 번역서와 〈열성지장통기列聖誌狀通記〉·〈기자외기箕子外紀〉·〈대구서씨세보大丘徐氏世譜〉 등 역사서 그리고 〈고사신서攷事新書〉 등을 편찬하였고, 저술로는 〈보만재집保晚齋集〉과 〈보만재총서保晚齋叢書〉·〈보남재잉간保晚齋剩刊〉 등을 남겼다.
이 저술들은 사후에 아들 호수와 손자 유구 등에 의해 정리된 것인데, 〈보만재총서〉는 정조로부터 "우리 동쪽에서 4백년간에 이런 거편巨篇이 없었다."라는 평을 받았으며, 〈보만재잉간〉은 총서를 편집하고 남은 것을 따로 모은 것이다.
〈보만재총서〉는 일종의 유서類書로서 〈고사신서〉와 함께 그의 농업을 중심으로 한 이용후생의 학문을 대표적으로 반영하고 있다.
할아버지 문유와 아버지 종옥 그리고 본인이 한성판윤을 지내니 3대 한성판윤 집안으로 유명하다.

1007대 한성판윤 원인손(元仁孫) – 1031대 동일인물

신상내용

생몰연대	1721년경종1 ~ 1774년영조50 – 74세
본관	원주原州
자	자정子靜·자방子方
시호	문민文敏
가족	증조–흥평위 몽린夢麟, 할아버지–황주목사 명구命龜, 아버지–예조판서 경하

	景夏
	어머니–평산신씨(예조판서 신사철申思喆의 딸)
	부인–의령남씨(이조정랑 남유상南有常의 딸)
묘	경기도 여주군 대신면 상구리

관직경력

한성판윤 재임기간 : 1769년영조45 8월 21일 ~ 1769년영조45 11월 10일

조선 후기의 문신

1750년영조26	사마시(진사) 입격
1752년영조28	세자익위사 세마
1753년영조29	정시문과 급제, 세자시강원설서, 정언, 사서, 부응교–〈천의소감〉 편찬 참여
1754년 이후	이조참판, 이조판서
1769년영조45	울릉도의 지세와 물산 등 조사보고
1772년영조48	우의정

생애일화

그는 아버지 사철思喆의 대탕평大蕩平 뜻을 따라 편당에 기울어지지 않아 영조의 총애를 받았다.

성격이 공평하고 정직하여 전주銓注나 고시考試를 공정하게 하였으며, 세자 찬선 송명흠宋明欽이 억울하게 관직이 추탈됨을 보고 임금에게 직간하여 그를 복구시켰다.

詞章에 능하여 이조참판으로 있을 때 서명응徐命膺과 함께 〈어제독서록御製讀書錄〉과 〈연대고年代考〉를 왕명에 따라 교정하였으며, 울릉도의 지세와 물산을 조사하여 그림으로 그려 왕에게 바쳤다.

1008대 한성판윤 이사관(李思觀)

신상내용

생몰연대	1705년숙종31 ~ 1776년영조52 – 72세
본관	한산韓山
자	숙빈叔賓
시호	효정孝靖

가족 증조-始成, 할아버지-여발汝發, 아버지-종성부사 기성基聖, 양부-이기한李基漢
어머니-청풍김씨김유金洧의 딸
묘 충남 예산군 봉산면 봉림리

관직경력

한성판윤 재임기간 : 1769년영조45 11월 11일 ~ 1769년영조45 12월 12일

조선 후기의 문신

1729년영조5	사마시(진사) 입격
1737년영조13	별시문과 급제, 승문원 출사
1747년영조23	정언, 지평, 사서 등 청요직 역임
1759년영조35	황주목사
1762년영조38	충청도관찰사
1763년영조39	병조참판, 도승지, 병조·호조판서
1769년영조45	한성부판윤, 예조·호조판서
1772년영조48	문소전 옛터에 비각 건립-승자, 우의정, 좌의정, 판중추부사
1774년영조50	기로소 입소
1775년영조51	영중추부사
1776년영조52	우의정

생애일화

그는 문장에 매우 능했고 글씨도 뛰어났다.
다만, 그는 문식文識이 있고 평소 명망도 높았으나, 재상이 되어서는 일을 크게 처리하지 못하여 '반식재상伴食宰相'이라고 불렸다 한다.
영조가 66세의 노년에 맞은 정순왕후 김씨가 태어날 때 이사관으로부터 입은 은혜에 보답하였다는 이야기가 있다. 어느 추운 겨울 이사관이 충청도 예산 근방을 지날 때, 해산을 하기 위해 친정으로 가던 김생원의 부인이 갑자기 산기를 느껴 가마 안에서 아기를 낳았다. 추위에 떨고 있는 산모를 보고 그는 양피 두루마기를 벗어 주고 자신의 노자로 쌀과 미역을 사주어 해산 구완을 해주었다고 한다. 그때 태어난 아이가 바로 정순왕후 김씨로서 부모로부터 들은 대로 보은하여 그가 재상이 되었다는 이야기가 전해온다.

4

1009대

한성판윤 채제공

⋮

1325대

한성판윤 김문순

1009대 한성판윤 채제공(蔡濟恭) – 1066·1075·1082·1109·1123대 동일인물

신산내용

생몰연대	1720년숙종46 ~ 1799년정조23 – 80세
본관	평강平康
자	백규伯規
호	번암樊巖·번옹樊翁
시호	문숙文肅
저서	〈번암집〉
배향	영당(청양), 도강영당(부여)
가족	증조–동지중추부사 시상時祥, 조부–참판 성윤成胤, 아버지–지중추부사 응일膺一 어머니–연안이씨(현감 이만성李萬成의 딸) 부인–동복오씨(직장 오필운吳弼運의 딸)
묘	경기도 용인시 처인구 역북동–경기도기념물 제17호

관직경력

한성판윤 재임기간 : 1769년영조45 12월 12일 ~ 1770년영조46 1월 9일

조선 후기의 문신

1735년영조11	향시 입격(15세)
1743년영조19	정시문과 급제, 승문원 권지부정자
1748년영조24	예문관사관
1751년영조27	유배(삼척–중인中人의 분산墳山 탈취)
1753년영조29	충청도암행어사
1755년영조31	문사랑問事郎–나주괘서사건 처리, 승정원동부승지, 이천도호부사, 대사간
1758년영조34	도승지–세자폐위 비망기 철회, 대사간, 대사헌, 경기도관찰사
1764년영조40	개성유수, 예문관제학, 비변사당상, 안악군수
1767년영조43	홍문관제학, 함경도관찰사
1770년영조46	한성부판윤, 병조·예조·호조판서
1772년영조48	세손우빈객, 공시당상貢市堂上
1775년영조51	평안도관찰사, 약방제조, 호조판서, 좌참찬
1776년영조52	영조 승하–국장도감제조
1777년정조1	형조판서 겸 판의금부사–사도세자 사망 책임자, 옥사 처결

1778년 이후	홍국영 퇴출–소론세력의 공박–명덕산 은거생활
1788년정조12	우의정
1790년정조14	좌의정
1793년정조17	영의정
1798년정조22	사직

생애일화

사도세자의 폐위 비망기가 내려지자 죽음을 무릅쓰고 이를 철회시켰는데, 이 사건 이후 영조는 채제공을 지목하여 "진실로 나의 사심 없는 신하이고 너의 충신이다."라고 정조에게 말하였다 한다.
학문은 청남南人淸流의 지도자인 오광운吳光運과 강박姜樸에게서 배웠고, 시는 채팽윤蔡彭胤과 이덕주李德冑에게서 배웠다. 문장은 소疏와 차箚에 능하였고, 시풍은 위로는 이민구·허목 등에서 아래로는 정약용에 이어진다.
그의 학문적 적통은 동방의 주자인 이황李滉에서 시작하여 정구鄭逑와 허목許穆을 거쳐 이익李瀷에 이어진다고 하면서 정통 성리학의 견해를 유지하였다. 한편, 양명학·불교·도교·민간신앙 등을 이단이라고 비판하였으며, 천주교에 대해서는 패륜과 신이적神異的 요소를 지닌 불교의 별파로서, 오랑캐인 청나라 문화의 말단적 영향이라고 인식하였다.
자신의 시대를 경장更張이 필요한 시기라고 생각하였으나, 제도개혁보다는 운영의 개선을 강조하여 중간수탈 방지와 부가세 폐단의 제거들을 추진하고, 간리奸吏의 작폐를 없앰으로써 국가재정의 부족을 타개하는 것을 급선무라고 생각하였다.
정조가 즉위하여 사도세자의 죽음에 연루된 김상로·홍계희 등을 처단할 때 병조판서 겸 의근부판사로 역옥逆獄을 처리하였으며, 수궁대장守宮大將으로 활동하며 정조의 왕권을 강화하는데 헌신하였다. 특히 사도세자의 묘소를 수원으로 옮기고 화성행궁과 성곽을 조성하며 장용영을 설치하는 등 실무적 뒷받침을 실현하였다.
저서로는 〈번암집樊巖集〉 59권이 있고 권두에는 정조의 친필어찰과 교지를 수록하였다. 그는 〈경종실록〉·〈영조실록〉·〈국조보감〉 편찬 작업에도 참여하였다.
1799년정조23 1월 18일에 별세하였고, 3월 26일에 사림장士林葬으로 장례가 거행되었다.
1801년순조1 황사영백서黃嗣永帛書사건으로 관작이 추탈되었다가 1823년순조23 영남만인소嶺南萬人疏로 관작이 회복되었다.

1010대 한성판윤 남태제(南泰齊) – 931·932·935·940·941·942·943·946·948·955·969대 동일인물

한성판윤 재임기간 : 1770년영조46 1월 10일 ~ 1770년영조46 1월 18일

1011대 한성판윤 이최중(李最中) – 1040·1044 동일인물

신상내용

생몰연대	1715년숙종41 ~ 1784년정조8 – 70세
본관	전주全州
자	인부仁夫·계량季良
호	위암韋菴
시호	문정文貞
저서	〈위암집〉
가족	증조–금산군수 중휘重輝, 할아버지–영의정 유濡, 아버지–현감 현응顯應 어머니–풍산홍씨(홍중기洪重箕의 딸) 부인–함안조씨(조영복趙榮福의 딸)

관직경력

한성판윤 재임기간 : 1770년영조46 1월 18일 ~ 1770년영조46 1월 27일

조선 후기의 문신

1744년영조20	사마시(진사) 입격
1751년영조27	별시문과 급제, 세자시강원사서, 홍문관 교리·수찬
1755년영조31	찬집낭청〈천의소감〉 편찬 참여
1756년영조32	강원도어사, 이정어사釐整御使
1757년 이후	홍문관응교, 삼척부사, 대사간, 이조참의, 부제학, 예조참판,
1768년영조44	대사헌, 형조판서
1770년영조46	한성부판윤, 〈문헌비고〉 편집당상
1771년영조47	이조판서–유배(노론 당쟁)
1772년영조48	함경도관찰사, 우참찬
1773년영조49	봉조하
1782년정조6	이유백李有白 역모사건 연루–유배(추자도)

생애일화

그가 경연석상에서, 세력이 있는 자는 피폐한 고을(弊邑)에 임용하고 세력이 없는 자는 좋은 고을(好邑) 임용하는 것이 바람직하고 건의하여 왕으로부터 칭찬과 포상을 받았다.
삼척부사로 있을 때 올린 〈진삼척민폐소陳三陟民弊疏〉에서는, 과중한 세금에 시달리는 농민의 어려움이 절정에 달하여 유망민이 속출하고 있음을 지적하고, 공물貢物과 환곡還穀의

징수는 현지실정에 맞도록 재조정할 것을 촉구하는 등 농민생활의 안정에 관심이 깊었다. 저서로는 〈위암집韋菴集〉 6권3책과 〈환범옹만록換凡翁漫錄〉 10책이 있다.

1012대 한성판윤 김시묵(金時默) – 994·1002대 동일인물

한성판윤 재임기간 : 1770년영조46 1월 27일 ~ 1770년영조46 3월 14일

1013대 한성판윤 이경호(李景祜) – 988·991·1015·1035·1052대 동일인물

한성판윤 재임기간 : 1770년영조46 3월 14일 ~ 1770년영조46 윤5월 27일

1014대 한성판윤 조 돈(趙暾)

신상내용

생몰연대	1716년숙종42 ~ 1790년영조14 – 75세
본관	풍양豊壤
자	광서光瑞
호	죽석竹石
시호	숙헌肅憲
가족	증조–신천군수 중운仲耘, 할아버지–도정 도보道輔, 아버지–이조판서 상경尙絅 어머니–부평이씨(정랑 이정태李廷泰의 딸) 부인–파평윤씨(참판 윤심형尹心衡의 딸)
묘	경기도 양주시 주내면 광사리

관직경력

한성판윤 재임기간 : 1770년영조46 윤5월 27일 ~ ? (1770년 6월 1일)

조선 후기의 문신

1740년영조16 유학, 증광문과 급제

1741년영조17	설서, 정언, 홍문록 등재, 부수찬, 수찬 교리, 헌납, 집의
1750년영조26	북평사－정배(不仕), 부응교, 사간, 책례도감 낭청, 보덕, 승지, 대사간
1756년영조32	충청도관찰사, 참의, 좌윤, 내국부제조, 경기도관찰사
1761년영조37	순흥부사, 개성유수, 한성우윤, 함경감사, 대사헌
1764년영조40	경과慶科 불응시－유배, 이천부사 좌천
1765년영조41	경상도관찰사, 이조판서－제천 부처
1770년영조46	한성부판윤
1771년영조47	걸해乞骸(늙은 신하가 퇴직을 원함), 봉조하

생애일화

그가 나이가 늙어 사퇴를 간곡히 요청하자 영조대왕은 자신의 심경을 이렇게 표현했다.
'卿心今遂予意悵然(경의 마음은 지금 홀가분할지 모르나 짐의 뜻은 실망스럽구나)'

1015대 한성판윤 이경호(李景祜) – 988·991·1013·1035·1052대 동일인물

한성판윤 재임기간 : ? ~ ? (재직확인:1770년 6월 12일)

1016대 한성판윤 서명응(徐命膺) – 1006대 동일인물

한성판윤 재임기간 : 1770년영조46 7월 4일 ~ 1770년영조46 7월 20일

1017대 한성판윤 이 은(李溵) – 1020·1034대 동일인물

신상내용

생몰연대	1722년경종2 ~ 1781년정조5 – 60세
본관	덕수德水
자	치호稚浩
호	첨재瞻齋
시호	충목忠穆

가족	증조－판윤 광하光夏, 할아버지－좌의정 집, 아버지－형조판서 주진周鎭 어머니－여흥민씨(좌의정 민진원閔鎭遠의 딸) 부인－진주유씨(판서 유엄柳儼의 딸)
묘	서울시 도봉구 방학동

관직경력

한성판윤 재임기간 : 1770년영조46 7월 20일 ~ 1770년영조46 11월 2일

조선 후기의 문신

1740년영조16	사마시(생원) 입격, 음보 남평현감
1759년영조35	정시문과 급제, 교리
1764년영조40	사직
1765년영조41	강화유수
1767년영조42	대사헌, 삭녕군수 좌천(강화유수 시절 민폐 탄핵)
1770년영조45	이조판서
1772년영조47	우의정, 좌의정 파직(대사헌 정광충의 탄핵), 좌의정
1775년영조50	판중추부사
1777년정조1	진하 겸 사은사로 청나라 다녀오며 〈고금도서집성〉5,020권 반입
1778년정조2	영중추부사, 심양문안사로 청나라 다녀오다.
1780년정조4	좌의정, 사직

생애일화

그가 어렸을 때, 밤에 임금님이 급히 할아버지 좌의정을 들라하는데 부신符信을 찾지 못해 난리였다. 집안을 두루 찾았으나 없어, 그때 할아버지가 어린 은에게 물으라 하여 잠을 깨우니 "어린 동생이 부신을 가지고 놀아, 잃어버릴까 봐 빼앗아 품고 잤다."하며 내놓아 큰 탈을 면했다. 이에 할아버지가 "이 부신을 찰 사람은 이 아이다."라고 감탄했다고 한다.
증조 광하光夏와 할아버지 집 그리고 본인이 한성판윤을 지내니 '3대 판윤집안'이다. 또한 장인 유엄柳儼도 한성판윤을 지냈다.

1018대 한성판윤 이유수(李惟秀)

한성판윤 재임기간 : ? ~ ? (재직확인:1770년 11월 21일)

1019대 한성판윤 구윤옥(具允玉) – 1069대 동일인물

신상내용

생몰연대	1720년숙종46 ~ 1792년정조16 – 73세
본관	능성綾城
자	성집聖集
호	만해晩海
가족	증조–종주宗柱, 할아버지–사어 혁爀, 아버지–한성판윤 택규宅奎 어머니–남양홍씨(첨정 홍우채洪禹采의 딸) 부인–안동김씨(정자 김우갑金禹甲의 딸)
묘	경기도 장단군 송서면 석호동

관직경력

한성판윤 재임기간 : 1770년영조46 12월 14일 ~ 1771년영조47 1월 12일

조선 중기의 문신

1753년영조29	알성문과 급제, 승문원정자
1761년영조37	승지
1762년영조38	도승지
1763년영조39	예조판서, 병조·호조판서
1790년정조14	기로소 입소, 판중추부사

생애일화

홍국영 집권 시에 3년간 그의 수족노릇을 했지만 은밀히 왕을 위한 일을 꾸며 정조가 홍국영을 추방하자, 여론에 못 이겨 수십 일 영광에 유배된 일이 있으나, 나중에 사실이 드러나 그의 사려 깊음을 알게 되었다.
아버지 택규宅奎와 형 윤명允明, 그리고 본인이 한성판윤을 지냈으니 '삼부자 한성판윤'으로 유명했다.

1020대 한성판윤 이 은(李溵) – 1017·1034대 동일인물

한성판윤 재임기간 : 1771년영조47 1월 12일 ~ 1771년영조47 1월 20일

1021대 한성판윤 한광회(韓光會) – 993·1026·1028·1033·1054

한성판윤 재임기간 : 1771년영조47 1월 25일 ~ ? (재직확인:1771년 1월 28일)

1022대 한성판윤 이익원(李翼元) – 1037·1045·1049·1160대 동일인물

신상내용

생몰연대	1711년숙종37 ~ 1776년영조52 – 66세
본관	부평富平
자	성휴聖休
호	학음鶴陰
시호	충희忠僖
가족	증조–이재以載, 할아버지–감역 세염世炎, 아버지–첨정 정함廷咸 어머니–청주한씨(한협韓悏의 딸) 부인–崔집의 딸, 윤우철尹遇喆의 딸

관직경력

한성판윤 재임기간 : ? ~ ? (재직확인:1771년 2월 5일)

조선 후기의 문신

1738년영조14	통덕랑, 식년문과 급제
1747년영조23	정언
1748년영조24	지평
1749년영조25	정언, 지평, 정언
1754년영조30	장령
1756년영조32	사간, 승지,
1768년영조44	형조참판
1770년영조46	도승지
1771년영조47	한성부판윤, 병조판서
1773년영조49	대사헌, 병조판서, 내국제조
1774년영조50	대사헌, 예조판서, 우참찬

1023대 한성판윤 심 수(沈鏽) – 978·989·997·1005·1039대 동일인물

한성판윤 재임기간 : 1771년영조47 2월 7일 ~ ? (재직확인:1771년 2월 26일)

1024대 한성판윤 서명신(徐命臣) – 999대 동일인물

한성판윤 재임기간 : 1771년영조47 3월 10일 ~ ?

1025대 한성판윤 박상덕(朴相德) – 974·1027대 동일인물

한성판윤 재임기간 : ? ~ ? (재직확인:1771년 4월 25일)

1026대 한성판윤 한광회(韓光會) – 993·1021·1028·1033·1054

한성판윤 재임기간 : 1771년영조47 5월 3일 ~ ?

1027대 한성판윤 박상덕(朴相德) – 974·1025대 동일인물

한성판윤 재임기간 : ? ~ ? (1771년 5월 3일)

1028대 한성판윤 한광회(韓光會) – 993·1021·1026·1033·1054

한성판윤 재임기간 : ? ~ ? (1771년 5월 7일)

1029대 한성판윤 홍명한(洪名漢)

신상내용

생몰연대	1724년경종4 ~ 1774년영조50 – 51세
본관	풍산豊山
자	군평君平
가족	증조–참판 만종萬鍾, 할아버지–승지 중하重夏, 아버지–대사헌 경보景輔 어머니–심계량沈季良의 딸

관직경력

한성판윤 재임기간 : ? ~ ? (1771년 5월 22일)

조선 후기의 문신

문음으로 입사入仕, 금부도사

1754년영조30	증광문과 급제, 부수찬, 정언, 수찬, 교리
1758년영조34	승지
1761년영조37	동래부사, 대사간, 승지
1763년영조39	경기도관찰사, 대사헌
1764년영조40	대사간
1768년영조44	승지, 형조참판, 도승지
1769년영조45	강원도관찰사
1770년영조46	〈동국문헌비고〉 監印堂上
1771년영조47	형조판서, 한성부판윤, 개성부유수

1030대 한성판윤 신 회(申晦) – 911·913·982대 동일인물

한성판윤 재임기간 : 1771년영조47 5월 23일 ~ ?

1031대 한성판윤 원인손(元仁孫) – 1007대 동일인물

한성판윤 재임기간 : 1771년영조47 5월 28일 ~ ? (재직확인:1771년 5월 29일)

1032대 한성판윤 구선행(具善行) – 954·958·962대 동일인물

한성판윤 재임기간 : ? ~ ? (1771년 6월 3일)

1033대 한성판윤 한광회(韓光會) – 993·1021·1026·1028·1054

한성판윤 재임기간 : 1771년영조47 6월 6일 ~ ? (재직확인:1771년 7월 11일)

1034대 한성판윤 이 은(李溵) – 1017·1020대 동일인물

한성판윤 재임기간 : 1771년영조47 7월 11일 ~ 1771년영조47 7월 21일

1035대 한성판윤 이경호(李景祜) – 988·991·1015·1013·1052대 동일인물

한성판윤 재임기간 : 1771년영조47 7월 23일 ~ ? (재직확인:1772년 1월 11일)

1036대 한성판윤 구선복(具善復) – 998·1004·1041·1064·1068·1070·1080·1084·1129대 동일인물

한성판윤 재임기간 : 1772년영조48 4월 1일 ~ ? (재직확인:1772년 5월 28일)

1037대 한성판윤 이익원(李翼元) – 1022·1045·1049·1160대 동일인물

한성판윤 재임기간 : ? ~ ? (1772년 7월 15일)

1038대 한성판윤 조중회(趙重晦) – 1053·1094대 동일인물

신상내용

생몰연대 1711년숙종37 ~ 1782년정조6 – 72세
본관 함안咸安
자 익장益章
시호 충헌忠憲
가족 증조–군수 봉원逢源, 할아버지–군수 해楷, 아버지–대사간 영복榮福
어머니–함양여씨(여필관呂必寬의 딸)
부인– 이관명李觀命의 딸

관직경력

한성판윤 재임기간 : ? ~ ? (재직확인:1772년 10월 23일)

조선 후기의 문신

1736년영조12	정시문과 급제
1739년영조15	설서, 예문관검열, 정언
1748년영조24	부수찬, 교리, 수찬
1749년영조25	헌납, 겸사서, 문학
1751년영조27	겸필선, 사은 겸 동지사의 서장관으로 청나라 다녀오다
1752년영조28	대사성, 승지, 병조참의, 영변부사, 양주목사, 승지
1770년영조46	개성유수
1771년영조47	한성부우윤, 도승지
1772년영조48	이조참판
1773년영조49	대사헌, 예조판서
1775년영조51	이조·예조판서
1776년영조52	영조승하, 빈전도감도제조
1771년정조1	함경도관찰사
1779년정조9	공조판서
1780년정조3	기로소 입소,
1781년정조4	이조판서–불사不仕, 봉조하

생애일화

생육신의 한 사람인 조여趙旅의 10대손이다.

1039대 한성판윤 심 수(沈鏽) – 978·989·997·1005·1023대 동일인물

한성판윤 재임기간 : 1772년영조48 10월 13일 ~ ? (재직확인:1772년 11월 4일)

1040대 한성판윤 이최중(李最中) – 1011·1044대 동일인물

한성판윤 재임기간 : 1772년영조48 11월 4일 ~ ? (재직확인:1772년 11월 10일)

1041대 한성판윤 구선복(具善復) – 998·1004·1036·1064·1068·1070·1080·1084·1129대 동일인물

한성판윤 재임기간 : 1772년영조48 11월 23일 ~ ? (재직확인:1773년 1월 23일)

1042대 한성판윤 이언형(李彦衡)

한성판윤 재임기간 : ? ~ ? (재직확인:1773년 2월 9일)

1043대 한성판윤 홍낙성(洪樂性) – 1078·1083·1086·1100·1104

신상내용

생몰연대	1718년숙종44 ~ 1798년정조22 – 81세
본관	풍산豊山
자	자안子安
호	항재恒齋
시호	효안孝安
가족	증조–첨정 중기重箕, 할아버지–이조참판 석보錫輔, 아버지–예조판서 상한象漢 어머니–함종어씨(찬선 어유봉魚有鳳의 딸) 부인–심규沈珪의 딸

관직경력

한성판윤 재임기간 : 1773년영조49 윤3월 15일 ~ ? (재직확인:1773년 윤3월 29일)

조선 후기의 문신

1735년영조11	사마시(진사) 입격
1744년영조20	통덕랑, 춘당대문과 급제, 정언, 사서, 지평, 사간, 승지
1757년영조33	대사성, 이조참의, 강화부유수
1760년영조36	도승지
1761년영조37	이조참판
1768년영조44	이조판서
1771년영조47	전라도관찰사
1775년영조51	예조판서, 우참찬, 형조·병조판서
1782년정조6	좌의정
1783년정조7	사은사로 청나라 다녀오다
1784년정조8	세자부, 영의정
1797년정조21	80세-궤장 하사, 영중추부사, 기로소 입소

생애일화

글씨에 뛰어났으며, 아버지 홍상한도 한성판윤을 지냈다.

1044대 한성판윤 이최중(李最中) – 1011·1040대 동일인물

한성판윤 재임기간 : 1773년영조49 4월 4일 ~ ?

1045대 한성판윤 이익원(李翼元) – 1022·1037·1049·1160대 동일인물

한성판윤 재임기간 : 1773년영조49 4월 12일 ~ 1773년영조49 5월 13일

1046대 한성판윤 조명정(趙明鼎) – 987·995·1003대 동일인물

한성판윤 재임기간 : 1773년영조49 5월 13일 ~ 1773년영조49 7월 5일

1047대 한성판윤 민백흥(閔百興)

신상내용

생몰연대 1715년숙종41 ~ 1774년영조50 – 60세
본관 여흥
자 起之
가족 증조–여양부원군 閔維重, 할아버지–판중추 閔鎭遠, 아버지–함경도감사–亨洙
어머니–용인이씨(李世恒의 딸) 형–閔百祥
부인–함평이씨(李昌遠의 딸) 안동권씨(權爀의 딸)

관직경력

한성판윤 재임기간 : 1773년영조49 7월 5일 ~ ? (재직확인:1773년 8월 4일)

조선 후기의 문신

1750년영조26	사마시(생원) 입격
1762년영조38	성주목사, 문묘작헌례시 알성문과 급제(48세), 판결사, 승지
1763년영조39	충청도관찰사, 대사간, 승지
1765년영조41	이조참의, 대사성
1767년영조43	동지의금부사
1768년영조44	동지경연사, 한성부좌윤, 예조참판, 승지, 공조참판
1769년영조45	대사헌
1771년영조47	이조참판, 예조·병조판서
1773년영조49	한성부판윤

생애일화

증조할아버지가 숙종대왕의 장인인 민유중閔維重으로서 가문의 음덕을 받아 성주목사로 재직하다가 48세의 늦은 나이에 문묘작헌례文廟酌獻禮에서 알성시 문과에 급제하였다. 거기에다 형되는 우의정 민백상閔百祥의 명망에 힘입어 파격적인 임용과 승진을 하였기에, 지나

친 예우라는 비판도 있었으나 영조의 각별한 배려로 내외의 요직을 두루 거친 후, 60세의 이른 나이에 졸했다.

1048대 한성판윤 이 담(李潭)

한성판윤 재임기간 : 1773년영조49 8월 19일 ~ 1773년영조49 10월 15일

1049대 한성판윤 이익원(李翼元) – 1022·1037·1045·1160대 동일인물

한성판윤 재임기간 : 1773년영조49 10월 15일 ~ ? (재직확인:1773년 12월 1일)

1050대 한성판윤 이중호(李重祜) – 1056대 동일인물

신상내용

생몰연대 1716년숙종42 ~ ?
본관 용인龍仁
초명 중조重祚
자 자안子安
가족 증조–참봉 세응世膺, 할아버지–은산현감 의진宜振, 아버지–판돈녕부사 보혁普爀
어머니–남양홍씨(홍주화洪冑華의 딸)
부인–조적명趙迪命의 딸
묘 경기도 여주시 여주읍 상거리 대보산

관직경력

한성판윤 재임기간 : 1773년영조49 12월 1일 ~ ? (재직확인:1774년 2월 29일)

조선 후기의 문신

1740년영조16 알성문과 급제
1759년영조35 대사간, 형조참의

1761년영조37	승지
1765년영조41	충청도관찰사
1767년영조43	대사간
1768년영조44	승지, 병조참판
1770년영조46	도승지, 경기도관찰사
1772년영조48	대사간, 이조참판
1773년영조49	대사성, 이조참판
1774년영조50	함경도관찰사
1776년영조52	영조 승하–산릉도감제조, 공조·이조판서, 상시봉원도감上諡奉園都監提調, 좌참찬
1777년정조1	이조판서, 우참찬
1779년정조3	판의금부사, 예조·이조판서
1780년정조4	지경연사

생애일화

아버지 보혁普爀, 형 경호景祜, 조카 재협在協, 아들 재간在簡이 한성판윤을 지낸 집안이었다.

1051대 한성판윤 정존겸(鄭存謙)

신상내용

생몰연대	1722년경종2 ~ 1794년정조18 – 73세
본관	동래東萊
자	대수大受
호	양암陽菴·양재陽齋·원촌源村
시호	문안文安
가족	증조–응교 찬선纘先, 할아버지–형운亨運, 아버지–문상文祥 어머니–이사제李思悌의 딸

관직경력

한성판윤 재임기간 : 1774년영조50 3월 1일 ~ ? (재직확인:1774년 4월 21일)

1750년영조26	사마시(생원·진사) 양과 입격
1751년영조27	정시문과 급제, 부제학
1754년영조30	횡성현감, 교리, 승지
1761년영조37	장헌세자 서도밀행사건 관련 파면
1772년영조48	유배(북청)
1773년영조49	이조판서
1775년영조51	홍인환 탄핵 상소
1776년영조52	우의정
1777년정조1	좌의정
1781년정조5	실록청총재관–〈경종실록〉〈영조실록〉 편찬 관장
1782년정조6	동지사로 청나라 다녀오다. 우의정 세자사부
1791년정조15	영의정, 영중추부사, 봉조하, 기로소 입소

생애일화

노론계열 시파時派의 핵심인물로서 홍인한洪麟漢을 탄핵하는 등 세손世孫(정조) 보호에 적극 활약했다.

1052대 한성판윤 이경호(李景祜) – 988·991·1015·1013·1035·1071대 동일인물

한성판윤 재임기간 : 1774년영조50 4월 25일 ~ ? (재직확인:1774년 6월 14일)

1053대 한성판윤 조중회(趙重晦) – 1038·1094대 동일인물

한성판윤 재임기간 : 1774년영조50 6월 24일 ~ ? (재직확인:1774년 7월 19일)

1054대 한성판윤 한광회(韓光會) – 993·1021·1026·1028·1033·1111대 동일인물

한성판윤 재임기간 : ? ~ ? (재직확인:1774년 8월 29일)

1055대 한성판윤 윤동섬(尹東暹) – 1095대 동일인물

신상내용

생몰연대	1710년숙종36 ~ 1795년정조19 – 86세
본관	파평坡平
자	덕승德升·재승載升
호	팔무당八無堂
가족	증조–해거海擧, 할아버지–호조정랑 부扶, 아버지–생원 언교彦敎 어머니–신창맹씨(맹숙하孟淑夏의 딸) 부인–홍중범洪重範의 딸, 이정환李廷煥의 딸 친척–윤동절尹東晢(사촌아우·한성판윤·서예가)

관직경력

한성판윤 재임기간 : 1774년영조50 12월 18일 ~ ? (재직확인:1775년 2월 23일)

조선 후기의 문신

1735년영조15	사마시(생원·진사) 양과 입격
1754년영조29	현감, 증광문과 급제, 대사간, 도승지, 충청도관찰사–파직(田結 부실 보고)
1762년영조37	호서안집사湖西安集使,
1763년 이후	대사헌, 이조참판, 이조판서
1771년영조47	진주부사로 청나라 다녀오다
1772년 이후	공조판서, 평안도관찰사, 우참찬
1790년정조14	판의금부사, 판중추부사

생애일화

서예에 능하여 80세가 넘어서도 궁중의 서사書寫를 맡아 정조로부터 필력이 유건愈健하다는 칭송을 받았다.
작품으로는 〈달천사비〉 〈적전사기적비〉 〈적지기적비〉 〈임경업충렬사비〉 등 당시의 금석문은 그의 손으로 쓴 것이 많다.

1056대 한성판윤 이중호(李重祜) – 1050대 동일인물

한성판윤 재임기간 : 1775년영조51 2월 29일 ~ ? (재직확인:1775년 4월 19일)

1057대 한성판윤 김효대(金孝大)

신상내용

생몰연대 1721년경종1 ~ 1781년정조5 – 61세
본관 경주慶州
자 여원汝原
시호 효정孝貞
가족 증조–생원 일진一振, 할아버지–경은부원군 주신柱臣, 아버지–형조참의 후연後衍
어머니–해평윤씨(부사 윤항尹沆의 딸)
부인–연일정씨(목사 정지익鄭志翼의 딸)
아들–사목思穆(순조 때 우의정) 조카–인원왕후仁元王后(숙종의 계비)
묘 경기도 고양시 덕양구 대자리

관직경력

한성판윤 재임기간 : ? ~ ? (재직확인:1775년 5월 23일)

조선 후기의 문신

1737년영조13 음보–돈녕부참봉, 포천군수, 고양군수
1753년영조29 낭관–숙종의 존호 올리는데 참여
1756년영조32 성천부사
1758년영조34 수원부사
1759년 이후 승지, 공조·병조참판

1775년영조52　　한성부판윤
1778년정조2　　총융사
1780년정조4　　형조판서
1781년정조5　　공조판서

생애일화

1748년 고양군수로 재직할 때, 향교의 제위祭位를 양무兩廡로 하도록 임금에게 직접 건의하여 재가를 받았다.
6대조 김명원金命元과 고조부 김남중金南重이 한성판윤을 지냈다.

1058대 한성판윤 윤동철(尹東哲) – 1060·1062·1144·1159대 동일인물

신상내용

생몰연대　1722년경종2 ~ 1789년정조13 – 68세
본관　파평坡平
자　여숙與叔
호　노운老耘
가족　증조–해거海擧, 할아버지–호조정랑 부扶, 아버지–면교勉敎
어머니–조석중曺錫重의 딸
부인–청송심씨(심명원沈命遠의 딸)
친척–윤선거尹宣擧(종증조부), 윤증尹拯(종조부), 尹東暹(백종형·한성판윤)

관직경력

한성판윤 재임기간 : ? ~ ? (재직확인:1776년 1월 17일)

조선 후기의 문신, 서예가

1756년영조32　　음직–참봉
1757년 이후　　군자감정, 한성부좌윤, 청주목사, 충청도관찰사, 공조판서 등 역임
1776년영조52　　한성부판윤
경서가로서 유교경전 연구서인 〈오우편吾憂編·1751〉과 〈설약說約·1769〉 등 편집
어제문御製文과 현판 · 시책諡册 · 왕실의 비문碑文 등

생애일화

성리학과 예론에 정통했던 가문의 영향으로 문필과 서예에 뛰어난 재능을 지녀, 백종형 윤동섬尹東暹과 필적할 만한 인물로 거론될 정도였다.
오운루五耘樓라는 장서루와 운암耘菴·숙야재夙夜齋라는 서재를 갖추고 많은 서책을 보유한 장서가였으며, 전서와 예서에서 명성이 높은 서예가로서 영조로부터 선서자善書者라는 칭찬을 듣기도 했다.
숙종의 계비 인원왕후의 친정 조카(姨姪)이므로 영조가 특별히 사랑했다.

1059대 한성판윤 강세황(姜世晃) – 1135대 동일인물

신상내용

생몰연대	1713년숙종39 ~ 1791년정조15 – 79세
본관	진주晉州
자	광지光之
호	표암豹菴·첨재添齋·산향재山響齋·의산자宜山子 외 다수
시호	헌정憲靖
가족	증조–첨중 주籒, 할아버지–지중추 백년柏年, 아버지 예조판서 현鋧 어머니–광주이씨 부인–진주유씨(유래柳來의 딸), 나주나씨
묘	춘북 진천군 문백면 도하리

관직경력

한성판윤 재임기간 : ? ~ ? (재직확인:1776년 2월 13일)

조선 후기의 문신·서화가·평론가

1773년영조49	영릉참봉
1774년영조50	사포서별제, 한성부판관
1776년영조52	기구과耆耈科 장원급제
1778년정조2	병조참의, 한성부우윤, 남양부사, 한성부판윤, 호조·병조참판
1784년정조8	북경사행
1786년정조10	금강산유람–기행문, 실경사생實景寫生

생애일화

8세에 시를 짓고, 13~4세 때 쓴 글씨를 얻어다 병풍을 만든 사람이 있을 정도로 뛰어난 재능을 보였으며 영 · 정조의 특별한 배려를 받아 오랫동안 학문과 서화에 전념하였다.
시詩·서書·화畵 삼절三絕로 일컬어졌으며, 남달리 높은 식견과 안목을 갖춘 사대부 예술가로서 스스로 그림 제작과 화평畵評 활동을 통해 당시 화단에서 '예원藝苑의 총수總帥'로 중추적 역할을 하였다.
그가 일생동안 진지하게 추구했던 서화의 세계는 궁극적으로 습기濕氣·속기俗氣가 없는 글씨와 문인화의 경지였다. 그림의 소재는 산수·화훼를 다루었는데, 만년에는 묵죽墨竹으로 이름을 날렸다.
그의 작품으로는 〈현정승집玄亭勝集〉·〈첨재화보忝齋畵譜〉·〈사군자병풍〉·〈묵죽팔폭병풍墨竹八幅屛風〉·〈표암첩豹菴帖〉·〈松都紀行帖〉 등 다수가 현재 전해지고 있으며, 특히 54세 때 쓴 자서전인 〈표옹자지豹翁自誌〉에 들어있는 두 폭의 자화상을 비롯하여 7, 8폭의 자화상을 남긴 사실이 독특하다.
1979년 한국정신문화연구원에서 그의 문집인 〈표암유고豹菴遺稿〉를 영인, 출판하였다.
할아버지 백년栢年과 아버지 현鋧에 이어 71세 때 기로소에 들어감으로써 삼세기영지가三世耆英之家로 칭송을 받았다.

1060대 한성판윤 윤동절(尹東晳) – 1058·1062·1144·1159대 동일인물

한성판윤 재임기간 : ? ~ ? (재직확인:1776년 3월 5일)

1061대 한성판윤 정창순(鄭昌順) – 1143·1168대 동일인물

신상내용

생몰연대	1727년영조3 ~ 1798년정조22 – 72세
본관	온양溫陽
자	기천祈天
호	사어四於
가족	증조–현감 순양純陽, 할아버지–진천현감 수연壽淵, 아버지–지평 광은光殷 어머니–김신경金愼慶의 딸 부인–오명흠吳命欽의 딸

관직경력

한성판윤 재임기간 : ? ~ ? (재직확인:1776년 3월 10일)

조선 후기의 문신

1756년영조32	사마시(진사) 입격
1757년영조33	정시문과 급제
1762년영조38	지평
1763년영조39	호서감운어사, 정언, 김천도찰방
1766년영조42	부교리
1768년영조44	수찬
1772년영조48	대사간
1777년정조1	승지, 고부 겸 청시승습부사로 청나라 다녀오다.
1778년정조2	대사헌
1779년 이후	함경도·경상도관찰사
1782년정조6	〈송도지松都誌〉와 〈송도잡기松都雜記〉의 두 편을 증보 발간,
1784년정조8	〈동문휘고同文彙考〉 찬집
1985년정조9	〈19사략통고十九史略通攷〉 편집
1790년정조14	선혜청제조, 예조판서, 판중추부사

생애일화

대사헌으로 있을 때, 조정의 청신과 기강확립, 재정절약, 언로 확대, 현관 대우, 인재 양성 등을 건의하여 정조 임금에게 받아들여지고 녹비를 하사받았다.
경상도관찰사로 있을 때에는 그의 선조인 정염鄭磏과 정작鄭碏 등의 유문遺文을 보유補遺하여 간행, 그분들의 행적과 도가적 분위기를 전하였다.

1062대 한성판윤 윤동철(尹東哲) – 1058·1060·1144·1159대 동일인물

한성판윤 재임기간 : ? ~ ? (재직확인:1776년 3월 19일)

1063대 한성판윤 김종정(金鍾正) – 1161대 동일인물

신상내용

생몰연대 1722년경종2 ~ 1787년정조11 – 66세
본관 청풍淸風
자 백강伯剛
호 운계雲溪
시호 청헌淸獻
가족 증조–찬선 간幹, 할아버지–태로泰魯, 아버지–대사간 치후致垕
어머니–완산이씨(군수 이규수李奎壽의 딸)
부인–평산신씨(신경申璟의 딸)

관직경력

한성판윤 재임기간 : ? ~ ? (재직확인:1776년 4월 23일)

조선 후기의 문신

1741년영조17	사마시(진사) 입격, 정릉참봉, 경산현령
1757년영조33	정시문과 급제, 정언, 부교리, 부수찬, 교리
1758년영조34	의성현령
1759년영조35	사서, 어사
1760년 이후	좌부승지, 예조참판, 도승지, 의주부윤, 靑川君 피봉, 동지돈녕부사, 대사헌, 경기도관찰사, 병조참판, 홍문관부제학, 이조참판, 강원도관찰사, 성균관대사성, 형조·이조·예조판서
1777년 정조 즉위이후	판돈녕부사, 한성부판윤, 판의금부사, 형조판서, 좌참찬

생애일화

증조할아버지 김간金幹의 가학家學을 이어 많은 저술을 남겼는데, 저서로는 〈운계집〉·〈사례집요〉·〈문헌집략〉·〈시차詩箚〉·〈예차禮箚〉·〈가범家範〉·〈洛閩狀譜〉 등 여러 책자가 있다.

1064대 한성판윤 구선복(具善復) – 998·1004·1041·1036·1068·1070·1080·1084·1129대 동일인물

한성판윤 재임기간 : 1776년영조52 6월 7일 ~ 1776년영조52 6월 14일

1065대 한성판윤 정상순(鄭尙淳) – 1079·1088·1132·1136·1155대 동일인물

신상내용

생몰연대 1723년경종3 ~ 1786년정조10 – 64세
본관 동래東萊
자 돈부敦夫
가족 증조–참의 재대載岱, 할아버지–도정 욱선勗先, 아버지–참봉 석행錫行
어머니–이징해李徵海의 딸
부인–이진수李眞洙의 딸

관직경력

한성판윤 재임기간 : 1776년영조52 6월 7일 ~ ? (재직확인:1776년 6월 22일)

조선 후기의 문신

1753년영조29	알성문과 급제
1754년영조30	정언, 승지 부교리
1756년영조32	경기도·경상도 암행어사 파견
1763년영조39	통신사 사양–유배(김해)
1765년영조41	이조참의
1766년영조42	대사성, 부제학, 이조참판
1768년영조44	강화부유수
1769년영조45	대사헌, 도승지, 동지의금부사, 이조참판, 동지경연사
1770년영조46	예조참판
1774년영조50	예조·이조판서, 함경도 별시–시관
1776년영조52	영조 승하–빈전도감 제조, 예조판서, 악기도감 제조
1777년정조1	진위 겸 진향정사로 청나라 다녀오다. 한성부판윤
1778년정조2	이조판서
1779년정조3	병조판서
1780년정조4	평안도관찰사
1781년정조5	호조·예조판서
1782년정조6	좌참찬, 예조판서, 판의금부사
1784년정조8	수어사, 이조·공조판서
1785년정조9	한성부판윤

생애일화

1756년 암행어사로 경기도와 영남지역에 파견되어 그곳의 실정을 살피고서, 금도禁屠(밀도살 금지), 결역結役(경저리와 영저리의 급료를 대동 상납)과 수어청 아병(牙兵)의 폐해를 지적하고, 여러 지역 수령들의 공과를 보고하였다.
예조판서 시절에는 외읍에서 시행하는 포제酺祭(해충 방제를 위한 제사)의 격식을 통일하는 데 기여하였다.

1066대 한성판윤 채제공(蔡濟恭) – 1009·1075·1082·1109·1123대 동일인물

한성판윤 재임기간 : ? ~ ? (재직확인:1776년 8월 17일)

1067대 한성판윤 이복원(李福源) – 1072·1087·1089대 동일인물

신상내용

생몰연대	1719년숙종45 ~ 1792년정조16 – 74세
본관	연안延安
자	수지綏之
호	쌍계雙溪
시호	문정文靖
저서	〈천령향함이지락〉
가족	증조–군수 봉조鳳朝, 할아버지–참판 정신正臣, 아버지–이조판서 철보喆輔 어머니–반남박씨(현감 박필순朴弼純의 딸) 부인–윤동원尹東源의 딸, 안수곤安壽坤의 딸
묘	경기도 화성시 비봉면 쌍학리

관직경력

한성판윤 재임기간 : 1776년영조52 9월 6일 ~ 1776년영조52 9월 12일

조선 후기의 문신

1738년영조14 사마시(진사) 입격, 문음–양구현감

1754년영조30	증광문과 급제
1755년영조31	지평, 헌납, 교리, 승지, 대사간, 이조참의, 예조·병조·이조참판, 대사헌
1773년영조49	대제학–현종의 상호上號를 지어 바침
1774년영조50	이조참판, 증광시–시관
1775년영조51	형조판서, 한성부판윤
1777년정조1	찬집청당상(영조의 행장行狀·시장諡狀 찬술), 우참찬, 병조판서
1778년정조2	〈명의록明義錄〉 찬집당상, 형조판서, 규장각제학, 강화유수 좌천(사형수 자살)
1780년정조4	이조판서, 형조판서, 우의정, 좌의정, 판중추부사, 원자보양관, 세자부
1783년정조7	심양문안사
1790년정조14	동지 겸 사은사로 청나라 다녀오다. 기로소 입소

생애일화

문장에 능하였고, 특히 사명詞命에 뛰어나 정조가 신설한 규장각에서 활약하였으며, 1783년에 종부시에서 간행한 〈선원계보기략팔고조도璿源系譜記略八高祖圖〉의 발문을 쓰기도 하였다.
김익金熤과 동시에 재상에 임명되었는데, 두 사람 모두 소박한 선비차림이었고 행실이 독실하였으므로, 당시에 유상儒相이라 불렀다 한다.
저서로는 〈천령향함이지락千齡享含飴之樂〉이 있다.
아버지 喆輔가 한성판윤을, 장남 시수時秀가 영의정을, 차남 만수晩秀가 대제학을 지냈다.

1068대 한성판윤 구선복(具善復) – 998·1004·1041·1036·1064·1070·1080·1084·1129대 동일인물

한성판윤 재임기간 : 1776년영조5 9월 13일 ~ ? (재직확인:1776년 9월 29일)

1069대 한성판윤 구윤옥(具允玉) – 1019대 동일인물

한성판윤 재임기간 : 1776년영조5 10월 3일 ~ ?

1070대 한성판윤 구선복(具善復) – 998·1004·1041·1036·1064·1068·1080·1084·1129대 동일인물

한성판윤 재임기간 : 1776년영조5 10월 15일 ~ ? (재직확인:1776년 11월 20일)

1071대 한성판윤 이경호(李景祜) – 988·991·1015·1013·1035·1052대 동일인물

한성판윤 재임기간 : 1776년영조5 11월 21일 ~ ? (재직확인:1776년 11월 25일)

1072대 한성판윤 이복원(李福源) – 1067·1087·1089대 동일인물

한성판윤 재임기간 : 1776년영조52 12월 20일 ~ 1777년정조1 2월 6일

1073대 한성판윤 장지항(張志恒)

신상내용

생몰연대 1721년경종1 ~ 1778년정조2 – 58세
본관 인동仁同
자 월여月如
가족 증조–하현夏顯, 할아버지–형조판서 붕익鵬翼, 아버지–통제사 泰紹
어머니–이만식李萬植의 딸
부인–조덕구趙德龜의 딸

관직경력

한성판윤 재임기간 : 1777년정조즉위 3월 9일 ~ ?

조선 후기의 무인

무과 급제

1759년영조35	전라좌도수군절도사
1760년 이후	경상우도·황해도병마절도사, 광주부윤, 함경도병마절도사, 용호위대장, 어영대장, 한성부우윤, 총융사
1776년영조52	금위대장
1776년정조즉위	훈련대장, 한성부판윤, 형조판서
1777년정조1	삼도수군통제사, 어영대장
1778년정조2	시파時派의 무고-역모죄로 장살, 복관

생애일화

할아버지 붕익鵬翼이 한성판윤을 지냈다.

1074대 한성판윤 이휘지(李徽之)

신상내용

생몰연대	1715년숙종41 ~ 1785년정조9 - 71세
본관	전주全州
자	미경美卿
호	노포老圃
시호	문헌文憲
가족	증조-도정 후여厚輿, 할아버지-이조판서 민서敏敍, 아버지-좌의정 관명觀命 어머니-안동권씨(권중만權重萬의 딸) 부인-풍천임씨(임숭원任崇元의 딸), 청주한씨(한전韓銓의 딸)
묘	경기도 파주시 교하면 대초동

관직경력

한성판윤 재임기간 : 1777년정조1 3월 22일 ~ ? (재직확인:1777년 2월 6일)

조선 후기의 문신

1741년영조17	사마시(진사) 입격, 음보-목사
1766년영조42	정시문과 급제, 이조참의, 성절사로 청나라 다녀오다. 홍문관대제학
1775년영조51	강화부유수
1779년정조3	규장각제학
1780년정조4	평안도관찰사, 우의정

1781년정조5	실록청 총재관–영조실록 편찬 주관
1782년정조6	판중추부사
1784년정조8	사은 겸 동지사로 청나라 다녀오다. 기로소 입소

생애일화

할아버지 민서敏敍, 아버지 관명觀命 그리고 본인까지 3대가 연속 한성판윤을 지냈다.

1075대 한성판윤 채제공(蔡濟恭) – 1009·1066·1082·1109·1123대 동일인물

한성판윤 재임기간 : ? ~ ? (재직확인:1777년 7월 1일)

1076대 한성판윤 권 도(權導) – 1090·1092·1096·1106·1110대 동일인물

신상내용

생몰연대	1710숙종36 ~ 1791년정조15 – 82세
본관	안동安東
자	도이道以
호	나와羅窩
가족	증조–장령 전佺, 할아버지–집의 양讓, 아버지– 호조판서 업 어머니–윤기尹璣의 딸 부인–동래정씨(대사헌 정형익鄭亨益의 딸), 조영최趙榮最의 딸

관직경력

한성판윤 재임기간 : 1777년정조1 7월 11일 ~ ? (재직확인:1777년 7월 15일)

조선 후기의 문신

1757년영조33	정시문과 급제, 정언, 시독관, 세자책봉사 서장관으로 청나라 다녀오다
1761년영조37	대사간, 승지
1763년영조39	이조참의, 해남현감 출송(왕의 부름에 불응)
1764년영조40	대사간–파직(청 연호 사용하지 말 것을 주장)
1765년영조41	승지–영해군수 출송(임금의 비위에 거슬리는 상소 제지하지 못한 책임)

1766년영조42	이조참의, 대사성
1771년영조47	충청도관찰사
1772년영조48	대사헌
1776년영조52	이조참판, 예문관제학, 관상감제조
1777년정조1	한성부판윤, 경기도관찰사
1778년정조2	공조판서
1779년정조3	예조판서, 우참찬, 병조판서, 좌참찬
1780년정조4	치사 요청–불허
1781년정조5	한성부판윤, 우참찬
1782년정조6	공조판서

생애일화

대사간으로 기용되었을 적에 구양수歐陽脩의 말을 인용하여 "군주는 난언亂言을 항시 들으려 해야 감추어진 사정私情을 없앨 수 있음을 간하고, 또 태묘축책太廟祝册(종묘에 신위 되는 것을 축하하는 글)에 청나라의 연호를 사용하지 말 것"을 주장하여 파직 당하였다.
충청도관찰사로 있을 때에는 순천에서 올라오는 세선稅船이 충청도 연안에 이르러 선원들이 민가를 약탈하자, 조정에 보고하여 이들을 모두 효수에 처하도록 하였다.
조정에서는 자신의 뜻을 소신껏 명확하게 왕에게 진달하고, 행정가로서는 직무를 단호하게 처리하였다.

1077대 한성판윤 정광한(鄭光漢)

신상내용

생몰연대	1720년숙종46 ~ 1780년정조4 – 61세
본관	온양溫陽
자	양보良甫, 초자初字–수부秀夫
가족	증조–승지 인경麟卿, 할아버지–현감 순양純陽, 아버지–형조좌랑 수연壽淵 어머니–여흥민씨(민종로閔宗魯의 딸) 부인–이의집李宜集의 딸
묘	경기도 풍덕군 두릉곡

관직경력

한성판윤 재임기간 : 1777년정조1 8월 19일 ~ ? (재직확인:1777년 8월 27일)

1744년영조20	사마시(생원) 입격
1754년영조30	도과정시道科庭試 급제
1755년영조31	정언, 지평, 교리, 경연시독관, 응교, 승지
1762년영조38	대사간
1764년영조40	도승지, 한성부좌윤, 대사간
1768년영조44	대사헌
1769년영조45	형조참판
1776년정조즉위	경기도관찰사
1777년정조1	형조판서, 비변사제조
1778년정조2	삼절연공행三節年貢行·동지사행冬至使行의 정사로 청나라 다녀오다
1779년정조3	예조판서

생애일화

어려서 부모를 여의었으나 사서四書에 능하여 약관에 이미 문필을 날렸다.
항상 마음이 부드러웠고, 공사를 처리함에 공정하였으므로 죽은 뒤 사람들의 추모를 받았다.

1078대 한성판윤 홍낙성(洪樂性) – 1043·1083·1086·1100·1104

한성판윤 재임기간 : 1777년정조1 9월 6일 ~ ? (재직확인:1777년 9월 11일)

1079대 한성판윤 정상순(鄭尙淳) – 1065·1088·1132·1136·1155대 동일인물

한성판윤 재임기간 : 1777년정조1 9월 14일 ~ ? (재직확인:1778년 2월 20일)

1080대 한성판윤 구선복(具善復) – 998·1004·1041·1036·1064·1070·1068·1084·1129대 동일인물

한성판윤 재임기간 : 1778년정조1 2월 20일 ~ ? (재직확인:1778년 4월 20일)

1081대 한성판윤 김화진(金華鎭) – 1128대 동일인물

신상내용

생몰연대	1728년영조4 ~ 1803년순조3 – 76세
본관	강릉江陵
자	성재聖載
시호	익헌翼憲
가족	증조–제용감봉사 홍주弘柱, 할아버지–좌참찬 시형始炯, 아버지–참판 상적尙迪 어머니–한산이씨(판관 李夏範의 딸) 부인–동래정씨(대사간 정이검鄭履儉의 딸)
묘	경기도 장단군 서도면 육대암

관직경력

한성판윤 재임기간 : 1778년정조2 4월 21일 ~ 1778년정조2 7월 19일

조선 후기의 문신

1755년영조31	정시문과 급제, 검열, 정언, 수찬, 부교리, 교리
1760년영조36	춘천어사濬川御使
1770년영조46	승지, 대사간, 안동부사, 경기도관찰사
1776년영조52	대사헌
1777년정조1	한성부우윤
1778년정조2	예조판서, 호조·병조판서
1781년정조5	평안도관찰사, 호조판서 겸 판의금부사–숭록대부
1782년정조6	형조판서, 우참찬, 예조·호조·형조판서
1783년정조7	도감제조
1784년정조8	형조판서–천주교도 체포(김범우 단양 귀양)
1785년정조9	판의금부사, 원접사, 좌참찬, 함경도관찰사

1796년정조20	호조판서
1797년정조21	동시 겸 사은사에 임명되었으나 병으로 사양, 이조판서, 판중추부사

생애일화

당색은 노론으로 남인의 규탄에 참가했으나 비교적 완론緩論에 속하였다.
천주교 탄압의 시작으로 김범우金範禹의 집에 모인 천주교도들을 체포하였으나, 대부분 양반의 자제들이라 타일러 보내고 김범우만 단양으로 귀양을 보냈다.

1082대 한성판윤 채제공(蔡濟恭) – 1009·1066·1075·1109·1123대 동일인물

한성판윤 재임기간 : 1778년정조2 7월 19일 ~ ? (재직확인:1779년 1월 29일)

1083대 한성판윤 홍낙성(洪樂性) – 1043·1078·1086·1100·1104

한성판윤 재임기간 : 1779년정조3 2월 8일 ~ ? (재직확인:1779년 2월 17일)

1084대 한성판윤 구선복(具善復) – 998·1004·1041·1036·1064·1070·1068·1080·1129대 동일인물

한성판윤 재임기간 : 1779년정조3 3월 15일 ~ ? (재직확인:1779년 11월 4일)

1085대 한성판윤 이연상(李衍祥) – 1099대 동일인물

신상내용

생몰연대	1719년숙종45 ~ 1782년정조6 – 64세
본관	전주全州
자	천여天汝

가족　증조-이조판서 민서敏敍, 할아버지-좌의정 건명健命, 아버지-증이참 술지述之
어머니-경주김씨(영의정 김흥경金興慶의 딸), 족숙 성지性之에게 양자 감.
부인-해평윤씨(윤태동尹泰東의 딸)
묘　경기도 가평군 구정리

관직경력

한성판윤 재임기간 : 1779년정조3 11월 4일 ~ ? (재직확인:1779년 11월 12일)

조선 후기의 문신

1759년영조35	사마시(생원) 입격
1770년영조46	반감시頒柑試 장원급제
1771년영조47	신령현감, 식년시문과 직부直赴
1772년영조48	정언
1776년영조52	승지
1776년정조즉위	경상도관찰사
1778년정조2	대사헌-벽파의 영수 김구주金龜柱를 정조시해음모 조종자로 탄핵, 대사성
1779년정조3	한성부판윤
1780년정조4	병조·이조판서-사양

생애일화

전서篆書에 능하여 진종비眞宗妃의 옥책문 서사관으로 뽑혔다.
성품이 절개가 있고 깨끗하며 청빈하여 가난하게 살았고, 벼슬을 즐겨하지 않아 정조의 존경을 받았다.

1086대 한성판윤 홍낙성(洪樂性) – 1043·1078·1083·1100·1104

한성판윤 재임기간 : 1779년정조3 11월 23일 ~ ?

1087대 한성판윤 이복원(李福源) – 1067·1072·1089대 동일인물

한성판윤 재임기간 : 1779년정조3 12월 2일 ~ ? (재직확인:1779년 12월 4일)

1088대 한성판윤 정상순(鄭尙淳) – 1065·1079·1132·1136·1155대 동일인물

한성판윤 재임기간 : ? ~ ? (재직확인:1779년 12월 24일)

1089대 한성판윤 이복원(李福源) – 1067·1072·1087대 동일인물

한성판윤 재임기간 : ? ~ ? (재직확인:1779년 12월 27일)

1090대 한성판윤 권도(權導) – 1076·1092·1096·1106·1110대 동일인물

한성판윤 재임기간 : 1780년정조4 1월 3일 ~ ? (재직확인:1780년 1월 9일)

1091대 한성판윤 김종수(金鍾秀) – 1103·1122·1152·1192대 동일인물

신상내용

생몰연대	1728년영조4 ~ 1799년정조23 – 72세
본관	청풍淸風
자	정부定夫·중녕仲寧
호	진솔眞率·몽촌夢村·몽오夢梧
시호	문충文忠
저서	〈몽오집〉
가족	증조–우의정 구構, 할아버지–참판 희로希魯, 아버지–시직 치만致萬 어머니–풍산홍씨(참판 홍석보洪錫輔의 딸) 부인–해평윤씨(교리 윤득경尹得敬의 딸)

관직경력

한성판윤 재임기간 : 1780년정조4 1월 15일 ~ ? (재직확인:1780년 2월 9일)

조선 후기의 문신

1750년영조26	사마시(생원·진사) 양과입격, 세자익위사세마
1768년영조44	군수, 식년문과 급제, 이조정랑, 홍문관부수찬, 세자시강원필선
1772년영조48	청명류淸名流 정치적 결사 탄로–유배(경상도 기장)
1776년영조52	영조 승하–행장찬집 당상
1777년정조1	승지, 경기도관찰사, 평안도관찰사, 규장각제학
1780년정조4	한성부판윤
1781년정조5	대제학, 이조·병조판서
1789년정조13	우의정
1792년정조16	영남만인소嶺南萬人疏 상소문 파문 수습
1793년정조17	좌의정
1794년정조18	채제공(남인)과의 탕평화해 거부–유배(평해), 치사致仕, 봉조하
1801년순조1	정조의 치적 파괴 공작–관직 추탈–회복

생애일화

어려서부터 경술經術로써 일세를 풍미하였으며, 당대의 수재들인 임성주任聖周 · 김상묵金尙默 · 윤시동尹蓍東 등과 교유하였다.
정조의 왕세손 시절에 시강원 필선으로 성실히 보좌하였고, 이때 외척의 정치 간여를 배제해야한다는 의리론이 정조에게 깊은 감명을 주어 지극한 신임을 받았다.
〈문신강제절목文臣講製節目〉을 찬진하였고, 저서로는 〈몽오집夢梧集〉이 있다.

1092대 한성판윤 권도(權導) – 1076·1090·1096·1106·1110대 동일인물

한성판윤 재임기간 : 1780년정조4 2월 13일 ~ ?

1093대 한성판윤 홍낙명(洪樂命) – 1105대 동일인물

신상내용

생몰연대 1722년경종2 ~ 1784년정조8 – 63세

본관	풍산豊山
자	자순子順
호	신재新齋·일신재日新齋
시호	문청文淸
저서	〈신재문집〉 외
가족	증조–첨정 중기重箕, 할아버지–판서 석보錫輔, 아버지–예조판서 상한象漢 어머니–함종어씨(찬선 어유봉魚有鳳의 딸) 부인–이흡李潝의 딸, 전주이씨(이대형李大亨의 딸)
묘	경기도 장단군 공덕리 응봉

관직경력

한성판윤 재임기간 : 1780년정조4 2월 15일 ~ ?

조선 후기의 문신

1741년영조17	사마시(진사) 입격
1754년영조31	증광문과 급제
1757년영조34	정언, 사서
1762년영조39	강동현령
1763년영조40	부응교, 필선, 응교, 교리
1764년영조41	부제학
1765년영조42	참의, 참판
1766년영조43	대사성
1768년영조44	승지, 이조참의
1773년영조49	대사헌
1776년영조52	강화유수, 홍문관부제학
1778년정조2	형조판서
1779년정조3	병조판서
1780년정조4	한성부판윤, 의정부우참찬

생애일화

외할아버지 어유봉魚有鳳으로부터 수학했으며, 경서經書에 밝고 특히 〈소학〉을 좋아했다.
저서로는 〈신재문집〉 6권과 〈소학초록〉·〈경술편〉·〈유은편〉 등이 있다.
아버지 상한象漢과 형 낙성樂性과 본인을 합쳐 3부자 한성판윤 집안으로 유명하다.

1094대 한성판윤 조중회(趙重晦) – 1038·1053대 동일인물

한성판윤 재임기간 : 1780년정조4 2월 15일 ~ ? (재직확인:1780년 2월 1일)

1095대 한성판윤 윤동섬(尹東暹) – 1055대 동일인물

한성판윤 재임기간 : 1780년정조4 3월 13일 ~ ?

1096대 한성판윤 권도(權導) – 1076·1090·1092·1106·1110대 동일인물

한성판윤 재임기간 : 1780년정조4 3월 17일 ~ ? (재직확인:1780년 3월 20일)

1097대 한성판윤 김익(金熤) – 1107·1113·1125대 동일인물

신상내용

생몰연대 1723년경종3 ~ 1790년정조14 – 68세
본관 연안延安
자 광중光仲
호 죽하竹下·약현藥峴
시호 문정文貞
가족 증조–군수 홍석弘錫, 할아버지–현감 호澔, 아버지–판서 상석相奭
어머니–정랑 임경任敬의 딸
부인–부사 윤심재尹心宰의 딸
아들–재찬載瓚(영의정)
묘 경기도 고양시 덕양구 덕은동 대덕산

관직경력

한성판윤 재임기간 : 1780년정조4 3월 20일 ~ ? (재직확인:1780년 4월 20일)

조선 후기의 문신

1750년영조26	시마시(생원) 입격
1763년영조39	증광문과 급제, 홍문관 등용, 왕의 인원왕후 불공佛供 반대-유배(갑산)
1769년영조45	응교, 세자시강원 겸필선
1778년정조2	대사헌
1782년정조6	강화유수
1783년정조7	원자보양관
1784년정조8	우의정, 진주 겸 주청사의 정사로 청나라 다녀오다
1789년정조13	영의정

생애일화

인목대비의 친정아버지인 김제남金悌男의 5대손으로 아버지 상석相奭이 한성판윤을 지냈고, 아들 재찬載瓚이 순조 때 영의정을 지냈다.

1098대 한성판윤 유언호(俞彦鎬) – 1102·1170대 동일인물

신상내용

생몰연대	1730년영조6 ~ 1796년정조20 – 67세
본관	기계杞溪
자	사경士京
호	칙지헌則止軒
시호	충문忠文
배향	정조 묘정
가족	증조-대사헌 철徹, 할아버지-목사 명건命健, 아버지-참판 직기直基
	어머니-경주김씨(판서 金有慶의 딸)
	부인-여흥민씨(대사헌 閔遇洙의 딸)
	친척-유최기俞最基(백부·한성판윤), 유척기俞拓基(당숙·영의정)

관직경력

한성판윤 재임기간 : ? ~ ? (재직확인:1780년 5월 14일)

조선 후기의 문신

1761년영조37	정시문과 급제

1762년영조38	한림 회권에 선발, 사간원 및 홍문관 직책 역임
1771년영조47	영조가 산림세력을 당론의 온상이라고 공격하자 이에 항의–유배(남해)
1772년영조48	청명류淸名流사건(홍봉한洪鳳漢 중심의 척신정치 배격) 연루–유배(흑산도)
1776년정조즉위	명의록 편찬
1777년정조1	이조참의, 개성유수, 규장각직제학, 평안도관찰사
1787년정조11	우의정
1788년정조12	희빈장씨 옹호자 조덕린趙德鱗 복관 반대–유배(제주도 대정현)
1795년정조19	좌의정

생애일화

정조의 왕세손 시절에 춘궁관春宮官으로서 왕세손을 성심껏 보호함으로써 정조 즉위 후 지극한 예우를 받았으며, 정조의 청의와 의리를 우선하여 조제하는 탕평책을 옹호하였다.
어려서부터 문학으로 이름이 있었으며, 외유내강의 인물로서 평가되고 있다.
저서로는 〈칙지헌집則止軒集〉이 있다.
백부 최기最基와 당숙 척기拓基가 한성판윤을 지냈다.

1099대 한성판윤 이연상(李衍祥) – 1085대 동일인물

한성판윤 재임기간 : 1780년정조4 6월 14일 ~ 1780년정조4 6월 16일

1100대 한성판윤 홍낙성(洪樂性) – 1043·1078·1086·1083·1104

한성판윤 재임기간 : ? ~ 1780년정조4 7월 4일

1101대 한성판윤 이성원(李性源)

신상내용

생몰연대 1725년영조1 ~ 1790년정조14 – 66세
본관 연안延安

자	선지善之
호	호은湖隱
시호	문숙文肅
가족	증조-군수 봉조鳳朝, 할아버지-참판 정신正臣, 아버지-정릉참봉 득보得輔 어머니-유진호柳震虎의 딸, 공조판서 길보吉輔에게 양자 갔다. 부인-신호申濩의 딸

관직경력

한성판윤 재임기간 : 1780년정조4 7월 4일 ~ ? (재직확인:1780년 7월 22일)

조선 후기의 문신

1754년영조30	사마시(생원) 입격, 음사蔭仕로 의금부도사, 현령
1763년영조39	증광문과 급제
1766년영조42	사과司果, 문신중시 장원급제
1767년영조43	병조좌랑, 홍문관교리
1778년정조2	경상도관찰사
1780년정조4	선혜청제조
1781년정조5	병조판서, 평안도관찰사
1786년정조10	규장각직제학, 개성부유수
1788년정조12	우의정, 좌의정
1789년정조13	동지 겸 사은사로 청나라 다녀오다

생애일화

좌의정을 지낸 한문학의 대가 월사月沙 이정구李廷龜의 후손으로, 3세 때 고아가 되어 숙부 길보吉輔가 데려다 키워 양자를 삼았다.
중부仲父 철보喆輔가 한성판윤을 지냈으며, 사촌형 복원福源도 한성판윤을 지냈다.

1102대 한성판윤 유언호(俞彦鎬) – 1098·1170대 동일인물

한성판윤 재임기간 : 1780년정조4 7월 27일 ~ ? (재직확인:1780년 9월 25일)

1103대 한성판윤 김종수(金鍾秀) – 1091·1122·1152·1192대 동일인물

한성판윤 재임기간 : 1780년정조4 9월 25일 ~ 1780년정조4 9월 26일

1104대 한성판윤 홍낙성(洪樂性) – 1043·1078·1086·1083·1100

한성판윤 재임기간 : 1780년정조4 9월 26일 ~ ? (재직확인:1780년 10월 25일)

1105대 한성판윤 홍낙명(洪樂命) – 1093대 동일인물

한성판윤 재임기간 : 1780년정조4 11월 5일 ~ 1780년정조4 11월 14일

1106대 한성판윤 권도(權導) – 1076·1090·1092·1096·1110대 동일인물

한성판윤 재임기간 : 1780년정조4 11월 14일 ~ 1780년정조4 12월 10일

1107대 한성판윤 김익(金熤) – 1097·1113·1125대 동일인물

한성판윤 재임기간 : 1780년정조4 12월 11일 ~ 1780년정조4 12월 25일

1108대 한성판윤 이명식(李命植) – 1114·1127·1131·1140대 동일인물

신상내용

생몰연대 1720년숙종46 ~ 1800년정조24 – 81세
본관 연안延安
자 건중楗仲
호 목애木厓

시호　　문정文貞
가족　　증조–서령 준, 할아버지–직장 겸저謙著, 아버지–군수 정淨
　　　　어머니–심익성沈益成의 딸
　　　　부인–심득현沈得賢의 딸

관직경력

한성판윤 재임기간 : 1780년정조4 12월 25일 ~ ? (재직확인:1781년 2월 5일)

조선 후기의 문신

1747년영조23	사마시 입격
1751년영조27	정시문과 급제
1753년영조29	검열
1757년영조33	고부사의 서장관으로 청나라 다녀오다. 문학, 문과중시 급제
1758년영조34	어사–안필安弼의 옥사 조사
1763년영조39	홍문관부교리·교리, 사헌부집의
1764년영조40	선교관, 교리, 승지
1765년영조41	대사간
1767년영조43	수원부사–파직(마병馬兵관리 부실)
1769년영조45	승지, 대사성, 이조참의, 대사간
1771년영조47	경상도관찰사
1772년영조48	승지, 이조참의, 대사간
1777년정조1	대사헌, 동지 겸 사은부사로 청나라 다녀오다
1778년정조2	공충도관찰사
1779년정조3	경기도관찰사, 대사성
1780년정조4	함경도관찰사, 호조참판, 한성부판윤, 공조판서, 동지경연사, 실록청당상, 홍문관제학, 형조판서, 의금부사, 예조·이조·병조판서, 좌참찬
1783년정조7	병조판서, 한성부판윤
1784년정조8	함경도관찰사, 판의금부사, 공조·이조·형조판서, 비변사당상, 우·좌참찬, 개성유수, 병조·예조판서, 가례도감제조
1788년정조12	평안도관찰사, 이조판서
1789년정조13	지중추부사, 판의금부사, 예문관제학
1793년정조17	수원부유수–공도회公都會(지방 유생들의 소과 초시) 개정
1794년정조18	병조판서, 판중추부사, 선혜청당상
1797년정조21	판돈녕부사, 봉조하

생애일화

다채로운 관직 경력의 그가 졸하자, 임금이 조문과 제사를 관례에 따라 거행하도록 전교했다.

1109대 한성판윤 채제공(蔡濟恭) – 1009·1066·1075·1082·1123대 동일인물

한성판윤 재임기간 : 1781년정조5 2월 12일 ~ 1781년정조5 2월 19일

1110대 한성판윤 권도(權導) – 1076·1090·1092·1096·1106대 동일인물

한성판윤 재임기간 : 1781년정조5 2월 19일 ~ 1781년정조5 4월 24일

1111대 한성판윤 한광회(韓光會) – 993·1021·1026·1028·1033· 1054대 동일인물

한성판윤 재임기간 : 1781년정조5 4월 24일 ~ ?

1112대 한성판윤 김노진金魯鎭 – 1142대 동일인물

신상내용

생몰연대	1735년영조11 ~ 1788년정조12 – 54세
본관	강릉江陵
자	성첨聖瞻
저서	〈강화부지江華府誌〉
가족	증조–봉사 홍주弘柱, 할아버지–예조판서 시환始煥, 아버지–이조판서 상성尙星 어머니–전주이씨(참봉 이태제李泰躋의 딸), 백부 상규尙圭에게 양자 감. 부인–전주이씨(부솔 이정섭李廷燮의 딸)

관직경력

한성판윤 재임기간 : 1781년정조5 5월 3일 ~ ? (재직확인:1781년 윤5월 8일)

조선 후기의 문신

1757년영조33	정시문과 급제, 수찬
1761년영조37	수찬-파직(경현당景賢堂의 〈대학〉 강의 불참)
1763년영조39	부교리, 집의, 응교, 승지
1766년영조42	문과중시 급제
1767년영조43	대사간, 대사헌
1781년정조5	형조판서, 〈추관지秋官志〉 편찬, 〈국조보감〉 찬집당상
1784년정조8	중국사신 반송사伴送使, 이조판서

생애일화

형조판서로 있을 때, 형조의 관장사무 · 판결 및 처형에 관한 절차의 관리를 통일적으로 체계화하기 위하여 낭관 박일원朴一源에게 위촉하여 〈추관지秋官誌〉를 편찬케 하였다.

1113대 한성판윤 김익(金熤) – 1097·1107·1125대 동일인물

한성판윤 재임기간 : 1781년정조5 윤5월 23일 ~ ? (재직확인:1781년 8월 13일)

1114대 한성판윤 이명식(李命植) – 1108·1118·1127·1131·1140대 동일인물

한성판윤 재임기간 : ? ~ ? (재직확인:1781년 8월 20일)

1115대 한성판윤 서호수(徐浩修) – 1134·1154·1158·1211대 동일인물

신상내용

생몰연대	1736년영조12 ~ 1799년정조23 – 64세
본관	달성達城
자	양직養直

호	학산鶴山
시호	정헌靖憲
저서	〈연행기燕行記〉
가족	증조-우참찬 문유文裕, 할아버지-호조판서 종옥宗玉, 판중추부사 명응命膺 어머니-전주이씨(부솔 이정섭李廷燮의 딸) 부인-이이장李彝章의 딸
묘	경기도 장단군 금릉리

관직경력

한성판윤 재임기간 : 1781년정조5 10월 16일 ~ ? (재직확인:1781년 11월 11일)

조선 후기의 문신

1756년영조32	사마시(생원) 입격
1764년영조44	칠석제七夕製 장원, 식년문과 장원급제, 사헌부지평
1766년영조46	홍문관교리
1770년영조50	홍봉한과 함께 〈동국문헌비고〉 편찬 참여
1776년정조즉위	도승지, 진하 겸 사은부사로 청나라 다녀오다
1777년정조1	대사성, 대사헌, 규장각직제학-〈어정송사전御定宋史筌〉 교열
1781년정조5	〈규장총목奎章總目〉 편찬, 〈어정춘저록御定春邸錄〉 간행, 한성부판윤
1790년정조14	건륭제 만수절(팔순) 진하겸 사은부사로 청나라 다녀오다.
1791년정조15	관상감제조, 이조판서

생애일화

당대 문화사업의 핵심기관이었던 규장각의 원임직제학으로 각종 편찬사업에 중추적 역할을 다하였다.

더욱이 두 차례의 연행燕行을 통하여 서적수입 등 청나라 문화의 도입이라는 정조의 내밀한 임무 부여를 충실히 수행하였다. 특히 2차 연행 때에 쓴 〈연행기〉에 의하면, 〈십삼경주소十三經奏疏〉·〈대청회전大淸會典〉 등 중요한 여러 서책을 구매하였다는 기록이 있다.

1116대 한성판윤 정호인(鄭好仁) – 1130·1196·1230·1232대 동일인물

신상내용

생몰연대 1728년영조4 ~ 1799년정조3 – 72세

본관	영일迎日
자	중효仲孝
가족	증조-인평위(중종 부마) 제현齊賢, 조부 태일台一, 아버지-정릉참봉 지식志式 어머니-송징규宋徵奎의 딸 부인-이덕빈李德彬의 딸
묘	경기도 고양시 덕양구 대자리

관직경력

한성판윤 재임기간 : 1781년정조5 11월 16일 ~ ? (재직확인:1781년 12월 15일)

조선 후기의 문신

1765년영조41	사마시(생원) 입격
1766년영조42	정시문과 급제
1767년영조43	검열
1770년영조46	정언-유배(패초 위반-갑산)
1771년영조47	부수찬, 헌납, 승지, 대사간
1777년정조1	동지 겸 사은부사로 청나라 다녀오다. 공조판서, 비변사제조, 대사헌
1778년정조2	형조·공조판서, 경기도관찰사, 개성부유수
1781년정조5	한성부판윤
1782년정조6	병조·형조·예조판서, 지의금부사, 지경연사, 대사헌, 강화유수, 판의금부사

생애일화

한성판윤을 5회, 그 외 형조·병조 등 판서직도 수차례씩 거듭 제수되었으며 마지막으로 의정부참찬에서 벼슬길을 마감했다.

1117대 한성판윤 정창성(鄭昌聖) – 1120·1124·1126·1147·1157·1183대

동일인물

신상내용

생몰연대	1724년경종4 ~ 1790년정조14 – 67세
본관	온양溫陽
자	희천希天

시호 정간靖簡
가족 증조–현감 순양純陽, 할아버지–진천현감 수연壽淵, 아버지–지평 광은光殷
어머니–김신경金愼慶이 딸
형제–昌順(아우, 한성판윤·판중추부사)
부인–이하일李夏一의 딸

관직경력

한성판윤 재임기간 : 1781년정조5 12월 20일 ~ ? (재직확인:1782년 7월 15일)

조선 후기의 문신

1751년영조27	정시문과 급제, 검열
1753년영조29	정언, 지평, 문학, 호남·평안도어사, 교리, 헌납, 수찬, 부응교, 집의, 사간
1768년영조44	승지, 형조참판, 대사간, 대사헌
1777년정조즉위	한성부좌윤·판윤, 예조참판, 경기도관찰사, 대사헌, 개성유수, 판의금부사, 병조·형조·예조판서, 의정부우·좌참찬, 평안도관찰사
1781년정조5	〈열조보감列祖寶鑑〉 찬집당상, 〈일성록日省錄〉 교정, 〈국조보감〉 감인당상
1785년정조9	〈궁원의宮園儀〉 편교당상, 〈갱장록羹墻錄〉 속편 편찬 참여
1790년정조14	평안도관찰사–파직(진휼 정무 소홀), 유배(칙사대접비 유용)

생애일화

교리로 있을 때, 어버이의 병환을 이유로 경출徑出(숙직 중 교대할 사람과 교대하기 전에 물러나감)한 것으로 보아 효성이 지극했던 것으로 보인다.
말년에 아쉬운 점은, 평안도관찰사 재직 시에 아랫사람들이 칙사 대접비 10만 냥을 유용하여 그 책임을 물어 운산·삭주 등으로 유배되었다가 졸하였다.

1118대 한성판윤 이명식(李命植) – 1108·1114·1127·1131·1140대 동일인물

한성판윤 재임기간 : 1782년정조6 7월 21일 ~ ? (재직확인:1782년 8월 2일)

1119대 한성판윤 서유린(徐有隣) – 1121·1137·1145대 동일인물

신상내용

생몰연대	1738년영조14 ~ 1802년순조2 – 65세
본관	달성達城
자	원덕元德
호	영호潁湖
시호	문헌文獻
가족	증조–감역 종신宗愼, 할아버지–대사헌 명구明九, 아버지–교리 효수孝修 어머니–이언신李彦臣의 딸 부인–송재희宋載禧의 딸
묘	경기도 안성시 보개면 곡천리

관직경력

한성판윤 재임기간 : 1782년정조6 8월 7일 ~ ?

조선 후기의 문신

1765년영조41	사마시(생원) 입격
1766년영조42	정시문과 장원급제
1767년영조43	정언
1772년영조48	승지
1773년영조49	대사헌
1780년정조4	전라도관찰사
1782년정조6	한성부판윤
1784년정조8	병조판서
1786년정조10	좌참찬
1788년정조12	공시당상
1792년정조14	판의금부사, 한성부판윤, 수원부사
1800년정조24	영남만인소–유배(경흥)

생애일화

병조판서에 재직하면서 군직개편을 통해 무인들의 사기진작을 위해 주력하였다.
공시당상貢市堂上을 맡았을 때는 국경지역의 무역을 관장하면서, 임진왜란 때 승병을 일으켜 크게 공헌을 한 서산대사西山大師의 충절을 기리기 위해 사당을 새로이 건축하였다.

또한, 사육신 가운데 한 사람인 유응부俞應孚의 묘비를 잘 관리하도록 경제적 뒷받침을 하였다.

1120대 한성판윤 정창성(鄭昌聖) – 1117·1124·1126·1147·1157·1183대 동일인물

한성판윤 재임기간 : ? ~ ? (재직확인:1782년 8월 10일)

1121대 한성판윤 서유린(徐有隣) – 1119·1137·1145대 동일인물

한성판윤 재임기간 : ? ~ ? (재직확인:1782년 8월 17일)

1122대 한성판윤 김종수(金鍾秀) – 1091·1103·1152·1192대 동일인물

한성판윤 재임기간 : 1782년정조6 10월 5일 ~ ? (재직확인:1782년 10월 14일)

1123대 한성판윤 채제공(蔡濟恭) – 1009·1066·1075·1082·1109대 동일인물

한성판윤 재임기간 : 1782년정조6 10월 15일 ~ ? (재직확인:1782년 10월 23일)

1124대 한성판윤 정창성(鄭昌聖) – 1117·1120·1126·1147·1157·1183대 동일인물

한성판윤 재임기간 : 1782년정조6 10월 25일 ~ ? (재직확인:1782년 11월 25일)

1125대 한성판윤 김익(金熤) – 1097·1107·1113대 동일인물

한성판윤 재임기간 : ? ~ ? (재직확인:1782년 11월 26일)

1126대 한성판윤 정창성(鄭昌聖) – 1117·1120·1124·1147·1157· 1183대 동일인물

한성판윤 재임기간 : ? ~ ? (재직확인:1782년 11월 28일)

1127대 한성판윤 이명식(李命植) – 1108·1114·1118·1131·1140대 동일인물

한성판윤 재임기간 : 1783년정조7 3월 26일 ~ ? (재직확인:1783년 3월 28일)

1128대 한성판윤 김화진(金華鎭) – 1081대 동일인물

한성판윤 재임기간 : 1783년정조7 4월 3일 ~ ?

1129대 한성판윤 구선복(具善復) – 998·1004·1041·1036·1064·1070·1068·1080·1084대 동일인물

한성판윤 재임기간 : 1783년정조7 4월 12일 ~ ? (재직확인:1783년 6월 20일)

1130대 한성판윤 정호인(鄭好仁) – 1116·1196·1230·1232대 동일인물

한성판윤 재임기간 : 1783년정조7 6월 22일 ~ ? (재직확인:1783년 6월 25일)

1131대 한성판윤 이명식(李命植) – 1108·1114·1118·1127·1140대 동일인물

한성판윤 재임기간 : 1783년정조7 7월 5일 ~ ? (재직확인:1783년 7월 7일)

1132대 한성판윤 정상순(鄭尙淳) – 1065·1079·1188·1136·1155대 동일인물

한성판윤 재임기간 : 1783년정조7 7월 13일 ~ ? (재직확인:1783년 7월 15일)

1133대 한성판윤 엄숙(嚴璹) – 1139대 동일인물

신상내용

생몰연대 1716년숙종42 ~ 1786년정조10 – 71세
본관 영월
초명 린璘
자 유문孺文
호 오서梧西·생계生溪
시호 숙헌肅憲
저서 〈연행록燕行錄〉
가족 증조–감찰 성구聖耉, 할아버지–예조판서 집緝, 아버지–수찬 경수慶遂
어머니–안열安悅의 딸
부인–조택경趙宅慶의 딸

관직경력

한성판윤 재임기간 : 1783년정조7 7월 27일 ~ ? (재직확인:1783년 8월 5일)

조선 후기의 문신

1753년영조29 사마시(생원) 입격
1757년영조33 정시문과 급제, 교리, 승지

1771년영조47	형조참판, 대사간
1772년영조48	대사헌
1773년영조49	동지부사로 청나라에 다녀오다. 기로소 입소

생애일화

그는 평소와 달리 성격이 단호한 면이 있어 상주上奏할 때에는 상하의 관원들이 모두 경청하였다.
일찍이 그가 한원翰院에서 봉직하고 있을 때, 대신 김상로金尙魯가 체통에 어긋나는 행동을 취하자 신랄하게 규탄함으로써 시정하도록 하였다.
대사헌으로 재직할 때, 그는 부당하게 업무처리를 하여 관원으로서의 위신을 추락시킨 이득화李得華와 신회申晦 등을 파직하도록 한 일도 있다.

1134대 한성판윤 서호수(徐浩修) – 1115·1154·1158·1211대 동일인물

한성판윤 재임기간 : 1783년정조7 8월 21일 ~ ? (재직확인:1783년 8월 27일)

1135대 한성판윤 강세황(姜世晃) – 1135대 동일인물

한성판윤 재임기간 : 1783년정조7 9월 1일 ~ 1783년 9월 4일

1136대 한성판윤 정상순(鄭尙淳) – 1065·1079·1188·1132·1155대 동일인물

한성판윤 재임기간 : 1783년정조7 9월 4일 ~ ? (재직확인:1783년 9월 10일)

1137대 한성판윤 서유린(徐有隣) – 1119·1121·1145대 동일인물

한성판윤 재임기간 : 1783년정조7 9월 11일 ~ ? (재직확인:1783년 9월 15일)

1138대 한성판윤 이재간(李在簡) – 1153대 동일인물

신상내용

생몰연대 1733년영조9 ~ 1789년정조13 – 57세
본관 용인龍仁
자 여담汝聃
가족 증조–현감 의진宜振, 할아버지–공조판서 보혁普赫, 아버지–이조판서 중호重祜
어머니–조적명趙迪命의 딸
부인–조낙근趙樂謹의 딸, 윤인철尹寅喆의 딸
묘 경기도 이천시 장호원읍 송산리 필현

관직경력

한성판윤 재임기간 : 1783년정조7 9월 18일 ~ ?

조선 후기의 문신

1756년영조32	사마시(생원·진사) 양과 입격
1759년영조35	별시문과 급제, 문한관으로 경연에 참여
1761년영조37	충청도 암행어사–파직(충원현감의 불법을 규제 못함)
1762년영조38	수찬, 사서, 교리–유배(갑산, 옥당 관원들에 대한 왕의 노여움)
1763년영조39	교리, 헌납, 부수찬, 사간, 응교, 필선
1768년영조44	승지
1771년영조47	황해도관찰사
1773년영조49	승지, 대사성, 이조참의
1776년영조52	이조참의–면직(전주銓注의 불공정, 홍문관 탄핵)
1776년정조즉위	이조참의, 대사성, 이조참판
1778년정조2	경상도관찰사
1783년정조7	동지경연사, 한성부판윤, 비변사제조, 우참찬
1785년정조9	이조·형조·예조판서, 대사헌
1788년정조12	판의금부사
1789년정조13	유배(진도)–처형(반역죄·흉언兇言사건 관련)

생애일화

할아버지 보혁普赫과 큰아버지 경호景祜가 한성판윤을 지냈다.

1139대 한성판윤 엄숙(嚴璹) – 1133대 동일인물

한성판윤 재임기간 : 1783년정조7 9월 22일 ~ ?

1140대 한성판윤 이명식(李命植) – 1108·1114·1118·1127·1131대 동일인물

한성판윤 재임기간 : 1783년정조7 9월 24일 ~ 1783년정조7 9월 24일

1141대 한성판윤 김이소(金履素) – 1146·1150·1225대 동일인물

신상내용

생몰연대	1735년영조11 ~ 1798년정조22 – 64세
본관	안동安東
자	백안伯安·유안儒安
호	용암庸菴
시호	익헌翼憲
가족	증조–영의정 창집昌集, 할아버지–참판 제겸濟謙, 아버지–부사 단행坦行 어머니–청주한씨(한백증韓百增의 딸) 부인–풍천임씨(임시팔任時八의 딸)
묘	경기도 여주군 소개곡

관직경력

한성판윤 재임기간 : 1783년정조7 9월 25일 ~ ? (재직확인:1784년 4월 22일)

조선 후기의 문신

1764년영조40	충량忠良정시문과 급제
1770년영조46	홍문관교리, 헌납
1776년영조52	대사헌, 강원도관찰사–파면(흉년 곡식 수송 잘못)
1778년정조2	승지, 도승지, 홍문관부제학, 성균관대사성
1780년정조4	사헌부대사헌–홍국영洪國榮의 관작 삭탈 주청
1781년정조5	〈영조실록〉 편찬청 교수당상

1782년정조6	이조참판, 동지경연사, 비변사도제조
1783년정조7	한성부판윤, 예조판서–파면(채제공蔡濟恭 탄핵), 책봉부사로 청 왕래
1784년정조8	세자 좌부빈객, 형조·병조판서, 선혜청도제조, 평안도관찰사
1788년정조12	호조판서
1791년정조15	동지사로 청나라 다녀오다. 우의정
1793년정조17	사옹원도제조, 좌의정, 진하사 정사로 청나라 다녀오다
1794년정조18	영돈녕부사
1796년정조20	사역원도제조, 동지 겸 사은사로 청나라 다녀오다

생애일화

그는 지조가 있어 옳은 일은 끝까지 추진하여 정조의 신임이 두터웠다. 외교에 뛰어나 청나라에 다섯 번이나 다녀왔고, 문학과 재주가 비상하였으나 잘 드러내지 않았다.
노론 4대신의 한 사람으로 영의정을 지낸 증조부 김창집金昌集이 한성판윤을 지냈다.

1142대 한성판윤 김노진金魯鎭 – 1112대 동일인물

한성판윤 재임기간 : 1784년정조8 5월 25일 ~ ? (재직확인:1784년 6월 20일)

1143대 한성판윤 정창순(鄭昌順) – 1061·1168대 동일인물

한성판윤 재임기간 : 1784년정조8 6월 22일 ~ ?

1144대 한성판윤 윤동절(尹東哲) – 1058·1060·1062·1159대 동일인물

한성판윤 재임기간 : 1784년정조8 6월 23일 ~ ? (재직확인:1784년 9월 18일)

1145대 한성판윤 서유린(徐有隣) – 1119·1121·1137대 동일인물

한성판윤 재임기간 : 1784년정조8 10월 8일 ~ 1784정조8 10월 15일

1146대 한성판윤 김이소(金履素) – 1141·1150·1225대 동일인물

한성판윤 재임기간 : 1784년정조8 10월 15일 ~ ? (재직확인:1784년 10월 15일)

1147대 한성판윤 정창성(鄭昌聖) – 1117·1120·1124·1126·1157·1183대 동일인물

한성판윤 재임기간 : 1785년정조9 1월 12일 ~ 1785정조9 1월 18일

1148대 한성판윤 조 준(趙㻐)

신상내용

생몰연대	1727년영조3 ~ 1787년정조11 – 61세
본관	풍양豊壤
개명	경瓛
자	경서景瑞
호	하서荷棲
시호	충정忠定
저서	〈하서집〉
가족	증조–군수 중운仲耘, 할아버지–도정 도보道輔, 아버지–목사 상기尙紀 어머니–장흥임씨(부사 임최任最의 딸) 부인–연안이씨(영의정 이천보李天輔의 딸)
묘	경기도 장단군 방목리 이화동

관직경력

한성판윤 재임기간 : 1785년정조9 1월 18일 ~ ? (재직확인:1785년 1월 30일)

조선 후기의 문신

1763년영조39	증광문과 급제
1767년영조43	교리–남관왕묘 배알, 부수찬, 헌납, 부교리
1769년영조45	필선, 응교, 집의, 부교리

1770년영조46	문학, 교리, 수찬
1771년영조47	경기어사, 광주부윤
1774년영조50	승지, 대사성
1777년정조1	공조참판, 좌승지, 승문원제조, 실록청당상, 대사헌, 함경도관찰사
1781년정조5	대사간
1782년정조6	홍충도관찰사
1785년정조9	한성부판윤, 예조·호조판서
1786년정조10	규장각제학, 평안도관찰사, 우의정 겸 동지경연사
1790년정조14	판중추부사
1798년정조22	지돈녕부사
1799년정조23	형조판서, 지경연사, 홍문관제학, 도총관
1800년정조24	강화부유수

생애일화

함경도관찰사로 재직하면서 민폐를 없애고, 군무를 개혁하는 등 명성을 떨쳤다.
한편, 그는 왕명을 받들어 정릉定陵·화릉和陵의 문석文石과 장명대를 동갑銅甲으로 둘러 보호하였으며, 함흥·정평·철령 간의 봉수체계 개선안을 제시하여 국방의 안전에도 주력하였다.
〈문헌비고〉 편집에 관계하여 학교고學校考 8편을 지었으며, 저서로 〈하서집荷棲集〉을 남겼다.

1149대 한성판윤 윤 방(尹坊)

신상내용

생몰연대	1718년숙종44 ~ 1795년정조19 – 78세
본관	파평坡平
자	중례仲禮
호	순재醇齋
가족	증조–심深, 할아버지–휘정彙貞, 아버지–광업光業, 광조光祚에게 입양

관직경력

한성판윤 재임기간 : 1785년정조9 2월 6일 ~ ?

1751년영조27	춘당대문과 급제, 승정원주서, 정언, 지평, 사간
1762년영조38	대사간
1764년영조40	좌승지, 대사간
1771년영조47	삭탈관직(홍봉한 사건 관련)
1773년영조49	승지, 대사간
1779년영조50	사은부사로 청나라 다녀오다
1780년정조4	황해도관찰사
1784년정조8	도총부도총관
1789년정조13	대사헌
1791년정조12	공조판서

생애일화

정치적 수완이 탁월하여 어려운 문제들을 잘 처리하였고, 특히 외교적 수단이 뛰어났다.

1150대 한성판윤 김이소(金履素) – 1141·1146·1225대 동일인물

한성판윤 재임기간 : 1785년정조9 2월 7일 ~ 1785정조9 2월 25일

1151대 한성판윤 이주국(李柱國)

신상내용

생몰연대	1721년경종1 ~ 1798년정조22 – 78세
본관	전주全州
자	군언君彦
호	오백梧栢
시호	무숙武肅
가족	아버지–적滴, 어머니–증찬성 구상정具尙禎의 딸

관직경력

한성판윤 재임기간 : 1785년정조9 2월 25일 ~ ?

조선 후기의 무장

1740년영조16	무과 급제, 선전관, 훈련원주부·판관
1748년영조24	일본 통신사 수행장교, 호조좌랑(武郎)
1754년영조30	충청도수군절제사
1755년영조31	경상우도병마절도사
1762년영조38	장헌세자 장례-여사대장輿士大將
1773년영조49	황해도·평안도병마절도사
1776년영조52	총융사-훈련원도정 겸 여사대장
1778년정조2	평안도병마절도사
1780년정조4	어영대장
1781년정조5	좌·우포도대장
1782년정조6	총융사, 형조판서
1796년정조20	훈련대장 사직-軍制三事 건의

생애일화

덕천군德泉君(정종 왕자) 후생厚生의 후손이다.
장군으로 20여 년 있는 동안, 총융사에 7회 · 어영대장에 6회 임명되고, 금영대장과 훈국대장 등도 여러 번 지냈다.
성품이 강직하여 사람들과 어울리는 일이 드물었으나 병졸을 잘 다스릴 줄 알았다.
홍국영이 실각한 후 정조의 두터운 신임을 받고, 도성과 궁성의 호위임무를 맡았다.
정조가 그를 불러 춘당대에서 활쏘기를 할 때 그의 모습을 마치 추운 겨울에도 잎이 푸른 소나무와 측백나무에 비유하여 당호堂號를 오백梧栢이라 하사 하였다.

1152대 한성판윤 김종수(金鍾秀) – 1091·1103·1122·1192대 동일인물

한성판윤 재임기간 : 1785년정조9 3월 17일 ~ ? (재직확인:1785년 3월 20일)

1153대 한성판윤 이재간(李在簡) – 1138대 동일인물

한성판윤 재임기간 : 1785년정조9 3월 24일 ~ ?

1154대 한성판윤 서호수(徐浩修) – 1115·1134·1158·1211대 동일인물

한성판윤 재임기간 : 1785년정조9 4월 1일 ~ ? (재직확인:1785년 4월 12일)

1155대 한성판윤 정상순(鄭尙淳) – 1065·1079·1188·1132·1136대 동일인물

한성판윤 재임기간 : 1785년정조9 4월 12일 ~ 1785년정조9 4월 18일

1156대 한성판윤 서유녕(徐有寧) – 1172대 동일인물

신상내용

생몰연대	1733년영조9 ~1789년정조13 – 57세
본관	달성達城
자	치오致五
가족	증조–달성부원군 종제宗悌, 할아버지–명백命伯, 아버지–선산부사 인수仁修 어머니–청주한씨(한배명韓配命의 딸) 부인–송의손宋宜孫의 딸, 이열李烈의 딸

관직경력

한성판윤 재임기간 : 1785년정조9 4월 18일 ~ ? (재직확인:1785년 4월 29일)

조선 후기의 문신

1766년영조42	정시문과 급제
1767년영조43	수찬, 사서
1769년영조44	장령, 교리, 수찬, 필선, 승지, 도승지, 대사간
1775년영조50	곡산부사, 경주부윤
1777년정조1	황해도관찰사
1779년정조3	대사헌, 총융사, 동지경연사
1781년정조5	함경도관찰사
1784년정조8	지돈녕부사, 공조판서, 총융사

1786년정조10 장악원제조, 수어사, 한성부판윤
1787년정조11 총융사, 우참찬
1788년정조12 형조판서

생애일화

영조비 정성왕후貞聖王后가 대고모이며, 조선 말 개화파開化派인 서광범徐光範의 고조할아버지이다.

1157대 한성판윤 정창성(鄭昌聖) – 1117·1120·1124·1126·1147 ·1183대 동일인물

한성판윤 재임기간 : 1785년정조9 4월 29일 ~ ? (재직확인:1785년 9월 20일)

1158대 한성판윤 서호수(徐浩修) – 1115·1134·1154·1211대 동일인물

한성판윤 재임기간 : 1785년정조9 9월 27일 ~ ? (재직확인:1785년 11월 9일)

1159대 한성판윤 윤동절(尹東哲) – 1058·1060·1062·1144대 동일인물

한성판윤 재임기간 : 1785년정조9 11월 11일 ~ ?

1160대 한성판윤 이익원(李翼元) – 1022·1037·1045·1049대 동일인물

한성판윤 재임기간 : ? ~ ? (재직확인:1785년 12월 6일)

1161대 한성판윤 김종정(金鍾正) – 1063대 동일인물

한성판윤 재임기간 : 1785년정조9 12월 27일 ~ ? (재직확인:1786년 4월 10일)

1162대 한성판윤 윤시동(尹蓍東)

신상내용

생몰연대	1729년영조5 ~ 1797년정조21 – 69세
본관	해평海平
자	백상伯常
호	방한方閒·방원方圓
시호	문익文翼
저서	〈향례합편〉
가족	증조–대사간 세수世綏, 할아버지–이조참의 섭涉, 아버지–진사 득민得敏 어머니–양주조씨(도정 조정빈趙鼎彬의 딸) 부인–기계유씨(영의정 兪拓基의 딸) 연안김씨(김흡의 딸) 밀양박씨(朴興采의 딸)
묘	경기도 장단군 오음리

관직경력

한성판윤 재임기간 : 1786년정조10 4월 27일 ~ ? (재직확인:1786년 5월 2일)

조선 후기의 문신

1754년영조30	증광문과 급제
1755년영조31	설서, 정언, 지평
1756년영조32	당론 야기–탄핵(7년간 시골로 쫓겨남)
1763년영조39	제주목사
1766년영조42	대사간
1772년영조48	유배(갑산)
1775년영조51	대사헌, 대사성, 부제학
1776년영조52	경기도관찰사–유배(남해)
1778년정조2	개성유수
1786년정조10	형조판서–유배(삼화)
1787년정조11	전라도관찰사

1795년정조19	이조판서, 우의정

생애일화

젊었을 때부터 나라의 고사故事를 잘 알았고, 군국軍國의 기무機務에 정통하였다.
당색은 노론 시파時派로서 벽파辟派를 공격하는데 앞장섰는데, 다만 그는 개성이 뚜렷하여 옳다고 생각하면 당론을 일삼았기 때문에 파란 많은 생애를 보냈다.

1163대 한성판윤 김상집(金尙集) – 1165·1185·1216·1226·1228대 동일인물

신상내용

생몰연대	1723년경종3 ~ 1799년정조23 – 77세
본관	강릉江陵
자	사능士能
호	만암晩岩
가족	증조–봉사 득원得元, 할아버지–김화현감 홍권弘權, 아버지–시석始錫, 양자 출계
어머니–고령신씨(신성원申性源의 딸)
부인–대구서씨(서명모徐命謨의 딸)
묘	경기도 연천군 금촌

관직경력

한성판윤 재임기간 : 1786년정조10 5월 6일 ~ ? (재직확인:1786년 6월 11일)

조선 후기의 문신

1750년영조26	사마시(진사) 입격
1755년영조31	정시문과 급제, 사관
1761년영조37	정언
1763년영조39	삭직–송명흠 사건, 정언, 경기·강원어사
1766년영조42	부수찬, 교리, 헌납
1771년영조47	필선, 장령, 수찬
1772년영조48	이조참의, 승지
1773년영조49	대사간

1784년정조8	이조판서, 사은 겸 잔주부사로 청나라 다녀오다. 대사헌, 형조판서
1786년정조10	경상도관찰사-파직(화전 방지 부실), 한성부판윤
1787년정조11	병조·공조·예조판서, 우참찬

생애일화

첨지중추부사를 지낸 양부 시영始煐이 한성판윤을 지냈다.
경현당景賢堂의 문신 제술에서 장원을 하여 문명文名을 떨쳤다.

1164대 한성판윤 이한창(李漢昌)

한성판윤 재임기간 : ? ~ ? (재직확인:1786년 6월 23일)

1165대 한성판윤 김상집(金尙集) – 1163·1185·1216·1226·1228대 동일인물

한성판윤 재임기간 : ? ~ ? (재직확인:1786년 7월 1일)

1166대 한성판윤 홍양호(洪良浩)

신상내용

생몰연대	1724년경종4 ~ 1802년순조2 – 79세
본관	풍산豊山
초명	양한良漢
자	한사漢師
호	이계耳溪
시호	문헌文獻
저서	〈이계집〉·〈목민대방〉 외 다수
가족	증조-판결사 만회萬恢, 할아버지-단양군수 중성重聖, 아버지-진보鎭輔 어머니-심수현沈壽賢의 딸 부인-정석구鄭錫耈의 딸

묘 충남 천안시 용곡동 29-3

관직경력

한성판윤 재임기간 : 1786년정조10 8월 22일 ~ ? (재직확인:1786년 9월 2일)

조선 후기의 문신

1747년영조23	사마시(진사) 입격
1752년영조28	정시문과 급제, 사헌부지평, 홍문관수찬·교리
1774년영조50	등준시 선발
1777년정조1	경흥부사
1781년정조5	한성부우윤
1782년정조6	사간원대사간, 사헌부대사헌, 평안도관찰사, 이조판서
1799년정조23	홍문관·예문관 양관대제학
1801년순조1	판중추부사

생애일화

두 차례에 걸친 연행燕行을 통해 청나라 석학들과 교유하면서 문명을 날렸으며, 고증학을 수용하여 보급하는 데 기여하였다.
〈영조실록〉·〈국조보감〉·〈갱장록羹墻錄〉·〈동문휘고同文彙考〉를 비롯한 각종 편찬사업을 주관하였으며, 지방관의 지침서인 〈목민대방牧民大方〉을 저술하였다.
학문과 문장에 뛰어나 〈이계집〉 37권 외 〈해동명장전〉·〈고려대사기高麗大事記〉·〈삭방습유朔方拾遺〉·〈만물원시萬物原始〉 등 여러 저서를 남겼다.
특히, 일본 통신사 일행에게 부탁해 벚나무 묘목을 들여와 서울 여러 곳의 경승지에 심도록 하였다.

1167대 한성판윤 조시준(趙時俊)

한성판윤 재임기간 : 1786년정조10 9월 24일 ~ ?

1168대 한성판윤 정창순(鄭昌順) – 1061·1143·1175대 동일인물

한성판윤 재임기간 : 1786년정조10 9월 25일 ~ ? (재직확인:1786년 10월 18일)

1169대 한성판윤 이 갑(李坤)

신상내용

생몰연대	1737년영조13 ~ ?
본관	연안延安
자	신경信卿
가족	증조-호조참판 명희命熙, 할아버지-이조판서 유瑜, 아버지-도양道陽 어머니-반남박씨(예조참판 박사정朴師正의 딸) 부인-심전沈錪의 딸

관직경력

한성판윤 재임기간 : 1786년정조10 11월 20일 ~ ?

조선 후기의 문신

1769년영조45	정시문과 급제, 사간원정언, 홍문관교리·수찬
1772년영조48	선교관(궤장几杖 하사 의례 진행자) 대령 않음-변방 권관權管 좌천
1773년영조49	도승지, 대사간, 대사헌, 비변사당상
1775년영조51	황해도관찰사-파직(뇌물죄)
1776년영조52	동지 겸 진주사(청나라에 홍인환 등의 역모 사실 보고)
1777년정조1	대사헌, 도승지, 예조·형조참판
1783년정조7	존호도감제조(혜경궁홍씨 존호), 병조판서
1784년정조8	함경도관찰사, 우참찬, 형조판서
1785년정조9	이조판서, 좌참찬, 예조·공조·병조판서
1786년정조10	한성부판윤, 판의금부사

생애일화

대사헌으로 재직하면서 남인의 영수 채제공·채홍리 등을 탄핵하였으며, 병조판서 때는 무관의 인사행정 규례를 많이 변통하였다.
관직 제수에 응하지 않아 청주목사로 좌천되기도 하였지만, 수십 차례 이조·병조를 비롯한 6조의 판서를 역임하였으면서도 정승에는 오르지 못하였다.

1170대 한성판윤 유언호(俞彦鎬) – 1098·1102대 동일인물

한성판윤 재임기간 : ? ~ ? (재직확인:1786년 11월 26일)

1171대 한성판윤 이재협(李在協)

신상내용

생몰연대	1731년영조7 ~ 1790년정조14 – 60세
본관	용인龍仁
자	여고汝皐
상훈	인릉군仁陵君
가족	증조–현령 의진宜振, 할아버지–호조판서 보혁普赫, 아버지–병조판서 경호景祜 어머니–부사 정후일鄭厚一의 딸 부인–감사 윤경룡尹敬龍의 딸
묘	경기도 가평군 대곡리 일촌

관직경력

한성판윤 재임기간 : 1786년정조10 11월 29일 ~ ? (재직확인:1786년 12월 30일)

조선 후기의 문신

음보–통덕랑

1757년영조33	정시문과 장원급제, 사간원지평, 홍문관교리
1760년영조36	호서지방 암행어사
1761년영조37	홍문관교리, 세자시강원 필선·문학, 사헌부헌납, 홍문관수찬, 대사간, 승지
1776년정조즉위	대사헌
1781년정조5	병조판서, 인릉군仁陵君 피봉
1787년정조11	우의정, 좌의정
1789년정조13	영의정

생애일화

할아버지 보혁普赫, 아버지 경호景祜, 사촌아우 재간在簡이 한성판윤을 지내 한성판윤 집안으로 유명하다.

1172代 한성판윤 서유녕(徐有寧) – 1156代 동일인물

한성판윤 재임기간 : 1786년정조10 12월 30일 ~ ? (재직확인:1787년 1월 1일)

1173代 한성판윤 송재경(宋載經) – 1186代 동일인물

신상내용

생몰연대	1718년숙종44 ~ 1793년정조17 – 76세
본관	은진恩津
자	자중子中
시호	경헌景獻
가족	증조–예조판서 규렴奎濂, 할아버지–부사 상유相維, 아버지–필태必泰 어머니–안동권씨(우참찬 權업의 딸) 부인–김상신金相紳의 딸

관직경력

한성판윤 재임기간 : 1787년정조11 1월 4일 ~ 1787년정조11 1월 10일

조선 후기의 문신

1764년영조40	정시문과 급제, 정언
1767년영조43	헌납, 수찬, 겸문학, 교리
1771년영조47	의주부윤
1772년영조48	충청도관찰사–파직
1776년영조52	사간원대사간
1778년정조2	진위 겸 진향부사–청나라 황태후 사망
1781년정조5	영변부사
1783년정조7	대사간
1784년정조8	동지춘추관사, 이조참판
1785년정조9	형조판서, 우참찬, 예조판서
1787년정조11	한성부판윤
1788년정조12	강화유수, 이조·공조판서, 한성부판윤, 기로소 입소

1174대 한성판윤 이성규(李聖圭)

신상내용

생몰연대 1732년영조8 ~ 1799년정조23 - 68세
본관 전주
자 錫甫
시호 孝貞
가족 증조-량滉, 할아버지-직檝, 아버지-예조판서 益征
어머니-安相泰의 딸

관직경력

한성판윤 재임기간 : 1787년정조11 1월 10일 ~ 1787년정조11 1월 11일

조선 후기의 문신

1753년영조29	통덕랑, 정시문과 급제, 예문관검열, 사헌부지평, 이조정랑
1764년영조40	승지,
1767년영조43	여주목사
1787년정조11	대사헌, 한성부판윤, 좌참찬

1175대 한성판윤 정창순(鄭昌順) - 1061·1143·1168·1177대 동일인물

한성판윤 재임기간 : 1787년정조11 1월 13일 ~ ? (재직확인:1787년 5월 13일)

1176대 한성판윤 이숭호(李崇祜) - 1178대 동일인물

신상내용

생몰연대 1723년경종3 ~ 1789년정조13 - 67세
본관 용인龍仁
본명 숭조崇祚
자 덕이德而
호 물재勿齋

시호	효간孝簡
추증	좌찬성
가족	증조-도사 세정世貞, 할아버지-판관 의규宜揆, 아버지-호조좌랑 보순普淳 어머니-김재金栽의 딸 부인-김협金鋏의 딸
묘	경기도 용인시 기흥구 영덕리 선영(안산시 원시동 옻나무골에서 이장)

관직경력

한성판윤 재임기간 : ? ~ ? (재직확인:1787년 5월 29일)

조선 후기의 문신

1753년영조29	사마시(진사) 입격
1761년영조37	정시문과 급제
1762년영조38	세자시강원설서
1763년영조39	예문관봉교, 경양도찰방 좌천(근무태만)
1764년영조40	사간원정언
1765년영조41	비변사낭청-유배(영남지방 창고관리 소홀)
1766년영조42	사간원헌납, 사헌부지평
1768년영조44	세자시강원사서, 문학, 정언, 수찬
1774년영조50	대사간, 승지
1780년정조4	동지부사로 청나라 다녀오다
1781년정조5	사은부사로 청나라 다녀오다. 대사간
1784년정조8	왕명으로 사대문서事大文書 편집 중 화재로 각종 문서와 사역원 서적 소실
1787년정조11	형조판서, 한성부판윤, 함경도관찰사, 승문원제조-소실문서 내용채집 발간

생애일화

경관직에 있으면서 성리학에 밝아 경연에 자주 나갔으며, 홍대용洪大容 등과도 교유하였다. 당숙 보흥普興에게 양자로 갔고, 그는 키가 크고 인물이 수려했으며, 특히 병려문騈儷文에 특장을 보였다.

1177대 한성판윤 정창순(鄭昌順) – 1061·1143·1168·1175대 동일인물

한성판윤 재임기간 : ? ~ ? (재직확인:1787년 6월 10일)

1178대 한성판윤 이숭호(李崇祜) – 1176대 동일인물

한성판윤 재임기간 : ? ~ 1787년정조11 10월 3일 (재직확인:1787년 7월 26일)

1179대 한성판윤 정민시(鄭民始) – 1184대 동일인물

신상내용

생몰연대	1745년영조21 ~ 1800년정조24 – 56세
본관	온양溫陽
초명	형시亨始
자	회숙會叔·중초仲初
호	정와靜窩
시호	충헌忠獻
추증	우의정
배향	정조 묘정
가족	증조–군수 수곤壽崑, 할아버지–군수 광겸光謙, 아버지–군수 창유昌兪 어머니–전주이씨(낙창군 李당의 딸) 부인–이창중李昌中의 딸
묘	경기도 영주시 주내면 산북리

관직경력

한성판윤 재임기간 : 1787년정조11 10월 3일 ~ ?

조선 후기의 문신

1773년영조49	증광문과 급제
1774년영조50	홍문관수찬, 세자시강원필선
1776년정조즉위	승정원동부승지

1777년정조1	호조참의, 성균관대사성, 이조참의, 규장각직제학, 선혜청제조, 수어사 등
1781년정조4	예조·호조·이조판서, 의정부우참찬, 선혜청당상, 형조·공조판서, 좌참찬
1784년정조7	평안도관찰사, 병조판서, 함경도관찰사
1787년정조10	장용위대장, 한성부판윤, 돈녕부판사

생애일화

정조가 즉위하면서 홍국영洪國榮과 함께 발탁되면서 세상의 모든 권력이 손안에 들어왔으나, 끝까지 분수를 지켜 정조의 극진한 사랑을 받았다. 그가 죽었다는 소식을 듣고 정조는 시장諡狀을 거치지 않은 채 바로 증직과 시호를 내리기도 하였다.
그러나 순조가 즉위한 후 대왕대비 정순왕후가 대리청정하게 되자, 사리사욕을 도모한 죄로 관작이 추탈되었는데, 그의 아들 성우性愚가 상소하여 복관되었다.

1180대 한성판윤 이문원(李文源) – 1190·1194·1200·1202·1204·1235대 동일인물

신상내용

생몰연대	1740년영조16 ~ 1794년정조18 – 55세
본관	연안延安
자	사질士質
시호	익헌翼憲
가족	증조–백운거사 중조重朝, 할아버지–옥천군수 주신舟臣, 아버지–영의정 천보天輔 어머니–송상유宋相維의 딸 부인–심용沈鏞의 딸

관직경력

한성판윤 재임기간 : 1787년정조11 10월 4일 ~ 1787년정조11 11월 22일

조선 후기의 문신

1763년영조39	사마시(진사) 입격, 음보–휘령전참봉
1771년영조47	정시문과 급제, 교리, 승지
1779년정조3	대사간, 동래부사, 경상도관찰사

1781년정조5	대사간, 성균관대사성, 가선대부 승품
1786년정조10	공조판서, 약방제조–왕세자 사망(탄핵), 여주목사
1787년정조11	부사직, 지경연사, 선혜청제조, 이조판서
1788년정조12	형조·병조판서
1790년정조14	판의금부사, 함경도관찰사
1792년정조16	예조판서, 이조판서–향리 방축(채제공蔡濟恭 논척 상소)
1793년정조17	이조판서, 지경연사, 부사직, 형조판서

생애일화

그는 생활이 매우 검소했고, 선행에 힘쓰며 바른 말을 잘하였고 관직에 있으면서도 너그러워 사람들이 좋아했다. 함경도관찰사로 재직할 때 정사를 잘 다스려 백성들이 그를 부모같이 받들었다. 그가 죽자 함경도 사람들이 만세교에 모여 조문하고, 한양 도성의 백성들도 모두 슬퍼했다.

1181대 한성판윤 이 갑(李坤) – 1169·1231대 동일인물

한성판윤 재임기간 : 1787년정조11 11월 25일 ~ ?

1182대 한성판윤 정술조(鄭述祚)

신상내용

생몰연대	1711년숙종37 ~ ?
본관	해주
자	효선孝善
저서	〈삼춘당집〉·〈예학집요〉
가족	증조–장령 욱勗, 할아버지–세주世周, 아버지–진형震衡 어머니–박황朴愰의 딸

관직내용

한성판윤 재임기간 : 1787년정조11 12월 4일 ~ 1787년정조11 12월 9일

1750년영조26　식년문과 급제
1754년영조30　정언, 지평
1763년영조39　장령, 헌납–유배(함경도 육진·조갑빈의 탄핵)
1764년영조40　장령, 사간, 보덕
1782년정조6　첨지중추부사–내수사 혁파
1785년정조9　보덕–세자를 위해〈예학집요〉 바침
1786년정조10　호조참판
1787년정조11　분도총관分都摠管
1788년정조12　사직, 지중추부사, 봉조하

생애일화

첨지중추부사가 되어 내수사內需司를 혁파하고 능陵·묘園·묘墓의 제도를 다시 확립할 것을 주장하였다.
세자시강원에 있을 때에 세자를 위해 〈예학집요睿學輯要〉를 지어 올렸다. 그 내용은 정국본定國本 · 양덕성養德性 · 이연모貽燕謨(후손에게 깊은 계책을 물려준 것) · 돈효제敦孝悌 · 택빈료擇賓僚 · 계태일戒怠逸 등이다.

1183대 한성판윤 정창성(鄭昌聖) – 1117·1120·1124·1126·1147·1157대 동일인물

한성판윤 재임기간 : 1787년정조11 12월 9일 ~ ? (재직확인:1788년 5월 25일)

1184대 한성판윤 정민시(鄭民始) – 1179대 동일인물

한성판윤 재임기간 : 1788년정조12 6월 3일 ~ ?

1185대 한성판윤 김상집(金尙集) – 1163·1165·1216·1226·1228대 동일인물

한성판윤 재임기간 : 1788년정조12 6월 9일 ~ ? (재직확인:1788년 8월 14일)

1186대 한성판윤 송재경(宋載經) – 1173대 동일인물

한성판윤 재임기간 : 1788년정조12 8월 15일 ~ ? (재직확인:1788년 8월 17일)

1187대 한성판윤 서유방(徐有防) – 1193대 동일인물

신상내용

생몰연대	1741년영조17 ~ 1798년정조22 – 58세
본관	달성達城
자	원례元禮
호	봉헌奉軒
시호	효간孝簡
가족	증조–감역 종신宗愼, 할아버지–대사헌 명구明九, 아버지–효수孝修 어머니–이언신李彦信의 딸 형제–유린有隣(형,한성판윤·이조판서) 부인–연안이씨(영의정 이천보李天輔의 딸)
묘	경기도 안성시 보개면 곡천리

관직경력

한성판윤 재임기간 : 1788년정조12 8월 18일 ~ 1789년정조13 1월 3일

조선 후기의 문신

1768년영조44	사마시(진사) 입격, 음보–교관
1772년영조48	탕평정시문과 급제, 홍문관부응교
1776년정조즉위	우부승지
1778년정조2	대사간–〈속명의록續明義錄〉 전국 반포

1779년정조3	이조참의, 승지, 대사성, 대사간, 대사헌
1782년정조6	규장각직제학
1783년정조7	개성유수–두문동태학생 72인 중 3인 숭절사 봉안
1785년정조9	이조참판, 경기도관찰사
1788년정조12	한성부판윤
1792년정조16	이조·병조·공조판서
1794년정조18	검교직제학–정민시 등 10인과 유배(고양), 부사직
1795년정조19	경기도관찰사, 진하사로 청나라 다녀오다
1797년정조21	강원도관찰사–〈간성유민환접타민이접성책杆城流民還接他民移接成册〉 올림

생애일화

그는 삼사三司의 장長을 여러 차례 역임하였고, 전관銓官을 맡아보는 이조와 병조판서를 거치면서 정조 때에 권력의 중추적 역할을 수행하였다.
글씨에 능해 규장각 상량문 등의 작품이 남아 있다.

1188대 한성판윤 이재간(李在簡) – 1138·1153대 동일인물

한성판윤 재임기간 : 1789년정조13 1월 3일 ~ ? (재직확인:1789년 3월 11일)

1189대 한성판윤 조 환(趙瑍) – 1206대 동일인물

한성판윤 재임기간 : 1789년정조13 3월 14일 ~ ?

1190대 한성판윤 이문원(李文源) – 1180·1194·1200·1202·1204·1235대 동일인물

한성판윤 재임기간 : 1789년정조13 3월 16일 ~ ? (재직확인:1789년 5월 2일)

1191대 한성판윤 정창순(鄭昌順) – 1143·1168·1175·1177대 동일인물

한성판윤 재임기간 : 1789년정조13 5월 4일 ~ ? (재직확인:1789년 5월 29일)

1192대 한성판윤 김종수(金鍾秀) – 1091·1103·1122·1152대 동일인물

한성판윤 재임기간 : 1789년정조13 윤5월 10일 ~ ? (재직확인:1789년 윤5월 12일)

1193대 한성판윤 서유방(徐有防) – 1187대 동일인물

한성판윤 재임기간 : 1789년정조13 윤5월 13일 ~ ? (재직확인:1789년 7월 9일)

1194대 한성판윤 이문원(李文源) – 1180·1190·1200·1202·1204·1235대 동일인물

한성판윤 재임기간 : 1789년정조13 7월 11일 ~ ?

1195대 한성판윤 김문순(金文淳) – 1205·1207·1233·1252·1264·1266·1285·1291·1295·1325대 동일인물

신상내용

생몰연대	1744년영조20 ~ 1811년순조11 – 68세
본관	안동安東
자	재인在人
가족	증조–호겸好謙, 할아버지–교관 준행峻行, 아버지–도정 이신履信 어머니–전주이씨(현감 이상화李相和의 딸) 부인–한산이씨(이태중李台重의 딸), 예안이씨(이면주李勉胄의 딸)
묘	경기도 남양주시 화도면 마석우리

관직경력

한성판윤 재임기간 : 1789년성조13 7월 11일 ~ '? (재직확인:1789년 10월 8일)

조선 후기의 문신

1767년영조43	정시문과 장원급제, 정언
1768년영조44	겸문학, 홍문관교리, 지평, 문학, 사서
1773년영조49	승지
1779년정조3	대사간, 좌승지, 이조참판, 대사헌
1782년정조6	이조참판–파직(지중추부사 채제공 논죄 주장)
1783년정조7	충청도관찰사
1784년정조8	동지경연사, 공조참판–파직(채제공과 대립)
1789년정조13	형조·예조판서, 한성부판윤
1791년정조15	평시서제조, 이조·예조판서, 형조판서–유배(천주교 이승훈 처벌하지 않음)
1796년정조20	경기도관찰사, 동지 겸 사은정사로 청나라 다녀오다
1800년정조24	원접사
1802년순조2	평안도관찰사
1804년순조4	수원부사
1806년순조6	판의금부사, 이조판서, 선혜청당상, 우참찬

생애일화

형조판서로 있을 때에 평택현감 이승훈李承薰이 천주교인으로 향교의 문묘에 알성謁聖하면서 무릎을 꿇지 않았다는 여론이 분분함에도, 이를 처벌하지 않아 금갑도金甲島에 위리안치되었다가 풀려난 적이 있었다.
노론에 속했던 그는 남인인 채제공蔡濟恭을 공격하다가 파직되는 등 서로 뜻이 맞지 않아 계속 갈등 관계가 반복되었다.
순조가 즉위한 후, 국구 김조순金祖淳을 주축으로 김희순金羲淳 등과 함께 안동김씨 핵심 인물로서 활동함으로써 세도정치의 기반을 구축하였다.

1196대 한성판윤 정호인(鄭好仁) – 1130·1116·1230·1232대 동일인물

한성판윤 재임기간 : 1789년정조13 11월 3일 ~ 1789년정조13 11월 6일

1197대 한성판윤 홍양호(洪良浩) – 1166·1283대 동일인물

한성판윤 재임기간 : 1789년정조13 11월 19일 ~ 1789년정조13 11월 29일

1198대 한성판윤 오재순(吳載純) – 1209대 동일인물

신상내용

생몰연대	1727년영조3 ~ 1792년정조16 – 66세
본관	해주海州
자	문경文卿
호	순암醇庵·우불급재愚不及齋
시호	문정文靖
저서	〈순암집〉 외
가족	증조–공조판서 두인斗寅, 할아버지–진주晉周, 아버지–대제학 원瑗 어머니–강릉최씨(최식崔寔의 딸) 부인–연안이씨(영의정 이천보李天輔의 딸)

관직경력

한성판윤 재임기간 : 1789년정조13 11월 29일 ~ 1789년정조13 12월 4일

조선 후기의 문신

음보–세자익위사 세마, 도사

1772년영조48	탕평정시문과 급제
1773년영조49	승지, 홍문관부제학, 대사헌
1783년정조7	문안사 부사로 청나라 다녀오다. 규장각직제학, 홍문관·예문관대제학
1790년정조14	이조판서
1793년정조17	판의금부사, 이조판서, 홍문관제학, 수어사, 판중추부사

생애일화

할머니인 명안공주明安公主(현종의 딸)의 손자라는 배려를 받아 음보로 관직에 나아갔고, 영조의 특명으로 6품에 올랐으나 사직하고 학문에 전념하여 과거에 급제하였다.
정조의 총애를 받아 오랫동안 전조銓曹(인사권이 있는 이조와 병조)를 맡았으며, 임금이 그의 과묵함을 가상히 여겨 '우불급재'라는 호를 내리기도 하였다.

그는 학문에 뛰어나 제자백가에 두루 통달하였고, 특히 주역周易에 밝았다.
저서로는 〈주역회지周易會旨〉·〈완역수언玩易隨言〉·〈성학도聖學圖〉·〈순암집醇庵集〉 등을 남겼다.

1199대 한성판윤 강세황(姜世晃) – 1135대 동일인물

한성판윤 재임기간 : 1789년정조13 12월 4일 ~ 1789년정조13 12월 6일

1200대 한성판윤 이문원(李文源) – 1180·1190·1194·1202·1204·1235대 동일인물

한성판윤 재임기간 : 1789년정조13 12월 6일 ~ ? (재직확인:1790년 2월 19일)

1201대 한성판윤 이헌경(李獻慶)

신상내용

생몰연대 1719년숙종45 ~ 1791년정조15 – 73세
본관 전주全州
초명 성경星慶
자 몽서夢瑞
호 간옹艮翁
저서 〈간옹집〉
가족 증조–별검 진규震圭, 할아버지–군수 익령翼齡, 아버지–형조참판 제화齊華
어머니–나주정씨(나도태羅道泰의 딸)
부인–고령신씨(신근申近의 딸) 안동권씨(권심언權心彦의 딸)
묘 경북 영천시 복습면 팔공산 자좌

관직경력

한성판윤 재임기간 : 1790년정조14 2월 19일 ~ ? (재직확인:1790년 2월 26일)

조선 후기의 문신

1738년영조14	사마시(진사) 입격
1743년영조19	정시문과 급제
1751년영조27	정언, 사서, 지평
1763년영조35	사간원사간, 사헌부집의
1766년영조38	홍문관수찬·교리, 시독관
1777년정조1	동부승지, 참찬관
1784년정조8	대사간
1790년정조14	한성부판윤, 기로소 입소

생애일화

어릴 적부터 재주가 뛰어나 6, 7세에 벌써 문장을 이루었으며, 영·정조시대에 4대문장가로 이름이 났다. 동국문장東國文章으로도 불린다.
문집으로 〈간옹집艮翁集〉이 있다.

1202대 한성판윤 이문원(李文源) – 1180·1190·1194·1200·1204· 1235대 동일인물

한성판윤 재임기간 : 1790년정조14 3월 17일 ~ 1790년정조14 3월 20일

1203대 한성판윤 김이주(金頤柱)

신상내용

생몰연대	? ~ 1797년정조21
본관	경주慶州
호	옥포玉圃
시호	정헌靖憲
추증	좌찬성
가족	아버지–(양부)월성위 한신漢藎, (생부)漢禎
	어머니(양모)–화순옹주(영조의 차녀)
	부인–윤득화尹得和의 딸
	자손–김노경金魯敬(아들·판의금부사) 김정희金正喜(손자·추사秋史·서화가)

관직경력

한성판윤 재임기간 : 1790년정조14 3월 20일 ~ ?

조선 후기의 문신

1771년영조47	지평, 승지
1773년영조49	광주부윤
1784년정조8	독옥책관讀玉册官, 대사간
1785년정조9	대사헌
1790년정조14	행부사직, 형조판서

생애일화

영조대왕의 차녀인 화숙옹주와 부마 김한신이 일찍 죽고 자식이 없자, 양자로 들어가서 4남 2녀를 두었다. 네째아들 김노경이 한성판윤을 지냈으며, 손자가 서예와 금석학의 대가인 추사 김정희이다.

1204대 한성판윤 이문원(李文源) – 1180·1190·1194·1200·1202· 1235대 동일인물

한성판윤 재임기간 : ? ~ ? (재직확인:1790년 3월 28일)

1205대 한성판윤 김문순(金文淳) – 1195·1207·1233·1252·1264·1266·1285·1291·1295·1325대 동일인물

한성판윤 재임기간 : 1790년정조14 4월 11일 ~ ? (재직확인:1790년 4월 13일)

1206대 한성판윤 조 환(趙瑍) – 1189대 동일인물

한성판윤 재임기간 : 1790년정조14 4월 17일 ~ ? (재직확인:1790년 4월 19일)

1207대 한성판윤 김문순(金文淳) – 1195·1205·1233·1252·1264·1266·1285·1291·1295·1325대 동일인물

한성판윤 재임기간 : 1790년정조14 4월 21일 ~ ? (재직확인:1790년 5월 27일)

1208대 한성판윤 홍 억(洪檍) – 1215·12181221·1227대 동일인물

신상내용

생몰연대	1722년경종2 ~ 1809년순조9 – 88세
본관	남양南陽
자	유직幼直
시호	정간貞簡
가족	증조–첨중추 성원聖元, 할아버지–호조참판 숙璛, 아버지–충청도관찰사 용조龍祚 어머니–이창령李昌岭의 딸 부인–김상옥金相玉의 딸
묘	세종특별자치시 전의면 동교리

관직경력

한성판윤 재임기간 : 1790년정조14 6월 24일 ~ ? (재직확인:1790년 7월 20일)

조선 후기의 문신

1753년영조29	알성문과 장원급제, 지평
1754년영조30	전적, 정언, 이조좌랑, 교리–유배(장헌세자에게 극간)
1765년영조41	부수찬, 병조반고어사兵曹反庫御使(병조에 속한 창고를 조사하는 어사), 동지사의 서장관으로 청나라 다녀오다
1766년영조42	부응교, 강원도암행어사–회양부사 김광국 파직 건의
1768년영조44	보덕, 집의, 응교–응제應製 수석(사슴가죽 1장 하사)
1769년영조45	의주부윤–사상私商 범법자 참형
1771년영조47	강계부사
1772년영조49	대사간, 형조참의
1776년영조52	대사간 탄핵–충군充軍(강계부사 재직 시 탐학)

1787년정조11	대사간
1789년정조13	경상도관찰사-파직(영·호남 교통 사사로이 차단-면포 값 앙등)
1790년정조14	대사헌, 내의원제조, 한성부판윤, 예조·형조·공소판서
1793년정조17	판의금부사, 지경연사
1798년정조22	광주부유수
1804년순조4	지의금부사, 지중추부사

생애일화

그는 강원도암행어사로 다녀와 탐욕이 많고 비루한 회양부사 김광국金光國의 파직을 건의하였다. 응교가 되었을 때는 응제應製에서 장원을 하여 임금으로부터 대녹피(大鹿皮) 한 장을 하사받았다. 의주부윤으로 재직하면서 사상私商 가운데 법법자를 잡아 참형에 처하기도 하였다.

실학자 담헌湛軒 홍대용洪大容의 작은아버지이다.

1209대 한성판윤 오재순(吳載純) – 1198대 동일인물

한성판윤 재임기간 : 1790년정조14 10월 20일 ~　?

1210대 한성판윤 이치중(李致中) – 1213·1219·1239·1255대 동일인물

신상내용

생몰연대	1726년영조2 ~ 1802년순조2 – 77세
본관	전주全州
자	치화稚和
호	불용재不用齋
가족	증조-임천군수 영휘永輝, 할아버지-택澤, 아버지-수찬 현망顯望 어머니-파평윤씨(윤하교尹夏敎의 딸) 부인-반남박씨(박필민朴弼敏의 딸)
묘	서울시 강남구 수서동 광평대군 묘역 안

관직경력

한성판윤 재임기간 : 1790년정조14 10월 21일 ~ 1790년정조14 11월 3일

1750년영조26	사마시(생원) 입격
1761년영조37	식년문과 급제, 예문관검열, 정언, 지평, 헌납, 부수찬, 교리
1768년영조44	부교리, 북도어사–관북지방 농사 참상 위유(탄일 및 동지의 선물 탕감)
1769년영조45	수찬, 교리, 사간, 필선
1770년영조46	관동어사–민백흥의 탐장죄 조사·보고, 치죄
1774년영조50	대사간–중비(中批:전형을 거치지 않고 임금의 특지로 관원을 임명함) 폐단 시정
1776년영조52	광주부윤
1777년정조1	대사간, 대사헌
1785년정조9	동지부사로 청나라 다녀오다
1786년정조10	원춘도原春道관찰사
1787년정조11	대사헌
1788년정조12	도총부도총관
1790년정조14	한성부판윤, 공조·형조·예조·이조판서, 대호군, 우참찬, 좌참찬
1802년순조2	지중추부사

생애일화

대사간으로 있을 때, 빈번한 과거의 실시로 인한 중비中比의 폐단을 논하고 그 폐단을 시정할 것을 건의하여 가납되었다.
대사헌으로 재직 시, 관리들의 부정부패와 선비들의 폐습을 신랄하게 비판하였다.

1211대 한성판윤 서호수(徐浩修) – 1115·1134·1154·1258대 동일인물

한성판윤 재임기간 : 1790년정조14 11월 3일 ~ ? (재직확인:1790년 11월 4일)

1212대 한성판윤 구 익(具翼) – 1214·1244·1250·1253대 동일인물

신상내용

생몰연대	1737년영조13 ~ 1804년순조4 – 68세
본관	능성綾城
자	익지翼之

가족	증조-사어 혁爀, 할아버지-한성판윤 택규宅奎, 아버지-판중추부사 윤옥允鈺 어머니-김우갑金禹甲의 딸 부인-신일희申一嘻의 딸
묘	경기도 장단군 송서면 석호동

관직경력

한성판윤 재임기간 : 1790년정조14 11월 4일 ~ ?

조선 후기의 문신

1761년영조37	정시문과 급제
1765년영조41	한학문신친시漢學文臣親試에서 선독善讀-정언, 홍문관수찬
1766년영조42	헌납, 사간, 승지, 이조참판, 대사헌
1776년영조52	유배
1784년정조8	대사헌, 찬집당상, 함경·강원도관찰사, 도총관
1790년정조14	한성부판윤, 병조·형조·공조판서, 판의금부사
1804년순조4	지돈녕부사

생애일화

할아버지 택규宅奎, 큰아버지 윤명允明, 아버지 윤옥允鈺 그리고 본인까지 3대 4명이 한성판윤을 지냈으며, 6촌 상庠도 한성판윤을 지냈다.

1213대 한성판윤 이치중(李致中) – 1210·1219·1239·1255대 동일인물

한성판윤 재임기간 : 1790년정조14 12월 15일 ~ ? (재직확인:1791년 2월 2일)

1214대 한성판윤 구 익(具翼) – 1212·1244·1250·1253대 동일인물

한성판윤 재임기간 : 1791년정조15 2월 9일 ~ ? (재직확인:1791년 4월 10일)

1215대 한성판윤 홍 억(洪檍) – 1208·12181221·1227대 동일인물

한성판윤 재임기간 : 1791년정조15 6월 30일 ~ ?

1216대 한성판윤 김상집(金尙集) – 1163·1165·1185·1226·1228대 동일인물

한성판윤 재임기간 : ? ~ 1791년정조15 7월 20일 (재직확인:1791년 7월 16일)

1217대 한성판윤 이민보(李敏輔)

신상내용

생몰연대	1717년숙종43 ~ 1799년정조23 – 83세
본관	연안延安
자	백눌伯訥
호	풍서豊墅·하잠荷潛·상와常窩
시호	효정孝貞
저서	〈풍서집〉
가족	증조–부제학 단상端相, 할아버지–이조참판 희조喜朝, 아버지–군수 崇臣 어머니–申담의 딸 부인–서명성徐命聖의 딸
묘	경기도 남양주시 진접면 내곡리

관직경력

한성판윤 재임기간 : 1791년정조15 7월 20일 ~ ? (재직확인:1791년 8월 9일)

조선 후기의 문신

1747년영조23	사마시(진사) 입격, 음보–세자시강원 동궁요속東宮僚屬, 장악원정
1788년정조12	동부승지
1790년정조14	호조참판

1791년정조15	공조판서 겸 장악원제조, 의금부당상–파주목사 좌천(시험부정 치죄 잘못)
1792년정조16	형조판서, 도총관
1795년정조19	정1품 보국숭록대부 승품
1796년정조20	판돈녕부사, 판중추부사

생애일화

생부는 대사간을 지낸 양신亮臣이다.
장악원제조를 맡았을 때, 〈용비어천가〉·〈악학궤범〉 등의 종묘악장宗廟樂章을 분류, 정리하여 간행하였다.
음관蔭官으로서 정1품인 보국숭록대부에 올랐는데, 이는 황희 정승의 아들 황치신黃致身 이래 처음 있는 일이었다.

1218대 한성판윤 홍 억(洪檍) – 1208·1215·1221·1227대 동일인물

한성판윤 재임기간 : 1791년정조15 9월 3일 ~ ?

1219대 한성판윤 이치중(李致中) – 1210·1213·1239·1255대 동일인물

한성판윤 재임기간 : 1791년정조15 9월 20일 ~ ? (재직확인:1791년 10월 9일)

1220대 한성판윤 정존중(鄭存中)

신상내용

생몰연대	1721년경종1 ~ 1798년정조22 – 78세
본관	동래東萊
자	사정士靜
가족	증조–정언 제선濟先, 할아버지–판서 형익亨益, 아버지–홍상弘祥 어머니–조정만趙正萬의 딸 부인–윤심재尹心宰의 딸, 김상후金相垕의 딸
묘	충남 천안시 풍세면 가송리

관직경력

한성판윤 재임기간 : 1791년정조15 10월 20일 ~ ?

조선 후기의 문신

1754년영조30	사마시 입격, 음사-참봉
1780년정조4	광주목사光州牧使, 식년문과 급제
1781년정조5	대사간, 승지, 충청도관찰사
1791년정조15	한성부판윤, 개성부유수
1792년정조16	대사헌-유배(언사言事, 평안도 구성)
1795년정조19	지의금부사, 형조판서

생애일화

천안군수로 있을 때 전염병이 돌아 백성이 피폐해졌으나 어려운 상황을 잘 극복하여 민심을 수습하였다.
영의정 정광필鄭光弼의 후손으로서, 할아버지 형익亨益도 한성판윤을 지냈다.

1221대 한성판윤 홍 억(洪檍) – 1208·1215·1218·1227대 동일인물

한성판윤 재임기간 : 1791년정조15 11월 25일 ~ ?

1222대 한성판윤 조종현(趙宗鉉) – 1237·1268대 동일인물

신상내용

생몰연대	1731년영조7 ~ 1800년정조24 – 70세
본관	양주楊州
자	원옥元玉
호	천은天恩
시호	효헌孝憲
저서	〈천은난고〉
가족	증조-봉빈鳳彬, 할아버지-이조판서 영국榮國, 아버지-이조판서 운규運逵 어머니-박사휴朴師休의 딸 부인-이종성李宗城의 딸

관직경력

한성판윤 재임기간 : 1791년정조15 12월 12일 ~ ?

조선 후기의 문신

1756년영조32	사마시(생원·진사) 양과 입격
1768년영조44	식년문과 급제, 정언, 교리, 사간, 승지
1772년영조48	대사간, 대사성, 대사헌
1777년정조1	관직삭탈–당쟁(시파時派의 탄핵)
1789년정조13	동지부사로 청나라 다녀오다
1790년정조14	대사헌, 함경도관찰사, 병조·형조·공조판서
1791년정조15	한성부판윤
1797년정조21	예조판서, 개성부유수, 전라도관찰사, 판중추부사
1800년정조24	기로소 입소

생애일화

그는 문장과 시·서에 뛰어났으며 특히 해서에 능통하였다.
저서로는 〈천은난고天恩亂稿〉 1책이 있고, 자신이 편집하여 엮은 시집 〈창주한영滄洲閒詠〉 1책과 편저로 알려진 시집 〈산수영山水詠〉이 있다.
할아버지 영국榮國과 아버지 운규運逵 그리고 본인에 이어 3대가 한성판윤을 지낸 것으로 유명하다.

1223대 한성판윤 홍수보(洪秀輔)

신상내용

생몰연대	1723년경종3 ~ 1800년정조24 – 78세
본관	풍산豊山
자	군실君實·군택君澤
호	송간松磵
시호	정익貞翼
가족	증조–현감 주문柱文, 할아버지–승지 만기萬紀, 아버지–예조판서 중후重厚 어머니–한덕사韓德師의 딸 부인–박종윤朴宗潤의 딸
묘	경기도 포천시 영중면 거사동 금화산

관직경력

한성판윤 재임기간 : 1792년정조16 2월 8일 ~ ?

조선 후기의 문신

1756년영조32	정시문과 급제
1758년영조34	승지
1762년영조38	부교리, 부수찬, 교리, 헌납, 지평
1768년영조44	장령, 교리, 부수찬, 사간, 필선, 승지
1776년정조즉위	경기도수군절도사
1781년정조5	대사간, 동지부사로 청나라 다녀오다
1782년정조6	홍충도관찰사–사판仕版 삭제(권홍진의 凶疏)
1785년정조9	대사헌, 대사간, 비변사제조
1786년정조10	형조참판–채제공 탄핵 배척
1788년정조12	경기도관찰사–정배(우의정 채제공의 탄핵)
1790년정조14	대사헌, 강화부유수, 예조참판
1792년정조16	한성부판윤, 형조판서
1793년정조17	의정부좌참찬
1794년정조18	판의금부사
1795년정조19	봉조하

생애일화

부교리 때 제술시험에서 장원을 하여 초피립(貂皮笠:방한용 모피로 만든 삿갓)과 이엄(耳掩:방한용 귀덮개)을 하사받고, 세자시강원 필선으로 재직할 때 세자를 잘 보살핀 공으로 대녹피(大鹿皮 1장)을 하사받았다.

1224대 한성판윤 구 상(具庠) – 1236·1238·1241·1248대 동일인물

신상내용

생몰연대	1730년영조6 ~ 1796년정조20 – 67세
본관	능성綾城
자	백은伯殷
상훈	능완군綾完君
저서	〈무명자집無名子集〉

가족	증조–사어 혁爀, 할아버지–몽규夢奎, 아버지–예조판서 윤명允明 어머니–해주최씨(지평 최상리崔尙履의 딸) 부인–해평윤씨(형조참판 윤득성尹得聖의 딸)
묘	경기도 수원시 고백산 밑

관직경력

한성판윤 재임기간 : 1792년정조16 2월 18일 ~ ? (재직확인:1792년 2월 28일)

조선 후기의 문신

1759년영조35	사마시(생원) 입격, 별시문과 급제
1763년영조39	정언, 지평, 수찬
1765년영조41	교리–〈해동악장〉·〈문묘향사록〉 편찬 참여, 북도감시어사
1766년영조42	장령, 헌납, 수찬, 문학, 산음어사
1768년영조44	교리 승지
1769년영조45	동래부사, 승지
1771년영조47	의주부윤, 승지, 이조참판
1775년영조51	동지의금부사
1778년정조2	위리안치(해남–정후겸에게 아부), 서산군수, 이조참판, 개성유수
1791년정조15	이조참판, 개성유수, 형조·공조판서
1792년정조16	한성부판윤
1794년정조18	공조·병조판서, 예문관·홍문관제학
1795년정조19	대사헌, 우참찬, 지경연사
1796년정조20	예조·형조판서, 능완군綾完君 피봉

생애일화

아버지 윤명允明, 작은 할아버지 택규宅奎, 당숙 윤옥允鈺, 6촌 익이 한성판윤을 지냈다. 저서에 〈무명자집〉 8책이 있다.

1225대 한성판윤 김이소(金履素) – 1141·1146·1150대 동일인물

한성판윤 재임기간 : 1792년정조16 3월 12일 ~ 1792년정조16 3월 15일

1226대 한성판윤 김상집(金尙集) – 1163·1165·1185·1216·1228대 동일인물

한성판윤 재임기간 : ? ~ ? (재직확인:1792년 3월 16일)

1227대 한성판윤 홍 억(洪檍) – 1208·1215·1218·1221대 동일인물

한성판윤 재임기간 : 1792년정조16 3월 16일 ~ ?

1228대 한성판윤 김상집(金尙集) – 1163·1165·1185·1216·1226대 동일인물

한성판윤 재임기간 : ? ~ ? (재직확인:1792년 3월 24일)

1229대 한성판윤 서유린(徐有隣) – 1121·1137·1145·1119·1251대 동일인물

한성판윤 재임기간 : 1792년정조16 윤4월 19일 ~ ?

1230대 한성판윤 정호인(鄭好仁) – 1130·1116·1196·1232대 동일인물

한성판윤 재임기간 : 1792년정조16 윤4월 20일 ~ 1792년정조16 윤4월 20일

1231대 한성판윤 이 갑(李玾) – 1181·1169대 동일인물

한성판윤 재임기간 : 1792년정조16 윤4월 26일 ~ ?

1232대 한성판윤 정호인(鄭好仁) – 1130·1116·1196·1230대 동일인물

한성판윤 재임기간 : 1792년정조16 6월 4일 ~ 1792년정조16 6월 21일

1233대 한성판윤 김문순(金文淳) – 1195·1205·1207·1252·1264·1266·1285·1291·1295·1325대 동일인물

한성판윤 재임기간 : 1792년정조16 7월 5일 ~ ? (재직확인:1793년 1월 7일)

1234대 한성판윤 신사운(申思運) – 1243·1247·1260·1305대 동일인물

신상내용

생몰연대	1721년경종1 ~ 1801년순조1 – 81세
본관	평산平山
자	형중亨仲
호	낙재樂齋
가족	증조–상, 할아버지–명견命堅, 아버지–동지중추부사 윤銑 어머니–박여필朴汝弼의 딸 부인–최유崔裕의 딸

관직경력

한성판윤 재임기간 : 1793년정조17 8월 4일 ~ ?

조선 후기의 문신

1753년영조29	사마시(생원) 입격, 정시문과 급제, 승정원주서, 전적
1760년영조36	유배(제주도), 방면 귀향
1761년영조37	부교리, 헌납, 전적, 지평, 장령, 사간, 집의
1776년영조52	동지 겸 사은사의 서장관으로 청나라 다녀오다
1777년정조1	대사간, 승지, 형조참의, 호조참판
1793년정조17	한성부판윤
1794년정조18	형조판서, 공조판서, 대사헌, 판의금부사

생애일화

일곱 살 때부터 글을 배워 스승의 지도를 받지 않고 스스로 문리를 깨쳤으며, 문장과 글씨에 뛰어났는데 특히 해서를 잘 썼다.
평소 기상이 엄숙하고 예절을 숭상하였으며, 부모를 섬기고 자식을 가르치는데 스스로 사표師表를 보여 가정을 바로 잡았다. 또한 남의 과실을 탓하는 일이 없었다고 한다.

1235대 한성판윤 이문원(李文源) – 1180·1190·1194·1200·1202·1204대 동일인물

한성판윤 재임기간 : 1793년정조17 8월 10일 ~ ?

1236대 한성판윤 구 상(具庠) – 1224·1238·1241·1248대 동일인물

한성판윤 재임기간 : 1793년정조17 8월 28일 ~ 1793년정조17 10월 13일

1237대 한성판윤 조종현(趙宗鉉) – 1222·1268대 동일인물

한성판윤 재임기간 : ? ~ 1793년정조17 11월 28일 (재직확인:1793년 11월 21일)

1238대 한성판윤 구 상(具庠) – 1224·1236·1241·1248대 동일인물

한성판윤 재임기간 : 1793년정조17 11월 28일 ~ 1794년정조18 1월 10일

1239대 한성판윤 이치중(李致中) – 1210·1213·1219·1255대 동일인물

한성판윤 재임기간 : 1794년정조18 1월 10일 ~ 1794년정조18 4월 11일

1240대 한성판윤 유 당(柳戇)

신상내용

생몰연대	1723년경종3 ~ 1794년정조18 – 72세
본관	전주全州
자	직보直甫
시호	효간孝簡
가족	증조–세안世顔, 할아버지–참봉 완完, 아버지–수찬 겸명謙明 어머니–이인함李仁涵의 딸 부인–황상구黃尙耈의 딸

관직경력

한성판윤 재임기간 : 1794년정조18 4월 11일 ~ 1794년정조18 4월 20일

조선 후기의 문신

1753년영조29	정시문과 급제, 주서
1756년영조32	지평–삭직(박세채朴世采 문묘 배향 반대)
1776년정조즉위	부수찬, 동부승지, 안동부사, 병조참의, 대사성, 이조참의, 형조참판, 도승지
1780년정조4	파직–홍국영 일파로 무고
1788년정조12	동지중추부사, 형조참판
1793년정조17	지중추부사, 기로소 입소, 공조판서

생애일화

이재李縡에게 수학하였으며, 지평으로 있을 때 朴世采를 문묘에 배향하자는 논의가 있었는데 이에 반대하여 삭직되었다.
지방관으로 강계부사에 부임하여 인삼 공출의 폐단을 시정하고자 노력하였다.

1241대 한성판윤 구 상(具庠) – 1224·1236·1238·1248대 동일인물

한성판윤 재임기간 : 1794년정조18 4월 20일 ~ 1794년정조18 5월 9일

1242대 한성판윤 윤사국(尹師國) – 1267대 동일인물

신상내용

생몰연대	1728년영조4 ~ 1809년순조9 – 82세
본관	칠원漆原
자	빈경賓卿
호	직암直庵
가족	증조–호조정랑 서적敍績, 할아버지–진사 지순志淳, 아버지–관찰사 경룡敬龍 어머니–신전申澱의 딸 부인–최준흥崔駿興의 딸

관직경력

한성판윤 재임기간 : 1794년정조18 5월 9일 ~ 1794년정조18 8월11일

조선 후기의 문신

1759년영조35	알성문과 급제
1760년영조36	양호감운어사兩湖監運御使, 지평, 경상도암행어사, 정언, 수찬, 승지, 대사간, 안동현감, 동래현감
1783년정조7	사은부사로 청나라 다녀오다
1784년정조8	대사성, 대사헌, 강원도관찰사, 공조·형조판서, 강화유수
1794년정조18	한성판윤, 기로소 입소, 판돈녕부사

생애일화

서예에 뛰어난 재주가 있어 조정의 금보金寶·옥책玉册과 당시 사찰·누각樓閣의 편액을 많이 썼다.

1243대 한성판윤 신사운(申思運) – 1234·1247·1260·1305대 동일인물

한성판윤 재임기간 : 1794년정조18 9월 9일 ~ 1794년정조18 10월18일

1244대 한성판윤 구 익(具廙) – 1212·1214·1250·1253대 동일인물

한성판윤 재임기간 : 1794년정조18 10월 18일 ~ 1794년정조18 11월19일

1245대 한성판윤 이시수(李時秀)

신상내용

생몰연대	1745년영조21 ~ 1821년순조21 – 77세
본관	연안延安
자	치가稚可
호	급건及健
시호	충정忠正
배향	순조 묘정
가족	증조–참판 정신正臣, 할아버지–이조판서 철보喆輔, 아버지–좌의정 복원福源 어머니–안수곤安壽坤의 딸 부인–해평윤씨(군수 윤원동尹遠東의 딸)
묘	경기도 화성시 비봉면 쌍학리

관직경력

한성판윤 재임기간 : 1794년정조18 11월 19일 ~ 1794년정조18 12월 13일

조선 후기의 문신

1771년영조47	사마시(진사) 입격
1773년영조49	증광문과 급제
정조시대	병조·이조·호조판서
순조시대	우의정, 영의정

생애일화

주도면밀하고 민첩한 처세로 여러 관직을 수행하였으며, 1804년순조4에 정순왕후貞純王后가 실질적 왕권 행사를 하는 수렴청정을 계속하자 이를 반대하였다.
저서로는 중국 여행기록을 시로 쓴 〈이시수속북정시李時秀續北征詩〉가 있다.

1246대 한성판윤 김재찬(金載瓚) – 1290대 동일인물

신상내용

생몰연대	1746년영조22 ~ 1827년순조27 – 82세
본관	연안延安
자	국보國寶
호	해석海石
시호	문충文忠
저서	〈해석집海石集〉
배향	순조 묘정
가족	증조–현감 호澔, 할아버지–판돈녕부사 상석相奭, 아버지–영의정 익熤 어머니–부사 윤심재尹心宰의 딸 부인–군수 홍계현洪啓鉉의 딸, 이광술李光述의 딸

관직경력

한성판윤 재임기간 : 1794년정조18 12월 16일 ~ 1795년정조19 1월 8일

조선 후기의 문신

1774년영조50	사마시(진사) 입격
1775년영조51	정시문과 급제
1780년정조4	검열, 〈이문원강의摛文院講義〉 편집, 규장각직각, 초계문선 선발
1781년정조5	검상, 이조참의, 대사성
1786년정조10	원춘도관찰사
1789년정조13	홍문관제학, 대사헌, 규장각직제학
1794년정조18	규장각직제학, 형조·이조·예조판서, 한성부판윤
1795년정조19	병조판서, 평안도관찰사
1796년정조20	이조판서, 대사헌
1799년정조23	좌참찬, 홍문관제학, 한성부판윤, 진하 겸 사은사로 청나라 다녀오다
1800년정조24	정조 승하〈건릉표석음기健陵表石陰記〉 제술, 지실록사知實錄事로 〈정조실록〉 편찬 참여
1802년순조2	수원부유수, 우참찬
1804년순조4	홍문관제학, 정순왕후의 애책문 제술관
1805년순조5	우의정–황해도 재령에 부처(임명 거절), 영중추부사
1807년순조7	우의정

1808년순조8 좌의정
1809년순조9 영의정

생애일화

원춘도관찰사로 있을 때, 울릉도에 잠입하여 고기와 향나무를 채취하는 것을 금하고, 영동지방 무사들의 시험에서 그들을 삼진三鎭에 속하게 하였으며, 봄·가을에 나누어 실시하는 시험일을 한날로 할 것을 건의하여 시행하도록 하였다.
저서로는 〈해석집〉과 〈해석일기〉가 있고, 편서로 〈이문원강의〉가 있다.
할아버지 상석相奭과 아버지 익熤 그리고 본인이 한성판윤을 지내 3대 한성판윤 집안으로 이름이 났다.

1247대 한성판윤 신사운(申思運) – 1234·1243·1260·1305대 동일인물

한성판윤 재임기간 : 1795년정조19 1월 9일 ~ 1795년정조19 3월 24일

1248대 한성판윤 구 상(具庠) – 1224·1236·1238·1241대 동일인물

한성판윤 재임기간 : 1795년정조19 3월 24일 ~ 1795년정조19 6월 6일

1249대 한성판윤 이재학(李在學)

신상내용

생몰연대 1745년영조21 ~ 1806년순조6 – 62세
본관 용인龍仁
자 성중聖中
호 지포芝浦
시호 익헌翼獻
가족 증조–의규宜揆, 할아버지–현감 보흥普興, 아버지–예조판서 숭호崇祜
어머니–김협金浹의 딸
부인–정동현鄭東鉉의 딸
묘 경기도 용인시 기흥구 영덕리

관직경력

한성판윤 재임기간 : 1795년정조19 8월 26일 ~ ? (재직확인:1795년 9월 9일)

조선 후기의 문신

1770년영조46	정시문과 급제, 정자, 수찬, 교리
1776년영조52	시독관
1780년정조4	대사간, 각조各曹 참의·참판 역임, 전라도관찰사
1789년정조13	감진사監賑使
1793년정조17	동지 겸 사은부사로 청나라 다녀오다
1795년정조19	형조판서–척신 김구주金龜柱 탄핵
1800년정조24	정조 승하, 산릉도감당상–귀양(가산, 벽파의 탄핵)

생애일화

시독관으로 있을 때에 명분을 바르게 하고, 기강을 확립하여 억강부약의 정치풍토를 수립하자고 상소를 하였다. 한편, 관직은 그 구실이 매우 중요함으로 국가가 이를 신중하게 다루어야 함에도 납속納贖에 의해 보직하는 것은 잘못된 처사이므로, 국가에 공이 있으면 상을 줄지언정 관직을 부여하는 일은 불가하다고 역설하여 왕의 승인을 받았다.
한학친시漢學親試에서 1등을 차지할 정도로 문장에 뛰어났고, 글씨도 잘 썼다.
아버지 숭호崇祜도 한성판윤을 지냈다.

1250대 한성판윤 구 익(具㢞) – 1212·1214·1244·1253대 동일인물

한성판윤 재임기간 : 1795년정조19 9월 15일 ~ 1795년정조19 10월 16일

1251대 한성판윤 서유린(徐有隣) – 1119·1121·1137·1145·1229대 동일인물

한성판윤 재임기간 : 1795년정조19 10월 17일 ~ 1795년정조19 10월 21일

1252대 한성판윤 김문순(金文淳) – 1195·1205·1207·1233·1264·1266·1285·1291·1295·1325대 동일인물

한성판윤 재임기간 : 1795년정조19 10월 21일 ~ 1795년정조19 10월 23일

1253대 한성판윤 구 익(具翼) – 1212·1214·1244·1250대 동일인물

한성판윤 재임기간 : 1795년정조19 10월 23일 ~ 1795년정조19 12월 28일

1254대 한성판윤 이경무(李敬懋) – 1259·1274·1276대 동일인물

신상내용

생몰연대	1728년영조4 ~ 1799년정조23 – 72세
본관	전주全州
자	사직士直
시호	무숙武肅
가족	증조–통제사 상전尙銓, 할아버지–필환必煥, 아버지–군수 성수聖洙 어머니–해주오씨(오탁吳琢의 딸) 부인–청풍김씨(김갑로金甲魯의 딸)
묘	경기도 용인시 기흥구 청덕리 산 27 납골묘

관직경력

한성판윤 재임기간 : 1795년정조19 12월 28일 ~ 1796년정조20 1월 19일

조선 후기의 무신

1751년영조27	무과 급제
1763년영조39	전라좌수사–파직(혹정으로 사헌부 탄핵)
1766년영조42	승지, 황해병마절도사
1776년정조즉위	여사대장轝士大將, 경기수사, 금군별장, 삼도수군통제사, 어영대장
1788년정조12	정조의 황단皇壇 행차에 칭병하며 주둔치 않음– 사판仕版 삭제
1791년정조15	여주목사, 수원부사

1793년정조17 형조판서, 어영대장, 훈련대장, 금위대장
1795년정조19 한성부판윤, 포도대장, 총융사

생애일화

전형적인 무인으로 어영대장 4번, 총융사 6번, 금위대장 6번과 훈련대장, 병조판서까지 지냈다.
그에게는 무운巫雲이라는 기생과의 아련한 일화가 전한다. 애인 성진사와 수절하는 뜻으로 몸에 상처를 내고, 그것을 핑계로 수청을 거절하였다. 그래서 그녀를 시중만 하도록 부리기 반년 만에 스스로 그녀가 수청을 허락해 애인이 되었다.
임기가 끝나 돌아갈 때 집안 사정으로 데려오지 못하니 그녀는 단지斷指하며 수절을 선언했다. 뒷날, 그가 성진城津에 훈장訓將으로 다시 가서 그녀를 만나니 매우 반가워하면서도 몸을 허락하지 않았다. 단지하고 맹세한 후에 진짜로 수절을 하는 것이라 했다. 그런 상태에서 본처가 죽었다 하니 와서 조상을 하고 갔고, 그가 죽었을 때에도 마찬가지로 조상을 했다. 그녀는 스스로 운대사雲大師라 칭하며 끝내 자기 집에서 살다가 죽었다 한다.

1255대 한성판윤 이치중(李致中) – 1210·1213·1219·1239대 동일인물

한성판윤 재임기간 : 1796년정조20 1월 15일 ~ 1796년정조20 1월 27일

1256대 한성판윤 권 엄(權𧟋) – 1258·1261·1277대 동일인물

신상내용

생몰연대 1729년영조5 ~ 1801년순조1 – 73세
본관 안동安東
자 공저公著
호 섭서葉西
가족 증조–옹顒, 할아버지–진사 엄奄, 아버지–첨지중추부사 밀謐
어머니–유춘영柳春榮의 딸
부인–조수징趙壽徵의 딸
묘 경기도 개풍군 북면 장지산

관직경력

한성판윤 재임기간 : 1796년정조20 1월 29일 ~ 1796년정조20 3월 6일

조선 후기의 문신

1756년영조32	사마시(진사) 입격
1765년영조41	식년문과 급제
1773년영조49	지평
1781년정조5	헌납
1790년정조14	충청도관찰사, 대사간, 공조·형조판서, 강계부사, 전라도관찰사
1795년정조19	강화부유수, 병조판서
1796년정조20	한성부판윤
1801년순조1	지중추부사–이가환·이승훈·정약용 등 천주교신자 극형 주장

생애일화

한성판윤으로 있을 때에 왕의 총애를 받던 태의太醫 강명길康命吉이 그의 부친 묘를 이장하려고 민가 수십 호를 옮기는 문제로 여러 차례 송사를 일으켰으나, 끝내 가난한 백성들을 옮기게 할 수 없다는 판결을 내려 칭송을 받기도 하였다.

1257대 한성판윤 이득신(李得臣) – 1289·1302·1304대 동일인물

신상내용

생몰연대	1742년영조18 ~ 1802년순조2 – 61세
본관	전주全州
자	성량聖良
시호	효헌孝憲
가족	증조–이조판서 익수益壽, 할아버지–군수 도선道善, 아버지–시덕時德 어머니–남양홍씨(사간 홍정명洪廷命의 딸) 부인–풍양조씨(조한경趙漢慶의 딸)
묘	경기도 양주시 덕치–도시계획으로 실전

관직경력

한성판윤 재임기간 : 1796년정조20 3월 6일 ~ 1796년정조20 3월 9일

조선 후기의 문신

1766년영조42	정시문과 급제
1774년영조50	등준시登俊試 급제
1778년정조2	홍문관부교리·교리, 정언, 홍문관수찬
1783년정조7	승정원승지, 수원부사, 대사간
1785년정조9	춘천부사
1786년정조10	충청도관찰사
1788년정조12	대사헌
1789년정조13	희천군수
1793년정조17	형조판서
1795년정조19	행부사직, 지의금부사, 대사헌, 이조·병조판서
1796년정조20	한성부판윤
1797년정조21	전라도관찰사
1801년순조1	산릉도감제조, 동지사로 청나라 다녀오다
1802년순조2	병조판서

생애일화

지방관으로 나갔을 때마다 선정을 베풀고 치적을 쌓았으며, 특히 전라도관찰사로 있을 때에는 곡식 4만 석을 풀어 기민을 구제하고, 그 지방의 심한 사치를 엄단하였다.
증조 익수益壽가 한성판윤을 지냈다.

1258대 한성판윤 권 엄(權儼) – 1256·1261·1277대 동일인물

한성판윤 재임기간 : 1796년정조20 3월 14일 ~ 1796년정조20 12월 22일

1259대 한성판윤 이경무(李敬懋) – 1254·1274·1276대 동일인물

한성판윤 재임기간 : 1796년정조20 12월 27일 ~ 1797년정조21 1월 22일

1260대 한성판윤 신사운(申思運) – 1234·1243·1247·1305대 동일인물

한성판윤 재임기간 : 1797년정조21 1월 22일 ~ 1797년정조21 1월 26일

1261대 한성판윤 권 엄(權𥖝) – 1256·1258·1277대 동일인물

한성판윤 재임기간 : 1797년정조21 1월 26일 ~ 1797년정조21 1월 27일

1262대 한성판윤 신광리(申光履)

신상내용

생몰연대	1727년영조3 ~ 1799년정조23 – 73세
본관	평산平山
자	수숙綏叔
시호	정간貞簡
가족	증조–생원 구銶, 할아버지–승지 사영思永, 아버지–지중추부사 준畯 어머니–이경중李慶重의 딸 부인–민형수閔亨洙의 딸

관직경력

한성판윤 재임기간 : 1797년정조21 1월 27일 ~ 1797년정조21 2월 4일

조선 후기의 문신

1750년영조26	사마시(진사) 입격, 판관
1768년영조44	식년문과 급제, 필선, 교리, 수찬
1769년영조45	장령, 승지
1770년영조46	대사간
1776년정조즉위	유배(사도세자 죽이는데 7촌당숙 만晩과 그 일족들이 정후겸에 동조)
1788년정조12	승지
1793년정조17	대사간
1797년정조21	강화부유수, 한성부판윤, 공조판서, 기로소 입소

생애일화

사도세자의 뒤주사건 죽음에 관련하여 정후겸에게 동조한 7촌 당숙과 8촌 형제들로 인해서 집안이 풍비박산이 나는 바람에 그도 흑산도로 유배를 갔다가 풀려났다. 뒷날 사도세자의 묘를 이장할 때 공으로 다시 기용되어 관직에 나갈 수 있었다.

1263대 한성판윤 심환지(沈煥之)

신상내용

생몰연대 1730년 ~ 1902년
본관 청송青松
자 휘원輝元
호 만포晚浦
시호 문충文忠
가족 할아버지–교리 泰賢 아버지–진鎭
어머니–부사 金履福 의 딸

관직경력

한성판윤 재임기간 : 1797년정조21 2월 4일 ~ 1797년정조21 2월 4일

조선후기의 문신

1762년철종13	사마시(진사) 입격, 세자익위사부수
1771년영조47	정시문과 급제(42세), 정언, 교리, 부수찬
1779년정조3	홍문관교리, 시강원문학·필선, 대사성
1787년정조11	호서암행어사, 대사간, 대사헌, 이조참의
1792년정조16	형조참판–유배(안핵어사 김희채의 탄핵)
1793년정조17	이조참판, 도승지, 홍문관·예문관제학, 규장각제학
1794년정조18	이조·병조판서, 지의금부사, 이조판서
1795년정조19	판중추부사, 경모궁제조, 우의정
1797년정조21	한성부판윤
1799년정조23	좌의정
1800년정조24	정조 승하–순조 즉위, 영의정

생애일화

42세의 늦은 나이로 과기에 급제하여 관직생활의 시작이 늦었지만, 청렴하고 유능하여 활발한 정치활동으로 남인의 채제공을 배척하고 소론의 서명신을 탄핵하는 등 노론 강경파로 두각을 나타냈다.
그는 철저한 노론계 인물로서 신임의리申壬義理를 고수하였으며, 정조의 아버지 사도세자의 죽음이 정당했다고 주장하는 벽파의 영수였다. 그리하여 정조가 죽은 후 장영용壯勇營을 혁파하였고, 나이 어린 순조의 院相이 되어 정권을 장악하고 신유사옥을 일으킨 장본인이다.
정조가 그에게 비밀편지를 보내 국정 현안을 미리 의논하고, 정책을 추진하였다는 사실이 뒷날 밝혀져 화제가 되었다.

1264대 한성판윤 김문순(金文淳) – 1195·1205·1207·1233·1252·1266·1285·1291·1295·1325대동일인물

한성판윤 재임기간 : 1797년정조21 2월 4일 ~ 1797년정조21 2월 22일

1265대 한성판윤 황승원(黃昇源)

신상내용

생몰연대 1732년영조8 ~ 1807년순조7 – 76세
본관 장수長水
자 윤지允之
시호 문헌文獻
가족 증조–현령 휘暉, 할아버지–호조정랑 처신處信, 아버지–형조좌랑 환瓛
어머니–안종해安宗海의 딸
부인–유무柳懋의 딸, 김광복金光福의 딸

관직경력

한성판윤 재임기간 : 1797년정조21 2월 22일 ~ 1797년정조21 2월 27일

1765년영조41	사마시(생원) 입격
1771년영조45	별시문과 급제
1773년영조47	정언
1778년영조52	부교리 겸 검토관, 영남암행어사–파직(안찰 부실)
1779년정조3	동지사의 서장관으로 청나라 다녀오다. 승지–파직(일 처리 소홀)
1781년정조5	대사성, 황해도관찰사
1783년정조7	이조참의, 대사헌, 이조참판
1797년정조21	한성부판윤, 공조판서, 개성부유수
1798년정조22	예조판서, 홍문관제학
1800년정조24	강화부유수–파직·유배(강화도에 위리안치되어 있던 은언군 인䄄 탈출)
1801년순조1	형조판서, 예문관제학, 판의금부사, 우참찬, 이조판서
1807년순조7	상호군

생애일화

문장에 능하였으며, 저서로는 〈일통표一統表〉와 약간의 시문집이 있다.

1266대 한성판윤 김문순(金文淳) – 1195·1205·1207·1233·1252·1264·1285·1291·1295·1325대 동일인물

한성판윤 재임기간 : 1797년정조21 4월 3일 ~ 1797년정조21 5월 25일

1267대 한성판윤 윤사국(尹師國) – 1242대 동일인물

한성판윤 재임기간 : 1797년정조21 5월 25일 ~ 1797년정조21 9월 1일

1268대 한성판윤 조종현(趙宗鉉) – 1222·1237대 동일인물

한성판윤 재임기간 : 1797년정조21 9월 4일 ~ 1797년정조21 9월 9일

1269대 한성판윤 조심태(趙心泰) – 1275대 동일인물

신상내용

생몰연대	1740년영조16 ~ 1799대정조23 – 60세
본관	평양平壤
자	집중執中
시호	무의武毅
추증	좌찬성
배향	정조 묘정
가족	증조–경기수사 유猷, 할아버지–세발世發, 아버지–통제사 경儆 어머니–진주강씨(강주오姜柱五의 딸) 부인–안윤복安允福의 딸

관직경력

한성판윤 재임기간 : 1797년정조21 9월 9일 ~ 1797년정조21 11월 8일

조선 후기의 무신

음보–선전관

1768년영조44	무과 급제, 여러 무관직 역임
1785년정조9	충청도병마절도사, 3도수군통제사
1787년정조11	좌포도대장, 총융사
1789년정조13	수원부사
1791년정조15	훈련대장, 총융사, 금위대장, 어영대장
1794년정조18	수원부유수
1797년정조21	한성부판윤, 형조판서, 대호군, 장용위대장

생애일화

1794년정조18에 수원水原이 부府로 승격되어 수원부유수로 등용되면서 수원성의 축성, 화성 봉수대 설치 등의 방어시설은 물론 도시규모의 확대 등과 호수를 중심으로 송림을 보호하는 문제에 이르기까지 그의 공헌이 적지 않았다.

그는 무관으로서는 보기 드문 명필이었으며, 특히 대자大字에 뛰어났다.

그의 용모는 키가 8척이나 되고 수염이 아름다웠다. 풍채가 헌앙하여 사람을 압도하나, 사람을 대함에는 공손하고 예의가 바르며 조금도 거만함이 없었다.

1270대 한성판윤 이병정(李秉鼎) – 1307대 동일인물

신상내용

생몰연대	1742년영조18 ~ 1804년순조4 – 63세
본관	전주全州
초명	병정秉正
자	이중彝仲·이중耳仲
호	이암異庵
가족	증조–성주목사 언유彦維, 할아버지–목사 민제敏躋, 아버지–판서 창수昌壽 어머니–진주유씨(생원 유담柳紞의 딸) 부인–풍양조씨(우의정 조재호趙載浩의 딸) 해주정씨(봉사 정운저鄭運著의 딸) 상산김씨(김재익金載益의 딸)
묘	충남 보령군 주산면 창암리

관직경력

한성판윤 재임기간 : 1797년정조21 11월 8일 ~ 1797년정조21 12월 2일

조선 후기의 문신

1762년영조38	사마시(생원) 입격
1766년영조42	정시문과 급제, 설서
1768년영조44	정언, 지평, 주수찬, 겸사서, 수찬
1769년영조45	검토관, 헌납, 교리
1779년정조3	홍충도관찰사
1789년정조10	대사성
1790년정조11	대사헌, 동지경연사, 공조판서, 개성부유수, 수어사
1797년정조18	한성부판윤, 여주목사, 지돈녕부사, 예조판서, 함경도관찰사, 병조판서
1804년순조4	상호군

생애일화

순조실록에서 사관史官은 그가 빼어난 재주가 있고 문사가 넉넉하며 민첩하나, 세력과 이채를 좋아했다고 기록하고 있다.
이인좌의 난으로 청주목이 서원현으로 강등되고, 그가 서원현감으로 도임하여 세운 근민헌近民軒을 철종 때 목사 이덕수李德洙가 중건하여 청녕각淸寧閣이라 이름을 바꿔서 현재 청주시 중앙공원에 남아 있다.

큰아버지 창의昌誼, 아버지 창수昌壽가 한성판윤을 지냈다.

1271대 한성판윤 이가환(李家煥)

신상내용

생몰연대	1742년영조18 ~ 1801년순조1 – 60세
본관	여주驪州
자	정조廷藻
호	금대錦帶·정헌貞軒
저서	〈금대유고〉 외
가족	증조–명진明鎭, 할아버지–침沈, 아버지–진사 용휴用休 어머니–유헌장柳憲章의 딸 부인–해주정씨(판서 정운유鄭運維의 딸)
묘	강원도 원성군 흥업면 매지리 선영

관직경력

한성판윤 재임기간 : 1797년정조21 12월 2일 ~ 1798년정조22 3월 21일

조선 후기의 문신

1771년영조47	사마시(진사) 입격
1777년정조1	증광문과 급제
1780년정조4	비인현감
1791년정조15	광주부윤–천주교 탄압, 대사성, 개성유수, 형조판서
1795년정조19	충주목사 좌천(주문모 신부 입국사건 연루)
1797년정조21	한성부판윤
1801년순조1	순교殉教–이승훈·권철신 등과 함께 옥사獄死

생애일화

실학의 선구자 성호 이익李瀷의 종손從孫이며, 천주교인 이승훈李承薰의 외숙이다.
학문적 교우로는 정약용·이벽·권철신 등 초기 천주교 신자들을 꼽을 수 있다. 그러나 관직에 있을 때에는 천주교를 탄압하기도 하였으나, 결국 천주교를 연구하다 옥사를 당하여 순교하였다.
죽을 때 탄식하기를, "선비를 많이 아는 것을 귀히 여기니, 무슨 책인들 읽지 못하랴! 좁고

누추한 나라에서 태어나 죽음을 당하는 것이 오히려 늦구나." 했다.
그는 원래 정조로부터 '정학사貞學士'라 호칭될 만큼 대학자였으며, 특히 천문학과 수학에 정통하여 그 자신이 "내가 죽으면 이 나라에 수학의 맥이 끊어지겠다."라고 할 정도로 수학의 대가였다.
저서로는 〈기전고箕田攷〉·〈금대유고錦帶遺稿〉가 있다.

1272대 한성판윤 서매수(徐邁修) – 1288·1296대 동일인물

신상내용

생몰연대	1731년영조7 ~ 1818년순조18 – 88세
본관	대구大丘
자	덕이德而
호	당헌戇軒
시호	익헌翼憲
가족	증조–문택文澤, 할아버지–이조참의 종섭宗燮, 아버지–명원命元 어머니–풍천임씨(사헌부집의 임진하任震夏의 딸) 부인–진사 이형정李顯鼎의 딸, 대사헌 황재黃梓의 딸
묘	경기도 광주시 목현동 새오개마을

관직경력

한성판윤 재임기간 : 1798년정조22 3월 21일 ~ 1798년정조22 3월 27일

조선 후기의 문신

음사–당진현감

1787년정조11	정시문과 급제(56세), 이조판서
1804년순조4	우의정, 영의정
1813년순조13	판중추부사

생애일화

약봉 서성徐渻의 후손으로 영조의 정비正妃 정성왕후貞聖王后 집안 출신이다.
아주 늦은 나이에 급제하여 학술과 재능은 없었으나 원만한 대인관계와 근면한 태도로 장자長子로 칭양 받았다. 시파와 벽파의 대립 속에서 영의정까지 올랐어도 삼사로부터의 논핵은 끊이질 않아 문외출송을 당한 후 일생을 마쳤다.

1273대 한성판윤 박종갑(朴宗甲)

신상내용

생몰연대 1742년영조18 ~ 1799년정조23 – 58세
본관 반남潘南
초명 상갑相甲
자 동보同甫
시호 문정文貞
가족 증조–예산현감 필순弼純, 할아버지–동돈 사임師任, 아버지–공조정랑 인원麟源
어머니–윤용尹容의 딸
부인–최창백崔昌百의 딸

관직경력

한성판윤 재임기간 : 1798년정조22 3월 27일 ~ 1798년정조22 4월 13일

조선 후기의 문신

1770년영조46	정시문과 급제, 설서,
1773년영조49	홍문록 등재, 호당 선발–사가독서
1775년영조51	우부승지, 춘천부사
1777년정조1	형조병조이조참의, 예조참판, 평안도관찰사
1798년정조22	공조판서, 한성판윤, 의금부지사, 도총관, 지돈녕부사, 형조판서, 지경연사

생애일화

그는 젊은 시절에 경사經史를 탐독하고, 많은 책을 섭렵하였으므로 친구들로부터 우러러 보였다. 세자시강원에 들어가서는 세손을 잘 보좌하여 서유신徐有臣·이의준李義駿과 함께 '삼춘방三春坊'이라 불리었다.
정조1년, 탄핵을 받아 향리에 방축되었을 때, 초가집에 비바람을 가리지 못하고 양식이 떨어져도 조금도 걱정하고 탄식하는 일이 없었다. 대대로 벼슬한 집안에서 태어났으나 청렴과 검약으로 자신을 다스리니 사람들이 감히 비도非道로써 대하지 못하였다.

1274大 한성판윤 이경무(李敬懋) – 1254·1259·1276대 동일인물

한성판윤 재임기간 : 1798년정조22 4월 13일 ~ ? (재직확인:1798년 4월 16일)

1275大 한성판윤 조심태(趙心泰) – 1269대 동일인물

한성판윤 재임기간 : ? ~ ? (재직확인:1798년 4월 19일)

1276大 한성판윤 이경무(李敬懋) – 1254·1259·1274대 동일인물

한성판윤 재임기간 : ? ~ 1798년정조22 5월 27일 (재직확인:1798년 4월 27일)

1277大 한성판윤 권 엄(權欕) – 1256·1258·1261대 동일인물

한성판윤 재임기간 : 1798년정조22 5월 27일 ~ 1798년정조22 8월 28일

1278大 한성판윤 구 익(具廙) – 1212·1214·1244·1250·1253대 동일인물

한성판윤 재임기간 : 1798년정조22 8월 28일 ~ 1798년정조22 12월 2일

1279大 한성판윤 신대현(申大顯) – 1354·1376대 동일인물

신상내용

생몰연대 1757년영조33 ~ 1812년순조12 – 56세
본관 평산平山
자 회경晦卿
시호 효의孝毅

가족	증조-백운거사 유瑜, 할아버지-교리 정하靖夏, 아버지-향帍 어머니-김정운金鼎運의 딸

관직경력

한성판윤 재임기간 : 1798년정조22 12월 2일 ~ 1798년정조22 12월 12일

조선 후기의 무신

1768년영조44	황해도수군절도사
1769년영조45	경상좌도병마절도사
1772년영조48	황해도병마절도사, 승지
1775년영조51	경기도수군절도사
1776년영조52	교동부사-유배(죄수 탈출)
1793년정조17	금군별장
1794년정조18	수군통제사, 총융사-삭직(경연에서 품위 실수)
1795년정조19	금위대장-삭직(어가 운행 중 과오)
1798년정조21	한성부판윤
1800년정조24	장용대장, 좌포도대장, 호군
1804년순조1	우포도대장
1809년순조9	형조판서
1812년순조12	대호군

생애일화

호군으로 있을 때, 성곽 · 도로의 개축과 군정의 개혁을 건의하였다.

1280대 한성판윤 김사목(金思穆) - 1335대 동일인물

신상내용

생몰연대	1740년영조16 ~ 1829년순조29 - 90세
본관	경주慶州
자	백심伯深
호	운소雲巢
시호	경헌敬獻

가족	증조–도총관 주신柱臣, 할아버지–공조참의 후연後衍, 아버지–형조판서 효대孝大 어머니–동래정씨(목사 정지익鄭志翼의 딸) 부인–동래정씨(감역 정득순鄭得淳의 딸)
묘	경기도 고양시 덕양구 대자리

관직경력

한성판윤 재임기간 : 1798년정조22 12월 12일 ~ 1798년정조22 12월 18일

조선 후기의 문신

1765년영조41	사마시(생원·진사) 양과 입격, 김제군수
1772년영조48	정시문과 급제, 홍문관부교리, 보덕, 승정원동부승지
1774년영조50	승지
1783년정조7	대사간, 병조참판
1784년정조8	경기도관찰사, 대사헌, 총융사
1786년정조10	형조참판
1788년정조12	황해도관찰사
1789년정조13	대사간
1790년정조14	형조판서, 비변사유사당상, 경기도관찰사, 수원부사–사도세자 천릉遷陵
1791년정조15	전라우수사, 총융사, 이조판서
1798년정조22	한성부판윤
1800년순조즉위	병조·예조판서, 판의금부사
1808년순조8	우의정
1819년순조19	좌의정
1828년순조28	영중추부사, 균자감도제조

생애일화

그는 천부적인 자질이 영민하고 성실하여 관직생활 동안 성심껏 봉사하였다.
세 조정(영조·정조·순조)을 70년 간 섬겼으며, 정승의 반열에 오르는 영광과 함께 기로소에 들고 회방(回榜:과거 급제 회갑)으로 궤장을 하사받기도 하였다.
숙종의 계비 인원왕후仁元王后가 대고모이고, 5대조 남중南重과 아버지 효대孝大가 한성판윤을 지냈다.

1281대 한성판윤 성덕조(成德朝)

신상내용

생몰연대 1716년숙종42 ~ 1799년정조23 – 84세
본관 창녕昌寧
자 도백道伯
가족 증조–생원 초일楚逸, 할아버지–동지중추부사 인중麟重, 아버지–승지 진령震齡
어머니–이정李渟의 딸
부인–안석훈安錫勛의 딸

관직경력

한성판윤 재임기간 : 1798년정조22 12월 18일 ~ 1798년정조22 12월 18일

조선 후기의 문신

1744년영조20	사마시(생원) 입격
1768년영조44	식년문과 급제
1769년영조45	지평, 정언
1777년정조1	헌납
1784년정조8	우통례
1798년정조22	한성부판윤

생애일화

헌납으로 있을 때부터 여러 차례 상소를 올려 임금이 그때마다 가상히 여긴다는 비답을 내렸다.
상소 1 "성군聖君은 반드시 학문을 익히고 덕을 쌓아야 만백성을 다스릴 수 있다"
상소 2 "귀천을 불문하고 널리 인재를 골라 써야 한다."
상소 3 "역적의 엄격한 처벌과 인재의 등용, 재용의 절약 등에 유념해야 한다."

1282대 한성판윤 홍주만(洪周萬)

한성판윤 재임기간 : 1798년정조22 12월 18일 ~ 1798년정조22 12월 18일

1283대 한성판윤 홍양호(洪良浩) – 1166·1197대 동일인물

한성판윤 재임기간 : 1798년정조22 12월 18일 ~ 1798년정조22 12월 18일

1284대 한성판윤 서병덕(徐秉德)

신상내용

생몰연대	1712년숙종38 ~ 1811년순조11 – 95세
본관	연산連山
자	유호攸好
호	주은酒隱
시호	정익靖翼
가족	증조–필행必行, 할아버지–욱, 아버지–희조喜朝 어머니–영산신씨(신진갑辛震甲의 딸) 부인–함양박씨(박진주朴鎭周의 딸)
묘	충남 예산군 광시면 마사리

관직경력

한성판윤 재임기간 : 1798년정조22 12월 18일 ~ 1798년정조22 12월 20일

조선 후기의 문신

1732년영조8	통덕랑
1750년영조26	사마시(생원) 입격
1751년영조27	문과 급제, 장령, 헌납
1752년 이후	부승지, 예조참판, 도총관, 지중추부사
1798년정조22	한성부판윤, 궤장 하사, 기로소 입소

생애일화

조선 후기사회의 정치적 상황에서 당쟁에 휩쓸리지 않고 정사를 돌보았으며, 벼슬에서 물러나 낙향한 후 안빈낙도의 삶을 즐기고 95세에 별세하였다.
그의 영정, 요대, 옥배 등이 남아 조선 후기의 민속사료 연구에 귀중한 자료이다.

1285대 한성판윤 김문순(金文淳) – 1195·1205·1207·1233·1252·1264·1266·1291·1295·1325대 동일인물

한성판윤 재임기간 : 1798년정조22 12월 20일 ~ 1799년정조23 1월 8일

1286대 한성판윤 이정운(李鼎運)

신상내용

생몰연대	1743년영조19 ~ 1800년순조즉위
본관	연안延安
자	공회公會
호	오사五沙
시호	정민貞敏
가족	증조–제상濟相, 할아버지–춘정春挺, 아버지–동지중추부사 징대徵大 어머니–이발형李發馨의 딸

관직경력

한성판윤 재임기간 : 1799년정조23 1월 8일 ~ 1799년정조23 5월 2일

조선 후기의 문신

1769년영조45	정시문과 급제
1770년 이후	검열, 정언, 지평
1781년정조5	홍충도 암행어사
1784년정조8	사은사의 서장관으로 청나라 다녀오다
1785년정조9	승지
1796년정조20	충청도관찰사
1797년정조21	함경도관찰사
1799년정조23	한성부판윤
1800년정조24	형조판서

생애일화

홍충도洪忠道에 암행어사로 출두하여 토호土豪들이 무단武斷을 부리는 폐해를 적발하여

처단하고, 연강沿江의 전조轉漕에 관한 폐단을 단속하였다.
또한, 문장이 뛰어났다.

1287대 한성판윤 이응거(李膺擧)

신상내용

생몰연대	1715년숙종41 ~ 1807년순조7 – 93세
본관	공주公州
자	사징士澄
호	덕암德巖
시호	돈희敦僖
저서	〈덕암집〉
가족	아버지–증판서 세린世麟

관직경력

한성판윤 재임기간 : 1799년정조23 5월 2일 ~ 1799년정조23 5월 9일

조선 후기의 문신

1788년정조12	영변참봉, 숭령전랑
1789년정조13	강릉참봉
1794년정조18	지중추부사
1798년정조22	도총관
1799년정조23	한성부판윤

생애일화

좌의정 이성원李性源이 서북인西北人을 등용할 것을 주장하여, 학행과 효행으로 천거되어 관직이 제수되었다.
특별히 80세에 지중추부사로 임용되었고, 한성판윤을 지내고 93세에 타계他界하였다.
문집으로 〈덕암집德巖集〉이 있다.

1288대 한성판윤 서매수(徐邁修) – 1272·1296대 동일인물

한성판윤 재임기간 : 1799년정조23 5월 9일 ~ 1799년정조23 7월 3일

1289대 한성판윤 이득신(李得臣) – 1257·1302·1304대 동일인물

한성판윤 재임기간 : 1799년정조23 7월 3일 ~ 1799년정조23 7월 10일

1290대 한성판윤 김재찬(金載瓚) – 1246대 동일인물

한성판윤 재임기간 : 1799년정조23 7월 20일 ~ 1799년정조23 8월 16일

1291대 한성판윤 김문순(金文淳) – 1195·1205·1207·1233·1252·1264·1266·1285·1295·1325대 동일인물

한성판윤 재임기간 : 1799년정조23 8월 17일 ~ 1799년정조23 8월 17일

1292대 한성판윤 이조원(李祖源) – 1298대 동일인물

신상내용

생몰연대	1735년영조11 ~ 1806년순조8 – 72세
본관	연안延安
자	현지玄之
호	판교板橋
가족	증조–군수 봉조鳳朝, 할아버지–첨정 경신敬臣, 아버지–진보鎭輔 어머니–홍계만洪啓萬의 딸 부인–유휘병柳輝丙의 딸, 최도호崔道浩의 딸

관직경력

한성판윤 재임기간 : 1799년정조23 8월 17일 ~ 1799년정조23 9월 27일

조선 후기의 문신

1768년영조44	정시문과 급제, 정언
1786년정조10	의주부윤
1789년정조13	이조참의
1790년정조14	경상도관찰사, 이조참의, 한성부좌윤
1791년정조15	동지부사로 북경에 다녀오다, 대사성, 대사헌, 도승지, 형조판서
1796년정조20	예조판서, 형조·병조·공조판서, 동지사로 청나라 다녀오다
1799년정조23	의정부우참찬, 형조판서, 한성부판윤

생애일화

경상도관찰사로 나아가, 함양 등 여러 읍의 수령들이 환곡을 횡령하는 부정을 적발하고, 내수사內需司 이속에 따른 폐단과 읍에 설치된 민고民庫의 운영을 시정하기 위해 노력하였다. 그러나 오히려 대간들로부터 장계에 하자가 있다는 탄핵을 받고 파직 당하기도 했다.
만년에는 안동김씨 김좌근金左根 등의 세력과 맞서다가 삭탈관직, 향리로 쫓겨나 이듬해 졸했다. 뒷날 직첩을 돌려받고 복권되었다.
그는 글씨를 잘 써 명필로 이름이 났다.

1293대 한성판윤 서유대(徐有大)

신상내용

생몰연대	1732년영조8 ~ 1802년순조2 – 71세
본관	달성達城
자	자겸子謙
시호	무익武翼
가족	증조–한성서윤 종적宗績, 할아버지–명장命璋, 아버지–일수逸修 어머니–이국형李國馨의 딸 부인–청주한씨(한봉상韓鳳相의 딸)
묘	경기도 파주시 적성면 감악산 문암

관직경력

한성판윤 재임기간 : 1799년정조23 9월 27일 ~ 1799년정조23 9월 28일

조선 후기의 무신

1757년영조33	문음-선전관
1759년영조35	사복시내승, 무과급제
1763년영조39	훈련원정, 통신사를 호종하여 일본을 다녀오다. 방어사, 겸사복
1768년영조44	충청수군절도사
1769년영조45	전라도병마절도사-파직(김상익金相翊의 무고)
1770년영조46	함경도병마절도사, 수군통제사-유배(삼수, 전선 전복)
1783년정조7	총융사, 훈령도감중군, 좌포도대장, 어영대장, 금위장-파직(궁궐 화재)
1784년 이후	정조 때의 군권을 장악한 핵심인물로서 군사요직을 모두 역임
1799년정조23	한성판윤
1802년순조2	훈련대장

생애일화

그는 체격이 크고 성품이 너그러워 군졸의 원성을 산 바가 없으며, 당시 사람들은 그를 복장福將이라고 불렀다고 한다.
글씨에도 능하여 대자大字를 특히 잘 썼다. 통제영統制營에 있을 때 연습하다 버린 먹물이 병영 안을 시커멓게 만들었고, 〈세병관洗兵館〉이란 편액 석자를 써서 다니 매우 웅장하고 화려했다 한다.

1294대 한성판윤 이의필(李義弼) – 1318·1327대 동일인물

신상내용

생몰연대	1738년영조14 ~ 1808년순조8 -71세
본관	전주全州
초명	상악商岳
자	교백喬伯
호	창계蒼溪
상훈	청백리
가족	증조-영의정 유濡, 할아버지-한성서윤 현숭顯崇, 아버지-대사간-존중存中 어머니-풍산홍씨(동지돈녕부사 홍중복洪重福의 딸)

부인–남양홍씨(참판 홍익삼洪益三의 딸)

묘 경기도 양주시 선산

관직경력

한성판윤 재임기간 : 1799년정조23 9월 28일 ~ 1799년정조23 10월 3일

조선 후기의 문신

1766년영조42	정시문과 급제, 사간원정언, 세자시강원사서·문학, 홍문관수찬·응교
1776년정조즉위	성균관대사성
1779년정조3	부제학–파직(홍국영의 사주를 받고 영의정 서명선 형제를 탄핵, 동조 상소)
1780년정조4	강계부사 등 지방관을 거쳐 부제학 역임
1795년정조19	대사헌–유배(대사간 최현중崔顯重 처벌 주장)
1798년정조22	호조참판, 형조판서, 함경도관찰사
1805년순조5	우참찬–유배(좌의정 서매수徐邁修 탄핵)
1806년순조6	광주유수
1807년순조7	파직(함경도관찰사 재직 시 귀양 간 사람을 임의로 죽임)

생애일화

세종대왕의 5남 광평대군 여璵의 후손으로 성품이 강직하여 다소 과격한 면이 있었다.
여러 차례 재상宰相을 상대로 탄핵을 시도했으나, 그때마다 거꾸로 파직되어 귀양을 가곤 하였다.
증조부 유濡가 한성판윤을 지냈으며, 정조 때 청백리로 선정되었다.

1295대 한성판윤 김문순(金文淳) – 1195·1205·1207·1233·1252·1264·1266·1285·1291·1325대 동일인물

한성판윤 재임기간 : 1799년정조23 11월 29일 ~ 1800년정조24 1월 1일

1296대 한성판윤 서매수(徐邁修) – 1272·1288대 동일인물

한성판윤 재임기간 : 1800년정조24 4 1월 1일 ~ 1800년정조24 1월 26일

1297대 한성판윤 이조승(李祖承) – 1301·1310대 동일인물

신상내용

생몰연대	1754년영조30 ~ 1805년순조5 – 52세
본관	연안延安
자	순여順汝
호	담여헌淡如軒
시호	정익靖翼
가족	증조–좌의정 후, 할아버지–도평度平, 아버지–박璞 어머니–김이복金履福의 딸 부인–김진주金晉柱의 딸

관직경력

한성판윤 재임기간 : 1800년정조24 4 1월 26일 ~ 1800년정조24 12월 1일

조선 후기의 문신

문음	조경단肇慶壇참봉
1774년영조50	정시문과 급제
1781년정조5	권지부정자(초계문신 중 강의가 뛰어나 어정경서御定經書 1권 하사)
1783년정조7	예문관검열
1784년정조8	이조좌랑, 홍문관교리–통정대부
1788년정조12	이조참의
1789년정조13	좌승지, 승지, 대사간
1790년정조14	황해도관찰사–삭탈관직(연안·배천 등지의 백성 구제 방치)
1794년정조18	대사헌, 예조참판, 대사간, 승지 이조참판, 예조판서, 우참찬, 형조판서
1800년정조24	한성부판윤, 돈체사, 비변사제조
1802년순조2	예조·형조·공조판서, 경기도관찰사, 병조판서

생애일화

인조반정의 공신으로 영의정을 지낸 연평부원군 이귀李貴의 후손이다.
정조대왕이 문예부흥책의 일환으로 선발한 초계문신 20인에 선정되었을 만큼 실력이 뛰어나 임금으로부터 어정경서를 하사받았다.
작품으로는 〈규화명선奎華名選〉에 측우기를 소재로 한 부賦와 촛불을 켜놓고 금을 그어 그 시간 안에 시를 짓게 하는 촉각시 '공북루拱北樓' 외 4수와 전箋 등이 있다.

1298대 한성판윤 이조원(李祖源) – 1292대 동일인물

한성판윤 재임기간 : 1800년정조24 4 12월 1일 ~ 1800년정조24 12월 15일

1299대 한성판윤 이집두(李集斗) – 1328·1331·1352·1356·1369대 동일인물

신상내용

생몰연대	1744년영조20 ~ 1820년순조20 – 77세
본관	경주慶州
자	중휘仲輝
호	파서芭西·구학臞鶴
가족	증조–감역 항곤恒坤, 할아버지–봉사 석로錫老, 아버지–감역 진원進源 어머니–조철명趙哲明의 딸 부인–권세모權世模의 딸
묘	충북 괴산군 청안면 시화역촌

관직경력

한성판윤 재임기간 : 1800년순조즉위 12월 19일 ~ 1801년순조1 1월 27일

조선 후기의 문신

1774년영조50	사마시(진사) 입격
1775년영조51	별시문과 급제,
1781년정조5	예문관검열, 이조좌랑, 장령, 이조참의, 대사성, 승지, 강릉현감
1784년정조8	문효세자수책시책례도감 참여
1796년정조20	대사간, 대사헌, 안동부사
1798년정조22	함경도관찰사
1800년정조24	주청부사로 청나라 다녀오다
1800년순조즉위	한성판윤, 공조·예조판서
1805년순조5	문조왕세자책례도감 참여
1810년순조10	동지사로 청나라 다녀오다. 판의금부사, 의정부참찬
1812년순조12	판돈녕부사, 기로소 입소

생애일화

좌의정 이경억李慶億의 후손이며, 글씨에 뛰어나 정조로부터 '필체가 순정하다'라는 격찬을 받으며 사랑을 받았다.
정조가 지은 〈만천명월주인옹萬川明月主人翁〉의 자서自序를 해서楷書와 전서篆書로 첩帖을 써서 바쳤으며, 경주의 경상북도 기념물 제54호인 표암비瓢巖碑에 〈경주이씨발상지慶州李氏發祥地〉라는 비제가 있다. 또한 강릉에 〈溟仙門〉이라는 글씨가 바위에 새겨져 있다.
문장으로는 안동부사로 부임하여 〈영호루중수상량문映湖樓重修上樑文〉을 남겼다.
강릉현감으로 있을 때에 네 가지의 읍폐邑弊(해폐海弊·군폐軍弊·세폐稅弊·삼폐蔘弊)를 상소하여 시정하도록 건의하였다.

1300대 한성판윤 이익운(李益運) – 1380·1382대 동일인물

신상내용

생몰연대	1748년영조24 ~ 1817년순조17 – 70세
본관	연안延安
자	계수季受
호	학록鶴麓
시호	정숙靖肅
가족	증조–제상濟相, 할아버지–춘정春挺, 아버지–이조판서 징대徵大 어머니–이발형李發馨의 딸 부인–허유許愈의 딸

관직경력

한성판윤 재임기간 : 1801년순조1 1월 27일 ~ 1801년순조1 2월 4일

조선 후기의 문신

1774년영조50	식년문과 급제
1780년정조4	정언
1782년정조6	파직(스승인 채제공蔡濟恭 변호)
1794년정조18	승지, 경상도위유사–시무책 건의
1801년순조1	경기도관찰사–천주교신자 18인 체포(3인 참형)
1805년순조5	판서 제수–사양
1807년순조7	지중추부사 제수–사양

1812년순조12 반송사
1815년순조15 대사헌, 예조판서

생애일화

채제공蔡濟恭의 문인이다.
스승을 위해 원통함을 변론하다 파직 당했으며, 경연석상에서 방자한 습성이 심하다는 이유로 벽파辟派의 논척을 받고 유배되기도 하였다.
형 정운鼎運도 한성판윤을 지냈다.

1301대 한성판윤 이조승(李祖承) – 1297·1310대 동일인물

한성판윤 재임기간 : 1801년순조1 2월 4일 ~ 1801년순조1 3월 22일

1302대 한성판윤 이득신(李得臣) – 1257·1289·1304대 동일인물

한성판윤 재임기간 : 1801년순조1 3월 22일 ~ 1801년순조1 4월 8일

1303대 한성판윤 권 유(權裕)

신상내용

생몰연대 1745년영조21 ~ 1804년순조4 – 60세
본관 안동安東
자 성수聖垂
호 국포菊圃
가족 증조–운惲, 할아버지–좌랑 형泂, 아버지–담憛
어머니–오대빈吳大斌의 딸
부인–이정수李鼎秀의 딸
묘 충남 서천군 한산면 미명동

관직경력

한성판윤 재임기간 : 1801년순조1 4월 8일 ~ 1801년순조1 4월 18일

조선 후기의 문신

1768년영조44	사마시(생원) 입격
1769년영조45	정시문과 급제
1770년영조46	사헌부 · 사간원 직책–신임辛任義理 반대자들 공격
1790년 이후	유배(창원, 채제공 공격)
1799년정조23	이조참판, 공조판서, 좌참찬
1800년순조즉위	지실록사
1801년순조1	대사헌–시파 인물 맹렬히 공격
1804년순조4	순원왕후(김조순의 딸)과 순조의 국혼 반대–대역부도죄 옥중 사망

생애일화

좋은 가문은 아니나 문장력이 있고 기개가 강하여 주로 사헌부와 사간원의 직책을 맡으면서, 벽파辟派의 언론을 동원하여 시파時派의 인물들을 공격하여 궁지에 몰아넣었다.
마침내는 국혼을 반대하여 가례가 끝난 뒤 가족·제자들과 함께 추국을 받다가 혹심한 형을 이기지 못하고 판결도 나기 전에 죽었다.

1304대 한성판윤 이득신(李得臣) – 1257·1289·1302대 동일인물

한성판윤 재임기간 : 1801년순조1 4월 18일 ~ 1801년순조1 5월 6일

1305대 한성판윤 신사운(申思運) – 1234·1243·1247·1260대 동일인물

한성판윤 재임기간 : 1801년순조1 5월 6일 ~ 1801년순조1 6월 14일

1306대 한성판윤 조상진(趙尙鎭) – 1309·1359대 동일인물

신상내용

생몰연대 1740년영조16 ~ 1820년순조20 – 81세
본관 풍양豊壤
자 이진爾眞
호 유창榴窓
시호 익정翼貞
가족 증조–사인 대수大壽, 할아버지–한성서윤 철명哲命, 아버지–완주판관 재우載遇
어머니–동래정씨(감역 정석로鄭錫老의 딸)
부인–한산이씨(대사헌 이만종李萬宗의 딸)
묘 경기도 광주시 도척면 금지곡

관직경력

한성판윤 재임기간 : 1801년순조1 6월 14일 ~ 1801년순조1 10월 27일

조선 후기의 문신

1773년영조49	증광문과 급제, 사간, 부응교
1780년정조4	예조참의, 대사간, 황해도관찰사
1782년정조6	대사성, 부제학, 대사간
1797년정조21	함경도관찰사, 공조·형조·예조판서, 판의금부사
1799년정조23	진하 겸 사은정사로 청나라 다녀오다
1800년순조즉위	형조판서
1801년순조1	한성부판윤, 판의금부사, 우·좌참찬, 지중추부사, 판돈녕부사
1813년순조13	광주부유수, 공조판서 겸 좌빈객, 지중추부사

생애일화

그의 준호구准戶口 문서가 국립중앙박물관에 소장되어 있다.

1307대 한성판윤 이병정(李秉鼎) – 1270대 동일인물

한성판윤 재임기간 : 1801년순조1 10월 27일 ~ 1802년순조2 2월 10일

1308대 한성판윤 조진관(趙鎭寬)

신상내용

생몰연대	1739년영조15 ~ 1808년순조8 – 70세
본관	풍양豊壤
자	유숙裕叔
호	가정柯汀
시호	효문孝文
가족	증조–도정 도보道輔, 할아버지–판돈녕부사 상경尙絅, 아버지–이조판서 엄曮 어머니–풍산홍씨(판서 홍현보洪鉉輔의 딸) 부인–남양홍씨(부사 홍익빈洪益彬의 딸)
묘	경기도 포천시 일동면 광석리

관직경력

한성판윤 재임기간 : 1802년순조2 2월 10일 ~ 1802년순조2 2월 17일

조선 후기의 문신

1762년영조38	사마시(생원·진사) 양과 입격
1771년영조47	의금부도사
1775년영조51	세자익위사시직–특별 구현시求賢試 장원 선발, 홍문관제학, 광주부윤
1788년정조12	돈녕부도정, 한성부우·좌윤
1794년정조18	대사간
1796년정조20	동지춘추관사, 개성부유수, 전라도관찰사, 병조판서, 선혜청제조
1800년정조24	형조판서, 대사헌, 병조·예조판서
1805년순조5	호조판서
1806년 이후	수원부유수, 판돈녕부사, 기로소 입소

생애일화

그는 대마도에서 고구마를 들여와 재배한 엄曮의 아들이다.
아버지가 이조판서를 할 때 인사문제와 관련, 홍국영 일당의 무고로 누명을 쓰자, 신문고를 쳐서 억울함을 호소하고 옥중에서 자살을 기도하는 등 홍국영 세력에 맞서 항거하였다.
호조판서로 재직 시, 영동과 관서지방에서 재해를 입은 백성들에게 각종 공물의 납부기간을 연기해 주어 농민의 어려움을 덜어 주었다.
할아버지 상경尙絅과 큰아버지 돈暾이 한성판윤을 지냈다.

1309大 한성판윤 조상진(趙尙鎭) – 1306·1359대 동일인물

한성판윤 재임기간 : 1802년순조2 2월 22일 ~ 1802년순조2 5월 26일

1310大 한성판윤 이조승(李祖承) – 1297·1301대 동일인물

한성판윤 재임기간 : 1802년순조2 5월 26일 ~ 1802년순조2 7월 13일

1311大 한성판윤 홍의모(洪義謨) – 1333·1347대 동일인물

신상내용

생몰연대	1743년영조19 ~ 1811년순조11 – 69세
본관	풍산豊山
초명	의영義榮
자	이중而中
호	하우당何愚堂·금시헌今是軒
시호	효헌孝憲
가족	증조–이조참판 석보錫輔, 할아버지–병조판서 상한象漢, 아버지–영의정 낙성樂性 어머니–심규沈珪의 딸 부인–김상로金相魯의 딸, 이형권李亨權의 딸, 심종진沈宗鎭 의 딸
묘	경기도 개풍군 풍덕면 조강리

관직경력

한성판윤 재임기간 : 1802년순조2 7월 22일 ~ 1802년순조2 9월 2일

조선 후기의 문신

1763년영조39	사마시(생원) 입격
1775년영조51	동몽교관
1802년순조2	한성부판윤, 개성부유수
1806년순조6	공조·형조판서, 강원도관찰사

생애일화

그는 인품이 단정하고 언소言笑가 적어, 사람들과 어울리기가 어려웠다. 뜰을 걸을 때도 발걸음이 자로 잰 듯 반듯하고, 아무리 급해도 빠른 말을 하거나 변색하는 법이 없었다.
임금을 가까이 모시기 10여 년 동안 하루라도 방심하거나 조심하지 않는 나리 없었다. 혹 연회석상에서도 표정조차 잃는 일이 없어서 정조대왕이 그를 깊이 신임했다 한다.
할아버지 상한象漢, 아버지 낙성樂性, 숙부 낙명樂命 그리고 본인도 한성판윤을 지내 3대 한성판윤 집안으로 유명하다.

1312대 한성판윤 이경일(李敬一) – 1323대 동일인물

신상내용

생몰연대	1734년영조10 ~ 1820년순조20 – 87세
본관	경주慶州
자	원회元會
호	청헌聽軒
시호	효정孝定
상훈	오은군鰲恩君
저서	〈청헌유고〉
가족	증조–군수 세장世章, 할아버지–오릉군 문좌文佐, 아버지–진사 종열宗悅 어머니–풍양조씨(판서 조석명趙錫命의 딸) 부인–박사은朴師殷의 딸
묘	경기도 포천시 가산면 서우동

관직경력

한성판윤 재임기간 : 1802년순조2 9월 2일 ~ 1802년순조2 12월 13일

조선 후기의 문신

1768년영조44	음덕–온릉참봉, 덕산현감
1775년영조51	정시문과 급제, 예조좌랑, 사간원정언, 홍문관부수찬
1778년정조2	대사간, 대사성, 이조참의, 황해도관찰사, 이조참판
1800년정조24	공조판서, 대사헌
1802년순조2	우참찬, 형조판서, 한성부판윤, 좌참찬
1804녀순조4	우의정, 좌의정
1808년순조8	봉조하, 오은군鰲恩君 피봉

생애일화

그는 임진왜란 명신 오성대감 한음漢陰 이항복李恒福의 6대손이며, 도사 종악宗岳에게 양자 갔다.
매우 검약하여 정승이 되어서도 집안 형편이 비바람이나 가릴 정도로 한빈한 선비의 생활 같았다. 급진적 개혁을 좋아하지 않았고, 선거를 공정히 했으며, 사치를 억압하는데 힘썼다.

1313대 한성판윤 윤광보(尹光普) – 1326·1330대 동일인물

신상내용

생몰연대	1737년영조13 ~ 1805년순조5 – 69세
본관	파평坡平
자	성박聖博
시호	효헌孝憲
가족	증조–대사헌 진, 할아버지–동지돈녕부사 무교懋敎, 아버지–동휴東休 어머니–권필형權弼衡의 딸 부인–임직호林直浩의 딸
묘	전북 익산군 성당면 명월동

관직경력

한성판윤 재임기간 : 1802년순조2 12월 13일 ~ 1803년순조3 2월 20일

조선 후기의 문신

1783년정조7	사마시(진사) 입격
1784년정조8	정시문과 급제, 홍문관 등용
1788년정조12	교리–파직(경기감사 김사목 등 처벌이 잘못임을 논박)
1789년정조13	〈장릉지莊陵誌〉 교열 참여, 수찬–천주교 배척 상소
1799년정조23	승지, 예조참의
1800년정조24	필선
1802년순조2	이조참판, 정조실록찬수당상, 도승지, 한성부판윤
1803년순조3	공조판서
1804년순조4	예조판서, 악기조성당상, 한성부판윤, 대사헌–파직(조회 불참)
1805년순조5	판의금부사, 상호군

생애일화

홍문관수찬으로 있을 때 천주교를 배척할 것을 상소하여 천주교 서적들을 불태우게 하였다. 현종 때 문장과 글씨가 뛰어난 학자 윤순거尹舜擧의 5대손으로 파평윤씨 노종파의 한성지역 유사로서 의전義田을 운영하여 궁핍한 종족들의 구휼사업을 도모하였다.

1314대 한성판윤 이만수(李晩秀)

신상내용

생몰연대	1752년영조28 ~ 1820년순조20 – 69세
본관	연안延安
자	성중成仲
호	극옹屐翁·극원屐園
시호	문헌文獻
저서	〈극옹집〉
가족	증조–참판 정신正臣, 할아버지–이조판서 철보喆輔, 아버지–좌의정 복원福源 어머니–안수곤安壽坤의 딸 부인–서명선徐命善의 딸
묘	경기도 화성시 비봉면 쌍학리

관직경력

한성판윤 재임기간 : 1803년순조3 2월 25일 ~ 1803년순조3 윤2월 11일

조선 후기의 문신

1774년영조50	사마시(진사) 입격, 음보–부사과
1789년정조13	식년문과 급제, 직각, 도당록 등재
1795년정조19	대사성 겸 규장각제학
1796년정조20	〈정리자整理字〉 제조 감독
1797년정조21	대사간
1799년정조23	대사간 겸 우유선
1800년정조24	예조판서 겸 직제학, 이조·공조판서
1800년순조즉위	수원부유수–화령전華寧殿 완공(숭정대부)
1801년순조1	판의금부사, 대제학, 형조·병조판서, 내각제학, 호조판서
1803년순조3	사은정사로 청나라 다녀오다

1804년순조4	광주부유수
1806년순조6	함경도관찰사, 판의금부사
1808년순조8	호조판서
1810년순조10	평안도관찰사
1811년순조11	파직-유배(홍경래 난)
1812년순조12	공조·병조판서
1814년순조14	우빈객, 좌빈객, 빈객
1819년순조19	예조판서
1820년순조20	수원부유수

생애일화

그는 글을 잘 지었는데, 특히 사륙문四六文에 능하여 응제應製 문자는 대개 그의 손을 거쳤다. 또한 글씨에도 능하여 정주에 〈양성기적비兩聖紀蹟碑〉, 장단에 〈서명선사제비徐命善賜祭碑〉가 있다. 저서에는 〈극옹집屐翁集〉이 있다.
할아버지 철보喆輔, 아버지 복원福源, 당숙 성원性源 그리고 본인을 포함하여 3대가 한성판윤을 지냈다.

1315대 한성판윤 민태혁(閔台爀) – 1317대 동일인물

신상내용

생몰연대	1746년영조22 ~ 1806년순조6 – 61세
본관	여흥驪興
자	자삼子三
가족	증조-진로鎭魯, 할아버지-홍수興洙, 아버지-부사 백종百宗, 양부-백형百亨 어머니-김제겸金濟謙의 딸 부인-송필중宋必重의 딸
묘	충북 음성군 동면 호현

관직경력

한성판윤 재임기간 : 1803년순조3 윤2월 11일 ~ 1803년순조3 윤2월 19일

조선 후기의 문신

음보-현감

1779년정조3	정시문과 장원급제, 청환직 여인, 홍주목사-파직(암행어사, 불법 보고)
1787년정조11	동래부사, 대사간, 전라도관찰사
1788년정조12	동지 겸 사은부사로 청나라 다녀오다
1789년정조13	대사헌, 동지경연사, 개성부유수, 이조참판, 도승지
1803년순조3	예조판서 겸 원접사, 한성부판윤
1804년순조4	동지정사로 청나라 다녀오다. 좌참찬
1805년순조5	정순왕후貞純王后 승하-빈전도감제조
1806년순조6	함경도관찰사, 판의금부사, 우참찬

생애일화

그는 글씨에 능하였는데, 작품으로는 〈황강서원묘정비黃江書院廟庭碑〉가 있다.

1316대 한성판윤 한만유(韓晩裕) – 1320·1336·1343·1368·1373대

동일인물

신상내용

생몰연대	1746년영조22 ~ 1812년순조12 – 67세
본관	청주淸州
자	여성汝成
호	성암誠庵
가족	증조-배상配商, 할아버지-현감 사덕師德, 아버지-판의금부사 광회光會 어머니-정석부鄭錫敷의 딸 부인-조재홍趙載洪의 딸
묘	경기도 가평군 읍회 건좌

관직경력

한성판윤 재임기간 : 1803년순조2 윤2월 20일 ~ 1803년순조3 윤2월 23일

조선 후기의 문신

1768년영조44	사마시(진사) 입격
1773년영조49	육경경과대증광전시六慶慶科大增廣殿試 급제
1778년정조2	정언, 도당록 등재, 지평, 은산현감

1794년정조18	승지, 이조참의
1798년정조22	예방승지–공해公廨 화재 빈발, 영속리營屬吏 문책 진언
1801년순조1	강화부유수
1802년순조2	동지부사로 청나라 다녀오다
1803년순조3	형조판서, 지의금부사, 한성부판윤, 병조판서
1805년순조5	정순왕후貞純王后 승하–빈전도감제조
1806년순조6	판의금부사–파직(경상우도병사 군량미 도용 처벌 주장)
1807년순조7	병조판서, 비변사제조
1808년순조8	이조판서–파직(안주목사 이해청 등 탐관오리, 선발 책임)
1809년순조9	권초관捲草官(원자 탄생), 금오당상, 판의김부사, 병조판서
1811년순조11	예문관제학, 한성판윤, 이조판서

생애일화

이조판서 재직 시 그가 선발한 안주목사 이해청과 중화부사 이일우 등이 탐관오리로 형을 받게되자 전관銓官으로서 책임을 지고 파직되었다.

1317대 한성판윤 민태혁(閔台爀) – 1315대 동일인물

한성판윤 재임기간 : 1803년순조3 윤2월 27일 ~ 1803년순조3 3월 12일

1318대 한성판윤 이의필(李義弼) – 1294·1327대 동일인물

한성판윤 재임기간 : 1803년순조3 3월 12일 ~ 1803년순조3 5월 27일

1319대 한성판윤 정대용(鄭大容) – 1319대 동일인물

신상내용

생몰연대	1749년영조25 ~ 1805년순조5 – 57세
본관	동래東萊
자	도이道以

가족	증조-현감 석조錫祚, 할아버지-신검愼儉, 아버지-동윤東尹 어머니-조인명趙麟命의 딸 부인-김기천金器天의 딸, 박필협朴弼協의 딸, 이종제李宗濟의 딸

관직경력

한성판윤 재임기간 : 1803년순조3 6월 12일 ~ 1803년순조3 7월 6일

조선 후기의 문신

1783년정조7	사마시(생원·진사) 양과 입격, 문음-형조정랑
1785년정조9	정시문과 급제, 규장각직각
1787년정조11	영남좌도어사-진제賑濟 태만 지방관 파직 진언
1788년정조12	북관위유어사-함경도 흉년 기민진세책과 기민구제 유공관리 포상 진언
1789년정조13	감진어시監賑御使, 승지
1791년정조15	경상도관찰사
1793년정조17	이조참의, 대사성, 규장각직제학, 약원부제조
1799년정조23	예조참판
1801년순조1	고부 겸 청시·청습부사로 청나라 다녀오다
1802년순조2	수원부유수, 이조판서
1803년순조3	한성부판윤
1804년순조4	검교직제학, 한성부판윤
1805년순조5	전라도관찰사

생애일화

흉년으로 굶는 백성이 많아지자 조정에서는 그를 감진어사 등으로 파견하여 구제 상황을 살피고 진제賑濟를 독려하는 한편, 태만한 관리들을 징계하도록 하였다.
영남좌도어사로 나아가서는 진제를 게을리 하거나 비위가 있는 양산군수 이진응 · 밀양부사 심진 등의 파직을 진언하였다.
북관위유어사北關慰諭御使로 가서는 남쪽지방 곡식 2만 섬을 북쪽으로 옮겨줄 것을 요구하고, 기민구휼에 공이 있는 명천부사 정우붕과 북청부사 유지양 등을 포상토록 건의하였다.

1320대 한성판윤 한만유(韓晩裕) – 1316·1336·1343·1368·1373대 동일인물

한성판윤 재임기간 : 1803년순조3 7월 6일 ~ 1803년순조3 11월 3일

1321대 한성판윤 임시철(林蓍喆)

신상내용

생몰연대	1740년영조16 ~ 1805년순조5 – 66세
본관	나주羅州
초명	시철時喆
자	성중聖仲
시호	간헌簡憲
가족	증조–부사 세량世良, 할아버지–군수 상규象奎, 아버지–정랑 지호志浩 어머니–한사검韓師儉의 딸 부인–박사해朴師海의 딸, 박복빈朴復彬의 딸

관직경력

한성판윤 재임기간 : 1803년순조3 11월 3일 ~ 1804년순조4 2월 6일

조선 후기의 문신

1768년영조44	사마시(생원) 입격
1771년영조47	식년문과 급제
1777년정조1	사간
1782년정조6	대사간, 대사헌
1797년정조21	강화부유수–파직(상경하라는 왕명이 도장 없는 서찰이라고 거절)
1799년정조23	진위부사로 청나라 다녀오다
1800년정조24	세폐 겸 사은부사로 청나라 다녀오다
1803년순조3	대사간, 도승지
1804년순조4	상호도감제조(영조 계비 정순왕후 존호)–정헌대부
1805년순조5	대왕대비 승하–산릉도감제조, 대호군
1811년순조11	공조판서 추증

생애일화

강화부유수로 있을 때에 상경하라는 왕명을 받았는데, 왕의 인문印文(인장)이 없는 서찰이라 해변 방호의 중책을 잠시라도 비울 수 없다며 거부하였다.
직인이 없는 소환장의 문서상 결격을 지적하여 관리로서의 엄정한 태도가 모범적이라 하겠다.

1322대 한성판윤 정대용(鄭大容) – 1322대 동일인물

한성판윤 재임기간 : 1804년순조4 2월 6일 ~ 1804년순조4 2월 13일

1323대 한성판윤 이경일(李敬一) – 1312대 동일인물

한성판윤 재임기간 : 1804년순조4 2월 13일 ~ 1804년순조4 3월 16일

1324대 한성판윤 이서구(李書九) – 1445대 동일인물

신상내용

생몰연대	1754년영조30 ~ 1825년순조25 – 73세
본관	전주全州
자	낙서洛瑞
호	척재惕齋·강산薑山·소완정素玩亭·석모산인席帽山人
시호	문간文簡
저서	〈척재집惕齋集〉 외
가족	증조–밀양군 완梡, 할아버지–파주목사 언소彥熽, 아버지–정언 원遠 어머니–평산신씨(부사 신사관申思觀의 딸) 부인–평산신씨(신경한申景翰의 딸)
묘	강원도 춘성군 남면 박암리 오금동

관직경력

한성판윤 재임기간 : 1804년순조4 3월 16일 ~ 1804년순조4 5월 29일

조선후기의 문신

1774년영조50	정시문과 급제, 섭기주攝記注
1775년 이후	학문에 전념
1785년정조9	세자시강원사서
1786년정조10	홍문관교리, 평안도관찰사, 형조판서, 판중추부사
1804년순조4	한성부판윤
1824년순조24	우의정

생애일화

5세 때 어머니를 여의고 외가에서 자라면서 외숙으로부터 당시唐詩·사기史記·통감通鑑 등을 배웠다. 외가에서 아버지에게 돌아와 여러 경전經典을 읽고, 16세부터 박지원朴趾源을 만나 문장을 배우기 시작하였다.

그는 사가시인四家詩人(박제가·이덕무·유득공·이서구)의 한 사람으로서 문자학文字學과 전고典故에 조예가 깊고 글씨에도 뛰어났다. 사가시인 중에서는 유일한 적출嫡出이었고, 벼슬도 순탄하게 올라갔다.

한 번도 연행燕行길에 오르지 않았으나, 홍대용과 박지원의 문하에 드나들며 이덕무李德懋·유득공柳得恭·박제가朴齊家 등 실학파 문사들과 사귀면서 학문과 문학을 연마하고 시국을 논하였다.

22세 때 이덕무 등과 함께 〈한객건연집韓客巾衍集〉에 참가함으로써 사가시인 또는 실학사대가實學四大家라는 칭호를 얻게 되었다.

그는 문집으로 〈척재집〉과 〈강산초집薑山初集〉을 남겼다.

이서구는 역사적으로 안동김씨 세도정권에 부합하지 않는 우현좌척右賢左戚의 원칙을 견지하며 경세제민을 실천한 인물로서, 생전에 김씨 세도정권에 의해 13년간 방폐되었고 사후 25년 동안이나 추탈관직의 위험에 놓였다.

또한, 그는 출신지역인 경기도와 관료로서 선정을 베풀었던 전라도와 평안도 지역에 걸쳐 도술·예언·풍수에 관련하여 많은 설화가 전승되고 있다.

1325대 한성판윤 김문순(金文淳) – 1195·1205·1207·1233·1252·1264·1266·1285·1291·1295대 동일인물

한성판윤 재임기간 : 1804년순조4 5월 29일 ~ 1804년순조4 7월 14일

5

1326대

한성판윤 윤광보

⋮

1758대

한성판윤 김병교

1326대 한성판윤 윤광보(尹光普) – 1313·1330대 동일인물

한성판윤 재임기간 : 1804년순조4 7월 14일 ~ 1804년순조4 8월 4일

1327대 한성판윤 이의필(李義弼) – 1294·1318대 동일인물

한성판윤 재임기간 : 1804년순조4 8월 4일 ~ 1804년순조4 8월 6일

1328대 한성판윤 이집두(李集斗) – 1299·1331·1352·1356·1369대 동일인물

한성판윤 재임기간 : 1804년순조4 8월 7일 ~ 1804년순조4 10월 8일

1329대 한성판윤 이익모(李翊模)

신상내용

생몰연대	1747년영조23 ~ 1812순조12 – 66세
본관	덕수德水
자	여간汝幹
가족	증조–홍산현감 유留, 할아버지–동복현감 숭진崇鎭, 양부–형瀅, 생부–의漪 양모–남양홍씨(현감 홍우기洪遇箕의 딸) 생모–무송윤씨(승지 尹興茂의 딸) 부인–안동김씨(지평 김영섭金永燮의 딸)
묘	경기도 양평군 양근면 공산리

관직경력

한성판윤 재임기간 : 1805년순조5 1월 27일 ~ 1805년순조5 2월 28일

조선 후기의 문신

1777년정조1	사마시(생원) 입격, 문음–봉사

1790년정조14	증광문과 급제, 홍문록·도당록 등재
1796년정조20	사헌부집의, 사은사의 서장관으로 청나라 다녀오다
1800년순조즉위	〈정조실록〉 편찬 참여
1801년순조1	이조참판, 홍문관부제학
1805년순조5	한성부판윤
1806년순조6	대사헌–파직·유배

생애일화

순조가 즉위한 후 우의정 김달순金達淳이 전왕 정조대왕의 뜻에 어긋나는 말을 하였다 하여 사약을 받고 죽임을 당했다. 그때 대사헌에 임명되자 김달순과 친밀하였다는 이유만으로 양사의 탄핵을 받고 파직되어 전라도 광양으로 유배되었다.

1330대 한성판윤 윤광보(尹光普) – 1313·1326대 동일인물

한성판윤 재임기간 : 1805년순조5 2월 28일 ~ 1805년순조5 4월 15일

1331대 한성판윤 이집두(李集斗) – 1299·1328·1352·1356·1369대 동일인물

한성판윤 재임기간 : 1805년순조5 4월 15일 ~ 1805년순조5 12월 25일

1332대 한성판윤 박종래(朴宗來) – 1338·1351·1372·1389대 동일인물

신상내용

생몰연대	1746년영조22 ~ 1831년순조31 – 86세
본관	반남潘南
초명	상래相來
자	희보喜甫
시호	익헌翼憲
가족	증조–에산현감 필순弼純, 할아버지–동지돈녕부사 사임師任, 아버지–준원駿源

어머니–정지식鄭志式의 딸
부인–이시적李時迪의 딸, 고치성高致聖의 딸

관직경력

한성판윤 재임기간 : 1806년순조6 1월 6일 ~ 1806년순조6 1월 24일

조선 후기의 문신

1768년영조44	사마시(진사) 입격
1770년영조46	정시문과 급제
1790년정조14	홍문관부수찬
1794년정조18	대사간–파직(김종수金鍾秀 사건 처리 소홀)
1795년정조19	대사간 복직
1801년순조1	이조참의, 황해도관찰사
1803년순조3	대사간, 이조참의–가선대부
1804년순조4	홍문관부제학, 이조참판
1806년순조6	비변사제조, 형조·이조·공조판서, 대사간, 한성부판윤
1807년순조7	광주부유수
1809년순조9	병조판서–숭정대부, 동지사 겸사은사로 청나라 다녀오다
1811년순조11	공조·병조·이조판서, 한성부판윤, 좌참찬
1812년순조12	판의금부사, 형조판서, 세자시강원 좌부빈객, 공조판서, 원접사
1813년순조13	판돈녕부사, 한성부판윤, 예조판서, 좌참찬
1816년순조16	이조·예조·공조판서
1817년순조17	함경도관찰사
1819년순조19	판의금부사, 공조판서, 병조판서
1831년순조31	판중추부사, 기로사 입소, 회방연回榜宴

생애일화

황해도관찰사 재임 중에 부세賦稅(세금이 부과)의 개정에 노력하여 농민의 부담을 덜어주었다.

1333대 한성판윤 홍의모(洪義謨) – 1311·1347대 동일인물

한성판윤 재임기간 : 1806년순조6 1월 28일 ~ 1806년순조6 12월 15일

1334대 한성판윤 김희순(金羲淳) – 1345·1392대 동일인물

신상내용

생몰연대	1757년영조33 ~ 1821년순조21 – 65세
본관	안동安東
자	태초太初
호	산목山木·산수헌山水軒·경원景源
시호	문간文簡
가족	증조–금산군수 시발時發, 할아버지–교행敎行, 아버지–군수 이안履安 어머니–참봉 이극현李克顯의 딸 부인–서퇴수徐退修의 딸
묘	충남 서산군 문현 중절

관직경력

한성판윤 재임기간 : 1806년순조6 2월 21일 ~ 1806년순조6 3월 5일

조선 후기의 문신

1783년정조7	사마시(생원) 입격
1789년정조13	식년문과 급제, 사직서직장, 초계문신抄啓文臣 발탁
1791년정조15	부수찬, 삼사 청요직 역임
1792년정조16	사간–삭직(이가환李家煥의 부당성 상소), 포천에 암행어사로 파견
1796년정조20	괴산군수, 서산군수
1799년정조23	부응교, 응교, 세자보도, 영남지방 암행어사 파견, 전라도관찰사, 승지
1800년정조14	이조참의, 실록당상
1801년순조1	세자시강원보덕, 이조참판
1803년순조3	영남안찰사
1806년순조6	호조·예조·병조·공조참판, 한성부서윤, 이조참판, 한성부판윤
1807년순조7	대사헌 겸 홍문관제학, 비변사유사당상
1809년순조9	병조·이조판서
1810년순조10	호남안찰사
1812년순조12	광주유수, 이조판서 겸 세자빈객
1815년순조15	종부시제조, 판의금부사
1819년순조19	경기도관찰사

생애일화

어릴 때부터 문사에 능히였으며, 경술經術에 조예가 깊었다.
초계문신抄啓文臣(규장각 소속 우수 인재)으로 선발되고 규장각에서 사서를 강론하였으며, 젊은 시절 암행어사로 활약하여 민폐를 시정하고 민생을 살리는데 힘을 썼다. 또한 중앙의 고위관료로 있을 때에는 고른 인재등용을 위해 노력하였다.

1335대 한성판윤 김사목(金思穆) – 1280대 동일인물

한성판윤 재임기간 : 1806년순조6 3월 8일 ~ 1806년순조6 3월 17일

1336대 한성판윤 한만유(韓晩裕) – 1316·1320·1343·1368·1373대 동일인물

한성판윤 재임기간 : 1806년순조6 3월 17일 ~ 1806년순조6 6월 22일

1337대 한성판윤 오재소(吳載紹) – 1339·1348대 동일인물

신상내용

생몰연대 1729년영조5 ~ 1811년순조11 – 83세
본관 해주海州
자 극경克卿
호 석천石泉·운재耘齋
시호 정헌定憲
가족 증조–형조판서 두인斗寅, 할아버지–해창위 태주泰周, 아버지–대제학 원瑗
어머니–강릉최씨(최식崔寔의 딸)
부인–이규항李奎恒의 딸

관직경력

한성판윤 재임기간 : 1806년순조6 6월 22일 ~ 1806년순조6 10월 15일

1768년영조44	사마시(진사) 입격, 정릉참봉
1771년영조47	사옹원봉사, 정시문과 급제, 승정원주서
1773년영조49	홍문관-정6품
1775년영조51	전강殿講 수석-홍국영과 함께 숙마熟馬 1필 하사, 승지
1777년정조1	찬집당상, 대사간-홍봉한 역변사건 처리
1801년순조1	행부호군, 진하부사로 청나라 다녀오다, 〈정조실록〉 찬수당상
1803년순조3	대사간, 강화부유수
1806년순조6	대사헌, 한성부판윤
1807년순조7	예조판서
1809년순조9	우참찬, 판돈녕부사

생애일화

그는 성격이 온후하여 모나지 아니하였고, 남의 의사를 존중하여 자기 뜻을 고집하지 않았기 때문에 여러 사람의 존경을 받았다.
그러나 공적인 일을 처리함에는 대쪽같이 곧아서 사사로운 정을 개입시키지 아니하였다.

1338대 한성판윤 박종래(朴宗來) – 1332·1351·1372·1389대 동일인물

한성판윤 재임기간 : 1806년순조6 10월 15일 ~ 1807년순조7 2월 20일

1339대 한성판윤 오재소(吳載紹) – 1337·1348대 동일인물

한성판윤 재임기간 : 1807년순조7 2월 20일 ~ 1807년순조7 7월 2일

1340대 한성판윤 김계락(金啓洛) – 1385·1396대 동일인물

신상내용

생몰연대	1753년영조29 ~ 1815년순조15 – 63세
본관	강릉江陵

자	경순景淳
호	오헌梧軒
시호	문정文靖
가족	증조-병조판서 시형始炯, 할아버지-부사 상우尙遇, 아버지-이조판서 화진華鎭 어머니-동래정시(대사간 정이검鄭履儉의 딸) 부인-양주조씨(현령 趙台鉉의 딸) 능성구씨(구현具絢의 딸) 한양상韓兩商의 딸
묘	경기도 장단군 서도면 문대암

관직경력

한성판윤 재임기간 : 1807년순조7 7월 2일 ~ 1807년순조7 7월 18일

조선 후기의 문신

1773년영조49	사마시(진사) 입격, 만녕전萬寧殿 참봉
1783년정조7	증광문과 급제, 병조좌랑
1784년정조8	홍문관교리·수찬, 시강원사서, 검상, 동학교수, 서학교수
1785년정조9	충청도경시관忠淸道京試官
1786년정조10	지평-강촌 화재 실정 조사, 조세감면 건의
1788년정조11	전라도경시관
1791년정조14	경상도장시도사慶尙道掌試都事
1793년 이후	동부승지, 형조참의·참판, 동지의금부사, 도총부부총관, 성천부사, 대사간, 한성부좌윤, 승문원제조, 실록청당상 겸 동지춘추관사, 병조참판
1803년순조3	형조·예조판서, 우참찬

생애일화

변려문에 능했고 경사백과經史百家에 통달했으며, 사부詞賦·시율詩律·표전表箋·송頌·조詔·책策 등의 문장에 능했다.
증조 시형, 아버지 화진과 함께 3대가 한성판윤을 지냈고, 12촌 이내 집안에서 8명의 한성판윤이 배출되었다.

1341대 한성판윤 이면긍(李勉兢) – 1346·1355·1371대 동일인물

신상내용

생몰연대 1753년영조29 ~ 1812년순조12 – 60세

본관	전주全州
자	대림大臨
가족	증조-진우眞遇, 할아버지-승지 광보匡輔, 아버지-군수 성순性淳 어머니-온양정씨(주서 정광익鄭光益의 딸) 부인-진주유씨(지평 유이柳儞의 딸)
묘	강원도 철원군 김화읍 학사리 사기막

관직경력

한성판윤 재임기간 : 1807년순조7 7월 18일 ~ 1807년순조7 11월 21일

조선 후기의 문신

1768년영조14	사마시(생원) 입격
1783년정조7	증광문과 장원급제
1784년정조8	홍문관응교·교리
1787년정조11	동지사의 서장관으로 청나라 다녀오다
1788년정조12	이조참의
1789년정조13	대사성
1792년정조16	영천군수
1793년정조17	이조참의-파직(관리의 명단작성 소홀), 복직-동부승지
1794년정조18	경상도관찰사, 우부승지-파직(능제 때 제사절차 차질)
1797년정조21	승지
1803년순조3	이조참판
1805년순조5	호조판서
1807년순조7	평안도관찰사, 한성부판윤, 사헌부대사헌
1812년순조12	이조판서, 의정부우참찬

생애일화

이조참의로 있을 때에 실무자로서 관리의 명단 작성을 소홀히 하여 판서·참판과 함께 파직되었다가 복직되었다. 우부승지가 되어서는 능제陵祭를 지낼 때 제헌관祭獻官에 대한 감독 불충분으로 제사 절차에 차질을 초래하여 파직되기도 하였으며, 이조참의로 임명되었으나 기일 안에 부임하지 않아 금성현으로 유배되기도 하였다. 이러한 크지 않은 실수에도 불구하고 그는 중앙 정계의 요직을 두루 역임하며 우참찬에까지 이르렀다.

1342대 한성판윤 홍명호(洪明浩) – 1362대 동일인물

신상내용

생몰연대	1736년영조12 ~ 1819년순조19 – 84세
초명	명한鳴漢
본관	남양南陽
자	공서公舒·공선公善
호	손암巽庵
시호	효헌孝憲
기족	증조–판결사 만회萬恢, 할아버지–군수 중성重聖, 아버지–진보鎭輔 어머니–윤두천尹斗天의 딸 부인–오명부吳命溥의 딸
묘	경기도 안성시 죽산면 가업리

관직경력

한성판윤 재임기간 : 1807년순조7 11월 21일 ~ 1807년순조7 12월 25일

조선 후기의 문신

1763년영조39	사마시(진사) 입격
1771년영조47	참봉, 정시문과 급제, 부수찬
1779년정조3	동지사의 서장관으로 청나라 다녀오다
1780년정조4	대사간, 중화부사, 한성부우윤, 승지, 대사성
1782년정조6	평안도관찰사–파직(무열사武烈祠 수축할 때 유생들에게서 돈을 거둠)
1784년정조8	이조참판, 도승지, 동래부사
1800년순조즉위	형조판서, 수원부유수, 우참찬, 예조판서
1807년순조7	한성부판윤

생애일화

글씨를 잘 썼다. 작품으로는 수원의 〈지지대비遲遲臺碑〉가있다.
큰 형 양호養浩가 한성판윤을 지냈다.

1343대 한성판윤 한만유(韓晩裕) – 1316·1320·1336·1368·1373대 동일인물

한성판윤 재임기간 : 1808년순조8 1월 2일 ~ 1808년순조8 2월 9일

1344대 한성판윤 이면응(李冕膺) – 1360·1367·1370·1375대 동일인물

신상내용

생몰연대	1746년영조22 ~ 1812년순조12 – 67세
본관	연안延安
자	대언帶彥
가족	증조–직장 겸저謙著, 할아버지–군수 정淨, 아버지–이조판서 명식命植 어머니–심득현沈得賢의 딸 부인–송익흠宋益欽의 딸, 조중명趙重明의 딸

관직경력

한성판윤 재임기간 : 1808년순조8 2월 9일 ~ 1808년순조8 3월 19일

조선 후기의 문신

1787년정조11	정시문과 급제
1789년정조13	홍문록·도당록 등재, 교리
1790년정조14	관서암행어사
1792년정조16	형조참의–유배(직무태만), 사면–이조참의
1794년정조18	승지, 개성부유수
1796년정조20	비변사제조, 경기도관찰사
1799년정조23	전라도관찰사
1801년순조1	유배(창성)
1805년순조5	이조참판–유배(전주, 사사로운 이유로 불출근) 사면–이조참판
1808년순조8	호조참판, 한성부판윤, 공조판서, 대사헌, 전라도관찰사
1810년순조10	우참찬, 대사헌
1812년순조12	호조판서, 대사헌

생애일화

아버지 명식命植이 한성판윤을 지내 부자父子 한성판윤 집안이다.
암행어사로 출도하여 지방 수령들과 토호들과의 유착관계를 파헤친 이야기가 전해진다.
평안도는 접경지역으로 과거시험을 보아 관직에 진출하는 데 제약이 있는 지방이었다.
관서 암행어사 이면응이 선천을 지나 의주로 가기 위해 수행원들과 산길을 걷고 있었다.
이 때 숲 속에서 구슬 같은 눈물을 흘리며 땅을 파는 노부부의 모습을 우연히 보게 된다. 의아하게 여겨 자초지종을 묻자, 노인이 답하기를 '예쁜 외동딸이 파혼을 당하여 자살해서 지금 당에 묻으려고 한다.' 고 하였다. 동네 부잣집 김씨네 총각이 청혼을 하여 허락하였는데, 비단장사를 하던 김씨네가 중국에서 들여온 비단 값이 올라 갑자기 큰돈을 벌게 되자 향임鄕任 자리를 하나 사들이고, 이웃 마을 초시初試댁 여식과 혼인하겠다고 억지를 부려 상심한 노인의 금쪽같은 딸이 목 매어 죽었다는 것이다.
사연을 듣고 난 이면응 일행은 곧장 고을 관아로 달려가 암행어사 출두를 알리고 김씨가 뇌물로 향임 자리를 사들였다는 증거 문서를 찾아 김씨를 천역으로 강등시키고, 수령에게도 엄한 벌을 내렸다.

1345대 한성판윤 김희순(金羲淳) – 1334·1392대 동일인물

한성판윤 재임기간 : 1808년순조8 3월 19일 ~ 1808년순조8 6월 10일

1346대 한성판윤 이면긍(李勉兢) – 1341·1355·1371대 동일인물

한성판윤 재임기간 : 1808년순조8 6월 16일 ~ 1808년순조8 7월 3일

1347대 한성판윤 홍의모(洪義謨) – 1311·1333대 동일인물

한성판윤 재임기간 : 1808년순조8 7월 6일 ~ 1808년순조8 8월 12일

1348대 한성판윤 오재소(吳載紹) – 1337·1339대 동일인물

한성판윤 재임기간 : 1808년순조8 8월 12일 ~ 1808년순조8 10월 27일

1349대 한성판윤 남공철(南公轍) – 1374대 동일인물

신상내용

생몰연대	1760년영조36 ~ 1840년헌종6 – 81세
본관	의령宜寧
자	원평元平
호	사영思潁·금릉金陵
시호	문헌文獻
저서	〈금릉집〉 외
가족	증조–경상도관찰사 정중正重, 할아버지–도정 한기漢紀, 아버지–대제학 유용有容 어머니–김석태金錫泰의 딸 부인–청주한씨(감사 한용화韓用和의 딸)
묘	경기도 성남시 수정구 금토동 능안골 청계산 기슭

관직경력

한성판윤 재임기간 : 1808년순조8 10월 27일 ~ 1808년순조8 11월 20일

조선 후기의 문신

1780년정조4	초시 입격, 음보–산청·임실현감
1792년정조16	식년문과 급제, 홍문관부교리, 규장각직각(규장각전운奎章閣全韻 편찬 참여)
1795년정조19	대사성
1801년순조1	〈정조실록〉 편찬 참여, 이조판서(9회), 대제학
1807년순조7	동지정사로 청나라 다녀오다
1808년순조8	한성부판윤
1817년순조17	우의정
1834년순조34	영의정, 봉조하

생애일화

서울 출신으로서 대제학을 지낸 아버지가 정조의 사부였던 관계로 음보로 출사하였다.
초계문신에 선발되어 친우이자 정치적 동지가 된 김조순·심상규 등과 정조의 문체반정운동文體反正運動에 적극 동조하여 왕의 총애를 받았다.
특히 구양수의 문장을 순정淳正한 법도라고 하여 가장 존중하였고, 많은 금석문과 비갈을 남긴 당대 제일의 문장가였다.
순조·익종의 〈열성어제列聖御製〉를 편수하였고, 저서로는 〈고려명신전高麗名臣傳〉과 시문집으로 〈귀은당집歸恩堂集〉〈금릉집金陵集〉〈영은문집瀛隱文集〉〈영옹속고穎翁續藁〉 등이 있다.

1350대 한성판윤 한용탁(韓用鐸) – 1401대 동일인물

신상내용

생몰연대	1759년영조35 ~ 1817년순조17 – 59세
본관	청주淸州
자	여로汝魯
시호	정헌靖獻
가족	증조–판돈녕부사 사득師得, 할아버지–대사헌 광조光肇, 아버지–중유重裕 어머니–박성원朴成源의 딸 부인–유한돈兪漢敦의 딸, 홍정명洪鼎明의 딸
묘	경기도 양평군 강하면 왕창리

관직경력

한성판윤 재임기간 : 1808년순조8 11월 27일 ~ 1808년순조8 11월 29일

조선 후기의 문신

1789년정조13	사마시(생원) 입격
1790년정조14	원자정호경과元子定號慶科 급제, 문신강제文臣講製 선발
1791년정조15	충청도도사–참시관參試官–파직(과장科場 난동 제지 못함)
1794년정조18	홍문록 등재, 장령
1799년정조19	수찬
1801년순조1	경상도 안핵사
1802년순조2	동래부사–임명 취소, 실록청당상, 강화부유수

1804년순조4	이조참판, 예조참판
1806년순조6	공조판서
1807년순조7	형조판서
1808년순조8	한성부판윤, 호조·이조판서, 대사헌, 동지사로 청나라 다녀오다
1816년순조16	공조판서, 함경도관찰사

생애일화

강화부유수로 있을 때, 때마침 흉년으로 기근이 혹심하여 조정에 공명첩空名帖 300장을 요청해서 진휼자금으로 활용하였다. 형조판서로 재직하면서는 맹인으로 사형수가 된 김대성金大城이 폐질인廢疾人임을 들어 감형을 진언해서 정배定配하게 하였다.
증조부 사득師得이 한성판윤을 지냈다.

1351대 한성판윤 박종래(朴宗來) – 1332·1338·1372·1389대 동일인물

한성판윤 재임기간 : 1809년순조9 2월 4일 ~ 1809년순조9 3월 28일

1352대 한성판윤 이집두(李集斗) – 1299·1328·1331·1356·1369대 동일인물

한성판윤 재임기간 : 1809년순조9 3월 28일 ~ 1809년순조9 4월 25일

1353대 한성판윤 박윤수(朴崙壽) – 1399대 동일인물

신상내용

생몰연대	1753년영조29 ~ 1824년순조24 – 72세
본관	반남潘南
자	덕여德汝
호	안와安窩
시호	충헌忠憲
상훈	금풍군錦豊君

가족	증조-호조정랑 사휴師休, 할아버지-예산현감 성원成源, 아버지-금은군 종규宗珪 어머니-교관 유명원柳明垣의 딸 부인-서명기徐命琦의 딸

관직경력

한성판윤 재임기간 : 1809년순조9 4월 25일 ~ 1809년순조9 5월 4일

조선 후기의 문신

1786년정조10	성균관유생, 감제柑製 수석-직부전시直赴殿試
1789년정조13	식년문과 급제, 강제문신講製文臣 선발
1791년정조15	정언, 홍문록·도당록 등재
1794년정조18	광주·죽산·양성지역 암행어사
1797년정조21	부교리
1799년정조23	부수찬, 수찬
1800년정조24	상의원정
1803년순조3	대사간, 판돈녕부사
1804년순조4	대사간
1805년순조5	충청도관찰사
1807년순조7	이조참판
1809년순조9	한성부판윤, 공조·형조판서
1810년순조10	예조판서, 우참찬, 대사헌, 좌참찬, 수원부유수
1812년순조12	전라도관찰사
1815년순조15	이조판서
1816년순조16	병조판서
1817년순조17	좌부빈객
1818년순조18	사은사로 청나라 다녀오다
1820년순조20	호조판서, 빈객, 판의금부사

생애일화

1824년에는 아들이 많고 다복한 사람이 맡게 되어있던 권초관捲草官으로 선발되어 왕비가 공주를 낳았을 때 권초례捲草禮를 주관하였다.
글씨에 대한 조예를 인정받아 1807년 단경왕후端敬王后 온릉溫陵에 비석을 세울 때 비문을 썼다. 생전에 금풍군에 봉해졌다.

1354대 한성판윤 신대현(申大顯) – 1279·1376대 동일인물

한성판윤 재임기간 : 1809년순조9 5월 4일 ~ 1809년순조9 5월 12일

1355대 한성판윤 이면긍(李勉兢) – 1341·1346·1371대 동일인물

한성판윤 재임기간 : 1809년순조9 5월 12일 ~ 1809년순조9 5월 19일

1356대 한성판윤 이집두(李集斗) – 1299·1328·1331·1352·1369대 동일인물

한성판윤 재임기간 : 1809년순조9 5월 19일 ~ 1809년순조9 11월 12일

1357대 한성판윤 김이도(金履度) – 1363·1366대 동일인물

신상내용

생몰연대	1750년영조26 ~ 1813년순조13 – 64세
본관	안동安東
자	계근季謹
호	송원松園
시호	정헌正獻
가족	증조–영의정 창집昌集, 할아버지–승지 제겸濟謙, 아버지–남원부사 탄행坦行 어머니–청주한씨(한백증韓百增의 딸) 부인–풍산홍씨(좌의정 홍낙순洪樂純의 딸), 칠원윤씨(윤경윤尹敬胤의 딸)
묘	경기도 여주군 가남면 본두리 맹곡

관직경력

한성판윤 재임기간 : 1809년순조9 11월 14일 ~ 1810년순조10 3월 1일

1800년정조24	현령, 별시문과 급제, 부수찬, 정언, 승지, 정조 승하–순조 즉위, 유배
1804년순조4	대사성
1805년순조5	대사간, 우주서사관虞主書寫官
1806년순조6	홍문관부제학, 경기도관찰사, 예조판서, 형조판서
1809년순조9	한성부판윤
1810년순조10	병조·공조판서, 의정부좌참찬
1812년순조12	수원부유수

생애일화

노론 시파時派에 속하던 그가 벽파에 밀려 유배되었다가 김조순金祖淳의 딸이 순조의 왕비가 된 뒤 외척세력이 득세하자 우주서사관虞主書寫官이 되었다.
그는 지조가 굳었으며 친하고 먼 것을 가리지 않았기 때문에 다른 사람들의 신임이 두터웠다.
작품으로는 정조대왕의 국상 때 여러 신하들이 지은 만사輓詞를 모아 엮은 〈건릉만사健陵輓詞〉와 시문집인 〈동야집東埜集〉에 시詩와 사詞가 남아 있다.
글씨를 잘 썼으나 남아 있는 필적이 많지 않고, 서간書簡을 필사한 〈제재기상諸宰奇賞〉에 척독尺牘 22점이 실려 있다.
큰형 이소履素와 손자 보근輔根이 한성판윤을 지냈다.

1358대 한성판윤 박종경(朴宗慶) – 1388·1391대 동일인물

신상내용

생몰연대	1765년영조41 ~ 1817년순조17 – 53세
본관	반남潘南
자	여회汝會
호	돈암敦巖
시호	문숙文肅
가족	증조–필리弼履, 할아버지–공주판관 사석師錫, 아버지–판서 준원準源 어머니–원주원씨(증이조참판 원경유元景裕의 딸) 형제–누나(정조의 후궁 수빈綏嬪–순조 생모)

관직경력

한성판윤 재임기간 : 1810년순조10 3월 12일 ~ 1810년순조10 3월 21일

조선 후기의 문신

1790년정조14	사마시(진사) 입격, 음보-동몽교관, 사옹원주부, 순안현령, 충훈부도사
1801년순조1	식년문과 급제
1802년순조2	홍문관부수찬, 교리. 응교, 부제학, 대사헌
1804년순조4	여주목사, 총융사
1809년순조9	병조·이조판서
1812년순조12	호조판서, 양주목사 좌천(임금의 외척으로 뇌물 등 민원民怨 탄핵)
1815년 이후	어영대장, 판의금부사, 좌참찬

생애일화

그의 누나가 정조의 후궁(수빈박씨)으로 순조를 낳아 외숙外叔인 관계로 순조와 순정왕후의 총애를 받아 군국기무軍國機務에서부터 공부貢賦까지도 장악하며 권세를 부렸다.
임금의 외척으로서 위복威福을 누리면서 뇌물을 탐하고 살인을 하는 등 횡포가 심하다는 사헌부의 탄핵을 받고 양주목사로 좌천되었다.

1359대 한성판윤 조상진(趙尙鎭) – 1306·1309대 동일인물

한성판윤 재임기간 : 1810년순조10 3월 21일 ~ 1810년순조10 6월 4일

1360대 한성판윤 이면응(李冕膺) – 1344·1367·1370·1375대 동일인물

한성판윤 재임기간 : 1810년순조10 6월 4일 ~ 1810년순조10 8월 4일

1361대 한성판윤 조윤대(曺允大) – 1365·1378대 동일인물

신상내용

생몰연대 1748년영조24 ~ 1813년순조13 – 66세

본관	창녕昌寧
자	사원士元
호	동포東浦
저서	〈최열사전崔烈士傳〉
가족	증조-금구현령 헌주憲周, 할아버지-대사간 하정夏挺, 아버지-창수 명준明峻 어머니-청주한씨(한사억韓師億의 딸) 부인-오대유吳大有의 딸
묘	경기도 여주시 대신면 보통리

관직경력

한성판윤 재임기간 : 1810년순조10 8월 5일 ~ 1810년순조10 11월 7일

조선 후기의 문신·서예가

1779년정조3	정시문과 급제, 예문관검열, 초계문신 선발
1784년징조8	홍문관부교리, 이소성랑
1786년정조10	홍문관응교
1787년정조11	이조참의, 대사성, 경원부사, 대사간, 대사헌
1794년정조18	강화부유수, 충청도·황해도관찰사, 이조참판
1800년정조24	문효세자예장도감, 정조국장도감
1801년순조1	형조판서, 실록청당상-〈정조실록〉편찬 주관, 동지 겸 사은정사로 청 왕래
1804년순조4	병조판서, 대사간, 형조판서, 예문관제학, 이조판서
1807년순조7	정순왕후부묘도감
1809년순조9	함경도관찰사
1810년순조10	한성부판윤
1811년순조11	홍문관제학, 판의금부사, 이조판서, 동지사로 청나라 왕래,
1813년순조13	판돈녕부사

생애일화

송시열 후손의 관직 임명을 저지하는 등 소론파의 맹장으로 활약하였다.
저술로는 최영원崔永元의 전기를 쓴 〈최열사전崔烈士傳〉과 〈규화명선奎華名選〉에 글이 실려 있으며, 서예에도 능하여 〈서간첩書簡帖〉에 수록된 작품과 〈강릉오봉서원경적비江陵五峰書院經蹟碑〉 등의 작품이 있다.

1362대 한성판윤 홍명호(洪明浩) – 1342대 동일인물

한성판윤 재임기간 : 1810년순조10 11월 7일 ~ 1810년순조10 11월 27일

1363대 한성판윤 김이도(金履度) – 1357·1366대 동일인물

한성판윤 재임기간 : 1810년순조10 11월 27일 ~ 1811년순조11 1월 23일

1364대 한성판윤 김이익(金履翼) – 1377대 동일인물

신상내용

생몰년대	1743년영조19 ~ 1830년순조30 – 88세
본관	안동安東
자	보숙保叔
호	유와牖窩·노가재老稼齋
시호	간헌簡獻
가족	증조–창업昌業, 할아버지–우겸祐謙, 아버지–삼척부사 유행由行 어머니–전주이씨(대사간 이덕영李德英의 딸) 부인–양주조씨(조영엽趙榮燁의 딸)
묘	경기도 양평군 서종면 미동

관직경력

한성판윤 재임기간 : 1811년순조11 1월 25일 ~ 1811년순조11 3월 17일

조선 후기의 문신

1777년정조1	사마시(진사) 입격
1785년정조9	알성문과 장원급제, 정언
1786년정조10	홍문관부교리–경원에 익조翼祖·도조度祖의 비석 건립
1787년정조11	교리–유배(영의정 김치인金致仁을 탄핵하다가 역효과)
1790년정조14	장령, 동부승지,
1791년정조15	대사성, 대사간

1793년정조17	안동부사-유배(백성에게 과다 형벌)
1794년정조18	이조참의, 대사간
1795년정조19	강화유수
1797년정조21	강원도관찰사
1799년정조23	진위 겸 진향부사로 청나라 다녀오다
1800년순조즉위	진도 유배(벽파에서 시파로 지목)
1807년순조7	공조·병조판서
1808년순조8	수원부유수, 대사헌, 형조판서
1811년순조11	한성부판윤
1812년순조12	대호군, 봉조하, 기로소 입소

생애일화

상대적으로 낮은 관직인 교리로 있을 때 영의정 김치인金致仁을 탄핵하다가 오히려 역풍을 맞아 5년 간 유배생활을 한 다음 복직되었다. 순조 즉위 후 時派로 지목되어 또 유배를 당했다가 안동김씨가 집권한 후 풀려나 한성판윤이 되었다.
저서로 〈순칭록循稱錄〉이 있고, 자작 시조집인 〈금강영언록金剛永言錄〉에 시조 50수와 가사 〈금강중용도가金剛中庸圖歌〉 1편이 전한다.

1365대 한성판윤 조윤대(曺允大) – 1361·1378대 동일인물

한성판윤 재임기간 : 1811년순조11 3월 17일 ~ 1811년순조11 3월 18일

1366대 한성판윤 김이도(金履度) – 1357·1363대 동일인물

한성판윤 재임기간 : 1811년순조11 3월 18일 ~ 1811년순조11 4월 15일

1367대 한성판윤 이면응(李冕膺) – 1344·1360·1370·1375대 동일인물

한성판윤 재임기간 : 1811년순조11 4월 15일 ~ 1811년순조11 4월 17일

1368대 한성판윤 한만유(韓晩裕) – 1316·1320·1336·1343·1373대 동일인물

한성판윤 재임기간 : 1811년순조11 4월 17일 ~ 1811년순조11 6월 15일

1369대 한성판윤 이집두(李集斗) – 1299·1328·1331·1352·1356대 동일인물

한성판윤 재임기간 : 1811년순조11 6월 19일 ~ 1811년순조11 7월 10일

1370대 한성판윤 이면응(李冕膺) – 1344·1360·1367·1375대 동일인물

한성판윤 재임기간 : 1811년순조11 7월 11일 ~ 1811년순조11 9월 7일

1371대 한성판윤 이면긍(李勉兢) – 1346·1355·1341대 동일인물

한성판윤 재임기간 : 1811년순조11 9월 7일 ~ 1811년순조11 9월 21일

1372대 한성판윤 박종래(朴宗來) – 1332·1338·1351·1389대 동일인물

한성판윤 재임기간 : 1811년순조11 9월 23일 ~ 1811년순조11 10월 21일

1373대 한성판윤 한만유(韓晩裕) – 1316·1320·1336·1343·1368대 동일인물

한성판윤 재임기간 : 1811년순조11 10월 21일 ~ 1811년순조11 11월 22일

1374대 한성판윤 남공철(南公轍) – 1349대 동일인물

한성판윤 재임기간 : 1811년순조11 11월 22일 ~ 1811년순조11 11월 23일

1375대 한성판윤 이면응(李冕膺) – 1344·1360·1367·1370대 동일인물

한성판윤 재임기간 : 1811년순조11 11월 23일 ~ 1811년순조11 11월 27일

1376대 한성판윤 신대현(申大顯) – 1279·1354대 동일인물

한성판윤 재임기간 : 1811년순조11 11월 27일 ~ 1811년순조11 11월 29일

1377대 한성판윤 김이익(金履翼) – 1364대 동일인물

한성판윤 재임기간 : 1812년순조12 1월 16일 ~ 1812년순조12 3월 29일

1378대 한성판윤 조윤대(曺允大) – 1361·1365대 동일인물

한성판윤 재임기간 : 1812년순조12 3월 29일 ~ 1812년순조12 5월 8일

1379대 한성판윤 이상황(李相璜) – 1381·1384·1387대 동일인물

신상내용

생몰연대	1763년영조39 ~ 1841년헌종7 – 79세
본관	전주全州
자	주옥周玉
호	동어桐漁·현포玄圃

시호	문익文翼
저서	〈동어집桐漁集〉
배향	헌종묘정
가족	증조-현령 도익道翼, 할아버지 시서時敍, 아버지-승지 득일得一 어머니-문화유씨(유성모柳聖模의 딸) 부인-여산송씨(승지 송민재宋民栽의 딸)
묘	경기도 고양시 덕양구 현천동 감물현

관직경력

한성판윤 재임기간 : 1812년순조12 5월 8일 ~ 1812년순조12 5월 26일

조선 후기의 문신

1786년정조10	사마시(생원) 입격, 정시문과 급제, 검열
1789년정조13	정언
1792년정조16	영남 암행어사
1795년정조19	대사간
1804년순조4	황해도관찰사, 한성부우윤, 개성부유수
1810년순조10	전라도관찰사
1812년순조12	한성부판윤, 형조판서
1813년순조13	사은사로 청나라 다녀오다. 호조판서
1816년순조16	평안도관찰사
1820년순조20	이조판서, 홍문관제학, 평시서제조
1824년순조24	좌의정
1830년순조30	세손사부 겸직, 주청정사로 청나라 다녀오다
1833년순조33	영의정
1835년헌종1	실록총재관-〈순조실록〉 편찬 주관
1836년현종2	영중추부사

생애일화

정승이 되어서는 재용을 절약함이 백성을 사랑하는 근본임을 강조하고, 수령은 백성을 다스리는 근본이 절약임을 자각하고 정책 선택을 신중히 할 것을 당부하였다.
그의 성품은 검소했으며, 일을 처리할 때는 주도면밀하게 말없이 실시하였다.
저서로는 〈동어집桐漁集〉·〈해영일기海營日記〉 등이 있다.

1380代 한성판윤 이익운(李益運) – 1300·1382대 동일인물

한성판윤 재임기간 : 1812년순조12 5월 29일 ~ 1812년순조12 8월 16일

1381代 한성판윤 이상황(李相璜) – 1379·1384·1387대 동일인물

한성판윤 재임기간 : 1812년순조12 8월 16일 ~ 1812년순조12 8월 19일

1382代 한성판윤 이익운(李益運) – 1300·1380대 동일인물

한성판윤 재임기간 : 1812년순조12 8월 28일 ~ 1812년순조12 10월 5일

1383代 한성판윤 이요헌(李堯憲)

신상내용

생몰연대	1766년영조42 ~ 1815년순조15 – 50세
본관	전주全州
자	계술季述
호	소소옹笑笑翁
시호	숙렬肅烈
가족	증조–함평군 홍泓, 할아버지–해흥군 강橿, 아버지–성주목사 명걸命杰 어머니–남양홍씨(홍정경洪正慶의 딸) 부인–반남박씨(박준원朴準源의 딸)
묘	경기도 파주시 월롱면 덕은리 어은동

관직경력

한성판윤 재임기간 : 1812년순조12 10월 10일 ~ 1812년순조12 11월 3일

조선 후기의 무신

1785년정조9	무과 급제, 오위도총부도사, 선전관

1800년순조즉위	우승지, 좌승지, 황해도병마절도사, 경기도수군절도사, 영변부사
1801년 이후	내직–우포도대장, 금군별장, 훈국중군, 총융사, 한성부좌윤, 어영대장, 병조·형조참판
1811년순조11	평안도병마절도사, 홍경래 난–양서순무사(정주성 함락 공로)
1812년순조12	병조판서, 한성부판윤, 금위대장
1813년순조13	지중추부사, 지의금부사, 지훈련원사
1814년순조14	형조판서

생애일화

선조의 13번 째 왕자 영성군 계의 5세손으로 한양 훈도방薰陶坊에서 태어났고, 뛰어나게 영리하여 어려서부터 숙성하였다.
홍경래가 평안도에서 난을 일으키자 양서순무사兩西巡撫使로 임명되었다. 곧바로 군영을 열고 박기풍·유후원을 선봉으로 삼아 적을 토벌할 일을 총괄하였는데, 정주성에 머물며 움직이지 않는 적을 쉽게 함락할 묘책이 나오지 않자 여러 차례 글을 내어 서북도민에게 충역화복忠逆禍福을 깨우치고, 가산군수 정시鄭蓍의 관이 도성 문을 지날 때 손수 제문을 지었다. 결국 정주성이 함락되어 그의 공이 실로 컸음에도 논공할 때 원훈元勳으로 봉하여졌으나 군이 사양하고 받지 않았다.
그는 독서와 시를 즐겼으며 글씨를 잘 썼고, 활을 잘 쏘았다. 또한 사려가 깊고 판단성이 있는 한편 풍류를 즐길 중 알았으며 신의가 두텁고 문무를 겸비한 인물이었다.

1384대 한성판윤 이상황(李相璜) – 1379·1381·1387대 동일인물

한성판윤 재임기간 : 1812년순조12 11월 3일 ~ 1812년순조12 11월 28일

1385대 한성판윤 김계락(金啓洛) – 1340·1396대 동일인물

한성판윤 재임기간 : 1812년순조12 11월 30일 ~ 1813년순조13 1월 5일

1386대 한성판윤 김효건(金孝建)

신상내용

생몰연대 1752년영조28 ~ 1818년순조18 – 67세
본관 광산光山
자 자중子中·충백忠伯
가족 증조–지중추부사 상현尙鉉, 할아버지–도사 익환益煥, 아버지–부사 종범宗範
어머니–남응로南膺老의 딸
부인–이동적李東迪의 딸, 신덕빈申德彬의 딸

관직경력

한성판윤 재임기간 : 1813년순조13 1월 7일 ~ 1813년순조13 1월 16일

조선 후기의 문신

1777년정조1	사마시(생원) 입격
1783년정조7	친림합경증별시문과親臨合慶增別試文科 급제
1784년정조8	주서, 태천현감, 좌부승지, 대사간
1801년순조1	안주목사, 여주목사–영릉英陵과 영릉寧陵 보토補土 역사役事
1812년순조12	양주목사–원릉元陵 보수공사
1813년순조13	한성부판윤, 형조판서

1387대 한성판윤 이상황(李相璜) – 1379·1381·1384대 동일인물

한성판윤 재임기간 : 1813년순조13 1월 22일 ~ 1813년순조13 2월 9일

1388대 한성판윤 박종경(朴宗慶) – 1358·1391대 동일인물

한성판윤 재임기간 : 1813년순조13 2월 9일 ~ 1813년순조13 2월 26일

1389代 한성판윤 박종래(朴宗來) – 1332·1338·1351·1372대 동일인물

한성판윤 재임기간 : 1813년순조13 2월 26일 ~ 1813년순조13 4월 12일

1390代 한성판윤 심상규(沈象奎) – 1458대 동일인물

신상내용

생몰연대	1766년영조42 ~ 1838년헌종4 – 73세
본관	청송靑松
초명	상여象輿
자	가권可權·치교穉教
호	두실斗室·이하彝下
시호	문숙文肅
저서	〈두실존고斗室存稿〉
가족	증조–참판 성희聖希, 할아버지–진사 공헌公獻, 아버지–규장각직제학 염조念祖 어머니–안동권씨(이조판서 권도權導의 딸) 부인–연안이씨(판서 이면응李冕膺의 딸)

관직경력

한성판윤 재임기간 : 1813년순조13 4월 12일 ~ 1813년순조13 5월 19일

조선 후기의 문신

1783년정조7	사마시(진사) 입격
1789년정조13	알성문과 급제, 강제문신講製文臣 선임, 교서관정자, 규장각대교
1796년정조20	웅천현감
1801년순조1	신유사옥–유배(채지영 등의 무고)
1804년순조4	〈정조실록〉편수당상, 이조·호조·형조참판, 전라도관찰사
1809년순조9	예조판서, 홍문관직제학
1811년순조11	병조판서–홍경래 난 수습
1812년순조12	성절사로 청나라 다녀오다
1821년순조21	대제학, 예조·이조·공조판서
1825년순조25	우의정
1827년순조27	세자(익종翼宗) 대리청정–면직 퇴거(대사간 임존상의 탄핵)

1834년순조34	순조 승하-원상院相
1835년헌종1	〈순조실록〉 편찬총재관, 정조·순조·익종 어제御製 찬진

생애일화

그는 임금으로부터 이름(象奎)과 자(穉教)를 하사받을 정도로 총애를 받았다.
어릴 때부터 뛰어난 재질을 보여 그의 시문은 내용이 깊고 치밀하여 18세에 이미 다른 사람들의 입에 오르내렸다 한다. 문장은 간결하고 자연스러웠는데, 이는 아버지가 모은 수만 권의 장서를 어려서부터 즐겨 읽은 때문이라 한다.
그는 이용후생의 중요성을 강조하였으며, 백성의 생활근본을 제작에 두어야 한다고 늘 말하였다. 또한 해박한 지식을 바탕으로 〈건릉지장속편健陵誌狀續篇〉과 〈만기요람萬機要覽〉을 편찬하여 국정의 지침서가 되게 하였다.
저서로는 〈두실존고〉 16권이 전하며, 글씨로 〈경춘전기京春殿記〉가 남아 있다.

1391대 한성판윤 박종경(朴宗慶) – 1358·1388대 동일인물

한성판윤 재임기간 : 1813년순조13 5월 19일 ~ 1813년순조13 6월 27일

1392대 한성판윤 김희순(金羲淳) – 1334·1345대 동일인물

한성판윤 재임기간 : 1813년순조13 7월 8일 ~ 1813년순조13 8월 4일

1393대 한성판윤 송 전(宋銓)

신상내용

생몰연대	1741년영조17 ~ 1814년순조14 – 74세
본관	은진恩津
자	계담季澹
호	영암嬰庵
가족	증조-경조經朝, 할아버지-취규聚圭, 아버지-참봉 양필良弼 어머니-김성윤金成潤의 딸 부인-이도李燾의 딸

관직경력

한성판윤 재임기간 : 1813년순조13 8월 4일 ~ 1813년순조13 10월 9일

조선 후기의 문신

1774년영조50	식년문과 급제
1778년정조2	정언-〈시회時懷〉 상소, 서장관, 사간,
1790년정조14	덕천군수
1803년순조3	대사간-벽파 김구주金龜柱 탄핵 주장, 우참찬, 좌참찬

생애일화

정언으로 있으면서 정조가 즉위하자 시회時懷(시국에 대한 의견)를 상소하였다.
나라가 어려울 때일수록 재용財用을 절약하고 근검을 백성들에게 가르쳐야 하는데, 각사各司의 원역員役(하급관리)과 공시貢市의 한량閑良(종사자)들이 사치와 유흥으로 재물을 낭비하고 사회일반이 부패하는 현상을 지적하면서, 조정의 기강을 바로잡고 생민生民에게 밝은 세상이 되도록 해야 한다고 주장하였다.
덕천군수로 나아가서는 호구戶口와 군정안軍丁案의 허실을 지적하여 그 병폐를 바로잡아야 한다고 할 정도로 강직하였으며, 대사간으로 있을 때에는 대왕대비 김씨의 옳지 않은 명을 거역하다가 숙천으로 귀양을 가기도 했다.

1394대 한성판윤 김재창(金在昌) – 1422·1441·1479·1510대 동일인물

신상내용

생몰연대	1770년영조46 ~ 1849년현종15 – 80세
본관	광산光山
자	덕여德汝
호	향포香圃
시호	정간貞簡
저서	〈광주부공도회과작〉
가족	증조-경택慶澤, 할아버지-형조참판 상익相翊, 아버지-광은부위 기성箕性 어머니-장헌세자(사도세자)의 딸 청연공주淸衍公主(정조의 누이) 부인-이정모李鼎模의 딸

관직경력

한성판윤 재임기간 : 1813년순조13 10월 9일 ~ 1814년순조14 윤2월 11일

조선 후기의 문신

음보-고양군수

1801년순조1	고양군수로 정시문과 급제, 부수찬
1806년순조6	승지, 대사성
1808년순조8	경기도관찰사
1811년순조11	형조·공조판서
1813년순조13	한성부판윤
1814년순조14	형조판서, 대사헌, 지돈녕부사
1816년순조16	판의금부사
1817년순조17	공조판서, 광주부유수
1821년순조21	병조판서
1826년순조26	형조·이소판서
1830년순조30	원접사
1835년순조35	병조판서-파면(정시무과 초시의 시험기일 관리부실)
1837년헌종3	이조핀서
1843년헌종9	판중추부사

생애일화

그의 어머니가 장헌세자(사도세자)의 딸(청연공주)이자 정조의 누이동생으로, 순조에게는 고모부가 된다.
저서로는 편저인 〈광주부공도회과작廣州府公都會科作〉이 있다.

1395대 한성판윤 임한호(林漢浩) – 1398대 동일인물

신상내용

생몰연대	1752년영조28 ~ 1827년순조27 – 76세
본관	나주羅州
자	경소景昭
시호	정간貞簡
가족	증조-찰방 굉유宏儒, 할아버지-군수 세집世諿, 아버지-승지 상원象元

어머니-청송심씨(부사 심위沈瑋의 딸)
부인-이의관李義寬의 딸

관직경력

한성판윤 재임기간 : 1814년순조14 윤2월 13일 ~ 1814년순조14 윤2월 17일

조선 후기의 문신

1783년정조7	사마시(생원) 입격
1792년정조16	식년문과 급제
1793년 이후	홍문관수찬, 함경도북평사, 암행어사, 이조참의, 대사간
1803년순조3	대사간-유배(정순왕후 김씨의 수렴청정 반대)
1804년 이후	이조참의, 강원도관찰사, 이조참판, 형조판서, 대사헌
1814년순조14	한성부판윤
1818년순조18	이조판서, 판의금부사, 세자시강원우빈객, 좌참찬, 우의정
1823년순조23	판중추부사

생애일화

그가 퇴직하기 전에 건의한 서얼庶孼 인재등용정책은 간접적이나마 세도정치로 부패된 관계官界를 숙정하는데 하나의 방안이 되었다. 당시 안동김씨의 세도가 김조순金祖淳과 더불어 그는 상당한 영향력을 지닌 권력자로서 평가받았다.
또한 성품이 결백하고 소박하여 세태에 물들지 않았으며, 자손이 번성하여 복인福人이라 하였다.

1396대 한성판윤 김계락(金啓洛) - 1340·1385대 동일인물

한성판윤 재임기간 : 1814년순조14 윤2월 18일 ~ 1814년순조14 4월 28일

1397대 한성판윤 홍의호(洪義浩) - 1405·1449대 동일인물

신상내용

생몰연대 1758년영조34 ~ 1826년순조26 - 69세

본관	풍산豊山
자	양중養仲
호	담녕澹寧
시호	정헌正憲
저서	〈담녕집澹寧集〉 외
가족	증조–승지 만기萬紀, 할아버지–동지돈녕 중효重孝, 아버지–예조판서 수보秀輔 어머니–박종윤朴宗潤의 딸 부인–최광벽崔光璧의 딸 형–洪仁浩(대사헌)

관직경력

한성판윤 재임기간 : 1814년순조14 7월 30일 ~ 1814년순조14 8월 9일

조선 후기의 문신

1780년정조4	사마시(진사) 입격
1784년정조8	정시문과 급제, 초계문신 선발, 지평, 집의, 응교
1785년정조9	동부승지, 호조·예조·공조참판
1786년정조10	교리–〈진8조2강소陳八條二綱疏〉 (국정쇄신을 위한 건의)
1814년순조14	한성부판윤–〈선조심리판부先朝審理判付〉 16권 찬진
1815년순조15	사은부사로 청나라 다녀오다. 의주부윤, 대사간, 호군
1816년 이후	예조·형조·공조판서
1825년순조25	봉조하

생애일화

교리로 있으면서 국정쇄신을 위해 2조 8강의 개혁안을 건의하였다. 즉, 언로 확대 · 경비 절감 · 유사시 대비 군사훈련 · 엄정한 법적용 · 상벌 공정 등이다.
저서로는 〈담녕집〉 과 〈청구시지靑丘詩誌〉가 있다. 또한, 그의 간찰이 국립중앙박물관에 소장되어 있다.
아버지 수보秀輔도 한성판윤을 지냈다.

1398대 한성판윤 임한호(林漢浩) – 1395대 동일인물

한성판윤 재임기간 : 1814년순조14 8월 9일 ~ 1814년순조14 9월 12일

1399代 한성판윤 박윤수(朴崙壽) – 1353대 동일인물

한성판윤 재임기간 : 1814년순조14 9월 12일 ~ 1815년순조15 2월 3일

1400代 한성판윤 김이양(金履陽) – 1404·1409·1420·1428대 동일인물

신상내용

생몰연대	1755년영조31 ~ 1845년헌종11 – 91세
본관	안동安東
초명	이영履永
자	명여命汝
호	연천淵泉
가족	증조–부수 성익盛益, 할아버지–시술時述, 아버지–한성부판관 헌행憲行 어머니–칠원윤씨(진사 윤지술尹志述의 딸) 부인–전주이씨(이명상李明祥의 딸)
묘	충남 천원군 광덕면 광덕산

관직경력

한성판윤 재임기간 : 1815년순조15 2월 6일 ~ 1815년순조15 3월 3일

조선 후기의 문신

1783년정조7	사마시(생원) 입격
1795년정조19	정시문과 급제
1812년순조12	함경도관찰사
1815년순조15	예조·이조판서
1816년순조16	호조판서
1819년순조19	홍문관제학
1820년순조20	판의금부사, 좌참찬
1844년헌종10	궤장 하사, 봉조하, 영중추부사 추증

생애일화

함경도관찰사로 있으면서 그 지방의 기강확립과 민생고 해결을 위해 노력하였으며, 변경지방

의 군사제도 개선과 어염선세와 둔전세 등 및 마필 헌납의 감면을 건의하여 허락을 받았다. 또한 함경도의 진환곡賑還穀 확보를 위해 영남 포항창의 곡식 2만 3천석을 언어 옮기는 데 성공하였다.

1401대 한성판윤 한용탁(韓用鐸) – 1350대 동일인물

한성판윤 재임기간 : 1815년순조15 3월 3일 ~ 1815년순조15 5월 9일

1402대 한성판윤 정만석(鄭晩錫) – 1430·1439대 동일인물

신상내용

생몰연대	1758년영조34 ~ 1834년순조34 – 77세
본관	온양溫陽
자	성보成甫
호	과재過齋·과재果齋
시호	숙헌肅獻
저서	〈관서신미록關西辛未錄〉
가족	증조–하경夏卿, 할아버지–참봉 유신維新, 아버지–지중추부사 기안基安 어머니–첨지중추부사 김상정金相鼎의 딸 부인–이흥주李興周의 딸
묘	경기도 포천시 가산면 가산리

관직경력

한성판윤 재임기간 : 1815년순조15 5월 23일 ~ 1815년순조15 7월 4일

조선 후기의 문신

1780년정조4	사마시(생원) 입격
1783년정조7	증광문과 급제
1785년정조9	성균관전적, 병조참의
1794년정조18	양근·가평 어사, 호남·호서 암행어사
1798년정조22	영일현감
1801년순조1	교리, 하정사로 청나라 다녀오다, 경상우도 암행어사

1803년순조3	동래부사
1807년순조7	공충도관찰사
1811년순조11	홍경래의 난-관서위무사
1812년순조12	평안도관찰사-〈관서신미록關西辛未錄〉(홍경래 관련 죄인 심문기록)
1815년순조15	한성부판윤, 호조판서
1819년순조19	동지정사로 청나라 다녀오다, 광주부유수
1829년순조29	우의정

생애일화

평안도관찰사로 있을 때 홍경래의 난 관련 죄인 심문기록인 〈관서신미록關西辛未錄〉과 〈게첩기략啓牒記略〉을 지어 조정에 올렸다.
외직에 있을 때에는 선정을 베풀어 청백리로 일컬어졌으며, 중앙에서는 호조판서·선혜청당상으로 이름을 날렸으나, 국가경제 전반에 관해 거시적 안목이 부족하였다는 평을 들었다.

1403대 한성판윤 이조원(李肇源) – 1431대 동일인물

신상내용

생몰연대	1758년영조34 ~ 1832년순조32 – 75세
본관	연안延安
자	경혼景混
호	옥호玉壺
시호	문경文景
가족	증조-현감 하조賀朝, 할아버지-군수 숭신崇臣, 아버지-이조판서 민보敏輔 어머니-서명성徐命聖의 딸 부인-홍문호洪文浩의 딸

관직경력

한성판윤 재임기간 : 1815년순조15 7월 4일 ~ 1815년순조15 10월 1일

조선 후기의 문신

1792년정조16	식년문과 장원급제
1793년정조17	호서湖西 암행어사
1794년정조18	사간원정언, 과천·용인·진위 암행어사, 대사간, 승지

1800년순조1	이조참의, 대사간, 이조참판, 승지, 전라도관찰사, 이조참판
1812년순조12	형조판서, 좌참찬, 예조판서, 광주부유수
1814년순조14	홍문관제학, 우참찬, 대사헌
1815년순조15	한성부판윤, 이조판서, 동지정사로 청나라 다녀오다
1816년순조16	홍문관제학, 좌빈객, 우참찬, 평안도관찰사, 형조판서
1820년순조20	판의금부사, 좌참찬
1821년순조21	하정사로 청 왕래, 우빈객, 예문관제학, 병조판서, 좌빈객, 호조·공조판서
1827년순조27	유배(반역사건 변호–흑산도에서 사망)

생애일화

청나라 황제 즉위식에 축하사절단으로 갔던 조선 사신과 아라사의 외교관이 조우하였다. '허리에 찬 물건이 뭣에 쓰는 것이오?' '피스톨이오. 탄환을 넣고 방아쇠를 당기면 …탕!' '으아악' '하하, 장난이오.' 두 사람은 허물없이 농담을 하게 되는 64세의 이조원과 32세의 젊은 팀코프스키다.

서세동점으로 쏟아져 들어오는 서양문물을 다양하게 접하고, 국제관계의 동향을 가늠할 수 있는 북경에서 조선과 러시아가 교류를 시작하는 첫 계기가 이루어진 것일지도 모른다.

젊은 시절의 암행어사 이조원은 정조의 특명을 받고 맹활약을 하였고, 국제적 외교 감각을 익힌 인물이었으나 풍양조씨계의 당여로 안동김씨계와 맞서다가 끝내 희생당했고, 1835년헌종1에 대왕대비의 명에 의해 신원되었다.

아버지 민보敏輔가 한성판윤을 지내 부자가 대를 이어 한성판윤을 지냈다.

1404대 한성판윤 김이양(金履陽) – 1400·1409·1420·1428대 동일인물

한성판윤 재임기간 : 1815년순조15 10월 3일 ~ 1816년순조16 4월 5일

1405대 한성판윤 홍의호(洪義浩) – 1397·1449대 동일인물

한성판윤 재임기간 : 1816년순조16 4월 5일 ~ 1816년순조16 윤6월 20일

1406대 한성판윤 김시근(金蓍根) – 1423대 동일인물

신상내용

생몰연대	1755년영조31~ 1825년순조25 – 71세
본관	안동安東
자	흥지興之
가족	증조–보은군수 순행純行, 할아버지–이진履晉, 아버지–호순顥淳 어머니–해주정씨(정운섭鄭運燮의 딸) 부인–함평이씨(이복운李復運의 딸) 전주유씨(유민양柳民養의 딸)
묘	경기도 양주시 서원동

관직경력

한성판윤 재임기간 : 1816년순조16 윤6월 20일 ~ 1817년순조17 7월 12일

조선 후기의 문신

1802년순조2	정시문과 급제
1803년순조3	홍문록·도당록 등재
1806년순조6	이조참의
1808년순조8	승지
1812년순조12	공충도관찰사, 예방승지–가의대부
1813년순조13	도승지, 공조판서
1815년순조15	약방제조–정헌대부, 대사헌, 형조판서
1816년순조16	한성부판윤, 좌참찬, 광주부유수
1820년순조20	한성부판윤, 수원부유수
1821년순조21	숭정대부, 판의금부사, 이조판서, 예조판서, 부묘당상祔廟堂上
1825년순조25	공조·병조판서, 기로소 입소

생애일화

병자호란 때 강화에서 자결한 김상용金尙容의 8대손으로 숙부 동지돈녕부사 재순在淳에게 양자 갔다.
부묘당상祔廟堂上을 하면서 공로가 있어 두 번씩이나 숙마熟馬를 하사받았다.

1407대 한성판윤 정상우(鄭尙愚)

신상내용

생몰연대 1756년영조32 ~ ?
본관 온양溫陽
자 중급仲及
가족 증조-군수 광겸光謙, 할아버지-군수 창유昌兪, 아버지-이조참의 원시元始
어머니-윤원동尹遠東의 딸
부인-송지경宋持敬의 딸
묘 경기도 광주시 중부면 번천리

관직경력

한성판윤 재임기간 : 1817년순조17 7월 12일 ~ 1817년순조17 7월 24일

조선 후기의 문신

1790년정조14	증광문과 급제, 정언
1793년정조17	의정부검상, 상토첨진사上土僉鎭使 발령, 서장관으로 청나라 다녀오다
1797년정조21	동래부사-서양인 용당포 표착 보고
1799년정조23	승지
1808년순조8	강원도관찰사
1810년순조10	대사간
1813년순조13	대사헌
1815년순조15	함경도 도과道科 시관試官, 혜경궁홍씨 서거-빈궁제조
1816년순조16	형조판서, 이조판서, 좌참찬
1818년순조18	광주부유수
1821년순조21	형조·이조판서-숭정대부
1822년순조22	함경도관찰사
1823년순조23	판의금부사, 좌빈객
1826년순조26	좌부빈객, 판돈녕부사

생애일화

청나라에 서장관으로 가서 파악한 중국의 극심한 흉년 상황과 황실 내의 각로閣老 화곤和困의 권세에 대해 보고하였다.
또한 동래부사로 있을 때, 서양인이 유리병·천리경·무공은전無孔銀錢 등을 가지고 일본 나가

사끼를 출발하여 용당포에 표류한 사실을 보고하였다. 이 서양 선박은 영국 해군의 탐사선 프로비던스providens호로 밝혀졌으며, 이미 그 당시 동아시아의 형세를 파악하기 위해 영국의 정보 수집활동이 조선 앞 바다에서 펼쳐지고 있었던 것이다. 권총과 망원경을 선물로 주고 갔다고 한다.

1804년 출판된 브라우튼 함장의 항해일지를 보면, 항박도에 조선 항구를 초산 하버(chosan habour)라고 표기되어 있고 water을 물(mool) · man을 사내(sanna)로 적고 있어 한동안 머물러 생활풍습까지 기록한 것 같다. 2001년 부산시 남구 신선대에 한국과 영국의 만남을 기념하는 비석이 세워졌다.

1408대 한성판윤 이보천(李普天)

신상내용

생몰연대 1737년영조13 ~ 1821년순조21 – 85세
본관 용인龍仁
자 사호士浩
가족 증조–대사간 교악喬岳, 할아버지–세준世準, 아버지–공조참판 의로宜老
어머니–조화벽趙和璧의 딸
부인–풍양조씨(조정세趙靖世의 딸)

관직경력

한성판윤 재임기간 : 1817년순조17 7월 25일 ~ 1817년순조17 8월 30일

조선 후기의 문신

1771년영조47 식년문과 급제, 홍문록 등재
1775년영조51 향리 방축–세손(정조)의 대리청정 시행 날 숙배 불참
1801년순조1 전라감사 윤행임을 탄핵(문형과 전병을 독차지하며 친인척 천거)
1805년순조5 부사로 청나라 다녀오다
1806년 이후 검열, 좌부승지, 대사간,
1816년순조16 형조판서, 한성부판윤, 의정부좌참찬, 지중추부사

1409代 한성판윤 김이양(金履陽) – 1400·1404·1420·1428대 동일인물

한성판윤 재임기간 : 1817년순조17 8월 30일 ~ 1817년순조17 11월 23일

1410代 한성판윤 이희갑(李羲甲) – 1421·1424·1434·1464·1496대 동일인물

신상내용

생몰연대 1764년영조40 ~ 1847년헌종13 – 84세
본관 한산韓山
자 원여元汝
호 평천平泉
시호 정헌正獻
가족 증조–현감 병건秉健, 할아버지–정 산중山重, 아버지–참판 태영泰永
어머니–유한만兪漢萬의 딸
부인–김문순金文淳의 딸

관직경력

한성판윤 재임기간 : 1817년순조17 11월 23일 ~ 1818년순조18 3월 3일

조선 후기의 문신

1790년정조14 증광문과 급제, 강제문신講製文臣 선임, 호남어사, 홍문관교리
1801년순조1 부호군–유배
1807년순조7 이조참의, 황해도관찰사
1812년순조12 대사간, 이조참판
1816년순조16 함경도관찰사
1817년순조17 이조판서
1820년순조20 판의금부사, 동지정사로 청나라 다녀오다
1821년순조21 예조·형조판서, 수원부유수, 병조판서
1827년순조27 평안도관찰사–탄핵(삭직)
1830년순조30 판의금부사, 책저도감冊儲都監, 전의도감典醫都監
1833년순조33 기로소 입소

1411대 한성판윤 조홍진(趙弘鎭) – 1415대 동일인물

신상내용

생몰연대	1743년영조19 ~ 1821년순조21 – 79세
본관	풍양豊壤
자	관보寬甫
호	창암牕岩
가족	증조–사인 대수大壽, 할아버지–판돈녕부사 석명錫命, 아버지–재검載儉 어머니–기계유씨(유건기兪健基의 딸) 부인–동래정씨(정동은鄭東殷의 딸)
묘	충북 영동군 용산면 용산리

관직경력

한성판윤 재임기간 : 1818년순조18 3월 3일 ~ 1818년순조18 4월 20일

조선 후기의 문신

1763년영조39	사마시(생원) 입격
1783년정조7	현감, 증광문과 급제, 원춘도암행어사, 홍문록 등재, 이조좌랑, 산청현감
1785년정조9	지제교, 홍문관교리·부응교, 사간원사간
1788년정조12	오익환의 옥사 관련하여 무고 당함. 죄가 풀려 시종侍從 재기용
1789년정조13	교리, 수찬
1799년정조23	승지
1800년정조24	영동지방 암행어사, 승지
1801년 이후	형조판서, 예문관제학, 기로소 입소, 회혼례回婚禮

생애일화

암행어사로 영동지방에 파견되어 어부들의 폐단을 없애는데 앞장 서 왕의 신임을 받았고, 승지로 재직하면서 왕을 보필하는데 전력을 다하였다.

1412대 한성판윤 조덕윤(趙德潤)

신상내용

생몰연대 1747년영조23 ~ 1821년순조21 –75세

본관 임천林川
자 수이修爾
시호 효정孝貞
가족 증조–현감 경창景昌, 할아버지–정하正夏, 아버지–도정 명욱明勗
어머니–이양흠李養欽의 딸
부인–서제행徐悌行의 딸

관직경력

한성판윤 재임기간 : 1818년순조18 4월 20일 ~ 1818년순조18 6월 5일

조선 후기의 문신

1775년영조51	별시문과 급제, 지평
1776년영조52	문과 파방–사직
1779년정조3	지평 복직, 양구현감, 홍문관교리, 사간, 첨지중추원사
1799년정조23	곡산부사
1801년순조1	승지, 대사간, 예조참판, 공충도관찰사, 함경도관찰사. 호군, 공조판서, 대사헌, 형조판서, 좌참찬
1815년순조15	병조판서
1818년순조18	한성부판윤, 분내국제조, 병조판서, 우참찬

생애일화

양아버지 명정明鼎도 한성판윤을 지냈다.

1413대 한성판윤 이존수(李存秀) – 1416·1419·1427·1452·1455·1481대 동일인물

신상내용

생몰연대 1772년영조48 ~ 1829년순조29 – 58세
본관 연안延安
자 성로聖老·成老
호 금석金石, 연유蓮游
시호 문익文翼
가족 증조–군수 주신舟臣, 할아버지–영의정 천보天輔, 아버지–판서 문원文源

어머니–청송심씨(이조판서 심수沈綉의 딸)
부인–반남박씨(현감 박홍수朴泓壽의 딸)

묘 경기도 화성시 팔탄면 매안리 → 가평군 상면 연하리 (이장)

관직경력

한성판윤 재임기간 : 1818년순조18 6월 5일 ~ 1818년순조18 7월 8일

조선 후기의 문신

1790년정조14	사마시(생원·진사) 양시 입격
1794년정조18	정시문과 급제, 홍문관정자 겸 교서관정자
1800년정조24	겸세자시강원설서, 겸실록기사관, 홍문관수찬
1802년순조2	의정부검상, 규장각직각
1803년순조3	황해도관찰사
1808년순조8	이조참의, 부제학
1810년순조10	규장각직제학, 전라도·경기도관찰사
1814년순조14	경상도관찰사
1817년순조17	선혜청제조–출납업무 폐단 근절
1818년순조18	의정부우참찬, 형조판서, 한성부판윤
1819년순조19	대사헌, 이조판서, 공조판서
1821년순조21	예조·호조판서
1823년순조23	예문관제학, 판의금부사, 병조판서
1826년순조26	함경도관찰사
1827년순조27	우의정–수령 고과의 엄정과 족징族徵의 폐단 근절
1829년순조29	좌의정–포삼包蔘의 잠월潛越 폐단 근절

생애일화

외직으로 관찰사 재직 시에, 경기도에서는 적부籍簿의 문란을 바로 잡았으며, 경상도에서는 대흉년의 기근을 구제하여 치적을 올려 생사당이 세워졌다.
중앙에서 정승으로 있으면서도 수령 고과의 엄정 심의 등 행정 일반에서 발생하는 여러 가지 폐단을 근절하기 위해 노력했다.
명문 출신으로서 비교적 벼슬길이 순탄했으며, 경연석에서 논주할 때는 직언을 하고 아첨을 하지 않았다.
월사月沙 이정구李廷龜의 후손으로서 시문에 능하였으며, 저서로는 편서로 〈광보자경편廣補自警編〉이 있다.

1414대 한성판윤 한치응(韓致應) – 1425·1435·1437·1451대 동일인물

신상내용

생몰연대	1760년영조36 ~ 1824년순조24 – 65세
본관	청주淸州
자	혜보徯甫
호	병산甹山
저서	〈병산집〉
가족	증조–종범宗範, 할아버지–세장世章, 아버지–진사 광적光迪 어머니–여흥민씨(민명인閔命寅의 딸) 부인–김태흠金泰欽의 딸, 송지상宋之庠의 딸
묘	경기도 남양주시 화도면 묵현리

관직경력

한성판윤 재임기간 : 1818년순조18 7월 8일 ~ 1818년순조18 7월 28일

조선 후기의 문신

1783년정조7	사마시(생원) 입격
1784년정조8	정시문과 급제, 초계문신 선발
1792년정조16	홍문록·도당록 등재, 지평
1795년정조19	관동암행어사
1797년정조21	수찬, 교리, 집의
1799년정조23	진하 겸 사은사의 서장관으로 청나라 다녀오다
1806년순조6	삭출–채제공 신원 관련 연합상소
1808년순조8	개성부유수–파직(무뢰배 난동사건 처벌–10여 명 사망)
1812년순조12	비변사제조, 대사성, 대사간, 형조판서
1817년순조17	동지사로 청나라 다녀오다
1818년순조18	한성부판윤
1820년순조20	형조판서, 진향사로 청나라 다녀오다
1821년순조21	판돈녕부사, 병조판서, 빈궁당상, 우참찬, 판의금부사, 함경도관찰사

생애일화

시문에 뛰어나 이유수李儒修 · 홍시제洪時濟 · 윤지눌尹持訥 · 정약전丁若銓 · 채홍원蔡弘遠 등과 죽란시사竹欄詩社라는 모임을 만들어 교유하였다.

저서에는 〈병산집甹山集〉이 있다.

1415대 한성판윤 조홍진(趙弘鎭) – 1411대 동일인물

한성판윤 재임기간 : 1818년순조18 7월 29일 ~ 1818년순조18 9월 5일

1416대 한성판윤 이존수(李存秀) – 1413·1419·1427·1452·1455·1481대 동일인물

한성판윤 재임기간 : 1818년순조18 9월 8일 ~ 1819년순조19 1월 25일

1417대 한성판윤 임희존(任希存) – 1450대 동일인물

신상내용

생몰연대	1748년영조24 ~ 1828년순조28 – 81세
본관	풍천豊川
자	신지身之
시호	정희貞僖
가족	증조–형참 순원舜元, 조부–군수 수관守寬, 아버지–대사간 성城, 양부–정언 珗 어머니–남양홍씨(홍처인洪處仁의 딸) 부인–전주이씨(교리 이준휘李儁徽의 딸)

관직경력

한성판윤 재임기간 : 1819년순조19 1월 25일 ~ 1819년순조19 2월 17일

조선 후기의 문신

1791년정조15	왕의 수원 환차(還次:행차가 돌아옴) 때 유생·무사 시험–수석(殿試 直赴)
1794년정조18	춘당대문과 급제, 부수찬, 교리
1798년정조22	이천부사, 승지, 이조참의
1804년순조4	예방승지, (정순대비)상호도감上號都監

1813년순조13	사은부사로 청나라 다녀오다. 대사간
1819년순조19	한성부판윤, 공조판서
1822년순조22	가순궁嘉順宮(정조 후궁 사망-園所提調), 부묘도감제조
1823년순조23	형조판서, 공조판서, 예조판서, 판의금부사, 기로소 입소
1828년순조28	지중추부사

1418대 한성판윤 김이교(金履喬) – 1438·1461·1467·1476·1489·1506대

동일인물

신상내용

생몰연대	1764년영조40 ~ 1832년순조32 – 69세
본관	안동安東
자	공세公世
호	죽리竹里
시호	문정文貞
저서	〈죽리집〉
배향	순조 묘정
가족	증조-좌랑 성도聖道, 할아버지-대사간 시찬時粲, 아버지-관찰사 방행方行 어머니-청송심씨(沈황의 딸) 부인-함종어씨(어석정魚錫定의 딸)
묘	충남 예산군 대흥면 금곡리

관직경력

한성판윤 재임기간 : 1819년순조19 2월 17일 ~ 1819년순조19 4월 15일

조선 후기의 문신

1789년정조13	식년문과 급제, 검열, 수찬, 초계문신, 북평사
1800년정조24	겸문학
1800년순조즉위	대왕대비(영조 계비 김씨) 수렴청정-노론 벽파 집권, 유배(명천, 시파 탄압)
1806년순조6	부사과, 동부승지, 이조참의, 강원도관찰사
1811년순조11	통신사로 일본에 다녀오다
1812년 이후	성균관대사성, 사헌부대사헌, 도승지

1819년순조19	한성부판윤, 이조판서, 평안도관찰사, 병조·형조·공조·예조판서
1831년순조31	우의정

생애일화

우의정이 되었을 때, 영의정과 좌의정이 공석이어서 사실상 국정을 도맡아 수행하였다. 글씨도 잘 썼으며 저서에는 〈죽리집竹里集〉이 있다.

1419대 한성판윤 이존수(李存秀) – 1413·1416·1427·1452·1455·1481대 동일인물

한성판윤 재임기간 : 1819년순조19 4월 15일 ~ 1819년순조19 5월 9일

1420대 한성판윤 김이양(金履陽) – 1400·1404·1409·1428대 동일인물

한성판윤 재임기간 : 1819년순조19 5월 9일 ~ 1819년순조19 8월 8일

1421대 한성판윤 이희갑(李羲甲) – 1410·1424·1434·1464·1496대 동일인물

한성판윤 재임기간 : 1819년순조19 8월 8일 ~ 1819년순조19 12월 4일

1422대 한성판윤 김재창(金在昌) – 1394·1441·1479·1510대 동일인물

한성판윤 재임기간 : 1819년순조19 12월 6일 ~ 1820년순조20 6월 3일

1423대 한성판윤 김시근(金蓍根) – 1406대 동일인물

한성판윤 재임기간 : 1820년순조20 6월 3일 ~ 1820년순조20 7월 28일

1424대 한성판윤 이희갑(李羲甲) – 1410·1421·1434·1464·1496대 동일인물

한성판윤 재임기간 : 1820년순조20 7월 29일 ~ 1820년순조20 9월 18일

1425대 한성판윤 한치응(韓致應) – 1414·1435·1437·1451대 동일인물

한성판윤 재임기간 : 1820년순조20 9월 19일 ~ 1820년순조20 10월 20일

1426대 한성판윤 이노익(李魯益)

신상내용

생몰연대	1767년영조43 ~ 1821년순조21 – 55세
본관	덕수德水
자	군수君受
호	탄초灘樵
시호	효정孝靖
기족	증조–생원 악진岳鎭, 할아버지–연演, 아버지–영의정 병모秉模 어머니–청송심씨(심관沈鑵의 딸) 부인–청송심씨(예조판서 심풍지沈豊之의 딸), 해평윤씨(윤창선尹昌善의 딸)
묘	강원도 원성군 호저면 동막리

관직경력

한성판윤 재임기간 : 1820년순조20 10월 23일 ~ 1820년순조20 11월 29일

1790년정조14	사마시(진사) 입격, 음보-부사과
1805년순조5	증광문과 급제
1806년순조6	홍문록 등재, 규장각직각, 부교리
1809년순조9	선교관
1812년순조12	세자시강원보덕
1815년순조15	원소제조園所提調
1818년순조18	경기도관찰사
1819년순조19	대사헌, 형조판서, 진하정사로 청나라 다녀오다
1820년순조20	예조판서, 한성부판윤, 좌부빈객
1821년순조21	평안도관찰사

1427대 한성판윤 이존수(李存秀) – 1413·1416·1419·1452·1455·1481대 동일인물

한성판윤 재임기간 : 1820년순조20 11월 29일 ~ 1820년순조20 12월 1일

1428대 한성판윤 김이양(金履陽) – 1400·1404·1409·1420대 동일인물

한성판윤 재임기간 : 1820년순조20 12월 1일 ~ 1821년순조21 1월 29일

1429대 한성판윤 홍희신(洪羲臣) – 1456대 동일인물

신상내용

생몰연대	1761년영조37 ~ 1825년순조25 – 65세
본관	풍산豊山
초명	낙유樂遊
자	숙예叔藝
호	난숙蘭塾
시호	익정翼靖

가족	조부–단양군수 중성重聖, 할아버지–진보鎭輔, 아버지–예조판서 명호明浩 어머니–해주오씨(오명보吳命普의 딸) 부인–온양정씨(정원시鄭元始의 딸) 친척–홍양호洪養浩(백부·대제학)
묘	경기도 안성시 죽산면 가업리

관직경력

한성판윤 재임기간 : 1821년순조21 2월 1일 ~ 1821년순조21 2월 20일

조선 후기의 문신

1783년정조7	사마시(진사) 입격
1789년정조13	정시문과 급제
1790년정조14	도당록 등재, 검열
1793년정조17	서장관으로 청나라 다녀오다
1794년정조18	추파만호楸坡萬戶으로 춘추관기사관가 되어 강계부사 이하 진장鎭將 규찰
1797년정조21	부교리, 청나라 왕래, 응교, 장령, 결성현감
1810년순조10	황해도관찰사
1811년순조11	이조참판
1817년순조17	대사간, 이조·병조참판, 형조판서
1819년순조19	동지사 겸 사은사로 청라 다녀나오다. 형조·공조판서
1821년순조21	한성부판윤, 우부빈객, 대사헌
1822년순조22	이조판서, 광주부유수, 형조판서
1825년순조25	한성부판윤, 좌부빈객, 좌빈객, 수원부유수

생애일화

광주유수로 있을 때 선릉宣陵의 정자각을 개수하여 가의대부에서 숭정대부로 가자되었다. 큰아버지 양호養浩와 아버지 명호明浩가 한성판윤을 지냈다.

1430대 한성판윤 정만석(鄭晩錫) – 1402·1439대 동일인물

한성판윤 재임기간 : 1821년순조21 2월 27일 ~ 1821년순조21 10월 12일

1431대 한성판윤 이조원(李肇源) – 1403대 동일인물

한성판윤 재임기간 : 1821년순조21 10월 12일 ~ 1822년순조22 1월 9일

1432대 한성판윤 김노응(金魯應) – 1440대 동일인물

신상내용

생몰연대	1757년영조33 ~ 1824년순조24 – 68세
본관	경주慶州
자	유일唯一
호	일와一窩
시호	정헌正獻
가족	증조–영의정 흥경興慶, 할아버지–연안부사 한정漢禎, 아버지–문화현령 태주泰柱 어머니–이명경李明冏의 딸 부인–이성규李成奎의 딸, 임시열任時悅의 딸
묘	인천시 북구 부평동 이화동

관직경력

한성판윤 재임기간 : 1822년순조22 1월 19일 ~ 1822년순조22 3월 24일

조선후기의 문신

1786년정조10	사마시(진사) 입격
1796년정조20	별시문과 낙방(글자 1개 누락), 헌릉참봉, 전생서직장, 활인서별제, 감찰
1805년순조5	장악원주부, 정시문과 급제, 병조좌랑, 정언, 지평
1807년순조7	사복시정, 응교, 동지사의 서장관으로 청나라 다녀오다
1808년순조8	황해도암행어사
1811년순조11	대사성, 경주부윤, 동래부사, 경상도관찰사, 지중추부사, 형조판서
1822년순조22	한성부판윤, 병조판서 겸 동지성균관사

생애일화

암행어사로 활약하면서 지방관의 탐학을 제거하고자 노력하였으며, 동래부사로 있을 때 홍경래의 난이 일어나자 병사를 징발하여 대비하였다.
그는 평소 효행과 우애가 돈독하고 검소하였으며, 경사經史를 널리 섭렵하였다. 특히 〈중용

中庸〉을 좋아하였고 역대의 사실이나 전고典故에도 밝았다.
증조부 홍경興慶이 한성판윤을 지냈다.

1433대 한성판윤 조만원(趙萬元)

신상내용

생몰연대	1762년영조38 ~ 1822년순조22 – 61세
본관	풍양豊壤
자	태시泰始
시호	문정文靖
가족	증조–완주판관 한보漢輔, 할아버지–정우廷禹, 아버지–부사 상존象存 어머니–윤근尹勤의 딸 부인–이택원李宅源의 딸, 정이혁鄭履赫의 딸

관직경력

한성판윤 재임기간 : 1822년순조22 3월 25일 ~ 1822년순조22 4월 14일

조선후기의 문신

1790년정조14	향시 수석
1792년정조16	정조의 화성華城 거둥 때 친시親試 입격(진사)
1794년정조18	정시문과 급제, 승문원기주관, 한림회권 선발, 규장각 초계문신 선발
1795년정조19	부교리, 정언, 지평, 이조·병조 낭관, 초계시 3회 수석, 부안현령
1802년순조2	승정원승지, 대사간, 이조·형조참의, 자산부사
1809년순조9	이조·호조·예조·병조참판
1818년순조18	부사로 청나라 다녀오다
1819년순조19	대사성, 강화부유수
1821년순조21	형조판서 겸 예문관제학, 동지정사로 청나라 다녀오다
1822년순조22	한성부판윤 겸 지경연사

생애일화

좌의정 조익趙翼의 후손이며 소론의 영수인 조지겸趙持謙의 6세손으로 정조의 각별한 아낌을 받았다. 강화유수 때 세금감면과 향약실시 등으로 백성의 편익을 위해 노력했다.
그는 성격이 밝으면서 부드럽고 깊이가 있다는 평을 들었다. 독서에 전념하였으며 안분순명

安分順命을 규범으로 삼아 생활하였다.

1434대 한성판윤 이희갑(李羲甲) – 1410·1421·1424·1464·1496대 동일인물

한성판윤 재임기간 : 1822년순조22 4월 14일 ~ 1822년순조22 7월 9일

1435대 한성판윤 한치응(韓致應) – 1414·1425·1437·1451대 동일인물

한성판윤 재임기간 : 1822년순조22 7월 9일 ~ 1823년순조23 4월 20일

1436대 한성판윤 김기후(金基厚) – 1442·1447·1454·1469대 동일인물

신상내용

생몰연대	1747년영조23 ~ 1830년순조30 – 84세
본관	청풍淸風
자	사중士重
시호	효헌孝憲
가족	증조–진사 도영道泳, 할아버지–병조판서 성응聖應, 아버지–판돈녕부사 지묵持默 어머니–이규환李奎煥의 딸 부인–송숙석宋肅錫의 딸 친척–효의왕후孝懿王后(4촌누이, 정조 왕후–김시묵金時默의 딸)

관직경력

한성판윤 재임기간 : 1823년순조23 4월 20일 ~ 1823년순조23 5월 5일

조선후기의 문신

1774년영조50	사마시(생원) 입격, 음보–영릉참봉
1811년순조11	총융사, 금위대장, 공조판서, 지돈녕부사, 도총관

1823년순조23	한성부판윤
1826년순조26	정헌대부, 유폐–서만주의 무고

생애일화

그의 사촌누이가 왕비였으므로 왕실과의 인척관계에 있기에 항상 처신과 언행을 조심하고, 궁궐에 출입하면서도 바깥에 나와서는 집안에서조차 궁궐 안의 일을 말하지 않았다.
임금의 신임이 두터워 아버지를 이어 궁궐 일을 맡게 되자, 더욱 근신하여 영비營費를 조금도 낭비하지 않고 60년 동안 성실히 봉직하였다.

1437대 한성판윤 한치응(韓致應) – 1414·1425·1435·1451대 동일인물

한성판윤 재임기간 : 1823년순조23 5월 11일 ~ 1823년순조23 5월 23일

1438대 한성판윤 김이교(金履喬) – 1418·1461·1467·1476·1489·1506대 동일인물

한성판윤 재임기간 : 1823년순조23 5월 23일 ~ 1823년순조23 7월 29일

1439대 한성판윤 정만석(鄭晩錫) – 1402·1430대 동일인물

한성판윤 재임기간 : 1823년순조23 8월 3일 ~ 1823년순조23 8월 20일

1440대 한성판윤 김노응(金魯應) – 1432대 동일인물

한성판윤 재임기간 : 1823년순조23 8월 20일 ~ 1823년순조23 9월 6일

1441대 한성판윤 김재창(金在昌) – 1394·1422·1479·1510대 동일인물

한성판윤 재임기간 : 1823년순조23 9월 6일 ~ 1823년순조23 9월 14일

1442대 한성판윤 김기후(金基厚) – 1436·1447·1454·1469한성판윤

한성판윤 재임기간 : 1823년순조23 9월 18일 ~ 1823년순조23 10월 17일

1443대 한성판윤 조봉진(曺鳳振)

신상내용

생몰연대	1777년정조1 ~ 1838년헌종4 – 62세
본관	창녕昌寧
자	의경儀卿
호	신암愼菴
가족	증조–하정夏挺, 할아버지–명준命峻, 아버지–이조판서 윤대允大 어머니–오대유吳大有의 딸 부인–이의현李義玄의 딸, 조유원趙裕源의 딸
묘	경기도 여주시 흥천면 율곡리

관직경력

한성판윤 재임기간 : 1823년순조23 10월 17일 ~ 1823년순조23 12월 8일

조선 후기의 문신

1801년순조1	사마시(진사) 입격
1805년순조5	증광문과 급제, 정언, 부교리, 필선 이조참의, 대사성
1823년순조23	한성부판윤, 형조판서
1824년순조24	전라도관찰사–유배(둔전의 세제문제에 관해 조정을 속인 죄)
1833년순조33	동지사로 청나라 다녀오다
1835년헌종1	공조판서, 대사헌, 이조판서

생애일화

아버지 윤대允大가 한성판윤을 지냈다.

1444대 한성판윤 박종훈(朴宗薰) – 1459·1484·1507대 동일인물

신상내용

생몰연대	1773년영조49 ~ 1841년헌종7 – 69세
본관	반남潘南
자	순가舜可
호	두계荳溪
시호	문정文貞
저서	〈사례찬요〉
가족	증조–금산군수 필기弼基, 할아버지–사득師得, 아버지–군수 참원參源 어머니–한산이씨(우의정 이사관李思觀의 딸) 부인–구제원具悌元의 딸
묘	경기도 양주시 광적면 우고리 기좌동 도인봉 밑

관직경력

한성판윤 재임기간 : 1823년순조23 12월 15일 ~ 1824년순조24 2월 18일

조선 후기의 문신

1798년정조22	사마시(진사) 입격
1802년순조2	정시문과 급제, 홍문관정자, 예문관대교, 홍문관 부교리·응교, 사인
1807년순조7	통정대부 승품, 승지, 대사성
1809년순조9	함흥부위유사(함경도 민가 1,798호 화재), 대사성, 보덕, 경기도관찰사
1810년순조10	홍문관부제학, 대사헌, 규장각직제학, 한성부좌윤, 전라도관찰사, 예문관제학, 이조참판, 우부빈객, 홍문관제학, 우빈객
1823년순조23	진하정사로 청나라 다녀오다. 예문관·규장각·홍문관 제학, 6조 판서, 한성부판윤, 대사헌, 우빈객, 좌빈객, 겸유선, 광주목사, 평안도관찰사, 판의금부사, 좌참찬
1834년순조34	우의정, 순조 승하–고부 겸 주청사로 청나라 다녀오다
1837년헌종3	실록청총재관(순조실록 편찬 주관), 좌의정
1838년헌종4	판중추부사

생애일화

그는 경서經書를 연구하여 박학다문하였고, 예악·음율·산수에도 능통하였으며 서도와 시문에도 뛰어났다.
저서로는 〈사례찬요四禮纂要〉가 있고, 편서로는 〈반남박씨세보〉가 있다.
5대조 박세당朴世堂이 한성판윤을 지냈다.

1445대 한성판윤 이서구(李書九) – 1324대 동일인물

한성판윤 재임기간 : 1824년순조24 2월 28일 ~ 1824년순조24 3월 1일

1446대 한성판윤 김노경(金魯敬) – 1453·1470대 동일인물

신상내용

생몰연대	1766년영조42 ~ 1837년헌종3 –72세
본관	경주慶州
자	가일可一
호	유당酉堂
가족	증조–영의정 흥경興慶, 할아버지–월성위 한신漢藎, 아버지–판서 이주頤柱 어머니–윤득화尹得和의 딸 부인–유준주俞駿柱의 딸 아들–정희正喜(추사秋史·서예가)
묘	충남 예산군 신암면 용궁리 용산

관직경력

한성판윤 재임기간 : 1824년순조24 3월 1일 ~ 1824년순조24 4월 14일

조선 후기의 문신

1801년순조1	선공부정
1805년순조5	현감, 증광문과 급제, 지평, 승지, 이조참판, 경상도·평안도관찰사
1809년순조9	동지 겸 사은부사로 청나라 다녀오다
1819년순조19	예조·이조·공조·형조·병조판서

1822년순조22	동지사로 청나라 다녀오다
1824년순조24	한성부판유, 대사헌
1827년순조27	판의금부사, 광주부유수, 지돈녕부사
1830년순조30	삼사와 의정부의 탄핵-유배(전권銓權 행사와 이조원 옥사 관련)
1833년순조33	판의금부사

생애일화

관직생활 말년에 사건에 휘말려 유배당했고, 죽은 뒤 관작이 추탈되었다가 훗날 신원되어 관작이 복구되었다.
그는 글씨를 잘 써서 아들 정희正喜(추사秋史)에게 큰 영향을 끼쳤으며, 〈신라경순왕전비新羅敬順王殿碑〉와 〈신의왕후탄강구묘비神懿王后誕降舊墓碑〉 등의 글씨가 있다.
증조 흥경興慶, 6촌형 노응魯應이 한성판윤을 지냈다.

1447대 한성판윤 김기후(金基厚) – 1436·1442·1454·1469대 동일인물

한성판윤 재임기간 : 1824년순조24 4월 14일 ~ 1824년순조24 4월 25일

1448대 한성판윤 권상신(權常愼)

신상내용

생몰연대	1759년영조35 ~ 1824년순조24 – 66세
본관	안동安東
초명	손
자	경호絅好
호	일홍당日紅堂 · 서어西漁
시호	효헌孝獻
저서	〈서어유고西漁遺稿〉
가족	증조-예조판서 업, 할아버지-도導, 아버지-식植
	어머니-이정황李廷煌의 딸
	부인-홍낙명洪樂命의 딸

관직경력

한성판윤 재임기간 : 1824년순조24 4월 25일 ~ 1824년순조24 5월 9일

조선 후기의 문신

1786년정조10	사마시(진사) 수석 입격, 정릉참봉
1801년순조1	사도시첨정, 증광문과 장원급제, 전시殿試 장원
1803년순조3	부사로서 정사 남공철南公轍과 청나라 다녀오다
1804년순조4	대사간, 대사성
1810년순조10	경기도관찰사
1817년순조17	충청도관찰사
1820년순조20	병조판서, 광주부유수
1822년순조22	유배(순원왕후 혼사를 방해했다는 이유로 김구주·심환지 등 비난)
1824년순조24	동지사로 청나라 가다가 졸卒.

생애일화

관찰사 재임 시에 환곡과 군정의 폐단에 대해 제도의 경장更張보다는 운영의 합리화를 주장하였으며, 조운漕運의 편의문제에 대해서도 거론을 하였다.
서학西學에 관해서는 '척사斥邪'보다도 '부정학扶正學'을 내세우는 정조의 견해를 따랐다. 즉 천주교를 배척하기에 앞서 유학의 진흥을 통해 자체 지식역량을 키워 대처하자는 것이다.
심상규·김상임 등과 교유하여, 김홍도가 그들의 모임을 그린 〈은암아집도隱巖雅集圖〉가 있다.
홍직필·정원용과 함께 〈국조대학연의〉를 엮었으며, 저서로는 〈서어유고〉가 있다.

1449대 한성판윤 홍의호(洪義浩) – 1397·1405대 동일인물

한성판윤 재임기간 : 1824년순조24 5월 9일 ~ 1824년순조24 5월 9일

1450대 한성판윤 임희존(任希存) – 1417대 동일인물

한성판윤 재임기간 : 1824년순조24 5월 9일 ~ 1824년순조24 6월 10일

1451대 한성판윤 한치응(韓致應) – 1414·1425·1435·1437대 동일인물

한성판윤 재임기간 : 1824년순조24 6월 10일 ~ 1824년순조24 7월 24일

1452대 한성판윤 이존수(李存秀) – 1413·1416·1419·1427·1455·1481대 동일인물

한성판윤 재임기간 : 1824년순조24 7월 24일 ~ 1824년순조24 9월 7일

1453대 한성판윤 김노경(金魯敬) – 1446·1470대 동일인물

한성판윤 재임기간 : 1824년순조24 9월 7일 ~ 1824년순조24 9월 11일

1454대 한성판윤 김기후(金基厚) – 1436·1442·1447·1469대 동일인물

한성판윤 재임기간 : 1824년순조24 9월 16일 ~ 1824년순조24 11월 16일

1455대 한성판윤 이존수(李存秀) – 1413·1416·1419·1427·1452·1481대 동일인물

한성판윤 재임기간 : 1824년순조24 11월 16일 ~ 1825년순조25 1월 16일

1456대 한성판윤 홍희신(洪羲臣) – 1429대 동일인물

한성판윤 재임기간 : 1825년순조25 1월 16일 ~ 1825년순조25 1월 26일

1457대 한성판윤 백사은(白師誾)

신상내용

생몰연대 ? ~ 1826년순조26
본관 수원水原
가족 증조–원진元振, 할아버지–평안병사 시구時耉, 아버지–주부 상우尙友
어머니–이동빈李東賓의 딸

관직경력

한성판윤 재임기간 : 1825년순조25 1월 26일 ~ 1825년순조25 2월 10일

조선 후기의 무신

1765년영조41 무과 급제, 남해현감
1784년정조8 전라도수군절도사
1785년정조9 경상좌도병마절도사
1793년정조17 경상우도병마절도사
1796년정조20 황해도병마절도사
1802년순조2 함경북도병마절도사
1808년순조8 우포도대장
1824년순조24 회방연回榜宴(과거급제 60돌)
1825년순조25 대호군, 한성부판윤, 공조판서

1458대 한성판윤 심상규(沈象奎) – 1390대 동일인물

한성판윤 재임기간 : 1825년순조25 2월 10일 ~ 1825년순조25 2월 23일

1459대 한성판윤 박종훈(朴宗薰) – 1444·1484·1507대 동일인물

한성판윤 재임기간 : 1825년순조25 2월 23일 ~ 1825년순조25 3월 6일

1460대 한성판윤 김상휴(金相休) – 1466대 동일인물

신상내용

생몰연대	1757년영조33 ~ 1827년순조27 – 71세
본관	광산光山
자	계용季容
호	초천蕉泉
시호	문간文簡
가족	증조–지평 판근判謹, 할아버지–진륜鎭崙, 아버지–판관 무택茂澤 어머니–윤득영尹得永의 딸 부인–송재위宋載緯의 딸

관직경력

한성판윤 재임기간 : 1825년순조25 3월 6일 ~ 1825년순조25 6월 14일

조선 후기의 문신

1803년순조3	증광문과 장원급제, 홍문록 등재
1804년순조4	홍문관교리, 강화부안핵어사(강화부 중군 이만원李萬元의 불법 치죄)
1805년순조5	경연시독관
1806년순조6	수찬, 응교
1808년순조8	공충우도公忠右道 암행어사(지방관이 백성을 제대로 다스리지 않음을 장계 올림)
1810년순조10	통신사로 일본에 다녀오다–가의대부
1817년순조17	강화부유수
1819년순조19	대사성, 이조참판, 대사간
1822년순조22	경상도관찰사
1824년순조24	형조판서, 좌부빈객, 의정부좌참찬
1825년순조25	한성부판윤, 지의금부사
1826년순조26	예문관제학, 이조판서

1461대 한성판윤 김이교(金履喬) – 1438·1418·1467·1476·1489·1506대

동일인물

한성판윤 재임기간 : 1825년순조25 6월 14일 ~ 1825년순조25 7월 20일

1462대 한성판윤 송면재(宋冕載) – 1472·1480·1515·1519·1535대

동일인물

신상내용

생몰연대	1764년영조40 ~ ?
본관	여산礪山
자	주경周卿
가족	증조–목사 징규徵奎, 할아버지–판교 창명昌明, 아버지–익상翼庠 어머니–김상효金尙孝의 딸 부인–심흥영沈興永의 딸

관직경력

한성판윤 재임기간 : 1825년순조25 7월 20일 ~ 1825년순조25 8월 5일

조선 후기의 문신

1794년정조18	정시문과 급제
1795년정조19	성균관전적, 사간원정언, 홍문관수찬·교리, 사간, 대사간, 이조참의
1801년순조1	강화부유수
1821년순조21	정조부사로 청나라 다녀오다. 예조판서
1825년순조25	한성부판윤
1828년순조28	동지사로 청나라 다녀오다
1829년순조29	대사헌
1831년순조31	예조·형조판서
1835년헌종즉위	기로소 입소

생애일화

대사헌으로 있으면서 조정 백관의 기강을 바로 세우는데에 전력을 기울였다.

할아버지 창명昌明이 한성판윤을 지냈다.

1463대 한성판윤 김이재(金履載) – 1465·1478·1497·1503대 동일인물

신상내용

생몰연대	1767년영조43 ~ 1847년헌종13 – 81세
본관	안동安東
자	공후公厚
호	강우江右
시호	문간文簡
저서	〈중경지中京誌〉
가족	증조–공조좌랑 성도盛道, 할아버지–대사간 시찬時粲, 아버지–대사성 방행方行 어머니–청송심씨(沈鍟의 딸) 부인–기계유씨(현감 유한순兪漢純의 딸), 평산신씨(진사 신소양申紹陽의 딸) 형제–이교履喬(형, 한성판윤·좌의정)
묘	충남 공주시 동천銅川

관직경력

한성판윤 재임기간 : 1825년순조25 8월 5일 ~ 1825년순조25 10월 9일

조선 후기의 문신

1789년정조13	사마시(진사) 입격
1790년정조14	증광문과 급제, 초계문신 발탁, 검열, 지평
1799년정조23	수찬
1800년정조24	유배(이조판서 이만수 사직상소 관련)
1805년순조5	대사간, 이조참의, 경상도관찰사, 대사성, 이조참판
1823년순조23	개성부유수–〈중경지中京誌〉 편찬, 대사헌, 공조·형조판서
1825년순조25	한성부판윤, 좌참찬
1826년순조26	예조·이조판서, 기로소 입소
1835년헌종1	좌부빈객, 형조판서, 판의금부사,
1839년헌종5	상호군, 공조·이조판서

생애일화

당시 벽파의 역량 있는 중신이었으나, 시파와 벽파 사이의 갈등으로 벼슬길이 순탄치 못했다. 그는 〈경국대전〉을 비롯한 법전에 실린 금고禁錮에 관한 조항條項에서 쓸데없는 문구를 없애거나 고쳐서 바로잡아 백성의 신원안伸寃案을 쉽게 해결할 수 있는 길을 열어 주었다.

1464대 한성판윤 이희갑(李羲甲) – 1410·1421·1424·1434·1496대 동일인물

한성판윤 재임기간 : 1825년순조25 10월 9일 ~ 1825년순조25 12월 23일

1465대 한성판윤 김이재(金履載) – 1463·1478·1497·1503대 동일인물

한성판윤 재임기간 : 1825년순조25 12월 24일 ~ 1826년순조26 1월 3일

1466대 한성판윤 김상휴(金相休) – 1460대 동일인물

한성판윤 재임기간 : 1826년순조26 1월 6일 ~ 1826년순조26 4월 15일

1467대 한성판윤 김이교(金履喬) – 1438·1418·1461·1476·1489·1506대 동일인물

한성판윤 재임기간 : 1826년순조26 4월 15일 ~ 1826년순조26 8월 12일

1468대 한성판윤 김유근(金逌根) – 1508대 동일인물

신상내용

생몰연대　1785년정조9 ~ 1840년헌종6 – 56세

본관	안동安東
자	경선景先
호	황산黃山
시호	문정文貞
가족	증조–달행達行, 할아버지–서흥부사 이중履中, 아버지–영안부원군 조순祖淳 어머니–청송심씨(정랑 심건지沈健之의 딸) 형제–순원왕후純元王后(누이동생, 순조 왕비) 부인–해주오씨(교관 오서상吳叙常의 딸), 여흥민씨(민정혁閔廷爀의 딸)

관직경력

한성판윤 재임기간 : 1826년순조26 8월 12일 ~ 1826년순조26 8월 26일

조선 후기의 문신

1805년순조5	사마시(진사) 입격
1810년순조10	부사과, 식년문과 급제, 사서, 검상
1817년순조17	이조참의
1819년순조19	성균관대사성, 홍문관부제학
1822년순조22	이조참판
1825년순조25	대사헌
1827년순조27	평안도관찰사, 병조·이조판서
1832년순조32	판돈녕부사

생애일화

그는 당숙인 진사 용순龍淳에게 양자를 갔다.
시서詩書에 능했으며, 특히 갈필渴筆을 사용하여 지극히 간략하면서도 안락하고 문기文氣 넘치는 남종분인화南宗文人畵를 잘 그렸다.
작품으로는 〈오주고목도五株枯木圖〉와 〈괴석도怪石圖〉, 국립박물관 소장의 〈연산도硏山圖〉가 있다.

1469대 한성판윤 김기후(金基厚) – 1436·1442·1447·1454대 동일인물

한성판윤 재임기간 : 1826년순조26 8월 26일 ~ 1826년순조26 8월 26일

1470대 한성판윤 김노경(金魯敬) – 1446·1453대 동일인물

한성판윤 재임기간 : 1826년순조26 8월 26일 ~ 1826년순조26 9월 5일

1471대 한성판윤 남이익(南履翼) – 1475·1485·1514대 동일인물

신상내용

생몰연대	1757년영조33 ~ 1833년순조33 – 77세
본관	의령宜寧
자	공려公礪
시호	효정孝貞
가족	증조–도정 필명弼明, 할아버지–이조판서 태제泰齊, 아버지–대사간 현로玄老 어머니–풍천임씨(군수 임수관任守寬의 딸) 부인–은진송씨(판서 송영宋鍈의 딸)

관직경력

한성판윤 재임기간 : 1826년순조26 9월 5일 ~ 1826년순조26 9월 5일

조선 후기의 문신

1787년정조11	삼일제三日製 장원–직부전시直赴殿試
1789년정조13	식년문과 급제
1794년정조18	정언, 홍문록·도당록 등재, 지평, 부교리
1799년정조23	수찬, 봉상시정, 승지
1801년순조1	영광군수
1804년순조4	승지
1808년순조8	대사간, 이조참의
1815년순조15	강원도관찰사, 대사간
1821년순조21	동지중추부사, 한성부우윤, 형조판서, 접반사
1822년순조22	사은정사로 청나라 다녀오다. 형조판서
1823년순조23	함경도관찰사
1825년순조25	형조판서, 좌참찬
1826년순조26	대사헌, 한성부판윤, 병조판서
1830년순조30	대사간, 대사헌, 병조판서, 비변사제조

1831년순조31	한성부판윤, 대사헌, 대호군, 기로소 입소

생애일화

중부仲父 경로庚老에게 양자를 갔으며, 회혼례回婚禮를 했다.

1472대 한성판윤 송면재(宋冕載) – 1462·1480·1515·1519·1535대 동일인물

한성판윤 재임기간 : 1826년순조26 9월 5일 ~ 1826년순조26 9월 25일

1473대 한성판윤 홍희준(洪羲俊) – 1499대 동일인물

신상내용

생몰연대	1761년영조37 ~ 1841년헌종7 – 81세
본관	풍산豊山
초명	낙준樂俊
자	중심仲深
호	훈곡薰谷
시호	문목文穆
가족	증조–단양군수 중성重聖, 할아버지–진보鎭輔, 아버지–이조판서 양호良浩 어머니–정석구鄭錫耈의 딸 부인–용인이씨(부사 이장호李章祜의 딸)
묘	충남 천원군 북면 용암리 봉서산

관직경력

한성판윤 재임기간 : 1826년순조26 9월 25일 ~ 1826년순조26 10월 9일

조선 후기의 문신

1794년정조18	정시문과 급제
1804년순조4	정언, 시독관
1808년순조8	공충도 암행어사

1816년순조16　　대사성
1819년순조19　　대사간, 홍문관제학, 이조참판, 대사헌
1826년순조26　　한성부판윤, 동지사 겸 사은정사로 텅나라 다녀오다
1827년순조27　　광주부유수, 홍문관제학, 좌·우부빈객, 수원부유수, 이조판서

생애일화

그는 당숙 정한挺漢에게 양자 갔고, 생부 양호良浩가 한성판윤을 지냈다.

1474대 한성판윤 이면승(李勉昇) – 1482대 동일인물

신상내용

생몰연대　1766년영조42 ~ 1835년헌종1 – 70세
본관　전주全州
자　계래季來
호　만포晩圃
시호　문헌文憲
가족　증조–진우眞遇, 할아버지–승지 광보匡輔, 아버지–군수 성순性淳
어머니–온양정씨(주서 정광익鄭光益의 딸)
부인–반남박씨(박정엄朴廷淹의 딸)
형제–면긍勉兢(형, 한성판윤·판서)
묘　충북 중원군 소태면 구룡리

관직경력

한성판윤 재임기간 : 1826년순조26 10월 9일 ~ 1826년순조26 10월 14일

조선 후기의 문신

1789년정조13　　사마시(진사) 입격
1794년정조18　　정시문과 급제
1798년정조22　　홍문관, 사헌부지평
1808년순조8　　전라도암행어사, 우부승지
1811년순조11　　황해도안핵사
1815년순조15　　황해도관찰사
1818년순조18　　대사성, 대사간

1820년순조20	함경도관찰사
1825년순조25	대사헌, 형조판서, 동지사로 청나라 다녀오다
1826년순조26	형조판서, 우참찬
1829년순조29	경상도관찰사
1830년순조30	이조·형조판서
1833년순조33	공조판서, 대사헌, 예문관제학
1834년순조34	순조 승하, 산릉도감제조

생애일화

지평으로 있을 때, 형옥刑獄을 비롯한 행정기강의 해이가 백성들에게 불안을 야기시키는 근본원인임을 지적하여, 왕에 의해 받아들여져 각 부府·조曹의 업무수행에 엄격히 시행하도록 조치되었다.

특히 관찰사로 지방에 부임하여 민생의 실정을 파악하고 정책에 반영해서 실적을 올렸다.

순조시대에 세역제도稅役制度의 문란과 각종 재해로 인하여 민중들이 곤궁을 겪고 있었던 지방의 실정을 비교적 밝게 이해하고 있었으며, 당시의 국가재정과 민중생활을 기본적으로 규정짓고 있던 세역문제를 합리화하기 위해 노력한 관료였다.

1475대 한성판윤 남이익(南履翼) – 1471·1485·1514대 동일인물

한성판윤 재임기간 : 1826년순조26 10월 14일 ~ 1826년순조26 10월 16일

1476대 한성판윤 김이교(金履喬) – 1438·1418·1461·1467·1489·1506대 동일인물

한성판윤 재임기간 : 1826년순조26 10월 16일 ~ 1826년순조26 12월 15일

1477대 한성판윤 홍석주(洪奭周) – 1495대 동일인물

신상내용

생몰연대 1774년영조30 ~ 1842년헌종8 – 69세

본관	풍산豊山
자	성백成伯
호	연천淵泉
시호	문간文簡
저서	〈연천집〉 외
가족	증조–병조판서 상한象漢, 할아버지–영의정 낙성樂性, 아버지–우부승지 인모仁模 어머니–여류문인 영수각 달성서씨(서형수徐逈修의 딸) 부인–감역 이영희李英禧의 딸
묘	경기도 장단군 공덕리

관직경력

한성판윤 재임기간 : 1826년순조26 12월 22일 ~ 1827년순조27 1월 8일

조선 후기의 문신

1795년정조19	전강殿講에서 수석–전시직부殿試直赴 특전, 춘당대문과 급제, 사옹원 직장
1797년정조21	승정원주서
1802년순조2	사간원정언
1807년순조7	이조참의
1808년순조8	병조참판–가선대부
1815년순조15	충청도관찰사
1832년순조32	홍문관·예문관 양관 대제학
1834년순조34	이조판서
1835년헌종1	좌의정 겸 영경연사·감춘추관사, 세손부

생애일화

지위가 정승에 올랐는데도 자품이 고요하고 겸허하여 마치 평민과 같이 처하였다.
약관에 모시毛詩 · 경례經禮 · 자사子史 · 육예백가六藝百家의 글을 모두 읽어 일가를 이루었으며, 한번 읽은 글은 평생 기억하는 총명을 갖추었다고 한다.
학문이 심수하고 의리에도 정통하여 시서역례詩書易禮의 교훈과 성명이기性命理氣의 철학에 달통하였다. 특히 도학가적인 문학관을 전개하여 "심외무문心外無文이요 도외무심道外無心." 이라고 주장하였다. 결국 '문文'이란 마음을 표현하는 것이라고 하였다.
따라서 마음이 닦아지고 학문이 쌓이면 그것이 밖으로 나타날 때 덕德도 되고 도道도 되며, 어語도 되고 문文도 되어 도·덕·어·문이 기실은 하나라는 것이다.

저서로는 〈연천집〉·〈학해〉·〈영가삼십이집〉·〈동사세가〉·〈학강산필〉 등이 있고, 편서로는 〈속사략익전〉·〈상예회수〉·〈풍산세고〉·〈대기지의〉·〈마방통휘〉·〈상서보전〉 등이 있다.
증조 상한象漢, 조부 낙성樂性, 종조부 낙명樂命, 백부 의모義模 등이 한성판윤을 지냈다.

1478대 한성판윤 김이재(金履載) – 1463·1465·1497·1503대 동일인물

한성판윤 재임기간 : 1827년순조27 1월 8일 ~ 1827년순조27 1월 25일

1479대 한성판윤 김재창(金在昌) – 1394·1422·1441·1510대 동일인물

한성판윤 재임기간 : 1827년순조27 1월 25일 ~ 1827년순조27 2월 20일

1480대 한성판윤 송면재(宋冕載) – 1472·1462·1515·1519·1535대 동일인물

한성판윤 재임기간 : 1827년순조27 2월 20일 ~ 1827년순조27 4월 11일

1481대 한성판윤 이존수(李存秀) – 1413·1416·1419·1427·1452·1455대 동일인물

한성판윤 재임기간 : 1827년순조27 4월 11일 ~ 1827년순조27 4월 13일

1482대 한성판윤 이면승(李勉昇) – 1474대 동일인물

한성판윤 재임기간 : 1827년순조27 4월 13일 ~ 1827년순조27 4월 20일

1483대 한성판윤 이용수(李龍秀)

신상내용

생몰연대 1776년영조52 ~ ?
본관 연안延安
자 자전子田
호 홍관紅館
시호 효간孝簡
가족 증조–군수 숭신崇臣, 할아버지–판돈녕부사 민보敏輔, 아버지–이조판서 조원肇源
어머니–홍문호洪文浩의 딸
부인–조진택趙鎭宅의 딸

관직경력

한성판윤 재임기간 : 1827년순조27 4월 20일 ~ 1827년순조27 윤5월 9일

조선 후기의 문신

1801년순조1	사마시(진사) 입격
1809년순조9	춘당대별시 급제
1811년순조11	대교, 한림소시 입격, 가선대부 승품
1817년순조17	어재교정본 교정–공로로 표피豹皮 1장 하사, 홍문관부제학
1818년순조18	비변사제조, 우승지, 이조참판
1819년순조19	대사간, 이조참판, 성균관대사성, 황해도관찰사
1823년순조23	대사성, 동지부사로 청나라 다녀오다
1826년순조26	우부빈객, 형조판서, 좌빈객
1827년순조27	선혜청제조, 한성부판윤

생애일화

할아버지 민보敏輔, 아버지 조원肇源이 한성판윤을 지내, '3대 한성판윤 집안'으로 유명하다.

1484대 한성판윤 박종훈(朴宗薰) – 1444·1459·1507대 동일인물

한성판윤 재임기간 : 1827년순조27 윤5월 9일 ~ 1827년순조27 윤5월 19일

1485대 한성판윤 남이익(南履翼) – 1471·1475·1514대 동일인물

한성판윤 재임기간 : 1827년순조27 윤5월 23일 ~ 1827년순조27 6월 15일

1486대 한성판윤 홍기섭(洪起燮) – 1493대 동일인물

신상내용

생몰연대	1776년영조52 ~ 1831년순조31 – 56세
본관	남양南陽
자	희재喜哉
호	치수痴叟
가족	증조–계희啓禧, 할아버지–대사간 준해準海, 아버지–병협秉協 어머니–조엄趙儼의 딸 부인–김상임金相任의 딸 형–만섭晩燮(병조판서)
묘	경기도 광주시 초월면 삼봉

관직경력

한성판윤 재임기간 : 1827년순조27 8월 13일 ~ 1827년순조27 9월 7일

조선 후기의 문신

1802년순조2	정시문과 급제
1810년순조10	수찬
1812년순조12	교리
1813년순조13	사은사의 서장관으로 청나라 다녀오다
1818년순조18	대사간
1821년순조21	대사성, 대사간
1823년순조23	승지, 이조참의, 예모관禮貌官, 대사성, 대사간
1827년순조27	산실청産室廳부제조, 한성부판윤, 형조·예조판서
1828년순조28	동지정사로 청나라 다녀오다. 예조판서
1830년순조30	내의원제조–탄핵(왕세자 병으로 사망)
1831년순조31	대호군

1487대 한성판윤 이지연(李止淵) – 1505·1511·1527·1537대 동일인물

신상내용

생몰연대	1777년정조1 ~ 1841년헌종7 – 65세
본관	전주全州
자	경진景進
호	희곡希谷
시호	문익文翼
저서	〈희곡유고希谷遺稿〉
가족	증조–현감 현응顯膺, 조부–황해도관찰사 명중明中, 아버지–공조참의 의열義悅 어머니–남양홍씨(부사 홍억洪億의 딸) 부인–양주조씨(정자 조경규趙景逵의 딸)
묘	경기도 장단군 동도면 고읍리

관직경력

한성판윤 재임기간 : 1827년순조27 9월 7일 ~ 1827년순조27 9월 27일

조선 후기의 문신

1805년순조5	사마시(진사) 입격, 별시문과 급제, 승문원 보직
1808년순조8	병조좌랑, 지평
1809년순조9	예조참판
1823년순조23	공시당상貢市堂上, 경상도관찰사
1827년순조27	한성부판윤, 평시서제조, 예조판서, 광주유수
1834년순조34	호조판서
1837년헌종3	우의정
1838년헌종4	실록청총재관–순조실록 편찬 주관
1839년헌종5	기해박해己亥迫害–천주교인 118명 사형 등 탄압의 장본인
1840년헌종6	정권 농단–양사兩司 탄핵(함경도 명천 유배)

생애일화

영의정 이상황과 좌의정 박종훈이 사직하자, 그는 사실상 국정을 단독으로 집행하였으며, 조대비趙大妃의 측근으로서 1839년에 이른바 기해박해로 불리는 종교 탄압으로 프랑스 신부 앙베르, 모방 등과 많은 천주교인을 학살을 하였다.
저서로는 〈희곡유고〉와 편서로 〈장의공자손보章懿公子孫譜〉가 있다.

1488대 한성판윤 조종영(趙鍾永) – 1500대 동일인물

신상내용

생몰연대 1771년영조47 ~ 1829년순조29 – 59세
본관 풍양豐壤
자 원경元卿
호 북해北海
시호 충간忠簡
가족 증조–판돈녕 상경尙絅, 할아버지–이조참의 정晸, 아버지–경상도관찰사 진택鎭宅
어머니–안동김씨(동지중추부사 김상행金常行의 딸)
부인–대구서씨(승지 서유병徐有秉의 딸)
묘 경기도 양평군 동종면 방축동

관직경력

한성판윤 재임기간 : 1827년순조27 9월 27일 ~ 1827년순조27 11월 30일

조선 후기의 문신

1792년정조16 사마시(진사) 입격
1800년정조24 정시문과 급제, 부교리, 우승지
1810년순조10 안주목사
1811년순조11 홍경래 난–평정에 진력
1813년순조13 황해도관찰사, 한성부우윤·좌윤, 공조·형조·호조참판
1818년순조18 경기도관찰사, 예조·이조판서
1829년순조29 우참찬

생애일화

벼슬길에 오른 초기부터 경제문제에 관심을 두었으며, 국가의 전장제도典章制度와 백성들의 이해문제 해결에 진력하였다. 성력星曆 · 복서卜筮 · 용병用兵의 요체에 대해서도 밝았다.

1489대 한성판윤 김이교(金履喬) – 1438·1418·1461·1467·1476·1506대 동일인물

한성판윤 재임기간 : 1827년순조27 11월 30일 ~ 1827년순조27 12월 21일

1490대 한성판윤 이석규(李錫奎)

신상내용

생몰연대	1758년영조34 ~ 1839년헌종5 – 82세
본관	경주慶州
초명	영석永錫
자	치성穉成
호	동강東江
시호	효정孝貞
가족	증조–부전 정좌鼎佐, 할아버지–종주宗周, 아버지–경관敬寬 어머니–서종벽徐宗璧의 딸 부인–조태현趙台鉉의 딸
묘	경기도 양주시 가오곡

관직경력

한성판윤 재임기간 : 1827년순조27 12월 21일 ~ 1828년순조28 1월 22일

조선 후기의 문신

1783년정조7	사마시(진사) 입격, 참봉
1807년순조7	고양군수, 알성문과 급제
1818년순조18	성균관대사성
1820년순조20	사간원대사간
1821년순조21	충청도관찰사
1825년순조25	형조·이조·공조·예조판서, 의정부우·좌참찬, 조부빈객
1827년순조27	한성부판윤, 판의금부사, 보국숭록대부

생애일화

임진왜란 명신 오성대감 이항복李恒福의 7대손이며, 고종 때 영의정을 지낸 이유원李裕元의 할아버지이다.

1491대 한성판윤 박주수(朴周壽) – 1504·1516·1523·1526대 동일인물

신상내용

생몰연대 1787년정조11 ~ 1836년헌종2 – 50세
본관 반남潘南
자 군여君輿
시호 익헌翼獻
가족 증조–공주판관 사석師錫, 할아버지–판돈녕 준원準源, 아버지–호조판서 종보宗輔
어머니–서광수徐廣修의 딸
부인–이호민李好敏의 딸

관직경력

한성판윤 재임기간 : 1828년순조28 1월 26일 ~ 1828년순조28 3월 5일

조선 후기의 문신

1807년순조7	춘당대 정시문과 급제, 승후관承逅官, 홍문록·도당록 등재
1810년순조10	규장각직각
1812년순조12	사인, 겸사서
1818년순조18	좌승지, 이조참의, 성균관대사성
1822년순조22	호조참판, 총융사
1824년순조24	대사성
1827년순조27	이조참판, 형조·예조판서
1828년순조28	한성부판윤, 화성유수
1830년순조30	선혜청제조, 비변사제조, 관상감제조
1831년순조31	한성부판윤, 병조판서, 한성부판윤
1834년순조34	한성부판윤, 좌빈객, 대호군

생애일화

순조의 사친私親인 정조의 후궁 수빈박씨綏嬪朴氏가 그의 고모이며, 숙부 박종경朴宗慶이 한성판윤을 지냈다. 비교적 젊은 나이인 50세에 세상을 저버렸다.

1492대 한성판윤 조만영(趙萬永)

신상내용

생몰연대	1776년영조52 ~ 1846년헌종12 – 71세
본관	풍양豊壤
자	윤경胤卿
호	석애石厓
시호	충경忠敬
상훈	풍은부원군豊恩府院君
추증	영의정
저서	〈동원인물고東援人物考〉
가족	증조–판돈녕부사 상경尙絅, 할아버지–제학 엄曮, 아버지–이조판서 진관鎭寬 어머니–남양홍씨(부사 홍익빈洪益彬의 딸) 형제–인영寅永(동생, 영의정) 부인–은진송씨(송시연宋時淵의 딸)
묘	강원도 춘천시 개양동

관직경력

한성판윤 재임기간 : 1828년순조28 3월 5일 ~ 1828년순조28 4월 21일

조선 후기의 문신

음보–능원랑陵園郎

1813년순조13	증광문과 급제, 검열, 지평, 정언, 겸문학
1816년순조16	전라도암행어사
1818년순조18	심양사瀋陽使의 서장관으로 청나라 다녀오다.
1819년순조19	부사직, 딸이 효명세자의 빈嬪으로 책봉
1820년순조20	이조참의, 대사성, 금위대장
1826년순조26	예조·이조판서
1827년순조27	세자 대리청정–이조판서 겸 어영대장
1828년순조28	훈련대장
1831년순조31	세자 병사病死, 호조판서, 판의금부사, 지중추부사, 예조판서
1834년헌종즉위	8세의 헌종 즉위, 호위대장, 어영대장, 훈련대장
1845년헌종11	영돈녕부사, 풍은부원군 피봉, 궤장 하사받다.

생애일화

그는 풍양조씨 기문의 좌장이고 핵심인물이었지만, 자신은 높은 벼슬을 사양하고 뒤에서 왕세자와 8세의 어린나이에 등극한 현종의 신변보호와 왕실안전을 명분으로 각 군영의 대장직을 차례로 역임하여 오랫동안 군사권을 장악하고 조씨세도의 군사적 배경을 이루었다.
당시 정계의 실권을 쥐고 있어 정치혁신을 도모할 수 있었으나, 안동김씨와의 정권경쟁에 몰두하여 민생문제와 사회병폐의 혁신을 도외시함으로써 결과적으로 삼정문란三政紊亂을 초래하였다는 일단의 역사적 책임을 피할 수 없게 되었다.
글씨에 능하여 영흥의 〈궁달리기적비宮達里紀績碑〉와 임천의 〈회양부사조신묘표淮陽府使趙愼墓表〉가 있으며, 저서로는 〈동원인물고〉가 있다.

1493대 한성판윤 홍기섭(洪起燮) – 1486대 동일인물

한성판윤 재임기간 : 1828년순조28 4월 21일 ~ 1828년순조28 9월 13일

1494대 한성판윤 김교근(金敎根)

신상내용

생몰연대	1766년영조42 ~ 1844년헌종9 – 79세
본관	안동安東
자	맹여孟汝
가족	증조–성행省行, 할아버지–장악원정 이장履長, 아버지–顥淳호순, 양부–태순泰淳 어머니–해주정씨(정운섭鄭運燮의 딸) 부인–기계유씨(유한유兪漢維의 딸), 해주오씨(오재선吳載選의 딸)
묘	충북 중원군 가금면 가흥리

관직경력

한성판윤 재임기간 : 1828년순조28 9월 14일 ~ 1828년순조28 11월 29일

조선 후기의 문신

1795년정조19 사마시(생원) 입격

1805년순조5	춘당대 별시문과 급제
1806년순조6	홍문록·도당록 등재
1809년순조9	통정대부, 전관銓官, 승지
1815년순조15	전라도관찰사
1822년순조22	개성부유수, 평안도관찰사
1825년순조25	이조참판
1827년순조27	비변사제조, 공조·이조·형조판서
1828년순조28	참찬, 대사헌, 공조판서, 한성부판윤
1829년순조29	병조·호조판서–체직, 형조판서, 황해수사 좌천
1839년헌종5	예조판서, 공조판서

생애일화

양가 5대조 창집昌集, 양가 4촌 영근泳根, 생가 4촌형 시근蓍根, 차남 병교炳喬, 조카 병필炳弼이 한성판윤을 지냈고, 부자 · 형제가 기로소에 들어간 것으로 유명하다.

1495대 한성판윤 홍석주(洪奭周) – 1477대 동일인물

한성판윤 재임기간 : 1828년순조28 11월 29일 ~ 1828년순조28 11월 29일

1496대 한성판윤 이희갑(李羲甲) – 1410·1421·1424·1434·1464대 동일인물

한성판윤 재임기간 : 1828년순조28 11월 29일 ~ 1828년순조28 12월 1일

1497대 한성판윤 김이재(金履載) – 1463·1465·1478·1503대 동일인물

한성판윤 재임기간 : 1828년순조28 12월 1일 ~ 1829년순조29 3월 6일

1498代 한성판윤 서능보(徐能輔) – 1502·1513대 동일인물

신상내용

생몰연대	1769년영조45 ~ 1835년헌종1 – 67세
본관	대구大丘
자	치량穉良
가족	증조–명백命伯, 할아버지–선산부사 인수仁修, 아버지–예조판서 유경有慶 어머니–이강중李剛中의 딸 부인–박수원朴綏源의 딸, 박치원朴致源의 딸

관직경력

한성판윤 재임기간 : 1829년순조29 3월 6일 ~ 1829년순조29 4월 1일

조선 후기의 문신

1802년순조2	정시문과 장원급제
1808년순조8	평안도암행어사
1810년순조10	홍문관수찬·교리
1811년순조11	홍경래 난–관서순무사 이요헌의 종사관
1813년순조13	승지
1816년순조16	강화부유수, 황해도관찰사, 이조참판, 대사간, 광주부유수, 평안도관찰사
1828년순조28	이조판서
1829년순조29	한성부판윤, 형조판서
1830년순조30	이조판서, 우부빈객, 좌참찬

1499代 한성판윤 홍희준(洪羲俊) – 1473대 동일인물

한성판윤 재임기간 : 1829년순조29 4월 1일 ~ 1829년순조29 7월 7일

1500代 한성판윤 조종영(趙鍾永) – 1488대 동일인물

한성판윤 재임기간 : 1829년순조29 7월 8일 ~ 1829년순조29 9월 25일

1501대 한성판윤 이광문(李光文)

신상내용

생몰연대	1778년정조2 ~ 1838년헌종4 – 61세
본관	우봉牛峰
자	경박景博
호	소화小華
시호	문간文簡
가족	증조–이조판서 재綷, 할아버지–대사간 제원濟源, 아버지–호조참판 채采 어머니–양주조씨(조영순趙榮順의 딸) 부인–창원황씨(현감 황재정黃載鼎의 딸)
묘	충북 중원군 엄정면 신만리 족동

관직경력

한성판윤 재임기간 : 1829년순조29 9월 25일 ~ 1829년순조29 10월 19일

조선 후기의 문신

1801년순조1	사마시(진사) 입격
1807년순조7	식년문과 급제
1809년순조9	승정원주서, 예문관검열, 정자, 대교, 각신
1810년 이후	의정부검상, 홍문관수찬 등 내·외직을 거치고, 이조참의, 이조참판, 성균관대사성, 사간원대사간, 도승지, 동지의금부사, 부제학, 전라도관찰사
1829년순조29	한성부판윤, 형조·이조판서, 우부빈객, 책저도감제조, 사헌부대사헌, 의정부우참찬, 수원부유수

생애일화

전라감사로 있을 때 흉년이 들어 백성들이 굶주리자 기민들을 잘 구호하였으며, 농사를 장려하고 선비들에게는 책읽기를 권장하여 보통 지방관의 상례를 훨씬 뛰어넘는 바가 있었다. 그는 타고난 성품이 화평하고 후덕하였으며, 자세와 태도가 장중하여 말과 웃음이 적었다. 입으로는 돈을 말하지 않았고 재물은 의례가 아닌 것은 받지 않았으며, 청나라에 두 번이나 다녀왔으나 값진 물건은 하나도 가져온 것이 없다.

평생 물건을 놓고 남과 다툰 일이 없었으므로, 비록 높은 지위에 올라도 사람들이 시기하지 않았으며, 세상살이에 결점이 없어 탁연히 한 시대의 완벽한 인물이었다.

1502大 한성판윤 서능보(徐能輔) – 1498·1513대 동일인물

한성판윤 재임기간 : 1829년순조29 10월 19일 ~ 1829년순조29 11월 25일

1503大 한성판윤 김이재(金履載) – 1463·1465·1478·1497대 동일인물

한성판윤 재임기간 : 1829년순조29 11월 25일 ~ 1830년순조30 4월 13일

1504大 한성판윤 박기수(朴綺壽) – 1512·1545·1553대 동일인물

신상내용

생몰연대	1774년영조50 ~ 1845년헌종11 – 72세
본관	반남潘南
자	미호眉皓
호	관곡寬谷·이탄재履坦齋
시호	효문孝文
가족	증조–첨중추 사복師復, 할아버지–능주목사 좌원左源, 아버지–우부승지 종신宗臣 어머니–최수일崔粹一의 딸 부인–남건악南建岳의 딸

관직경력

한성판윤 재임기간 : 1830년순조30 4월 20일 ~ 1830년순조30 윤4월 3일

조선 후기의 문신

1795년정조19	사마시(진사) 입격
1806년순조6	별시문과 급제
1807년순조7	각신, 수찬
1816년순조16	서장관으로 청나라 다녀오다
1817년순조17	동래부사
1818년순조18	성균관대사성, 홍문관부제학

1824년순조24	전라도관찰사
1826년순조26	첨지중추부사, 사간원대사간, 이조참판, 대사헌
1830년순조30	이조판서, 한성부판윤, 공조·예조판서, 우부빈객, 의정부우참찬
1832년순조32	광주부유수–파직(암행어사의 탄핵),
1837년헌종3	동지사로 청나라 다녀오다
1841년헌종7	지중추부사, 판의금부사
1842년헌종8	규장각제학, 지경연사, 기로소 입소

1505대 한성판윤 이지연(李止淵) – 1487·1511·1527·1537대 동일인물

한성판윤 재임기간 : 1830년순조30 윤4월 8일 ~ 1830년순조30 6월 6일

1506대 한성판윤 김이교(金履喬) – 1438·1418·1461·1467·1476·1489대 동일인물

한성판윤 재임기간 : 1830년순조30 6월 6일 ~ 1830년순조30 10월 6일

1507대 한성판윤 박종훈(朴宗薰) – 1444·1459·1484대 동일인물

한성판윤 재임기간 : 1830년순조30 10월 6일 ~ 1830년순조30 10월 19일

1508대 한성판윤 김유근(金逌根) – 1468대 동일인물

한성판윤 재임기간 : 1830년순조30 10월 20일 ~ 1830년순조30 11월 15일

1509대 한성판윤 이익회(李翊會) – 1521·1579대 동일인물

신상내용

생몰연대	1767년영조43 ~ 1843년헌종9 – 77세
본관	전의全義
자	좌보左甫·좌보左輔
호	고동古東
시호	문간文簡
가족	증조–지돈녕 징하徵夏, 할아버지–밀양부사 덕현德顯, 아버지–동지돈녕 낙배樂培 어머니–해주오씨(오정吳挺의 딸) 부인–광산김씨(군수 김두식金斗植의 딸), 해주최씨(최도행崔道行의 딸)
묘	경기도 남양주시 미금읍 양정리

관직경력

한성판윤 재임기간 : 1830년순조30 11월 15일 ~ 1830년순조30 12월 2일

조선 후기의 문신

1801년순조1	사마시(진사) 입격, 음보–김제군수
1811년순조11	정시문과 급제
1817년순조17	홍문관 등용
1820년순조20	사간원대사간
1825년순조25	성균관대사성
1827년순조27	이조참의
1834년순조34	홍문관제학, 동지사로 청나라 다녀오다
1835년헌종1	대사헌
1843년헌종9	한성부판윤

생애일화

병조판서 제신濟臣의 8대손이며, 당숙 이조참의 득배得培에게 양자를 갔다.
그는 글씨에 능하였으며, 작품으로 〈삼우당문익점신도비三憂堂文益漸神道碑〉가 있다.

1510代 한성판윤 김재창(金在昌) – 1394·1422·1441·1479대 동일인물

한성판윤 재임기간 : 1830년순조30 12월 2일 ~ 1830년순조30 12월 7일

1511代 한성판윤 이지연(李止淵) – 1487·1505·1527·1537대 동일인물

한성판윤 재임기간 : 1831년순조31 1월 22일 ~ 1831년순조31 2월 18일

1512代 한성판윤 박기수(朴綺壽) – 1504·1545·1553대 동일인물

한성판윤 재임기간 : 1831년순조31 2월 18일 ~ 1831년순조31 2월 21일

1513代 한성판윤 서능보(徐能輔) – 1498·1502대 동일인물

한성판윤 재임기간 : 1831년순조31 2월 21일 ~ 1831년순조31 2월 27일

1514代 한성판윤 남이익(南履翼) – 1471·1475·1485대 동일인물

한성판윤 재임기간 : 1831년순조31 5월 3일 ~ 1831년순조31 7월 5일

1515代 한성판윤 송면재(宋冕載) – 1472·1462·1480·1519·1535대 동일인물

한성판윤 재임기간 : 1831년순조31 7월 5일 ~ 1831년순조31 12월 25일

1516대 한성판윤 박주수(朴周壽) – 1491·1504·1523·1526대 동일인물

한성판윤 재임기간 : 1831년순조31 12월 25일 ~ 1832년순조32 4월 7일

1517대 한성판윤 조인영(趙寅永)

신상내용

생몰연대	1782년정조6 ~ 1850년철종1 – 69세
본관	풍양豊壤
자	희경羲卿
호	운석雲石
시호	문충文忠
저서	〈운석유고〉
배향	헌종 묘정
가족	증조–판돈녕부사 상경尙絅, 할아버지–이조판서 엄曮, 아버지–이조판서 진관鎭寬 어머니–남양홍씨(부사 홍익빈洪益彬의 딸) 형제–만영萬永(형, 순조의 장인·국구國舅) 부인–은진송씨(송시연宋時淵의 딸)
묘	강원도 춘천시 북면 삼태동

관직경력

한성판윤 재임기간 : 1832년순조32 4월 7일 ~ 1832년순조32 8월 2일

조선 후기의 문신

1805년순조5	사마시(생원) 입격
1819년순조19	식년문과 장원급제, 응교, 홍문록·도당록 등재
1822년순조22	함경도암행어사, 대사헌
1826년순조26	경상도관찰사, 이조참의, 대사성, 세자좌유선, 제학, 예조참판
1830년순조30	세자 죽음, 세손부, 우부빈객
1832년순조32	한성부판윤
1834년순조34	헌종 즉위, 이조판서, 대제학, 호조·형조판서, 훈련대장
1839년헌종5	기해박해(천주교 탄압), 우의정(척사윤음斥邪綸音 찬진)

1841년헌종7 영의정(풍양조씨 세도정치 확립)

생애일화

형 만영萬永이 효명세자의 장인(국구國舅)이 되자, 군사권을 장악한 형과 더불어 정국의 실력자가 되어 안동김씨 세력을 견제하고 풍양조씨 세도정치의 기반을 구축하였다.
서학(西學·천주교)에 대한 입장은 정학(正學·주자학)이 천명되지 못한 때문이라며, 주자학의 권면을 위해 서원에 대한 특전 부여와 충신·의사의 포상, 경명행수한 선비의 발탁 등을 주장하였다.
금석학에 대해 조예가 있어 김정희金正喜와 함께 북한산 비봉의 진흥왕순수비의 고증을 확인하고, 이를 탁본하여 청나라 금석학자 유연정劉燕庭에게 보내 〈해동금석원海東金石苑〉을 편찬하는데 큰 도움을 주었다.
또한 문장과 글씨, 그림에 모두 능하였으며, 시문과 소차疏箚를 모은 〈운석유고雲石遺稿〉 20권을 남겼다.
증조 상경, 백증조 돈暾, 아버지 진관, 형 만영, 본인까지 4대에 걸쳐 5인의 한성판윤을 배출하여 유명하다.

1518대 한성판윤 김기은(金箕殷) – 1557대 동일인물

신상내용

생몰연대 1766년영조42 ~ 1843년헌종9 – 78세
본관 광산光山
자 상언商言
시호 청헌淸獻
가족 증조–진륜鎭崙, 할아버지–판관 무택茂澤, 아버지–감역 상의相儀
어머니–이사찬李思贊의 딸
부인–이강중李綱中의 딸

관직경력

한성판윤 재임기간 : 1832년순조32 8월 2일 ~ 1833년순조33 4월 24일

조선 후기의 문신

1799년정조23 춘당대문과 급제
1800년정조24 강제문신講製文臣 선발, 홍문록·도당록 등재, 교리

1809년순조9	은산현감
1810년순조10	교리, 사인, 수찬, 승지
1820년순조20	성균관대사성, 승지, 호군, 이조참판
1827년순조27	대사헌, 함경도관찰사
1830년순조30	한성부좌윤, 대사헌, 형조판서
1831년순조31	병조·공조판서
1832년순조32	비변사제조, 한성부판윤, 의정부우·좌참찬

생애일화

1842년 회혼례回婚禮를 행하였다.
숙부 상휴相休가 한성판윤을 지냈다.

1519대 한성판윤 송면재(宋冕載) – 1472·1462·1480·1515·1535대

동일인물

한성판윤 재임기간 : 1833년순조33 4월 24일 ~ 1833년순조33 5월 4일

1520대 한성판윤 김 선(金銑)

신상내용

생몰연대	1750년영조26 ~ 1837년헌종3 – 88세
본관	연안延安
자	택지澤之
호	휴휴당休休堂
시호	효헌孝憲
가족	증조–개성유수 상원相元, 할아버지–참봉 섭燮, 아버지–현감 익균翼均 어머니–이준李浚의 딸 부인–안종인安宗仁의 딸

관직경력

한성판윤 재임기간 : 1833년순조33 6월 22일 ~ 1833년순조33 7월 15일

조선 후기의 문신

1794년정조18	유학, 알성문과 급제, 전적, 예조좌랑
1806년순조6	대사간
1810년 이후	강화부유수, 개성부유수
1833년순조33	형조판서, 한성부판윤, 기로소 입소

생애일화

선조의 계비인 인목대비의 친정아버지 연흥부원군 김제남金悌男의 7대손으로, 어려서부터 총명하여 하나를 알면 열을 이해하였다.
평생 동안 근신으로 몸을 지키고 자녀들에게는 '효우孝友가 인생의 길'이라고 가르쳤다.

1521대 한성판윤 이익회(李翊會) – 1509·1579대 동일인물

한성판윤 재임기간 : 1833년순조33 7월 15일 ~ 1833년순조33 9월 28일

1522대 한성판윤 유상조(柳相祚)

한성판윤 재임기간 : 1833년순조33 10월 4일 ~ 1833년순조33 10월 5일

1523대 한성판윤 박주수(朴周壽) – 1491·1504·1516·1526대 동일인물

한성판윤 재임기간 : 1833년순조33 10월 5일 ~ 1833년순조33 11월 4일

1524대 한성판윤 정기선(鄭基善) – 1532·1543대

신상내용

생몰연대	1784년정조8 ~ 1839년헌종5 – 56세
본관	동래東萊
자	원백元伯

호	수석修石
가족	증조-치검致儉, 할아버지-동윤東倫, 아버지-목사 지용持容 어머니-이창중李昌中의 딸 부인-홍수호洪受浩의 딸

관직경력

한성판윤 재임기간 : 1833년순조33 11월 4일 ~ 1833년순조33 11월 27일

조선 후기의 문신

1809년순조9	사마시(생원) 입격
1812년순조12	정시문과 급제
1815년순조15	한림소시翰林召試 선발, 함경도암행어사
1817년순조17	홍문록 등재, 직각, 검상, 이조참의, 부제학
1829년순조29	경상도관찰사-왜인 방어대책 수립
1830년순조30	극심한 재해로 조정에 구원 요청-왕의 내탕금 1만 냥 하사
1833년순조33	우부빈객, 이조판서, 한성부판윤
1834년순조34	대사헌, 경기도관찰사, 홍문관제학

생애일화

그는 지방행정의 문란과 자연재해에 대한 행정 관료로서의 대처능력을 발휘하였다.
함경도암행어사로 파견되어 각 고을의 창고 보유 곡식과 장부를 조사하여 허실 등 부정행위를 단속하고, 아울러 여러 곳의 봉수대와 역로驛路의 폐단을 제거토록 하였다.
또한 경상도관찰사로 있을 때 극심한 재해를 극복하기 위해 조정에 지원을 요청하여 왕이 내탕금 1만 냥을 특별히 하사하고 그것으로 기민을 구제하기도 하였다.

1525대 한성판윤 홍경모(洪敬謨) – 1542·1554·1570·1587대 동일인물

신상내용

생몰연대	1774년영조50 ~ 1851년철종2 – 78세
본관	풍산豊山
자	원직元直·경수敬修
호	관암冠巖·운석일민耘石逸民
시호	문정文貞

저서	〈관암전서〉 외
가족	증조-진보鎭輔, 할아버지-이조판서 양호良浩, 아버지-이조판서 낙원樂源 어머니-전주이씨(정언 이존원李存遠의 딸) 부인-조홍진趙弘鎭의 딸

관직경력

한성판윤 재임기간 : 1833년순조33 11월 29일 ~ 1834년순조34 1월 10일

조선 후기의 문신

1805년순조5	사마시(진사) 입격, 성균관유생
1809년순조9	별시문과 급제, 시독관-〈예기〉·〈주역〉·〈퇴계집〉 등 홍문관 비치
1820년순조20	대사성, 이조참의-법성포첨절제사 좌천(관리등용 실책)
1830년순조30	사은부사로 청나라 다녀오다
1834년순조34	진하사로 청나라 다녀오다
1835년헌종이후	이조·예조·호조·병조판서 역임, 판돈녕부사

생애일화

독서를 즐겨 장서가 많았으며, 문장에 능하고 글씨도 뛰어났다.
저서로는 〈관암전서〉 32책 외에 〈관암외사〉·〈관암유사〉 등이 있으며, 편서로는 〈중정남한지〉·〈대동장고〉·〈기사지〉 등이 있다.
할아버지 양호, 당숙 희준羲俊이 한성판윤을 지냈다.

1526대 한성판윤 박주수(朴周壽) – 1491·1504·1516·1523대 동일인물

한성판윤 재임기간 : 1834년순조34 1월 10일 ~ 1834년순조34 2월 5일

1527대 한성판윤 이지연(李止淵) – 1487·1505·1511·1537대 동일인물

한성판윤 재임기간 : 1834년순조34 2월 5일 ~ 1834년순조34 7월 15일

1528대 한성판윤 홍명주(洪命周) – 1538·1541대 동일인물

신상내용

생몰연대　1770년영조46 ~ 1841년헌종7 – 72세
본관　풍산豊山
초명　명기命基
자　자천自天
호　지천芝泉
시호　정간靖簡
가족　증조–종한宗漢, 할아버지–낙정樂靜, 아버지–부사 희영喜榮
어머니–李翕의 딸
부인–삭녕최씨(최진희崔進熙의 딸), 전주이씨(이정일李挺一의 딸), 순흥안씨(안인택安仁宅의 딸)
묘　경기도 고양시 벽제읍 성석리 내동

관직경력

한성판윤 재임기간 : 1834년순조34 7월 15일 ~ 1834년순조34 8월 4일

조선 후기의 문신

1794년정조18　정시문과 급제, 사관史官
1798년정조22　설서, 지평
1805년순조5　정언
1806년순조6　삭직–유배(호조의 왕비에 대한 음식비용 과다 지급 탄핵)
1807년순조7　동부승지, 병조판서
1835년헌종1　진하사로 청나라 다녀오다

생애일화

아들 형조판서 우순祐順과 함께 기로소에 들어갔다.

1529대 한성판윤 유하원(柳河源)

신상내용

생몰연대　1747년영조23 ~ 1834년순조34 – 88세

본관　　진주晉州
자　　백륜伯崙·百倫
가족　　증조–동지중추부사 덕장德章, 할아버지–일기一基, 아버지–위진威鎭
어머니–정중서鄭重緖의 딸
부인–안동권씨(권화權和의 딸)

관직경력

한성판윤 재임기간 : 1834년순조34 8월 4일 ~ 1834년순조34 8월 12일

조선 후기의 문신

1774년영조50	유학幼學, 증광별시 급제, 문한관, 사헌부장령
1785년정조9	상소(영남지방에 천주교의 혹세무민 유포 금지 주장)
1810년순조10	헌납 파직–유배(당쟁과 시정時政 폐단 논쟁)
1812년순조12	통정대부 승품, 부호군, 호군
1814년순조14	형조판서, 한성부판윤

생애일화

기로소에 들어가고, 회방연回榜宴을 행하였다.

1530대 한성판윤 김희화(金熙華)

신상내용

생몰연대　1765년영조41 ~ 1849년헌종15 – 85세
본관　　청풍淸風
자　　관여觀汝
가족　　증조–진사 계증繼曾, 할아버지–대연大演, 아버지–공조판서 익휴翊休
어머니–조중보趙重普의 딸
부인–임희박任希博의 딸

관직경력

한성판윤 재임기간 : 1834년순조34 8월 12일 ~ 1834년순조34 9월 29일

조선 후기의 문신

1789년정조13	사마시(진사) 입격
1792년정조16	식년문과 급제, 검열, 정자, 초계문신 선발
1825년순조25	예방승지,
1826년순조26	동지의금부사
1834년순조34	도총부도총관, 한성부판윤
1840년헌종6	공조판서
1849년헌종15	숭록대부 승품

생애일화

기로소에 들어가고, 회방연回榜宴을 열었다.

1531대 한성판윤 서경보(徐耕輔)

신상내용

생몰연대	1771년영조47 ~ 1839년헌종5 – 69세
본관	달성達城
자	임세任世
호	묘옹卯翁
시호	문정文靖
저서	〈묘옹집〉
가족	증조–좌의정 명균命均, 할아버지–영의정 지수志修, 아버지–대제학 有臣 어머니–유성제柳聖濟의 딸 부인–이경간李敬簡의 딸 형제–영보榮輔(동생, 이조판서)
묘	경기도 개풍군 동면 송동

관직경력

한성판윤 재임기간 : 1834년순조34 9월 29일 ~ 1834년순조34 12월 16일

조선 후기의 문신

음보–순창·예천군수

1825년순조25	알성문과 장원급제

1826년순조26	성균관대사성
1827년순조27	이조참의
1828년순조28	전라도관찰사–사판 삭제(전라좌도암행어사 유성환이 정무 태만으로 탄핵)
1832년순조32	호군, 비변사제조, 형조판서–파직(우포도대장 김영金煐의 과실)
1833년순조33	동지정사로 청나라 다녀오다. 병조판서, 대사헌
1834년헌종즉위	순조 승하–산릉도감제조
1836년헌종2	이조판서
1837년헌종3	함경도관찰사–파직(영흥부 선원전에 봉안된 태조 영정 파손)
1838년헌종4	공조판서, 대사헌

생애일화

영의정을 지낸 서종태徐宗泰의 현손으로 어려서 유로有老에게 양자로 들어갔다.
고조할아버지 종태와 증조할아버지 명균이 한성판윤을 지냈다.
저서로는 〈묘옹집〉, 편서로는 〈기백편己百編〉이 있다.

1532대 한성판윤 정기선(鄭基善) – 1524·1543대

한성판윤 재임기간 : 1834년순조34 12월 16일 ~ 1835년헌종1 5월 14일

1533대 한성판윤 박회수(朴晦壽) – 1548·1572·1580대 동일인물

신상내용

생몰연대	1786년정조10 ~ 1861철종12 – 76세
본관	반남潘南
자	치장穉章·자목子木
호	호곡壺谷·호하壺下
시호	숙헌肅獻
가족	증조–동지돈녕 사임師任, 할아버지–정랑 인원麟源, 아버지–동지돈녕 종우宗羽 어머니–통덕랑 신명성辛命聖의 딸 부인–달성서씨(대제학 서영보徐英輔의 딸)

관직경력

한성판윤 재임기간 : 1835년헌종1 5월 20일 ~ 1835년헌종1 6월 5일

조선 후기의 문신

1810년순조10	사마시(진사) 입격, 의릉참봉
1816년순조16	정시문과 급제, 예조좌랑
1817년순조17	정언 겸 시강원사서
1819년순조19	병조정랑
1820년순조20	용강현령
1823년순조23	필선, 교리, 승지
1825년순조25	호조·병조참판, 충청도관찰사
1833년순조33	진위 겸 진향사의 부사로 청나라 다녀오다
1834년순조34	순조 승하–비변사당상(행장行狀·시장諡狀 찬집)
1835년헌종1	한성부판윤
1837년헌종3	평안도관찰사
1840년헌종6	연공정사年貢正使로 청나라 다녀오다
1845년헌종11	우의정
1849년헌종15	헌종 승하–고부사로 청나라 다녀오다. 실록청총재관
1855년철종6	삭직(왕의 파주 행차 호종 불참), 우의정 복직
1859년철종10	좌의정, 영중추부사

생애일화

그는 마음이 정직하고 처사에 신중하여 왕을 잘 보필하였으며, 백성들을 돌보아 당대에 신망이 두터웠다. 기회가 있을 때마다 무능한 관리를 제거하고 임금의 향락을 경계했다. 글씨를 잘 썼다.
백부 종갑宗甲, 당숙 종래宗來가 한성판윤을 지냈다.

1534대 한성판윤 신재식(申在植)

한성판윤 재임기간 : 1835년헌종1 6월 10일 ~ 1835년헌종1 6월 19일

1535대 한성판윤 송면재(宋冕載) – 1472·1462·1480·1515·1519대 동일인물

한성판윤 재임기간 : 1835년헌종1 윤6월 19일 ~ 1835년헌종1 11월 4일

1536대 한성판윤 서희순(徐憙淳) – 1544·1574대 동일인물

신상내용

생몰연대	1793년정조17 ~ 1857년철종8 – 65세
본관	달성達城
자	치회穉晦
호	우란友蘭
시호	숙헌肅獻
가족	증조–신수信修, 할아버지–판서 유녕有寧, 아버지–군수 응보應輔 어머니–김현주金顯柱의 딸 부인–심능식沈能植의 딸, 이병기李秉岐의 딸

관직경력

한성판윤 재임기간 : 1835년헌종1 11월 4일 ~ 1836년헌종2 1월 16일

조선 후기의 문신

1809년순조9	사마시(진사) 입격
1816년순조16	정시문과 급제, 예문관 대교·응교
1824년순조24	대사성, 이조참의, 대사간, 홍문관부제학, 이조·예조참판, 직제학
1833년순조33	경상도관찰사
1835년헌종1	대사헌
1836년헌종2	형조판서, 한성부판윤, 예조·병조·형조·호조·이조판서, 좌참찬, 판돈녕부사, 지중추부사
1855년철종6	진위 겸 진향사로 청나라 다녀오다

생애일화

할아버지 유녕이 한성판윤을 지냈다.

1537대 한성판윤 이지연(李志淵)

신상내용

생몰연대	1766년영조42 ~ 1852년철종3 - 87세
본관	전주全州
자	심일心一
호	수운水雲·학고學皐
가족	증조-증이판 현복顯福, 할아버지-청풍부사 형중衡中, 아버지-제천현감 의술義述 어머니-안동권씨(현감 권유權瑜의 딸) 부인-남양홍씨(홍병채洪秉寀의 딸)
묘	인천시 남구 구월동

관직경력

한성판윤 재임기간 : 1836년헌종2 1월 16일 ~ 1836년헌종2 3월 7일

조선 후기의 문신

1795년정조19	사마시(진사) 입격
1805년순조5	춘당대 별시문과 급제
1806년순조6	중시重試 급제, 도당록 등재, 시독관-〈시전〉 강독
1807년순조7	부교리
1812년순조12	사간, 교리, 〈선원보략〉 중수 간행, 종부시정
1816년순조16	성균관대사성, 호조참판, 동지부사冬至副使로 청나라 다녀오다
1819년순조19	대사간
1823년순조23	예조참판, 대사간
1830년순조30	주청부사奏請副使로 청나라 다녀오다
1831년순조31	예행사, 대사간
1834년순조34	이조참판
1836년헌종2	한성부판윤, 기로소 입소
1838년헌종4	좌참찬
1844년헌종10	가례부사嘉禮副使
1845년헌종11	숭정대부(80세), 형조판서

생애일화

세종대왕의 5남 광평대군의 후손으로 큰아버지인 금부도사 의윤義胤에게 양자 갔다.

1538대 한성판윤 홍명주(洪命周) – 1528·1541대 동일인물

한성판윤 재임기간 : 1836년헌종2 3월 7일 ~ 1836년헌종2 10월 10일

1539대 한성판윤 권돈인(權敦仁) – 1549대 동일인물

신상내용

생몰연대	1783년정조7 ~ 1859년철종10 – 77세
본관	안동安東
자	경희景羲
호	이재彝齋·우랑又閬·우염又髥·번상촌장樊上村庄·과지초당노인瓜地草堂老人
시호	문헌文獻
가족	증조–군수 양성養性, 할아버지–목사 제응濟應, 아버지–군수 중집中緝 어머니–군수 김재균金載均의 딸 부인–은진송씨(송수연宋守淵의 딸), 한중유韓重維의 딸

관직경력

한성판윤 재임기간 : 1836년헌종2 10월 10일 ~ 1837년헌종3 1월 26일

조선 후기의 문신·서화가

1813년순조13	증광문과 급제, 정자, 헌납
1819년순조19	동지사의 서장관으로 청나라 다녀오다
1835년헌종1	진하 겸 사은부사로 청나라 다녀오다
1836년헌종2	한성부판윤
1837년헌종3	이조판서, 우의정, 좌의정
1845년헌종11	영의정
1851년철종2	진종眞宗(철종의 증조)의 조천례祧遷禮에 관한 주청–파직·유배(순흥)

생애일화

서화에 능하여 추사秋史 김정희로부터 뜻과 생각이 뛰어나다는 평가를 들었다.
그의 예서체 비문에 관해서는 일찍이 없었던 신합神合의 경지에 이르렀다고 칭찬을 받았다.
또한, 그의 유작인 〈세한도歲寒圖〉는 추사의 세한도와 화풍 상 밀접히 상통하면서도, 추사의 것은 스산한 느낌을 자아내는 반면 그의 것은 안온한 분위기로 농축된 문기文氣가 배어 있다.
작품은 국립박물관에 소장되어 있다.
우의정을 지낸 권상하權尙夏가 5대조이며, 역시 한성판윤을 지냈다.

1540대 한성판윤 이희준(李羲準) – 1558대 동일인물

신상내용

생몰연대	1775년영조51 ~ 1842년헌종8 – 68세
본관	한산韓山
자	평여平汝
호	계서溪西
시호	문정文靖
가족	증조–현감 병건秉健, 할아버지–군자감정 산중山重, 아버지–예조참판 태영泰永 어머니–유한만兪漢萬의 딸 부인–심사민沈師民의 딸
묘	경기도 가평군 가평읍 금대리

관직경력

한성판윤 재임기간 : 1837년헌종3 4월 10일 ~ 1837년헌종3 7월 26일

조선 후기의 문신

1805년순조5	증광문과 급제
1809년순조9	한림도당회권翰林都堂會圈 등재
1825년순조25	예방승지–가선대부 승자
1830년순조30	경기도관찰사
1833년순조33	경기암행어사의 탄핵(주전鑄錢 통용의 폐해)–유배
1834년헌종즉위	순조 승하, 고부 겸 주청부사로 청나라 다녀오다
1837년헌종3	부태묘祔太廟 때 종헌관 봉무, 공조판서

1838년헌종4	동지정사로 청나라 다녀오다. 형조·예조판서
1840년헌종6	사헌부대사헌

생애일화

그는 시문에도 능하였다.
〈청구야담靑邱野談〉·〈東野彙輯〉과 함께 조선 3대 야담집의 하나인 〈계서야담溪西野談〉이 그의 편저라고 전하나, 형인 희평의 저술이라는 설도 있다.
부사 현영顯永에게 양자를 갔으며, 장형 희갑羲甲이 한성판윤을 지냈다.

1541대 한성판윤 홍명주(洪命周) – 1528·1538대 동일인물

한성판윤 재임기간 : 1837년헌종3 7월 26일 ~ 1837년헌종3 10월 2일

1542대 한성판윤 홍경모(洪敬謨) – 1525·1555·1570·1587대 동일인물

한성판윤 재임기간 : 1838년헌종4 2월 14일 ~ 1838년헌종3 윤4월 1일

1543대 한성판윤 정기선(鄭基善) – 1524·1532대

한성판윤 재임기간 : 1838년헌종4 윤4월 1일 ~ 1838년헌종3 윤4월 28일

1544대 한성판윤 서희순(徐憙淳) – 1536·1574대 동일인물

한성판윤 재임기간 : 1838년헌종4 윤4월 28일 ~ 1838년헌종3 7월 26일

1545대 한성판윤 박기수(朴綺壽) – 1504·1512·1553대 동일인물

한성판윤 재임기간 : 1838년헌종4 7월 26일 ~ 1838년헌종3 8월 28일

1546대 한성판윤 김홍근(金弘根) – 1552대 동일인물

신상내용

생몰연대	1788년정조12 ~ 1842년헌종8 – 55세
본관	안동安東
자	의경毅卿
호	춘산春山
시호	문익文翼
가족	증조–달행達行, 할아버지–이경履慶, 아버지–이조참판 명순明淳 어머니–평산신씨(판관 신광온申光蘊의 딸) 부인–풍산홍씨(판관 홍의수洪義綏의 딸), 해평윤씨(현감 윤치익尹致翼의 딸)
묘	경기도 개성시 대성면 구읍내리

관직경력

한성판윤 재임기간 : 1838년헌종4 8월 28일 ~ 1838년헌종3 9월 15일

조선 후기의 문신

1813년순조13	사마시(진사) 입격
1829년순조29	위수衛率, 정시문과 급제, 부교리, 우권독右勸讀
1831년순조31	동지부사로 청나라 다녀오다
1832년 이후	승지, 대사성, 이조참판, 홍문관부제학
1838년헌종4	한성부판윤, 이조·공조·병조판서, 홍문관제학, 우참찬
1840년헌종6	대사헌, 의정부좌참찬
1841년헌종7	좌의정, 판중추부사

생애일화

안동김씨의 일족으로서 문중의 득세에 따라 특혜를 받기도 하였으나, 대사헌으로 있으면서 풍양조씨와 안동김씨 사이의 세력다툼으로 인한 폐해에 대해 상소를 올리고, 병을 핑계로 사직까지 하려 했다.

1547代 한성판윤 이헌위(李憲瑋) – 1565·1577대 동일인물

신상내용

생몰연대	1791년정조15 ~ 1843년헌종9 – 53세
본관	전주全州
자	치보稚寶
시호	익헌翼獻
가족	증조–생원 면지勉之, 할아버지–부사 철상徹祥, 아버지–부사 장소章紹 어머니–안동김씨(부사 김이중金履中의 딸) 부인–풍양조씨(목사 조진구趙鎭球의 딸)
묘	경기도 파주시 교하면 맥령리

관직경력

한성판윤 재임기간 : 1838년헌종4 9월 15일 ~ 1838년헌종3 10월 9일

조선 후기의 문신

1816년순조16	사마시(진사) 입격
1817년순조17	정시문과 급제, 정자
1822년순조22	대교, 검열, 설서, 대사성
1832년순조32	강원도관찰사
1834년순조34	동지돈녕부사
1836년헌종2	부제학, 이조참판, 형조판서
1838년헌종4	한성부판윤
1840년헌종6	형조·병조판서, 사헌부대사헌, 의정부우참찬

1548代 한성판윤 박회수(朴晦壽) – 1533·1572·1580대 동일인물

한성판윤 재임기간 : 1838년헌종4 11월 19일 ~ 1839년헌종5 4월 18일

1549代 한성판윤 권돈인(權敦仁) – 1539대 동일인물

한성판윤 재임기간 : 1839년헌종5 4월 18일 ~ 1839년헌종5 5월 17일

1550代 한성판윤 이가우(李嘉愚) – 1556·1571·1590·1601·1605·1609·1611·1624·1643대 동일인물

신상내용

생몰연대 1783년정조7 ~ 1852년철종3 – 70세
본관 연안延安
자 윤빈允賓
시호 문정文貞
가족 증조–이조판서 철보喆輔, 할아버지–강계부사 학원學源, 아버지–군수 전수田秀
어머니–서명민徐命敏의 딸
부인–윤광안尹光顔의 딸

관직경력

한성판윤 재임기간 : 1839년헌종5 5월 25일 ~ 1839년헌종5 7월 27일

조선 후기의 문신

1816년순조16	정시문과 급제
1817년순조17	예문관검열
1826년순조26	규장각직각
1839년헌종5	동지정사로 청나라 다녀오다
1848년헌종14	함경도관찰사–북청 앞바다 이양선異樣船 출현 보고
1850년철종1	판의금부사, 이조판서

생애일화

증조 철보, 큰할아버지 복원福源, 당숙 만수晩秀가 한성판윤을 지냈다.

1551代 한성판윤 정원용(鄭元容)

신상내용

생몰연대 1783년정조7 ~ 1873년고종10 – 91세
본관 동래東萊
자 선지善之

호	경산經山
시호	문충文忠
저서	〈경산집〉 외
가족	증조–석증錫曾, 할아버지–계순啓淳, 아버지–돈녕부도정 동만東晩 어머니–예조판서 이숭우李崇祐의 딸 부인–예조판서 김계락金啓樂의 딸 아들–기세基世(이조판서), 기년基年(목사), 기명基命(부사)

관직경력

한성판윤 재임기간 : 1839년헌종5 7월 27일 ~ 1839년헌종5 8월 12일

조선 후기의 문신

1802년순조2	문과 급제, 기주서, 검열, 부응교, 대사간
1821년순조21	관서위유사–평안도 괴질 만연, 민폐 조사보고. 강원도관찰사
1831년순조31	동지사
1837년헌종3	예조·이조판서
1841년헌종7	우의정
1842년헌종8	좌의정
1843년헌종9	판중추부사
1849년헌종15	헌종 승하, 영의정–덕완군德完君 이원범李元範을 영립迎立 주장
1850년철종1	철종 즉위, 영중추부사, 총호사, 암행어사 제도 부활 건의
1862년철종13	궤장 하사, 이정청총재관
1863년철종14	철종 승하, 원상院相
1864년고종1	실록청총재관–철종실록 편찬 주관

생애일화

91세의 천수를 누리며 순조·헌종·철종·고종 4대에 걸쳐 72년 동안 관직에 있으면서 검약과 청렴으로 일관하였고, 영의정을 여섯 차례 지냈으며, 1857년 회근回巹을, 1862년에 회방回榜을 맞은 것으로 유명하다.

문장과 글씨에 뛰어나, 20여 년간 조정의 대책大册을 찬술하였고, 특히 관각문館閣文에 조예가 있어 당시 종鐘·정鼎·비碑·판板에 그의 글과 글씨를 얻으려는 사람들이 많았다고 한다.

저서에 〈경산집〉·〈황각장주黃閣章奏〉·〈북정록北征錄〉·〈수향편袖香編〉·〈문헌촬요文獻撮要〉 등이 있다.

1552대 한성판윤 김홍근(金弘根) – 1546대 동일인물

한성판윤 재임기간 : 1839년헌종5 8월 12일 ~ 1839년헌종5 11월 26일

1553대 한성판윤 박기수(朴綺壽) – 1504·1512·1545대 동일인물

한성판윤 재임기간 : 1839년헌종5 11월 26일 ~ 1840년헌종6 3월 4일

1554대 한성판윤 박회수(朴晦壽) – 1548·1580대 동일인물

한성판윤 재임기간 : 1840년헌종6 3월 4일 ~ 1840년헌종6 3월 18일

1555대 한성판윤 홍경모(洪敬謨) – 1525·1542·1570·1587대 동일인물

한성판윤 재임기간 : 1840년헌종6 3월 18일 ~ 1840년헌종6 9월 28일

1556대 한성판윤 이가우(李嘉愚) – 1550·1571·1590·1601·1605·1609·1611·1635·1650대 동일인물

한성판윤 재임기간 : 1840년헌종6 9월 28일 ~ 1840년헌종6 11월 10일

1557대 한성판윤 김기은(金箕殷) – 1518대 동일인물

한성판윤 재임기간 : 1840년헌종6 11월 10일 ~ 1840년헌종6 11월 30일

1558대 한성판윤 이희준(李羲準) – 1540대 동일인물

한성판윤 재임기간 : 1840년헌종6 11월 30일 ~ 1841년헌종7 1월 10일

1559대 한성판윤 송계간(宋啓幹)

신상내용

생몰연대	1764년영조40 ~ 1841년헌종7 – 78세
본관	은진恩津
자	직경直卿
호	추양楸陽
시호	문경文敬
저서	〈추양유고〉
가족	증조–군수 요좌堯佐, 할아버지–찬선 명흠明欽, 아버지–목사 시연時淵 어머니–평산신씨(신소申韶의 딸) 부인–권제응權濟應의 딸

관직경력

한성판윤 재임기간 : 1841년헌종6 1월 10일 ~ 1841년헌종7 1월 12일

조선 후기의 문신

1796년정조20	부사용(우의정 윤시동이 학행에 의해 천거)
1801년순조1	이조참의(대사헌 이직보 등 추천), 성균관좨주, 사헌부대사헌–불사不仕

생애일화

동춘당 송준길宋浚吉의 후손으로 학행에 의해 천거되어 출사하였다.
저서로는 〈추양유고楸陽遺稿〉가 있다.

1560대 한성판윤 이약우(李若愚) – 1564·1569대 동일인물

신상내용

생몰연대	1782년정조6 ~ 1860년철종11 – 79세
본관	연안延安
자	경용景容
호	호거壺居
시호	문간文簡
상훈	청녕군淸寧君
가족	증조–공판 길보吉輔, 할아버지–좌의정 성원性源, 아버지–돈녕부도정 낙수洛秀 어머니–김화진金華鎭의 딸 부인–윤행면尹行勉의 딸

관직경력

한성판윤 재임기간 : 1841년헌종6 1월 12일 ~ 1841년헌종7 1월 18일

조선 후기의 문신

1810년순조10	사마시(진사) 입격
1813년순조13	유일遺逸로 천거–강릉참봉, 세자익위사부수, 증광문과 급제
1824년순조24	대사성
1826년순조26	병조참의
1835년헌종1	이조·병조·형조·공조·호조참의
1841년헌종7	동지정사로 청나라 다녀오다. 경기도관찰사
1848년헌종14	형조판서, 좌참찬 겸 〈삼조보감三朝寶鑑〉 찬집당상, 예조판서
1849년헌종15	청녕군 피봉, 공조·이조판서, 판의금부사, 헌종 승하–시장제술관諡狀製述官
1850년철종1	지중추부사, 이조판서, 기로소 입소

생애일화

그는 위로는 세 조정(순조·헌종·철종)의 권우眷遇를 입었고, 아래로는 사류士類들의 추앙을 받아 청요직淸要職을 두루 역임하였다.
문장에 뛰어나 그의 상소문은 명문으로 유명하였으며, 문사文詞는 스스로 일가를 이루었고, 역학 · 산수에도 정통하였다.
할아버지 성원이 한성판윤을 지냈다.

1561대 한성판윤 유화원(柳和源)

신상내용

생몰연대 1762년영조35 ~ 1846년헌종12 – 84세
본관 진주晉州
가족 증조–병사 취장就章, 할아버지–부정 기선善基, 아버지–수사 진열鎭說
어머니–양천허씨(허혁許爀의 딸)
부인–전주이씨(목사 이덕현李德鉉의 딸), 경주이씨(별제 이언우李彦佑의 딸)

관직경력

한성판윤 재임기간 : 1841년헌종6 1월 18일 ~ 1841년헌종7 2월 20일

조선 후기의 무신

1786년정조10	무과 급제
1796년정조20	신광첨사
1811년순조11	황해도수군절도사
1812년순조12	옹진부사–진휼 포상(표리表裏와 새서璽書 하사)
1817년순조17	전라도병마절도사
1823년순조23	훈련원도정
1824년순조24	평안도병마절도사
1827년순조27	좌포도대장–파직(강화유수 행랑 사람들 행패 경범처리)
1829년순조29	좌포도대장 복직–가의대부·가선대부
1832년순조32	삼도통제사
1841년헌종7	한성부판윤

생애일화

80세가 되어 한성판윤에 특별히 제수되고, 무과 회방례回榜禮를 행했다.

1562대 한성판윤 이헌구(李憲球) – 1567·1593·1599·1614대 동일인물

신상내용

생몰연대 1784년정조8 ~ 1858년철종9 – 75세

본관	전주全州
자	치서稚瑞
호	국간菊幹
시호	충간忠簡
가족	증조-생원 면지勉之, 할아버지-부사 철상徹祥, 아버지-판관 장현章顯 어머니-청풍김씨(목사 김치온金致蘊의 딸) 부인-안동김씨(목사 김복순金復淳의 딸)
묘	경기도 이천시 모가면 신갈리

관직경력

한성판윤 재임기간 : 1841년헌종6 2월 20일 ~ 1841년헌종7 윤3월 30일

조선 후기의 문신

1813년순조13	사마시(진사) 입격
1816년순조16	식년문과 급제
1829년순조29	통정대부, 성균관대사성, 이조참의
1836년헌종2	이조참판
1837년헌종3	전라도관찰사
1841년헌종7	한성부판윤, 공조판서, 대사헌
1842년헌종8	형조·예조판서, 평안도관찰사
1844년헌종10	대사헌-유배(김유근·김홍근 추죄 주장)
1845년헌종11	사은 겸 동지정사로 청나라 다녀오다
1847년헌종13	형조판서, 대사헌, 한성부판윤
1849년헌종15	이조판서
1850년철종1	예조판서, 판의금부사
1852년철종3	우의정, 좌의정
1853년철종4	판중추부사, 광주부유수

생애일화

좌의정을 지낸 이건명李健命의 현손으로서 국가 정사에 늙도록 힘썼으며, 궤장을 하사받고 기로소에 들어갔다.

1563대 한성판윤 이광정(李光正) – 1566대 동일인물

신상내용

생몰연대	1780년정조4 ~ 1850년철종1 – 71세
본관	우봉牛峰
개명	휘정輝正
자	경복景福
호	방야方野
시호	문정文貞
가족	증조–도암 재縡, 조부–대사간 제원濟源, 아버지–호조참판 채采, 양부–목사 화禾 어머니–양주조씨(이조참판 조영순趙榮順의 딸) 부인–임천조씨(조학운趙學雲의 딸)
묘	충북 중원군 엄정면 신만리 족동

관직경력

한성판윤 재임기간 : 1841년헌종6 윤3월 30일 ~ 1841년헌종7 4월 26일

조선 후기의 문신

1807년순조7	사마시(진사) 입격
1810년순조10	동몽교관
1813년순조13	증광문과 급제, 정언, 홍문관
1817년순조17	임천군수
1819년순조19	필선, 헌납, 수찬, 교리
1823년순조23	형조참의, 의주부윤
1824년순조14	우부승지, 성균관대사성, 시강원보덕
1829년순조29	예방승지, 경연관, 길주목사
1830년순조30	승지, 호조·예조참판, 도승지, 동지성균관사, 청 왕래, 한성좌윤, 병조참판
1837년헌종3	경기도관찰사
1839년헌종5	대사헌, 강원도관찰사
1841년헌종7	형조판서, 한성부판윤, 양관제학, 이조·호조판서
1844년헌종10	수원부유수(숭정대부)
1845년헌종11	판의금부사

1848년헌종14	판돈녕부사
1849년헌종15	기로소 입소(숭록대부)

생애일화

형 광문光文도 한성판윤을 지냈다.

1564대 한성판윤 이약우(李若愚) – 1560·1569대 동일인물

한성판윤 재임기간 : 1841년헌종6 4월 26일 ~ 1841년헌종7 8월 5일

1565대 한성판윤 이헌위(李憲瑋) – 1547·1575대 동일인물

한성판윤 재임기간 : 1841년헌종6 8월 5일 ~ 1841년헌종7 8월 14일

1566대 한성판윤 이광정(李光正) – 1563대 동일인물

한성판윤 재임기간 : 1841년헌종6 8월 14일 ~ 1841년헌종7 12월 15일

1567대 한성판윤 이헌구(李憲球) – 1562·1593·1599·1614대 동일인물

한성판윤 재임기간 : 1841년헌종6 12월 25일 ~ 1842년헌종8 1월 2일

1568대 한성판윤 박영원(朴永元) – 1620·1636대 동일인물

신산내용

생몰연대	1791년정조15 ~ 1854년철종5 – 64세
본관	고령高靈

자	성기聖氣
호	오서梧墅
시호	문익文翼
가족	증조-참봉 춘영春榮, 할아버지-현감 경규敬圭, 아버지-예조참의 종순鍾淳 어머니-양주조씨(조영소趙榮素의 딸) 부인-창녕성씨(감역 성재숭成載崇의 딸)
묘	경기도 장단군 장도면 하리 세곡

관직경력

한성판윤 재임기간 : 1842년헌종8 1월 2일 ~ 1842년헌종8 4월 3일

조선 후기의 문신

1813년순조13	사마시(진사) 입격
1816년순조16	식년문과 급제, 가주서로서 경연관
1817년순조17	승문원 등 청요직 두루 보임
1824년순조24	삭직
1837년헌종3	실록교수당상實錄校讎堂上
1844년헌종10	호조·이조판서
1845년헌종11	원접사
1846년헌종12	진하 겸 사은사로 청나라 다녀오다
1847년헌종13	〈국조보감〉찬집교정당상
1848년헌종14	함경도관찰사-양선洋船 출몰, 민심수습
1850년철종1	우의정, 실록청총재관
1851년철종2	좌의정
1854년철종5	판중추부사

생애일화

관직에서 물러나 남산 밑에다 조그마한 정자를 짓고, 녹천정綠泉亭이라 이름하고 책 속에서 유유자적하였다.

1569대 한성판윤 이약우(李若愚) – 1560·1564대 동일인물

한성판윤 재임기간 : 1842년헌종8 4월 3일 ~ 1842년헌종8 4월 6일

1570대 한성판윤 홍경모(洪敬謨) – 1525·1542·1555·1587대 동일인물

한성판윤 재임기간 : 1842년헌종8 4월 6일 ~ 1842년헌종8 4월 20일

1571대 한성판윤 이가우(李嘉愚) – 1550·1556·1590·1601·1605·1611·1646·1650대 동일인물

한성판윤 재임기간 : 1842년헌종8 4월 20일 ~ 1842년헌종8 6월 5일

1572대 한성판윤 박회수(朴晦壽) – 1533·1548·1580대 동일인물

한성판윤 재임기간 : 1842년헌종8 6월 5일 ~ 1842년헌종8 7월 1일

1573대 한성판윤 김좌근(金左根) – 1623대 동일인물

신상내용

생몰연대	1797년정조21 ~ 1869년고종6 – 73세
본관	안동安東
자	경은景隱
호	하옥荷屋
시호	충익忠翼
가족	증조–달행達行, 할아버지–서흥부사 이중履仲, 아버지–영안부원군 조순祖淳 어머니–청송심씨(심건지沈健之의 딸) 형제–순원왕후純元王后(누이, 순조왕비) 부인–해평윤씨(윤치근尹致斤의 딸)
묘	경기도 이천시 백사면 내촌리

관직경력

한성판윤 재임기간 : 1842년헌종8 7월 1일 ~ 1842년헌종8 7월 28일

1819년순조19	사마시(생원) 입격, 세자익위사부수, 상의원첨정
1838년헌종4	판관으로 정시문과 급제, 부교리, 직각, 대사성, 이조참의
1842년헌종8	공조·이조판서, 한성부판윤. 대사헌, 병조판서, 지돈녕부사
1850년철종1	우참찬, 제학 겸 지실록사, 총융사, 금위대장
1855년철종6	예조·형조판서, 훈련대장, 공조·호조판서
1860년철종11	영의정
1862년청종13	이정청釐政廳총재관–삼정문란三政紊亂 수습 의도
1864년고종1	실록총재관–〈철종실록〉 편찬 주관
1866년고종3	영돈녕부사, 기로소 입소

생애일화

영의정을 지내고 노론4대신의 한 사람인 김창집金昌集의 5대손이다. 안동김씨 세도정치의 중심인물로서 금위대장 등 무직武職의 수뇌부를 장악하고 당시 삼정문란 등으로 혼란한 사회를 무력으로 진압하려 하였다. 영의정을 세 번씩이나 맡았다.
나주 출신 첩이 그의 권세를 업고 너무나 세도를 부려 일세를 풍미하니, 세상 사람들이 나주의 합부인이란 조롱의 뜻으로 나합羅閤이라 불렀다 한다.

1574대 한성판윤 서희순(徐憙淳) – 1536·1544대 동일인물

한성판윤 재임기간 : 1842년헌 종8 7월 28일 ~ 1842년헌종8 9월 29일

1575대 한성판윤 이헌위(李憲瑋) – 1547·1565대 동일인물

한성판윤 재임기간 : 1842년헌종8 10월 7일 ~ 1842년헌종8 11월 20일

1576대 한성판윤 이목연(李穆淵) – 1588·1594대 동일인물

신상내용

생몰연대 1785년정조9 ~ 1854년철종5 – 70세

초명　시연始淵
본관　전주全州
자　백춘伯春
호　소소笑笑
시호　문정文貞
가족　증조-현유顯猷, 할아버지-안성군수 창중昌中, 아버지-의상義常
어머니-진주유씨(승지 유건柳健의 딸)
부인-풍양조씨(교리 조양진趙良鎮의 딸)
묘　경기도 성남시 분당구 석운동

관직경력

한성판윤 재임기간 : 1842년헌종8 11월 20일 ~ 1842년헌종8 12월 3일

조선 후기의 문신

1821년순조21	정시문과 급제
1822년순조22	지평, 이조참의, 이조참판
1842년헌종8	한성부판윤
1843년헌종9	동지 겸 사은정사로 청나라 다녀오다
1844년헌종10	대사헌, 호조판서
1847년헌종13	광주부유수-유배(대사헌 재직시 조병현趙秉鉉의 탐학과 농권 관련 사안)
1849년헌종15	전라도관찰사, 형조판서

1577대 한성판윤 김흥근(金興根) - 1592·1628·1630대 동일인물

신상내용

생몰연대　1796년정조20 ~ 1870년고종7 - 75세
본관　안동安東
자　기경起卿
호　유관游觀
시호　충문忠文
가족　증조-달행達行, 할아버지-이경履慶, 아버지-이조참판 명순明淳
어머니-평산신씨(판관 신광온申光蘊의 딸)
부인-청송심씨(심능직沈能直의 딸)

묘　　　　경기도 포천시 일동면 기산리 소야

관직경력

한성판윤 재임기간 : 1842년헌종8 12월 3일 ~ 1842년헌종8 12월 25일

조선 후기의 문신

1813년순조13	사마시(생원) 입격
1825년순조25	알성문과 급제
1826년순조26	검열, 대교, 겸보덕, 이조참의, 전라도관찰사
1837년헌종3	동지부사로 청나라 다녀오다
1838년헌종4	이조참판, 규장각직제학, 홍문관부제학, 평안도관찰사
1841년헌종7	형조판서
1842년헌종8	대사헌, 한성부판윤
1843년헌종9	공조·호조·예조판서, 규장각제학, 이조판서
1846년헌종12	의정부좌참찬
1848년헌종14	예조판서, 경상도관찰사–유배(안동김씨 권세를 믿고 방자한 언행)
1849년헌종15	헌종 승하–철종 즉위, 한성부판윤, 이조판서
1851년철종2	좌의정, 〈헌종실록〉 총재관
1852년철종3	영의정, 판중추부사
1862년철종13	이정청釐政廳총재관
1864년고종1	〈철종실록〉 지실록사
1865년고종2	영돈녕부사

생애일화

안동김씨 세도정치의 중심인물 중 한 사람으로서 권세를 업고 고위 관직을 누비며 활약하였고, 정승의 반열에까지 올랐다.

1578대 한성판윤 김도희(金道喜)

신상내용

생몰연대　1783년정조7 ~ 1860년철종11 – 78세
본관　경주慶州
자　사경史經

호	주하柱下
시호	효헌孝憲
가족	증조-연안부사 한정漢禎, 할아버지-문화현령 태주泰杜, 아버지-판서 노응魯應 어머니-군수 이성규李成奎의 딸 부인-기계유씨(유만주兪晩柱의 딸)
묘	충북 괴산군 소수면 아성리

관직경력

한성판윤 재임기간 : 1842년헌종8 12월 25일 ~ 1843년헌종9 1월 3일

조선 후기의 문신

1810년순조10	사마시(진사) 입격
1813년순조13	증광문과 급제,
1814년순조14	검열, 설서, 정언
1820년순조20	호조·형조·예조참의
1830년순조30	이조참판, 경기도관찰사, 한성부좌윤
1838년헌종4	형조판서
1842년헌종8	우의정
1843년헌종9	좌의정, 판돈녕부사
1851년철종2	〈헌종실록〉 편찬 총재관

생애일화

외국 선박의 내왕이 많아지면서 민심이 소연해지므로 이에 대한 경계를 엄하게 하여 유언비어를 단속하였으며, 산송山訟이 많아지자 남의 무덤을 파헤치는 죄를 지은 자는 특사에서도 제외시키고 반드시 3년 유배를 마치고 방환시킨다는 규율을 마련하였다.
중부仲父 노익魯翼에게 양자 갔다.

1579대 한성판윤 이익회(李翊會) – 1509·1521대 동일인물

한성판윤 재임기간 : 1843년헌종9 1월 3일 ~ 1843년헌종9 1월 11일

1580대 한성판윤 박회수(朴晦壽) – 1533·1548·1572대 동일인물

한성판윤 재임기간 : 1843년헌종9 1월 11일 ~ 1843년헌종9 2월 3일

1581대 한성판윤 이유수(李惟秀) – 1603대 동일인물

신상내용

생몰연대	1768년영조44 ~ 1847년헌종13 – 80세
본관	덕수德水
자	대이大頤
가족	증조–철산도호부사 홍규弘規, 할아버지–후상垕祥, 아버지–선천부사 한흥漢興 어머니–연일정씨(병마절도사 정여증鄭與曾의 딸) 부인–양천허씨(수군절도사 허명許冥의 딸)
묘	경기도 양주시 은현면 도하리 도남산

관직경력

한성판윤 재임기간 : 1843년헌종9 4월 23일 ~ 1843년헌종9 5월 28일

조선 후기의 무신

1795년정조19	무과 급제
1815년순조15	전라좌도수군절도사
1820년순조20	전라병마절도사
1822년순조22	함남병마절도사
1823년순조23	함북병마절도사
1826년순조26	좌포도대장
1827년순조27	삼도통제사
1829년순조29	우포도대장, 총융사
1843년헌종9	한성부판윤
1847년헌종10~13	총융사(6회), 어영대장, 금위대장(2회), 훈련대장(2회), 한성판윤(2회) 역임

생애일화

군사 요직을 두루 역임하였으며, 품계는 가선대부에 이르렀다.
임진왜란의 영웅, 충무공 이순신李舜臣의 7대손이다.

1582대 한성판윤 김난순(金蘭淳) – 1602대 동일인물

신상내용

생몰연대	1781년정조5 ~ 1851년철종2 – 71세
본관	안동安東
자	사의士猗
호	벽곡碧谷
시호	효문孝文
가족	증조–제겸濟謙, 할아버지–남원부사 탄행坦行, 아버지–청도군수 이유履裕 어머니–전주유씨(유광석柳光錫의 딸) 부인–전주이씨(익찬 이장운李章雲의 딸)
묘	경기도 여주군 능서면 번도3리

관직경력

한성판윤 재임기간 : 1843년헌종9 5월 28일 ~ 1843년헌종9 7월 27일

조선 후기의 문신·서예가

1804년순조4	사마시(진사) 입격
1813년순조13	증광문과 장원급제, 검열, 어사, 이조참의, 보덕, 홍문관부제학, 황해도 관찰사, 이조·호조참판, 형조판서, 평안도관찰사, 대사헌, 우참찬
1841년헌종7	이조판서, 우참찬, 형조판서
1843년헌종9	한성부판윤, 예조판서
1848년헌종14	판돈녕부사, 기로소 입소, 수원부유수, 형조판서

생애일화

노론4대신의 한 사람인 창집昌集의 현손이며 신임사화 때 희생된 제겸의 증손이고, 조순祖淳의 6촌 아우이다.

과거에 장원급제할 정도로 실력이 뛰어났으며, 안동김씨인 이유로 관력이 순조로웠으나 뚜렷한 업적을 남기지는 못하였다.

문장과 글씨에 뛰어나 현종비인 효현왕후가 2년만에 세상을 떠나자, 지문誌文·행장行狀·존호옥책문尊號玉册文·시책문諡册文·제문祭文 등을 짓고 썼다. 1828년에 김조순이 찬한 비문을 쓴 〈봉천사묘정비鳳川祠廟庭碑〉는 국보로 지정되었다.

1583대 한성판윤 임성고(任聖皐)

신상내용

생몰연대	1773년영조49 ~ 1853년철종4 – 81세
본관	풍천豊川
자	덕민德敏·중안仲岸
호	우연옹偶然翁
시호	충정忠貞
가족	증조–달達, 할아버지–부사 익창益昌, 아버지–통제사 율律 어머니–남서오南瑞五의 딸 부인–신봉주申鳳周의 딸
묘	경기도 양주시 주내면 마천리 → 영근면 고사리(이장移葬)

관직경력

한성판윤 재임기간 : 1843년헌종9 7월 28일 ~ 1843년헌종9 윤7월 17일

조선 후기의 무신

1795년정조19	무과 급제
1808년순조8	흥덕현감
1811년순조11	홍경래 난, 박천군수(반란군에 포로가 되었으나 항복 거부하다 생환)
1813년순조13	철원부사
1835년헌종1	삼도우군통제사 겸 수군절도사
1837년헌종3	함경북도병마수군절도사
1839년헌종5	좌포도대장
1841년헌종7	총융사
1842년헌종8	금위대장
1843년헌종9	한성부판윤
1844년헌종10	좌포도대장
1846년헌종12	어영대장, 형조판서, 좌포도대장, 금위대장
1847년헌종13	우포도대장
1849년헌종15	훈련대장
1852년철종3	정헌대부

생애일화

홍경래의 난이 일어났을 때 박천군수로 재임 중 박천을 점령당하여, 인부印符를 가지고 안주安州로 가려다가 노모가 적에게 잡히자 돌아와 포박 당하였다.
끝까지 항복하기를 거부하고 국가의 녹을 받는 신하로서 절개를 지켰으며, 백성들의 요구로 반란군이 인부를 돌려주어 죽음은 면하였다.

1584대 한성판윤 김 영(金煐)

신상내용

생몰연대	1772년영조48 ~ 1850년철종1 – 79세
본관	해풍海豊
가족	증조–부사 하중夏重, 할아버지–포도대장 수洙, 아버지–포도대장 상옥相玉 어머니–윤재명尹在明의 딸 부인–박양호朴養浩의 딸
묘	경기도 화성시 향남면 행정리 상동

관직경력

한성판윤 재임기간 : 1843년헌종9 윤7월 17일 ~ 1843년헌종9 8월 20일

조선 후기의 무신

정조 때	무과 급제
1808년순조8	단천부사
1811년순조11	삼화부사
1815년순조15	경상좌도병마절도사
1820년순조20	함경남도병마절도사
1828년순조28	우포도대장
1829년순조29	삼도통제사
1831년순조31	우포도대장
1832년순조32	좌포도대장
1836년헌종2	금위대장
1838년헌종4	총융사
1839년헌종5	우포도대장, 평안도병마절도사
1843년헌종6	한성부판윤, 가선대부

1844년헌종10　　어영대장, 좌포도대장
1845년헌종11　　형조판서
1847년헌종13　　어영대장

생애일화

시조 두 수가 전한다.

빈 배에 백로 벽파에 씻어 흰가?
네 몸이 저리 흰들 마음조차 흴소냐?
만일에 마음이 몸 같으면 너를 좇차 놀리라.

눈 풀풀 접심홍蝶尋紅이요, 술 둥둥 의부백蟻浮白을,
거문고 당당 노래하니 두루미 둥둥 춤을 춘다.
아희야 시문柴門에 개 짖으니 벗 오시나 보아라.

1585대 한성판윤 이규현(李奎鉉)

신상내용

생몰연대	1777년정조1 ~ 1844년헌종10 – 68세
본관	용인龍仁
자	노경魯卿
호	관백觀白
시호	숙헌肅獻
가족	증조–현감 보흥普興, 할아버지–예조판서 숭호崇祜, 아버지–호조판서 재학在學 어머니–정동현鄭東鉉의 딸 부인–박사욱朴師郁의 딸
묘	경기도 의왕시 오전동

관직경력

한성판윤 재임기간 : 1843년헌종9 8월 20일 ~ 1844년헌종10 2월 15일

조선 후기의 문신

1813년순조13　　증광별시문과 급제

1815년순조15	홍문록·도당록 등재, 헌납, 통정대부
1822년순조22	동래부사
1824년순조24	성균관대사성
1825년순조25	이조참의
1826년순조26	삭직-청나라 연호 오기誤記, 대사성 복직, 예방승지, 가선대부
1828년순조28	진하부사로 청나라 다녀오다
1831년순조31	전라도관찰사
1835년헌종1	이조참판
1838년헌종5	개성부유수
1840년헌종7	경기도관찰사
1841년헌종8	이조참판
1843년헌종10	한성부판윤, 대사헌
1844년헌종11	형조판서, 대사헌

생애일화

1826년 중국 연경에 있는 황단皇壇의 향관享官 단자單子에 청나라 연호年號를 잘못 기재하여 관직이 삭탈되었다가 복직되었다.
할아버지 숭호, 아버지 재학 그리고 본인에 이르는 3대가 연이어 한성판윤을 지낸 집안으로 유명하다.

1586대 한성판윤 서좌보(徐左輔) – 1589·1617·1638대 동일인물

신상내용

생몰연대	1786년정조10 ~ 1855년철종6 – 70세
본관	달성達城
자	공필公弼
시호	효정孝靖
가족	증조-밀양부사 명인命仁, 할아버지-도정 직수直修, 아버지-이조참판 유문有聞 어머니-심희영沈喜永의 딸 부인-조진택趙鎭宅의 딸
묘	충남 연기군 남면 연기동

관직경력

한성판윤 재임기간 : 1844년헌종10 2월 15일 ~ 1844년헌종10 3월 17일

조선 후기의 문신

1810년순조10	사마시(진사) 입격
1819년순조19	식년문과 급제, 예문관검열
1820년 이후	충청도암행어사, 예방승지, 이조참판, 성균관대사성, 예조·병조판서
1844년헌종10	한성부판윤, 대사헌, 판의금부사, 형조판서

생애일화

충청도에 암행어사로 출두하여 진전陣田·군전軍田 등의 폐해와 각 역참驛站의 병폐를 지적하기도 하였다.

1587大 한성판윤 홍경모(洪敬謨) – 1525·1542·1555·1570대 동일인물

한성판윤 재임기간 : 1844년헌종10 3월 17일 ~ 1844년헌종10 4월 14일

1588大 한성판윤 이목연(李穆淵) – 1576·1594대 동일인물

한성판윤 재임기간 : 1844년헌종10 4월 19일 ~ 1844년헌종10 5월 15일

1589大 한성판윤 서좌보(徐左輔) – 1586·1617·1638대 동일인물

한성판윤 재임기간 : 1844년헌종10 5월 15일 ~ 1844년헌종10 6월 15일

1590大 한성판윤 이가우(李嘉愚) – 1550·1556·1571·1601·1605·1609·1611·1624·1643대 동일인물

한성판윤 재임기간 : 1844년헌종10 6월 21일 ~ 1844년헌종10 9월 14일

1591대 한성판윤 조병구(趙秉龜)

신상내용

생몰연대　1801년순조1 ~ 1845년헌종11 – 45세
본관　풍양豊壤
자　경보景寶
호　유하遊荷
시호　문숙文肅
가족　증조–이조판서 엄曮, 할아버지–이조판서 진관鎭寬, 아버지–풍은부원군 만영萬永
어머니–은진송씨(송시연宋時淵의 딸)
형제–신정왕후神貞王后(누이동생, 추존 익종 왕비)
부인–연안이씨(감사 이재수李在秀의 딸), 안동김씨(김교근金喬根의 딸)

관직경력

한성판윤 재임기간 : 1844년헌종10 9월 14일 ~ 1844년헌종10 10월 24일

조선 후기의 문신

1822년순조22	사마시(생원) 입격, 음보–세자익위사부수
1827년순조27	증광문과 급제, 저작
1829년순조29	동지정사의 서장관으로 청나라 다녀오다
1830년순조30	한성부부사과, 겸문학, 책저도감교관
1832년순조32	좌부승지, 대사성
1836년헌종2	이조참의, 호조참판
1840년헌종6	홍문관부제학, 규장각직제학
1841년헌종7	금위대장, 총융사, 훈련대장, 행호군
1844년헌종10	한성부판윤, 예조판서
1845년헌종11	이조·공조판서

생애일화

조병현趙秉鉉과 함께 풍양조씨 세도정치의 중심인물로 안동김씨와 권력다툼을 벌이는 데 앞장서서, 숙부인 조인영趙寅永이 순원왕후의 호의로 영의정에 오르자 합세하여 정치세력을 형성하였다.
그러나 그 뒤 비리가 폭로되고, 조인영·조병현 등이 연달아 죽으면서 조씨 일파가 몰락하게

되자 정권에서 축출되었다.
글씨에서 이름이 났으며, 고종 때 조대비에 의해 익종 묘정에 배향되었다.
할아버지 진관, 아버지 만영, 작은아버지 인영 등이 한성판윤을 지냈으며, 당대 최고 권세를 누린 집안이다.

1592대 한성판윤 김흥근(金興根) – 1577·1630·1630대 동일인물

한성판윤 재임기간 : 1844년헌종10 10월 24일 ~ 1844년헌종10 12월 10일

1593대 한성판윤 이헌구(李憲球) – 1562·1567·1599·1614대 동일인물

한성판윤 재임기간 : 1844년헌종10 12월 10일 ~ 1845년헌종11 3월 26일

1594대 한성판윤 이목연(李穆淵) – 1576·1588대 동일인물

한성판윤 재임기간 : 1845년헌종11 3월 26일 ~ 1845년헌종11 5월 16일

1595대 한성판윤 홍재철(洪在喆) – 1610·1641·1710대 동일인물

신상내용

생몰연대	1799년정조23 ~ 1870년고종7 – 72세
본관	남양南陽
자	치경致敬
시호	청헌淸獻
가족	증조–대사간 준해準海, 할아버지–병협秉協, 아버지–판서 기섭起燮 어머니–김상임金相任의 딸 부인–달성서씨(서장보徐長輔의 딸)
묘	경기도 광주시 광적면 문성리

관직경력

한성판윤 재임기간 : 1845년헌종11 5월 16일 ~ 1845년헌종11 6월 2일

조선 후기의 문신

1825년순조25	사마시(생원) 입격
1826년순조26	별시문과 급제
1827년순조27	한림소시翰林召試 선발
1828년순조28	별겸춘추別兼春秋
1834년순조34	시관試官
1835년헌종1	예방승지
1840년헌종6	경상도관찰사
1841년헌종7	이조참판, 성균관대사성
1845년헌종11	한성부판윤, 형조판서, 평안도관찰사
1846년헌종12	사헌부대사헌, 한성부판윤, 형조·병조·공조·예조판서
1860년철종11	경기도관찰사
1862년철종13	판의금부사, 예조판서, 의정부우참찬

1596대 한성판윤 박기수(朴岐壽) – 1610대 동일인물

신상내용

생몰연대	1792년정조16 ~ 1847년헌종13 – 56세
본관	반남潘南
자	봉래鳳來
가족	증조–공주판관 사석師錫, 조부–형조판서 준원準源, 아버지–호조판서 종보宗輔 어머니–달성서씨(서광수徐廣修의 딸) 부인–조학빈趙學彬의 딸

관직경력

한성판윤 재임기간 : 1845년헌종11 6월 2일 ~ 1845년헌종11 6월 15일

조선 후기의 문신

1810년순조10	사마시(생원·진사) 양과 입격
1817년순조17	정시문과 급제, 세자시강원설서

1818년순조18	홍문관부교리, 이조참의, 대사성, 경상도관찰사, 이조참판
1835년헌종1	공조·예조·형조·이조·병조판서
1840년헌종6	지경연사, 도총관, 함경도관찰사
1845년헌종11	한성부판윤, 판의금부사, 좌참찬, 판돈녕부사
1847년헌종13	병조판서

생애일화

1830년 익종翼宗(효명세자·헌종의 아버지, 21세 서거)의 빈전殯殿에 불이 났을 때 단신으로 불속에 뛰어들어 진화하였으므로 모두들 그 충성심을 칭찬하였다.
양부 종경宗慶, 친형 주수周壽가 한성판윤을 지냈다.

1597대 한성판윤 조용화(趙容和)

신상내용

생몰연대	1793년정조17 ~ 1845년헌종11 - 53세
본관	풍양豊壤
초명	태화泰和
자	경함景涵·성교聖交
호	청소晴沼
시호	문헌文憲
가족	증조–좌의정 재호載浩, 할아버지–참판 관진觀鎭, 아버지–교리 운익雲翊 어머니–전주이씨(승지 이득일李得一의 딸) 부인–남양홍씨(참판 홍수만洪秀晩의 딸), 칠원윤씨(윤형의尹衡義의 딸)
묘	경기도 남양주시 화도면 마석우리

관직경력

한성판윤 재임기간 : 1845년헌종11 6월 15 ~ 1845년헌종11 6월 25일

조선 후기의 문신

1813년순조13	사마시(진사) 입격
1822년슨조22	식년문과 급제, 홍문관 등용
1832년순조32	이조참의, 대사간, 강원도관찰사
1841년헌종7	이조참판

1844년헌종10 비변사제조, 형조판서
1845년헌종11 대사헌, 한성부판윤, 형조판서

생애일화

그는 의용儀容이 괴위魁偉하여 사람들로 하여금 저절로 공경하게 하는 마음을 일으키게 하였고, 성품이 온화했다.
문장에도 능하여 경사제가經史諸家의 전주箋註도 간명하게 잘 써서 거유巨儒라 일컬어지기도 하였다.

1598대 한성판윤 서기순(徐箕淳) – 1607대 동일인물

신상내용

생몰연대 1791년정조15 ~ 1854년철종5 – 64세
본관 대구大丘
자 중구仲裘
호 매원梅園
시호 청문淸文
저서 〈종사록從仕錄〉
가족 증조–지수志修, 할아버지–대사헌 유신有臣, 아버지–대제학 영보榮輔
어머니–정상인鄭象仁의 딸
부인–이노수李潞秀의 딸, 이억운李億運의 딸
묘 경기도 장단군 진서면 선적리

관직경력

한성판윤 재임기간 : 1845년헌종11 6월 2 ~ 1845년헌종11 7월 5일

조선 후기의 문신

1827년순조27 증광문과 급제
1833년순조33 이조참의
1837년헌종3 대사성
1838년헌종4 이조참판
1842년헌종8 전라도관찰사
1845년헌종11 한성부판윤, 대사헌, 예조판서

1850년철종1 대제학
1851년철종2 병조판서
1853년철종4 이조판서, 경상도관찰사, 판의금부사

생애일화

집이 비바람을 가릴 수 없을 정도로 가만하게 살았고, 순조조의 청백리에 녹선 되었다. 자신을 포함한 6대에 걸쳐 세 사람의 정승과 네 사람의 대제학을 배출한 가문이며, 5대조 종태宗泰, 고조명균命均, 종고조 명빈明彬, 당숙 경보耕輔가 한성판윤을 지냈다.

1599대 한성판윤 이헌구(李憲球) – 1562·1567·1593·1614대 동일인물

한성판윤 재임기간 : 1845년헌종11 7월 6일 ~1845년헌종11 9월 16일

1600대 한성판윤 조두순(趙斗淳)

신상내용

생몰연대 1796년정조20 ~ 1870년고종7 – 75세
본관 양주楊州
자 원칠元七
호 심암心菴
시호 문헌文獻
저서 〈심암집〉
가족 증조–부정 영극榮克, 할아버지–의령현감 종철宗喆, 아버지–목사 진익鎭翼
어머니–반남박씨(우의정 박종악朴宗岳의 딸)
부인–달성서씨(판서 서준보徐俊輔의 딸)
묘 충남 청양군 화성면 용당리

관직경력

한성판윤 재임기간 : 1845년헌종11 9월 16일 ~1845년헌종11 12월 3일

조선 후기의 문신

1816년순조16 사마시(진사) 입격

1826년순조26	황감제시黃柑製試 장원 선발
1827년순조27	정시문과 급제, 규장각대교
1830년순조30	승지, 대사성
1835년헌종1	동지부사로 청나라 다녀오다
1836년헌종2	이조참판, 황해도관찰사
1841년헌종7	공조판서, 형조판서
1845년헌종11	한성부판윤, 평안도관찰사
1849년헌종15	예문관대제학-〈헌종실록〉 편찬 주관
1851년철종2	병조판서
1852년철종3	〈동문휘고同文彙考〉 편찬, 이조판서
1853년철종4	우의정
1858년철종9	좌의정
1862년철종13	이정청釐政廳 총재관 – 三政개혁
1865년고종2	영의정(경복궁 재건, 삼군부 설치, 대전회통 편찬)
1866년고종3	기로사 입소, 봉조하

생애일화

그는 문장에 뛰어나 비문 · 책문 · 묘표 · 묘갈문 등을 많이 짓고 썼다. 작품으로는 〈전계대원군신도비〉·〈효현왕후추상존호옥책문〉·〈이헌구묘표〉·〈김좌근묘비〉 등 다수가 있다.

1601대 한성판윤 이가우(李嘉愚) – 1550·1556·1571·1590·1601·1605·1609·1624·1643대 동일인물

한성판윤 재임기간 : 1845년헌종11 12월 3일 ~1846년헌종12 2월 27일

1602대 한성판윤 김난순(金蘭淳) – 1582대 동일인물

한성판윤 재임기간 : 1846년헌종12 2월 27일 ~1846년헌종12 3월 18일

1603대 한성판윤 이유수(李惟秀) – 1581대 동일인물

한성판윤 재임기간 : 1846년헌종12 3월 18일 ~1846년헌종12 4월 25일

1604대 한성판윤 김동건(金東健) – 1613대 동일인물

신상내용

생몰연대	1788년정조12 ~ 1848년헌종14 –61세
본관	청풍淸風
자	자순子順 · 군원君元
시호	문간文簡
상훈	청녕군淸寧君
가족	증조–대사간 치후致后, 할아버지–이조판서 종정鍾正, 명연命淵 어머니–홍억洪億의 딸 부인–심능악沈能岳의 딸
묘	경기도 의왕시 왕곡동

관직경력

한성판윤 재임기간 : 1846년헌종12 4월 26일 ~1846년헌종12 6월 15일

조선 후기의 문신

1816년순조16	사마시(생원) 입격
1825년순조25	춘당대 황재감시 수석–직부전시
1826년순조26	별시문과 급제, 예조좌랑, 지평, 이조판서
1841년헌종7	동지 겸 사은부사로 청나라 다녀오다
1846년헌종12	한성부판윤, 반송사伴送使
1847년헌종13	우참찬–〈삼조보감三朝寶鑑〉 편찬 참여, 청녕군淸寧君 습봉

생애일화

할아버지 종정이 한성판윤을 지냈다.

1605대 한성판윤 이가우(李嘉愚) – 1550·1556·1564·1571·1590·1601·1609·1611·1624·1643대 동일인물

한성판윤 재임기간 : 1846년헌종12 6월 15일 ~1846년헌종12 7월 26일

1606대 한성판윤 윤상규(尹尙圭)

신상내용

생몰연대	1768년영조44 ~ 1848년헌종14 – 81세
본관	파평坡平
초명	의기宜基
자	주서周瑞
호	노석魯石
가족	증조–참봉 효교孝敎, 할아버지–첨지중추부사 동두東斗, 아버지–사간 광례光禮 어머니–남성하南聖夏의 딸 부인–이의준李義駿의 딸, 조영간趙榮幹의 딸

관직경력

한성판윤 재임기간 : 1846년헌종12 7월 26일 ~1846년헌종12 9월 9일

조선 후기의 문신

1787년정조11	춘당대 전시문과 급제, 장령, 수찬
1805년순조5	집의, 진하 겸 사은사로 청나라 다녀오다
1806년순조6	부교리
1809년순조9	사간
1814년순조14	이조참판, 연공부사年貢副使로 청나라 다녀오다
1818년순조18	대사간
1843년헌종9	호군
1846년헌종12	한성부판윤
1847년헌종13	상호군, 회방례回榜禮를 행하다. 판중추부사

1607대 한성판윤 서희순(徐憙淳) – 1574대 동일인물

한성판윤 재임기간 : 1846년헌종12 8월 1일 ~ 1846년헌종12 9월 20일

1608대 한성판윤 윤상규(尹尙圭) – 1606대 동일인물

한성판윤 재임기간 : 1846년헌종12 9월 20일 ~ 1846년헌종12 9월 25일

1609대 한성판윤 서기순(徐箕淳) – 1598대 동일인물

한성판윤 재임기간 : 1846년헌종12 9월 25일 ~1846년헌종12 11월 5일

1610대 한성판윤 홍재철(洪在喆) – 1595·1648·1722대 동일인물

한성판윤 재임기간 : 1846년헌종12 11월 5일 ~1846년헌종12 11월 11일

1611대 한성판윤 이가우(李嘉愚) – 1550·1556·1571·1690·1601·1605·1613·1624·1646대 동일인물

한성판윤 재임기간 : 1846년헌종12 11월 11일 ~1846년헌종12 11월 14일

1612대 한성판윤 박기수(朴岐壽) – 1596대 동일인물

한성판윤 재임기간 : 1846년헌종12 11월 20일 ~ 1846년헌종12 12월 28일

1613대 한성판윤 이가우(李嘉愚) – 1550·1556·1571·1590·1601·1605·1613·1629·1646대 동일인물

한성판윤 재임기간 : 1847년헌종13 1월 11일 ~ 1847년헌종13 2월 13일

1614대 한성판윤 성수묵(成遂默) – 1630대 동일인물

신상내용

생몰연대	1792년정조16 ~ 1850년철종1 – 59세
본관	창녕昌寧
자	성집聖執
시호	효헌孝憲
가족	증조–범석範錫, 할아버지–현감 덕구德求, 아버지–부사 肯柱 어머니–연안이씨(이두원李斗源의 딸) 부인–동래정씨(정동시鄭東時의 딸), 나주임씨(임최원林最遠의 딸)
묘	충북 제천시 봉양면 천남리

관직경력

한성판윤 재임기간 : 1847년헌종13 2월 13일 ~ 1847년헌종13 3월 8일

조선 말기의 문신

1822년순조22	사마시(진사) 입격
1825년순조25	식년문과 급제
1829년순조29	한림원직각, 전라우도 암행어사
1832년순조32	무안현감
1834년순조34	서장관으로 청나라 다녀오다
1837년헌종3	동래부사
1839년헌종5	대사성
1840년헌종6	이조참의, 승지
1843년헌종9	함경도관찰사
1846년헌종12	이조참판, 대사헌
1847년헌종13	형조판서, 동지사로 청나라 다녀오다

1848년헌종14	좌참찬
1849년헌종15	한성부판윤, 예조판서
1850년철종1	진위 겸 진향사의 정사로 청나라 다녀오다

생애일화

그는 경력이 다양하고 관리로서 승진이 순조로웠으며, 특히 동래부사로 있으면서 대마도 도주를 상대로 외교문서를 취급하였고, 청나라에 왕래하면서 다양한 외교활동을 하였다.

1615대 한성판윤 김영순(金英淳) – 1624대 동일인물

신상내용

생몰연대	1798년정조22 ~ 1849년헌종15 – 52세
본관	안동安東
자	군실君實
호	석릉石綾
가족	증조–부제학 시찬時粲, 할아버지–대사성 방행方行, 아버지–우의정 이교履敎 어머니–함종어씨(판서 어석정魚錫定의 딸) 부인–연안이씨(이존수李存秀의 딸)
묘	충남 예산군 대흥면 죽전리

관직경력

한성판윤 재임기간 : 1847년헌종13 3월 8일 ~1847년헌종13 10월 4일

조선 후기의 문신

1825년순조25	식년문과 급제, 함경도위유어사慰諭御使–수재水災 주민 구제 위로
1830년순조30	통정대부
1837년헌종3	성균관대사성
1838년헌종4	이조참의
1839년헌종5	충청도관찰사
1844년헌종10	이조참판
1847년헌종13	형조판서, 한성부판윤, 이조판서

생애일화

아버지 이교, 작은아버지 이재履載가 한성판윤을 지냈다.

1616대 한성판윤 김동건(金東健) – 1604대 동일인물

한성판윤 재임기간 : 1847년헌종13 10월 3일 ~ ? (재직확인:1847년 10월 6일)

1617대 한성판윤 이헌구(李憲球) – 1562·1567·1593·1599대 동일인물

한성판윤 재임기간 : 1847년헌종13 10월 24일 ~ ? (재직확인:1847년 11월 22일)

1618대 한성판윤 김학성(金學性) – 1665·1679·1705·1741·1751대 동일인물

신상내용

생몰연대 1807년순조7 ~ 1875년고종12 – 69세
본관 청풍淸風
자 경도景道
호 송석松石
시호 효문孝文
가족 증조–이조판서 종정鍾正, 할아버지–목사 명연命淵, 아버지–공조판서 동헌東獻
어머니–이희곤李羲坤의 딸
부인–풍양조씨(영의정 조인영趙寅永의 딸)
묘 경기도 의왕시 왕곡동

관직경력

한성판윤 재임기간 : 1848년헌종14 2월 11일 ~ ? (재직확인:1848년 2월 19일)

조선 후기의 문신

1828년순조28	사마시(진사) 입격
1829년순조29	정시문과 급제
1833년순조33	대교
1841년헌종7	대사성
1842년헌종8	홍문관부제학, 이조참의, 예방승지, 이조참판
1848년헌종14	한성부판윤, 규장각제학
1849년철종즉위	호조·예조·형조·공조판서, 광주부유수, 우참찬
1864년고종1	판의금부사, 규장각·예문관제학·홍문관제학, 상호군, 좌찬성, 강관, 제술관
	예조판서, 평안도관찰사, 판중추부사, 시강원우빈객

생애일화

증조 종정, 백부 동건東健이 한성판윤을 지냈다.
편서로는 〈청풍김씨세보〉가 있다.

1619대 한성판윤 강시영(姜時永) – 1635·1656·1790대 동일인물

신상내용

생몰연대	1788년정조12 ~ 1868년고종5 – 81세
본관	전주全州
자	여량汝亮·여량汝良
호	성사星沙
시호	문헌文憲
가족	증조–필득必得, 할아버지–첨지중추부사 세정世靖, 아버지–승지 준흠俊欽 어머니–권빈權儐의 딸 부인–이기경李基慶의 딸, 權면의 딸

관직경력

한성판윤 재임기간 : 1848년헌종14 3월 22일 ~ ? (재직확인:1848년 3월 26일)

조선 후기의 문신

1809년순조9	사마시(진사) 입격

1820년순조20	정시문과 급제, 수찬
1829년순조29	진하사의 서장관으로 청나라 다녀오다
1838년헌종4	부수찬
1843년헌종9	충청도관찰사
1846년헌종12	행호군
1848년헌종14	한성부판윤, 형조판서
1854년철종5	대사헌
1859년철종10	예조판서
1866년고종3	흥선대원군 집권, 홍문관제학, 이조판서, 기로소 입소, 우찬성

생애일화

글씨에 뛰어났다.

1620대 한성판윤 박영원(朴永元) – 1568·1636대 동일인물

한성판윤 재임기간 : 1848년헌종14 5월 10일 ~ ?

1621대 한성판윤 서좌보(徐左輔) – 1586·1589·1641대 동일인물

한성판윤 재임기간 : 1848년헌종14 7월 17일 ~ 1848년헌종14 10월 18일

1622대 한성판윤 김정집(金鼎集) – 1629·1630·1673·1690대 동일인물

신상내용

생몰연대	1808년순조8 ~ 1859년철종10 – 52세
본관	경주慶州
자	구여九如
호	석세石世
시호	문정文貞

저서	〈석세유고石世遺稿〉
가족	증조-형판 효대孝大, 할아버지-좌의정 사목思穆,아버지-선공감부정 영수永受 어머니-조헌진曺憲振의 딸 부인-이약우李若愚의 딸, 이태준李泰峻의 딸
묘	경기도 과천시 갈현리

관직경력

한성판윤 재임기간 : 1848년헌종14 10월 18일 ~ ? (재직확인:1848년헌종14 10월 18일)

조선 후기의 문신

1825년순조25	사마시(생원) 입격
1827년순조27	증광문과 급제, 승정원가주서, 설서, 대교, 좌권독, 문학
1831년순조31	문례관問禮官-칙사 마중, 직각
1833년순조33	정조사의 서장관으로 청나라 다녀오다
1838년헌종4	대사성, 이조참의
1842년헌종8	영변부사
1846년헌종12	황해도관찰사-최초의 천주교 신부 김대건 체포
1847년헌종13	공조참판, 공조판서
1848년헌종14	한성부판윤
1849년철종즉위	겸지실록사, 형조판서, 대사헌, 예조판서, 판의금부사, 동지성균관사

생애일화

그는 지방관으로서 선정을 베풀어 치적이 많았고, 특기할 점은 황해도관찰사로 있으면서 우리나라 최초의 천주교 신부인 김대건을 체포한 것이다.
사학에 밝았으며 과묵한 성품이었고, 저서로는 〈석세유고〉가 있다.

1623대 한성판윤 이돈영(李敦榮)

한성판윤 재임기간 : 1848년헌종14 11월 30일 ~ ?

1624대 한성판윤 김영순(金英淳) – 1615대 동일인물

한성판윤 재임기간 : 1848년헌종14 11월 30일 ~ ?

1625대 한성판윤 이기연(李紀淵) – 1697·1736대 동일인물

신상내용

생몰연대	1783년정조7 ~ 1858년철종9 – 76세
본관	전주全州
자	경국景國
호	해곡海谷
가족	증조–남평현감 현응顯應, 할아버지–동의금 명중明中, 아버지–공조참의 의열義悅 어머니–남양홍씨(지중추부사 홍억洪億의 딸) 형제–지연止淵(맏형, 우의정) 부인–경주김씨(진사 김윤주金胤柱의 딸)

관직경력

한성판윤 재임기간 : 1849년헌종15 3월 4일 ~ ? (재직확인:1849년헌종15 3월 7일)

조선 후기의 문신

1805년순조5	유학, 증광문과 급제, 홍문관정자
1815년순조15	홍문록 등재
1822년순조22	대사성, 이조참의, 대사간, 한성부좌윤
1828년순조28	강원도관찰사
1831년순조31	가의대부
1833년순조33	우승지, 공조판서
1835년헌종1	우참찬
1836년헌종2	평안도관찰사
1837년헌종3	대사헌, 예조판서 겸 안핵사
1838년헌종4	이조판서
1839년헌종5	호조판서
1840년헌종6	탄핵(탐학)–향리 추방–유배(죄목 추가)

1850년철종1	한성부판윤, 황해도병마절도사, 경상도관찰사, 판의금부사
1852년철종3	형조판서, 봉조하

생애일화

만형 지연止淵이 동생 기연보다 늦게 과거에 급제했으나, 벼슬은 한성판윤을 거쳐 우의정에까지 올랐다.

1626대 한성판윤 조기영(趙冀永)

신상내용

생몰연대	1781년정조5 ~ 1867년고종4 – 87세
본관	풍양豊壤
자	수경壽卿
가족	증조–판돈녕부사 상경尙絅, 할아버지–이조판서 돈暾, 아버지–목사 진선鎭宣 어머니–안동권씨(권형權炯의 딸) 부인–경주김씨(판서 김노경金魯敬의 딸), 전주이씨(이주환李周煥의 딸)
묘	경기도 여주시 대신면 가산리

관직경력

한성판윤 재임기간 : 1849년헌종15 3월 11일 ~ 1849년7월12일

조선 후기의 문신

1810년순조10	사마시(진사) 입격
1814년순조14	정시문과 장원급제
1827년순조27	성천부사–대홍수 이재민 구제
1833년순조33	부호군
1837년헌종3	이조참판, 충청도관찰사
1840년헌종6	동지부사로 청나라 다녀오다
1843년헌종9	대사헌, 예조판서
1846년헌종12	형조판서, 이조판서
1849년헌종15	한성부판윤, 철종 즉위, 판의금부사
1852년철종3	원접사–청 사신 접대, 상호군, 형조판서, 지중추부사, 기로사 입소, 봉조하

생애일화

외직으로 나가 성천부사로 있을 때에는 대홍수로 고통 받는 이재민들을 구세하는 데 심혈을 기울였으며, 충청도관찰사로 재임 시에는 지방행정의 모순을 시정하고 도민들의 복지향상을 도모하는데 진력하였다.
증조 상경, 조부 돈과 장인 김노경도 한성판윤을 지냈으며, 추사 김정희金正喜가 처남이다.

1627대 한성판윤 김좌근(金左根) – 1573대 동일인물

한성판윤 재임기간 : 1849년철종즉위 7월 12일 ~ ? (재직확인:1849년 7월 19일)

1628대 한성판윤 이가우(李嘉愚) – 1550·1556·1571·1590·1601·1605·1613·1629·1646대 동일인물

한성판윤 재임기간 : 1849년헌종15 7월 20일 ~ ? (재직확인:1849년 7월 22일)

1629대 한성판윤 성수묵(成遂默) – 1614대 동일인물

한성판윤 재임기간 : 1849년헌종15 7월 28일 ~ 1849년 8월 20일

1630대 한성판윤 김정집(金鼎集) – 1622·1673·1697대 동일인물

한성판윤 재임기간 : 1849년헌종15 8월 20일 ~ 1849년헌종15 12월 26일

1631대 한성판윤 김흥근(金興根) – 1577·1592·1633대 동일인물

한성판윤 재임기간 : 1849년헌종15 12월 26일 ~ 1850년철종1 1월 18일)

1632대 한성판윤 이노병(李魯炳)

신상내용

생몰연대	1780년정조4 ~ 1862년철종13 – 83세
본관	덕수德水
자	경례景禮
호	낙야樂野
가족	증조–군자감정 규진奎鎭, 할아버지–생원 혁奕, 아버지–옥천군수 술모述模 어머니–순창조씨(정언 조종부趙宗溥의 딸) 부인–해평윤씨(윤장열尹長烈의 딸)
묘	경기도 여주시 북내면 오학리 정토구억촌

관직경력

한성판윤 재임기간 : 1850년철종1 1월 18일 ~ ?

조선 말기의 문신

1807년순조7	사마시(진사) 입격
1811년순조11	정시문과 급제
1827년순조27	대사간
1831년순조31	대사성
1834년순조34	이조참의, 대사간
1839년헌종5	이조참의, 연공사의 부사로 청나라 다녀오다
1846년헌종12	형조판서, 대사헌
1850년철종1	한성부판윤, 이조판서
1855년철종6	강화부유수, 대사헌, 공조·예조판서
1860년철종11	판의금부사

1633대 한성판윤 김흥근(金興根) – 1631대 동일인물

한성판윤 재임기간 : 1850년철종1 1월 21일 ~ ?

1634대 한성판윤 이기연(李紀淵) – 1625대 동일인물

한성판윤 재임기간 : 1850년철종1 3월 4일 ~ ?

1635대 한성판윤 강시영(姜時永) – 1619·1656·1790대 동일인물

한성판윤 재임기간 : 1850년철종1 3월 22일 ~ ? (재직확인:1850년철종1 5월 9일)

1636대 한성판윤 박영원(朴永元) – 1568·1620대 동일인물

한성판윤 재임기간 : 1850년철종1 5월 9일 ~ 1850년철종1 6월 17일

1637대 한성판윤 조병준(趙秉駿)

한성판윤 재임기간 : 1850년철종1 6월 17일 ~ 1850년철종1 6월 26일

1638대 한성판윤 김기만(金箕晩)

한성판윤 재임기간 : 1850년철종1 6월 26일 ~ 1850년철종1 8월 21일

1639대 한성판윤 이학수(李鶴秀)

신상내용

생몰연대	1780년정조4 ~ 1859년철종10 – 80세
본관	연안延安
자	자고子皐
호	단얼丹臬

시호　　문헌文獻
가족　　증조–군수 숭신崇臣, 할아버지–판돈녕부사 민보敏輔, 아버지–이조판서 시원始源
어머니–김안훈金安勳의 딸
부인–경주김씨(판관 김노성金魯成의 딸)

관직경력

한성판윤 재임기간 : 1850년철종1 8월 21일 ~ 1850년철종1 9월 5일

조선 후기의 문신

1812년순조12	정시문과 급제
1817년순조17	통정대부
1819년순조19	동지부사로 청나라 다녀오다. 성균관대사성, 이조참의
1823년순조23	검교대교, 예방승지, 홍문관직제학, 대사간, 이조참판
1827년순조17	비변사제조, 경상도관찰사–삭직(탐관모리)–향리 방축(성균관유생 진소)
1841년헌종7	유배(추자도)
1849년헌종15	해배解配, 도총관
1850년철종1	한성부판윤, 형조·예조판서
1852년철종3	평안도관찰사, 수원부유수, 이조·예조·공조판서, 판돈녕부사, 판의금부사

생애일화

조부 민보, 숙부 조원肇源, 사촌형 용수龍秀가 한성판윤을 지내 판윤집안에서 태어난 사람이라 해도 과언이 아니다.

1640대 한성판윤 권대긍(權大肯) – 1651·1653대 동일인물

신상내용

생몰연대　1790년정조14 ~ 1858년철종9
본관　　안동安東
자　　　계구季構
호　　　사야史野
가족　　증조–첨중추부사 밀謐, 할아버지–병조판서 엄儼, 아버지–부사 익

어머니–윤행순尹行淳의 딸
부인–남양홍씨(홍집휴洪集休의 딸)

관직경력

한성판윤 재임기간 : 1850년철종1 9월 5일 ~ 1850년철종1 9월 30일

조선 후기의 문신

1814년순조14	사마시(진사) 입격
1823년순조23	정시문과 급제
1827년순조27	정언, 사서
1836년헌종2	홍문록·도당록 등재, 집의
1839년헌종5	우통례, 대사간, 예방승지
1842년헌종8	강화부유수
1844년헌종10	호조참판, 사은부사로 청나라 다녀오다
1850년철종1	연공사年貢使 정사로 청나라 다녀오다. 한성부판윤
1851년철종2	형조판서
1856년철종7	예조판서

생애일화

할아버지 엄이 한성판윤을 지냈다.

1641대 한성판윤 서좌보(徐左輔) – 1585·1588·1621대 동일인물

한성판윤 재임기간 : 1850년철종1 9월 30일 ~ 1851년철종2 1월 2일

1642대 한성판윤 서영순(徐英淳)

신상내용

생몰연대	1793년정조17 ~ 1854년철종5 – 62세
본관	대구大丘
자	기백耆伯

시호　　효정孝靖
가족　　증조-황주목사 노수魯修, 조부-도정 유승有升, 아버지-첨지중추부사 경보京輔
　　　　어머니-박종후朴宗厚의 딸
　　　　부인-이의열李義悅의 딸
묘　　　대전시 서구 가수원동 산14-1

관직경력

한성판윤 재임기간 : 1851년철종2 1월 2일 ~ 1851년철종2 2월 15일

조선 후기의 문신

1813년순조13	사마시(진사) 입격
1815년순조15	정시문과 급제
1826년순조26	홍문관수찬
1828년순조28	대사간, 이조참의, 승지
1840년헌종6	경기도관찰사
1842년헌종8	이조참판
1845년헌종11	강원도관찰사, 대사헌
1851년철종2	한성부판윤, 수원부유수
1854년철종5	형조판서

1643대 한성판윤 윤치겸(尹致謙)

신상내용

생몰연대　1772년영조48 ~ 1853철종4 - 82세
본관　　해평海平
자　　　중익仲益
호　　　현허당玄虛堂
시호　　정민靖敏
가족　　증조-대사헌 득화得和, 할아버지-진사 헌동憲東, 아버지-양렬陽烈
　　　　어머니-광산노씨(생원 노언항盧彦恒의 딸)
　　　　부인-은진송씨(진사 송영진宋永鎭의 딸)
묘　　　경기도 파주시 적성면 통귀리

관직경력

한성판윤 재임기간 : 1851년철종2 2월 15일 ~ 1851년철종2 3월 16일

조선 후기의 문신

1807년순조7	식년전시 장원 급제, 정언
1809년순조9	홍문록 등재
1812년순조12	도당록 등재, 부수찬-귀양(왕의 잘못 시정 건의)
1822년순조22	승지, 동지의금부사, 호조참판
1832년순조32	동지사의 서장관으로 청나라 다녀오다
1837년헌종3	대사간
1838년헌종4	병조참판-태조 영정 모시고 전주 다녀오다
1839년헌종5	대사간
1851년철종2	한성부판윤, 형조판서
1852년철종3	의정부우참찬, 지경연사, 지의금부사, 지춘추관사, 오위도총부도총관

1644대 한성판윤 홍재철(洪在喆) - 1595·1610·1722대 동일인물

한성판윤 재임기간 : 1851년철종2 3월 16일 ~ 1851년철종2 6월 17일

1645대 한성판윤 이규팽(李圭祊) - 1658대 동일인물

신상내용

생몰연대	1791년정조15 ~ ?
본관	경주慶州
가족	증조-감역 진원進源, 할아버지-예조판서 집두集斗, 아저지-판관 일영一榮 어머니-조윤량曺允亮의 딸 부인-권숙權潚의 딸, 최경헌崔競憲의 딸
묘	충북 괴산군 청안면 시화리 역촌

관직경력

한성판윤 재임기간 : 1851년철종2 6월 17일 ~ 1851년철종2 7월 13일

1839년헌종5	대사성
1841년헌종7	의주부윤, 이조참의
1842년헌종8	예방승지, 동지부사로 청나라 다녀오다
1843년헌종9	황해도관찰사
1849년헌종15	이조참판
1851년철종2	진주 겸 사은사의 부사로 청나라 다녀오다. 한성부판윤, 형조판서
1852년철종3	대사헌
1855년철종6	광주부유수, 평안도관찰사

생애일화

할아버지 집두가 한성판윤을 지냈다.

1646대 한성판윤 이가우(李嘉愚) – 1550·1556·1571·1589·1601·1605·1611·1646대 동일인물

한성판윤 재임기간 : 1851년철종2 7월 13일 ~ 1851년철종2 8월 2일

1647대 한성판윤 이경재(李景在) – 1690대 동일인물

신상내용

생몰연대	1800년정조24 ~ 1873년고종10 – 74세
본관	한산韓山
자	계행季行
호	송서松西·소은紹隱
시호	문간文簡
가족	증조–호조판서 태중台重, 할아버지–부사 학영學永, 아버지–현감 희선羲先 어머니–반남박씨(참봉 박홍수朴泓壽의 딸) 부인–여흥민씨(군수 민치병閔致秉의 딸)

관직경력

한성판윤 재임기간 : 1851년철종2 8월 2일 ~ 1851년철종2 10월 3일

조선 후기의 문신

1822년순조22	식년문과 급제
1823년순조23	청요직 역임, 규장각직각, 평안도관찰사, 대사간, 대사헌, 부제학
1851년철종2	한성부판윤
1864년고종1	우의정, 영의정, 기로사 입소

1648대 한성판윤 서염순(徐念淳)

신상내용

생몰연대	1800년정조24 ~ 1859년철종10 – 60세
본관	대구大丘
자	경조敬祖
호	석범石帆
시호	문숙文肅
가족	증조–영의정 지수志修, 할아버지–서령 유후有後, 아버지–공보恭輔 어머니–이집린李集麟의 딸 부인–구양원具陽元의 딸
묘	경기도 장단군 진남면 덕산리 율정동

관직경력

한성판윤 재임기간 : 1851년철종2 10월 3일 ~ ?

조선 후기의 문신

1819년순조19	사마시(생원) 입격
1827년순조27	증광별시 급제
1829년순조29	한림회권 선정, 왕세자 시행 翰林召試 선발
1831년순조31	홍문록 등재
1832년순조32	용강현령, 별겸춘추
1834년순조34	교리, 응교
1837년헌종3	영흥부사, 양주목사

1851년철종2	이조참판, 한성부판윤, 지의금부사
1852년철종3	사은정사로 청나라 다녀오다. 광주부유수
1853년철종4	병조판서, 대사헌, 공조판서
1856년철종7	예조판서, 판의금부사
1857년철종8	평안도관찰사
1858년철종9	이조·공조판서, 판의금부사

생애일화

5대조 종태宗泰, 고조 명균命均, 6촌형 기순箕淳이 한성판윤을 지냈다.

1649대 한성판윤 서유훈(徐有薰) – 1654·1683대 동일인물

한성판윤 재임기간 : 1851년 11월 26일 ~ ?

1650대 한성판윤 김경선(金景善)

한성판윤 재임기간 : 1852년 3월 30일 ~ ?

1651대 한성판윤 권대긍(權大肯) – 1653대 동일인물

한성판윤 재임기간 : 1852년 3월 30일 ~ ?

1652대 한성판윤 임백경(任百經)

한성판윤 재임기간 : 1852년 7월 29일 ~ ?

1653대 한성판윤 권대긍(權大肯) – 1651대 동일인물

한성판윤 재임기간 : 1852년 9월 7일 ~ ?

1654대 한성판윤 서유훈(徐有薰)

한성판윤 재임기간 : 1852년 9월 7일 ~ ?

1655대 한성판윤 윤치수(尹致秀)

한성판윤 재임기간 : 1852년 9월 18일 ~ ?

1656대 한성판윤 강시영(姜時永) – 1619·1635대 동일인물

한성판윤 재임기간 : 1852년 9월 21일 ~ ?

1657대 한성판윤 김수근(金洙根) – 1672대 동일인물

신상내용

생몰연대	1798년정조22 ~ 1854년철종5 – 57세
본관	안동安東
자	회부晦夫
호	계산초로溪山樵老
시호	정문正文
배향	철종 묘정, 반곡서원(거제)
저서	〈삼연선생연보〉
가족	증조–원행元行 할아버지–이직履直 아버지–목사 인순麟淳 어머니–평산신씨(신식申栻의 딸) 부인–양주조씨(목사 趙鎭敏의 딸) 전주유씨(柳誦의 딸) 거창신씨(愼克欽의 딸)

묘 　　경기도 화성시 반월면 일리 구룡리→안산시 상록구 일동(이장)→화장(온양박물관 비석 보존)

관직경력

한성판윤 재임기간 : 1853년철종4 2월 6일 ~ ?

조선 후기의 문신

1828년순조28	사마시(진사) 입격, 음사-동몽교관
1833년순조33	시제試製 수석-전시殿試 직부, 식년문과 급제
1835년헌종1	규장각대교
1837년헌종3	대사성, 이조참의, 한성부우윤
1847년헌종13	충청도관찰사
1850년철종1	이조참판, 공조판서
1851년철종2	우참찬, 대사헌
1852년철종3	이조판서, 홍문관대제학, 선혜청당상
1853년철종4	병조·형조판서, 한성부판윤

생애일화

당대 세도가 출신으로서, 동생 문근汶根은 철종의 장인으로 영은부원군에 봉해졌고, 두 아들 병학炳學과 병국炳國은 모두 정승의 반열에 올랐다.

1658대 한성판윤 이규팽(李圭祊) – 1645대 동일인물

한성판윤 재임기간 : 1853년철종4 5월 16일 ~ ?

1659대 한성판윤 한진정(韓鎭庭) – 1661대 동일인물

한성판윤 재임기간 : 1853년철종4 6월 9일 ~ ?

1660대 한성판윤 이돈영(李敦榮) – 1623대 동일인물

한성판윤 재임기간 : 1853년철종4 8월 21일 ~ ?

1661대 한성판윤 한진정(韓鎭庭) – 1659대 동일인물

한성판윤 재임기간 : 1853년철종4 8월 29일

1662대 한성판윤 홍우순(洪祐順)

신상내용

생몰연대 1791년정조15 ~ 1862년철종13 – 72세
본관 풍산豊山
호 성산城山
묘 인천시 미추홀구 학익동 산6–802 → 고양시 일산동구 성석동 산56–1(이장)

관직경력

한성판윤 재임기간 : 1853년철종4 10월 15일 ~ 1854년철종5 2월 11일

조선 후기의 문신

1816년순조16 사마시(진사) 입격
강원도관찰사, 의정부좌참찬, 판의금부사

1663대 한성판윤 김학성(金學性) – 1665·1678·1713·1765대 동일인물

한성판윤 재임기간 : 1854년철종5 2월 11일 ~ 1854년철종5 4월 14일

1664대 한성판윤 윤치수(尹致秀) – 1655대 동일인물

신상내용

생몰연대 1797년정조21 ~ 1870년고종7 – 74세
본관 해평海平
개명 치의致義
자 성여成汝
호 금범錦帆
시호 문헌文獻
가족 증조–득녕得寧 할아버지–백동百東 아버지–경렬敬烈 양부–재당숙
어머니–경주김씨(김원주金元柱의 딸)
부인–풍양조씨(목사 조진선趙鎭宣의 딸)
묘 경기도 장단군 오음리 석천

관직경력

한성판윤 재임기간 : 1854년철종5 4월 14일 ~ ?

조선 후기의 문신

1826년순조26	증광문과 급제
1830년순조30	정언
1831년순조31	홍문록·도당록 등재
1842년헌종8	성균관대사성
1846년헌종12	이조참의, 의주부윤
1847년헌종13	대사성, 홍문관부제학, 도승지, 이조참판, 호군
1849년헌종15	형조·예조판서
1852년철종3	한성부판윤
1853년철종4	연행사의 정사로 청나라 다녀오다
1854년철종5	한성부판윤, 대사헌
1855년철종6	좌포도대장, 판의금부사, 한성부판윤
1856년철종7	판의금부사, 이조판서
1858년철종9	판의금부사, 형조판서, 함경도관찰사, 예조판서, 판의금부사
1861년철종12	형조판서, 판의금부사, 병조·공조판서, 지중추부사, 판돈녕부사, 봉조하

생애일화

아들 용선容善이 고종 때 의정議政이 되고, 증손이 일세 때 중추원부의장 덕영德榮과 후작 택영澤榮이며, 택영의 딸이 순종의 계비인 순정효황후純貞孝皇后 윤씨尹氏이다.
택영의 아들 홍섭弘燮은 일본 유학 중 신익희·김성수 등과 독립운동에 투신하였으며, 창씨개명도 하지 않았다.

1665대 한성판윤 김학성(金學性) – 1663·1678·1713·1765대 동일인물

한성판윤 재임기간 : 1854년철종5 4월 15일 ~ ?

1666대 한성판윤 남헌교(南獻教) – 1673대 동일인물

신상내용

생몰연대	1798년정조22 ~ 1864년고종1 – 67세
본관	의령宜寧
초명	헌중獻中
자	경증景曾
시호	숙헌肅憲
가족	증조–이조판서 태제泰齊, 조부–동지돈녕 인로仁老, 아버지–익찬 이우履愚 어머니–전주이씨(진사 이장조李章祚의 딸) 부인–영월엄씨(엄기嚴耆의 딸)
묘	경기도 장단군 부곡리

관직경력

한성판윤 재임기간 : 1854년철종5 6월 3일 ~ 1854년철종5 9월 3일

조선 후기의 문신

1822년순조22	사마시(진사) 입격
1827년순조27	정시문과 급제
1836년헌종2	홍문록 등재
1838년헌종4	실록도청당상

1843년헌종9	대사성, 대사간, 이조참의
1846년헌종12	황해도관찰사
1848년헌종14	경연관
1850년철종1	호조참판, 사은사의 부사로 청나라 다녀오다
1853년철종4	추상존호도감 호군, 이조·예조참판
1854년철종5	한성부판윤
1855년철종6	천원도감遷園都監 지사知事
1856년철종7	병조판서, 의정부좌참찬
1859년철종10	공조판서
1860년철종11	대사헌

생애일화

증조부 태제, 당숙 이익履翼이 한성판윤을 지냈다.

1667대 한성판윤 유상필(柳相弼)

신상내용

생몰연대	1782년정조6 ~ 1858년철종9 – 77세
본관	진주晉州
자	사익士翼
시호	무숙武肅
가족	증조–선기善基 할아버지–북병사 진하鎭夏 아버지–방어사 달원達源 어머니–이덕현李德炫의 딸 부인–청주한씨(한영韓泳의 딸)
묘	경기도 고양시 남면 덕은리 → 충남 연기군 명탄 선영(이장)

관직경력

한성판윤 재임기간 : 1854년철종5 9월 3일 ~ 1854년철종5 9월 11일

조선 후기의 무신

1804년순조4	식년무과 급제, 음서–선전관, 개천군수–홍경래 난 진압 공로
1826년순조26	황해도병마절도사
1833년순조33	양주목사

1834년순조34	우포도대장
1835년헌종1	총융사
1844년헌종10	우포도대장, 총융사
1850년철종1	훈련대장
1856년철종2	형조판서, 배왕대장陪往大將

생애일화

무예에 뛰어나서 당시에 사람들이 삼국지三國志의 장비張飛를 닮았다 하여 '가장비假張飛' 라고 불렀다.
큰아버지 달원에게 양자를 갔고, 생부 하원夏源이 한성판윤을 지내 무관 집안에서 부자 판윤이 배출되어 유명하다.

1668대 한성판윤 조병준(趙秉駿)

신상내용

생몰연대	1814년순조14 ~ 1858년철종9 - 45세
본관	풍양豊壤
자	경범景範
호	송간松澗
시호	효정孝貞
가족	증조-이조판서 엄曮 할아버지-진의鎭宜 아버지-나주목사 원영原永 어머니-청주한씨(영의정 한용구韓用龜의 딸) 부인-청풍김씨(참판 김성연金盛淵의 딸) 해주오씨(오치원吳致源의 딸) 친척-조만영趙萬永(당숙, 풍원부원군-신정왕후(趙大妃)의 친정아버지)
묘	경기도 고양시 보광리

관직경력

한성판윤 재임기간 : 1854년철종5 9월 11일 ~ 1854년철종5 9월 27일

조선 후기의 문신

1834년순조34	사마시(생원) 입격
1841년헌종7	정시문과 급제
1848년헌종14	규장각직제학, 개성부유수, 이조참판

1851년철종2	수원부유수, 병조판서
1852년철종3	함경도관찰사
1854년철종5	한성부판윤
1855년철종6	공조판서, 대사헌, 행대호군, 우참찬
1856년철종7	한성부판윤
1857년철종8	판의금부사, 상호군, 경상도관찰사

생애일화

풍양권씨의 세도가 한창 위세를 부려 출세에 힘이 되었으나, 수명이 짧아 크게 빛을 보지 못했다.

1669대 한성판윤 김대근(金大根) – 1743·1824대 동일인물

신상내용

생몰연대	1805년순조5 ~ 1879년고종16 – 75세
본관	안동安東
자	일원一原
호	초계苕谿·여연如淵
저서	〈여연유고〉 외
가족	증조–판관 헌행憲行, 할아버지–이조판서 이양履陽, 아버지–판의금부사 한순漢淳 어머니–평산신씨(현감 신각申慤) 형제–현근賢根(아우, 순조의 부마 동녕위東寧尉) 부인–해평윤씨(군수 윤경렬尹慶烈의 딸), 연일정씨(감역 정화鄭和의 딸)
묘	충남 홍성군 결성면 무량리 청룡산

관직경력

한성판윤 재임기간 : 1854년철종5 9월 27일 ~ 1854년철종5 10월 15일

조선 후기의 문신 겸 학자

1827년순조27	王世子聽慶科庭試 급제, 시강원설서, 병조정랑, 실록기주관
1836년헌종2	병조참의, 강원도관찰사, 대사간
1852년철종3	경연관

1858년철종9	한성부판윤, 경기도관찰사, 예조판서
1863년철종14	형조판서
1870년고종7	이조판서, 좌찬성, 우찬성

생애일화

시문에 능하여 280여 수의 시를 남겼으며, 경연관 때 만든 〈중용강의〉가 그의 문집에 있다. 또한 1862년 〈삼정구폐책三政救弊策〉에서 전정 · 군정 · 황정의 폐단을 논하고, 그 시정책을 구체적으로 제시하였다. 저서로는 〈여연유고如淵遺稿〉가 있다.
할아버지 이양履陽이 한성판윤을, 양자 병익炳翊이 한성부윤을 지냈다. 그리고 아우 현근賢根이 순조의 딸 명온공주明溫公主에게 장가를 가서 동녕위東寧尉가 되었다.

1670대 한성판윤 김수근(金洙根) – 1660대 동일인물

한성판윤 재임기간 : 1854년철종5 10월 15일 ~ 1854년철종5 11월 3일

1671대 한성판윤 남헌교(南獻教) – 1669대 동일인물

한성판윤 재임기간 : 1854년철종5 11월 3일 ~ 854년철종5 11월 13일

1672대 한성판윤 서대순(徐戴淳) – 1628·1697·1699·1730·1736대 동일인물

한성판윤 재임기간 : 1854년철종5 11월 13일 ~ 1855년철종6 1월 28일

1673대 한성판윤 조득림(趙得林) – 1691·1712·1772대 동일인물

신상내용

생몰연대 1800년정조24 ~ 1867년고종4 – 68세

본관	양주楊州
자	일지一之·덕경德卿
호	양정養亭
시호	문숙文肅
가족	증조-이조판서 운규運逵 할아버지-진주목사 廷鉉 아버지-군수 제만濟晩 어머니-홍경안洪景顔의 딸 부인-홍희유洪羲瑜의 딸
묘	경기도 의정부시 자금동 귀락

관직경력

한성판윤 재임기간 : 1855년철종6 3월 20일 ~ ?

조선 후기의 문신

1825년순조25	사마시(생원) 입격
1831년순조31	식년전시문과 급제
1837년헌종3	부교리, 영변부사
1846년헌종12	실정失政 치죄-평안도암행어사 적발
1848년헌종14	충청도관찰사
1853년철종4	호군-종묘친제 독옥책관
1855년철종6	한성부판윤, 형조판서, 대호군, 동지정사로 청나라 다녀오다
1856년철종7	공조판서, 대호군-산릉도감 당상
1858년철종9	판의금부사
1861년철종12	예조·형조판서
1862년철종13	삼정문란-이정청 당상(상호군)
1863년철종14	철종 승하-국장도감 표석음기서사관
1864년고종1	공조·이조판서, 한성부판윤, 홍문관제학
1866년고종3	예문관제학, 형조·공조판서

생애일화

즉위한 고종이 대사면령을 내릴 때, 예문관제학으로서 반포 교문敎文을 제술하였다.
5대조 영국榮國, 증조 운규, 백증조 종현宗鉉이 한성판윤을 지냈다.

1674대 한성판윤 이계조(李啓朝)

신상내용

생몰연대	1793년정조17 ~ 1856년철종7 - 64세
본관	경주慶州
자	덕수德叟
호	동천桐泉
시호	문정文貞
저서	〈연행일기燕行日記〉
작품	경릉비景陵碑-헌종
가족	백사 이항복의 8대손 증조-종주宗周 할아버지-경관敬寬 아버지-판의금부사 석규錫奎 어머니-조태현趙台鉉의 딸
묘	경기도 평택시 진위면 가곡리

관직경력

한성판윤 재임기간 : 1855년철종6 3월 24일 ~ ?

조선 후기의 문신

순조 연간	사마시(진사) 입격
1831년순조31	판관, 식년문과 급제
헌종 연간	이조참의, 경상도관찰사, 동지중추부사, 대사성
철종 연간	동지사로 청나라 다녀오다. 공조판서, 이조판서

생애일화

저서로 〈연행일기〉가 있다.
1849년헌종15) 10월 1일부터 이듬해인 1850년철종1 2월 15일까지의 진달문秦達文을 모아 실은 책으로, 대부분 청나라에 머물면서 매일의 朝報에서 뽑은 글이다. 당시 동지사로 갔던 이계조가 기록한 것으로 추측된다.

1675대 한성판윤 김정집(金鼎集) – 1622·1630대 동일인물

한성판윤 재임기간 : 1855년철종6 4월 7일 ~ ?

1676대 한성판윤 김 위(金鍏) – 1720대 동일인물

신상내용

생몰연대 1795년정조19 ~ 1861년철종12 – 67세
본관 연안延安
자 경용景容
시호 문익文翼
가족 증조–판돈녕부사 상석相奭, 할아버지–영의정 익熤, 아버지–무주부사 재완載琬
어머니–심능협沈能協의 딸
부인–이재수李在秀의 딸, 정광보鄭匡輔의 딸

관직경력

한성판윤 재임기간 : 1855년철종6 9월 16일 ~ 1855년철종6 10월 29일

조선 후기의 문신

1822년순조22	성균관 감제시柑製試 수석–직부전시直赴殿試, 식년문과 급제
1824년순조24	한림회권翰林會圈 선발–한림소시 입격
1826년순조26	홍문록·도당록 등재
1829년순조29	예모관禮貌官, 통정대부
1838년헌종4	이조참의, 성균관대사성
1842년헌종8	개성부유수
1849년헌종15	도승지
1850년철종1	이조참판
1852년철종3	황해도관찰사
1853년철종4	예조판서, 대사헌
1854년철종5	연공 사은사의 정사로 청나라 다녀오다
1855년철종6	대사헌, 형조판서, 한성부판윤
1856년철종7	형조판서, 대사헌, 한성부판윤

생애일화

그는 효행이 깊어 1861년철종12에 효자정문孝子旌門을 받았다.
증조 상석, 할아버지 익, 큰아버지 재찬載瓚이 한성판윤을 지냈다.

1677대 한성판윤 서유훈(徐有薰) – 1657·1678·1683·1685·1692·1705내

동일인물

신상내용

생몰연대	1795년정조19 ~ 1862년철종13 – 68세
본관	대구大丘
자	계남啓南
호	석종石淙
시호	문경文景
가족	증조–황주목사 종벽宗璧, 조부–황주목사 명민命敏, 아버지–예조참판 기수淇修 어머니–윤철동尹哲東의 딸 부인–김대종金大鍾의 딸
묘	경기도 파주시 광탄면 발랑곡 금병산 밑

관직경력

한성판윤 재임기간 : 1855년철종6 10월 29일 ~ 1855년철종6 11월 21일

조선 후기의 문신

1828년순조28	사마시(생원) 입격
1837년헌종3	정시문과 급제
1839년헌종5	규장각직각
1840년헌종6	평안남도 암행어사
1843년헌종9	집의
1847년헌종13	성균관대사성, 이조참의, 승지
1850년철종1	함경도관찰사
1851년철종2	공조판서, 대사헌, 반송사
1852년철종3	연공사의 부사로 청나라 다녀오다
1854년철종5	대사헌
1856년철종7	한성부판윤, 형조판서
1857년철종8	공조·예조판서
1858년철종9	한성부판윤, 수원부유수, 판의금부사
1861년철종12	형조·이조판서
1862년처종13	판의금부사

생애일화

고조 문유文裕가 한성판윤을 지냈다.

1678대 한성판윤 김학성(金學性) – 1663·1678·1713·1765대 동일인물

한성판윤 재임기간 : 1855월철종6 11월 5일 ~ ?

1679대 한성판윤 정기세(鄭基世) – 1689·1738·1768대 동일인물

신상내용

생몰연대	1814년순조14 ~ 1884년고종21 – 71세
본관	동래東萊
자	성구聖九
호	주계周溪
가족	증조–대사간 계순啓淳, 할아버지–도정 동만東晩, 아버지–영의정 원용元容 어머니–김계락金啓洛의 딸 부인–김영수金永受의 딸
묘	경기도 광명시 노은사리 → 충남 청양군 정산면 (1970년 이장)

관직경력

한성판윤 재임기간 : 1855년철종6 11월 21일 ~ 1855년철종6 11월 28일

조선 후기의 문신

1831년순조31	사마시(진사) 입격
1837년헌종3	정시문과 급제
1840년헌종6	충청도 암행어사, 웅교, 규장각직제학, 이조참의
1853년철종4	강화유수, 전라도관찰사, 의정부좌참찬, 예조판서
1855년철종6	한성부판윤
1862년철종13	삼정문란–임술민란, 판의금부사와 형조판서로서 이정청釐政廳당상
1864년고종1	권강관勸講官, 병조판서, 한성부좌윤, 철종실록찬집당상, 제학 우찬성
1871년고종7	광주유수, 각조 판서, 제학, 시강원빈객

1880년고종16 수원유수
1884년고종20 한성부판윤, 기로사 입소

생애일화

제술관製述官과 서사관書寫官에 몇 차례 임명된 것으로 보아 문장과 서예에 조예가 있었던 것 같다.
성격이 겸손하여 다른 사람의 뜻을 거르지 않았고 기쁜 일을 자주 알려주어 '까치판서'라고 불렸다.

1680대 한성판윤 서대순(徐戴淳) – 1697·1699·1730·1736대 동일인물

한성판윤 재임기간 : 1855년철종6 11월 28일 ~ 1855년철종6 11월 30일

1681대 한성판윤 윤치수(尹致秀) – 1664·1682·1735대 동일인물

한성판윤 재임기간 : 1855년철종6 11월 30일 ~ 1856년철종7 1월 15일

1682대 한성판윤 서유훈(徐有薰) – 1649·1654·1678·1683·1685·1692·1705대 동일인물

한성판윤 재임기간 : 1856년철종7 1월 15일 ~ 1856년철종7 1월 24일

1683대 한성판윤 서헌순(徐憲淳) – 1702·1719·1773대 동일인물

신상내용

생몰연대 1795년정조19 ~ 1862년철종13 – 68세
본관 달성達城
자 치장稚章

호	석운石耘
시호	효문孝文
가족	증조-좌의정 지수志修, 조부-서령 유후有後, 아버지-진사 기보基輔 어머니-박종신朴宗臣의 딸 부인-박종직朴宗稷의 딸
묘	충남 천안시 서북구 성환읍 성월리 월화산

관직경력

한성판윤 재임기간 : 1856년철종7 1월 24일 ~ 1856년철종7 1월 30일

조선 후기의 문신

1829년순조29	정시문과 급제
1844년헌종10	성균관대사성
1850년철종1	사은부사로 청나라 다녀오다. 호군, 공조·형조판서
1854년철종5	전라도관찰사
1856년철종7	예조판서, 한성부판윤, 형조판서, 사헌부대사헌, 공조판서
1862년철종13	사은정사로 청나라 다녀오다. 경상도관찰사-최재우 처형, 판의금부사

생애일화

그는 정사를 다스림에 청렴결백하였으며, 일의 옳고 그른 것을 판단하는 재주가 있었다. 예문관제학과 여러 아문의 제조를 맡았는데, 1867년고종4에 휴가를 얻어 공주 자운동에 은퇴하였다가, 이듬해 이조판서를 제수하였으나 죽었다.

1684대 한성판윤 서유훈(徐有薰) – 1649·1654·1657·1683·1685·1692·1705대 동일인물

한성판윤 재임기간 : 1856년철종7 1월 30일 ~ 1856년철종7 3월 2일

1685대 한성판윤 윤치정(尹致定) – 1770대 동일인물

신상내용

생몰연대	1800년정조24 ~ 1865년고종2 – 66세
본관	해평海平
자	사능士能
호	석취石醉
시호	문정文貞
가족	증조–교리 득경得敬, 할아버지–참판 문동文東, 아버지–부정 경렬慶烈 어머니–풍양조씨(판돈녕부사 조진관趙鎭寬) 부인–우봉이씨(이조판서 이휘정李輝正의 딸)
묘	경기도 개풍군 청교면 흑송리

관직경력

한성판윤 재임기간 : 1856년철종7 3월 2일 ~ 1856년철종7 4월 28일

조선 후기의 문신

1829년순조29	정시문과 급제, 예문관검열
1834년순조34	홍문관박사, 홍문록 등재, 도당都堂 선임, 병조정랑
1845년헌종11	이조참의, 한성부좌윤, 동지부사로 청나라 다녀오다
1846년헌종12	이조참의, 대사성
1850년철종1	이조참판
1855년철종6	호군, 형조판서
1856년철종7	한성부판윤, 대사헌
1857년철종8	순원왕후 승하–국장도감제조
1858년철종9	대호군
1860년철종11	예조판서
1861년철종12	평안도관찰사
1863년철종14	판의금부사
1864년철종15	한성부판윤, 이조판서

생애일화

효현왕후(헌종비)를 책봉할 때 가례도감도청에 선임되어 의사진행에 능력을 인정받았고, 순원왕후 국장 때에도 국장도감의 제조를 맡아 장례를 무사히 마쳤다.

그는 문사에도 능할 뿐 아니라 글씨도 잘 써서 〈필원록筆苑錄〉에 올랐고, 경기도 지방에 금석문자가 남아 있다.
〈해평윤씨세보〉도 편찬하였다.
7대조 계堦, 5대조 세기世紀가 한성판윤을 지냈다.

1686대 한성판윤 정최조(鄭最朝)

신상내용

생몰연대 1800년정조24 ~ 1859년철종10 – 60세
본관 동래東萊
자 구지久之
가족 증조–동윤東尹, 할아버지–이조판서 대용大容, 아버지–기익基翼
어머니–박성규朴性圭의 딸
부인–이현오李玄五의 딸

관직경력

한성판윤 재임기간 : 1856년철종7 4월 28일 ~ 1856년철종7 6월 6일

조선 후기의 문신

1834년순조34	식년문과 급제
1835년헌종1	翰林會圈 선임
1837년헌종3	규장각직각
1845년헌종11	성균관대사성
1847년헌종13	이조참의
1849년헌종15	헌종승하–산릉山陵 배종陪從 승지
1850년철종1	어제감인각신御製監引閣臣
1851년철종2	전라도관찰사
1854년철종5	이조참판
1856년철종7	도승지, 한성부판윤, 형조판서, 사헌부대사헌
1858년철종9	상호도감 제조, 예조판서, 대사헌

1687대 한성판윤 김보근(金輔根)

신상내용

생몰연대	1803년순조3 ~ 1869년고종6
본관	안동安東
자	중필仲弼
호	삼송三松
시호	문헌文憲
가족	증조-첨중추 탄행坦行, 조부-참찬 이도履道, 아버지-목사 지순芝淳, 양부-홍순鴻淳 어머니-여흥민씨(판서 민종현閔鍾顯의 딸) 형제-조근祖根(형, 영흥부원군) 부인-해주오씨(찬선 오희상吳熙常의 딸)
묘	경기도 고양시 덕양구 대자동

관직경력

한성판윤 재임기간 : 1856년철종7 6월 6일 ~ 1856년철종7 7월 2일

조선 후기의 문신

1831년순조31	사마시(진사) 입격
1837년헌종3	판관, 식년문과 급제
헌종 ~ 철종	사복시정, 대사성, 직제학, 경기도관찰사, 이조참판, 형조판서, 대사헌, 예조판서, 함경도관찰사, 판의금부사, 한성부판윤, 공조판서, 원접사, 규장각제학, 병조판서, 좌참찬
고종1	예문관제학, 광주유수

생애일화

생가 조부 이소履素, 양가 조부 이도履道, 당숙 난순蘭淳이 한성판윤을 지냈다.

1688대 한성판윤 정기세(鄭基世) – 1680·1738·1768대 동일인물

한성판윤 재임기간 : 1856년철종7 7월 2일 ~ 1856년철종7 7월 18일

1689대 한성판윤 이경재(李景在) – 1650대 동일인물

한성판윤 재임기간 : 1856년철종7 7월 18일 ~ 1856년철종7 9월 6일

1690대 한성판윤 조병준(趙炳駿)

한성판윤 재임기간 : 1856년철종7 9월 6일 ~ 1856년철종7 10월 24일

1691대 한성판윤 조득림(趙得林) – 1674·1712·1772대 동일인물

한성판윤 재임기간 : 1856년철종7 10월 24일 ~ 1856년철종7 11월 7일

1692대 한성판윤 서유훈(徐有薰) – 1652·1657·1678·1683·1685·1705대 동일인물

한성판윤 재임기간 : 1856년철종7 11월 7일 ~ 1856년철종7 12월 27일

1693대 한성판윤 이기연(李紀淵)

한성판윤 재임기간 : 1856년철종7 12월 27일 ~ ?

1694대 한성판윤 김병기(金炳冀)

신상내용

생몰연대 1818년순조18 ~ 1875년고종12 – 58세
본관 안동安東

자	성존聖存
호	사영思穎
시호	문헌文獻
가족	증조-부사 이중履中, 할아버지-대제학 조순祖淳, 아버지-판돈녕부사 영근泳根 어머니-해평윤씨(윤치승尹致升의 딸) 부인-의령남씨(남구순南久淳의 딸)
묘	경기도 이천군 백사면 내촌리 산 21-9

관직경력

한성판윤 재임기간 : 1856년철종7 12월 27일 ~ 1856년철종7 12월 30일

조선 후기의 문신

1843년헌종9	사마시(진사) 입격
1847년헌종13	정시문과 급제
1848년헌종14	사복시정
1849년헌종15	대사성
1850년철종1	이조참의, 실록청수찬관, 규장각직제학, 예조참판
1851년철종2	이조참판
1852년철종3	대사헌, 평안도관찰사
1853년철종4	총융사, 훈련대장, 예조판서, 의정부좌참찬, 판돈녕부사, 공조판서
1856년철종7	한성부판윤, 호조판서
1860년철종11	금위대장, 어영대장
1862년철종13	삼정이정청三政釐政廳 구관당상句管堂上
1864년고종1	판돈녕부사, 광주부유수
1865년고종2	병조판서, 의정부좌찬성
1866년고종3	공조판서, 예조판서
1867년고종4	이조판서

생애일화

철종의 장인이자 정계의 실세인 김문근金汶根의 조카로 성격이 호방하여 문근의 사랑을 받았다.
안동김씨 세도정치가 한창일 때 아직 초야草野에 있던 흥선대원군 이하응李昰應과 교유하여, 뒷날 흥선대원군이 집정하고 안동김씨 세력이 거의 퇴조되었어도 여전히 관직에 머무를 수 있었다.

1695대 한성판윤 성원묵(成原默)

신상내용

생몰연대	1785년정조9 ~ 1865년고종2 – 81세
본관	창녕昌寧
자	계연季淵
시호	효정孝靖
가족	증조–광석光錫, 할아버지–덕유德游, 아버지–광주光柱 어머니–최창걸崔昌傑의 딸 부인–이운빈李運彬의 딸
묘	충남 예산군 도고면 자은동

관직경력

한성판윤 재임기간 : 1856년철종7 12월 30일 ~ 1857년철종8 1월 16일

조선 후기의 문신

1829년순조29	감시柑試(왕세자 친림) 장원 선발–전시 직부
1831년순조31	식년문과 급제, 모사도감模寫都監 도청都廳
1846년헌종12	대사간
1847년헌종13	대사성
1849년헌종15	대사헌
1851년철종2	동지부사로 청나라 다녀오다
1856년철종7	공조판서, 의정부우참찬, 한성부판윤
1857년철종8	예조판서, 기로소 입소

1696대 한성판윤 김기만(金箕晩)

한성판윤 재임기간 : 1857년 1월 16일 ~ ?

1697대 한성판윤 오취선(吳取善) – 1734·1800·1883대 동일인물

신상내용

생몰연대	1804년순조4 ~ 1877년고종14 – 74세
본관	해주海州
자	순위舜爲
시호	문정文靖
가족	증조–나주목사 재문在文, 할아버지–군수 경원慶元, 아버지–공조참판 현상顯相 어머니–정문회鄭文會의 딸 부인–창녕성씨(성재순成載淳의 딸)

관직경력

한성판윤 재임기간 : 1857년철종8 1월 16일 ~ 1857년철종8 1월 26일

조선 후기의 문신

1827년순조27	증광문과 급제, 세자시강원겸설서, 규장각직각, 이조참의, 대사성
1851년철종2	대사헌
1857년철종8	한성부판윤
1865년고종2	예조판서, 홍문관제학, 의정부우참찬, 판의금부사
1868년고종5	경상도관찰사, 대구 동화사–오취선영세불망비(승려 부역 면제)
1869년고종6	예문관제학,
1871년고종8	병인·신미양요–외세 침략에 부심하여 지방 방비에 진력
1873년고종10	흥선대원군 퇴진–고종 친정, 한성부판윤

생애일화

조선 말기의 국정 혼란과 외세 침입의 시작으로 국가의 존망이 위태롭던 시기에 관직생활을 했다.

경상도관찰사로 재직 시에 병인·신미양요 후 외세침입에 대비한 지방 방비에 중시하여 그 대책에 부심하였다. 한성판윤 시절에는 영의정 이유원李裕元의 추천으로 부패한 포도청 대신 한성부가 민간의 소송을 담당하였다.

병자호란 때 청나라에 압송돼 순국한 3학사의 한 사람인 추담 오달제吳達濟의 8대손이다.

1698대 한성판윤 이근우(李根友) – 1714대 동일인물

신상내용

생몰연대 1801년순조1 ~ 1872년고종9 – 72세
본관 전의全義
자 정보定甫
시호 효정孝貞
가족 증조–군수 익배益培, 할아버지–장회章會, 아버지–이조판서 호민好敏
어머니–김이규金履銈의 딸
부인–조진선趙鎭宣의 딸
묘 강원도 춘천시 남산 외면 군자곡

관직경력

한성판윤 재임기간 : 1857년철종8 1월 26일 ~ 1857년철종8 2월 11일

조선 말기의 문신

1821년순조21 경과정시문과 급제
1857년철종8 한성부판윤
1864년고종1 의정부우참찬
1865년고종2 사헌부대사헌, 형조판서, 대사헌, 우참찬
1869년고종6 대사헌
1871년고종8 대호군–추상존호도감, 판의금부사
1872년고종9 이조판서, 기로소 입소

생애일화

아버지 호민好敏이 한성판윤을 지냈다.

1699대 한성판윤 박장복(朴長復)

신상내용

생몰연대 1778년정조2 ~ ?
본관 밀양密陽

자		내경來卿
호		금리錦里
시호		효정孝靖
가족		아버지–참봉 朴道敏 어머니–동래정씨(鄭就童의 딸)

관직경력

한성판윤 재임기간 : 1857년철종8 2월 11일 – 1857년철종8 3월 20일

조선 말기의 문신

사마시(진사) 입격
1813년순조13		증광문과 급제
1823년순조23		통례문상례
1841년헌종7		승지
1844년헌종10		경주부윤–유배(송사 잘못 판결)
1857년철종8		한성부판윤, 공조판서, 기로소 입소

1700대 한성판윤 김정집(金鼎集) – 1622·1630·1675대 동일인물

한성판윤 재임기간 : 1857년철종8 3월 20일 ~ 1857년철종8 4월 6일

1701대 한성판윤 서대순(徐戴淳) – 1680·1699·1703·1737대 동일인물

한성판윤 재임기간 : 1857년철종8 4월 6일 ~ 1857년철종8 6월 26일

1702대 한성판윤 이시원(李是源) – 1726대 동일인물

신상내용

생몰연대	1789년정조13 ~ 1866년고종3 – 78세
본관		전주全州
자		자직子直

호	사기沙磯
시호	충정忠貞
추증	영의정
저서	〈고금서초〉 외
가족	증조–광명匡明, 할아버지–충익忠翊, 아버지–진사 면백勉伯 어머니–청송심씨(심혜륜沈惠倫의 딸) 부인–안동권씨(權球의 딸) 양주조씨(趙學逵의 딸) 청송심씨(沈館의 딸)
묘	인천시 강화군 화도면 사기리

관직경력

한성판윤 재임기간 : 1857년철종8 윤5월 4일 ~ ?

조선 후기의 문신

1815년순조15	정시문과 장원급제
1824년순조24	태천현감
1826년순조26	홍문관교리
1827년순조27	지제교, 성균관사성, 사헌부장령, 통례원상례
1833년순조33	경기도 암행어사 – 관할지역 풍속 교정, 곤궁 구제
1835년헌종1	동부승지–불사不仕, 춘천부사
1849년헌종15	가선대부, 한성부우윤, 개성부유수–홍삼 포소包所 세금포탈 단속
1852년철종3	승정원승지, 동지경연·의금부·춘추관사
1854년철종5	도총부도총관, 자헌대부, 형조판서, 지경연·춘추관사
1855년철종6	함경도관찰사 – 병사 이근영李根永 탐학 탄핵
1864년고종1	대사헌, 좌참찬, 예조판서
1865년고종2	이조판서, 홍문관·예문관제학, 동지성균관사
1866년고종3	정헌대부, 병인양요(강화도 함락) – 음독 자살, 영의정 추증

생애일화

병인양요로 강원도가 함락되자 이를 비관하여 아우 지원과 함께 유서를 남기고 음독자살하였다. 영의정에 추증되었다.

저서로는 시문 10권과 〈고금서초古今書抄〉 100여권, 〈야사초野史抄〉 몇 권이 후손의 집에 있다 한다. 편서로는 〈정주도회과작定州都會科作〉 1책이 있다.

1703대 한성판윤 서대순(徐戴淳) – 1680·1701·1703·1737대 동일인물

한성판윤 재임기간 : 1857년철종8 윤5월 18일 ~

1704대 한성판윤 김병교(金炳喬) – 1715·1751대 동일인물

신상내용

생몰연대	1801년순조1 ~ 1876년고종13 – 76세
본관	안동安東
자	공기公器
가족	증조–악정樂正 이장履長, 조부–태순泰淳, 아버지–이조판서 교근敎根 어머니–해주오씨(오재선吳載善의 딸) 부인–한산이씨(이희년李羲年의 딸)
묘	경기도 여주시 가남면 금당리

관직경력

한성판윤 재임기간 : 1857년철종8 6월 26일 ~ 1857년철종8 9월 6일

조선 후기의 문신

1828년순조28	사마시(진사) 입격
1852년철종3	현감, 식년문과 급제, 지평
1853년철종4	이조참판, 수원부유수, 대사성
1856년철종7	전라도관찰사
1857년철종8	형조·예조판서, 한성부판윤, 대사헌, 우참찬, 대호군
1862년철종13	이조판서, 좌참찬, 공조판서, 기로사 입소
1863년고종즉위	흥선대원군 집정
1864년고종1	형조판서
1868년고종5	이조판서, 공조·형조판서, 판의금부사, 상호군

생애일화

대호군으로 있을 때 왕손의 생산을 위해 산실청권초관産室廳捲草官과 안태사安胎使라는 특수한 직무를 맡았다.
아버지 교근이 한성판윤을 지냈다.

1705대 한성판윤 서헌순(徐憲淳) – 1683·1721대 동일인물

한성판윤 재임기간 : 1857년철종8 9월 6일 ~ 1858년철종9 1월 5일

1706대 한성판윤 김기만(金箕晩) – 1696대 동일인물

신상내용

생몰연대	1793년정조17 ~ 1865년고종2 – 73세
본관	광산光山
자	기지器之
호	박치옹樸痴翁
가족	증조–진륜鎭崙, 할아버지–판관 무택茂澤, 아버지–군수 상임相任 어머니–홍계초洪啓初의 딸 부인–이유명李惟命의 딸, 윤동尹東의 딸

관직경력

한성판윤 재임기간 : 1858년철종9 1월 5일 ~ 1858년철종9 1월 27일

조선 후기의 문신

1828년순조28	식년문과 급제
1830년순조30	사서
1831년순조31	홍문록 · 도당록 등재
1833년순조33	공충좌도 암행어사, 부교리
1834년순조34	유배–패초를 받고도 시관試官으로 나오지 않음
1841년헌종7	이조참의
1845년헌종11	이조참판
1848년헌종14	형조판서, 대사헌, 경기도관찰사
1852년철종3	대사헌, 이조판서
1855년철종6	추상존호도감 설치–옥책문 작성, 좌참찬
1856년철종7	예조판서, 대사헌
1857년철종8	한성부판윤
1858년철종9	평안도관찰사–유배–향리 방축
1860년철종11	형조판서

1861년철종12	대사헌, 기로소 입소

1707대 한성판윤 서유훈(徐有薰) – 1652·1657·1678·1685·1692·1705대 동일인물

한성판윤 재임기간 : 1858년철종9 1월 27일 ~ 1858년철종9 3월 4일

1708대 한성판윤 신석우(申錫愚) – 1708·1714·1742대 동일인물

신상내용

생몰연대	1805년순조5 ~ 1865년고종2 – 61세
본관	평산平山
자	성여聖如·성예成睿
호	해장海藏
시호	문정文貞
가족	증조–소韶, 할아버지–광손光遜, 아버지–교리 재업在業 어머니–안동김씨(좌참찬 김이도金履道의 딸) 형제–석희錫禧(아우, 판서) 부인–홍승규洪勝圭의 딸

관직경력

한성판윤 재임기간 : 1858년철종9 3월 4일 ~ 1858년철종9 3월 20일

조선 후기의 문신

1828년순조28	사마시(진사) 입격
1834년순조34	식년문과 급제, 가주서, 검열, 우승지, 양주목사, 대사성, 승지, 이조참판
1855년철종6	경상도관찰사
1857년철종8	대사헌
1858년철종9	한성부판윤
1859년철종10	형조·예조판서
1860년철종11	동지정사로 청나라 다녀오다 – 청의 광동·북경, 영·불연합군에 점령 함락

생애일화

청나라에 사신으로 다녀와 당시, 영·불 등 서구세력의 침공으로 청나라의 위태로운 상황을 보고하여 우리나라의 민심도 동요하기 시작하였다.
그는 글씨에 뛰어나 1863년 〈해주기적비海州紀績碑〉 건립에 서사관으로 참여했다.

1709대 한성판윤 이공익(李公翼)

신상내용

생몰연대	1808년순조8 ~ 1859년철종10 – 52세
본관	연안延安
자	동로東老
시호	효정孝靖
가족	증조–좌의정 복원福源, 할아버지–영의정 시수時秀, 아버지–광우光愚 어머니–정한용鄭漢容의 딸 부인–풍산홍씨(홍석모洪錫模의 딸)

관직경력

한성판윤 재임기간 : 1858년철종9 3월 20일 ~ 1858년철종9 4월 15일

조선 후기의 문신

1829년순조29	정시문과 급제
1831년순조31	규장각직각, 한림소시 선발
1834년순조34	홍문록·도당록 등재
1843년헌종9	대사성, 이조참의
1852년철종3	경기도관찰사, 이조참판
1854년철종5	강원도관찰사
1856년철종7	규장각직제학
1857년철종8	이조참판
1858년철종9	한성부판윤, 대사헌, 형조판서

생애일화

고조 철보喆輔, 증조 복원, 종조부 만수晩秀, 당숙 가우嘉愚가 한성판윤을 지냈다.

1710대 한성판윤 김병학(金炳學) – 1749대 동일인물

신상내용

생몰연대	1821년순조21 ~ 1879년고종16 – 59세
본관	안동安東
자	경교景敎
호	영초潁樵
시호	문헌文獻
가족	증조–이직履直, 할아버지–인순麟淳, 아버지–이조판서 수근洙根 어머니–거창신씨(신극흠愼克欽의 딸) 부인–군수 파평윤씨(尹希大의 딸), 파평윤씨(尹鏶의 딸), 성주이씨(李敎尙의 딸)
묘	경기도 안산시 일동 구룡곡 → 1979년 온양박물관에서 발굴, 화장(부장품 보관)

관직경력

한성판윤 재임기간 : 1858년철종9 4월 15일 ~ 1858년철종9 5월 1일

조선 후기의 문신

1849년헌종15	사마시(진사) 입격
1853년철종4	현감, 정시문과 급제, 장령, 사간
철종 연간	대사헌, 판서 등 역임
1864년고종1	이조판서
1865년고종2	공조판서, 좌찬성, 좌의정, 실록청총재관 〈철종실록〉 편찬 주관
1866년고종3	조두순·이유원과 함께 찬집총재관 – 〈대전회통〉 완성, 천주교 박해 주장
1972년고종9	영의정
1975년고종12	영돈녕부사

생애일화

고종이 즉위하면서 안동김씨의 세도정치가 퇴장하고 흥선대원군이 집정하였으나, 그는 고종 즉위에 기여한 공로와 대원군과의 개인적인 친분을 바탕으로 이조판서에 이어 좌의정에 등용되었다.

병인양요로 민심이 흉흉해지자 더욱 천주교 탄압을 주장하였고, 대원군의 척화론을 적극 지지하였다. 조일수호조약에 극력 반대하며 인천항의 개항을 반대하였으나 무위에 그쳤다.

그는 글씨를 잘 썼는데, 특히 행서에 능했다. 작품으로는 〈김수근묘갈〉 등 다수가 온양민속

박물관에 소장되어 있다.

1711대 한성판윤 김학성(金學性) – 1614·1666·1668·1679·1734·1759대 동일인물

한성판윤 재임기간 : 1858년철종9 5월 1일 ~ 1858년철종9 5월 10일

1712대 한성판윤 이근우(李根友) – 1698대 동일인물

한성판윤 재임기간 : 1858년철종9 5월 10일 ~ 1858년철종9 5월 20일

1713대 한성판윤 김영근(金泳根)

신상내용

생몰연대	1793년정조17 ~ 1873년고종10 – 81세
본관	안동安東
자	덕부德夫
시호	효정孝貞
가족	증조–성행省行, 할아버지–장악원정 이장履長, 아버지–황주목사 복순復淳 어머니–달성서씨(서명채徐命埰의 딸) 부인–양주조씨(참의 조명철趙命喆의 딸)
묘	경기도 이천시 사북면 도봉리

관직경력

한성판윤 재임기간 : 1858년철종9 5월 20일 ~ 1858년철종9 6월 22일

조선 후기의 문신

1810년순조10	사마시(생원) 입격
1845년헌종11	진주목사
1852년철종3	황주목사, 승정원동부승지, 규장각제학

1853년철종4　　황해도관찰사–연안의 南池 준설
1856년철종7　　강화부유수–장녕전長寧殿 개수(자헌대부)
1858년철종9　　공조·형조판서–남전南殿 중건, 한성부판윤, 판의금부사
1859년철종10　　광주부유수–인릉仁陵 보수
1861년철종12　　수원부유수
1863년철종14　　강원도관찰사
1870년고종7　　지중추부사, 생원 회방례

생애일화

영의정을 지내고 노론4대신의 한 사람인 김창집金昌集의 5대손이다.
생원이 입격한지 60년이 되어 생원生員 회방례回榜禮를 하였다.

1714대 한성판윤 조득림(趙得林) – 1691·1674·1772대 동일인물

한성판윤 재임기간 : 1858년철종9 6월 22일 ~ 1858년철종9 10월 1일

1715대 한성판윤 이인고(李寅皐)

신상내용

생몰연대　1802년순조2 ~ 1864년고종1 – 63세
본관　전주全州
자　순사舜士
시호　효정孝靖
가족　증조–감사 명중明中, 할아버지–참의 의익義翊, 아버지–참봉 수연壽淵(양부)
　어머니–양주조씨(정자 조경규趙景逵의 딸)
　부인–임천조씨(서윤 조기복趙基復의 딸)
묘　서울시 강남구 수서동 광평대군 묘역 안

관직경력

한성판윤 재임기간 : 1858년철종9 10월 1일 ~ 1858년철종9 11월 13일

조선 후기의 문신

1827년순조27	정시문과 급제, 한림회권 3점
1835년헌종1	홍문록·도당록 등재, 동부승지
1839년헌종5	이조참의
1851년철종2	예방승지, 성균관대사성
1852년철종3	연행사의 부사로 청나라 다녀오다
1856년철종7	이조참판, 도승지
1857년철종8	함경도관찰사–국경을 침범한 죄수를 효수 처벌
1858년철종9	한성부판윤, 공조판서
1863년철종14	대사헌
1864년고종1	종친부 교정당상관, 좌참찬, 예조판서

생애일화

참봉인 당숙 수연壽淵에게 양자 갔다.
우의정이 된 생부 지연止淵과 숙부 기연紀淵이 한성판윤을 지냈다.

1716대 한성판윤 신석우(申錫愚) – 1706·1708·1742대 동일인물

한성판윤 재임기간 : 1858년철종9 11월 13일 ~ 1858년철종9 11월 28일

1717대 한성판윤 이 우(李㘾) – 1855대 동일인물

신상내용

생몰연대	1807년순조7 ~ 1881년고종18 – 75세
본관	우봉牛峰
자	홍부洪夫·도운陶雲
호	삼주三洲
시호	문정文貞
저서	〈연사일록燕槎日錄〉
가족	증조–대사간 제원濟遠, 할아버지–호조참판 채采, 아버지–이조판서 광문光文 어머니–창원황씨(현감 황재정黃載鼎) 부인–여흥민씨(감찰 민치은閔致殷의 딸)

묘 충남 천안시 안서동 상엄리

관직경력

한성판윤 재임기간 : 1858년철종9 11월 28일 ~ 1858년철종9 12월 11일

조선 후기의 문신

1834년순조34	사마시(생원) 입격
1835년헌종1	증광문과 급제
1840년헌종6	대교
1842년헌종8	강원도 암행어사, 부사과, 성균관대사성
1849년헌종15	이조참의, 홍문관부제학, 경기도관찰사
1858년철종9	이조참판, 규장각직제학, 한성부판윤
1859년철종10	의정부우참찬, 사헌부대사헌
1863년철종14	예조판서
1864년고종1	예문관제학, 실록청교정당상
1865년고종2	대사헌, 홍문관제학
1867년고종4	대사헌
1869년고종6	공조판서
1873년고종10	형조판서, 광주부유수
1875년고종12	의정부좌참찬, 홍문관제학, 시강원좌부빈객
1876년고종13	이조판서, 시강원우부빈객
1878년고종15	홍문관제학, 국장도감제조, 판의금부사
1880년고종17	규장각제학, 판돈녕부사, 기로소 입소

생애일화

저서로 〈연사일록燕槎日錄〉이 있다.
6대조 숙翻, 고조 재綷, 아버지 광문, 숙부 광정光正이 한성판윤을 지냈다.

1718대 한성판윤 김대근(金大根)

한성판윤 재임기간 : 1858년철종9 12월 11일 ~ 1859년철종10 1월 4일

1719대 한성판윤 김병교(金炳喬) – 1696·1717·1753대 동일인물

한성판윤 재임기간 : 1859년철종10 1월 4일 ~ 1859년철종10 2월 19일

1720대 한성판윤 홍재철(洪在喆) – 1595·1610·1644대 동일인물

한성판윤 재임기간 : 1859년철종10 2월 19일 ~ 1859년철종10 3월 14일

1721대 한성판윤 서헌순(徐憲淳) – 1683·1702·1773대 동일인물

한성판윤 재임기간 : 1859년철종10 3월 14일 ~ 1859년철종10 3월 25일

1722대 한성판윤 김 위(金鍏) – 1677대 동일인물

한성판윤 재임기간 : 1859년철종10 3월 25일 ~ 1859년철종10 5월 27일

1723대 한성판윤 이겸재(李謙在) – 1737대 동일인물

신상내용

생몰연대	1800년정조24 ~ ?
본관	한산韓山
자	공익公益
시호	효헌孝憲
가족	증조–산중山重, 할아버지–예조참의 태영泰永, 아버지–이조판서 희갑羲甲 어머니–안동김씨(이조판서 김문순金文淳의 딸) 부인–안동김씨(영안부원군 김조순金祖淳의 딸·순조비 순원왕후 동생)

관직경력

한성판윤 재임기간 : 1859년철종10 5월 27일 ~ 1859년철종10 7월 19일

조선 후기의 문신

1827년순조27	증광별시 문과 급제
1831년순조31	한림소시 선발
1834년순조34	홍문록·도당록 등재
1845년헌종11	이조참의
1849년헌종15	강원도관찰사
1851년철종2	상호군, 친제 때 당상집례
1853년철종4	진하 겸 사은사의 부사로 청나라 다녀오다. 이조참판
1855년철종6	충청도관찰사
1858년철종9	공조판서, 추상존호도감 당상
1859년철종10	한성부판윤
1860년철종11	예조판서, 건릉·현륭원 친제 때 찬례贊禮로 봉무, 판의금부사, 좌참찬
1861년철종12	한성부판윤, 진향사의 정사로 청나라 다녀오다
1862년철종13	판의금부사, 상호군, 이조판서
1863년철종14	평안도관찰사

생애일화

안동김씨 세도정치의 중심인물인 김조순의 사위이며, 임금(순조)의 손아래 동서로서 순탄한 관직생활을 했다.
아버지 희갑, 양자 간 숙부 희준羲準이 한성판윤을 지냈다.

1724대 한성판윤 이시원(李是遠) – 1702대 동일인물

한성판윤 재임기간 : 1859년철종10 7월 19일 ~ 1859년철종10 8월 4일

1725대 한성판윤 조연창(趙然昌) – 1755대 동일인물

한성판윤 재임기간 : 1859년철종10 7월 19일 ~ 1859년철종10 8월 4일

신상내용

생몰연대	1810년순조10 ~ 1883년고종20 – 74세
개명	병창秉昌
본관	풍양豊壤
자	문보文甫
호	성산星山
시호	문정文貞
가족	증조–종진宗鎭, 할아버지–병조참의 운기雲紀, 아버지–승지 민화民和 어머니–반남박씨(정랑 박이원朴彛源의 딸) 부인–해평윤씨(참판 윤풍렬尹豊烈의 딸)
묘	경기도 장단군 진복면 원당리

관직경력

한성판윤 재임기간 : 1859년철종10 8월 4일 ~ 1859년철종10 9월 3일

조선 후기의 문신

1835년헌종1	증광별시 문과 급제
1840년헌종6	한림소시 선발
1848년헌종14	교리–〈삼조보감三朝寶鑑〉을 종묘에 왕이 친히 바칠 때 참여
1851년철종2	순천부사–치적 인정 승진
1852년철종3	이조참의, 강화부유수, 개성부유수
1859년철종10	경기도·함경도관찰사, 한성부판윤, 대사헌, 이조참판
1863년철종14	예조판서, 옥책玉册과 금보金寶 담당 제조, 동지정사로 청나라 왕래
1864년고종1	대사헌
1865년고종2	공조판서
1866년고종3	상호도감 서사관(익종 옥책문 담당), 의정부좌참찬
1868년고종5	판의금부사, 예문관제학

생애일화

이조참판으로 있을 때에 李珥·成渾 등 선현들의 祀孫 중 가난한 자에 대한 문제를 담당하였으며, 예조판서로서 고종의 즉위에 옥책과 금보를 담당하였다.
임오군란 때 흥성대원군 일파로 몰려 1882년고종19 아들 채화采夏와 함께 사사賜死되었고, 2년 후 복관되었다.

1726대 한성판윤 홍열모(洪說謨)

한성판윤 재임기간 : 1859년철종10 9월 3일 ~ 1859년철종10 910월 20일

1727대 한성판윤 남병철(南秉哲)

신상내용

생몰연대	1817년순조17 ~ 1863년철종14 – 45세
본관	의령宜寧
자	자명字明·원명原明
호	규재圭齋·강설絳雪·구당鷗堂·계당桂堂
시호	문정文貞
저서	〈규재유고〉 외
가족	증조–진사 일구一耈, 할아버지–종유宗猷, 아버지–판관 구순久淳 어머니–안동김씨(영안부원군 김조순金祖淳의 딸) 형제–병길秉吉(아우, 예조판서·천문역법학자) 부인–안동김씨(영흥부원군 김조근金祖根의 딸·헌종비 효현왕후孝顯王后의 언니)
묘	경기도 남양주시 별내면 청학리

관직경력

한성판윤 재임기간 : 1859년철종10 10월 20일 ~ 1859년철종10 11월 3일

조선 후기의 문신·천문역법학자·수학자

1837년헌종3	사마시(진사) 입격, 정시문과 급제
1851년철종2	승지, 예조판서, 대제학, 관상감제조
1859년철종10	한성부판윤

생애일화

그는 박학다식하고 문장에 능하였을 뿐 아니라, 천문역법과 수학에 정통하여 수륜지구의水輪地球儀와 사시의四時儀 등을 제작하고, 천문과학 관련 저작물을 남겼다.
안동김씨 세도정치의 중심인물로서 철종의 장인이며 당대의 실권자 김문근金汶根의 총애를 받았으며, 안동김씨 집안의 사위가 되었다. 그러나 그는 안동김씨 세도정치에 반발하여 세력

을 눌러보려 하였지만 오히려 억압당하자 나중에는 글씨와 그림 및 성색聲色으로 소일하다 이른 나이에 일찍 세상을 버렸다.
저서로는 〈해경세초해海鏡細草解〉·〈의기집설儀器輯說〉·〈성요星要〉·〈추부속해推步續解〉·〈규재유고圭齋遺稿〉 등이 있다.

1728대 한성판윤 홍종응(洪鍾應)

신상내용

생몰연대	1803년순조3 ~ 1866년고종3 – 64세
본관	남양南陽
자	사협士協
시호	문헌文憲
상훈	남릉군南陵君
가족	증조–상윤相胤, 할아버지–공조참의 원섭元燮, 아버지–교리 승규勝圭 어머니–김이현金履顯의 딸 부인–이정관李鼎寬의 딸

관직경력

한성판윤 재임기간 : 1859년철종10 11월 3일 ~ 1859년철종10 12월 13일

조선 후기의 문신

1828년순조28	식년문과 급제
1829년순조29	검열, 정자, 동래부사
1842년헌종8	대사성, 이조참의, 예방승지
1849년헌종15	형조판서
1857년철종8	판의금부사, 좌참찬
1859년철종10	한성부판윤
1863년철종14	이조판서

생애일화

그는 시문에 능해 당대에 이름이 높았으며, 남릉군에 봉해졌다.
6대조 치중致中이 한성판윤을 지냈다.

1729대 한성판윤 유장환(俞章煥) – 1797대 동일인물

신상내용

생몰연대	1798년정조22 ~ 1872년고종9 – 75세
본관	기계杞溪
자	운여雲汝
호	이재頤齋
시호	효정孝靖
가족	증조–언상彦鍋, 할아버지–이조참판 한엄漢嚴, 아버지–이조판서 평주平柱 어머니–이길모李吉模의 딸 부인–이헌성李憲成의 딸

관직경력

한성판윤 재임기간 : 1859년철종10 12월 13일 ~ 1860년철종11 1월 15일

조선 후기의 문신

1826년순조26	별시문과 급제, 설서, 지평, 교리
1829년순조29	진하사의 서장관으로 청나라 다녀오다
1830년이후	내직–참의, 참판, 승지, 대사간 외직–경주, 양양, 강계, 회양, 파주 등의 수령
1858년철종9	강화유수, 도총부도총관, 의정부우참찬
1859년철종10	한성부판윤
1862년철종13	충청도관찰사–임술민란 수습
1864년고종1	대사헌, 한성부판윤, 예조판서, 사은 겸 동지사로 청나라 다녀오다
1867년고종4	기로사 입소

생애일화

1862년철종13에 누적된 삼정문란三政紊亂으로 삼남三南을 비롯한 전국 각지에서 농민들이 봉기하여 관아를 습격하는 등 농민항쟁이 번지자, 충청도관찰사로 있으면서 사태 수습에 진력하였다.

1730대 한성판윤 김상우(金相宇)

1860년철종11 1월 15일 ~ 1860년철종11 2월 7일

1731대 한성판윤 이유원(李裕元)

신상내용

생몰연대	1814년순조14 ~ 1888년고종25 – 75세
본관	경주慶州
자	경춘京春
호	귤산橘山·묵농默農
시호	충문忠文
저서	〈귤산문고〉 외
가족	증조–경관敬寬, 할아버지–이조판서 석규錫奎, 아버지–이조판서 계조啓朝 어머니–반남박씨(승지 박종신朴宗臣의 딸) 부인–동래정씨(판서 정헌용鄭憲容의 딸)
묘	경기도 남양주시 수동면 송천리

관직경력

한성판윤 재임기간 : 1860년철종11 2월 7일 ~ 1860년철종11 3월 23일

조선 후기의 문신

1837년헌종3	사마시(진사) 입격
1841년헌종7	정시문과 급제, 예문관검열, 규장각대교
1845년헌종11	동지사의 서장관으로 청나라 다녀오다. 의주부윤, 함경도관찰사
1864년고종1	좌의정
1865년고종2	수원부유수–좌천(흥선대원군과 반목), 영중추부사–〈대전회통〉 편찬 총재관
1873년고종10	대원군 실각–영의정, 영중추부사
1875년고종12	청나라 방문–이홍장과 회담
1879년고종16	이홍장으로부터 영·불·독·미국 등과 통상수호하여 일·러 견제 지시 서한
1881년고종18	유생儒生의 개화 반대 상소–유배
1882년고종19	전권대신으로서 일본변리공사 하나부사花房義質과 제물포조약 조인

생애일화

조선조 말기에 영의정으로서 쇠망의 길에 접어든 국가 운명과 함께 생을 마감한 인물이라 하겠다.
그는 학문과 서예에도 조예가 깊었으며, 금석문의 수집과 품평, 서적의 수장 및 편찬 등의 다방면에 탁월한 역량을 발휘하였다.
저서로는 〈임하일기林下日記〉·〈가오고략嘉梧藁略〉·〈귤산문고〉 등이 있고, 서예 작품으로는 〈원수권공행주대첩비〉의 개건 추기追記 등이 있다.

1732대 한성판윤 오취선(吳取善) – 1697·1734·1790대 동일인물

한성판윤 재임기간 : 1860년철종11 3월 23일 ~ 1860년철종11 5월 15일

1733대 한성판윤 김병운(金炳雲) – 1762대 동일인물

신상내용

생몰연대	1814년순조14 ~ 1877년고종14
본관	안동安東
자	경평景平
호	유정柳汀
시호	문정文靖
가족	증조–이안履安, 할아버지–과천현감 봉순鳳淳, 아버지–세마 호근浩根 어머니–우봉이씨(참판 이광헌李光憲의 딸) 부인–남양홍씨(현감 홍경洪埛의 딸) 평산신씨(감역 신봉선申鳳善의 딸)
묘	경기도 남양주시 미금읍 이패리

관직경력

한성판윤 재임기간 : 1860년철종11 5월 15일 ~ 1860년철종11 5월 25일

조선 후기의 문신

1831년순조31 사마시(생원) 입격

1844년헌종10	증광문과 급제
1845년헌종11	한림소시翰林召試 선발
1846년헌종12	강제문신講製文臣 초계
1848년헌종14	홍문록·도당록 등재
1849년헌종15	장악원정
1852년철종3	성균관대사성
1854년철종5	이조참의, 도승지
1857년철종8	이조참판, 경기도관찰사
1860년철종11	형조판서, 한성부판윤, 공조판서
1863년철종14	한성부판윤
1864년고종1	철종실록 찬집당상
1872년고종6	이조판서, 상호도감上號都監 서사관
1873년고종7	대호군, 대사헌
1875년고종9	사은사의 정사로 청나라 다녀오다

1734대 한성판윤 이기연(李紀淵) – 1625·1634대 동일인물

한성판윤 재임기간 : 1860년철종11 5월 25일 ~ ?

1735대 한성판윤 서대순(徐戴淳) – 1628·1680·1697·1699·1737대 동일인물

신상내용

생몰연대	1805년순조5 ~ 1871년고종8 – 67세
본관	대구大丘
자	원후元厚
호	향파鄉坡
시호	효헌孝憲
가족	증조–신수信修, 할아버지–예조판서 유녕有寧, 아버지–영의정 용보龍輔 어머니–박지원朴志源의 딸 부인–홍기주洪耆周의 딸
묘	경기도 이천시 마장면 목리 선영

관직경력

한성판윤 재임기간 : 1860년철종11 5월 27일 ~ 1860년철종11 7월 10일

조선 말기의 문신

1827년순조27	증광별시문과 급제, 홍문록·도당록 등재
1841년헌종7	성균관대사성
1843년헌종9	이조참의
1849년헌종15	황해도관찰사
1853년철종4	홍문관부제학
1854년철종5	이조참판, 한성부우윤
1855년철종6	형조판서, 한성부판윤
1856년철종7	사헌부대사헌
1857년철종8	예조판서
1859년철종9	평안도관찰사
1862년철종13	판의금부사, 병조판서

생애일화

그는 문장이 고명하였고 행의行誼가 청백하였다.
조부 유녕, 형 희순熹淳이 한성판윤을 지냈다.

1736대 한성판윤 이현서(李玄緖)

신상내용

생몰연대	1791년정조15 ~ 1862년철종13 – 72세
본관	전의全義
자	치장穉長
호	성수星叟
시호	효헌孝憲
저서	〈성수집〉
가족	증조–군수 덕린德隣, 할아버지–부사 영배永培, 아버지–황해도관찰사 문회文會 어머니–청송심씨(정언 심상현沈商賢의 딸) 부인–창녕조씨(참판 조윤수曺允遂의 딸), 전주이씨(이지숙李趾肅의 딸)
묘	경기도 가평군 설악면 선촌리 → 2003년 화장, 설단設壇

관직경력

한성판윤 재임기간 : 1860년철종11 7월 10일 ~ 1860년철종11 9월 1일

조선 후기의 문신

1816년순조16	사마시(생원) 입격
1839년헌종5	춘당대시 수석 – 직부회시直赴會試
1840년헌종6	고양군수
1841년헌종7	울산부사
1844년헌종10	증광문과 급제
1845년헌종11	사간원대사간, 시관–파직(출제문제 오류)
1846년헌종12	대사간, 의주부윤
1851년철종2	이조참의
1852년철종3	성균관대사성
1853년철종4	진하 겸 세폐사의 부사로 청나라 다녀오다
1854년철종5	병조참판, 예조참판
1858년철종9	사헌부대사헌, 추상존호도감追上尊號都監 독옥책관讀玉册官
1860년철종11	형조판서, 한성부판윤
1862년철종13	예조판서

생애일화

저서로는 〈성수집星叟集〉이 있다.

1737대 한성판윤 박제헌(朴齊憲)

한성판윤 재임기간 : 1860년철종11 7월 27일

1738대 한성판윤 심경택(沈敬澤) – 1759·1792대 동일인물

신상내용

생몰연대	1809년순조9 ~ 1869년고종6 – 61세
본관	청송青松
자	자여子輿

시호	효정孝靖
가족	증조–건지健之, 할아버지–주서 능적能迪, 아버지–참판 의복宜復 어머니–이정규李鼎奎의 딸 부인–양주조씨(현령 조이순趙頤淳의 딸)
묘	경기도 장단군 불일면 경릉리

관직경력

한성판윤 재임기간 : 1860년철종11 9월 1일 ~ 1860년철종11 9월 27일

조선 후기의 문신

1831년순조31	사마시(생원) 입격
1853년철종4	성균관대사성
1854년철종5	예방승지
1855년철종6	전라도관찰사
1857년철종8	유배(독직사건)
1859년철종10	이조참판, 행도승지
1860년철종11	한성부판윤, 공조판서, 형조판서
1861년철종12	사헌부대사헌
1862년철종13	한성부판윤
1865년고종2	대사헌, 한성부판윤, 예조판서
1866년고종3	대사헌

생애일화

종증조 풍지豊之가 한성판윤을 지내고, 고종 때 영의정 순택舜澤은 8촌 아우이다.

1739대 한성판윤 김학성(金學性) – 1618·1665·1668·1678·1713·1766대 동일인물

한성판윤 재임기간 : 1860년철종11 9월 27일 ~ 1860년철종11 11월 7일

1740대 한성판윤 윤치수(尹致秀) – 1655·1664·1681대 동일인물

한성판윤 재임기간 : 1860년철종11 11월 7일 ~ 1861년철종12 2월 23일

1741대 한성판윤 서대순(徐戴淳) – 1628·1680·1701·1703·1737대 동일인물

한성판윤 재임기간 : 1861년철종12 2월 23일 ~ 1861년철종12 3월 15일

1742대 한성판윤 이겸재(李謙在) – 1725대 동일인물

한성판윤 재임기간 : 1861년철종12 3월 15일 ~ 1861년철종12 4월 17일

1743대 한성판윤 정기세(鄭基世) – 1679·1688·1775대 동일인물

한성판윤 재임기간 : 1861년철종12 4월 17일 ~ 1861년철종12 5월 15일

1744대 한성판윤 신석희(申錫禧) – 1757대 동일인물

신상내용

생몰연대	1808년순조8 ~ 1873년고종10 – 66세
본관	평산平山
자	사수士수
호	위사韋史
시호	효문孝文
가족	증조–소韶, 할아버지–광손光遜, 아버지–교리 재업在業, 양부–재정在正 어머니–안동김씨(좌참찬 김이도金履度의 딸) 부인–달성서씨(서응순徐膺淳의 딸)

관직경력

한성판윤 재임기간 : 1861년철종12 5월 15일 ~ ?

조선 후기의 문신

1834년순조34	사마시(진사) 입격
1848년헌종14	증광별시 급제
1849년헌종15	홍문록 등재
1850년철종1	황해도암행어사, 규장각직각, 도청응교
1854년철종5	순천부사
1855년철종6	성균관대사성, 홍문관부제학, 이조참의, 규장각직제학, 이조참판
1858년철종9	황해도관찰사, 도총관, 예조판서
1861년철종12	한성부판윤
1863년철종14	형조판서
1864년고종1	실록교정청 당상, 홍문관·예문관·규장각제학, 대사헌, 이조·예조판서, 수원유수
1873년고종9	예문관제학

생애일화

생가 친형 석우錫愚가 한성판윤을 지냈다.

1745대 한성판윤 홍우길(洪祐吉) – 1819대 동일인물

신상내용

생몰연대	1809년순조9 ~ 1890년고종27 – 82세
본관	풍산豊山
자	성여成汝
호	애사靄士·춘산春山·연탄硏灘
시호	효문孝文
가족	증조–군수 희택羲宅, 할아버지–필영必榮, 아버지–동지돈녕부사 정주定周 어머니–조현성趙顯誠의 딸 부인–김희연金禧淵의 딸

관직경력

한성판윤 재임기간 : 1861년철종12 10월 10일 ~ ?

조선 후기의 문신

1850년철종1	증광문과 장원급제
1851년철종2	정언, 지평, 사간
1856년철종7	성균관대사성, 이조참의, 예방승지
1859년철종10	경상도관찰사
1860년철종11	이조참판, 공조·이조·예조·형조판서
1861년철종12	한성부판윤, 대호군, 이조판서, 기로사 입소

생애일화

그림을 잘 그렸다.
손자 범식範植이 40세 때 금산군수를 지냈는데, 나라가 망하자 유서를 써놓고 관사 뒤 소나무에 목매어 자결하니, 그 뒤를 따른 절사자節死者가 25명이나 되었다 한다.
증손자가 대하소설 〈임꺽정〉의 저자 홍명희洪命憙이다.

1746대 한성판윤 김병주(金炳澍) – 1758·1854대 동일인물

신상내용

생몰연대	1827년순조27 ~ 1887년고종24 – 61세
본관	안동安東
자	범초範初
호	소산小山
시호	효문孝文
가족	증조–목사 이기履基, 조부–진사 용순龍淳, 양부–이판 유근逌根, 생부–홍근弘根 어머니–해평윤씨(현감 윤치익尹致翼의 딸) 부인–평산신씨(申錫愚의 딸), 파평윤씨(尹相泰의 딸), 풍천임씨(任海準의 딸)
묘	경기도 양평군 개군면 계전리

한성판윤 재임기간 : 1861년철종12 10월 29일 ~ 1862년철종13 1월 15일

1850년철종1	사마시(진사) 입격, 예문관검열
1851년철종2	정시문과 급제
1852년철종3	홍문관수찬
1853년철종4	규장각직각
1856년철종7	성균관대사성
1857년철종8	홍문관부제학
1858년철종9	규장각직제학
1859년철종10	예문관제학, 대사헌, 이조참판, 도승지, 평안도관찰사
1861년철종12	형조·예조판서, 한성부판윤, 경상도관찰사, 의정부좌참찬
1863년고종즉위	병조·이조판서

생애일화

그는 안동김씨 세도정치의 핵심적인 인물 중 한 사람으로 주요 관직을 두루 역임하였으며, 고종 즉위로 흥선대원군이 집권한 이후 안동김씨 문중의 위세가 꺾였으나, 그 뒤에도 판서직 등을 계속하여 맡았다.
이조판서를 지낸 양부 유근, 좌의정을 지낸 생부 홍근, 숙부 흥근, 8촌 형 병기炳冀가 한성판윤을 지냈다.

1747대 한성판윤 신석우(申錫愚) – 1710·1718·1749대 동일인물

한성판윤 재임기간 : 1862년철종13 1월 15일 ~ 1862년철종13 4월 2일

1748대 한성판윤 김대근(金大根) – 1720·1849대 동일인물

한성판윤 재임기간 : 1862년철종13 4월 2일 ~ 1862년철종13 4월 16일

1749代 한성판윤 조석우(曺錫雨) – 1826·1832대 동일인물

신상내용

생몰연대	1810년순조10 ~ 1878년고종15 – 69세
본관	창녕昌寧
자	치용穉用
호	연암烟巖
시호	문정文靖
가족	증조–창수 명준命峻, 할아버지–이조판서 윤대允大, 아버지–이조판서 용진龍振 어머니–평산시씨(신작申綽의 딸) 부인–거령박씨(우의정 박영원朴永元의 딸), 수성최씨(최두석崔斗錫의 딸)
묘	경기도 양평군 북면 소설

관직경력

한성판윤 재임기간 : 1862년철종13 4월 16일 ~ 1862년철종13 6월 5일

조선 후기의 문신

1835년헌종1	증광문과 급제
1841년헌종7	홍문록 등재
1852년철종3	이조참판
1853년철종4	경상도관찰사
1854년철종5	유생儒生 항의 – 파직 유배(고조부 문집 '西州集'의 송시열 비난 글 삭제)
1857년철종8	공조참판
1862년철종13	한성부판윤
1867년고종4	이조판서, 좌찬성

생애일화

그는 글씨에 뛰어나 일가를 이룰 정도로 유명하였다.
할아버지 윤대와 큰아버지 봉진鳳振이 한성판윤을 지냈다.

1750대 한성판윤 임백수(任百秀) – 1776대 동일인물

신상내용

생몰연대	1797년정조21 ~ 1875년고종12 – 79세
본관	풍천豊川
자	치호稚皓·稚好
가족	증조–정언 선珗, 할아버지–예조판서 희존希存, 아버지–직장 연상淵常 어머니–남속南涑의 딸 부인–이기재李基栽의 딸

관직경력

한성판윤 재임기간 : 1862년철종13 6월 5일 ~ 1862년철종13 7월 28일

조선 후기의 문신

1825년순조25	정시문과 급제, 행본관록行本館錄 등재
1843년헌종9	사간원대사간
1857년철종8	연행사의 동지부사
1861년철종12	상호도감 독옥책관
1862년철종13	행호군, 형조판서, 한성부판윤
1863년고종즉위	예조판서, 사헌부대사헌, 의정부우참찬
1864년고종1	사헌부대사헌
1866년고종3	익종대왕 상호도감 서사관, 우참찬, 판의금부사
1870년고종7	이조판서
1871년고종8	판의금부사
1873년고종10	상호군, 봉조하

생애일화

그의 셋째아들 경준慶準이 쓴 〈연행록〉에 전해지는 이야기가 있다.
– 청나라에 사신으로 갈 때, 의주에 이르러 병이 나서 세 번이나 압록강 건너기를 미뤘다. 하루는 밤에 꿈에 한음과 오성 등이 선조대왕을 모시고 대화하는 꿈을 꾸고서, 이튿날 날씨가 나빴는데도 선조대왕이 오르시던 취승정聚勝亭에 올라갔다. 이윽고 그는 병이 깨끗이 나아 사행使行의 임무를 마쳤다. – 임금님 영혼의 도움으로 살아났다는 뜻이다.
할아버지 희존이 한성판윤을 지냈다.

1751대 한성판윤 남병길(南秉吉) – 1786대 동일인물

신상내용

생몰연대	1820년순조20 ~ 1869년고종6 – 50세
본관	의령宜寧
개명	상길相吉
자	자상子裳
호	육일재六一齋·혜천惠泉
시호	문정文靖
저서	〈시헌기요時憲紀要〉 외
가족	증조–진사 일구一耉, 할아버지–종헌宗獻, 아버지–판관 구순久淳 어머니–안동김씨(영안부원군 김조순金祖淳의 딸) 형제–병철秉哲(형, 천문과학자·한성판윤) 부인–조기겸趙基謙의 딸
묘	경기도 남양주시 별내면 청학동

관직경력

한성판윤 재임기간 : 1862년철종13 7월 28일 ~ 1862년철종13 9월 12일

조선 후기의 문신·천문과학자·수학자

1848년헌종14	증광문과 급제
1858년철종9	이조참판
1862년철종13	한성부판윤
1865년고종2	예조판서, 관상감제조
1869년고종6	이조판서

생애일화

그는 형 병철炳哲과 함께 수학과 천문학에 능통하여 과학 분야를 주름잡았으며, 특히 천문에 관해서는 당대 제1인자로 알려졌다.
저서로는 〈시헌기요〉·〈성경星鏡〉·〈양도의도설量度儀圖說〉·〈추보첩례推步捷例〉·〈칠정보법七政步法〉·〈태양출입표太陽出入表〉·〈선택기요選擇紀要〉·〈중성신표中星新表〉·〈春秋日蝕攷〉 등이 있다.
8대조 용익龍翼과 형 병철이 한성판윤을 지냈으며, 순조 때 영의정을 지낸 남공철南公轍이 방고조이다.

1752대 한성판윤 이경순(李景純)

신상내용

생몰연대 1801년순조1 ~ 1887년고종24 – 87세
본관 전주全州
개명 경우景宇
자 성서聖瑞
호 운고雲皐
가족 증조–형조판서 장오章吾, 할아버지–훈련대장 득제得濟, 아버지–총윤사 석구石求
어머니–청송심씨(심급沈級의 딸)
부인–전주최씨(최재신崔在新의 딸)
묘 경기도 고양시 중면 백리 → 충남 공주시 (이장)

관직경력

한성판윤 재임기간 : 1862년철종13 9월 12일 ~ 1862년철종13 10월 1일

조선 후기의 무신

1825년순조25	무과 급제, 별천 선전관
1826년 이후	장연현감, 선천부사, 전라우수사, 경상우병사, 양주목사
1849년 이후	어영대장, 좌포도대장
1852년 이후	훈련대장, 총융사, 삼도수군통제사, 형조참판
1862년철종13	한성부판윤, 형조판서, 좌포도대장
1864년고종1	배왕대장陪往大將, 판의금부사
1865년고종2	행지삼군부사
1867년고종4	조선造船 당상관 파직(기일 지체), 판의금부사
1886년고종23	병조판서

생애일화

1885년고종23에 무과 급제한 지 60년이 되어 회방연回榜宴을 열었고, 죽기 1년 전에 노령으로 병조판서에 제수되었다.

1753代 한성판윤 조연창(趙然昌) – 1727대 동일인물

한성판윤 재임기간 : 1862년철종13 10월 1일 ~ 1862년철종13 11월 10일

1754代 한성판윤 김병학(金炳學) – 1712대 동일인물

한성판윤 재임기간 : 1862년철종13 11월 10일 ~ 1862년철종13 11월 28일

1755代 한성판윤 신석희(申錫禧) – 1746대 동일인물

한성판윤 재임기간 : 1862년철종13 11월 28일 ~ 1863년철종14 1월 29일

1756代 한성판윤 김병주(金炳澍) – 1748·1887대 동일인물

한성판윤 재임기간 : 1863년철종14 1월 29일 ~ 1863년철종14 2월 5일

1757代 한성판윤 심경택(沈敬澤) – 1740·1792대 동일인물

한성판윤 재임기간 : 1863년철종14 2월 5일 ~ 1863년철종14 3월 11일

1758代 한성판윤 김병교(金炳喬) – 1706·1721·1760대 동일인물

한성판윤 재임기간 : 1863년철종14 3월 11일 ~ 1863년철종14 5월 25일

6

1759대

한성판윤 홍종서

⋮

2209대

한성판윤 장헌식

1759대 한성판윤 홍종서(洪鍾序) – 1769대 동일인물

신상내용

생몰연대	1809년순조9 ~ 1868년고종5 – 60세
본관	남양南陽
자	사빈士賓
호	유재悠齋
시호	정문貞文
상훈	남릉군南陵君
가족	증조–상윤相胤, 할아버지–공조참의 원섭元燮, 아버지–교리 승규勝圭 어머니–김이호金頤顥의 딸 부인–조기항趙基恒의 딸, 오치경吳致敬의 딸
묘	경기도 여주시 금사면 이포리

관직경력

한성판윤 재임기간 : 1863년철종14 5월 25일 ~ 1863년철종14 6월 10일

조선 후기의 문신

1850년철종1	판관, 증광별시 급제
1851년철종2	규장각직각, 정언, 홍문록 등재
1852년철종3	부사과, 순조대왕 존호추상尊號追上 선교관
1855년철종6	성균관대사성, 이조참의
1857년철종8	개성부유수, 비변사 예겸당상
1858년철종9	이조참판
1863년철종14	도총관, 한성부판윤, 형조판서
1864년고종1	예조·이조판서, 춘추관 의궤당랑 겸 교식찬집당상, 남릉군南陵君 피봉
1865년고종2	형조판서, 홍문관제학, 감인당상
1866년고종3	선혜청제조, 예문관제학

생애일화

남릉군의 작위로 올린 상소에서 음사로 출사한 자가 많아 인사의 적체현상이 심하니 수령의 외직연한을 30개월로 정하여 음직자의 적체를 해소하자고 제안하였다.
족숙 재원在元에게 양자를 갔고, 생가 친형 종응鍾應이 한성판윤을 지냈다.

1760대 한성판윤 김병운(金炳雲) – 1735·1762대 동일인물

한성판윤 재임기간 : 1863년철종14 6월 10일 ~ ?

1761대 한성판윤 신관호(申觀浩) – 1788대 동일인물

한성판윤 재임기간 : 1863년철종14 7월 3일 ~ ?

1762대 한성판윤 이근우(李根友)

한성판윤 재임기간 : 1863년철종14 7월 20일 ~ ?

1763대 한성판윤 오갑량(吳甲良) – 1768대 동일인물

한성판윤 재임기간 : 1863년철종14 8월 21일 ~ ?

1764대 한성판윤 김학성(金學性) – 1618·1665·1668·1678·1713·1766대 동일인물

한성판윤 재임기간 : 1863년철종14 8월 22일 ~ ?

1765대 한성판윤 이규철(李圭徹) – 1770대 동일인물

신상내용

생몰연대 1801년순조1 ~ 1872년고종9 – 72세
본관 전주全州
자 사일士一

시호	효의孝毅
가족	증조-군수 성수聖洙, 할아버지-함흥판관 태무泰懋, 아버지-금위대장 광익光益 어머니-평산신씨(신대현申大顯의 딸) 부인-해주오씨(오치태吳致泰의 딸), 거창신씨(신영태愼永泰의 딸)
묘	경기도 용인시 수지구 성복동 → 실전失傳

관직경력

한성판윤 재임기간 : 1863년철종14 9월 14일 ~ 1864년철종15 4월 16일

조선 말기의 무신

1825년순조25	무과 급제
1841년헌종7	경상좌도수군절도사, 경상우도병마절도사, 경기수군절도사, 함경북도병마수군절도사
1853년철종4	삼도수군통제사
1856년철종7	좌포도대장
1858년철종9	총융사
1863년철종14	한성부판윤

1766대 한성판윤 오갑량(吳甲良) – 1765대 동일인물

한성판윤 재임기간 : 1863년철종14 10월 5일 ~ ?

1767대 한성판윤 홍종서(洪鍾序)

한성판윤 재임기간 : 1863년철종14 10월 5일 ~ ?

1768대 한성판윤 이규철(李圭徹) – 1767대 동일인물

한성판윤 재임기간 : 1864년고종1 1월 14일 ~ ?

1769대 한성판윤 이 우(李㙖) – 1719대 동일인물

한성판윤재임기간 : 1864년고종1 4월16일 ~ 1864년고종1 4월29일

1770대 한성판윤 서형순(徐衡淳) – 1784대 동일인물

신상내용

생몰연대	1813년순조13 ~ 1893년고종30 – 81세
본관	대구大丘
자	치평穉平
호	유재悠齋
가족	증조–판관 호수好修, 할아버지–동지중추부사 유계有堦, 아버지–현감 홍보鴻輔 어머니–박기성朴基成의 딸 부인–이노용李魯容의 딸, 김동윤金東尹의 딸
묘	경기도 포천시 신북면 외오리

관직경력

한성판윤 재임기간 : 1864년고종1 4월 29일 ~ 1864년고종1 5월 18일

조선 말기의 문신

1843년헌종9	사마시(진사) 입격
1853년철종4	감제문과柑製文科 선발
1854년철종5	정시별시문과 급제
1855년철종6	도당록 등재
1856년철종7	홍문관부교리
1860년철종11	성균관대사성, 동지부사로 청나라 다녀오다
1862년철종13	도승지, 이조참판, 황해도관찰사
1864년고종1	공조판서, 한성부판윤, 사은정사로 청나라 다녀오다
1866년고종3	형조·예조판서
1869년고종6	개성부유수
1872년고종9	의정부좌참찬
1881년고종18	사헌부대사헌

1885년고종22	판의금부사, 이조판서
1886년고종23	판돈녕부사
1893년고종30	상호군, 기로사 입소

1771대 한성판윤 조헌영(趙獻永)

신상내용

생몰연대	1806년순조6 ~ 1873년고종10 - 68세
본관	풍양豊壤
자	보경輔卿
호	춘원春源
가족	증조-판돈녕부사 상경尙絅, 할아버지-이조판서 돈暾, 아버지-홍주목사 진선鎭宣 어머니-권형權炯의 딸 부인-안동김씨(우의정 김이교金履敎의 딸)
묘	경기도 여주시 동신면 둔곡리

관직경력

한성판윤 재임기간 : 1864년고종1 5월 18일 ~ 1864년고종1 5월 28일

조선 말기의 문신

1834년순조34	사마시(진사) 입격
1846년헌종12	감제시柑製試 장원 - 직부전시直赴殿試
1847년헌종13	정시문과 급제
1848년헌종14	홍문록·도당록 등재
1852년철종3	성균관대사성
1853년철종4	이조참의
1855년철종6	천원·원소도감遷園·園所都監 지방서사관紙榜書寫官-행부호군
1858년철종9	이조참판
1861년철종12	충청도관찰사
1864년고종1	형조판서, 한성부판윤, 예조판서
1865년고종2	수원부유수
1867년고종4	이조판서

1868년고종5	책보冊寶–대호군, 판의금부사
1869년고종6	상호군, 봉조하

생애일화

증조 상경, 할아버지 돈, 큰형 기영冀永이 한성판윤을 지냈다.

1772대 한성판윤 허 계(許棨)

신상내용

생몰연대	1798년정조22 ~ 1866년고종3 – 69세
본관	양천陽川
자	이숙而肅
시호	효민孝敏
가족	증조–성聖, 할아버지–병사 임任, 아버지–군수 즙濈, 생부–용溶 어머니–홍언혁洪彦赫의 딸 부인–남양홍씨(홍이섭洪理燮의 딸)
묘	경기도 장단군 소남면 홍화리 마담동

관직경력

한성판윤 재임기간 : 1864년고종1 5월 28일 ~ 1864년고종1 6월 26일

조선 후기의 무신

1814년순조14	천거薦擧로 선전관
1815년순조15	무과 급제
1835년헌종1	경상좌도병마절도사
1837년헌종3	함경남도병마절도사
1841년헌종7	함경북도병마절도사 겸 수군절도사
1842년헌종8	삼도수군통제사 겸 경상우도수군절도사
1846년헌종12	평안도병마절도사
1851년철종2	좌변포도대장
1858년철종9	금위대장
1865년고종2	공조판서, 어영대장, 경복궁 건영도감 제조, 판의금부사, 도총관

생애일화

그는 시방관으로 있을 때는 청렴하고 다정했으며, 군 지휘관으로 있을 때에는 남의 험담을 한 마디도 하지 않는 원만한 인품을 가진 사람이었으므로, 죽었을 때 조문객이 수천 명이나 운집했다고 한다.

1773대 한성판윤 정기세(鄭基世) – 1680·1688·1743대 동일인물

한성판윤 재임기간 : 1864년고종1 6월 26일 ~ 1864년고종1 7월 18일

1774대 한성판윤 임백수(任百秀) – 1752대 동일인물

한성판윤 재임기간 : 1864년고종1 7월 18일 ~ 1864년고종1 9월 21일

1775대 한성판윤 윤치정(尹致定) – 1686대 동일인물

한성판윤 재임기간 : 1864년고종1 9월 21일 ~ 1864년고종1 10월 3일

1776대 한성판윤 송근수(宋近洙)

신상내용

생몰연대	1818년순조18 ~ 1903년고종·광무7 – 86세
본관	은진恩津
자	근술近述·언술彦述
호	입재立齋·남곡南谷
시호	문헌文獻
저서	〈송자대전전수차宋子大典全隨箚〉
가족	증조–환질煥質, 할아버지–부사 직규直圭, 아버지–흠학欽學 어머니–청송심씨(심능환沈能煥의 딸) 부인–김가균金可均의 딸

관직경력

한성판윤 재임기간 : 1864년고종1 10월 3일 ~ 1864년고종1 10월 12일

조선 말기의 문신

1848년헌종14	증광분과 급제
1849년이후	대사헌, 공조·병조·이조판서, 한성부판윤, 좌찬성, 우의정, 좌의정
1882년고종19	조미수호조약 체결 반대 상소
1884년고종21	갑신변복령甲申變服令이 발표되자 〈청환수의제변개지령소請還收衣制變改之令疏〉 상소, 사직
1890년고종27	당시 시폐時弊에 관한 상소
1895년개국504	단발령 항의, 봉조하

생애일화

정부의 개혁조치에 반발하여 사직하고 낙향하여 '재상산림宰相山林'이란 칭호를 얻었다. 송시열宋時烈의 8대손으로서 기호학통을 계승하는 가학家學을 전수하였으며, 저서로는 〈송자대전전수차宋子大典全隨箚〉가 있다.

1777대 한성판윤 조득림(趙得林) – 1673·1691·1716대 동일인물

한성판윤 재임기간 : 1864년고종1 10월 12일 ~ 1864년고종1 12월 2일

1778대 한성판윤 김병덕(金炳德)

신상내용

생몰연대	1825년순조25 ~ 1892년고종29 – 68세
본관	안동安東
자	성일聖一
호	약산約山
시호	문헌文獻
저서	〈속간고續諫考〉
가족	증조–이경履慶, 할아버지–이조판서 명순明淳, 아버지–영의정 흥근興根

	어머니-청송심씨(생원 심능직沈能直의 딸)
	부인 한산이씨(영의정 이경재李景在의 딸)
묘	경기도 포천시 일동면 기산리 간촌

관직경력

한성판윤 재임기간 : 1864년고종1 12월 2일 ~ 1864년고종1 12월 13일

조선 말기의 문신

1847년헌종13	정시문과 급제, 대교
1848년헌종14	홍문관제학, 이조참판, 공조·예조판서
1866년고종3	대사헌
1867년고종4	이조판서
1879년고종16	병조판서
1880년고종17	통리기무아문당상, 평안도관찰사, 수원부유수, 독판군국사무
1884년고종21	우의정
1885년고종22	좌의정, 총리군국사무

생애일화

1891년 나이가 많아 벼슬에서 물러났으며, 청렴결백한 명재상으로 칭송받았다.
저서로는 〈속간고續諫考〉가 있다.
백부 홍근弘根, 4촌형 병주炳迬, 아버지 흥근이 한선판윤을 지냈다.

1779대 한성판윤 조휘림(趙徽林) – 1828대 동일인물

신상내용

생몰연대	1808년순조8 ~ 1874년고종11 – 67세
본관	양주楊州
개명	병휘秉徽
자	한경漢鏡
호	추담秋潭
시호	문정文靖
가족	증조-이조판서 운규雲逵, 할아버지-진주목사 정현廷鉉, 아버지-군수 제만濟萬

어머니–홍경안洪景顔의 딸
부인–정기선鄭基善의 딸
묘 경기도 가평군 외서면 청평리

관직경력

한성판윤 재임기간 : 1864년고종1 12월 13일 ~ 1864년고종1 12월 23일

조선 말기의 문신

1827년순조27	사마시(생원) 입격
1828년순조28	왕세자 황감제黃柑製 장원–전시직부殿試直赴
1829년순조29	정시문과 급제
1839년헌종5	충청우도 암행어사–서산군수 등 지방관 11명 처벌
1854년철종5	성균관대사성
1860년철종11	이조참판, 형조판서
1864년고종1	사헌부대사헌, 홍문관대제학, 실록청당상관, 한성부판윤
1865년고종2	예조판서, 예문관대제학
1866년고종3	한성부판윤, 대사헌
1868년고종5	판의금부사, 한성부판윤

생애일화

〈동문휘고〉를 속간하였다.
고조부 영국榮國, 증조부 운규, 백종조 종현宗鉉, 형 득림得林이 한성판윤을 지냈다.

1780대 한성판윤 이원명(李源明) – 1803대 동일인물

신상내용

생몰연대	1807년순조7 ~ 1887년고종24 – 81세
본관	용인龍仁
자	치명穉明
호	종산鍾山
시호	문정文靖
저서	〈동야휘집〉
가족	증조–예조판서 숭호崇祜, 조부–호조판서 재학在學, 아버지–형조판서 규현奎鉉

어머니–반남박씨(박사욱朴師郁의 딸)
부인–달성서씨(서이순徐彝淳의 딸)
묘 경기도 의왕시 오마동

관직경력

한성판윤 재임기간 : 1864년고종1 12월 23일 ~ 1865년고종2 1월 19일

조선 말기의 문신

1829년순조29	정시문과 급제
1850년철종1	성균관대사성
1855년철종6	경기도관찰사
1860년철종11	이조참판, 삼군도총부도총관
1861년철종12	형조판서, 동지정사로 청나라 다녀오다
1862년철종13	대호군, 사헌부대사헌
1863년철종14	광주부유수, 이조판서

생애일화

저서로는 설화집인 〈동야휘집東野彙輯〉이 있다.
증조 숭호, 조부 재학, 아버지 규현 그리고 본인에 이르기까지 4대가 한성판윤을 지낸 집안으로 유명하다.

1781대 한성판윤 이원조(李源祚)

신상내용

생몰연대	1792년정조16 ~ 1872년고종8 – 81세
초명	영조永祚
본관	성주星州
자	주현周賢
호	응와凝窩
시호	정헌定憲
가족	증조–석문碩文, 할아버지–민겸敏謙, 아버지–진사 형진亨鎭 어머니–함양박씨(박난경朴鸞慶의 딸)

관직경력

한성판윤 재임기간 : 1865년고종2 1월 19일 ~ 1865년고종2 2월 7일

조선 말기의 문신

1809년순조9	별시문과 급제
1837년헌종3	정언
1850년철종1	경주부윤
1854년철종5	사간원대사간, 공조판서
1865년고종2	한성부판윤

생애일화

정언으로서 기강이 문란하여져 사족士族들의 사치가 극도에 달하였으며, 이와는 달리 계속된 흉년으로 백성들의 간고艱苦가 말할 수 없이 어려운 형편이니 쇄신책을 실시할 것을 간곡히 간하였다.
1869년고종6에 문과급제 60년을 맞아 회방례回榜禮를 열었다.

1782대 한성판윤 서형순(徐衡淳) – 1772·1784대 동일인물

한성판윤 재임기간 : 1865년고종2 2월 7일 ~ 1865년고종2 2월 25일

1783대 한성판윤 서헌순(徐憲淳) – 1723·1791대 동일인물

한성판윤 재임기간 : 1865년고종2 2월 25일 ~ 1865년고종2 2월 26일

1784대 한성판윤 남병길(南秉吉) – 1753대 동일인물

한성판윤 재임기간 : 1865년고종2 2월 26일 ~ 1865년고종2 2월 29일

1785대 한성판윤 박규수(朴珪壽)

신상내용

생몰연대	1807년순조7 ~ 1877년고종14 – 71세
본관	반남潘南
초명	규학珪鶴
자	초자初字 환경桓卿, 환경瓛卿·정경鼎卿
호	환재瓛齋·환재거사瓛齋居士
시호	문익文翼
저서	〈환재집〉 외
가족	증조–사유師愈, 할아버지–지원趾源, 아버지–현령 종채宗采 어머니–유영柳詠의 딸 부인–부사 이준수李俊秀의 딸
묘	서울특별시 노원구 하계동 산 20–3

관직경력

한성판윤 재임기간 : 1865년고종2 2월 29일 ~ 1865년고종2 3월 12일

조선 말기의 문신·개화사상가

1848년헌종14	증광문과 급제, 사간원정언, 병조정랑, 용강현령
1850년철종1	부안현감
1851년철종2	사헌부장령
1854년철종5	승정원동부승지, 경상좌도 암행어사
1858년철종9	곡산부사
1861년철종12	연행사의 부사로 청나라 다녀오다. 성균관대사성
1862년철종13	안핵사(진주민란 수습), 이조참의
1864년고종1	도승지, 사헌부대사헌, 홍문관제학, 이조참판
1865년고종2	한성부판윤, 지경연사, 공조판서, 영건도감제조(경복궁 중건)
1866년고종3	평안도관찰사
1869년고종6	한성부판윤, 형조판서, 대제학, 진하사의 정사로 청나라 다녀오다
1873년고종10	형조판서, 우의정
1874년고종11	사직(개국開國·개화開化 필요성, 흥선대원군 설득 실패)
1875년고종12	판중추부사
1876년고종13	기로사 입소, 수원부유수

생애일화

그는 북학파의 거두 박지원의 손자로서 할아버지의 〈연암집燕巖集〉을 통하여 실학적 학풍에 눈을 떴고, 정약용·서유구·조종용·홍석주 등을 선배로서 사숙하였으며, 문우로서 남병철·김영작·김상현 등과 교유하였다. 그리고 김옥균·박영효·김윤식·유길준 등을 문하에서 배출한 선구적 인물로서 곧 북학파와 개화파를 잇게 한 중심인물이다.
어려서는 가세가 빈한하여 주로 외가에서 훈도 받았고, 20세 무렵에는 학문적 성장이 두드러져 효명세자와 교유하였다. 그러나 세자의 급서와 부모와의 연이은 사별에 상심하여 근 20년 간 칩거하며 학문에만 전념하였다.
1861년 열하부사熱河副使로 청나라를 방문하여 영·불의 북경 점령을 보며 국제형세를 목격하였고, 1862년에는 안핵사로서 진주민란을 수습하면서 내정의 불안한 형국을 지켜보았으며, 1866년 평안도관찰사로서 대동강에 불법 침입한 미국 상선 셔먼호를 격침시키면서 외세의 침탈을 절감하였다.
국내외적 위기 상황이 나라 안팎을 뒤엎는 엄중한 사태의 추이 속에서 국정의 좌표를 개국開國·개화開化에서 찾아야 한다고 역설하였으나, 쇄국세력의 반대에 부딪쳐 실현되지 못했다.
그의 실학파적 학문경향은 문인 김윤식이 지적한 바와 같이 "크게는 체국경야體國經野의 제制로부터 작게는 금석金石·고고考古·의기儀器·잡복雜服 등의 일까지 연구 정확하고 실사구시實事求是하지 않는 바가 없으며, 규모가 광대하고 종리綜理가 미세 정밀한" 실학파의 학풍이었다.
저서로는 〈환재집瓛齋集〉과 〈환재수계瓛齋繡啓〉가 있고, 편저로는 〈거가잡복고居家雜服攷〉가 있다.

1786대 한성판윤 신관호(申觀浩) = 신헌(申櫶) – 1763대

동일인물

신상내용

생몰연대 1810년순조10 ~ 1884년고종21 – 75세
초명 관호觀浩
본관 평산平山
자 국빈國賓
호 위당威堂·금당琴堂·동양東陽·우석于石
시호 장숙壯肅
저서 〈훈국신조군기도설〉 외

가족	증조–방어사 대준大儁, 할아버지–훈련대장 홍주鴻周, 아버지–부사 의직義直
어머니–윤이동尹頤東의 딸
부인–유준환兪駿煥의 딸

관직경력

한성판윤 재임기간 : 1865년고종1 3월 12일 ~ 1865년고종1 3월 12일

조선 후기의 무신

1827년순조27	別軍
1828년순조28	무과 급제, 훈련원주부
	순조 · 헌종 · 철종 · 고종 연간에 주요 무반직 두루 역임
1835년헌종1	중화부사, 전라우도수군절도사, 봉산군수, 전라도병마절도사
1849년헌종15	금위대장, 헌종 승하–유배(녹도에 위리안치–위독할 때 사적으로 진찰 죄)
1853년철종4	감형–철종의 배려로 방면
1861년철종12	삼도수군통제사, 형조판서
1863년철종14	한성부판윤, 공조판서, 우포도대장
1864년고종1	형조·병조·공조판서(흥선대원군 신임)
1866년고종3	총융사, 좌참찬 겸 훈련대장(수뢰포·불랑기동차 등 무기 개발)
1868년고종5	어영대장, 지행삼군부사, 판의금부사
1874년고종11	진무사鎭撫使–강화도에 전략적 중요성 인식, 광성보 등 3진鎭에 포대 구축
1875년고종12	운양호사건
1876년고종13	판중추부사, 전권대사로 일본 전권변리대신 구로다黑田와 강화도조약 체결
1882년고종19	경리통리기무아문사로 전권대신이 되어 미국과 조미수호조약 체결
1883년고종20	판삼군부사

생애일화

그는 전형적인 무관 가문에서 태어났다.
당대의 석학이자 실학자인 다산 정약용·추사 김정희 문하에서 실사구시적 학문을 수학하여 무장이면서도 독특한 학문적 소양을 쌓아 유장儒將이라 불리었다. 또한 개화파 인물인 강위·박규수 등과 교유하여 폭 넓은 식견을 가질 수 있었다.
정약용으로부터는 민보방위론民堡防衛論을, 김정희로부터는 금석학·시도詩道·서예 등을, 고산자 김정호로부터는 지리학(대동여지도 제작 참여)을 전수받아 관련 분야의 저술을 남기기

도 하였다. 그 외에 해남 대둔사의 초의선사와 교유하여 불교에 대한 관심을 가졌고, 농법에 도 관심을 가졌다.
저서로는 〈민보집설民堡輯說〉·〈융서촬요戎書撮要〉·〈유산필기酉山筆記〉·〈심행일기沈行日記〉·〈훈국신조군기도설訓局新造軍器圖說〉·〈농축회통農畜會通〉 등이 있다.
문장에도 뛰어나고 글씨에서는 예서隸書를 잘 썼으며, 묵란墨蘭도 잘 했다.

1787대 한성판윤 이원조(李源祚) – 1783대 동일인물

한성판윤 재임기간 : 1865년고종2 4월 25일 ~ 1865년고종2 5월 20일

1788대 한성판윤 강시영(姜時永) – 1619·1635·1656대 동일인물

한성판윤 재임기간 : 1865년고종2 5월 20일 ~ 1865년고종2 5월 26일

1789대 한성판윤 서헌순(徐憲淳) – 1707·1723·대 동일인물

한성판윤 재임기간 : 1865년고종2 5월 26일 ~ 1865년고종2 6월 17일

1790대 한성판윤 심경택(沈敬澤) – 1740·1759대 동일인물

한성판윤 재임기간 : 1865년고종1 6월 17일 ~ 1865년고종1 17월 23일

1791대 한성판윤 이시원(李是遠) – 1702·1726대 동일인물

한성판윤 재임기간 : 1865년고종1 7월 23일 ~ 1865년고종1 7월 28일

1792대 한성판윤 김세균(金世均)

신상내용

생몰연대	1812년순조12 ~ 1879년고종16 – 68세
본관	안동安東
자	공익公翼
호	만재晩齋
시호	문정文貞
저서	〈완염통고琓炎通考〉
가족	증조–광릉참봉 덕순德淳, 조부–사재감첨정 복근復根, 아버지–평양서윤 병문炳文 어머니–풍양조씨(이조판서 조진관趙鎭寬의 딸) 부인–한산이씨(이희두李羲斗의 딸)
묘	경기도 양주시 목창동

관직경력

한성판윤 재임기간 : 1865년고종2 7월 28일 ~ 1865년고종2 8월 1일

조선 말기의 문신

1834년순조34	사마시(진사) 입격
1841년헌종7	정시문과 급제, 검열, 봉상시정, 홍문관제학
1853년철종4	성균관대사성
1856년철종7	이조참의
1860년철종11	경상도관찰사
1862년철종13	이조참판
1863년철종14	대사헌
1865년고종2	한성부판윤
1871년고종8	이조판서, 공조판서
1877년고종14	의정부좌참찬
1878년고종15	수원부유수

생애일화

왕명으로 〈기년아람紀年兒覽〉의 속편을 편집하였다.
저서로는 〈완염통고琓炎通考〉가 있다.

1793대 한성판윤 이경재(李經在)

신상내용

생몰연대 1789년정조13 ~ 1872년고종9 – 84세
본관 한산韓山
자 치정穉正
가족 증조–현감 화중華重, 조부–가영嘉永, 양부–현감 희운羲雲, 생부–동돈 희온羲溫
어머니–심이진沈以鎭의 딸
부인–윤문동尹文東의 딸

관직경력

한성판윤 재임기간 : 1865년고종2 8월 1일 ~ 1865년고종2 8월 2일

조선 말기의 문신

1837년헌종3	정시문과 급제
1840년헌종6	홍문록 등재
1841년헌종7	도당록 등재
1842년헌종8	충청도 암행어사
1843년헌종9	장악원정, 승지
1847년헌종13	사간원대사간, 사헌부대사헌
1854년철종5	이조참판, 대사헌
1858년철종9	추상존호도감追上尊號都監 호군 – 독옥책관讀玉册官, 형조판서
1860년철종11	대사헌, 예조판서
1864년고종1	의정부우참찬
1865년고종2	예문관제학, 이조판서, 한성부판윤
1866년고종3	기로사 입소

[신상일화]

고종 때 좌의정을 지낸 8촌형 경재景在가 한성판윤을 지냈다.

1794대 한성판윤 이도중(李導重)

신상내용

생몰연대 1787년정조11 ~ 1872년고종9 – 86세
본관 전주全州
시호 효헌孝憲·숙헌肅獻(추증)
가족 증조–안흥군 숙埱, 할아버지–참판 진익鎭翼, 아버지–첨중추 병원秉源
어머니–연일정씨(정의환鄭義煥의 딸)
부인–평산신씨(신수申綏의 딸), 파평윤씨(윤선계尹善戒의 딸)

관직경력

한성판윤 재임기간 : 1865년고종2 8월 2일 ~ 1864년고종2 8월 7일

조선 말기의 문신

1864년고종1 호조참의 특제, 공조참판 발탁
1865년고종2 지돈녕부사, 공조판서, 판의금부사, 한성부판윤
1870년고종7 공조판서, 판종정경判宗正卿, 보국숭록대부

생애일화

흥선대원군이 집권하자 노령임에도 종친으로서 벼슬길에 올라 고위직을 두루 역임하였다. 仁祖의 3남 인평대군麟坪大君의 6대손으로 동생 구球가 은신군恩信君 진禛에게 양자를 가서 흥선대원군 하응昰應의 아버지인 남연군南延君이 되었다.

1795대 한성판윤 김응균(金應均)

신상내용

생몰연대 1801년순조1 ~ 1875년고종12 – 75세
본관 안동安東
자 시만時萬
시호 효헌孝憲
가족 증조–영천군수 도순道淳, 할아버지–부평부사 세근世根, 아버지–병성炳星
어머니–전주이씨(진사 이태혁李泰爀의 딸)

부인–달성서씨(현감 서유호徐有皓의 딸)

관직경력

한성판윤 재임기간 : 1865년고종2 8월 7일 ~ 1865년고종2 9월 4일

조선 말기의 문신

1832년순조32	황단皇壇 예필禮畢후 이문원摛文院 과장科場에서 장원–직부전시
1834년순조34	식년문과 급제
1840년헌종6	홍문록 등재
1842년순조32	경상좌도 암행어사
1851년철종2	성균관대사성
1855년철종6	이조참의
1857년철종8	의주부윤
1860년철종11	이조참판
1862년철종13	공조판서, 형조판서
1864년고종1	의정부우참찬
1865년고종2	예조판서, 한성부판윤
1867년고종4	의정주좌참찬
1869년고종6	한성부판윤, 기로소 입소

생애일화

병자호란 때 강화도에서 순절한 선원仙源 김상용金尙容의 10대손이다.

1796대 한성판윤 윤교성(尹敎成)

신상내용

생몰연대	1805년순조5 ~ ?
본관	파평坡平
자	경도景道
시호	효헌孝憲
가족	증조–승지 면헌勉憲, 조부–목사 수익守翼, 양부–승지 응대應大, 생부–정대鼎大 어머니–이도겸李度謙의 딸

	부인–이휘승李輝承의 딸, 이윤보李潤甫의 딸
묘	경기도 남양주시 미금읍 금곡리

관직경력

한성판윤 재임기간 : 1865년고종2 9월 4일 ~ 1865년고종2 11월 12일

조선 말기의 문신

1831년순조31	식년문과 급제
1840년헌종6	홍문록 등재
1841년헌종7	도당록 등재, 응교–장릉長陵·인릉仁陵 친제 대축
1847년헌종13	사간원대사간
1851년철종2	성균관대사성
1853년철종4	예방승지
1859년철종10	이조참판
1860년철종11	개성부유수
1862년철종13	대사간
1863년철종14	이조참판
1864년고종1	대사간, 연주도감鍊主都監 제주관題主官
1865년고종2	행호군, 형조판서, 한성부판윤
1866년고종3	형조판서
1867년고종4	예조판서

1797대 한성판윤 유장환(俞章煥) – 1731·1835대 동일인물

한성판윤 재임기간 : 1865년고종2 11월 12일 ~ 1865년고종2 12월 13일

1798대 한성판윤 오취선(吳取善) – 1870대 동일인물

한성판윤 재임기간 : 1865년고종2 12월 13일 ~ 1865년고종2 12월 27일

1799대 한성판윤 이의익(李宜翼) – 1810대 동일인물

신상내용

생몰연대	1794년정조18 ~ 1883년고종20 – 90세
본관	광주廣州
자	문약文若
가족	증조–현감 재한再漢, 할아버지–기륜基崙, 아버지–현감 종억宗億 어머니–이유경李儒慶의 딸 부인–강이원姜履元의 딸
묘	경기도 양평군 양서면 목왕리

관직경력

한성판윤 재임기간 : 1865년고종2 12월 27일 ~ 1866년고종3 1월 2일

조선 말기의 문신

1841년헌종7	음보–여주목사
1848년헌종14	증광문과 급제, 회양군수, 동래부사
1857년철종8	이조참판, 강화부유수
1860년철종11	이조참판
1861년철종12	상호도감 독옥책관
1862년철종13	연행사의 정사로 청나라 다녀오다
1864년고종1	예조판서, 대사헌, 판의금부사, 공조판서
1865년고종2	좌참찬, 판의금부사, 이조판서, 한성부판윤
1866년고종3	상호도감부제조, 한성부판윤, 경기도관찰사
1879년고종16	판중추부사
1880년고종17	판돈녕부사
1881년고종18	보국숭록대부 판중추부사, 기로소 입소

생애일화

임진왜란 때 명신 한음漢陰 이덕형李德馨의 9대손이고, 경기도관찰사로 있으면서 선정을 베풀어 세워진 송덕비가 양평군 양수리에 있었다 한다.

1800대 한성판윤 이동현(李東鉉)

한성판윤 재임기간 : 1866년고종3 1월 2일 ~ 1866년고종3 2월 11일

1801대 한성판윤 이원명(李源命) – 1782대

한성판윤 재임기간 : 1866년고종3 2월 11일 ~ 1866년고종3 2월 27일

1802대 한성판윤 한정교(韓正教) – 1816대 동일인물

신상내용

생몰연대 1810년순조10 ~ 1875년고종12 – 66세
본관 청주淸州
자 돈칠敦七
시호 효정孝靖
가족 증조–후유後裕, 할아버지–영의정 용구用龜, 아버지–경기감사 긍리兢履
어머니–반남박씨(박진수朴晋壽의 딸)
부인–우봉이씨(이광문李光文의 딸), 보성오씨(오성근吳聖根의 딸)

관직경력

한성판윤 재임기간 : 1866년고종3 2월 27일 ~ 1866년고종3 3월 2일

조선 말기의 문신

1844년헌종10 증광별시문과 급제
1845년헌종11 사간원대사간
1849년헌종15 호조참판, 부사로서 청나라 다녀오다
1851년철종2 이조참판
1854년철종5 충청도관찰사, 형조참판, 예조판서, 경기도관찰사
1865년고종2 사헌부대사헌
1866년고종3 의정부좌참찬, 판의금부사, 한성부판윤

1803대 한성판윤 김익문(金益文) – 1863대 동일인물

신상내용

생몰연대	1806년순조6 ~ 1886년고종23 – 81세
본관	청풍淸風
자	공회公晦
호	취애翠厓
시호	문정文靖
가족	증조–현감 안묵安默, 할아버지–서윤 기풍基豊, 아버지–참찬 경선景善 어머니–이희갑李羲甲의 딸 부인–달성서씨(서흥보徐興輔의 딸)
묘	경기도 파주시 금촌읍 평구

관직경력

한성판윤 재임기간 : 1866년고종3 3월 2일 ~ 1866년고종3 3월 25일

조선 말기의 문신

1837년헌종3	사마시(진사) 입격
1838년헌종4	정시문과 급제
1840년헌종6	한림소시 선발
1842년헌종8	평안도 암행어사(탐관오리 숙청)
철종 연간	이조참의, 성균관대사성, 이조참판
고종 연간	형조·예조·공조판서
1866년고종3	한성부판윤
1867년고종4	동지 겸 사은정사로 청나라 다녀오다
1868년고종5	광주부유수, 한성부판윤, 홍문관제학

1804대 한성판윤 이풍익(李豊益) – 1823대 동일인물

한성판윤 재임기간 : 1866년고종3 3월 8일 ~ ?

1805대 한성판윤 정헌용(鄭憲容)

신상내용

생몰연대 1795년정조19 ~ 1879년고종16 – 85세
본관 동래東萊
자 익지翼之
가족 증조–석세錫世, 할아버지–우순宇淳, 양부–동석東奭, 생부–東晩
어머니–용인이씨(이숭호李崇祜의 딸)
형제–원용元容(생가 친형, 영의정)
부인–반남박씨(승지 박종형朴宗珩의 딸)
아들–기회基會(한성판윤)

관직경력

한성판윤 재임기간 : 1866년고종3 3월 14일 ~ 1866년고종3 3월 25일

조선 말기의 문신

1819년순조19	사마시(진사) 입격
1828년순조28	음보–도사, 장악원정
1844년헌종10	청주목사
1852년철종3	통정대부
1858년철종9	부호군, 가선대부
1863년철종14	강화부유수
1864년고종1	가의대부
1866년고종3	행호군, 자헌대부, 한성부판윤, 공조판서
1874년고종11	공조판서, 정헌대부
1879년고종16	판의금부사

생애일화

먼 족숙族叔에게 양자를 갔고, 고종 때 한성판윤과 영의정을 지낸 정원용鄭元容이 생가의 친형이다. 아들 기회가 한성판윤을 지냈다.
진사에 입격한 지 60년이 되는 해에 회방례回榜禮를 행했으며, 이때 임금께서 술과 은술잔을 하사했다.

1806대 한성판윤 박제소(朴齊韶)

신상내용

생몰연대	1807년순조7 ~ 1874년고종11 – 68세
본관	반남潘南
자	문재聞哉
시호	효헌孝憲
가족	증조–정랑 인원麟源, 할아버지–형조판서 종갑宗甲, 아버지–양양부사 초수楚壽 어머니–이정운李貞運의 딸 부인–이유李游의 딸

관직경력

한성판윤 재임기간 : 1866년고종3 3월 25일 ~ 1866년고종3 4월 4일

조선 말기의 문신

1834년순조34	사마시(진사) 입격
1850년철종1	상주목사
1852년철종3	충주목사
1853년철종4	정시문과 급제
1857년철종8	성균관대사성, 이조참의, 부호군–추상존호도감 독금보관, 가선대부
1859년철종10	도승지
1860년철종11	이조참판, 사헌부대사헌
1861년철종12	황해도관찰사, 대사헌
1865년고종2	형조판서
1866년고종3	한성부판윤, 대사헌
1869년고종6	예조판서

생애일화

할아버지 종갑이 한성판윤을 지냈다.

1807대 한성판윤 이도중(李𦳝重) – 1796대 동일인물

한성판윤 재임기간 : 1866년고종3 4월 4일 ~ ?

1808대 한성판윤 이의익(李宜翼) – 1801대 동일인물

한성판윤 재임기간 : 1866년고종3 4월 10일 ~ ?

1809대 한성판윤 이재원(李載元) – 1880대 동일인물

신상내용

생몰연대 1831년순조31 ~ 1891년고종28 – 61세
본관 전주全州
자 순팔舜八
시호 효정孝貞
가족 증조–은신군 진禛, 할아버지 남연군 구球, 아버지–흥완군 정응晸應
어머니–서탁수徐鐸修의 딸
부인–청송심씨(심우영沈愚永의 딸), 수원김씨(김기헌金基憲의 딸)

관직경력

한성판윤 재임기간 : 1866년고종3 4월 24일 ~ 1866년고종3 5월 13일

조선 말기의 문신

1853년철종4	정시문과 급제, 홍문관응교, 성균관대사성
1863년철종14	동지경연사
1864년고종1	도승지, 대사헌, 이조참판, 홍문관부제학, 규장각직제학
1865년고종2	공조·예조·형조판서
1866년고종3	한성부판윤, 이조·공조판서, 의정부우참찬
1867년고종4	예조판서
1868년고종5	종정경–영건도감제조(경복궁 중건)
1870년고종7	수원부유수
1871년고종8	이조판서, 판의금부사, 병조판서
1876년고종13	평안도관찰사, 경기도관찰사, 광주부유수, 강화부유수
1881년고종18	군무사당상경리사
1882년고종19	이조판서
1884년고종21	병조판서, 영의정, 이조판서
1885년고종22	독판내무부사

1887년고종24　　　예조판서, 판돈녕부사
1888년고종25　　　이조판서
1890년고종27　　　판의금부사
1891년고종28　　　종정경
1899년광무3　　　완림군完林君 추봉

생애일화

흥선대원군이 집권하자 조카라는 특수 신분을 바탕으로 파격적인 특혜를 받으며 정부 요직을 두루 역임하였다.

1810대 한성판윤 한계원(韓啓源)

신상내용

생몰연대	1814년순조14 ~ 1882년고종19 – 69세
본관	청주淸州
자	공우公佑
호	유하柳下·초은草隱
가족	증조–응교 광식光植, 할아버지–치구致九, 아버지–형조참판 鎭호 어머니–나주정씨(정의준丁義準의 딸) 부인–남양홍씨(승지 홍영관洪永寬의 딸)
묘	경기도 여주시 북내면 주암리 행치

관직경력

한성판윤 재임기간 : 1866년고종3 5월 13일 ~ 1866년고종3 6월 28일

조선 말기의 문신

1834년순조34　　　사마시(생원) 입격
1835년헌종1　　　별시문과 급제, 홍문관 관원
1840년헌종6　　　진위 겸 지향사행 때 서장관으로 청나라 다녀오다
1854년철종5　　　이조참의
1858년철종9　　　순원왕후 인산 때 배종승지
1861년철종12　　　사헌부대사헌
1864년고종1　　　성균관대사성

1865년고종2　공조·형조판서, 의정부좌참친
1866년고종3　예조판서, 판의금부사
1868년고종5　이조·공조판서
1869년고종6　평안도관찰사
1872년고종9　우의정
1882년고종19　영중추부사

생애일화

그가 우의정에 오르면서, 여러 가지 사유로 탄핵을 수차례 받고 그때마다 유배되기도 하였다. 다만 고종의 신임이 두터웠는지 왕은 늘 그를 두둔하며 인책하지 말도록 하였다.

1811대 한성판윤 이원명(李源命) – 1767·1803대 동일인물

한성판윤 재임기간 : 1866년고종3 6월 28일 ~ 1866년고종3 7월 15일

1812대 한성판윤 홍순목(洪淳穆)

신상내용

생몰연대　1816년순조16 ~ 1884년고종21 – 69세
본관　남양南陽
자　희세熙世
호　초당初堂
시호　문익文翼
가족　증조–원섭元燮, 할아버지–현규顯圭, 아버지–승지 종원鍾遠
어머니–윤경숙尹景肅의 딸
부인–경주김씨(이조참의 김교희金敎喜의 딸)
묘　경기도 장단군 강남면 판부리 금수정

관직경력

한성판윤 재임기간 : 1866년고종3 7월 15일 ~ 1866년고종3 8월 4일

1834년순조34	사마시(생원) 입격
1844년헌종10	증광별시문과 급제, 지평, 수찬
1846년헌종12	초계문신 선발
1849년현종15	현종 승하–빈전도감도청, 부사과
1858년철종9	이조참의
1863년철종14	사헌부대사헌, 철종 승하, 흥선대원군 집권, 황해도관찰사
1866년고종3	이조판서, 예문관제학, 홍문관제학, 한성부판윤
1867년고종4	예조판서
1869년고종6	우의정(수구세력 강경파의 거두–대원군 쇄국정책지지)
1872년고종9	영의정, 영돈녕부사, 대원군 실각, 파직
1873년고종10	영돔년부사 복직,
1975년고종12	판중추부사–일본의 통상요구 척화론으로 배척
1879년고종16	호위대장扈衛大將, 영돈녕부사
1882년고종19	영의정, 임오군란 후 대원군 재집권, 총리군국사무
1883년고종20	당오전 주조 실현, 총리대신, 영중추부사
1884년고종21	갑신정변

생애일화

당시 수구세력 강경파의 거두로서 대원군의 쇄국정책을 적극 지지하였다. 신미양요 때 미국과 맞서 싸울 것을 주장하였으며, 일본의 통상 요구도 척화론을 주장하며 거절하여 개방의 기회를 모두 잃는데 주동적 역할을 하였다.
1884년 갑신정변이 일어나자, 정변의 핵심인물 가운데 아들 영식英植이 포함되어 사흘 만에 실패로 돌아간 후, 아들은 피살되었으며, 곧 관직이 삭탈되고 이어 자살하였다.
7대조 치중致中이 한성판윤을 지냈다.

1813대 한성판윤 송정화(宋廷和) – 1842대 동일인물

신상내용

생몰연대	1796년정조20 ~ 1874년고종11 – 79세
본관	은진恩津
자	경소景韶
가족	증조–참봉 양필良弼, 할아버지–참찬 전銓, 아버지–승지 지렴知濂

어머니–남이간南履簡의 딸
부인–강준姜濬의 딸

관직경력

한성판윤 재임기간 : 1866년고종3 8월 4일 ~ 1866년고종3 8월 7일

조선 말기의 문신

1843년헌종9	사마시(생원) 입격
1845년헌종11	정시별시문과 급제
1847년헌종13	홍문록·도당록 등재, 충청도 암행어사
1848년헌종14	사헌부장령
1849년헌종15	홍문관교리
1859년철종10	예방승지
1864년고종1	동지의금부사
1865년고종2	이조참판
1866년고종3	행호군, 형조판서, 한성부판윤
1867년고종4	예조판서
1872년고종9	홍문관제학, 이조판서, 기로소 입소

생애일화

할아버지 전銓이 한성판윤을 지냈다.

1814대 한성판윤 한정교(韓正教) – 1802대 동일인물

한성판윤 재임기간 : 1866년고종3 8월 7일 ~ 1866년고종3 10월 12일

1815대 한성판윤 임영수(林永洙)

신상내용

생몰연대 1790년정조14 ~ 1871년고종8 – 82세
본관 나주羅州

자 영지永之
시호 효정孝靖
가족 증조-정랑 양호養浩, 할아버지-현령 낙철樂喆, 아버지-첨지중추부사 유진有鎭
어머니-김이용金履容의 딸
부인-홍등모洪登謨의 딸

관직경력

한성판윤 재임기간 : 1866년고종3 10월 12일 ~ 1866년고종3 11월 7일

조선 말기의 문신

1825년순조25	식년문과 급제, 홍문관 관원, 장악원정
1836년헌종2	문과 중시重試 급제-당상관
1841년헌종7	사간원대사간, 승지
1850년철종1	헌종 승하, 산릉역-종2품 승자, 사헌부대사헌
1859년철종10	부사로 청나라 다녀오다
1860년철종11	이조참판, 대사헌
1866년고종3	한성부판윤, 공조판서
1869년고종6	예조판서, 기로소 입소

생애일화

10여 차례에 걸친 사헌부대사헌 직임을 제수 받았으며 사간원대사간을 맡아서, 대부분의 관직생활을 법사法司 관련 분야인 사헌부와 사간원에서 보냈다.

1816대 한성판윤 조계승(趙啓昇)

신상내용

생몰연대 1794년정조18 - 1871년고종8 - 78세
본관 배천白川
자 수현秀賢
시호 효정孝靖
가족 증조-택경宅慶, 할아버지-참봉 영煐, 아버지-예조판서 경윤庚胤
어머니-임희존任希存의 딸
부인-광주이씨(참판 이민회李敏會의 딸)

묘	경기도 양주시 광적면 덕도리

관직경력

한성판윤 재임기간 : 1866년고종3 11월 7일 ~ 1866년고종3 11월 22일

조선 말기의 문신

1823년순조23	황감제黃柑製 장원-직부전시
1825년순조25	식년문과 급제
1836년헌종2	홍문록·도당록 등재, 겸장령, 서장관으로 청나라 다녀오다
1844년헌종10	〈선원보璿源譜〉 감인정監印正
1855년철종6	양주목사, 산릉도감 능소배설겸잡무차사陵所排設兼雜務差使-가선대부
1864년고종1	이조참판, 성균관대사성
1866년고종3	사헌부대사헌, 한성부판윤, 형조판서
1868년고종5	대사헌, 기로소 입소

1817대 한성판윤 신명순(申命淳)

신상내용

생몰연대	1798년정조22 ~ 1870년고종7 - 73세
본관	평산平山
자	경명景明
시호	정무貞武
가족	증조-공, 할아버지-병사 대곤大坤, 아버지-병사 서緖 어머니-반남박씨(박영원朴永源의 딸) 부인-이겸회李謙會의 딸

관직경력

한성판윤 재임기간 : 1866년고종3 11월 22일 ~ 1866년고종3 12월 11일

조선 말기의 무신

1820년순조20	음보-남항선전관南行宣傳官, 무과급제
1826년순조26	함흥부사

1838년헌종4	봉산군수
1851년철종2	전라우도수군절도사
1860년철종11	좌포도대장, 총융중군
1862년철종13	절도사(진주민란 위무 안정)
1864년고종1	어영중군, 도총부부총관, 훈련도감중군
1865년고종2	한성부우윤, 홍문관특진관, 동지의금부사, 훈련도정, 좌포도대장
1866년고종3	어영중군, 지의금부사, 행대호군, 총융사, 한성부판윤
1867년고종4	판의금부사, 우포도대장
1868년고종5	행지삼군부사, 지돈녕부사
1869년고종6	지중추원사

생애일화

무인武人이면서도 경사經史에 능통하고 문예에도 뛰어났다.
함흥부사로 있을 때, 빈민과 이재민을 구제하고, 병적兵籍 처리와 범죄를 엄정하게 다스려 백성들의 칭송을 들었다.
봉산군수로 있을 때에는 유생들에게 강무講武를 부과하고, 흉년이 들자 곡식을 풀어 곤군함을 구제하였다.

1818대 한성판윤 최우형(崔遇亨)

신상내용

생몰연대	1805년순조5 ~ 1878년고종15 – 74세
본관	삭녕朔寧
자	예경禮卿
호	죽하竹下
상훈	영풍군寧豊君
저서	〈죽하집〉
가족	증조–첨지중추부사 경炅, 할아버지–참판 헌중獻重, 아버지–진사 종문鍾問 어머니–이재정李載廷의 딸 부인–권철權徹의 딸

관직경력

한성판윤 재임기간 : 1866년고종3 12월 11일 ~ 1867년고종4 1월 12일

1837년헌종3	사마시(진사) 입격, 음보–참봉, 대흥군수 겸 홍주진관병마첨절제사
1850년철종1	증광별시 문과 급제, 응교
1851년철종2	함경도 암행어사
1852년철종3	사은사의 서장관으로 청나라 다녀오다
1857년철종8	김해도호부사
1859년철종10	승정원우부승지, 통정대부, 양주목사
1866년고종3	사헌부대사헌, 한성부판윤, 이조·형조·공조·예조판서
1875년고종12	숭록대부, 판의금부사, 영풍군寧豊君, 훈당勳堂, 기로소 입소

생애일화

함경도에 암행어사로 나아가 제세안민의 선정을 베풀어 산릉도청에 선정비가 세워졌다고 한다.
성균관대사성으로 재임할 때에는 유생교육에 힘썼고, 홍문관·예문관의 제학이 되어서는 모든 문헌을 제찬하고 경서를 진강하였다. 특히, 시문에 능하였으며 국·한문 혼용의 〈연행별곡燕行別曲〉을 남겼다.
저서에는 〈죽하집竹下集〉 8권 4책이 있다.

1819대 한성판윤 홍우길(洪祐吉) – 1747대 동일인물

한성판윤 재임기간 : 1867년고종4 1월 12일 ~ 1867년고종4 1월 17일

1820대 한성판윤 이인석(李寅奭)

신상내용

생몰연대	1800년정조24 ~ 1870년고종7 – 71세
본관	전주全州
자	양여良汝·亮汝
가족	증조–이조판서 성중成中, 할아버지–면천군수 의질義質, 아버지–효연孝淵 어머니–연일정씨(진사 정하영鄭夏榮의 딸) 부인–동래정씨(정기중鄭基中의 딸)
묘	경기도 양평군 지평면 장수동 당현

관직경력

한성판윤 재임기간 : 1867년고종4 1월 17일 ~ 1867년고종4 4월 10일

조선 말기의 문신

1831년순조31	사마시(진사) 입격
1838년헌종4	알성문과 장원급제
1840년헌종6	홍문록, 도당록 등재
1845년헌종11	홍문관 근무
1848년헌종14	부사과–수릉綏陵 친제 집례, 통정대부
1858년철종9	이조참의, 예방승지(효정전孝正殿 작헌례), 가선대부
1864년고종1	사헌부대사헌, 종친부 교정당상관, 이조참판
1866년고종3	대사헌, 행호군, 공조판서
1867년고종4	한성부판윤, 대사헌
1869년고종6	대사헌, 예조판서

생애일화

증조 성중이 한성판윤을 지냈다.

1821대 한성판윤 이풍익(李豊翼) – 1806대 동일인물

한성판윤 재임기간 : 1867년고종4 4월 10일 ~ 1867년고종4 9월 29일

1822대 한성판윤 김병지(金炳地) – 1944대 동일인물

신상내용

생몰연대	1830년순조30 ~ 1888년고종25 – 59세
본관	안동安東
자	백령伯靈
시호	효정孝貞
가족	증조–서흥부사 이중履中, 조부–영안부원군 조순祖淳, 아버지–이조참판 원근元根

	어머니–전주이씨(감역 이정상李鼎商의 딸)
	부인–달성서씨(서윤 서기순徐騏淳의 딸)
묘	경기도 이천시 백사면 모전리

관직경력

한성판윤 재임기간 : 1867년고종4 9월 29일 ~ 1867년고종4 10월 5일

조선 말기의 문신

1854년철종5	정시문과 급제
1863년철종14	형조참판
1864년고종1	실록청 지실록사 〈철종실록〉 편찬 참여
1867년고종4	도승지, 한성부판윤, 공조판서
1875년고종12	형조판서, 청나라 사신 반송사伴送使
1876년고종13	공조판서, 수원부유수
1878년고종15	함경도관찰사

생애일화

함경도관찰사로 있을 때, 그가 올린 장계에는 덕원부 원산항 개항을 전후하여 일본상인 및 거류민들에 의해 빚어지는 경제적 침투 과정이 그대로 드러나 있다.
숙부 좌근左根, 사촌 병기炳冀가 한성판윤을 지냈다.

1823대 한성판윤 정문승(鄭文升)

신상내용

생몰연대	1788년정조12 ~ 1875년고종12 – 88세
본관	영일迎日
자	희서羲瑞·윤지允之
호	미당美堂·초천蕉泉
시호	효헌孝憲
가족	증조–후일厚一, 할아버지–지윤志尹, 아버지–첨지중추부사 술인述仁
	어머니–윤광유尹光裕의 딸
	부인–윤광수尹光垂의 딸

관직경력

한성판윤 재임기간 : 1867년고종4 10월 5일 ~ 1867년고종4 11월 23일

조선 말기의 문신·서화가

1810년순조10	사마시(진사) 입격, 음보–세마, 담양부사, 안주목사
순조·헌종·철종 연간	공조판서, 지의금부사, 지중추부사, 지돈녕부사
1870년고종7	회방례回榜禮(진사 입격 60주년), 정헌대부
1875년고종12	숭정대부, 판의금부사

생애일화

양명학陽明學의 거두, 하곡 정제두鄭齊斗가 그의 고조부이다.
관직에 있는 동안 한결같이 근면하였고, 백성을 자식같이 생각하며 구휼하는데 힘썼다. 당시 사류들이 그의 청렴함을 추앙하였다.
당시의 현실과 관련된 농서農書를 저술하여 실학에 깊은 관심을 가졌으며, 학문적 경향은 고조부 정제두의 학풍이 주자학적 견해 속에 심학적 경향으로 계승된 것이다.
글씨를 잘 써서 후학의 모범이 되었으며, 특히 산수화에 능하였다. 더욱이 고인장古印章에 대한 조예도 깊어 즐겨 수집하였다.

1824대 한성판윤 조석우(曺錫雨) – 1751·1832대 동일인물

한성판윤 재임기간 : 1867년고종4 11월 23일 ~ 1868년고종5 1월 2일

1825대 한성판윤 김재현(金在顯)

신상내용

생몰연대	1808년순조8 ~ 1899년광무3 – 92세
본관	광산光山
자	덕부德夫
호	미서微西·미계微溪
시호	효문孝文
가족	증조–판관 무택茂澤, 할아버지–감역 상의相儀, 아버지–동복현감 기순箕詢

어머니–임태춘任泰春의 딸
부인–이서李墅의 딸

관직경력

한성판윤 재임기간 : 1868년고종5 1월 2일 ~ 1868년고종5 1월 13일

조선 말기의 문신

1843년헌종9	사마시(진사) 입격, 음보–안의현감, 금산군수
1858년철종9	식년문과 급제
1859년철종10	사간원대사간
1864년고종1	형조판서
1868년고종5	한성부판윤
1872년고종9	경기도관찰사
1873년이후	이조·예조·호조·공조판서
1891년고종28	지중추부사, 봉조하, 기로사 입소

생애일화

경기도관찰사로 있을 때, 도내의 산군山郡에도 해읍海邑과 똑같은 포군砲軍을 설치하는 등 국방을 튼튼히 하였으며, 탐학한 삭녕군수 김두하金斗河를 단죄하여 기강을 바로잡았다.
그는 문장에도 뛰어나 홍문관·예문관 제학 등 문한직에 있으면서 임금의 많은 교문敎文을 제술하기도 하였다.
종조부 상휴相休, 백부 기은箕殷, 당숙 기만箕晩이 한성판윤을 지냈다.

1826대 한성판윤 조휘림(趙徽林) – 1781대 동일인

한성판윤 재임기간 : 1868년고종5 1월 3일 ~ 1868년고종5 3월 19일물

1827대 한성판윤 박영보(朴永輔)

신상내용

생몰연대 1808년순조8 ~ 1872년고종9 – 65세
본관 고령高靈

자	성백星伯
호	금령錦舲
시호	문정文靖
가족	증조-구영久榮, 조부-신규信圭, 양부-경모궁령 종악鍾岳, 생부-진사 종림鍾林 어머니-해주오씨(오지수吳趾秀의 딸) 부인-조중권曺重權의 딸
묘	충남 천원군 북면 은지리

관직경력

한성판윤 재임기간 : 1868년고종5 3월 19일 ~ 1868년고종5 6월 1일

조선 말기의 문신

1837년헌종3	사마시(진사) 입격
1844년헌종10	직장, 증광문과 급제
1846년헌종12	평안도 청북암행어사
1849년헌종15	헌종 승하-산릉도감 도청사직
1853년철종4	이조참의
1861년철종12	부호군
1862년철종13	동지사로 청나라 다녀오다
1864년고종1	사헌부대사헌, 이조판서
1865년고종2	대사헌
1867년고종4	영선군靈善君
1868년고종5	공조판서
1869년고종6	형조판서, 경기도관찰사
1872년고종9	홍문관제학

생애일화

암행어사로 유명한 박문수朴文秀의 후손이다.
경기도관찰사로 있을 때, 환곡제의 정비에 노력하고 효행을 권장하였으며, 군기軍器의 보수에도 힘썼다. 특히 신미양요 발생 이후에 해안 요충지의 방비를 위하여 인천부에 포과砲科를 설치하고, 매월 시험을 보아 1등 1인을 매년 뽑아 등용하는 제도를 만들기도 하였다.
그가 남긴 글로는 신미양요 당시 강화진무사 鄭岐源과 함께 올린 〈역진미국병선자요정형자문략歷陳美國兵船滋擾情形咨文略〉이 있다.

1828대 한성판윤 서헌순(徐憲淳) – 1683·1708·1723·1885대 동일인물

한성판윤 재임기간 : 1868년고종5 6월 1일 ~ 1868년고종5 6월 14일

1829대 한성판윤 윤정구(尹定求)

신상내용

생몰연대	1806년순조6 ~ 1871년고종8 – 66세
본관	해평海平
자	대이大而
호	석하石下
가족	증조–삼척부사 익렬翊烈, 할아버지–치승致升, 아버지–군수 종선宗善 어머니–평산신씨(신석기申錫耆의 딸) 부인–청풍김씨(金蓍淵의 딸) 의령남씨(南允儉의 딸) 청주한씨(韓景標의 딸)
묘	경기도 가평군 외서면 상천리

관직경력

한성판윤 재임기간 : 1868년고종5 6월 14일 ~ 1868년고종5 7월 12일

조선 말기의 문신

1850년철종1	감제柑製에서 부賦로 장원–직부전시
1851년철종2	별시문과 급제, 홍문록·도당록 등재
1859년철종10	성균관대사성, 이조참의, 예방승지
1861년철종12	이조참판
1862년철종13	강원도관찰사
1864년고종1	연행사의 부사로 청나라 다녀오다. 대사헌
1865년고종2	도총부도총관, 형조판서
1866년고종3	공조판서, 대사헌
1867년고종4	공조판서
1868년고종5	한성부판윤
1870년고종7	의정부좌참찬

1830대 한성판윤 조석우(曺錫雨) – 1751·1826대 동일인물

한성판윤 재임기간 : 1868년고종5 7월12일 ~ 1868년고종5 8월16일

1831대 한성판윤 김병필(金炳弼)

한성판윤 재임기간 : 1868년고종5 8월16일 ~ 1868년고종5 11월20일

1832대 한성판윤 이승보(李承輔) – 1851대 동일인물

신상내용

생몰연대	1814년순조14 ~ 1880년고종17 – 67세
본관	전주全州
초명	승덕承德
자	치강稚剛·致剛
호	석산石山
시호	문헌文憲
저서	〈석산집〉
가족	증조–목사 지광趾光, 할아버지–군수 원규遠揆, 아버지–현감 해선海善 어머니–고령신씨(군수 신현록申顯祿의 딸) 부인–풍산홍씨(홍경모洪景模의 딸)

관직경력

한성판윤 재임기간 : 1868년고종5 11월 20일 ~ 1868년고종5 12월 9일

조선 말기의 문신

1845년헌종11	정시문과 급제
1852년철종3	사헌부집의, 동부승지
1864년고종1	이조참판, 개성부유수, 도승지, 대사헌, 홍문관부제학
1865년고종2	규장각직제학, 예문관제학
1869년고종6	동지 겸 사은정사로 청나라 다녀오다

1871년고종8	이조판서, 의정부좌참찬
1872년고종9	호조판서 겸 선혜청당상, 규장각제학, 의정부우찬성
1873년이후	비변사유사, 동지성균관사, 경연관

생애일화

저서에 〈석산집石山集〉이 있다.

1833대 한성판윤 유장환(兪章煥) – 1731·1799·1852대 동일인물

한성판윤 재임기간 : 1868년고종5 12월 9일 ~ 1869년고종6 1월 12일

1834대 한성판윤 엄석정(嚴錫鼎)

신상내용

생몰연대	1801년순조1 ~ 1875년고종12 – 75세
본관	영월寧越
자	대우大友
호	가당稼堂
가족	증조–동지중추부사 구球, 조부–동지중추부사 사건思健, 아버지–병조참판 기耆 어머니–송영宋鍈의 딸 부인–김상교金商敎의 딸
묘	경기도 여주시 금사면 장흥리

관직경력

한성판윤 재임기간 : 1869년고종6 1월 12일 ~ 1869년고종6 2월 10일

조선 말기의 문신

1828년순조28	사마시(생원) 입격
1835년헌종1	당진현감

1844년헌종10　증광문과 급제, 홍문관부수찬
1851년철종2　김해부사
1864년고종1　예방승지
1865년고종2　이조참판
1869년고종6　한성부판윤, 형조판서, 의정부좌참찬
1872년고종9　이조판서, 홍문관제학
1874년고종11　사헌부대사헌, 대호군, 기로사 입소

1835대 한성판윤 이유응(李裕膺)

신상내용

생몰연대　1817년순조17 ~ 1874년고종11 – 58세
본관　경주慶州
자　경창景昌
호　단농丹農
시호　효정孝靖
가족　증조–이조참판 경양敬養, 할아버지–세마 영익永翼, 아버지–계정啓楨
어머니–조제만趙濟晩의 딸
부인–박화수朴華壽의 딸, 윤재검尹在儉의 딸, 심휘지沈徽之의 딸

관직경력

한성판윤 재임기간 : 1869년고종6 2월 10일 ~ 1869년고종6 2월 21일

조선 말기의 문신

1843년헌종9　식년문과 급제, 한림소시 선발
1847년헌종13　홍문록·도당록 등재
1849년헌종15　진하례 선교관
1853년철종4　이조참의
1857년철종8　대거승지
1862년철종13　이조참판, 도승지
1863년철종14　행호군–존호도감 독옥책관
1864년고종1　성균관대사성
1866년고종3　이조참판, 형조판서

1869년고종6	한성부판윤
1870년고종7	형조판서

1836대 한성판윤 김응균(金應均)

한성판윤 재임기간 : 1869년고종6 2월 21일 ~ 1869년고종6 2월 25일

1837대 한성판윤 이경하(李景夏) – 1866·1875·1911대 동일인물

신상내용

생몰연대	1811년순조11 ~ 1892년고종29 – 82세
본관	전주全州
초명	형하亨夏
자	여회汝會
시호	양숙襄肅
가족	증조–첨중추 의유義猶, 할아버지–포장 복연復淵, 아버지–경력 인달寅達 어머니–해평윤씨(수군절도사 윤이동尹頤東의 딸) 부인–해주오씨(주부 오치성吳致聖의 딸), 한양조씨(조정호趙鼎浩의 딸)
묘	서울시 노원구 내곡동

관직경력

한성판윤 재임기간 : 1869년고종6 2월 25일 ~ 1869년고종6 4월 23일

조선 말기의 무신

1835년헌종1	무과 급제
1863년고종즉위	훈련대장 겸 좌포도대장
1866년고종3	순무사(병인양요 때 한성도성 방비)
1867년고종4	형조판서, 강화부유수, 어영대장, 공조판서
1869년고종6	한성부판윤
1882년고종19	무위대장武衛大將–파면·유배(임오군란 문책)
1884년고종21	좌포도대장, 갑신정변(왕족 피신 조치)

생애일화

천주교를 탄압할 때 포도대장으로서 교도들을 수없이 학살하였는데, 낙동駱洞에 있는 자기 집에서 죄인 심문을 하였으므로 사람들이 그를 염라대왕처럼 무서워하여 '낙동염라'라는 별칭이 있다.
갑신정변 때는 긴급피난조치로 조대비·명성황후·세자(순종) 등 왕족을 자신의 아들 범진範晉의 집으로 옮겨 모시기도 하였다.
관직생활 대부분을 군사·경찰 업무에 관련한 치안 분야에서 일했으며, 포악한 탄압으로 악명이 높았다.

1838대 한성판윤 박규수(朴珪壽)

한성판윤 재임기간 : 1869년고종6 4월 23일 ~ 1869년고종6 5월 2일

1839대 한성판윤 남상길(南相吉)

한성판윤 재임기간 : 1869년고종6 5월 2일 ~ 1869년고종6 5월 6일

1840대 한성판윤 이주철(李周喆) – 1858대 동일인물

신상내용

생몰연대	1806년순조6 ~ 1875년고종11 – 70세
본관	전주全州
자	혜백惠伯
시호	정의靖毅
가족	증조–순제舜濟, 할아버지–동찬東粲, 아버지–안동영장 사겸思謙 어머니–청송심씨(심안지沈安之의 딸) 부인–안산김씨(김기종金驥鍾의 딸) 고령박씨(박지영朴芝榮의 딸)
묘	경기도 성남시 석운리–실전失傳

관직경력

한성판윤 재임기간 : 1869년고종6 5월 6일 ~ 1869년고종6 8월 5일

조선 말기의 무신

무과 급제

1842년헌종7	명천부사
1846년헌종11	길주목사
1857년철종8	경상좌도수군절도사
1858년철종9	전라도병마절도사 – 파직(암행어사 탄핵)
1864년고종1	우포도대장
1865년고종2	종친부유사당상, 영건도감제조(경복궁 중건)
1866년고종3	총융사, 금위대장, 공조판서, 병인양요 발발, 형조판서
1869년고종6	한성부판윤
1871년고종8	신미양요 발발, 총융사,
1873년고종10	삼도수군통제사
1874년고종11	형조·공조판서, 판의금부사

1841대 한성판윤 유치선(兪致善)

신상내용

생몰연대	1813년순조13 ~ 1874년고종11- 62세
본관	기계杞溪
자	자경子慶
시호	효간孝簡
가족	증조–목사 한갈漢葛, 조부–민주民柱, 양부–인환仁煥, 생부–이조판서 성환星煥 어머니–이이연李儞淵의 딸 부인–풍양조씨(풍은부원군 조만영趙萬永의 딸)
묘	경기도 양평군 서종면 문호리

관직경력

한성판윤 재임기간 : 1869년고종6 8월 5일 ~ 1869년고종6 10월 8일

조선 말기의 문신

1831년순조31	사마시(생원) 입격, 음사-판관
1844년헌종10	증광문과 급제, 부사과, 대사성, 부총관
1867년고종4	경기도관찰사
1874년고종11	경상도관찰사, 공조판서

생애일화

익종翼宗(문조文祖-순조의 세자·효명세자)와 동서지간이다.
경기도관찰사로 있을 때 〈기계유씨세보杞溪兪氏世譜〉를 중간하였다.

1842대 한성판윤 송정화(宋廷和) – 1815대 동일인물

한성판윤 재임기간 : 1869년고종6 10월 8일

1843대 한성판윤 심승택(沈承澤) – 1881대 동일인물

신상내용

생몰연대	1811년순조11 ~ 1880년고종17- 70세
본관	청송青松
자	치경稚敬
시호	효헌孝憲
가족	증조-군수 종지宗之, 할아버지-능렬能烈, 아버지-부사 의진宜晉 어머니-김협순金協淳의 딸 부인-평산신씨(도정 신재순申在順의 딸) 연일정씨(현감 정명원鄭明源의 딸)
묘	경기도 성남시 분당구 수내동

관직경력

한성판윤 재임기간 : 1870년고종7 1월 17일 ~ 1870년고종7 2월 7일

조선 말기의 문신

1829년순조29	경과정시문과 급제

1867년고종4 도승지
1869년고종6 형조·예조판서
1870년고종7 한성부판윤
1874년고종11 사헌부대사헌
1876년고종13 사은 겸 동지정사로 청나라 다녀오다
1877년고종14 대사헌
1880년고종17 대사헌, 기로소 입소

1844대 한성판윤 남성원(南性元) – 1861대 동일인물

신상내용

생몰연대 1793년정조17 ~ 1872년고종9 – 80세
본관 의령宜寧
초명 성교性敎
자 금여錦汝
호 뇌암雷岩
가족 증조–병조좌랑 태계泰堦, 할아버지–주부 기로綺老, 아버지–영암군수 이범履範
어머니–경주최씨(최관주崔觀柱의 딸)
부인–광주이씨(이병주李秉周의 딸)
묘 경기도 고양시 송포면 가좌동

관직경력

한성판윤 재임기간 : 1870년고종7 2월 7일 ~ 1870년고종7 2월 10일

조선 말기의 문신

1837년헌종3 정시문과 급제
1840년헌종6 홍문록·도당록 등재
1843년헌종9 부사과–빈전도감
1847년헌종13 처벌(영광군수 때 잘못)
1849년헌종15 예방승지
1861년철종12 사헌부대사헌, 호조참판, 연행사의 부사로 청나라 다녀오다
1869년고종6 이조판서
1870년고종7 한성부판윤. 판의금부사

생애일화

중뢰연重牢宴을 행하고 기로소에 들어갔다.

1845대 한성판윤 서원순(徐元淳)

신상내용

생몰연대	1805년순조5 ~ 1873년고종10 – 67세
본관	대구大丘
자	태시太始·太是
가족	증조–직수直修, 할아버지–이조참판 유문有聞, 아버지–병조판서 좌보左輔 어머니–조진택趙鎭宅의 딸 부인–이정노李鼎老의 딸
묘	충남 연기군 남면 삼기리 평촌

관직경력

한성판윤 재임기간 : 1870년고종7 2월 10일 ~ 1870년고종7 2월 14일

조선 말기의 문신

1825년순조25	사마시(진사) 입격
1829년순조29	정시문과 급제
1834년순조34	홍문록·도당록 등재
1838년헌종4	실록도청實錄都廳
1851년철종2	이조참의
1860년철종11	성균관대사성, 이조참판
1865년고종2	도총부도총관, 공조·형조판서
1866년고종3	예조판서
1870년고종7	한성부판윤

생애일화

아버지 좌보가 한성판윤을 지냈다.

1846대 한성판윤 김수현(金壽鉉) – 1888대 동일인물

신상내용

생몰연대	1826년순조26 ~ 1895년고종32 – 70세
본관	광산光山
자	원경元卿·경일景一·원일元一
가족	증조–형참 상익相翊, 조부–광은부위(장조부마) 기성箕性, 아버지–이조판서 在昌 어머니–덕수이씨(현감 이정모李鼎模의 딸) 부인–풍산홍씨(홍윤주洪胤周의 딸)
묘	경기도 양평군 얀서면 대심리

관직경력

한성판윤 재임기간 : 1870년고종7 2월 14일 ~ 1870년고종7 3월 25일

조선 말기의 문신

음사–현령

1861년철종12	식년문과 급제, 부사과, 대사간
1864년고종1	우승지, 이조참의, 성균관대사성, 이조참판
1866년고종3	개성부유수, 병조판서, 함경도관찰사
1870년고종7	한성부판윤
1872년고종9	동지정사로 청나라 다녀오다
1874년고종11	지의금부사
1882년고종19	임오군란, 형조판서
1883년이후	예조·공조·이조판서, 의정부 좌·우참찬
1894년개국503	의정부좌찬성(제1차 김홍집金弘集내각)

1847대 한성판윤 김대근(金大根) – 1718·1748대 동일인물

한성판윤 재임기간 : 1870년고종7 3월 25일 ~ 1870년고종7 4월 7일

1848대 한성판윤 이동현(李東鉉)

신상내용

생몰연대 1809년순조9 ~ 1877년고종14 – 69세
본관 전주全州
자 화경和卿
가족 증조–참판 평枰, 할아버지–광회光會, 아버지–인재仁載
어머니–진천 이영복李永復의 딸
부인–파평 尹檣의 딸, 밀양 朴春植의 딸, 여흥 閔泳夏의 딸

관직경력

한성판윤 재임기간 : 1870년고종7 4월 7일 ~ 1870년고종7 4월 29일

조선 말기의 무신

1847년헌종13	무과 급제
1861년철종12	전라우도수군절도사
1864년고종1	선파璿派(전주이씨) 시사회 우승, 공충도병마절도사
1865년고종2	충청도관찰사의 포상 상신–자헌대부
1870년고종7	한성부판윤
1874년고종11	충청도수군절도사

생애일화

조대비趙大妃가 "공충도와 전라도의 세 장수가 모두 임금의 일가들이니 충실하게 근무하되, 만약 실적이 없을 때는 다른 사람들보다 곱절이나 더 한 벌을 받을 것이오." 라고 경고하니, 전라좌수사 이주응李周膺과 전라우수사 이중영李重榮도 모두 전주이씨이기 때문이다.
그래서인지 그는 충청감사의 포상 장계로 특별히 자헌대부로 승자되었다.

1849대 한성판윤 이승보(李承輔) – 1832대 동일인물

한성판윤 재임기간 : 1870년고종7 4월 29일 ~ 1870년고종7 9월 25일

1850代 한성판윤 유장환(兪章煥) – 1729·1797·1850대 동일인물

한성판윤 재임기간 : 1870년고종7 9월 25일 ~ 1870년고종7 11월 17일

1851代 한성판윤 민치상(閔致庠)

한성판윤 재임기간 : 1870년고종7 9월 25일 ~ ?

1852代 한성판윤 조기응(趙基應)

신상내용

생몰연대 1803년순조3 ~ 1877년고종14 – 75세
초명 재응在應
본관 임천林川
자 성여成汝·聲汝
호 진재晉齋
시호 문헌文憲
가족 증조–응교 명건明健, 할아버지–덕함德涵, 아버지–학래學來
어머니–심원지沈原之의 딸
부인–홍백섭洪百燮의 딸

관직경력

한성판윤 재임기간 : 1870년고종7 11월 17일 ~ 1871년고종8 1월 13일

조선 말기의 문신

1847년헌종13 정시문과 급제
1848년헌종14 홍문록·도당록 급제, 홍문관 수찬·응교·교리
1853년철종4 추상존호도감 도청
1858년철종9 예방승지, 가선대부
1861년철종12 이조참판
1864년고종1 경기도관찰사

1865년고종2	전라도관찰사
1868년고종5	홍문관제학
1870년고종7	병조·공조판서, 예문관제학, 한성부판윤
1871년고종8	홍문관제학
1872년고종9	성균관대사성, 이조판서, 예문관제학
1877년고종14	예조판서, 기로소 입소

1853대 한성판윤 조구하(趙龜夏) – 1875대 동일인물

신상내용

생몰연대	1815년순조15 ~ 1877년고종14 – 63세
본관	풍양豊壤
자	기서箕敍
호	병암瓶庵
가족	증조–평양서윤 진명鎭明, 조부–이조판서 득영得永, 아버지–판돈녕부사 병현秉鉉 어머니–대구서씨(이조판서 서정보徐鼎輔의 딸) 부인–남양홍씨(군수 홍재과洪在果의 딸)
묘	경기도 양주시 회천읍

관직경력

한성판윤 재임기간 : 1871년고종8 1월 13일 ~ 1871년고종8 3월 10일

조선 말기의 문신

1840년헌종6	유학幼學, 식년정시문과 급제
1842년헌종8	전라우도암행어사
1843년헌종9	도청교리都廳校理
1847년헌종13	홍문관부제학
1860년철종11	이조참의
1862년철종13	선무사–파직(호남지방 민란 소요 수습 못함)
1864년고종1	〈철종실록〉–동지실록사
1866년고종3	형조·예조판서
1867년고종4	대사헌

1869년고종6	강원도관찰사
1871년고종8	한성부판윤
1874년고종11	의정부우참찬, 공조판서

생애일화

강원도관찰사로서 선정을 베풀다가 자신의 해직을 상소하였으나 수리가 되지 않고, 오히려 이듬해 치적이 현저하다 하여 도민들이 더 재임해줄 것을 요청하여 1년 동안 임기가 연장되었다. 그리고 전직된 후에도 강원도에서 시정, 보완되어야 할 정사 6조목을 상주하였다.

1854대 한성판윤 조성교(趙性敎)

신상내용

생몰연도	1818년순조18 ~ 1876년고종13 – 59세
본관	한양漢陽
자	성유聖惟
호	소정韶亭
시호	문헌文憲
가족	증조–사근思近, 할아버지–교리 수인秀仁, 아버지–형만亨晩 어머니–이지묵李之默의 딸 부인–심문沈雯의 딸

관직경력

한성판윤 재임기간 : 1871년고종8 3월 10일 ~ 1871년고종8 4월 5일

조선 말기의 문신

1846년헌종12	사마시(진사) 입격, 군수
1859년철종10	증광별시 문과 급제
1866년고종3	성균관대사성, 이조참의
1867년고종4	동지부사로 청나라 다녀오다
1870년고종7	예문관제학, 홍문관제학
1871년고종8	한성부판윤
1872년고종9	예조판서, 동지정사로 청나라 다녀오다. 의정부좌참찬, 대제학
1873년고종10	예조판서–정시문과 독권관

1874년고종11　　전라도관찰사
1876년고종13　　사헌부대사헌

생애일화

경무대에서 실시한 정시문과의 독권관이 되어 고종으로부터 시관으로 공평무사하라는 명을 받았다.
예조판서로 있을 때, 최익현崔益鉉의 대원군 탄핵상소가 있자 호조판서 김세균 등과 김세균金世均 등과 연소聯疏하였다. 최익현의 상소 중 국왕에게 개혁을 건의하는 논의가 없다고 한 것은 자신들의 죄였으므로, 처벌을 바란다고 하여 월봉3등지전越俸三等之典에 처하여졌다.

1855대 한성판윤 이 우(李㙖) – 1717대 동일인물

한성판윤 재임기간 : 1871년고종8 4월 5일 ~ 1871년고종8 4월 24일

1856대 한성판윤 김유연(金有淵)

신상내용

생몰연대　1819년순조19 ~ 1887년고종24 – 69세
본관　연안延安
자　원약元若
호　약산藥山
시호　정익貞翼
가족　증조–첨중추 구, 할아버지–재옥載玉, 아버지–성주목사 영鍈
　어머니–심래영沈來永의 딸
　부인–서능보徐能輔의 딸
묘　경기도 고양시 덕양구 내곡동 안골마을

관직경력

한성판윤 재임기간 : 1871년고종8 4월 24일 ~ 1871년고종8 5월 28일

조선 말기의 문신

1844년헌종10	증광문과 급제, 초계문신 발탁
1862년철종13	이조참의, 예방승지, 이조참판
1866년고종3	함경도관찰사
1868년고종5	형조판서, 정사로 청나라 다녀오다
1871년고종8	한성부판윤, 대사헌, 반송사, 안무사(관북지방 폐해 시정)
1880년이후	함경도관찰사, 호조판서, 변리통리내무아문사무, 독판군국사무, 판의금부사, 공조·이조판서, 우의정, 판중추부사

생애일화

그는 원래 성품이 강직하여 일찍이 약원제조로 잇을 때 흥선대원군의 장남 재면載冕이 황씨 성을 가진 자를 의원으로 추천했으나, 채용하지 않았다. 재삼 부탁해도 들어주지 않자 재면이 아버지 대원군에게 부탁하니, 그를 혜민서제조로 전직시켰다. 이에 그는 대원군을 찾아가 질책하고 사표를 전지고 물러났다. 10여 일 후에 대원군이 그를 찾아가 사과함으로써 다시 마음을 돌렸다는 이야기가 전한다.
생부 쪽 고조 상석相奭, 증조 익㷜, 조부 재찬載瓚이 한성판윤을 지냈다.

1857대 한성판윤 이현직(李顯稷)

신상내용

생몰연대	1795년정조19 ~ 1876년고종13 – 82세
본관	경주慶州
자	백형伯衡
가족	증조–병사 달, 할아버지–동지중추부사 부만溥萬, 아버지–병사 격格 어머니–이정복李挺復의 딸 부인–정홍사鄭鴻師의 딸

관직경력

한성판윤 재임기간 : 1871년고종8 5월 28일 ~ 1871년고종8 6월 28일

조선 말기의 무신

1823년순조23	무과 급제
1825년순조25	비랑備郎

1846년헌종12	경상좌도수군절도사, 전라도병마절도사
1852년철종3	회령부사
1854년철종5	삼도수군통제사, 함경북도병마절도사
1865년고종2	총융사
1866년고종3	어영대장, 공조판서
1869년고종6	삼도수군통제사–파직(고성 민란)
1870년고종7	형조판서, 판의금부사
1871년고종8	한성부판윤

1858대 한성판윤 이주철(李周喆) – 1840대 동일인물

한성판윤 재임기간 : 1871년고종8 6월 28일 ~ 1871년고종8 12월 24일

1859대 한성판윤 남성원(南性元) – 1844대 동일인물

한성판윤 재임기간 : 1871년고종8 12월 24일

1860대 한성판윤 이남식(李南軾)

신상내용

생몰연대	1803년순조3 ~ 1878년고종15 – 76세
본관	전주全州
자	경첨景瞻
호	남파南坡·성곡星谷·소산蘇山
가족	증조–통제사 은춘殷春, 할아버지–훤煊, 아버지–부총관 겸회謙會 어머니–창녕성씨(군수 성옥成玉의 딸) 부인–평산신씨(부총관 신명원申命源의 딸)

관직경력

한성판윤 재임기간 : 1872년고종9 1월 5일 ~ 1872년고종9 1월 6일

조선 말기의 무신

1825년순조25	무과 급제, 선전관
1846년헌종12	처벌받음(봉산군수로 있을 때 실수)
1851년철종2	충청도수군절도사
1854년철종5	경상좌도병마절도사
1858년철종9	춘천도청濬川都廳
1862년철종13	좌변포도대장
1864년고종1	북병사
1872년고종9	한성부판윤, 지의금부사

생애일화

그는 무과 집안 출신이지만 많은 서적응 수집하여 수만 권의 장서가 있었고, 고서화古書畵를 많이 수장하였다.
글씨는 행서를 잘 썼으며 명나라 말기의 동기창董其昌을 배워 일가를 이루었다. 그래서 그의 집에는 금석문을 구하려는 사람이 많았다 한다.
그림은 산수와 절지折枝를 잘 그렸으며, 작품으로는 담채로 그린 〈산수도〉가 전해온다.

1861대 한성판윤 김익문(金益文) – 1803대 동일인물

한성판윤 재임기간 : 1872년고종9 1월 6일 ~ 1872년고종9 2월 14일

1862대 한성판윤 김원식(金元植)

신상내용

생몰연대	1823년순조23 ~ 1881년고종18 – 59세
본관	청풍淸風
자	춘경春卿
호	학해學海
시호	효헌孝憲
가족	증조–기대基大, 조부–호참 종선宗善, 양부–군수 익철益哲, 생부–공참 익정益鼎 어머니–박종의朴宗儀의 딸

부인-달성서씨(서호순徐灝淳의 딸)

관직경력

한성판윤 재임기간 : 1872년고종9 2월 14일 ~ 1872년고종9 4월 28일

조선 말기의 문신

1840년헌종6	음보-명릉참봉, 수령 역임
1847년헌종13	정시문과 급제
1858년철종9	이조참판, 부호군
1859년철종10	공조·형조판서, 지경연사, 지의금부사, 지중추부사, 지춘추관사, 지돈녕부사
1860년철종11	개성부유수
1862년철종13	이조참판
1863년철종14	호군
1864년고종1	성균관대사성, 예조참판
1865년고종2	호조참판
1871년고종8	사헌부대사헌
1872년고종9	한성부판윤, 공조판서
1876년고종13	형조판서
1879년고종16	한성부판윤

생애일화

천성이 근검하여 비록 지위가 높았으나, 거처와 의복이 한미한 선비와 같았고, 늘 책을 좋아하여 곁에 두고 읽었다.
시문과 가승家乘 25권이 있다.
고조 시묵時默이 한성판윤을 지냈다.

1863대 한성판윤 김병운(金炳雲) - 1733·1760대 동일인물

한성판윤 재임기간 : 1872년고종9 4월 28일 ~ 1872년고종9 5월 9일

1864대 한성판윤 이경하(李景夏) – 1837·1873·1909대 동일인물

한성판윤 재임기간 : 1872년고종9 5월 9일 ~ ?

1865대 한성판윤 홍종운(洪鍾雲)

신상내용

생몰연대 1819년순조19 ~ ?
본관 남양南陽
자 희대希臺
가족 증조–이조참판 병찬秉纘, 할아버지–판관 이섭履燮, 아버지–현감 世圭
어머니–한상리韓象履의 딸
부인–조재경趙在慶의 딸

관직경력

한성판윤 재임기간 : 1872년고종9 9월 5일 ~ 1873년고종10 1월 1일

조선 말기의 문신

1845년헌종11	별시문과 급제
1849년헌종15	홍문록·도당록 등재
1850년철종1	헌납, 장령, 응교
1863년철종14	성균관대사성
1864년고종1	이조참의, 대사성
1865년고종2	이조참판, 사헌부대사헌
1872년고종9	한성부판윤
1873년고종10	대사헌, 형조판서
1874년고종11	예조판서, 대사헌
1876년고종13	의정부좌참찬
1883년고종20	형조판서, 〈선원보략璿源譜略〉 감인정監印正, 이조판서
1886년고종23	좌참찬

생애일화

8촌 종응鍾應이 한성판윤을 지냈다.

1866대 한성판윤 박효정(朴孝正)

신상내용

생몰연대 1796년정조20 ~ ?
본관 밀양密陽
자 재수在修
가족 증조-승지 평枰, 할아버지-제도齊道, 아버지-동지중추부사 장진長晉
어머니-임희계任希啓의 딸
부인-이희록李希祿의 딸

관직경력

한성판윤 재임기간 : 1873년고종10 1월 1일 ~ 1873년고종10 2월 5일

조선 말기의 문신

1850년철종1	강경講經에서 부賦로 우승-직부전시
1851년철종2	정시문과 급제
1853년철종4	홍문록·도당록 등재, 지평, 정언, 교리
1864년고종1	사간원대사간
1866년고종3	부호군
1867년고종4	대사간
1869년고종6	이조참판
1871년고종8	대사간
1873년고종10	한성부판윤, 권초관, 형조판서, 이조판서

생애일화

관직에서 물러나, 1875년 80세로 기로소에 들어갔다.

1867대 한성판윤 허 전(許傳) - 1874·1971대 동일인물

신상내용

생몰연대 1797년정조21 ~ 1886년고종23 - 90세

본관	양천陽川
자	이로以老
호	성재性齋
시호	문헌文憲
저서	〈성재집〉 외
가족	증조-병秉, 할아버지-윤玧, 아버지-형珩 어머니-이중필李重泌의 딸

관직경력

한성판윤 재임기간 : 1873년 1월 13일 ~ ?

조선 말기의 문신

1835년헌종1	별시문과 급제(39세)
1840년헌종6	기린도찰방
1844년헌종10	전적, 지평
1847년헌종13	함평현감
1850년철종1	교리, 경연시독관, 춘추관기사관
1855년철종6	우부승지, 병조참의
1862년철종13	진주민란(해소책 상신)
1864년고종1	김해부사
1865년고종2	병조·형조·이조참판
1873년고종10	한성부판윤, 형조판서, 동지성균관사, 지경연사
1876년고종13	이조판서, 정헌대부
1886년고종23	숭록대부, 판돈녕부사

생애일화

경연시독관으로 경연에 참가하여 국왕에게 유교경전을 해설하였으며, 김해부사로 부임해서는 향음주례를 행하고 향약을 강론하는 한편, 선비들을 모아 학문을 가르쳤다.
그는 이익李瀷, 안정복安鼎福, 황덕길黃德吉을 이은 기호畿湖의 남인학자로서 당대 유림의 종장宗匠이 되어, 영남 퇴계학파를 계승한 유치명柳致明과 쌍벽을 이루었다.
저서로는 〈성재집性齋集〉·〈종요록宗要錄〉·〈철명편哲命編〉·〈사의士儀〉 등이 있다.

1868대 한성판윤 한치익(韓致益)

한성판윤 재임기간 : 1873년 1월 15일 ~ ?

1869대 한성판윤 문경애(文慶愛)

신상내용

생몰연대 1793년정조17 ~ ?
본관 남평南平
자 길원吉元
가족 증조–지명至明, 할아버지–봉우鳳遇, 아버지–성오成五
어머니–이석후李錫垕의 딸

관직경력

한성판윤 재임기간 : 1873년고종10 2월 5일 ~ 1873년고종10 2월 19일

조선 말기의 문신

1814년순조14 식년문과 급제
1852년철종3 판교判敎, 병조당상
1873년고종10 한성부판윤

생애일화

문과에 급제한 지 60년이 되어 회방연回榜宴을 여는데 나라에서 악공樂工을 보내어 축하해 주었다. 기로소에 들어갔다.

1870대 한성판윤 이인응(李寅應) – 1981·1996·1998대 동일인물

신상내용

생몰연대 1832년순조32 ~ 1895년고종32 – 64세
본관 전주全州
초명 세보世輔

저서	〈풍아〉 외
가족	증조–부사 복현復鉉, 할아버지–제로濟魯, 아버지–군수 단화端和 어머니–해평윤씨(윤응선尹應善의 딸)

관직경력

한성판윤 재임기간 : 1873년고종10 2월 19일 ~ 1873년고종10 3월 20일

조선 말기의 문신·시조시인

1851년철종2	은전군의 계자 풍계군 당塘의 후사가 돼 호晧로 개명, 경평군景平君 작호
1852년철종3	의덕대부
1853년철종4	현록대부, 철종의 수라상 감선監膳
1857년철종8	동지 겸 사은정사로 청나라 다녀오다
1860년철종11	강진 신지도에 유배(안동김씨 세도가의 미움을 받음)
1863년철종14	철종 승하, 조대비와 흥선대원군의 배려로 석방
1865년고종2	부총관, 한성부 우·좌윤
1866년고종3	병조참판, 동지돈녕부사, 형조·공조참판
1868년고종5	인응寅應으로 개명
1869년고종6	호조참판, 부총관
1870년고종7	여주목사, 개성부유수, 오위도총부부총관
1873년고종10	한성부판윤, 공조·형조판서, 판의금부사

생애일화

인조仁祖의 아우 능창대군綾昌大君의 7대손이다.
안동김씨 일파의 세도정치로 혼미했던 철종시대에 왕족으로서 이하응李昰應과 함께 가장 뚜렷한 행적을 남긴 인물이다. 지방관으로 있을 때에는 언제나 백성의 편에서 어려움을 덜어주려 했던 목민관이었다. 대원군 집정 후 주요 고위직을 두루 역임하며 한껏 능력을 발휘했다고 한다.
시조시인으로서 〈풍아豊雅〉·〈시가詩歌〉 등의 작품집이 있고, 458수의 시조를 지어 조선시대를 통틀어 가장 많은 작품을 남긴 사람 중의 한 인물이다.

1871대 한성판윤 박제인(朴齊寅)

신상내용

생몰연대 1818년순조18 ~ 1884년고종21 – 67세
본관 반남潘南
자 치량稚亮
시호 정익靖翼
가족 증조–어영대장 준원準源, 조부–호조판서 종보宗輔, 아버지–병조판서 주수周壽
어머니–이호민李好敏의 딸
부인–이의석李義碩의 딸

관직경력

한성판윤 재임기간 : 1873년고종10 3월 20일 ~ 1873년고종10 5월 24일

조선 말기의 문신

1843년헌종9	사마시(생원·진사) 양과 입격, 현감
1856년철종7	별시문과 급제, 안악군수, 영변부사
1861년철종12	진하 겸 사은사의 부사로 청나라 다녀오다
1870년고종7	이조참판
1873년고종10	산실청부제조, 한성부판윤, 예조·형조판서
1874년고종11	내의원제조
1875년고종12	의정부우참찬, 판의금부사, 경상도관찰사
1878년고종15	이조판서, 판의금부사, 예조판서
1879년고종16	판의금부사
1882년고종19	경모궁제조
1883년고종20	공조판서

생애일화

대고모가 정조대왕 후궁 수빈綏嬪으로 순조대왕의 사친私親이다.
아버지 주수, 숙부 기수崎壽가 한성판윤을 지냈다.

1872대 한성판윤 김익진(金翊鎭)

신상내용

생몰연대	1815년순조15 ~ 1923년 – 109세
본관	안동安東
자	군필君弼
가족	증조–안의현감 효근孝根, 할아버지–단양군수 병원炳元, 아버지–진사 도균道均 어머니–죽산안씨(생원 안광집安光集의 딸) 부인–창원황씨(황종구黃鍾九의 딸)
묘	경기도 고양시 일산구 장항동

관직경력

한성판윤 재임기간 : 1873년고종10 5월 24일 ~ 1873년고종10 6월 7일

조선 말기의 문신

1837년헌종3	별시문과 급제
1842년헌종8	주서
1845년헌종11	도당록 등재
1849년헌종15	부수찬
1851년철종2	사옹원정
1854년철종5	성균관대사성
1857년철종8	이조참의
1859년철종10	진하례 때 예방승지
1862년철종13	이조참판
1863년철종14	개성부유수
1873년고종10	행호군, 한성부판윤, 권초관
1874년고종11	공조판서, 안태사
1875년고종12	권초관
1877년고종14	의정부좌참찬
1883년고종20	대사헌, 한성부판윤

1873대 한성판윤 이경하(李景夏) – 1837·1864·1909대 동일인물

한성판윤 재임기간 : 1873년고종10 6월7일 ~ 1873년고종10 윤6월 11일

1874대 한성판윤 허 전(許傳) – 1867·1971대 동일인물

한성판윤 재임기간 : 1873년고종10 윤6월 11일 ~ 1873년고종10 7월 4일

1875대 한성판윤 조구하(趙龜夏) – 1853대 동일인물

한성판윤 재임기간 : 1873년고종10 7월 4일 ~ 1873년고종10 8월 8일

1876대 한성판윤 민영위(閔泳緯)

신상내용

생몰연대	1818년순조18 ~ 1886년고종23 – 60세
본관	여흥驪興
자	석경碩經
호	예극藝屐
시호	충문忠文
가족	증조–승지 양현養顯, 할아버지–악정 치화致和, 아버지–원용元鏞 어머니–한철신韓喆新의 딸 부인–김인근金仁根의 딸

관직경력

한성판윤 재임기간 : 1873년고종10 8월 8일 ~ 1873년고종10 8월 23일

조선 말기의 문신

1848년헌종14	증광별시 문과 장원급제
1851년철종2	부수찬

1855년철종6	성균관대사성
1857년철종8	사간원대사간
1860년철종11	이조참의
1863년철종14	연행사의 부사로 청나라 다녀오다
1865년고종2	이조참판
1867년고종4	사헌부대사헌
1873년고종10	도총부도총관, 형조판서, 한성부판윤
1875년고종12	함경도관찰사, 강원도관찰사
1881년고종18	예문관제학
1882년고종19	이조판서, 홍문관제학, 판의금부사, 수원부유수, 평안감사, 시강원좌부빈객
1883년고종20	예조판서, 상호군, 판돈녕부사, 병조판서
1884년고종21	시강원좌빈객
1885년고종22	이조판서, 의정부좌찬성

1877대 한성판윤 김병덕(金炳德)

한성판윤 재임기간 : 1873년고종10 8월 23일 ~ 1873년고종10 9월 16일

1878대 한성판윤 이재원(李載元) – 1809대 동일인물

한성판윤 재임기간 : 1873년고종10 9월 16일 ~ 1873년고종10 10월 6일

1879대 한성판윤 심승택(沈承澤) – 1843대 동일인물

한성판윤 재임기간 : 1873년고종10 10월 6일 ~ 1874년고종11 1월 15일

1880대 한성판윤 임상준(任商準)

한성판윤 재임기간 : 1874년고종11 1월 15일 ~ 1874년고종11 2월 17일

1881대 한성판윤 오취선(吳取善) – 1697·1732·1798·1883대 동일인물

한성판윤 재임기간 : 1874년고종11 2월 17일 ~ 1874년고종11 4월 1일

1882대 한성판윤 윤 육(尹堉)

신상내용

생몰연대	1803년순조3 ~ 1875년고종12 – 73세
본관	파평坡平
자	치옥稚玉
시호	효헌孝憲
가족	증조–재태在泰, 할아버지–경화景和, 아버지–군수 오영五榮 어머니–김기정金箕晶의 딸 부인–김이초金履初의 딸
묘	경기도 안성시 대덕면 모산리 중모산

관직경력

한성판윤 재임기간 : 1874년고종11 4월 1일 ~ 1874년고종11 4월 29일

조선 말기의 문신

1844년헌종10	증광별시 급제
1848년헌종14	홍문록·도당록 등재, 부교리, 사복시정
1850년철종1	사은사의 서장관으로 청나라 다녀오다
1851년철종2	지평(영희전永禧殿 작헌례 집례)
1858년철종9	성균관대사성
1861년철종12	이조참의
1864년고종1	사간원대사간, 이조참의
1866년고종3	예방승지(효문전孝文殿의 작헌례 봉무)
1872년고종9	이조참판
1873년고종10	도총부도총관, 형조판서
1874년고종11	한성부판윤, 기로소 입소

1883대 한성판윤 오취선(吳取善) – 1697·1732·1798·1881대 동일인물

한성판윤 재임기간 : 1874년고종11 4월 29일 ~ 1874년고종11 7월 2일

1884대 한성판윤 김익진(金翊鎭)

한성판윤 재임기간 : 1874년고종11 7월 2일 ~ 1874년고종11 9월 4일

1885대 한성판윤 정건조(鄭健朝) – 1898대 동일인물

신상내용

생몰연대	1823년순조23 ~ ?
본관	동래東萊
자	치중致中
호	용산蓉山
가족	증조–동우東愚, 할아버지–첨정 문용文容, 아버지–대사헌 기일基一 어머니–김노검金魯儉의 딸 부인–박제문朴齊聞의 딸, 이동응李東應의 딸

관직경력

한성판윤 재임기간 : 1874년고종11 9월 4일 ~ 1874년고종11 11월 25일

조선 말기의 문신

1848년헌종14	경과증광별시 문과 급제
1849년헌종15	한권翰圈 선발
1851년철종2	규장각직각
1855년철종6	병조정랑, 간삭지전刊削之典을 당함
1857년철종8	성균관대사성
1860년철종11	이조참의
1861년철종12	대거승지
1864년고종1	전라도관찰사

1865년고종2	이조참판
1866년고종3	사헌부대사헌, 홍문관부제학
1870년고종7	예조참판
1871년고종8	공조판서
1872년고종9	대사헌, 공조판서
1873년고종10	사은 겸 동지정사로 청나라 다녀오다
1874년고종11	한성부판윤
1875년고종12	형조판서
1876년고종13	예조·형조판서, 대사헌
1880년고종17	형조판서
1881년고종18	이조판서, 대사헌

1886대 한성판윤 서상정(徐相鼎) – 1904대 동일인물

신상내용

생몰연대	1813년순조13 ~ 1876년고종13 – 64세
본관	대구大丘
자	이응而凝
시호	효정孝靖
가족	증조–유녕有寧, 할아버지–구보龜輔, 아버지–홍주목사 호순灝淳 어머니–이노익李魯益의 딸 부인–전주이씨(李憲琦의 딸)
묘	경기도 이천시 장호원읍 방추동

관직경력

한성판윤 재임기간 : 1874년고종11 11월 25일 ~ 1874년고종11 12월 25일

조선 말기의 문신

1834년순조34	사마시(진사) 입격, 전부典簿
1848년헌종14	증광별시 문과 급제
1859년철종10	성균관대사성
1866년고종3	전라도관찰사
1870년고종7	동지의금부사, 이조참판, 동지사의 부사로 청나라 다녀오다

1873년고종10	추상존호도감, 형조판서
1874년고종11	병조판서, 한성부판윤
1875년고종12	형조판서, 사헌부대사헌, 공조판서

생애일화

증조 유녕, 당숙 대순戴淳이 한성판윤을 지냈다.

1887대 한성판윤 홍원섭(洪遠燮)

신상내용

생몰연대	1798년정조22 ~ 1876년고종13 – 79세
본관	남양南陽
자	이강而剛
가족	증조–경하景夏, 할아버지–대사헌 성연聖淵, 아버지–이조참판 수만秀晩 어머니–윤행원尹行元의 딸 부인–이효연李孝淵의 딸
묘	경기도 광주시 초월읍 대쌍령리

관직경력

한성판윤 재임기간 : 1874년고종11 12월 25일 ~ 1875년고종12 2월 6일

조선 말기의 문신

1819년순조19	사마시(진사) 입격, 목사
1848년헌종14	경과증광별시 문과 급제
1851년철종2	성균관대사성
1854년철종5	이조참의
1860년철종11	예방승지(건릉·융릉 친제)
1862년철종13	강화부유수
1864년고종1	사헌부대사헌
1865년고종2	이조참판
1870년고종7	대사헌
1873년고종10	오위도총부도총관, 형조판서
1874년고종11	공조·예조판서, 한성부판윤

1875년고종12	대사헌, 기로소 입소

1888대 한성판윤 김수현(金壽鉉) – 1846대 동일인물

한성판윤 재임기간 : 1875년고종12 2월 6일 ~ 1875년고종12 3월 2일

1889대 한성판윤 민규호(閔奎鎬)

신상내용

생몰연대	1836년헌종2 ~ 1878년고종15 – 43세
본관	여흥驪興
자	경원景園
호	황사黃史
사호賜號	지당芝堂
시호	충헌忠獻
가족	증조–예조판서 백흥百興, 할아버지–상섭相燮, 아버지–치오致五 어머니–김원식金元植의 딸 부인–송정희宋正熙의 딸
묘	경기도 용인시 처인구 이동면 시미리

관직경력

한성판윤 재임기간 : 1875년고종12 3월 2일 ~ 1875년고종12 4월 14일

조선 말기의 문신

1858년철종9	사마시(생원) 입격
1859년철종10	증광문과 급제
1867년고종4	이조참의
1869년고종6	형조참판
1873년고종10	흥선대원군 하야, 실권
1874년고종11	이조참판
1875년고종12	한성부판윤, 예조·이조판서
1876년고종13	무위영도총제武衛營都摠制

1878년고종15	우의정

생애일화

민비(명성왕후)가 왕비로 책립되자 중용되기 시작하여, 민씨일파 참모 중 한 사람으로 흥선대원군 축출에 힘썼다. 흥선대원군이 하야하고 민씨정권이 국정을 장악하게 되자 쇄국정책을 지양하고 개항을 주장하며 막후에서 영향력을 발휘하였다.
그는 좌의정을 지낸 민진원閔鎭遠의 5대손으로 서예에도 능하였으나 일찍 죽었다.

1890대 한성판윤 이회정(李會正) – 1911·1924대 동일인물

신상내용

생몰연대	1818년순조18 ~ 1883년고종20 – 66세
본관	전주全州
초명	종정鍾正
자	경숙景叔
가족	증조 첨지중추부사 도㝞, 할아버지–승지 현묵顯默, 아버지–참판 원달源達 어머니–풍천임씨(임희존任希存의 딸) 부인–의령남씨(남영교南泳敎의 딸)
묘	경기도 이천시 부발읍 가산리 → 이장

관직경력

한성판윤 재임기간 : 1875년고종12 4월 14일 ~ 1875년고종12 4월 28일

조선 말기의 문신

1852년철종3	사마시(생원) 입격
1862년철종12	정시문과 급제
1864년고종1	부수찬, 교리
1866년고종3	북청부사
1870년고종7	성균관대사성
1871년고종8	이조참의, 대사성
1872년고종9	병조참의
1874년고종11	도총관, 동지정사로 청나라 다녀오다. 공조판서
1875년고종12	한성부판윤, 강원도·함경도관찰사

1878년고종15	도총관, 한성부판윤, 도총관
1882년고종19	판의금부사, 임오군란, 예조판서, 국장도감제조, 유배(민비의 의대장례 문제)
1883년고종20	향리 방축–위리안치–사사賜死

생애일화

임오군란으로 민비가 피신한 것을 사망으로 간주하고, 국상國喪 발표를 한 소위 '衣帶葬禮'에 대해 신중론을 주장하였다 한다. 그러나 예조판서로 있었기 때문에 찬성한 것으로 단정한 양사의 탄핵을 받아 결국 유배되었다가 사사되었다.

1891대 한성판윤 정기세(鄭基世) – 1679·1688·1743·1773·1891·1961대 동일인물

한성판윤 재임기간 : 1875년고종12 4월 28일 ~ 1875년고종12 5월 17일

1892대 한성판윤 이용희(李容熙)

신상내용

생몰연대	1811년순조11 ~ 1878년고종15 – 68세
본관	덕수德水
자	공습公習
호	기원淇園
시호	정의靖毅
가족	증조–영장 한정漢鼎, 조부–장연부사 영수永秀, 양부–훈련원첨정 명권命權 생부–삼도통제사 항권恒權, 생모–풍천임씨(임천백任天白의 딸) 부인–함안윤씨(병마절도사 윤희풍尹喜豊의 딸)
묘	경기도 용인시 처인구 원삼면 사암리

관직경력

한성판윤 재임기간 : 1875년고종12 5월 17일 ~ 1875년고종12 6월 15일

1838년헌종4	선전관
1839년헌종5	무과 급제
1861년철종12	전라우도수군절도사
1863년철종14	경상우도병마절도사
1866년고종3	병인양요-선봉장(프랑스 함대 격퇴), 어영대장, 형조판서
1867년고종4	총융사, 어영대장
1868년고종5	주사대장舟師大將, 진무사
1871년고종8	어영대장
1873년고종10	훈련대장
1875년고종12	한성부판윤

생애일화

어영중군 재임 중 병인양요가 일어나자, 훈련도감의 군인을 출동시켜 서강지역을 경계하였다. 기보연해순무사중군畿輔沿海巡撫司中軍에 임명되어 2천여 명의 병력을 이끌고 통진에 출동하였고, 별무사別武士 지홍관池弘寬을 파견하여 프랑스함대의 철군을 촉구하는 격문을 보냈다. 한편 프랑스군이 정족산성을 정찰하고 전등사를 약탈하자 천총千摠 양헌수梁憲洙를 출전시켜 프랑스군 6명을 사살하는 전과를 올려 프랑스 함대가 퇴각하는 데 공을 세웠다.
1876년 강화도조약 체결 당시에는 김병학·홍순목 등과 함께 쇄국척화론을 고수하였다.
임진왜란의 구국영웅 충무공 이순신李舜臣장군의 9대손이다.

1893대 한성판윤 이근필(李根弼) – 1900·1941대 동일인물

신상내용

생몰연대	1816년순조16 ~ 1882년고종19 – 67세
본관	전의全義
자	여해汝諧
호	남석南石
시호	효문孝文
가족	증조-부사 영배永培, 할아버지-황해감사 문회文會, 아버지-예조판서 현서玄緖 어머니-창녕조씨(참판 조윤수曺允遂의 딸) 부인-풍산홍씨(부사 홍석모洪錫謨의 딸)

묘	경기도 가평군 설악면 선촌리

관직경력

한성판윤 재임기간 : 1876년 2월 25일 ~ ?

조선 말기의 문신

1844년헌종10	사마시(진사) 입격
1853년철종4	정시문과 급제
1855년철종6	승정원주서, 부사과
1866년고종3	이조참의
1867년고종4	예방승지(명릉·예릉 친제)
1872년고종9	동지부사로 청나라 다녀오다
1873년고종10	진하 겸 사은사의 정사로 청나라 다녀오다. 이조참판, 형조판서
1874년고종11	사헌부대사헌
1875년고종12	한성부판윤, 의정부우참찬
1876년고종13	예조판서
1877년고종14	황해도관찰사(파면–곡물 유통 실패)
1878년고종15	경상도관찰사(양안量案 시행, 일본인과의 밀무역 방지)
1881년고종18	대사헌, 한성부판윤, 수정전壽靜殿 서사관書寫官(전호殿號·당호堂號) 이용사理用司 당상경리사(신사유람단 귀국–통리기무아문 개편), 典選·語學·律例司 당상, 대호군, 이조판서
1882년고종19	예문관제학, 대사헌

생애일화

청나라에 사신으로 다녀온 뒤, 청일수호조약으로 중국에 있던 일본인들이 모두 양이洋夷와 같은 옷을 입고 있다고 보고함으로써 당시 일본에 대한 지식이 없던 국왕과 정부의 관리들을 당황케하여 일깨웠다.

1894대 한성판윤 이승보(李承輔) – 1849대 동일인물

한성판윤 재임기간 : 1875년고종12 6월 15일 ~ 1875년고종12 8월 1일

1895대 한성판윤 이병문(李秉文) – 1920대 동일인물

신상내용

생몰연대 1826년순조26 ~ 1888년고종25 – 63세
본관 전주全州
자 덕여德汝
시호 효정孝靖
가족 증조–삼척부사 철상徹祥, 할아버지–대구판관 장현章顯, 양부–좌의정 헌구憲球
생부–백천군수 헌도憲度, 어머니–안동김씨(김이초金履初의 딸)
부인–광산김씨(김우현金宇鉉의 딸)
묘 경기도 파주시 탄현면 법흥리

관직경력

한성판윤 재임기간 : 1875년고종12 8월 1일 ~ 1875년고종12 9월 13일

조선 말기의 문신

1848년헌종14	증광별시 문과 급제
1864년고종1	충청도관찰사
1867년고종4	이조참판, 예방승지
1870년고종7	사헌부대사헌
1874년고종11	오위도총부도총관, 형조판서
1875년고종12	진위 겸 진향사의 정사로 청나라 다녀오다. 지의금부사, 한성부판윤
1876년고종13	대사헌
1877년고종14	〈선원보璿源譜〉 감인위원監印委員
1879년고종16	형조·예조판서
1880년고종17	의정부우참찬, 광주부유수, 전라도관찰사
1882년고종19	예조판서
1883년고종20	유배(전라도관찰사 재직 시 범장犯贓)
1885년고종22	방면–복직 예조판서, 판의금부사, 이조판서, 판돈녕부사

1896대 한성판윤 김병주(金炳㴤) – 1746·1756·1899대 동일인물

한성판윤 재임기간 : 1875년고종12 9월 13일 ~ 1875년고종12 10월 2일

1897대 한성판윤 강난형(姜蘭馨) – 1908대 동일인물

신상내용

생몰연대 1813년순조13 ~ 1881년고종18 – 69세
본관 진주晉州
자 방숙芳叔
호 해창海蒼
가족 증조–세선世選, 할아버지–악흠嶽欽, 아버지–노영魯永
어머니–이관회李觀會의 딸
부인–원주김씨(김익연金益演의 딸) 하동정씨(정재학鄭在學의 딸)

관직경력

한성판윤 재임기간 : 1875년고종12 10월 2일 ~ 1875년고종12 12월 18일

조선 말기의 문신

1843년헌종9	사마시(생원) 입격
1848년헌종14	증광문과 급제
1850년철종1	홍문관부교리, 부수찬
1860년철종11	사간원대사간
1861년철종12	왜역관–파직·유배(문서 복사 혐의)
1864년고종1	좌부승지
1865년고종2	성균관대사성, 이조참의, 사헌부대사헌
1872년고종9	상시관上試官–탄핵(과거시험장 기강 문란)
1873년고종10	형조판서
1875년고종12	진위 겸 진향사의 정사로 청나라 다녀오다. 한성부판윤
1879년고종16	황해도관찰사

1898대 한성판윤 정건조(鄭健朝) – 1885대 동일인물

한성판윤 재임기간 : 1875년고종12 12월 18일 ~ 1876년고종13 1월 17일

1899대 한성판윤 김병주(金炳溎) – 1746·1756·1896대 동일인물

한성판윤 재임기간 : 1876년고종13 1월 17일 ~ 1876년고종13 2월 25일

1900대 한성판윤 이근필(李根弼) – 1893 ·1941대 동일인물

한성판윤 재임기간 : 1876년고종13 2월 25일 ~ 1876년고종13 3월 23일

1901대 한성판윤 윤자승(尹滋承) – 1902·1905·1925대 동일인물

신상내용

생몰연대	1815년순조15 ~ ?
본관	파평坡平
자	중무仲茂
가족	증조–광유光裕, 할아버지–군수 성기星基, 아버지–원진元振 어머니–창녕성씨(성긍주成肯柱의 딸) 부인–박기수朴麒壽의 딸
묘	경기도 시흥시 서면 가리 대축원

관직경력

한성판윤 재임기간 : 1876년고종13 3월 23일 ~ 1876년고종13 4월 23일

조선 말기의 문신

1844년헌종10	사마시(진사) 입격, 부사
1859년철종10	증광문과 급제
1860년철종11	이조참의, 사간원대사간, 승지
1865년고종2	전라도암행어사, 의주부윤
1868년고종5	병조참판, 대사간, 예조참판
1874년고종11	진하 겸 사은사의 부사로 청나라 다녀오다
1875년고종12	호조참판, 성균관대사성,
1876년고종13	한성부판윤, 도총부도총관, 한일수호조약 접견대신 신헌申櫶의 부관

1877년고종14	공조·예조판서
1881년고종18	경상도관찰사, 예조·형조판서, 도총관, 사헌부대사헌
1883년고종20	예문관제학, 홍문관제학
1884년고종21	병조판서

생애일화

신헌申櫶의 부관으로 일본과 국교를 맺고 개항을 하는 조약체결의 실무자로 활약하였다. 개항 전후 시기의 관료이자 오랫동안 국정을 담당한 문관으로서 비교적 순탄한 일생을 보냈다.

1902대 한성판윤 윤자승(尹滋承) – 1901·1905·1925대 동일인물

한성판윤 재임기간 : 1876년고종13 4월 23일 ~ 1876년고종13 5월 10일

1903대 한성판윤 서승보(徐承輔)

신상내용

생몰연대	1814년순조14 ~ 1877년고종14 – 64세
본관	대구大丘
자	원예元藝
호	규정圭庭
시호	문헌文憲
가족	증조–첨중추 명헌命憲, 할아버지–호조참판 미수美修, 아버지–공조판서 유여有畬 어머니–예안이씨(이조원李肇源의 딸) 부인–이규수李圭秀의 딸, 이장李鏘의 딸
묘	경기도 파주시 광탄면 방축리

관직경력

한성판윤 재임기간 : 1876년고종13 5월 10일 ~ 1876년고종13 6월 4일

조선 말기의 문신

1856년철종7	별시문과 급제
1857년철종8	충청우도암행어사
1858년철종9	승지
1864년고종1	이조참의
1870년고종7	예조참판
1872년고종9	예문관제학
1874년고종11	홍문관제학
1875년고종12	이조참판
1876년고종13	한성부판윤, 형조판서

생애일화

글씨에 능하였다.

1904대 한성판윤 서상정(徐相鼎) – 1886대 동일인물

한성판윤 재임기간 : 1876년고종13 6월 4일 ~ 1876년고종13 7월 16일

1905대 한성판윤 윤자승(尹滋承) – 1901·1902·1925대 동일인물

한성판윤 재임기간 : 1876년고종13 7월 16일 ~ 1876년고종13 10월 22일

1906대 한성판윤 김대근(金大根) – 1669·1847·1906대 동일인물

한성판윤 재임기간 : 1876년고종13 10월 22일 ~ 1876년고종13 11월 13일

1907대 한성판윤 서형순(徐衡淳) – 1781·1912대 동일인물

한성판윤 재임기간 : 1876년고종13 11월 13일 ~ 1876년고종13 12월 26일

1908대 한성판윤 강난형(姜蘭馨) – 1897대 동일인물

한성판윤 재임기간 : 1876년고종13 12월 26일 ~ 1877년고종14 5월 25일

1909대 한성판윤 이경하(李景夏) – 1837·1864·1873대 동일인물

한성판윤 재임기간 : 1877년고종14 5월 25일 ~ 1877년고종14 12월 18일

1910대 한성판윤 조석우(曺錫雨) – 1824대 동일인물

한성판윤 재임기간 : 1877년고종14 12월 28일 ~ 1878년고종15 6월 14일

1911대 한성판윤 이회정(李會正) – 1890·1924대 동일인물

한성판윤 재임기간 : 1878년고종15 6월 14일 ~ 1878년고종15 10월 1일

1912대 한성판윤 서형순(徐衡淳) – 1782·1907대 동일인물

한성판윤 재임기간 : 1878년고종15 10월 1일 ~ 1878년고종15 11월 14일

1913대 한성판윤 이연응(李沇應)

한성판윤 재임기간 : 1878년고종15 11월 14일 ~ 1879년고종16 1월 18일

1914대 한성판윤 이호준(李鎬俊) – 1931·1937대 동일인물

신상내용

생몰연대 1821년순조21 ~ 1901년광무5 – 81세
본관 우봉牛峰
자 충백忠伯
호 낙천樂泉
시호 충익忠翼
가족 증조–참봉 뇌耒, 할아버지–지평 광유光裕, 양부–부사 식埴, 생부–역
어머니–안동권씨(권순權恂의 딸)
부인–여흥민씨(직장 민용현閔龍顯의 딸), 풍천임씨
묘 충남 아산시 영인면 구성리 구산

관직경력

한성판윤 재임기간 : 1879년고종16 1월 18일 ~ 1879년고종16 2월 8일

조선 말기의 문신

1864년고종1	경과증광별시 문과 급제, 홍문관수찬, 승정원 동부승지
1865년고종2	홍문관부제학, 이조참의
1866년고종3	홍문관부제학
1867년고종4	예방승지
1870년고종7	전라도관찰사(외침에 대비한 성보 수축과 군사훈련 주력)
1872년고종9	규장각직제학
1874년고종11	형조판서
1875년고종12	세자시강원 우부빈객·좌부빈객
1879년고종16	한성부판윤, 형조판서
1880년고종17	이조판서
1881년고종18	예조·이조판서
1883년고종20	병조판서, 판의금부사
1884년고종21	동지 겸 사은사의 정사로 청나라 다녀오다
1885년고종22	예조판서, 판돈녕부사, 판의금부사, 홍문관제학
1886년고종23	예문관제학, 경상도관찰사
1888년고종25	공조판서, 예문관제학, 규장각제학, 판의금부사
1889년고종26	판의금부사, 홍문관제학
1890년고종27	형조판서, 판의금부사

1893년고종30	판중추부사
1896년건양1	규장원경 겸 왕태자일강관奎章院卿兼王太子日講官, 칙임관, 기로소 입소
1897년광무1	중추원의장, 칙임관 1등
1898년광무2	궁내부특진관, 의정부참정
1899년광무3	금보전문서金寶篆文書 서사관
1901년광무5	궁내부특진관

생애일화

6대조 만성晩成이 한성판윤을 지냈다.
고종을 협박하여 을사늑약을 체결·서명하게 한 을사오적乙巳五賊의 한 사람으로서 내각총리대신을 지낸 이완용李完用의 양부養父이다.

1915대 한성판윤 유성환(兪晟煥)

신상내용

생몰연대	1804년순조4 ~ 1888년고종25 – 85세
본관	기계杞溪
자	경평景平
호	국포菊圃
시호	효정孝靖
가족	증조–대사헌 언술彦述, 할아버지–이조참판 한유漢維, 아버지–희주羲柱 어머니–달성서씨(서영보徐英輔의 딸) 부인–연안김씨(김보연金普淵의 딸)
묘	경기도 평택시 청북면 후사리

관직경력

한성판윤 재임기간 : 1879년고종16 2월 8일 ~ 1879년고종16 윤3월 9일

조선 말기의 문신

1851년철종2	경과문과 급제
1858년철종9	진하례 때 선전관宣箋官
1862년철종13	이조참의

1864년고종1	사간원대사간
1871년고종8	경연관
1872년고종9	추상존호도감 대거승지對擧承旨
1873년고종10	이조참판
1879년고종16	결혼 60주년 회근례回巹禮, 한성부판윤, 공조판서

1916대 한성판윤 김원식(金元植) – 1943대 동일인물

한성판윤 재임기간 : 1879년고종16 윤3월 9일 ~ 1879년고종16 윤3월 17일

1917대 한성판윤 정기회(鄭基會) – 1945·1973·2021·2048·2083·2097·2128대 동일인물

신상내용

생몰연대	1829년순조29 ~ ?
본관	동래東萊
자	성오聖五
가족	증조–대사헌 우순宇淳, 할아버지–동석東奭, 아버지–공조판서 헌용憲容 어머니–반남박씨(승지 박종형朴宗珩의 딸) 부인–조병휘趙秉徽의 딸, 안구현安龜顯의 딸, 심여로沈女盧의 딸

관직경력

한성판윤 재임기간 : 1879년고종16 윤3월 17일 ~ 1879년고종16 5월 25일

조선 말기의 문신

1848년헌종14	사마시(진사) 입격
1858년철종9	별시문과 급제
1862년철종13	충청우도암행어사(전임 관찰사와 수령 비리 적발)
1864년고종1	참찬관(소대召對에 참석하여 민본사상과 왕위의 지고함을 강조)
1865년고종2	우부승지, 성균관대사성, 좌승지, 이조참판, 도승지
1874년고종11	공조·형조판서

1879년고종16	한성부판윤
1884년고종21	함경도관찰사(남부에서 곡식을 옮겨 도내 백성의 기근을 구제)
1885년고종22	사헌부대사헌, 홍문관제학
1886년고종23	공조·형조·예조·병조·이조판서, 판의금부사
1890년고종27	독판내무부사督辦內務府事, 조대비 승하-산릉도감제조 세자시강원 좌·우부빈객, 일강관
1894년개국503	황태자궁일강관, 궁내부특진관, 칙임관2등

생애일화

그는 문장에 뛰어나고 행정력이 탁월하여 고종대의 문한직과 주요 행정부서의 장관직을 두루 역임하였다.
효종~현종 대에 5차례 영의정을 지낸 鄭太和의 후손으로 아버지 현용이 한성판윤을 지냈다.

1918대 한성판윤 이인명(李寅命)

신상내용

생몰연대	1819년순조19 ~ 1887년고종24 - 69세
본관	전주全州
자	기영祈永
호	계운溪雲
시호	효헌孝獻
가족	증조-안성군수 창중昌中, 할아버지-의상義常, 양부-호조판서 목연穆淵 생부-용궁현감 일연一淵, 생모-해주오씨(현령 오태응吳泰膺의 딸) 부인-풍양조씨(목사 조연명趙然明의 딸)
묘	경기도 성남시 분당구 석운리

관직경력

한성판윤 재임기간 : 1879년고종16 5월 25일 ~ 1879년고종16 8월 4일

조선 말기의 문신

1844년헌종10	사마시(생원) 입격
1858년철종9	정시문과 급제, 승정원주서
1861년철종12	홍문관 교리·수찬, 도당록 등재

1862년철종13	경상우도암행어사(삼정의 문란으로 농민 봉기, 지방관 규찰 파견)
1863년철종14	진주사의 서장관으로 청나라 디녀오다
1867년고종4	이조참판, 성균관대사성
1870년고종7	홍문관부제학, 이조참판
1871년고종8	사헌부대사헌
1872년고종9	종정경宗正卿(판종정경 이최응李最應과 선정으로 현군이 되라는 연명소聯名疏)
1874년고종11	대사헌
1875년고종12	동지부사로 청나라 다녀오다
1878년고종15	국조어첩서사관國朝御帖書寫官-〈선원보략璿源譜略〉 수정, 대사헌
1879년고종16	형조판서, 한성부판윤
1880년고종17	대사헌
1882년고종19	공조판서, 대사헌, 임오군란(민비의 의대장례-산릉도감제조)
1883년고종20	대사헌, 의정부좌참찬
1884년고종21	예조판서(복제服制 개혁 반대-유배), 의정부당상
1885년고종22	의약청제조, 판의금부사

생애일화

아버지 목연이 한성판윤을 지냈다.

1919대 한성판윤 홍재현(洪在鉉)

신상내용

생몰연대	1815년순조15 ~ ?
본관	남양南陽
자	경옥景玉
가족	증조-주부 주영疇永, 할아버지-세마 병용秉容, 아버지-연산부사 명섭明燮 어머니-안동김씨(김이도金履道의 딸) 부인-김재성金在成의 딸, 이승소李承紹의 딸

관직경력

한성판윤 재임기간 : 1879년고종16 8월 4일 ~ 1879년고종16 9월 20일

1843년헌종9 사마시(진사) 입격
1859년철종10 경과증광별시 문과 급제
1867년고종4 성균관대사성, 예방승지
1875년고종13 이조참판
1877년고종15 강원도관찰사
1879년고종17 오위도총부도총관, 한성부판윤, 형조판서
1881년고종19 예조판서

생애일화

헌종憲宗의 계비 명헌왕후明憲王后의 친정아버지 익풍부원군益豊府院君 재룡在龍이 양가養家 8촌 형이다.

1920대 한성판윤 이병문(李秉文) – 1895대 동일인물

한성판윤 재임기간 : 1879년고종16 9월 20일 ~ 1879년고종16 12월 26일

1921대 한성판윤 이인설(李寅卨)

신상내용

생몰연대 1813년순조13 ~ 1882년고종19 – 70세
본관 전주全州
자 은철殷哲
호 서암瑞岩
가족 증조–감사 명중明中, 할아버지–공조참의 의열義悅, 아버지–우의정 지연止淵
어머니–양주조씨(조경규趙景逵의 딸)
부인–풍양조씨(풍은부원군 조인영趙寅永의 딸), 대구서씨(서응순徐應淳의 딸)
묘 경기도 장단군 도동면 지사곡

관직경력

한성판윤 재임기간 : 1879년고종16 12월 26일 ~ 1880년고종17 2월 20일

조선 말기의 문신

1837년헌종3	사마시(진사) 입격
1865년고종2	진사로서 추도기秋到記를 통해 직부전시直赴殿試
1866년고종3	정시문과 급제
1867년고종4	사간원대사간, 성균관대사성
1872년고종9	이조참판, 종정경-〈선원보략璿源譜略〉 수정할 때 어첩서사관
1877년고종14	형조판서, 동지 겸 사은정사로 청나라 다녀오다
1878년고종15	관상감제조
1879년고종16	〈선원보략〉 교정 때 지종정경, 한성부판윤
1880년고종17	대사간
1881년고종18	의정부우참찬, 좌참찬

생애일화

아버지 지연, 숙부 기연紀淵이 한성판윤을 지냈다. 그리고 양자를 간 친형 인고寅皐와 7촌 조카 경하景夏도 한성판윤을 지냈다.

1922대 한성판윤 윤병정(尹秉鼎) – 1935·1986대 동일인물

신상내용

생몰연대	1822년순조22 ~ 1889년고종26 – 68세
본관	남원南原
자	사홍士弘
호	파강巴江
시호	효문孝文
가족	증조-행면行勉, 할아버지-부사 이현彝鉉, 아버지-태주泰周
	어머니-황기찬黃基璨의 딸
	부인-서상옥徐相沃의 딸

관직경력

한성판윤 재임기간 : 1880년고종17 2월 20일 ~ 1880년고종17 2월 25일

조선 말기의 문신

1850년철종1	사마시(진사) 입격

1851년철종2	정시문과 장원급제, 훈련원정, 성천부사
1861년철종12	성균관대사성, 이조참의, 사간원대사간, 승지
1873년고종10	강원도관찰사, 대사간
1880년고종17	한성부판윤, 공조판서(과폐科弊로 유배)
1882년고종19	임오군란–낙향
1883년고종20	예조판서, 이조판서, 제학, 판의금부사, 판돈녕부사

생애일화

안동김씨 세도정치에도 반대 태도를 보였고, 대원군의 내정에 대해서도 호포戶布의 혁파와 서원의 복설 등 정면으로 반대되는 의견을 상소하기도 하였다.

1923대 한성판윤 임응준(任應準)

신상내용

생몰연대	1816년순조16 ~ 1883년고종20 – 68세
본관	풍천豊川
자	재전在田
호	담재澹齋
저서	〈담재집〉
가족	증조–예조판서 희존希存, 할아버지–직장 연상淵常, 아버지–이조판서 백수百秀 어머니–이기재李基裁의 딸 부인–송인화宋寅和의 딸

관직경력

한성판윤 재임기간 : 1880년고종17 2월 25일 ~ 1880년고종17 2월 25일

조선 말기의 문신

1848년헌종14	증광문과 급제, 경연관
1852년철종3	북평사
1859년철종10	홍문관응교
1864고종즉위	승정원승지
1865년고종2	예조·이조참의, 좌·우부승지
1870년고종7	사간원대사간

1871년고종8	병조·이조참판
1874년고종11	ㅇ위도총부도총관
1875년고종12	행도승지
1877년고종14	병조참판
1879년고종16	한성부우윤
1880년고종17	한성부판윤, 공조판서, 사은 겸 동지사로 청나라 다녀오다
1881년고종18	사헌부대사헌, 도총관
1882년고종19	임오군란, 예문관제학, 대원군 청군에 피랍, 유배(표자문表咨文 탄핵)
1883년고종20	향리 방축, 탄핵(대원군 당여 가담) – 위리안치 되었다가 사사賜死
1894년	복관

생애일화

임오군란의 여파로 대원군이 청군에 의해 피랍되어 중국으로 압송된 뒤, 그는 대원군의 당여로 탄핵을 받고 조병창趙秉昌·이회정李會正 등과 함께 원악도遠惡島로 위리안치 당하였다가 결국 사약을 받고 죽었다.
문집으로 〈담재집澹齋集〉이 있다.
증조 희존, 아버지 백수가 한성판윤을 지냈다.

1924대 한성판윤 이회정(李會正) – 1911대 동일인물

한성판윤 재임기간 : 1880년고종17 2월 25일 ~ 1880년고종17 4월 24일

1925대 한성판윤 윤자승(尹滋承) – 1901·1902·1905대 동일인물

한성판윤 재임기간 : 1880년고종17 4월 24일 ~ 5월 5일

1926대 한성판윤 김세호(金世鎬)

신상내용

생몰연대	1816년순조16 ~ 1884년고종21 – 69세
본관	청풍淸風

자　　　　치현稚賢
호　　　　수재修齋
저서　　　〈논어석의〉 외
가족　　　증조－택휴宅休, 할아버지－목사 희신熙臣, 아버지－황주목사 진교晉敎
　　　　　어머니－이병기李秉耆의 딸
　　　　　부인－임한직任漢直의 딸, 柳염의 딸

관직경력

한성판윤 재임기간 : 1880년고종17 5월 5일 ~ 1880년고종17 5월 25일

조선 말기의 문신

1840년헌종6	사마시(진사) 장원 입격
1843년헌종9	식년문과 급제
1846년헌종12	문과중시 급제, 부교리
1850년철종1	경상좌도암행어사(예천·영해·양산·장기·안동·동래 등지의 탐관오리 숙청)
1851년철종2	사헌부대사헌, 이조참의, 이조참판
1869년고종6	경상도관찰사
1874년고종11	경상도암행어사 박정양朴定陽의 탄핵(규찰 태만, 변흔邊釁 유발)－유배
1875년고종12	노모의 간청으로 방면, 한성부판윤

생애일화

경상도관찰사로 재임 시에, 저지대에 위치해 상습 수해지구였던 영일현과 진보현을 고지대로 읍치를 옮겼다. 또한 포항진浦項鎭을 복설하고 청천진을 폐치하여 해안방비체제를 강화하는 등 치적을 남겼다.
저술로는 〈논어석의論語釋疑〉와 〈강화제설편講話諸說篇〉 등이 있다.
8대조 신국藎國이 한성판윤을 지냈다.

1927대 한성판윤 조영하(趙寧夏)

신상내용

생몰연대　1845년헌종11 ~ 1884년고종21 － 40세
본관　　　풍양豊壤
자　　　　기삼箕三

호	혜인慧人
시호	충문忠文
가족	증조–이조판서 진관鎭寬, 할아버지–영의정 인영寅永, 양부–병조판서 병기秉夔 생부–현령 병석秉錫, 어머니–한산이씨(이희석李羲碩의 딸) 친척–신정왕후 趙大妃(고모) 부인–용인이씨(승지 이교현李敎鉉의 딸) 전주이씨(이해석李海錫의 딸)
묘	경기도 양주시 봉두산

관직경력

한성판윤 재임기간 : 1880년고종17 5월 21일 ~ 1880년고종17 6월 8일

조선 말기의 문신

1863년철종14	정시문과 급제
1864년고종1	규장각대교, 홍문관응교, 승정원동부승지
1865년고종2	성균관대사성, 이조참의
1866년고종3	홍문관부제학
1867년고종4	이조참판, 개성부유수
1869년고종6	동지부사로 청나라 다녀오다
1873년고종10	흥선대원군 탄핵(민승호閔升鎬 등과 결탁, 최익현崔益鉉과 동조)
1874년고종11	고종의 친정親政, 금위대장, 우포도대장, 동지삼군부사 겸 무위도통사
1875년고종12	훈련대장
1876년고종13	지경연사, 공조판서
1877년고종14	예조판서
1878년고종15	공조판서
1880년고종17	이조판서, 한성부판윤, 예조판서, 상호군으로 통리기무아문당상
1881년고종18	경리통리기무아문사, 사대교린당상, 전선어학사당상, 병조판서
1882년고종19	전권대신으로 한영韓英·한독韓獨수호조약 체결 임오군란–지삼군사 좌천, 청나라에 파병 요청(주동자 색출, 대원군 납치) 사은 겸 진주사로 청나라에 가서 무기 수입과 독일인 묄렌도르프 초빙 청나라와 조중상민수륙무역장정朝中商民水陸貿易章程 체결
1883년고종20	판리통리기무아문사, 독판교섭통상사무 등 역임 독판군국사무, 공조판서
1884년고종21	지중추부사–갑신정변으로 피살

생애일화

임오군란이 발생했을 때, 청나라에 파병을 요청하여 소요상태를 진압한 뒤 군란 주동자의 색출과 대원군의 납치가 실현되도록 청국에 협력하였다.
국왕 고종과 민씨 척족들의 신임을 배경으로 사대보수세력의 수령이 되어, 외교교섭과 조약 체결을 비롯하여 대외관계의 일선에서 전권대신으로 활약하였다. 청나라에 가서는 무기와 기계 등을 수입하고, 관세·외교담당 고문으로 독일인 묄렌도르프를 초빙, 입국시켰으며 청나라와 무역장정을 체결하였다.

1928대 한성판윤 남정순(南廷順) – 1963·1965·1967대 동일인물

신상내용

생몰연대	1819년순조19 ~ 1898년광무2 – 80세
본관	의령宜寧
초명	종순鍾順
자	성휴聖休
시호	효정孝貞
가족	증조–경노庚老, 할아버지–병조판서 이익履翼, 아버지–참봉 영중英中 어머니–풍산유씨(부사 홍헌모洪獻謨의 딸) 부인–진주강씨(동지중추부사 강이문姜彝文의 딸)

관직경력

한성판윤 재임기간 : 1880년고종17 6월 8일 ~ 1880년고종17 6월 28일

조선 말기의 문신

1843년헌종9	사마시(진사) 입격
1848년헌종14	증광별시 문과 급제
철종시대	동래부사, 이천부사 등 역임
1866년고종3	우승지(친척인 천주교도 전 승지 남종삼南鍾三의 처벌 상소)
1867년고종4	초명 鍾順 → 개명 廷順
1868년고종5	사간원대사간, 이조·호조참판, 규장각직제학
1872년고종9	평안도관찰사(청국선淸國船의 밀무역 방지), 유배(행정상 실수)
1875년고종12	형조판서
1880년고종17	한성부판윤, 강원도관찰사

1886년고종23	함경도관찰사 겸병마절도사(길주민란 진압), 공조판서
1895년	이조판서

생애일화

병인박해 당시 같은 문중의 승지 남종삼南鍾三이 천주교인으로 지목되자, 부호군 남이륜과 호군 남성교 등 일가들과 함께 연명하여 남종삼의 처벌을 요구해서 문중의 피화를 면하였다.
영의정 홍순목이 평했듯이 그는 자질과 경력이 우수한 인재로서 고종의 측근에서 종사하며 뛰어난 능력으로 군사업무를 처리하였다.
할아버지 이익履翼과 같이 기로소에 들어갔다.
고조 태제泰齊, 조부 이익, 7촌 당숙 헌교獻敎가 한성판윤을 지냈다.

1929대 한성판윤 민겸호(閔謙鎬)

신상내용

생몰연대	1838년헌종4 ~ 1882년고종19 – 45세
본관	여흥驪興
자	윤익允益
시호	충숙忠肅
가족	증조–백술百述, 할아버지–첨지중추부사 단현端顯, 아버지–판돈녕부사 치구致久 어머니–이주李炷의 딸 부인–서경순徐庚淳의 딸
묘	경기도 용인시 처인구 포곡면 마성리

관직경력

한성판윤 재임기간 : 1880년고종17 6월 28일 ~ 1880년고종17 7월 1일

조선 말기의 문신·척신戚臣

1867년고종4	식년문과 급제
1868년고종5	부수찬, 응교, 성균관대사성, 예조참판
1873년고종10	형조참판
1880년고종17	형조·병조·이조·예조판서, 한성부판윤, 홍문관부제학, 시강원좌부빈객, 약원제조, 판의금부사, 금위대장, 지삼군부사, 무위도통사, 무위소제

	조, 지중추부사, 어영대장, 판돈녕부사 등 요직 역임. 통리기무아문당상, 군무軍務·변정邊政·기연譏沿당상
1881년고종18	일본 육군소위 호리모토堀本禮造를 초빙하여 별기군別技軍 창설
1882년고종19	선혜청당상 겸 병조판서 파직–피살(도봉소都捧所사건)

생애일화

무위武威·장어壯禦 양영兩營 소속 군졸들의 밀린 봉급에 모래를 혼합하여 지급함으로써 구 훈련도감 포수였던 김춘영金春永등이 주동이 되어 반발, 충돌한 도봉소사건의 주동자들을 처벌하려 하자, 이를 도화선으로 임오군란이 벌어졌다.
당시 난병들은 그의 집을 습격 파괴하고, 강화부유수 민태호閔台浩를 비롯 척신들의 집을 습격하였다. 한편 포도청에 구금된 군졸들을 구출하고 무기를 탈취하여 일본영사관을 공격하였다.
정부에서는 처음에 단순한 방료작폐放料作弊로 여겼으나 진상이 밝혀지자 민겸호는 파직되었고, 이튿날 궁중에 난입한 군졸들에 의해 중희당重熙堂 아래에서 김보현과 함께 살해되었다.

1930대 한성판윤 민치상(閔致庠)

신상내용

생몰연대	1825년순조25 ~ 1888년고종25 – 64세
본관	여흥驪興
자	경양景養·경호景鎬
사호賜號	하당荷堂
시호	문목文穆
가족	증조–참봉 각수覺洙, 할아버지–인천부사 백준百準, 아버지–직장 용현龍顯 어머니–김세순金世淳의 딸 부인–김기증金箕曾의 딸, 구석희具錫喜의 딸

관직경력

한성판윤 재임기간 : 1880년고종17 7월 1일 ~ 1880년고종17 8월 5일

조선 말기의 문신

1843년헌종9	사마시(진사) 입격

1845년헌종11	전강殿講에서 수석
1846년헌종12	식년문과 급제
1849년헌종15	홍문관수찬
1850년철종1	진하사은 겸 세폐사의 서장관으로 청나라 다녀오다
1856년철종7	홍문관부응교, 예방승지
1859년철종10	성균관대사성
1860년철종11	홍문관제학, 도승지
1863년철종14	철종 승하, 흥선대원군 2남 명복命福(고종) 궁궐 봉영
1866년고종3	이조참판
1868년고종5	공충도관찰사(오페르트의 남연군묘 도굴사건 발생)
1870년고종7	형조판서
1871년고종8	동지 겸 사은정사로 청나라 다녀오다. 예조·공조·병조판서
1873년고종10	수원부유수
1874년고종11	호조판서 겸 시강원좌부빈객
1876년고종13	판의금부사
1878년고종15	이조판서
1881년고종18	전선사당상典選司堂上
1882년고종19	임오군란 때 피습
1885년고종22	강원도관찰사

생애일화

철종이 후사 없이 승하하자 신정왕후 조씨(趙大妃)의 전교에 따라 영의정 김좌근金左根과 함께 이하응李昰應(흥선대원군)의 둘째아들 명복命福(고종)을 잠저로부터 궁궐까지 봉영, 시위하였다.
임오군란 때는 민비閔妃의 척족戚族이라 난군에게 피습을 당하여 집에 파괴되는 곤욕을 치렀다.

1931대 한성판윤 이호준(李鎬俊) – 1916·1937대 동일인물

한성판윤 재임기간 : 1880년고종17 8월 5일 ~ 1880년고종17 8월 24일

1932대 한성판윤 심순택(沈舜澤)

신상내용

생몰연대	1824년순조24 ~ 1906년광무10 – 83세
본관	청송靑松
자	치화稚華
시호	문충文忠
상훈	청령공靑寧公
가족	증조–예조판서 풍지豊之, 할아버지–이조판서 능악能岳, 아버지–생원 의린宜隣 어머니–남준행南駿行의 딸 부인–주부 이진재李晉在의 딸, 구태화具泰和의 딸
묘	경기도 평택시 진위면 봉남리

관직경력

한성판윤 재임기간 : 1880년고종17 8월 24일 ~ 1880년고종17 9월 22일

조선 말기의 문신

1850년철종1	증광별시 문과 급제
1862년철종13	예방승지
1874년고종11	충청도관찰사
1878년고종15	예조·형조·이조판서
1881년고종18	경리통리기무아문사(율례사律例司)당상경리사, 기계군물함선당상機械軍物艦船堂上
1882년고종19	임오군란 당시 도봉소당상都捧所堂上–파면
1884년고종21	우의정, 좌의정, 갑신정변 실패–영의정
1896년고종23	아관파천 직후–새 정부 참여
1897년고종24	대한제국 수립–의정議政, 공홍식 옥중살해사건–체직(독립협회 탄핵)

생애일화

조부 능악과 함께 기로소에 들어갔고, 궤장을 하사받았으며, 청령공靑寧公에 봉해졌다.
증조 풍지가 한성판윤을 지냈다.

1933대 한성판윤 조석여(曺錫輿) – 1978대 동일인물

한성판윤 재임기간 : 1880년고종17 9월 8일 ~ ?

1934대 한성판윤 한돈원(韓敦源)

신상내용

생몰연대 1820년순조20 ~ 1882년고종19 – 63세
본관 청주淸州
자 공형公兄
가족 증조–광적光迪, 할아버지–병조판서 치응致應, 아버지–병조판서 진정鎭庭
어머니–초계정씨(정겸선鄭謙善의 딸)
부인–한양조씨(조석구趙錫龜의 딸)
묘 강원도 원성군 부론면 홍호리

관직경력

한성판윤 재임기간 : 1880년고종17 9월 22일 ~ 1880년고종17 11월 24일

조선 말기의 문신

1846년헌종12 사마시(진사) 입격
1858년철종9 정시별시 문과 급제
1859년철종10 홍문관 관원 발탁
1867년고종4 성균관대사성
1868년고종5 이조참의
1871년고종8 대거승지
1872년고종9 개성부유수
1873년고종10 부사로 청나라 다녀오다
1876년고종13 공조판서, 진하 겸 사은사로 청나라 다녀오다
1878년고종15 형조판서
1880년고종17 공조판서 겸 부묘도감제조, 한성부판윤, 판의금부사

생애일화

할아버지 치응이 한성판윤을 지냈다.

1935대 한성판윤 윤병정(尹秉鼎) – 1922·1986대 동일인물

한성판윤 재임기간 : 1880년고종17 11월 24일 ~ 1880년고종17 12월 26일

1936대 한성판윤 김재현(金在顯) – 1825대 동일인물

한성판윤 재임기간 : 1880년고종17 12월 26일 ~ 1881년고종18 1월 14일

1937대 한성판윤 이호준(李鎬俊) – 1914·1931대 동일인물

한성판윤 재임기간 : 1880년고종18 1월 14일 ~ 1880년고종18 1월 26일

1938대 한성판윤 한경원(韓敬源)

신상내용

생몰연대	1817년순조17 ~ 1890년고종27 – 74세
본관	청주淸州
자	공수公授
호	유파柳坡
가족	증조–광적光迪, 할아버지–치영致永, 양부–진서鎭序, 생부–현감 진우鎭寓 어머니–이인회李寅會의 딸 부인–전주유씨(유상림柳相林의 딸)
묘	강원도 원성군 부론면 노림리

관직경력

한성판윤 재임기간 : 1881년고종18 1월 26일 ~ 1881년고종18 1월 28일

조선 말기의 문신

1840년헌종6 사마시(생원) 입격

1841년헌종7	제술시製述試 표表에서 수석–전시직부殿試直赴
1843년헌종9	식년문과 급제
1846년헌종12	강제문신講製文臣 발탁, 홍문관 관원
1858년철종9	청북암행어사(이건필)가 의주부윤 때의 문제를 조정에 보고–처벌 받음
1870년고종7	진하예방승지, 성균관대사성, 규장각직제학
1873년고종10	진하 겸 사은사의 부사로 청나라 다녀오다
1874년고종11	사헌부대사헌
1875년고종12	이조참판
1877년고종14	대사헌, 이조참판
1879년고종16	사은 겸 동지정사로 청나라 다녀오다. 공조판서
1881년고종18	한성부판윤, 대사헌

생애일화

1887년에 갑신정변의 주모자인 김옥균·박영효·서재필·서광범 등에게 아직 체포령이 내려져 있으므로, 그들과 내통한 지석영·지운영을 국문하도록 사간원과 사헌부의 관원들과 함께 상소하였다.

증조 치응과 6촌 아우 돈원이 한성판윤을 지냈다.

1939대 한성판윤 정범조(鄭範朝)

신상내용

생몰연대	1833년순조33 ~ 1898년광무2 – 66세
본관	동래東萊
자	우서禹書
호	규당葵堂
시호	문헌文獻
가족	증조–도정 동만東晩, 할아버지–여의정 원용元容, 아버지–이조판서 기세基世 어머니–경주김씨(김영수金永受의 딸) 부인–풍양조씨(이조참의 조문화趙文和의 딸)
묘	경기도 광명시 학은동 → 충남 청양군 정산면 (1970년 이장)

관직경력

한성판윤 재임기간 : 1881년고종18 1월 28일 ~ 1881년고종18 5월 21일

조선 말기의 문신

1850년철종1	사마시(진사) 입격
1859년철종10	증광문과 급제
1860년철종11	홍문관 관원, 대교 등 청환직 역임
1865년고종2	이조참의
1869년고종6	성균관대사성, 규장각직제학, 홍문관직제학
1875년고종12	전라도관찰사
1879년고종16	공조판서
1880년고종17	예조판서
1881년고종18	공조판서, 한성부판윤
1882년고종19	임오군란, 이조판서
1884년고종21	병조판서
1886년고종23	독판내무부사督辦內務府事, 특진관, 호조판서
1892년고종29	우의정, 좌의정

생애일화

영의정을 지낸 할아버지 원용, 6촌 아우 남식南植이 한성판윤을 지냈다.

1940대 한성판윤 이남원(李南轅)

신상내용

생몰연대	1796년정조20 ~ 1882년고종19 – 87세
본관	전주全州
자	경로景老·景路
가족	증조–완사군 은춘殷春, 할아버지–부사 형炯, 아버지–통제사 정회鼎會 어머니–청송심씨(부사 심겸沈鎌의 딸) 부인–전의이씨(이능식李能植의 딸)
묘	경기도 남양주시 별내면 용암리

관직경력

한성판윤 재임기간 : 1881년고종18 5월 21일 ~ 1881년고종18 6월 18일

조선 말기의 무신

1829년순조29	무과 급제
1830년순조30	부장 · 감찰 · 선전관 · 훈련원첨정 등 무관직 두루 역임
1842년헌종8	하동부사
1843년헌종9	고령진 영종도 다스림
1846년헌종12	황해도수군절도사, 공충도병마절도사
1863년철종14	서총대 행사 참석-가선대부
1864년고종1	종친부 교정당상관
1881년고종18	한성부판윤

생애일화

6촌 아우 남식南軾이 한성판윤을 지냈다.

1941대 한성판윤 이근필(李根弼) – 1893·1900대 동일인물

한성판윤 재임기간 : 1881년고종18 6월 18일 ~ 1881년고종18 윤7월 29일

1942대 한성판윤 김병지(金炳地) – 1822대 동일인물

한성판윤 재임기간 : 1881년고종18 윤7월 29일 ~ 1881년고종18 9월 5일

1943대 한성판윤 김원식(金元植) – 1916대 동일인물

한성판윤 재임기간 : 1881년고종18 9월 5일 ~ 1881년고종18 9월 19일

1944대 한성판윤 조봉하(趙鳳夏)

신상내용

생몰연대	1817년순조17 ~ 1891년고종28 – 75세
본관	풍양豊壤
자	상호商皓
호	양석暘石
가족	증조–서윤 진명鎭明, 할아버지–이조판서 득영得永, 아버지–이조판서 병현秉鉉 어머니–대구서씨(이조판서 서정보徐鼎輔의 딸) 부인–전주이씨(사복시정 이회연李晦淵의 딸)
묘	경기도 남양주시 진건면 신월리

관직경력

한성판윤 재임기간 : 1881년고종18 9월 19일 ~ 1881년고종18 10월 21일

조선 말기의 문신

1839년헌종5	감제柑製 부賦에서 수석 – 직부전시直赴殿試 자격
1840년헌종6	식년문과 급제, 규장각대교
1842년헌종8	동지 연행사의 서장관으로 청나라 다녀오다
1846년헌종10	승정원동부승지
1848년헌종12	이조참의
1864년고종1	산릉도감–취토사取土士 승지
1866년고종3	성균관대사성, 이조참판
1878년고종15	오위도총부도총관, 예조판서
1881년고종18	한성부판윤, 사헌부대사헌
1887년고종24	이조판서, 기로소 입소

생애일화

고조 환瑍, 형 구하龜夏가 한성판윤을 지냈다.

1945대 한성판윤 정기회(鄭基會) – 1917·1973·2021·2048·2083·2097·2128대 동일인물

한성판윤 재임기간 : 1881년고종18 10월 21일 ~ 1882년고종19 3월 3일

1946대 한성판윤 윤자덕(尹滋悳)

한성판윤 재임기간 : 1881년고종18 11월 15일 ~ ?

1947대 한성판윤 이휘중(李彙重)

신상내용

생몰연대	1803년순조3 ~ 1888년고종25 – 86세
본관	전주全州
가족	안흥군 숙埱, 할아버지–참판 진익鎭翼, 아버지–첨지중추부사 병원秉源 어머니–연일정씨(정의환鄭義煥의 딸) 친척–흥선대원군의 아버지 남연군의 아우 부인–함종어씨(魚在琛의 딸), 덕수김씨(김빈金頻의 딸)
묘	경기도 용인시 구성구 구흥리

관직경력

한성판윤 재임기간 : 1882년고종19 3월 3일 ~ 1882년고종19 3월 11일

조선 말기의 문신

1864년고종1	승정원동부승지
1866년고종3	황해도 안악군수
1868년고종5	종정경
1871년고종8	공조판서
1872년고종9	판종정경
1878년고종15	판의금부사
1882년고종19	한성부판윤

1888년고종25　　판종정경

생애일화

그는 대원군의 숙부로서, 판종정경으로 죽었을 때 임금이 승지를 보내 조문하고, 장례비를 후하게 내렸다.
큰형 도중簗重, 5촌 조카 연응沇應이 한성판윤을 지냈다.

1948대 한성판윤 성이호(成彝鎬) – 1959대 동일인물

신상내용

생몰연대	1817년순조17 ~ 1895년고종32 – 79세
본관	창녕昌寧
자	돈오惇五
호	서재敍齋
시호	정헌貞憲
가족	증조–경주擎柱, 할아버지–고양군수 광묵光默, 아버지–군수 재순載淳 어머니–박관영朴觀榮의 딸 부인–윤치선尹致善의 딸
묘	경기도 파주시 적성면 현석리

관직경력

한성판윤 재임기간 : 1882년고종19 3월 11일 ~ 1882년고종19 3월 16일

조선말기의 문신

1849년헌종15	사마시(생원) 입격
1852년철종3	식년문과 급제
1855년철종6	도당록 등재
1857년철종8	전라우도암행어사, 홍문관부교리
1864년고종1	남양부사
1865년고종2	성균관대사성
1866년고종3	이조참의, 사간원대사간
1872년고종9	사은부사로 청나라 다녀오다
1873년고종10	충청도관찰사

1876년고종13　　이조참판
1882년고종19　　예방승지, 예조판서, 한성부판윤, 형소판서
1883년고종20　　동지 겸 사은정사로 청나라 다녀오다
1885년고종22　　사헌부대사헌
1888년고종25　　자경전慈慶殿 상량 현판 서사관, 기로소 입소

1949대 한성판윤 조경호(趙慶鎬) – 1970대 동일인물

신상내용

생몰연대　1839년헌종5 ~ 1916년 – 78세
본관　임천林川
자　회경會慶
호　구당鷗堂
가족　증조–덕형德洞, 할아버지–학준學準, 아버지–참판 기진基晉
어머니–김상연金祥淵의 딸
부인–전주이씨(흥선대원군 이하응李昰應의 딸)

관직경력

한성판윤 재임기간 : 1882년고종19 3월 16일 ~ 1882년고종19 3월 23일

조선 말기의 문신

1865년고종2　　직장으로서 식년문과 급제, 규장각대교
1866년고종3　　승정원주서
1869년고종6　　부호군, 홍문관부제학
1870년고종7　　성균관대사성, 이조참의
1871년고종8　　규장각직제학
1872년고종9　　예방승지(제릉·후릉 친제 참여)
1874년고종11　　이조참판
1880년고종17　　오위도총부도총관, 형조판서
1881년고종18　　의정부우참찬
1882년고종19　　한성부판윤, 예조판서, 임오군란–민비 의대장례 종척집사宗戚執事, 내의원제조, 광주부유수
1889년고종26　　중추원1등의관, 칙임관2등

1898년광무2 대원군 부인 민씨 광중壙中 명정銘旌과 대원군 명정 서사관
1903년광무7 판돈녕원사, 2등칙임관
1905년광무9 홍문관학사
1907년순종1 규장각학사 겸 시강원일강관
1910년융희4 국권 강탈 후 일본정부의 남작 수여-거절

생애일화

1910년 일본정부가 한일병합조약을 체결하고, 초대총독 데라우찌寺內正毅가 부임하면서 조선 황실과 귀족 및 고관들을 회유하기 위하여 각종 은전을 베풀었다. 그때 왕족과 한일합병에 공이 있는 자 76명에게 작위를 내렸는데, 8명이 작위와 은사금을 거절하였다. 그 중 한 사람이 조경호이다.
그는 글씨에 뛰어났으며, 만년에는 정계에서 물러나 천안(목천) 향리에 은거하였다.
조선조 마지막 정승인 고종 때 의정議政 조병호趙秉鎬가 그의 아우이다.

1950대 한성판윤 박제관(朴齊寬) - 1960·2008·2019·2115·2126대 동일인물

신상내용

생몰연대 1834년순조34 ~ 1896년고종33 - 63세
본관 반남潘南
자 치교致敎
호 율암栗庵
가족 증조-판돈녕부사 준원準源, 할아버지-종익宗翊,아버지-승지 호수鎬壽
어머니-정관수鄭觀綏의 딸
부인-이경재李經在의 딸
묘 경기도 양평군 양서면 양수리

관직경력

한성판윤 재임기간 : 1882년고종19 3월 23일 ~ 1882년고종19 4월 7일

조선 말기의 문신

1859년철종10 증광문과 급제, 현령 등 지방관 역임
1867년고종7 경기도암행어사
1871년고종8 영해부안검사寧海府按檢使

1874년고종11	안동부사
1875년고종12	충청도관찰사, 경기도관찰사, 이조·공조판서

생애일화

그는 왕실의 인척이자 고종 대 실무를 다수 역임한 인물이면서 민씨파閔氏派로 분류되며, 지방관으로서 탄관오리의 숙청·우수관리의 표창·지방제도의 개선에 공헌하였다.
영해에서 발생한 민란을 진압하는 등 안검사로 활약하였고, 동래부사로 파견되어 일본 외교관 모리야마森山茂와 통상교섭을 하는 치적을 올렸으며 여러 차례 한성판윤을 역임하였다.

1951대 한성판윤 홍종헌(洪鍾軒)

신상내용

생몰연대	1826년순조26 ~ 1897년고종34 – 72세
본관	남양南陽
자	운성雲聲
가족	증조–병익秉翼, 할아버지–영섭寧燮, 아버지–군수 재혁在赫 어머니–윤응천尹應天의 딸 부인–김재성金在成의 딸
묘	경기도 양주시 광적면 대야지리

관직경력

한성판윤 재임기간 : 1882년고종19 4월 7일 ~ 1882년고종19 4월 17일

조선 말기의 문신

1860년철종11	정시문과 급제
1878년고종15	이조참판
1881년고종18	오위도총부도총관, 공조판서
1882년고종19	동지정사로 청나라 갔을 때, 미국과의 수호조약을 이홍장의 권유로 체결하려 했으나 정부의 위임이 없어 무위로 끝남. 귀국 후 한성부판윤, 대사헌, 형조판서
1884년고종21	공조판서, 대사헌(임오군란 때 대원군의 심복으로 활동하였던 임응준任應準의 처벌 주장)
1885년고종22	형조판서

1886년고종23	이조판서
1887년고종24	대사헌, 형조판서, 이조판서, 광주부유수
1888년고종25	존호도감의 왕대비전옥책문 서사관
1889년고종26	예조판서, 대호군, 대사헌
1890년고종27	산릉도감제조
1894년고종31	예조판서, 의정부좌찬성, 법무아문대신(일본공사 이노우에의 개혁안 수용)

1952대 한성판윤 이돈응(李敦應) – 1968대 동일인물

신상내용

생몰연대	1812년순조12 ~ 1892년고종29 – 81세
본관	전주全州
초명	세기世器
자	군옥君玉
가족	증조–덕현德鉉, 할아버지–제응濟應, 아버지–건화建和, 생부–승주昇周, 생모–풍양조씨(조승진趙升鎭의 딸) 부인–파평윤씨(윤명식尹明植의 딸)
묘	경기도 남양주시 화도면 답내리 압동 내곡

관직경력

한성판윤 재임기간 : 1882년고종19 4월 17일 ~ 1882년고종19 4월 23일

조선 말기의 문신

1864년고종1	정시문과 급제
1870년고종7	이조참판, 오위도총부부총관, 병조참판, 사간원대사간, 호조참판, 지경연사,
1882년고종19	도총관, 한성부판윤, 공조판서, 지춘추관사
1883년고종20	삼배도 유배(윤주현·강범수 등과 함께 처벌)
1884년고종21	특사 방면

1953대 한성판윤 윤종의(尹宗儀)

신상내용

생몰연대	1805년순조5 ~ 1886고종23 – 82세
본관	파평坡平
자	사연士淵
호	연재淵齋
시호	효정孝貞
저서	〈방례고증〉 외
가족	증조–경화景和, 할아버지–군수 오영五榮, 아버지–식埴 어머니–광산김씨(김제도金在度의 딸) 부인–민치경閔致儆의 딸, 임은백任殷伯의 딸

관직경력

한성판윤 재임기간 : 1882년고종19 4월 23일 ~ 1882년고종19 4월 27일

조선 말기의 문신

1822년순조22	사마시(생원) 입격
1852년철종3	서부도사
1855년철종6	종부시주부, 장악원, 효릉령, 문의현령
1862년철종13	장원서별제, 김포군수
1864년고종1	대흥군수
1867년고종4	청풍부사, 강릉부사
1870년고종7	옥구현령
1875년고종12	공조참의, 오위장, 돈녕부도정
1882년고종19	돈녕부사로 파광군坡光君 습봉, 호조참판, 생원 입격 60주년 회방연回榜宴, 한성부판윤, 공조판서
1884년고종21	정헌대부(80세)

생애일화

어려서부터 총명하여 6세 때 증조모 김씨가 천자문과 당시唐詩를 가르쳤는데, 즉시 암송하였다고 한다. 또한, 효성이 지극하여 간병할 때 1년이나 잠자리에 들지 않았다고 한다.
중앙관계에 오르기 전에 지방관으로 곳곳을 다스리며 선치를 하여 송덕비가 많이 세워졌다고 전해진다.

병兵·농農·율력律曆·도상圖象 등도 깊이 연구하였으나, 경전經典에 더욱 밝았으며 예학禮學에 조예가 깊었다.
저서로는 철종이 즉위하자 헌종의 부묘祔廟 등의 문제를 고금의 예전禮典을 상고하여 〈방례고증邦禮考證〉 2편을 저술하였다. 그 밖에 〈상서도전변해尙書圖傳辨解〉와 〈상례분류喪禮分類〉·〈거안록居安錄〉 등 다수의 저작이 있다.

1954대 한성판윤 민영목(閔泳穆)

신상내용

생몰연대	1826년순조26 ~ 1884년고종21 – 59세
본관	여흥驪興
자	원경遠卿
호	천창泉倉
시호	문충文忠
가족	증조–이조판서 종현鍾顯, 할아버지–정랑 치복致福, 아버지–이조참의 태용泰鏞 생부–교리 달용達鏞, 어머니–홍희명洪羲命의 딸 부인–윤민성尹敏成의 딸, 윤주충尹柱忠의 딸
묘	경기도 여주시 여주읍 신진리

관직경력

한성판윤 재임기간 : 1882년고종19 4월 27일 ~ 1882년고종19 5월 3일

조선 말기의 문신·서예가

1871년고종8	알성문과 급제
1881년고종18	이조판서, 군무변정기연사당상軍務邊情譏沿司堂上
1882년고종19	한성부판윤, 평안도관찰사
1883년고종20	독판교섭통상사무督辦交涉通商事務

생애일화

그는 독판교섭통상사무督辦交涉通商事務가 되어 전권대사로서 조영수호조약朝英修好條約 및 조독수호조약朝獨修好條約을 체결하고, 일본과도 조일통상장정朝日通商章程 등 외교통상에 관한 조약들을 체결하였다.

또한 청나라에 다녀온 뒤 개화주의자인 박규수朴珪壽 등과 같이 서양의 기술도입과 개국통상의 유용성을 강조하였다.
한편 박눈국당상이 되어 박영효·유길준·김윤식 등과 같이 1883년 10월 30일 우리나라 최초의 신문인 〈한성순보漢城旬報〉를 발행하였다.
그러나 민씨 일족으로서 민태호·민영익·민응식과 함께 사민체제四閔體制를 구축, 권력의 핵심인물로 부각되었다.
이로 인하여 1884년 12월 갑신정변 때 병조판서로 김옥균 등 개화당 인사들에 의하여 조영하·민태호 등 수구당 요인들과 경우궁으로 입궐하다가 참살당하였다.
글씨를 잘 썼다고 전해지는데 행초서간인 1874년의 〈민영목이 친척에게 보낸 간찰〉이 전하고 있다. 이 서간은 추사유풍이 남아 있어 주목된다.
특히 1882년 작 민치록閔致祿신도비神道碑의 탁본첩인 〈여성부원군민치록신도비〉 비문은 마멸된 흔적이 없이 자획이 선명하게 남아 있어 민영목의 해서楷書 서풍을 짐작할 수 있다. 자간과 행간이 균일하고 자형은 단정하며 안정감이 있다.
1883년 체결된 〈한미수호통상조약〉 비준 문서와 〈한영통상조약〉 문서 등 공문서의 해서체는 근대사적·서예사적 의미가 큰 문헌적 작품이다.

1955대 한성판윤 이돈상(李敦相)

신상내용

생몰연대	1815년순조15 ~ 1882년고종19 – 68세
본관	용인龍仁
자	공후公厚
호	해석海石
가족	증조–호조판서 재학在學, 할아버지–형조판서 규현奎鉉, 아버지–현령 원응源膺 어머니–조운성趙雲成의 딸 부인–반남박씨(박인수朴麟壽의 딸), 광주이씨(이정래李鼎來의 딸)
묘	경기도 양평군 개군면 계전리 → 용인시 처인구 모현면 공원묘지(이장)

관직경력

한성판윤 재임기간 : 1882년고종19 5월 3일 ~ 1882년고종19 6월 13일

조선 말기의 문신

1848년헌종14　　사마시(생원) 입격

1864년고종1	경과증광별시 문과 급제
1865년고종2	사간원대사간
1866년고종3	영건도감 서사관(경복궁 근정문의 상량문)
1869년고종6	이조참의
1873년고종10	대사간
1874년고종11	예방승지, 동지의금부사
1876년고종13	이조참판, 전라도관찰사
1880년고종17	공조판서
1881년고종18	사헌부대사헌
1882년고종19	한성부판윤

생애일화

고조 숭호崇祜, 증조 재학, 조부 규현, 숙부 원명源命, 본인까지 5대에 걸쳐 한성판윤이 배출되었다.

1956대 한성판윤 민영위(閔泳緯) – 1876대 동일인물

한성판윤 재임기간 : 1882년고종19 6월 13일 ~ 1882년고종19 6월 19일

1957대 한성판윤 이재봉(李載鳳)

신상내용

생몰연대	1820년순조20 ~ 1885년고종22 – 66세
본관	전주全州
초명	봉주鳳周
자	순소舜韶·순봉舜鳳
가족	증조–방汸, 할아버지–정식鼎植, 아버지–병사 㗳熠
	어머니–달성서씨(부사 서양보徐良輔의 딸)
	부인–인동장씨(장언급張彦汲의 딸), 인동장씨(장수급張壽汲의 딸)
묘	경기도 남양주시 별내면 청학리 사기막

관직경력

한성판윤 재임기간 : 1882년고종19 6월 19일 ~ 1882년고종19 7월 4일

조선 말기의 무신

1838년헌종4	무과 급제
1858년철종9	준천도감濬川都監 도청都廳
1865년고종2	통제사(가의대부)
1868년고종5	형조판서
1872년고종9	종정경(판종정경 이최응李最應이 주도한 선정善政 기원 연합상소문 참여)
1879년고종16	유배(개인 사채상환을 위해 백성 착취)
1882년고종19	한성부판윤

1958대 한성판윤 심이택(沈履澤) – 2069대 동일인물

신상내용

생몰연대	1832년순조32 ~ 1892년고종29 – 61세
본관	청송青松
자	치은稚殷
가족	증조–예조판서 풍지豊之, 할아버지–능달能達, 아버지–예조판서 의면宜冕 생부–의린義隣, 어머니–남준행南駿行의 딸 부인–양주조씨(조봉희趙鳳熙의 딸)
묘	경기도 장단군 강상면 덕적리 섭제동

관직경력

한성판윤 재임기간 : 1882년고종19 7월 4일 ~ 1882년고종19 8월 4일

조선 말기의 문신

1855년철종6	사마시(생원) 입격
1857년철종8	경과정시문과 급제–왕대비 5순(五旬) 경축
1864년고종1	암행어사 적발로 아버지 의면宜冕과 함께 정배(의주부윤 때 부정축재)
1873년고종10	방면放免

1874년고종11	이조참의, 동지사의 부사로 청나라 다녀오다
1876년고종13	성균관대사성, 개성부유수
1878년고종15	전라도관찰사
1880년고종17	광주부유수
1882년고종19	한성부판윤, 사은사 겸 세폐사로 청나라 다녀오다
1884년고종21	갑신정변, 이조·예조·형조·호조판서
1885년고종22	협판내무부사, 군무국협판, 판의금부사
1886년고종23	판돈녕부사, 호조·이조판서
1887년고종24	의정부우참찬, 세자시강원우빈객, 예문관제학
1889년고종26	홍문관제학, 내무독판
1890년고종27	형조·이조판서, 판의금부사, 한성부판윤, 일본사신 원접관
1891년고종28	시강원좌빈객

생애일화

지방 수령으로 있으면서 한때의 과오로 긴 세월 정배定配 생활을 하고 난 후, 전라도관찰사로 부임하여 치적을 올렸다. 지방행정의 수반으로서 지방사정을 장계를 통하여 조정에 알리는 데 주력한 바, 자연재해에 대한 진휼문제와 서해안의 이양선 출몰 상황 그리고 수세收稅에 따르는 애로사항 등을 일일이 기록하여 조정에 보고함으로써 실정에 맞는 대응책을 시행할 수 있도록 하였다.

또한, 문명이 있어서 교태전交泰殿 등 왕실의 주요 건물을 증·개축할 때 제술관이나 서사관으로 일하기도 하였다.

증조 풍지, 생가 중형 순택舜澤이 항성판윤을 지냈다.

1959대 한성판윤 성이호(成彝鎬) – 1948대 동일인물

한성판윤 재임기간 : 1882년고종19 8월 4일 ~ 1882년고종19 8월 26일

1960대 한성판윤 박제관(朴齊寬) – 1950·2008·2019·2115·2126대 동일인물

한성판윤 재임기간 : 1882년고종19 8월 26일 ~ 1882년고종19 9월 1일

1961대 한성판윤 정기세(鄭基世) – 1679·1688·1743·1773·1891·1961대 동일인물

한성판윤 재임기간 : 1882년고종19 9월 1일 ~ 1882년고종19 9월 2일

1962대 한성판윤 정주응(鄭周應)

신상내용

생몰연대 ? ~ ?
본관 동래東萊
자 사욱士郁
가족 증조–참봉 후동厚東, 할아버지–홍의弘毅, 아버지–부사 택승宅升, 생부–택항宅恒
어머니–현감 조윤풍曺允豊의 딸, 생모–영장 유광명柳光命의 딸
부인–김환金煥의 딸

관직경력

한성판윤 재임기간 : 1882년고종19 9월 2일 ~ 1882년고종19 9월 7일

조선 말기의 무신

1822년순조22	무과 급제
1854년철종5	창원부사
1860년철종11	경상좌도수군절도사
1862년철종13	경상좌도병마절도사–울산민란(과도한 환곡운영), 삼도수군통어사
1867년고종4	강화부사
1869년고종6	총관摠管, 한성부좌윤
1882년고종19	한성부판윤, 무과 급제 60주년 회방례回榜禮 – 자헌대부

1963대 한성판윤 남정순(南廷順) – 1928·1965·1967대 동일인물

한성판윤 재임기간 : 1882년고종19 9월 7일 ~ 1882년고종19 9월 22일

1964대 한성판윤 정범조(鄭範朝)

한성판윤 재임기간 : 1882년고종19 9월 22일 ~ 1882년고종19 9월 29일

1965대 한성판윤 남정순(南廷順) – 1928·1963·1967대 동일인물

한성판윤 재임기간 : 1882년고종19 9월 29일 ~ 1882년고종19 10월 14일

1966대 한성판윤 민영목(閔泳穆)

한성판윤 재임기간 : 1882년고종19 10월 14일 ~ 1882년고종19 11월 7일

1967대 한성판윤 남정순(南廷順) – 1928·1963·1965대 동일인물

한성판윤 재임기간 : 1882년고종19 11월 7일 ~ 1882년고종19 11월 12일

1968대 한성판윤 이돈응(李敦應) – 1952대 동일인물

한성판윤 재임기간 : 1882년고종19 11월 12일 ~ 1882년고종19 12월 29일

1969대 한성판윤 박영효(朴泳孝)

신상내용

생몰연대 1861년철종12 ~ 1939년 – 79세
본관 반남潘南
초명 무량無量 일본명 : 야마자키 에이하루(山崎永春)
자 자순子純

호	춘고春皐·현현거사玄玄居士
작위	금릉위錦陵尉(철종 부마駙馬) 상보국숭록대부上輔國崇祿大夫
저서	〈사화기략使和記略〉
가족	증조–현감 해태海泰, 할아버지–제당齊堂, 아버지–공조판서 원양元陽 어머니–전주이씨(이윤행李潤行의 딸) 형제–영교泳敎(맏형) 영호泳好(작은형) 부인–영혜옹주(철종哲宗의 딸)

관직경력

한성판윤 재임기간 : 1882년고종19 12월 29일 ~ 1883년고종20 3월 16일

조선 말기의 정치가

1878년고종15	오위도총부도총관
1879년고종16	혜민서제조, 김옥균·서광범 등과 개화당開化黨 조직
1880년고종17	판의금부사
1882년고종19	특명전권대사(임오군란 수습책 일본과 협의) 겸 3차 수신사–태극기 사용
1883년고종20	한성부판윤–박문국博文局·순경부巡警部·치도국治道局 설치(신문 발간, 신식 경찰제도 도입, 도로정비사업, 유색의복有色衣服 장려 등 개화시책 시행) – 수구파(김태호·김병시) 반대로 3국 폐쇄, 광주부유수 겸 수어사로 좌천
1883년고종20	한성순보漢城旬報 창간(10월 1일)
1884년고종21	미국 유람계획–좌절
1884년고종21	갑신정변(12월4일)으로 친청수구파를 숙청하고 내각을 수립하여 전후영사 겸 좌포도대장 前後營使兼左捕盜大將으로 병권을 장악하였으나 3일천하로 실패 – 일본 망명
1885년고종22	도미渡美했다가 다시 일본으로 귀환, 개명改名(야마자키 山崎永春)
1888년고종25	일본에서 고종에게 '개화상소開化上疏' 올림
1893년고종30	일본 조야의 협조로 친린의숙親隣義塾 설립, 유학생 교육
1894년	동학농민봉기 – 청일전쟁, 귀국–제2차 김홍집내각 내무대신
1895년	삼국간섭으로 일본세력 퇴조–김홍집내각에서 퇴진–재2차 갑오개혁 추진 실패–역모혐의로 일본 망명
1898년광무2	독립협회와 제휴하여 정계복귀를 기도했으나 고종과 수구파의 반대–독립협회 해산
1900년광무4	의화군義和君 강堈을 국왕으로 추대하려는 쿠데타 음모가 사전 발각

	되어 정계복귀 실패–궐석재판에서 교수형 선고
1907년광무5	비공식 귀국 후 고종의 특사조칙으로 정계복귀
1907년순종즉위	헤이그특사사건, 이완용내각의 궁내부대신으로 고종 양위압력 무마 시도–실패–고종 양위 찬성파 암살 혐의로 1년 간 제주도 유배
1910년	한일합방에 따라 일본의 회유정책으로 후작侯爵 작위 받음
1911년	조선귀족회 회장
1918년	조선식산은행 이사
1919년	3·1운동 후 일제의 문화통치에 협력
1920년	동아일보 초대사장 취임
1926년	중추원의장
1932년	일본귀족원 의원
1939년	중추원부의장, 사망

생애일화

조선 25대 왕, 철종哲宗의 부마가 되었으나 3개월 만에 사별死別하였고, 금릉위 작호와 정1품 상보국숭록대부에 봉해졌다.

큰형을 따라 박규수朴珪壽의 사랑을 출입하면서 오경석吳慶錫·유대치劉大致·이동인李東仁 등 실학, 특히 북학파의 학맥을 이은 개화사상가들의 영향을 받아 1879년경 김옥균金玉均·서광범徐光範 등과 개화당開化黨을 조직하였다.

임오군란의 사후 수습책을 협의하기 위해 특명전권대사 겸 제1차 수신사로 일본에 가면서 항해하는 배 위에서 태극사괘太極四卦의 국기國旗를 만들어 일본 도착 직후부터 사용하였다.

귀국 후 한성판윤으로 임명되어 일련의 개화시책으로 신문발간과 경찰제도 도입, 도로정비사업, 유색의복有色衣服 장려 등을 시행하려 하였으나 수구파의 반대로 이루지 못했다.

임오군란과 갑신정변 등 국내정국의 혼란과 외세의 개입으로 격동하는 정치 상황에서 개화·개혁의 실천을 위한 정치적 기반을 구축하려 했으나, 수구파와의 대립 갈등으로 모두 실패하였다.

일생 말년을 친일파의 거두로 마감한 그는 조선총독부가 편찬한 〈조선공로자명감〉에 조선공로자 353명 중 한 사람으로 수록되어 있으며, 죽은 뒤 일본정부에 의해 정2위 훈1등으로 추서되었다.

저서로는 〈사화기략〉이 있으며, 관훈동에 있던 그가 살던 집이 현재 남산한옥마을로 옮겨져서 조선시대 8대가의 모습을 보여주는 문화재로 지정되어 일반에게 공개되고 있다.

1970대 한성판윤 조경호(趙慶鎬)

한성판윤 재임기간 : 1883년고종20 3월 16일 ~ 1883년고종20 3월 25일

1971대 한성판윤 허전(許傳) – 1867·1874대 동일인물

한성판윤 재임기간 : 1883년고종20 3월 25일 ~ 1883년고종20 4월 6일

1972대 한성판윤 이인명(李寅命)

한성판윤 재임기간 : 1883년고종20 4월 6일 ~ 1883년고종20 4월 15일

1973대 한성판윤 정기회(鄭基會) – 1945·2021·2048·2083·2097·2128대 동일인물

한성판윤 재임기간 : 1883년고종20 4월 15일 ~ 1883년고종20 6월 25일

1974대 한성판윤 김익용(金益容) – 1989대 동일인물

신상내용

생몰연대 1820년순조20 ~ 1894년고종31 – 75세
본관 선산善山
자 경수景受
호 석산石山
가족 증조–전적 明欽, 할아버지–원장源長, 아버지–현감 용방用邦
어머니–평강채씨(채홍진蔡弘進의 딸)
부인–청주한씨(참판 한치용韓致容의 딸)

관직경력

한성판윤 재임기간 : 1883년고종20 6월 25일 ~ 1883년고종20 6월 28일

조선 말기의 문신

1846년헌종12	사마시(생원) 장원입격
1850년철종1	증광문과 급제
1855년철종6	홍문록·도당록 등재
1857년철종8	수찬
1858년철종9	충청좌도암행어사-유배(탐욕죄)
1859년철종10	교리(남전南殿 작헌례 대축大祝)
1862년철종13	사간원대사간
1870년고종7	성균관대사성
1871년고종8	이조참의
1880년고종17	이조참판, 동지사의 부사로 청나라 다녀오다
1883년고종20	지중추부사, 한성부판윤
1885년고종22	사헌부대사헌, 공조판서, 형조판서
1894년고종31	예문관제학

1975대 한성판윤 김익진(金翊鎭)

한성판윤 재임기간 : 1883년고종20 6월 28일 ~ 1883년고종20 8월 1일

1976대 한성판윤 김온순(金蘊淳)

신상내용

생몰연대	1812년순조12 ~ 1894년고종31 - 83세
본관	안동安東
자	성발聖發
가족	증조-부제학 시찬時粲, 할아버지-대사헌 방행方行, 아버지-태안현감 履會 생부-진주목사 이위履禕, 어머니-전의이씨(이연배李演培의 딸) 부인-달성서씨(군수 서경보徐京輔의 딸)
묘	서울특별시 강북구 우이동

관직경력

한성판윤 재임기간 : 1883년고종20 8월 1일 ~ 1883년고종20 8월 11일

조선 말기의 문신

1866년고종3	음사蔭仕, 순창군수
1874년고종11	해주판관
1876년고종13	진주목사
1878년고종15	청주목사
1880년고종17	안주목사
1882년고종19	공조참판
1883년고종20	한성부판윤, 공조판서
1893년고종30	판의금부사

1977대 한성판윤 민종묵(閔種默) – 2056·2059대 동일인물

신상내용

생몰연대	1835년헌종1 ~ 1916년 – 82세
본관	여흥驪興
자	현경玄卿
호	한산韓山
가족	증조–정灝, 할아버지–사전師傳, 아버지–명세命世, 생부–승세承世 어머니–이장회李章會의 딸 부인–황기영黃基永의 딸

관직경력

한성판윤 재임기간 : 1883년고종20 8월 11일 ~ 1883년고종20 9월 19일

조선말기의 문신

1874년고종11	증광문과 급제, 승정원가주서
1875년고종12	홍문관부수찬, 사간원지평, 경상우도경시관, 사은정사의 서장관 청왕래
1876년고종13	문사랑청, 사복시정, 시강원필선
1878년고종15	호조참의, 자산부사

1881년고종18	동래암행어사, 병조참의, 신사유람단으로 일본 시찰. 통상사당상
1882년고종19	성균관대사성, 한성부우윤, 병조참판, 진하·사은 겸 세폐사의 부사
1883년고종20	협판군국사무, 이조참판, 지춘추관사, 한성부판윤, 형조판서, 농상사구관農商司勾管, 사은겸 동지정사로 청나라 다녀오다. 사헌부대사헌
1884년고종22	갑신정변. 청사영접사淸使迎接使
1885년고종23	형조·병조판서, 진주사로 청나라 다녀오다
1886년고종24	예조판서, 홍문관제학
1887년고종25	공조판서, 대사헌
1888년고종26	형조판서, 홍문관제학, 지의금부사
1889년고종27	독판교섭통상사무(방곡령 사건, 조일통어장정, 제주어채문제 등 해결)
1892년고종30	함경북도안무사
1894년	지중추부사
1896년건양1	장례원정
1897년광무1	외부대신, 홍문관학사, 탁지부대신
1898년광무2	중추원일등의관, 홍릉제조, 러시아 절영도사건(독립협회의 탄핵)
1899년광무3	궁내부특진관, 경효전제조, 의정부찬정, 내부서리대신, 농상공부서리대신
1910년까지	법부서리대신, 천릉도감제조, 농부대신, 양지아문총재, 예식원장, 규장각제학

생애일화

1905년 을사조약이 체결되자 반대상소를 올리기도 하였으나, 일제의 강제병합조약 체결로 국권이 넘어간 뒤 남작의 작위를 받았다. 또한 1911년 1월 13일 일본정부로부터 2만 5천엔의 은사공채를 수령하였고, 1912년 8월 1일에는 합병에 협력한 공로로 한국병합기념장을 받았으며, 12월 7일에는 종4위에 서위되었다.
1911년 8월 29일 한일합병 1주년을 기념하기 위하여 〈매일신보〉에 1주년 축사를 게재하기도 하였다.
편찬서로는 〈일본견문록〉·〈일본각국조약〉·〈일본외무성시찰기〉 등이 있다.

1978대 한성판윤 조석여(曺錫輿) – 1933대 동일인물

신상내용

생몰연대 1813년순조13 ~ 1889년고종26 – 77세
본관 창녕昌寧

자	치경稚敬
호	하강荷江
가족	증조–명준命峻, 할아버지–이조판서 윤대允大, 아버지–사서 용진龍振 어머니–신작申綽의 딸 형제–석우錫雨(형, 이조판서) 부인–풍양조씨(조운명趙雲明의 딸)

관직경력

한성판윤 재임기간 : 1880년고종17 9월 8일 ~ 1880년고종17 9월 22일

조선 말기의 문신

1848년헌종14	참봉으로 별시문과 급제, 도당록 등재
1865년고종2	이조참판
1866년고종3	황해도관찰사, 강원도관찰사
1867년고종4	황해도관찰사
1872년고종9	성균관대사성
1876년고종13	형조판서
1877년고종14	오위도총부도총관, 동지 겸 사은정사로 청나라 다녀오다. 형조판서
1878년고종15	산릉도감제조
1879년고종16	형조·예조판서
1880년고종17	한성부판윤, 의정부우참찬
1883년고종20	대사헌, 이조판서, 홍문관제학, 형조판서
1884년고종21	예문관제학, 판의금부사
1886년고종23	세자시강원좌빈객, 이조판서, 우참찬

생애일화

그는 글씨를 잘 썼다.
조부 윤대, 백부 봉진鳳振, 형 석우錫雨가 한성판윤을 지냈다.

1979대 한성판윤 정순조(鄭順朝)

신상내용

생몰연대 1810년순조10 ~ 1881년고종18 – 72세

본관　동래東萊
자　화중華仲
가족　증조-군수 동기東驥, 할아버지-기용耆容, 아버지-기상基常, 생부-기정基鼎
어머니-여흥민씨(민익한閔翼漢의 딸)
부인-창녕성씨(성재숭成載崇의 딸)

관직경력

한성판윤 재임기간 : 1883년고종20 9월 29일 ~ 1883년고종20 11월 27일

조선말기의 문신

1831년순조31　사마시(생원) 입격
1864년고종1　충주목사, 별시문과 급제
1865년이후　사간원대사간, 남양도호부시
1873년고종10　이조참판, 성균관대사성
1876년고종13　사헌부대사헌
1883년고종20　공조판서, 한성부판윤
1884년고종21　예조판서
1885년고종22　이조판서

생애일화

초시初試에 입격한지 30년 만에 大科에 급제한 집념의 인물로서 지방관을 지내며 민폐를 제거하는 등 치적을 많이 올렸다.
중앙행정무대에서도 대사헌을 7차례, 대사간에 6차례 임명되어 법사法司 장관으로서 탁월한 업무능력을 보여주었다.

1980대 한성판윤 홍철주(洪澈周) – 1990·2068대 동일인물

신상내용

생몰연대　1834년순조34 ~ 1891년고종28 – 58세
본관　풍산豊山
자　백영伯泳
시호　효헌孝獻
가족　증조-감역 선호善浩, 할아버지-생원 의명義命, 양부-봉사 일모一謨

생부-술모述謨, 어머니-홍직필洪直弼의 딸
부인-달성서씨(서기순徐騏淳의 딸)

묘 경기도 광주시 초월읍 학현리

관직경력

한성판윤 재임기간 : 1883년고종20 11월 27일 ~ 1884년고종21 8월 18일

조선 말기의 문신

1855년철종6	사마시(진사) 입격
1859년철종10	증광별시 문과 급제
1866년고종3	공충도암행어사(지방관과 토호들의 탐학행위 염찰, 징치)
1867년고종4	이조참의
1875년고종12	안동부사-안핵사로 파견되어 울산민란 수습처리
1876년고종13	이조참의
1877년고종14	성균관대사성, 예방승지
1881년고종18	이조참판
1883년고종20	한성부판윤
1884년고종21	호조판서, 갑신정변, 형조판서
1885년고종22	한성부판윤, 형조·예조판서
1886년고종23	형조·공조판서, 상호도감제조
1887년고종24	전보국총판, 형조·예조판서

생애일화

임오군란이 발생한 이후, 그 여파로 청과 일본의 압력이 고조되던 시기에 한성판윤직에 재임하면서 해이해진 기강을 바로잡아야 하고 외세의 간섭을 견뎌내야 하는 어려운 처지에서 직무를 수행하였다.
1875년 경상도 울산에서 조세문제로 민란이 일어나자 안핵사로 파견되어 관련 주동자를 처형하고 지역을 안정시키는 데 공을 세웠다.

1981대 한성판윤 이인응(李寅應) – 1870·1996·1998대 동일인물

한성판윤 재임기간 : 1884년고종21 8월 18일 ~ 1884년고종21 10월 18일

1982대 한성판윤 김홍집(金弘集)

한성판윤 재임기간 : 1884년고종21 10월 18일 ~ 1884년고종21 10월 20일

1983대 한성판윤 민종묵(閔種穆)

한성판윤 재임기간 : 1884년고종21 10월 20일 ~ 1885년고종22 3월 20일

1984대 한성판윤 이봉의(李鳳儀) – 2033·2152대 동일인물

신상내용

생몰연대	1839년헌종5 ~ 1919년 – 81세
본관	전주全州
초명	지겸志謙
자	선익善翼
호	송고松皐
가족	증조–형판 득제得濟, 조부–금위대장 철구鐵求, 양부–훈련대장 완릉군 경우景宇 생부–태순泰純, 어머니–연일정씨(진사 정예환鄭禮煥의 딸) 부인–반남박씨(감역 박종안朴宗顔의 딸), 강릉김씨(참봉 김연식金演植의 딸)
묘	서울특별시 도봉구 도봉동 → 도시계획(화장)

관직경력

한성판윤 재임기간 : 1885년고종22 3월 20일 ~ 1885년고종22 4월 19일

조선 말기의 무신

1854년철종5	무과 급제, 별천 선전관, 순천·남양·창성부사, 양천목사
1893년고종30	우포도대장
1894년고종31	갑오경장, 형조판서
1895년고종32	강원도관찰사 겸 재판소 판사
1896년건양1	중추원의관

1901년광무5	대한제국 정부 훈4등 팔괘장 받음, 헌병사령관
1902년광무6	경무사, 육군참장, 임시위생원감독, 호위대 총관
1903년광무7	원수부 회계국·군무국총장, 육군부장, 군부대신, 의정부찬정
1904년광무8	원수부 검사국총장
1906년광무9	대한제국 정부 훈2등 태극장, 판돈녕부사
1907년순종1	군대해산–육군부장 해임
1908년순종2	대동학회(이등박문 후원 친일 유교단체) 회원
1910년	한일합병
1911년	은사공채 2만 5천엔 수령
1912년	한국병합기념장 수령
1915년	조선물산공진회 경성협찬회 특별회원, 다이쇼대례기념장 수령
1919년	이봉의 사망–아들 이기원李起元 작위 물려받음

1985대 한성판윤 원세정(元世熲)

신상내용

생몰연대	1815년순조15 ~ 1892년고종29 – 78세
본관	원주原州
가족	증조–첨중추–최령最領, 할아버지 수사 영린永麟, 아버지–수사 도樋 어머니–이원익李源益의 딸 부인–이운희李運熙의 딸
묘	경기도 여주시 북내면 가정리

관직경력

한성판윤 재임기간 : 1885년고종22 4월 19일 ~ 1885년고종22 4월 21일

조선 말기의 무신

1837년헌종3	무과 급제
1866년고종3	승정원첨서添書
1867년고종4	전라우수사 –영암군수 홍택주·해남현감 양주갑이 녹봉을 헌납, 전선과 무기제조 표창 건의
1875년고종12	충청병마절도사
1878년고종15	충청좌도암행어사 이승고의 제청에 의해 표창 받음

1880년고종17	준천사濬川司도청都廳
1882년고종19	좌변포도대장
1885년고종22	문묘 전배展拜 때 문신위文神位 헌관獻官, 한성부판윤

1986대 한성판윤 윤병정(尹秉鼎) – 1922·1935대 동일인물

한성판윤 재임기간 : 1885년고종22 4월 21 ~ 1885년고종22 5월 8일

1987대 한성판윤 변원규(卞元圭) – 2055·2077·2154대 동일인물

신상내용

생몰연대	1837년헌종3 ~ 1896년고종33 –60세
본관	밀양密陽
자	대시大始
호	길운吉雲·주항蛛缸
가족	증조–세혁世赫, 할아버지–정 중관重觀, 아버지–직장 광원光源 생부–교회 광운光韻, 어머니–임천백씨(백성일白成一의 딸) 부인–온양방씨(방우성方禹聲의 딸)

관직경력

한성판윤 재임기간 : 1885년고종22 5월 8일 ~ 1885년고종22 5월 12일

조선 말기의 문신·역관

1855년철종6	역과譯科 입격
1880년고종17	부사직–조선국원변래학제조조련장정朝鮮國員辨來學製造操練章程 체결
1881년고종18	별견당상別遣堂上–영선사領選使 김윤식金允植 수행
1882년고종19	통리교섭통상사무아문 참의
1884년고종21	기계국방판器械局幇辦, 지돈녕부사
1885년고종22	한성부판윤, 교섭통상사무협판
1887년고종23	부산첨사 김완수 빚보증–순천으로 유배–이듬해 석방

생애일화

고종17년 개화기이 무비자강武備自强을 위해 청나라 유학생 파견을 주선하고자 청나라에 파견되어 이홍장과 4개 조로 된 협약서를 체결함으로써 군기제조기술의 학습 등을 위한 유학생 파견이 가능토록 성공적인 외교교섭 성과를 거두었다.
중인中人의 신분으로 역과에 입격하고, 대청관계에서 비범한 외교적 수완을 발휘하였으며, 역관 출신임에도 여러 차례 한성판윤에 발탁되어 정경正卿의 반열에 오른 입지전적 인물이라 하겠다.

1988대 한성판윤 이세재(李世宰)

신상내용

생몰연대	1824년순조24 ~ 1890년고종27 – 67세
본관	연안延安
자	공진公進
가족	증조–부사 관수觀秀, 할아버지–금산군수 화우和愚, 아버지–이조판서 풍익豐翼 어머니–홍헌모洪獻謨의 딸 부인–정흥교鄭興教의 딸

관직경력

한성판윤 재임기간 : 1885년고종22 5월 24일 ~ 1885년고종22 6월 11일

조선 말기의 문신

1855년철종6	유학으로서 감제柑製에 선발–직부전시直赴殿試
1856년철종7	별시문과 급제
1857년철종8	홍문록 등재
1858년철종9	도당록 등재
1859년철종10	사헌부집의
1865년고종2	이조참의
1866년고종3	사간원대사간
1876년고종13	승지, 대사간
1877년고종14	이조참판
1881년고종18	사간원대사간
1882년고종19	사헌부대사헌

1884년고종21 지춘추관사, 대사헌, 공조판서, 예조판서
1885년고종22 한성부판윤

1989대 한성판윤 김익용(金益容) – 1974대 동일인물

한성판윤 재임기간 : 1885년고종22 6월 11일 ~ 6월 26일

1990대 한성판윤 홍철주(洪澈周) – 1980·2068대 동일인물

한성판윤 재임기간 : 1885년고종22 6월 26일 ~ 1885년고종22 7월 23일

1991대 한성판윤 이종승(李鍾承)

신상내용

생몰연대 1828년순조28 ~ ?
본관 전주全州
자 계선繼仙
가족 증조–형조판서 경무敬懋, 할아버지–현감 광식光植, 아버지–병조판서 규철圭徹
어머니–거창신씨(신영태愼永泰의 딸)
형제–종건鍾健(아우, 군부대신)
부인–남양홍씨(홍대모洪大謨의 딸), 의령남씨(남효순南孝淳의 딸)
묘 경기도 용인시 기흥구 청덕리 산27–1

관직경력

한성판윤 재임기간 : 1885년고종22 7월 23일 ~ 1885년고종22 7월 25일

조선 말기의 무신

1848년헌종14 무과 급제
1858년철종9 황해도수군절도사
1865년고종2 황해도병마절도사

1867년고종4	좌포도대장, 함경도병마절도사
1874년고종11	좌포도대장-파면(세곡선 부정과 명화적明火賊 발호)
1876년고종13	삼도수군통제사
1878년고종15	금위대장, 강화부유수, 공조판서
1882년고종19	좌포도대장
1885년고종22	한성부판윤
1886년고종23	평안도병마절도사, 형조판서, 전환국총판, 판의금부사
1900년광무4	궁내부특진관

생애일화

종실宗室인 대원군의 신임을 배경으로 군사권을 장악하고, 일본과의 강화도조약 체결 이후 삼도수군통제사를 맡아 해안 경비를 강화하는데 주력하였다.
임오군란 3개월 전에 좌포도대장에 임명되었는데, 난군들이 남산 아래 니동泥洞에 있던 그의 집을 습격하여 가재도구를 파괴하여 시골로 피신하였으며, 그 빈집은 제물포조약을 강요하려 일본 하나부사공사가 이끌고 온 일본군의 주둔처가 되었다.

1992대 한성판윤 조병호(趙秉鎬)

신상내용

생몰년대	1847년헌종13 ~ 1910년융희4 - 64세
본관	임천林川
자	덕경德卿
호	알석謁石
시호	문헌文獻
가족	증조-덕형德泂, 할아버지-학준學準, 아버지-참판 기진基晉 형제-경호慶鎬(형, 흥선대원군의 사위) 어머니-김상연金祥淵의 딸 부인-풍산홍씨(판서 홍우길洪祐吉의 딸)

관직경력

한성판윤 재임기간 : 1885년고종22 7월 25일 ~ 1885년고종22 7월 26일

1866년고종3	정시문과 급제
1867년고종4	홍문관 관원으로 법규교정소 의정관議定官
1869년고종6	서장관으로 청나라 다녀오다. 홍문관응교
1872년고종9	동부승지
1879년고종16	성균관대사성
1880년고종17	이조참의
1881년고종18	수신사–일본과 관세문제 논의
1882년고종19	도승지, 이조참판, 임오군란–일본공사 일행 장악원 피신 보호조치, 청군淸軍 오장경의 영접관
1883년고종20	안동부사–안핵사 겸임(동래와 성주민란 진압 처리)
1884년고종21	갑신정변, 독판교섭통상사무(일본 망명 김옥균·박영효 등 송환 요구)
1885년고종22	공조·예조판서, 한성부판윤
1886년고종23	예조판서
1889년고종26	의정부우참찬
1890년고종27	예조판서
1892년고종29	충청도관찰사
1894년고종31	경상도관찰사
1895년고종32	장례원정, 궁내부특진관
1897년광무1	탁지부대신, 학부대신
1898년광무2	탁지부대신
1899년광무3	장례원정, 궁내부특진관
1904년광무8	내부대신
1905년광무9	황해도관찰사, 탁지부대신, 참정대신
1906년광무10	의정부의정대신

생애일화

글씨를 잘 썼다.

1993대 한성판윤 김영수(金永壽) – 2090대 동일인물

신상내용

생몰연대 1829년순조29 ~ 1899년광무3 – 71세

본관	광산光山
자	복여福汝
호	하정荷亭
가족	증조-부정 두추斗秋, 할아버지-광주판관 재원在源, 아버지-첨정 우현宇鉉 어머니-홍집규洪集圭의 딸 부인-조규영趙揆永의 딸
묘	경기도 광주시 실촌면 지음리 사동

관직경력

한성판윤 재임기간 : 1885년고종22 7월 26일 ~ 1885년고종22 8월 24일

조선 말기의 문신

1858년철종9	사마시(진사) 입격
1870년고종7	정시문과 급제
1876년고종13	성균관대사성
1878년고종15	이조참의
1879년고종16	강화부유수
1881년고종17	이조참판
1882년고종18	예조판서, 경상도관찰사
1883년고종19	평안도관찰사
1884년고종20	호조판서
1885년고종21	한성부판윤
1890년까지	예조·호조·병조·공조판서
1892년광무6	홍문관대제학
1895년광무9	궁내부특진관
1896년광무10	의정부찬정
1897년순종1	장례원정, 홍문관대학사
1898년순종2	궁내부찬정

생애일화

특히 문장에 뛰어나 고종의 총애를 받았다.
6대조 진구鎭龜가 한성판윤을 지냈다.

1994대 한성판윤 윤우선(尹宇善) – 2040·2076대 동일인물

신상내용

생몰연대 1824년순조24 ~ 1901년광무5 – 78세
본관 해평海平
초명 우석宇錫
자 보여輔汝
호 이당彛堂
가족 증조–참판 문동文東, 할아버지–부정 경렬慶烈, 아버지–이조판서 치정致定
친척–치용致容(백부·양부, 공조판서)
어머니–우봉이씨(이조판서 이휘정李輝正의 딸)
부인–연안김씨(이조판서 김노金鏴의 딸)
묘 경기도 장단군 장도면

관직경력

한성판윤 재임기간 : 1885년고종22 8월 29일 ~ 1885년고종22 9월 2일

조선 말기의 문신

1858년철종9 구일제九日製 부賦 우승 – 직부전시直赴殿試, 식년문과 급제
1860년철종11 한권翰圈·한림소시翰林昭試 선발
1861년철종12 홍문록·도당록 등재
1862년철종13 약원藥院 별겸춘추別兼春秋
1867년고종4 이조참의, 좌부승지
1874년고종11 예방승지(명릉·익릉 친제 때 봉무)
1877년고종14 이조참판
1883년고종20 강원도관찰사, 황해도관찰사
1885년고종22 지춘추관사, 한성부판윤, 공조판서
1887년고종24 예조판서, 의정부우참찬, 공조판서, 가상존호도감加上尊號都監제조
1889년고종26 예조판서, 묘호도감廟號都監제조, 형조판서
1890년고종27 이조·형조판서, 빈전도감殯殿都監
1893년고종30 판의금부사, 상호군, 기로소 입소
1898년광무2 공조판서, 판의금부사
1899년광무3 장례원경, 궁내부특진관

생애일화

6대조 계楷, 5대조 세기世紀, 생부 치정이 한성판윤을 지냈다.

1995대 한성판윤 민응식(閔應植)

신상내용

생몰연대	1844년헌종10 ~ 1903년광무7 – 59세
본관	여흥驪興
자	성문性文
호	우당藕堂
시호	충문忠文
가족	증조–악정 치화致和, 할아버지–충주목사 원용元鏞, 아버지–한준漢俊 생부–영우泳愚, 어머니–심능숙沈能淑의 딸 부인–송능수宋能洙의 딸
묘	경기도 여주시 여주읍 단현리

관직경력

한성판윤 재임기간 : 1885년고종22 9월 2일 ~ 1885년고종22 9월 8일

조선 말기의 문신

1882년고종19	증광별시문과 급제, 임오군란–민비의 피신처로 장호원 집 제공
1883년고종20	혜상공국총판惠商公局總辦, 성균관대사성
1884년고종21	친군후영영무親軍後營營務 , 좌영사左營使, 협판내무부사
1886년건양1	이조판서, 병조판서
1891년광무5	예조판서
1892년광무6	통어사, 도총제사, 강화부유수
1894년광무8	갑오경장, 김홍집내각 혁신파 인물 등용에 반대–유배(고금도)

생애일화

갑신정변 실패 후, 민태호 등 척신들과 수구파를 형성하여 원세개袁世凱 세력을 등에 업고 개화파 타도에 앞장섰다. 그러나 뒷날, 척족세력의 중심인물로서 민영익과 같이 원세개 세력을 제거하기 위해 러시아 세력을 끌어들이자고 주장하였다.

1996대 한성판윤 이인응(李寅應) – 1870·1981·1998대 동일인물

한성판윤 재임기간 : 1885년고종22 9월 8일 ~ 10월 22일

1997대 한성판윤 민영익(閔泳翊)

신상내용

생몰연대	1860년철종11 ~ 1914년 – 55세
본관	여흥驪興
자	우홍遇鴻·자상子相
호	운미芸楣·죽미竹楣·원정園丁·千尋竹齋 외
사호	예정禮庭
가족	증조–기현耆顯, 할아버지–여성부원군 치록致祿, 아버지–병조판서 승호升鎬 생부–태호台鎬, 어머니–진천송씨(송재화宋在華의 딸) 부인–광산김씨(김영철金永哲의 딸), 중국인 부인 형제–여동생(순종 비), 남동생(김씨소생–영린泳璘·영선泳璇, 중국인소생–庭植)
묘	경기도 여주시 가남면 안금리

관직경력

한성판윤 재임기간 : 1885년고종22 10월 22일 ~ 1885년고종22 11월 14일

조선 말기의 문신·개화사상가·예술인

1877년고종14	정시문과 급제, 이조참의
1881년고종18	경리통리기무아문군무사당상, 별기군 교련소당상
1882년고종19	임오군란 사죄사절로 박영효와 일본 방문, 권지협판교섭통상사무로 천진에 파견, 해관사무 교섭
1883년고종20	미국공사 푸트Foote 내한, 미국에 보빙사報聘使로 파견되어 아서Arthur 대통령 면담, 세계박람회·시범농장·방직공장·의약제조사·병원·전기회사·철도회사·소방서·육군사관학교·해군연병장 등 공공기관을 시찰하여 우편제도·전기시설·농업기술 등 근대화 시설을 보고, 뒷날 우정국 설치와 경복궁 전기 설치 및 육영공원, 농무목축시험장 실현하는 데 참고하였음. 특히 워싱턴에서 내무성 이튼Eaton 교육국장을 방문하여 미국의 교육

	제도를 소개받았다. 당시 부사로는 홍영식, 서기관 서광범과 수행원 변수·유길준 등 개화파 인사들로 함께 이듬해 유럽을 경유하여 귀국하였다. 귀국 후, 혜상총국총판·이조참의·금위대장·협판군국사무 등 직책을 역임하였다.
1884년고종21	친군영親軍營 우영사右營使, 갑신정변-피습을 당해 전신에 자상刺傷을 입고 미국인 알렌의 치료를 받은 후 복직하였다.
1885년고종22	대원군 회국回國 반대, 협판내무부사, 한성부판윤, 병조판서
1886년고종23	친로거청정책親露拒淸政策 반대하며 원세개에게 밀고-중국 상해로 탈출
1887년고종24	귀국, 통위사
1888년고종25	연무공원판리사무鍊武公院辦理事務(학교운영 담당위원), 판의금부사
1894년고종31	선혜청당상, 고종폐위음모사건 연루-망명, 일시 귀국
1905년광무9	을사조약 강제체결-상해 망명

생애일화

민승호와 그 아들이 죽자 양자로 들어가 명성황후의 친정조카가 되어 이른바 '죽동궁竹洞宮 주인'이 되었다.
민씨 척족이자 개화사상가로서 고위관료로 급성장하였으나, 정치적 입장은 보수파에 가담하여 개화파를 압박하였고, 보수파 내부에서는 친청파로서 친러파와 갈등 관계에 있어 결국 중국에 망명하였다.
그는 서화에도 조예가 깊어 행서行書에 능하였고, 그림도 잘 그렸다. 중국에 머물 때는 중국의 서화가들과 교유하였다.
서화에 대한 관심은 김정희에게서 북학과 추사체를 익힌 생부 민태호의 영향 아래에서 출발하였으며, 이후 허련·정학교·지운영·서병오·김규진 등 서화가들과 교유하였다. 중국에 망명하면서 상해의 천심죽재에 거주하며 중국인 서화가 오창석吳昌碩과 서화전각으로, 포화蒲華와는 묵죽으로 교유하며 긴밀한 관계를 유지하였다.
현존 작품으로는 난초그림·대나무그림·괴석그림·서예로 나뉘는데, 그중 난초그림에 뛰어나 자칭 '동해난개東海蘭丐'라 했으며, 당시 이하응李昰應의 '석파란石坡蘭'에 버금가는 '운미란雲楣蘭'을 창안하였다.
현재 묵란도 작품들은 호암미술관·서강대박물관·간송박물관·호암박물관 등에 소장되어 있다.

1998대 한성판윤 이인응(李寅應) – 1870·1981·1996대 동일인물

한성판윤 재임기간 : 1885년고종22 11월 14일 ~ 1886년고종23 4월 2일

1999대 한성판윤 정운성(鄭雲星)

신상내용

생몰연대	1827년순조27 ~ ?
본관	연일延日
자	치구致久
가족	증조–병조판서 충달忠達, 할아버지–사과 희주曦柱, 아버지–변지 여원驪源 어머니–선전관 김은철金殷喆의 딸 부인–포장 채학영蔡學永의 딸

관직경력

한성판윤 재임기간 : 1886년고종23 4월 2일 ~ 1886년고종23 4월 11일

조선 말기의 무신

1854년철종5	무과 급제
1858년철종9	비랑備郎
1866년고종3	함종부사
1868년고종5	승지
1871년고종8	충청도수군절도사
1872년고종9	승전承傳 선전관
1876년고종13	경상도병마절도사
1879년고종16	무위소武衛所 시사회試射會 때 파총把摠으로 참여
1886년고종23	한성부판윤

2000대 한성판윤 이재완(李載完) – 2072 동일인물

한성판윤 재임기간 : 1886년고종23 4월 11일 ~ 1886년고종23 4월 16일

2001대 한성판윤 김만식(金晩植) – 2037 동일인물

신상내용

생몰연대 1834년순조34 ~ 1900년광무4 – 67세
본관 청풍淸風
자 기경器卿·대경大卿
호 취당翠堂
가족 증조–좌랑 기장基長, 할아버지–만선萬善, 아버지–호조참판 청은군 익정益鼎
어머니–박종의朴宗儀의 딸
부인–조유순趙有淳의 딸, 송주성宋柱成의 딸

관직경력

한성판윤 재임기간 : 1886년고종23 4월 16일 ~ 1886년고종23 5월 16일

조선 말기의 문신

1861년철종12 사마시(진사) 입격
1869년고종6 정시문과 급제, 동부승지, 이조참의
1880년고종17 수신사 김홍집의 부사로 일본에 다녀오다
1882년고종19 수신사 박영효의 부사로 일본에 다녀오다. 동문학협판同文學協辦
1883년고종20 박문국博文局 신설–〈한성순보〉 창간호 발행
1884년고종21 심순택沈舜澤내각 예조판서, 평안도관찰사
1886년광무23 한성부판윤

2002대 한성판윤 이방현(李邦鉉)

신상내용

생몰연대 1822년순조22 ~ 1906년광무10 – 75세
본관 전주全州
자 사형士亨
가족 증조–동찬東粲, 할아버지–안동영장 사겸思謙, 아버지–형조판서 주철周喆
어머니–안산김씨(부총관 김기종金驥鍾의 딸)
부인–청송심씨(沈能鼎의 딸), 여흥민씨(閔壽顯의 딸),남양홍씨(洪龍燮의 딸)
묘 경기도 광주시 회덕동 (실전失傳)

관직경력

한성판윤 재임기간 : 1886년고종23 5월 16일 ~ 1886년고종23 6월 11일

조선 말기의 무신

1844년헌종10	무과 급제
1866년고종3	공충도병마절도사, 우변포도대장, 무과 승지
1872년고종9	지종정경
1879년고종16	평안도병마절도사
1881년고종18	금군별장
1886년고종23	병방승지, 한성부판윤
1891년고종28	대호군-수릉綏陵 제향 때 왕 호위

생애일화

아버지 주철이 한성판윤을 지냈다.

2003대 한성판윤 이원회(李元會) – 2011·2066·2078대 동일인물

신상내용

생몰연대	1827년순조27 ~ 1895년고종32 – 69세
본관	광주廣州
자	선경善卿
호	중곡中谷
저서	〈일본육군조전〉
가족	증조-좌윤 춘영春英, 할아버지-훈련원정 동응東膺, 아버지-아장 기석基碩 어머니-병사 윤민동尹敏東의 딸 부인-원주원씨(방어사 원계元棨의 딸)
묘	경기도 김포시 양동면 신당리

관직경력

한성판윤 재임기간 : 1886년고종23 6월 11일 ~ 1887년고종24 2월 27일

조선 말기의 무신

1851년철종2	무과 급제
1864년고종1	선전관, 금위영천총, 승정원 동부승지·좌부승지·우승지·좌승지, 태안부사
1872년고종9	전라우도수군절도사, 부사
1881년고종18	조선조사일본시찰단의 군계선함사차정참획관軍械船艦事差定參劃官–총포·선박 등 육군 조련에 관계분야 시찰(참모관–이동인李東仁), 도총부부총관, 충청도병마절도사, 군무사당상경리사軍務司堂上經理事
1882년고종19	황해도병마절도사, 삼도수군통제사
1886년고종23	한성부판윤
1887년고종24	거문도경략사巨文島經略使–영국의 거문도 강점사건 처리
1889년고종26	대호군
1894년고종31	양호순변사兩湖巡邊使–동학농민운동군에 점령된 전주全州를 양호초토사 홍계훈과 협력하여 수복. 갑오경장, 좌포도대장순변사

생애일화

통리기무아문의 개편에 의해 군무사당상경리사에 임명되었으며, 군부사분국절목의 결정에 따라 교련국구관敎鍊局句管으로서 근대식 군부의 기초를 마련하는데 기여하였다.
거서로는 〈일본육군조전日本陸軍操典〉 4책이 있다.

2004대 한성판윤 조강하(趙康夏) – 2018대 동일인물

신상내용

생몰연대	1841년헌종7 ~ 1892년광무8 – 52세
본관	풍양豊壤
자	경평景平
호	물재勿齋
가족	증조–진완鎭完, 할아버지–장영章永, 아버지–신계현령 병석秉錫 조대비(고모, 익종의 왕비 신정왕후–헌종의 모후) 어머니–한산이씨(목사 이희석李希碩의 딸) 영하寧夏(형, 예조판서) 부인–안동김씨(참판 김만근金萬根의 딸)

관직경력

한성판윤 재임기간 : 1887년고종24 2월 27일 ~ 1887년고종24 4월 1일

조선 말기의 문신

1864년고종1	증광별시 급제, 한림권점 선발, 홍문록·도당록 등재
1873년고종10	성균관대사성, 부제학, 이조참판, 경기도관찰사
1882년고종19	임오군란, 경상도관찰사
1885년고종22	지춘추관사, 공조판서, 지의금부사, 좌우포도대장–갑신정변 관련자 추국
1886년고종23	개화당 유길준俞吉濬 구속
1887년고종24	선혜청당상, 한성부판윤, 예조판서
1889년고종25	독판내무부사

생애일화

조대비의 일족이 대거 등용될 때 과거에 급제하여 관직에 진출하였다.
아우 조영하가 대원군을 축출하여 권력판도가 달라진 상황에서 경상도관찰사로 부임하였다. 그때 피폐한 민생을 위해 내탕금 2만 냥과 관서곡關西穀 2만 석을 받았으므로 진주에는 이를 칭송하는 선정비가 세워졌다.
도대장으로 있을 때에 개화당으로 지목받던 유길준이 귀국하자, 거짓 왕명을 빙자하여 구금하였다. 이때 아우 영하가 민응식閔應植에게 말하여 유길준의 죽음을 면하게 하고 한규설韓圭卨의 집에 유폐시키도록 하였다. 그래서 유명한 〈서유견문〉이 나오게 되었다 한다.
5대조 상경尙絅, 고조 돈暾이 한성판윤을 지냈다.

2005대 한성판윤 심의풍(沈宜豊)

한성판윤 재임기간 : 1887년고종24 4월 1일 ~ 1887년고종24 윤4월 7일

2006대 한성판윤 윤영신(尹榮信) – 2049대 동일인물

신상내용

생몰연대 1831년순조31 ~ 1896년고종33 – 66세

본관 파평坡平
자 공실公實
호 기산綺山
가족 증조–군수 영. 할아버지–호조참판 행직行直, 아버지–참판 찬
생부–자경滋慶, 어머니–이형만李馨萬의 딸
부인–조연춘趙然春의 딸
묘 경기도 시흥시 수암면 산현동

관직경력

한성판윤 재임기간 : 1887년고종24 윤4월 7일 ~ 1887년고종24 5월 13일

조선 말기의 문신

1864년고종1	증광문과 급제
1869년고종6	광양현감
1879년고종16	이조참의
1880년이후	이조참판, 수원부유수, 강원도관찰사, 예방승지, 전라도관찰사
1887년고종24	한성부판윤, 형조·공조판서, 수원부유수, 강원도관찰사, 광주부유수

생애일화

전라도관찰사로 있을 때, 조경단肇慶壇과 경기전慶基殿 수리를 잘 감독하여 품계가 올라갔다.

2007대 한성판윤 민치서(閔致序)

신상내용

생몰연대 1817년순조17 ~ 1889년고종26 – 73세
본관 여흥驪興
자 안은案殷
시호 효정孝貞
가족 증조–각수覺洙, 할아버지–인천부사 백준百準. 아버지–직장 용현龍顯
어머니–김세순金世淳의 딸
부인–이학재李學在의 딸
묘 경기도 수원시 어탄면 장천리

관직경력

한성판윤 재임기간 : 1887년고종24 5월 13일 ~ 1887년고종24 5월 26일

조선 말기의 문신

1844년헌종10	사마시(생원) 입격
1865년고종2	공주판관
1866년고종3	황주목사
1870년고종7	상주목사
1871년고종8	홍주목사
1873년고종10	여주목사
1880년고종17	경주부윤
1882년고종19	강원도관찰사
1883년고종20	황해도관찰사
1885년고종22	광주부유수
1886년고종23	공조판서
1887년고종24	한성부판윤
1888년고종25	판의금부사

생애일화

아우 치상致庠이 먼저 한성판윤을 지냈다.

2008대 한성판윤 박제관(朴齊寬) – 1950·1960·2019·2115·2126대 동일인물

한성판윤 재임기간 : 1887년고종24 5월 26일 ~ 1887년고종24 6월 29일

2009대 한성판윤 이응진(李應辰)

신상내용

생몰연대 1817년순조17 ~ 1887년고종24 – 71세
본관 전주全州

자 공오公五·拱五
호 소산素山
시호 문헌文憲
가족 증조–대사간 익진翼晉, 할아버지–정풍正豊, 아버지–진사 화면華冕
어머니–청주한씨(한용면韓容冕의 딸)
부인–창원황씨(黃基완의 딸)

관직경력

한성판윤 재임기간 : 1887년고종24 6월 29일 ~ 1887년고종24 7월 4일

조선 말기의 문신

1848년헌종14	사마시(진사) 입격
1859년철종10	증광문과 급제
1860년철종11	홍문록 등재
1866년고종3	사간원사간
1867년고종4	통례원우통례
1875년고종12	부호군
1880년고종17	성균관대사성, 예방승지
1882년고종19	임오군란, 홍문관제학, 행호군
1883년고종20	이조참판
1886년고종23	지춘추관사, 형조판서
1887년고종24	한성부판윤, 이조판서, 기로소 입소

2010대 한성판윤 서상우(徐相雨)

신상내용

생몰연대 1831년순조31 ~ 1903년광무7 – 73세
본관 달성達城
자 은경殷卿
호 규정圭廷·추당秋堂
시호 문헌文憲
가족 증조–사재감첨정 유풍有豊, 할아버지–정언 영보永輔, 아버지–고산현감 경순慶淳

어머니-김석재金錫載의 딸
부인-이병구李秉九의 딸
묘 충남 대덕군 기성면 용촌리

관직경력

한성판윤 재임기간 : 1887년고종24 7월 4일 ~ 1887년고종24 7월 19일

조선 말기의 문신

1865년고종2	사마시(진사) 입격
1882년고종19	통리기무아문부주사-종사관(조미수호통상조약·조영수호통상조약 체결)
1883년고종20	별시문과 장원급제, 홍문관교리, 동지사의 서장관으로 청나라 다녀오다
1884년고종21	갑신정변, 참의교섭통상사무, 예조참판-일본망명 개화파 송환협상 실패
1885년고종22	서리독판교섭통상사무, 호조·이조참판, 동지부사로 청나라 다녀오다. 성균관대사성, 조이수호통상조약 비준 교환 주관
1886년고종23	협판교섭통상사무-천진 파견(이홍장에게 조·러조약 설명), 공조판서, 진하 겸 동지정사로 청나라 다녀오다
1887년고종24	독판교섭통상사무, 한성부판윤
1888년고종25	사헌부대사헌, 형조판서
1890년고종27	의정부좌참찬
1893년고종30	공조판서
1894년고종31	김홍집내각 내무대신
1895년고종32	중추원1등의관
1897년이후	사직서제조, 평안북도관찰사, 태의원경, 궁내부특진관, 장례원경, 홍문관학사, 기로소 입소

2011대 한성판윤 이원회(李元會) – 2003·2066·2098대 동일인물

한성판윤 재임기간 : 1887년고종24 7월 19일 ~ 1887년고종24 10월 9일

2012대 한성판윤 김창희(金昌熙) – 2025대 동일인물

신상내용

생몰연대 1844년헌종10 ~ 1890고종27 – 47세
본관 경주慶州
자 수경壽敬
호 석릉石菱·둔재鈍齋
시호 문헌文憲
저서 〈석릉집〉 외
가족 증조–우의정 사목思穆, 할아버지–판관 영수永受, 아버지–예조판서 정집鼎集
어머니–벽진이씨(이태준李泰峻의 딸)
부인–조희필趙熙弼의 딸, 이명정李命禎의 딸

관직경력

한성판윤 재임기간 : 1887년고종24 10월 9일 ~ 1888년고종25 3월 14일

조선 말기의 문신

음관–명릉참봉
1864년고종1 증광문과 급제
1865년고종2 동지사의 서장관으로 청나라 다녀오다
1874년고종11 성균관대사성
1878년고종15 이조참의
1880년고종17 한성부좌윤–유배(한성감시 2소감시관으로 시권試券 요개撓改로 물의 파방)
1882년고종19 임오군란–청나라 오장경吳長慶·마건충馬建忠 등 주둔군 영접관
1883년고종20 병조·이조·형조참판, 공조판서
1887년고종24 한성부판윤, 사헌부대사헌, 홍문관제학, 예문관제학

생애일화

그는 숙종의 국구 경은부원군 주신柱臣의 6대손이다.
책을 좋아하여 병이 들어서도 손에서 놓지 않았으며, 여러 저술을 남겼다.
저서로는 〈석릉집〉을 비롯하여 〈회은영〉·〈육입보〉·〈담설〉 등이 있고, 편서로는 〈월성가사〉·〈김씨분관록〉·〈동묘영접록〉 등이 있다.
8대조 남중南重, 고조 효대孝大, 증조 사목思穆, 아버지 정집이 한성판윤을 지냈다.

2013대 한성판윤 이유승(李裕承) – 2102대 동일인물

신상내용

생몰연대	1835년헌종1 ~ 1907년광무11 – 73세
본관	경주慶州
자	경선景先
호	동오東塢
시호	효정孝貞
가족	증조–병참 경륜敬倫, 할아버지–강원감사 정규廷奎, 아버지–남평현감 계선啓善 어머니–연일정씨(정문승鄭文升의 딸) 형제–유원裕元(4촌형, 영의정) 부인–동래정씨(정순조鄭順朝의 딸) 아들–건영健榮·석영石榮·철영哲榮·회영會榮·시영始榮·호영頀榮(독립운동가 형제)
묘	경기도 용인시 풍덕천동 북면 화곡

관직경력

한성판윤 재임기간 : 1888년고종25 3월 14일 ~ 1888년고종25 3월 21일

조선 말기의 문신

1864년고종1	증광문과 급제
1865년고종2	예문관검열, 승정원주서
1866년고종3	홍문관수찬
1867년고종4	접위관(일본사신 접대)
1868년고종5	평안도암행어사
1869년고종6	통례원우통례
1870년고종7	승지
1878년고종15	성균관대사성, 이조참의
1881년고종18	좌부승지–고종 축출 음모, 왕위에 오르려던 이재선의 극형 주장
1883년고종20	이조참판
1887년고종24	세자시강원 겸보덕
1888년고종25	한성부판윤
1889년고종26	영조대왕 옥책문 서사관
1890년고종27	대왕대비 승하–국장도감제조, 예조판서, 반송사, 형조판서
1891년고종28	한성부판윤
1892년고종29	선조宣祖 옥책문 서사관

1883년고종30	공조판서
1884년고종31	형조판서, 대호군–교정청당상, 이조판서, 우찬성
1895년고종32	중추원1등의, 칙임관4등
1898년광무2	궁내부특진관, 칙임관2등
1899년광무3	장례원경, 궁내부특진관
1900년광무4	창덕궁 선원전 제1실 상량문 서사관
1904년광무8	태의원경
1905년광무9	을사보호조약 체결 – 조약반대 상소, 국권회복 주장, 기로소 입소

생애일화

그는 임진왜란 때의 명재상 이항복李恒福의 9대손으로서 명문세가 출신이다.
을사보호조약을 반대한 뜻을 이어받아 아들들이 독립운동에 투신하여 역사에 큰 족적을 남겼다. 그의 아들들은 회영會榮을 중심으로 형제들 간 합심하여 막대한 재산을 처분하고 솔가망명率家亡命하여서 항일투쟁을 위해 독립군 양성기관인 신흥무관학교를 설립 운영하는 등 독립운동사에 불후의 업적을 남겼으며, 시영始榮은 대한민국 초대 부통령이 되었다.
후손들의 조국을 위한 희생정신은 진정한 '노블레스 오블리주'의 표본으로 오늘날에도 사람들로부터 존경과 칭송을 받고 있다.

2014대 한성판윤 이규안(李奎顔)

신상내용

생몰연대	1834년순조34 ~ 1890년고종27 – 57세
본관	덕수德水
자	우약愚若
가족	증조–진수晉秀, 할아버지–병사 병사亨權, 아버지–방어사 완희完熙 어머니–평양조씨(포도대장 조재중趙在中의 딸) 부인–진주유씨(유상기柳相夔의 딸)
묘	충남 아산시 음봉면 쌍암리 왕곡

관직경력

한성판윤 재임기간 : 1888년고종25 3월 21일 ~ 1888년고종25 4월 13일

조선 말기의 무신

1853년철종4	천거–사복시 내승
1855년철종6	무과 급제
1864년고종1	영암군수
1867년고종4	무과 승지
1871년고종8	충청도수군절도사
1879년고종16	경상좌도병마절도사
1880년고종17	무위소武衛所 시사試射 때 파총把摠(정4품)
1883년고종20	북원北苑 망배례望拜禮 참반, 무사들의 시사 거행
1885년고종22	융무당隆武堂 왕 친림하여 연조鍊操할 때 좌영左營 병방兵房
1886년고종23	삼도수군통제사
1888년고종25	한성부판윤
1889년고종26	대호군
1892년고종29	왕 서총대瑞蔥臺 참석할 때 통위병방統衛兵房
1896년건양1	중추원 1등의관, 칙임관2등

생애일화

임진왜란의 구국 영웅, 충무공 이순신 장군의 10대손이다.

2015대 한성판윤 윤병정(尹秉鼎) – 1922·1986대 동일인물

한성판윤 재임기간 : 1888년고종25 4월 13일 ~ 1888년고종25 4월 20일

2016대 한성판윤 원우상(元禹常)

신상내용

생몰연대	1839년헌종5 ~ 1909년융희3 – 71세
본관	원주原州
자	백원伯源·하경夏景
가족	증조–수사 영린永麟, 할아버지–도, 아버지–판윤 世정 어머니–이운희李運熙의 딸

	부인–원주변씨(변득규邊得圭의 딸)
묘	경기도 여주군 대신면 거문동

관직경력

한성판윤 재임기간 : 1888년고종25 4월 20일 ~ 1888년고종25 4월 29일

조선 말기의 무신

1857년철종8	무과 급제
1871년고종8	영일현감
1881년고종18	선기장善騎將
1882년고종19	경상좌도병마절도사
1885년고종22	평안도병마절도사
1888년고종25	한성부판윤
1889년고종26	별군직別軍職(임금 신변보호 담당직)
1890년고종27	평안도병마절도사
1896년건양1	중추원1등의관, 칙임관2등, 함경북도관찰사
1898년광무2	정2품
1899년광무3	경무사 칙임관2등–함녕전咸寧殿 황의수黃義秀 난입사건–유배(고금도)
1904년광무8	육군참령, 참장參將, 경무사칙임관2등, 유행병예방위원장, 헌병사령관,
1905년광무9	중추원의관, 칙임관2등, 육군법원장

2017대 한성판윤 백남익(白南益)

신상내용

생몰연대	1843년헌종9 ~ 1890년고종27 – 48세
본관	수원水原
자	우약虞若
가족	증조–함진咸鎭, 할아버지–민수敏洙, 아버지–포도대장 낙정樂貞
	어머니–훈령대장 임태영任泰瑛의 딸)
	부인–병마절도사 심의홍沈宜弘의 딸

관직경력

한성판윤 재임기간 : 1888년고종25 4월 29일 ~ 1888년고종25 5월 12일

조선 말기의 무신

1862년철종13	무과 급제
1863년철종14	선전관
1880년고종17	황해도수군절도사
1882년고종19	경상좌도병마절도사
1884년고종21	가선대부
1885년고종22	왕 융무당 친림 조련할 때 병방승지兵房承旨
1888년고종25	왕이 삼선평三仙坪 분소 무예시험 시 병방승지, 한성부판윤

2018대 한성판윤 조강하(趙康夏) – 2004대 동일인물

한성판윤 재임기간 : 1888년고종25 5월 12일 ~ 1888년고종25 5월 27일

2019대 한성판윤 박제관(朴齊寬) – 1950·1960·2008·2115·2126대 동일인물

한성판윤 재임기간 : 1888년고종25 5월 27일 ~ 1888년고종25 6월 18일

2020대 한성판윤 이윤용(李允用)

신상내용

생몰연대	1854년철종5 ~ 1938년 – 85세
본관	우봉牛峰
자	경중景中
가족	증조–진사 광유光裕, 할아버지–부사 식埴, 아버지–이조판서 호준鎬俊 어머니–여흥민씨(민용현閔龍顯의 딸) 형제–완용完用(아우, 총리대신–한일병합조약 체결) 부인–전주이씨(흥선대원군의 딸), 김기태金箕台의 딸
묘	경기도 양주시 광적면 광적리

관직경력

한성판윤 재임기간 : 1888년고종25 6월 18일 ~ 1888년고종25 6월 21일

조선 말기의 문신

1869년고종6	돈녕부참봉
1871년고종8	사제賜第(왕의 특명으로 과거급제자 동일자격)
1881년고종18	양덕현감
1884년고종21	전라도병마절도사, 한성부좌윤, 금군별장, 병조참판
1887년고종24	가의대부
1888년고종25	한성부판윤, 지의금부사, 영변부사
1889년고종26	봉산군수
1891년고종28	영변부사
1894년고종31	형조판서 겸 좌·우포도대장, 갑오개혁
1896년건양1	아관파천, 군부대신, 농상공부대신
1897년광무1	의정부찬성
1903년광무7	경상남도관찰사, 경상북도관찰사
1904년광무8	중추원의관, 전라남도관찰사, 군제의정관, 군부대신
1905년광무9	찬모관贊謀官, 임시서리종원경, 평리원재판장
1906년광무10	한성은행 부행장
1907년융희1	궁내부대신, 영친왕 일본유학 배종

생애일화

흥선대원군의 사위가 되어 사제賜第(왕의 특명으로 과거급제자 동일자격)로 관직에 진출하였다. 더욱이 이완용李完用의 형으로서 일본정부에 적극 협조하여 재임기간 중 1등8괘장·태극장을 비롯하여 대훈大勳 이화장李花章을 받았을 뿐 아니라 일본국 훈1등욱일대수장·욱일동화대수장 등을 받았다.

국권상실 후에는 일본정부로부터 남작男爵의 작위를 받았으며, 한성은행장으로 활동하여 재계에서도 두각을 나타내었다.

7대조 만성晩成, 아버지 호준鎬俊이 한성판윤을 지냈다.

2021대 한성판윤 정기회(鄭基會) – 1917·1945·1973·2048·2083·2128대

동일인물

한성판윤 재임기간 : 1888년고종25 6월 21일 ~ 1888년고종25 6월 30일

2022대 한성판윤 이돈하(李敦夏) – 2075·2113대 동일인물

신상내용

생몰연대 1824년순조24 ~ ?
본관 전주
자 서오敍五
가족 아버지–이인승李寅升

관직경력

한성판윤 재임기간 : 1888년고종25 6월 30일 ~ 1888년고종25 7월 10일

조선 말기의 문신

1868년고종5	경과별시문과 급제
1869년고종6	본관록本館錄·도당록都堂錄 등재
1872년고종9	통례원우통례, 동부승지
1876년고종13	좌승지, 사간원대사간
1878년고종15	성균관대사성
1880년고종17	이조참의
1881년고종18	가례도감 진작관進酌官
1883년고종20	대사간
1885년고종22	사헌부대사헌
1886년고종24	함경도관찰사–청상淸商 밀무역 보고
1888년고종26	유배–이용익李容翊 죄상 연루, 동지정사로 청나라 다녀오다
1890년고종28	형조판서, 홍문관제학
1891년고종29	홍문관제학, 형조판서, 예문관제학
1892년고종30	의정부우참찬, 한성부판윤, 대사헌, 예문관제학
1893년고종31	판의금부사, 예문관제학

2023대 한성판윤 이재원(李載元)

한성판윤 재임기간 : 1888년고종25 7월 10일 ~ 1888년고종25 7월 26일

2024대 한성판윤 김성근(金聲根)

신상내용

생몰연대　1835년헌종1 ~ 1919년 – 85세
본관　안동安東
자　중원仲遠
호　해사海士
가족　증조–대사성 방행方行, 할아버지–현감 이회履會, 아버지–판의금부사 온순蘊淳
어머니–달성서씨(서경보徐京輔의 딸)
부인–청송심씨(심원택沈元澤의 딸), 장수황씨(황추黃秋의 딸)
묘　서울특별시 강북구 우이동

관직경력

한성판윤 재임기간 : 1888년고종25 7월 26일 ~ 1888년고종25 8월 17일

조선 말기의 문신

1862년철종13	정시문과 급제
1863년철종14	예문관검열, 홍문관제학
1883년고종20	전라도관찰사
1888년고종25	공조·형조·이조·예조판서
1894년고종31	개화파 정권 성립–퇴직
1898년광무2	궁내부특진관
1900년광무4	의정부참정
1902년광무6	탁지부대신–을미사변 때 군부대신 안경수 규탄, 망명한 유길준 체포 주장
1905년광무9	탁지부 일본인 고문이 자신의 퇴직 전 재정운용를 문책하자 항의 상소
1910년	한일병합 후 일본정부의 자작子爵 수여

생애일화

그는 성품이 온후하고 풍채가 좋았으며 서예에 뛰어났다.
필체는 미불체米芾體로서 날렵한 흘림의 글씨가 시원스럽고 편안하면서도 우아함을 잃지 않는 특징이 있다. 간찰·현판·족자 등으로 다양하게 전해지고 있으며, 특히 편액을 잘 써 범어사·동화사 등 영남지역 사찰에 많이 남아있다.
1902년에는 경운궁 중화전의 현판을 담당하여 숙마熟馬 한 필을 하사받았으며, 고종의 육

순을 기념하여 〈임인진연도병壬寅進宴圖屛〉 제작에 관여하여 당상관 궁내부특진의 포상을 받기고 했다.

2025대 한성판윤 김창희(金昌熙) – 2010대 동일인물

한성판윤 재임기간 : 1888년고종25 8월 17일 ~ 1888년고종25 10월12일

2026대 한성판윤 이종건(李鍾健) – 2043대 동일인물

신상내용

생몰연대	1843년헌종9 ~ 1930년 – 88세
본관	전주全州
자	치행致行
가족	증조–태무泰懋, 할아버지–금위랑 광익光益, 아버지(양부)–圭徹 생부–병조판서 규정圭正어머니–곡성임씨(임수동任秀東의 딸) 부인–안동권씨(권사우權思友의 딸)
묘	경기도 용인시 수지구 성복동 → 이장移葬

관직경력

한성판윤 재임기간 : 1888년고종25 10월 12일 ~ 1888년고종25 11월 22일

조선 말기의 무신

1859년철종10	무과 급제
1885년고종22	우포도대장–대원군 환국 전 임오군란 죄인 처형, 협판내무부사, 상리국총판商理局總辦, 친군전영감독親軍前營監督, 형조판서–신기선申箕善사건 처리 군제개혁–총어사, 연무공원판리사무鍊武公院辨理事務 운영담당위원
1888년고종25	한성부판윤
1897년광무1	중추원의관, 궁내부특진관, 심순택沈舜澤정부 군부대신 고종황제 즉위–시종원총관, 호위청총관, 경무사警務使, 한성부판윤 박정양朴定陽정부–의정부찬정(만민공동회 참석)–해임–중추원의장–궁내부특진관
1900년광무4	법규교정서法規校正所 의정관議定官–대한국국제大韓國國制 제정 참여

1901년광무5	농상공부대신, 군무국총장, 강원도·평안도관찰사, 군부대신
1910년	〈조선귀족령〉으로 남작男爵 작위 받음

생애일화

양부 규철, 형 종승鍾承이 한성판윤을 지냈다.

2027대 한성판윤 홍철주(洪澈周)

한성판윤 재임기간 : 1888년고종25 11월 22일 ~ 1889년고종26 2월 2일

2028대 한성판윤 이승오(李承五) – 2060·2090대 동일인물

신상내용

생몰연대	1837대헌종3 ~ 1900년광무4 – 64세
본관	한산韓山
자	규서奎瑞
호	삼은三隱
가족	증조–학영學永, 할아버지–현감 희선羲先, 아버지(양부)–참판 창재昌在 생부–좌의정 景在, 어머니–여흥민씨(민치병閔致秉의 딸)

관직경력

한성판윤 재임기간 : 1889년고종26 2월 2일 ~ 1889년고종26 2월 19일

조선 말기의 문신

1858년철종9	정시문과 급제
1865년고종2	성균관대사성
1866년고종3	이조참의
1869년고종6	예방승지
1877년고종14	이조참판
1880년고종17	홍문관부제학, 충청도관찰사
1885년고종22	사간원대사간

1886년고종23	세자시강원 겸보덕
1887년고종24	형조판서, 진하정사로 청나라 다녀오다
1889년고종26	한성부판윤
1890년고종27	형조판서
1891년고종28	의정부우참찬, 예조판서, 판의금부사, 예조판서 겸 예문관제학
1892년고종29	이조판서, 홍문관제학, 시강원우빈객, 공조판서
1893년고종30	시강원좌빈객
1894년고종31	병조판서, 예문관제학
1896년건양1	규장각경 겸 왕태자궁일강관王太子宮日講官
1898년광무2	제주도 종신유배(조종祖宗의 靈을 속인 죄)
1900년광무4	사망-사죄赦罪·관작官爵 복구

생애일화

생부 경재가 한성판윤을 지냈다.

2029대 한성판윤 정기회(鄭基會)

한성판윤 재임기간 : 1889년고종26 2월 19일 ~ 1889년고종26 3월 22일

2030대 한성판윤 윤영신(尹榮信)

한성판윤 재임기간 : 1889년고종26 3월 22일 ~ 1889년고종26 4월 4일

2031대 한성판윤 조병세(趙秉世)

신상내용

생몰연대	1827년순조27 ~ 1905년광무9 - 79세
본관	양주楊州
자	치현穉顯
호	산재山齋

시호	충정忠正
가족	증조-공조참의 명철命喆, 할아버지-진사 진영鎭永, 아버지-현감 유순有淳 어머니-봉사 서직수徐稷修의 딸 부인-현감 김준현金準鉉의 딸
묘	경기도 시흥시 수암면 조남동

관직경력

한성판윤 재임기간 : 1889년고종26 4월 4일 ~ 1889년고종26 5월 9일

조선 말기의 문신

1852년철종3	사마시(진사) 입격, 음관-참봉
1859년철종10	증광문과 급제, 사관史官
1864년고종1	실록청도청낭청-〈현종실록〉 편찬 참여
1874년고종11	함경도암행어사
1877년고종14	사헌부내사헌, 의수부윤, 대사헌
1887년고종24	공조판서
1888년고종25	예조·이조판서
1889년고종26	한성부판윤, 우의정
1893년고종30	좌의정
1894년고종31	동학농민운동·청일전쟁·갑오개혁-정계은퇴 가평 낙향
1896년건양1	중추원의장, 의정부의정, 특진관, 폐정개혁 시무19조 상소
1898년광무2	재상 임명-사퇴
1900년광무4	국정개혁 건의
1905년광무9	을사조약 체결-을사5적 처형 주창

생애일화

을사보호조약의 체결로 온 천하가 울분으로 들끓고, 각계의 항의와 조약 취소 요구가 빗발쳤다.
장지연張志淵이 〈황성신문〉에 〈시일야방성대곡是日也放聲大哭〉을 써서 민족의 울분을 토하고, 13도 유생들이 5적의 처형과 조약폐기를 상소하였으며, 특진관 이근명과 의정부참찬 이상설李相卨을 비롯한 조관朝官들이 상소하였으나 국왕은 대답이 없었다.
이러한 상황에서 그는 참정 심상훈·시종무관장 민영환 등과 함께 백관을 인솔, 입궐하여 연소聯疏하다가 일본군에 의해 강제 해산당하고 표훈원表勳院에 연금되었다. 곧 방면되어 다시 대한문 앞에서 석고대죄하며 을사조약 파기를 주장하였으나 강제 연행되었고, 민영환은 평리원에 연금되었다가 비분을 참지 못해 자결하였다.

그는 강제 연행 뒤 가평으로 추방되었다가 다시 상경하여 표훈원에 돌아와 유소遺疏와 각국 공사에게 보내는 유서遺書를 남기고 상소하였는데, 일본군에 의해 가마에 태워져 강제 연행되자 가마 안에서 음독, 조카 민희民熙의 집에 당도하자 운명殞命하였다.
1963년 건국훈장 대통령장이 추서되었다.

2032대 한성판윤 한규설(韓圭卨) – 2079대 동일인물

신상내용

생몰연대	1848년헌종14 ~ 1930년 – 83세
본관	청주淸州
자	순우舜佑
호	강석江石
가족	증조–영泳, 할아버지–부사 원식元植, 아버지–부사 승렬承烈 어머니–아장 오치현吳致賢의 딸 형제–규직圭稷(형, 총융사) 부인–부사 박성희朴性熙의 딸

관직경력

한성판윤 재임기간 : 1889년고종26 5월 9일 ~ 1889년고종26 5월 13일

조선 말기의 무신·애국지사

1877년고종14	무과 급제
1880년고종17	진주병사
1883년고종20	전라좌수사
1884년고종21	경상우병사
1885년고종22	금군별장, 우포도대장–갑신정변 연루 유길준 구금 보호(서유견문 집필)
1886년고종23	친군우영사, 상리국총판, 기기국총판機器局總辦
1887년고종24	형조·공조판서, 우포도대장, 형조판서
1889년고종26	한성부판윤, 형조판서, 친군장위사, 연무공원관리사무
1894년고종31	총어사
1896년건양1	법부대신 겸 고등재판소재판장
1898년광무2	중추원의장, 법부대신 겸 고등재판소재판장
1899년광무3	독립협회 해산–법부대신 해임

1901년광무5	궁내부특진관
1902년광무6	법부대신, 의정부찬정
1905년광무9	의정부참정대신–내각 조각, 일본의 이등박문이 을사조약 체결을 시도하자 반대하다 대궐 수옥헌漱玉軒에 감금되었다가 면직 당함
1906년광무10	중추원고문, 궁내부특진관
1910년	국권피탈 후 일본정부로부터 남작男爵 작위 수여–거절

생애일화

법부대신으로 재직 당시 독립협회가 결성되어 활동하자 호의적인 태도를 취하였으며, 정부의 탄압으로 만민공동회의 기세가 꺾이고 독립협회가 해산되면서 본직에서 해임되었다.
을사조약의 체결을 앞장서서 반대하고 체결 뒤에는 일본정부가 주는 특전을 거부한 채, 칩거생활을 하다가 1920년 이상재李商在 등과 함께 조선교육회를 창립하고 이를 민립대학기성회로 발전시켰다.

2033대 한성판윤 이봉의(李鳳儀) – 1984·2152대 동일인물

한성판윤 재임기간 : 1889년고종26 5월 13일 : 1889년고종26 6월 6일

2034대 한성판윤 민영상(閔泳商)

신상내용

생몰연대	1829년순조29 ~ 1910년 – 82세
본관	여흥驪興
자	이경伊卿
시호	문헌文獻
가족	증조–이현彝顯, 할아버지–정선군수 치병致秉, 아버지–정용正鏞 어머니–안동권씨(권제형權躋亨의 딸) 부인–유건환俞建煥의 딸
묘	충남 예산군 신양면 불원리

관직경력

한성판윤 재임기간 : 1889년고종26 6월 6일 ~ 1889년고종26 6월 22일

1855년철종6	사마시(진사) 입격
1872년고종9	정시문과 급제
1878년고종15	성균관대사성, 이조참의
1879년고종16	이조참판
1885년고종22	공조판서, 형조판서
1886년고종23	충청도관찰사
1889년고종26	예문관제학, 한성부판윤, 호조판서
1890년고종27	홍문관제학, 이조판서
1891년고종28	세자시강원좌빈객, 공조판서, 예조판서
1894년고종31	내무아문대신
1897년광무1	정1품
1899년광무3	궁내부특진관, 칙임1등관

생애일화

그의 아들 종식宗植은 을사조약 체결에 반대하여 충청도 홍주洪州에서 의병을 조직해서 활동하였다.

2035대 한성판윤 이지수(李祉秀)

신상내용

생몰연대	1810년순조10 ~ 1890년고종27 – 81세
본관	덕수德水
자	수오受吾
가족	증조–홍적弘迪, 할아버지–벽동군수 욱상旭祥, 아버지–남항부장 한승漢昇 어머니–진주유씨(유진서柳鎭緖의 딸) 부인–연일정씨(정민행鄭民行의 딸)
묘	충남 천안시 의향리

관직경력

한성판윤 재임기간 : 1889년고종26 6월 22일 ~ 1889년고종26 6월 25일

1839년헌종5	무과 장원급제
1865년고종2	북원北苑 망배례望拜禮 때 참반 무사 시사회試射會 감독
1866년고종3	공충도수군절도사
1867년고종4	경상좌도병마절도사
1868년고종5	충량과忠良科 시사회 합격
1872년고종9	회령부사
1877년고종14	함경남도병마절도사
1878년고종15	덕원·문천에서 수심을 재는 일본인을 내쫓다
1889년고종26	한성부판윤

2036대 한성판윤 조병호(趙秉鎬)

한성판윤 재임기간 : 1889년고종26 6월 25일 ~ 1889년고종26 6월 30일

2037대 한성판윤 김만식(金晩植) – 2001대 동일인물

한성판윤 재임기간 : 1889년고종26 6월 30일 ~ 1889년고종26 7월 21일

2038대 한성판윤 조희승(趙羲升)

신상내용

생몰연대	1827년순조27 ~ ?
본관	평양平壤
자	치윤稚允
가족	증조–부사 업業, 할아버지–도사 두석斗錫, 아버지–경원부사 존경存競 어머니–아장 서유화徐有和의 딸 부인–무과 변지 박성희朴聖熙의 딸
묘	경기도 김포시 하성면 원산리

관직경력

한성판윤 재임기간 : 1889년고종26 7월 21일 ~ 1889년고종26 7월 29일

조선 말기의 무신

1851년철종2	무과 급제
1852년이후	훈련원주부, 선전관, 영월군수, 경상하도우후, 황해도 중군, 덕산군수
1874년고종11	죽산부사
1877년고종14	전라우도수군절도사
1880년고종17	경상우도병마절도사
1886년고종23	왕 친림 융무당 군사훈련 때 우영右營 병방兵房
1889년고종26	제향 때 대여大輿를 호위한 총어摠禦 병방

2039대 한성판윤 조병철(趙秉轍)

신상내용

생몰연대	1826년순조26 ~ 1890년고종27 – 65세
본관	풍양豊壤
자	치전雉田
가족	증조–이조판서 돈暾, 할아버지–홍주목사 진선鎭宣, 아버지(양부)–진사 발영發永 생부–대영大永, 어머니–익산이씨(이정조李廷祚의 딸) 부인–광산김씨(현감 김재성金在聲의 딸)
묘	경기도 양평군 지제면 수곡리

관직경력

한성판윤 재임기간 : 1889년고종26 7월 29일 ~ 1889년고종26 8월 14일

조선 말기의 문신

1870년고종7	정시문과 급제
1871년이후	홍문관교리, 수찬–도참설을 유포한 정만식鄭晩植 유배 주장
1879년고종16	성균관대사성
1881년고종18	이조참의
1884년고종21	병조참의, 공조참판

1887년고종24　　황해도관찰사
1889년고종26　　지춘추관사, 한성부판윤, 예조판서, 내호군
1890년고종27　　대왕대비 신정왕후 승하–국장도감제조

생애일화

황해도관찰사 재직 시 진결陳結·폐결廢結·허결虛結의 세금을 탕감해주고, 진전을 개간한 뒤에 징세토록 하여 궁민의 부담을 덜어주자는 장계를 올려 왕의 승낙을 받는 등 선정善政에 힘썼다.
특히 인천 거류 일본 상인들이 곡물을 구입해 인천으로 방출하려다가 방곡령으로 운반이 정지되자, 인천항 감리서에 호소하여 곡물수송 허용 통첩장을 발행하였다. 그러나 그는 황해도에는 개항장이 없기 때문에 적용되지 않는다고 무시하였다. 이에 일본공사가 외아문독판 조병직趙秉稷에게 항의하여 해제명령을 내리게 함으로써 방곡령을 해제하였다.
고조 상경尙絅, 증조 돈, 백부 기영冀永, 숙부 헌영獻永이 한성판윤을 지냈다.

2040대 한성판윤 윤우선(尹宇善) – 1994·2076대 동일인물

한성팡윤 재임기간 : 1889년고종26 8월 14일 ~ 1889년고종26 9월 19일

2041대 한성판윤 강 윤(姜潤)

신상내용

생몰연대　1830년순조30 ~ 1898년광무2 – 69세
본관　진주晉州
자　덕여德汝
호　홍운湖雲
가족　증조–표암 강세황姜世晃, 할아버지–교리 빈儐, 아버지–부사 이오彝五

관직경력

한성판윤 재임기간 : 1889년고종26 9월 19일 ~ 1889년고종26 9월 23일

조선 말기의 무신

1848년헌종14　　증광문과 급제

1849년이후	파주·장단·양주군수
1864년고종1	서산군수–처벌(영암에서 세곡선이 오다 서산 앞 바다에서 침몰, 문책)
1873년고종10	훈련도감–병기제조담당
1885년고종22	전라좌도수군절도사
1887년고종24	전라도병마절도사
1889년고종26	한성부판윤
1897년광무1	중추원1등의관, 칙임관2등

생애일화

아우 건漧도 한성판윤을 지냈는데, 이들 형제가 만들어 고종황제에게 바친 휴대용 해시계가 보물 제852호로 지정되어 국립중앙박물관에 소장되어 있다.
고종 때 좌의정을 지낸 강노姜㳂가 4촌 형이다.

2042대 한성판윤 남정익(南廷益)

신상내용

생몰연대	1829년순조29 ~ 1891년고종28 – 63세
초명	종익鍾益
본관	의령宜寧
자	성삼聖三
호	원거圓居
가족	증조–동돈녕 인로寅老, 할아버지–익찬 이우履愚, 아버지–병조판서 헌교獻敎 어머니–영월엄씨(참판 엄기嚴耆의 딸) 부인–청풍김씨(목사 김진교金晉敎의 딸)
묘	경기도 장단군 장서면 관송리

관직경력

한성판윤 재임기간 : 1889년고종26 9월 23일 ~ 1889년고종26 10월 4일

조선 말기의 문신

1852년철종3	사마시(진사) 입격
1857년철종8	정시문과 급제
1859년철종10	홍문록 등재, 삼사三司 청한직 역임

1870년고종7	이조참의, 건원릉·수릉·경릉·태릉·강릉 친제 때 예방승지, 동지사
1875년고종12	이조참판
1877년고종14	의주부윤
1879년고종16	추상존호도감 독금보관 봉무
1881년고종18	황해도관찰사
1882년고종19	강원도관찰사—유배(탈영병 살인사건, 탐욕)
1887년고종24	공조판서
1889년고종26	한성부판윤

생애일화

고조 태제泰躋, 아버지 헌교가 한성판윤을 지냈다.

2043대 한성판윤 김영철(金永哲)

한성판윤 재임기간 : 1889년고종26 10월 4일 ~ 1889년고종26 10월 12일

2044대 한성판윤 이규영(李珪永)

한성판윤 재임기간 : 1889년고종26 10월 12일 ~ 1889년고종26 10월 21일

2045대 한성판윤 이종건(李鍾健)

한성판윤 재임기간 : 1889년고종26 10월 21일 ~ 1889년고종26 11월 9일

2046대 한성판윤 이승오(李承五) – 2062·2092대 동일인물

한성판윤 재임기간 : 1889년고종26 11월 9일 ~ 1889년고종26 12월 1일

2047대 한성판윤 김익용(金益容)

한성판윤 재임기간 : 1889년고종26 12월 1일 ~ 1889년고종26 12월 9일

2048대 한성판윤 정기회(鄭基會) – 1917·1943·1945·1973·2021·2083·2128대 동일인물

한성판윤 재임기간 : 1889년고종26 12월 9일 ~ 1889년고종26 12월 25일

2049대 한성판윤 윤영신(尹榮信)

한성판윤 재임기간 : 1889년고종26 12월 25일 ~ 1889년고종26 12월 28일

2050대 한성판윤 변원규(卞元圭) – 1987·2077·2154대 동일인물

한성판윤 재임기간 : 1889년고종26 12월 28일 ~ 1889년고종26 12월 29일

2051대 한성판윤 이현익(李玄翼) – 2058대 동일인물

신상내용

생몰연대 1827년순조27 ~ 1900년광무4 – 74세
본관 연안延安
자 덕재德在
가족 증조–이조판서 조원肇源, 할아버지–부정 인수麟秀, 아버지–생원 증우曾愚
어머니–안동권씨(권경리權敬履의 딸)
부인–조기승趙基升의 딸

관직경력

한성판윤 재임기간 : 1889년고종26 12월 29일 ~ 1890년고종27 1월 1일

조선 말기의 문신

1854년철종5	징시문과 급제
1867년고종4	이조참의
1869년고종6	성균관대사성
1871년고종8	승정원 예방승지
1873년고종10	우승지
1875년고종12	이조참판
1882년고종19	좌승지
1883년고종20	지춘추관사, 공조판서
1884년고종21	의정부우참찬
1886년고종23	예조판서
1889년고종26	공조판서, 한성부판윤
1890년고종27	예조·공조판서
1899년광무3	장례원경, 궁내부특진관

2052대 한성판윤 이건하(李乾夏) – 2120·2123대 동일인물

신상내용

생몰연대	1835년헌종1 ~ 1913년 – 78세
본관	전주全州
자	대시大始
호	인암仁巖
가족	증조–공조참의 의열義悅, 할아버지–목사 회연晦淵, 아버지–진사 인우寅禹 어머니–진주강씨(강원회姜元會의 딸) 부인–안동김씨(이조참의 권용경權用經의 딸)
묘	경기도 장단군 진동면 서곡리

관직경력

한성판윤 재임기간 : 1890년고종27 1월 1일 ~ 1890년고종27 1월 13일

조선 말기의 문신

1855년철종6	사마시(진사) 입격
1864년고종1	증광문과 급제

1866년고종3	김제군수-선정善政(새보璽寶를 찍은 유서諭書와 관복官服 하사받음)
1867년고종4	명릉·예릉 친제 때 대축大祝
1873년고종10	좌승지, 성균관대사성
1874년고종11	감시監試의 시관試官
1877년고종14	이조참의
1879년고종16	오위도총부부총관
1882년고종19	〈선원보략〉 수정 때 국조어첩서사관
1886년고종23	이조참판
1889년고종26	예조참판-왕세자섭행태묘동향王世子攝行太廟冬享 때 찬의贊儀, 대호군
1890년고종27	한성부판윤
1892년고종29	예조판서, 동지 겸 사은정사로 청나라 다녀오다
1893년고종30	형조판서, 의정부좌참찬
1896년건양1	지방제도 개편-공주부관찰사→충청남도관찰사
1898년광무2	중추원1등의관, 시종원경, 태의원경
1899년광무3	비서원경, 내부대신, 학부대신 겸 궁내부대신임시서리, 내부대신
1900년광무4	법규교정소의정관, 의정부의정서리
1901년광무5	임시서리법부대신사무, 서리의정부사무, 임시서리농상공부대신사문, 혜민원총재, 홍문관학사, 규장각학사
1902년광무6	양지아문총재관
1904년광무8	판돈녕원사, 궁내부특진관, 시종원경, 임시서리학부대신사무
1905년광무9	홍문관학사, 충청남도관찰사, 훈2등8괘장 받음, 중추원부의장, 중추원찬의
1906년광무10	궁내부특진관, 규장각학사 겸 시강원일강관
1910년	국권피탈 후 일본정부가 준 남작男爵 받음

생애일화

내부대신으로 재직할 때, 울릉도 개척을 위해서 사찰위원을 파견하여 호구와 토지의 개간 정도를 조사하고 주민을 안돈시켰으며, 호구의 결손이 많은 각 부·군의 수령을 처벌하여 백성의 수효를 정확히 파악하고자 노력하였다.
1904년에는 일본정부가 황무지개척권위임계약안을 제안하고 전 국토의 3할이나 되는 황무지 개척권을 50년간 양도하도록 강요하였을 때, 박기양·이상설李相卨 등과 함께 신사소청紳士疏廳을 설치하여 반대 상소를 올리는 한편 규탄선언서를 발표하여 일제의 황무지개척권 확보를 저지하였다.

2053대 한성판윤 박홍수(朴弘壽)

신상내용

생몰연대	1814년순조14 ~ 1901년광무5 – 88세
본관	반남潘南
자	대직大直
호	영이泳而
가족	증조–동지중추부사 사열師說, 할아버지–유원裕源, 아버지–종민宗玟 어머니–이주오李周吾의 딸 부인–조경원趙敬源의 딸

관직경력

한성판윤 재임기간 : 1890년고종27 1월 13일 ~ 1890년고종27 1월 16일

조선 말기의 문신

1866년고종3	별시문과 급제(53세)
1867년이후	사간원정언, 사헌부장령, 사간원대사간, 이조참판, 호군
1890년고종27	지의금부사, 한성부판윤, 형조판서
1894년고종31	대호군, 판의김부사, 상호군

생애일화

조관朝官으로 80세가 되어 승자陞資되었으며, 기로소에 들어간 그해에 큰 잔치에 참여하였다.

2054대 한성판윤 홍유길(洪裕吉)

한성판윤 재임기간 : 1890년고종27 1월 16일 ~ 1890년고종27 1월 21일

2055대 한성판윤 변원규(卞元圭) – 1987·2077·2154대 동일인물

한성판윤 재임기간 : 1890년고종27 1월 21일 ~ 1890년고종27 1월 29일

2056대 한성판윤 민종묵(閔種默) – 1977·2059대 동일인물

한성판윤 재임기간 : 1890년고종27 1월 29일 ~ 1890년고종27 2월 9일

2057대 한성판윤 이순익(李淳翼) – 2088·2100대 동일인물

신상내용

생몰연대	1827년순조27 ~ 1900년광무4 – 74세
본관	연안延安
초명	구익九翼
자	유서攸叙
호	노하蘆下
시호	문정文靖
가족	증조–좌의정 성원性源, 할아버지–대교 곤수崑秀, 아버지–이조판서 약우若愚 어머니–윤행면尹行勉의 딸 부인–윤흥규尹興圭의 딸, 한유韓瑜의 딸

관직경력

한성판윤 재임기간 : 1890년고종27 2월 9일 ~ 1890년고종27 2월 11일

조선 말기의 문신

1850년철종1	사마시(진사) 입격
1857년철종8	정시문과 급제
1858년이후	규장각직각, 홍문관부제학, 성균관대사성, 이조참의, 승정원승지, 형조·호조·공조참판, 오위도총부부총관, 이조참판, 한성부우윤, 예조참판, 한성부좌윤, 형조·공조판서, 사헌부대사헌, 예문관제학, 예조판서, 한성부판윤, 홍문관제학, 이조판서, 판의금부사, 궁내부봉상시제조, 중추원의관, 궁내부장례원경, 궁내부특진관

생애일화

1875년고종12과 1888년고종25에 각각 진하 겸 사은부사와 동지사은정사로 청나라에 다녀왔으며, 1902년광무6에는 정1품 보국숭록대부輔國崇祿大夫에 올랐다.
아버지와 같이 기로소에 들어 부자기사 회원이 되었다.

2058대 한성판윤 이현익(李玄翼) – 2051대 동일인물

한성판윤 재임기간 : 1890년고종27 2월 11일 ~ 1890년고종27 2월 16일

2059대 한성판윤 민종묵(閔種默) – 1977·2056대 동일인물

한성판윤 재임기간 : 1890년고종27 2월 16일 ~ 1890년고종27 윤2월 2일

2060대 한성판윤 이명응(李明應)

신상내용

생몰연대	1827년순조17 ~ 1895년고종32 – 69세
본관	전주全州
자	경의景誼
가족	증조–참판 진후鎭厚, 할아버지–첨중추 병원秉源, 아버지–판돈녕부사 휘중彙重 어머니–함종어씨(어재찬魚在瓚의 딸) 부인–남양홍씨(홍재학洪在鶴의 딸) 친척–흥선대원군 이하응李昰應(사촌형)
묘	경기도 포천시 군내면 좌의리

관직경력

한성판윤 재임기간 : 1890년고종27 윤2월 2일 ~ 1890년고종27 윤2월 5일

조선 말기의 문신

1864년고종1	증광문과 급제, 홍문관교리(민승호閔升鎬와 함께 파격적 임명)
1865년고종2	식년문과 충청도경시관
1867년고종4	홍문관부제학, 이조참판
1871년고종8	종정경–〈선원보략〉 개수 담당(전주이씨 아닌 자 선별작업)
1877년고종14	홍문관부제학
1878년고종15	충청도관찰사
1881년고종18	오위도총부도총관

1882년고종19	형조판서
1883년고종20	임오군란 후 민비 환궁 때 배종, 이조·형조판서, 지종정경
1893년고종30	판의금부사

생애일화

흥선대원군의 4촌 동생으로서 심복 역할을 하며 순조롭게 승진하였다. 그러나 대원군이 실각한 뒤, 임오군란으로 도피했던 민비가 환궁할 때 배종하였으며 민씨정권에서도 요직을 역임하였다.

백부 도중䆃重, 아버지 휘중, 6촌형 연응沇應이 한성판윤을 지냈다.

2061대 한성판윤 장석룡(張錫龍) – 2111대 동일인물

신상내용

생몰연대	1823년순조23 ~ 1907년융희1 – 85세
본관	인동仁同
초명	용규龍逵
자	진백震伯
호	유헌遊軒·운석雲石
시호	문헌文憲
저서	〈유헌집〉
가족	증조–수이壽耳, 할아버지–윤탁胤卓, 아버지(양부)–학진學稹 생부–학추學樞, 어머니–선산김씨(김구운金龜雲의 딸) 부인–허삼許滲의 딸

관직경력

한성판윤 재임기간 : 1890년고종27 윤2월 5일 ~ 1890년고종27 윤2월 11일

조선 말기의 문신

1846년헌종12	정시문과 급제, 성균관전적, 사헌부감찰
1847년헌종13	사헌부지평, 사간원정언
1848년헌종14	증광문과 회시會試 시관試官, 춘추관기사관, 해남현감
1849년헌종15	사헌부장령
1854년철종5	홍문관수찬, 지제교 겸 경연검토관

1857년철종8	홍문관교리, 현풍현감
1864년고종1	만인소萬人疏 올림, 대사간, 예조·공조참의, 경주부윤
1889년고종26	공조판서, 이조판서
1890년고종27	한성부판윤
1892년고종29	궁내부특진관

생애일화

여헌旅軒 장현광張顯光의 9대손으로 저서에는 〈유헌집遊軒集〉 11권이 있다.

2062대 한성판윤 이승오(李承五) – 2046·2092대 동일인물

한성판윤 재임기간 : 1890년고종27 윤2월 11일 ~ 1890년고종27 윤 2월 24일

2063대 한성판윤 김구현(金九鉉) – 2085·2087대 동일인물

신상내용

생몰연대	1830년순조30 ~ 1901년광무5 – 72세
본관	광산光山
자	경락景洛
호	소계小溪
가족	증조–감역 상의相儀, 할아버지–동복현감 기순箕詢, 아버지–호조참판 재헌在獻 생부–재현在顯, 어머니–이서李墅의 딸 부인–송관수宋觀洙의 딸
묘	경기도 화성시 팔탄면 율암리

관직경력

한성판윤 재임기간 : 1890년고종27 윤2월 24일 ~ 1890년고종27 윤 2월 29일

조선 말기의 문신

1852년철종3	사마시(진사) 입격, 전첨
1874년고종11	증광별시문과 급제, 홍문관교리

1875년이후	부응교, 응교, 충주목사
1881년고종18	오위도총부부총관
1882년이후	한성부좌윤, 이조·형조·예조참판, 성균관대사성
1890년고종27	한성부판윤, 형조·공조판서
1896년건양1	중추원1등의관, 칙임관2등
1897년광무1	태의원경
1901년광무5	궁내부특진관

생애일화

생부 재현在顯이 한성판윤을 지냈다.

2064대 한성판윤 조경하(趙敬夏)

한성판윤 재임기간 : 1890년고종27 윤2월 29일 ~ 1890년고종27 3월 3일

2065대 한성판윤 민영규(閔泳奎)

한성판윤 재임기간 : 1890년고종27 3월 3일 ~ 1890년고종27 3월 10일

2066대 한성판윤 이원회(李元會) – 2003·2011·2078대 동일인물

1890년고종27 3월 10일 ~ 1890년고종27 5월 20일

2067대 한성판윤 신석희(申奭熙) – 2157대 동일인물

신상내용

생몰연대	1836년헌종2 ~ 1907년광무11 – 72세
본관	평산平山
가족	증조–훈장 홍주鴻周, 할아버지–부사 의직義直, 아버지–금위대장 헌櫶=관호

觀浩
어머니–도정 유준환俞駿煥의 딸
형제–정희正熙(형, 한성판윤)
부인–방어사 윤희주尹喜柱의 딸

관직경력

한성판윤 재임기간 : 1890년고종27 5월 20일 ~ 1890년고종27 6월 9일

조선 말기의 무신

1861년철종12	무과 급제
1864년고종1	훈련원정, 경기중군
1865년고종2	오위장
1866년고종3	선전관, 어영대장
1868년고종5	승정원우부승지 · 좌승지
1876년고종13	황해도수군절도사
1880년고종17	전라도병마절도사
1884년고종21	갑신정면, 좌변포도대장
1890년고종27	한성부판윤, 좌변포도대장, 지의금부사
1893년고종30	황해도병마절도사
1894년고종31	충청도병마절도사
1896년건양1	내부협판, 내부대신서리사무
1898년광무2	중추원1등의관, 경무사

생애일화

아버지 헌, 형 정희正熙가 한성판윤을 지냈다.

2068대 한성판윤 홍철주(洪澈周) – 1980·1990대 동일인물

한성판윤 재임기간 : 1890년고종27 6월 9일 ~ 1890년고종27 9월 6일

2069대 한성판윤 심이택(沈履澤) – 1958대 동일인물

한성판윤 재임기간 : 1890년고종27 9월 6일 ~ 1890년고종27 9월 27일

2070대 한성판윤 홍순형(洪淳馨) – 2098대 동일인물

신상내용

생몰연대	1857년철종8 ~ 1934년 – 78세
본관	남양南陽
자	여문汝聞
가족	증조–부사 기섭耆燮, 할아버지–익풍부원군 재룡在龍, 아버지–이조판서 종석鍾奭 어머니–광주김씨(김우현金宇鉉의 딸) 친척–효정왕후孝定王后(고모, 헌종의 계비) 부인–서상익徐相翊의 딸
묘	경기도 남양주시 와부읍 월문리

관직경력

한성판윤 재임기간 : 1890년고종27 9월 27일 ~ 1890년고종27 10월 7일

조선 말기의 문신

1874년고종11	증광별시문과 급제
1875년고종12	대교, 장령, 부응교
1877년고종14	승정원동부승지, 여주목사
1882년고종19	개성부유수
1884년고종21	이조참판, 홍문관부제학
1887년고종24	성균관대사성
1888년고종25	대사헌, 규장각직제학, 예조참판
1890년고종27	지경연사, 형조판서, 한성부판윤, 예조판서
1892년고종29	개성부유수
1893년고종30	황해도관찰사–민란 진압(탐학 향리 등 처벌)
1894년고종31	경기도관찰사, 갑오개혁, 광주부유수
1895년건양1	왕태후궁 대부王太后宮大夫, 국장도감제조, 장례원경

1901년광무5	판돈녕부사, 명헌태후궁 대부
1902년광무6	태의원경, 궁내부특진관, 표훈원부총재
1903년광무7	태의원경
1904년광무8	의정부찬정, 표훈원부총재, 판돈녕원사, 홍문관학사, 규장각학사, 세자시강원일강관, 중추원찬정
1906년광무9	궁내부특진관, 규장각학사 겸 시강원일강관
1908년융희2	관진방회觀鎭坊會(교육·위생 환난구조 사회단체) 찬무장贊務長
1910년	한일병합

생애일화

한일병합으로 국권이 상실된 뒤 일본정부로부터 남작男爵 작위가 주어졌으나 받지 않았다.

2071대 한성판윤 서정순(徐正淳) – 2086·2142대 동일인물

신상내용

생몰연대	1835년헌종1 ~ 1908년융희2 – 73세
본관	달성達城
자	원중元中
호	취재聚齋
시호	효문孝文
가족	증조–광주목사 무수懋修, 할아버지–유돈有敦, 아버지–호조참판 긍보兢輔 어머니–해평윤씨(윤계열尹棨烈의 딸) 부인–조철림趙徹林의 딸
묘	경기도 여주군 북내면 오금리

관직경력

한성판윤 재임기간 : 1890년고종27 10월 7일 ~ 1890년고종27 10월 14일

조선 말기의 문신

1865년고종2	사마시(생원·진사) 양과 입격
1871년고종8	정시문과 급제, 검열
1872년고종9	공조참의, 동부승지
1875년고종12	사간원대사간

1876년고종13	순천부사
1877년이후	형조·이조참판, 경주부윤, 여주목사, 이천부사
1889년고종26	도승지-함경도 방곡령 사건과 한성개잔漢城開棧 문제 등 외교문제 처리
1890년고종27	성균관대사성, 형조판서
1891년고종28	예조판서, 진하 겸 사은정사로 청나라 다녀오다
1892년고종29	함경도관찰사
1894년고종31	김홍집내각-공무아문대신
1895년고종32	중추원의관, 빈전제조, 시종원경
1896년건양1	강원도관찰사, 함경남도관찰사
1898년광무2	중추원의관, 의정부찬정, 임시서리의정, 박정양내각-법무대신 겸 고등재판소재판장, 시임대신으로 만민공동회 출석(면직)
1899년광무3	중추원부의장, 법규교정소의정관-대한국국제大韓國國制 제정 추진, 태의원경, 궁내부특진관
1900년광무4	기로소 입소, 표훈원의정관, 중추원찬의, 표훈원내관
1906년광무10	중추원의장
1908년융희2	규장각제학

2072대 한성판윤 이재완(李載完) – 2000대 동일인물

한성판윤 재임기간 : 1890년고종27 10월 14일 ~ 1890년고종27 10월 21일

2073대 한성판윤 민영휘(閔泳徽)

신상내용

생몰연대	1852년철종3 ~ 1935년 – 84세
본관	여흥驪興
초명	영준泳駿
자	군팔君八
호	하정荷汀·荷亭
가족	증조-정혁楨爀, 할아버지-안의현감 치서致敍, 아버지-판서 두호斗鎬 어머니-청송심씨(심우영沈愚永의 딸) 부인-신명석申命奭의 딸

묘	강원도 춘성군 동면 장학리

관직경력

한성판윤 재임기간 : 1890년고종27 10월 21일 ~ 1890년고종27 10월 25일

조선 말기의 문신

1877년고종14	정시문과 급제, 검열
1878년이후	주서, 겸설서, 정언, 부수찬, 동지경연사, 지돈녕부사
1882년고종19	임오군란-난군의 습격으로 자택 피습
1884년고종21	갑신정변 진압
1885년고종22	이조참의
1886년고종23	참의내무부사, 도승지
1887년고종24	주일변리대신으로 일본에 파견, 평안도관찰사
1889년고종26	강화부유수, 협판내무부사
1890년고종27	형조·예조·공조판서, 한성부판윤
1891년고종28	경리사, 이조판서, 연무공원관리
1893년고종30	내무부독판, 통영사, 경리사, 선혜아문당상
1894년고종31	동학농민운동-청나라 원세개에게 토벌 요청
1895년고종32	청일전쟁 후 귀국
1896년이후	중추원의장, 시종원경, 헌병대사령관, 표훈원총재 역임. 정부로부터 훈1등8괘장 · 태극장 · 태극이화대수장을 받음.
1909년	일본정부로부터 자작子爵의 작위와 하사금을 받음.

생애일화

민씨척족 세력을 배경으로 정계에 등장하여 민영익閔泳翊의 역할을 대신 맡으면서 민씨세력의 중심인물로 성장하였다.
당대에 으뜸가는 탐관오리로 꼽혀 갑오개혁으로 민씨척당이 실권하자 부국탐학負國貪虐하여 이치민원以致民怨한 죄목으로 전라도 영광군 임자도에 유배되었다. 이후 유배지에서 탈출하여 평양 근방의 청군부대에 은신하였다가 중국으로 도망갔다. 이듬해 일본의 비호를 받으며 대사령으로 귀국하여 일제에 협력하였다.
그는 친일행각을 하면서도 거금을 투자하여 천일은행을 개설, 민간경제 발전에 기여하였고, 휘문학교를 설립하여 육영사업에도 관심을 보였다.
한편, 경기도 용인과 전라도 영암에 그의 초명인 민영준閔泳駿의 이름으로 개인의 공덕을 기리는 영세불망비永世不忘碑가 있다.

2074대 한성판윤 홍 규(洪圭) – 2133대 동일인물

신상내용

생몰연대	1832년순조32 ~ 1898년광무2 – 67세
본관	남양南陽
자	사현士玄
가족	증조–방어사 용진龍鎭, 할아버지–부사 순栒, 아버지–변지 대항大恒 어머니–이관식李寬植의 딸 부인–함안윤씨(윤석붕尹錫朋의 딸), 평산신씨(신홍보申鴻輔의 딸)
묘	충남 보령군

관직경력

한성판윤 재임기간 : 1890년고종27 10월 25일 ~ 1890년고종27 10월 29일

조선 말기의 무신

1851년철종2	무과 급제
1868년고종5	청산진첨사青山鎭僉使
1872년고종9	전라우도수군절도사
1886년고종23	충청도병마절도사
1887년고종24	부호군–서총대 시사회 참석
1889년고종26	융무당隆武堂 왕 친림 군사조련 때 통위영 병방兵房
1890년고종27	한성부판윤

2075대 한성판윤 이돈하(李敦夏) – 2022·2113대 동일인물

한성판윤 재임기간 : 1890년고종27 10월 29일 ~ 1890년고종27 11월 3일

2076대 한성판윤 윤우선(尹宇善) – 1994·2040대 동일인물

한성판윤 재임기간 : 1890년고종27 11월 3일 ~ 1890년고종27 11월 11일

2077대 한성판윤 변원규(卞元圭) – 1987·2055·2154대 동일인물

한성판윤 재임기간 : 1890년고종27 11월 11일 ~ 1890년고종27 11월 12일

2078대 한성판윤 이원회(李元會) – 2003·2011·2066대 동일인물

한성판윤 재임기간 : 1890년고종27 11월 12일 ~ 1890년고종27 11월 18일

2079대 한성판윤 한규설(韓圭卨) – 2032대 동일인물

한성판윤 재임기간 : 1890년고종27 11월 18일 ~ 1890년고종27 12월 27일

2080대 한성판윤 이돈하(李敦夏) – 2080·2113·2116대 동일인물

한성판윤 재임기간 : 1890년고종27 12월 27일 ~ 1891년고종28 1월 2일

2081대 한성판윤 조운섭(趙雲燮)

신상내용

생몰연대	1806년순조6 ~ 1899년광무3 – 94세
본관	풍양豊壤
초명	영섭永涉
자	공즙公楫
가족	증조–계명啓命, 할아버지–나주목사 시순時淳, 아버지(양부)–참봉 풍진豊鎭 생부–계진啓鎭, 어머니–연일정씨(판서 정호인鄭好仁의 딸) 부인–청송심씨(도사 심황沈鍠의 딸)
묘	경기도 양주시 군소면 천신리

관직경력

한성판윤 재임기간 : 1891년고종28 1월 2일 ~ 1891년고종28 1월 11일

조선 말기의 문신

1844년헌종10	사마시(생원) 입격, 음사로 출사出仕
1867년고종4	인천부사
1873년고종10	사복시정
1882년고종19	부호군
1891년고종28	한성부판윤, 공조판서
1900년광무4	숭정대부崇政大夫(80세 이상)

2082대 한성판윤 김문현(金文鉉)

신상내용

생몰연대	1858년철종9 ~ ?
본관	光山
자	원부元敷
가족	아버지(양부)–재청在淸, 생부–재홍在弘

관직경력

한성판윤 재임기간 : 1891년고종28 1월 11일 ~ 1891년고종28 1월 29일

조선 말기의 문신

1878년고종15	정시문과 급제
1884년고종21	안악군수, 병조참의
1885년이후	한성부좌윤, 이조참의, 공조참판, 성균관대사성, 형조참판, 사헌부대사헌, 형조판서, 예조판서
1891년고종28	한성부판윤
1893년고종30	광주부유수, 전라도관찰사
1894년고종31	고부민란古阜民亂–군수 조병갑趙秉甲 체포, 전봉준全琫準 체포 실패–동학농민군 봉기–황토현전투 관군 패퇴–거제도 유배

생애일화

그의 간찰簡札이 국립중앙박물관에 소장되어 있다.

2083대 한성판윤 정기회(鄭基會) – 1917·1945·1971·2021·2048·2097·2128대 동일인물

한성판윤 재임기간 : 1891년고종28 1월 29일 ~ 1891년고종28 2월 13일

2084대 한성판윤 정준화(鄭駿和)

한성판윤 재임기간 : 1891년고종28 2월 13일 ~ 1891년고종28 3월 3일

2085대 한성판윤 김구현(金九鉉) – 2063·2087대 동일인물

한성판윤 재임기간 : 1891년고종28 3월 3일 ~ 1891년고종28 3월 6일

2086대 한성판윤 서정순(徐正淳) – 2071·2142대 동일인물

한성판윤 재임기간 : 1891년고종28 3월 6일 ~ 1891년고종28 3월 27일

2087대 한성판윤 김구현(金九鉉) – 2063·2085대 동일인물

한성판윤 재임기간 : 1891년고종28 3월 27일 ~ 1891년고종28 4월 9일

2088대 한성판윤 이순익(李淳翼) – 2057·2100대 동일인물

한성판윤 재임기간 : 1891년고종28 4월 9일 ~ 1891년고종28 5월 10일

2089대 한성판윤 이호익(李鎬翼) – 2114대 동일인물

신상내용

생몰연대	1844년헌종10 ~ 1903년광무7 – 60세
본관	우봉牛峰
자	사유士猷
호	도은陶隱
가족	증조–호조참판 채采, 할아버지–이조판서 광문光文, 아버지–참의 희 어머니–홍직모洪稷謨의 딸 부인–김성근金性根의 딸, 서준徐準의 딸

관직경력

한성판윤 재임기간 : 1891년고종28 5월 10일 ~ 1891년고종28 5월 21일

조선 말기의 문신

1871년고종8	정시문과 장원급제, 규장각직각
1873년고종10	사은 겸 동지정사의 서장관으로 청나라 다녀오다
1874년고종11	헌납, 집의
1877년고종14	성균관대사성
1878년고종15	이조참의
1880년고종17	예방승지
1884년고종21	갑신정변, 이조참판
1885년고종22	사헌부대사헌
1886년고종23	충주목사
1891년고종28	한성부판윤, 형조판서, 동지정사로 청나라 다녀오다
1892년고종29	한성부판윤, 사헌부대사헌, 의정부좌참찬, 홍문관제학
1896년건양1	산릉제거山陵提擧
1897년광무1	산릉도감제조, 사직서제조, 궁내부특진관, 경모궁제조
1898년광무2	중추원1등의관, 태의원경, 한성부판윤

1902년광무6	장례원경, 시종원경
1903년광무7	경효전제조, 영희전제조, 사직서제조

생애일화

할아버지 광문, 작은아버지 우가 한성판윤을 지냈다.

2090대 한성판윤 김영수(金永壽) – 1993대 동일인물

한성판윤 재임기간 : 1891년고종28 5월 21일 ~ 1891년고종28 6월 25일

2091대 한성판윤 오준영(吳俊泳)

신상내용

생몰연대	1829년순조29 ~ 1894년고종31 – 66세
본관	해주海州
자	영중英仲
호	파운坡雲
가족	증조–윤상允常, 할아버지–목사 치성致成, 아버지(양부)–진사 홍선弘善 생부–우선友善, 어머니–서호순徐顥淳의 딸

관직경력

한성판윤 재임기간 : 1891년고종28 6월 25일 ~ 1891년고종28 7월 10일

조선 말기의 문신

1861년철종12	식년문과 급제
1863년철종14	부응교
1864년고종1	사간
1871년고종8	이조참의
1874년고종11	좌부승지
1878년고종15	예방승지
1881년고종18	이조참판

1882년고종19	지의금부사
1883년고종20	사헌부대사헌
1885년고종22	도승지, 보덕
1886년고종23	형조판서
1888년고종25	의정부우참찬, 경기도관찰사
1889년고종26	황해도관찰사
1890년고종27	방곡령사건–일본인들의 곡물반출 금지
1891년고종28	한성부판윤, 예조판서
1892년고종29	이조판서, 대사헌

생애일화

황해도관찰사 재임 시에 장산곶과 장연부의 오차진吾叉鎭이 지리적 요충지로서 병력증원과 이들에게 재정적 지원을 충실히 할 것을 중앙정부에 건의하였으며, 연안부 남대지南大池 건설의 총책임자였다.
또한 일본인들이 대두大豆를 매점하여 반출하려는 것을 금지시켜 이른바 '방곡령사건'의 장본인이기도 하다.
고조 재순載純, 종고조 재소載韶가 한성판윤을 지냈다.

2092대 한성판윤 이승오(李承五) – 2046·2062대 동일인물

한성판윤 재임기간 : 1891년고종28 7월 10일 ~ 1891년고종28 7월 13일

2093대 한성판윤 김규홍(金奎弘)

신상내용

생몰연대	1845년헌종11 ~ 1905년광무9 – 61세
본관	청풍淸風
자	화일華一
가족	증조–도정 명원命源, 할아버지–공조판서 동헌東獻, 아버지–이조판서 학성學性 어머니–풍양조씨(영의정 조인영趙寅永의 딸) 부인–여흥민씨(민치서閔致序의 딸)

관직경력

한성판윤 재임기간 : 1891년고종28 7월 13일 ~ 1891년고종28 7월 22일

조선 말기의 문신

1861년철종12	사마시(진사) 입격
1864년고종1	증광문과 급제
1889년고종26	전라도관찰사
1891년고종28	형조판서, 한성부판윤
1892년고종29	공조판서, 경기도관찰사
1894년고종31	황해도관찰사, 7월 개화파정권의 탄핵-면직
1896년건양1	아관파천-재등용, 중추원의관, 의정부찬정, 궁내부특진관, 태의원경, 장례원경, 시종원경, 귀족원경
1898년광무2	만민공동회 개최-한성부 치안 혼란
1902년광무6	양경제도(兩京制度) 건의
1903년광무7	북간도에 이주민을 위한 보호관 상주 주장-이범윤李範允 파견

생애일화

그는 정조의 정비 효의왕후孝懿王后와 같은 청풍김씨 가문 출신이고, 영의정을 지낸 조인영의 외손이며 처족妻族이 여흥민씨로서 출신 배경이 좋아 관계에 들어선 이후 승승장구 하였다.
글씨를 잘 썼는데, 尹容善이 제술한 〈효의왕후추상존호옥책문孝懿王后追上尊號玉册文〉의 글씨를 썼으며, 현재 그 탁인판拓印版이 한국학중앙연구원 장서각에 소장되어 있다.
또한 경기도 군포시 산본동에 있는 조부 김동헌의 묘갈의 비문을 아버지 학성이 짓고 손자 규홍이 글씨를 썼으며, 아버지의 비문도 아들 규홍이 썼다.

2094대 한성판윤 정해륜(鄭海崙)

신상내용

생몰연대	1826년순조26 ~ ?
본관	연일延日
자	치종稚宗
시호	문정文貞
가족	증조-진환進煥, 할아버지-재순在純, 아버지-국 어머니-이헌규李憲圭의 딸

관직경력

한성판윤 재임기간 : 1891년고종28 7월 22일 ~ 1891년고종28 7월 29일

조선 말기의 문신

1852년철종3	사마시(진사) 입격
1858년철종9	봉사로서 정시별시문과 급제
1859년철종10	부교리
1861년철종12	훈련원정–남묘南廟 전작례 대축
1866년고종3	이조참의, 사간원대사간
1876년고종13	저자도楮子島 기우제 때 실수–파직
1877년고종14	성균관대사성, 황해도관찰사
1879년고종16	평산 지역의 화적火賊 진압
1881년고종18	사헌부대사헌, 홍문관·예문관제학
1885년고종22	동지정사로 청나라 다녀오다
1886년고종23	병조판서, 공조·예조·이조·형조판서, 의정부좌우참찬
1890년고종27	춘천부유수
1891년고종28	한성부판윤
1898년광무2	장례원경, 칙임관3등
1902년광무6	궁내부특진관, 칙임관2등

생애일화

6대조 호澔가 한성판윤을 지냈다.

2095대 한성판윤 이희로(李僖魯) – 2101·2110대 동일인물

신상내용

생몰연대	1827년순조27 ~ 1900년광무4 – 74세
본관	전의全義
자	경하景瑕·겸수謙叟
호	미하眉下
가족	증조–창회昌會, 할아버지–목사 현오玄五, 아버지–현령 근영根榮 어머니–해주오씨(참판 오현상吳顯相의 딸) 부인–의령·남영서南永書의 딸, 거창·신택인愼宅仁의 딸, 전주·李英淳의 딸

묘	경기도 양평군 서종면 수입리

관직경력

한성판윤 재임기간 : 1891년고종28 7월 29일 ~ 1891년고종28 8월 15일

조선 말기의 문신

1848년헌종14	사마시(생원) 입격
1850년철종1	철종 즉위, 경과증광별시 문과 급제
1866년고종3	이조참의
1874년고종11	예방승지
1875년고종12	진하 겸 사은사의 부사로 청나라 다녀오다
1877년고종14	이조참판
1880년고종17	대거승지
1881년고종18	숙천부에 정배(참판 때의 잘못)-12월 방면
1889년고종26	동지사의 부사로 청나라 다녀오다
1890년고종27	예조판서
1891년고종28	한성부판윤
1892년고종29	예조판서, 종묘 별대제別大祭 제조
1893년고종30	형조판서
1896년건양1	빈전도감제조, 장례원경, 칙임관3등
1897년광무1	궁내부특진관, 칙임관2등
1899년광무3	상소가 문제되어 절도絕島 유배-이듬해 방면

생애일화

고종 당시 복잡한 외교관계의 문제처리와 의전에 밝았다.

2096대 한성판윤 이헌직(李憲稙)

신상내용

생몰연대	1839년헌종5 ~ 1907년광무11 - 69세
본관	한산韓山
자	문우文遇

시호　충간忠簡
가족　증조-인두寅斗, 할아버지-규년圭年, 아버지-정부鼎溥
어머니-남양홍씨(홍병익洪秉益의 딸)
부인-박준억朴準億의 딸

관직경력

한성판윤 재임기간 : 1891년고종28 8월 15일 ~ 1891년고종28 8월 19일

조선 말기의 문신

1875년고종12	별시문과 급제, 홍문관교리
1876년고종13	성균관대사성
1879년고종16	이조참의, 도총부부총관
1882년고종19	이조참판, 행호군, 개성부유수
1885년고종22	수원부유수
1886년고종23	전라도관찰사
1889년고종26	충청도관찰사
1890년고종27	경기도관찰사, 협판내무부사
1891년고종28	이조판서, 판의금부사, 한성부판윤
1892년고종29	의정부우참찬
1893년고종30	의정부좌참찬
1894년고종31	예조판서
1895년고종32	궁내부특진관
1896년건양1	빈전제조
1897년광무1	빈전도감제조
1898년광무2	홍릉제조

생애일화

을미사변 때 궁내부대신으로 경복궁에서 명성황후를 보호하가 피살된 이경직李耕稙의 형이다.
경기도 여주시 상동 영월루 근린공원에 영세불망비永世不忘碑가 있다.

2097대 한성판윤 정기회(鄭基會) – 1945·1973·2021·2048·2083·2128대 동일인물

한성판윤 재임기간 : 1891년고종28 8월 19일 ~ 1891년고종28 8월 27일

2098대 한성판윤 홍순형(洪淳馨) – 2070대 동일인물

한성판윤 재임기간 : 1891년고종28 8월 27일 ~ 1891년고종28 9월 7일

2099대 한성판윤 이종진(李鍾晉)

신상내용

생몰연대	1828년순조28 ~ 1895년고종32 – 68세
본관	전주全州
자	경소景紹
가족	증조–함흥판관 태무泰懋, 할아버지–대장 광익光益, 아버지–현감 규복圭復 생부–규로圭魯, 어머니–죽산안씨(안응현安應賢의 딸) 부인–능성구씨(구장리具鏘利의 딸)
묘	경기도 용인시 기흥구 청덕리 산 27–1(납골묘)

관직경력

한성판윤 재임기간 : 1891년고종28 9월 7일 ~ 1891년고종28 9월 11일

조선 말기의 무신

1848년헌종14	무과 급제
1867년고종4	무과 승지, 전라좌도수군절도사
1884년고종21	경상좌도병마절도사
1889년고종26	무과 시험 시관 참여
1891년고종28	서총대 무사 선발 때 장위영壯衛營 영관領官으로 참석, 한성부판윤
1904년고종31	육군부장, 강원도관찰사

2100대 한성판윤 이순익(李淳翼) – 2057·2088대 동일인물

한성판윤 재임기간 : 1891년고종28 9월 11일 ~ 1891년고종28 9월 23일

2101대 한성판윤 이희로(李僖魯) – 2095·2110대 동일인물

한성판윤 재임기간 : 1891년고종28 9월 23일 ~ 1891년고종28 9월 28일

2102대 한성판윤 이유승(李裕承) – 2013대 동일인물

한성판윤 재임기간 : 1891년고종28 9월 28일 ~ 1891년고종28 11월 26일

2103대 한성판윤 김구현(金九鉉) – 2085·2087대 동일인물

한성판윤 재임기간 : 1891년고종28 11월 26일 ~ 1891년고종28 12월 2일

2104대 한성판윤 이유인(李裕寅) – 2106·2109·2125·2138·2190대 동일인물

신상내용

생몰연대	1843년헌종9 ~ 1907년광무11 – 65세
본관	경주慶州
자	명여命汝
호	희재希齋
가족	증조–지억枝億, 할아버지–수일秀一, 아버지–계련啓璉 부인–반남·박화수朴華壽의 딸, 파평·윤재검尹在儉의 딸, 청송·沈徽之의 딸
묘	경기도 포천시 신북면 계유리

관직경력

한성판윤 재임기간 : 1891년고종28 12월 2일 ~ 1892년고종29 1월 17일

조선 말기의 무신·항일운동가

1887년고종24	무과 급제
1888년고종25	내금장內禁將, 파주목사–전무위원電務委員으로 기해전선畿海電線 가설
1890년고종27	친군 장위영 병방親軍壯衛營兵房, 양주목사
1891년고종28	한성부판윤
1894년고종31	함경도관찰사
1896년건양1	중추원1등의관
1897년광무1	천주교 당시 조선교구장 뮈텔주교를 소개하여 국호(國號:大韓帝國)와 연호(年號:光武) 제정 협조
1898년광무2	법부대신 겸 고등재판소장, 중추원1등의관, 김홍륙金鴻陸사건으로 유배
1899년광무3	중추원의관, 경무사, 궁내부특진관
1900년광무4	을미사변–일본 규탄 시무15조 상소–사변관련, 안경수·권형진을 왕에게 보고 없이 교살형으로 처벌하여 철도鐵島에 유배 –방면
1900년광무4	경상북도관찰사
1902년광무6	중추원의관, 시종원경, 궁내부특진관, 평리원재판장임시서리, 탁지부대신임시서리, 시종원경, 경무사
1904년광무8	중추원부의장, 애국운동단체 보안회輔安會 결성–부회장
1905년이후	공진회共進會사건으로 구속, 석방. 항일운동 전개

생애일화

주로 외직과 무관직을 역임하였으며, 내금위장에 임명된 것을 감안하면 고종의 측근에서 활동하였을 것이다.
그는 천주교인으로 알려져 있으며 조선교구장 뮤텔을 고종에게 소개하여 국호와 연호의 제정하였으며, 프랑스와 조선의 연계를 주선하는 역할을 할 수 있는 배경이 있었다.

2105대 한성판윤 민경호(閔敬鎬)

신상내용

생몰연대 1863년철종14 ~ 1930 – 68세
본관 여흥驪興

자　　　주경周卿
가족　　증조-부수 백선百善, 할아버지-승지 항렬恒烈, 아버지-승지 치순致純
　　　　어머니-송원준宋元俊의 딸
묘　　　경기도 광주시 송정리

관직경력

한성판윤 재임기간 : 1892년고종28 1월 17일 ~ 1892년고종29 1월 17일

조선 말기의 문신

1880년고종17	경과증광별시 문과 급제
1885년고종22	규장각직각, 세자시강원겸필선
1886년고종23	성균관대사성
1888년고종25	이조참의
1891년고종28	이조참판
1898년광무2	궁내부특진관
1899년광무3	봉상시제조
1901년광무5	궁내부특진관, 평안남도관찰사
1902년광무6	평안북도관찰사
1903년광무7	중추원의관
1905년광무9	비서감승, 규장각직학사
1906년광무10	시강원첨사, 태의원경, 비서감경, 장례원경
1907년광무11	궁내부특진관

2106대 한성판윤 이유인(李裕寅) – 2104·2109·2125·2138·2190대 동일인물

한성판윤 재임기간 : 1892년고종29 1월 17일 ~ 1892년고종29 1월 27일

2107대 한성판윤 이교헌(李敎獻)

신상내용

생몰연대　1832년순조32 ~ 1900년광무4 – 69세

본관　　전의全義
자　　군필君弼
가족　　증조-형조판서 윤성潤成, 할아버지-경식景植, 아버지-공조판서 희경熙絅
　　어머니-전주유씨(부사 유엄柳曮의 딸)
　　부인-해주오씨(오성묵吳聖黙의 딸)
묘　　경기도 양주시 맹동

관직경력

한성판윤 재임기간 : 1892년고종29 1월 27일 ~ 1892년고종29 2월 12일

조선 말기의 무신

1855년철종6	무과 급제
1869년고종6	전라도병마절도사
1870년고종7	충청도·황해도병마절도사, 우변포도대장, 총융사, 전영사, 별영사
1884년고종21	갑신정변 실패-수구파정권. 협판내무부사, 내무부직제국협판, 공조판서
1892년고종29	대호군, 한성부판윤
1897년광무1	중추원의관, 궁내부특진관

2108대 한성판윤 이규영(李珪永)

신상내용

생몰연대　　1827년순조27 ~ ?
본관　　전주全州
자　　규옥圭玉
호　　소로小潞
가족　　증조-대사헌 명훈命勳, 할아버지-교리 기헌基憲, 아버지-첨지중추부사 정준鼎俊
　　어머니-남양홍씨(홍지섭洪摯燮의 딸)
　　부인-안동김씨(김태균金台均의 딸)
묘　　경기도 파주시 월롱면 덕은리 어은동

관직경력

한성판윤 재임기간 : 1892년고종29 2월 12일 ~ 1892년고종29 2월 20일

조선 말기의 문신

1852년철종3	식년문과 급제
1866년고종3	중시重試 급제
1872년고종9	영흥부사
1876년고종13	종정경
1877년고종14	동지 겸 사은부사로 청나라 다녀오다
1881년고종18	이조참판, 예문관제학
1887년고종24	성균관대사성
1888년고종25	사헌부대사헌, 〈선원보략〉 수정 때 국조어첩서사관, 공조판서
1889년고종26	지종정경
1890년고종27	형조판서, 동지 겸 사은정사로 청나라 다녀오다
1890년고종27	〈선원보략〉 수정 때 찬수감인당상지종정경
1892년고종29	한성부판윤

2109대 한성판윤 이유인(李裕寅) – 2104·2106·2125·2138·2190대 동일인물

한성판윤 재임기간 : 1892년고종29 2월 20일 ~ 1892년고종29 2월 27일

2110대 한성판윤 이희로(李僖魯) – 2095·2101대 동일인물

한성판윤 재임기간 : 1892년고종29 2월 27일 ~ 1892년고종29 3월 9일

2111대 한성판윤 장석용(張錫龍) – 2061대 동일인물

한성판윤 재임기간 : 1892년고종29 3월 9일 ~ 1892년고종29 3월 11일

2112대 한성판윤 남정철(南廷哲)

신상내용

생몰연대	1840년헌종6 ~ 1916년 - 77세
본관	의령宜寧
자	치상穉詳
호	하산霞山
저서	〈하산집〉
가족	증조-응래應來, 할아버지-생원 준기駿冀, 아버지-현감 홍중弘重 어머니-안동권씨(권오응權五應의 딸) 부인-광산김씨(김치현金致鉉의 딸), 임천조씨(조기식趙箕植의 딸)
묘	경기도 가평군 설악면 이천리 누현

관직경력

한성판윤 재임기간 : 1892년고종29 3월 11일 ~ 1892년고종29 3월 14일

조선 말기의 문신

1865년고종2	사마시(생원) 입격, 음관-세자익위사 익위
1882년고종19	증광문과 급제, 홍문관교리, 사헌부장령, 공조참판
1884년고종21	천진주차독리통상사무天津駐箚督理通商事務, 흥선대원군 문안, 이조참판
1884년고종21	갑신정변-청군출병 요청-정변 실패-수구파 중심인물, 호조참판, 동지부사
1885년고종22	성균관대사성, 천진주차독리통상사무, 평안도관찰사
1889년고종26	사헌부대사헌, 협판교섭통상사무, 도승지, 예조·형조판서
1892년고종29	한성부판윤, 조오수호통상조약
1893년고종30	독판교섭통상사무-방곡령사건 배상 타결, 대사헌, 병조판서, 함북관찰사
1897년광무1	내부대신, 사례국史禮局위원, 홍문관학사
1898년광무2	궁내부특진관, 장례원경, 홍문관학사
1907년융희1	고종 양위식 불참-이완용에 의해 피소, 치죄-방면, 경효전제조
1909년융희3	기로소 입소
1910년융희4	한일강제병합, 일본정부로부터 남작男爵 작위 받음

생애일화

그는 글씨를 잘 써서 여흥부대부인지문驪興府大夫人誌文과 제각상량문祭閣上樑文, 흥선대원군제각상량문, 대한문중수현판, 태백산선사양각중수상량문太白山璿史兩閣重修上樑文 등을 썼다.

2113대 한성판윤 이돈하(李敦夏) – 2022·2075대 동일인물

한성판윤 재임기간 : 1892년고종29 3월 14일 ~ 1892년고종29 4월 7일

2114대 한성판윤 이호익(李鎬翼) – 2089·2169대 동일인물

한성판윤 재임기간 : 1892년고종29 4월 7일 ~ 1892년고종29 4월 13일

2115대 한성판윤 박제관(朴齊寬) – 1950·1960·2008·2019·2126대 동일인물

한성판윤 재임기간 : 1892년고종29 4월 13일 ~ 1892년고종29 4월 15일

2116대 한성판윤 이돈하(李敦夏) – 2075·2080대 동일인물

한성판윤 재임기간 : 1892년고종29 4월 15일 ~ 1892년고종29 4월 23일

2117대 한성판윤 이승순(李承純)

신상내용

생몰연대 1841년헌종7 ~ ?
본관 한산韓山

자　　　수경粹卿
가족　　증조-예조참판 태영泰永, 조부-이조판서 희갑羲甲, 아버지-이조판서 겸재謙在
　　　　어머니-안동김씨(김조순金祖淳의 딸)
　　　　부인-풍양조씨(조병학趙秉學의 딸)

관직경력

한성판윤 재임기간 : 1892년고종29 4월 23일 ~ 1892년고종29 5월 2일

조선 말기의 문신

1859년철종10	증광문과 급제, 규장각
1861년철종12	예문관검열
1862년철종13	규장각직각
1879년고종16	성균관대사성, 이조참의
1880년이후	공조·형조판서, 우·좌참찬, 겸직으로 동지성균관사, 동지경연관사
1892년고종29	한성부판윤
1894년고종31	갑오개혁, 중추원의관, 진하 겸 사은정사로 청나라 다녀오다
1898년광무2	장례원경
1899년광무3	궁내부특진관
1901년광무5	시종원경

생애일화

조부 희갑, 아버지 겸재가 한성판윤을 지내 3대三代 한성판윤 집안이다.

2118대 한성판윤 김병익(金炳翊)

신상내용

생몰연대　1837년헌종3 ~ 1921년 - 85세
본관　　　안동安東
자　　　　보삼輔三·좌경左卿
가족　　　증조-이조판서 이양履陽, 할아버지-공조판서 한순漢淳, 아버지-우찬성 대근大根
　　　　　생부-남원부사 경근敬根, 어머니-해평윤씨(윤치성尹致誠의 딸)
　　　　　부인-남양홍씨(홍예섭洪禮燮의 딸)

묘　　　　경기도 양평군 서종면 용진리 미동

관직경력

한성판윤 재임기간 : 1892년고종29 5월 2일 ~ 1892년고종29 5월 7일

조선 말기의 문신

1860년철종11	정시문과 급제
1878년고종15	이조참의
1879년고종16	이조참판
1883년고종23	성균관대사성
1886년고종26	사헌부대사헌
1892년고종29	한성부판윤, 공조판서
1893년고종30	형조판서
1894년이후	시종원경, 궁내부특진관, 비서원경
1910년융희4	한일병합, 일본정부에서 주는 남작男爵의 작위를 받음

생애일화

고종이 등극한 뒤 흥선대원군이 집권하자 안동김씨 일문이 배척당하여 한동안 관직에 진출하지 못하다, 대원군이 실권한 후에 출사하였다.
회방연回榜宴을 하고 기로소에 들어갔다.
증조 이양, 아버지 대근이 한성판윤을 지냈다.

2119대 한성판윤 조종필(趙鍾弼) – 2140대 동일인물

신상내용

생몰연대	1840년헌종6 ~ ?
본관	한양漢陽
자	은상殷相
호	하당荷堂
가족	증조–교리 수인秀仁, 할아버지–형만亨晩, 아버지–예조판서 성교性敎 어머니–청송심씨(심문沈雯의 딸)

관직경력

한성판윤 재임기간 : 1892년고종29 5월 7일 ~ 1892년고종29 5월 13일

조선 말기의 문신

1867년고종4	사마시(진사) 장원입격
1874년고종11	증광문과 급제, 홍문관·사간원의 청요직 역임
1875년이후	성균관대사성, 이조참의, 한성부좌·우윤, 형조참판, 공조판서
1892년고종29	한성부판윤
1895년고종32	중추원1등의관
1897년광무1	태의원경, 궁내부특진관, 강원·함남·경기·전라남도관찰사
1901년광무5	장례원경, 정헌대부(정2품)
1903년광무7	충남·황해도관찰사, 지계아문감독地契衙門監督

생애일화

아버지 성교가 한성판윤을 지냈다.

2120대 한성판윤 이건하(李乾夏) – 2052·2123대 동일인물

한성판윤 재임기간 : 1892년고종29 5월 13일 ~ 1892년고종29 5월 28일

2121대 한성판윤 민영규(閔泳奎)

신상내용

생몰연대	1846년헌종12 ~ 1923년 – 76세
본관	여흥驪興
자	성오星五·경오景五
가족	증조–첨중추 단현端顯, 할아버지–치대致開, 아버지–공조참판 경호璟鎬 생부–철호喆鎬, 어머니–해주오씨(오치기吳致琦의 딸) 부인–청송심씨(참판 심영택沈英澤의 딸)
묘	경기도 용인시 기흥구 연남리

관직경력

한성판윤 재임기간 : 1892년고종29 5월 28일 ~ 1892년고종29 6월 1일

조선 말기의 문신

1875년고종12	별시문과 급제, 주서, 설서, 수찬, 장령, 교리, 응교
1876년고종13	병조정랑
1879년고종16	병조참의
1881년고종18	이조참의
1882년고종19	형조참판, 예조참판
1885년고종22	경주부윤
1888년고종25	형조판서
1890년고종27	예조판서, 한성부판윤
1892년고종29	이조판서, 경기도관찰사
1894년고종31	병조판서
1896년고종32	갑오개혁–면직免職
1897년광무1	궁내부대신
1905년광무9	훈2등8괘장, 훈1등태극장
1906년광무10	의정부의장

생애일화

1910년 나라의 국권이 상실된 뒤, 일본정부로부터 자작子爵의 작위와 천황의 하사금 5만 원을 받았다.

2122대 한성판윤 김규홍(金奎弘)

한성판윤 재임기간 : 1892년고종29 6월 1일 ~ 1892년고종29 6월 18일

2123대 한성판윤 이건하(李乾夏) – 2052·2120대 동일인물

한성판윤 재임기간 : 1892년고종29 6월 18일 ~ 1892년고종29 6월 23일

2124대 한성판윤 이재순(李載純)

신상내용

생몰연대	1851년철종2 ~ 1904년광무8 – 54세
본관	전주全州
자	덕일德一
호	성석醒石
시호	문충文忠
봉호	청안군淸安君
가족	증조–은언군 인, 할아버지–전계대원군 광曠, 아버지(양부)–영평군 경응景應 생부–휘응徽應, 어머니–연안이씨(이수명李壽明의 딸) 부인–홍경모洪慶謨의 딸
묘	경기도 양주 답동 → 포천시 포천읍 선단리 왕방산 전계대원군 묘 옆 이장

관직경력

한성판윤 재임기간 : 1892년고종29 6월 23일 ~ 1892년고종29 7월 17일

조선 말기의 문신

1868년고종5	종친정시문과 급제
1871년고종8	부교리
1872년고종9	부사과, 교리
1876년고종13	종친부부정
1878년고종15	병조참의, 부호군
1880년고종17	성균관대사성
1888년고종25	이조참판, 사헌부대사헌
1892년고종29	한성부판윤, 형조판서, 의정부우참찬
1893년고종30	예조판서
1894년고종31	형조판서
1895년고종32	특파대사로 일본 파견. 시종원경, 춘생문春生門사건–징역·향리방축
1896년건양1	방면, 궁내부대신
1899년광무3	청안군淸安君 피봉
1902년광무6	전권대사로 유럽 각국 순방

생애일화

시종원경으로 있으면서 친일정권에 포위되어 불안에 떨고 있는 국왕을 궁성 밖으로 모셔 나와 친일정권을 타도하고 새 정권을 수립하고자 춘생문사건을 일으켰다.
결국 실패하여 특별법원에서 태형 1백대, 징역 3년을 받았으나, 종친인 까닭으로 이듬해 2월 징계가 풀려 궁내부대신이 되었다.

2125大 한성판윤 이유인(李裕寅) – 2104·2106·2109·2138·2190대 동일인물

한성판윤 재임기간 : 1892년고종29 7월 17일 ~ 1892년고종29 7월 23일

2126大 한성판윤 박제관(朴齊寬) – 1950·1960·2008·2115·2019대 동일인물

한성판윤 재임기간 : 1892년고종29 7월 23일 ~ 1892년고종29 7월 30일

2127大 한성판윤 신헌구(申獻求) – 2137대 동일인물

신상내용

생몰연대	1823년순조23 ~ 1902년광무6 – 80세
본관	고령高靈
자	계문季文
호	백파白坡
가족	증조–현감 택권宅權, 할아버지–현록顯祿, 아버지–동지중추부사 응모應模 어머니–여흥민씨(민호閔晧의 딸) 부인–광주이씨(이기발李基發의 딸)
묘	경기도 성남시 도촌동

관직경력

한성판윤 재임기간 : 1892년고종29 7월 30일 ~ 1892년고종29 8월 19일

1862년철종13	정시문과 급제
1864년고종1	사헌부지평
1867년고종4	사헌부집의
1869년고종6	승정원 동부승지
1883년고종20	이조참의
1884년고종21	성균관대사성
1885년고종22	독판 김윤식金允植, 협판 서상우徐相雨와 함께 '중조전선조약中朝電線條約' 체결 조인
1887년고종24	이조참판
1892년고종29	형조판서, 한성부판윤
1894년고종31	예조판서, 경기도관찰사
1898년광무2	중추원 1등의관
1902년광무6	궁내부특진관, 기로소 입소

2128대 한성판윤 정기회(鄭基會) – 1945·1973·2021·2048·2083·2097대 동일인물

한성판윤 재임기간 : 1892년고종29 9월 11일 ~ 1892년고종29 10월 23일

2129대 한성판윤 이용익(李容益)

신상내용

생몰연대	1830년순조30 ~ 1898년광무2 – 69세
본관	광주廣州
자	우삼友三
가족	증조–진사 득회得會, 할아버지–병규秉逵, 아버지–군수 긍래兢來 어머니–진주유씨(정언 유지익柳之翊의 딸) 부인–전주유씨(방어사 유찬柳讚의 딸), 창녕성씨(부사 성영구成永耉의 딸)
묘	충남 공주시 신상면 서모곡

관직경력

한성판윤 재임기간 : 1892년고종29 10월 23일 ~ 1892년고종29 11월 21일

조선 말기의 무신

1851년철종2	무과 급제
1871년고종8	평해군수
1877년고종14	전라좌도수군절도사
1881년고종18	전라도병마절도사
1883년고종20	탄천부사
1886년고종23	해방영海防營 보수 때 도청都廳
1892년고종29	군사훈련 때 경리영經理營 병방兵房, 한성부판윤
1893년고종30	남병사
1897년광무1	북병사, 중추원1등의관, 칙임관3등
1903년광무7	내장원경, 중앙은행 부총재, 칙임관2등, 육군참장-헌병사령관, 탁지부서리
1904년광무8	원수부 검사국총장, 탁지부대신, 원수부 회계국총장서리

2130대 한성판윤 이정로(李正魯)

신상내용

생몰연대	1838년헌종4 ~ 1923년 - 86세
본관	전의全義
자	대재大哉
호	소계小溪·동미東渼·노포老浦
출생	경기도 양평
가족	증조-목사 단회端會, 할아버지-이조판서 호민好敏, 아버지-진사 근오根五 생부-근두根斗, 어머니-안동권씨(권소權熽의 딸) 부인-안동권씨(현감 권종건權鍾健의 딸), 김해김씨(김정훈金廷勳의 딸)
묘	경기도 가평군 청평면 청평리 부곡

관직경력

한성판윤 재임기간 : 1892년고종29 11월 21일 ~ 1892년고종29 11월 29일

1858년철종9	정시문과 급제, 가주서, 초계문신, 용강현령, 부교리, 정언 응교
1863년철종14	〈철종실록〉 낭청
1864년고종1	부호군, 각 조의 참의 역임
1875년고종12	경주부윤, 충주목사, 한성부좌윤
1882년고종19	이조참의
1891년고종28	도승지, 예조판서, 의정부좌참찬
1893년고종30	동지정사로 청나라 다녀오다–중국의 철도 등 정세 보고
1894년고종31	동학혁명, 형조판서, 이조판서–군국기무처 관여
1895년고종32	유진만과 함께 복수청復讐廳 설치–을미사변 관련자 처벌 상소
1896년건양1	궁내부특진관, 왕이 러시아공관에서 환궁할 것을 상소
1898년광무2	산릉도감제조–능 관리 태만(유배)
1899년이후	중추원1등의관, 봉상시제조, 경효전제조, 궁내부 각 아문의 장
1907년융희1	기로사 입소, 규장각대제학

생애일화

한일병합 후, 회유를 위해 일본정부가 주는 남작男爵 작위를 받았다.
조부 호민이 한성판윤을 지냈다.

2131대 한성판윤 남정순(南廷順) – 1928·1963·1965·1967대 동일인물

한성판윤 재임기간 : 1892년고종29 12월 14일 ~ 1892년고종29 12월 17일

2132대 한성판윤 신정희(申正熙) – 2136대 동일인물

신상내용

생몰연대	1833년순조33 ~ 1895년고종32 – 63세
본관	평산平山
자	중원中元
호	향농香農
시호	정익靖翼
저서	〈훈련도감중기訓練都監重記〉

가족　　증조-병조참판 홍주鴻周, 할아버지-부사 의직義直, 아버지-병조판서 헌櫶
　　　　어머니-기계유씨(도정 유준환兪駿煥의 딸)
　　　　부인-이원희李元熙의 딸, 권구하權耉夏의 딸, 심능석沈能奭의 딸
묘　　　강원도 춘천 선영 아래

관직경력

한성판윤 재임기간 : 1892년고종29 12월 17일 ~ 1893년고종30 1월 4일

조선 말기의 무신

1861년철종12	무과 급제
1877년고종14	좌·우포도대장
1878년고종15	어영대장
1881년고종18	통리기무아문당상, 형조판서
1882년고종19	어영대장, 임오군란-장어대장壯禦大將 파직
1884년고종21	친군후영사親軍後營使
1892년고종29	한성부판윤-사직(동학교도 상경을 제지 못함)
1894년고종31	호위부장, 양호순무사兩湖巡撫使-동학군 토벌 임무
1894년고종31	독판내무부사-일본 주둔군 철수 요구
1894년고종31	일본 주도의 갑오개혁 강행, 친일 김홍집내각 참여

생애일화

다산 정약용丁若鏞의 실학사상에 영향을 받은 초기 개화론자의 한 사람이다.
기울어가는 국운의 쇠퇴 속에서 개혁정치를 시도했지만, 대세를 이기지 못하고 비통한 절망을 품은 채 병이 들어 63세를 일기로 세상을 떠났다.
편서로 〈훈련도감중기〉가 있다.
아버지 헌(관호)과 아우 석희奭熙가 한성판윤을 지냈다.

2133대 한성판윤 홍 규(洪圭) – 2074대 동일인물

한성판윤 재임기간 : 1893년고종30 1월 4일 ~ 1893년고종30 1월 14일

2134대 한성판윤 이유인(李裕寅) – 2106·2108·2111·2127·2140·2192대 동일인물

한성판윤 재임기간 : 1893년고종30 1월 14일 ~ 1893년고종30 2월 6일

2135대 한성판윤 한성근(韓聖根)

신상내용

생몰연대	1833년순조33 ~ 1905년광무9 – 73세
본관	청주淸州
자	원집元集
출생	경북 안동
가족	증조–상겸相謙, 할아버지–영표永彪, 아버지–용철用喆 어머니–동래정씨(정호순鄭好淳의 딸) 부인–밀양박씨(박해일朴海一의 딸), 경주김씨(김기상金箕祥의 딸)
묘	충남 서산시 안면면 중장리 육포

관직경력

한성판윤 재임기간 : 1893년고종30 2월 6일 ~ 1893년고종30 2월 7일

조선 말기의 무신

1863년철종14	무과 급제
1866년고종3	병인양요–순무영巡撫營 초관哨官–병력 부족으로 패퇴
1866년고종3	봉상시봉사, 병조좌랑
1867년고종4	은산현감, 통진부사, 첨지중추부사
1881년고종18	별기군 창설, 정령관正領官으로서 좌부령관左副領官 윤웅렬尹雄烈과 훈련
1882년고종19	이재선李載先 왕위 추대사건 관련 투옥–석방, 병조참판
1893년고종30	한성부판윤
1896년건양1	중추원의관
1899년광무3	궁내부특진관, 기로사 입소

2136대 한성판윤 신정희(申正熙) – 2132대 동일인물

한성판윤 재임기간 : 1893년고종30 2월 7일 ~ 1893년고종30 8월 8일

2137대 한성판윤 신헌구(申獻求) – 2127대 동일인물

한성판윤 재임기간 : 1893년고종30 8월 8일 ~ 1893년고종30 10월 25일

2138대 한성판윤 이유인(李裕寅) – 2104·2106·2109·2125·2134·2190대 동일인물

한성판윤 재임기간 : 1893년고종30 10월 25일 ~ 1893년고종30 11월 23일

2139대 한성판윤 민영환(閔泳煥)

신상내용

생몰연대	1861년철종12 ~ 1905년광무9 – 45세
본관	여흥驪興
자	문약文若
호	계정桂庭
시호	충정忠正
추증	대광보국숭록대부의정대신大匡輔國崇祿大夫議政大臣
저서	〈해천추범〉 외
출생	서울
가족	증조–첨중추 단현端顯, 할아버지–공조판서 치구致久, 아버지–참봉 태호泰鎬 생부–충융사 겸호謙鎬, 어머니–서경순徐庚淳의 딸) 부인–김명진金明鎭의 딸, 박용훈朴龍勳의 딸
묘	경기도 용인시 기흥구 마북리 산 36. 경기도지방기념물 제18호

관직경력

한성판윤 재임기간 : 1893년고종30 11월 23일 ~ 1893년고종30 11월 30일

조선 말기의 문신·순국지사

1877년고종14	동몽교관
1878년고종15	정시문과 급제, 홍문관 정자, 검열, 설서, 수찬, 검상, 사인
1881년고종18	동부승지
1882년고종19	성균관대사성, 임오군란–아버지 민겸호 피살–사직
1884년고종21	이조참의, 도승지, 전환국총판, 홍문관제학, 이조참판, 내무협판, 개성유수, 해방총판海防總辦, 친군연해방어사親軍沿海防禦使, 한성우윤, 기기국총판機器局總辨
1887년고종24	상리국총판商理局總辨, 친군전영사親軍前營使, 호조판서
1888년고종25	병조판서
1893년고종30	형조판서, 한성부판윤
1894년고종31	독판내무부사, 형조판서
1895년고종32	을미사변, 주미전권대사–부임 보류–귀향
1896년건양1	러시아황제대관식 참석 차, 특명전권대사–세계일주 여정–영국여왕 즉위40년 참석–고종칙서 러시아황제에게 전달
1897년광무1	독립협회 적극 후원
1898년광무2	의정부참정, 내부대신 겸 군부대신–사직(황국협회 등 어용단체 공격)
1899년광무3	참정대신, 탁지부대신, 원수부 회계국총장, 장례원경, 표훈원총재, 헌병사령관, 훈1등태극장, 대훈위이화장
1905년광무9	러일전쟁–일본승리, 내부대신, 군법교정총재, 학부대신, 참정대신, 외무대신–시종무관으로 좌천, 을사조약 체결–조병세趙秉世 등과 5적 처벌과 계약파기 요구 상소, 왕명거역죄로 구속되어 평리원에서 대죄–본가에서 자결

생애일화

국운이 이미 기울었음을 깨닫고 죽음으로써 항거한 그는 세 통의 유서를 남겼다.
그 하나는 국민에게 각성을 촉구하는 것이요, 다른 하나는 외국사절들에게 일본의 침략을 바로 보고 구원해 줄 것을 요망하는 것이요, 마지막으로는 황제에게 올리는 글이었다.
그의 자결 소식이 전해지자 원임대신 조병세를 비롯하여 전참판 홍만식, 학부주사 이상철, 평양대 1등병 김봉학 등 많은 인사들이 목숨을 끊었고, 그의 인력거꾼도 따라 목숨을 끊어 일제침략에 항거하였다.
유고 중에는 대표적인 것으로 〈해천추범海天秋帆〉·〈사구속초使歐續草〉·〈천일책千一策〉 등

과 많은 소疏와 차箚 등이 있다.
생부 겸호, 6촌형 영규泳奎가 한성판윤을 지냈다.

2140대 한성판윤 조종필(趙鍾弼) – 2119대 동일인물

한성판윤 재임기간 : 1893년고종30 11월 30일 ~ 1894년고종31 1월 28일

2141대 한성판윤 이민승(李敏承)

신상내용

생몰연대	1841년헌종7 ~ 1912년 – 72세
본관	전주全州
자	공눌公訥
호	현계玄溪
가족	증조–수사 종혁宗爀, 할아버지–수사 형재亨在, 아버지–병사 종준鍾俊 어머니–순흥안씨(안성연安性淵의 딸) 부인–청주한씨(한승렬韓承烈의 딸) 아들–근호根澔, 근택根澤(을사5적), 근상根湘
묘	경기도 남양주시 미금읍 일패리

관직경력

한성판윤 재임기간 : 1894년고종31 1월 28일 ~ 1894년고종31 2월 2일

조선 말기의 무신

1860년철종11	무과 급제
1886년고종23	전라좌도수군절도사, 경상좌도병마절도사
1888년고종25	총어摠禦 병방兵房
1889년고종26	종묘 동계대제 황태자 섭행 때 배위총어영陪衛摠禦營 병방
1893년고종30	서총대 시취試取 때 총어별장摠禦別將
1894년고종31	한성부판윤
1896년건양1	중추원1등의관, 칙임관2등
1901년광무5	의정부찬정, 칙임관1등
1903년광무7	궁내부특진관

2142대 한성판윤 서정순(徐正淳) – 2071·2086대 동일인물

한성판윤 재임기간 : 1984년고종31 2월 2일 ~ 1984년고종31 2월 14일

2143대 한성판윤 김세기(金世基)

신상내용

생몰연대	1852철종3 ~ 1908년융희2 – 57세
본관	연안延安
자	대유大有
가족	증조–군수 주연冑淵, 할아버지–홍주목사 최수最秀, 아버지–진사 사철思哲 생부–사선思善, 어머니–안태원安泰遠의 딸 부인–이준익李俊翼의 딸

관직경력

한성판윤 재임기간 : 1894년고종31 2월 14일 ~ 1894년고종31 2월 19일

조선 말기의 문신

1874년고종11	사마시(진사) 입격
1882년고종19	증광문과 급제
1885년고종22	진주사의 서장관으로 청나라 다녀오다
1888년고종25	성균관대사성
1891년고종28	사헌부대사헌
1893년고종30	개성부유수–잠삼추장금潛蔘推贓金 사용私用으로 안핵사의 탄핵–公用 인정
1894년고종31	한성부판윤
1896년건양1	중추원의관
1897년광무1	장례원정, 궁내부특진관, 비서원경, 시종원경
1905년광무9	전라남도관찰사–파직(전남순찰사 안종덕安鍾德의 탄핵)

생애일화

인목대비의 친정아버지 연흥부원군 김제남金悌男의 종손이다.
저서에는 〈연안김씨파보延安金氏派譜〉가 있다.

2144대 한성판윤 이헌영(李𨯶永)

신상내용

생몰연대	1837년헌종3 ~ 1910년 – 74세
본관	전주全州
자	경도景度·敬道
호	경와敬窩
시호	문정文貞
저서	〈일본문견록〉 외
가족	증조–양근군수 명희命熙, 할아버지–서헌書憲, 아버지–정태鼎台 어머니–임천조씨(조재희趙在禧의 딸) 부인–청송심씨(심재형沈在衡의 딸), 여흥민씨(민주호閔周鎬의 딸)
묘	경기도 양주시 장흥면 삼하리

관직경력

한성판윤 재임기간 : 1894년고종31 2월 19일 ~ 1894년고종31 2월 28일

조선 말기의 문신

1867년고종4	사마시(진사) 입격
1870년고종7	정시문과 급제, 홍문관수찬
1877년고종14	병조참지
1878년고종15	경기도암행어사
1881년고종18	신사유람단–세관관계기구 시찰
1882년고종19	통리기무아문 부경리사副經理事–통상사당상通商司堂上, 우부승지
1883년고종20	경상우도암행어사, 이조참의, 부호군, 감리부산항통상사무監理釜山港通商事務
1884년고종21	의주부윤
1886년고종23	참의내무부사–일본주차판사대신日本駐箚辦事大臣, 동지춘추관사
1887년고종24	병조참판, 한성부좌윤
1889년고종25	사헌부대사헌
1890년고종26	이조참판, 협판교섭통상사무, 성균관대사성, 공조·병조참판, 경상도관찰사
1893년고종29	한성부좌윤, 형조참판
1894년고종30	지춘추관사, 한성부판윤, 공조·형조판서, 충청도관찰사
1895년고종31	궁내부특진관, 내부대신

1896년건양1	지방제도 개편, 평안남도관찰사
1897년광무1	봉상시제조
1898년광무2	중추원1등의관, 의정부찬정
1899년광무3	장례원정, 궁내부특진관
1900년광무4	시종원경
1902년광무6	경상북도관찰사
1904년광무8	경효전제조

생애일화

신사유람단 시찰과 일본주차판사대신을 지내 일본 왕래가 많아 일본관계 저술이 있다. 〈일본문견록日本聞見錄〉·〈일본문견별단초日本聞見別單草〉·〈일본세관시찰기日本稅關視察記〉·〈조선국수출입반년표朝鮮國輸出入半年表〉·〈나가사키세관규식초長崎稅關規式抄〉 등이다.

2145대 한성판윤 이교창(李敎昌)

신상내용

생몰연대	1827년순조27 ~ ?
본관	전의全義
자	덕신德新
가족	증조–윤영潤榮, 할아버지–진사 인식仁植, 아버지–병사 희보熙輔 어머니–정내관鄭來觀의 딸 부인–경주이씨(아장 이현우李顯佑의 딸)
묘	충남 공주시 봉명동

관직경력

한성판윤 재임기간 : 1894년고종31 2월 28일 ~ 1894년고종31 3월 4일

조선 말기의 무신

1847년헌종13	무과 급제
1864년고종1	공충도수군절도사
1868년고종5	승지
1873년고종10	충청도병마절도사

1878년고종15	회령부사
1882년고종19	황태자의 종묘와 궁궐 전배례 때 호위
1887년고종24	호군(61세)
1888년고종25	평안도병마절도사
1889년고종26	전라도병마절도사
1894년고종31	한성부판윤
1897년광무1	중추원1등의관
1902년광무6	기로소 입소

생애일화

8촌 교헌敎獻이 한성판윤을 지냈다.

2146대 한성판윤 신정희(申正熙) – 2151대 동일인물

한성판윤 재임기간 : 1894년고종31 3월 4일 ~ 1894년고종31 4월 11일

2147대 한성판윤 조동면(趙東冕)

신상내용

생몰연대	1867년고종4 ~ 1904년광무8 – 38세
본관	풍양豊壤
자	성류聖塗
호	우당藕堂
시호	문헌文憲
가족	증조–풍은부원군 만영萬永, 할아버지–이판 병구秉龜, 아버지–이조판서 성하成夏 어머니–우봉 이호준李鎬俊의 딸 부인–한산이씨(이승오李承五의 딸)
묘	경기도 포천시 일동면 기산리

관직경력

한성판윤 재임기간 : 1894년고종31 4월 11일 ~ 1894년고종31 4월 27일

1883년고종20	교관으로 별시문과 급제, 예문관검열
1885년고종22	이조참의, 성균관대사성, 홍문관부제학
1886년고종23	규장각직제학
1887년고종24	부호군, 참의내무부사, 세자시강원 겸보덕
1888년고종25	동지경연사, 이조참판, 개성부유수
1889년고종26	경기도관찰사, 대왕대비전옥책문 서사관
1890년고종27	강화부유수, 협판내무부사, 조대비(趙大妃:신정왕후) 승하-종척집사宗戚執事·신백서상자神帛書上字 ·행장서사관行狀書寫官·향관享官, 시원임각신時原任閣臣 연차聯箚 참여
1892년고종29	상호도감의 익종대왕옥책문 서사관
1893년고종30	형조·공조판서, 의정부우참찬·좌참찬
1894년고종31	이조판서, 한성부판윤
1895년고종32	궁내부특진관, 빈전제거殯殿提擧
1896년건양1	칙임관3등, 혼전향관魂殿享官, 경연원시강
1897년광무1	국장도감·산릉도감·빈전도감 제조, 태의원경
1898년광무2	궁내부특진관, 규장각학사 겸 시강원일강관, 칙임관3등
1899년광무3	시종원경, 대왕대비악장문大王大妃樂章文 제술관
1900년광무4	궁내부특진관, 칙임관2등, 장례원경, 귀족원경, 홍문관학사
1901년광무5	경효전제조, 판돈녕원사, 양지아문총재관, 칙임관2등, 정익황후악장문 제술관, 칙임관1등

생애일화

풍양조씨 가문의 세도정치를 지탱하게 해준 신정왕후 조대비가 세상을 떠나자 안동김씨에 버금가던 조문趙門의 권세도 기울기 시작하였다.
고조 진관鎭寬, 증조 만영, 조부 병구에 이어 본인까지 4대에 걸쳐 한성판윤을 지냈다.

2148대 한성판윤 이기혁(李基赫)

신상내용

생몰연대 1823년순조23 ~ ?
본관 농서隴西
가족 증조-아장 종윤宗胤, 할아버지-오장 명집命集, 아버지-부사 상주尙周

어머니–김경익金慶翊의 딸
부인–南會황의 딸

관직경력

한성판윤 재임기간 : 1894년고종31 4월 27일 ~ 1894년고종31 5월 9일

조선 말기의 무신

1849년헌종15	무과 급제
1874년고종11	교동부사
1879년고종16	경상좌도병마절도사
1880년고종17	'세 개의 돛을 단 배가 서계書契를 가지고 왔다가 동래부東萊府에서 받아주지 않아 그냥 돌아갔다.'–조정에 보고
1883년고종20	대보단大報壇 참반하여 무사들의 시사회試射會 감독
1893년고종30	무사들의 시취試取 참반
1894년고종31	한성부판윤

2149대 한성판윤 정낙용(鄭洛鎔) – 2165대 동일인물

신상내용

생몰연대	1827년순조27 ~ 1914년 – 88세
본관	연일延日
자	경구景龜
호	지포之圃
가족	증조–영장 순채順采, 할아버지–병사 환종煥宗, 아버지–길주목사 인기寅基 어머니–전주이씨(수사 이재홍李載弘의 딸)

관직경력

한성판윤 재임기간 : 1894년고종31 5월 9일 ~ 1894년고종31 5월 20일

조선 말기의 무신

1855년철종6	무과 급제
1857년철종8	선전관
1858년철종9	사복내승司僕內乘

1861년철종12	수안군수
1863년철종14	태안군수
1865년고종2	통정대부(정3품)
1867년고종4	전라좌도수군절도사, 우부승지
1868년고종5	죽산부사
1870년고종7	전라도수군절도사
1874년고종11	남양부사
1878년고종15	가선대부
1879년고종16	삼도수군통제사
1882년고종19	오위도총부부총관
1883년고종20	병조참판
1885년고종22	좌포도대장, 후영사後營使, 협판내무부사
1886년고종23	전환국총판, 자헌대부(종2품), 공조판서
1887년고종24	정헌대부(정2품), 형조판서
1888년고종25	강화부유수
1894년고종31	한성부판윤
1896년건양1	중추원의관 의장대변
1897년광무1	시종원경, 농상공부대신, 탁지부대신 서리, 숭정대부(종1품)
1899년광무3	중추원의장
1902년광무6	숭록대부(종1품)
1904년광무8	궁내부특진관

생애일화

1910년 일본의 강제병탄으로 나라가 망했으나, 일본정부의 회유책에 의해 수여하는 남작男爵 작위를 받았다.

2150대 한성판윤 민영소(閔泳韶)

신상내용

생몰연대	1852년철종3 ~ 1917년 – 66세
본관	여흥驪興
자	순약舜若
작위	자작子爵

가족 증조–상섭相燮, 조부–치오致五, 아버지–우의정 규호奎鎬 어머니–宋正熙의 딸
생부–철호哲鎬, 생모–광산김씨(김석현金錫鉉의 딸)
부인–안동김씨(김병대金炳大의 딸), 청주곽씨(곽치년郭致年의 딸)
아들–충식忠植(남작, 친일귀족)

관직경력

한성판윤 재임기간 : 1894년고종31 5월 20일 ~ 1894년고종31 5월 25일

조선 말기의 척신

1881년고종18	정시문과 급제, 설서, 장령, 응교
1885년고종22	병조참지, 춘천부사
1886년이후	호조판서, 직제학, 형조판서, 한성부판윤
1894년고종31	갑오개혁–퇴진
1895년고종32	궁내부특진관
1899년광무3	규장각학사, 규장각대교, 양지아문총재관
1901년광무5	학부대신
1902년광무6	궁내부대신
1904년광무8	농상공부대신, 중추원의장
1907년융희1	팔괘장
1911년	한일병합, 일본정부가 수여한 자작子爵 작위와 은사공채 5만 원을 받음
1912년	한국병합기념장
1915년	다이쇼大正 대례기념장

생애일화

민씨척족 세력의 거두로서 임오군란 때 가옥이 파괴당하는 등 곤욕을 치렀다.
갑신정변 후 일본으로 피신한 김옥균·박영효 등의 암살을 기도하였으며, 결국 홍종우를 시켜 상해에서 김옥균을 살해한 배후인물로 알려졌다.
양부 규호가 한성판윤을 지냈다.

2151대 한성판윤 신정희(申正熙) – 2146대 동일인물

한성판윤 재임기간 : 1894년고종31 5월 25일 ~ 1894년고종31 6월 15일

2152대 한성판윤 이봉의(李鳳儀) – 1984·2033대 동일인물

한성판윤 재임기간 : 1894년고종31 6월 15일 ~ 1894년고종31 6월 24일

2153대 한성판윤 박정양(朴定陽)

신상내용

생몰연대	1841년헌종7 ~ 1905년고종4 – 65세
본관	반남潘南
자	치중致中
호	죽천竹泉
시호	문익文翼
가족	아버지–제근齊根
저서	〈미속습유〉 외

관직경력

한성판윤 재임기간 : 1894년고종31 6월 24일 ~ 1894년고종31 7월 4일

조선 말기의 문신·외교관·대한제국 정치가

1864년고종1	사마시(생원) 입격
1866년고종3	별시문과 급제
1879년고종16	형조참판
1881년고종18	신사유람단 일원으로 일본 시찰, 이용사당상경리사理用司堂上經理事
1882년고종19	성균관대사성, 이조참판, 좌승지
1883년고종20	한성부좌윤, 기기국총판, 내무협판, 협판군국사무, 사헌부대사헌, 협판교섭통상사무, 도승지
1887년고종24	협판내무부사, 주미전권공사
1889년고종26	홍문관부제학
1892년고종29	전환국관리典圜局管理
1894년고종31	호조판서, 교정청당상, 한성부판윤, 갑오개혁–군국기무처회의원
1895년고종32	학무대신, 내각총리대신–을미개혁 추진
1896년건양1	내부대신, 아관파천, 총리대신서리 겸 궁내부대신서리, 참정대신
1898년광무2	독립협회 주관 만민공동회 참여, 내부대신

1905년광무9	을사조약 체결–오적五賊 사형 주장, 표훈원총재

생애일화

그는 박규수의 문하에서 수학하였으며, 김윤식·김홍집·김옥균 등과 교유하였다. 초대 주미전권공사로 부임하여 미국에서 외교활동을 벌인 후 청나라 원세개의 압력으로 귀국하였다.

조선 말기의 국난 속에서 불편부당한 온건중립파로서 진보적인 사상을 가지고 이상재 등 개화파 인사들을 지원하였다.

저서로는 〈죽천고竹泉稿〉〈해상일기초海上日記草〉〈미속습유美俗拾遺〉〈일본내무성급농상ㅁ무성시찰서계日本內務省及農商務省視察書契〉 등이 있다.

2154대 한성판윤 변원규(卞元圭) – 1987·2055·2077대 동일인물

한성판윤 재임기간 : 1894년고종31 7월 4일 ~ 1894년고종31 7월 7일

2155대 한성판윤 안경수(安駉壽)

신상내용

생몰연대	1853년철종4 ~ 1900년광무4 – 48세
본관	죽산竹山
자	성재聖哉
시호	의민毅愍
가족	서자庶子

관직경력

한성판윤 재임기간 : 1894년고종31 7월 7일 ~ 1894년고종31 7월 19일

조선 말기의 관료

1887년고종24	통리교섭통상사무아문 주사主事–최초의 주일공사 민영준閔泳駿 통역관
1888년고종25	별군직, 장위영영관, 전환국방판–화약생산 시설과 신식화폐 발행 준비
1894년고종31	동학농민군 봉기, 제1차 김홍집내각–우포도대장, 군국기무처회의원
1895년고종32	제2차김홍집내각–탁지부협판, 경무사, 군부대신, 을미사변–징역3년

1896년건양1 아관파천–특지사면, 경무사, 중추원1등의관, 독립협회 초대회장
1897년광무1 대조선저마제사회사大朝鮮苧麻製絲會社 사장
1898년광무2 황제양위음모사건 발각–일본 망명
1900년광무3 귀국 자수–이준용역모사건 불고지죄와 황제양위미수사건 관련–교수형

생애일화

그는 서자庶子 출신으로 일찍이 개화에 눈을 떠 일본을 왕래하다가, 주일공사의 통역관으로 등용되면서 관료로 활약하기 시작하였다.
일본의 문물을 수용하고자 화약생산을 위한 제약소의 설립과 신식화폐의 발행을 위해 노력하였으며, 김홍집내각에 참여하면서 갑오개혁을 본격적으로 추진하였다.
그러나 김홍집내각의 해체로 정치적 행보에 혼선을 빚다가 김재풍·이충구 등과 더불어 황제양위음모를 추진하다 발각되어 일본으로 망명하였다. 주한일본공사의 주선으로 귀국한 후 재판을 받고 교수형에 처해진 비운의 인물이다.

2156대 한성판윤 엄세영(嚴世永)

신상내용

생몰연대 1831년순조31 ~ 1900년광무4 – 70세
본관 영월寧越
자 윤익允翼
호 범재凡齋
시호 숙민肅敏
가족 증조–동지중추부사 사건思健, 할아버지–주부 시蓍, 아버지–석풍錫豊
어머니–전주이씨(참판 이원달李源達의 딸)
부인–밀양박씨(병사 박승유朴承儒의 딸)
묘 경기도 여주시 금사면 주록리

관직경력

한성판윤 재임기간 : 1894년고종31 7월 19일 ~ 1894년고종31 7월 29일

조선 말기의 문신

1855년철종6 사마시(진사) 입격
1864년고종1 증광문과 급제, 승정원가주서, 부사정

1865년고종2	주서
1866년고종3	홍문관부수찬, 남학교수, 부사과로 선전관, 수찬
1867년고종4	동지사의 서장관으로 청나라 왕래. 부교리, 교리, 사헌부집의, 장악원정
1868년고종5	종친부정, 부승지
1874년고종11	전라우도암행어사
1875년고종12	이조참의
1881년고종18	신사유람단 일본 시찰–사법司法관계 분야 담당, 경리통리기무아문사무로서 율례사당상律例司堂上
1882년고종19	병조참판, 한성부우윤, 임오군란–청군영접관, 한성부좌윤, 성균관대사성
1883년고종20	한성부우윤, 이조·예조참판, 호군–정부당상
1884년고종21	한성부좌윤, 반접관伴接官
1885년고종22	정부유사당상으로 협판교섭통상사무–묄렌도르프와 거문도 사탐
1886년고종23	감리인천항통상사무, 인천부사
1888년고종25	행호군–정부당상
1890년고종27	사헌부대사헌, 한성부우윤
1891년고종28	형조참판, 한성부좌윤, 병조참판
1893년고종30	사헌부대사헌, 병조·형조참판
1894년고종31	동학교도 봉기, 행호군–삼남염찰사·호남선무사, 김홍집내각–농상아문대신
1895년고종32	판중추부사
1896년건양	중추원2등의관, 경상북도관찰사, 궁내부특진관

생애일화

편찬서로는 〈일본문견록〉·〈일본문견별단초〉·〈일본사법성시찰기〉 등이 있다.

2157大 한성판윤 신석희(申奭熙) – 2067대 동일인물

한성판윤 재임기간 : 1894년고종31 7월 29일 ~ 1894년고종31 8월 13일

2158대 한성판윤 지석영(池錫永)

신상내용

생몰연대	1855년철종6 ~ 1935년 – 81세
본관	충주忠州
자	공윤公胤
호	송촌松村
저서	〈우두신설〉 외
가족	증조–일동一東(경한景漢). 할아버지–만원萬源, 아버지–익룡(翼龍) 어머니–이용철李容哲의 딸 부인–진석규陳錫圭의 딸, 김현구金顯九의 딸
묘	서울특별시 중랑구 망우동 망우공원묘지

관직경력

한성판윤 재임기간 : 1894년고종31 8월 13일 ~ 1894년고종31 8월 23일

1876년고종13	병자수호조약 체결, 수신사인 스승 박영선朴永善이 〈종두귀감〉 가져옴
1879년고종16	부산 제생병원에서 종두법 연수, 충주 처가에서 최초로 우두 접종
1880년고종17	제2차 수신사 김홍집金弘集의 수행원으로 도일–종두 기술 연수
1882년고종19	임오군란, 종두장(種痘場) 방화로 소실–복구
1882년고종19	전라도어사 박영교의 초청으로 전주에 우두국 설치
1883년고종20	충청도어사 이용호의 요청으로 공주에 우두국 설치
1883년고종20	문과 급제, 성균관전적, 사헌부지평
1885년고종22	〈우두신설牛痘新說〉 저술–최초의 우두법 이론서
1885년고종22	우두교수관으로 전라도지방 순회
1887년고종24	유배–강진
1890년고종25	독립협회 회원
1892년고종29	우두보영당牛痘保嬰堂 설립–어린이 시종施種
1894년고종31	갑오개혁, 우두국의 종두 관장
1894년고종31	김홍집내각–형조참의, 승지, 한성부판윤
1899년광무3	의학교 설립–교장
1902년광무6	서울 훈동勳洞에 의학교 부속병원 설립
1903년광무7	의학교 졸업생 19명 첫 배출
1904년광무8	황성신보에 〈양매창론揚梅瘡論〉 발표
1905년광무9	주시경周時經과 함께 한글 가로쓰기 주장

1907년광무9	의학교 폐지→대한의원大韓醫院의육부로 개편–학감學監
1908년융희2	국문연구소 위원
1909년융희3	한글로 한자 번역한 〈자전석요字典釋要〉 저술–태극장 팔괘장 받음
1910년융희4	한일병합, 사직 은퇴

생애일화

서울 훈동의 중인집안에서 태어나, 일찍부터 서학西學에 뜻을 두어 중국에서 들어온 서양의 학서를 탐독하였으며, 특히 영국인 제너Jenner의 종두법種痘法에 관한 책에 관심을 가졌다.
스승 박영선이 일본에서 가져온 〈종두귀감〉을 바탕으로 연구하며, 일본군이 세운 부산의 제생병원에 걸어서 내려가 2개월간 연수하고 두묘痘苗와 종두침種痘針 2개를 얻어 귀경 길에 충주 처갓집에 들러 40여 명에게 우두를 놓았다. 이것이 우리나라 최초의 종두법 실시이다.
1880년 수신사 김홍집의 수행원으로 일본에 건너가 위생국 우두종계소에서 종두기술을 익히고 두묘의 제조 및 저장법과 독우犢牛(송아지) 사양법 · 채장법採漿法을 배운 뒤 두묘 30병柄을 얻어 가지고 귀국하였다.
서울로 돌아와 본격적인 종두를 보급하였으나, 임오군란으로 체포령이 내려지고 난민들이 종두장에 불을 지른 등 곤욕을 치렀다. 정국이 수습되면서 종두장이 재건되고 지방에도 종두법의 보급이 확산되었으며, 〈한성순보〉 등 신문을 통한 홍보로 큰 성과를 이루었다.
이후 어린이에 대한 우두 접종을 확대하고, 의학교와 대한의원을 설립하여 의학교육에 헌신하였다. 또한 독립협회 활동을 하였으며, 한글 가로쓰기 등 한글 보급에 주시경과 함께 선구적 역할을 하였다.
한일합병 후 총독부의 간곡한 협조요청이 있었으나 모든 공직에서 사퇴하고 초야로 물러나 여생을 보냈다.

2159대 한성판윤 권재형(權在衡)

한성판윤 재임기간 : 1894년고종31 8월 23일 ~ 1894년고종31 11월 24일

2160대 한성판윤 유정수(柳正秀)

한성판윤 재임기간 : 1894년고종31 11월 24일 ~ 1895년고종32 5월 29일

2161대 한성판윤 이채연(李采淵) – 2166·2168·2173·2175·2182대 동일인물

신상내용

생몰연대	1861년철종12 ~ 1900년광무4 – 40세
본관	광주廣州
자	명오明五
출신지	경북 칠곡漆谷
가족	증조–동연東然, 할아버지–선운宣運, 아버지–감역 이봉以鳳 어머니–파평윤씨(윤택훈尹宅勳의 딸) 부인–인동장씨(장동억張東億의 딸), 성주배씨(미국호칭 Mrs, Ye)
묘	경기도 양주시 백석면 신지리 호명산 기슭

관직경력

한성판윤 재임기간 : 1895년고종32 5월 29일 ~ 1895년고종32 9월 7일

조선 말기의 문신

1883년고종23	제중원주사
1887년고종24	주차미국전권대신駐箚美國全權大臣 도미 시 번역관, 서기관
1894년고종31	사마시(진사) 입격, 전시殿試문과 급제, 참의교섭통상사무, 농상공부협판
1895년고종32	병조참의, 농상협판
1896년건양1	서리대신사무, 농상공부협판, 한성부관찰사, 감독경인철도사무, 한성부판윤
1898년광무2	한성부재판소수반판사漢城府裁判所首班判事, 귀족원경, 양지아문부총재관, 궁내부특진관, 시종원경
1900년광무4	귀족원경, 법규교정소의정관

생애일화

한성판윤으로 있으면서 파고다공원을 대대적으로 수리했으며, 도로정비와 하수도관로를 설치하고 위생개선 사업을 하는 등 근대도시로서의 면모를 갖춘 도시환경을 조성하였다.
미국 공사관에서 서기관과 서리공사로 근무하면서 활발한 외교활동을 펼쳐 고종황제의 자주외교의 상징처럼 평가되었으며, 공사관 건물의 매입 당시 책임자였다.
재임기간(1890~1893) 중, 특히 부인 성주배씨(미국호칭 Mrs, Ye)가 워싱톤 사교계에서 벤자민 해리스 미국대통령의 영부인을 비롯하여 각국의 외교관 부인들을 상대로 빼어난 교제활

동을 하였다. 〈미국잡지 Home Magazine 1891,5월호–중앙일보(분수대 박정호 논설위원)〉

2162대 한성판윤 김경하(金經夏)

한성판윤 재임기간 : 1895년고종32·건양원년 9월 7일 ~ 1896년고종33·건양원년 2월 24일

2163대 한성판윤 이하영(李夏榮)

한성판윤 재임기간 : 1895년고종32·건양원년 2월 24일 ~ 1896년고종33·건양원년 3월 25일

2164대 한성판윤 유기환(俞箕煥)

신상내용

생몰연대	1858년철종9 ~ 1913년 – 55세
본관	기계杞溪
자	경범景範
호	산간汕澗·선한仙僩
출신지	충북 단양
가족	증조–언황彦璜, 할아버지–이조참의 한팔漢八, 아버지–峰柱 어머니–밀양손씨 부인–대구서씨
묘	충청북도 아산시 선장면 신성리

관직경력

한성판윤 재임기간 : 1895년고종32·건양원년 3월 25일 ~ 1896년고종33·건양원년 8월 5일

조선 말기의 문신

1881년고종18	신사유람단 수행원으로 일본 시찰
1888년고종25	부산항 방판幇辦
1895년고종32	궁내부 참서관參書官 겸 외사과장

1896년건양1	궁내부 협판協辦, 궁내부대신서리사무, 한성부관찰사, 독립협회 간사
1897년광무1	중추원 2등의관, 법부 형사국장, 고등재판소판사, 무임소특명전권공사, 외부협판–명성황후 발인 때 각국 조문사절 접반, 외부대신서리
1898년광무2	군부대신서리
1899년광무3	육군副將, 의정부찬성 겸 법부대신
1900년광무4	철도원총재, 임시서리외부대신사무
1901년광무5	특명전권공사, 궁내부특진관,
1902년광무6	외부대신, 조선전권대신–덴마크 대표 파블로프(Pavlov)와 한정수호통상조약 및 부속 통상장정 조인, 주일한국대리공사

생애일화

멸망기에 들어선 구한말의 정치적 환경에서 주변 열강의 각축 와중에 국왕의 내밀한 신임을 받으며 외교 분야의 난기류를 헤쳐 나가고자 노력하였으나, 44세의 이른 나이에 운명했다.

2165대 한성판윤 정낙용(鄭洛鎔) – 2149대 동일인물

한성판윤 재임기간 : 1895년고종32·건양원년 8월 5일 ~ 1896년고종33·건양원년 10월 6일

2166대 한성판윤 이채연(李采淵) – 2161·2168·2173·2175·2182대 동일인물

한성판윤 재임기간 : 1895년고종32·건양원년 10월 6일 ~ 1897년광무2 3월 11일

2167대 한성판윤 김홍륙(金鴻陸)

신상내용

생몰연대	1835년헌종1 ~ 1898년광무2 – 64세
본관	안산安山
자	우칙羽則
출신지	평안도
가족	아버지–정엽正曄

관직경력

한성판윤 재임기간 : 1898년광무2 3월 11일 ~ 1898년광무2 4월 9일

조선 말기의 역관

천민출신 역관

1882년고종19	사마시(진사) 입격
1894년고종31	한로조약 체격–러시아공사 베베르Veber의 통역관
1895년고종32	임최수·안경수 등과 춘생문사건
1896년건양1	아관파천–비서원승
1897년광무1	윤용선尹容善내각–학부협판
1898년광무2	친로파 몰락–퇴진, 고종 독다毒茶사건 발각–사형

생애일화

천민 출신으로 블라디보스토크를 내왕하며 러시아어를 익혀 역관으로 특채되었다.
아관파천으로 고종이 러시아공관에 머물 때 통역을 보아 왕의 총애를 받으면서 권세를 남용하고 뇌물을 탐하여 비난의 대상이 되었다.
궁궐을 무상출입하고 러시아와의 통상에서 거액을 착복하여 전라도 흑산도로 유배가게 되었는데, 커피에 독물을 타 고종을 살해하려다 발각되어 사형 당했다.

2168대 한성판윤 이채연(李采淵) – 2161·2166·2173·2175·2182대 동일인물

한성판윤 재임기간 : 1898년광무2 4월 9일 ~ 1898년광무2 11월 4일

2169대 한성판윤 이호익(李鎬翼) – 2089·2114대 동일인물

한성판윤 재임기간 : 1898년광무2 11월 4일 ~ 1898년광무2 11월 7일

2170대 한성판윤 정익용(鄭益鎔)

신상내용

생몰연대　1847년헌종13 ~ 1906년광무10 – 60세
본관　영일迎日
자　순필舜弼
호　석정石汀
가족　증조–군수 민채敏采, 할아버지–부사 환일煥一, 아버지–원기元基
어머니–이상화李尙和의 딸
부인–안동권씨(좌랑 권일규權一圭의 딸), 인동장씨(장교의張敎宜의 딸)
묘　경기도 오산시 선산

관직경력

한성판윤 재임기간 : 1898년광무2 9월 24일 ~ 1898년광무2 10월 7일

조선 말기의 무신

1867년고종4	무과 급제
1888년고종25	경상좌도수군절도사
1891년고종28	무과친시親試 때 왕 호위
1898년광무2	중추원1등의관, 칙임관4등, 한성부판윤 겸 한성부재판소 수반판사
1899년광무3	중추원1등의관, 칙임관3등
1903년광무7	용천군수대리, 삭주군수

생애일화

삭주군수로 있을 때, 국방에 소홀하였고 외국인이 토지를 매입하도록 잘못 허락하여 감봉처분과 태형 100대를 맞기도 하였다.
10촌 형 낙용洛鎔이 한성판윤을 지냈다.

2171대 한성판윤 이근용(李根鎔)

신상내용

생몰연대　? ~ ?

본관 전주全州

관직경력

한성판윤 재임기간 : 1898년광무2 11월 20일 ~ 1898년광무2 11월 23일

조선 말기의 문신

1890년고종27	남평군수
1891년고종28	통정대부–함흥과 영흥 본궁本宮 수리
1894년고종31	부평군수, 김해군수
1898년광무2	한성부판윤
1905년광무9	평리원검사, 한성재판소수반판사
1906년광무6	시종원부경, 농상공부협판, 경기관찰사, 중추원찬의

2172대 한성판윤 윤치호(尹致昊) – 2174대 동일인물

신상내용

생몰연대	1866년고종3 ~ 1945년 – 80세
본관	해평海平
자	성흠聖欽
호	좌옹佐翁
출신지	충남 아산
저서	〈우스운 소리〉 외
가족	증조–득실得實, 할아버지–취동取東, 아버지–군부대신 웅렬雄烈 어머니–전주이씨(이일영李一榮의 딸) 부인–소련인 마애방馬愛芳, 남포백씨(백동명白東明의 딸)
묘	충남 아산시 둔포면 석곡리

관직경력

한성판윤 재임기간 : 1898년광무2 11월 23일 ~ 1898년광무2 12월 1일

대한제국 정치가·민족운동가

1881년고종18	신사유람단 어윤중의 수행원으로 일본 시찰, 동인사同人社 입학
1882년고종19	동경대학에서 영어 수업, 개화파 인사 및 일본개화파 후쿠자와 등과

	교유
1883년고종20	초대주한미국공사 푸트의 통역, 통리교섭통상사무아문 주사
1884년고종21	갑신정변 실패 후 상해 망명
1885년고종22	미국총영사 스탈의 알선으로 중서서원 입학, 알렌 등과 교유–기독교 영향
1886년이후	미국 유학–인문사회과학, 자연과학 수강, 각종 행사 참가
1895년고종32	귀국, 외부협판, 학부협판
1896년건양1	러시아 황제 대관식에 민영환 수행원으로 참석
1897년광무1	독립협회 가담(서재필·이상재 등과 활동)
1898년광무2	2대회장–만민공동회 개최, 독립신문 사장, 정부의 강제해산
1899년광무3	덕원감리 겸 덕원부윤
1900년광무4	삼화감리 겸 삼화부윤
1901년광무5	덕원감리 겸 덕원부윤
1903년광무7	천안군수
1904년광무8	무안감리, 외부협판
1905년이후	을사조약 체결–관직 사퇴, 대한자강회 회장, 한영서원 원장, 대성학교 교장, 대한기독교청년회연맹YMCA 이사·부회장, 세계주일학교 한국지회장
1912년	105인사건 주모자로 체포–옥중생활–1915년 석방
1915년이후	YMCA총무·회장, 연희전문학교·세브란스의학전문학교·이화여자전문학교 이사, 송도고등보통학교·연희전문학교 교장, 조선체육회 회장, 흥업구락부 회장
1920년이후	일제의 통치에 이용된 친일단체 관여–교풍회矯風會·각도조선인대표자대회·조선인산업대회
1937년이후	중일전쟁 전후–국민정신총동원조선연맹 상무이사
1941년이후	조선임전보국단 고문
1945년	귀족원 의장

생애일화

그는 어려서는 개화적인 사회분위기에서 전통적인 유학교육을 받으면서 성장하였다.
17세에 신사유람단의 일원이 되어 일본시찰을 하고 신학문에 접하면서 일본의 발전상을 목격하였으며, 미국 선교사들의 협조로 체계적인 근대교육을 받았다.
격변하는 국내외 정세 속에서 전통적 사상·사회적 질서·국가체제를 부정하고 근대적 사상·질서·체제를 적극 수용하여 조국을 전통사회로부터 근대적 사회로 전환시키고자 노력하였다.
그는 서재필·이상재 등과 함께 독립협회 활동과 만민공동회를 개최하여 자주국권운동과 자유민권운동 및 자강개혁운동을 벌여 근대화 추진을 주도하였다.

1905년 을사조약이 체결되자 장지연·윤효정 등과 함께 대한자강회를 조직하여 회장으로 활약하였고, 안창호 등이 주도하는 신민회를 통해 신교육구국운동에 진력하였다. 또한 대한기독교청년회동맹YMCA와 세계주일학교 한국지회의 회장이 되어 청소년계몽운동을 통한 기독교구국운동을 전개하였다.
1912년 일제당국은 민족지도자 말살 획책으로 꾸며진 105인사건에서 그를 주모자로 검거하여 3년간 투옥되었다.
출옥 후에는 YMCA, 연희전문 등 교육기관, 조선체육회, 민족운동단체 흥업구락부 등에서 신교육운동과 기독교운동을 통해서 국권회복을 위한 민족의 실력양성에 매진하였다.
그러나 1920년대에 들어 그는 민족주의 구국운동가에서 친일단체에 관여하는 반민족적 인물로 변신하였다. 중일전쟁을 전후하여 국민정신총동원조선연맹 등에서 활동하였고, 1941년에는 친일세력을 총망라한 조선임전보국단의 고문과 귀족원 의장을 맡았다.
그는 광복 후 친일파라는 비난이 거세지자 개성의 자택에서 자살함으로써 생을 마감하였다.
저서로는 〈우스운 소리〉·〈영여문법첩경〉 등이 있고, 역술서로 〈찬미가〉, 번역서로는 〈의회통화규칙〉·〈이솝우화〉·〈걸리버여행기〉가 있다.

2173대 한성판윤 이채연(李采淵) — 2161·2167·2168·2175·2182대 동일인물

한성판윤 재임기간 : 1898년광무2 12월 21일 ~ 1898년광무2 12월 15일

2174대 한성판윤 윤치호(尹致昊) — 2172대 동일인물

한성판윤 재임기간 : 1898년광무2 12월 15일 ~ 1898년광무2 12월 22일

2175대 한성판윤 이채연(李采淵) — 2161·2166·2168·2168·2173·2182대 동일인물

한성판윤 재임기간 : 1898년광무2 12월 22일 ~ 1899년광무3 1월 5일

2176대 한성판윤 이한영(李漢英) – 2186대 동일인물

신상내용

생몰연대 미상
본관 미상
가족 미상

관직경력

한성판윤 재임기간 : 1898년광무2 11월 24일 ~ 1899년광무3 2월 18일

조선 말기의 무신

1880년고종17	무과 합격
1898년광무2	친위연대 제2대대장
1899년광무3	한성부판윤
1900년광무4	군부협판, 칙임관3등, 군부서리대신사무
1901년광무5	한성부판윤 겸 한성부재판소수반판사
1902년광무6	군부협판
1903년광무7	농상공부협판, 법부협판
1904년광무8	군부협판, 철도원감독
1905년광무9	인산因山 때 영연靈輦 배위陪衛–시종원경
1906년광무10	평리원재판장, 칙임관2등, 군부협판

2177대 한성판윤 민상호(閔商鎬)

신상내용

생몰연대 1870년고종7 ~ 1933년 – 64세
본관 여흥驪興
자 성서聖西
호 석하石霞
가족 증조–백용百用, 할아버지–태현泰顯, 아버지–치덕致悳
어머니–연안이씨(이서李墅의 딸)
부인–전주이씨(이정규李楨圭의 딸)

묘 경기도 이천시 마장면 장암리 설봉산

관직경력

한성판윤 재임기간 : 1899년광무4 2월 18일 ~ 1899년광무3 3월 1일

조선 말기의 관료 · 친일정객

1882년~1887년	미국 유학
1891년고종28	증광시 급제, 사간, 사정, 호조·형조·예조참의
1893년고종30	궁내부참서관, 제용원장
1894년고종31	심순택내각-참의교섭통상사무
1896년건양1	외부교섭국장, 중추원의관, 학부·농상공부협판
1897년광무1	영국·독일·러시아·이탈리아·프랑스·오스트리아 등지의 공사관 참서관
1899년광무3	한성부판윤, 외부협판
1902년광무6	육군참장, 통신원총판
1903년광무7	예식원부장, 경기도관찰사, 강원도관찰사, 제도국총재, 규장각지후관
1906년광무10	궁내부특진관, 수학원장
1910년	한일병탄 뒤 일본정부가 주는 남작男爵 수령, 중추원의관

생애일화

숙종 때 서인세력의 거두이며 인현왕후의 친정아버지인 민유중閔維重의 6대손이다.
민씨척족으로서 어린 나이에 중국과 미국 유학을 다녀와서 과거시험에도 급제한 후 관직에 진출하였다.
젊은 시절에는 개화파의 사교모임인 정동구락부 일원으로 민영환·윤치호·이상재 등과 정치적 목적을 공유하며 활동하였고, 독립협회 결성에 참여하여 계몽운동에 역할을 담당하였다.
그러나 한일병탄 후부터 일제에 협력하여 조선의 식민지화를 촉진하는 등 친일반민족적 인물로서의 행적을 남겼다.
통신원총판으로 있으면서 통신기관의 정비와 우정사업을 확장하여 팔괘장훈1등의 훈장을 받았으며, 현재 우정박물관에 소장되어 있다.

2178대 한성판윤 최영하(崔榮夏)

신상내용

생몰연대 미상

본관 미상
가족 미상

관직경력

한성판윤 재임기간 : 1899년광무3 3월 1일 ~ 1899년광무3 5월 29일

조선 말기의 관리

1887년고종24	육영공원育英公院 사첨司籤
1895년고종32	궁내부외사과 주사, 궁내부참서관 겸 외사과장, 시종원시종
1899년광무3	농상공부협판, 외부협판, 한성부판윤 겸 한성부재판소수반판사, 회계원경
1900년광무4	외부협판, 철도원감독, 철도원부총재, 예식원부장

2179대 한성판윤 민경식(閔景植) – 2191·2204대 동일인물

신상내용

생몰연대 1871년고종8 ~ ?
본관 여흥驪興
자 공운公雲
출신지 서울
가족 증조–치우致友, 할아버지–장호璋鎬, 아버지(양부)–영우泳雨(초명:영주泳柱)
어머니(양모)–경주김씨(김도상金度商의 딸)
부인–진주강씨(강두흠姜斗欽의 딸)

관직경력

한성판윤 재임기간 : 1899년광무3 5월 29일 ~ 1899년광무3 6월 18일

조선 말기의 문신

1891년고종28	사마시(진사) 입격, 증광별시문과 급제
1899년광무3	한성부판윤 겸 한성부재판소수반판사, 농상공부협판
1900년광무4	법규교정소의정관, 내부협판 겸 시강원첨사·서북철도국감독
1901년광무5	유배(백령도)–법부대신신임서리 조병식의 탄핵
1902년광무6	궁내부특진관, 비서원경, 한성부판윤

1904년광무8	농상공부협판, 내장원감독
1905년광무9	평리원재판장, 경무사, 궁내부협판
1906년광무10	궁내부협판으로서 궁내부대신사무의 서리 겸 시강원첨사·제도국의정관
1907년융희1	비서감경, 시강원첨사, 궁내부특진관 겸 의효전제조

2180대 한성판윤 김영준(金永準)

신상내용

생몰연대	1867년고종4 ~ 1901년광무5 – 35세
본관	광산光山
가족	증조–이조판서 기은箕殷, 조부–호조참판 재성在成, 아버지–이조판서 보현輔鉉 어머니–전주이씨(이주빈李周斌의 딸) 부인–안동김씨(전첨 김병훈金炳薰의 딸)

관직경력

한성판윤 재임기간 : 1899년광무3 6월 18일 ~ 1899년광무3 9월 12일

조선 말기의 문신

1897년광무1	시종侍從–진전眞殿과 선희궁 이전 때 공로로 승품
1898년광무2	경무사, 강원도관찰사
1899년광무3	한성부판윤 겸 한성부재판소수반판사, 군부협판, 특명전권공사(청나라)
1900년광무4	유배–부정행위 탄핵–복귀, 육군참장, 특명전권공사, 평리원재판장, 법규교정소장관, 탁지부대신 사무대행, 법무대신서리, 형법교정부총재, 법부대신
1901년광무5	법부대신–면직

2181대 한성판윤 고영희(高永喜)

신상내용

생몰연대	1849년헌종15 ~ 1916년 – 68세
본관	제주濟州
자	자중子中

호	우정雨亭
가족	증조-경직景稷, 할아버지-교회敎晦, 아버지-진풍鎭豊 어머니-태안이씨(판관 이호기李浩基의 딸) 부인-한양조씨(조행준趙行俊의 딸)

관직경력

한성판윤 재임기간 : 1899년광무3 9월 12일 ~ 1899년광무3 9월 17일

조선 말기의 대신·친일파 정객

1866년고종3	부사용
1867년고종4	역과譯科 왜어倭語 입격
1876년고종13	수신사修信使의 일원으로 일본 견문 시찰
1877년고종14	사무관처리-원산항 개항
1881년고종18	신사유람단 수행원으로 일본 방문
1882년고종19	인천조계획정사무仁川租界劃定事務, 참의교섭통상사무, 참의내무부사
1884년고종21	간성·삭녕·고양군수
1885년고종22	기기국방판機器局幇辦
1894년고종31	갑오경장. 내부참의, 학부아문참의, 농상아문협판
1895년고종32	주일특명전권대사
1896년건양1	농상공부협판, 외부협판, 독립협회 발기인
1899년광무3	한성부판윤
1903년광무6	주일특명전권대사, 탁지부협판, 중추원찬의
1904년광무7	황해도관찰사
1905년광무8	제실회계심사국장, 경리원장
1907년광무10	이완용내각 탁지부대신-伊藤통감의 고종 양위 강요 반대, 법부대신
1909년융희3	내부대신임시서리, 탁지부대신
1910년	한일병탄 찬성

생애일화

대한제국의 이화대수장과 일본정부의 훈장을 받았으며, 일본정부가 주는 자작子爵의 작위와 하사금 10만 엔을 수령했다. 또한 일본의 무단통치기간 중에 조선총독부의 중추원 고문을 지냈다.

2182대 한성판윤 이채연(李采淵) – 2161·2166·2168·2168·2173·2175대 동일인물

한성판윤 재임기간 : 1899년광무3 9월 17일 ~ 1900년광무4 9월 11일

2183대 한성판윤 강 건(姜漣)

신상내용

생몰연대	1843년헌종9 ~ 1909년 – 67세
본관	진주晉州
자	은중殷中
호	학산學山
가족	증조–표암豹菴 세황世晃, 할아버지–교리 빈儐, 아버지–부사 이오彝五

관직경력

한성판윤 재임기간 : 1900년광무4 9월 11일 ~ 1900년광무4 9월 14일

조선 말기의 관리

1896년건양1	영선사장營繕司長–경소전景昭殿 건축 감독
1897년광무1	별감동別監董
1899년광무3	배천군수, 한성부판윤
1900년광무4	상호도감上號都監 별간역別看役, 모사도감模寫都監 특별감독
1901년광무5	중추원의관, 칙임관2등

생애일화

친형 윤潤이 한성판윤을 지냈으며, 형제가 같이 만든 해시계가 보물 제852호로 지정되어 있다.
종형 노渃가 고종 때 좌의정을 지냈다.

2184대 한성판윤 이봉래(李鳳來)

신상내용

생몰연대 1849년헌종15 ~ 1916년 – 68세
본관 우계羽溪
자 군필君弼
가족 증조–기풍基豊, 할아버지–성회星會, 아버지–병기秉耆
어머니–남양홍씨(도사 홍헌洪櫶의 딸)

관직경력

한성판윤 재임기간 : 1900년광무4 9월 14일 ~ 1901년광무5 6월 1일

조선 말기의 무신

1885년고종32	무과 급제
1886년이후	시종원시종, 궁내부전선사장, 궁내부비서원승
1899년광무3	한성부판윤 겸 한성부재판소수반판사, 중추원의관
1904년광무8	내부협판, 봉상시제조, 궁내부제실회계심사국장
1906년광무9	서훈2등 태극장 받음

생애일화

봉상시제조 송규헌宋奎憲이 그를 지목하여 불학무식不學無識한 천류賤類라고 상소를 올리기도 하였지만, 이를 감내하고 꾸준히 관직을 유지하였다.
아들 용문容汶을 시켜 봉명중학교鳳鳴中學校를 오늘날 소공동 롯데호텔 자리에서 운영하기도 했다.

2185대 한성판윤 엄준원(嚴俊源)

신상내용

생몰연대 1855년철종6 ~ 1938년 – 84세
본관 영월寧越
자 영숙英叔
호 의석宜石

가족　　증조-성복性復, 할아버지-재우載祐, 아버지-진일鎭一
어머니-양천허씨(허준許俊의 딸)
형제-엄비嚴妃(누이동생, 고종의 후비·영친왕의 생모)
부인-인동장씨(교관 장준국張俊國의 딸), 경주김씨(김정현金貞賢의 딸)
묘　　경기도 남양주시 미금읍 금곡리 산80

관직경력

한성판윤 재임기간 : 1901년광무5 6월 1일 ~ 1901년광무5 10월 24일

조선 말기의 무신

1901년광무5	내장원종목과장內臟院種牧科長, 한성부판윤 겸 한성부재판소수반판사
1903년광무7	육군부령陸軍副領, 원임경무사原任警務使, 칙임관3등, 참장參將, 원수부기록총장, 서리경무사사무
1904년광무8	종2품, 제용사장濟用司長, 원임참모부2국장
1905년광무9	헌병사령관, 서훈2등 팔괘장 받음
1907년융희1	전선사장典膳司長, 칙임관3등
1908년융희2	정2품, 장례원전사掌禮院典祀

생애일화

고종의 후궁인 순헌황귀비純獻皇貴妃이며 영친왕의 생모인 엄비가 누이동생이다.
엄비가 육영사업을 위해 내탕금을 내어 설립한 진명여학교의 초대 교장과 이사장을 하였다.

2186대 한성판윤 이한영(李漢英) – 2176대 동일인물

한성판윤 재임기간 : 1901년광무5 10월 24일 ~ 1902년광무6 7월 28일

2187대 한성판윤 엄주익(嚴柱益)

신상내용

생몰연대　1872년고종9 ~ 1931년 - 60세
본관　영월寧越
자　순조舜朝

호	춘정春庭
출신지	한성漢城
가족	증조–재화載華, 할아버지–장사랑 진필鎭弼, 아버지–시종원부경 인영仁永 어머니–직산최씨(최수황崔守榥의 딸)
묘	서울특별시 강동구 암사동

관직경력

한성판윤 재임기간 : 1902년광무6 7월 28일 ~ 1902년광무6 9월 12일

조선 말기의 관리·교육가

1900년광무4	통신원 전화과 주사
1901년광무5	내장원 종목과장
1902년광무6	군부 포공국장砲工局長, 한성부판윤
1903년광무7	군부협판
1904년광무8	법부협판, 육군참장, 군부협판, 군부대신서리
1905년광무9	양정의숙 설립–숙장塾長
1907년융희1	엄황귀비로부터 200만평 하사받음. 영친왕 일본유학 배종
1908년융희2	교육부총감사무서리, 군부대신서리, 평리원재판장, 적십자사부사장, 육군법원장, 궁내부특진관, 규장각지후관, 경선궁감무
1913년	양정의숙 이사장, 양정고등보통학교 교장

생애일화

군부협판으로 있을 때 근대적 군사제도를 시찰하기 위해 일본에 건너가서 신문명에 감명을 받아 우리나라의 급선무가 근대적 교육의 보급임을 깨닫고, 귀국하여 올바르게 길러서 깨우쳐준다는 "몽이양정蒙以養正"의 기치 아래 사재로 양정의숙養正義塾을 설립하였다.
1910년 국권 상실 후 모든 관직을 떠나 세상을 떠날 때까지 오로지 교육사업에만 심혈을 기울였다.

2188대 한성판윤 권종석(權鍾奭)

신상내용

생몰연대	1848년헌종14 ~ 1911년 – 64세
본관	안동安東

자　　　주백周伯
호　　　만오晩悟
가족　　증조–참군 성직聖稷, 할아버지–정용正容, 아버지–교삼敎三
　　　　어머니–초계정씨(정학철鄭學哲의 딸)
　　　　부인–거창신씨(신제화愼濟和의 딸)

관직경력

한성판윤 재임기간 : 1902년광무6 9월 12일 ~ 1902년광무6 9월 17일

조선 말기의 무신

1868년고종5	무과 급제
1894년고종31	전 도사都事의 신분으로 별군관別軍官에 임명
1895년고종32	참령參領–진전眞殿과 선희궁宣禧宮 건축 감독, 건원릉·수릉·홍릉 제향
1902년광무6	군부 포공국장砲工局長 겸 관리서관리, 한성부판윤

생애일화

관리서관리로 있으면서 외국인 포함 일당을 조직하여 정부를 전복하려는 음모를 꾸몄다고 무고를 받았으나, 사실이 아님이 드러나 무사했다.

2189대 한성판윤 장화식(張華植)

신상내용

생몰연대　1853년철종4 ~ 1938년 – 86세
본관　　인동仁同
자　　　병숙丙淑
호　　　연파蓮坡
가족　　증조–학암 대붕大鵬, 할아버지–양한亮翰, 아버지–영제永濟
　　　　어머니–창원황씨(황지태黃志泰의 딸)
　　　　부인–김해김씨(김재유金在裕의 딸)
묘　　　경북 예천군 예천읍 대심리 서악산 뒤

관직경력

한성판윤 재임기간 : 1902년광무6 9월 17일 ~ 1903년광무7 2월 13일

1887년고종24	음사蔭仕-금오랑金吾郎, 의릉령懿陵令, 태인현감
1892년고종29	봉화현감-태백산사고太白山史庫 수리, 영덕현감
1897년광무1	참령參領
1898년광무2	6품, 군부경리국장
1901년광무5	보문각 난입사건에 대한 책임-치위 연대장서리로서 잘못 처리(감減3등과 태형20대), 방면-육군부령陸軍副領으로 승진하여 원수부군무국부장
1902년광무6	한성부판윤
1904년광무8	육군법원장 칙임관2등, 통신원회판通信院會辦 칙임관3등, 육군참장, 관제이정소의정관官制釐正所議定官
1905년광무9	총판사무서리總辦事務署理, 통신원총판通信院總辦 칙임관2등, 군부참모국장, 군부군무국장

2190대 한성판윤 이유인(李裕寅) – 2104·2106·2109·2125·2134·2138대 동일인물

한성판윤 재임기간 : 1903년광무7 2월 13일 ~ 1903년광무7 2월 24일

2191대 한성판윤 민경식(閔景植) – 2179·2204대 동일인물

한성판윤 재임기간 : 1903년광무7 2월 24일 ~ 1903년광무7 10월 18일

2192대 한성판윤 길영수(吉永洙)

신상내용

생몰연대	미상
본관	해평海平
출신지	청주淸州
가족	미상

관직경력

한성판윤 재임기간 : 1903년광무7 10월 18일 ~ 1904년광무8 2월 15일

조선 말기의 관료

왕실 지관地官

1898년광무2	음사蔭仕. 과천군수, 중추원부의장, 13도보부상도반수13道褓負商都班首–황국협회에 소속된 보부상들을 동원하여 독립협회의 만민공동회 습격, 육군참위
1899년광무3	농상공부 농상국장, 상무회사(보부상단체) 도사무都事務
1902년광무6	육군참령, 철도원감독
1903년광무7	한성부판윤

생애일화

원래 충청도 청주에 살던 백정 출신으로서 야은冶隱 길재吉再의 후손이라고 주장하며, 자기 집에 사당을 짓고 신주를 모시고 살았다고 한다.
연줄이 닿아 왕실 소속 지관으로 있으면서 고종의 총애를 받아 과천군수가 되었다.
그러나 그는 행위가 방정하지 못해 비난을 샀으며, 봉상시부제조 송규헌宋奎憲이 상소에서 "육군부령 길영수는 간사한 무리로서 성총聖寵을 빙자하여 민재民財를 약탈하고 관작을 매매하는 등 나라를 병들게 하는 등 정치를 해치는 일이 한두 가지가 아니다."라고 비판하였다.

2193대 한성판윤 김규희(金奎熙) – 2196·2199대 동일인물

신상내용

생몰연대	1857년철종8 ~ ?
본관	경주慶州
출신지	연풍延豊
가족	예조판서 남중南重의 8대손, 할아버지–영구永球, 아버지–희집喜集

관직경력

한성판윤 재임기간 : 1904년광무8 2월 15일 ~ 1904년광무8 4월 21일

1882년고종19	사마시(생원) 입격
1883년고종20	음사蔭仕-濟衆院主事
1890년고종27	훈련원주부, 기기국사사機器局司事
1894년고종31	선공감별제, 중추원외랑中樞院外郎
1895년고종32	내부참서관內部參書官
1896년건양1	탁지부재무관度支部財務官, 분비서원승分秘書院丞
1897년광무1	시종원시종, 중추원의관, 귀족원경
1900년광무4	철도국장 칙임관4등
1901년광무5	중추원의관 칙임관4등
1902년광무6	시종원시종
1903년광무7	한성부판윤 칙임관3등, 한성재판소수반판사, 법부협판, 법관양성소장
1905년광무9	내장원감독內藏院監督
1906년광무10	학부협판, 법부협판, 법부법률기초위원장, 전라북도관찰사
1907년융희1	중추원찬의

생애일화

한미한 집안 출신이나 외국어와 신문물을 습득하여 고종의 측근으로 활동하였다. 격동하는 내외정세 속에 정치현실의 혼란으로 여러 차례 견책을 받다가 다시 기용되기도 하는 등 기울어져가는 국운國運에 따라 내각이 자주 바뀌면서 안정적인 관료생활을 하지 못했다.

2194대 한성판윤 김영진(金永振)

신상내용

생몰연대	미상
본관	광산光山
가족	증조-정응正應, 할아버지-재곤在坤, 아버지-학현鶴鉉 어머니-이면식李冕植의 딸

관직경력

한성판윤 재임기간 : 1904년광무8 4월 21일 ~ 1904년광무8 5월 19일

조선 말기의 무신

1902년광무6	경위원警衛院 총무국장, 중추원의관
1904년광무8	한성부판윤, 군부 포공국장砲工局長, 내장원內藏院감독, 육군참장
1905년광무9	군부 교육국장
1907년융희1	봉상시제조奉常寺提調

생애일화

그의 아버지가 어사御使 이건창李建昌에 의해 '명색이 사족士族으로서 향교鄕校를 출입하며 협잡을 했다.'라는 죄목으로 형장을 받다 죽었다. 이에 그 스스로 남산 잠두봉蠶頭峰에 올라 거화擧火하며 부친이 억울한 죽임을 당했다고 호소하였다.
마침내 이건창은 '사사로운 원한으로 무고한 사람을 죽였다.'는 죄로 평안도 벽동으로 귀양을 갔고, 그도 전라도 고군산도에 유배되었으나 곧 방면되었다.

2195代 한성판윤 박창선(朴昌善)

신상내용

생몰연대	1857년철종8 ~ ?
본관	밀양密陽
가족	미상

관직경력

한성판윤 재임기간 : 1904년광무8 5월 19일 ~ 1904년광무8 5월 26일

조선 말기의 관리

1900년광무4	내장원주사內藏院主事
1901년광무5	별간역別看役
1904년광무8	한성부판윤
1905년광무9	목릉穆陵 수축 공로
1907년융희1	황태자 혼례에 이바지하여 승품
1911년	엄비嚴妃 승하-종척宗戚 집사, 사립찬문학교 교장

2196대 한성판윤 김규희(金奎熙) – 2193대 동일인물

한성판윤 재임기간 : 1904년광무8 5월 26일 ~ 1904년광무8 8월 2일

2197대 한성판윤 이병성(李秉性)

신상내용

생몰연대	1876년고종13 ~ 1944년 – 69세
본관	한산韓山
자	성홍成洪
가족	증조–복항福恒, 할아버지–기정基禎, 아버지–승회升會 어머니–전주이씨(이경의李景儀의 딸) 부인–나주임씨(임동묵林東默의 딸)

관직경력

한성판윤 재임기간 : 1904년광무8 8월 2일 ~ 1904년광무8 8월 3일

조선말기의 문신

1902년광무6	기로소 입소, 종2품 가의대부嘉義大夫
1903년광무7	중추원의관 칙임관4등
1904년광무8	한성부판윤 칙임관3등
1905년광무9	종정원경宗正院卿

2198대 한성판윤 성광호(成光鎬)

신상내용

생몰연대	1848년헌종14 ~ 1908년융희2 – 61세
본관	창녕昌寧
일명	순호順鎬
자	여정汝正
가족	증조–익현益鉉, 할아버지–시준始浚, 아버지–재우載禹

어머니–윤약채尹若采의 딸
부인–사천목씨(목원일睦源日의 딸), 안동김씨

관직경력

한성판윤 재임기간 : 1904년광무8 8월 3일 ~ 1904년광무8 9월 23일

조선 말기의 관리

1902년광무6　　탁지부 재무관, 중추원의관 칙임관4등
1903년광무7　　관리서 관리 권종석權宗奭의 역모단의 암살 대상자 명단 수록
1904년광무8　　한성부판윤, 중추원의관

2199대 한성판윤 김규희(金奎熙) – 2193·2196대 동일인물

한성판윤 재임기간 : 1904년광무8 8월 4일 ~ 1904년광무8 9월 23일

2200대 한성판윤 배국태(裵國泰)

신상내용

생몰연대　미상
본관　경주慶州
가족　아버지–아전 지홍祉洪

관직경력

한성판윤 재임기간 : 1904년광무8 9월 23일 ~ 1904년광무8 10월 17일

조선 말기의 관리

1873년고종10　　흥성대원군 실권 뒤 처형
1904년광무8　　철도원참서관, 한성부판윤

생애일화

그의 아버지는 김해에서 아전으로 있다가 흥선대원군 아래에서 활동하였으나 대원군 몰락

후 그 졸당卒黨으로 몰려 대구감영에서 처형되었다. 또한 그의 누이동생 정자貞子는 이또히로부미伊藤博文의 양녀로 들어가는 등 일제의 앞잡이 노릇을 하여 유명하다.

2201대 한성판윤 이해창(李海昌)

신상내용

생몰연대	1865년고종2 ~ 1945년 - 81세
본관	전주全州
자	배언拜言
출신지	경기도 포천
가족	증조-완성군 희檥, 할아버지-완창군 시인時仁, 아버지-전부 하전夏銓 생부-경용慶鎔, 어머니-아산이씨(이현모李顯模의 딸) 부인-남양홍씨(수구파 정객 홍종우洪鍾宇의 딸)
묘	경기도 남양주시 별내면 덕송리

관직경력

한성판윤 재임기간 : 1904년광무8 10월 17일 ~ 1904년광무8 10월 20일

조선 후기의 관리·금융인·왕족·친일행위자

1879년고종16	종친부참봉
1884년고종21	충훈부도사
1889년고종26	경무대문과 급제, 홍문관교리로서 남교교수南校敎授
1890년고종27	사간원헌납, 총어영군사마, 사헌부장령, 홍문관응교
1891년고종28	수정청도청修正廳都廳-〈선원보략〉 개찬에 참여, 종친부도정
1892년고종29	형조참의, 우부승지, 사간원대사간
1893년고종30	공조참의, 예조참의
1894년고종31	봉상시부제조, 강화부윤
1895년고종32	중추원의관, 비서원승
1904년광무8	한성부판윤, 창산도정, 창산군昌山君 진봉, 종2품 유릉수릉관裕陵守陵官
1905년광무9	정헌대부(정2품)
1907년융희1	숭정대부(종1품)
1919년	고종 장례식 종척집사宗戚執事
1926년	순종 장례식 종척집사

1923년	한성은행 취체역

생애일화

그는 전주이씨 종친으로서 왕족 대우를 받아 대한제국 훈1등태극장과 대훈이화대수장을 수여받았다.
1910년 한일병탄 후에는 합병에 협력한 공로로 일본정부가 주는 후작侯爵 작위와 천황이 주는 은사금恩賜金, 일한병합기념장을 받았으며, 1915년 다이쇼大正 대례기념장 · 1928년 쇼와昭和 대례기념장 · 1940년 기원2600년 축전기념장을 각각 받았다.
1945년 그가 사망한 후에는 장남 덕주가 후작 작위를 세습하였다.

2202대 한성판윤 김대진(金大鎭)

신상내용

생몰연대	미상
본관	미상
가족	미상

관직경력

한성판윤 재임기간 : 1904년광무8 10월 20일 ~ 1904년광무8 10월 22일

조선 말기의 관리

1903년광무7	태의원의관
1904년광무8	한성부판윤, 농상공부 광산주장 주임관1등
1905년광무9	전선사장典膳司長, 태복사장太僕司長, 봉상사장奉常司長, 봉상사제조

2203대 한성판윤 송태현(宋泰鉉)

신상내용

생몰연대	1852년철종3 ~ 1918년 – 67세
본관	진천鎭川
자	겸수兼受

출신지　충북 청주淸州
가족　증조–달휴達休, 할아버지–문진文晉, 아버지–선공감 감역 재원在瑗
어머니–김의형金義亨의 딸
부인–광산김씨(도사 김재동金在東의 딸)

관직경력

한성판윤 재임기간 : 1904년광무8 10월 22일 ~ 1904년광무8 10월 29일

조선 말기의 문신

1885년고종22	사마시(진사) 입격
1898년광무2	경효전景孝殿에 신주를 모실 때 공로로 승품
1904년광무8	한성부판윤, 농상공부 상공국장, 혼전魂殿 향관享官
1905년광무9	인산 때 종척집사宗戚執事, 상공국장
1906년광무10	의효전懿孝殿과 유강전裕康殿의 향관享官

생애일화

1918년 그가 사망하자 나라에서 돈 200원을 특별히 하사했다. 순명황후純明皇后(순종純宗의 초후初后) 민씨閔氏의 외숙이기 때문이다.
또한 1924년 부인이 사망했을 때에도 부조금 200원이 내려왔다.

2204대 한성판윤 이용세(李容世)

신상내용

생몰연대　미상
본관　미상
가족　미상

관직경력

한성판윤 재임기간 : 1904년광무8 10월 29일 ~ 1904년광무8 11월 4일

조선 말기의 관리

1904년광무8	내부內部 판적국장版籍局長 , 한성부판윤

1905년광무9	법부法府 민사국장民事局長
1907년융희1	황태자 혼례 때 공로로 승품
1926년	순종 장례식 종척집사宗戚執事

생애일화

딸 결혼 부조금으로 1백 원을 하사받았다.

2205대 한성판윤 민경식(閔景植) – 2179·2191대 동일인물

한성판윤 재임기간 : 1904년광무8 11월 4일 ~ 1905년광무9 2월 16일

2206대 한성판윤 박의병(朴義秉) – 2207·2208대 동일인물

신상내용

생몰연대	1853년철종4 ~ 1929년 – 77세
본관	밀양密陽
호	정재貞齋
시호	문충文忠

관직경력

한성판윤 재임기간 : 1905년광무9 2월 16일 ~ 1905년광무9 12월 31일

조선 말기의 관리

1898년광무2	덕원감리 겸 덕원부윤, 경흥감리 겸 경흥부윤
1903년광무7	역모사건 관련 유배(백령도)–방면
1904년광무8	의정부참서관
1905년광무9	한성부판윤, 관제이정소官制釐正所 의정관議定官, 한성부판윤
1906년광무10	팔괘훈장, 경남 진해만 군창조사위원장, 한성부판윤
1907년융희1	한성부윤–황태자 혼례, 내부협판, 한성부판윤
1908년융희2	해임(치안유지 부실), 군용 및 철도용 토지조사국장

생애일화

1910년 한일병탄 後, 경기도 참사參事 등을 지내면서 일제의 식민통치에 협력하였다.

2207대 한성판윤 박의병(朴義秉) – 2206·2208대 동일인물

한성판윤 재임기간 : 1905년광무9 12월 31일 ~ 1906년융희1 3월 11일

2208대 한성판윤 박의병(朴義秉) – 2206·2207대 동일인물

한성판윤 재임기간 : 1907년융희1 3월 11일 ~ 1907년융희1 7월 22일

2209대 한성판윤 장헌식(張憲植)

신상내용

생몰연대	1869년고종6 ~ 1950년 – 82세
본관	인동仁同
호	취운翠雲
출신지	경기도 용인
가족	아버지–성급成汲

관직경력

한성판윤 재임기간 : 1907년융희1 7월 22일 ~ 1910년융희4 8월 29일

조선 말기의 문신·친일인사

1895년고종32	정부 유학 명령으로 일본 게이오의숙慶應義塾 보통과 졸업, 동경제대 입학
1902년광무6	법과대학 선과選科 수료, 동 대학원 행정법 전공
1903년광무7	유학과정 수료 후 귀국
1904년광무8	궁내부실제도정리국비서宮內府室制度整理局秘書
1905년광무9	학부참서관 겸 외국어학교장

1907년융희1	학부學府 편집국장–주임관1등, 관립사범학교장, 기자릉箕子陵 개수
1907년융희1	한성부윤–칙임관2등, 수도행정의 근대화–훈3등 서훈
1908년융희2	순종황제가 돈화문 밖에서 각급학교와 인민을 접견할 때 인민대표
1910년융희4	한일병탄 이후–총독부 관리(평안남도참여관·충청북도장관·총독부민정시찰사무관·전라남도지사)
1945년	이왕직장관李王職長官

생애일화

그는 총독부 식민통치의 행정관청에서 고위관리로 일했을 뿐 아니라, 적십자사 특별사원 · 사회사업회 평의원 · 조선교육회 부회장 등 일반사회 분야에서도 꾸준히 친일행각을 하였고, 그의 부인 임정재任貞宰도 열성적인 친일여성이었다.

한성판윤 선생안(축약본)

〈서울역사편찬원 자료〉

대수	성명	재직확인	본관	자	호	시호	아버지
1	成石璘	1395.6.13	창녕	子修	獨谷	文景	汝完
2	鄭熙啓	1396.7.12	경주		養性軒	良景	暉
3	李居易	1399.5.1	청주	樂天	淸虛子	文度	挺
4	崔有慶	1400.12.21	전주	慶之	竹亭	平度	宰
5	趙 璞	1403.7.16	평양	安石	雨亭	文平	思謙
6	鄭 擢	1403.7.16	청주	汝魁	春谷	翼景	樞
7	崔有慶	1403.8.20	전주	慶之	竹亭	平度	宰
8	姜 筮	1403.윤11.27	진주			良僖	君寶
9	崔有慶	1403.8.20	전주	慶之	竹亭	平度	宰
10	李 沃	1405.윤11.27	양성		靖節		春富
11	李 行	1405.9.22	여주	周道	騎牛子	文節	天白
12	柳 亮	1405.12.6	문화	明仲		忠景	繼祖
13	李貴齡	1406.윤7.25	연안	修之	桂隱	康胡	元發
14	安景恭	1406.8.11	순흥	遜甫		良度	宗源
15	李 原	1406.12.8	고성	次山	容軒	襄憲	岡
16	偰眉壽	1407.4.19	경주	天用		恭厚	遜
17	鄭 曜	1407.8.3	초계			胡僖	和
18	延嗣宗	1407.10.3	곡산	不非		靖厚	柱
19	安 瑗	1407.12.8	순흥			景質	元崇
20	鄭 矩	1408.2.11	동래	仲常	雲壑齋	靖節	養生
21	金漢老	1408.5.27	광산				子빈
22	柳廷顯	1409.4.16	문화	汝溟	月亭	貞肅	鎭
23	朴可實	1410.5.7	순천			靖穆	天祥
24	偰眉壽	1410.11.1	경주	天用		恭厚	遜
25	李貴齡	1410.12.10	연안	眉之	桂隱		德崇
26	崔龍蘇	1414.5.21	강화			齊貞	泓

대수	성명	재직확인	본관	자	호	시호	아버지
27	權 弘	1414.6.12	안동	伯道	雙塘	文順	鈞
28	李 至	1414.12.9	진위		退庵	文簡	邕
29	鄭 易	1415.1.26	해주	順之	栢亭	貞度	允珪
30	成發道	1415.5.17	창녕			景肅	石璘
31	朴子青	1415.12.28	영해			翼魏	張儉
32	李 原	1416.3.16	고성	次山	容軒	襄憲	岡
33	成發道	1416.9.27	창녕			景肅	石璘
34	沈 溫	1416.11.2	청송	仲玉		安孝	德符
35	鄭 鎮	1417.7.17	영일			靖元	洪
36	柳 琰	1417.9.7	진주	州人·汝獻	默齋	文簡	惠孫
37	尹 向	1417.12.4	파평			昭度	承順
38	黃 喜	1418.1.11	장수	懼夫	庬村	翼成	君瑞
39	閔汝翼	1418.5.11	여흥	輔之		良景	玹
40	金汝知	1418.6.2	연안	士行		文翼	濤
41	盧龜山	1418.8.27	장연			齊戴	英壽
42	權 弘	1418.10.16	안동	伯道·士毅	雙塘	文順	鈞
43	鄭 易	1419.7.7	해주	順之	栢亭	貞度	允珪
44	孟思誠	1419.9.25	신창	自明	古佛	文貞	希道
45	鄭 津	1419.12.7	봉화			僖節	道傳
46	安 義	1420.2.21					
47	曺備衡	1421.7.4	창녕	平甫		安武	益修
48	吳 陞	1421.12.7	동복	崇之		靖平	仲華
49	鄭 津	1422.12.13	봉화			僖節	道傳
50	權 軫	1423.1.25	안동		獨樹窩	文景	希正
51	許 周	1423.9.29	하양	伯公	肅齋	簡肅	貴龍
52	吳 陞	1424.3.21	동복	崇之		靖平	仲華
53	權 軫	1426.12.7	안동		獨樹窩	文景	希正
54	成 揜	1427.9.8	창녕			恭度	石珚
55	李種善	1427.10.7	한산	慶夫		良景	穡

대수	성명	재직확인	본관	자	호	시호	아버지
56	徐 選	1429.9.30	이천	大叔·彦夫	海華堂	恭度	遠
57	盧 閈	1431.2.29	교하	有隣	孝思堂	恭肅	鈞
58	吳 陞	1432.6.9	동복				
59	徐 選	1432.9.7	이천	大叔·彦夫	海華堂	恭度	遠
60	趙 賴	1434.8.17	한양			節孝	仁沃
61	李孟畇	1434.12.17	한산	士原	漢齋	文惠	種德
62	田 興	1435.3.27	남양			敬胡	得雨
63	柳思訥	1435.7.28	문화	而行		文肅	臨
64	李叔畝	1436.5.6	한산			良度	種學
65	洪汝方	1437.6.30	남양	子圓	戀主堂	文良	吉旻
66	金孟誠	1438.6.29	경주			僖敬	稛
67	韓 確	1439.4.25	청주	子柔	簡易齋	襄節	永矴
68	李明德	1439.7.6	공주	新之	沙峰	恭肅	曄
69	柳季聞	1441.9.17	문화	叔行		安肅	寬
70	權 專	1441.11.14	안동			景惠	伯宗
71	崔士儀	1441.윤11.27	전주	範叔		襄度	有慶
72	李 宣	1442.6.19	개성			文良	覓
73	韓 確	1443.9.12	청주	子柔	簡易齋	襄節	永矴
74	辛仁孫	1444.7.1	영산	祚胤	石泉	恭肅	有定
75	李孟畛	1444.10.26	한산	季穰	淸虛齋		種德
76	鄭甲孫	1445.7.1	동래	仁仲		貞節	欽之
77	權孟孫	1446.1.24	예천	孝伯	松堂	齊平	祥
78	李堅基	1446.4.25	성주	匹休	楠亭	安成	穗
79	尹 炯	1446.9.6	파평	仲晦		恭簡	珪
80	成念祖	1446.12.2	창녕	子敬		恭惠	揜
81	黃致身	1447.1.16	장수	孟忠		胡安	喜
82	李孟畛	1448.4.7	한산	季穰	淸虛齋		種德
83	李堅基	1450.11.20	성주	匹休	楠亭	安成	穗
84	權孟孫	1452.7.2	예천	孝伯	松堂	齊平	祥
85	權孟孫	1452.10.1	예천	孝伯	松堂	齊平	祥

대수	성명	재직확인	본관	자	호	시호	아버지
86	趙 惠	1452.12.11	한양	濟夫	施齋	恭安	涓
87	金世敏	1453.11.8	경주	伯公		良平	謙
88	李思任	1454.1.14	양성				沃
89	姜孟卿	1454.6.27	진주	子章		文景	友德
90	鄭 陟	1454.8.5	진주	明之	靜菴·惕齋	恭戴	舌
91	奇 虔	1455.8.19	행주		青坡·眩庵	貞武	勉
92	金 何	1457.9.19	연안			靖宣	自知
93	沈 澮	1458.6.28	청송	淸甫		恭肅	溫
94	沈 澮	1459.6.3	청송	淸甫		恭肅	溫
95	沈 澮	1459.7.3	청송	淸甫		恭肅	溫
96	李承孫	1459.7.18	영천	引之		成靖	斗萬
97	李純之	1459.11.8	양성	誠甫		靖平	孟常
98	李純之	1460.2.25	양성	誠甫		靖平	孟常
99	金師禹	1461.1.20	상산	勤父		壯節	洽
100	鄭 軾	1461.7.19	나주	憑甫	永慕亭	景武	自新
101	金連枝	1462.3.7	원주	幹甫		戴敬	乙辛
102	李石亨	1462.10.14	연안	伯玉	樗軒	文康	懷林
103	李石亨	1464.12.5	연안				
104	李石亨	1464.12.19	연안				
105	李石亨	1465.2.9	연안				
106	李石亨	1466.4.18	연안				
107	李石亨	1466.6.22	연안				
108	徐居正	1466.9.9	대구	剛中	四佳亭	文忠	彌性
109	徐居正	1469.7.3	대구				
110	魚世恭	1469.7.26	함종	子敬	松西	襄肅	孝瞻
111	金吉通	1470.6.3	청풍	叔經	月川	文平	孝禮
112	李 堣	1470.8.6	한산	和伯	賭翁	安昭	蓄
113	金謙光	1471.12.17	광산	僞卿	西亭	恭安	鐵山

대수	성명	재직확인	본관	자	호	시호	아버지
114	權 瑊	1475.11.10	안동	次玉		襄平	克和
115	尹 欽	1475.11.10	파평	敬之·克禮	竹齋	恭簡	士昐
116	魚世恭	1477.4.18	함종	子敬	松西	襄肅	孝瞻
117	徐居正	1478.6.2	대구	剛中	四佳亭	文忠	彌性
118	李崇元	1478.9.24	연안	仲仁		忠簡	補丁
119	鄭文炯	1479.8.1	봉화	明叔	野叟	良敬	來
120	韓致亨	1479.10.22	청주	通之·亨之		質景	질
121	李 芮	1480.5.10	양성	可成	訥齋	文質	全之
122	鄭蘭宗	1480.10.19	동래	國馨	虛白堂	翼惠	賜
123	李繼孫	1481.9.21	여주				
124	李崇元	1481.12.13	연안	仲仁		忠簡	補丁
125	魚世恭	1482.4.2	함종	子敬	松西	襄肅	孝瞻
126	鄭崇祖	1482.8.13	하동	孝叔	三省齋	莊靖	麟趾
127	李克均	1483.6.28	廣州	邦衡	五峰		仁孫
128	金從舜	1483.11.2	경주			恭胡	季誠
129	孫舜孝	1484.3.18	평해	敬甫	勿齋	文貞	密
130	李鐵堅	1484.6.23	경주	鍊夫		襄平	延孫
131	鄭 佸	1484.10.26	동래	慶會		恭肅	昌孫
132	李克均	1485.윤4.27	廣州	邦衡	五峰		仁孫
133	李鐵堅	1485.7.7	경주	鍊夫		襄平	昌孫
134	申 浚	1486.3.2	고령	彦施·彦卿	懶軒	昭安	叔舟
135	韓致亨	1486.5.20	청주	通之·亨之		質景	질
136	魚世謙	1486.9.6	함종	子益	西川	文貞	孝瞻
137	柳子光	1487.6.8	영광	于復			規
138	李克墩	1487.6.13	廣州	士高	四峰	翼平	仁孫
139	愼承善	1488.9.1	거창	子繼·繼之	仕止堂	章成	詮
140	柳 輊	1489.11.7	문화	子輔		平簡	自湄
141	魚世謙	1490.4.4	함종	子益	西川		孝瞻
142	鄭崇祖	1490.11.10	하동	孝叔	三省齋	莊靖	麟趾

대수	성명	재직확인	본관	자	호	시호	아버지
143	李 封	1490.12.5	한산	藩仲	蘇隱	憲平	季甸
144	朴 楗	1492.6.15	밀양	子啓		恭簡	仲孫
145	李季仝	1493.6.1	평창	自俊	東湖	憲武	永瑞
146	申 浚	1493.7.29	고령	彦施	懶軒	昭安	叔舟
147	朴崇質	1494.7.23	반남	仲嘉·仲素		恭順	萱
148	李世佐	1495.8.9	廣州	孟彦·國彦	漢原		克堪
149	李季仝	1495.10.9	평창	自俊	東湖	憲武	永瑞
150	成 俔	1497.9.13	창녕	磬叔	慵齋	文戴	念祖
151	申 浚	1498.9.14	고령	彦施	懶軒	昭安	叔舟
152	柳 洵	1498.12.22	문화	希明	老圃堂	文僖	思恭
153	尹孝孫	1499.1.26	남원	有慶	楸溪	文孝	處寬
154	姜龜孫	1499.11.10	진주	用休		肅憲	希孟
155	金應箕	1500.4.11	선산	眉叟·伯春	屛菴	文戴	之慶
156	朴安成	1500.7.3	죽산			靖安	元亨
157	金自貞	1500.9.28	김해			靖明	鑌
158	金自貞	1500.10.23	김해			靖明	鑌
159	李 諿	1502.1.5	성주	和叔		恭肅	正寧
160	鄭眉壽	1502.11.5	해주	耆叟	愚齋	昭平	悰
161	朴崇質	1503.3.8	반남	仲嘉·仲素		恭順	萱
162	朴崇質	1503.4.5	반남	仲嘉·仲素		恭順	萱
163	閔孝曾	1504.윤4.26	여흥	希參		恭穆	悟
164	閔孝曾	1504.8.16	여흥	希參		恭穆	悟
165	具壽永	1505.7.20	능성	眉叔	一嘯亭		致洪
166	田 霖	1506.8.22	남양			威節	稠生
167	鄭光弼	1508.11.7	동래	士勛	守天	文翼	蘭宗
168	李 坫	1508.11.10	廣州	崇甫		文胡	寬義
169	金 銓	1509.12.28	연안	仲倫	懶軒	忠貞	友臣
170	李季男	1510.7.13	평창	子傑	淸雲	翼平	永瑞
171	尹 珣	1510.7.13	파평	伯玉	臨深		繼謙

대수	성명	재직확인	본관	자	호	시호	아버지
172	安潤德	1510.9.3	廣州	善卿	月峰亭	翼憲	彭老
173	鄭光佐	1510.7.13	동래				蘭宗
174	安潤德	1512.1.11	廣州	善卿	月峰亭	翼憲	彭老
175	李 坫	1512.5.12	廣州	崇甫		文胡	寬義
176	李 坫	1512.윤5.8	廣州	崇甫		文胡	寬義
177	姜 渾	1512.9.23	진주	士浩	木溪	文簡	仁範
178	安 瑭	1511.4.24	순흥	彦寶	永慕堂	貞愍	敦厚
179	高荊山	1514.9.14	횡성	靜叔		翼平	思愼
180	李自健	1514.10.1	성주	健之		恭簡	湊
181	成夢井	1515.10.4	창녕	應卿	場巖	襄景	聃年
182	尹 珣	1516.1.11	파평	伯玉	臨深		繼謙
183	韓世桓	1517.7.29	청주	公瑞		恭簡	運
184	崔淑生	1517.8.28	경주	自眞	忠齋	文貞	鐵重
185	洪 淑	1517.8.28	남양	純夫		莊僖	貴演
186	洪 淑	1517.9.5	남양	純夫		莊僖	貴演
187	權 鈞	1518.11.11	안동	正卿	悠然堂	忠成	迴
188	韓亨允	1518.12.9	청주	信卿		孝憲	昷
189	沈 貞	1518.12.9	풍산	貞之	逍遙亭		膺
190	申 鏛	1519.1.26	평산	大用	韋庵	文節	末平
191	李 耔	1519.2.13	한산	次野	陰崖·夢翁	文懿	禮堅
192	李 耔	1519.2.29	한산	次野	陰崖·夢翁	文懿	禮堅
193	韓世桓	1519.3.15	청주	公瑞		恭簡	運
194	韓亨允	1519.12.17	청주	信卿		孝憲	昷
195	任由謙	1521.5.11	풍천	叔讓		昭簡	漢
196	李自健	1522.8.12	성주	健之		恭簡	湊
197	韓亨允	1522.8.12	청주	信卿		孝憲	昷
198	柳聃年	1525.9.10	문화			襄武	晥
199	黃孟獻	1525.9.27	장수	魯卿	月軒	昭襄	瓘
200	孫仲暾	1526.9.24	경주	泰發	愚齋	景節	昭

대수	성명	재직확인	본관	자	호	시호	아버지
201	成 運	1526.11.23	창녕	致遠		景肅	聃明
202	成 運	1527.1.11	창녕	致遠		景肅	聃明
203	金 鐺	1527.1.18	경주	玉耳		恭節	泰卿
204	洪彦弼	1529.6.16	남양	子美	默齋	文僖	泂
205	李思鈞	1529.8.2	경주	重卿	訥軒	文剛	埴
206	金謹思	1529.9.4	연안	明通			勉
207	尹殷輔	1530.11.14	해평	商卿		靖成	萱
208	徐祉	1530.10.8	이천	綏之	懶翁		孝堂
209	尹殷輔	1530.11.14	해평	商卿		靖成	萱
210	金謹思	1531.4.16	연안	明通			勉
211	金謹思	1531.4.25	연안	明通			勉
212	洪 淑	1531.5.25	남양	純夫		莊僖	貴演
213	金安老	1531.윤6.27	연안	頤叔	希樂堂		訢
214	洪彦弼	1531.8.29	남양	子美	默齋	文僖	泂
215	金 鐺	1531.11.7	경주	玉耳		恭節	泰卿
216	韓亨允	1531.11.26	청주	信卿		孝憲	邑
217	朴 墉	1532.12.15	반남	仲保			輜
218	曺潤孫	1532.12.29	창녕			莊胡	淑沂
219	蘇世讓	1533.7.25	진주	彦謙	陽谷·退休堂	文靖	自坡
220	申公濟	1533.11.12	고령	希仁	伊溪	貞敏	洪
221	沈彦慶	1534.4.18	삼척	士吉	海東浪翁		濬
222	蘇世讓	1534.6.23	진주	彦謙	陽谷·退齋	文靖	自坡
223	徐 祉	1535.1.24	이천	綏之	懶亭		孝堂
224	許 洽	1536.4.7	양천	仲和			確
225	李思鈞	1536.6.6	경주	重卿	訥軒	文剛	埴
226	吳 潔	1536.8.5	해주	彦清	性堂		永昌
227	吳 潔	1537.3.19	해주	彦清	性堂		永昌
228	尹 任	1536.4.7	파평	任之	忠義		汝弼
229	李 芑	1538.5.7	덕수	文仲	敬齋	文敬	宜茂

대수	성명	재직확인	본관	자	호	시호	아버지
230	黃 琛	1538.10.21	창원	獻之			衡
231	權 橃	1539.6.24	안동	仲虛	冲齋·萱亭	忠定	士彬
232	潘碩枰	1539.7.25	光州	公文	松厓	壯節	瑞麟
233	李 芑	1539.10.28	덕수	文仲	敬齋	文敬	宜茂
234	權 橃	1540.1.4	안동	仲虛	冲齋·萱亭	忠定	士彬
235	權 橃	1540.4.10	안동	仲虛	冲齋·萱亭	忠定	士彬
236	韓胤昌	1540.4.16	청주	昌之			士介
237	金安國	1540.5.28	의성	國卿	慕齋	文敬	璉
238	金麟孫	1540.7.25	경주	呈瑞			璣
239	權 橃	1540.8.1	안동	仲虛	冲齋·萱亭	忠定	士彬
240	李 芑	1540.11.30	덕수	文仲	敬齋	文敬	宜茂
241	禹孟善	1541.6.21	단양				從孫
242	李彦迪	1541.9.10	여주	復古	晦齋·紫溪翁	文元	蕃
243	尙 震	1541.9.27	목천	起夫	松峴·泛虛齋	成安	甫
244	尙 震	1542.2.4	목천	起夫	松峴·泛虛齋	成安	甫
245	申光漢	1542.11.29	고령	漢之·時晦	駱峰·企齋	文簡	泂
246	許 磁	1543.2.4	양천	南仲	東崖		瑗
247	鄭士龍	1543.2.8	동래	雲卿	湖陰		光輔
248	黃 憲	1544.1.22	우주	彦規			胤祖
249	李彦迪	1544.6.23	여주	復古	晦齋·紫溪翁	文元	蕃
250	許 磁	1544.8.5	양천	南仲	東崖		瑗
251	許 磁	1544.8.7	양천	南仲	東崖		瑗
252	禹孟善	1544.8.18	단양				從孫
253	尹思翼	1544.10.10	무송	彦禮		恭胡	徵
254	朴守良	1546.9.10	태인	君遂		貞惠	宗元
255	宋 璘	1547.3.18	여산	汝溫	秋厓		洸精
256	黃 憲	1547.10.12	우주	彦規			胤祖
257	崔 演	1547.10.18	강릉	演之	艮齋	文襄	世楗
258	崔 演	1547.12.3	강릉	演之	艮齋	文襄	世楗

대수	성명	재직확인	본관	자	호	시호	아버지
259	安 玹	1548.4.17	순흥	仲珍	雪江	文僖	舜弼
260	安 玹	1548.10.21	순흥	仲珍	雪江	文僖	舜弼
261	安 玹	1548.10.25	순흥	仲珍	雪江	文僖	舜弼
262	鄭世虎	1549.7.18	하동	子仁	西溪	孝簡	尙祖
263	李浚慶	1550.1.17	廣州	原吉	東皐·南堂	忠正	守貞
264	李名珪	1550.2.13	고성	光潤		安惠	峋
265	曺光遠	1551.8.4	창녕	晦甫		忠景	繼商
266	洪 暹	1551.8.4	남양	退之	忍齋	景憲	彦弼
267	李 薇	1552.7.26	덕수	子佩	山北		宜茂
268	朴守良	1552.7.26	태인	君遂		貞惠	宗元
269	申 瑛	1552.10.16	평산	潤甫		夷簡	世卿
270	朴守良	1553.윤3.8	태인	君遂		貞惠	宗元
271	李名珪	1553.윤3.8	고성	光潤		安惠	순
272	李 蓂	1553.윤3.18	예안	堯瑞	東皐	貞簡	輔幹
273	申 瑛	1553.4.29	평산	潤甫		夷簡	世卿
274	張彦良	1553.5.2	풍덕	子房		恭武	挺
275	沈光彦	1553.6.3	청송	彦之	鈍菴	胡安	濱
276	朴守良	1553.10.25	태인	君遂		貞惠	宗元
277	曺光遠	1554.6.5	창녕	晦甫		忠景	繼商
278	沈通源	1555.5.15	청송	士容	勗齋·晩翠堂		順門
279	權 纘	1553.6.3	안동	繼祖			敏手
280	曺光遠	1557.11.13	창녕	晦甫		忠景	繼商
281	尹春年	1558.4.22	파평	彦久	學音·滄洲		安仁
282	沈光彦	1558.5.4	청송	彦之	鈍菴	胡安	濱
283	金秀文	1558.8.28	고령	成章			鋌
284	蔡世英	1558.12.7	평강	英之	任眞堂		自淵
285	丁應斗	1559.2.18	나주	樞卿		忠靖	玉亨
286	宋麒壽	1559.8.25	은진	台叟	楸坡·訥翁		世忠
287	趙彦秀	1559.11.28	양주	伯高	信善堂	貞簡	邦佐

대수	성명	재직확인	본관	자	호	시호	아버지
288	李夢亮	1560.7.3	경주	應明		定獻	禮臣
289	南致勤	1560.11.20	의령	勤之		武襄	悈
290	金 鎧	1561.4.12	광산	邦寶	獨松亭		昭胤
291	趙彦秀	1562.6.28	양주	伯高	信善堂	貞簡	邦佐
292	愼希復	1563.1.27	거창	養叔	觀泉子·梅川	莊靖	敦禮
293	金秀文	1563.7.17	고령	成章			鋌
294	李夢亮	1564.윤2.28	경주	彦明		定獻	禮臣
295	奇大恒	1564.7.4	행주	可久		貞堅	遵
296	金秀文	1564.7.20	고령	成章			鋌
297	洪 曇	1565.1.20	남양	太虛			彦光
298	金秀文	1565.6.20	고령	成章			鋌
299	閔 箕	1565.10.19	여흥	景說	觀物齋	文景	世瑠
300	姜 暹	1565.12.26	진주	明仲	松月堂		公望
301	俞 絳	1566.8.28	기계	絳之		肅敏	汝霖
302	姜 暹	1566.4.11	진주	明仲	松月堂		公望
303	李 鐸	1566.8.28	전의	善鳴	藥峯	定肅	昌亨
304	沈光彦	1566.9.10	청송	彦之	鈍庵	胡安	濱
305	南宮枕	1566.9.27	함열	誠仲			翼
306	鄭宗榮	1566.10.8	초계	仁吉	恒齋	靖憲	淑
307	成世章	1567.2.14	창녕	景晦·仲晦	思菴		希文
308	柳 潛	1567.4.8	문화	士昭			壽千
309	俞 絳	1567.4.25	기계	絳之		肅敏	汝霖
310	閔 箕	1567.5.3	여흥	景說	觀物齋	文景	世瑠
311	任 說	1567.5.5	풍천	君遇	竹崖	文靖	明弼
312	朴 淳	1568.4.8	충주	和叔	淸霞子	文忠	祐
313	鄭大年	1568.12.1	동래	景老	思菴	忠貞	筌
314	宋 純	1569.11.1	신평	遂初·誠之	企村·俛仰亭		泰山
315	鄭宗榮	1571.12.1	초계	仁吉	恒齋		
316	吳 祥	1753.3.2	해주	祥之	負喧堂		禮孫

대수	성명	재직확인	본관	자	호	시호	아버지
317	任 說	1573.8.24	여흥	君遇	竹崖	文靖	明弼
318	姜 暹	1573.8.24	진주	明仲	松月堂		公望
319	沈守慶	1574.2.10	풍산	希安	聽天堂		思遜
320	柳 潛	1574.11.28	문화	士昭			壽千
321	姜士尙	1574.12.5	진주	尙之	月浦	貞靖	溫
322	任 說	1581.10.1	풍천	君遇	竹崖	文靖	明弼
323	俞 泓	1582.12.26	기계	止叔	松塘	忠穆	綰
324	權克禮	1589.4.16	안동	敬仲		忠景	德裕
325	金 睟	1592.6.1	안동	子仰	夢村	昭懿	弘度
326	金 睟	1592.8.7	안동	子仰	夢村	昭懿	弘度
327	李德馨	1592.12.18	廣州	明甫	漢陰·抱擁散人	文翼	敏聖
328	韓 準	1593.1.13	청주	公則	南岡	靖翼	守慶
329	柳 根	1593.1.28	진주	晦夫	西坰	文靖	榮門
330	李德馨	1593.4.25	廣州	明甫	漢陰·抱擁散人	文翼	敏聖
331	李憲國	1593.6.25	전주	欽哉	柳谷	忠翼	枰
332	洪 進	1593.9.10	南陽	希古	訒齋·退村	端敏	仁祐
333	金命元	1595.2.30	경주	應順	酒隱	忠翼	萬鈞
334	柳 根	1595.9.24	진주	晦夫	西坰	文靖	榮門
335	權 慄	1595.10.9	안동	彦愼	晩翠堂·慕嶽	忠莊	轍
336	申 點	1596.6.3	평산	聖與	惕齋·月槎	忠景	廷美
337	尹自新	1597.6.13	남원	景修·敬修			湜
338	李 軸	1597.8.22	전주	子任	沙村	安襄	希男
339	柳自新	1597.12.23	문화	止彦			潛
340	李忠元	1598.2.13	전주	元甫·圓圃	松菴·驢叟	忠憲	簡
341	趙 儆	1598.7.27	풍양	士惕		莊毅	安國
342	李 軸	1598.8.7	전주	子任	沙村	安襄	希男
343	洪汝諄	1598.10.25	남양	士信	東城		闇
344	李光庭	1599.3.4	연안	德輝	海皐	文忠	澍
345	張雲翼	1599.4.23	덕수	萬里	西村	貞敏	逸

대수	성명	재직확인	본관	자	호	시호	아버지
346	李忠元	1599.7.12	선주	元甫·圓圃	松菴·驢叟	忠憲	簡
347	李 軸	1601.1.6	전주	子任	沙村	安襄	希男
348	申 磼	1601.1.26	평산	伯俊	獨松	忠憲	華國
349	柳 根	1601.2.12	진주	晦夫	西坰	文靖	滎門
350	成 泳	1601.5.16	창녕	士涵	苔庭	襄惠	世平
351	韓孝純	1601.7.5	청주	勉叔	月灘		汝弼
352	許 頊	1601.7.26	양천	公愼	負暄	貞穆	凝
353	韓孝純	1601.9.18	청주	勉叔	月灘		汝弼
354	李時言	1601.12.2	전주	君美	秋泉	貞簡	泂
355	徐 渻	1602.3.25	大丘	玄紀	藥峯	忠肅	嶰
356	金履元	1602.8.7	선산	守伯	素菴		弘遇
357	李 準	1602.8.17	전주	平叔	懶眞子·無悶堂	肅憲	惟貞
358	申 欽	1605.11.30	평산	敬叔	玄軒·象村	文貞	承緖
359	尹 昉	1606.4.28	해평	可晦	稚川	文翼	斗壽
360	李時彦	1607.4.13	전주	君美	秋泉	貞簡	泂
361	鄭仁弘	1608.3.1	서산	德遠	萊菴		倫
362	李時彦	1608.11.23	전주	君美	秋泉	貞簡	泂
363	趙 挺	1609.4.1	양주	汝豪	漢叟·竹川		忠秀
364	趙 挺	1609.5.22	양주	汝豪	漢叟·竹川		忠秀
365	金尙容	1609.7.3	안동	景擇	仙源·楓溪	文忠	克孝
366	金尙容	1609.10.28	안동	景擇	仙源·楓溪	文忠	克孝
367	吳億齡	1610.윤3.6	동복	大年	晩翠	文肅	世賢
368	韓浚謙	1610.8.22	청주	益之	柳川	文翼	孝胤
369	閔夢龍	1610.8.23	여흥	致雲	雲窩		祥
370	趙 挺	1611.2.13	양주	汝豪	漢叟·竹川		忠秀
371	柳希奮	1611.8.9	문화	亨伯	華南		自新
372	金尙容	1611.11.18	안동	景擇	仙源·楓溪	文忠	克孝
373	柳公亮	1613.7.8	문화	彦明	屯翁		溢
374	李 沖	1615.12.21	전주	巨容	七澤		廷賓

대수	성명	재직확인	본관	자	호	시호	아버지
375	李志完	1616.6.15	여주	養吾	斗峰	貞簡	尙毅
376	尹 銑	1617.1.26	파평	澤遠	秋潭		彦禮
377	金藎國	1618.3.11	청풍	景進	後瘳		汲
378	姜弘立	1619.3.11	진주	君臣	耐村		紳
379	韓希吉	1619.7.16	청주				俅
380	權 縉	1621.3.27	안동	雲卿	睡隱		峴
381	尹 銑	1622.4.2	파평	澤遠	秋潭		彦禮
382	李 适	1623.3.19	고성	白圭			
383	李時發	1623.7.6	경주	養久	碧梧·後潁漁隱	忠翼	大健
384	李 曙	1625.6.18	전주	寅叔	月峰	忠正	慶祿
385	金自點	1625.6.21	안동	成之	洛西		瑑
386	金藎國	1625.8.7	청풍	景進	後瘳		汲
387	沈 悅	1625.10.6	청송	學而	南坡	忠靖	禮謙
388	具 宏	1625.10.28	능성	仁甫	群山	忠穆	思孟
389	李德泂	1626.윤6.10	한산	遠伯	竹泉	忠肅	澳
390	崔 瓘	1626.10.26	강화	瑩仲	迷翁		承緖
391	權 盼	1627.10.30	안동	仲明	閉戶·閑戶		和
392	金自點	1627.12.4	안동	成之	洛西		瑑
393	洪瑞鳳	1628.4.12	남양	輝世	鶴谷	文靖	天民
394	沈器遠	1628.4.26	청송	遂之			諫
395	沈器遠	1629.10.26	청송	遂之			諫
396	金自點	1630.1.19	안동	成之	洛西		瑑
397	沈器遠	1633.7.18	청송	遂之			諫
398	沈器遠	1633.10.16	청송	遂之			諫
399	金時讓	1634.1.19	안동	子中	荷潭	忠翼	仁甲
400	金自點	1634.7.29	안동	成之	洛西		瑑
401	趙 翼	1636.3.18	풍양	飛卿	浦渚·存齋	文孝	瑩中
402	沈 悅	1636.7.18	청송	學而	南坡	忠靖	禮謙
403	崔鳴吉	1636.9.4	전주	子謙	遲川	文忠	起南

대수	성명	재직확인	본관	자	호	시호	아버지
404	沈 恱	1637.2.27	청송	學而	南坡	忠靖	禮謙
405	閔馨男	1637.6.17	여흥	德男	潤父	莊貞	福
406	尹 暉	1638.3.20	해평	靜春	長洲	章翼	斗壽
407	南以雄	1639.1.29	의령	敵萬	市北	文貞	瑋
408	具仁垕	1639.4.24	능성	仲齋	柳浦	忠武	宬
409	南以雄	1639.5.29	의령	敵萬	市北	文貞	瑋
410	李顯英	1639.9.12	한산	重卿	蒼谷·雙山	忠貞	大秀
411	尹毅立	1639.9.24	파평	止中	月潭		
412	李顯英	1639.11.6	한산	重卿	蒼谷·雙山	忠貞	大秀
413	南以雄	1639.12.11	의령	敵萬	市北	文貞	瑋
414	李顯英	1640.1.8	한산	重卿	蒼谷·雙山	忠貞	大秀
415	閔馨男	1640.윤1.4	여흥	潤夫	芝崖	壯貞	福
416	洪 寶	1640.2.2	풍산	汝時	月峰		鸞祥
417	許 徽	1640.3.14	양천	徽之	退菴	翼靖	晉
418	金自點	1640.4.27	안동	成之	洛西		瑑
419	李時白	1642.1.19	연안	敦詩	釣巖	忠翼	貴
420	尹 睟	1642.11.24	남원				
421	李時白	1643.1.2	연안	敦詩	釣巖	忠翼	貴
422	許 徽	1643.2.2	양천	徽之	退菴	翼靖	晉
423	具仁垕	1643.4.16	능성	仲載	柳浦		弦
424	李時白	1644.7.12	연안	敦詩	釣巖	忠翼	貴
425	許 徽	1644.9.17	양천	徽之	退菴	翼靖	晉
426	李 溟	1645.10.25	전주	子淵	龜村		廷賓
427	鄭太和	1645.10.25	동래	囿春	陽坡	翼憲	廣成
428	洪茂績	1646.2.7	남양	勉叔	白石	忠貞	仁弼
429	洪振道	1647.1.25	남양	子由	聽檜	忠穆	憙
430	鄭世規	1647.1.25	동래	君則	東里	景憲	慄
431	沈 誥	1647.7.11	청송	重卿	鶴溪	懿憲	友俊
432	閔聖徽	1647.8.5	여흥	士尙	拙堂·用拙	肅敏	有孚

대수	성명	재직확인	본관	자	호	시호	아버지
433	李時白	1647.11.10	연안	敦詩	釣巖	忠翼	貴
434	尹履之	1648.4.22	해평	仲素	秋峯	靖孝	昉
435	李時昉	1649.6.19	연안	季明	西峯	忠靖	貴
436	李景嚴	1649.7.20	연안	子陵	玄磯		好閔
437	尹履之	1650.3.12	해평	仲素	秋峯	靖孝	昉
438	金光煜	1650.3.12	안동	晦而	竹所	文貞	尙寯
439	尹履之	1650.10.18	해평	仲素	秋峯	靖孝	昉
440	尹 絅	1651.3.25	파평	美仲	岐川	靖僖	大老
441	金光煜	1652.1.2	안동	晦而	竹所	文貞	尙寯
442	李厚源	1652.4.6	전주	士深	迂齋	忠貞	旭
443	金藎國	1652.7.15	청풍	景進	後瘳		汲
444	李 澥	1653.8.4	함평	子淵	聾翁	忠靖	效元
445	李 浣	1653.10.24	경주	澄之	梅竹軒	貞翼	守一
446	申 埈	1655.12.2	평산	平仲			景鎭
447	申 埈	1656.10.12	평산	平仲			景鎭
448	李時昉	1656.1013	연안	季明	西峯	忠靖	貴
449	申 埈	1656.12.2	평산	平仲			景鎭
450	李 浣	1656.12.22	경주	澄之	梅竹軒	貞翼	守一
451	鄭維城	1656.12.22	영일	德基	陶村	忠貞	謹
452	李 浣	1657.1.3	경주	澄之	梅竹軒	貞翼	守一
453	尹 絳	1657.4.11	파평	子駿	無谷		民獻
454	李 浣	1657.6.24	경주	澄之	梅竹軒	貞翼	守一
455	尹 絳	1658.4.16	파평	子駿	無谷		民獻
456	李 澥	1658.11.27	함평	子淵	聾翁	忠靖	效元
457	李 浣	1659.3.8	경주	澄之	梅竹軒	貞翼	守一
458	金南重	1659.윤3.28	경주	自珍	野塘	貞孝	守廉
459	許 積	1659.4.13	양천	汝車	默齋·休翁		僩
460	李 浣	1659.4.23	경주	澄之	梅竹軒	貞翼	守一
461	李時昉	1659.10.4	연안	季明	西峰	忠靖	貴

대수	성명	재직확인	본관	자	호	시호	아버지
462	金南重	1660.1.28	경주	自珍	野塘	貞孝	守廉
463	吳 埈	1660.3.18	동복	汝完	竹南		百齡
464	李 浣	1660.4.5	경주	澄之	梅竹軒	貞翼	守一
465	李 浣	1660.11.18	경주	澄之	梅竹軒	貞翼	守一
466	呂爾載	1662.3.7	함양	子厚	海翁	肅憲	祻吉
467	許 積	1662.12.12	양천	汝車	默齋·休翁		僩
468	趙啓遠	1663.1.5	양주	子長	藥泉	忠靖	存性
469	尹 絳	1663.1.27	파평	子駿	無谷		民獻
470	尹順之	1663.2.11	해평	樂天	涬溟		暄
471	朴長遠	1663.6.21	고령	仲久	久堂·隰川	文孝	炟
472	呂爾載	1663.8.11	함양	子厚	海翁	肅憲	祻吉
473	尹 絳	1663.11.10	파평	子駿	無谷		民獻
474	許 積	1663.11.24	양천	汝車	默齋·休翁		僩
475	尹順之	1664.2.6	해평	樂天	涬溟		暄
476	尹 絳	1664.3.22	파평	子駿	無谷		民獻
477	趙 珩	1664.4.16	풍양	君獻	翠屛	忠貞	希輔
478	李一相	1664.7.27	연안	咸卿	靑湖	文肅	明漢
479	鄭致和	1664.9.3	동래	聖能	棋州		廣成
480	尹履之	1664.9.24	해평	仲素	秋峯	靖孝	昉
481	李 浣	1664.10.9	경주	澄之	梅竹軒	貞翼	守一
482	吳挺一	1664.11.13	동복	斗元	龜沙		端
483	鄭知和	1665.10.23	동래	禮卿	南谷		廣敬
484	尹 絳	1665.10.30	파평	子駿	無谷		民獻
485	朴長遠	1665.11.12	고령	仲久	久堂·隰川	文孝	炟
486	吳挺一	1665.11.20	동복	斗元	龜沙		端
487	金佐明	1666.10.14	청풍	一正	歸溪	忠肅	堉
488	吳挺一	1666.10.14	동복	斗元	龜沙		端
489	吳挺一	1666.12.14	동복	斗元	龜沙		端
490	趙啓遠	1668.3.26	양주	子長	藥泉	忠靖	存性

대수	성명	재직확인	본관	자	호	시호	아버지
491	李 浣	1668.4.27	경주	澄之	梅竹軒	貞翼	守一
492	李正英	1668.8.2	전주	子修	西谷	孝簡	景稷
493	李 浣	1668.9.14	경주	澄之	梅竹軒	貞翼	守一
494	吳挺一	1668.10.25	동복	斗元	龜沙		端
495	鄭知和	1668.10.25	동래	禮卿	南谷		廣敬
496	趙復陽	1669.1.28	풍양	仲初	松谷	文簡	翼
497	閔 熙	1669.4.11	여흥	皡如	雪樓·石湖	文忠	應協
498	鄭知和	1669.4.11	동래	禮卿	南谷		廣敬
499	趙 珩	1670.1.4	풍양	君獻	翠屛	忠貞	希輔
500	閔 熙	1670.1.4	여흥	皡如	雪樓	文忠	應協
501	金壽興	1670.5.17	안동	起之	退憂堂	文翼	光爀
502	鄭知和	1670.6.1	동래	禮卿	南谷		廣敬
503	徐弼遠	1670.6.20	부여	載爾	六谷	貞憲	雲驥
504	李 浣	1670.12.10	경주	澄之	梅竹軒	貞翼	守一
505	閔鼎重	1671.1.25	여흥	大受	老峯	文忠	光勳
506	朴長遠	1671.3.28	고령	仲久	久堂·隰川	文孝	烇
507	李 浣	1671.4.8	경주	澄之	梅竹軒	貞翼	守一
508	李慶億	1671.5.18	경주	錫而	華谷	文翼	時發
509	李正英	1671.10.14	전주	子修	西谷	孝簡	景稷
510	李正英	1671.10.17	전주	子修	西谷	孝簡	景稷
511	閔維重	1672.11.9	여흥	持叔	屯村	文貞	光勳
512	閔鼎重	1672.11.23	여흥	大受	老峯	文忠	光勳
513	李 浣	1672.12.19	경주	澄之	梅竹軒	貞翼	守一
514	閔 熙	1673.1.16	여흥	皡如	雪樓	文忠	應協
515	李正英	1673.5.5	전주	子修	西谷	孝簡	景稷
516	李 浣	1673.5.20	경주	澄之	梅竹軒	貞翼	守一
517	柳赫然	1673.5.22	진주	晦爾	野堂	武愍	孝傑
518	李殷相	1673.12.30	연안	說卿	東里	文良	昭漢
519	金宇亨	1674.7.5	광산	道常	寄傲堂	貞惠	澮

대수	성명	재직확인	본관	자	호	시호	아버지
520	李正英	1675.7.22	전주	子修	西谷	孝簡	景稷
521	吳始壽	1675.9.3	동복	德而	水邨		挺垣
522	李正英	1676.7.23	전주	子修	西谷	孝簡	景稷
523	申汝哲	1677.1.29	평산	季明	知足堂	莊武	埈
524	睦來善	1677.3.10	사천	來之	睡翁·睡軒		敍欽
525	張善徵	1677.6.10	덕수	淨之	杜谷	正莊	維
526	吳挺緯	1677.10.7	동복	君瑞·瑞章	東沙		端
527	鄭 榏	1678.2.10	해주	子濟	旭軒		孝俊
528	南龍翼	1678.5.21	의령	雲卿	壺谷	文憲	得朋
529	李元禎	1678.7.4	廣州	士徵	歸巖	文翼	道長
530	金宇亨	1679.2.26	광산	道常	寄傲堂	貞惠	瀗
531	李正英	1679.2.30	전주	子修	西谷	孝簡	景稷
532	柳赫然	1679.4.8	진주	晦爾	野堂	武愍	孝傑
533	閔 點	1679.4.10	여흥	聖與	雙梧		應協
534	李觀徵	1679.4.13	연안	國賓	芹翁·芹谷	貞簡	襑
535	鄭載崇	1679.7.11	동래	子高	松窩		太和
536	鄭 榏	1679.9.5	해주	子濟	旭軒		孝俊
537	鄭載崇	1679.10.10	동래	子高	松窩		太和
538	李正英	1680.1.8	전주	子修	西谷	孝簡	景稷
539	金宇亨	1680.5.26	광산	道常	寄傲堂	貞惠	瀗
540	李觀徵	1680.7.18	연안	國賓	芹翁·芹谷	貞簡	襑
541	趙師錫	1680.10.15	양주	公擧	晚晦·香山·蘿溪	忠憲	啓遠
542	金德遠	1680.11.7	원주	子長	休谷		仁文
543	李正英	1680.12.12	전주	子修	西谷	孝簡	景稷
544	具 鎰	1680.12.16	능성	重卿·士國			仁墍
545	李之翼	1681.12.10	함평	汝輝	桂村		楚老
546	趙師錫	1682.1.3	양주	公擧	晚晦·香山·蘿溪	忠憲	啓遠
547	南龍翼	1682.1.18	의령	雲卿	壺谷	文憲	得明
548	鄭載崇	1682.4.16	동래	子高	松窩		太和

대수	성명	재직확인	본관	자	호	시호	아버지
549	金德遠	1682.5.19	원주	子長	休谷		仁文
550	申 晸	1682.7.2	평산	伯東	汾厓	文肅	翊全
551	朴信圭	1682.7.4	밀양	奉卿	竹村	淸肅	啓榮
552	睦來善	1684.1.19	사천	來之	睡翁·睡軒		敍欽
553	吳斗寅	1684.9.4	해주	元徵	陽谷	忠貞	翔
554	李敏敍	1684.12.18	전주	彝仲	西河	文簡	敬輿
555	李 翊	1685.2.6	우봉	季羽	農齋	文貞	有謙
556	朴信圭	1685.2.8	밀양	奉卿	竹村	淸肅	啓榮
557	李敏敍	1685.5.22	전주	彝仲	西河	文簡	敬輿
558	李 翻	1685.6.24	우봉	仲羽	逸休亭	忠獻	有謙
559	吳斗寅	1685.6.25	해주	元徵	暘谷	忠定	翔
560	申 晸	1686.3.8	평산	伯東	汾厓	文肅	翊全
561	金德遠	1686.4.13	원주	子長	休谷		仁文
562	金禹錫	1686.6.24	상산	夏卿	歸來堂	貞穆	卨
563	吳斗寅	1686.9.6	해주	元徵	暘谷	忠定	翔
564	李 翻	1686.12.13	우봉	仲羽	逸休亭	忠獻	有謙
565	李 翊	1687.1.5	우봉	季羽	農齋	文貞	有謙
566	申汝哲	1687.2.24	평산	季明	知足堂	莊武	埈
567	尹 堦	1687.3.20	해평	泰升	霞谷	翼正	勉之
568	金禹錫	1687.2.25	상산	夏卿	歸來堂	貞穆	卨
569	沈 梓	1687.6.23	청송	文叔	養拙齋		儒行
570	金德遠	1688.10.3	원주	子長	休谷		仁文
571	李之翼	1688.12.10	함평	汝輝	桂村		楚老
572	吳始復	1689.3.6	동복	仲初	休谷		挺奎
573	尹以道	1689.4.16	남원	子由	龍湖·梧村		橵
574	尹以濟	1689.5.1	파평	汝楫			世徵
575	尹趾完	1689.5.11	파평	叔麟	東山	忠正	絳
576	李宇鼎	1689.6.3	전주	仲伯	醉農		翼老
577	兪夏益	1690.10.11	기계	士謙	百忍堂		柲

대수	성명	재직확인	본관	자	호	시호	아버지
578	尹以濟	1791.4.24	파평	汝楫			世徵
579	俞夏益	1691.4.24	기계	士謙	百忍堂		柲
580	鄭維岳	1691.6.19	온양	吉甫	癯溪·東村		雷卿
581	李義徵	1692.7.16	전주	大叔			應蓍
582	柳命天	1693.10.1	진주	士元	退堂		碩
583	申厚載	1693.11.9	평산	德夫	葵亭·恕庵		恒耉
584	李世白	1694.4.24	용인	仲庚	雩沙·北溪	忠正	挺岳
585	李奎齡	1694.7.2	한산	文瑞		貞惠	徽祚
586	申 琓	1694.7.6	평산	公獻	絅庵	文莊	汝拭
587	徐文重	1694.10.13	大丘	道潤	夢漁亭	恭肅	貞履
588	李秀彦	1694.10.19	한산	美叔		正簡	東稷
589	申汝哲	1694.11.12	평산	季明	知足堂	莊武	垓
590	申 琓	1696.3.11	평산	公獻	絅庵	文莊	汝拭
591	李秀彦	1696.4.16	한산	美叔	聾溪·醉夢軒	正簡	東稷
592	崔錫鼎	1696.4.27	전주	汝時·汝和	存窩·明谷	文貞	後亮
593	閔鎭長	1696.4.28	여흥	稚久		文孝	鼎重
594	金鎭龜	1696.5.2	광산	守甫	晩求	景憲	萬基
595	徐文重	1696.6.21	대구	道潤	夢漁亭	恭肅	貞履
596	李 畬	1696.7.28	덕수	子三·治甫	浦陰	文敬	紳夏
597	李秀彦	1696.8.19	한산	美叔	聾溪·醉夢軒	正簡	東稷
598	李彦綱	1697.1.6	전주	季心	露湖	貞孝	伯麟
599	閔鎭長	1697.2.30	여흥	稚久		文孝	鼎重
600	鄭載禧	1697.윤3.29	동래	子純	陽村		至和
601	朴世堂	1697.4.12	반남	季肯	潛叟·西溪樵叟	文貞	炡
602	李 濡	1697.5.2	전주	子雨	鹿川	惠定	重輝
603	李世華	1697.8.19	부평	君實	雙栢堂·七井	忠肅	以載
604	閔鎭長	1697.9.16	여흥	稚久		文孝	鼎重
605	申汝哲	1697.10.23	평산	季明	知足堂	莊武	垓
606	李彦綱	1697.11.28	전주	季心	露湖	貞孝	伯麟

대수	성명	재직확인	본관	자	호	시호	아버지
607	金鎭龜	1697.12.14	광산	守甫	晩求	景憲	萬基
608	李玄錫	1698.2.4	전주	夏瑞	游齋	文肅	堂揆
609	閔鎭長	1698.2.4	여흥	稚久		文孝	鼎重
610	李彦綱	1698.5.5	전주	季心	露湖	貞孝	伯麟
611	申 琓	1698.7.2	평산	公獻	絅庵	文莊	汝拭
612	朴世堂	1698.8.2	반남	季肯	潛叟·西溪樵叟	文貞	炡
613	金鎭龜	1698.9.13	광산	守甫	晩求	景憲	萬基
614	李世華	1698.12.6	부평	君實	雙栢堂·七井	忠肅	以載
615	金 構	1699.1.3	청풍	士肯	觀復齋		澄
616	崔奎瑞	1699.3.16	해주	文叔	艮齋·少陵·巴陵	忠貞	碩儒
617	姜 銀	1699.4.19	진주	子精	白閣	文安	栢年
618	李彦綱	1699.7.3	전주	季心	露湖	貞孝	伯麟
619	李玄錫	1699.11.7	전주	夏瑞	游齋	文肅	堂揆
620	金鎭龜	1699.11.24	광산	守甫	晩求	景憲	萬基
621	姜 銀	1700.2.4	진주	子精	白閣	文安	栢年
622	金鎭龜	1700.2.28	광산	守甫	晩求	景憲	萬基
623	吳道一	1700.5.27	해주	貫之	西坡		達天
624	李光夏	1700.11.7	덕수	啓以		貞翼	柙
625	嚴 緝	1701.2.5	영월	敬之	晩悔	貞憲	聖耉
626	李彦綱	1701.2.18	전주	季心	露湖	貞孝	伯麟
627	嚴 緝	1701.4.28	영월	敬之	晩悔	貞憲	聖耉
628	姜 銀	1701.5.9	진주	子精	白閣	文安	栢年
629	徐宗泰	1701.9.18	大丘	魯望·君望	晩靜·瑞谷·松厓	文孝	文尙
630	閔鎭厚	1701.10.8	여흥	靜純	趾齋	忠文	維重
631	崔奎瑞	1702.2.15	해주	文叔	艮齋·少陵	忠貞	碩英
632	宋 昌	1702.2.15	진천	漢卿	藕谷		有銓
633	李寅燁	1702.9.16	경주	季章	晦窩		慶億
634	姜 銀	1792.9.17	진주	子精	白閣	文安	栢年
635	徐宗泰	1703.1.2	대구	魯望·君望	晩靜·瑞谷·松厓	文孝	文尙

대수	성명	재직확인	본관	자	호	시호	아버지
636	宋 昌	1703.2.3	신천	漢卿	藕谷		有銓
637	閔鎭厚	1703.10.21	여흥	靜純	趾齋	忠文	維重
638	趙泰采	1704.2.10	양주	幼亮	二憂堂	忠翼	禧錫
639	徐宗泰	1704.4.22	대구	魯望·君望	晩靜·瑞谷·松厓	文孝	文尙
640	李頤命	1704.7.15	전주	智仁·養叔	疎齋	忠文	敏迪
641	兪得一	1704.8.29	창원	寧叔	歸窩		瑒
642	尹世紀	1704.9.4	해평	仲綱	龍浦	孝獻	堦
643	李頤命	1704.11.1	전주	智仁·養叔	疎齋	忠文	敏迪
644	兪得一	1704.11.25	창원	寧叔	歸窩		瑒
645	尹世紀	1704.12.28	해평	仲剛	龍浦	孝獻	勉之
646	閔鎭厚	1705.2.26	여흥	靜純	趾齋	忠文	維重
647	徐宗泰	1705.7.15	대구	魯望·君望	晩靜·瑞谷·松厓	文孝	文尙
648	金昌集	1706.1.8	안동	汝成	夢窩	忠獻	壽恒
649	尹世紀	1706.2.14	해평	仲剛		孝獻	堦
650	姜 鋧	1706.6.10	진주	子精	白閣	文安	栢年
651	尹世紀	1706.6.10	해평	仲綱	龍浦	孝獻	勉之
652	權是經	1706.7.12	안동	季常	七休	靖簡	順長
653	閔鎭厚	1706.8.9	여흥	靜純	趾齋	忠文	維重
654	李益壽	1706.12.12	전주	久而	白默堂	文簡	元龜
655	趙泰采	1707.6.9	양주	幼亮	二憂堂	忠翼	禧錫
656	金宇杭	1707.6.9	김해	濟中	甲峰·坐隱	忠靖	洪慶
657	徐文裕	1707.8.22	달성	季容	晩山	貞簡	貞履
658	姜 鋧	1707.10.9	진주	子精	白閣	文安	柏年
659	閔鎭厚	1707.12.4	여흥	靜純	趾齋	忠文	維重
660	金宇杭	1708.3.6	김해	濟仲	甲峰·坐隱	忠靖	洪慶
661	李彦綱	1708.4.8	전주	季心		貞孝	伯麟
662	兪得一	1708.4.20	창원	寧叔	歸窩		瑒
663	李彦綱	1708.6.24	전주	季心		貞孝	伯麟
664	金宇杭	1708.7.5	김해	濟仲	甲峰·坐隱	忠靖	洪慶

대수	성명	재직확인	본관	자	호	시호	아버지
665	尹世紀	1708.9.26	해평	仲剛	龍浦	孝獻	堦
666	金錫衍	1708.9.26	청풍	汝伯		貞僖	佑明
667	趙泰采	1708.12.17	양주	幼亮	二憂堂	忠翼	禧錫
668	俞得一	1708.2.9	창원	寧叔	歸窩		瑒
669	趙相愚	1709.6.16	풍양	子直	東岡	孝憲	珩
670	李彦綱	1710.6.11	전주	季心		貞孝	伯麟
671	尹世紀	1710.6.19	해평	仲剛	龍浦	孝獻	堦
672	崔錫恒	1710.7.6	전주	汝久	損窩	文簡	後亮
673	洪受瀗	1710.윤7.2	남양	君澤	淡圃	文靖	處厚
674	李光迪	1710.9.24	성주	輝古	隱巖	靖憲	世美
675	尹以道	1710.10.2	남원	子由	龍湖·梧村		棨
676	鄭載禧	1710.12.21	동래	子純	陽村		至和
677	崔錫恒	1711.1.9	전주	汝久	損窩	文簡	後亮
678	李彦綱	1711.1.27	전주	季心		貞孝	伯麟
679	閔鎭厚	1711.12.4	여흥	靜純	趾齋	忠文	維重
680	黃 欽	1711.4.21	창원	敬之			蓋考
681	趙泰耈	1711.6.8	양주	德叟	素軒·霞谷	文貞	師錫
682	黃 欽	1711.6.15	창원	敬之			蓋考
683	尹德駿	1711.7.22	남원	邦瑞	逸庵		攀
684	金錫衍	1711.8.6	청풍	汝伯		貞僖	佑明
685	趙泰耈	1711.11.23	양주	德叟	素軒	文貞	師錫
686	李 墩	1711.12.30	전주	進吾	文泉·安默齋		炯信
687	權尙夏	1712.2.15	안동	致道	遂菴·寒水齋	文純	格
688	趙泰采	1712.3.10	양주	幼亮	二憂堂	忠翼	禧錫
689	宋相琦	1712.4.19	은진	玉汝	玉吾齋	文貞	奎濂
690	李彦綱	1712.7.15	전주	季心		貞孝	伯麟
691	尹德駿	1712.12.11	남원	邦瑞	逸庵	孝靖	攀
692	金錫衍	1712.12.18	청풍	汝伯		貞僖	佑明
693	閔鎭厚	1713.2.22	여흥	靜純	趾齋	忠文	維重

대수	성명	재직확인	본관	자	호	시호	아버지
694	尹德駿	1713.5.23	남원	邦瑞	逸菴	孝靖	攀
695	朴 權	1713.윤5.23	밀양	衡聖	歸菴		時璟
696	李健命	1713.7.28	전주	仲剛	寒圃齋	忠愍	敏敍
697	李彦綱	1713.8.21	전주	季心		貞孝	伯麟
698	尹趾仁	1713.9.4	파평	幼麟	楊江		絳
699	趙泰采	1714.7.11	양주	幼亮	二憂堂	忠翼	禧錫
700	洪萬朝	1714.10.4	풍산	宗之	晩退	貞翼	柱天
701	閔鎭厚	1715.7.30	여흥	靜純	趾齋	忠文	維重
702	姜 鋧	1716.윤3.3	진주	子精	白閣·敬庵	文安	柏年
703	兪命雄	1716.10.30	기계	仲英·仲豪	晩休亭	溫簡	晳
704	洪萬朝	1717.7.6	풍산	宗之	晩退	貞翼	柱天
705	閔鎭遠	1717.10.15	여흥	聖猷	丹巖·洗心	文忠	維重
706	洪萬朝	1717.12.11	풍산	宗之	晩退	貞翼	柱天
707	崔錫恒	1718.6.1	전주	汝久	損窩	文簡	後亮
708	趙泰耈	1718.8.16	양주	德叟	素軒	文貞	師錫
709	權尙游	1718.윤8.6	안동	季文·有道	癯溪	正獻	格
710	趙泰耈	1718.9.2	양주	德叟	素軒	文貞	師錫
711	黃 欽	1718.12.21.	창원	敬之			藎耈
712	權 愭	1719.1.11	안동	敬仲	霽月齋	貞簡	讓
713	鄭 澔	1719.3.15	영일	仲淳·仲白	丈巖	文敬	慶演
714	趙道彬	1719.9.18	양주	樂甫	睡窩	靖僖	泰來
715	趙道彬	1719.10.10	양주	樂甫	睡窩	靖僖	泰來
716	權尙游	1719.11.10	안동	季文·有道	癯溪	正獻	格
717	權 愭	1719.12.7	안동	敬仲	霽月齋	貞簡	讓
718	兪命雄	1720.4.30	기계	仲英·仲豪	晩休亭	溫簡	晳
719	趙泰耈	1720.6.17	양주	德叟	素軒	文貞	師錫
720	李宜顯	1720.7.11	용인	德哉	陶谷	文簡	世白
721	李弘術	1720.8.5	전주	士善		忠定	錫漢
722	李晩成	1721.2.5	우봉	士秋	歸樂堂	忠肅	翻

대수	성명	재직확인	본관	자	호	시호	아버지
723	李觀命	1721.5.2	전주	子賓	屛山		敏敍
724	權 㴖	1721.5.20	안동	敬仲	霽月齋	貞簡	讓
725	李弘術	1721.8.9	전주	士善		忠定	錫漢
726	尹憲柱	1721.10.16	파평	吉甫	二知堂	翼獻	澤
727	金錫衍	1722.1.22	청풍	汝伯		貞僖	佑明
728	柳鳳輝	1722.2.6	문화	季昌	晩菴		尙運
729	沈 檀	1722.5.18	청송	載叔	藥峴·追尤堂		光沔
730	尹就商	1722.7.2	함안				川賚
731	趙泰億	1723.12.14	양주	大年	謙齋·平泉	文忠	嘉錫
732	吳命峻	1724.1.12	해주	公保·保卿	微村		遂良
733	沈壽賢	1724.2.14	청송	耆叔	止山·芝山		濡
734	金一鏡	1724.7.11	광산	人鑑	丫溪		夏重
735	李麟徵	1724.7.18	연안	玉瑞	雲崗		완
736	沈 檀	1724.8.2.	청송	載叔	藥峴·追尤堂		光沔
737	洪致中	1725.1.7	남양	士能	北谷	忠簡	得禹
738	尹憲柱	1725.1.26	파평	吉甫	二知堂	翼獻	澤
739	權 㴖	1725.6.4	안동	敬仲	霽月齋	貞簡	讓
740	李 塽	1725.9.12	덕수	老泉	醉村	忠憲	光夏
741	李秉常	1725.12.27	한산	汝五	三山	文靖	沆
742	俞命弘	1726.1.23	기계	季毅	竹里	章憲	晳
743	權 憆	1726.7.3	안동	士兢	寄傲軒		讓
744	沈宅賢	1726.7.22	청송	汝揆		淸獻	涑
745	尹憲柱	1726.8.28	파평	吉甫	二知堂	翼獻	澤
746	黃龜河	1726.11.17	창원	聖徵			鍵
747	權 憆	1726.12.3	안동	士兢	寄傲軒		讓
748	俞命弘	1726.12.28	기계	季毅	竹里	章憲	晳
749	金興慶	1727.윤3.13	경주	子有·叔起	急流亭	靖憲	斗星
750	李秉常	1727.5.12	한산	汝五	三山	文靖	沆
751	黃龜河	1727.6.30	창원	聖徵			鍵

대수	성명	재직확인	본관	자	호	시호	아버지
752	權 憆	1727.7.4	안동	士兢	寄傲軒		讓
753	金東弼	1727.9.2	상산	子直	樂健亭	忠惠	濡
754	李麟徵	1727.9.10	연안	玉瑞	雲崗		완
755	金東弼	1727.9.18	상산	子直	樂健亭	忠惠	濡
756	李秉常	1728.3.24	한산	汝五	三山	文靖	沆
757	金東弼	1728.7.14	상산	子直	樂健亭	忠惠	濡
758	尹 淳	1728.8.28	해평	仲和	白下·鶴陰		世喜
759	李 森	1728.9.28	함평	遠伯	白日軒		師吉
760	張鵬翼	1729.6.13	인동	雲擧	武肅		夏顯
761	權 憆	1730.4.1	안동	士兢	寄傲軒		讓
762	沈宅賢	1730.4.2	청송	汝揆			
763	李 森	1730.8.3	함평	遠伯	白日軒		師吉
764	金取魯	1730.9.3	청풍	取斯		忠獻	柔
765	李 森	1730.9.23	함평	遠伯	白日軒		師吉
766	尹 游	1730.12.28	해평	伯叔·伯修	晩霞	翼憲	世喜
767	李 森	1731.2.21	함평	遠伯	白日軒		師吉
768	李宜晩	1731.6.13	廣州	善應	農隱	靖貞	後徵
769	李 森	1731.7.8	함평	遠伯	白日軒		師吉
770	金在魯	1731.10.13	청풍	淸沙		忠靖	構
771	尹 淳	1731.10.25	해평	仲和	白下·鶴陰		世喜
772	徐命均	1732.2.10	달성	平甫·平叔	嘯皐·保拙齋	文翼	宗泰
773	宋成明	1732.4.3	여산	聖集·君集	松石		徵殷
774	李眞望	1732.5.6	전주	久叔	陶雲·退雲		羽成
775	宋成明	1732.윤5.7	여산	聖集·君集	松石		徵殷
776	金東弼	1732.7.5	상산	子直	樂健亭	忠惠	濡
777	張鵬翼	1732.7.27	인동	雲擧		武肅	夏顯
778	尹陽來	1734.2.3	파평	季亨	晦窩	翼獻	理
779	趙尙絅	1734.3.12	풍양	子章	鶴塘	景獻	道輔
780	尹陽來	1734.3.18	파평	季亨	晦窩	翼獻	理

대수	성명	재직확인	본관	자	호	시호	아버지
781	趙尙絅	1734.4.29	풍양	子章	鶴塘	景獻	道輔
782	朴乃貞	1734.9.28	함양	直卿			由薳
783	尹陽來	1735.1.6	파평	季亨	晦窩	翼獻	理
784	金在魯	1735.2.27	청풍	仲禮	清沙·虛舟子	忠靖	構
785	鄭亨益	1735.3.12	동래	時諧	花岩		濟先
786	李萬選	1735.3.18	전주	擇仲	慕蘧齋		若
787	尹 淳	1735.4.16	해평	仲和	白下·鶴陰		世喜
788	宋寅明	1735.5.28	여산	聖賓	藏密軒	忠憲	徵五
789	鄭亨益	1735.10.19	동래	時諧	花岩		濟先
790	金取魯	1735.12.3	청풍	取斯			楺
791	尹陽來	1736.2.25	파평	季亨	晦窩	翼獻	理
792	李廷濟	1736.4.18	부평	仲協	竹湖	孝貞	世維
793	金東弼	1736.7.28	상산	子直	樂健亭	忠惠	濡
794	趙顯命	1736.11.18	풍양	恥晦	歸鹿·鹿翁	忠孝	仁壽
795	權 憆	1736.11.25	안동	士兢	寄傲軒		讓
796	兪拓基	1737.2.18	기계	展甫	知守齋	文翼	命岳
797	李秉常	1737.3.10	한산	汝五	三山		沆
798	趙正萬	1737.6.4	임천	定而	寤齋	孝貞	景望
799	金始炯	1737.7.6	강릉	季章	企齋	孝獻	弘柱
800	尹惠教	1737.8.27	파평	汝迪	玩棋軒	文溫	搢
801	閔應洙	1737.9.26	여흥	聲甫	梧軒	文憲	鎭周
802	金始炯	1738.1.19	강릉	季章	企齋	孝獻	弘柱
803	尹 淳	1738.5.12	해평	仲和	白下·鶴陰		世喜
804	金聖應	1738.5.16	청풍	君瑞		孝靖	道泳
805	兪拓基	1738.6.9	기계	展甫	知守齋	文翼	命岳
806	金有慶	1738.6.24	경주	德裕	龍洲	孝貞	斗徵
807	尹惠教	1738.8.1	파평	汝迪	玩棋軒	文溫	搢
808	李 綷	1739.1.9	우봉	熙卿	陶菴	文正	晚昌
809	朴纘新	1739.2.12	함양	士能			宗發

대수	성명	재직확인	본관	자	호	시호	아버지
810	金聖應	1739.3.6	청풍	君瑞		孝靖	道泳
811	朴師洙	1739.6.20	반남		耐軒·耐齋	文憲	弼英
812	俞拓基	1739.8.7	기계	展甫	知守齋	文翼	命岳
813	閔應洙	1739.9.12	여흥	聲甫	梧軒	文憲	鎭周
814	尹 淳	1739.9.12	해평	仲和	白下		世喜
815	趙顯命	1739.11.23	풍양	稚晦	歸鹿·鹿翁	忠孝	仁壽
816	李秉常	1740.1.12	한산	汝五	三山		沆
817	李 綽	1740.3.7	우봉	熙卿	陶菴·寒泉	文正	晩昌
818	趙觀彬	1740.3.17	양주	國甫	晦軒	文簡	泰采
819	申思喆	1740.4.11	평산	明叙	石谷		端
820	金聖應	1740.5.29	청풍	君瑞		孝靖	道泳
821	徐宗伋	1741.2.19	달성	汝思	退軒	文貞	文澤
822	徐宗玉	1741.3.5	달성	溫叔	鶴西	文敏	文裕
823	尹陽來	1741.3.20	파평	季亨	晦窩	翼獻	理
824	徐宗伋	1741.5.19	대구	汝思	退軒	文貞	文澤
825	閔應洙	1741.8.20	여흥	聲甫	梧軒	文憲	鎭周
826	金有慶	1741.10.23	경주	德裕	龍洲	孝貞	斗徵
827	李秉常	1742.1.6	한산	汝五	三山		沆
828	李箕鎭	1742.2.11	덕수	君範	牧谷	文憲	簹
829	趙尙絅	1742.5.23	풍양	子章	學塘	景獻	道輔
830	具聖任	1742.8.5	능성	伯衡			尙禎
831	金若魯	1742.9.11	청풍	而民·而敏	晩休庵	忠正	揉
832	趙觀彬	1742.11.10	양주	國甫	晦軒	文簡	泰采
833	徐宗玉	1742.12.28	대구	溫叔	鶴西	文敏	文裕
834	趙觀彬	1743.1.10	양주	國甫	晦軒	文簡	泰采
835	金始炯	1743.2.11	강릉	季章	企齋	孝獻	弘柱
836	金聖應	1743.5.26	청풍	君瑞		孝靖	道泳
837	鄭錫五	1743.8.16	동래	攸好		貞簡	赫先
838	李夏源	1743.10.30	廣州	元禮	藥南·貞卒齋		著晩

대수	성명	재직확인	본관	자	호	시호	아버지
839	趙遠命	1744.1.13	풍양	致卿		貞簡	祺壽
840	金始炯	1744.2.8	강릉	季章	企齋	孝獻	弘柱
841	李聖龍	1744.3.13	경주	子雨	杞軒	惠靖	汝柱
842	金始炯	1744.7.23	강릉	季章	企齋	孝獻	弘柱
843	鄭錫五	1744.10.6	동래	攸好		貞簡	赫先
844	李春躋	1745.1.13	전주	仲熙	中隱齋		彦經
845	閔應洙	1745.4.19	여흥	聲甫	梧軒	文憲	鎭周
846	金始炯	1745.9.24	강릉	季章	企齋	孝獻	弘柱
847	趙尙絅	1746.1.29	풍양	子章	鶴塘	景獻	道輔
848	閔應洙	1746.2.8	여흥	聲甫	梧軒	文憲	鎭周
849	金始炯	1746.2.25	강릉	季章	企齋	孝獻	弘柱
850	柳 儼	1746.4.11	진주	思叔·思瞻	省庵·花岳	惠靖	挺晉
851	金始炯	1746.7.6	강릉	季章	企齋	孝獻	弘柱
852	權 𥛚	1746.8.23	안동	景賀	蒼白軒·南厓	孝貞	수
853	柳 儼	1746.9.17	진주	思叔·思瞻	省庵·花岳	孝獻	弘柱
854	金聖應	1746.12.11	청풍	君瑞		孝靖	道泳
855	徐明彬	1747.6.23	달성	質甫		靖簡	宗泰
856	柳 儼	1747.7.23	진주	思叔·思瞻	省庵·花岳	孝獻	弘柱
857	金尙魯	1748.5.19	청풍	景一	霞溪·晩霞	翼獻	楺
858	洪象漢	1748.윤7.6	풍산	雲章		貞惠	錫輔
859	金若魯	1748.윤7.24	청풍	而民·而敏	晩休堂	忠正	揉
860	鄭羽良	1748.12.11	영일	子翬	鶴南	文忠	壽期
861	李世璡	1749.1.25	벽진	明瑞			志傑
862	申 晩	1749.2.27	평산	汝成·成伯		孝正	思喆
863	具聖任	1749.5.18	능성	伯衡			尙禎
864	金聖應	1749.9.1	청풍	君曙		孝靖	道泳
865	趙載浩	1750.1.11	풍양	景大	損齋		文命
866	洪好人	1750.2.24	남양	有哉	老圃		以度
867	趙載浩	1750.2.28	풍양	景大	損齋		文命

대수	성명	재직확인	본관	자	호	시호	아버지
868	徐宗伋	1750.3.11	대구	汝思	退軒	文貞	文澤
869	柳 儼	1750.3.23	진주	思叔·思瞻	省庵·花岳	孝獻	弘杜
870	趙載浩	1750.4.14	풍양	景大	損齋		文命
871	徐明彬	1750.6.12	대구	質甫		靖簡	宗泰
872	趙載浩	1750.8.28	풍양	景大	損齋		文命
873	金尙魯	1750.12.3	청풍	景一	霞溪·晩霞	翼獻	楺
874	徐明彬	1751.1.15	대구	質甫		靖簡	宗泰
875	鄭益河	1751.1.29	영일	子謙	晦窩	忠獻	洊
876	洪象漢	1751.5.2	남양	雲章		靖惠	錫輔
877	李益炡	1751.6.15	전주	明叔	是閑	靖簡	檝
878	申 晩	1751.9.9	평산	汝成	成伯	孝正	思喆
879	朴文秀	1751.11.15	고령	成甫	耆隱	忠憲	恒漢
880	朴纘新	1752.7.12	함양	君述			宗發
881	尹東衡	1753.7.12	파평	士任			德敎
882	具宅奎	1753.1.17	능성	性五·魯瑞	存齋		爀
883	尹 汲	1753.3.26	해평	景孺	近庵	文貞	世綏
884	李普赫	1753.4.28	용인	聲遠		忠貞	宜振
885	申 晩	1753.5.28	평산	汝成	成伯	孝正	思喆
886	趙榮國	1753.6.14	양주	君慶	月湖	靖憲	鳳彬
887	徐明彬	1753.7.27	대구	質甫		靖簡	宗泰
888	趙榮國	1753.9.7	양주	君慶	月湖	靖憲	鳳彬
889	徐明彬	1753.10.5	대구	質甫		靖簡	宗泰
890	尹 汲	1753.10.27	해평	景孺	近庵	文貞	世綏
891	金聖應	1753.11.23	청풍	君瑞		孝靖	道泳
892	徐明彬	1753.12.22	대구	質甫		靖簡	宗泰
893	李鼎輔	1754.1.15	연안	士受	三洲·報客亭	文簡	雨臣
894	申 晩	1754.윤4.3	평산	汝成	成伯	孝正	思喆
895	魚有龍	1754.5.6	함종	景雨		靖憲	史商
896	李益炡	1754.6.29	전주	明叔	是閑	靖簡	檝

대수	성명	재직확인	본관	자	호	시호	아버지
897	李昌誼	1754.12.12	전주	聖方	晚翠軒	翼獻	泰躋
898	趙明履	1755.4.24	임천	仲禮	蘆江·道川	文憲	正緖
899	鄭益河	1755.5.2	영일	子謙	晦窩	忠獻	洊
900	洪啓禧	1755.11.14	남양	純甫	淡窩	文簡	禹傳
901	李成中	1756.1.21	전주	士得	質庵	貞敏	顯謨
902	李鼎輔	1756.2.19	연안	士受	三洲·報客亭	文簡	雨臣
903	李匡世	1756.5.17	전주	濟而·濟慶	愚軒		聞政
904	徐宗伋	1756.7.1	대구	汝愚	退軒	文貞	文澤
905	韓翼謨	1756.7.28	청주	敬甫	靜見	文肅	師范
906	閔百祥	1756.9.16	여흥	履之		正獻	亨洙
907	具聖任	1756.10.20	능성	伯衡			尙禎
908	俞最基	1757.1.8	기계	良甫	自樂軒	貞簡	明健
909	金相奭	1757.5.7	연안	君弼	市隱	貞簡	澔
910	金漢喆	1757.5.22	경주	士迪	可軒	孝簡	龍卿
911	申 晦	1757.6.8	평산	汝根			思喆
912	李 垕	1757.8.6	연안	厚玉	癯翁	定翼	命熙
913	申 晦	1757.9.12	평산	汝根			思喆
914	徐明彬	1757.10.24	대구	質甫			宗泰
915	吳彦儒	1757.11.10	해주	國珍			命瑞
916	權 爀	1758.4.12	안동	子章		靖簡	尙游
917	趙榮國	1758.5.24	양주	君慶	月湖		鳳彬
918	李成中	1758.7.13	전주	士得	質庵	貞敏	顯謨
919	李昌壽	1758.8.15	전주	德翁		文獻	泰躋
920	尹 汲	1758.11.5	해평	景孺	近庵	文貞	世綏
921	李喆輔	1759.2.26	연안	保叔	止庵		正臣
922	李鼎輔	1759.3.25	연안	士受	三洲		雨臣
923	李昌壽	1759.윤6.6	전주	德翁			敏躋
924	韓翼謨	1759.9.25	청주	敬甫	靜見	文肅	師范
925	閔百祥	1759.10.16	여흥	履之		正獻	亨洙

대수	성명	재직확인	본관	자	호	시호	아버지
926	李益輔	1759.11.2	연안	士謙			雨臣
927	趙雲逵	1759.12.1	양주	士亨		忠簡	榮國
928	洪啓禧	1760.1.2	남양	純甫	淡窩	文簡	禹傳
929	韓師得	1760.7.12	청주	季能			配商
930	李昌誼	1760.8.3	전주	聖方			泰躋
931	南泰齊	1760.11.9	의령	元鎭·觀甫	滄亭·鶴野	淸獻	弼明
932	南泰齊	1760.12.22	의령	元鎭·觀甫	滄亭·鶴野	淸獻	弼明
933	李之億	1761.4.3	연안	德瘦·恒水	醒軒		萬善
934	金聖應	1761.7.23	청풍	君瑞			道泳
935	南泰齊	1761.9.11	의령	元鎭·觀甫	滄亭·鶴野	淸獻	弼明
936	李之億	1761.9.27	연안	德瘦·恒水	醒軒		萬善
937	金陽澤	1761.10.23	광산	士舒	健庵	文簡	鎭圭
938	韓師得	1761.12.22	청주	季能			配商
939	金致仁	1761.12.28	청풍	公恕	古亭	肅憲	在魯
940	南泰齊	1762.2.25	의령	元鎭·觀甫	滄亭·鶴野	淸獻	弼明
941	金致仁	1762.2.29	청풍	公恕	古亭		在魯
942	南泰齊	1762.3.16	의령	元鎭·觀甫	滄亭·鶴野	淸獻	弼明
943	南泰齊	1762.6.2	의령	元鎭·觀甫	滄亭·鶴野	淸獻	弼明
944	洪象漢	1762.7.21	풍산	雲章			錫輔
945	具允明	1762.8.19	능성	士貞	兼山		宅奎
946	南泰齊	1762.9.26	의령	元鎭·觀甫	滄亭·鶴野	淸獻	弼明
947	南泰耆	1763.1.27	의령	洛水	竹裏	靖僖	近明
948	南泰齊	1763.3.20	의령	元鎭·觀甫	滄亭·鶴野	淸獻	弼明
949	宋昌明	1763.4.14	여산	盛叔			徵奎
950	朴致和	1763.4.19	밀양	士邇	泣愆齋·巽齋		守기
951	趙雲逵	1763.5.4	양주	士亨		忠簡	榮國
952	金相福	1763.6.12	광산	仲叟	稷下	文憲	元澤
953	李昌壽	1763.6.17	전주	德翁			敏躋
954	具善行	1763.7.5	능성	文仲			聖任

대수	성명	재직확인	본관	자	호	시호	아버지
955	南泰齊	1763.7.28	의령	元鎮·觀甫	澹亭·鶴野	淸獻	弼明
956	黃仁儉	1763.9.15	창원	敬得·景得		貞孝	梓
957	兪最基	1763.9.20	기계	良甫	自樂軒		命健
958	具善行	1763.9.20	능성	文仲			聖任
959	金陽澤	1763.10.30	광산	士舒	健庵	文簡	鎭圭
960	金尙喆	1763.11.24	강릉	士保	華西	忠翼	始爀
961	李之億	1763.12.3	연안	德叟·恒水	醒軒		萬善
962	具善行	1764.1.4	능성	文仲			聖任
963	尹 汲	1764.1.4	해평	景孺	近庵		世綏
964	韓翼謨	1764.2.16	청주	敬甫	靜見		師范
965	李之億	1764.2.20	연안	德瘦·恒水	醒軒		萬善
966	洪啓禧	1764.3.30	남양	純甫	澹窩		禹傳
967	韓翼謨	1764.4.25	청주	敬甫	靜見		師范
968	趙雲逵	1764.5.20	양주	士亨		忠簡	榮國
969	南泰齊	1764.7.6	의령	元鎮·觀甫	澹亭·鶴野	淸獻	弼明
970	韓翼謨	1764.9.10	청주	敬甫	靜見		師范
971	洪啓禧	1764.10.28	남양	純甫	澹窩		禹傳
972	洪象漢	1764.12.3	남양	雲章			錫輔
973	南泰會	1765.1.21	의령	聖際	紫巖·梅屋	獻敏	近明
974	朴相德	1765.5.14	반남	汝受		孝憲	興源
975	沈星鎭	1765.7.21	청송	時瑞	澹窩	貞惠	埈
976	李昌壽	1765.7.24	전주	德翁			彦綱
977	李之億	1765.8.6	연안	德瘦·恒水	醒軒		萬善
978	沈 鏞	1766.6.23	청송	瑩仲			啓賢
979	金陽澤	1766.6.30	광산	士舒	健庵	文簡	鎭圭
980	金元澤	1766.7.21	광산	仁叟	四九齋	孝靖	鎭玉
981	金尙喆	1766.7.27	강릉	士保	華西	忠翼	始爀
982	申 晦	1766.11.9	평산	汝根			思喆
983	金始煐	1767.1.3	강릉	而晦		景憲	弘權

대수	성명	재직확인	본관	자	호	시호	아버지
984	趙雲逵	1767.3.19	양주	士亨		忠簡	榮國
985	李昌誼	1767.6.14	전주	聖方		翼獻	泰躋
986	鄭弘淳	1767.6.23	동래	毅仲	瓠東	忠憲	錫三
987	趙明鼎	1767.7.5	임천	和淑	老圃	文憲	正純
988	李景祜	1767.9.22	용인	孝錫			普赫
989	沈 鏽	1767.10.20	청송	瑩仲			啓賢
990	安允行	1768.3.11	竹山	性之	淡軒	忠憲	相元
991	李景祜	1768.6.20	용인	孝錫			普赫
992	具允明	1768.8.15	능성	士貞	兼山		宅奎
993	韓光會	1768.11.16	청주	文叔	愚軒		師德
994	金時默	1768.12.23	청풍	而愼·爾愼		靖翼	聖應
995	趙明鼎	1769.1.29	임천	和淑	老圃	文獻	正純
996	鄭弘淳	1769.2.10	동래	毅仲	瓠東	忠憲	錫三
997	沈 鏽	1769.3.17	청송	瑩仲			啓賢
998	具善復	1769.3.29	능성	士初			聖弼
999	徐命臣	1769.4.18	大丘	元直	袁窩		宗秀
1000	李昌壽	1769.4.19	전주	德翁			敏躋
1001	南泰會	1769.4.21	의령	聖際	紫巖		近明
1002	金時默	1769.5.5	청풍	而愼·爾愼		靖翼	聖應
1003	趙明鼎	1769.5.21	임천	和淑	老圃	文獻	正純
1004	具善復	1769.6.20	능성	士初			聖弼
1005	沈 鏽	1769.7.5	청송	瑩仲			啓賢
1006	徐命膺	1769.7.27	달성	君受	淡窩·保晚齋	文靖	宗玉
1007	元仁孫	1769.8.21	원주	子靜·子方		文敏	景夏
1008	李思觀	1769.11.11	한산	叔賓		孝靖	基聖
1009	蔡濟恭	1769.12.12	평강	伯規	樊巖·樊翁	文肅	膺一
1010	南泰齊	1770.1.10	의령	元鎭·觀甫	澹亭·鶴野	淸獻	弼明
1011	李最中	1770.1.18	전주	仁夫·季良	韋菴	文貞	顯應
1012	金時默	1770.1.27	청풍	而신·爾愼			

대수	성명	재직확인	본관	자	호	시호	아버지
1013	李景祜	1770.3.14	용인	孝錫			普赫
1014	趙 暾	1770.윤5.27	풍양	光瑞	竹石	肅憲	尙絅
1015	李景祜	1770.6.12	용인	孝錫			普赫
1016	徐命膺	1770.7.4	달성	君受	淡窩·保晩齋	文靖	宗玉
1017	李 溵	1770.7.20	덕수	稚浩	瞻齋	忠穆	周鎭
1018	李惟秀	1770.11.21	전주	深遠	莞爾	貞翼	在
1019	具允玉	1770.12.14	능성	聖集	晩海		宅奎
1020	李 溵	1771.1.21	덕수	稚浩	瞻齋	忠穆	周鎭
1021	韓光會	1771.1.25	청주	文叔	愚軒		師德
1022	李翼元	1771.2.5	부평	聖休	鶴陰	忠僖	廷咸
1023	沈 鏽	1771.2.7	청송	瑩仲			啓賢
1024	徐命臣	1771.3.10	달성	元直	袁窩		宗秀
1025	朴相德	1771.4.25	반남	汝受		孝憲	興源
1026	韓光會	1771.5.3	청주	文叔	愚軒		師德
1027	朴相德	1771.5.3	반남	汝受		孝憲	興源
1028	韓光會	1771.5.7	청주	文叔	愚軒		師德
1029	洪名漢	1771.5.22	풍산	君平			景輔
1030	申 晦	1771.5.23	평산	汝根			思喆
1031	元仁孫	1771.5.28	원주	子靜·子方		文敏	景夏
1032	具善行	1771.6.3	능성				聖任
1033	韓光會	1771.6.6	청주	文叔	愚軒		師德
1034	李 溵	1771.7.11	덕수	稚浩	瞻齋	忠穆	周鎭
1035	李景祜	1771.7.23	용인	孝錫			普赫
1036	具善復	1772.4.1	능성	士初			聖弼
1037	李翼元	1772.7.15	부평	聖休	鶴陰	忠僖	廷咸
1038	趙重晦	1772.10.23	함안	益章		忠憲	榮福
1039	沈 鏽	1772.10.13	청송	瑩仲			啓賢
1040	李最中	1772.11.4	전주	仁夫	韋菴	文貞	顯應
1041	具善復	1772.11.23	능성	士初			聖弼

대수	성명	재직확인	본관	자	호	시호	아버지
1042	李彦衡	1773.2.9	전주	平叔			模
1043	洪樂性	1773.음3.15	풍산	子安	恒齋	孝安	象漢
1044	李最中	1773.4.4	전주	仁夫	韋菴	文貞	顯應
1045	李翼元	1773.4.12	부평	聖休	鶴陰		廷咸
1046	趙明鼎	1773.5.13	임천	和淑	老圃	文獻	正純
1047	閔百興	1773.7.5	여흥	起之			亨洙
1048	李 潭	1773.8.19	덕수	景龍			翼鎭
1049	李翼元	1773.10.15	부평	聖休	鶴陰		廷咸
1050	李重祜	1773.12.1	용인	子安			普爀
1051	鄭存謙	1774.3.1	동래	大受	陽菴·陽齋	文安	文祥
1052	李景祜	1774.4.25	용인	孝錫			普爀
1053	趙重晦	1774.6.24	함안	益章		忠憲	榮福
1054	韓光會	1774.7.19	청주	文淑			師德
1055	尹東暹	1774.12.18	파평	德升·載升	八無堂		彦教
1056	李重祜	1775.2.29	용인	子安			普爀
1057	金孝大	1775.5.23	경주	汝原		孝貞	後衍
1058	尹東晳	1776.1.17	파평	與叔	老耘		勉教
1059	姜世晃	1776.2.13	진주	光之	豹菴·山響齋	憲靖	銀
1060	尹東晳	1776.3.5	파평	與叔	老耘		勉教
1061	鄭昌順	1776.3.10	온양	祈天	四於		光殷
1062	尹東晳	1776.3.19	파평	與叔	老耘		勉教
1063	金鍾正	1776.4.23	청풍	伯剛	雲溪	淸獻	致垕
1064	具善復	1776.6.7	능성	士初			聖弼
1065	鄭尙淳	1776.6.22	동래	敦夫			錫行
1066	蔡濟恭	1776.8.17	평강	伯規	樊巖·樊翁	文肅	膺一
1067	李福源	1776.9.6	연안	綏之	雙溪	文靖	喆輔
1068	具善復	1776.9.29	능성	士初			聖弼
1069	具允玉	1776.10.3	능성	聖集			宅奎
1070	具善復	1776.11.20	능성	士初			聖弼

대수	성명	재직확인	본관	자	호	시호	아버지
1071	李景祜	1776.11.21	용인	孝錫			普爀
1072	李福源	1776.12.20	연안	綏之	雙溪	文靖	喆輔
1073	張志恒	1777.3.9	인동	月如			泰紹
1074	李徽之	1777.3.22	전주	美卿	老圃	文憲	觀命
1075	蔡濟恭	1777.7.1	평강	伯規	樊巖·樊翁	文肅	膺一
1076	權 導	1777.7.11	안동	道以	羅窩		업
1077	鄭光漢	1777.8.19	온양	良甫·秀夫			壽淵
1078	洪樂性	1777.9.6	풍산	子安	恒齋	孝安	象漢
1079	鄭尙淳	1777.9.14	동래	敦夫			錫行
1080	具善復	1778.2.20	능성	士初			聖弼
1081	金華鎭	1778.4.21	강릉	聖載		翼憲	尙迪
1082	蔡濟恭	1778.7.19	평강	伯規	樊巖·樊翁	文肅	膺一
1083	洪樂性	1779.2.8	풍산	子安	恒齋	孝安	象漢
1084	具善復	1779.3.15	능성	士初			聖弼
1085	李衍祥	1779.11.4	전주	天汝			述之
1086	洪樂性	1779.11.23	풍산	子安	恒齋	孝安	象漢
1087	李福源	1779.12.2	연안	綏之	雙溪	文靖	喆輔
1088	鄭尙淳	1779.12.24	동래	敦夫			錫行
1089	李福源	1779.12.27	연안	綏之	雙溪	文靖	喆輔
1090	權 導	1780.1.3	안동	道以	羅窩		업
1091	金鍾秀	1780.1.15	청풍	定夫·仲寧	眞率·夢村	文忠	致萬
1092	權 導	1780.2.13	안동	道以	羅窩		업
1093	洪樂命	1780.2.15	풍산	子順	新齋	文淸	象漢
1094	趙重晦	1780.2.21	함안	益章		忠憲	榮福
1095	尹東暹	1780.3.13	파평	德升	八無堂		顯教
1096	權 導	1780.3.17	안동	道以	羅窩		업
1097	金 熤	1780.3.20	연안	光仲	竹下·藥峴	文貞	相奭
1098	俞彦鎬	1780.5.14	기계	士京	則止軒	忠文	直基
1099	李衍祥	1780.6.14	전주				性之

대수	성명	재직확인	본관	자	호	시호	아버지
1100	洪樂性	1780.7.4	풍산	子安	恒齋	孝安	象漢
1101	李性源	1780.7.22	연안	善之	湖隱	文肅	得輔
1102	俞彦鎬	1780.7.27	기계	士京	則止軒	忠文	直基
1103	金鍾秀	1780.9.25	청풍	定夫·仲寧	眞率·夢村	文忠	致萬
1104	洪樂性	1780.9.26	풍산	子安	恒齋	孝安	象漢
1105	洪樂命	1780.11.5	풍산	子順	新齋	文淸	象漢
1106	權 𧦧	1780.11.14	안동	道以	羅窩		업
1107	金 熤	1780.12.11	연안	光仲	竹下·藥峴	文貞	相奭
1108	李命植	1780.12.25	연안	健仲	木厓	文貞	淨
1109	蔡濟恭	1781.2.12	평강	伯規	樊巖·樊翁	文肅	膺一
1110	權 𧦧	1781.2.19	안동	道以	羅窩		업
1111	韓光會	1781.4.24	청주	文淑			師德
1112	金魯鎭	1781.5.3	강릉	聖瞻			尙星
1113	金 熤	1781.윤5.23	연안	光仲	竹下·藥峴	文貞	相奭
1114	李命植	1781.8.20	연안	楗仲			淨
1115	徐浩修	1781.10.16	달성	養直	鶴山	靖憲	命膺
1116	鄭好仁	1781.11.16	영일	仲孝			志式
1117	鄭昌聖	1781.12.20	온양	希天		靖簡	光殷
1118	李命植	1782.7.21	연안	楗仲			淨
1119	徐有隣	1782.8.7	달성	元德	潁湖	文獻	孝修
1120	鄭昌聖	1782.8.10	온양	希天			光殷
1121	徐有隣	1782.8.17	달성	元德	潁湖	文獻	孝修
1122	金鍾秀	1782.10.5	청풍	定夫	眞率		致萬
1123	蔡濟恭	1782.10.15	평강	伯規	樊巖·樊翁	文肅	膺一
1124	鄭昌聖	1782.10.25	온양	希天			光殷
1125	金 熤	1782.11.26	연안	光仲	竹下·藥峴	文貞	相奭
1126	鄭昌聖	1782.11.28	온양	希天			光殷
1127	李命植	1783.3.26	연안	楗仲			淨
1128	金華鎭	1783.4.3	강릉	聖載			尙遇

대수	성명	재직확인	본관	자	호	시호	아버지
1129	具善復	1783.4.20	능성	士初			聖弼
1130	鄭好仁	1783.6.22	영일	仲孝			志式
1131	李命植	1783.7.5	연안	楗仲			淨
1132	鄭尙淳	1783.7.13	동래	敦夫			錫行
1133	嚴 璹	1783.7.27	영월	孺文	梧西·生溪	肅憲	慶遂
1134	徐浩修	1783.8.21	달성	養直			命翼
1135	姜世晃	1783.9.1	진주	光之	忝齋·豹菴		銀
1136	鄭尙淳	1783.9.4	동래	敦夫			錫行
1137	徐有隣	1783.9.11	달성	元德	潁湖	文獻	孝修
1138	李在簡	1783.9.18	용인	汝聃			重祜
1139	嚴 璹	1783.9.22	영월	孺文	梧西		慶遂
1140	李命植	1783.9.24	연안	楗仲			淨
1141	金履素	1783.9.25	안동	伯安·儒安	庸菴	翼憲	坦行
1142	金魯鎭	1784.5.25	강릉	聖瞻			尙星
1143	鄭昌順	1784.6.22	온양	祈天	四於		光殷
1144	尹東晢	1784.6.23	파평	與叔	老耘		勉敎
1145	徐有隣	1784.10.8	달성	元德	潁湖	文獻	孝修
1146	金履素	1784.10.15	안동	伯安·儒安	庸菴	翼憲	坦行
1147	鄭昌聖	1785.1.12	온양	希天			光殷
1148	趙 璞	1785.1.18	풍양	景瑞	荷棲	忠定	尙紀
1149	尹 坊	1785.2.6	파평	仲禮	醇齋		光祚
1150	金履素	1785.2.7	안동	伯安·儒安	庸菴	翼憲	坦行
1151	李柱國	1785.2.25	전주	君彦	梧栢		滴
1152	金鍾秀	1785.3.17	청풍	定夫	眞率		致萬
1153	李在簡	1785.3.24	용인	汝聃			重祜
1154	徐浩修	1785.4.1	달성	養直			命翼
1155	鄭尙淳	1785.4.12	동래	敦夫			錫行
1156	徐有寧	1785.4.18	달성	致五			仁修
1157	鄭昌聖	1785.4.29	온양	希天			光殷

대수	성명	재직확인	본관	자	호	시호	아버지
1158	徐浩修	1785.9.27	달성	養直			命翼
1159	尹東晳	1785.11.11	파평	與叔	老耘		勉敎
1160	李翼元	1785.12.6	부평	聖休	鶴陰		廷咸
1161	金鍾正	1785.12.27	청풍	伯剛	雲溪		致垕
1162	尹蓍東	1786.4.27	해평	伯常	方閒·方圓	文翼	得敏
1163	金尙集	1786.5.6	강릉	士能	晩岩		始錫
1164	李漢昌	1786.6.23	여주				
1165	金尙集	1786.7.1	강릉	士能	晩岩		始錫
1166	洪良浩	1786.8.22	풍산	漢師	耳溪	文獻	鎭輔
1167	趙時俊	1786.9.24	김제				德厚
1168	鄭昌順	1186.9.25	온양	祈天	四於		光殷
1169	李 坤	1786.11.20	연안	信卿			度陽
1170	俞彦鎬	1786.11.26	기계	士京	則止軒		直基
1171	李在協	1786.11.29	용인	汝皐			景祜
1172	徐有寧	1786.12.30	달성	致五			仁修
1173	宋載經	1787.1.4	은진	子中		景獻	必泰
1174	李聖圭	1787.1.10	전주	錫甫		孝貞	益征
1175	鄭昌順	1787.1.13	온양	祈天	四於		光殷
1176	李崇祜	1787.5.29	용인	德而	勿齋	孝簡	普淳
1177	鄭昌順	1787.6.10	온양	祈天	四於		光殷
1178	李崇祜	1787.7.26	용인	德而	勿齋	孝簡	普淳
1179	鄭民始	1787.10.3	온양	會叔·仲初	靜窩	忠獻	昌俞
1180	李文源	1787.10.4	연안	士質		翼憲	天輔
1181	李 坤	1787.11.25	연안	信卿			度陽
1182	鄭述祚	1787.12.4	해주	孝善			震衡
1183	鄭昌聖	1787.12.9	온양	希天		靖簡	光殷
1184	鄭民始	1788.6.3	온양	會叔			昌師
1185	金尙集	1788.6.9	강릉	士能			始煐
1186	宋載經	1788.8.15	은진	子中	棄棄窩		必奉

대수	성명	재직확인	본관	자	호	시호	아버지
1187	徐有防	1788.8.18	달성	元禮	奉軒	孝簡	孝修
1188	李在簡	1789.1.3	용인	汝聃			重祜
1189	趙 瑍	1789.3.14	풍양				
1190	李文源	1789.3.16	연안	士質			天輔
1191	鄭昌順	1789.5.4	온양	祈天	四於		光殷
1192	金鍾秀	1789.윤5.10	청풍	定夫	眞率		致萬
1193	徐有防	1789.윤5.13	달성	元禮	奉軒		孝修
1194	李文源	1789.7.11	연안	士質			天輔
1195	金文淳	1789.7.11	안동	在人			履信
1196	鄭好仁	1789.11.3	영일	仲孺			志式
1197	洪良浩	1789.11.19	풍산	漢師	耳溪		鍾輔
1198	吳載純	1789.11.29	해주	文卿	醇庵·愚不及齋	文靖	瑗
1199	姜世晃	1789.12.4	진주	光之	忝齋·豹菴		鋧
1200	李文源	1789.12.6	연안	士質			天輔
1201	李獻慶	1790.2.19	전주	夢瑞	艮翁		齊華
1202	李文源	1790.3.17	연안	士質			天輔
1203	金頤柱	1790.3.20	경주		玉圃	靖憲	漢藎
1204	李文源	1790.3.28	연안	士質			天輔
1205	金文淳	1790.4.11	안동	在人			履信
1206	趙 瑍	1790.4.17	풍양				
1207	金文淳	1790.4.21	안동	在人			履信
1208	洪 檍	1790.6.24	남양	幼直		貞簡	龍祚
1209	吳載純	1790.10.20	해주	文卿	醇庵		瑗
1210	李致中	1790.10.21	전주	稚和	不用齋		顯望
1211	徐浩修	1790.11.3	달성	養直		靖憲	命膺
1212	具 㢞	1790.11.4	능성	翼之			允玉
1213	李致中	1790.12.15	전주	稚和			顯望
1214	具 㢞	1791.2.9	능성	翼之			允玉
1215	洪 檍	1791.6.30	남양	幼直		貞簡	龍祚

대수	성명	재직확인	본관	자	호	시호	아버지
1216	金尙集	1791.4.10	강릉	士能			始熯
1217	李敏輔	1791.7.20	연안	伯訥	豊墅·荷潛	孝貞	崇臣
1218	洪 檍	1791.9.3	남양	幼直		貞簡	龍祚
1219	李致中	1791.9.20	전주	稚和	不用齋		顯望
1220	鄭存中	1791.10.20	동래	士靜			弘祥
1221	洪 檍	1791.11.25	남양	幼直			龍祚
1222	趙宗鉉	1791.12.12	양주	元玉	天恩	孝憲	運逵
1223	洪秀輔	1792.2.8	풍산	君實·君澤	松磵	貞翼	重厚
1224	具 庠	1792.2.18	능성	伯殷			允明
1225	金履素	1792.3.12	안동	伯安	庸庵	翼憲	坦行
1226	金尙集	1792.3.16	강릉	士能			始熯
1227	洪 檍	1792.3.16	남양	幼直			龍祚
1228	金尙集	1792.3.24	안동	士能			始熯
1229	徐有隣	1792.윤4.19	달성	元德	潁湖	文獻	孝修
1230	鄭好仁	1792.윤4.20	영일	子見	暘溪		安瀋
1231	李 坪	1792.윤4.26	연안	信卿			度陽
1232	鄭好仁	1792.6.4	영일	子見	暘溪		安瀋
1233	金文淳	1792.7.5	안동	在人			履信
1234	申思運	1793.8.4	평산	亨仲	樂齋		鈗
1235	李文源	1793.8.10	연안	士質			天輔
1236	具 庠	1793.8.28	능성	伯殷			允明
1237	趙宗鉉	179311.21	양주	元玉	天隱		雲逵
1238	具 庠	1793.11.28	능성	伯殷			允明
1239	李致中	1794.1.10	전주	稚和			顯望
1240	柳 戇	1794.4.11	전주	直甫		孝簡	謙明
1241	具 庠	1794.4.20	능성	伯殷			允明
1242	尹師國	1794.5.9	칠원	賓卿	直庵		敬龍
1243	申思運	1794.9.9	평산	亨仲	樂耘		鈗
1244	具 廲	1794.10.18	능성	翼之			允鉒

대수	성명	재직확인	본관	자	호	시호	아버지
1245	李時秀	1794.11.19	연안	稚可	及健	忠正	福源
1246	金載瓚	1794.12.16	연안	國寶	海石	文忠	熤
1247	申思運	1795.1.9	평산	亨仲	樂耘		欽
1248	具 庠	1795.3.24	능성	伯殷			允明
1249	李在學	1795.8.26	용인	聖中	芝浦	翼獻	崇祜
1250	具 壓	1795.9.15	능성	翼之			允鈺
1251	徐有隣	1795.10.17	달성	元德	潁湖		孝修
1252	金文淳	1795.10.21	안동	在人			履信
1253	具 壓	1795.10.23	능성	翼之			允鈺
1254	李敬懋	1795.12.28	전주	士直		武肅	聖洙
1255	李致中	1796.1.15	전주	稚和			顯望
1256	權 儼	1796.1.29	안동	公著	葉西		謐
1257	李得臣	1796.3.6	전주	聖良		孝憲	時德
1258	權 儼	1796.3.14	안동	公著	葉西		謐
1259	李敬懋	1796.12.27	전주	士直			彭命
1260	申思運	1797.1.22	평산	亨仲	樂耘		欽
1261	權 儼	1797.1.26	안동	公著	葉西		謐
1262	申光履	1797.1.27	평산	綏叔		貞簡	晙
1263	沈煥之	1797.2.4	청송	輝元	晩圃		鎭
1264	金文淳	1797.2.4	안동	在人			履信
1265	黃昇源	1797.2.22	장수	允之		文獻	瓛
1266	金文淳	1797.4.3	안동	在人			履信
1267	尹師國	1797.5.25	칠원	賓卿	直庵		敬龍
1268	趙宗鉉	1797.9.4	양주	元玉	天隱		雲逵
1269	趙心泰	1797.9.9	평양	執中		武毅	儆
1270	李秉鼎	1797.11.8	전주	彝中·耳中	異庵		昌壽
1271	李家煥	1797.12.2	여주	廷藻	錦帶·貞軒		用休
1272	徐邁修	1798.3.21	대구	德而	贛軒	翼憲	命元
1273	朴宗甲	1798.3.27	반남	同甫		文貞	麟源

대수	성명	재직확인	본관	자	호	시호	아버지
1274	李敬懋	1798.4.13	전주	士直			彭命
1275	趙心泰	1798.4.19	평양	執仲			儆
1276	李敬懋	1798.4.27	전주	士直		武肅	聖洙
1277	權 儼	1798.5.27	안동	公著	葉西		謚
1278	具 廙	1798.8.28	능성	翼之			允鈺
1279	申大顯	1798.12.2	평산	晦卿		孝毅	昺
1280	金思穆	1798.12.12	경주	雲巢		敬獻	孝大
1281	成德朝	1798.12.18	창녕	道伯			震齡
1282	洪周萬	1798.12.18	남양	文伯			晦
1283	洪良浩	1798.12.18	풍산	漢師	耳谿	文獻	鎭輔
1284	徐炳德	1798.12.18	연산	攸好	酒隱	靖翼	喜朝
1285	金文淳	1798.12.20	안동	在人			履信
1286	李鼎運	1799.1.8	연안	公會	五沙	貞敏	徵大
1287	李膺擧	1799.5.2	공주	士澄	德巖	敦僖	世麟
1288	徐邁修	1799.5.9	대구	德而	贛軒		命元
1289	李得臣	1799.7.3	전주	聖良			時德
1290	金載瓚	1799.7.20	연안	國寶	海石	文忠	熤
1291	金文淳	1799.8.17	안동	在人			履信
1292	李祖源	1799.8.17	연안	玄之	板橋		鎭輔
1293	徐有大	1799.9.27	달성	子謙		武翼	逸修
1294	李義弼	1799.9.28	전주	喬伯	蒼溪		存中
1295	金文淳	1799.11.29	안동	在人			履信
1296	徐邁修	1800.1.1	대구	德而	贛軒		命元
1297	李祖承	1800.1.26	연안	順汝	淡如軒	靖翼	墣
1298	李祖源	1800.12.1	연안	玄之	板橋		鎭輔
1299	李集斗	1800.12.19	경주	仲輝	芭西·臞鸎		進源
1300	李益運	1801.1.27	연안	季受	鶴麓	靖肅	徵大
1301	李祖承	1801.2.4	연안	順汝			墣
1302	李得臣	1801.3.22	전주	聖良			時德

대수	성명	재직확인	본관	자	호	시호	아버지
1303	權 裕	1801.4.8	안동	聖垂	菊圃		憚
1304	李得臣	1801.4.18	전주	聖良			時德
1305	申思運	1801.5.6	평산	亨仲	樂耘		鈗
1306	趙尙鎭	1801.6.14	풍양	爾眞	榴窓	翼貞	載遇
1307	李秉鼎	1801.10.27	전주	頤仲	彝菴		昌壽
1308	趙鎭寬	1802.2.10	풍양	裕叔	柯汀	孝文	曮
1309	趙尙鎭	1802.2.22	풍양	爾眞	榴窓	翼貞	載遇
1310	李祖承	1802.5.26	연안	順汝	淡如軒	靖翼	墣
1311	洪義謨	1802.7.22	풍산	而中	何愚堂	孝憲	樂性
1312	李敬一	1802.9.2	경주	元會	聽軒	孝定	宗悅
1313	尹光普	1802.12.13	파평	聖博		孝憲	東休
1314	李晩秀	1803.2.25	연안	成仲	屐翁·屐園	文獻	福源
1315	閔台爀	1803.윤2.11	여흥	子三			百亨
1316	韓晩裕	1803.윤2.20	청주	汝成	誠庵		光會
1317	閔台爀	1803.윤2.27	여흥	子三			百宗
1318	李義弼	1803.3.12	전주	喬伯	蒼溪		存中
1319	鄭大容	1803.6.12	동래	道以			東尹
1320	韓晩裕	1803.7.6	청주	汝成			光會
1321	林蓍喆	1803.11.3	나주	聖仲		簡憲	志浩
1322	鄭大容	1804.2.6	동래	道以	耆湖		東尹
1323	李敬一	1804.2.13	경주	元會	聽軒		宗岳
1324	李書九	1804.3.16	전주	洛瑞	惕齋·薑山	文簡	遠
1325	金文淳	1804.5.29	안동	在人			履信
1326	尹光普	1804.7.14	파평	聖博			東休
1327	李義弼	1804.8.4	전주	喬伯	蒼溪		存中
1328	李集斗	1804.8.7	경주	仲輝	琶西·臞鶴		進源
1329	李翊模	1805.1.27	덕수	汝幹			瀅
1330	尹光普	1805.2.28	파평	聖博		孝憲	東休
1331	李集斗	1805.4.15	경주	仲輝	琶西·臞鶴		進源

대수	성명	재직확인	본관	자	호	시호	아버지
1332	朴宗來	1806.1.6	반남	喜甫		翼憲	駿源
1333	洪義謨	1806.1.28	풍산	而中	何愚堂		樂性
1334	金羲淳	1806.2.21	안동	太初	山木·景源	文簡	履安
1335	金思穆	1806.3.8	경주	伯深	雲巢		孝大
1336	韓晩裕	1806.3.17	청주	汝成			光會
1337	吳載紹	1806.6.22	해주	克卿	石泉·耘齋	定憲	瑗
1338	朴宗來	1806.10.15	반남	喜甫			駿源
1339	吳載紹	1807.2.20	해주	克卿	石泉·耘齋	定憲	瑗
1340	金啓洛	1807.7.2	강릉	景淳	梧軒	文靖	華鎭
1341	李勉兢	1807.7.18	전주	大臨			性淳
1342	洪明浩	1807.11.21	남양	公舒·公善	巽庵	孝憲	鎭輔
1343	韓晩裕	1808.1.2	청주	汝成			光會
1344	李晃膺	1808.2.9	연안	帶彦			命植
1345	金羲淳	1808.3.19	안동	太初	山木·景源		履仁
1346	李勉兢	1808.6.16	전주	大臨			性淳
1347	洪義謨	1808.7.6	풍산	而中	何愚堂		樂性
1348	吳載紹	1808.8.12	해주	克卿	石泉·耘齋	定憲	瑗
1349	南公轍	1808.10.27	의령	元平	思潁·金陵	文獻	有容
1350	韓用鐸	1808.11.27	청주	汝魯		靖獻	重裕
1351	朴宗來	1809.2.4	반남	喜甫		翼憲	駿源
1352	李集斗	1809.3.28	경주	仲輝	琶西·臞鶴		進源
1353	朴崙壽	1809.4.25	반남	德汝	安窩	忠憲	宗珪
1354	申大顯	1809.5.4	평산	晦卿		孝毅	
1355	李勉兢	1809.5.12	전주	大臨			性淳
1356	李集斗	1809.5.19	경주	仲輝	琶西·臞鶴		進源
1357	金履度	1809.11.14	안동	季謹	松園	正獻	坦行
1358	朴宗慶	1810.3.12	반남	汝會	敦巖	文肅	準源
1359	趙尙鎭	1810.3.21	풍양	爾珍			載遇
1360	李晃膺	1810.6.4	연안	帶彦			命植

대수	성명	재직확인	본관	자	호	시호	아버지
1361	曺允大	1810.8.5	창녕	士元	東圃		明峻
1362	洪明浩	1810.11.7	남양	公舒			景輔
1363	金履度	1810.11.27	안동	季謹			坦行
1364	金履翼	1811.1.25	안동	保叔	牖窩	簡獻	由行
1365	曺允大	1811.3.17	창녕	士元	東浦		命峻
1366	金履度	1811.3.18	안동	季謹			坦行
1367	李冕膺	1811.4.15	연안	帶彦			命植
1368	韓晩裕	1811.4.17	청주	汝成			光會
1369	李集斗	1811.6.19	경주	仲輝	琶西·臞鶴		進源
1370	李冕膺	1811.7.11	연안	帶彦			命植
1371	李勉兢	1811.9.7	전주	大臨			性淳
1372	朴宗來	1811.9.23	반남	喜甫			駿源
1373	韓晩裕	1811.10.21	청주	汝成			光會
1374	南公轍	1811.11.22	의령	元平	思潁·金陵		有容
1375	李冕膺	1811.11.23	연안	帶彦			命植
1376	申大顯	1811.11.27	평산	晦卿		孝毅	
1377	金履翼	1812.1.16	안동	輔叔			由行
1378	曺允大	1812.3.29	창녕	士元	東浦		命峻
1379	李相璜	1812.5.8	전주	周玉	桐漁·玄圃	文翼	得一
1380	李益運	1812.5.29	연안	季受			徵大
1381	李相璜	1812.8.16	전주	周玉	桐漁·玄圃	文翼	得一
1382	李益運	1812.8.28	연안	季受			徵大
1383	李堯憲	1812.10.10	전주	季述	笑笑翁	肅烈	命杰
1384	李相璜	1812.11.3	전주	周玉	桐漁·玄圃	文翼	得一
1385	金啓洛	1812.11.30	강릉	景淳			華鎭
1386	金孝建	1813.1.7	광산	子中·忠伯			宗範
1387	李相璜	1813.1.22	전주	周玉	桐漁·玄圃	文翼	得一
1388	朴宗慶	1813.2.9	반남	汝會	敦巖		準源
1389	朴宗來	1813.2.26	반남	喜甫		翼憲	駿源

대수	성명	재직확인	본관	자	호	시호	아버지
1390	沈象奎	1813.4.12	청송	可權·穉敎	斗室,彛下	文肅	念祖
1391	朴宗慶	1813.5.19	반남	汝會	敦巖		準源
1392	金羲淳	1813.7.8	안동	太初	山木		履仁
1393	宋 銓	1813.8.4	은진	季澹	嬰庵		良弼
1394	金在昌	1813.10.9	광산	德汝	香圃	貞簡	箕性
1395	林漢浩	1814.윤2.13	나주	景昭		貞簡	象元
1396	金啓洛	1814.윤2.18	강릉	景淳			華鎭
1397	洪義浩	1814.7.30	풍산	養仲	澹寧	正憲	秀輔
1398	林漢浩	1814.8.9	나주	景昭		貞簡	象元
1399	朴崙壽	1814.9.12	반남	德汝			宗珪
1400	金履陽	1815.2.6	안동	命汝	淵泉		憲行
1401	韓用鐸	1815.3.3	청주	汝魯			重裕
1402	鄭晚錫	1815.5.23	온양	成甫	過齋·果齋	肅獻	基安
1403	李肇源	1815.7.4	연안	景混	玉壺	文景	敏輔
1404	金履陽	1815.10.3	안동	命汝	淵泉		憲行
1405	洪義浩	1816.4.5	풍산	養仲	澹寧	正憲	秀輔
1406	金著根	1816.윤6.20	안동	興之			顥淳
1407	鄭尙愚	1817.7.12	온양	仲及			元始
1408	李普天	1817.7.25	용인	士浩			宜老
1409	金履陽	1817.8.30	안동	命汝	淵泉		憲行
1410	李羲甲	1817.11.23	한산	元汝	平泉	正獻	泰永
1411	趙弘鎭	1818.3.3	풍양	寬甫	牕岩		載儉
1412	趙德潤	1818.4.20	임천	修爾		孝貞	明勗
1413	李存秀	1818.6.5	연안	聖老·成老	金石·蓮游	文翼	文源
1414	韓致應	1818.7.8	청주	徯甫	粤山		光迪
1415	趙弘鎭	1818.7.29	풍양	寬甫	牕岩		載儉
1416	李存秀	1818.9.8	연안	聖老·成老	金石·蓮游	文翼	文源
1417	任希存	1819.1.25	풍천	身之		貞僖	珖
1418	金履喬	1819.2.17	안동	公世	竹里	文貞	方行

대수	성명	재직확인	본관	자	호	시호	아버지
1419	李存秀	1819.4.15	연안	聖老·成老	金石·蓮游	文翼	文源
1420	金履陽	1819.5.9	안동	命汝	淵泉		憲行
1421	李羲甲	1819.8.8	한산	元汝	平泉	正獻	泰永
1422	金在昌	1819.12.6	광산	德汝	香圃		箕性
1423	金蓍根	1820.6.3	안동	興之			在淳
1424	李羲甲	1820.7.29	한산	元汝	平泉	正獻	泰永
1425	韓致應	1820.9.19	청주	徯甫	粤山		光迪
1426	李魯益	1820.10.23	덕수	君受	灘樵	孝靖	秉模
1427	李存秀	1820.11.29	연안	聖老·成老	金石·蓮游	文翼	文源
1428	金履陽	1820.12.1	안동	命汝	淵泉		憲行
1429	洪羲臣	1821.2.1	풍산	叔藝	蘭塾	翼靖	明浩
1430	鄭晩錫	1821.2.27	온양	成甫	過齋		基安
1431	李肇源	1821.10.12	연안	景混	玉壺		敏輔
1432	金魯應	1822.1.19	경주	唯一	一窩	正獻	泰柱
1433	趙萬元	1822.3.25	풍양	泰始		文靖	象存
1434	李羲甲	1822.4.14	한산	元汝	平泉	正獻	泰永
1435	韓致應	1822.7.9	청주	徯甫	粤山		光迪
1436	金基厚	1823.4.20	청풍	士重		孝憲	持默
1437	韓致應	1823.5.11	청주	徯甫	粤山		光迪
1438	金履喬	1823.5.23	안동	公世	竹里		方行
1439	鄭晩錫	1823.8.3	온양	成甫	過齋		基安
1440	金魯應	1823.8.20	경주	唯一	一窩	正獻	泰柱
1441	金在昌	1823.9.6	광산	德汝	香圃		箕性
1442	金基厚	1823.9.18	청풍	士重		孝憲	持默
1443	曺鳳振	1823.10.17	창녕	儀卿	愼菴		允大
1444	朴宗薰	1823.12.15	반남	舜可	荳溪	文貞	參源
1445	李書九	1824.2.28	전주	洛瑞	惕齋		遠
1446	金魯敬	1824.3.1	경주	可一	酉堂		頤柱
1447	金基厚	1824.4.14	청풍	士重		孝憲	持默

대수	성명	재직확인	본관	자	호	시호	아버지
1448	權常愼	1824.4.25	안동	絅好	日紅堂	孝獻	植
1449	洪義浩	1824.5.9	풍산	養仲	澹寧		秀輔
1450	任希存	1824.5.9	풍천	身之			珖
1451	韓致應	1824.6.10	청주	徯甫	粤山		光迪
1452	李存秀	1824.7.24	연안	聖老·成老	金石·蓮游	文翼	文源
1453	金魯敬	1824.9.7	경주	可一	酉堂		頤柱
1454	金基厚	1824.9.16	청풍	士重		孝憲	持默
1455	李存秀	1824.11.16	연안	聖老·成老	金石·蓮游	文翼	文源
1456	洪羲臣	1825.1.16	풍산	叔藝	蘭塾	翼靖	明浩
1457	白師誾	1825.1.26	수원				尙友
1458	沈象奎	1825.2.10	청송	可權·穉教			念祖
1459	朴宗薰	1825.2.23	반남	舜可	荳溪	文貞	參源
1460	金相休	1825.3.6	광산	季容	蕉泉	文簡	茂澤
1461	金履喬	1825.6.14	안동	公世	竹里	文貞	方行
1462	宋冕載	1825.7.20	여산	周卿			翼庠
1463	金履載	1825.8.5	안동	公厚	江右	文簡	方行
1464	李羲甲	1825.10.9	한산	元汝	平泉	正獻	泰永
1465	金履載	1825.12.24	안동	公厚	江右	文簡	方行
1466	金相休	1826.1.6	광산	季容	蕉泉		茂澤
1467	金履喬	1826.4.15	안동	公世	竹里	文貞	方行
1468	金逌根	1826.8.12	안동	景先	黃山	文貞	祖淳
1469	金基厚	1826.8.26	청풍	士重		孝憲	持默
1470	金魯敬	1826.8.26	경주	可一	酉堂		頤柱
1471	南履翼	1826.9.5	의령	公礪		孝貞	玄老
1472	宋冕載	1826.9.5	여산	周卿			翼庠
1473	洪羲俊	1826.9.25	풍산	仲深	薰谷	文穆	良浩
1474	李勉昇	1826.10.9	전주	季來	晩圃	文憲	性淳
1475	南履翼	1826.10.14	의령	公礪		孝貞	玄老
1476	金履喬	1826.10.16	안동	公世	竹里	文貞	方行

대수	성명	재직확인	본관	자	호	시호	아버지
1477	洪奭周	1826.12.22	풍산	成伯	淵泉	文簡	仁模
1478	金履載	1827.1.25	안동	公厚	江右	文簡	方行
1479	金在昌	1827.1.25	광산	德汝	香圃	貞簡	箕性
1480	宋冕載	1827.2.20	여산	周卿			翼庠
1481	李存秀	1827.4.11	연안	性老	金石·蓮游	文翼	文源
1482	李勉昇	1827.4.13	전주	季來			性淳
1483	李龍秀	1827.4.20	연안	子田	葒館	孝簡	肇源
1484	朴宗薰	1827.윤5.9	반남	舜可	荳溪		參源
1485	南履翼	1827.윤5.23	의령	公礪		孝貞	玄老
1486	洪起燮	1827.8.13	남양	喜齋	痴叟		秉協
1487	李止淵	1827.9.7	전주	景進	希谷	文翼	義悅
1488	趙鍾永	1827.9.27	풍양	元卿	北海	忠簡	鎭宅
1489	金履喬	1827.11.30	안동	公世	竹里	文貞	方行
1490	李錫奎	1827.12.21	경주	穉成	東江	孝貞	敬寬
1491	朴周壽	1828.1.26	반남	君與		翼獻	宗輔
1492	趙萬永	1828.3.5	풍양	胤卿	石厓	忠敬	鎭寬
1493	洪起燮	1828.4.21	남양	喜哉			秉協
1494	金敎根	1828.9.14	안동	孟汝			泰淳
1495	洪奭周	1828.11.29	풍산	成伯	淵泉		大榮
1496	李羲甲	1828.11.29	한산	元汝	平泉	正獻	泰永
1497	金履載	1828.12.1	안동	公厚	江右	文簡	方行
1498	徐能輔	1829.3.6	대구	穉良			有慶
1499	洪羲俊	1829.4.1	풍산	仲深			良浩
1500	趙鍾永	1829.7.7	풍양	元卿			晸
1501	李光文	1829.9.25	우봉	景博	小華	文簡	采
1502	徐能輔	1829.10.19	대구	穉良			有慶
1503	金履載	1829.11.25	안동	公厚	江右	文簡	方行
1504	朴綺壽	1830.4.20	반남	眉皓	寬谷·履坦齋	孝文	宗臣
1505	李止淵	1830.윤4.8	전주	景進	希谷		義悅

대수	성명	재직확인	본관	자	호	시호	아버지
1506	金履喬	1830.6.6	안동	公世	竹里	文貞	方行
1507	朴宗薰	1830.10.6	반남	舜可	荳溪		參源
1508	金逌根	1830.10.20	안동	景先	黃山		祖淳
1509	李翊會	1830.11.15	전의	左甫·左輔	古東	文簡	樂培
1510	金在昌	1830.12.2	광산	德汝	香圃	貞簡	箕性
1511	李止淵	1831.1.21	전주	景進	希谷		義悅
1512	朴綺壽	1831.2.18	반남	眉皓	寬谷·履坦齋	孝文	宗臣
1513	徐能輔	1831.2.21	대구	穉良			有慶
1514	南履翼	1831.5.3	의령	公勵			庚老
1515	宋冕載	1831.7.5	여산	周卿			翼庠
1516	朴周壽	1831.12.25	반남	君與			宗輔
1517	趙寅永	1832.4.7	풍양	羲卿	雲石	文忠	鎭寬
1518	金箕殷	1832.8.2	광산	商言		淸獻	相儀
1519	宋冕載	1833.4.24	여산	周卿			翼庠
1520	金 銑	1833.6.22	연안	澤之	休休堂	孝憲	翼均
1521	李翊會	1833.7.15	전의	左甫	古東		得培
1522	柳相祚	1833.10.4	풍산	爾卿	逸愚	貞簡	宗春
1523	朴周壽	1833.10.5	반남	君與			宗輔
1524	鄭基善	1833.11.4	동래	元伯	修石		持容
1525	洪敬謨	1833.11.29	풍산	元直·敬修	冠巖	文貞	樂源
1526	朴周壽	1834.1.10	반남	君與			宗輔
1527	李止淵	1834.2.5	전주	景進	希谷		義悅
1528	洪命周	1834.7.15	풍산	自天	芝泉	靖簡	喜榮
1529	柳河源	1834.8.4	진주	伯倫·百倫			威鎭
1530	金熙華	1834.8.12	청풍	觀汝			翊休
1531	徐耕輔	1834.9.29	달성	任世	卯翁	文靖	有臣
1532	鄭基善	1834.12.16	동래	元伯	脩石		持容
1533	朴晦壽	1835.5.20	반남	穉章·子木	壺谷·壺下	肅獻	宗羽
1534	申在植	1835.6.10	평산	仲立	翠微		光蘊

대수	성명	재직확인	본관	자	호	시호	아버지
1535	宋冕載	1835.윤6.19	여산	周卿			翼庠
1536	徐憙淳	1835.11.4	달성	穉晦	友蘭	肅獻	應輔
1537	李志淵	1836.1.16	전주	心一	水雲·學阜		義述
1538	洪命周	1836.3.7	풍산	自天	芝泉	靖簡	喜榮
1539	權敦仁	1836.10.10	안동	景羲	彝齋·又髥	文獻	中緝
1540	李羲準	1837.4.10	한산	平汝	溪西	文靖	泰永
1541	洪命周	1837.7.26	풍산	自天	芝泉	靖簡	喜榮
1542	洪敬謨	1838.2.14	풍산	敬修	冠巖		樂源
1543	鄭基善	1838.윤4.1	동래	元伯	脩石		持容
1544	徐憙淳	1838.윤4.28	달성	穉晦	友蘭	肅獻	應輔
1545	朴綺壽	1838.7.26	반남	眉皓	寬谷·履坦齋	孝文	宗臣
1546	金弘根	1838.8.28	안동	毅卿	春山	文翼	明淳
1547	李憲瑋	1838.9.15	전주	稚寶		翼獻	章紹
1548	朴晦壽	1838.11.19	반남	穉章·子木	壺谷·壺下	肅獻	宗羽
1549	權敦仁	1839.4.18	안동	景羲	彝齋·又髥	文獻	中緝
1550	李嘉愚	1839.5.25	연안	允賓		文貞	田秀
1551	鄭元容	1839.7.27	동래	善之	經山	文忠	東晚
1552	金弘根	1839.8.12	안동	毅卿	春山	文翼	明淳
1553	朴綺壽	1839.11.26	반남	眉皓	寬谷·履坦齋	孝文	宗臣
1554	朴晦壽	1840.3.4	반남	穉章·子木	壺谷·壺下	肅獻	宗羽
1555	洪敬謨	1840.3.18	풍산	敬修	冠巖		樂源
1556	李嘉愚	1840.9.28	연안	允賓			田秀
1557	金箕殷	18440.11.10	광산	商言			相儀
1558	李羲準	1840.11.30	한산	平汝	溪西	文靖	泰永
1559	宋啓幹	1841.1.10	은진	直卿	楸陽	文敬	時淵
1560	李若愚	1841.1.12	연안	景容	壺居	文簡	洛秀
1561	柳和源	1841.1.18	진주				鎮說
1562	李憲球	1841.2.20	전주	稚瑞	菊幹	忠簡	章顯
1563	李光正	1841.윤3.30	우봉	景福	方野	文貞	禾

대수	성명	재직확인	본관	자	호	시호	아버지
1564	李若愚	1841.4.26	연안	景容	壺居	文簡	洛秀
1565	李憲瑋	1841.8.5	전주	稚寶		翼獻	章紹
1566	李光正	1841.8.14	우봉	景福	方野	文貞	禾
1567	李憲球	1841.12.25	전주	稚瑞	菊幹	忠簡	章顯
1568	朴永元	1842.1.2	고령	聖氣	梧墅	文翼	鍾淳
1569	李若愚	1842.4.3	연안	景容	壺居	文簡	洛秀
1570	洪敬謨	1842.4.6	풍산	敬修	冠巖	文貞	樂源
1571	李嘉愚	1842.4.20	연안	允賓			田秀
1572	朴晦壽	1842.6.5	반남	穉章·子木	壺谷·壺下	肅獻	宗羽
1573	金左根	1842.7.1	안동	景隱	荷屋	忠翼	祖淳
1574	徐憙淳	1842.7.28	달성	穉晦	友蘭	肅獻	應輔
1575	李憲瑋	1842.10.7	전주	稚寶		翼獻	章紹
1576	李穆淵	1842.11.20	전주	伯春	笑笑	文貞	義常
1577	金興根	1842.12.3	안동	起卿	游觀	忠文	明淳
1578	金道喜	1842.12.25	경주	史經	柱下	孝憲	魯應
1579	李翊會	1843.1.3	전의	左甫	古東		得培
1580	朴晦壽	1843.1.11	반남	穉章·子木	壺谷·壺下	肅獻	宗羽
1581	李惟秀	1843.4.23	덕수	大頤			漢興
1582	金蘭淳	1843.5.28	안동	士猗	碧谷	孝文	履裕
1583	任聖皐	1843.7.28	풍천	德敏·仲岸	偶然翁	忠正	葎
1584	金 熀	1843.윤7.17	해풍				相玉
1585	李奎鉉	1843.8.20	용인	魯卿	觀白	肅獻	在學
1586	徐左輔	1844.2.15	달성	公弼		孝靖	有聞
1587	洪敬謨	1844.3.17	풍산	敬修	冠巖	文貞	樂源
1588	李穆淵	1844.4.19	전주	伯春	笑笑	文貞	義常
1589	徐左輔	1844.5.15	달성	公弼		孝靖	有聞
1590	李嘉愚	1844.6.21	연안	允賓		文貞	田秀
1591	趙秉龜	1844.9.14	풍양	景寶	遊荷	文肅	萬永
1592	金興根	1844.10.24	안동	起卿	游觀	忠文	明淳

대수	성명	재직확인	본관	자	호	시호	아버지
1593	李憲球	1844.12.10	전주	稚瑞	菊幹	忠簡	章顯
1594	李穆淵	1845.3.26	전주	伯春	笑笑		義常
1595	洪在喆	1845.5.16	남양	致敬		淸獻	起燮
1596	朴岐壽	1845.6.2	반남	鳳來			宗輔
1597	趙容和	1845.6.15	풍양	景涵·聖交	晴沼	文憲	雲翊
1598	徐箕淳	1845.6.2	대구	仲裘	梅園	淸文	榮輔
1599	李憲球	1845.7.6	전주	稚瑞	菊幹	忠簡	章顯
1600	趙斗淳	1845.9.16	양주	元七	心菴	文獻	鎭翼
1601	李嘉愚	1845.12.3	연안	允賓		文貞	田秀
1602	金蘭淳	1846.2.27	안동	士猗	碧谷	孝文	履裕
1603	李惟秀	1846.3.18	덕수	大頤			漢興
1604	金東健	1846.4.26	청풍	子順·君元		文簡	命淵
1605	李嘉愚	1846.6.15	연안	允賓		文貞	田秀
1606	尹尙圭	1846.7.26	파평	周瑞	魯石		光禮
1607	徐憙淳	1846.8.1	대구	穉晦	友蘭	肅獻	應輔
1608	尹尙圭	1846.9.20	파평	周瑞	魯石		光禮
1609	徐箕淳	1846.9.25	대구	仲裘	梅園	淸文	榮輔
1610	洪在喆	1846.11.5	남양	致敬		淸獻	起燮
1611	李嘉愚	1846.11.11	연안	允賓		文貞	田秀
1612	朴岐壽	1846.11.20	반남	鳳來			宗輔
1613	李嘉愚	1847.1.11	연안	允賓		文貞	田秀
1614	成遂默	1847.2.13	창녕	聖執		孝憲	肯柱
1615	金英淳	1847.3.8	안동	君實	石綾		履敎
1616	金東健	1847.10.4	청풍	子順·君元		文簡	命淵
1617	李憲球	1847.10.24	전주	稚瑞	菊幹	忠簡	章顯
1618	金學性	1848.2.12	청풍	景道	松石	孝文	東獻
1619	姜時永	1848.3.22	진주	汝亮·汝良	星沙	文憲	俊欽
1620	朴永元	1848.5.10	고령	聖氣	梧墅	文翼	鍾淳
1621	徐左輔	1848.7.17	달성	公弼		孝靖	有聞

대수	성명	재직확인	본관	자	호	시호	아버지
1622	金鼎集	1848.10.18	경주	九如	石世	文貞	永受
1623	李敦榮	1848.11.30	전주	允若·允恭	莘憩	文貞	相斗
1624	金英淳	1848.11.30	안동	君實	石陵		履喬
1625	李紀淵	1949.3.4	전주	景國	海谷		義悅
1626	趙冀永	1849.3.11	풍양	壽卿			鎭宣
1627	金左根	1849.7.12	안동	景隱	荷屋	忠翼	祖淳
1628	李嘉愚	1849.7.20	연안	允賓		文貞	田秀
1629	成遂默	1849.7.28	창녕	聖執		孝憲	肯柱
1630	金鼎集	1849.8.20	경주	九如	石世	文貞	永受
1631	金興根	1849.12.26	안동	起卿	游觀	忠文	明淳
1632	李魯炳	1850.1.18	덕수	景禮	樂野		述模
1633	金興根	1850.1.21	안동	起卿	游觀	文貞	永受
1634	李紀淵	1850.3.4	전주	景國	海谷		義悅
1635	姜時永	1850.3.22	진주	汝亮·汝良	星沙	文憲	俊欽
1636	朴永元	1850.5.10	고령	聖氣	梧墅	文翼	鍾淳
1637	趙秉駿	1850.6.17	풍양	景範	松澗	孝貞	原永
1638	金箕晩	1850.6.26	광산	器之	樸痴翁		相任
1639	李鶴秀	1850.8.21	연안	子皐	丹臯	文獻	始源
1640	權大肯	1850.9.5	안동	季構	史野		익
1641	徐左輔	1850.9.30	달성	公弼		孝靖	有聞
1642	徐英淳	1851.1.2	대구	耆伯		孝靖	京輔
1643	尹致謙	1851.2.15	해평	仲益	玄虛堂	靖敏	陽烈
1644	洪在喆	1851.3.16	남양	致敬			起燮
1645	李圭祊	1851.6.17	경주				一榮
1646	李嘉愚	1851.7.13	연안	允賓		文貞	田秀
1647	李景在	1851.8.2	한산	季行	松西·紹隱	文簡	羲先
1648	徐念淳	1851.10.3	대구	敬祖	石帆	文肅	恭輔
1649	徐有薰	1851.11.26	대구	季南	石淙	文景	淇修
1650	金景善	1852.3.30	청풍	汝行		貞文	基豊

대수	성명	재직확인	본관	자	호	시호	아버지
1651	權大肯	1852.3.30	안동	季構	史野		익
1652	任百經	1852.7.29	풍천	文卿	荷漪	文貞	存常
1653	權大肯	1852.9.7	안동	季構	史野		익
1654	徐有薰	1852.9.7	대구	季南	石淙	文景	淇修
1655	尹致秀	1852.9.18	해평	成汝	錦帆	文獻	敬烈
1656	姜時永	1852.9.21	진주	汝亮·汝良		文憲	浚欽
1657	金洙根	1853.2.6	안동		溪山樵老	正文	麟淳
1658	李圭祊	1853.5.16	경주				一榮
1659	韓鎭庭	1853.6.9	청주	彦學			致應
1660	李敦榮	1853.8.21	전주	允若			相衡
1661	韓鎭庭	1853.8.29	청주	彦學			致應
1662	洪祐順	1853.10.15	풍산	耳伯	城山		命周
1663	金學性	1854.2.11	청풍	景道	松石	孝文	東獻
1664	尹致秀	1854.4.14	해평	成汝	錦帆	文獻	敬烈
1665	金學性	1854.4.15	청풍	景道	松石	孝文	東獻
1666	南獻敎	1854.6.3	의령	敬曾		肅獻	履愚
1667	柳相弼	1854.9.3	진주	士翼		武肅	達源
1668	趙秉駿	1854.9.11	풍양	景範			原永
1669	金大根	1854.9.27	안동	一原	苕谿		漢淳
1670	金洙根	1854.10.15	안동	晦夫	溪山樵老	正文	麟淳
1671	南獻敎	1854.11.3	의령				履愚
1672	徐戴淳	1854.11.13	대구	元厚	鄕坡		名輔
1673	趙得林	1855.3.20	양주	一之·德卿	養亭	文肅	濟晩
1674	李啓朝	1855.3.24	경주	德叟	桐泉	文貞	錫奎
1675	金鼎集	1855.4.7	경주	九如	石世	文貞	永受
1676	金 鍏	1855.10.12	연안	景容		文翼	載琓
1677	徐有薰	1855.10.29	대구	季南	石淙	文景	淇修
1678	金學性	1855.11.5	청풍	景道	松石	孝文	東獻
1679	鄭基世	1855.11.21	동래	聖九	周溪		元容

대수	성명	재직확인	본관	자	호	시호	아버지
1680	徐戴淳	1855.11.29	대구	元厚	鄉坡		名輔
1681	尹致秀	1855.12.10	해평	成汝	錦帆	文獻	敬烈
1682	徐有薰	1856.1.15	대구	季南	石淙	文景	淇修
1683	徐憲淳	1856.1.24	달성	稚章	石耘	孝文	基輔
1684	徐有薰	1856.2.8	대구	季南	石淙	文景	淇修
1685	尹致定	1856.3.2	해평	士能	石醉	文貞	慶烈
1686	鄭最朝	1856.4.28	동래	久之			基翼
1687	金輔根	1856.6.19	안동	仲弼	三松	文憲	芝淳
1688	鄭基世	1856.7.2	동래	聖九	周溪		元容
1689	李景在	1856.10.20	한산	季行	松西		羲先
1690	趙秉駿	1856.10.21	풍양	景範		孝貞	原永
1691	趙得林	1856.10.24	양주	一之·德卿	養亭	文肅	濟晚
1692	徐有薰	1856.11.7	대구	季南	石淙	文景	淇修
1693	李紀淵	1856.12.27	전주	京國			義悅
1694	金炳冀	1856.12.27	안동	聖存	思潁	文獻	泳根
1695	成原默	1856.12.30	창녕	季淵		孝靖	老柱
1696	金箕晚	1857.1.16	광산	器之			相任
1697	吳取善	1857.1.16	해주	舜爲			顯相
1698	李根友	1857.1.26	전의	定甫		孝貞	好敏
1699	朴長復	1857.2.11	밀양	來卿	錦里	孝靖	道敏
1700	金鼎集	1857.3.20	경주	九如	石世	文貞	永受
1701	徐戴淳	1857.4.6	대구	海藏	鄉坡		名輔
1702	李是遠	1857.윤5.4	전주	子直	沙磯	忠貞	勉伯
1703	徐戴淳	1857.윤5.18	대구	海藏	鄉坡		名輔
1704	金炳喬	1857.6.26	안동	公器			敎根
1705	徐憲淳	1857.9.6	달성	稚章	石耘	孝文	基輔
1706	金箕晚	1858.1.5	광산	器之			相任
1707	徐有薰	1858.1.27	대구	季南	石淙	文景	淇修
1708	申錫愚	1858.3.4	평산	聖如·成睿	海藏	文貞	在業

대수	성명	재직확인	본관	자	호	시호	아버지
1709	李公翼	1858.3.20	연안	東老		孝靖	光愚
1710	金炳學	1858.4.15	안동	景敎	穎樵	文獻	洙根
1711	金學性	1858.5.9	청풍	景道	松石		東獻
1712	李根友	1858.5.10	전의	定甫		孝貞	好敏
1713	金泳根	1858.5.20	안동	德夫		孝貞	復淳
1714	趙得林	1858.6.22	양주	德卿		文肅	濟晩
1715	李寅皐	1858.10.1	전주	舜士		孝靖	壽淵
1716	申錫愚	1858.11.13	평산	聖如·成睿	海藏	文貞	在業
1717	李 垿	1858.11.30	우봉	洪夫·陶雲	三洲	文貞	光文
1718	金大根	1858.12.11	안동	一原	苕谿·如淵		漢淳
1719	金炳喬	1859.1.4	안동	公器			敎根
1720	洪在喆	1859.2.19	남양	致敬			起燮
1721	徐憲淳	1859.3.25	달성	稚章	石耘		基輔
1722	金 鍏	1859.4.17	연안				
1723	李謙在	1859.5.27	한산	公益		孝憲	羲甲
1724	李是遠	1859.7.28	전주	子直	沙磯	忠貞	勉伯
1725	趙然昌	1859.8.4	풍양	文甫	星山	文貞	民和
1726	洪說謨	1859.9.3	풍산	聖立			羲命
1727	南秉哲	1859.10.20	의령	字明·原明	圭齋·絳雪	文貞	久淳
1728	洪鍾應	1859.11.3	남양	士協		文憲	勝圭
1729	俞章煥	1859.12.13	기계	雲汝	頤齋	孝靖	平柱
1730	金相宇	1860.1.15					
1731	李裕元	1860.3.12	경주	京春	橘山·默農	忠文	啓朝
1732	吳取善	1860.3.23	해주	舜爲		文靖	顯相
1733	金炳雲	1860.5.15	안동	景平	柳汀		湖根
1734	李紀淵	1860.5.25	전주	景國			義悅
1735	徐戴淳	1860.5.27	대구	元厚	鄕坡		應輔
1736	李玄緖	1860.7.27	전의	穉長	星叟	孝憲	文會
1737	朴齊憲	1860.7.27	반남	文有			周壽

대수	성명	재직확인	본관	자	호	시호	아버지
1738	沈敬澤	1860.9.1	청송	子輿		孝靖	宜復
1739	金學性	1860.9.27	청풍	景道	松石		東獻
1740	尹致秀	1860.11.7	해평	成汝		文獻	敬烈
1741	徐戴淳	1861.2.23	대구	元厚	鄉坡		應輔
1742	李謙在	1861.3.15	한산	公益		孝憲	義甲
1743	鄭基世	1861.4.17	동래	聖九	周溪		元容
1744	申錫禧	1861.5.15	평산	士수	韋史	孝文	在正
1745	洪祐吉	1861.10.10	풍산	成汝	靄士·春山	孝文	定周
1746	金炳冱	1861.10.29	안동	範初	小山	孝文	弘根
1747	申錫愚	1862.1.15	평산	聖如·成睿	海藏	文貞	在業
1748	金大根	1862.4.2	안동	一原	苕谿·如淵		漢淳
1749	曺錫雨	1862.4.16	창녕	稚用	烟巖	文靖	龍振
1750	任百秀	1862.6.5	풍천	稚皓·稚好			淵常
1751	南秉吉	1862.윤8.11	의령	子裳	六一齋·惠泉	文靖	久淳
1752	李景純	1862.9.12	전주	聖瑞	雲皐		石求
1753	趙然昌	1862.10.1	풍양	文甫	星山	文貞	民和
1754	金炳學	1862.11.10	안동	景敎	潁樵	文獻	洙根
1755	申錫禧	1862.11.28	평산	士수	韋史	孝文	在正
1756	金炳冱	1863.1.29	안동	範初	小山		弘根
1757	沈敬澤	1863.2.5	청송	子輿		孝靖	宜復
1758	金炳喬	1863.3.11	안동	公器			敎根
1759	洪鍾序	1863.5.30	남양	士賓	悠齋	貞文	勝圭
1760	金炳雲	1863.6.10	안동	景平	柳汀	文靖	浩根
1761	申觀浩	1863.7.3	평산	國賓	威堂·琴堂	壯肅	義直
1762	李根友	1863.7.20	전의	定甫		孝貞	好敏
1763	吳甲良	1863.8.21	해주	元敬			鵬南
1764	金學性	1863.8.22	청풍	景道	松石		東獻
1765	李圭徹	1863.9.14	전주	士一		孝毅	光益
1766	吳甲良	1863.10.5	해주	元敬			鵬南

대수	성명	재직확인	본관	자	호	시호	아버지
1767	洪鍾序	1863.10.5	남양	士賓	悠齋	貞文	勝奎
1768	李圭徹	1864.1.14	전주	士一		孝毅	光益
1769	李 垀	1864.4.16	우봉	洪夫·陶雲	三洲	文貞	光文
1770	徐衡淳	1864.4.29	대구	穉平	悠齋		鴻輔
1771	趙獻永	1864.5.18	풍양	輔卿	春源		鎭宣
1772	許 棨	1864.5.28	양천	而肅		孝敏	溦
1773	鄭基世	1864.6.26	동래	聖九	周溪		元容
1774	任百秀	1864.7.18	풍천	稚皓·稚好			淵常
1775	尹致定	1864.9.21	해평	士能	石醉	文淸	慶烈
1776	宋近洙	1864.10.3	은진	近述·彦述	立齋·南谷	文獻	欽學
1777	趙得林	1864.10.12	양주	一之·德卿		文肅	濟晩
1778	金炳德	1864.12.2	안동	聖一	約山	文獻	興根
1779	趙徽林	1864.12.13	양주	漢鏡	追潭	文靖	濟萬
1780	李源命	1864.12.23	용인	穉明	鍾山	文靖	奎鉉
1781	李源祚	1865.1.19	성주	周賢	凝窩	定憲	亨鎭
1782	徐衡淳	1865.2.7	대구	穉平	悠齋		鴻輔
1783	徐憲淳	1865.2.25	달성	稚章	石耘	孝文	基輔
1784	南秉吉	1865.2.26	의령	子裳	六一齋·惠泉	文靖	久淳
1785	朴珪壽	1865.2.29	반남	初字·桓卿	瓛齋居士	文翼	宗采
1786	申觀浩	1865.3.12	평산	國賓	威堂·琴堂	壯肅	義直
1787	李源祚	1865.4.25	성주	周賢	凝窩	定憲	亨鎭
1788	姜時永	1865.5.20	진주	汝亮·汝良		文憲	浚欽
1789	徐憲淳	1865.5.26	달성	稚章	石耘	孝文	基輔
1790	沈敬澤	1865.6.17	청송	子輿		孝靖	宜復
1791	李是遠	1865.7.23	전주	子直	沙磯	忠貞	勉伯
1792	金世均	1865.7.28	안동	公翼	晩齋	文靖	炳文
1793	李經在	1865.8.1	한산	穉正			羲雲
1794	李㶅重	1865.8.2	전주			孝憲	秉源
1795	金應均	1865.8.7	안동	時萬		孝憲	炳星

대수	성명	재직확인	본관	자	호	시호	아버지
1796	尹敎成	1865.9.4	파평	景道		孝憲	鼎大
1797	兪章煥	1865.11.12	기계	雲汝	頤齋·蘭室		平柱
1798	吳取善	1865.12.13	해주	舜爲		文靖	顯相
1799	李宜翼	1865.12.27	廣州	文約			宗億
1800	李東鉉	1866.1.2	전주				老載
1801	李源命	1866.2.11	용인	穉明	鍾山	文靖	奎鉉
1802	韓正敎	1866.2.27	청주	敦七		孝靖	兢履
1803	金益文	1866.3.2	청풍	公晦	翠厓	文靖	景善
1804	李豊瀷	1866.3.8	연안	子穀	六阮堂		和愚
1805	鄭憲容	1866.3.14	동래	翼之			東奭
1806	朴齊韶	1866.3.25	반남	聞哉		孝憲	楚壽
1807	李滰重	1866.4.4	전주			孝憲	秉源
1808	李宜翼	1866.4.10	廣州	文若			宗億
1809	李載元	1866.4.24	전주	舜八		孝貞	晸應
1810	韓啓源	1866.5.13	청주	公佑	柳下·草隱		진호
1811	李源命	1866.6.28	용인	穉明	鍾山	文靖	奎鉉
1812	洪淳穆	1866.7.15	남양	熙世	初堂	文翼	鍾遠
1813	宋廷和	1866.8.4	은진	景韶			知濂
1814	韓正敎	1866.8.7	청주	敦七		孝靖	兢履
1815	林永洙	1866.10.12	나주	永之		孝靖	有鎭
1816	趙啓昇	1866.11.7	배천	秀賢		孝靖	庚胤
1817	申命淳	1866.11.22	평산	景明		貞武	緖
1818	崔遇亨	1866.12.11	삭녕	禮卿	竹下		鍾問
1819	洪祐吉	1867.1.12	풍산	成汝	靄士·春山		定周
1820	李寅奭	1867.1.17	전주	良汝·亮汝			孝淵
1821	李豊翼	1867.4.10	연안	子穀	六阮堂		存愚
1822	金炳地	1867.9.29	안동	伯靈		孝貞	元根
1823	鄭文升	1867.10.5	영일	羲瑞·允之	美堂·蕉泉	孝憲	述仁
1824	曺錫雨	1867.11.23	창녕	稚用	烟巖	文靖	龍振

대수	성명	재직확인	본관	자	호	시호	아버지
1825	金在顯	1868.1.2	광산	德夫	微西·微溪	孝文	箕詢
1826	趙徽林	1868.1.3	양주	漢鏡	秋潭	文靖	
1827	朴永輔	1868.3.19	고령	星伯	錦舲	文靖	鍾林
1828	徐憲淳	1868.6.1	달성	稚章	石耘	孝文	基輔
1829	尹定求	1868.6.14	해평	大而	石下		宗善
1830	曺錫雨	1868.7.12	창녕	稚用	烟巖	文靖	龍振
1831	金炳弼	1868.8.16	안동	景亮	能坡	孝貞	汶根
1832	李承輔	1868.11.20	전주	稚剛·致剛	石山	文憲	海善
1833	俞章煥	1868.12.9	기계	雲汝	頤齋	孝靖	平柱
1834	嚴錫鼎	1869.1.12	영월	大友	稼堂		耆
1835	李裕膺	1869.2.10	경주	景昌	丹農	孝靖	啓楨
1836	金應均	1869.2.21	안동	時萬			炳星
1837	李景夏	1869.2.25	전주	汝會		襄肅	寅達
1838	朴珪壽	1869.4.23	반남	瓛卿·禮東	瓛齋	文翼	宗采
1839	南相吉	1869.5.2	의령	宇裳	六一齋		
1840	李周喆	1869.5.6	전주	惠伯		靖毅	思謙
1841	俞致善	1869.8.5	기계	子慶		孝簡	星煥
1842	宋廷和	1869.10.8	은진				
1843	沈承澤	1870.1.20	청송	稚敬		孝憲	宜晉
1844	南性元	1870.2.7	의령	錦汝	雷岩		履範
1845	徐元淳	1870.2.10	대구	太始·太是			左輔
1846	金壽鉉	1870.2.14	광산	元卿·景一			在昌
1847	金大根	1870.3.25	안동	一原	苕谿·如淵		漢淳
1848	李東鉉	1870.4.7	전주	和卿			仁載
1849	李承輔	1870.4.29	전주	稚剛·致剛		文憲	海善
1850	俞章煥	1870.9.25	기계	雲汝	頤齋	孝靖	平柱
1851	閔致庠	1870.11.9	여흥	景養·景鎬	荷堂	文穆	龍顯
1852	趙基應	1870.11.17	임천	成汝·聲汝	晉齋	文憲	學來
1853	趙龜夏	1871.1.13	풍양	箕敍	瓶庵		秉鉉

대수	성명	재직확인	본관	자	호	시호	아버지
1854	趙性敎	1871.3.10	한양	聖惟	韶亭	文憲	亨晚
1855	李 垶	1871.4.5	우봉	洪夫			光文
1856	金有淵	1871.4.24	연안	元若	藥山	貞翼	鏶
1857	李顯稷	1871.5.28	경주	伯衡			格
1858	李周喆	1871.6.28	전주	惠伯		靖毅	思謙
1859	南性元	1871.12.24	의령	錦汝	雷岩		履範
1860	李南軾	1872.1.5	전주	景瞻	南坡·星谷		謙會
1861	金益文	1872.1.6	청풍	公晦		文靖	景善
1862	金元植	1872.2.14	청풍	春卿	學海	孝憲	益鼎
1863	金炳雲	1872.4.30	안동	景平	柳汀	文靖	湖根
1864	李景夏	1872.5.9	전주	汝會		襄肅	寅達
1865	洪鍾雲	1872.9.5	남양	希臺			世圭
1866	朴孝正	1873.1.1	밀양	在修			長晉
1867	許 傳	1873.1.13	양천	以老	性齋	文憲	珩
1868	韓致益	1873.1.15	청주				
1869	文慶愛	1873.2.5	남평	吉元			成五
1870	李寅應	1873.2.19	전주				端和
1871	朴齊寅	1873.3.20	반남	稚亮		靖翼	周壽
1872	金翊鎭	1873.5.24	안동	君弼			道均
1873	李景夏	1873.6.7	전주	汝會		襄肅	寅達
1874	許 傳	1873.윤6.11	양천	以老	性齋	文憲	珩
1875	趙龜夏	1873.7.4	풍양	箕敍			秉鉉
1876	閔泳緯	1873.8.8	여흥	碩經	藥屐	忠文	元鏞
1877	金炳德	1873.8.23	안동	聖一	約山	文獻	興根
1878	李載元	1873.9.16	전주	舜八		孝貞	晸應
1879	沈承澤	1873.10.6	청송	稚敬		孝憲	宜晉
1880	任商準	1874.1.15	풍천	殷卿		肅憲	百觀
1881	吳取善	1874.2.17	해주	舜爲			顯相
1882	尹 堉	1874.4.1	파평	稚玉		孝憲	五榮

대수	성명	재직확인	본관	자	호	시호	아버지
1883	吳取善	1874.4.29	해주	舜爲			顯相
1884	金翊鎭	1874.7.2	안동				
1885	鄭健朝	1874.9.4	동래	致中	蓉山		基一
1886	徐相鼎	1874.11.20	대구	而凝		孝靖	灝淳
1887	洪遠燮	1874.12.25	남양	而剛			秀晩
1888	金壽鉉	1875.2.6	광산	景一			在昌
1889	閔奎鎬	1875.3.2	여흥	景園	黃史·芝堂	忠獻	致五
1890	李會正	1875.4.14	전주	景叔			源達
1891	鄭基世	1875.4.28	동래	聖九	周溪		元容
1892	李容熙	1875.5.18	덕수	公習	淇園	靖毅	命權
1893	李根弼	1875.6.6	전의	汝諧	南石	孝文	玄緖
1894	李承輔	1875.6.15	전주	稚剛			海善
1895	李秉文	1875.8.1	전주	德汝		孝靖	憲球
1896	金炳淋	1875.9.13	안동	範初	小山		逌根
1897	姜蘭馨	1875.10.2	진주	芳叔	海蒼		魯永
1898	鄭健朝	1875.12.18	동래	致中	蓉山		基一
1899	金炳淋	1876.1.17	안동	範初	小山		逌根
1900	李根弼	1876.2.25	전의	汝諧	蘭石		玄緖
1901	尹滋承	1876.3.23	파평	仲茂			元振
1902	尹滋承	1876.4.23	파평	仲茂			元振
1903	徐承輔	1876.5.10	대구	元藝	圭庭	文憲	有畬
1904	徐相鼎	1876.6.4	대구	而凝		孝靖	灝淳
1905	尹滋承	1876.6.4	파평	仲茂			元鎭
1906	金大根	1876.10.22	안동	一原	如淵		漢淳
1907	徐衡淳	1876.11.13	대구	稚平	漢山		鴻輔
1908	姜蘭馨	1876.12.26	진주	芳叔			世選
1909	李景夏	1877.5.25	전주	汝會		襄肅	寅達
1910	曺錫雨	1877.12.28	창녕	稚用			時經
1911	李會正	1878.6.14	전주	景淑			源達

대수	성명	재직확인	본관	자	호	시호	아버지
1912	徐衡淳	1878.10.1	대구	稚平	漢山		鴻輔
1913	李沇應	1878.11.14	전주	蓮壽		孝靖	禾重
1914	李鎬俊	1879.1.18	우봉	忠伯	樂泉	忠翼	埴
1915	俞晟煥	1879.2.8	기계	景平	菊圃	孝靖	羲柱
1916	金元植	1879.윤3.9	청풍	春卿	學海		益哲
1917	鄭基會	1879.윤3.17	동래	聖五			憲容
1918	李寅命	1879.5.25	전주	溪雲		孝獻	穆淵
1919	洪在鉉	1879.8.4	남양	景玉			明燮
1920	李秉文	1879.9.20	전주	德汝		孝靖	憲球
1921	李寅卨	1879.12.26	전주	殷哲	瑞岩		止淵
1922	尹秉鼎	1880.2.20	남원	士弘	巴江	孝文	泰周
1923	任應準	1880.2.25	풍천	在田	澹齋		百秀
1924	李會正	1880.2.25	전주	景淑			源達
1925	尹滋承	1880.4.24	파평	仲茂			元鎭
1926	金世鎬	1880.5.5	청풍	稚賢	修齋		晉敎
1927	趙寧夏	1880.5.21	풍양	箕三	慧人	忠文	秉夔
1928	南廷順	1880.6.8	의령	聖休		孝貞	英中
1929	閔謙鎬	1880.6.28	여흥	允益		忠肅	致久
1930	閔致庠	1880.7.1	여흥	景養			龍顯
1931	李鎬俊	1880.8.5	우봉	忠伯			埴
1932	沈舜澤	1880.8.24	청송	雉華		文忠	宜隣
1933	曺錫輿	1880.9.8	창녕	稚敬	荷江		龍振
1934	韓敦源	1880.9.22	청주	公兄			鎭庭
1935	尹秉鼎	1880.11.24	남원	士弘	巴江		泰周
1936	金在顯	1880.12.26	광산	德夫			箕詢
1937	李鎬俊	1881.1.14	우봉	忠伯			埴
1938	韓敬源	1881.1.26	청주	公授	柳坡		鎭寓
1939	鄭範朝	1881.1.28	동래	禹書	葵堂	文獻	基世
1940	李南軾	1881.5.21	전주	景老·景路			鼎會

대수	성명	재직확인	본관	자	호	시호	아버지
1941	李根弼	1881.6.18	전의	汝諧	蘭石		玄緖
1942	金炳地	1881.윤7.29	안동	伯靈			元根
1943	金元植	1881.9.5	청풍	春卿	學海		益哲
1944	趙鳳夏	1881.9.19	풍양	商皓	暘石		秉鉉
1945	鄭基會	1881.10.21	동래	星五			憲容
1946	尹滋悳	1881.11.15	파평	仲樹	菊軒	文獻	周鎭
1947	李彙重	1882.3.3	전주	稚亨			秉源
1948	成彝鎬	1882.3.11	창녕	惇五	敍齋	貞獻	載淳
1949	趙慶鎬	1882.3.16	임천	會慶	鷗堂		基晉
1950	朴齊寬	1882.3.23	반남	致敎	栗庵		鎬壽
1951	洪鍾軒	1882.4.7	남양	雲聲			在赫
1952	李敦應	1882.4.17	전주	君玉			建和
1953	尹宗儀	1882.4.23	파평	士淵	淵齋	孝貞	埴
1954	閔泳穆	1882.4.27	여흥	遠卿	泉倉	文忠	泰鏞
1955	李敦相	1882.5.3	용인	公厚	海石		源膺
1956	閔泳緯	1882.6.13	여흥	碩經		忠文	元鏞
1957	李載鳳	1882.6.19	전주	舜韶·舜鳳			熠
1958	沈履澤	1882.7.4	청송	稚殷			宜冕
1959	成彝鎬	1882.8.4	창녕	惇五		貞憲	載淳
1960	朴齊寬	1882.8.26	반남	致敎	栗庵		鎬壽
1961	鄭基世	1882.9.1	동래	聖九	周溪		元容
1962	鄭周應	1882.9.2	동래	士郁			宅升
1963	南廷順	1882.9.7	의령	聖休			英中
1964	鄭範朝	1882.9.22	동래	禹書	葵堂		基世
1965	南廷順	1882.9.29	의령	聖休			英中
1966	閔泳穆	1882.10.14	여흥	遠卿	泉食		泰鏞
1967	南廷順	1882.11.7	의령	聖休			英中
1968	李敦應	1882.11.12	전주	君玉			健和
1969	朴泳孝	1882.12.29	반남	子純	春皐		元陽

대수	성명	재직확인	본관	자	호	시호	아버지
1970	趙慶鎬	1883.3.16	임천	會慶	鷗堂		基晉
1971	許 傳	1883.3.25	양천	以老	性齋		珩
1972	李寅命	1883.4.6	전주	祈永			穆淵
1973	鄭基會	1883.4.15	동래	星五			憲容
1974	金益容	1883.6.25	선산	景受	石山		用邦
1975	金翊鎭	1883.6.28	안동	君弼			度均
1976	金蘊淳	1883.8.1	안동	聖發			履會
1977	閔種默	1883.8.11	여흥	玄卿	韓山		承世
1978	曺錫輿	1883.9.19	창녕	穉敬	荷江		龍振
1979	鄭順朝	1883.9.29	동래	華仲			基鼎
1980	洪澈周	1883.11.27	풍산	伯泳		孝獻	一模
1981	李寅應	1884.8.18	전주				端和
1982	金弘集	1884.10.18	경주	景能	道園	忠獻	永爵
1983	閔種穆	1884.10.20	여흥				元世
1984	李鳳儀	1885.3.20	전주	善翼	松皐		景宇
1985	元世煩	1885.4.19	원주				樻
1986	尹秉鼎	1885.4.21	남원	士弘	巴江		泰周
1987	卞元奎	1885.5.8	밀양	大始	吉雲·蛛缸		光源
1988	李世宰	1885.5.24	연안	公進			豊翼
1989	金益容	1885.6.11	선산	景受			用邦
1990	洪澈周	1885.6.26	풍산	伯泳		孝獻	一謨
1991	李鍾承	1885.7.23	전주	繼善			圭徹
1992	趙秉鎬	1885.7.25	임천	德卿	謁石	文獻	基晉
1993	金永壽	1885.7.26	광산	福汝	荷亭		宇鉉
1994	尹宇善	1885.8.29	해평	輔汝	彛堂		致定
1995	閔應植	1885.9.2	여흥	性文	藕堂	忠文	漢俊
1996	李寅應	1885.9.8	전주				端和
1997	閔泳翊	1885.10.22	여흥	遇鴻·子相	芸楣·園丁		升鎬
1998	李寅應	1885.11.14	전주				端和

대수	성명	재직확인	본관	자	호	시호	아버지
1999	鄭雲星	1886.4.2	영일	致久			驪源
2000	李載完	1886.4.11	전주	舜七	石湖		晸應
2001	金晩植	1886.4.16	청풍	器卿·大卿	翠堂		益鼎
2002	李邦鉉	1886.5.16	전주	士亨			周喆
2003	李元會	1886.6.11	廣州	善卿	中谷		基碩
2004	趙康夏	1887.2.27	풍양	景平	勿齋		秉錫
2005	沈宜豊	1887.4.1	청송				
2006	尹榮信	1887.윤4.7	파평	公實	綺山		滋慶
2007	閔致庠	1887.5.13	여흥	案殷		孝貞	龍顯
2008	朴齊寬	1887.5.26	반남	致敎	栗庵		鎬壽
2009	李應辰	1887.6.29	전주	公五·拱五	素山	文憲	華星
2010	徐相雨	1887.7.4	달성	殷卿	圭廷·秋堂	文憲	慶淳
2011	李元會	1887.7.19	廣州	善卿	中谷		基碩
2012	金昌熙	1887.10.9	경주	壽敬	石菱·鈍齋	文憲	鼎集
2013	李裕承	1888.3.14	경주	景先	東塢	孝貞	啓善
2014	李奎顔	1888.3.21	덕수	愚若			完熙
2015	尹秉鼎	1888.4.13	남원	士弘	巴江		泰周
2016	元禹常	1888.4.20	원주	伯源·夏景			世정
2017	白南益	1888.4.29	수원	虞若			樂貞
2018	趙康夏	1888.5.12	풍양	景平			秉錫
2019	朴齊寬	1888.5.27	반남	致敎	栗庵		鎬壽
2020	李允用	1888.6.18	우봉	景中			鎬俊
2021	鄭基會	1888.6.21	동래	聖五			憲容
2022	李敦夏	1888.6.30	전주	敍五			寅升
2023	李載元	1888.7.10	전주	舜八		孝貞	晸應
2024	金聲根	1888.7.26	안동	仲遠	海士		蘊淳
2025	金昌熙	1888.8.17	경주	壽敬	石菱		鼎集
2026	李鍾健	1888.10.12	전주	致行			圭徹
2027	洪澈周	1888.11.22	풍산	伯泳		孝獻	一謨

대수	성명	재직확인	본관	자	호	시호	아버지
2028	李承五	1889.2.2	한산	奎瑞	二隱		昌在
2029	鄭基會	1889.2.19	동래	聖五			憲容
2030	尹榮信	1889.3.22	파평	公實			滋慶
2031	趙秉世	1889.5.9	양주	穉顯	山齋	忠正	有淳
2032	韓圭卨	1889.5.9	청주	舜佑	江石		承烈
2033	李鳳儀	1889.5.13	전주	善翼	松皐		景宇
2034	閔泳商	1889.6.6	여흥	伊卿		文獻	正鏞
2035	李祉秀	1889.6.22	덕수	受吾			漢昇
2036	趙秉鎬	1889.6.25	임천	德卿			基晉
2037	金晩植	1889.6.30	청풍	器卿	翠堂		益鼎
2038	趙羲升	1889.7.21	평양	稚允			存競
2039	趙秉轍	1889.7.29	풍양	穉田			發永
2040	尹宇善	1889.8.14	해평	輔汝	彝堂		致定
2041	姜 潤	1889.9.19	진주	德汝	湖雲		彝五
2042	南廷益	1889.9.23	의령	聖三	圓居		獻敎
2043	金永哲	1889.10.4	광산	文卿			보현
2044	李珪永	1889.10.12	전주	圭玉			鼎俊
2045	李鍾健	1889.10.21	전주	致行			圭徹
2046	李承五	1889.11.9	한산	奎瑞	三隱		昌在
2047	金益容	1889.12.1	선산	景受			用邦
2048	鄭基會	1889.12.9	동래	聖五			憲容
2049	尹榮信	1889.12.25	파평	公實			滋慶
2050	卞元圭	1889.12.28	밀양	大始	吉雲		光源
2051	李玄翼	1889.12.29	연안	德在			會愚
2052	李乾夏	1890.1.1	전주	大始	仁巖		寅禹
2053	朴弘壽	1890.1.13	반남	大直	泳而		宗玟
2054	洪裕吉	1890.1.16	풍산	成汝	靄士		定周
2055	卞元圭	1890.1.21	밀양	大始	吉雲		光源
2056	閔種默	1890.1.29	여흥	玄卿	翰山		承世

대수	성명	재직확인	본관	자	호	시호	아버지
2057	李淳翼	1890.2.9	연안	攸叙	蘆下	文靖	若愚
2058	李玄翼	1890.2.11	연안	德在			會愚
2059	閔種默	1890.2.16	여흥	玄卿	翰山		承世
2060	李明應	1890.윤2.2	전주	景誼			彙重
2061	張錫龍	1890.윤2.5	인동	震伯	遊軒·雲石	文獻	學積
2062	李承五	1890.윤2.11	한산	奎瑞	三隱		昌在
2063	金九鉉	1890.윤2.24	광산	景洛			在獻
2064	趙敬夏	1890.윤2.29	풍양	舜教	小溪	孝貞	秉浚
2065	閔泳奎	1890.3.3	여흥	景五			璟鎬
2066	李元會	1890.3.10	廣州	善卿	中谷		基碩
2067	申奭熙	1890.5.20	평산				櫶=觀浩
2068	洪澈周	1890.6.9	풍산	伯泳		孝獻	一謨
2060	沈履澤	1890.9.6	청송	稚殷			宜冕
2070	洪淳馨	1890.9.27	남양	汝聞			鍾奭
2071	徐正淳	1890.10.7	달성	元中	聚齋	孝文	兢輔
2072	李載完	1890.10.14	전주	舜七	石湖		晸應
2073	閔泳徽	1890.10.21	여흥	君八	荷汀·荷亭		斗鎬
2074	洪 圭	1890.10.25	남양	士玄			大恒
2075	李敦夏	1890.10.29	전주	敍五			寅升
2076	尹宇善	1890.11.3	해평	輔汝	彝堂		致定
2077	卞元圭	1890.11.11	밀양	大始	吉雲		光源
2078	李元會	1890.11.12	廣州	善卿	中谷		基碩
2079	韓圭卨	1890.11.18	청주	舜佐	江石		承烈
2080	李敦夏	1890.12.27	전주	敍五			寅升
2081	趙雲燮	1891.1.2	풍양	公楫			豊鎭
2082	金文鉉	1891.1.11	광산	元敷			在清
2083	鄭基會	1891.1.29	동래	聖五			憲容
2084	鄭駿和	1891.2.13	초계	文有			
2085	金九鉉	1891.3.3	광산	景洛			在獻

대수	성명	재직확인	본관	자	호	시호	아버지
2086	徐正淳	1891.3.6	달성	元仲			兢輔
2087	金九鉉	1891.3.27	광산	景洛			在獻
2088	李淳翼	1891.4.9	연안	公粹유회	蘆下	文靖	若愚
2089	李鎬翼	1891.5.10	우봉	士猷	陶隱		희
2090	金永壽	1891.5.21	광산	福汝	荷亭		宇鉉
2091	吳俊泳	1891.6.25	해주	英仲	坡雲		弘善
2092	李承五	1891.7.10	한산	奎瑞	三隱		昌在
2093	金奎弘	1891.7.13	청풍	華一			學性
2094	鄭海崙	1891.7.22	영일	稚宗		文貞	淘
2095	李僖魯	1891.7.29	전의	景瑕·謙叟	眉下		根榮
2096	李憲稙	1891.8.15	한산	文遇		忠簡	鼎溥
2097	鄭基會	1891.8.19	동래	聖五			憲容
2098	洪淳馨	1891.8.27	남양	汝聞			奭種
2099	李鍾晉	1891.9.7	전주	景紹			圭復
2100	李淳翼	1891.9.11	연안	攸廻	蘆下	文靖	若愚
2101	李僖魯	1891.9.23	전의	景瑕·謙叟	眉下		根榮
2102	李裕承	1891.9.28	경주	景先			啓善
2103	金九鉉	1891.11.26	광산	景洛			在獻
2104	李裕寅	1891.12.2	경주	命汝	希齋		啓璉
2105	閔敬鎬	1892.1.17	여흥	周卿			致純
2106	李裕寅	1892.1.17	경주	命汝	希齋		啓璉
2107	李敎獻	1892.1.27	전의	君弼			熙絅
2108	李珪永	1892.2.12	전주	圭玉	小潞		鼎俊
2109	李裕寅	1892.2.20	경주	命汝	希齋		啓璉
2110	李僖魯	1892.2.27	전의	景瑕·謙叟	眉下		根榮
2111	張錫龍	1892.3.9	인동	震伯	遊軒·雲田	文獻	學樍
2112	南廷哲	1892.3.11	의령	穉祥	霞山		弘重
2113	李敦夏	1892.3.14	전주	敍五			寅升
2114	李鎬翼	1892.4.7	우봉	士猷	陶隱		희

대수	성명	재직확인	본관	자	호	시호	아버지
2115	朴齊寬	1892.4.13	반남	致敎	栗庵		鎬壽
2116	李敦夏	1892.4.15	전주	敍五			寅升
2117	李承純	1892.4.23	한산	粹卿			謙在
2118	金炳翊	1892.5.2	안동	輔三·左卿			大根
2119	趙鍾弼	1892.5.7	한양	殷相	荷堂		性敎
2120	李乾夏	1892.5.13	전주	大始	仁巖		寅禹
2121	閔泳奎	1892.5.28	여흥	景五			璟鎬
2122	金奎弘	1892.6.1	청풍	華一			學性
2123	李乾夏	1892.6.18	전주	大始	仁巖		寅禹
2124	李載純	1892.6.23	전주	德一	醒石	文忠	景應
2125	李裕寅	1892.7.17	경주	命汝	希齋		啓璉
2126	朴齊寬	1892.7.23	반남	致敎	栗庵		鎬壽
2127	申獻求	1892.7.30	고령	季文	白坡		應模
2128	鄭基會	1892.9.11	동래	聖五			憲容
2129	李容益	1892.10.23	廣州	友三			兢來
2130	李正魯	1892.11.21	전의	大哉	小溪·東渼		根五
2131	南廷順	1892.12.14	의령	聖休		孝貞	英中
2132	申正熙	1892.12.17	평산	中元	香農	靖翼	櫶
2133	洪 圭	1893.1.4	남양	士玄			弘重
2134	李裕寅	1893.1.14	경주	命汝	希齋		啓璉
2135	韓聖根	1893.2.6	청주	元集			用喆
2136	申正熙	1893.2.7	평산	中元	香農	靖翼	櫶
2137	申獻求	1893.8.8	고령	季文	白坡		應模
2138	李裕寅	1893.10.25	경주	命汝	希齋		啓璉
2139	閔泳煥	1893.11.23	여흥	文若	桂庭	忠正	泰鎬
2140	趙鍾弼	1893.11.30	한양	殷相	荷堂		性敎
2141	李敏承	1894.1.28	전주	公訥	玄溪		鍾俊
2142	徐正淳	1894.2.2	달성	元仲	聚齋	孝文	兢輔
2143	金世基	1894.2.14	연안	大有			思哲

대수	성명	재직확인	본관	자	호	시호	아버지
2144	李鐿永	1894.2.19	전주	景度·敬道	敬窩	文貞	鼎台
2145	李敎昌	1894.2.28	전의	德新			熙輔
2146	申正熙	1894.3.4	평산	中元	香農	靖翼	櫶
2147	趙東冕	1894.4.11	풍양	聖塗	藕堂	文憲	成夏
2148	李基赫	1894.4.27	농서	伯賢			尙周
2149	鄭洛鎔	1894.5.9	영일	景龜	之圃		寅基
2150	閔泳韶	1894.5.20	여흥	舜若			奎鎬
2151	申正熙	1894.5.25	평산	中元	香農	靖翼	櫶
2152	李鳳儀	1894.6.15	전주	善翼	松皐		景宇
2153	朴定陽	1894.6.24	반남	致中	竹泉	文翼	齊近
2154	卞元圭	1894.7.4	밀양	大始	吉雲·蛛舡		光源
2155	安駉壽	1894.7.7	죽산	聖哉		毅愍	
2156	嚴世永	1894.7.19	영월	允翼	凡齋	肅敏	錫豊
2157	申奭熙	1894.7.29	평산	士綏	韋史	孝文	在業
2158	池錫永	1894.8.13	충주	公胤	松村		翼龍
2159	權在衡	1894.8.23	안동		經農		中洛
2160	柳正秀	1894.11.24	전주		雷園		
2161	李采淵	1895.5.29	廣州	明五			以鳳
2162	金經夏	1895.9.7					
2163	李夏榮	1896.2.24	경주	致行	琹山		裕芳
2164	俞箕煥	1896.3.25	기계	景範	汕僩		峰柱
2165	鄭洛鎔	1896.8.5	영일	景龜	之圃		寅基
2166	李采淵	1896.10.6	廣州	明五			以鳳
2167	金鴻陸	1898.3.11	안산	羽則			正曄
2168	李采淵	1898.4.9	廣州	明五			以鳳
2169	李鎬翼	1898.11.4	우봉	士猷	陶隱		희
2170	鄭益鎔	1898.9.24	영일	舜弼	石汀		元基
2171	李根鎔	1898.11.20	전주				
2172	尹致昊	1898.11.23	해평	聖欽	佐翁		雄烈

대수	성명	재직확인	본관	자	호	시호	아버지
2173	李寀淵	1898.12.1	廣州	明五			以鳳
2174	尹致昊	1898.12.15	해평		佐翁		雄烈
2175	李寀淵	1898.12.22	廣州	明五			以鳳
2176	李漢英	1899.1.5					
2177	閔商鎬	1899.2.18	여흥	聖西	石霞		致憙
2178	崔榮夏	1899.3.1	직산	致大			道淵
2179	閔景植	1899.5.29	여흥	公雲			泳柱
2180	金永準	1899.6.18	광산				輔鉉
2181	高永喜	1899.9.12	제주	子中	雨亭		鎭豊
2182	李寀淵	1899.9.17	廣州	明五			以鳳
2183	姜 漣	1900.9.11	진주	殷中	學山		彛五
2184	李鳳來	1900.9.14	우계	君弼			秉耆
2185	嚴俊源	1901.6.1	영월	英叔	宜石		鎭一
2186	李漢英	1901.10.24	전의				
2187	嚴柱益	1902.7.28	영월	舜朝	春庭		仁永
2188	權鍾奭	1902.9.12	안동	周伯	晩悟		敎三
2189	張華植	1902.9.17	인동	丙淑	蓮坡		永濟
2190	李裕寅	1903.2.13	경주	命汝	希齋		啓璉
2191	閔景植	1903.2.24	여흥	公雲			泳柱
2192	吉永洙	1903.1018	해평				
2193	金奎熙	1904.2.15	경주				喜集
2194	金永振	1904.4.21	광산	汝聲			鶴鉉
2195	朴昌善	1904.5.19	밀양				
2196	金奎熙	1904.5.26	경주				喜集
2197	李秉性	1904.8.2	한산	成洪			升會
2198	成光鎬	1904.8.3	창녕	汝正			載禹
2199	金奎熙	1904.8.4	경주				喜集
2200	裵國泰	1904.9.23	경주				祉洪
2201	李海昌	1904.10.17	전주	拜言			夏銓

대수	성명	재직확인	본관	자	호	시호	아버지
2202	金大鎭	1904.10.20	진천	兼受	之圃		寅基
2203	宋泰鉉	1904.10.22	진천	兼受			在瑗
2204	李容世	1904.10.29					
2205	閔景植	1904.11.4	여흥	公雲			泳柱
2206	朴義秉	1905.2.16	밀양		貞齋	文忠	
2207	朴義秉	1905.12.31	밀양		貞齋	文忠	
2208	朴義秉	1907.3.11	밀양		貞齋	文忠	
2209	張憲植	1907.7.22	인동		翠雲		成汲

부록

한국·중국·일본 국가 편년표

〈서울六百年史 年表(下) 부록 참조〉

연대 \ 국가	한국	중국	일본
B.C.			
300000	구석기시대	구석기시대	선토기시대
10000	8000 중석기시대	신석기시대	8000
6000	신석기시대	仰韶文化	
4000		龍山文化	
3000			
2000		商	
1000	청동기시대 (古朝鮮)	西周	죠몽(繩文)시대
900			
800		770 春秋時代 東周	
700			
600			
500		475 戰國時代	
400			
300	초기철기시대 (三韓)		
200		221 秦	
100	57 新羅 / 42 伽倻 / 18 百濟 / 37 高句麗 / 108 樂浪	206 前漢	야요이(彌生)시대
A.D. 1			
100		25 後漢	
200	313 (樂浪)	220 三國	
300		265 西晋 / 317 東晋	
400		420 南北朝	고분(古墳)시대
500	562 (伽倻)	581 隋 / 589	
600	660 (百濟) / 668 (高句麗)	618 唐	593 아스카(飛鳥)
700	統一新羅 / 696 渤海		710 나라(奈良) / 794 헤이안(平安)
800			
900	918 高麗 / 926 (渤海)	907 五代 / 960 北宋 / 966 遼	
1000			
1100		1115 金 / 1127 南宋 1279	1185 가마쿠라(鎌倉)
1200		1206 元	
1300	1392 朝鮮	1368 明	1392 무로마치(室町)
1400			
1500			1573 모모야마(桃山)
1600		1616 清 / 1662	1603 에도(江戶)
1700			
1800			1867 日本
1900	1897 大韓帝國 / 1910 일제강점기 / 1945 해방 / 1948 大韓民國	1912 中國	

한국 역대 왕조 왕위계보도

〈서울六百年史 年表(下) 부록 참조〉

• 고조선(古朝鮮)

桓因 — 桓雄
║— 檀君王儉(B.C. 2333~?) …… 否王 — 準王
熊女

• 위만조선(衛滿朝鮮)

衛滿王 — ? — 右渠王 — 長

• 부여(夫餘)

…… 始王 – 尉仇台 … 夫台王 … 尉仇台王 — 簡位居王 – 麻余王 … 依慮王 … 依羅王 … 玄王
? – 位居
? – ?

1. 고구려(高句麗)

1. 왕명 다음의 ( )안에는 왕명이칭, 이름(諱), 출생연도-즉위연도~최종재위연도-사망연도를 순서대로 기재했다.
2. ║는 혼인관계를 나타내며, [ ] 안에는 아버지의 이름을 기재했다.

1. **東明聖王**(鄒牟王, 朱蒙·鄒牟·衆解·鄒蒙, ?-B.C. 37~B.C. 19)
║— 2. **琉璃明王**(儒留王, 類利·孺留·累利. ?-B.C 19~A.D. 18)
禮氏
║— 都切
松氏 — 解明
[多勿國王 松讓] — 3. **大武神王**(大朱留王, 無恤, 4-18~44)
║ ║— 5. **慕本王**(解憂·解愛婁, ?-48~53)
禾姬 妃 ║—翊
(鶻川人) ║— 好童 妃
║ 妃[葛思王 孫女]
稚姬 — 如津
(漢人) — 4. **閔中王**(解色朱, ?-44~48)
— 再思
║— 6. **大祖大王**(國祖王, 宮·於漱, ?-53~146)
夫人 ║— 莫勤
(扶餘人) 妃 — 莫德
— 7. **次大王**(遂成, 71-146~165)
║— 鄒安
妃
— 8. **新大王**(伯固·伯句, 88-165~179)
║— 9. **故國川王**
妃

9. **故國川王**(國襄王, 男武, ?-179~197)
‖
于氏[椽那部 于素]
發岐 ‖
10. **山上王**(延優, 伊夷模, ?-197~227)
‖ 11. **東川王**(東襄王, 憂位居·郊彘·位宮, 209-227~248)
小后 ‖ 12. **中川王**(中壤王, 然弗, 224-248~270)
(酒桶村人) 妃 ‖ ?
罽須 椽氏 13. **西川王**(西壤王, 藥盧, 藥友 ?-270~292)
‖ ‖
貫那夫人 妃[于漱]
預物 達賈(安國君)
奢句 逸友
素勃
14. **烽上王**(雉葛王, 相夫·歃矢婁, ?-292~300)
咄固
‖ 15. **美川王**(好壤王, 乙弗, 憂弗, 乙弗利 ?-300~331)
夫人 ‖ 16. **故國原王**(國罔上王, 斯由·釗(劉), ?-331~371)
周氏 ‖ 17. **小獸林王**(小解朱留王, 丘夫, ?-371~384)
妃
武 18. **故國壤王**(伊連, 於只支, ?-384~391)
‖ 19. **廣開土王**(談德, 安, ?-391~412)
妃 ‖ 20. **長壽王**(巨連, 璉, 394-413~491)
妃 ‖ 助多
妃 ‖
升平 夫人
21. **文咨明王**(明治好王, 羅雲, ?-491~519)
‖ 22. **安臧王**(興安, ?-519~531)
妃 23. **安原王**(寶延, ?-531~545)
‖ 24. **陽原王**(陽崗上好王, 平成, ?-545~559)
妃 ‖ 25. **平原王**(平崗上好王, 陽成·湯, ?-559~590)
妃 ‖ 26. **嬰陽王**(平陽王, 元, 大元, ?-590~618)
妃
‖ 27. **榮留王**(建武·成, ?-618~642)
妃 ‖ 桓權
妃
大陽王
‖ 28. **寶臧王**(臧·寶臧, ?-642~668-?)
夫人 ‖ 福男(男福)-寶元
妃 任武
德武
‖ 安勝
妃

2. 백제(百濟)

朱蒙(鄒牟)

‖ 沸流

來本扶餘王 1. 溫祚王(?-B.C.18~A.D.28)

二女 ‖ 2. 多婁王(?-28~77)

妃 ‖ 3. 己婁王(?-77~128)

妃 ‖ 4. 蓋婁王(?-128~166)

妃 質 ‖

妃

5. 肖古王(素古王, ?-166~214)

‖ 6. 仇首王(貴須王, ?-214~234)

妃 ‖ 7. 沙伴王(?-234)

妃 11. 比流王(?-304~344)

‖ ‖ ○○

妃 妃 13. 近肖古王(?-346~375)

‖

優福 妃

8. 古爾王(?-234~286)

‖ 9. 責稽王(青稽王, ?-286~298)

妃 ‖ 10. 汾西王(?-298~304)

寶菓 ‖ 12. 契王(?-344~346)

優壽 [帶方王] 妃

14. 近仇首王(須, ?-375~384)

‖ 15. 枕流王(?-384~385)

阿尔夫人 ‖ 17. 阿莘王(阿芳王, ?-392~405)

妃 ‖

16. 辰斯王 妃

(?-385~392) ‖

小后

訓解

碟禮

洪

18. 腆支王(直支王, ?-405~420)

‖ 19. 久爾辛王(?-420~427)

八須夫人 ‖ 20. 毗有王(?-427~455)

妃 ‖ 21. 蓋鹵王(近蓋婁王, 慶司, ?-455~475)

妃 ‖ 22. 文周王

餘信 妃

22. **文周王**(汶洲王, ?-475~477)
23. **三斤王**(壬乞王, ?-477~479)
妃
昆支
24. **東城王**(牟大·摩牟, 479~501)
夫人
25. **武寧王**(斯摩·隆, ?-501~523)
妃
26. **聖王**(明穠, ?-523~554)
妃
27. **威德王**(昌, ?-554~598)
妃
28. **惠王**(季, ?-598~599)
29. **法王**(宣·孝順, ?-599~600)
妃
30. **武王**(璋, ?-600~641)
妃
福信
31. **義慈王**(?-641~660-?)
妃
孝
妃
文思
夫人
泰
隆
演
豊

3. 본가야(本伽倻)

1. **首露王**(?-42~199)
2. **居登王**(?-199~253)
許黃玉 [阿踰陀國王]
3. **麻品王**(馬品, ?-253~291)
慕貞 [申輔]
4. **居叱彌王**(今勿, ?-291~346)
好仇 [趙匡의 孫女]
5. **伊尸品王**(伊品, ?-346~407)
阿志 [阿躬의 孫女]
6. **坐知王**(金叱, ?-407~421)
貞信 [克忠]
福壽 [道寧]
7. **吹希王**(金喜·叱嘉, ?-421~451)
8. **銍知王**(金銍, ?-451~492)
仁德 [進思]
9. **鉗知王**(金鉗, ?-492~521)
邦媛 [金相]
10. **仇衡王**(仇亥, ?-521~532)
淑 [出忠]
桂花 [分叱水爾叱]
世宗
茂力(武力)-舒玄-庾信
茂得

4. 대가야(大伽倻)

1. 伊珍阿鼓王 … 9. 異腦王 ㅡ 月光太子 … 16. 道設智王

5. 신라(新羅)

1. 姓氏는 다음과 같다. 1~3 : 朴氏, 4 : 昔氏, 5~8 : 朴氏, 9~12 : 昔氏, 13 : 金氏, 14~16 : 昔氏, 17~52 : 金氏, 53~55 : 朴氏, 56 : 金氏
2. 『삼국사기』를 기본으로 한 것이다.

```
1. 赫居世居西干(B.C.70-57~A.D.4)
      ╟─ 2. 南解次次雄(?-4~24)
 閼英          ╟───┬─ 3. 儒理尼師今(?-24~57)
    雲帝夫人       │        ╟─────┬─ 5. 婆娑尼師今(?-80~112)
   (阿婁夫人)      │        妃          │        ╟─ 6. 祇摩尼師今(祇味, ?-112~134)
                   │  [日知葛文王]  史省夫人 金氏   ╟─ 愛禮夫人 金氏
                   │                [許婁葛文王]        [摩帝葛文王]
                   ├─ 奈老          └─ 7. 逸聖尼師今(?-134~154)
                   │                        ╟─ 8. 阿達羅尼師今(?-154~184)
                   │                     朴氏          ║
                   │                [支所禮王]    內禮夫人 朴氏
                   └─ 阿孝夫人                       [祇摩尼師今]
 * 多婆那國王               ╟──── 仇鄒
      ╟─ 4. 脫解尼師今(吐解,       ╟──── 9. 伐休尼師今(發暉, ?-184~196)
   妃       B.C.5-57~80)  只珍內禮夫人 金氏   ╟┬─ 世神葛文王(忽爭, 骨正)
 [女國王]                                妃│        ╟─ 11. 助賁尼師今
                                            │  玉帽夫人 金氏[仇道葛文王]
                                            └─ 伊買
                                                 ╟─ 10. 奈解尼師今(?-196~230)
                                          內禮夫人       ╟┬─ 阿爾兮夫人
                                                     昔氏├─ 于老
                                     [助賁尼師今 누이]│   ╟─ 16. 訖解尼師今
                                                         │        (?-310~356)
                                                         │ 命元夫人[助賁尼師今]
                                                         └─ 利音(奈音)
```

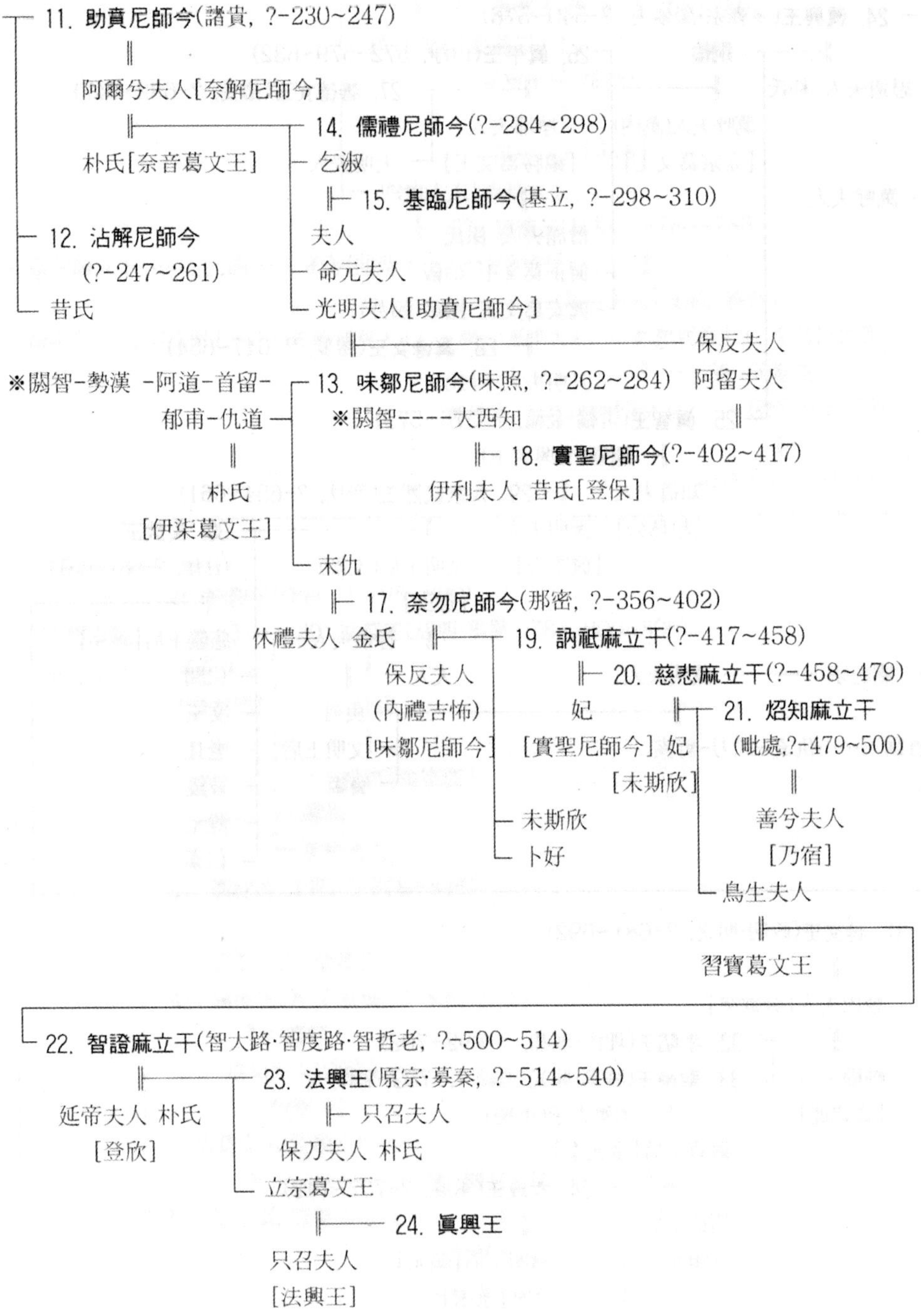
11. 助賁尼師今(諸貴, ?-230~247)
阿爾兮夫人[奈解尼師今]
朴氏[奈音葛文王]
14. 儒禮尼師今(?-284~298)
乞淑
15. 基臨尼師今(基立, ?-298~310)
夫人
命元夫人
光明夫人[助賁尼師今]
12. 沾解尼師今
(?-247~261)
昔氏
保反夫人
※閼智-勢漢 -阿道-首留-
郁甫-仇道
朴氏
[伊柒葛文王]
13. 味鄒尼師今(味照, ?-262~284)
阿留夫人
※閼智----大西知
18. 實聖尼師今(?-402~417)
伊利夫人 昔氏[登保]
末仇
17. 奈勿尼師今(那密, ?-356~402)
休禮夫人 金氏
保反夫人
(內禮吉怖)
[味鄒尼師今]
19. 訥祗麻立干(?-417~458)
20. 慈悲麻立干(?-458~479)
妃
[實聖尼師今]
妃
[未斯欣]
21. 炤知麻立干
(毗處,?-479~500)
善兮夫人
[乃宿]
未斯欣
卜好
鳥生夫人
習寶葛文王
22. 智證麻立干(智大路·智度路·智哲老, ?-500~514)
延帝夫人 朴氏
[登欣]
23. 法興王(原宗·募秦, ?-514~540)
只召夫人
保刀夫人 朴氏
立宗葛文王
24. 眞興王
只召夫人
[法興王]

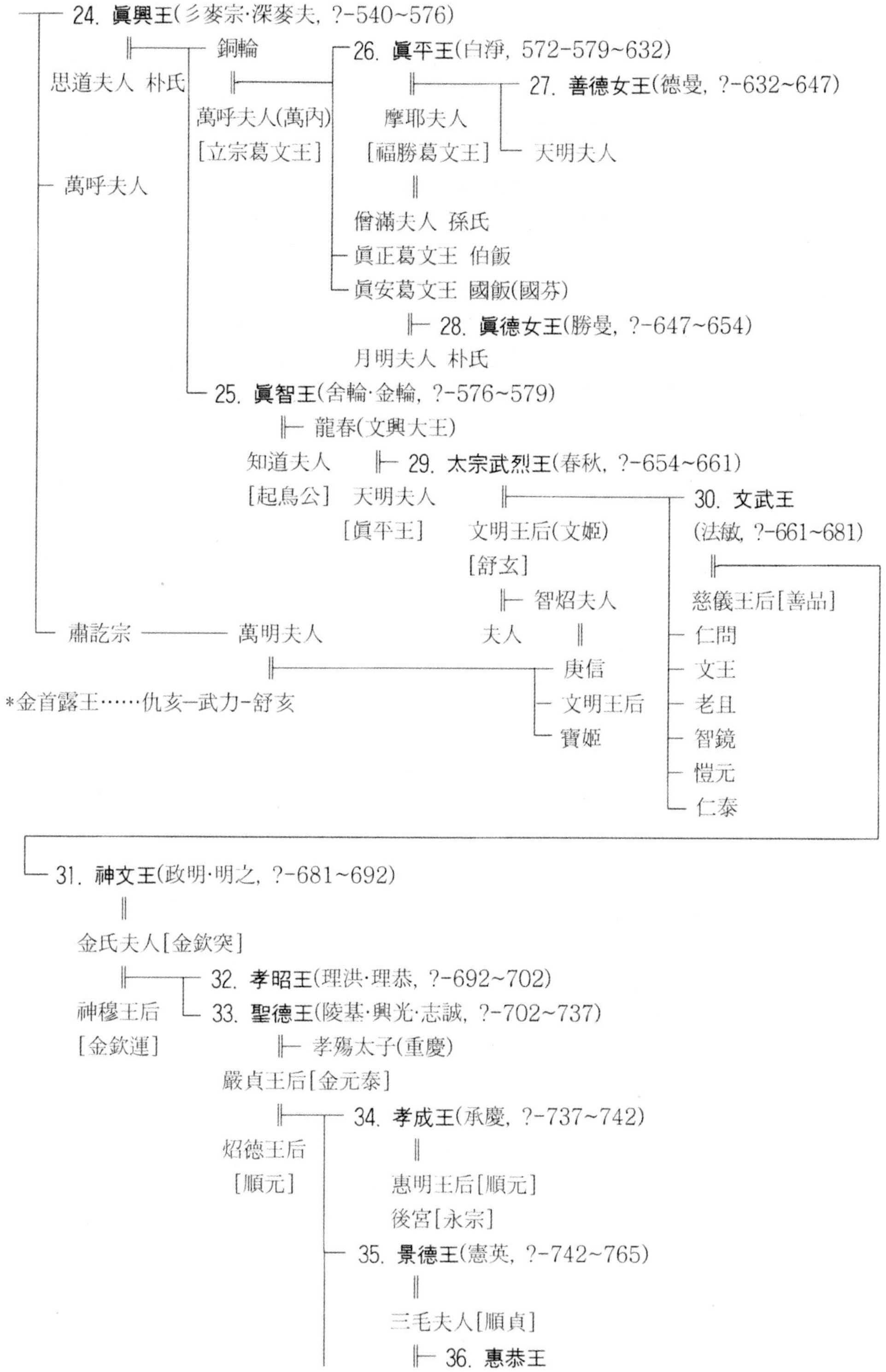
24. 眞興王(彡麥宗·深麥夫, ?-540~576)
思道夫人 朴氏
銅輪
萬呼夫人(萬內)
[立宗葛文王]
26. 眞平王(白淨, 572-579~632)
摩耶夫人
[福勝葛文王]
27. 善德女王(德曼, ?-632~647)
天明夫人
萬呼夫人
僧滿夫人 孫氏
眞正葛文王 伯飯
眞安葛文王 國飯(國芬)
28. 眞德女王(勝曼, ?-647~654)
月明夫人 朴氏
25. 眞智王(舍輪·金輪, ?-576~579)
龍春(文興大王)
知道夫人
[起烏公]
29. 太宗武烈王(春秋, ?-654~661)
天明夫人
[眞平王]
文明王后(文姬)
[舒玄]
30. 文武王
(法敏, ?-661~681)
智炤夫人
慈儀王后[善品]
肅訖宗
萬明夫人
夫人
仁問
庾信
文王
文明王后
老且
寶姬
智鏡
愷元
仁泰
*金首露王……仇亥-武力-舒玄
31. 神文王(政明·明之, ?-681~692)
金氏夫人[金欽突]
32. 孝昭王(理洪·理恭, ?-692~702)
神穆王后
[金欽運]
33. 聖德王(隆基·興光·志誠, ?-702~737)
孝殤太子(重慶)
嚴貞王后[金元泰]
34. 孝成王(承慶, ?-737~742)
炤德王后
[順元]
惠明王后[順元]
後宮[永宗]
35. 景德王(憲英, ?-742~765)
三毛夫人[順貞]
36. 惠恭王

╟─ 36. **惠恭王**(乾運, ?-765~780)

滿月夫人[金義忠] ‖

新寶王后[維誠]

‖

昌思夫人[金璋]

└─ 四炤夫人[貞懿太后]

╟─ 37. **宣德王**(良相, ?-780~785)

* 奈勿麻立干 …… 元訓 ── 孝芳(開聖大王, 奈勿9世孫) ‖

具足夫人[良品, 義恭]

摩叱次 ─ 法宣(玄聖大王) ─ 義寬(神英大王) ─ 魏文(興平大王) ─ 孝讓(明德大王, 奈勿11世孫)

╟── 38. **元聖王**

繼烏夫人 朴氏(昭文太后) (敬信, ?-785~798)

‖

淑貞夫人[金神述]

└ 仁謙(惠忠大王)

╟── 39. **昭聖王**(俊邕, ?-798~800)

聖穆太后

金氏

╟── 40. **哀莊王**(淸明·重熙, 788-800~809)

桂花夫人

[金叔明]

‖

朴氏

‖

後宮[金宙碧]

├ 體明

└ 章和夫人

├ 41. **憲德王**(彦昇, ?-809~826)

‖

貴勝夫人[金禮英]

├ 42. **興德王**(秀宗·景徽, ?-826~836)

╟─ 義琮

章和夫人(定穆王后)

[昭聖王]

└ 忠恭葛文王(宣康王)

╟───── 44. **閔哀王**(明, ?-838)

貴寶夫人 朴氏(宣懿太后)

‖

允容夫人

├ 文穆夫人

└ 照明夫人

├ 義英(憲平太子)

└ 禮英(惠康大王, 孝眞) ─ 憲貞

憲貞(翌成大王)
╟ 43. 僖康王(悌隆·悌顒, ?-836~838)
包道夫人 朴氏(順成太后) ╟ 啓明(懿恭大王)
文穆夫人 ‖
[忠恭] 光和(光義)夫人
[神武王]
均貞(成德大王)
╟ 45. 神武王(祐徵, ?-838~839)
眞矯夫人 朴氏(憲穆太后) ╟ 46. 文聖王(慶膺, ?-839~857)
貞繼夫人(定宗太后) ╟ 48. 景文王(膺廉·凝廉, 846-861~875)
[明海] 朴氏
‖ (魏弘)惠成大王 ╟ 49. 憲康王
炤明夫人[魏昕] 寧花夫人 金氏(文懿王后)
光懿王太后(光和夫人) [憲安王]
╟ 47. 憲安王(誼靖·祐靖, ?-857~861) ‖
照明夫人 ╟ 寧花夫人 次妃
[忠恭] 王后[?] 女 [憲安王]
貴勝夫人

※ 阿達羅尼師今 — 朴乂謙(宣聖大王, 乂兼)
╟ 女(孝恭王妃)
貞和夫人(貞和太后) 53. 神德王(景暉·秀宗, ?-912~917)
╟ 54. 景明王(昇英, ?-917~924)
‖
49. 憲康王(晸, ?-875~886) 長沙宅
╟ 義成王后 55. 景哀王(魏膺, ?-924~927)
懿明夫人 ‖
桂娥太后 妃
╟ 56. 敬順王(傅, ?-927~935)
神興大王(孝宗, 文聖王의 後孫) ‖
樂浪公主
[王建]
╟ 52. 孝恭王(嶢, ?-897~912)
義明王太后 ‖
金氏 朴氏[朴乂謙]
50. 定康王(晃, ?-886~887)
51. 眞聖女王(曼·坦, ?-887~897)

6. 발해(渤海)

姓氏는 '大'

震國公(乞乞仲象)

╟─ 1. 高王(祚榮, ?-698~719)

夫人

╟─ 2. 武王(武藝, ?-719~737)

妃

╟─ 3. 文王(欽茂, ?-737~793)

妃

╟─ 宏臨 - 5. 成王(華璵, ?-794~795)

妃 └ 6. 康王(嵩璘, ?-795~809)

╟── 7. 定王(元瑜, ?-809~813)

妃 ─ 8. 僖王(言義, ?-813~817)

╟─ 延俊

妃

└ 9. 簡王(明忠, ?-817~818)

野勃 -?-?-? ─┐ └ 4. 廢王(元義, ?-793~794)

(文王의 族弟)

└─10. 宣王(仁秀, ?-818~830)

╟─ 新德 ┬ 11. ?(彝震, ?-830~858)

妃 └ 12. ?(虔晃, ?-858~870)

╟─ 13. 景王(玄錫, ?-870~893)

妃 ╟─ 14. ? (瑋瑎, ?-893~906)

妃 ╟─ 15. 哀王(諲譔, ?-906~926)

妃 ╟─ 光顯

妃

7. 고려(高麗)

姓氏는 '開城 王'

1. **太祖**(建, 877-918~943)
‖
神惠王后 柳氏[貞州 柳天弓]
‖── 2. **惠宗**(武, 912-943~945)
莊和王后 吳氏[羅州 多憐君]
‖├─ 興化君
├─ 慶化宮夫人
└─ 貞憲公主
義和王后 朴氏[鎭州 林曦]
‖
後廣州院夫人 王氏[廣州 王規]
‖
淸州院夫人 金氏[淸州 金兢律]
‖├─ 太子 濟
└─ 明惠夫人
宮人 哀伊主[慶州人 連]
‖──┬─ 太子 泰(無嗣)
神明順成王太后 劉氏 ├─ 3. **定宗**(堯, 923-946~949)
[忠州 劉兢達]
‖
文恭王后 朴氏[昇州 朴英規]
‖──┬─ 慶春院君
文成王后 朴氏[昇州 朴英規] └─(公主)
‖
淸州南院夫人 金氏[淸州 金兢律]
├─ 4. **光宗**(昭, 925-949~975)
‖── 5. **景宗**(伷, 955-976~981)
大穆王后 皇甫氏[太祖]
‖
獻肅王后 金氏[新羅 敬順王]
‖
慶和宮夫人 林氏[惠宗]
‖
獻懿王后 劉氏[文元大王 貞]
‖├─ 7. **穆宗**(誦, 980-997~1009)
獻哀王太后 皇甫氏[戴宗] ‖
‖ 宣正王后 劉氏[弘德院君 圭]
獻貞王后 皇甫氏[戴宗]
‖
├─ 大明宮夫人 劉氏[元莊太子]
├─ 孝和太子
├─ 千秋(殿)夫人
├─ 寶華(宮)夫人
└─ 文德王后 劉氏
├─ 文元大王 貞
├─ 證通國師
├─ 樂浪公主
└─ 興芳公主

(太祖)

╟──────── 戴宗(旭)

神靜王太后 皇甫氏　　╟──┬ 孝德太子

[黃州 皇甫悌恭]　　宣義王后　├ 6. **成宗**(治, 960-981~997)

[太祖]　║

├ 文德王后 劉氏[光宗]

╟─ 元貞王后

├ 文和王后 金氏[善州 金元崇]

╟─ 元和王后

├ 延昌宮夫人 崔氏[崔行言]

└ 敬章太子

╟──────── 安宗(郁)

神聖王太后 金氏[慶州 金億廉]　　╟─ 8. **顯宗**

╟──┬ 王位君　　獻貞王后 皇甫氏[戴宗]

貞德王后 柳氏　├ 仁愛君

[貞州 柳德英]　├ 元莊太子

├ 文惠王后

└ 宣義王后

╟──── 壽命太子

獻穆大夫人 平氏[慶州 平俊]

╟──── 順安王大妃

貞穆夫人 王氏[溟州 王景]

╟──┬ 孝穆太子 義

東陽院夫人 庾氏[慶州 庾黔弼] └ 孝隱太子

╟──── 元寧太子

肅穆夫人[鎭州 名必]

╟──┬ 孝成太子 琳珠

天安府院夫人 林氏[慶州 林彦] └ 孝祇太子

╟──┬ 太子 稷

興福院夫人 洪氏[洪州 洪規] └ (公主)

║

後大良院夫人 李氏[陜州 李元]

║

大溟州院夫人 王氏[溟州 王乂]

║

廣州院夫人 王氏[廣州 王規]

╟──── 廣州院君

小廣州院夫人 王氏[廣州 王規]

║

東山院夫人 朴氏[昇州 朴英規]

║

禮和夫人 王氏[春州 王柔]

(太祖)
‖
大西院夫人 金氏[洞州 金行波]
‖
小西院夫人 金氏[洞州 金行波]
‖
西殿院夫人
‖
信州院夫人 康氏[信州 康起珠]
‖
月華院夫人[英章]
‖
小黃州院夫人[順行]
‖ ── 孝悌太子 / 孝明太子 / 法登君 / 資利君
聖茂夫人 朴氏[平州 朴遲胤]
‖ ── 義城府院大君
義城府夫人 洪氏[義城府 洪儒]
‖
月鏡院夫人[平州 朴守文]
‖
夢良院夫人 朴氏[平州 朴守卿]
‖
海良院夫人[宣必]

— 8. **顯宗**(詢, 992-1010~1031)
‖
元貞王后 金氏[成宗]
‖ ── 孝靜公主 / 天壽殿主
元和王后 崔氏[成宗]
‖ ── 9. **德宗**(欽, 1016-1031~1034)
元成太后 金氏[安山 金殷傅]

9. 德宗
‖
敬成皇后 金氏[顯宗]
‖
敬穆賢妃 王氏[淸州 王可道]
‖ ── 殤懷公主
孝思王后 金氏[顯宗]
‖
李氏[扶餘 李稟焉]
‖
劉氏[忠州 劉寵居]

(顯宗)

10. 靖宗(亨, 1018-1035~1046)

容信王后 韓氏[湍州 韓祚]

哀殤君 昉

容懿王后 韓氏[湍州 韓祚]

樂浪侯 瓊

悼哀公主

開城侯 暟

容穆王后 李氏[扶餘 李稟焉]

容節德妃 金氏[德州 金元冲]

延昌宮主 盧氏

仁平王后

景肅公主

11. 文宗

元惠太后 金氏[案山 金殷傅]

平壤公 基

孝思王后

元容王后 柳氏[敬章太子]

元穆王后 徐氏[利川 徐訥]

孝敬公主

元平王后 金氏[案山 金殷傅]

敬成王后

元順淑妃 金氏[慶州 金因渭]

元質貴妃 王氏[淸州 王可道]

貴妃 庾氏

檢校太師 忠

宮人 韓氏[楊洲 韓藺卿]

宮人 李氏[李彦述]

阿志

宮人 朴氏[全州 朴溫其]

11. 文宗(徽, 1019-1046~1083)

仁平王后 金氏[顯宗]

12. 順宗

仁睿順德太后 李氏

[仁州 李子淵]

仁敬賢妃 李氏[仁州 李子淵] — 朝鮮公 燾 / 扶餘侯 燧 / 辰韓侯 愉
‖
仁節賢妃 李氏[仁州 李子淵]
‖
仁穆德妃 金氏[慶州 金元沖]

— 12. **順宗**(勳, 1047-1083~1083)
  ‖
  貞懿王后 王氏[平壤公 基]
  ‖
  宣禧王后 金氏[慶州 金良儉]
  ‖
  長慶宮主 李氏[仁州 李顥]
— 13. **宣宗**(運, 1049-1083~1094)
  ‖— 敬和王后
  貞信賢妃 李氏[仁州 李預]
  ‖— 14. **獻宗**(昱, 1084-1094~1095)
     — 遂安宅主
  思肅太后 李氏[仁州 李碩]
  ‖— 漢山侯 昀
  元信宮主 李氏[仁州 李頲]
— 15. **肅宗**(顒, 1054-1095~1105)
  ‖— 16. **睿宗**(俁, 1079-1105~1122)
       ‖
       敬和王后 李氏
       [宣宗]
       ‖— 17. 仁宗(楷, 1109-1123~1146)
            ‖
            廢妃 李氏
            [仁州 李資謙]
            ‖
            廢妃 李氏
            [仁州 李資謙]
            ‖— 18. **毅宗**(晛)
            恭睿太后 任氏
            [定安 任元厚]
            ‖
            宣平王后 金氏
            [金璿]
         — 承德宮主
         — 興慶宮主
       文敬王后 李氏
       [仁州 李資謙]
       ‖
       文貞皇后
       [辰韓侯 愉]
       ‖
       淑妃 崔氏
       [海州 崔湧]
     — 山黨侯 佖
     — 圓明國師 澄儼
     — 帶方公 俌
     — 大原公 亯
     — 齊安公 징
     — 通義侯 僑
     — 大寧宮主
     — 興壽宮主
     — 安壽宮主
     — 福寧宮主
  明懿太后 柳氏[貞州 柳洪]
— 大覺國師 煦
— 常安公 琇
— 普應 僧統 規
— 金官侯 丕
— 卞韓侯 愔
— 樂浪侯 忱
— 聰慧首座 璟
— 積慶宮主
— 保寧宮主

18. 毅宗(晛, 1127-1146~1170-1173)
- 孝靈太子 祈
- 莊敬王后 金氏 [江陵公 溫]
- 敬德宮主
- 安貞宮主
- 和順宮主
- 莊宣皇后 崔氏[崔端]

大寧侯 暻

19. 明宗(晧·昕, 1131-1170~1197-1202)
- 光靖太后 金氏[江陵公 溫]

元敬國師 冲曦(玄曦)

20. 神宗(旼·晫, 1144-1197~1204)
- 宣靖太后 金氏[江陵公 溫]

21. 熙宗(悳·韺, 1181-1204~1211-1237)
- 成平王后 任氏 [寧仁侯 稹]
- 昌原公 祉
- 始寧侯 禕
- 慶原公 祚
- 大禪師 鏡智
- 沖明國師 覺膺
- 安惠太后
- 永昌宮主
- 德昌宮主
- 嘉順宮主
- 貞禧宮主

襄陽公 恕
孝懷公主
敬寧宮主

承敬宮主
德寧宮主
昌樂宮主
永和宮主

22. 康宗(祦·璹·貞, 1152-1211~1213)
- 壽寧宮主
- 思平皇后 李氏[李義方]
- 元德太后 柳氏 [信安侯 瑊]

23. 高宗(瞋·皞·晊, 1192-1·213~1259)
- 安惠太后 柳氏 [熙宗]

24. 元宗(倎·禃, 1219-1260~1274)
- 順敬太后 金氏 [慶州 金若先]
- 慶昌宮主 柳氏 [新安公 佺]

25. 忠烈王
始陽侯 玿
順安公 悰
慶安宮主
咸寧宮主

安慶公 淐
壽興宮主

延禧宮主
壽安宮主

— 25. 忠烈王(諶·賰·昛, 1236-1274~1298.1, 1298.8~1308.7)

26. 忠宣王(謜·璋, 1275-1298.1~1298.8, 1308.8~1313.3-1325)

齊國大長公主
[元 世祖]

薊國大長公主
[元 晋王 甘麻剌]

江陽公 滋 世子 鑑
靜寧院妃 懿妃(蒙古女) — 27. 忠肅王(燾, 1294-1313~1330, 1332.2~1339.3)
明順院妃

貞信府主 靜妃 濮國長公主
[始安公 絪] [西原侯 瑛] [元 營王 也先帖木兒]

龍山元子

淑昌院妃 金氏 順和院妃 洪氏 曹國長公主
[彦陽 金良鑑] [南陽 洪奎] [元 魏王 阿木哥]

趙妃 慶華公主(蒙古女)
[平壤 趙仁規]

明德太后 洪氏
[南陽 洪奎]

順妃 許氏
[孔巖 許珙]

壽妃 權氏
[安東 權衡]

28. 忠惠王(禎, 1315-1330.2~1332.2, 1339.11~1344)

29. 忠穆王(昕, 1336-1344~1348)
長寧翁主

德寧公主
[元 鎭西武靖王 焦八]

30. 忠定王(㫝, 1337-1349~1351-1352)

禧妃 尹氏
[坡平 尹繼宗]

和妃 洪氏
[唐城 洪鍚]

釋器

銀川翁主 林氏
[林信]

31. 恭愍王(祺·顓, 1330-1351~1374)

徵懿魯國大長公主[元 魏王]

惠妃 李氏[慶州 李齊賢]
‖
益妃 韓氏[德禮君 義]
‖
定妃 安氏[竹州 安克仁]
‖
愼妃 廉氏[瑞原 廉悌臣]
╟───── 32. 禑王(1365-1375~1388-1389)
船若 ╟── 33. 昌王(1380-1388~1389)
謹妃 李氏[固城 李琳]
‖
毅妃 盧氏[盧英壽]
‖
德妃 趙氏
‖
淑妃 崔氏
‖
善妃 王氏[王興]
‖
正妃 申氏[申雅]
‖
安妃 姜氏
‖
賢妃 安氏[安叔老]
‖
寧妃 崔氏[鐵原 崔瑩]
‖
寧善翁主
‖
和順翁主
‖
明順翁主

*20. 神宗 - 襄陽公 恕 - 始安公 絪 - 西原侯 瑛 - 益陽侯 玢 - 淳化侯 琗 - 定原府院君 鈞 - 34. 恭讓王(瑤, 1345-1389~1392-1394)
‖
順妃 盧氏
[交河 盧禛]

8. 조선(朝鮮)

* 姓氏는 '全州 李'

1. **太祖**(成桂, 旦, 1335-1392~1398-1408)

║ 神懿王后 [安邊 韓卿]
- 鎭安大君 芳雨
- 2. **定宗**(永安大君 芳果, 1357-1398~1400-1419)
  ║ 定安王后 [慶州 金天瑞]
- 益安大君 芳毅
- 懷安大君 芳幹
- 3. **太宗**(靖安大君 芳遠, 1367-1400~1418-1422)
  ║ 元敬王后 [驪興 閔霽]
  - 讓寧大君
  - 孝寧大君
  - 4. **世宗**(忠寧大君)
  - 誠寧大君
- 德安大君 芳衍

║ 神德王后 [谷山 康允成]
- 撫安大君 芳蕃
- 宜安大君 芳碩

4. **世宗**(忠寧大君, 1397-1418~1450)

║ 昭憲王后 [青松 沈溫]
- 5. **文宗**(1414-1450~1452)
  ║ 顯德王后 [安東 權專]
  - 6. **端宗**(1441-1452~1455-1457)
    ║ 定順王后 [礪山 宋玹壽]
- 7. **世祖**(首陽大君, 1417-1455~1468)
  ║ 貞熹王后 [坡平 尹璠]
  - 德宗(懿敬世子)
    ║ 昭惠王后
    - 月山大君
    - 9. **成宗**(乽山大君)
  - 8. **睿宗**(1450-1468~1469)
    ║ 章順王后 [清州 韓明澮]
    - 仁城大君
    ║ 安順王后 [清州 韓伯倫]
    - 齊安大君
- 安平大君(1418~1453)
- 臨瀛大君(1418~1469)
- 光平大君(1425~1444)

├ 錦城大君(1426~1457)
├ 平原大君(1427~1445)
└ 永膺大君(1434~1467)

— 9. **成宗**(乽山大君, 1457-1469~1494)
‖
恭惠王后
[淸州 韓明澮]
‖— 11. **中宗**(晋城大君, 1488-1506~1544)
貞顯王后 ‖
[坡平 尹壕] 端敬王后
[居昌 愼守勤]
‖— 12. **仁宗**(1515-1544~1545)
章敬王后 ‖
[坡平 尹汝弼] 仁聖王后
[羅州 朴墉]
‖— 13. **明宗**(1534-1545~1567)
文定王后 ‖— 順懷世子
[坡平 尹之任] 仁順王后
[靑松 沈鋼]
‖—— 永陽君
昌嬪 安氏 德興大院君
‖—— 河源君
河東府大夫人 ├ 河陵君
[河東 鄭世虎] └ 14. **宣祖**(河城君)

‖— 10. **燕山君**(1476-1494~1506)
廢妃 尹氏 ‖—— 廢世子
廢妃 愼氏 └ 昌寧大君
[居昌 愼承善]

└ 14. **宣祖**(河城君, 1552-1567~1608)
‖
懿仁王后[羅州 朴應順]
‖—— 永昌大君(1606-1614)
仁穆王后[延安 金悌男]
‖—— 臨海君(1574-1609)
恭嬪 金氏 └ 15. **光海君**(1575-1608~1623-1641)
‖— 廢世子
廢妃 柳氏[文化 柳自新]
‖

- 仁嬪 金氏
  - 義安君
  - 元宗(定遠君, 1580-1619)
    - 仁獻王后 [綾城 具思孟]
      - 16. 仁祖(綾陽君)
      - 綾原大君(?-1656)
      - 綾昌大君(?-1615)
  - 信城君
  - 義昌君
  - 順和君
- 順嬪 金氏
- 靜嬪 閔氏
  - 仁城君
  - 仁興君
  - 慶昌君
- 貞嬪 洪氏
- 溫嬪 韓氏
  - 興安君
  - 慶平君
  - 寧城君

16. 仁祖(綾陽君, 1595-1623~1649)

- 仁烈王后 [清州 韓浚謙]
  - 昭顯世子(1612-1645)
  - 17. 孝宗(鳳林大君, 1619-1649~1659)
    - 仁宣王后 [德水 張維]
      - 18. 顯宗(1641-1659~1674)
        - 明聖王后 [淸風 金佑明]
          - 19. 肅宗(1661-1674~1720)
            - 仁敬王后[光山 金萬基]
            - 仁顯王后[驪興 閔維重]
            - 仁元王后[慶州 金柱臣]
            - 禧嬪 張氏
              - 20. 景宗(1688-1720~1724)
                - 端懿王后[青松 沈浩]
                - 宣懿王后 [咸從 魚有龜]
              - 盛壽
            - 淑嬪 崔氏
              - 永壽
              - 21. 英祖(延礽君)
            - 溟嬪 朴氏
              - 延寧君
  - 麟平大君
  - 龍城大君
- 莊烈王后 [楊州 趙昌遠]
- 廢貴人 趙氏
  - 崇善君
  - 樂善君

─ 21. **英祖**(延礽君, 1694-1724~1776)
‖
貞聖王后[達城 徐宗悌]
‖
貞純王后[慶州 金漢耈]
╟─ 眞宗(孝章世子, 1719-1728)
靖嬪 李氏 ‖
孝純王后[豊壤 趙文命]
╟─ 莊獻世子(思悼世子, 1735-1762)
暎嬪 李氏 ╟─┬ 懿昭世子(1750-1752)
惠嬪 洪氏 └ 22. **正祖**(1752-1776~1800)
[豊山 洪鳳漢] ‖
孝懿王后[淸風 金時默]
╟─ 文孝世子(1782-1786)
宜嬪 成氏
╟─ 23. **純祖**(1790-1800~1834)
綏嬪 朴氏 ╟─ 翼宗(孝明世子, 1809-1830)
[潘南 朴準源] 純元王后
[安東 金祖淳]
╟─ 24. **憲宗**(1827-1834~1849)
神貞王后 ‖
[豊壤 趙萬永] ‖
孝顯王后
[安東 金祖根]
‖
明憲王后
[南陽 洪在龍]

─ 莊獻世子(思悼世子, 1735-1762)
╟─ 恩彦君 (1755-1801)
良娣 林氏 ╟──┬─ 常溪君
礪山 宋氏 出 ─ 豊溪君
╟─ 全溪大院君(1785-1841)
全山 李氏 ╟──┬─ 懷平君
完陽府大夫人 崔氏 └ 永平君
╟─ 25. **哲宗**(1831-1849~1863)
龍城府大夫人 廉氏 ‖
哲仁王后
[安東 金汶根]
└ 恩信君

恩信君
系 - 南延君(?-1822)
南陽 洪氏
興寧君 昌應 - 系 - 載元
驪興 閔氏
興完君 晸應 - 出 - 載元
系 - 載玩
興寅君 最應 - 載競
興宣大院君 昰應
恩全君
守則 朴氏
系 - 豊溪君
平壤 趙氏
益平君
?
完平君 - 載寬

興宣大院君 昰應(1820-1898)
載冕
驪興府大夫人
閔氏
26. 高宗(載晃, 1852-1863~1907-1919)
27. 純宗(1874-1907~1910-1926)
明成王后
[驪興 閔致祿]
純明孝皇后[驪興 閔台鎬]
庶 - 載先
純貞孝皇后[海平 尹澤榮]
英親王 垠
貴妃 嚴氏
完親王 墡
貴人 李氏
義親王 堈
貴人 張氏
堣
貴人 鄭氏
德惠翁主
貴人 梁氏

한국·중국·일본 국왕 재위 연대표

〈서울六白年史 年表(下) 부록 참조〉

서기 B.C.	단기	간지	한 국		중 국		일 본	
			古朝鮮		陶唐			
2333	1	戊辰	檀君王儉	1	堯	25		
2332	2	己巳		2		26		
2331	3	庚午		3		27		
2330	4	辛未		4		28		
2329	5	壬申		5		29		
2328	6	癸酉		6		30		
2327	7	甲戌		7		31		
중 략								
					(周)			
1122	1212	乙卯			武王	1		
1121	1213	丙辰				2		
1120	1214	丁巳				3		
1119	1215	戊午				4		
1118	1216	己未				5		
1117	1217	庚申				6		
1116	1218	辛酉				7		
중 략								
660	1674	辛酉					神武	1
659	1675	壬戌						2
658	1676	癸亥						3
657	1677	甲子						4
656	1678	乙丑						5
655	1679	丙寅						6
654	1680	丁卯						7
중 략								
250	2084	辛亥					孝靈	41
249	2085	壬子			莊襄王	1		42
248	2086	癸丑				2		43
247	2087	甲寅				3		44
246	2088	乙卯			始皇帝	1		45
245	2089	丙辰				2		46
244	2090	丁巳				3		47
243	2091	戊午				4		48
242	2092	己未				5		49
241	2093	庚申				6		50
240	2094	辛酉				7		51

서기 B.C.	단기	간지	한 국 古朝鮮	중 국 秦·漢	일 본
239	2095	壬戌		始皇帝 8	孝靈 52
238	2096	癸亥		9	53
237	2097	甲子		10	54
236	2098	乙丑		11	55
235	2099	丙寅		12	56
234	2100	丁卯		13	57
233	2101	戊辰		14	58
232	2102	己巳		15	59
231	2103	庚午		16	60
230	2104	辛未		17	61
229	2105	壬申		18	62
228	2106	癸酉		19	63
227	2107	甲戌		20	64
226	2108	乙亥		21	65
225	2109	丙子		22	66
224	2110	丁丑		23	67
223	2111	戊寅		24	68
222	2112	己卯		25	69
221	2113	庚辰		26	70
220	2114	辛巳		27	71
219	2115	壬午		28	72
218	2116	癸未		29	73
217	2117	甲申		30	74
216	2118	乙酉		31	75
215	2119	丙戌		32	2歿 76
214	2120	丁亥		33	1即 1
213	2121	戊子		34	孝元 2
212	2122	己丑		35	3
211	2123	庚寅		36	4
210	2124	辛卯		37	5
209	2125	壬辰		二世 1	6
208	2126	癸巳		2	7
207	2127	甲午		三世 1	8
206	2128	乙未		(漢) 高祖 1	9
205	2129	丙申		2	10
204	2130	丁酉		3	11
203	2131	戊戌		4	12
202	2132	己亥		5	13
201	2133	庚子		6	14
200	2134	辛丑		7	15
199	2135	壬寅		8	16

서기 B.C.	단기	간지	한국	중국		일본	
			古朝鮮	漢			
198	2136	癸卯		高祖	9	孝元	17
197	2137	甲辰			10		18
196	2138	乙巳			11		19
195	2139	丙午	準王	4歿	12		20
194	2140	丁未	衛滿	惠帝	1		21
193	2141	戊申			2		22
192	2142	己酉			3		23
191	2143	庚戌			4		24
190	2144	辛亥			5		25
189	2145	壬子			6		26
188	2146	癸丑		8歿	7		27
187	2147	甲寅		少帝恭	1		28
186	2148	乙卯			2		29
185	2149	丙辰			3		30
184	2150	丁巳		4歿	4		31
183	2151	戊午		少帝弘	1		32
182	2152	己未			2		33
181	2153	庚申			3		34
180	2154	辛酉		9卽	4		35
179	2155	壬戌		文帝	1		36
178	2156	癸亥			2		37
177	2157	甲子			3		38
176	2158	乙丑			4		39
175	2159	丙寅			5		40
174	2160	丁卯			6		41
173	2161	戊辰			7		42
172	2162	己巳			8		43
171	2163	庚午			9		44
170	2164	辛未			10		45
169	2165	壬申			11		46
168	2166	癸酉			12		47
167	2167	甲戌			13		48
166	2168	乙亥			14		49
165	2169	丙子			15		50
164	2170	丁丑			16		51
163	2171	戊寅		後元	1		52
162	2172	己卯			2		53
161	2173	庚辰			3		54
160	2174	辛巳			4		55
159	2175	壬午			5		56
158	2176	癸未			6	9歿11卽	57

서기 B.C.	단기	간지	한국	중국			일본	
			古朝鮮	漢				
157	2177	甲申		6歿		7	開化	1
156	2178	乙酉		景帝		1		2
155	2179	丙戌				2		3
154	2180	丁亥				3		4
153	2181	戊子				4		5
152	2182	己丑				5		6
151	2183	庚寅				6		7
150	2184	辛卯				7		8
149	2185	壬辰			中元	1		9
148	2186	癸巳				2		10
147	2187	甲午				3		11
146	2188	乙未				4		12
145	2189	丙申				5		13
144	2190	丁酉				6		14
143	2191	戊戌			後元	1		15
142	2192	己亥				2		16
141	2193	庚子		1歿		3		17
140	2194	辛丑		武帝	建元	1		18
139	2195	壬寅				2		19
138	2196	癸卯				3		20
137	2197	甲辰				4		21
136	2198	乙巳				5		22
135	2199	丙午				6		23
134	2200	丁未			元光	1		24
133	2201	戊申				2		25
132	2202	己酉				3		26
131	2203	庚戌				4		27
130	2204	辛亥				5		28
129	2205	壬子				6		29
128	2206	癸丑			元朔	1		30
127	2207	甲寅				2		31
126	2208	乙卯				3		32
125	2209	丙辰				4		33
124	2210	丁巳				5		34
123	2211	戊午				6		35
122	2212	己未			元狩	1		36
121	2213	庚申				2		37
120	2214	辛酉				3		38
119	2215	壬戌				4		39
118	2216	癸亥				5		40
117	2217	甲子				6		41

서기 B.C.	단기	간지	한국	중국			일본	
			古朝鮮	漢				
116	2218	乙丑		武帝	元鼎	1	開化	42
115	2219	丙寅				2		43
114	2220	丁卯				3		44
113	2221	戊辰				4		45
112	2222	己巳				5		46
111	2223	庚午				6		47
110	2224	辛未			元封	1		48
109	2225	壬申				2		49
108	2226	癸酉	右渠王			3		50
107	2227	甲戌				4		51
106	2228	乙亥				5		52
105	2229	丙子				6		53
104	2230	丁丑			太初	1		54
103	2231	戊寅				2		55
102	2232	己卯				3		56
101	2233	庚辰				4		57
100	2234	辛巳			天漢	1		58
99	2235	壬午				2		59
98	2236	癸未				3	4歿	60
97	2237	甲申				4	1卽	1
96	2238	乙酉			太始	1	崇神	2
95	2239	丙戌				2		3
94	2240	丁亥				3		4
93	2241	戊子				4		5
92	2242	己丑			征和	1		6
91	2243	庚寅				2		7
90	2244	辛卯				3		8
89	2245	壬辰				4		9
88	2246	癸巳			後元	1		10
87	2247	甲午		2歿		2		11
86	2248	乙未		昭帝	始元	1		12
85	2249	丙申				2		13
84	2250	丁酉				3		14
83	2251	戊戌				4		15
82	2252	己亥				5		16
81	2253	庚子				6		17
80	2254	辛丑			元鳳	1		18
79	2255	壬寅				2		19
78	2256	癸卯				3		20
77	2257	甲辰				4		21
76	2258	乙巳				5		22

서기 B.C.	단기	간지	한국				중국			일본	
			新羅		高句麗		漢				
75	2259	丙午					昭帝		6	崇神	23
74	2260	丁未					4歿7卽	元平	1		24
73	2261	戊申					宣帝	本始	1		25
72	2262	己酉							2		26
71	2263	庚戌							3		27
70	2264	辛亥							4		28
69	2265	壬子						地節	1		29
68	2266	癸丑							2		30
67	2267	甲寅							3		31
66	2268	乙卯							4		32
65	2269	丙辰						元康	1		33
64	2270	丁巳							2		34
63	2271	戊午							3		35
62	2272	己未							4		36
61	2273	庚申						神爵	1		37
60	2274	辛酉							2		38
59	2275	壬戌							3		39
58	2276	癸亥							4		40
57	2277	甲子	赫	1				五鳳	1		41
56	2278	乙丑	居	2					2		42
55	2279	丙寅	世	3					3		43
54	2280	丁卯	居	4					4		44
53	2281	戊辰	西	5				甘露	1		45
52	2282	己巳	干	6					2		46
51	2283	庚午		7					3		47
50	2284	辛未		8					4		48
49	2285	壬申		9			12歿	黃龍	1		49
48	2286	癸酉		10			元	初元	1		50
47	2287	甲戌		11			帝		2		51
46	2288	乙亥		12					3		52
45	2289	丙子		13					4		53
44	2290	丁丑		14					5		54
43	2291	戊寅		15				永光	1		55
42	2292	己卯		16					2		56
41	2293	庚辰		17					3		57
40	2294	辛巳		18					4		58
39	2295	壬午		19					5		59
38	2296	癸未		20				建昭	1		60
37	2297	甲申		21	東	1			2		61
36	2298	乙酉		22	明	2			3		62
35	2299	丙戌		23	聖	3			4		63

서기 B.C.	단기	간지	한국 新羅	한국 高句麗	한국 百濟	중국 漢	일본
34	2300	丁亥	赫 24	東 4		元帝 5	崇 64
33	2301	戊子	居 25	明 5		5歿 竟寧 1	神 65
32	2302	己丑	世 26	聖 6		成 建始 1	66
31	2303	庚寅	居 27	王 7		帝 2	67
30	2304	辛卯	西 28	8		3	12歿 68
29	2305	壬辰	干 29	9		4	1卽 1
28	2306	癸巳	30	10		河平 1	垂 2
27	2307	甲午	31	11		2	仁 3
26	2308	乙未	32	12		3	4
25	2309	丙申	33	13		4	5
24	2310	丁酉	34	14		陽朔 1	6
23	2311	戊戌	35	15		2	7
22	2312	己亥	36	16		3	8
21	2313	庚子	37	17		4	9
20	2314	辛丑	38	18		鴻嘉 1	10
19	2315	壬寅	39	9歿 19/1		2	11
18	2316	癸卯	40	琉 2	溫 1	3	12
17	2317	甲辰	41	璃 3	祚 2	4	13
16	2318	乙巳	42	明 4	王 3	永始 1	14
15	2319	丙午	43	王 5	4	2	15
14	2320	丁未	44	6	5	3	16
13	2321	戊申	45	7	6	4	17
12	2322	己酉	46	8	7	元延 1	18
11	2323	庚戌	47	9	8	2	19
10	2324	辛亥	48	10	9	3	20
9	2325	壬子	49	11	10	4	21
8	2326	癸丑	50	12	11	3歿 綏和 1	22
7	2327	甲寅	51	13	12	哀 2	23
6	2328	乙卯	52	14	13	帝 建平 1	24
5	2329	丙辰	53	15	14	2	25
4	2330	丁巳	54	16	15	3	26
3	2331	戊午	55	17	16	4	27
2	2332	己未	56	18	17	元壽 1	28
1	2333	庚申	57	19	18	6歿 2	29

서기 A.D.	단기	간지	한국			중국	일본
			新羅	高句麗	百濟	前漢·新·後漢	
1	2334	辛酉	58	琉 20	溫 19	平 元始 1	垂 30
2	2335	壬戌	59	璃 21	祚 20	帝 2	仁 31
3	2336	癸亥	60	明 22	王 21	3	32
4	2337	甲子	3歿 61/1	王 23	22	4	33
5	2338	乙丑	南 2	24	23	12歿 5	34
6	2339	丙寅	解 3	25	24	孺子 居攝 1	35
7	2340	丁卯	次 4	26	25	嬰 2	36
8	2341	戊辰	次 5	27	26	12卽 初始 1	37
9	2342	己巳	雄 6	28	27	(新) 始建國 1	38
10	2343	庚午	7	29	28	王 2	39
11	2344	辛未	8	30	29	莽 3	40
12	2345	壬申	9	31	30	4	41
13	2346	癸酉	10	32	31	5	42
14	2347	甲戌	11	33	32	天鳳 1	43
15	2348	乙亥	12	34	33	2	44
16	2349	丙子	13	35	34	3	45
17	2350	丁丑	14	36	35	4	46
18	2351	戊寅	15	10歿 37/1	36	5	47
19	2352	己卯	16	大 2	37	6	48
20	2353	庚辰	17	武 3	38	地皇 1	49
21	2354	辛巳	18	神 4	39	2	50
22	2355	壬午	19	王 5	40	3	51
23	2356	癸未	20	6	41	9歿 更始 1	52
24	2357	甲申	9歿 21/1	7	42	(後漢) 淮陽王2	53
25	2358	乙酉	儒 2	8	43	6卽 建武 1	54
26	2359	丙戌	理 3	9	44	光 2	55
27	2360	丁亥	尼 4	10	45	武 3	56
28	2361	戊子	師 5	11	2歿 46/1	帝 4	57
29	2362	己丑	今 6	12	多 2	5	58
30	2363	庚寅	7	13	婁 3	6	59
31	2364	辛卯	8	14	王 4	7	60
32	2365	壬辰	9	15	5	8	61
33	2366	癸巳	10	16	6	9	62
34	2367	甲午	11	17	7	10	63
35	2368	乙未	12	18	8	11	64
36	2369	丙申	13	19	9	12	65
37	2370	丁酉	14	20	10	13	66
38	2371	戊戌	15	21	11	14	67
39	2372	己亥	16	22	12	15	68
40	2373	庚子	17	23	13	16	69
41	2374	辛丑	18	24	14	17	70

서기 A.D.	단기	간지	한국 新羅		한국 高句麗		한국 百濟		중국 後漢		일본	
42	2375	壬寅	儒	19	大武神王	25	多	15	光	18	垂	71
43	2376	癸卯	理	20		26	婁	16	武	19	仁	72
44	2377	甲辰	尼	21	10歿	27/1	王	17	帝	20		73
45	2378	乙巳	師	22	閔	2		18		21		74
46	2379	丙午	今	23	中	3		19		22		75
47	2380	丁未		24	王	4		20		23		76
48	2381	戊申		25	慕	5/1		21		24		77
49	2382	己酉		26	本	2		22		25		78
50	2383	庚戌		27	王	3		23		26		79
51	2384	辛亥		28		4		24		27		80
52	2385	壬子		29		5		25		28		81
53	2386	癸丑		30	11歿	6/1		26		29		82
54	2387	甲寅		31	太	2		27		30		83
55	2388	乙卯		32	祖	3		28		31		84
56	2389	丙辰		33	王	4		29		中元 1		85
57	2390	丁巳	10歿	34/1		5		30	2歿	2		86
58	2391	戊午	脫	2		6		31	明	永平 1		87
59	2392	己未	解	3		7		32	帝	2		88
60	2393	庚申	尼	4		8		33		3		89
61	2394	辛酉	師	5		9		34		4		90
62	2395	壬戌	今	6		10		35		5		91
63	2396	癸亥		7		11		36		6		92
64	2397	甲子		8		12		37		7		93
65	2398	乙丑		9		13		38		8		94
66	2399	丙寅		10		14		39		9		95
67	2400	丁卯		11		15		40		10		96
68	2401	戊辰		12		16		41		11		97
69	2402	己巳		13		17		42		12		98
70	2403	庚午		14		18		43		13	7歿	99
71	2404	辛未		15		19		44		14	7卽	1
72	2405	壬申		16		20		45		15	景	2
73	2406	癸酉		17		21		46		16	行	3
74	2407	甲戌		18		22		47		17		4
75	2408	乙亥		19		23		48	8歿	18		5
76	2409	丙子		20		24		49	章	建初 1		6
77	2410	丁丑		21		25	9歿	50/1	帝	2		7
78	2411	戊寅		22		26	己	2		3		8
79	2412	己卯		23		27	婁	3		4		9
80	2413	庚辰	8歿	24/1		28	王	4		5		10
81	2414	辛巳	婆 娑	2		29		5		6		11
82	2415	壬午	尼師今	3		30		6		7		12

서기 A.D.	단기	간지	한국			중국	일본
			新羅	高句麗	百濟	後漢	
83	2416	癸未	婆 4	太 31	己 7	章帝 8	景 13
84	2417	甲申	娑 5	祖 32	婁 8	元和 1	行 14
85	2418	乙酉	尼 6	王 33	王 9	2	15
86	2419	丙戌	師 7	34	10	3	16
87	2420	丁亥	今 8	35	11	章和 1	17
88	2421	戊子	9	36	12	1歿 2	18
89	2422	己丑	10	37	13	和 永元 1	19
90	2423	庚寅	11	38	14	帝 2	20
91	2424	辛卯	12	39	15	3	21
92	2425	壬辰	13	40	16	4	22
93	2426	癸巳	14	41	17	5	23
94	2427	甲午	15	42	18	6	24
95	2428	乙未	16	43	19	7	25
96	2429	丙申	17	44	20	8	26
97	2430	丁酉	18	45	21	9	27
98	2431	戊戌	19	46	22	10	28
99	2432	己亥	20	47	23	11	29
100	2433	庚子	21	48	24	12	30
101	2434	辛丑	22	49	25	13	31
102	2435	壬寅	23	50	26	14	32
103	2436	癸卯	24	51	27	15	33
104	2437	甲辰	25	52	28	16	34
105	2438	乙巳	26	53	29	12歿 元興 1	35
106	2439	丙午	27	54	30	殤帝 8歿 延平 1	36
107	2440	丁未	28	55	31	安 永初 1	37
108	2441	戊申	29	56	32	帝 2	38
109	2442	己酉	30	57	33	3	39
110	2443	庚戌	31	58	34	4	40
111	2444	辛亥	32	59	35	5	41
112	2445	壬子	10歿 33/1	60	36	6	42
113	2446	癸丑	祇 2	61	37	7	43
114	2447	甲寅	摩 3	62	38	元初 1	44
115	2448	乙卯	尼 4	63	39	2	45
116	2449	丙辰	師 5	64	40	3	46
117	2450	丁巳	今 6	65	41	4	47
118	2451	戊午	7	66	42	5	48
119	2452	己未	8	67	43	6	49
120	2453	庚申	9	68	44	永寧 1	50
121	2454	辛酉	10	69	45	建光 1	51
122	2455	壬戌	11	70	46	延光 1	52
123	2456	癸亥	12	71	47	2	53

서기 A.D.	단기	간지	한국 新羅		한국 高句麗		한국 百濟		중국 後漢			일본	
124	2457	甲子	祗	13	太	72	己	48	安帝		3	景	54
125	2458	乙丑	摩	14	祖	73	婁	49	3歿 北鄕侯 10歿		4	行	55
126	2459	丙寅	尼	15	王	74	王	50	順	永建	1		56
127	2460	丁卯	師	16		75		51	帝		2		57
128	2461	戊辰	今	17		76	11歿	52/1			3		58
129	2462	己巳		18		77	蓋	2			4		59
130	2463	庚午		19		78	婁	3			5	11歿	60
131	2464	辛未		20		79	王	4			6	1卽	1
132	2465	壬申		21		80		5		陽嘉	1	成	2
133	2466	癸酉		22		81		6			2	務	3
134	2467	甲戌	8歿	23/1		82		7			3		4
135	2468	乙亥	逸	2		83		8			4		5
136	2469	丙子	聖	3		84		9		永和	1		6
137	2470	丁丑	尼	4		85		10			2		7
138	2471	戊寅	師	5		86		11			3		8
139	2472	己卯	今	6		87		12			4		9
140	2473	庚辰		7		88		13			5		10
141	2474	辛巳		8		89		14			6		11
142	2475	壬午		9		90		15		漢安	1		12
143	2476	癸未		10		91		16			2		13
144	2477	甲申		11		92		17	8歿	建康	1		14
145	2478	乙酉		12		93		18	沖帝	1歿 永嘉	1		15
146	2479	丙戌		13	12歿	94/1		19	質帝	6歿 本初	1		16
147	2480	丁亥		14	次	2		20	桓	建和	1		17
148	2481	戊子		15	大	3		21	帝		2		18
149	2482	己丑		16	王	4		22			3		19
150	2483	庚寅		17		5		23		和平	1		20
151	2484	辛卯		18		6		24			1		21
152	2485	壬辰		19		7		25			2		22
153	2486	癸巳		20		8		26		永興	1		23
154	2487	甲午	2歿	21/1		9		27			2		24
155	2488	乙未	阿	2		10		28		永壽	1		25
156	2489	丙申	達	3		11		29			2		26
157	2490	丁酉	羅	4		12		30			3		27
158	2491	戊戌	尼	5		13		31		延熙	1		28
159	2492	己亥	師	6		14		32			2		29
160	2493	庚子	今	7		15		33			3		30
161	2494	辛丑		8		16		34			4		31
162	2495	壬寅		9		17		35			5		32
163	2496	癸卯		10		18		36			6		33
164	2497	甲辰		11		19		37			7		34

서기 A.D.	단기	간지	한 국						중 국			일 본	
			新羅		高句麗		百濟		後漢				
165	2498	乙巳	阿	12	10歿	20/1	蓋婁王	38	桓		8	成	35
166	2499	丙午	達	13	新	2	10歿	39/1	帝		9	務	36
167	2500	丁未	羅	14	大	3	肖	2	12歿	永康	1		37
168	2501	戊申	尼	15	王	4	古	3	靈	建寧	1		38
169	2502	己酉	師	16		5	王	4	帝		2		39
170	2503	庚戌	今	17		6		5			3		40
171	2504	辛亥		18		7		6			4		41
172	2505	壬子		19		8		7		熹平	1		42
173	2506	癸丑		20		9		8			2		43
174	2507	甲寅		21		10		9			3		44
175	2508	乙卯		22		11		10			4		45
176	2509	丙辰		23		12		11			5		46
177	2510	丁巳		24		13		12			6		47
178	2511	戊午		25		14		13		光和	1		48
179	2512	己未		26	12歿	15/1		14			2		49
180	2513	庚申		27	故	2		15			3		50
181	2514	辛酉		28	國	3		16			4		51
182	2515	壬戌		29	川	4		17			5		52
183	2516	癸亥		30	王	5		18			6		53
184	2517	甲子	3歿	31/1		6		19		中平	1		54
185	2518	乙丑	伐	2		7		20			2		55
186	2519	丙寅	休	3		8		21			3		56
187	2520	丁卯	尼	4		9		22			4		57
188	2521	戊辰	師	5		10		23			5		58
189	2522	己巳	今	6		11		24	4歿 弘農王	光熹·昭寧·永漢	1		59
190	2523	庚午		7		12		25	1歿 前年 9即	初平	1	6歿	60
191	2524	辛未		8		13		26	獻		2		
192	2525	壬申		9		14		27	帝		3	1即	1
193	2526	癸酉		10		15		28			4	仲	2
194	2527	甲戌		11		16		29		興平	1	哀	3
195	2528	乙亥		12		17		30			2		4
196	2529	丙子	3歿	13/1		18		31		建安	1		5
197	2530	丁丑	奈	2	5歿	19/1		32			2		6
198	2531	戊寅	解	3	山	2		33			3		7
199	2532	己卯	尼	4	上	3		34			4		8
200	2533	庚辰	師	5	王	4		35			5	2歿	9
201	2534	辛巳	今	6		5		36			6	(攝正)	1
202	2535	壬午		7		6		37			7	神	2
203	2536	癸未		8		7		38			8	功	3
204	2537	甲申		9		8		39			9	(女)	4
205	2538	乙酉		10		9		40			10		5

서기 A.D.	단기	간지	한국 新羅	한국 高句麗	한국 百濟	중국 後漢·삼국			일본
206	2539	丙戌	奈 11	山 10	肖 41	獻 11			(攝正) 6
207	2540	丁亥	解 12	上 11	古 42	帝 12			神 7
208	2541	戊子	尼 13	王 12	王 43	13			功 8
209	2542	己丑	師 14	13	44	14			(女) 9
210	2543	庚寅	今 15	14	45	15			10
211	2544	辛卯	16	15	46	16			11
212	2545	壬辰	17	16	47	17			12
213	2546	癸巳	18	17	48	18			13
214	2547	甲午	19	18	10歿 49/1	19			14
215	2548	乙未	20	19	仇 2	20			15
216	2549	丙申	21	20	首 3	21			16
217	2550	丁酉	22	21	王 4	22			17
218	2551	戊戌	23	22	5	23			18
219	2552	己亥	24	23	6	24			19
220	2553	庚子	25	24	7	10亡	(魏) 延康 1		20
221	2554	辛丑	26	25	8	(蜀漢) 章武 1	文 黃初 2		21
222	2555	壬寅	27	26	9	昭熱帝 2	帝 3	(吳) 黃武 1	22
223	2556	癸卯	28	27	10	4歿 建興 1	4	大 2	23
224	2557	甲辰	29	28	11	後 2	5	帝 3	24
225	2558	乙巳	30	29	12	王 3	6	4	25
226	2559	丙午	31	30	13	4	5歿 7	5	26
227	2560	丁未	32	5歿 31/1	14	5	明 太和 1	6	27
228	2561	戊申	33	東 2	15	6	帝 2	7	28
229	2562	己酉	34	川 3	16	7	3	黃龍 1	29
230	2563	庚戌	3歿 35/1	王 4	17	8	4	2	30
231	2564	辛亥	助 2	5	18	9	5	3	31
232	2565	壬子	賁 3	6	19	10	6	嘉禾 1	32
233	2566	癸丑	尼 4	7	20	11	青龍 1	2	33
234	2567	甲寅	師 5	8	沙伴王 21/1/1	12	2	3	34
235	2568	乙卯	今 6	9	古 2	13	3	4	35
236	2569	丙辰	7	10	爾 3	14	4	5	36
237	2570	丁巳	8	11	王 4	15	景初 1	6	37
238	2571	戊午	9	12	5	延熙 1	2	赤烏 1	38
239	2572	己未	10	13	6	2	1歿 3	2	39
240	2573	庚申	11	14	7	3	齊 正始 1	3	40
241	2574	辛酉	12	15	8	4	王 2	4	41
242	2575	壬戌	13	16	9	5	3	5	42
243	2576	癸亥	14	17	10	6	4	6	43
244	2577	甲子	15	18	11	7	5	7	44
245	2578	乙丑	16	19	12	8	6	8	45
246	2579	丙寅	17	20	13	9	7	9	46

서기 A.D.	단기	간지	한국 新羅	한국 高句麗	한국 百濟	중국 蜀·晋	중국 魏	중국 吳	일본
247	2580	丁卯	5歿 18/1	21	古 14	後 10	齊 8	大 10	(攝正) 47
248	2581	戊辰	沾 2	9歿 22/1	爾 15	王 11	王 9	帝 11	神 48
249	2582	己巳	解 3	中 2	王 16	12	嘉平 1	12	功 49
250	2583	庚午	尼 4	川 3	17	13	2	13	(女) 50
251	2584	辛未	師 5	王 4	18	14	3	太元 1	51
252	2585	壬申	今 6	5	19	15	4	4歿 神鳳·建興	52
253	2586	癸酉	7	6	20	16	5	會 2	53
254	2587	甲戌	8	7	21	17	9廢 正元 1	稽 五鳳 1	54
255	2588	乙亥	9	8	22	18	高 2	王 2	55
256	2589	丙子	10	9	23	19	貴 甘露 1	太平 1	56
257	2590	丁丑	11	10	24	20	鄕 2	2	57
258	2591	戊寅	12	11	25	景耀 1	公 3	9廢 永安 1	58
259	2592	己卯	13	12	26	2	4	景 2	59
260	2593	庚辰	14	13	27	3	5歿 景元 1	帝 3	60
261	2594	辛巳	15	14	28	4	元 2	4	61
262	2595	壬午	味 16/1	15	29	5	帝 3	5	62
263	2596	癸未	鄒 2	16	30	10廢 炎興 1	4	6	63
264	2597	甲申	尼 3	17	31		咸熙 1	7歿 元興 1	64
265	2598	乙酉	師 4	18	32	12即 泰始 1	12亡 2	烏 甘露 1	65
266	2599	丙戌	今 5	19	33	(晋) 2		程 寶鼎 1	66
267	2600	丁亥	6	20	34	武 3		公 2	67
268	2601	戊子	7	21	35	帝 4		3	68
269	2602	己丑	8	22	36	5		建衡 1	4歿 69
270	2603	庚寅	9	10歿 23/1	37	6		2	1即 70
271	2604	辛卯	10	西 2	38	7		3	應 71
272	2605	壬辰	11	川 3	39	8		鳳凰 1	神 72
273	2606	癸巳	12	王 4	40	9		2	73
274	2607	甲午	13	5	41	10		3	74
275	2608	乙未	14	6	42	咸寧 1		天冊 1	75
276	2609	丙申	15	7	43	2		天璽 1	76
277	2610	丁酉	16	8	44	3		天紀 1	77
278	2611	戊戌	17	9	45	4		2	78
279	2612	己亥	18	10	46	5		3	79
280	2613	庚子	19	11	47	太康 1		4亡 4	80
281	2614	辛丑	20	12	48	2			81
282	2615	壬寅	21	13	49	3			82
283	2616	癸卯	22	14	50	4			83
284	2617	甲辰	10歿 23/1	15	51	5			84
285	2618	乙巳	儒禮 2	16	52	6			85
286	2619	丙午	尼師 3	17	11歿 53/1	7			86
287	2620	丁未	今 4	18	責稽王 2	8			87

서기 A.D.	단기	간지	한국			중국					일본
			新羅	高句麗	百濟	晉·東晉	成	前趙	後趙	前涼	
288	2621	戊申	儒 5	西 19	責 3	武 9					應 88
289	2622	己酉	禮 6	川 20	稽 4	帝 10					神 89
290	2623	庚戌	尼 7	王 21	王 5	4歿 太熙·永熙					90
291	2624	辛亥	師 8	22	6	惠 永平·元康					91
292	2625	壬子	今 9	烽 23/1	7	帝 2					92
293	2626	癸丑	10	上 2	8	3					93
294	2627	甲寅	11	王 3	9	4					94
295	2628	乙卯	12	4	10	5					95
296	2629	丙辰	13	5	11	6					96
297	2630	丁巳	14	6	12	7					97
298	2631	戊午	12歿 15/1	7	9歿 13/1	8					98
299	2632	己未	基 2	8	汾 2	9					99
300	2633	庚申	臨 3	8歿 9/1	西 3	永康 1					100
301	2634	辛酉	尼 4	美 2	王 4	永寧 1					101
302	2635	壬戌	師 5	川 3	5	太安 1	李特 建初 1				102
303	2636	癸亥	今 6	王 4	6	2	2				103
304	2637	甲子	7	5	10歿 7/1	永安·建武 1 永安·永興 1	李雄 建興 1	劉淵 元熙 1			104
305	2638	乙丑	8	6	比 2	2	2	2			105
306	2639	丙寅	9	7	流 3	11歿 光熙 1	晏平 1	3			106
307	2640	丁卯	10	8	王 4	懷 永嘉 1	2	4			107
308	2641	戊辰	11	9	5	帝 2	3	永鳳 1			108
309	2642	己巳	12	10	6	3	4	河瑞 1			109
310	2643	庚午	6歿 13/1	11	7	4	5	劉聰 光興 1			2歿 110
311	2644	辛未	訖 2	12	8	6廢 5	玉衡 1	嘉平 1			
312	2645	壬申	解 3	13	9	6	2	2			
313	2646	癸酉	尼 4	14	10	4卽 建興 1	3	3		張軌 建興 1	1卽 1
314	2647	甲戌	師 5	15	11	愍 2	4	4		張寔 建興 2	仁 2
315	2648	乙亥	今 6	16	12	帝 3	5	建元 1		3	徳 3
316	2649	丙子	7	17	13	11歿 4	6	麟嘉 1		4	4
317	2650	丁丑	8	18	14	3卽 建武 1	7	2		5	5
318	2651	戊寅	9	19	15	(東晉) 太興 1	8	劉曜 光初 1		6	6
319	2652	己卯	10	20	16	元 2	9	2	石勒 趙王 1	7	7
320	2653	庚辰	11	21	17	帝 3	10	3	2	張茂 永元 1	8
321	2654	辛巳	12	22	18	4	11	4	3	2	9
322	2655	壬午	13	23	19	11歿 永昌 1	12	5	4	3	10
323	2656	癸未	14	24	20	明 太寧 1	13	6	5	4	11
324	2657	甲申	15	25	21	帝 2	14	7	6	張駿 太元 1	12
325	2658	乙酉	16	26	22	8歿 3	15	8	7	2	13
326	2659	丙戌	17	27	23	成 咸和 1	16	9	8	3	14
327	2660	丁亥	18	28	24	帝 2	17	10	9	4	15
328	2661	戊子	19	29	25	3	18	11	太和 1	5	16

서기 A.D.	단기	간지	한국			중국					일본
			新羅	高句麗	百濟	東晋	成·前秦	前趙	後趙	前涼	
329	2662	己丑	訖 20	30	比 26	成 4	19	亡 12	2	6	仁 17
330	2663	庚寅	解 21	31	流 27	帝 5	20		建平 1	7	德 18
331	2664	辛卯	尼 22	2歿 32/1	王 28	6	21		2	8	19
332	2665	壬辰	師 23	故 2	29	7	22		3	9	20
333	2666	癸巳	今 24	國 3	30	8	23		石弘 延熙 1	10	21
334	2667	甲午	25	原 4	31	9	李班李期		石虎 延熙 2	11	22
335	2668	乙未	26	王 5	32	咸康 1	玉恒 1		建武 1	12	23
336	2669	丙申	27	6	33	2	2		2	13	24
337	2670	丁酉	28	7	34	3	3		3	14	25
338	2671	戊戌	29	8	35	4	李壽 漢興 1		4	15	26
339	2672	己亥	30	9	36	5	2		5	16	27
340	2673	庚子	31	10	37	6	3		6	17	28
341	2674	辛丑	32	11	38	7	4		7	18	29
342	2675	壬寅	33	12	39	6歿 8	5		8	19	30
343	2676	癸卯	34	13	40	康帝 建元 1	6		9	20	31
344	2677	甲辰	35	14	10歿 41/1	9歿 2	李勢 太和 1		10	21	32
345	2678	乙巳	36	15	契王 2	穆 永和 1	2		11	22	33
346	2679	丙午	37	16	9歿 3/1	帝 2	嘉寧 1		12	張重華 永樂 1	34
347	2680	丁未	38	17	近 2	3	亡 2	(前燕)	13	2	35
348	2681	戊申	39	18	肖 3	4		慕容儁	14	3	36
349	2682	己酉	40	19	古 4	5		燕元 1	石世/石遵 石鑒 靑龍 1	4	37
350	2683	庚戌	41	20	王 5	6		2	石祇 永寧 冉閔 永興 1	5	38
351	2684	辛亥	42	21	6	7	苻健 皇始 1	3	2	6	39
352	2685	壬子	43	22	7	8	2	元璽 1	亡 3	7	40
353	2686	癸丑	44	23	8	9	3	2		8	41
354	2687	甲寅	45	24	9	10	4	3		張祚 和平 1	42
355	2688	乙卯	46	25	10	11	苻生 壽光 1	4		張玄 太始 1	43
356	2689	丙辰	4歿 47/1	26	11	12	2	5		2	44
357	2690	丁巳	奈 2	27	12	升平 1	苻堅 永興 1	光壽 1		建元 1	45
358	2691	戊午	勿 3	28	13	2	2	2		2	46
359	2692	己未	麻 4	29	14	3	甘露 1	3		3	47
360	2693	庚申	立 5	30	15	4	2	慕容暐 建熙 1		4	48
361	2694	辛酉	干 6	31	16	5歿 5	3	2		5	49
362	2695	壬戌	7	32	17	哀 隆和 1	4	3		升平 1	50
363	2696	癸亥	8	33	18	帝 興寧 1	5	4		張天錫 太淸 1	51
364	2697	甲子	9	34	19	2	6	5		2	52
365	2698	乙丑	10	35	20	2歿 3	建元 1	6		3	53
366	2699	丙寅	11	36	21	廢 太和 1	2	7		4	54
367	2700	丁卯	12	37	22	帝 2	3	8		5	55
368	2701	戊辰	13	38	23	奕 3	4	9		6	56
369	2702	己巳	14	39	24	4	5	10		7	57

서기 A.D.	단기	간지	한국			중국									일본
			新羅	高句麗	百濟	東晋	前秦	前涼	後秦	西秦	後涼	北魏	西燕	北涼	
370	2703	庚午	奈 15	40	近 25	5	建元 6	亡 11					亡 11	8	仁 58
371	2704	辛未	勿 16	10殁 41/1	肖 26	11廢 咸安 1	7							9	德 59
372	2705	壬申	麻 17	小 2	古 27	簡文帝 7殁 2	8							10	60
373	2706	癸酉	立 18	獸 3	王 28	孝 寧康 1	9							11	61
374	2707	甲戌	干 19	林 4	29	武 2	10							12	62
375	2708	乙亥	20	王 5	11殁 30/1	帝 3	11							13	63
376	2709	丙子	21	6	近 2	1	12								64
377	2710	丁丑	22	7	仇 3	2	13								65
378	2711	戊寅	23	8	首 4	3	14								66
379	2712	己卯	24	9	王 5	4	15								67
380	2713	庚辰	25	10	6	5	16								68
381	2714	辛巳	26	11	7	6	17								69
382	2715	壬午	27	12	8	7	18								70
383	2716	癸未	28	13	9	8	19	(後燕)							71
384	2717	甲申	29	11殁 14/1	4殁 10/1	9	20	慕容垂 燕元 1	姚萇 白雀 1				燕興 1		72
385	2718	乙酉	30	故 2	枕流王 11殁 2/1	10	苻丕 太安 1	2	2	國仁 建義 1			更始 1		73
386	2719	丙戌	31	國 3	辰 2	11	苻登 太初 1	建興 1	建初 1	2	呂光 太安 1	道武帝 登國 1	中興 1		74
387	2720	丁亥	32	壤 4	斯 3	12	2	2	2	3	2	2	2		75
388	2721	戊子	33	王 5	王 4	13	3	3	3	乾歸 太初 1	3	3	3		76
389	2722	己丑	34	6	5	14	4	4	4	2	麟嘉 1	4	4		77
390	2723	庚寅	35	7	6	15	5	5	5	3	2	5	5		78
391	2724	辛卯	36	5殁 8/1	7	16	6	6	6	4	3	6	6		79
392	2725	壬辰	37	永樂 2	11殁 8/1	17	7	7	7	5	4	7	7		80
393	2726	癸巳	38	廣 3	阿 2	18	8	8	8	6	5	8	8		81
394	2727	甲午	39	開 4	莘 3	19	苻崇 延初 1	9	姚興 皇初 1	7	6	9	亡 9		82
395	2728	乙未	40	土 5	王 4	20	亡	10	2	8	龍飛 1	10			83
396	2729	丙申	41	王 6	5	9殁 21		永康 1	3	9	2	皇始 1	(南涼)		84
397	2730	丁酉	42	7	6	安 隆安 1	(南燕)	2	4	10	3	2	禿孤 太初 1	段業 神璽 1	85
398	2731	戊戌	43	8	7	帝 2	慕容德	建平 1	5	11	咸寧 1	天興 1	2	2	86
399	2732	己亥	44	9	8	3	燕平 2	長樂 1	弘始 1	12	2	2	3	天璽 1	1殁 87
400	2733	庚子	45	10	9	4	建平 1	2	2	13	神鼎 1	3	建和 1	2	2卽 1
401	2734	辛丑	46	11	10	5	2	光始 1	3	14	2	4	2	永安 1	履 2
402	2735	壬寅	2殁 47/1	12	11	元興 1	3	2	4	15	3	5	弘昌 1	2	中 3
403	2736	癸卯	實 2	13	12	2	4	3	5	16	4	6	2	3	4
404	2737	甲辰	聖 3	14	13	3	5	4	6	17	(西涼)	天賜 1	3	4	5
405	2738	乙巳	麻 4	15	9殁 14/1	義熙 1	太上 1	5	7	18	建初 1	2	4	5	3殁 6
406	2739	丙午	立 5	16	腆 2	2	2	6	8	19	2	3	5	6	1卽 1
407	2740	丁未	干 6	17	支 3	3	3	建始 1 正始 1	9	義熙 3	3	4	6	7	反 2
408	2741	戊申	7	18	王 4	4	4	2	10	4	4	5	嘉平 1	8	正 3
409	2742	己酉	8	19	5	5	5	亡 3	11	更始 1	5	明元帝	2	9	4
410	2743	庚戌	9	20	6	6	亡 6		12	2	6	永興 2	3	10	1殁 5

서기 A.D.	단기	간지	한국			중국									일본
			新羅	高句麗	百濟	東晋·宋	北燕	夏燕	後秦	西秦	後涼	北魏	南涼	北涼	
411	2744	辛亥	實 10	21	腆 7	安 7		(夏)	13	3	7	3	4	11	
412	2745	壬子	聖 11	10歿 22	支 8	帝 8	(北燕)	龍升 6	14	永康 1	8	4	5	玄始 1	12即 1
413	2746	癸丑	麻 12	長 1	王 9	9	太平 5	鳳翔 1	15	2	9	5	6	2	允 2
414	2747	甲寅	立 13	壽 2	10	10	6	2	16	3	10	神瑞 1	亡 7	3	恭 3
415	2748	乙卯	干 14	王 3	11	11	7	3	17	4	11	2		4	4
416	2749	丙辰	15	4	12	12	8	4	姚泓 永和 1	5	12	泰常 1		5	5
417	2750	丁巳	5歿 16/1	5	13	13	9	5	亡 2	6	嘉興 1	2		6	6
418	2751	戊午	訥 2	6	14	12歿 14	10	昌武 1		7	2	3		7	7
419	2752	己未	祇 3	7	15	恭帝 元熙 1	11	眞興 1		8	3	4		8	8
420	2753	庚申	麻 4	8	3歿 16/1	6亡 永初 1	12	2		建弘 1	永建 1	5		9	9
421	2754	辛酉	立 5	9	久 2	(宋)武帝 2	13	3		2	亡 2	6		10	10
422	2755	壬戌	干 6	10	爾 3	5歿 3	14	4		3		7		11	11
423	2756	癸亥	7	11	辛 4	少帝 景平 1	15	5		4		8		12	12
424	2757	甲子	8	12	王 5	6歿 元嘉 1	16	6		5		太武帝		13	13
425	2758	乙丑	9	13	6	文帝 2	17	承光 1		6		始光 2		14	14
426	2759	丙寅	10	14	7	3	18	2		7		3		15	15
427	2760	丁卯	11	15	3歿 8/1	4	19	3		8		4		16	16
428	2761	戊辰	12	16	毗 2	5	20	勝光 1		永弘 1		神䴥 1		承玄 1	17
429	2762	己巳	13	17	有 3	6	21	2		2		2		2	18
430	2763	庚午	14	18	王 4	7	22	3		3		3		3	19
431	2764	辛未	15	19	5	8	太興 1	亡 4		亡 4		4		義和 1	20
432	2765	壬申	16	20	6	9	2					延和 1		2	21
433	2766	癸酉	17	21	7	10	3					2		永和 1	22
434	2767	甲戌	18	22	8	11	4					3		2	23
435	2768	乙亥	19	23	9	12	5					太延 1		3	24
436	2769	丙子	20	24	10	13	亡 6					2		4	25
437	2770	丁丑	21	25	11	14						3		5	26
438	2771	戊寅	22	26	12	15						4		6	27
439	2772	己卯	23	27	13	16						5		亡 7	28
440	2773	庚辰	24	28	14	17						太平眞君			29
441	2774	辛巳	25	29	15	18						2			30
442	2775	壬午	26	30	16	19						3			31
443	2776	癸未	27	31	17	20						4			32
444	2777	甲申	28	32	18	21						5			33
445	2778	乙酉	29	33	19	22						6			34
446	2779	丙戌	30	34	20	23						7			35
447	2780	丁亥	31	35	21	24						8			36
448	2781	戊子	32	36	22	25						9			37
449	2782	己丑	33	37	23	26						10			38
450	2783	庚寅	34	38	24	27						11			39
451	2784	辛卯	35	39	25	28						12			40

서기 A.D.	단기	간지	한국						중국						일본	
			新羅		高句麗		百濟		宋·齊			北魏				
452	2785	壬辰	訥	36	長	40	毗	26			29	3歿10卽	南安王 承平·興安	1		41
453	2786	癸巳	祇	37	壽	41	有	27	2歿 4卽		30	文		2	1歿 12卽	42
454	2787	甲午	麻	38	王	42	王	28	孝	孝建	1	成	興光	1	安	1
455	2788	乙未	立	39		43	9歿	29/1	武		2	帝	太安	1	康	2
456	2789	丙申	干	40		44	蓋	2	帝		3			2	8歿 11卽	3
457	2790	丁酉		41		45	鹵	3		大明	1			3	雄	1
458	2791	戊戌	8歿	42/1		46	王	4			2			4	略	2
459	2792	己亥	慈	2		47		5			3			5		3
460	2793	庚子	悲	3		48		6			4		和平	1		4
461	2794	辛丑	麻	4		49		7			5			2		5
462	2795	壬寅	立	5		50		8			6			3		6
463	2796	癸卯	干	6		51		9			7			4		7
464	2797	甲辰		7		52		10	5歿		8			5		8
465	2798	乙巳		8		53		11	廢帝 11歿	永光·景和·泰始		5歿		6		9
466	2799	丙午		9		54		12	明		2	獻	天安	1		10
467	2800	丁未		10		55		13	帝		3	文	皇興	1		11
468	2801	戊申		11		56		14			4	帝		2		12
469	2802	己酉		12		57		15			5			3		13
470	2803	庚戌		13		58		16			6			4		14
471	2804	辛亥		14		59		17			7	8讓	延興	1		15
472	2805	壬子		15		60		18	4歿	泰豫	1	孝		2		16
473	2806	癸丑		16		61		19	後	元徽	1	文		3		17
474	2807	甲寅		17		62		20	廢		2	帝		4		18
475	2808	乙卯		18		63	9歿	21/1	帝		3			5		19
476	2809	丙辰		19		64	文周王	2			4		永明	1		20
477	2810	丁巳		20		65	9歿	3/1	7歿	昇明	1		太和	1		21
478	2811	戊午		21		66	三斤王	2	順帝		2			2		22
479	2812	己未	2歿	22/1		67	11歿	3/1	5歿	建元	1			3	8歿 1卽	23
480	2813	庚申	炤	2		68	東	2	(齊)		2			4	淸	1
481	2814	辛酉	知	3		69	城	3	高帝		3			5	寧	2
482	2815	壬戌	麻	4		70	王	4	3歿		4			6		3
483	2816	癸亥	立	5		71		5	武	永明	1			7		4
484	2817	甲子	干	6		72		6	帝		2			8	1歿	5
485	2818	乙丑		7		73		7			3			9	顯	1
486	2819	丙寅		8		74		8			4			10	宗	2
487	2820	丁卯		9		75		9			5			11	4歿 1卽	3
488	2821	戊辰		10		76		10			6			12	仁	1
489	2822	己巳		11		77		11			7			13	賢	2
490	2823	庚午		12		78		12			8			14		3
491	2824	辛未		13	12歿	79		13			9			15		4
492	2825	壬申		14		1		14			10			16		5

서기 A.D.	단기	간지	한국			중국		일본
			新羅	高句麗	百濟	宋·齊	北魏	
493	2826	癸酉	炤 15	文 2	東 15	7殁 11	孝 17	仁 6
494	2827	甲戌	知 16	咨 3	城 16	鬱林海陵 隆昌·延興·建武	文 18	賢 7
495	2828	乙亥	麻 17	明 4	王 17	明 2	帝 19	8
496	2829	丙子	立 18	王 5	18	帝 3	20	9
497	2830	丁丑	干 19	6	19	4	21	10
498	2831	戊寅	20	7	20	7殁 永泰 1	22	8殁 12卽 11
499	2832	己卯	21	8	21	東昏 永元 1	4殁 23	武 1
500	2833	庚辰	11殁 22/1	9	22	侯 2	宣 景明 1	烈 2
501	2834	辛巳	智 2	10	12殁 23/1	和帝 中興 1	武 2	3
502	2835	壬午	證 3	11	武 2	3亡 4卽 天監 1	帝 3	4
503	2836	癸未	王 4	12	寧 3	(梁) 2	4	5
504	2837	甲申	5	13	王 4	武 3	正始 1	6
505	2838	乙酉	6	14	5	帝 4	2	7
506	2839	丙戌	7	15	6	5	3	12殁 8
507	2840	丁亥	8	16	7	6	4	2卽 1
508	2841	戊子	9	17	8	7	永平 1	繼 2
509	2842	己丑	10	18	9	8	2	體 3
510	2843	庚寅	11	19	10	9	3	4
511	2844	辛卯	12	20	11	10	4	5
512	2845	壬辰	13	21	12	11	延昌 1	6
513	2846	癸巳	14	22	13	12	2	7
514	2847	甲午	7殁 15/1	23	14	13	3	8
515	2848	乙未	法 2	24	15	14	1殁 4	9
516	2849	丙申	興 3	25	16	15	孝 熙平 1	10
517	2850	丁酉	王 4	26	17	16	明 2	11
518	2851	戊戌	5	27	18	17	帝 神龜 1	12
519	2852	己亥	6	安 28/1	19	18	2	13
520	2853	庚子	7	臧 2	20	普通 1	正光 1	14
521	2854	辛丑	8	王 3	21	2	2	15
522	2855	壬寅	9	4	22	3	3	16
523	2856	癸卯	10	5	5殁 23/1	4	4	17
524	2857	甲辰	11	6	聖 2	5	5	18
525	2858	乙巳	12	7	王 3	6	孝昌 1	19
526	2859	丙午	13	8	4	7	2	20
527	2860	丁未	14	9	5	大通 1	3	21
528	2861	戊申	15	10	6	2	2殁 孝莊帝 武泰·建義·永安 1	22
529	2862	己酉	16	11	7	中大通 1	2	23
530	2863	庚戌	17	12	8	2	12殁 建明 1	24
531	2864	辛亥	18	5殁 13/1	9	3	敬帝/節閔帝/出帝 普泰·中興 1	2殁 2卽 25
532	2865	壬子	19	安原王 2	10	4	孝武帝 太昌·永興·永熙	安
533	2866	癸丑	20	3	11	5	2	閑

서기 A.D.	단기	간지	한국			중국				일본
			新羅	高句麗	百濟	梁·陳	西魏·北周	東魏·北齊	後梁	
534	2867	甲寅	21	安 4	聖 12	6	12歿 3			1
535	2868	乙卯	22	原 5	王 13	大同 1	(西魏) 大統 1	天平 2		12歿 12卽 2
536	2869	丙辰	建元 1/23	王 6	14	2	文 2	孝 3		宣 1
537	2870	丁巳	24	7	15	3	帝 3	靜 4		化 2
538	2871	戊午	25	8	16	4	4	帝 元象 1		3
539	2872	己未	26	9	17	5	5	興和 1		2歿 12卽 4
540	2873	庚申	7歿 27/1	10	18	6	6	2		欽 1
541	2874	辛酉	眞 2	11	19	7	7	3		明 2
542	2875	壬戌	興 3	12	20	8	8	4		3
543	2876	癸亥	王 4	13	21	9	9	武定 1		4
544	2877	甲子	5	14	22	10	10	2		5
545	2878	乙丑	6	3歿 15/1	23	11	11	3		6
546	2879	丙寅	7	陽 2	24	中大同 1	12	4		7
547	2880	丁卯	8	原 3	25	太淸 1	13	5		8
548	2881	戊辰	9	王 4	26	2	14	6		9
549	2882	己巳	10	5	27	5歿 3	15	7		10
550	2883	庚午	建元 15/11	6	28	簡文帝 大寶 1	16	5歿 亡 (北齊) 8		11
551	2884	辛未	開國 1/12	7	29	8廢 天正 1	3歿 17	文 天保 2		12
552	2885	壬申	13	8	30	豫章王 承聖 1	廢 1	宣 3		13
553	2886	癸酉	14	9	31	元帝 2	帝 2	帝 4		14
554	2887	甲戌	15	10	7歿 32/1	10歿 3	恭 1	5		15
555	2888	乙亥	16	11	威 2	貞陽侯 天成·紹泰 1	帝 2	6	大政 1	16
556	2889	丙子	17	12	德 3	敬帝 太平 1	12亡 3	7	宣 2	17
557	2890	丁丑	18	13	王 4	10亡 永定 1	(北周) 孝閔帝 1/1	8	帝 3	18
558	2891	戊寅	19	14	5	(陳)武帝 2	孝明帝 2	9	4	19
559	2892	己卯	20	3歿 15/1	6	6歿 3	武成 1	10歿 10	5	20
560	2893	庚辰	21	平 2	7	文 天嘉 1	4歿 2	廢帝 乾明 1 皇建 1	6	21
561	2894	辛巳	22	原 3	8	帝 2	武 保定 1	孝昭帝 太寧 1	7	22
562	2895	壬午	23	王 4	9	3	帝 2	武 河淸 1	天保 1	23
563	2896	癸未	24	5	10	4	3	成 2	2	24
564	2897	甲申	25	6	11	5	4	帝 3	3	25
565	2898	乙酉	26	7	12	6	5	4讓 天統 1	4	26
566	2899	丙戌	27	8	13	4歿 天康 1	天和 1	後 2	5	27
567	2900	丁亥	開國 17/28	9	14	臨海王 光大 1	2	主 3	6	28
568	2901	戊子	大昌 1/29	10	15	11廢 2	3	4	7	29
569	2902	己丑	30	11	16	宣 太建 1	4	5	8	30
570	2903	庚寅	31	12	17	帝 2	5	武平 1	9	31
571	2904	辛卯	32	13	18	3	6	2	10	4歿 32
572	2905	壬辰	鴻濟 1/33	14	19	4	建德 1	3	11	4卽 1
573	2906	癸巳	34	15	20	5	2	4	12	敏 2
574	2907	甲午	35	16	21	6	3	5	13	達 3

서기 A.D.	단기	간지	한국 新羅	한국 高句麗	한국 百濟	중국 陳	중국 北周·隋	중국 北濟	중국 後梁	일본
575	2908	乙未	36	平 17	威 22	宣 7	4	6	14	敏 4
576	2909	丙申	8歿 37/1	原 18	德 23	帝 8	武帝 5	後主 隆化 1	15	達 5
577	2910	丁酉	眞智 2	王 19	王 24	9	6	1讓 幻主 亡 承光 1	16	6
578	2911	戊戌	王 3	20	25	10	6歿 宣帝·宣政 1		17	7
579	2912	己亥	7歿 4/1	21	26	11	靜帝 大成·大象 1		18	8
580	2913	庚子	眞 2	22	27	12	亡 2		19	9
581	2914	辛丑	平 3	23	28	13	(隋) 開皇 1		20	10
582	2915	壬寅	王 4	24	29	1歿 14	文 2		21	11
583	2916	癸卯	5	25	30	後 至德 1	帝 3		22	12
584	2917	甲辰	建福 1/6	26	31	主 2	4		23	13
585	2918	乙巳	7	27	32	3	5		24	8歿 9卽 14
586	2919	丙午	8	28	33	4	6		廣運 1	用明 1
587	2920	丁未	9	29	34	禎明 1	7		亡 2	4歿 8卽 2
588	2921	戊申	10	30	35	1亡 2	8			崇 1
589	2922	己酉	11	31	36		9			峻 2
590	2923	庚戌	12	7歿 32/1	37		10			3
591	2924	辛亥	13	嬰 2	38		11			4
592	2925	壬子	14	陽 3	39		12			11歿 12卽 5
593	2926	癸丑	15	王 4	40		13			推 1
594	2927	甲寅	16	5	41		14			古 2
595	2928	乙卯	17	6	42		15			(女) 3
596	2929	丙辰	18	7	43		16			4
597	2930	丁巳	19	8	44		17			5
598	2931	戊午	20	9	12歿 45/1		18			6
599	2932	己未	21	10	惠王 2 法王 1		19			7
600	2933	庚申	22	11	5歿 2/1		20			8
601	2934	辛酉	23	12	武 2		仁壽 1			9
602	2935	壬戌	24	13	王 3		2			10
603	2936	癸亥	25	14	4		3			11
604	2937	甲子	26	15	5		7歿 4			12
605	2938	乙丑	27	16	6		煬 大業 1			13
606	2939	丙寅	28	17	7		帝 2			14
607	2940	丁卯	29	18	8		3			15
608	2941	戊辰	30	19	9		4			16
609	2942	己巳	31	20	10		5			17
610	2943	庚午	32	21	11		6			18
611	2944	辛未	33	22	12		7			19
612	2945	壬申	34	23	13		8			20
613	2946	癸酉	35	24	14		9			21
614	2947	甲戌	36	25	15		10			22
615	2948	乙亥	37	26	16		11			23

서기 A.D.	단기	간지	한국 新羅	한국 高句麗	한국 百濟	중국 隋·唐	일본
616	2949	丙子	眞 38	27	武 17	12	推 24
617	2950	丁丑	平 39	28	王 18	恭帝 義寧 1	古 25
618	2951	戊寅	王 40	9歿 29/1	19	5讓 武德 1	26
619	2952	己卯	41	榮 2	20	(唐) 2	27
620	2953	庚辰	42	留 3	21	高 3	28
621	2954	辛巳	43	王 4	22	祖 4	29
622	2955	壬午	44	5	23	5	30
623	2956	癸未	45	6	24	6	31
624	2957	甲申	46	7	25	7	32
625	2958	乙酉	47	8	26	8	33
626	2959	丙戌	48	9	27	6讓 9	34
627	2960	丁亥	49	10	28	太 貞觀 1	35
628	2961	戊子	50	11	29	宗 2	3歿 36
629	2962	己丑	51	12	30	3	1卽 1
630	2963	庚寅	52	13	31	4	舒 2
631	2964	辛卯	53	14	32	5	明 3
632	2965	壬辰	1歿 54/1	15	33	6	4
633	2966	癸巳	善 建福 50/2	16	34	7	5
634	2967	甲午	德 仁平 1/3	17	35	8	6
635	2968	乙未	女 4	18	36	9	7
636	2969	丙申	王 5	19	37	10	8
637	2970	丁酉	6	20	38	11	9
638	2971	戊戌	7	21	39	12	10
639	2972	己亥	8	22	40	13	11
640	2973	庚子	9	23	41	14	12
641	2974	辛丑	10	24	3歿 42/1	15	10歿 13
642	2975	壬寅	11	10歿 25/1	義 2	16	1卽 1
643	2976	癸卯	12	寶 2	慈 3	17	皇 2
644	2977	甲辰	13	藏 3	王 4	18	極(女) 3
645	2978	乙巳	14	王 4	5	19	6讓 6卽 大化 1
646	2979	丙午	仁平 13/15	5	6	20	孝 2
647	2980	丁未	1歿 16/1	6	7	21	德 3
648	2981	戊申	眞 太和 2	7	8	22	4
649	2982	己酉	德 3	8	9	5歿 23	5
650	2983	庚戌	女 4	9	10	高 永徽 1	白雉 1
651	2984	辛亥	王 5	10	11	宗 2	2
652	2985	壬子	6	11	12	3	3
653	2986	癸丑	7	12	13	4	4
654	2987	甲寅	3歿 8/1	13	14	5	10歿 5
655	2988	乙卯	太宗武烈王 2	14	15	6	1卽 1
656	2989	丙辰	3	15	16	顯慶 1	齋明(女) 2

서기 A.D.	단기	간지	한국			중국		일본
			新羅	高句麗	百濟	唐	周	
657	2990	丁巳	太宗武烈王 4	寶 16	義 17	高 2		齊 3
658	2991	戊午	5	藏 17	慈 18	宗 3		明 4
659	2992	己未	6	王 18	王 19	4		(皇極重祚) 5
660	2993	庚申	7	19	20	5		6
661	2994	辛酉	6歿 8/1	20	(扶餘) 1	龍朔 1		7歿 7卽 7
662	2995	壬戌	文 2	21	豊王 2	2		天 1
663	2996	癸亥	武 3	22	亡 3	3		智 2
664	2997	甲子	王 4	23		麟德 1		3
665	2998	乙丑	5	24		2		4
666	2999	丙寅	6	25		乾封 1		5
667	3000	丁卯	7	26		2		6
668	3001	戊辰	8	亡 27		總章 1		7
669	3002	己巳	9			2		8
670	3003	庚午	10			咸亨 1		9
671	3004	辛未	11			2		12歿 10
672	3005	壬申	12			3		弘文 7歿 朱雀 1
673	3006	癸酉	13			4		2卽 白鳳 1
674	3007	甲戌	14			上元 1		天 2
675	3008	乙亥	15			2		武 3
676	3009	丙子	16			儀鳳 1		4
677	3010	丁丑	17			2		5
678	3011	戊寅	18			3		6
679	3012	己卯	19			調露 1		7
680	3013	庚辰	20			永隆 1		8
681	3014	辛巳	7歿 21/1			開耀 1		9
682	3015	壬午	神 2			永淳 1		10
683	3016	癸未	文 3			12歿12卽 弘道 1		11
684	3017	甲申	王 4			中 嗣聖 1	睿宗 文明·光宅 1	12
685	3018	乙酉	5			宗 2	則 垂拱 1	13
686	3019	丙戌	6			3	天 2	9歿 9卽 朱鳥 1
687	3020	丁亥	7			4	武 3	持 1
688	3021	戊子	8			5	后 4	統 2
689	3022	己丑	9			6	永昌 1	(女) 3
690	3023	庚寅	10			7	載初·天授 1	4
691	3024	辛卯	11			8	2	5
692	3025	壬辰	7歿 12/1			9	如意·長壽 1	6
693	3026	癸巳	孝 2			10	2	7
694	3027	甲午	昭 3			11	延載 1	8
695	3028	乙未	王 4			12	證聖·天冊萬歲 1	9
696	3029	丙申	5			13	萬歲登封·萬歲通天 1	10
697	3030	丁酉	6			14	神功 1	8讓 8卽 1

서기 A.D.	단기	간지	한국 新羅	한국 渤海	중국 唐	중국 周	일본
698	3031	戊戌	孝 7		中 15	聖曆 1	2
699	3032	己亥	昭 8	高 天統 1	宗 16	2	3
700	3033	庚子	王 9	王 2	17	久視 1	4
701	3034	辛丑	10	3	18	則 大足 1 長安 1	文 大寶 1
702	3035	壬寅	7歿 11/1	4	19	天 2	武 2
703	3036	癸卯	聖 2	5	20	武 3	3
704	3037	甲辰	德 3	6	21	后 4	慶雲 1
705	3038	乙巳	王 4	7	神龍 1		2
706	3039	丙午	5	8	2		3
707	3040	丁未	6	9	景龍 1		4
708	3041	戊申	7	10	2		6歿 7卽 和銅 1
709	3042	己酉	8	11	3		元 2
710	3043	庚戌	9	12	6歿 唐隆 1 景雲 1		明 3
711	3044	辛亥	10	13	睿宗 2		(女) 4
712	3045	壬子	11	14	8讓 太極 1 延和·先天 1		5
713	3046	癸丑	12	15	玄 開元 1		6
714	3047	甲寅	13	16	宗 2		7
715	3048	乙卯	14	17	3		9讓 9卽 靈龜 1
716	3049	丙辰	15	18	4		元 2
717	3050	丁巳	16	19	5		正 養老 1
718	3051	戊午	17	20	6		(女) 2
719	3052	己未	18	武 仁安 1	7		3
720	3053	庚申	19	王 2	8		4
721	3054	辛酉	20	3	9		5
722	3055	壬戌	21	4	10		6
723	3056	癸亥	22	5	11		7
724	3057	甲子	23	6	12		2讓 2卽 神龜 1
725	3058	乙丑	24	7	13		聖 2
726	3059	丙寅	25	8	14		武 3
727	3060	丁卯	26	9	15		4
728	3061	戊辰	27	10	16		5
729	3062	己巳	28	11	17		天平 1
730	3063	庚午	29	12	18		2
731	3064	辛未	30	13	19		3
732	3065	壬申	31	14	20		4
733	3066	癸酉	32	15	21		5
734	3067	甲戌	33	16	22		6
735	3068	乙亥	34	17	23		7
736	3069	丙子	35	18	24		8
737	3070	丁丑	2歿 36/1	文 大興 1	25		9
738	3071	戊寅	孝成王 2	王 2	26		10

서기 A.D.	단기	간지	한국				중국			일본		
			新羅		渤海		唐					
739	3072	己卯	孝成王	3	文	3	玄		27	聖		11
740	3073	庚辰		4	王	4	宗		28	武		12
741	3074	辛巳		5		5			29			13
742	3075	壬午	5歿	6/1		6		天寶	1			14
743	3076	癸未	景	2		7			2			15
744	3077	甲申	德	3		8			3			16
745	3078	乙酉	王	4		9			4			17
746	3079	丙戌		5		10			5			18
747	3080	丁亥		6		11			6			19
748	3081	戊子		7		12			7			20
749	3082	己丑		8		13			8	7讓 7卽	天平感寶 天平勝寶	1 1
750	3083	庚寅		9		14			9	孝		2
751	3084	辛卯		10		15			10	謙		3
752	3085	壬辰		11		16			11	(女)		4
753	3086	癸巳		12		17			12			5
754	3087	甲午		13		18			13			6
755	3088	乙未		14		19			14			7
756	3089	丙申		15		20	7卽	至德	1			8
757	3090	丁酉		16		21	肅		2		天平寶字	1
758	3091	戊戌		17		22	宗	乾元	1	8讓 8卽		2
759	3092	己亥		18		23			2	淳		3
760	3093	庚子		19		24		上元	1	仁		4
761	3094	辛丑		20		25			2			5
762	3095	壬寅		21		26	4歿	寶應	1			6
763	3096	癸卯		22		27	代	廣德	1			7
764	3097	甲辰		23		28	宗		2	10廢 10卽		8
765	3098	乙巳	6歿	24/1		29		永泰	1	稱	天平神護	1
766	3099	丙午	惠	2		30		大曆	1	德		2
767	3100	丁未	恭	3		31			2	(女)	神護慶雲	1
768	3101	戊申	王	4		32			3	(孝謙重祚)		2
769	3102	己酉		5		33			4			3
770	3103	庚戌		6		34			5	8歿 10卽	寶龜	1
771	3104	辛亥		7		35			6	光		2
772	3105	壬子		8		36			7	仁		3
773	3106	癸丑		9		37			8			4
774	3107	甲寅		10		38			9			5
775	3108	乙卯		11		39			10			6
776	3109	丙辰		12		40			11			7
777	3110	丁巳		13		41			12			8
778	3111	戊午		14		42			13			9
779	3112	己未		15		43	5歿		14			10

서기 A.D.	단기	간지	한국 新羅	한국 渤海	중국 唐	일본
780	3113	庚申	6殁 16/1	文 44	德 建中 1	11
781	3114	辛酉	宣 2	王 45	宗 2	4讓4卽 天應 1
782	3115	壬戌	德 3	46	3	桓 延曆 1
783	3116	癸亥	王 4	47	4	武 2
784	3117	甲子	5	48	興元 1	3
785	3118	乙丑	1殁 6/1	49	貞元 1	4
786	3119	丙寅	元 2	50	2	5
787	3120	丁卯	聖 3	51	3	6
788	3121	戊辰	王 4	52	4	7
789	3122	己巳	5	53	5	8
790	3123	庚午	6	54	6	9
791	3124	辛未	7	55	7	10
792	3125	壬申	8	56	8	11
793	3126	癸酉	9	大元義 廢王 1	9	12
794	3127	甲戌	10	成王 中興 1	10	13
795	3128	乙亥	11	康 正曆 1	11	14
796	3129	丙子	12	王 2	12	15
797	3130	丁丑	13	3	13	16
798	3131	戊寅	14	4	14	17
799	3132	己卯	12殁 昭聖王 15/1	5	15	18
800	3133	庚辰	6殁 2/1	6	16	19
801	3134	辛巳	哀 2	7	17	20
802	3135	壬午	莊 3	8	18	21
803	3136	癸未	王 4	9	19	22
804	3137	甲申	5	10	20	23
805	3138	乙酉	6	11	1殁8卽 順宗 永貞 1	24
806	3139	丙戌	7	12	憲 元和 1	3殁5卽 大同 1
807	3140	丁亥	8	13	宗 2	平 2
808	3141	戊子	9	14	3	城 3
809	3142	己丑	7殁 10/1	定 永德 1	4	4讓 4卽 4
810	3143	庚寅	憲 2	王 2	5	嵯 弘仁 1
811	3144	辛卯	德 3	3	6	峨 2
812	3145	壬辰	王 4	4	7	3
813	3146	癸巳	5	僖 朱雀 1	8	4
814	3147	甲午	6	王 2	9	5
815	3148	乙未	7	3	10	6
816	3149	丙申	8	4	11	7
817	3150	丁酉	9	5	12	8
818	3151	戊戌	10	簡 太始 1 王 建興 1	13	9
819	3152	己亥	11	宣 2	14	10
820	3153	庚子	12	王 3	1殁 15	11

서기 A.D.	단기	간지	한국 新羅	한국 渤海	중국 唐	일본
821	3154	辛丑	憲 13	宣 4	穆 長慶 1	12
822	3155	壬寅	德 14	王 5	宗 2	13
823	3156	癸卯	王 15	6	3	4讓 4卽 14
824	3157	甲辰	16	7	1歿 4	淳 天長 1
825	3158	乙巳	17	8	敬宗 寶曆 1	和 2
826	3159	丙午	10歿 18/1	9	11歿 12卽 2	3
827	3160	丁未	興 2	10	文 太和 1	4
828	3161	戊申	德 3	11	宗 2	5
829	3162	己酉	王 4	12	3	6
830	3163	庚戌	5	大 咸和 1	4	7
831	3164	辛亥	6	彝 2	5	8
832	3165	壬子	7	震 3	6	9
833	3166	癸丑	8	4	7	2讓 3卽 10
834	3167	甲寅	9	5	8	仁 承和 1
835	3168	乙卯	10	6	9	明 2
836	3169	丙辰	12歿 11/1	7	開成 1	3
837	3170	丁巳	僖康王 2	8	2	4
838	3171	戊午	1歿 閔哀王 3/1	9	3	5
839	3172	己未	1歿 神武王 7歿 2/1/1	10	4	6
840	3173	庚申	文 2	11	1歿 5	7
841	3174	辛酉	聖 3	12	武 會昌 1	8
842	3175	壬戌	王 4	13	宗 2	9
843	3176	癸亥	5	14	3	10
844	3177	甲子	6	15	4	11
845	3178	乙丑	7	16	5	12
846	3179	丙寅	8	17	3歿 6	13
847	3180	丁卯	9	18	宣 大中 1	14
848	3181	戊辰	10	19	宗 2	嘉祥 1
849	3182	己巳	11	20	3	2
850	3183	庚午	12	21	4	3歿 4卽 3
851	3184	辛未	13	22	5	文 仁壽 1
852	3185	壬申	14	23	6	德 2
853	3186	癸酉	15	24	7	3
854	3187	甲戌	16	25	8	齊衡 1
855	3188	乙亥	17	26	9	2
856	3189	丙子	18	27	10	3
857	3190	丁丑	9歿 19/1	28	11	天安 1
858	3191	戊寅	憲 2	大 1	12	8歿 11卽 2
859	3192	己卯	安 3	虔 2	8歿 13	清 貞觀 1
860	3193	庚辰	王 4	晃 3	懿 咸通 1	和 2
861	3194	辛巳	1歿 5/1	4	宗 2	3

서기 A.D.	단기	간지	한국			중국	일본
			新羅	後百濟	渤海	唐	
862	3195	壬午	景 2		大 5	懿 3	清 4
863	3196	癸未	文 3		虔 6	宗 4	和 5
864	3197	甲申	王 4		晃 7	5	6
865	3198	乙酉	5		8	6	7
866	3199	丙戌	6		9	7	8
867	3200	丁亥	7		10	8	9
868	3201	戊子	8		11	9	10
869	3202	己丑	9		12	10	11
870	3203	庚寅	10		景 1	11	12
871	3204	辛卯	11		王 2	12	13
872	3205	壬辰	12		3	13	14
873	3206	癸巳	13		4	7歿 14	15
874	3207	甲午	14		5	僖 乾符 1	16
875	3208	乙未	7歿 15/1		6	宗 2	17
876	3209	丙申	憲 2		7	3	11讓 11受禪 18
877	3210	丁酉	康 3		8	4	陽 元慶 1
878	3211	戊戌	王 4		9	5	成 2
879	3212	己亥	5		10	6	3
880	3213	庚子	6		11	廣明 1	4
881	3214	辛丑	7		12	中和 1	5
882	3215	壬寅	8		13	2	6
883	3216	癸卯	9		14	3	7
884	3217	甲辰	10		15	4	2讓 2即 8
885	3218	乙巳	11		16	光啓 1	光 仁和 1
886	3219	丙午	7歿 定康王 12/1		17	2	孝 2
887	3220	丁未	7歿 2/1		18	3歿 3	8歿 8即 3
888	3221	戊申	眞 2		19	昭 文德 1	宇 4
889	3222	己酉	聖 3		20	宗 龍紀 1	多 寛平 1
890	3223	庚戌	女 4		21	大順 1	2
891	3224	辛亥	王 5		22	2	3
892	3225	壬子	6	甄 1	23	景福 1	4
893	3226	癸丑	7	萱 2	24	2	5
894	3227	甲寅	8	3	25	乾寧 1	6
895	3228	乙卯	9	4	26	2	7
896	3229	丙辰	10	5	27	3	8
897	3230	丁巳	12歿 11/1	6	28	4	7讓 7即 9
898	3231	戊午	孝 2	7	29	光化 1	醍 昌泰 1
899	3232	己未	恭 3	8	30	2	醐 2
900	3233	庚申	王 4	9	31	3	3

서기 A.D.	단기	간지	한국 新羅	한국 後百濟	한국 後高句麗·高麗	한국 渤海	중국 唐·後梁·後唐	중국 契丹	일본
901	3234	辛酉	孝 5	甄 10	(摩震) 1	哀 1	昭 天復 1		醍 延喜 1
902	3235	壬戌	恭 6	萱 11	弓 2	王 2	宗 2		醐 2
903	3236	癸亥	王 7	12	裔 3	3	3		3
904	3237	甲子	8	13	武泰 1	4	8歿 天祐 1		4
905	3238	乙丑	9	14	聖冊 1	5	哀帝(昭宣) 2		5
906	3239	丙寅	10	15	2	6	3		6
907	3240	丁卯	11	16	3	7	4亡 開平 1	太 1	7
908	3241	戊辰	12	17	4	8	(後梁) 2	祖 2	8
909	3242	己巳	13	18	5	9	太 3	3	9
910	3243	庚午	14	19	6	10	祖 4	4	10
911	3244	辛未	15	20	水德萬歲 1	11	乾化 1	5	11
912	3245	壬申	4歿 16/1	21	(泰封) 2	12	6歿 友珪 2	6	12
913	3246	癸酉	神 2	22	弓 3	13	2卽 3	7	13
914	3247	甲戌	德 3	23	裔 政開 1	14	末 4	8	14
915	3248	乙亥	王 4	24	2	15	帝 貞明 1	9	15
916	3249	丙子	5	25	3	16	2	神冊 1	16
917	3250	丁丑	7歿 6/1	26	4	17	3	2	17
918	3251	戊寅	景 2	27	(高麗) 天授 1	18	4	3	18
919	3252	己卯	明 3	28	太 2	19	5	4	19
920	3253	庚辰	王 4	29	祖 3	20	6	5	20
921	3254	辛巳	5	30	4	21	龍德 1	6	21
922	3255	壬午	6	31	5	22	2	天贊 1	22
923	3256	癸未	7	32	6	23	11歿 同光 1	2	延長 1
924	3257	甲申	8歿 8/1	33	7	24	(後唐) 莊宗 2	7歿 3	2
925	3258	乙酉	景哀王 2	34	8	25	4歿 3	4	3
926	3259	丙戌	3	35	9	亡 哀王 26	明 天成 1	太 天顯 1	4
927	3260	丁亥	11歿 4/1	36	10		宗 2	宗 2	5
928	3261	戊子	敬 2	37	11		3	3	6
929	3262	己丑	順 3	38	12		4	4	7
930	3263	庚寅	王 4	39	13		長興 1	5	9讓 11卽 8
931	3264	辛卯	5	40	14		2	6	朱 承平 1
932	3265	壬辰	6	41	15		3	7	雀 2
933	3266	癸巳	7	42	16		11歿 4	8	3
934	3267	甲午	8	43	17		閔帝 4歿 應順·淸泰 1	9	4
935	3268	乙未	亡 9	44	18		廢帝 2	10	5
936	3269	丙申		亡 神劍 1	19		11歿 天福 1	11	6
937	3270	丁酉			20		(後晋) 2	12	7
938	3271	戊戌			21		高 3	會同 1	天慶 1
939	3272	己亥			22		祖 4	2	2
940	3273	庚子			23		5	3	3
941	3274	辛丑			24		6	4	4

서기 A.D.	단기	간지	한국	중국		일본
			高麗	後晉·後漢·後周·宋	契丹(遼)	
942	3275	壬寅	25	6歿 7	太 5	朱 5
943	3276	癸卯	5昇5卽 26	出 8	宗 6	雀 6
944	3277	甲辰	惠宗 1	帝 開運 1	7	7
945	3278	乙巳	9昇9卽 2	2	(遼) 8	8
946	3279	丙午	定宗 1	11亡 3	9	4讓4卽 9
947	3280	丁未	2	(後漢) 高祖 天福 1/2	4歿 大同 1 天祿 1	村 天曆 1
948	3281	戊申	3	隱帝 乾祐 1	世 2	上 2
949	3282	己酉	3禪3卽 4	2	宗 3	3
950	3283	庚戌	光 1	11歿 3	4	4
951	3284	辛亥	宗 光德 2	(後周) 廣順 1	9歿 應曆 1	5
952	3285	壬子	3	太 2	穆 2	6
953	3286	癸丑	4	祖 3	宗 3	7
954	3287	甲寅	5	1歿 顯德 1	4	8
955	3288	乙卯	6	世 2	5	9
956	3289	丙辰	7	宗 3	6	10
957	3290	丁巳	8	4	7	天德 1
958	3291	戊午	9	5	8	2
959	3292	己未	10	6歿 恭帝 6	9	3
960	3293	庚申	峻豊 1/11	(宋) 建隆 1	10	4
961	3294	辛酉	12	太 2	11	應和 1
962	3295	壬戌	13	祖 3	12	2
963	3296	癸亥	14	乾德 1	13	3
964	3297	甲子	15	2	14	康保 1
965	3298	乙丑	16	3	15	2
966	3299	丙寅	17	4	16	3
967	3300	丁卯	18	5	17	5歿10卽 4
968	3301	戊辰	19	開寶 1	18	冷泉 安和 1
969	3302	己巳	20	2	3歿 保寧 1	8讓9卽 2
970	3303	庚午	21	3	景 2	圓 天祿 1
971	3304	辛未	22	4	宗 3	融 2
972	3305	壬申	23	5	4	3
973	3306	癸酉	24	6	5	天延 1
974	3307	甲戌	25	7	6	2
975	3308	乙亥	5昇5卽 26	10歿 8	7	3
976	3309	丙子	景 1	太 太平興國 1	8	貞元 1
977	3310	丁丑	宗 2	宗 2	9	2
978	3311	戊寅	3	3	10	天元 1
979	3312	己卯	4	4	乾亨 1	2
980	3313	庚辰	5	5	2	3
981	3314	辛巳	7禪7卽 6	6	3	4
982	3315	壬午	成宗 1	7	9歿 4	5

서기 A.D.	단기	간지	한국 高麗			중국 宋			중국 遼			일본		
983	3316	癸未	成		2	太		8	聖	統和	1		永觀	1
984	3317	甲申	宗		3	宗	雍熙	1	宗		2	8讓10卽		2
985	3318	乙酉			4			2			3	花山	寬和	1
986	3319	丙戌			5			3			4	6讓7卽		2
987	3320	丁亥			6			4			5	一	永延	1
988	3321	戊子			7		端拱	1			6	條		2
989	3322	己丑			8			2			7		永祚	1
990	3323	庚寅			9		淳化	1			8		正曆	1
991	3324	辛卯			10			2			9			2
992	3325	壬辰			11			3			10			3
993	3326	癸巳			12			4			11			4
994	3327	甲午			13			5			12			5
995	3328	乙未			14		至道	1			13		長德	1
996	3329	丙申			15	3歿		2			14			2
997	3330	丁酉	10傳10卽		16	眞		3			15			3
998	3331	戊戌	穆		1	宗	咸平	1			16			4
999	3332	己亥	宗		2			2			17		長保	1
1000	3333	庚子			3			3			18			2
1001	3334	辛丑			4			4			19			3
1002	3335	壬寅			5			5			20			4
1003	3336	癸卯			6			6			21			5
1004	3337	甲辰			7		景德	1			22		寬弘	1
1005	3338	乙巳			8			2			23			2
1006	3339	丙午			9			3			24			3
1007	3340	丁未			10			4			25			4
1008	3341	戊申			11		大中祥符	1			26			5
1009	3342	己酉	2廢2卽		12			2			27			6
1010	3343	庚戌	顯		1			3			28			7
1011	3344	辛亥	宗		2			4			29	6讓10卽		8
1012	3345	壬子			3			5		開泰	1	三	長和	1
1013	3346	癸丑			4			6			2	條		2
1014	3347	甲寅			5			7			3			3
1015	3348	乙卯			6			8			4			4
1016	3349	丙辰			7			9			5	1讓2卽		5
1017	3350	丁巳			8		天禧	1			6	後	寬仁	1
1018	3351	戊午			9			2			7	一		2
1019	3352	己未			10			3			8	條		3
1020	3353	庚申			11			4	6歿		9			4
1021	3354	辛酉			12			5	成	太平	1		治安	1
1022	3355	壬戌			13	2歿	乾興	1	宗		2			2
1023	3356	癸亥			14	仁宗	天聖	1			3			3

서기 A.D.	단기	간지	한국	중국			일본
			高麗	宋	遼	西夏	
1024	3357	甲子	顯 15	仁 2	成 4		後 萬壽 1
1025	3358	乙丑	宗 16	宗 3	宗 5		一 2
1026	3359	丙寅	17	4	6		條 3
1027	3360	丁卯	18	5	7		4
1028	3361	戊辰	19	6	8		長元 1
1029	3362	己巳	20	7	9		2
1030	3363	庚午	21	8	10		3
1031	3364	辛未	5昇5卽 22	9	6歿 景福 1		4
1032	3365	壬申	德 1	明道 1	興 重熙 1	景 顯道 1	5
1033	3366	癸酉	宗 2	2	宗 2	宗 2	6
1034	3367	甲戌	9昇9卽 3	景祐 1	3	開運 1 廣運 1	7
1035	3368	乙亥	靖 1	2	4	2	8
1036	3369	丙子	宗 2	3	5	大慶 1	4歿7卽 9
1037	3370	丁丑	3	4	6	2	後 長曆 1
1038	3371	戊寅	4	寶元 1	7	天授禮法延祚 1	朱 2
1039	3372	己卯	5	2	8	2	雀 3
1040	3373	庚辰	6	康定 1	9	3	長久 1
1041	3374	辛巳	7	慶曆 1	10	4	2
1042	3375	壬午	8	2	11	5	3
1043	3376	癸未	9	3	12	6	4
1044	3377	甲申	10	4	13	7	寬德 1
1045	3378	乙酉	11	5	14	8	2
1046	3379	丙戌	5昇5卽 12	6	15	9	1讓4卽 永承 1
1047	3380	丁亥	文 1	7	16	10	後 2
1048	3381	戊子	宗 2	8	17	11	冷 3
1049	3382	己丑	3	皇祐 1	18	延嗣寧國 1	泉 4
1050	3383	庚寅	4	2	19	天祐垂聖 1	5
1051	3384	辛卯	5	3	20	2	6
1052	3385	壬辰	6	4	21	3	7
1053	3386	癸巳	7	5	22	福聖承道 1	天喜 1
1054	3387	甲午	8	至和 1	23	2	2
1055	3388	乙未	9	2	8歿 清寧 1	3	3
1056	3389	丙申	10	嘉祐 1	道 2	4	4
1057	3390	丁酉	11	2	宗 3	奲都 1	5
1058	3391	戊戌	12	3	4	2	康平 1
1059	3392	己亥	13	4	5	3	2
1060	3393	庚子	14	5	6	4	3
1061	3394	辛丑	15	6	7	5	4
1062	3395	壬寅	16	7	8	6	5
1063	3396	癸卯	17	3歿 8	9	拱化 1	6
1064	3397	甲辰	18	英宗 治平 1	10	2	7

서기 A.D.	단기	간지	한국		중국									일본		
			高麗		宋			遼			西夏					
1065	3398	乙巳	文	19	英		2	道	咸雍	1	景		3		治曆	1
1066	3399	丙午	宗	20	宗		3	宗		2	宗		4			2
1067	3400	丁未		21	1殁		4			3			5			3
1068	3401	戊申		22	神	熙寧	1			4			6	4殁7卽		4
1069	3402	己酉		23	宗		2			5	惠	乾道	1	後	延久	1
1070	3403	庚戌		24			3			6	宗		2	三		2
1071	3404	辛亥		25			4			7		天賜禮盛國慶	1	條		3
1072	3405	壬子		26			5			8			2	12讓12卽		4
1073	3406	癸丑		27			6			9			3	白		5
1074	3407	甲寅		28			7			10			4	河	承保	1
1075	3408	乙卯		29			8		太康	1			5			2
1076	3409	丙辰		30			9			2		大安	1			3
1077	3410	丁巳		31			10			3			2		承曆	1
1078	3411	戊午		32		元豊	1			4			3			2
1079	3412	己未		33			2			5			4			3
1080	3413	庚申		34			3			6			5			4
1081	3414	辛酉		35			4			7			6		永保	1
1082	3415	壬戌		36			5			8			7			2
1083	3416	癸亥	7昇7卽 順宗 10昇10卽	1			6			9			8			3
1084	3417	甲子	宣	1			7			10			9		應德	1
1085	3418	乙丑	宗	2	3殁		8		太安	1			10			2
1086	3419	丙寅		3	哲	元祐	1			2		天安禮定	1	11讓12卽		3
1087	3420	丁卯		4	宗		2			3		天儀治平	1	堀	寬治	1
1088	3421	戊辰		5			3			4			2	河		2
1089	3422	己巳		6			4			5			3			3
1090	3423	庚午		7			5			6		天祐民安	1			4
1091	3424	辛未		8			6			7			2			5
1092	3425	壬申		9			7			8			3			6
1093	3426	癸酉		10			8			9			4			7
1094	3427	甲戌	5昇5卽	11		紹聖	1			10			5		嘉保	1
1095	3428	乙亥	獻宗 10禪	1			2		壽昌	1			6			2
1096	3429	丙子	肅	1			3			2			7		永長	1
1097	3430	丁丑	宗	2			4			3			8		承德	1
1098	3431	戊寅		3		元符	1			4			9			2
1099	3432	己卯		4			2			5		永安	1		康和	1
1100	3433	庚辰		5	1殁		3			6			2			2
1101	3434	辛巳		6	徽	建中靖國	1	1殁	乾統	1			3			3
1102	3435	壬午		7	宗	崇寧	1	天		2		貞觀	1			4
1103	3436	癸未		8			2	祚		3			2			5
1104	3437	甲申		9			3	帝		4			3		長治	1
1105	3438	乙酉	10昇10卽	10			4			5			4			2

서기 A.D.	단기	간지	한국	중국			일본
			高麗	宋·南宋	遼·金	西夏	
1106	3439	丙戌	睿 1	徽 5	天 6	惠 5	嘉承 1
1107	3440	丁亥	宗 2	宗 大觀 1	祚 7	宗 6	7歿12卽 2
1108	3441	戊子	3	2	帝 8	7	鳥 天仁 1
1109	3442	己丑	4	3	9	8	羽 2
1110	3443	庚寅	5	4	10	9	天永 1
1111	3444	辛卯	6	政和 1	天慶 1	10	2
1112	3445	壬辰	7	2	2	11	3
1113	3446	癸巳	8	3	3	12	永久 1
1114	3447	甲午	9	4	4	13	2
1115	3448	乙未	10	5	天慶 5 / 收國 1	雍寧 1	3
1116	3449	丙申	11	6	6 / (金) 2	2	4
1117	3450	丁酉	12	7	7 / 太 天輔 1	3	5
1118	3451	戊戌	13	重和 1	8 / 祖 2	4	元永 1
1119	3452	己亥	14	宣和 1	9 / 3	5	2
1120	3453	庚子	15	2	10 / 4	元德 1	保安 1
1121	3454	辛丑	16	3	保大 1 / 5	2	2
1122	3455	壬寅	4昇4卽 17	4	2 / 6	3	3
1123	3456	癸卯	仁 1	5	3 / 8歿 天會 1	4	1讓2卽 4
1124	3457	甲辰	宗 2	6	4 / 太 2	5	崇 天治 1
1125	3458	乙巳	3	7	亡 5 / 宗 3	6	德 2
1126	3459	丙午	4	欽宗 靖康 1	4	7	大治 1
1127	3460	丁未	5	(南宋) 建炎 1	5	正德 1	2
1128	3461	戊申	6	高 2	6	2	3
1129	3462	己酉	7	宗 3	7	3	4
1130	3463	庚戌	8	4	8	4	5
1131	3464	辛亥	9	紹興 1	9	5	天承 1
1132	3465	壬子	10	2	10	6	長承 1
1133	3466	癸丑	11	3	11	7	2
1134	3467	甲寅	12	4	12	8	3
1135	3468	乙卯	天開 1/13	5	1歿 13	大德 1	保延 1
1136	3469	丙辰	2/14	6	熙 14	2	2
1137	3470	丁巳	15	7	宗 15	3	3
1138	3471	戊午	16	8	天眷 1	4	4
1139	3472	己未	17	9	2	仁 大慶 1	5
1140	3473	庚申	18	10	3	宗 2	6
1141	3474	辛酉	19	11	皇統 1	3	12讓12卽 永治 1
1142	3475	壬戌	20	12	2	4	近 康治 1
1143	3476	癸亥	21	13	3	5	衛 2
1144	3477	甲子	22	14	4	人慶 1	天養 1
1145	3478	乙丑	23	15	5	2	久安 1
1146	3479	丙寅	3歿3卽 24	16	6	3	2

서기 A.D.	단기	간지	한국			중국								일본				
			高麗			南宋			金			西夏						
1147	3480	丁卯	毅		1	高		17			7		4	近				3
1148	3481	戊辰	宗		2	宗		18			8		5	衛				4
1149	3482	己巳			3			19	12弑	天德	1	天盛	1					5
1150	3483	庚午			4			20	帝		2		2					6
1151	3484	辛未			5			21	亮		3		3				仁平	1
1152	3485	壬申			6			22			4		4					2
1153	3486	癸酉			7			23		貞元	1		5					3
1154	3487	甲戌			8			24			2		6				久壽	1
1155	3488	乙亥			9			25			3		7	7歿10即				2
1156	3489	丙子			10			26		正隆	1		8	後白			保元	1
1157	3490	丁丑			11			27			2		9	河				2
1158	3491	戊寅			12			28			3		10	8讓12即				3
1159	3492	己卯			13			29			4		11	二			平治	1
1160	3493	庚辰			14			30	11弑		5		12	條			永曆	1
1161	3494	辛巳			15			31	世	大定	1		13				應保	1
1162	3495	壬午			16			32	宗		2		14					2
1163	3496	癸未			17	孝	隆興	1			3		15				長寬	1
1164	3497	甲申			18	宗		2			4		16					2
1165	3498	乙酉			19		乾道	1			5		17	6讓7即			永萬	1
1166	3499	丙戌			20			2			6		18	六			仁安	1
1167	3500	丁亥			21			3			7		19	條				2
1168	3501	戊子			22			4			8		20	2讓3即				3
1169	3502	己丑			23			5			9		21	高			嘉應	1
1170	3503	庚寅	9廢9即		24			6			10		22	倉				2
1171	3504	辛卯	明		1			7			11	乾祐	1				承安	1
1172	3505	壬辰	宗		2			8			12		2					2
1173	3506	癸巳			3			9			13		3					3
1174	3507	甲午			4		淳熙	1			14		4					4
1175	3508	乙未			5			2			15		5				安元	1
1176	3509	丙申			6			3			16		6					2
1177	3510	丁酉			7			4			17		7				治承	1
1178	3511	戊戌			8			5			18		8					2
1179	3512	己亥			9			6			19		9					3
1180	3513	庚子			10			7			20		10	2讓4即				4
1181	3514	辛丑			11			8			21		11	安	養和	1		5
1182	3515	壬寅			12			9			22		12	德	壽永	1		6
1183	3516	癸卯			13			10			23		13			2		7
1184	3517	甲辰			14			11			24		14			3	元曆	1
1185	3518	乙巳			15			12			25		15	3歿	文治	1	文治	1
1186	3519	丙午			16			13			26		16	後鳥羽				2
1187	3520	丁未			17			14			27		17					3

서기 A.D.	단기	간지	한국	중국				일본
			高麗	南宋	金	蒙古	西夏	
1188	3521	戊申	明 18	15	28		仁 18	後 4
1189	3522	己酉	宗 19	2讓 16	1歿 29		宗 19	鳥 5
1190	3523	庚戌	20	光 紹熙 1	章 明昌 1		20	羽 建久 1
1191	3524	辛亥	21	宗 2	宗 2		21	2
1192	3525	壬子	22	3	3		22	3
1193	3526	癸丑	23	4	4		23	4
1194	3527	甲寅	24	7讓 5	5		桓 天慶 1	5
1195	3528	乙卯	25	寧 慶元 1	6		宗 2	6
1196	3529	丙辰	26	宗 2	承安 1		3	7
1197	3530	丁巳	9廢9即 27	3	2		4	8
1198	3531	戊午	神 1	4	3		5	1讓3即 9
1199	3532	己未	宗 2	5	4		6	土 正治 1
1200	3533	庚申	3	6	5		7	御 2
1201	3534	辛酉	4	嘉泰 1	泰和 1		8	門 建仁 1
1202	3535	壬戌	5	2	2		9	2
1203	3536	癸亥	6	3	3		10	3
1204	3537	甲子	1禪1即 7	4	4		11	元久 1
1205	3538	乙丑	熙 1	開禧 1	5		12	2
1206	3539	丙寅	宗 2	2	6	太 1	襄 應天 1	建永 1
1207	3540	丁卯	3	3	7	祖 2	宗 2	承元 1
1208	3541	戊辰	4	嘉定 1	11歿 8	3	3	2
1209	3542	己巳	5	2	永 大安 1	4	4	3
1210	3543	庚午	6	3	濟 2	5	皇建 1	11讓12即 4
1211	3544	辛未	12廢12即 7	4	3	6	神 光定 1	順 建曆 1
1212	3545	壬申	康宗 1	5	崇慶 1	7	宗 2	德 2
1213	3546	癸酉	8昇8即 2	6	8歿 至寧 1 貞祐 1	8	3	建保 1
1214	3547	甲戌	高 1	7	宣 2	9	4	2
1215	3548	乙亥	宗 2	8	宗 3	10	5	3
1216	3549	丙子	3	9	4	11	6	4
1217	3550	丁丑	4	10	興定 1	12	7	5
1218	3551	戊寅	5	11	2	13	8	6
1219	3552	己卯	6	12	3	14	9	承久 1
1220	3553	庚辰	7	13	4	15	10	2
1221	3554	辛巳	8	14	5	16	11	4讓 仲恭 7讓12即 3
1222	3555	壬午	9	15	元光 1	17	12	後 貞應 1
1223	3556	癸未	10	16	12歿 2	18	獻 乾定 1	堀 2
1224	3557	甲申	11	8歿 17	哀 正大 1	19	宗 2	河 元仁 1
1225	3558	乙酉	12	理 寶慶 1	宗 2	20	3	嘉祿 1
1226	3559	丙戌	13	宗 2	3	21	李 寶慶 1	2
1227	3560	丁亥	14	3	4	22	晛 6亡 2	安貞 1
1228	3561	戊子	15	紹定 1	5	23		2

서기 A.D.	단기	간지	한국	중국			일본
			高麗	南宋	金	蒙古 · 元	
1229	3562	己丑	高 16	理 2	哀 6	太 1	寬喜 1
1230	3563	庚寅	宗 17	宗 3	宗 7	宗 2	2
1231	3564	辛卯	18	4	8	3	3
1232	3565	壬辰	19	5	開興 1 天興 1	4	10讓12卽 貞永 1
1233	3566	癸巳	20	6	2	5	四 天福 1
1234	3567	甲午	21	端平 1	1殁 亡 3	6	條 文曆 1
1235	3568	乙未	22	2		7	嘉禎 1
1236	3569	丙申	23	3		8	2
1237	3570	丁酉	24	嘉熙 1		9	3
1238	3571	戊戌	25	2		10	曆仁 1
1239	3572	己亥	26	3		11	延應 1
1240	3573	庚子	27	4		12	仁治 1
1241	3574	辛丑	28	淳祐 1		11殁 13	2
1242	3575	壬寅	29	2		(皇后) 1	1殁3卽 3
1243	3576	癸卯	30	3		海 2	後 寬元 1
1244	3577	甲辰	31	4		迷 3	嵯 2
1245	3578	乙巳	32	5		失 4	峨 3
1246	3579	丙午	33	6		定 1	1讓3卽 4
1247	3580	丁未	34	7		宗 2	後 寶治 1
1248	3581	戊申	35	8		3殁 3	深 2
1249	3582	己酉	36	9		海 1	草 建長 1
1250	3583	庚戌	37	10		迷 2	2
1251	3584	辛亥	38	11		失 1	3
1252	3585	壬子	39	12		憲 2	4
1253	3586	癸丑	40	寶祐 1		宗 3	5
1254	3587	甲寅	41	2		4	6
1255	3588	乙卯	42	3		5	7
1256	3589	丙辰	43	4		6	康元 1
1257	3590	丁巳	44	5		7	正嘉 1
1258	3591	戊午	45	6		8	2
1259	3592	己未	6昇6卽 46	開慶 1		7殁 9	11讓12卽 正元 1
1260	3593	庚申	元 1	景定 1		世 中統 1	龜 文應 1
1261	3594	辛酉	宗 2	2		祖 2	山 弘長 1
1262	3595	壬戌	3	3		3	2
1263	3596	癸亥	4	4		4	3
1264	3597	甲子	5	5		至元 1	文永 1
1265	3598	乙丑	6	10殁 1		2	2
1266	3599	丙寅	7	度 咸淳 2		3	3
1267	3600	丁卯	8	宗 3		4	4
1268	3601	戊辰	9	4		5	5
1269	3602	己巳	10	5		6	6

서기 A.D.	단기	간지	한국		중국						일본		
			高麗		南宋			元					
1270	3603	庚午	元	11	度		6	世		7	龜		7
1271	3604	辛未	宗	12	宗		7	祖		8	山		8
1272	3605	壬申		13			8			9			9
1273	3606	癸酉		14			9			10			10
1274	3607	甲戌	6昇8卽	15	7歿		10			11	1讓3卽		11
1275	3608	乙亥	忠	1	恭宗	德祐	1			12	後	建治	1
1276	3609	丙子	烈	2	端	景炎	1			13	宇		2
1277	3610	丁丑	王	3	宗		2			14	多		3
1278	3611	戊寅		4	4歿 衛王	祥興	1			15		弘安	1
1279	3612	己卯		5	2歿 亡		2			16			2
1280	3613	庚辰		6						17			3
1281	3614	辛巳		7						18			4
1282	3615	壬午		8						19			5
1283	3616	癸未		9						20			6
1284	3617	甲申		10						21			7
1285	3618	乙酉		11						22			8
1286	3619	丙戌		12						23			9
1287	3620	丁亥		13						24	10讓		10
1288	3621	戊子		14						25	3卽	正應	1
1289	3622	己丑		15						26	伏		2
1290	3623	庚寅		16						27	見		3
1291	3624	辛卯		17						28			4
1292	3625	壬辰		18						29			5
1293	3626	癸巳		19						30		永仁	1
1294	3627	甲午		20				1歿4卽		31			2
1295	3628	乙未		21				成	元貞	1			3
1296	3629	丙申		22				宗		2			4
1297	3630	丁酉		23						1			5
1298	3631	戊戌	1卽 忠宣王 8復 忠烈王	24						2	7讓10卽		6
1299	3632	己亥		25						3	後伏見	正安	1
1300	3633	庚子		26						4			2
1301	3634	辛丑		27						5	1讓3卽		3
1302	3635	壬寅		28						6	後	乾元	1
1303	3636	癸卯		29						7	二	嘉元	1
1304	3637	甲辰		30						8	條		2
1305	3638	乙巳		31						9			3
1306	3639	丙午		32						10		德治	1
1307	3640	丁未		33				1歿3卽		11			2
1308	3641	戊申	7昇8卽	34				武	至大	1	8歿11卽	延慶	1
1309	3642	己酉	忠宣王	1				宗		2	花		2
1310	3643	庚戌		2						3	園		3

서기 A.D.	단기	간지	한국 高麗		중국 元			일본					
1311	3644	辛亥	忠宣王	3	1歿3卽		4	花				應長	1
1312	3645	壬子		4	仁	皇慶	1	園				正和	1
1313	3646	癸丑	3傳3卽	5	宗		2						2
1314	3647	甲寅	忠	1		延祐	1						3
1315	3648	乙卯	肅	2			2						4
1316	3649	丙辰	王	3			3						5
1317	3650	丁巳		4			4					文保	1
1318	3651	戊午		5			5	2讓3卽					2
1319	3652	己未		6			6	後				元應	1
1320	3653	庚申		7	1歿3卽		7	醍					2
1321	3654	辛酉		8	英	至治	1	醐				元亨	1
1322	3655	壬戌		9	宗		2						2
1323	3656	癸亥		10	8歿9卽		3						3
1324	3657	甲子		11	晋	泰定	1					正中	1
1325	3658	乙丑		12	宗		2						2
1326	3659	丙寅		13			3					嘉曆	1
1327	3660	丁卯		14			4						2
1328	3661	戊辰		15	7歿 天順帝 / 文宗 / 明宗	致和 天曆	1 1						3
1329	3662	己巳		16	8卽		2					元德	1
1330	3663	庚午	2傳2卽	17	文	至順	1	(南朝)			(北朝)		2
1331	3664	辛未	忠惠王	1	宗		2	後	元弘	1	9祚		3
1332	3665	壬申	2復	2/1	8歿10卽 寧宗 11歿		3	醍		2	光嚴	正慶	1
1333	3666	癸酉	忠	2	6卽	元統	1	醐		3	5廢		2
1334	3667	甲戌	肅	3	順		2		建武	1		建武	1
1335	3668	乙亥	王	4	帝	至元	1			2			2
1336	3669	丙子	(復位)	5			2		延元	1	8祚		3
1337	3670	丁丑		6			3			2	光		4
1338	3671	戊寅		7			4			3	明	曆應	1
1339	3672	己卯	3昇11復	8			5	8讓8受禪		4			2
1340	3673	庚辰	忠	1			6	後	興國	1			3
1341	3674	辛巳	惠	2		至正	1	村		2			4
1342	3675	壬午	王	3			2	上		3		康永	1
1343	3676	癸未	(復位)	4			3			4			2
1344	3677	甲申	1昇2卽	5			4			5			3
1345	3678	乙酉	忠	1			5			6		貞和	1
1346	3679	丙戌	穆	2			6		正平	1			2
1347	3680	丁亥	王	3			7			2			3
1348	3681	戊子	12昇	4			8			3	10讓10祚		4
1349	3682	己丑	1卽	1			9			4	崇		5
1350	3683	庚寅	忠定王	2			10			5	光	觀應	1
1351	3684	辛卯	12卽	3			11			6	11廢		2

서기 A.D.	단기	간지	한국	중국	일본	
			高麗	元·明	南朝	北朝
1352	3685	壬辰	恭 1	順 12	後 7	8祚 文和 1
1353	3686	癸巳	愍 2	帝 13	村 8	後 2
1354	3687	甲午	王 3	14	上 9	光 3
1355	3688	乙未	4	15	10	嚴 4
1356	3689	丙申	5	16	11	延文 1
1357	3690	丁酉	6	17	12	2
1358	3691	戊戌	7	18	13	3
1359	3692	己亥	8	19	14	4
1360	3693	庚子	9	20	15	5
1361	3694	辛丑	10	21	16	康安 1
1362	3695	壬寅	11	22	17	貞治 1
1363	3696	癸卯	12	23	18	2
1364	3697	甲辰	13	24	19	3
1365	3698	乙巳	14	25	20	4
1366	3699	丙午	15	26	21	5
1367	3700	丁未	16	亡1卽 27	22	6
1368	3701	戊申	17	(明) 洪武 1	3廢3祚 23	應安 1
1369	3702	己酉	18	太 2	長 24	2
1370	3703	庚戌	19	祖 3	慶 建德 1	3
1371	3704	辛亥	20	4	2	3讓3祚 4
1372	3705	壬子	21	5	文中 1	後 5
1373	3706	癸丑	22	6	2	圓 6
1374	3707	甲寅	9弑9卽 23	7	3	融 7
1375	3708	乙卯	禑 1	8	天授 1	永和 1
1376	3709	丙辰	王 2	9	2	2
1377	3710	丁巳	3	10	3	3
1378	3711	戊午	4	11	4	4
1379	3712	己未	5	12	5	康曆 1
1380	3713	庚申	6	13	6	2
1381	3714	辛酉	7	14	弘和 1	永德 1
1382	3715	壬戌	8	15	2	4讓4祚 2
1383	3716	癸亥	9	16	10讓10卽 3	後 3
1384	3717	甲子	10	17	後 元中 1	小 至德 1
1385	3718	乙丑	11	18	龜 2	松 2
1386	3719	丙寅	12	19	山 3	3
1387	3720	丁卯	13	20	4	嘉慶 1
1388	3721	戊辰	6廢6卽 14	21	5	2
1389	3722	己巳	昌王 11廢11卽 1/1	22	6	康德 1
1390	3723	庚午	恭讓王 2	23	7	明德 1
1391	3724	辛未	3	24	8	2
1392	3725	壬申	7亡7卽 4/1	25	閏10讓 9	3

서기 A.D.	단기	간지	한국		중국			일본		
			朝鮮		明					
1393	3726	癸酉	太	2	太		26	後		4
1394	3727	甲戌	祖	3	祖		27	小	應永	1
1395	3728	乙亥		4			28	松		2
1396	3729	丙子		5			29			3
1397	3730	丁丑		6			30			4
1398	3731	戊寅	9傳9卽	7	5歿		31			5
1399	3732	己卯	定宗	1	惠	建文	1			6
1400	3733	庚辰	11禪11卽	2	帝		2			7
1401	3734	辛巳	太	1			3			8
1402	3735	壬午	宗	2	6卽		4			9
1403	3736	癸未		3	成	永樂	1			10
1404	3737	甲申		4	祖		2			11
1405	3738	乙酉		5			3			12
1406	3739	丙戌		6			4			13
1407	3740	丁亥		7			5			14
1408	3741	戊子		8			6			15
1409	3742	己丑		9			7			16
1410	3743	庚寅		10			8			17
1411	3744	辛卯		11			9			18
1412	3745	壬辰		12			10	8讓8受禪		19
1413	3746	癸巳		13			11	稱		20
1414	3747	甲午		14			12	光		21
1415	3748	乙未		15			13			22
1416	3749	丙申		16			14			23
1417	3750	丁酉		17			15			24
1418	3751	戊戌	8禪8卽	18			16			25
1419	3752	己亥	世	1			17			26
1420	3753	庚子	宗	2			18			27
1421	3754	辛丑		3			19			28
1422	3755	壬寅		4			20			29
1423	3756	癸卯		5			21			30
1424	3757	甲辰		6	7歿		22			31
1425	3758	乙巳		7	仁宗 6歿	洪熙	1			32
1426	3759	丙午		8	宣	宣德	1			33
1427	3760	丁未		9	宗		2			34
1428	3761	戊申		10			3	7歿7祚	正長	1
1429	3762	己酉		11			4	後	永享	1
1430	3763	庚戌		12			5	花		2
1431	3764	辛亥		13			6	園		3
1432	3765	壬子		14			7			4
1433	3766	癸丑		15			8			5

서기 A.D.	단기	간지	한국 朝鮮		중국 明			일본		
1434	3767	甲寅	世	16			9	後		6
1435	3768	乙卯	宗	17	1歿		10	花		7
1436	3769	丙辰		18	英	正統	1	園		8
1437	3770	丁巳		19	宗		2			9
1438	3771	戊午		20			3			10
1439	3772	己未		21			4			11
1440	3773	庚申		22			5			12
1441	3774	辛酉		23			6		嘉吉	1
1442	3775	壬戌		24			7			2
1443	3776	癸亥		25			8			3
1444	3777	甲子		26			9		文安	1
1445	3778	乙丑		27			10			2
1446	3779	丙寅		28			11			3
1447	3780	丁卯		29			12			4
1448	3781	戊辰		30			13			5
1449	3782	己巳		31	9卽		14		寶德	1
1450	3783	庚午	2昇2卽	32	景	景泰	1			2
1451	3784	辛未	文宗	1	帝		2			3
1452	3785	壬申	5昇5卽	2			3		享德	1
1453	3786	癸酉	端	1			4			2
1454	3787	甲戌	宗	2			5			3
1455	3788	乙亥	閏6禪 閏6卽	3/1			6		康正	1
1456	3789	丙子	世	2			7			2
1457	3790	丁丑	祖	3	2歿	天順	1		長祿	1
1458	3791	戊寅		4	英		2			2
1459	3792	己卯		5	宗		3			3
1460	3793	庚辰		6	(重祚)		4		寬正	1
1461	3794	辛巳		7			5			2
1462	3795	壬午		8			6			3
1463	3796	癸未		9			7			4
1464	3797	甲申		10	1歿		8	7讓12卽		5
1465	3798	乙酉		11	憲	成化	1	後		6
1466	3799	丙戌		12	宗		2	土	文正	1
1467	3800	丁亥		13			3	御	應仁	1
1468	3801	戊子	9傳9卽	14			4	門		2
1469	3802	己丑	睿宗 11昇11卽	1			5		文明	1
1470	3803	庚寅	成	1			6			2
1471	3804	辛卯	宗	2			7			3
1472	3805	壬辰		3			8			4
1473	3806	癸巳		4			9			5
1474	3807	甲午		5			10			6

서기 A.D.	단기	간지	한국 朝鮮		중국 明			일본		
1475	3808	乙未	成	6	憲		11	後		7
1476	3809	丙申	宗	7	宗		12	上		8
1477	3810	丁酉		8			13	御		9
1478	3811	戊戌		9			14	門		10
1479	3812	己亥		10			15			11
1480	3813	庚子		11			16			12
1481	3814	辛丑		12			17			13
1482	3815	壬寅		13			18			14
1483	3816	癸卯		14			19			15
1484	3817	甲辰		15			20			16
1485	3818	乙巳		16			21			17
1486	3819	丙午		17			22			18
1487	3820	丁未		18	8歿		23		長享	1
1488	3821	戊申		19	孝	弘治	1			2
1489	3822	己酉		20	宗		2		延德	1
1490	3823	庚戌		21			3			2
1491	3824	辛亥		22			4			3
1492	3825	壬子		23			5		明應	1
1493	3826	癸丑		24			6			2
1494	3827	甲寅	12昇12卽	25			7			3
1495	3828	乙卯	燕	1			8			4
1496	3829	丙辰	山	2			9			5
1497	3830	丁巳	君	3			10			6
1498	3831	戊午		4			11			7
1499	3832	己未		5			12			8
1500	3833	庚申		6			13	9歿10祚		9
1501	3834	辛酉		7			14	後	文龜	1
1502	3835	壬戌		8			15	柏		2
1503	3836	癸亥		9			16	原		3
1504	3837	甲子		10			17		永正	1
1505	3838	乙丑		11	5歿		18			2
1506	3839	丙寅	9廢9卽	12/1	武	正德	1			3
1507	3840	丁卯	中	2	宗		2			4
1508	3841	戊辰	宗	3			3			5
1509	3842	己巳		4			4			6
1510	3843	庚午		5			5			7
1511	3844	辛未		6			6			8
1512	3845	壬申		7			7			9
1513	3846	癸酉		8			8			10
1514	3847	甲戌		9			9			11
1515	3848	乙亥		10			10			12

서기 A.D.	단기	간지	한국 朝鮮		중국 明			일본		
1516	3849	丙子	中	11	武		11	後		13
1517	3850	丁丑	宗	12	宗		12	柏		14
1518	3851	戊寅		13			13	原		15
1519	3852	己卯		14			14			16
1520	3853	庚辰		15			15			17
1521	3854	辛巳		16	3殁		16		大永	1
1522	3855	壬午		17	世	嘉靖	1			2
1523	3856	癸未		18	宗		2			3
1524	3857	甲申		19			3			4
1525	3858	乙酉		20			4			5
1526	3859	丙戌		21			5	4殁4祚		6
1527	3860	丁亥		22			6	後		7
1528	3861	戊子		23			7	奈	享祿	1
1529	3862	己丑		24			8	良		2
1530	3863	庚寅		25			9			3
1531	3864	辛卯		26			10			4
1532	3865	壬辰		27			11		天文	1
1533	3866	癸巳		28			12			2
1534	3867	甲午		29			13			3
1535	3868	乙未		30			14			4
1536	3869	丙申		31			15			5
1537	3870	丁酉		32			16			6
1538	3871	戊戌		33			17			7
1539	3872	己亥		34			18			8
1540	3873	庚子		35			19			9
1541	3874	辛丑		36			20			10
1542	3875	壬寅		37			21			11
1543	3876	癸卯		38			22			12
1544	3877	甲辰	11傳11卽	39			23			13
1545	3878	乙巳	仁宗 7昇7卽	1			24			14
1546	3879	丙午	明	1			25			15
1547	3880	丁未	宗	2			26			16
1548	3881	戊申		3			27			17
1549	3882	己酉		4			28			18
1550	3883	庚戌		5			29			19
1551	3884	辛亥		6			30			20
1552	3885	壬子		7			31			21
1553	3886	癸丑		8			32			22
1554	3887	甲寅		9			33			23
1555	3888	乙卯		10			34		弘治	1
1556	3889	丙辰		11			35			2

서기 A.D.	단기	간지	한국 朝鮮		중국 明			일본		
1557	3890	丁巳	明	12	世		36	9歿10祚		3
1558	3891	戊午	宗	13	宗		37	正	永祿	1
1559	3892	己未		14			38	親		2
1560	3893	庚申		15			39	町		3
1561	3894	辛酉		16			40			4
1562	3895	壬戌		17			41			5
1563	3896	癸亥		18			42			6
1564	3897	甲子		19			43			7
1565	3898	乙丑		20			44			8
1566	3899	丙寅		21	12歿		45			9
1567	3900	丁卯	6昇6卽	22	穆	隆慶	1			10
1568	3901	戊辰	宣	1	宗		2			11
1569	3902	己巳	祖	2			3			12
1570	3903	庚午		3			4		元龜	1
1571	3904	辛未		4			5			2
1572	3905	壬申		5	5歿		6			3
1573	3906	癸酉		6	神	萬曆	1		天正	1
1574	3907	甲戌		7	宗		2			2
1575	3908	乙亥		8			3			3
1576	3909	丙子		9			4			4
1577	3910	丁丑		10			5			5
1578	3911	戊寅		11			6			6
1579	3912	己卯		12			7			7
1580	3913	庚辰		13			8			8
1581	3914	辛巳		14			9			9
1582	3915	壬午		15			10			10
1583	3916	癸未		16			11			11
1584	3917	甲申		17			12			12
1585	3918	乙酉		18			13			13
1586	3919	丙戌		19			14	11讓11卽		14
1587	3920	丁亥		20			15	後		15
1588	3921	戊子		21			16	陽		16
1589	3922	己丑		22			17	成		17
1590	3923	庚寅		23			18			18
1591	3924	辛卯		24			19			19
1592	3925	壬辰		25			20		文祿	1
1593	3926	癸巳		26			21			2
1594	3927	甲午		27			22			3
1595	3928	乙未		28			23			4
1596	3929	丙申		29			24		慶長	1
1597	3930	丁酉		30			25			2

서기 A.D.	단기	간지	한국	중국		일본
			朝鮮	明	清	
1598	3931	戊戌	宣 31	神 26		後 3
1599	3932	己亥	祖 32	宗 27		陽 4
1600	3933	庚子	33	28		成 5
1601	3934	辛丑	34	29		6
1602	3935	壬寅	35	30		7
1603	3936	癸卯	36	31		8
1604	3937	甲辰	37	32		9
1605	3938	乙巳	38	33		10
1606	3939	丙午	39	34		11
1607	3940	丁未	40	35		12
1608	3941	戊申	2昇2卽 41	36		13
1609	3942	己酉	光 1	37		14
1610	3943	庚戌	海 2	38		15
1611	3944	辛亥	君 3	39		3讓4卽 16
1612	3945	壬子	4	40		後 17
1613	3946	癸丑	5	41		水 18
1614	3947	甲寅	6	42		尾 19
1615	3948	乙卯	7	43		元和 1
1616	3949	丙辰	8	44	太 天命 1	2
1617	3950	丁巳	9	45	祖 2	3
1618	3951	戊午	10	46	3	4
1619	3952	己未	11	47	4	5
1620	3953	庚申	12	7歿 光宗 9歿 泰昌 1	5	6
1621	3954	辛酉	13	熹 天啓 1	6	7
1622	3955	壬戌	14	宗 2	7	8
1623	3956	癸亥	3廢3卽 15/1	3	8	9
1624	3957	甲子	仁 2	4	9	寬永 1
1625	3958	乙丑	祖 3	5	10	2
1626	3959	丙寅	4	6	9歿 11	3
1627	3960	丁卯	5	8歿 7	太 天聰 1	4
1628	3961	戊辰	6	毅 崇禎 1	宗 2	5
1629	3962	己巳	7	宗(莊烈帝) 2	3	11讓 6
1630	3963	庚午	8	3	4	9卽 7
1631	3964	辛未	9	4	5	明 8
1632	3965	壬申	10	5	6	正 9
1633	3966	癸酉	11	6	7	(女) 10
1634	3967	甲戌	12	7	8	11
1635	3968	乙亥	13	8	9	12
1636	3969	丙子	14	9	崇德 1	13
1637	3970	丁丑	15	10	2	14
1638	3971	戊寅	16	11	3	15

서기 A.D.	단기	간지	한국		중국						일본		
			朝鮮		明			清					
1639	3972	己卯	仁	17	毅		12	太		4	明		16
1640	3973	庚辰	祖	18	宗		13	宗		5	正		17
1641	3974	辛巳		19			14			6			18
1642	3975	壬午		20			15			7			19
1643	3976	癸未		21			16	8歿		8	10讓10卽		20
1644	3977	甲申		22	3歿		17	世	順治	1	後	正保	1
1645	3978	乙酉		23	福王 9歿	弘光 隆武	1 1	祖		2	光		2
1646	3979	丙戌		24	唐王聿鍵 唐王聿鐭	紹武	1			3	明		3
1647	3980	丁亥		25	永	永曆	1			4			4
1648	3981	戊子		26	明		2			5		慶安	1
1649	3982	己丑	5昇5卽	27	王		3			6			2
1650	3983	庚寅	孝	1			4			7			3
1651	3984	辛卯	宗	2			5			8			4
1652	3985	壬辰		3			6			9		承應	1
1653	3986	癸巳		4			7			10			2
1654	3987	甲午		5			8			11	9歿11祚		3
1655	3988	乙未		6			9			12		明曆	1
1656	3989	丙申		7			10			13			2
1657	3990	丁酉		8			11			14			3
1658	3991	戊戌		9			12			15		萬治	1
1659	3992	己亥	5昇5卽	10			13			16			2
1660	3993	庚子	顯	1			14			17			3
1661	3994	辛丑	宗	2			15			18		寬文	1
1662	3995	壬寅		3	亡		16	聖	康熙	1			2
1663	3996	癸卯		4				祖		2	1讓4卽		3
1664	3997	甲辰		5						3	靈		4
1665	3998	乙巳		6						4	元		5
1666	3999	丙午		7						5			6
1667	4000	丁未		8						6			7
1668	4001	戊申		9						7			8
1669	4002	己酉		10						8			9
1670	4003	庚戌		11						9			10
1671	4004	辛亥		12						10			11
1672	4005	壬子		13						11			12
1673	4006	癸丑		14						12		延寶	1
1674	4007	甲寅	8昇8卽	15						13			2
1675	4008	乙卯	肅	1						14			3
1676	4009	丙辰	宗	2						15			4
1677	4010	丁巳		3						16			5
1678	4011	戊午		4						17			6
1679	4012	己未		5						18			7

서기 A.D.	단기	간지	한국 朝鮮		중국 清		일본		
1680	4013	庚申	肅	6	聖	19			8
1681	4014	辛酉	宗	7	祖	20		天和	1
1682	4015	壬戌		8		21			2
1683	4016	癸亥		9		22			3
1684	4017	甲子		10		23		貞享	1
1685	4018	乙丑		11		24			2
1686	4019	丙寅		12		25			3
1687	4020	丁卯		13		26	3讓4卽		4
1688	4021	戊辰		14		27	東	元祿	1
1689	4022	己巳		15		28	山		2
1690	4023	庚午		16		29			3
1691	4024	辛未		17		30			4
1692	4025	壬申		18		31			5
1693	4026	癸酉		19		32			6
1694	4027	甲戌		20		33			7
1695	4028	乙亥		21		34			8
1696	4029	丙子		22		35			9
1697	4030	丁丑		23		36			10
1698	4031	戊寅		24		37			11
1699	4032	己卯		25		38			12
1700	4033	庚辰		26		39			13
1701	4034	辛巳		27		40			14
1702	4035	壬午		28		41			15
1703	4036	癸未		29		42			16
1704	4037	甲申		30		43		寶永	1
1705	4038	乙酉		31		44			2
1706	4039	丙戌		32		45			3
1707	4040	丁亥		33		46			4
1708	4041	戊子		34		47			5
1709	4042	己丑		35		48	6讓6受禪		6
1710	4043	庚寅		36		49	中		7
1711	4044	辛卯		37		50	御	正德	1
1712	4045	壬辰		38		51	門		2
1713	4046	癸巳		39		52			3
1714	4047	甲午		40		53			4
1715	4048	乙未		41		54			5
1716	4049	丙申		42		55		享保	1
1717	4050	丁酉		43		56			2
1718	4051	戊戌		44		57			3
1719	4052	己亥		45		58			4
1720	4053	庚子	6昇6卽	46		59			5

서기 A.D.	단기	간지	한국		중국			일본		
			朝鮮		清					
1721	4054	辛丑	景	1			60	中		6
1722	4055	壬寅	宗	2	12歿		61	御		7
1723	4056	癸卯		3	世	雍正	1	門		8
1724	4057	甲辰	8昇8卽	4	宗		2			9
1725	4058	乙巳	英	1			3			10
1726	4059	丙午	祖	2			4			11
1727	4060	丁未		3			5			12
1728	4061	戊申		4			6			13
1729	4062	己酉		5			7			14
1730	4063	庚戌		6			8			15
1731	4064	辛亥		7			9			16
1732	4065	壬子		8			10			17
1733	4066	癸丑		9			11			18
1734	4067	甲寅		10			12			19
1735	4068	乙卯		11	8歿		13	3讓11卽		20
1736	4069	丙辰		12	高	乾隆	1	櫻	元文	1
1737	4070	丁巳		13	宗		2	町		2
1738	4071	戊午		14			3			3
1739	4072	己未		15			4			4
1740	4073	庚申		16			5			5
1741	4074	辛酉		17			6		寬保	1
1742	4075	壬戌		18			7			2
1743	4076	癸亥		19			8			3
1744	4077	甲子		20			9		延享	1
1745	4078	乙丑		21			10			2
1746	4079	丙寅		22			11			3
1747	4080	丁卯		23			12	5讓9卽		4
1748	4081	戊辰		24			13	桃	寬延	1
1749	4082	己巳		25			14	園		2
1750	4083	庚午		26			15			3
1751	4084	辛未		27			16		寶曆	1
1752	4085	壬申		28			17			2
1753	4086	癸酉		29			18			3
1754	4087	甲戌		30			19			4
1755	4088	乙亥		31			20			5
1756	4089	丙子		32			21			6
1757	4090	丁丑		33			22			7
1758	4091	戊寅		34			23			8
1759	4092	己卯		35			24			9
1760	4093	庚辰		36			25			10
1761	4094	辛巳		37			26			11

서기 A.D.	단기	간지	한국		중국			일본		
			朝鮮		清					
1762	4095	壬午	英	38	高		27	7歿7祚		12
1763	4096	癸未	祖	39	宗		28	後		13
1764	4097	甲申		40			29	櫻	明和	1
1765	4098	乙酉		41			30	町		2
1766	4099	丙戌		42			31	(女)		3
1767	4100	丁亥		43			32			4
1768	4101	戊子		44			33			5
1769	4102	己丑		45			34			6
1770	4103	庚寅		46			35	11讓11受禪		7
1771	4104	辛卯		47			36	後		8
1772	4105	壬辰		48			37	桃	安永	1
1773	4106	癸巳		49			38	園		2
1774	4107	甲午		50			39			3
1775	4108	乙未		51			40			4
1776	4109	丙申	3昇3卽	52			41			5
1777	4110	丁酉	正	1			42			6
1778	4111	戊戌	祖	2			43			7
1779	4112	己亥		3			44	11歿11祚		8
1780	4113	庚子		4			45	光		9
1781	4114	辛丑		5			46	格	天明	1
1782	4115	壬寅		6			47			2
1783	4116	癸卯		7			48			3
1784	4117	甲辰		8			49			4
1785	4118	乙巳		9			50			5
1786	4119	丙午		10			51			6
1787	4120	丁未		11			52			7
1788	4121	戊申		12			53			8
1789	4122	己酉		13			54		寬政	1
1790	4123	庚戌		14			55			2
1791	4124	辛亥		15			56			3
1792	4125	壬子		16			57			4
1793	4126	癸丑		17			58			5
1794	4127	甲寅		18			59			6
1795	4128	乙卯		19			60			7
1796	4129	丙辰		20	1讓	嘉慶	1			8
1797	4130	丁巳		21	仁		2			9
1798	4131	戊午		22	宗		3			10
1799	4132	己未		23			4			11
1800	4133	庚申	6昇6卽	24			5			12
1801	4134	辛酉	純	1			6		享和	1
1802	4135	壬戌	祖	2			7			2

서기 A.D.	단기	간지	한국 朝鮮		중국 清			일본		
1803	4136	癸亥	純	3	仁		8	光		3
1804	4137	甲子	祖	4	宗		9	格	文化	1
1805	4138	乙丑		5			10			2
1806	4139	丙寅		6			11			3
1807	4140	丁卯		7			12			4
1808	4141	戊辰		8			13			5
1809	4142	己巳		9			14			6
1810	4143	庚午		10			15			7
1811	4144	辛未		11			16			8
1812	4145	壬申		12			17			9
1813	4146	癸酉		13			18			10
1814	4147	甲戌		14			19			11
1815	4148	乙亥		15			20			12
1816	4149	丙子		16			21			13
1817	4150	丁丑		17			22	3讓9卽		14
1818	4151	戊寅		18			23	仁	文政	1
1819	4152	己卯		19			24	孝		2
1820	4153	庚辰		20	7崩		25			3
1821	4154	辛巳		21	宣	道光	1			4
1822	4155	壬午		22	宗		2			5
1823	4156	癸未		23			3			6
1824	4157	甲申		24			4			7
1825	4158	乙酉		25			5			8
1826	4159	丙戌		26			6			9
1827	4160	丁亥		27			7			10
1828	4161	戊子		28			8			11
1829	4162	己丑		29			9			12
1830	4163	庚寅		30			10		天保	1
1831	4164	辛卯		31			11			2
1832	4165	壬辰		32			12			3
1833	4166	癸巳		33			13			4
1834	4167	甲午	11昇11卽	34			14			5
1835	4168	乙未	憲	1			15			6
1836	4169	丙申	宗	2			16			7
1837	4170	丁酉		3			17			8
1838	4171	戊戌		4			18			9
1839	4172	己亥		5			19			10
1840	4173	庚子		6			20			11
1841	4174	辛丑		7			21			12
1842	4175	壬寅		8			22			13
1843	4176	癸卯		9			23			14

서기 A.D.	단기	간지	한국		중국			일본		
			朝鮮		淸					
1844	4177	甲辰	憲	10	宣		24		弘化	1
1845	4178	乙巳	宗	11	宗		25			2
1846	4179	丙午		12			26	2歿2祚		3
1847	4180	丁未		13			27	孝		4
1848	4181	戊申		14			28	明	嘉永	1
1849	4182	己酉	6昇6卽	15			29			2
1850	4183	庚戌	哲	1	5歿		30			3
1851	4184	辛亥	宗	2	文	咸豊	1			4
1852	4185	壬子		3	宗		2			5
1853	4186	癸丑		4			3			6
1854	4187	甲寅		5			4		安政	1
1855	4188	乙卯		6			5			2
1856	4189	丙辰		7			6			3
1857	4190	丁巳		8			7			4
1858	4191	戊午		9			8			5
1859	4192	己未		10			9			6
1860	4193	庚申		11			10		萬延	1
1861	4194	辛酉		12	7歿		11		文久	1
1862	4195	壬戌		13	穆	同治	1			2
1863	4196	癸亥	12昇12卽	14	宗		2			3
1864	4197	甲子	高	1			3		元治	1
1865	4198	乙丑	宗	2			4		慶應	1
1866	4199	丙寅		3			5	12歿		2
1867	4200	丁卯		4			6	1祚		3
1868	4201	戊辰		5			7	明	明治	1
1869	4202	己巳		6			8	治		2
1870	4203	庚午		7			9			3
1871	4204	辛未		8			10			4
1872	4205	壬申		9			11			5
1873	4206	癸酉		10			12			6
1874	4207	甲戌		11	12歿		13			7
1875	4208	乙亥		12	德	光緖	1			8
1876	4209	丙子		13	宗		2			9
1877	4210	丁丑		14			3			10
1878	4211	戊寅		15			4			11
1879	4212	己卯		16			5			12
1880	4213	庚辰		17			6			13
1881	4214	辛巳		18			7			14
1882	4215	壬午		19			8			15
1883	4216	癸未		20			9			16
1884	4217	甲申		21			10			17

서기 A.D.	단기	간지	한국		중국	일본
			朝鮮	大韓民國臨時政府	清 · 中華民國	
1885	4218	乙酉	高 22		德 11	明 18
1886	4219	丙戌	宗 23		宗 12	治 19
1887	4220	丁亥	24		13	20
1888	4221	戊子	25		14	21
1889	4222	己丑	26		15	22
1890	4223	庚寅	27		16	23
1891	4224	辛卯	28		17	24
1892	4225	壬辰	29		18	25
1893	4226	癸巳	30		19	26
1894	4227	甲午	開國 503 31		20	27
1895	4228	乙未	504 32		21	28
1896	4229	丙申	505 建陽 1		22	29
1897	4230	丁酉	(大韓帝國) 506 光武 1		23	30
1898	4231	戊戌	高 2		24	31
1899	4232	己亥	宗 3		25	32
1900	4233	庚子	4		26	33
1901	4234	辛丑	5		27	34
1902	4235	壬寅	6		28	35
1903	4236	癸卯	7		29	36
1904	4237	甲辰	8		30	37
1905	4238	乙巳	9		31	38
1906	4239	丙午	10		32	39
1907	4240	丁未	7讓7卽 隆熙 1		33	40
1908	4241	戊申	純 2		11歿11卽 34	41
1909	4242	己酉	宗 3		宣 宣統 1	42
1910	4243	庚戌	8亡/일제강점기 4		統 2	43
1911	4244	辛亥			帝 亡 3	44
1912	4245	壬子			(中華民國) 1	7歿7祚 大正 1
1913	4246	癸丑			2	大 2
1914	4247	甲寅			3	正 3
1915	4248	乙卯			4	4
1916	4249	丙辰			5	5
1917	4250	丁巳			6	6
1918	4251	戊午			7	7
1919	4252	己未		1	8	8
1920	4253	庚申		2	9	9
1921	4254	辛酉		3	10	10
1922	4255	壬戌		4	11	11
1923	4256	癸亥		5	12	12
1924	4257	甲子		6	13	13
1925	4258	乙丑		7	14	14

서기 A.D.	단기	간지	한국		중국		일본
			임시정부	일제강점기·北韓	中華民國·臺灣	滿洲國·中共	
1926	4259	丙寅	8		15		12敎12祚 昭和 1
1927	4260	丁卯	9		16		昭 2
1928	4261	戊辰	10		17		和 3
1929	4262	己巳	11		18		4
1930	4263	庚午	12		19		5
1931	4264	辛未	13		20	(滿洲國)	6
1932	4265	壬申	14		21	溥 大同 1	7
1933	4266	癸酉	15		22	儀 2	8
1934	4267	甲戌	16		23	康德 1	9
1935	4268	乙亥	17		24	2	10
1936	4269	丙子	18		25	3	11
1937	4270	丁丑	19		26	4	12
1938	4271	戊寅	20		27	5	13
1939	4272	己卯	21		28	6	14
1940	4273	庚辰	22		29	7	15
1941	4274	辛巳	23		30	8	16
1942	4275	壬午	24		31	9	17
1943	4276	癸未	25		32	10	18
1944	4277	甲申	26		33	11	19
1945	4278	乙酉	27/8·15해방/	미·소 군정기	34	12	20
1946	4279	丙戌			35		21
1947	4280	丁亥	(大韓民國)	(朝鮮民主主義人民共和國)	36		22
1948	4281	戊子	8. 제1공화국	9. 金日成	(臺灣) 37	(中華人民共和國)	23
1949	4282	己丑	李承晩		蔣介石 38	毛澤東	24
1950	4283	庚寅			39		25
1951	4284	辛卯	1공화국	金日成	40		26
1952	4285	壬辰	李承晩		41		27
1953	4286	癸巳			42		28
1954	4287	甲午			43		29
1955	4288	乙未			44		30
1956	4289	丙申			45		31
1957	4290	丁酉			46		32
1958	4291	戊戌			47		33
1959	4292	己亥			48		34
1960	4293	庚子	8. 2공화국		49		35
1961	4294	辛丑	尹潽善		50		36
1962	4295	壬寅			51		37
1963	4296	癸卯	12. 3공화국		52		38
1964	4297	甲辰	朴正熙		53		39
1965	4298	乙巳			54		40
1966	4299	丙午			55		41

서기 A.D.	단기	간지	한국		중국		일본
			대한민국	北韓	臺灣	中共	
1967	4300	丁未	朴正熙	金日成	蔣介石 56	毛澤東	昭 42
1968	4301	戊申			57		和 43
1969	4302	己酉			58		44
1970	4303	庚戌			59		45
1971	4304	辛亥			60		46
1972	4305	壬子	12. 4공화국		61		47
1973	4306	癸丑	朴正熙		62		48
1974	4307	甲寅			63		49
1975	4308	乙卯			4歿 64		50
1976	4309	丙辰			蔣經國 65	9歿	51
1977	4310	丁巳			66	鄧小平	52
1978	4311	戊午			67		53
1979	4312	己未	10歿 崔圭夏		68		54
1980	4313	庚申	9. 全斗煥 10. 5공화국		69		55
1981	4314	辛酉			70		56
1982	4315	壬戌			71		57
1983	4316	癸亥			72		58
1984	4317	甲子			73		59
1985	4318	乙丑			74		60
1986	4319	丙寅			75		61
1987	4320	丁卯	10. 6공화국		76		62
1988	4321	戊辰	2. 盧泰愚		1歿 77		63
1989	4322	己巳			李登輝 78		1歿1祚 平成 1
1990	4323	庚午			79		平 2
1991	4324	辛未			80		成 3
1992	4325	壬申			81		4
1993	4326	癸酉	2. 金泳三		82		5
1994	4327	甲戌		7歿	83		6
1995	4328	乙亥		金 주체 84	84		7
1996	4329	丙子		正 85	85		8
1997	4330	丁丑		日 86	86	2歿	9
1998	4331	戊寅	2. 金大中	87	87	江澤民	10
1999	4332	己卯		88	88		11
2000	4333	庚辰		89	陳水扁 89		12
2001	4334	辛巳		90	90		13
2002	4335	壬午		91	91		14
2003	4336	癸未	2. 盧武鉉	92	92	胡錦濤	15
2004	4337	甲申		93	93		16
2005	4338	乙酉		94	94		17
2006	4339	丙戌		95	95		18

참고 문헌

高麗史, 高麗史節要
朝鮮王朝實錄
承政院日記
國朝人物考
國朝榜目, 司馬榜目
新東國輿地勝覽

練藜室記述
典故大方
淸選考
大東奇聞
畿伯列傳
東文選
慵齋叢話
海東雜錄
大東韻府群玉
大東野乘
韓國金石總攬
槿域書畵徵
獨谷集, 容軒集, 雙塘集, 庬村集, 澤堂集
容軒 李原實記, 海華堂선생문집, 尙震의 생애와 사상
號譜, 諡譜
韓國系行譜

향토서울
서울六百年史(서울특별시사편찬위원회)
조선시대 한성판윤 연구(서울역사편찬원)
漢城判尹列傳(李錫浩, 려경출판사)
한국민족문화대백과, 두산백과, 위키백과
한국향토문화전자대전, 문화원형백과,
한국역대인물종합정보
국사대사전(李弘稙, 백만사), 한국인물대사전,
한국근현대사인명록
성씨의 고향(중앙일보사)
한국인의 족보(일신사)
족보사전(崔鍾仁, 보청)
신라김씨원류(경주김씨계보연구회)

사진 출처

서울역사편찬원
서울역사 박물관
각 성씨 종중

최종인

호는 월천月泉 서울 출생
서울 광희초·중학을 나와 중앙고교를 졸업
성균관 대학교 법과 졸업
연세대학교 행정대학원(행정학 석사)

중앙일보사 발간한 성씨백과 〈성씨의 고향〉과 향토백과 〈인물의 고향〉 편집에 참여하여 譜學과 향토사에 관심이 많으며, 한국성씨총연합회 사무총장 지냈고 (사)서울문화사 학회 등 향토문화 단체에 관계하고 있다.

출판 경력

족보용어해설의 〈족보사전〉, 서울의 모습을 얘기한 산문 〈서울 꼴불견 100〉·〈어글리 서울〉·〈사육신 틈입사건〉 등이 있고, 〈월간 경제풍월에〉에 "역사인물 시리즈 〈한성판윤 열전〉"을 연재했으며, 그 외에 족보와 향토에 관한 소소한 글을 썼다.

漢城判尹

초판인쇄 2022년 06월 05일
초판발행 2022년 06월 10일

편저자 月泉 崔種仁
발행인 최종인
발행처 도서출판 보청
기획 서울역사문화연구소
편집 하양인 이종복
디자인 블루
제작 리치미디어 한영국
반송처 서울시 동대문구 약령시장로 13길 6

등록번호 제 2019-000140호
주소 서울특별시 종로구 돈화문로 10길 23, 301호
전화 (02) 2207-0238 팩스 (02) 718-5844
E-mail wolcheon46@naver.com

ISBN 979-11-96895-91-4 03910
값 240,000원